Reconstrucción de un juego mítico con Unity

Borja López Montilla

(dante_signal31)

2024-09-14

Primera edición: septiembre de 2024

ISBN: 978-84-09-64276-2
Depósito Legal: M-20266-2024

A mi mujer, por ser la clave de todo.

A mis hijos, por hacer este libro aún más desafiante.

Índice general

Índice de figuras

Índice de fragmentos de código

Introducción

La verdad es que lo mío con los ordenadores fue un amor a primera vista. Me quedé prendado del MSX de mi tío cuando lo vi por primera vez, a los 8 años. Me costó un par de años convencer a mis padres para que me comprasen un ordenador. Finalmente lo hicieron, y a mí me supo a gloria, aunque fuese un ordenador compartido con toda la familia. Con sus 640 KB de RAM, su procesador 286, su lector de 3.5", su pantalla VGA de 256 colores y su disco duro de 40 MB, aquel era un ordenador que se anunciaba "*para toda la vida*". Me abrió un universo nuevo a través de sus juegos y creó en mí una pasión por ellos que aún sigue viva.

De aquellos años recuerdo con gran cariño clásicos como el *Railroad Tycoon* [124] de Sid Meier, el *Indiana Jones and the Last Crusade* [70] de Lucasfilm o el *King Quest V* [236] de Sierra, entre otros. Sin embargo, hubo uno que me impactó enormemente por su efectiva sencillez: el *Prince of Persia* [120] de Jordan Mechner. Ese juego conseguía comprimir en un único disco de 1.44 MB emociones a las que otros juegos ni se acercaban con 4 ó 5 discos. Analizaremos detenidamente ese juego en el capítulo 2, pero ya entonces me resultaba evidente que ese juego conjugaba con elegancia los ingredientes de un juego llamado a ser un clásico: originalidad, emoción, sencillez, desafío y una técnica innovadora.

Los años fueron pasando, pero no por ello mi afición por los juegos de ordenador. Con el tiempo, también adopté nuevas aficiones, como la programación. Soy ingeniero superior de telecomunicaciones y me dedico al diseño y gestión de infraestructuras informáticas. Otros se darían a la pintura para desconectar (afición que aún no descarto), pero a mí me da por jugar, leer y programar. Sólo era cuestión de tiempo hasta que todo ello se combinase y empezase a aprender desarrollo de juegos.

Si algo he aprendido con el paso del tiempo es que todas las bondades de la teoría se quedan en nada si en algún momento no las ponemos en práctica. Por eso, uno de los hitos que me fijé desde el principio fue desarrollar mi propia versión del *Prince of Persia* para poner en práctica lo que iba aprendiendo.

Lo intenté primero con la versión 4.9 de Unreal Engine [68] y llegué muy lejos. Conseguí plasmar con Unreal gran parte de los elementos del juego, pero con el tiempo fui cometiendo muchos errores que se fueron acumulando. Como veremos en el capítulo 6, no basta con que nuestros desarrollos funcionen, sino que su código debe articularse de una manera organizada que nos permita saber dónde va lo antiguo, dónde debe ir lo nuevo y dónde está lo que falla cuando algo lo hace. Yo no apliqué ninguna de esas prácticas y por culpa de eso, tras casi dos años de trabajo aquel desarrollo era una masa informe que fallaba cada vez que incluía una nueva funcionalidad. Al final, empleaba mucho más tiempo en analizar y corregir los fallos que se producían al introducir nuevas funcionalidades que en implementar estas últimas. Eso no era nada divertido. Cuando me quise dar cuenta, una afición que debía ser satisfactoria y relajante se convirtió en un calvario frustrante. Llegado a ese punto, me di cuenta de que el proyecto no era mantenible y lo abandoné.

El siguiente intento lo llevé a cabo con Unity Engine [221] y esta vez puse en práctica todo lo que había aprendido de mis errores anteriores. Apliqué TDD, técnicas para maximizar la cohesión y reducir el acoplamiento, especialización de componentes para favorecer su reutilización y un buen número de otras buenas prácticas que veremos más adelante. Las diferencias con el primer intento no pudieron ser más evidentes.

He tardado un año en desarrollar el juego en mi tiempo libre y esta vez, al final del proceso, cuando tenía que incluir una nueva funcionalidad, sabía dónde colocarla, cómo hacerla interactuar con el resto del código y cómo localizar la causa de los fallos cuando estos se producían.

Si tras un año de desarrollo, sigues sabiendo dónde está cada cosa y disfrutas metiendo novedades, significa que estás haciendo las cosas bien. Por ese motivo, estoy orgulloso del juego resultante y creo que su estudio puede ser positivo para todos aquellos que se inicien en el aprendizaje del desarrollo de juegos. O al menos será útil para que otros eviten los errores que yo cometí.

Con esa idea en mente, en este libro introduciré los conceptos del desarrollo de juegos 2D con Unity. Empezar por el 2D es un buen punto de arranque, ya que la mayor parte de los conceptos que se aplican son reutilizables para el desarrollo 3D y, al mismo tiempo, se evitan algunas complicaciones de este último que pueden ser problemáticas cuando se está empezando. Explicaré cómo se aplican dichos conceptos a un juego completo, usando como ejemplo *Prince of Unity*.

Como en todo, no hay una única manera de hacer las cosas, ni de implementar estos conceptos. Por eso, al explicar cómo se han implementado en el juego, veremos que, en ocasiones, lo he hecho de maneras diferentes. En un proyecto profesional, lo lógico habría sido unificar todas las implementaciones de un mismo concepto para que funcionasen de la misma manera. Sin embargo, aquí he preferido mantener las diferentes versiones, allí donde se dan, como un ejemplo de la evolución que todos vivimos cuando ponemos en práctica la teoría a lo largo del tiempo, y como una oportunidad de explicar las ventajas e inconvenientes que he encontrado en cada uno de los enfoques.

No debemos renunciar a esa evolución si nos consideramos buenos desarrolladores. En vez de eso, debemos analizar de manera crítica nuestros métodos y técnicas y aceptar que siempre son mejorables, e incluso que habrá situaciones en las que no resulten en absoluto recomendables. Teniendo en cuenta eso, te ruego que no asumas lo que detallo en este libro como la mejor manera de hacer las cosas. Lo expuesto en este libro son sencillamente las técnicas que he ido aprendiendo y que me han funcionado para un proyecto de estas características, pero eso no quiere decir que sean las más adecuadas en otro tipo de proyectos. Por eso, a lo largo del texto detallaré las ventajas e inconvenientes que he deducido para cada técnica y cómo sospecho que pueden resultar en otros casos.

> Si se te ocurre una manera mejor de hacer alguna de las cosas que detallo en este libro, siéntete libre de sugerirme un pull-request al repositorio de GitHub. Si la propuesta me resulta interesante la incluiré en el repositorio, así como en la siguiente edición del libro, y mencionaré especialmente al autor de la aportación.

Dado su carácter de ejemplo práctico, no he implementado todo el juego, sino sólo unos pocos niveles. Aparte de eso, he intentado aproximar al máximo el comportamiento del juego al del original, en esos niveles. Creo que con eso basta para explicar lo principal del desarrollo 2D con Unity.

Tener el juego original como referencia ha sido muy importante para mantenerme centrado en conseguir hitos definidos. Un peligro del desarrollo *indie* de juegos es intentar abarcar demasiado al principio y embarcarse en proyectos interminables y que, por complejos, acaben siendo frustrantes. Muchos abandonan el aprendizaje del desarrollo de juegos por el desánimo de haber emprendido proyectos indefinidos o demasiado complejos que al final quedan inacabados.

Mi consejo es que, a la hora de avanzar en el aprendizaje del desarrollo de juegos, elijas proyectos sencillos en los que hayas identificado una serie de conceptos y técnicas concretas que quieras aprender, poniéndolas en práctica. Sería ideal que fuesen juegos originales diseñados por ti, pero, en su defecto, no está nada mal elegir juegos ya publicados y reimplementarlos, como he hecho aquí. Cuando se está aprendiendo es más importante la práctica que la originalidad.

Dicho todo esto, mi objetivo es que al final del proceso entiendas perfectamente cómo funciona el juego, por qué lo he diseñado así y cómo afrontar el desarrollo de otros juegos 2D. Este es un campo en el que no se cesa de aprender, pero estoy convencido de que al finalizar este libro serás lo suficientemente autónomo como para tener que consultar sólo cosas concretas a la hora de desarrollar nuevos juegos 2D.

Espero que disfrutes de este libro, y del juego que le acompaña, tanto como yo he disfrutado creándolos.

Parte I

Primeros pasos

CAPÍTULO

1 Convenciones y estructura del libro

Este libro está orientado a desarrolladores que quieren aprender a crear juegos con el motor de juegos Unity. Asumo que ya tienes experiencia con C#, el lenguaje de programación utilizado por Unity para sus scripts. C# no es un lenguaje específico de este motor, sino uno multipropósito muy popular que se usa en multitud de ámbitos, por lo que es normal conocerlo aunque no hayas probado el desarrollo de juegos.

Aquí nos vamos a centrar en cómo desarrollar juegos con Unity. Si no sabes nada de C#, ni conoces los principios básicos de la Programación Orientada a Objetos, lo mejor es leerse un buen libro de introducción a dicho lenguaje. No hace falta que sea un libro excesivamente avanzado, un libro introductorio como el *Head First C#: A Learner's Guide to Real-World Programming with C# and .NET Core* [184] es más que suficiente para exprimir las posibilidades de Unity a nivel de código[1]. En todo caso, sea el que sea el libro que elijas finalmente para aprender C#, debe ser uno que cubra al menos los siguientes conceptos:

- Tipos básicos (int, float, string)
- Arrays y colecciones (listas y diccionarios)
- Estructuras básicas de control de flujos (if... else, bucles for, foreach, do y while, etc)
- Funciones
- Estructuras y Clases
- Herencia y polimorfismo
- Encapsulación (diferencia entre public, private y protected)
- Properties
- Generics
- Clases abstractas e interfaces
- Eventos y delegates
- Casting

Aparte de lo anterior, no espero que tengas ningún otro conocimiento de Unity o de cualquiera de las herramientas que usaremos en este libro.

En este capítulo veremos:

[1]Que sus cerca de 800 páginas no te asusten. Es un libro muy visual, lleno de fotos y figuras y con un tono muy distendido. Se lee muy rápidamente. Además, mi recomendación no es casual, ya que las prácticas de ese libro se hacen también en Unity, por lo que te servirán de refuerzo para este.

- Qué convenciones voy a seguir para explicar las cosas.
- Cómo descargar el proyecto en el que nos vamos a basar.
- Cómo se estructura dicho proyecto, para que no te sientas perdido entre tanta carpeta.
- Cuáles son los principales bloques del libro, para que puedas moverte por ellos con seguridad.

1.1. Formatos de texto

A lo largo del libro he seguido las siguientes convenciones tipográficas:

- *Itálica*: Indica nuevos términos, nombres de ficheros, títulos de libros o juegos o citas textuales.
- `Ancho constante`: Se usa en los fragmentos de código, así como cuando en el texto principal se producen referencias a elementos de los programas como variables, nombres de función, métodos o clases, tipos de datos, etc. También lo utilizo para hacer referencia a nombres de objetos dentro de Unity.
- Migas » De » Pan: Lo usaré para señalar rutas a través de los menús de Unity. Por ejemplo, una ruta que sea Edit » Project Settings » Physics, lo que pretende es guiarte para que selecciones el menú *Edit* de la barra principal, luego elijas el submenú *Project Settings* y finalmente selecciones *Physics*.
- `Ruta/De/Carpetas`: Lo usaré para señalar rutas a través de la estructura de carpetas del proyecto o de tu ordenador. Por ejemplo, la ruta `C:/Program Files/JetBrains/Rider` señala la ruta desde la unidad *C:*, a través de las carpetas *Program Files*, *JetBrains* y *Rider*.
- Pulsación + Tecla: Lo usaré para señalar conjuntos de teclas que deben ser pulsadas simultáneamente para activar una función. Por ejemplo, Ctrl + C permite copiar un fragmento de texto ya seleccionado.

1.2. Notas y listados

A lo largo del texto te encontrarás con notas resaltadas de la siguiente manera:

> En un elemento de este tipo te contaré trucos, ideas para que experimentes o sugerencias que creo que podrían serte útiles. Todo ello, en el contexto del contenido que estemos tratando en ese momento.

> En estos casos te daré información que amplía el contenido tratado, pero que no será crítica para entender las explicaciones.[2]

> Aquí mencionaré posibles fuentes de problemas y errores. Préstale especial atención si quieres evitar futuros dolores de cabeza.

Por último tenemos los listados de código C#:

```
using UnityEngine;

namespace Prince
{
```

[2] En casos en los que la información sea muy corta y me quepa en una línea aproximadamente utilizaré notas al pie.

```
    /// <summary>
    /// Sometimes bool get stuck between state machine cycles.
    /// This behaviour cleans a bool when an state is entered.
    /// </summary>
    public class ResetBool : StateMachineBehaviour
    {
        [Tooltip(''Trigger to reset when this state is entered.'')]
        [SerializeField] private string boolToReset;
        [Tooltip(''Bool value to set.'')]
        [SerializeField] private bool defaultValue;
        public override void OnStateEnter(Animator animator, AnimatorStateInfo
            stateInfo,
            int layerIndex)
        {
            animator.SetBool(boolToReset, defaultValue);
        }
    }
}
```

Listado 1.1: Un fragmento de código en C#

En este último caso, en el título de la caja pondré el nombre del fichero de código en el que se encuentra este fragmento. La numeración de las líneas no empezará siempre por 1, sino que abarcará el rango en el que se encuentra este fragmento en el fichero original.

Todo mi código C# está en inglés, incluidos los comentarios, los nombres de variables, las clases y las funciones. Creo que esta práctica es recomendable, ya que facilita hacer "copia-pegas" de código a la hora de preguntar en páginas como *StackOverflow* [183] o los foros de Unity [228], dado que la mayor parte de los usuarios de dichas páginas utilizan el inglés. El español es un idioma maravilloso, pero usando inglés en el código nos aseguraremos de ampliar el abanico de gente que nos puede echar una mano en un momento dado.

1.3. Webs del proyecto

Para distinguir al juego reconstruido del *Prince of Persia* original, al mío lo he denominado *Prince of Unity*.

Hay dos repositorios principales en los que podrás encontrar todo lo relativo a *Prince of Unity*. Por un lado, está el repositorio de desarrollo y, por otro, el repositorio con el instalable del juego ya compilado.

Todo el código y los recursos de desarrollo de *Prince of Unity* están en el repositorio GitHub[3] del proyecto:

`https://github.com/dante-signal31/Prince_of_Unity`

Este repositorio está vivo y pretendo corregir los errores que vaya detectando, por lo que la última versión del código que haya en el repositorio probablemente no coincida con la reflejada en este libro. He utilizado etiquetas para marcar las distintas versiones del juego. Este libro refleja la versión v.1.4.18 que se puede encontrar en el siguiente apartado del repositorio principal:

`https://github.com/dante-signal31/Prince_of_Unity/tree/v1.4.18`

Por favor, asegúrate de usar esa dirección para clonar el proyecto o para consultar el código. De otra manera, puedes encontrarte con que el contenido de los ficheros no coincida con lo que veas en el libro.

Por otro lado, los paquetes de instalación del juego, lo que realmente interesa a los que sólo quieran jugar, está en *itch.io*:

`https://dantesignal31.itch.io/prince-of-unity`

[3] Más adelante hablaremos con detalle de GitHub, cuando tratemos las herramientas necesarias para desarrollar el juego.

1.4. Estructura de directorios

En el capítulo 15 veremos cómo clonar el proyecto desde el repositorio de GitHub a una carpeta de tu PC usando herramientas de desarrollo. Sin embargo, GitHub también ofrece la posibilidad de descargar el proyecto comprimido en un fichero Zip.

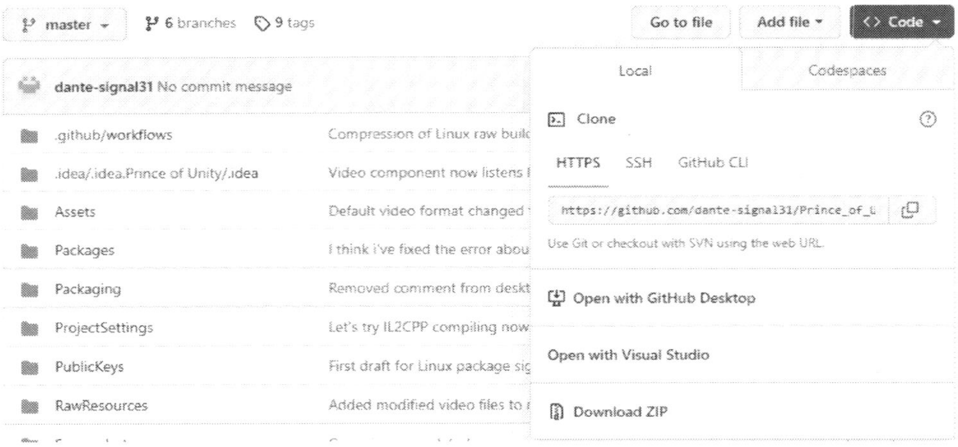

Figura 1.1: Pulsa Code >Download ZIP para descargar el proyecto en formato Zip desde GitHub.

Sea cual sea la opción que elijas para copiar el proyecto a tu PC, una vez que lo hayas hecho verás una estructura con los siguientes directorios:

- *Assets*: Es la carpeta más importante de todo el repositorio. Si tienes que salvar algo del proyecto, que sea esta carpeta. Aquí se encuentran todos los elementos y scripts que conforman tu juego.
- *Packages*: Aquí se encuentran los paquetes opcionales que se instalan desde el gestor de paquetes del editor para extender las funcionalidades de este.
- *Packaging*: En esta carpeta se guardan los ficheros de configuración para generar los instaladores del juego para las diferentes plataformas.
- *ProjectSettings*: Son los ficheros que Unity utiliza para configurar el editor en el que damos forma al juego. Cualquier parámetro o personalización que hagamos en el editor acabará reflejado en un fichero de esta carpeta.
- *RawResources*: Es un "cajón de sastre" donde he guardado ficheros de trabajo que he usado para dar forma a algunos de los elementos de la carpeta *Assets*. Unity no usa esta carpeta para nada, así que podrías borrarla y todo seguiría funcionando igual. La he incluido por si sientes curiosidad por ver algunos de los recursos en los que me he basado. Por ejemplo, aquí puedes encontrar los ficheros de Gimp con los que he diseñado los sprites[4] del juego, o los ficheros de los editores de video que he usado para dar forma a los videos de introducción y de transición de nivel.
- *Screenshots*: Es una carpeta donde se guardan las capturas de pantalla que se muestran desde el fichero *README.md* al acceder al repositorio de GitHub.

> Unity denomina *asset* a cualquier elemento que se utilice dentro del juego, incluidos aquellos importados con el editor desde ficheros externos. A partir de ahí la lista de assets posibles es muy extensa. Las imágenes, los sonidos, los scripts, o los mismos objetos que creemos dentro de Unity a partir de los elementos sencillos anteriores, son ejemplos de assets.

[4]Un sprite es como se denomina a cualquier imagen que se muestra en un juego 2D.

Como veremos en el capítulo 4, la estructura de directorios de la carpeta *Assets* es visible desde el editor de Unity, ya que colocaremos en dichos directorios todos los elementos que vayamos creando en Unity. En realidad, salvo un par de directorios especiales que ya veremos más adelante, la estructura de directorios del interior de `Assets` es libre y dependerá de cómo queramos ordenar nuestros elementos. En mi caso, para *Prince of Unity* he decidido utilizar la siguiente distribución de directorios:

- *Animations*: Aquí he colocado todas las animaciones del juego así como las máquinas de estado finito (FSM) para decidir la transición entre unas y otras.[5] Veremos cómo elaborar dichos elementos en el capítulo 12 y en el capítulo 11.

- *Editor*: En esta carpeta van las extensiones del editor que he escrito para configurar elementos del juego utilizando ventanas personalizadas, diferentes de las que ofrece Unity. Estudiaremos cómo se hacen dichas extensiones en el capítulo 14.

- *Fonts*: La fuente de letra que trae por defecto Unity no se parece en nada a la del juego original. Tuve que buscar una más semejante y la coloqué aquí. En el capítulo 14 veremos cómo integrar fuentes como esta en el interfaz gráfico del juego.

- *Icons*: He dejado aquí los iconos utilizados para el instalador y ejecutable final del juego. Son iconos sencillos, pero en todo caso es mejor eso que dejar que el lanzador del juego muestre el icono por defecto de Unity. Las condiciones que deben cumplir nuestros iconos se verán en el capítulo 29.

- *Input*: En el capítulo 7 trataremos cómo captar las pulsaciones de teclado y del gamepad por parte de los usuarios y cómo disparar funciones a partir de dichas pulsaciones. Las configuraciones para lo anterior se encuentran en este directorio.

- *Prefabs*: En esta carpeta están los objetos que he creado para el juego a partir de unir componentes individuales. Estudiaremos en qué consisten en el capítulo 5.

- *Scenes*: Aquí he dejado los distintos niveles utilizados para el juego y para las pruebas automatizadas. El capítulo 5 trata en detalle en lo que consisten las escenas.

- *Scripts*: En esta carpeta van los ficheros de C# con los que definiremos los comportamientos e interacciones de los distintos elementos del juego. Los estudiaremos en profundidad en el capítulo 6.

- *Sounds*: Todos los efectos sonoros y musicales del juego se recogen en este directorio. El capítulo 13 está dedicado a ellos.

- *Sprites*: Ya hemos mencionado que toda imagen que se muestra en un juego 2D recibe el nombre de *sprite*. Estas imágenes abarcan tanto los elementos estáticos de la escena (pilares, muros, ventanas, etc) como los fotogramas de las animaciones de los personajes. Aquí están todas las utilizadas en el juego. Analizaremos todas sus peculiaridades en el capítulo 8.

- *Tests*: Aquí también tengo ficheros de C#, pero en este caso son para comprobar que el comportamiento de los scripts del juego es el que debería. Es crítico contar con una nutrida colección de tests que permitan comprobar hasta la última funcionalidad del juego. Veremos la teoría sobre el desarrollo orientado a tests (*TDD*)[6] y cómo elaborar esos tests en el capítulo 18.

- *UI*: Aquí van todos los elementos de interfaz gráfico del juego. Son pocos, pero suficientes para entender cómo funciona *UI Toolkit*, el nuevo marco de desarrollo de interfaces de Unity. Estudiaremos también esta parte en el capítulo 14.

- *UI Toolkit*: Es un directorio auxiliar al de *UI*. La verdad es que podría haber fusionado ambos, pero lo he dejado tal cual porque tampoco hacía daño así.

[5] Para implementar dichas máquinas de estado finito he utilizado un componente de Unity denominado Animator.
[6] Test Driven Development.

- *Videos*: Son los vídeos que se muestran en las transiciones entre niveles. Aprenderemos a mostrarlos en el capítulo 8.

En todo caso, insisto en que esta es la distribución de carpetas que me ha valido para este juego. En el capítulo 4 detallaré la estructura de carpetas que recomienda Unity, pero, a partir de ahí, siéntete libre de probar otras organizaciones en tus propios juegos.

1.5. Estructura del libro

El libro cuenta con 4 partes principales:

- *Primeros pasos*: Entraremos en contacto con las herramientas necesarias para reconstruir un juego como *Prince of Persia*. Entre esas herramientas está Unity, cuyo editor explicaremos en este bloque para que te puedas mover con soltura y sepas dónde encontrar las diferentes secciones que vas a necesitar. También aprenderás cómo adaptar la organización del editor para que te resulte cómodo utilizarlo. Por último, explicaré varios conceptos teóricos que son necesarios para entender cómo funciona Unity.

- *Velocidad de crucero*: Profundizaremos en cada uno de los componentes de Unity que se utilizan en un proyecto como *Prince of Unity*. Con lo que cubramos en esta parte, abarcaremos los conceptos básicos e intermedios de Unity.

- *Pongámonos serios*: Hablaremos de temas avanzados. Todos ellos son útiles para el desarrollo en Unity, pero muchos de ellos no son exclusivos de Unity. Eso quiere decir que, conocer lo que se va a contar en esa parte, te será también útil en otros desarrollos que puedas emprender, al margen de Unity. Trataremos técnicas y herramientas a utilizar para desarrollar más rápidamente, cometiendo menos fallos y detectando fácilmente aquellos que cometamos. También veremos cómo extender el editor de Unity para crear nuestras propias herramientas y editores de objetos con los que hacer más cómodo nuestro trabajo.

- *Postproducción*: La creación de una película no finaliza cuando se acaba de rodar la última toma, sino que a partir de ahí queda un importante trabajo para montar el metraje, promocionar la película y distribuirla. De manera similar, la creación de un juego también tiene trabajos importantes de post-producción antes de llegar a los usuarios. En esta parte describiremos los más importantes: pruebas con usuarios, optimización del juego, empaquetado y distribución del mismo.

Si eres completamente novato, lo suyo es que te leas secuencialmente las diferentes partes, empezando por la primera. Pero si ya tienes cierta experiencia, no veo problema alguno en que saltes directamente al capítulo que más te interese.

CAPÍTULO

2 Prince of Persia, un juego mítico

La historia de cómo se desarrolló *Prince of Persia* es extremadamente enriquecedora para cualquiera que quiera dedicarse a crear juegos. La tremenda repercusión del juego contrasta con la economía de medios técnicos y humanos empleados en su desarrollo. Como veremos, el autor del juego, Jordan Mechner, empleó técnicas e ideas importadas del mundo del cine, lo que enriqueció el juego y le dio un toque distintivo que le ha permitido pasar a la historia. Todo ello gracias y a pesar (porque ambas cosas son posibles al mismo tiempo) del factor humano, con un desarrollador muy joven, en el inicio de su carrera profesional, que ni siquiera tenía claro que el mundo del desarrollo de juegos fuera realmente el suyo, pero con ganas de hacer cosas diferentes. Por eso, es muy interesante conocer su historia. Espero que te sirva como contexto y referencia cuando el proceso de crear tu próximo juego se te haga cuesta arriba.

Una de las técnicas empleadas, la del rotoscopio, afecta tanto al espíritu del juego que la estudiaremos en detalle en la sección 2.2.

Por último, una vez fijado el contexto de su desarrollo, analizaremos el juego en sí: su estructura, sus reglas, sus mecánicas y peculiaridades. De todas ellas, señalaremos cuáles vamos a incluir en *Prince of Unity*.

Todo este proceso es extremadamente importante a la hora de reconstruir un juego. Necesitamos conocer cómo se desarrolló para entender lo que le hace especial y ser capaces de reflejarlo en nuestra versión. Por otro lado, entender su historia también puede darnos ideas y atajos para simplificar la reimplementación de las principales mecánicas del juego.

Identificar dichas mecánicas y elaborar una lista cerrada de las que queremos reflejar en nuestra versión, es una manera de definir un objetivo concreto y una serie de hitos para nuestro desarrollo.

Contar con un objetivo e hitos específicos nos permitirá evitar uno de los mayores enemigos del desarrollo: la indefinición de lo que se quiere desarrollar. Muchos juegos jamás llegan a ver la luz porque sus desarrolladores se pierden incluyendo una lista inacabable de funcionalidades que se les van ocurriendo sobre la marcha. Al final, el juego se hace tan complejo, que el desarrollador nunca acaba de cerrarlo y jamás llega a ver la luz. Por eso, antes de empezar cualquier desarrollo, asegúrate de tener muy claro qué quieres reflejar en tu juego y cuándo estará listo para presentárselo a los primeros jugadores. Recuerda: el fin de un juego no es ser perfecto, sino ser jugado y disfrutado por otras personas.

2.1. La historia detrás del juego

Prince of Persia no fue el primer juego de Jordan Mechner. De hecho, empezó a desarrollar juegos en su adolescencia. Sus dos primeros juegos *Asteroid Blaster* [115] y *Death Bounce* [117] fueron rechazadas por las distribuidoras.

Asteroid Blaster estuvo a punto de ser publicado por *Hayden Book Company*, pero se echaron atrás cuando los abogados de *Atari* les advirtieron de que el juego se parecía demasiado a su *Asteroids* [168].

Death Bounce también se inspiraba en Asteroids, pero Mechner intentó diferenciarse variando algunas mecánicas, aunque reaprovechaba recursos del primer juego. *Death Bounce* también fue rechazado, esta vez por la editora *Broderbund*. Puede ser que Broderbund conociese las pasadas amenazas de Atari o que sencillamente no le viese suficiente originalidad, el caso es que el juego no llegó a ver la luz, aunque al menos sirvió para iniciar una relación entre el desarrollador y la editora con la que acabaría haciendo historia.

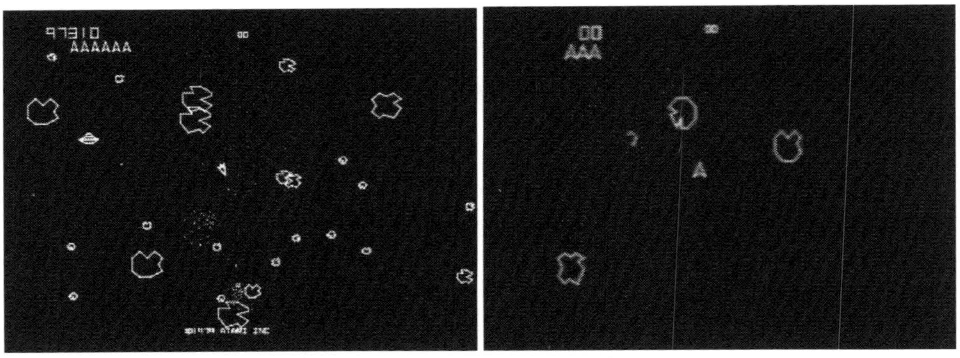

Figura 2.1: A la izquierda el Asteroids de Atari y a la derecha el Asteroid Blaster de Mechner.

Animado por Broderbund a buscar conceptos nuevos, Mechner se inspiró en su afición al karate para desarrollar su primer juego publicado: *Karateka* [118], desarrollado en 1984. Es paradójico que este juego fuera el que le catapultase a la fama y sin embargo no se le recuerde por él. Por entonces contaba con 20 años, y lo desarrolló en su Apple II como proyecto personal, mientras asistía a las clases de la Universidad de Yale. Es muy interesante analizar este juego porque en él se distinguen elementos que acabarían cristalizando en *Prince of Persia*.

Al diseñar *Karateka*, Mechner se inspiró en sus aficiones cinematográficas tanto a nivel visual, incorporando escenarios similares a los de la película *Los Siete Samurais* [101], como a nivel técnico, utilizando en cierta medida la técnica del rotoscopio. Mechner empleó esta técnica para dotar de realismo a los movimientos de los personajes, utilizando a su profesor de karate como modelo del proceso.

En este juego, un malvado shogun secuestraba a la novia del protagonista y la encerraba en su torre. El protagonista acudía al palacio del shogun a rescatarla y se iba enfrentando, uno a uno, con los guardias del noble, abatiéndolos con puñetazos y patadas de karate. El juego era lineal, ya que el personaje se limitaba a avanzar hacia la derecha de la pantalla, desde donde aparecían sus enemigos. El escenario hacía scroll conforme avanzaba el jugador, pero en la segunda mitad del juego empezaban a aparecer habitaciones, con una puerta de salida y otra de entrada. Es en estas habitaciones donde había que atravesar trampas, como los rastrillos, de consecuencias fatales para el personaje.

Otro elemento distintivo de la mecánica del juego eran las escenas cinemáticas entre niveles, en las que se podía ver al shogun ordenando a sus soldados (e incluso a su águila) atacar al protagonista. El Apple II estaba tremendamente limitado, apenas podía mostrar 8 fotogramas por segundo y no podía mostrar animaciones y emitir sonido al mismo tiempo (estando el sonido limitado a un tono cada vez). A pesar de eso, el resultado fue espectacular para la época. Los escenarios, aun siendo 2D, mostraban una tridimensionalidad muy poco común entonces, mediante un uso muy inteligente de la perspectiva y de los elementos del escenario, con los que creaba sensación de profundidad. El padre de Mechner se encargó de componer la banda sonora, que fue muy celebrada.

Karateka fue un éxito. Para 1986 ya había vendido 100.000 copias, cifra asombrosa para una época de venta de juegos físicos, una informática personal poco extendida, exceso de plataformas y unos canales de promoción limitados casi en exclusiva a revistas especializadas, al no existir prácticamente internet a nivel doméstico. Broderbund se encargó de portar el juego a múltiples plataformas de la época, siendo las versiones de Commodore 64 y Atari ST las más mejor valoradas. La crítica apreció el estilo visual del juego, sus animaciones, los efectos de sonido y la trama. Aún así, con todo el mérito de lo anterior, quizás uno de los mayores éxitos a la larga de *Karateka* fue que le valió a Mechner la confianza de Broderbund, que le dio carta blanca para desarrollar su siguiente juego.

Figura 2.2: Karateka en Apple II (1984).

> Si lo que llevamos de sección te ha resultado interesante y te has quedado con ganas de más, te recomiendo que leas *The Making of Karateka: Journals 1982-1985* [122]. Se trata del diario personal de Mechner, de la época en la que desarrolló *Karateka*. No esperes encontrar mucha descripción técnica del juego en sí. En vez de eso, creo que recoge algo mucho más valioso por atemporal: los problemas, vivencias y emociones que tuvo durante el desarrollo. La gente tiende a pensar que desarrollar un juego de éxito es un camino lineal y claro. En vez de eso, este libro demuestra que el desarrollador de un juego de éxito también puede tener dudas de que el juego realmente sea interesante, sentirse perdido en una laguna creativa sin saber hacia dónde llevarlo o, incluso, aburrirse y desear acabarlo para dedicarse a otras cosas. Todo ello se recoge en ese libro, y viene a demostrar que, en el desarrollo de un juego, hay mucho de perseverancia y fuerza de voluntad de su creador.
> La continuación de este libro es *The Making of Prince of Persia: Journals 1985 - 1993* [123]. El tono de su contenido es similar al de *The Making of Karateka*, pero cubre el periodo de tiempo del desarrollo de *Prince of Persia* que vamos a resumir ahora.

Con este aval, Mechner comenzó en 1985 el desarrollo de *Prince of Persia*, de nuevo en Apple II. De manera similar a *Karateka*, escribió su código en ensamblador, en su variedad 6502 para Apple II. Mechner acababa de graduarse en Yale y quería ser guionista de cine. De hecho, el proceso de desarrollo de Prince of Persia se alargó bastante porque Mechner lo dejó apartado en numerosos momentos, para dedicarse a trabajar en los guiones que intentó colocar, para meter la cabeza en la industria del cine. Como él mismo reconoce en su diario de aquellos días [123], no tenía nada claro que quisiese dedicarse al mundo de los juegos y en muchos momentos lo vio como una mera vía de pagar las facturas mientras se abría camino en el mundo del cine. Por ese motivo, el desarrollo se prolongó 4 años, aunque hay que reconocer que Broderbund no dejó de apoyarle y de animarle a continuar desarrollando el juego.

Prince of Persia es uno de los juegos que marca el final de la época en la que estos eran desarrollados por una única persona. De hecho, aunque la versión de Apple II la desarrolló en exclusiva Mechner, Broderbund le apoyó y reforzó en determinados momentos con personal de su plantilla (probablemente también para evitar que Mechner se desanimase del todo y abandonase el proyecto definitivamente). Por ejemplo, la secuela de este juego salió en 1993, se llamó *Prince of Persia 2: The Shadow and the Flame* [121] y ya fue un producto plenamente de estudio en el que llegaron a colaborar hasta 16 personas, entre las que el mismo Mechner hacía labores creativas y de diseño, pero delegando la parte artística y técnica en el resto del equipo.

Figura 2.3: Mechner, en su estudio, en 1989. En la pared, los fotogramas que utilizó para el rotoscopiado de Prince of Persia.

Prince of Persia no tomó forma desde el principio. Inicialmente Broderbund quería una secuela de Karateka, pero Mechner prefería enfocar el juego a algo diferente, sin perder el exotismo. Por eso, poco a poco se fue abriendo paso la idea de darle al juego una ambientación a lo *Mil y una noches.* Mechner había quedado prendado con el comienzo de *Indiana Jones: en busca del arca perdida* [181]. Los saltos que daba Indiana Jones para sortear abismos, mientras deambulaba por ruinas laberínticas, plagadas de trampas, inspiraron a Mechner para la mecánica del juego. Probablemente, las prisas de Indiana Jones para escapar de aquellas ruinas precolombinas, antes de que quedasen selladas para siempre, también animaron a Mechner a enfrentar al jugador con el cronómetro fijando un tiempo límite para la aventura.

Todo ello conllevaba imprimirle al juego un dinamismo y agilidad que no tuvo *Karateka.* El problema que tenía Mechner era que se sentía muy limitado como artista gráfico. No se veía capaz de dibujar las animaciones del protagonista partiendo desde cero. Así que tuvo que recurrir de nuevo a la técnica del rotoscopiado, la cual ya había utilizado en su juego anterior, pero que en este llevó un paso más allá. En la sección 2.2 veremos con detalle en qué consiste la técnica y cómo la aplicó Mechner. El caso es que fue una elección acertada, porque las animaciones que consiguió resultaron ser las más naturales y fluidas que se habían visto nunca en un juego, causando asombro en todos los que lo jugaban. El dinamismo de los movimientos, lo extremo de las acrobacias para sortear los escenarios, la crudeza de las muertes en las trampas y un cronómetro despiadado, dotaban al juego de una personalidad realmente desafiante y dinámica.

Aun así, hubo un punto en el que el grupo que probaba el juego en desarrollo recomendó a Mechner incorporar combates al juego. Temían que a la larga podría resultar cansino y raro que el juego entero se basase en el personaje dando saltos por escenarios solitarios. Siendo un juego basado en la antigua Persia, los combates tenían que ser a espada y, aunque Mechner ya tenía la experiencia de haber implementado combates cuerpo a cuerpo en Karateka, esta vez no podía copiar los movimientos de su profesor de karate. Su afición por el cine acudió otra vez en su auxilio, esta vez a través de la película *Robín de los bosques* [40] en cuyo combate final Errol Flynn se batía en duelo con el villano. Viendo dicha escena una y otra vez, Mechner se dio cuenta de que podía sacar un patrón de movimientos aplicable al juego mediante rotoscopio. Los combates resultantes estuvieron a la altura del resto de movimientos del juego. Con sólo dos tipos de acciones, ataque y bloqueo, los combates resultaban fluidos y extremadamente agresivos.

Tras un proceso de maduración, el argumento del juego acabó siendo muy parecido al de *Karateka*: en la antigua Persia, el visir intenta dar un golpe de estado aprovechando la ausencia del sultán y, para legitimarse, decide casarse con la hija de este. Ante la negativa de la princesa, le lanza un hechizo por el cual dispone de una hora para decidir casarse con él o morir. Por supuesto, ahí está el protagonista (el príncipe), amante de la princesa, que aunque se ha visto arrojado a las mazmorras del visir, pronto encontrará la manera de escapar aprovechando una baldosa suelta, iniciando una fuga que terminará con la muerte del visir y el fin del hechizo. También de manera similar a *Karateka*, las distintas fases del juego se veían intercaladas con escenas animadas al margen del protagonista, aunque implicando esta vez a la princesa y no al villano. A diferencia de su juego anterior, en este, Mechner incluyó un varias situaciones y desafíos puntuales que buscaban evitar que el usuario cayese en la monotonía tras varios niveles.

En la fase 3 aparece un nuevo tipo de contrincante, un esqueleto al que no se le puede dar muerte pero al que el protagonista puede golpear hasta hacerle caer en un pozo.

En la fase 4, el protagonista atraviesa un espejo mágico y, al hacerlo, aparece un doble oscuro, al cual no puede vencer porque cada golpe que le alcanza le resta vida al protagonista. Ese doble oscuro, juega en contra del príncipe, robándole pociones y dejándole encerrado, hasta que el protagonista consigue volver a fundirse con él.

En la fase 8, el jugador se ve encerrado detrás de una puerta que no puede abrir, pero la princesa manda a un ratón que acciona el mecanismo de apertura.

Finalmente, en el nivel 12 tiene lugar el duelo final entre el protagonista y el visir y, tras darle muerte, se rompe el hechizo de la princesa y esta y su amado pueden abrazarse por fin.

Por fin, en 1989 se pudo dar por terminado el desarrollo, pero para entonces el Apple II estaba en decadencia. La distribución del juego tuvo un comienzo preocupante porque las ventas en Estados Unidos tardaron en despegar. La situación no mejoró hasta que en 1990 el juego apareció en Europa y Japón, donde se convirtió en un superventas que reactivó a su vez el mercado americano. Lo que tiró del carro no fueron las ventas para Apple II, dado que a esas alturas daba sus últimos coletazos, sino las versiones en otras plataformas, principalmente IBM PC y luego consolas. Se estima que para 1993 ya se habían vendido más de 2 millones de copias.

La crítica lo aclamó mundialmente, alabando la extremada fluidez y naturalidad de sus movimientos, la ambientación y el tono al estilo de las películas clásicas de aventuras y la frescura de los retos. Pero donde más se notó el mérito del juego fue en su influencia en otro juegos posteriores. El mismo Mechner tuvo la oportunidad de encontrarse con los desarrolladores de la francesa *Delphine Software*, que le reconocieron que la mecánica de sus juegos *Another World* [30] y *Flashback* [39] (sobre todo este último) estaban directamente inspiradas en las de *Prince of Persia*. Incluso juegos muy posteriores, como *Tomb Raider* [69], pueden considerarse descendientes directos de *Prince of Persia*.

Pero la influencia de *Prince of Persia* no se limitó al mundo de los juegos. Sin ir más lejos, el carácter acrobático del *Aladdín* [34] de Disney era para muchos sospechosamente similar al del *Prince of Persia* estrenado apenas 3 años antes.

Pocos juegos pueden vanagloriarse de haberse vendido tanto, con tal economía de medios en su producción, y de haberse portado a tantas plataformas, de haber sido tan imitado o de haber tenido tantas secuelas e incluso una película. Este es el juego que vamos a reconstruir con nuestro *Prince of Unity*.

> En 2012, Mechner colgó en GitHub [116] el código fuente del *Prince of Persia* para Apple II. Es código ensamblador para el 6502, pero si eres un ninja del ensamblador seguro que te resulta fascinante. A mí desde luego, tras reconstruir este juego con Unity, me maravilla que Mechner fuera capaz de desarrollarlo con herramientas tan limitadas.

2.2. El rotoscopio

El rotoscopiado es el nombre técnico de un método que conoce cualquier niño de primaria, sólo que ellos lo llaman *calcar*. Si tienes tu etapa de primaria algo olvidada, nos referimos al sistema de poner sobre una fotografía un papel tan fino que se transparente levemente, dejando ver la imagen que tiene debajo lo suficiente como para servir de guía mientras se repasa el contorno con el lápiz. Es un método de copia rudimentario, pero efectivo si se carece de una fotocopiadora o escáner.

Para aplicar esta técnica sobre imágenes estáticas basta con una superficie despejada y buena luz ambiental, aunque muchos van más allá y usan mesas de luz que les retroiluminen la imagen, aumentando el efecto de transparencia y facilitando la tarea de repasar el contorno.

Sin embargo, para aplicar esta técnica de manera industrial sobre los fotogramas de una imagen en movimiento los artistas han inventado a lo largo de la historia múltiples artilugios que les hicieran más cómoda la tarea. El rotoscopio de la figura 2.4 es uno de comienzos del siglo XX y de los primeros en ser tan detalladamente documentados.

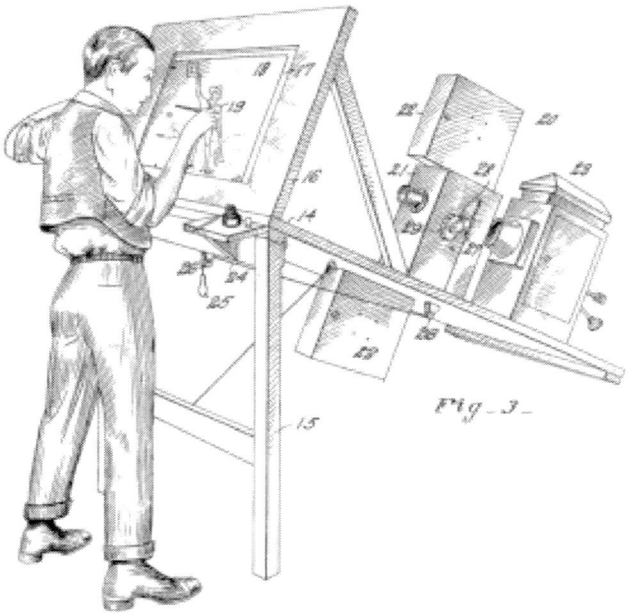

Figura 2.4: El rotoscopio de Max Fleischer (1915).

Esta técnica se ha usado con frecuencia desde los mismos comienzos del cine. Uno de los ejemplos más notables es el clásico de Disney *Blancanieves y los Siete Enanitos* [83] que empleaba el rotoscopiado para recrear los movimientos de los personajes humanos. Aunque probablemente Mechner tenía mucho más fresco el ejemplo de la versión de *El Señor de los Anillos* [14] de 1978 cuando se planteó usar esta técnica en sus juegos.

Mechner era un gran aficionado al cine y, de hecho, como ya hemos mencionado, en aquella época quería entrar en esa industria como guionista. Probablemente fue gracias a esa afición que supo del método de rotoscopiado. Lo usó por primera vez para reflejar los golpes de su profesor de karate en *Karateka*, pero donde alcanzó el esplendor de la técnica fue con *Prince of Persia*. El equipamiento que utilizó fue muy diferente al de Disney. El proceso que siguió fue el siguiente:

1. Para capturar los movimientos del protagonista le pidió a su hermano que corriese y saltase por un aparcamiento cercano a su casa. Mechner grabó los movimientos de su hermano con una cámara VHS.

2. Posteriormente seleccionó las tomas que más le gustaron y las reprodujo en un televisor, dentro de una habitación oscura, donde las fotografió con una cámara de 35 milímetros, fotograma a fotograma. Para cuando acabó, contaba con 35 fotos de su hermano haciendo distintos movimientos.

3. Como se puede ver en la figura 2.5, para convertir las imágenes en sprites, Mechner repasó la figura de su hermano en cada foto con un típex blanco y luego tachó todo lo demás con un rotulador negro. Para cuando acabó, en cada fotografía quedó una silueta blanca sobre un fondo negro.

4. Acto seguido, Mechner juntó todas las fotografías en una especie de *spritesheet*, fotocopiándolas sobre una hoja de papel.

5. Para digitalizar las imágenes, escaneó la hoja de papel con una tarjeta especial de captura que adquirió para su Apple II.

6. Una vez tuvo las imágenes dentro del Apple II, generó los distintos fotogramas separando las imágenes una a una y usó una herramienta gráfica propia de Apple II para dibujarlos píxel a píxel.

> Un *spritesheet* es una imagen compuesta por otras individuales. Es similar a un *collage*. Como veremos en el capítulo, los spritesheets (o imágenes atlas) se usan para juntar en una sola las distintas imágenes del juego. De esa manera se mejora el rendimiento ya que el juego carga una única vez la imagen principal y aplica a cada elemento el recorte de cada imagen individual del collage, en vez de estar cargando múltiples imágenes individuales.

Su hermano no fue su único modelo. Para las escenas de la princesa Mechner grabó a Tina LaDeau, la hija de uno de sus compañeros de Broderbund. En la grabación del abrazo final entre el príncipe y la princesa participó Brian Eheler, amigo de Mechner y desarrollador de grandes juegos de los años 90. Todo ello sin olvidar a Errol Flynn cuya película *Robín de los bosques* , le sirvió a Mechner de referencia para los duelos a espada, tal y como comentamos en la sección 2.1.

Aunque el proceso fue arduo, no lo fue tanto como habría sido dibujar todos los fotogramas desde cero y los movimientos no habrían resultado tan fluidos y naturales como quedaron. En realidad, bien mirado, la técnica del rotoscopio venía a ser una manera primitiva de lo que ahora se denomina *mocap*, *motion-capture* o captura de movimientos. Si con las herramientas actuales de mocap se utilizan imágenes reales como referencia para los esqueletos de una malla 3D, con el rotoscopio en cambio se usan imágenes reales como referencia de dibujos artísticos.

El estupendo resultado obtenido en *Prince of Persia* animó a otros desarrolladores a utilizar el rotoscopiado en sus juegos. Ya hemos mencionado los ejemplos de *Another World* o *Flashback*, pero hubo casos aún más famosos como el de *Mortal Kombat* [20] en 1992. En la actualidad, es más habitual la utilización de técnicas modernas de mocap en el desarrollo de juegos, pero se sigue viendo ocasionalmente la rotoscopia como recurso artístico en el cine y la televisión, con ejemplos tan recientes como *A Scanner Darkly* [106] en 2006 o el episodio *El propio pulso de la máquina* [44] de la tercera temporada de *Love, Death and Robots* [52] en 2022.

Figura 2.5: Fotos del hermano de Mechner corriendo por el aparcamiento, una vez retocadas con típex y rotulador negro.

2.3. Análisis del juego

En *Prince of Persia*, el jugador cuenta con un máximo de 60 minutos para alcanzar a la princesa y rescatarla o perderá el juego. La secuencia animada que aparece cuando se pierde el juego es deliciosamente ambigua, mostrando vacía la habitación de la princesa, con el reloj de arena agotado, pero sin que se llegue a saber si la princesa ha muerto o si se ha entregado en matrimonio al visir.

Para llegar a la princesa, el protagonista debe atravesar 12 niveles. Se entra a cada uno de ellos por una puerta inicial que se cierra a su paso. Para finalizar el nivel, hay que encontrar la puerta de salida, la cual permanecerá cerrada hasta que el jugador localice el interruptor que la abre, estando este unas veces cerca de la puerta y otras bastante alejado. Hay dos tipos de ambientaciones para los niveles: unos son mazmorras con paredes de piedra cruda, mientras que otros tienen ambientación palaciega y muestran tapices, ventanas y cenefas en las paredes.

Los niveles están compuestos por habitaciones. A diferencia de *Karateka*, en este juego Mechner no implementó un *scroll* continuo en el que la cámara se mueva con el jugador. En vez de eso, la cámara sólo se mueve a la siguiente habitación cuando el príncipe atraviesa uno de los bordes de la habitación en la que se encuentra. Ese movimiento de una habitación a otra es instantáneo, de un salto, sin desplazamientos graduales. Las habitaciones son rectangulares y se puede salir de ellas por arriba, por abajo, por la izquierda o la derecha, sin que sea posible el desplazamiento entre habitaciones en diagonal. Como se puede comprobar en la figura 2.6, cada habitación tiene un tamaño fijo y una estructura en cuadrícula con un tamaño de 3 filas de altura y 10 columnas de anchura. Las piezas de la arquitectura de los distintos niveles son bloques que encajan perfectamente en las celdas de la cuadrícula anterior. Gracias a esta estructura se pueden construir niveles muy extensos y complejos, acoplando unos pocos tipos de bloques, celda a celda, en cada una de las habitaciones, como si de un *Lego* se tratase.

En principio, la idea del juego es que se finalice en una sola sesión, aunque a partir del tercer nivel se puede guardar la partida pulsando Ctrl + G, para recuperarla luego presionando Ctrl + L al comienzo del juego. Ten en cuenta que al recuperar una partida se coloca al jugador al comienzo del nivel (si bien con la vida al máximo), por lo que en la práctica da igual salvar la partida al comienzo de un nivel o a la mitad de este.

Figura 2.6: He superpuesto una rejilla para resaltar la estructura de una habitación cualquiera del juego. Como veremos, cada habitación se construye encajando piezas en cada una de las celdas.

Hay diversos peligros que el jugador debe afrontar en cada nivel: la estructura misma del nivel, las trampas, los venenos y los guardias, así como algunos desafíos especiales.

Cuando hablo de la estructura misma del nivel, me refiero a que este es un juego de plataformas y la fuerza de la gravedad es despiadada. Eso quiere decir que el príncipe podrá caer una altura sin despeinarse, pero perderá un punto de vida si cae dos alturas, mientras que si la caída es de tres alturas o más, morirá del todo. El final mortal de una caída se anticipa con un grito aterrado (y aterrador) del personaje que se ve interrumpido cuando alcanza fatídicamente el suelo. También hay puertas de rastrillo que, aunque no hieren al protagonista, pueden bloquear su paso. Al igual que las puertas de nivel, hay baldosas que, al pisarlas, ejercen de interruptores y las abren. Sin embargo, a diferencia de las puertas de nivel, que una vez abiertas se quedan así, hay algunas puertas de rastrillo que, pasado un tiempo, vuelven a cerrarse poco a poco. En esos casos, deberemos darnos prisa para atravesarlas antes de que se cierren, aunque la ocasional distancia entre el interruptor de apertura y la puerta no lo pondrá siempre fácil. Para agravar las cosas, hay algunos baldosas muy disimuladas que al pisarlas hacen que la puerta de rastrillo se cierre de golpe. Deberemos estar atentos a esas baldosas y no pisarlas si no queremos tener que vernos obligados a retroceder al interruptor de apertura.

Los niveles están salpicados con trampas, principalmente de 3 tipos:

- Pinchos: Son pinchos retráctiles que se activan cuando detectan a un personaje sobre ellas. En caso de alcanzar a un personaje, lo mata instantáneamente, aunque el príncipe puede sortearlos saltando sobre ellos o andando (que no corriendo) a través de ellos.

- Cuchillas: Son como dobles guillotinas que inician un ciclo de apertura y cierre periódico cuando detectan a un personaje cerca de ellas. Los personajes pueden andar, correr y saltar a través de ellas si las cuchillas están en su fase de apertura, pero si les alcanzan en su fase de cierre, el personaje morirá instantáneamente.

- Baldosas sueltas: Son fragmentos de suelo que no están firmemente sujetos y que por eso caerán en cuanto un personaje pase sobre ellos. Su presencia se puede detectar porque se mueven levemente y hace un ruido cuando el príncipe salta o aterriza cerca de ellas. Pueden dañar a los personajes de dos maneras, bien porque al soltarse provoquen que el personaje caiga en un pozo demasiado profundo, o bien, porque caigan sobres ellos golpeándolos.

Fíjate que al hablar de las interacciones de las trampas he usado la palabra *personaje*, porque las trampas no afectan sólo al jugador, sino también a los guardias.

Figura 2.7: Trampas del juego: pinchos (arriba izquierda), cuchillas (arriba derecha) y baldosas sueltas (abajo).

A lo largo del nivel también se pueden encontrar jarras que contienen pociones de diversos tipos:

- Pociones pequeñas: Restauran un punto de salud si esta se encuentra por debajo del máximo.
- Pociones grandes: Añaden un punto de salud al máximo y restauran esta por completo.
- Venenos: De color azul, restan un punto de vida.
- Pociones antigravitatorias: Son jarras grandes con un líquido verde. Sirven para que el protagonista flote al caer de manera que pueda aterrizar a salvo, independientemente de la altura.

Los guardias no patrullan por el nivel, pero se desplazan hacia el príncipe cuando este se encuentra a su alcance. Los movimientos básicos del guarda son: avanzar en un sentido u otro, atacar y bloquear nuestro ataque. No todos los guardias son iguales, unos avanzan con más decisión y otros prefieren que sea el príncipe el que se acerque, unos atacan con más frecuencia y otros son más estáticos pero bloquean mejor nuestros ataques. Los primeros guardias que encontramos en el juego avanzarán ciegamente hacia nosotros y, aunque nos ataquen, apenas bloquearán nuestros golpes por lo que los combates básicamente consistirán en golpearles antes de que ellos inicien su propio ataque. Sin embargo, conforme avance el juego los guardias se irán haciendo cada vez más difíciles, no sólo porque comenzarán a bloquear nuestros golpes con precisión, sino también porque realizarán contraataques muy rápidos que nos dañarán si no somos capaces de bloquearlos.

El contrincante más difícil es el visir. Para cuando nos encontremos con él deberemos estar acostumbrados a realizar la secuencia bloqueo-contraataque-bloqueo-contraataque y ser capaces de sostenerla hasta que el visir cometa un error y falle al bloquear uno de nuestros contraataques. El visir es fácilmente reconocible porque sus ropajes son diferentes a los de los guardias, sin embargo estos últimos se distinguen entre sí sólo por el color de esos ropajes. Ese color delata la dificultad del guardia.

Un factor a tener en cuenta con los guardias es que son vulnerables a los escenarios, así que, si los empujamos a una caída o hacia una trampa, se verán dañados o morirán como lo haría el personaje. Eso es especialmente importante con un tipo especial de guardia que aparece en el nivel 3: el guardia esqueleto. Este esqueleto se yergue por sorpresa cuando el jugador se acerca a su montón de huesos. Lo que le hace especial es que los golpes recibidos no le dañan, pero sí le hacen retroceder, por lo que la única manera de vencerle es hacerle caer al vacío.

Hay otros desafíos especiales que le aportan variedad al juego. En el nivel 4 aparece un espejo mágico que el protagonista se ve obligado a atravesar. Al hacerlo, aparece un doble maligno del príncipe que le resta un punto de vida, luego le arrebata una poción y finalmente le deja encerrado en el nivel 8. Luchar con el doble maligno es inútil porque cualquier golpe infligido le quita vida al protagonista. El encierro del jugador finalmente se resuelve porque la princesa envía a un ratón que acciona el mecanismo de apertura. La trama del doble maligno no se resuelve hasta el nivel 12 en el que el jugador se vuelve a fundir con él, lo que le permite superar el abismo que le separa de la zona donde tendrá lugar el enfrentamiento final con el visir.

El conteo de la vida es idéntico al de *Karateka*. En el lado inferior de la pantalla hay una barra negra en la que se reflejan una serie de triángulos rojos a la izquierda, que son los puntos de vida del protagonista. El príncipe empieza el juego con tres puntos de vida. Conforme hieren al protagonista, se le van vaciando los triángulos de vida. Las pociones pequeñas sirven para reponer los triángulos vacíos y las pociones grandes añaden triángulos adicionales. Cuando un guardia coincide en la misma habitación que el jugador, la vida del guardia se refleja con triángulos azules en la parte derecha de la barra inferior. Como es obvio, cuando el número de puntos de vida de un personaje se reduce a cero, este perece. Para el jugador, la muerte de su personaje supone reiniciar el nivel.

En *Prince of Persia* el tiempo pasa en tiempo real y reiniciar un nivel por muerte no repone el cronómetro al punto en el que se encontraba al empezar el nivel, lo que supone una penalización muy seria.

2.4. ¿Qué vamos a incluir en Prince of Unity?

Prince of Unity es la reconstrucción que vamos a hacer de la versión para IBM PC de *Prince of Persia*. Nuestra meta es aprender Unity por lo que no se trata de hacer el juego original completo, sino de implementar sólo las mecánicas principales que sean comunes a otros juegos. Se trata, por tanto, de hacer una *demo*, no un juego completo. De esta manera optimizaremos el esfuerzo y nos aseguraremos de que lo aprendido sea extrapolable a nuevos desarrollos.

Como ya mencioné anteriormente, decidir con antelación qué funcionalidades concretas queremos implementar nos permitirá enfocar nuestros esfuerzos y tener claro cuándo podemos dar por terminado el desarrollo. De no hacerlo así, nuestro desarrollo puede degenerar, como hacen otros, en un esfuerzo interminable y errático en el que se va incluyendo una cosa tras otra, sin orden ni concierto, ni una idea clara de cuándo estará listo el juego para ser mostrado.

Si nos ponemos formales, lo que estoy diciendo es que debemos tener claros los objetivos de nuestro desarrollo, antes de ponernos a trabajar. En gestión de proyectos se considera que un objetivo es realmente útil cuando reúne las condiciones SMART [55]:

- *Specific*: Específico. Se trata de un objetivo concreto, claro y definido.
- *Measurable*: Medible, es decir que podemos calcular objetivamente el grado de consecución del objetivo.
- *Achievable*: Alcanzable. No se trata de poner objetivos utópicos, sino objetivos que sean realistas de alcanzar.

- *Relevant*: Relevante. Nadie quiere emplear esfuerzos en algo inútil. El objetivo debe ser útil en el contexto del proyecto y, a ser posible, debe permitir obtener otros objetivos.

- *Time based*: Temporalmente definido. Es decir, debemos decidir con antelación cuánto tiempo nos damos para alcanzar el objetivo, de manera que podamos organizarnos adecuadamente en su consecución.

Partiendo de lo anterior, la primera decisión que he tomado es no implementar los 12 niveles del juego. Con 3 niveles, más el combate final con el visir, hay margen suficiente para plantear una estructura abreviada de inicio, nudo y desenlace y con eso aplicar tanto las mecánicas de cambio de niveles, como de reproducción de escenas intermedias. Hacer todos los niveles no aportaría gran cosa desde el punto de vista del aprendizaje de Unity (la razón de ser de esta reconstrucción) y, además, supondría un sobreesfuerzo importante, ya que me obligaría a crear dos tipos de bloques para los escenarios, los de la ambientación de mazmorra y los de la ambientación de palacio. Limitando la demo a los 3 primeros niveles sólo tengo que preparar los bloques de la ambientación de mazmorra. En cuanto al nivel del visir, lo he reducido a su mínima expresión para enfocarlo exclusivamente al duelo final.

Respecto a los oponentes, he decidido implementar sólo a los guardias y al visir. No he incluido al esqueleto porque su valor, a nivel de aprendizaje, no sería muy distinto al que aportan los guardias normales, pero sus peculiaridades (animaciones diferentes e invulnerabilidad a la espada) dispararían el esfuerzo para su implementación y dicho esfuerzo no merecería la pena para una única aparición de ese oponente. Si *Prince of Unity* fuera un juego completo tendría sentido incluir al esqueleto (como lo tuvo en el juego original), pero para una demo me parece que el balance beneficio-esfuerzo se inclina demasiado hacia este último. Por la misma razón, tampoco me ha parecido interesante incluir al doble-maligno ni la ayuda del ratón de la princesa, que, además, aparecen en niveles posteriores.

En lo referente al tiempo del juego, he decidido implementarlo igual, con la salvedad de que, al reiniciar un nivel tras una muerte, he preferido recuperar el tiempo que tenía el jugador al llegar al nivel por primera vez. En la práctica, eso supone eliminar la penalización por muerte del juego original, pero me pareció tan injusta en su momento que me he permitido la licencia de hacerlo diferente en esta reconstrucción.

No he implementado el mecanismo de salvado porque le veía poco valor añadido. Una funcionalidad de salvado supone recopilar el estado de un nivel y de los personajes que pululan por él, para guardarlo todo en un fichero, de manera que dicha información luego sea fácil de localizar y extraer de nuevo. El juego original tampoco se complicaba demasiado en este aspecto, ya que sólo permitía guardar una partida y se limitaba a tomar nota del nivel en el que se encontraba el jugador, así como la vida y tiempo con la que llegaba a él. *Prince of Persia* tampoco necesitaba guardar más información, dado que, al restaurar, situaba al jugador al principio del nivel, aunque el jugador hubiera salvado a la mitad. En nuestro caso, veremos que *Prince of Unity* ya conserva la información de la vida y tiempo con la que llega el jugador a un nivel, precisamente para poder restaurarlos al reiniciar el nivel en caso de muerte (tal y como explicábamos en el párrafo anterior). En cuanto a la lectura y escritura de ficheros, ya las realizamos en el capítulo 18 para la automatización de las pruebas funcionales. Así que en *Prince of Unity* ya cubrimos los dos elementos fundamentales de una funcionalidad de guardado como la de *Prince of Persia*, por lo que implementarla sólo supondría un esfuerzo extra, con escaso valor didáctico.

No he incluido tampoco ni los venenos, ni la poción de ingravidez. Al haber implementado las pociones de curación ya hemos cubierto las mecánicas necesarias para incluir en nuestros juegos objetos que se puedan recoger y afectar al protagonista. Un veneno sólo sería una poción de curación que aportaría puntos negativos de salud, así que su valor didáctico sería nulo. En cuanto a la poción de ingravidez, resultaba innecesaria en los 3 primeros niveles, así que he preferido dejarla fuera también.

El resto de las funcionalidades de *Prince of Persia* están reconstruidas de la manera más exacta posible en *Prince of Unity*. Estas constituyen en sí mismas un conjunto de hitos u objetivos. Las listo aquí por tener una referencia:

1. Diseño de los 3 primeros niveles, más el del visir: El hito se consigue al conseguir que el juego reproduzca la parte estática de los 3 primeros niveles del original. Por parte estática me refiero a la parte

inmóvil, la parte inalterable de los escenarios: muros, pilares, suelos estables y adornos. Incluyo aquí nuestra simplificación del nivel final en el que el protagonista se enfrenta al visir.

2. Recoger las entradas del jugador: Este objetivo se consigue cuando el juego es capaz de saber lo que quiere hacer el jugador. Para ello, los juegos utilizan los periféricos de entrada. En nuestro caso implementaremos el uso de dos periféricos de entrada: el teclado y el *gamepad*.[1]

3. Mostrar al personaje del jugador: El hito se resolverá cuando consigamos mostrar al personaje del príncipe en pantalla haciendo movimientos en función de las entradas que se reciban desde el teclado o el gamepad. En este punto no hace falta que el personaje se mueva, basta con que realice los distintos movimientos sin desplazarse de su posición.

4. Integrar al personaje del jugador con la parte estática de los niveles: Cumplir este objetivo conllevará que nuestro protagonista sea capaz de moverse (ahora sí) por el escenario. Este es un hito mayor para un juego tan acrobático. Fíjate que esto implica que el jugador pueda correr, andar, saltar, caerse, aterrizar, trepar, descender o quedarse colgado por el escenario.

5. Crear sistema de habitaciones: Haremos que la cámara se mueva instantáneamente cuando el protagonista llegue al borde de la habitación.

6. Crear las puertas: Hay dos tipos de puertas en el juego, las de cambio de nivel y las de rastrillo. En este hito, basta con que creemos puertas que sean capaces de abrirse y cerrarse, no será necesario aún crear baldosas que hagan de interruptor para las puertas ni implementar la funcionalidad de cambio de niveles.

7. Crear las baldosas interruptor: Aquí sí que crearemos las baldosas que abran o cierren puertas determinadas cuando las pise el jugador.

8. Crear sistema de vida: En este hito dotaremos al personaje de un sistema que le permita controlar cuánta vida le queda, así como incrementarla o reducirla en función de lo que le pase en el escenario. En este punto no hará falta aún mostrar los triángulos de vida del juego, bastará con que se muestre la cantidad de vida por consola.

9. Dañar al personaje con las caídas: Una vez creado el sistema de vida deberemos utilizarlo para aplicar al personaje un daño variable en función de la altura desde la que caiga.

10. Crear trampas de pinchos y cuchillas: Al igual que las puertas, estos son elementos dinámicos del escenario. Tendremos que hacer que estas trampas interactúen con el sistema de vida del personaje para aplicarle un daño masivo que lo mate.

11. Crear baldosas sueltas: Son un tipo especial de trampa, al tener un comportamiento muy diferente a los pinchos y las cuchillas.

12. Crear objetos recogibles: Serán elementos diseminados por el escenario que, al ser recogidos, alterarán determinados valores internos del protagonista. Implementaremos tres objetos recogibles: la espada, la poción pequeña y la poción grande.

13. Reiniciar el nivel: Dado que en los hitos anteriores habremos hecho posible que el jugador muera, habrá que preparar el juego para reiniciar el nivel cuando eso ocurra.

14. Crear un sistema de tiempo: Este es un juego cronometrado, por lo que deberemos crear un sistema que permita controlar el tiempo transcurrido y avise cuando se agote.

[1] Yo he utilizado para mis pruebas un mando para PC, con la distribución estándar de XBox.

15. Implementar un sistema de cambio de niveles: Se trata de crear un gestor que permita cargar a demanda los distintos niveles del juego. Ese gestor será el que utilicen las puertas de cambio de nivel para pedir que se cargue el siguiente nivel, una vez que el jugador las atraviese. Además, deberemos asegurar que determinada información se conserve con el paso de un nivel a otro. En concreto deberemos conservar el dato de si el jugador cuenta o no con espada, su vida máxima, así como el tiempo y la vida que le resta.

16. Implementar sonido: En este punto ya podemos hacer que los elementos de nuestro juego emitan sonidos.

17. Mostrar vídeos intermedios: Haremos que se muestren videos entre determinados niveles. Estos serán los vídeos de introducción, los de la princesa esperando en su alcoba y los dos finales alternativos, el del caso de que se nos agote el tiempo antes de acabar y el del caso de salvar a la princesa.

18. Detección de condiciones de derrota y victoria: Deberemos ser capaces de detectar si al protagonista se le ha agotado el tiempo o si ha alcanzado a la princesa. En función de una condición u otra, deberemos mostrar el vídeo adecuado y reiniciar el juego.

19. Creación de la barra de información: Se trata de crear la barra inferior del juego, donde se muestra la vida del protagonista, la del guardia con el que se enfrente, así como los mensajes del juego.

20. Implementar a los enemigos: Tendremos que crear a los personajes de los guardias y del visir. Los enemigos tienen muchas características y comportamientos comunes con el protagonista, así que implementaremos dicha funcionalidad común una única vez y haremos que ambos tipos de personajes la compartan. En este hito haremos que los enemigos se dirijan hacia el jugador cuando lo detecten, que se caigan y que mueran en las trampas.

21. Implementar los combates a espada: Tendremos que hacer que el protagonista y el guardia que se enfrente a él intercambien golpes, hasta que uno de los dos pierda su vida, o el protagonista se retire. Además, tenemos que conseguir que los diferentes guardias muestren perfiles diferentes de combate y, por tanto, de dificultad.

22. Habilitar *cheat-keys*: El juego original tenía ciertas combinaciones de teclas que permitían activar determinadas trampas (curar, matar al guardia de la habitación, pasar al siguiente nivel, etc). Nosotros incorporaremos algunas de esas combinaciones, como homenaje al juego original y como herramienta para facilitar nuestras pruebas del juego.

Fíjate en que se trata de una lista de objetivos que cumple con las condiciones SMART que mencionamos antes. Son concretos (*Specific*) y la consecución de cada uno de los hitos es fácilmente comprobable (*Measurable*) comparando el comportamiento obtenido con el del juego original. Todos deberían ser alcanzables (*Achievable*) para un único desarrollador, ya que Mechner pudo desarrollar el juego en solitario. No hay tampoco hitos accesorios, sino que todos son imprescindibles y relevantes (*Relevant*) para contar con un juego que ofrezca mecánicas iguales a las del original. Se podría argumentar que las cheat-keys no son imprescindibles, pero decidí incluirlas como herramienta útil (y por tanto relevante) para facilitar mis labores de prueba del juego. Por último, me fijé el objetivo personal de llevar a cabo estos hitos en 1 año (*Time based*). Ese plazo de tiempo era viable para mí, teniendo en cuenta que mi dedicación al desarrollo del juego era un hobby que debía compatibilizar con mi trabajo y mi familia. En tu caso, el plazo de tiempo que te fijes será otro, pero es importante que hagas el esfuerzo de decidirlo y que te comprometas con él.

Como ya hemos dicho, la indefinición del trabajo a realizar es uno de los mayores enemigos del desarrollador. Por eso debemos hacer el esfuerzo de definir una lista de objetivos SMART como esta, antes de emprender el desarrollo de una versión del juego. También debemos resistir la tentación de incluir nuevos objetivos sobre la marcha, ya que eso sería otra manera de añadir indefinición a nuestro trabajo y de desviarnos del objetivo de entregar un producto jugable en plazo determinado de tiempo. En vez de eso, deberíamos tomar nota de esos nuevos objetivos que se nos vayan ocurriendo sobre la marcha, para tenerlos en cuenta cuando elaboremos la lista de objetivos de la siguiente versión del juego, una vez que cerremos y entreguemos la actual.

En cuanto al orden de los objetivos, no te tomes el que he planteado como algo inamovible. Se trata más bien de una propuesta. De hecho, yo no he desarrollado el juego exactamente en ese orden. Lo que pasa es que a la hora de escribir este libro, y con el beneficio de la experiencia obtenida tras el desarrollo, me ha parecido que este orden era el más coherente, desde el punto de vista conceptual, y el que más rápido te puede llevar a acabar el trabajo, vistos los problemas que yo mismo me he ido encontrando en el proceso.

CAPÍTULO

3 Herramientas necesarias

Sentiría decepcionarte, pero si esperabas descargarte Unity y ponerte a desarrollar juegos, me temo que las cosas no funcionan así. En realidad, Unity es sólo una de las herramientas que vamos a necesitar para construir un juego. Si bien el editor de Unity permite generar arquitecturas de componentes de distinta naturaleza, enlazados para dar forma a un juego, la creación de cada uno de esos componentes no se hace en Unity sino en herramientas externas en las que se genera el contenido que luego se importará en Unity para ser utilizado en esos componentes.

En un juego 2D como *Prince of Unity* el contenido a generar es principalmente de tres tipos: imágenes, sonidos y código. Cuando pasemos al desarrollo 3D aparecerá un cuarto tipo de contenido, las *meshes*, es decir las mallas tridimensionales que dan forma a nuestros objetos.

En este capítulo repasaremos las herramientas que he utilizado para crear *Prince of Unity*. Ten en cuenta que muchas de estas herramientas son tremendamente amplias y se usan en otros campos aparte de la creación de juegos. Enseñarte a usar a fondo cada una de estas herramientas estaría fuera de mis capacidades y probablemente requiriese libros enteros. En vez de eso, te explicaré sólo las características concretas que he usado en cada una de las herramientas para lograr el objetivo último de generar el contenido necesario para reconstruir *Prince of Persia* en *Prince of Unity*. A partir de ahí, el libro se centrará en Unity.

Que yo muestre una herramienta concreta no significa ni que sea la única ni la mejor. Las que te voy a contar aquí son las que conozco en el momento de escribir el libro y que me han funcionado mejor. Todas son gratuitas y he procurado dar preferencia a aquellas que son *open source*. Sin embargo, hay múltiples alternativas para cada una de las categorías. Te animo a explorar otras disponibles en el mercado. Sin duda descubrirás opciones con más funcionalidades, tanto gratuitas como de pago. Al final se trata de que identifiques el conjunto de herramientas que mejor se adapte a tu forma de trabajar, a la clase de contenido que quieres generar, a tu pericia con ellas y al dinero que puedes dedicar a su uso. Mi objetivo en este capítulo es ofrecerte ejemplos que te sirvan de punto de partida y de referencia para que puedas empezar a trabajar y, con el tiempo, encontrar otras que se adapten mejor a ti y a tu proyecto.

> Una herramienta es *open source* cuando su código fuente está disponible para ser libremente examinado, modificado y distribuido por cualquiera. A partir de ahí empiezan los matices que se reflejan en la variedad de licencias open source existentes. Unas licencias exigen que se mencione al autor original del código, otras exigen que, al usarse ese código en una aplicación, esta tiene que convertirse a su vez en open source y otras no tienen limitación alguna. Al hacer público el código, la mayor parte de herramientas open source basan su modelo de negocio (en caso de tenerlo) en ofrecer servicios de mantenimiento y soporte, por lo que su mero uso suele ser gratuito. Además, ser open source es una garantía extra de seguridad, porque se supone que su código fuente puede ser auditado por gente ajena a los desarrolladores originales.

3.1. Unity

La primera elección a la que nos enfrentaremos a la hora de desarrollar un juego es decidir si vamos a crearlo desde cero o vamos a partir de un motor, o *engine*, ya hecho. Juegos como *Prince of Persia* se desarrollaron en un momento de gran heterogeneidad de plataformas, lenguajes y estilos de desarrollo por lo que cada juego se desarrollaba desde la nada. Desde entonces la industria del desarrollo de juegos ha crecido y se ha estandarizado hasta el punto de que las tareas más básicas se realizan igual en la mayor parte de los juegos. Por eso, hay casas de desarrollo que han recopilado todas esas tareas básicas en librerías y componentes que se pueden utilizar para construir juegos sobre ellos. Esas recopilaciones son lo que conocemos como engines. Usar un engine nos librará de tener que escribir el código de bajo nivel para hablar con la tarjeta gráfica o con la tarjeta de sonido, y nos permitirá usar métodos y librerías que nos facilitarán tareas comunes como la búsqueda de caminos, la detección de colisiones o la generación de máquinas de estado entre otros.

Actualmente, es muy raro que un estudio de desarrollo de juegos opte por crear un juego desde cero. Lo normal es utilizar un engine, para así poder concentrar los recursos del estudio en dotar al juego de un contenido único que le distinga de la competencia. Algunos estudios usan engines desarrollados internamente y en los que basan los juegos que van publicando. Otros, cada vez más, utilizan un engine de terceros y así externalizan el esfuerzo de mantener dicho engine.

A día de hoy, hay dos engines mayoritarios, *Unreal* [68] y *Unity* [221]. Ambos son propietarios, aunque sus licencias son muy permisivas y sólo implican pagos si publicamos con ellos juegos que alcancen un determinado nivel de ganancias. En el lado open source tenemos *Godot* [82], un engine muy prometedor pero al que aún le queda recorrido para pulirse y para alcanzar el nivel de popularidad, funcionalidades, recursos y documentación de los dos primeros. Hay otros engines, pero se les puede considerar de nicho, como por ejemplo *CryEngine* [37]. Por tanto, el dilema más habitual suele ser entre Unity y Unreal.

Unreal es un gran engine, capaz de crear juegos espectaculares, fotorealistas y con un rendimiento enorme. Una gran cantidad de los juegos AAA actuales se desarrollan en Unreal. Es muy estable, tiene buena documentación, un marketplace donde adquirir una gran cantidad de recursos y herramientas para nuestros juegos. Su documentación es abundante. También tiene fama de ser muy estable y de que los bugs que se le detectan se resuelven pronto. En esto último puede tener mucho que ver que Epic Games, la empresa que está detrás de Unreal, lo utiliza a su vez para desarrollar sus propios juegos (como, por ejemplo, *Fortnite* [67]) así que es la primera interesada en que el engine rinda al máximo.

Sin embargo, Unreal también tiene sus pegas. En mi opinión, la más relevante es su lenguaje de desarrollo. Se basa en C++, un lenguaje que ofrece un rendimiento superior pero en el que es más fácil cometer errores de difícil diagnóstico. Conscientes de ello, Epic dotó a Unreal de un lenguaje visual opcional, denominado Blueprints con el que se puede programar colocando cajitas en un lienzo. He programado en Blueprints y, aunque es un lenguaje muy potente, siempre me dio la sensación de que era un ciudadano de segunda en el ecosistema de Unreal, más enfocado al C++. Por otro lado, se nota muchísimo que el foco de Epic Games es el desarrollo de juegos 3D, ya que el soporte de Unreal para juegos 2D deja mucho que desear. Es cierto que, complementando a Unreal con algunos recursos de su marketplace se pueden hacer juegos 2D de primera fila, pero hacerlo única y exclusivamente con lo que viene de serie en el engine es tremendamente complicado.

Unity es la otra opción mayoritaria del mercado. Utiliza C# como lenguaje de programación, lo que lo hace más sencillo y más resistente a algunos de los errores que se pueden cometer en C++. Sin embargo, es un lenguaje con el que se pueden conseguir rendimientos inferiores a los de C++, aunque Unity ha evolucionado sus opciones de compilación (como veremos en el capítulo 25), para recortar esas diferencias de rendimiento. Si bien con Unity se pueden conseguir grandes efectos visuales, a igualdad de efectos visuales se suele considerar que el rendimiento de los juegos desarrollados en Unreal es mayor que el de los juegos desarrollados en Unity. De todos modos, para que se note la diferencia tendremos que comparar juegos con una carga gráfica muy fuerte. Es muy complicado que un juego indie mueva tal cantidad de recursos como para que Unity le limite, a no ser que se cometa algún error en la programación que derroche recursos (cosa que también puede ocurrir en Unreal).

Por otro lado, la opinión general es que aunque el resultado visual de Unreal es mejor en PC, Unity se mueve mucho mejor que aquel en plataformas móviles. Esa es la razón por la que muchos juegos destinados a Android o a iOS optan por utilizar Unity.

La tremenda popularidad de Unity hace que la cantidad de recursos para nuestros juegos y de documentación sean inmensas. En el marketplace de Unity se puede encontrar literalmente de todo y Youtube [237] está plagado de tutoriales de todo tipo para Unity.

En cuanto al 2D, se nota que Unity lo trata con mimo, incorporando nuevas funcionalidades en cada nueva versión. Aún así, hay quien critica que Unity nunca haya hecho un juego propio con su engine, lo que muchos señalan como la causa de que algunos errores tarden en resolverse o de que algunas funcionalidades nuevas den muchos bandazos antes de estabilizarse. Argumentan que si Unity hiciese juegos propios con su engine, se darían más prisa en resolver determinados problemas y se centrarían más a la hora de desarrollar nuevas funcionalidades.

Mi opinión personal es que Unreal es un gran engine. Viendo sus posibilidades técnicas es natural que tantos juegos AAA decidan usar ese engine. Pero mientras sigan basándose en C++ me temo que no les visitaré. Reconozco que tengo cierto síndrome post-traumático con ese lenguaje. Por otra parte, desarrollando en Unity me he sentido como en casa, he encontrado una funcionalidad para todo lo que he necesitado y un tutorial para cada duda que me ha surgido. Me parece un engine fantástico para aprender y muy adecuado para desarrollar tanto juegos comerciales, como juegos indie. Ya veremos qué pasa con los juegos que desarrolle en el futuro, pero, al menos para el juego que vamos a estudiar en este libro, Unity me ha encajado como anillo al dedo.

3.2. DOSBox

Lo primero que debemos asegurar cuando nos proponemos reconstruir un juego es que seamos capaces de ejecutar el juego original. Sin eso, no seremos capaces de examinar sus mecánicas y de compararlas con las nuestras para asegurar el máximo parecido.

El problema es que el *Prince of Persia* de 1989 es un juego tan antiguo que la versión para PC no funciona en un Windows 10 actual[1] . Para ejecutarlo, hace falta un emulador que ejecute el juego simulando las condiciones de ejecución de un IBM PC de la época.

Hay unos cuantos emuladores que nos servirían en esta situación, pero con *DOSBox* [53] no nos equivocaremos. Es un emulador probado, mantenido, open source y portado a múltiples plataformas.

Una vez que lo hayamos instalado en nuestro equipo, si pulsamos en el acceso directo que se nos habrá creado en el escritorio, veremos que es esencialmente una herramienta de consola. Podríamos usarlo desde dicha consola, montando manualmente la carpeta de nuestro juego, pero es mucho más sencillo si usamos un interfaz gráfico. En mi caso, utilizo *DBGL* [18] que hace realmente fácil gestionar y ejecutar una colección de juegos antiguos, usando por debajo DOSBox de manera transparente para nosotros.

Cuando hayamos instalado y arrancado DBGL, deberemos crear un perfil de ejecución para el juego usando el botón `Add Game Wizard`. Se abrirá una ventana emergente en la que tendremos que recorrer los siguientes pasos:

1. Primero deberemos darle un nombre al perfil (lo que te apetezca, aunque lo normal será introducir el nombre del juego). A partir del nombre que introduzcas, DBGL intentará buscar en distintas bases de datos públicas información acerca del juego para optimizar la ejecución.

2. Luego introduciremos la ruta, dentro de nuestro ordenador, al ejecutable del juego y al instalador si lo tuviese.

3. En la siguiente pantalla hay que seleccionar, en la opción `Template`, qué tipo de ordenador queremos que simule el emulador. Aquí hay que tener cuidado, porque no siempre será buena idea poner el modelo más potente. Algunos juegos antiguos estaban diseñados para CPUs lentas y se ejecutaban

[1] En Windows 10, si pinchas en el fichero exe del juego te saldrá un ventana azul informándote de que no puedes ejecutar esa aplicación.

demasiado rápido en CPUs más modernas[2]. Por eso mi consejo es que elijas un modelo de un año cercano al de la salida del juego y, a partir de ese, vayas probando otros modelos cercanos hasta que el juego se ejecute de manera adecuada.

Una vez creado el perfil, arrancar el juego es tan sencillo como pulsar el botón `Run Profile`.

> Hay juegos tan antiguos que las compañías que los crearon han dejado de existir o ya no consideran necesario seguir ejerciendo sus derechos. Dichos juegos pasan a engrosar lo que se conoce como *abandonware* y se encuentran en un limbo legal, por lo que es poco probable que alguien ejerza acciones legales en caso de descarga y ejecución del juego. Hay múltiples sitios en internet dedicados a recopilar juegos antiguos en estado de abandonware y a hacerlos disponibles para su descarga.

> Sin embargo, no todos los juegos antiguos son abandonware, dado que las compañías que los crearon siguen activas y quieren mantener sus derechos sobre el juego. A la hora de recrear un juego, asegúrate antes de su estado legal y de que no vas a tener problemas por descargarlo y ejecutarlo.

3.3. GitHub

Tanto Git como GitHub son dos herramientas extraordinarias que veremos con detalle en el capítulo 15. Sin embargo, aunque GitHub no sea una herramienta de generación de contenidos, la incluyo aquí porque puede servir para conseguirlo.

A la hora de afrontar un nuevo proyecto conviene investigar si alguien ha hecho antes algo parecido. Nos vendrá bien para inspirarnos en facetas del proyecto en las que podíamos no haber pensado, para asegurarnos de que nuestro proyecto tenga características que lo distinga de otros y lo hagan interesante, así como para aprovechar el trabajo de otros en la medida en la que sea ético y legal. No se trata de pasarse el día reinventando la rueda sino de aportar valor creando algo diferente a lo anterior.

A la hora de crear código, GitHub es una auténtica mina. Allí se concentra el mayor número de repositorios públicos de Internet. Si quieres desarrollar un programa de cualquier tipo, ya sea juego o no, es buena idea investigar si alguien ha desarrollado antes algo parecido y ha hecho público su código colgándolo en GitHub. La lectura de ese código fuente puede ser una manera de aprender maneras de resolver partes de tu proyecto o de descubrir problemas que no se te habían ocurrido y que otros ya han afrontado antes. Créeme, es realmente complicado plantearse el desarrollo de un juego o una herramienta y no encontrar nada medianamente parecido en GitHub. Y aunque los proyectos que encontremos hayan utilizado otro lenguaje diferente al tuyo, muy raro tendría que ser ese lenguaje para que la lectura del código fuente fuese completamente indescifrable y no pudiésemos sacar provecho de algunos fragmentos.

Si no te lo crees, puedes usar como ejemplo este mismo proyecto, *Prince of Unity*. En el momento de escribir este libro, una búsqueda de la frase "Prince of Persia" en GitHub devolvía 154 resultados, empezando por el repositorio en el que el mismísimo Jordan Mechner hizo público el código fuente del Prince of Persia original de Apple II. Este juego se ha reconstruido antes en ensamblador, Java, C++ o incluso en lenguajes realmente exóticos como Brightscript. Esta misma búsqueda la hice antes de empezar Prince of Unity y debo reconocer que aprendí muchísimo ojeando el código de los diferentes proyectos.

Cuando la gente habla de GitHub sólo piensa en código, pero cierto es que explorar proyectos parecidos puede ser también muy útil para encontrar otros tipos de contenidos, como, por ejemplo, imágenes. No me avergüenza admitir que una de mis preocupaciones al iniciar el proyecto era mi nula capacidad artística. No me veía capaz de dibujar desde cero las imágenes del juego y capturarlas del juego original, probablemente me habría supuesto demasiado tiempo, dada mi escasa pericia con herramientas de dibujo. Fue una

[2] Ese fue el motivo de la introducción del botón Turbo en los ordenadores de aquella época. Generalmente estaba presionado, pero cuando lo desactivabas, la CPU simulaba ser más lenta.

sorpresa muy agradable descubrir que otros ya habían recorrido ese camino y habían compartido el resultado en GitHub. Es el caso del repositorio del proyecto *SDLPoP* [139], un port a SDL de *Prince of Persia*, desarrollado por NagyD. En el directorio 🗀 `data` de ese repositorio hay una recopilación de imágenes y sonidos extraídos del juego original que he utilizado como base para los míos de *Prince of Unity*. Entre esas imágenes, han sido especialmente útiles los fotogramas de las animaciones de los diferentes personajes del juego, así como las imágenes de los elementos con los que se construyen los escenarios. Obtenerlos de ese proyecto para poder usarlos como base en mi juego me ha ahorrado incontables horas de trabajo.

> Por si acaso el proyecto SDLPoP dejase de estar disponible, por la razón que fuese, he incluido en mi repositorio una copia de los recursos que he bajado de dicho proyecto. Los puedes encontrar en la ruta 🗀 `RawResources/Original resources`.

De todos modos, debo advertirte de que, antes de hacer uso de contenidos encontrados en GitHub, debes plantearte si es ético o legal. Desde el punto de vista ético, está claro que si alguien comparte públicamente su código y contenidos en GitHub es porque no le importa que otros lo copien o aprendan de él gratuitamente, pero de ahí a que empaquetes esos recursos sin más en tu juego y te pongas a venderlo, hay un abismo moral. Si vas a sacar un beneficio económico del trabajo de otros, lo justo es que haya también algún tipo de retribución para los creadores originales, bien en forma de donativo, bien en forma de atribución o publicidad de su trabajo o de cualquier otra manera que se te ocurra. Desde el punto de vista legal, es importante que te fijes en la licencia del repositorio. Casi todos los repositorios públicos de GitHub tienen licencias open source, del tipo GPL, BSD[3] o MIT, que pueden ser muy permisivas, pero hay otras que tienen exigencias muy específicas que debes conocer antes de usar el repositorio. Pinchando en la licencia te saldrán los condicionantes legales que se te aplican para poder usar lo recogido en el repositorio. Es muy importante que te limites a los términos de la licencia, de otra manera te expones a acciones legales por parte del creador original.

> Puedes localizar la licencia de un repositorio de GitHub de varias formas. Por defecto, GitHub la muestra en la página principal del repositorio, a la derecha, en la barra lateral donde se muestran los desarrolladores que han contribuido al repositorio, los *releases* y los paquetes. También puede mostrase en forma de *badge* (pequeños símbolos de colores) que algunos desarrolladores muestran en la cabecera del texto explicativo de su repositorio. Por último, y quizás el punto más importante, en la carpeta raíz de los proyectos se suele incluir un fichero de texto, denominado `LICENSE`, con las condiciones de la licencia de uso.

3.4. Gimp

Como comentaba en la sección 3.3 he reaprovechado los recursos gráficos de otro port de Prince of Persia, SDLPoP, lo que me ha librado de tener que dibujarlos o capturarlos del juego original por mí mismo. Sin embargo, muchas de las imágenes estaban fragmentadas en partes diferentes y he tenido que unirlas entre sí o han necesitado de otros ajustes para encajar en mi juego. Para todos esos retoques gráficos, he utilizado *Gimp* [71].

Gimp es la alternativa open source y gratuita a herramientas como Photoshop. Realmente tienes que ser un profesional muy avanzado del retoque gráfico para que eches algo en falta en Gimp. Por eso, es una herramienta que debes tener muy en cuenta tanto para hacer retoques a imágenes para juegos 2D, como a texturas para juegos 3D.

> Fíjate que estoy hablando de retoque de imágenes. Si en algún momento, te planteas dibujar desde cero, probablemente te resulten más cómodas herramientas como *Krita* [100] o *Inkscape* [92].

[3] Por ejemplo, Prince of Unity tiene una licencia open source de tipo BSD-3.

Siendo tan potente, hay libros enteros que explican cómo sacarle el máximo partido a Gimp. En mi caso, un conocimiento básico de cómo trabajar con capas y realizar escalados es todo lo que he necesitado para este juego.

He utilizado capas a la hora de unir elementos de manera no destructiva. Por "no destructiva" me refiero a crear nuevas imágenes, a partir de las originales, conservando estas. Por ejemplo, si miras los fotogramas del protagonista que se encuentran en la carpeta `data/KID` del proyecto SDLPoP verás que los fotogramas de las peleas carecen de la espada. Las imágenes de las diferentes posiciones de la espada, estaban en ficheros aparte, por lo que he tenido que usar Gimp para unir los fotogramas del protagonista con las respectivas imágenes de la espada. El flujo de trabajo consistía en revisar las luchas a espada del juego original fotograma a fotograma, con Kinovea (sección 3.6), localizar cada fotograma en la carpeta `data/KID` y unirle en Gimp la imagen de la espada que le tocase, usando una capa para el fotograma del protagonista y una capa superpuesta, y adecuadamente desplazada, para la espada. El conjunto lo guardaba en un fichero nativo de Gimp (`.xcf`), para poder seguir editandolo en el futuro, y luego lo exportaba a una imagen que pudiera ser importada desde Unity. Puedes examinar algunos de los ficheros .xcf que generé en la ruta `RawResources/gimps/` del repositorio de *Prince of Unity*.

> A la hora de exportar las imágenes, yo utilicé el formato Targa (`.TGA`). Leí en algún sitio que era un formato especialmente optimizado para juegos, así que fue el que utilicé para la mayor parte de las imágenes. Sin embargo, en un momento más tardío del desarrollo de *Prince of Unity* leí también que el formato de origen utilizado no es tan determinante en Unity porque, una vez que este importa la imagen, la convierte a su propio formato interno, por lo que no parece tener tanta importancia el tipo de fichero de imagen desde el que importas. Por eso, en mi próximo juego usaré ficheros PNG para las imágenes, dado que son ligeros, incorporan transparencias y permiten compresión sin pérdidas.

También usé mucho la herramienta de escalado (Imagen > Escalar la imagen...). Partiendo de que una celda de muro del juego ocupa 1 unidad de ancho, por 2 de alto, reescalé las imágenes de muro a unas dimensiones de 100x200 píxeles. Acto seguido tomé nota del factor de escalado que eso había supuesto para la imagen del muro, tanto para el alto como para el ancho, y le apliqué el mismo factor al resto de imágenes que utilicé del proyecto SDLPoP. Al final, cuando reescalemos las imágenes que van a formar parte del escenario, lo importante es evitar que salgan deformadas y asegurar que encajen bien en la rejilla del escenario, sin dejar huecos y sin solaparse con otras piezas del escenario. Cuando escales imágenes, hay que pensarse bien la opción Interpolación de la ventana de escalado. Esa opción suele estar fijada por defecto a *Cúbica*, pero no siempre nos interesará dejarlo así, porque esa opción suele suavizar los bordes al cambiar los tamaños. En el caso de *Prince of Unity*, como buscaba mantener la estética retro del original he preferido dejar esa opción en *Ninguna* para mantener los bordes bien definidos y homogéneos.

Al final del desarrollo, Gimp me sirvió para optimizar. Como veremos más adelante, Unity cuenta con un algoritmo de compresión que reduce muchísimo el tamaño que las imágenes ocupan en la versión final del juego (la que se instala el usuario). Para que Unity pueda comprimir así las imágenes que importemos en el juego, estas deben cumplir la condición de que sus dimensiones horizontal y vertical sean potencias de 2. Las dos dimensiones no tienen que ser iguales, pero cada una por separado debe ser una potencia 2 (es decir 2, 4, 8, 16, 32, 64, 128, 256, 512, 1024, 2048 píxeles... y así en adelante). Si no se cumple esa condición, Unity seguirá importando la imagen y podremos usarla con normalidad, pero saldrá un mensaje de advertencia en los parámetros de la imagen dentro de Unity porque ocupará bastante más de lo deseado, al no haberse podido optimizar su tamaño. Para aprovechar esa optimización, hay que cambiar el tamaño del lienzo de nuestras imágenes dentro de Gimp con la opción Imagen > Tamaño del lienzo..., ampliando las dimensiones horizontal y vertical hasta alcanzar la potencia de 2 más cercana en cada caso, y reubicando la imagen existente en el lienzo ampliado (generalmente pegándola a la esquina inferior izquierda). Con los tamaños adaptados, veremos que, al importar la nueva imagen en Unity, desaparecerá el mensaje de advertencia y el tamaño de la imagen importada será considerablemente menor.

No confundas la opción Escalar la imagen... con la de Tamaño de lienzo... Hay gente que no tiene clara la diferencia y se encuentra muchos problemas. Escalar la imagen... agranda la parte visible de la imagen mientras que la de Tamaño de lienzo... lo que amplía es el "papel" sobre el que se puede desplegar la imagen, pero deja igual el tamaño de esta última. Al ampliar el tamaño del lienzo añadiremos píxeles vacíos a los márgenes de nuestra imagen, pero como esos píxeles vacíos serán transparentes el cambio no se notará en las imágenes de nuestro juego. Sin embargo, si escalásemos la imagen la "hincharíamos" visualmente, cambiando el espacio que ocuparía en la pantalla del juego. El fichero será mayor, al ampliar el lienzo (al contener los datos de los píxeles adicionales, aunque estén vacíos), pero ocupará muchísimo menos espacio de almacenamiento en el juego, al poder aplicarse el algoritmo de compresión.

3.5. OBS Studio

Aún siendo un juego tan antiguo, Prince of Persia es un juego tremendamente dinámico en el que pueden pasar varias cosas a la vez. Además, las animaciones tan fluidas que tiene el juego se consiguen con una cantidad ingente de fotogramas inteligentemente distribuidos para enlazar una animaciones con otras de manera natural. Para poder reproducir todo eso adecuadamente, resulta imprescindible poder estudiar con detenimiento lo que sucede en la pantalla, lo cual resulta imposible mientras se juega. Por tanto, necesitamos una herramienta capaz de grabar lo que suceda en la pantalla del juego original mientras lo jugamos.

El grabador que yo he utilizado es *OBS Studio* [147]. Es bastante popular entre la gente aficionada al streaming por sus múltiples funcionalidades y su facilidad de uso. Nosotros apenas rascaremos la superficie de las funcionalidades que tiene a la hora de grabar lo que pase en la pantalla del *Prince of Persia*, mientras lo juguemos.

Una vez instalado, la manera más fácil de configurar una captura es arrancar una partida de Prince of Persia, con el DOSBox (tal y como vimos en la sección 3.2) y, dejando el juego arrancado, lanzar OBS Studio. Dentro de OBS Studio hay un visor principal y debajo varias cajas. Debemos fijarnos en la de *Fuentes*. Pulsaremos en el botón + y en la ventana emergente seleccionaremos la opción Captura de ventana, le daremos nombre a la captura para poder identificarla luego y en la siguiente pantalla nos aparecerá un nuevo parámetro denominado *Ventana* en el que aparecerán listadas todas la ventanas que tienes desplegadas en tu escritorio. Probablemente te salgan dos ventanas asociadas a `DOSBox.exe`, tienes que seleccionar la que menciona el parámetro *CPU speed*, así como el parámetro *Program*. La otra ventana de DOSBox, la denominada *Status Window* es la ventana de consola que se arranca junto con la del juego. Una vez seleccionada la ventana de DOSBox correcta, ya podemos darle a Aceptar y tendremos nuestro perfil de captura añadido a las fuentes de grabación posible.

OBS Studio permite grabar varias ventanas simultáneamente y ubicarlas a nuestro gusto en la grabación resultante, pero eso no será necesario para nuestro propósito por lo que, con la fuente de nuestro juego seleccionada, redimensionaremos su caja roja en el visor principal, para que lo ocupe completamente. Por otro lado, si acabamos creando varias fuentes de ventanas diferentes que queramos grabar y resulta que las tenemos todas abiertas, conviene deshabilitar la grabación de todas menos de la que nos interesa, usando el icono del ojo tachado, de manera que no se nos mezclen varias fuentes en la grabación.

En el panel de *Mezclador de audio*, conviene desactivar el Mic/Aux (pinchando en el símbolo del altavoz) para evitar que las discusiones de nuestros hijos se cuelen en nuestras grabaciones.

Hecho todo esto, deberíamos ver en el visor principal las imágenes del juego. Pulsando Iniciar Grabación, en el panel Controles, se empezará a grabar todo lo que hagamos en el juego. Una vez que hayamos acabado, deberemos pulsar Detener Grabación en el mismo panel. Eso volcará la grabación en un fichero de vídeo. Para ver la carpeta donde se guardan los ficheros de vídeo, podemos pinchar en Archivo > Mostrar grabaciones. Por defecto, las grabaciones se guardan en ficheros `.mkv` compatibles con cualquier visor.

3.6. Kinovea

Podemos abrir las grabaciones generadas por OBS Studio con cualquier visor de vídeos, pero nosotros vamos a necesitar algo más preciso, ya que nos resulta imprescindible poder avanzar la imagen fotograma a fotograma de tal manera que podamos seguir la secuencia de las animaciones y sus transiciones para poder reproducirlas con exactitud. Si avanzásemos poco a poco la imagen con un visor normal, esta cambiaría en tramos cortos de tiempo, pero no fotograma a fotograma por lo que nos perderíamos las secuencias de las animaciones.

Por eso, necesitamos un visor especializado en analizar grabaciones a alta velocidad. El que yo he utilizado se llama *Kinovea* [31] y, en realidad, se usa para el análisis de imágenes deportivas[4]. Con esta herramienta no sólo podremos avanzar las imágenes fotograma a fotograma, sino que podremos medir tanto distancias en la pantalla, así como tiempos transcurridos entre diferentes momentos de la grabación.

Una vez que hayamos abierto una grabación con Kinovea, veremos en la parte de abajo un panel de reproducción. Junto al botón de *play* están los de avance y retroceso por fotogramas. *Prince of Persia* se ejecuta a una velocidad aproximada de 8 fotogramas por segundo, mientras que Kinovea se configura por defecto para 30 fotogramas por segundo, por lo que deberás pulsar varias veces el botón de avance de fotograma para recorrer todo el periodo entre un fotograma del juego y otro y que el cambio se refleje en la grabación.

En teoría se podría adaptar la velocidad de Kinovea a la del juego, usando las opciones de Video › Configurar velocidad de video..., pero yo he preferido no trastear con eso por miedo a perderme fotogramas. Quizás tú consigas sacarle más partido a esa opción.

La mencionada característica para medir distancias en la pantalla se usa a través del toolbar que hay entre la imagen del visor principal y la franja de la barra de progreso. Si mantienes pulsado el botón de Línea aparecerá un menú emergente con la opción de Distancia (horizontal).

Si seleccionamos dicha opción, el puntero del ratón nos permitirá seleccionar el punto de origen de una distancia. Saldrá una línea vertical con cuatro puntos principales de agarre: uno superior y otro inferior para dimensionar la línea vertical, otro central para mover la línea vertical a la derecha y a la izquierda, y, por último, un punto extremo a una línea perpendicular a la principal, que es el que mide la distancia respecto a la principal. Situando el punto central en el lugar desde el que queremos empezar a medir, y arrastrando el punto de la línea perpendicular hasta el lugar donde termine nuestra medida, nos saldrá la longitud en píxels.

Para convertir las distancias en píxels a longitudes del juego, tendremos que decidir qué medidas queremos utilizar como referencia. El motor de física de Unity interpreta cada unidad de distancia como 1 metro[5], por lo que deberíamos procurar dimensionar nuestros objetos para que sean consistentes con esa escala. En mi caso, recordando la rejilla de la figura 2.6, he utilizado como unidad de referencia las baldosas y he hecho que cada una de ellas equivalga a una unidad del juego, escalándolas hasta que han ocupado una unidad de rejilla de Unity. Como es lógico, también he escalado el resto de los objetos de Unity de manera proporcional a lo hecho sobre las baldosas.

[4]Tampoco dista tanto de lo que nosotros vamos a hacer, dado que vamos a analizar las imágenes del personaje del juego corriendo y saltando.

[5]Esta escala depende según el motor de juegos con el que estemos trabajando. En Unreal Engine, por ejemplo, cada unidad de distancia equivale a 1 centímetro de distancia real.

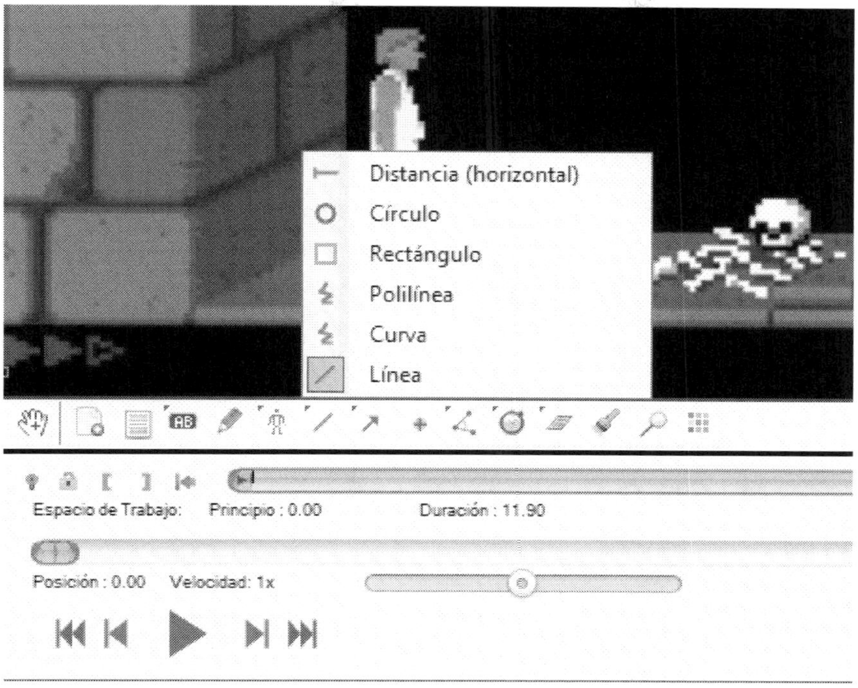

Figura 3.1: Menú para trazar figuras, en el toolbar de Kinovea. La opción de medir distancias es la primera, empezando por arriba.

El resultado del escalado de tamaño aplicado a los objetos debe ser consistente con la realidad para asegurar que el motor de física mueva los objetos de una manera natural. En el caso de *Prince of Unity*, el resultado es "aproximadamente" realista ya que si medimos a nuestro personaje, según la escala "ancho baldosa" = 1 metro, nos sale que mide aproximadamente 1'3 metros. Visto así, nuestro personaje no tiene una altura muy imponente, pero hay que tener en cuenta que Mechner usó como referencia a su hermano pequeño (aún niño) para dibujar al personaje del juego. Siempre podemos argumentar que un adolescente persa de la edad media no debía medir mucho más que eso. En todo caso, se trata de conseguir medidas aproximadas y dado que el resto de personajes van a medir lo mismo, el resultado general es creíble.

Se pueden ubicar múltiples medidas simultáneamente en la pantalla, lo que es muy útil para establecer comparaciones. Por otro lado, para evitar que la pantalla se llene de medidas conforme avance el vídeo, se puede hacer que las medidas sean "efímeras" y se vayan difuminando conforme avance el vídeo. De esa manera, podremos mantener en pantalla sólo las medidas que sean verdaderamente relevantes para el momento del vídeo en el que nos encontremos. Para establecer el tiempo de difuminado de una medida, debemos hacer click con el botón derecho sobre ella y elegir Visibilidad » Configurar desvanecimiento personalizado. Las otras dos las opciones disponibles que hay junto a esa son las de Siempre visible, para que la medida no se difumine, y la de Desvanecimiento predeterminado, para que la medida se difumine con el tiempo configurado en Kinovea por defecto.

Con todo lo anterior, podremos medir distancias con precisión, pero si queremos calcular velocidades necesitaremos ser capaces de medir también tiempos. Eso se hace usando las llaves verdes que se pueden ver al nivel de la barra verde de la figura 3.1, junto al icono del candado. Cuando nos encontremos en el punto del vídeo desde el que queramos empezar a medir los tiempos, pulsaremos sobre la llave de la izquierda, luego nos moveremos al final del tramo del vídeo que queramos medir y pulsaremos la llave de la derecha. Eso restringirá el rango visionado del vídeo exclusivamente al que queremos medir, por lo que el campo de *Duración* mostrará con precisión el tiempo que queríamos medir. Para hacer que el vídeo vuelva a abarcar toda su duración, no tendremos más que arrastrar las manillas azules de la barra verde hacia los extremos.

Figura 3.2: Configuración para medir un salto en Kinovea.

Dividir distancias entre los tiempos requeridos para recorrerlas nos dará las velocidades aproximadas de los elementos del juego. Por ejemplo, en la figura 3.2 se puede ver la configuración necesaria para medir la velocidad de un salto horizontal. Primero he medido el ancho de una baldosa (150,53 píxels), para obtener la unidad de longitud de referencia. Luego he medido la distancia recorrida en el salto (470,86 píxels). Por último, he usado las llaves verdes para restringir la medida del tiempo exclusivamente al empleado en el salto, lo que me ha permitido mostrar en el campo *Duración* que los 470,86 píxels se recorren en 0,45 segundos. Si la unidad de longitud de referencia es de 150,53 píxels, la longitud recorrida en el salto se corresponderá con 470,86 píxels / 150,53 píxels, es decir que se recorren 3,12 unidades. Teniendo en cuenta el tiempo empleado en el salto, la velocidad resultante de este será 3,12 unidades / 0,45 segundos, es decir 6,93 unidades/segundo.

Las velocidades obtenidas a través de Kinovea nos serán muy útiles para fijar las velocidades de nuestros objetos en Unity, para que sean lo más parecidas posibles al juego original. De todos modos, ten en cuenta que todas estas medidas son muy aproximadas. Con movimientos tan rápidos que duran menos de 1 segundo y tirando de medidas visuales, las velocidades resultantes distan mucho de ser exactas. Te servirán para tener una velocidad inicial de la que partir, pero me temo que nada te librará de hacer unas cuantas pruebas para ir haciendo pequeños ajustes a la velocidad hasta que te sientas cómodo con el resultado.

3.7. Audacity

En el apartado sonoro, nuestro gran aliado será *Audacity* [13]. Como no soy técnico de sonido y no me siento capaz de generar efectos de calidad, he utilizado esta herramienta open source para capturar los sonidos del juego y crear con ellos ficheros de sonido que pudiera importar posteriormente desde Unity.

El flujo de trabajo que he seguido con esta herramienta para capturar sonidos que me interesasen ha sido:

1. Arrancar Audacity y asegurarme de que el mecanismo de grabación estuviera en la opción *Windows WASAPI* y el dispositivo de grabación fuera el de mi tarjeta de sonido.
2. Arrancar el juego original en DOSBox y situarme cerca del sonido que quería capturar.
3. Pulsar el botón de grabación en Audacity.
4. Provocar el sonido en el juego.
5. Pulsar el botón de parada en Audacity.
6. Pinchar con el ratón en diferentes puntos de la grabación hasta localizar el comienzo del sonido que me interesaba.
7. Pinchar con el ratón en el punto de comienzo y arrastrar con el botón presionado hasta el punto donde finalice el sonido. El segmento del sonido que nos interesa deberá quedar resaltado frente al resto.
8. Quedarnos sólo con el fragmento resaltado haciendo Editar » Eliminar especial » Recortar audio o pulsando Ctrl + T.
9. Reubicar el fragmento seleccionado al comienzo de la pista de audio, pinchando en la pestaña del fragmento (la zona más clara con esquinas redondeadas) y arrastrando a la izquierda.
10. Exportar el fragmento usando Archivo » Exportar » Exportar audio...

En el capítulo 13 veremos qué opciones tenemos a la hora de importar y utilizar estos sonidos dentro de nuestro juego.

3.8. Shotcut

El juego original tenía escenas animadas al comienzo del juego y entre niveles. Aunque *Prince of Persia* generaba las escenas mediante programación, yo he optado por grabar esas escenas del juego original mediante OBS Studio (sección 3.5), para convertirlas luego en ficheros de vídeo que se pudieran reproducir en momentos determinados juego. En el capítulo 8 veremos cómo importar los vídeos en Unity y reproducirlos durante el juego, mientras que aquí veremos cómo crear esos vídeos.

Shotcut [125] es un editor de vídeo open source multiplataforma, extremadamente versátil. Permite combinar varios vídeos, o fragmentos de ellos, para generar uno nuevo. También permite añadir efectos a cada uno de los fragmentos y a las transiciones entre estos, así como configurar la pista de audio. Básicamente, es la versión digital de las mesas de montaje donde se construía el metraje definitivo de las películas recortando y pegando los trozos de bobina de las sesiones de rodaje. El trabajo que desarrollemos en Shotcut puede salvarse en ficheros `.mlt`, para continuar luego dicho trabajo. He dejado en el repositorio los ficheros de trabajo que utilicé para generar con Shotcut los vídeos del juego, los puedes encontrar en la ruta `RawResources/Videos/`. En cada carpeta encontrarás básicamente tres ficheros:

- Fichero `.mkv`: Es la grabación realizada con OBS Studio y lo que utilizaba como punto de partida en Shotcut.
- Fichero `.mlt`: Es el proyecto de Shotcut, con la combinación de fragmentos y los efectos aplicados a cada uno. Lo puedes abrir con Shotcut, para modificarlo a tu gusto y generar nuevos vídeos de salida.
- Fichero `.mp4`: Es el vídeo final generado con Shotcut y el que inicialmente importé en Unity, aunque, como veremos más adelante, acabé usando vídeos `.webm`.

Yo lo he usado principalmente para recortar las grabaciones generadas con OBS Studio para quedarme sólo con la parte que me interesaba, de manera similar a como explicaba que utilicé Audacity, en la sección 3.7. El flujo de trabajo ha sido el siguiente:

1. Al abrir Shotcut, arrastrar desde el explorador de archivos a la parte inferior (la línea de tiempo) el fichero de vídeo grabado con OBS Studio. Esto hace que Shotcut importe el archivo y muestre toda su extensión en la línea de tiempos.

2. Pulsar con el botón izquierdo del ratón en el triángulo que había aparecido en la línea de tiempo y arrastrar al punto de la grabación desde donde quería empezar a recortar.

3. Pulsar el botón con las llaves contrapeadas que hay en el toolbar de la línea de tiempos. Es el botón que hay junto al del imán. Tiene la leyenda *"Dividir en el cabezal de reproducción"*. También puedes usar el atajo de teclado S. Esto hace que se fije ese punto como inicio del recorte.

4. Arrastrar el triángulo hasta el punto que queremos que sea el final del recorte.

5. Volver a pulsar el botón de las llaves contrapeadas (o pulsar el atajo S). Esto fija el que queremos que sea el final del recorte.

6. Llegados a este punto, la línea de tiempos habrá quedado dividida en tres partes: la previa a la que nos interesa, la que nos interesa y la posterior a la que nos interesa. Para quedarnos sólo con la que nos interesa, basta con seleccionar en cada una de las otras dos y pulsar la tecla Supr.

7. Ya sólo queda la parte que nos interesa, pero estará retrasada en la línea de tiempo el rango que ocupaba el primer trozo que acabamos de borrar. Hay que recolocar la parte que nos interesa al comienzo de la línea de tiempo, para lo cual no tenemos más que pulsar en ese fragmento y arrastrarlo hacia la izquierda.

8. Ya tenemos el fragmento que queríamos en el momento que queríamos, por lo que sólo queda exportar el vídeo. Aquí hay que ser conscientes de una decisión de diseño de Shotcut que puede resultar confusa. Si hacemos lo intuitivo, que es pulsar Archivo > Exportar > Video... o pulsamos Ctrl + E, parecerá que no ocurre nada. En realidad sí que pasa, porque lo que hace es abrir la pestaña *Exportar* que hay en la parte central, a la izquierda. Parece que no hace nada porque esa pestaña es la que está abierta por defecto, pero, si estuviésemos en otra, sí que notaríamos el cambio. En todo caso, en esa pestaña podremos pulsar Exportar archivo y ya sí que se abrirá una ventana para elegir el nombre, la carpeta y el formato del archivo a exportar.

9. En la parte central, a la derecha, aparecerá una barra de progreso. Cuando haya llegado al final, aparecerá el fichero de video en la carpeta que le hayamos dicho.

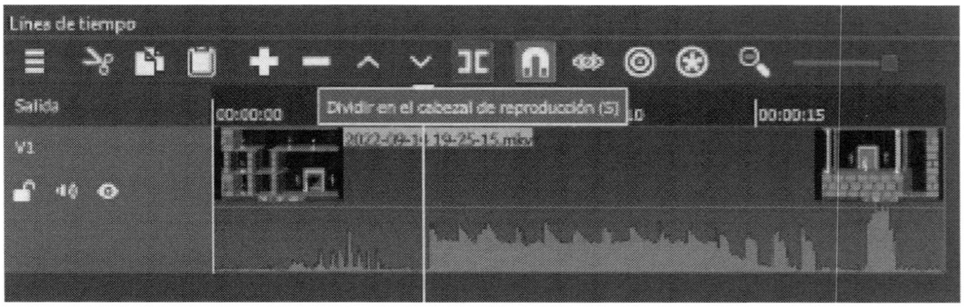

Figura 3.3: Línea de tiempos de Shotcut.

Como verás, sólo hemos rascado la superficie de las posibilidades de Shotcut. Si eres experto en edición de vídeo, probablemente le saques mucho más partido que yo. Un apartado interesante a explorar es cómo configurar el codec de exportación para que el vídeo ocupe lo mínimo posible conservando la calidad. Como veremos en el capítulo 25, los vídeos son lo que más ha pesado en el ejecutable final del juego. Sin ellos, el juego final habría sido muchísimo más ligero. He hecho pruebas para reducir el tamaño, pero todas reducían también la calidad de manera evidente. Al final, y dado que me enfocaba a PC, acabé tirando la toalla y me quedé con la versión con más calidad, aunque ocupasen más. Esto no es ninguna tontería, ya que aunque en PC las velocidades de transferencias son altas y el almacenamiento es amplio y barato, si queremos desarrollar juegos para plataforma móvil nos encontraremos con todo lo contrario (de hecho, los mismos marketplace de las plataformas móviles suelen limitar el tamaño máximo de los juegos que subas a ellas). Por tanto, ser capaz de crear vídeos que ocupen lo mínimo posible, conservando el máximo de calidad, puede resultarte una habilidad muy útil.

3.9. Handbrake

Aunque Shotcut es un editor muy completo que te permite exportar los vídeos en múltiples formatos, no es muy intuitivo para gente que no sea experta. En mi caso, hubo un momento del desarrollo del juego, ya en la fase de postproducción, en el que me vi obligado a cambiarle el formato a los vídeos del juego por motivos que explicaré en el capítulo 8.

Después de varios intentos, no conseguí los resultados esperados con Shotcut. De nuevo, no creo que fuera por limitaciones del editor sino más bien por mi falta de pericia. Fue entonces cuando descubrí una herramienta tremendamente popular para la conversión de videos: *Handbrake* [189].

Handbrake es un conversor open source y gratuito muy fácil de usar, pero al mismo tiempo configurable y con muchas funcionalidades. Es una herramienta especializada, pero lo que hace lo hace muy bien.

En mi caso lo utilicé para convertir los vídeos que había creado con Shotcut, en formato `.mp4`, a formato `.webm`. Por supuesto, mi requisito era mantener la resolución, la calidad y no disparar su tamaño en disco.

Una vez instalado Handbrake, el proceso de conversión es muy sencillo. Al arrancar la aplicación aparece una zona gris que anima al usuario a arrastrar sobre ella el fichero que quiere convertir. Eso carga el vídeo y hace aparecer la ventana de configuración de los parámetros de conversión. Para convertir a .webm los pasos eran:

1. En la pestaña Resumen hay que elegir el formato WebM.
2. En la pestaña Dimensiones hay que elegir como límite de resolución 1080p HD, el parámetro anamórfico debe ser Custom para que nos deje fijar el tamaño de escalado a 1920 x 1080. También he dejado marcado el parámetro *Allow Upscaling* y he fijado el de tamaño de visualización a 1920. Todos estos parámetros son importantes porque, por lo que he visto, de serie Handbrake intentaba aplicar una serie de optimizaciones automáticas al tamaño del vídeo que al final hacían que no tuviera la resolución de 1920x1080 que he elegido como nativa para el juego. Eso hacía que el vídeo saliese escalado y no se vieran los bordes en el juego. Eso ocurría cuando Handbrake mostraba en esta pestaña un "*Tamaño de Almacenamiento*" diferente a 1920 x 1080[6]. Por eso, si introduces los parámetros que te he explicado y sigues viendo 1920 x 1080 en el tamaño de almacenamiento entonces puedes estar tranquilo de que el vídeo se convertirá a la resolución correcta.
3. En la pestaña Vídeo hay que elegir VP8 como codificador. En mi caso he elegido 30 FPS.
4. Para el sonido, en la pestaña Audio hay que elegir Vorbis como codificador.
5. Configuradas las pestañas, hay que fijar el fichero resultante y su ruta en el campo "*Guardar Como*" del pie de la ventana.

[6] Abajo a la izquierda en la pestaña.

Probablemente todos estos valores te parezcan arbitrarios ahora, pero en el capítulo veremos por qué los he elegido.

Hecha la configuración, podemos arrancar la conversión pulsando en el botón de Iniciar Codificación que hay en el toolbar superior. Aparecerá una barra de progreso en la banda inferior y cuando esta llegue al 100 % tendremos nuestro vídeo en la ruta de salida que le hayamos marcado.

3.10. Rider

Teóricamente puedes escribir código de programación en cualquier editor de texto capaz de producir texto plano, pero en la práctica la mayor parte de los desarrolladores demandan funcionalidades que los editores de texto generalistas no ofrecen, tales como el resaltado del código, el autocompletado o la ayuda integrada. Por eso, existen editores especializados para desarrolladores.

Teniendo en cuenta que los scripts de Unity se escriben en el lenguaje C#, cualquier editor compatible con ese lenguaje puede servir para desarrollar en ese motor. Aquí los desarrolladores suelen distinguir entre *editores* e *IDE*. Generalmente, se entiende por editor de desarrollo a un editor de texto con capacidades de resaltado de código y autoindentado. Los que usan editores suelen usar herramientas externas al editor para las tareas de compilación, búsqueda de fallos, testeo, etc. Los IDE[7] sin embargo, integran esas herramientas externas (y muchas más) junto al editor, de tal manera que se minimizan las veces que tienes que salir de la herramienta para hacer alguna tarea relativa a tu código. Los que prefieren los editores alegan que usar una herramienta más sencilla les permite concentrarse mejor en escribir código, mientras que los que prefieren un IDE argumentan que contar con todas las herramientas posibles integradas y fácilmente accesibles dentro de un mismo entorno ahorra tiempo, minimiza errores y permite ser más productivo. Personalmente prefiero los IDE, pero oye, como dicen: *"para gustos los colores..."*

Los desarrolladores de Linux son bastante aficionados a usar editores. Dos de los más populares son *emacs* [80] y *vim* [231]. También son muy populares los editores multiplataforma como *Sublime* [110] o *Visual Studio Code* [133] (de este último hablaremos un poco más adelante). Te aconsejo que les eches un vistazo, pueden resultarte útiles cuando un IDE completo te resulte excesivo.

Históricamente, Unity incluía el IDE *MonoDevelop* [162] y lo arrancaba cada vez que desde el editor de Unity creabas o modificabas un script de C#. Sin embargo, hace relativamente poco, Unity cambió y pasó a incluir la versión gratuita de Visual Studio: *Microsoft Visual Studio Community* [134].

Aunque Visual Studio Community cuenta con todo lo imprescindible para escribir código para Unity, hay gente que prefiere usar entornos más livianos como Visual Studio Code. Aunque ambos compartan el mismo prefijo, "Visual Studio", el Community es un IDE completo, mientras que el Code es lo que hemos definido por editor, si bien se le pueden añadir tal cantidad de plugins para aumentar su funcionalidad que puede llegar a compararse con el IDE.

En general, yo recomiendo empezar usando Visual Studio Community y pasar a Visual Studio Code si notamos que a nuestro equipo le cuesta mover al primero.

De todos modos, yo no uso ni Visual Studio Community, ni Visual Studio Code. Aunque estos sean gratuitos, yo prefiero usar un IDE de pago llamado *Jetbrains Rider* [97]. Aunque Visual Studio Community cuenta con módulos para integrarse con Unity, no deja de ser un IDE generalista, mientras que Rider tiene como objetivo declarado ser un entorno especializado en desarrollo de código para Unity y Unreal Engine... y se nota de veras. Allá van algunas funcionalidades con las que cuenta Rider y de las que carece Visual Studio en el momento de escribir este libro:

- *Localización de usos*: Encima del nombre de una clase que hereda de MonoBehaviour o ScriptableObject (en el capítulo 5 veremos que estas clases son las fundamentales para programar en Unity), Rider

[7] Integrated Development Environment.

muestra qué elementos del juego hacen uso de esa clase. Cuando tienes cientos de assets y decenas de scripts, es fácil perderle la pista a los sitios donde has aplicado un script. Con esta funcionalidad eso deja de ser un problema. Es similar a la función Codelens de Visual Studio, que muestra encima de los métodos desde dónde se les llama (y que también incluye Rider), aunque en este caso a nivel de clase y ofreciendo visibilidad de los objetos propios de Unity, como los prefabs y las escenas (ambos los veremos con detalle en el capítulo 5).

- *Avisos y sugerencias de refactorización para Unity*: Al estar especializado en el desarrollo de juegos para Unity y Unreal, Rider analiza el código y lanza avisos cuando detecta llamadas que puedan ralentizar el juego, así como propuestas específicas de cómo mejorar el rendimiento de este.

- *Debugging optimizado para Unity*: Aparte de que algunos desarrolladores se quejan del debugging en Visual Studio Community para Unity, Rider ofrece los denominados *Unity pausepoints*. Estos son como los *breakpoints* tradicionales, para parar la ejecución del programa en determinadas líneas de código, pero a diferencia de los breakpoints tienen la ventaja de que no dejan congelado el editor de Unity cuando se alcanzan, por lo que se pueden consultar las propiedades de los objetos en el inspector de Unity e incluso cambiar sus valores.

- *Mejor integración con GitHub Copilot*: Si has dado el salto a los asistentes de código automáticos, parece ser que la integración de Rider con GitHub Copilot es bastante mejor que la obtenida por Visual Studio Community.

También hay que tener en cuenta el coste. Aunque a primera vista Visual Studio Community sea gratuito, su licencia puede ser limitante en algunos escenarios. Si somos un desarrollador solitario, podremos usar Visual Studio Community para crear juegos comerciales, pero si trabajamos en grupo no podremos usar el IDE en más de 5 equipos al mismo tiempo. Para poder usar el Visual Studio Community en más equipos simultáneos, o si nuestro equipo es de más 250 desarrolladores, no nos quedará otra que contratar una licencia comercial, y son bastante caras, sobre todo si se comparan con las de Rider que son muchísimo más económicas.

> En mi caso, ocurre que, como programo en varios lenguajes para los que Jetbrains tiene excelentes IDE especializados (en concreto Pycharm para Python, CLion para Rust y Rider para Unity), la compra de la licencia global de todos los IDE de Jetbrains me trae cuenta... al menos por ahora.

En todo caso, dado que utilizo Rider, las explicaciones de este libro relativas al IDE se referirán en concreto a Rider. Si has optado por Visual Studio (Community o Code) verás que algunas opciones pueden ser ligeramente diferentes, aunque en esencia deberían ser muy parecidas, por lo que extrapolarlas a estos otros IDE no debería resultarte difícil.

Una vez instalados Rider y Unity, debes asegurarte de que este último cuente con el paquete Jetbrains Rider Editor, entrando en Window > Package Manager e instalando dicho paquete. Al instalar ese paquete, Unity será compatible con Rider, pero acto seguido habrá que configurar a Rider como el IDE por defecto. Para ello, dentro de Unity, deberemos acceder a Edit > Preferences... > Externals Tools y asegurar que la opción External Script Editor está fijada en la opción Rider. A partir de ahí, cada vez que creemos o deseemos modificar un script dentro de Unity se abrirá Rider.

CAPÍTULO

4 Toma de contacto con el editor de Unity

Ha llegado el momento de presentarte el editor de Unity, la piedra angular del trabajo que realizarás para crear tus juegos, pero, como pasa con todas las herramientas, primero tienes que conocerla y familiarizarte con ella antes de poder empezar a ser productivo.

En este capítulo te explicaré cómo descargar el editor de Unity, cómo instalarlo y cómo configurarlo para que te resulte cómodo de usar.

Unity es una herramienta de desarrollo estupenda que, bien configurada y unida al buen diseño y sencillez del lenguaje C#, puede disparar tu productividad.

4.1. Instalación de Unity

En el momento de escribir este libro, la manera más cómoda de instalar el editor de Unity es utilizar otra aplicación denominada *Unity Hub* [223]. Es cierto que también tienes que instalar Unity Hub, pero una vez que lo hagas te simplificará mucho la vida, ya que Unity Hub se irá actualizando solo y podrás gestionar desde él la instalación de múltiples versiones del editor de Unity.

Por eso, el primer paso es descargar e instalar Unity Hub. Hecho eso, al abrirlo se nos mostrará una ventana como la de la figura 4.1.

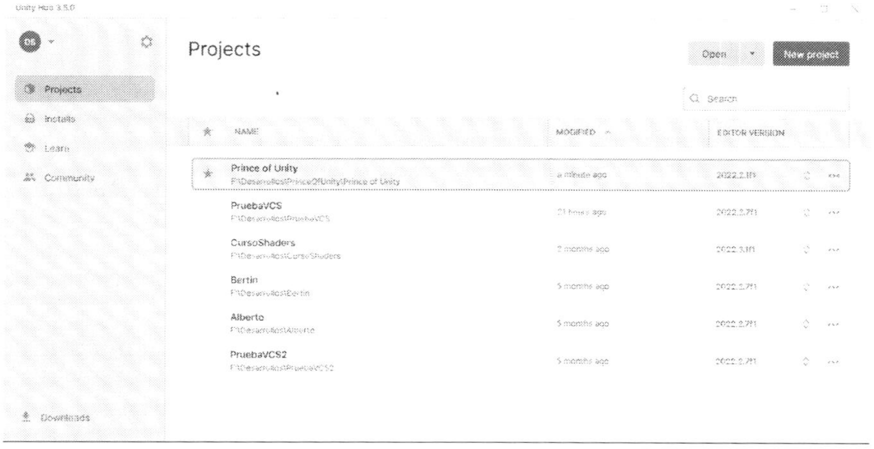

Figura 4.1: Ventana principal de Unity Hub.

Arriba a la izquierda veremos un círculo con el icono de una persona. Si lo pulsamos, nos dará la oportunidad de hacer Sign in, metiendo las credenciales de nuestra cuenta de Unity. Si no la tenemos aún, debemos usar la opción de Create account. Es importante que tengamos una cuenta y que dejemos abierta una sesión en ella, a través del Unity Hub, porque, aunque la licencia para usar Unity a nivel personal sea gratuita, se necesita una y se asocia a nuestra cuenta. Así que debemos tener una cuenta en Unity a la que asociar la licencia gratuita o no podremos usar Unity. Una vez hayamos metido las credenciales de nuestra cuenta, el icono de persona pasará a ser las iniciales de nuestro nombre de usuario. Desde dicho botón podremos gestionar nuestras licencias con las opciones Manage licenses y Manage organizations.

Junto al círculo, arriba a la izquierda, hay un icono de un engranaje que da acceso a las preferencias del Unity Hub. Si lo pulsamos, nos permitirá configurar determinados comportamientos por defecto del Unity Hub, como la carpeta por defecto en la que se crearán los nuevos proyectos que iniciemos en Unity (Projects), las carpetas donde se descargarán e instalarán las sucesivas versiones del editor que vayamos bajando (Installs), la apariencia visual del Unity Hub (Appearance) o el canal de versiones del editor de Unity del que queremos tener visibilidad (Advanced). En este último caso te recomiendo que te quedes en el canal *Production*. Es cierto que instalarse versiones del canal *Beta* puede darte acceso anticipado a nuevas funcionalidades, pero también es cierto que son versiones con muchos más fallos y que no hay garantía de que las funcionalidades no cambien cuando se estabilicen y se incluyan en el canal *Production*.

Debajo del círculo y del engranaje están las opciones principales del Unity Hub. La primera es Projects, que nos da acceso a los diferentes proyectos que estemos desarrollando en ese ordenador. Un poco más adelante veremos cómo crear un nuevo proyecto, porque en este punto no podremos crearlo, ya que todavía no habremos instalado versión alguna del editor.

Para instalar el editor, iremos a la opción de Installs del Unity Hub. Podemos tener múltiples versiones del editor en un mismo ordenador y es desde aquí desde donde podemos gestionarlas. Es habitual contar con varias versiones. Cuando inicias un nuevo proyecto lo normal es utilizar la última versión estable del editor, pero, a partir de ahí, lo más probable es que salgan nuevas versiones del editor antes de que consigas acabar tu juego, por lo que si trabajas en varios proyectos en paralelo es probable que cada uno utilice una versión diferente del editor. También existe la posibilidad de actualizar la versión del editor que utiliza tu juego, pero tiene sus pros y sus contras, como veremos en la sección 4.5. En todo caso, para instalar una nueva versión del editor tendremos que pinchar en el botón Install Editor de esta sección. El versionado del editor de Unity empieza por el año de publicación de la versión, a modo de *major* version, un número creciente a modo de *minor* version y un tercer código alfanumérico *creciente* para el *patch version*. Si en las preferencias fijaste el canal de *Production*, te aconsejo que aquí elijas la versión de la pestaña Official releases con mayor número de versión (por ejemplo 2022.3.1f1 mejor que 2020.3.48f1). Todo lo que esté en el canal *Production* es lo suficientemente estable, por lo que nos interesará la mayor versión por ser la que incorpore las últimas funcionalidades estables. Fíjate también en la pestaña de Archive, ya que es la que te da acceso a las versiones antiguas del editor, como por ejemplo la versión en la que está desarrollado *Prince of Unity*, que está recogida en la sección 1.3.

Una vez que selecciones la versión del editor que quieras instalar, se abrirá una ventana que te permitirá elegir qué módulos opcionales quieres incorporar junto con el editor. De todos los que te permite elegir, yo he instalado los siguientes para desarrollar *Prince of Unity*:

- *Microsoft Visual Studio Community 2022*: Indispensable si no tienes un IDE alternativo, como Rider, con el que escribir el código C# para tus juegos.

- *Linux Build Support (IL2CPP)*: Módulo para compilar el juego a código nativo y conseguir más rendimiento. Veremos en qué consiste esto en el capítulo 25.

- *Linux Build Support (Mono)*: Durante el desarrollo, lo mejor es compilar con Mono, dado que compila mucho más rápido que IL2CPP y permite iteraciones de desarrollo más rápidas. Este módulo permite compilar para Mono. Como veremos en el capítulo 25, sólo deberíamos compilar con IL2CPP para preparar la versión definitiva del juego que empaquetaremos y distribuiremos a nuestros usuarios finales.

- *Windows Build Support (IL2CPP)*: Unity compila por defecto en Windows para Mono, al igual que pasaba en Linux, deberemos incorporar este módulo para poder compilar nuestro ejecutable final en IL2CPP y ganar en rendimiento.

- *Documentation*: Nuestro IDE nos mostrará la información más ágilmente si cuenta con parte de la documentación en local, en vez de tener que consultarla en Internet.

Los anteriores son los módulos que he usado en *Prince of Unity*, pero dependiendo del juego que quieras desarrollar puede interesarte incorporar otros, como los que te permiten compilar tu juego para Android o para ser jugado en un navegador mediante WebGL. Una vez seleccionados los módulos que quieras instalar, puedes pulsar el botón de Install para ejecutar la instalación.

Sé prudente e instala sólo los módulos imprescindibles. No sobrecargues tu ordenador con instalaciones gigantescas. Si luego echas en falta algún módulo, puedes instalarlo desde la pestaña Installs del Unity Hub, pinchando el icono del engranaje de la versión y seleccionando Add modules.

Las dos últimas opciones del Unity Hub serán las que menos utilices pero también tienen su utilidad. La opción Learn te da acceso a un catálogo de tutoriales oficiales de Unity, mientras que la opción Community ofrece enlaces a otras páginas del ecosistema de Unity, como por ejemplo el *Unity Asset Store* [219], el *Unity Blog* [220] o los *Unity Forums* [222]. Aunque, en esta fase de tu aprendizaje, el enlace que más útil te resultará será el que apunta a la sección de *Unity Answers* [218]. Si tienes una duda y las búsquedas en internet no la solventan, quizás lo haga publicar una pregunta en Unity Answers.

> En el momento de escribir estas líneas, Unity había anunciado que iba a migrar Unity Answers a una nueva plataforma. Tal vez le cambien el nombre, pero probablemente incluyan un enlace a la nueva plataforma en la opción Community del Unity Hub donde ahora se encuentra el enlace a Unity Answer.

Una vez que hayamos instalado una versión del editor, podremos crear un nuevo proyecto en Projects > New project. Nos dará a elegir una plantilla con la que empezar. Las plantillas son un conjunto de configuraciones y de paquetes precargados para determinados tipos de juegos. Podrías empezar un proyecto en blanco, realizar las configuraciones e instalar los paquetes a mano, pero normalmente tirar de una plantilla es lo más cómodo a no ser que tu juego sea realmente particular. *Prince of Unity*, por ejemplo, utiliza la plantilla *2D - Core*. La plantilla *2D (URP)* permite utilizar espectaculares efectos visuales, incluso en juegos 2D, pero para el caso de *Prince of Unity* basta con las funcionalidades básicas 2D que ofrece la plantilla *2D - Core*. En la misma ventana en la que se elije la plantilla, se puede definir el nombre del proyecto y la carpeta donde lo guardaremos. Una vez que lo hayamos definido todo, el botón Create project iniciará la creación del proyecto de nuestro juego.

4.2. Organización del editor

Una vez creado nuestro proyecto, o abierto uno existente, desde el Unity Hub se abrirá el editor de Unity propiamente dicho.

El editor de Unity agrega elementos, creados en programas externos, para dar forma a nuestro juego. Estos elementos son lo que se conoce como *assets*. Los assets pueden ser de múltiples tipos: imágenes, sonidos, texturas, scripts, fuentes de letras, vídeos, etc. Algunos de los programas externos con los que se elaboran los assets son los que vimos en el capítulo 3, como por ejemplo Gimp, Audacity o Shotcut.

Debido a lo anterior, la práctica totalidad del interfaz del editor se basa en ofrecer mecanismos para gestionar, colocar y configurar los distintos assets de nuestro juego.

Una vez que abramos un proyecto nuevo en Unity, veremos una ventana como la de la figura 4.2.

He numerado las cuatro zonas principales sobre las que trabajaremos la mayor parte del tiempo. Sobre esas zonas, hay otras dos horizontales que no se usan tanto pero que también debes conocer. En esta sección las repasaremos todas.

Carpetas del proyecto y consola

Como se puede ver en la figura 4.3, la zona 1 tiene dos pestañas: la de Project y la de Console. La más importante es la de Project, ya que muestra el contenido de la carpeta 🗀 `Assets` del proyecto. Toda car-

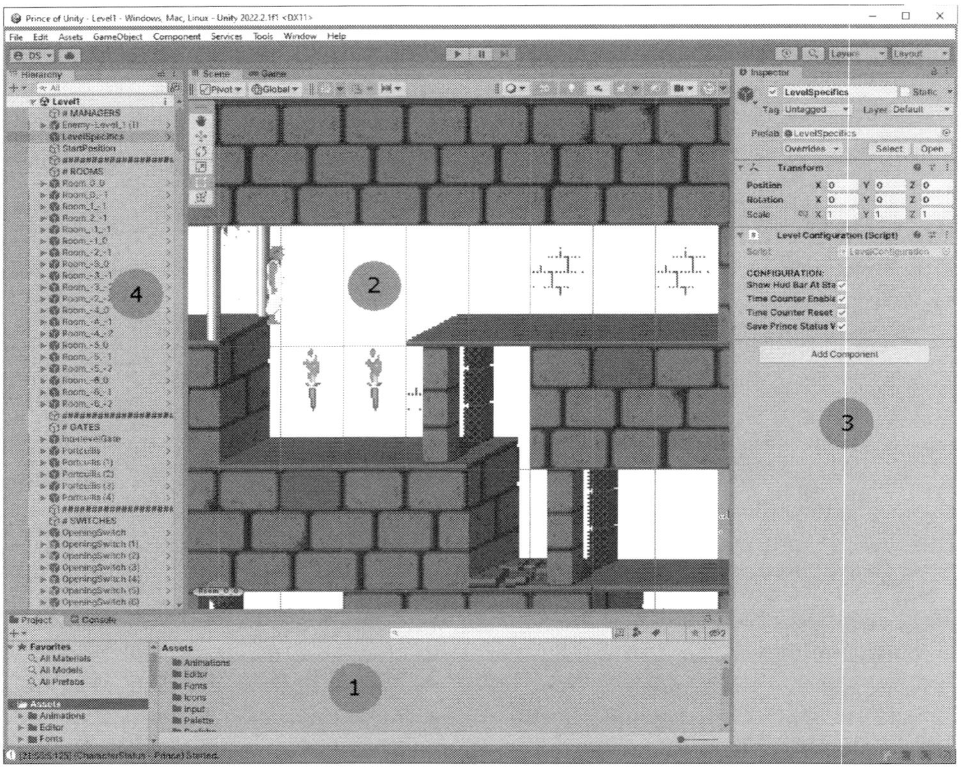

Figura 4.2: Ventana principal del editor de Unity con sus áreas principales resaltadas.

peta que creemos dentro de esa, desde el explorador de archivos del sistema, se reflejará en la vista de la pestaña de Project y toda carpeta que creemos desde la pestaña de Project se reflejará en el contenido de la carpeta `Assets` que veamos en el explorador de archivos. De todos modos, es importante que cualquier creación de carpetas, renombrado de archivos o incluso incorporación de nuevos archivos desde otras carpetas del sistema se haga desde la pestaña Project y no desde el explorador de archivos. Cuando creamos elementos desde la pestaña Project, Unity genera ficheros adicionales con metadatos de los diferentes assets. Estos ficheros de metadatos tienen la extensión `.meta` y hay uno por asset con información adicional sobre el mismo. El explorador de archivos no tiene en cuenta los ficheros `.meta` por lo que no los actualizará cuando lo usemos para hacer cambios sobre los assets (por ejemplo, renombrarlos), lo que provocará comportamientos anormales dentro del editor al usar esos assets. Así que procura usar la pestaña Project para cualquier modificación que hagas sobre los assets de tu juego.

Para importar, por ejemplo imágenes, te recomiendo lo mismo: crear una carpeta desde la pestaña Project y arrastrar sobre esa carpeta, en la pestaña, los archivos que quieras importar. Si lo haces así, Unity activará sus mecanismos de importación y generará automáticamente los ficheros `.meta`. Si lo que haces es crear la carpeta desde el explorador de archivos del sistema y copias con él los ficheros, los procesos de importación de Unity pueden no iniciarse y los ficheros `.meta` quedarse sin ser creados.

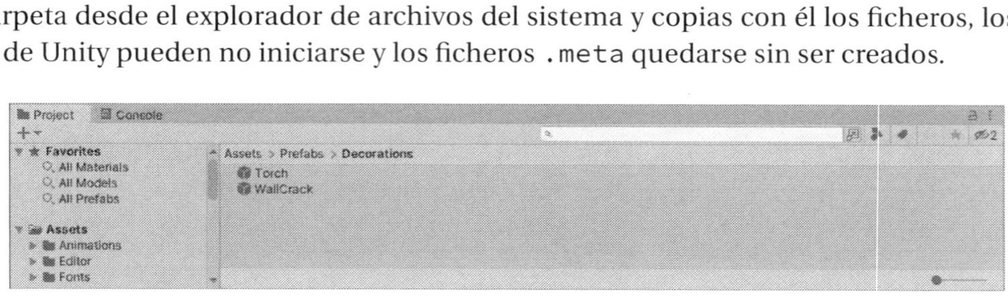

Figura 4.3: Pestañas de Project y Consoles en la zona 1 de la ventana principal del editor de Unity.

Aparte de eso, la pestaña de Project es muy similar a la de un explorador de archivos. A la izquierda tenemos las carpetas que hay dentro de la de 🗀 `Assets` y a la derecha los archivos que se encuentren dentro de la carpeta seleccionada.

La otra pestaña de la zona 1 es la de Console. Ahí es donde aparecen los mensajes generados por nuestro código, tanto los que genera Unity con los avisos y errores de nuestro código, como los avisos que nosotros lancemos premeditadamente desde dicho código para ayudarnos en las tareas de depuración.

Vistas de escena y juego

La zona 2 es la que ocupa la mayor parte de la ventana en la organización por defecto del editor de Unity. Tal y como se puede ver en la figura 4.4, esta zona comprende tres pestañas: las vistas de Scene y Game, y la pestaña del Asset Store. La más importante es la de Scene, porque es donde le damos forma al mundo del juego, a base de situar objetos en él. Como vemos en el capítulo 5, para incorporar un objeto al mundo del juego sólo hay que arrastrar un objeto desde su carpeta en la pestaña de Project a la vista de Scene. El mundo del juego que se ve desde la vista de Scene es a lo que nos referiremos en este libro como la *escena*. Hay que tener en cuenta que la vista de Scene no representa exactamente lo que se observará con el juego en marcha, ya que, cuando este se arranque, la acción se verá desde el punto de vista de una cámara situada en la escena. Dicho punto de vista se puede ver desde la pestaña Game, la cual se activará cuando arranquemos el juego usando el toolbar, como veremos más adelante. Hasta que arranquemos el juego, la vista Game mostrará la vista de la cámara principal del juego. Si quisiéramos comprobar a qué parte del juego enfoca otra cámara de la escena, sin arrancar el juego, ni cambiar la cámara principal, bastaría con seleccionar la cámara en cuestión, lo que haría que apareciese una ventana flotante sobre la de Scene en la que se vería el enfoque de dicha cámara.

Para seleccionar un objeto en la vista Scene basta con hacer click izquierdo sobre el mismo. A partir de ese momento, el objeto quedará resaltado, aparecerán unos ejes de coordenadas y podremos aplicar sobre él las operaciones que estudiamos con detalle en el capítulo 5, a través del toolbar flotante que se ve en la esquina superior izquierda de la vista (el toolbar con el icono de la mano).

Hay una serie de controles en la parte superior de la vista Scene que merecen una explicación detallada. De izquierda a derecha, las opciones son:

- *Ubicación del eje de coordenadas*: Define dónde deben clocarse por defecto los ejes de coordenadas al seleccionar el objeto. Si se selecciona *Center*, los ejes se colocarán en el centro geométrico del objeto. Si se selecciona *Pivot*, se colocará en el punto de origen del objeto. En el capítulo 5, analizamos cuál es el punto de origen de un objeto.

- *Origen de las posiciones*: Define cuál es el punto de referencia a partir del cual se mide la posición del objeto. Si está configurado en *Global*, la posición se mide a partir del punto origen de la escena, mientras que si está fijado en *Local*, la posición se mide a partir del punto de origen del objeto padre de este. En el capítulo 5, vemos cómo se pueden construir jerarquías de objetos y qué utilidad tiene.

- *Visualización de rejilla*: Sirve para situar sobre la escena una rejilla que nos sirva para colocar los objetos con mayor precisión. Esta rejilla sólo se ve al editar la escena y desaparecerá al arrancar el juego. En juegos 3D la rejilla se orienta perpendicularmente al eje que fijemos en el parámetro *Grid Plane*, pero para juegos 2D será indiferente lo que pongamos en ese parámetro, ya que la rejilla se orientará invariablemente hacia la vista de la cámara. El resto de las opciones tampoco tienen uso en juegos 2D, salvando la de Opacity que deberemos poner en el valor que nos resulte más cómodo.

- *Pegado a la rejilla*: El nombre técnico de esta opción es *grid snapping*. Se puede activar cuando el origen de las posiciones se fija en Global. Es una opción que fuerza que el origen de cada objeto se coloque automáticamente en el punto de cruce más cercano de la rejilla. De esta manera podemos mover objetos y alinearlos con facilidad. En la sección 4.3 veremos cómo he utilizado esta opción para facilitar la colocación de las piezas que conforman el escenario de cada nivel del juego.

- *Pegado incremental*: Cuando tengamos activado el grid snapping veremos que, al colocar los objetos en la escena, estos se desplazarán a pasos. Si estos pasos son demasiado amplios, podemos reducirlos

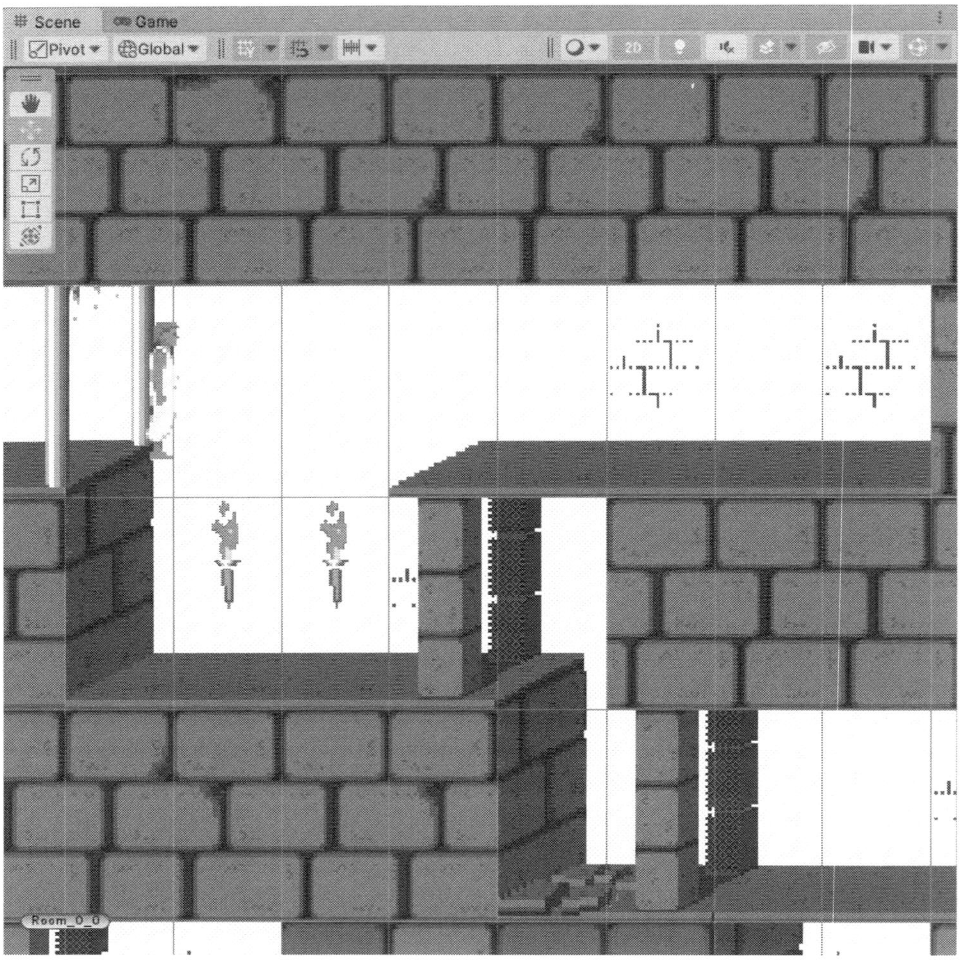

Figura 4.4: Pestañas de Scene, Game y Asset Store en la zona 2 de la ventana principal del editor de Unity.

manteniendo pulsada la tecla Ctrl, en cuyo caso el objeto se desplazará o rotará según los valores que tengamos configurados en la opción de pegado incremental.

- *Modo de renderizado*: Este botón tiene poca utilidad en un juego tan sencillo como *Prince of Unity*, que sólo utiliza las capacidades básicas de Unity. En un juego que desplegase mayores efectos visuales, este botón permitiría definir cuáles de esos efectos deberían mostrarse en el editor. Ten en cuenta que lo que prima en el editor es la facilidad y rapidez de trabajo. Si haces que se muestren muchos efectos visuales mientras trabajas con el editor, harás que este tenga más carga y funcione más lento, lo que retrasará tus trabajos de edición. Por eso, el consejo es que en el editor limites al mínimo los efectos visuales.

- *Visualización 2D*: En un juego como Prince of Unity tendremos este botón siempre activado. Lo que hace este botón es enfocar la cámara del editor en una dirección perpendicular al plano XY[1]. En este modo, por tanto, no se tiene en cuenta el eje Z y desaparece la perspectiva. Si desactivamos este botón, la visualización de la escena pasará a modo 3D y podremos mover y rotar el enfoque libremente.

- *Iluminación de escena*: Este botón no tiene efecto en un juego como *Prince of Unity*, ya que aquí no aplicamos iluminación a los sprites.

[1] El plano donde se colocan los objetos en un juego 2D, con las dimensiones izquierda-derecha representadas por el eje X y las de arriba-abajo representadas por el eje Y.

- *Mutear el sonido del editor*: Se usa para que el editor no emita sonidos cuando trabajemos con él. Es perfecto para trabajar en tu juego cuando tus hijos están durmiendo y no encuentres tus auriculares.

- *Efectos ambientales*: Como el de modo de renderizado, este botón se usa para mostrar efectos gráficos que no se usan en *Prince of Unity*.

- *Aplicar configuración de visibilidad de los objetos*: Como veremos en la sección 4.3, a veces nos interesará hacer invisibles determinados objetos en el editor para que no nos estorben (durante el juego serán perfectamente visibles). Al desactivar este botón mostraremos todos los objetos de la escena, independientemente de la configuración de visibilidad que le hayamos puesto individualmente.

- *Configuración de la cámara del editor*: A mí, para *Prince of Unity*, me ha valido la configuración por defecto de la cámara del editor, pero quizás tú prefieras cambiar algo.

- *Visibilidad de gizmos*: Al seleccionar un objeto aparecen unos ejes de coordenadas que nos sirven para manipular dicho objeto. Estos ejes de coordenadas son lo que se conoce por gizmo: un objeto auxiliar, que sólo se muestra en el editor para facilitar la manipulación de un objeto principal o de uno de sus componentes. A lo largo de este libro manejaremos multitud de gizmos, pero habrá ocasiones en las que se junten tantos gizmos en la pantalla del editor que nos impidan ver con comodidad un objeto de la escena. En esos casos podemos acudir a esta opción para desactivar temporalmente la visibilidad de los gizmos que nos molesten.

En la vista de Game, también hay una serie de opciones que nos interesa conocer. En la figura 4.5 se puede ver el detalle de las opciones disponibles en esa pestaña.

Figura 4.5: Opciones de la pestaña Game.

De izquierda a derecha, las opciones son:

- *Visualización en simulador*: Unity puede simular cómo se vería el juego en un dispositivo móvil. Al elegir la opción de *Simulator*, aparecerá un combo al lado en el que podremos elegir el dispositivo simulado. Si nuestro juego está pensado para ser visualizado en monitores, deberemos dejar la opción de *Game*. En el caso de *Prince of Unity* me he centrado en el PC, así que el resto de las opciones que explicaré aquí son las que aparecen al seleccionar la opción Game.

- *Cámara a mostrar*: Si tienes múltiples cámaras en la escena, aquí puedes definir cuál usar para visualizar el juego. En *Prince of Unity* sólo usamos una cámara, así que basta con dejar la opción por defecto.

- *Configuración de monitor simulado*: En este combo podremos elegir la resolución y relación de aspecto del monitor que queremos simular. Para PC, el monitor que se considera estándar es el que ofrece una resolución y relación de aspecto de Full HD (1920x1080).

- *Zoom*: Cuando probemos el juego en el editor puede que nos interese usar este slider para ampliar la imagen, de manera que podamos examinar pequeños detalles de la pantalla del juego.

- *Modo de ejecución del juego*: Si elegimos *Play Maximized*, cuando probemos el juego desde el editor, la vista de Game se ampliará al máximo del tamaño de la ventana del editor, mientras que si elegimos *Play Focused* la vista conservará su tamaño pero su pestaña se volverá activa y adquirirá el foco. Si lo fijamos en *Play Unfocused* y estamos en la pestaña Scene cuando activemos el juego, el editor seguirá en la pestaña de Scene y tendremos que ir a la pestaña de Game para ver la ejecución del juego allí.

- *Mutear el sonido del juego*: Similar a la opción de la vista de Scene. Permite silenciar los sonidos del juego cuando lo probemos.
- *Estadísticas*: Permite mostrar estadísticas de rendimiento del juego cuando lo probemos.
- *Visibilidad de gizmos*: Por defecto, los gizmos no se muestran en la vista Game cuando probamos el juego, pero puede ser que nos interese cambiar eso en determinadas situaciones, por lo que en ese caso tendremos que usar este combo.

Jerarquía de objetos de la escena

El detalle de la zona 3 se muestra en la figura 4.6. Esa zona del editor muestra un listado de los objetos incluidos en la escena actual.

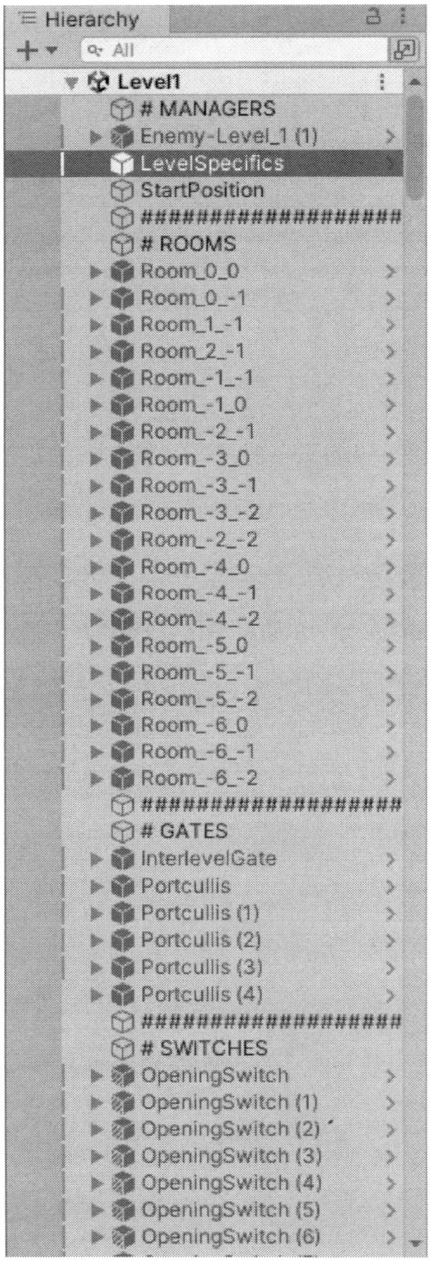

Figura 4.6: Jerarquía de objetos de la escena.

Si te fijas en la figura 4.6, algunos de los elementos del listado se pueden expandir. Eso se debe a que Unity permite anidar unos objetos dentro de otros de tal manera que unos actúen de padres de otros. Esto permite que, al mover a un padre, todos sus hijos le sigan. Generar estas relaciones es muy sencillo, basta con arrastrar el objeto hijo sobre el padre, en esta pestaña, para que se anide el hijo en el padre. Por tanto, al colocar los objetos en la escena se pueden generar jerarquías de objetos que se pueden ver y gestionar en esta pestaña. De ahí que esta pestaña se denomine Hierarchy. Nosotros nos referiremos a ella como la *jerarquía* de la escena.

Cuando seleccionemos un objeto en la jerarquía, este se seleccionará también en la escena y viceversa. La jerarquía de la escena es especialmente útil cuando queremos elegir objetos compuestos. Si queremos elegir un objeto compuesto desde la escena, lo más probable es que sólo seleccionemos uno de sus componentes. Sin embargo, seleccionando el objeto desde la jerarquía, es más fácil asegurarse de que elegimos el componente raíz del objeto, que es con el que se selecciona el conjunto del mismo.

El orden de los elementos de la jerarquía no tiene ningún efecto práctico más allá de que nosotros lo podamos localizar mejor en el listado. Aún así, al final sueles acumular tantísimos objetos en la escena que lo más práctico suele ser usar el buscador integrado que tiene la pestaña en su parte superior.

Edición de propiedades de los objetos

La zona 4 se representa con detalle en la figura 4.7. Nos referiremos a ella como el inspector y permite editar los componentes del objeto seleccionado y sus respectivas propiedades.

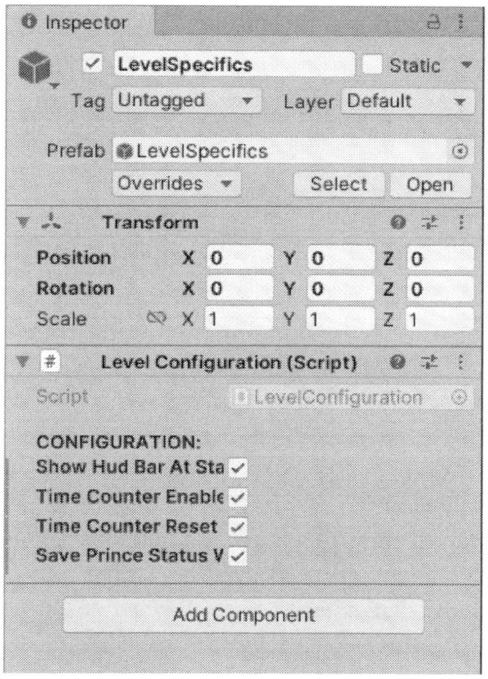

Figura 4.7: Pestaña del inspector, mostrando los componentes y las propiedades del objeto seleccionado.

En lo alto del editor hay un campo de texto en el que se puede editar su nombre. Este es el nombre que identifica al objeto en la jerarquía de la escena.

El check a la izquierda del campo de texto permite desactivar el objeto, haciendo que no aparezca en la escena ni interactúe con ningún otro objeto hasta que se vuelva a marcar el check. Por su parte, el check *Static* que hay a la derecha sirve para avisar a Unity de que este objeto no se va a mover durante el juego, lo que le permite al engine realizar una serie de optimizaciones.

Debajo del campo del nombre hay dos combos, *Tag* y *Layer*, que sirven para categorizar el objeto.

Los Layer son grupos de objetos. Hay Layer predefinidos y puedes crear otros nuevos (hasta 32) en Edit > Project Settings... > Tags and Layers. Crear estos grupos de objetos te será muy útil para restringir el efecto de determinadas técnicas a Layer concretas, en vez de a la totalidad de los objetos de una escena. Es decir, crear y usar Layer te permite filtrar el efecto de determinadas técnicas.

En cuanto al combo Tag, se supone que te permite añadirle una etiqueta semántica a un objeto, pero para mi gusto su utilidad está severamente limitada porque, por defecto, Unity sólo deja asignar una etiqueta a cada objeto. No debo ser el único que lo piensa, porque en el Marketplace de Unity hay assets, tanto gratuitos como de pago, que te permiten añadirle esa funcionalidad al editor. Además, cuando estudiemos los scripts de Unity en el capítulo 6 probablemente te des cuenta de que es fácil emular esa funcionalidad vía script.

A la izquierda hay un icono que se puede cambiar, pulsando en el pequeño triángulo. Este icono sirve para identificar al objeto dentro de la escena y es bastante útil para marcar objetos invisibles. Al arrancar el juego el icono pasa a ser invisible.

El icono del cerrojo, en la esquina superior derecha, sirve para bloquear el inspector y evitar que cambie al seleccionar otro objeto.

Como veremos en el capítulo 5, en el inspector será donde añadamos o quitemos componentes a los objetos, haciendo uso del botón Add Component de su parte inferior.

Barras superiores

En la parte superior de la ventana del editor hay dos barras superiores que también usaremos: el menú principal y el toolbar.

El toolbar recorre la ventana justo por encima de la jerarquía, la vista Scene y el inspector. Lo podemos ver con detalle en la figura 4.8.

Figura 4.8: Toolbar del editor.

De izquierda a derecha, los botones que ofrece este toolbar son los siguientes:

- *Login en la cuenta de Unity*: Nos permite hacer login en nuestra cuenta y acceder a ella. Como generalmente arrancaremos desde el Unity Hub, y este ya está logado en nuestra cuenta, los editores que arranquemos desde allí ya estarán logados también. Así que no se puede decir que sea un botón que haya usado a menudo.

- *El botón de la nube*: Permite acceder a los servicios de Unity que podemos usar en nuestro juego. Los servicios más habituales son los de incluir anuncios en tu juego o habilitar compras dentro del mismo, pero también hay otros muchos más específicos, como los que permiten añadir autentificación al juego, guardar datos y configuraciones en la nube, o permitir que los juegos descarguen contenidos de la nube sobre la marcha. También hay servicios para facilitar el juego multijugador, llevar a cabo analíticas del juego o incluso tareas de integración y despliegue continuos. Hay que tener cuidado con estos servicios porque, aunque suelen tener un tramo de uso gratuito, superado este se vuelven de pago. En el capítulo 31 explicaré cómo utilizar herramientas gratuitas de integración y despliegue continuas, alternativa a las de pago de Unity.

- *Botones de ejecución del juego*: Estos tres botones centrales serán lo que más utilizarás del toolbar. El del *play* de la izquierda permite arrancar el juego dentro de la vista Game del editor. El de *pause* del centro permite parar el juego en ejecución para que podamos analizar su estado. El botón de la derecha es el de *step* y permite avanzar la ejecución del juego un único fotograma, tras lo cual volverá a pausarlo. En el capítulo 5 veremos cómo sacar el máximo provecho de estos botones.

- *Historial de acciones*: Este botón permite desplegar el historial de operaciones para hacer *undo* de la que te interese deshacer.

- *Buscador*: Te permite buscar cualquier cosa (ficheros, opciones de menú, paquetes, configuraciones) dentro del editor de Unity.

- *Capas*: Si has trabajado con programas de dibujo ya tendrás claro en qué consisten las capas. En realidad, son agrupaciones de objetos. En un programa de dibujo se utilizan para definir qué objetos se pintan encima de cuáles otros (o lo que es lo mismo: qué capas se pintan encima de qué otras capas). En Unity, las capas se utilizan para muchas cosas, entre otras: para definir qué objetos se muestran en el editor, pero no en el juego; para configurar qué objetos deben colisionar entre sí; para fijar qué objetos deben interactuar con los rayos que tracemos. Aunque muchos de estos usos ahora te puedan sonar a chino, los veremos a lo largo de este libro, de manera que para el final del mismo ya estarás más que familiarizado con las capas.

- *Layouts*: Son organizaciones de las pestañas del editor ya preconfiguradas. Conforme trabajes con el editor de Unity te darás cuenta de que, según lo que estés haciendo en cada momento, habrá pestañas que te serán más útiles que otras. Hay incluso pestañas, que no salen en la disposición por defecto, que te serán imprescindibles para tareas muy concretas y completamente inútiles el resto del tiempo. En la sección 4.3, veremos cómo sacar partido de los layouts existentes y cómo crear los tuyos propios.

Sobre la barra anterior, está la barra de menú principal. Se trata de la barra de menú clásica de las aplicaciones windows, así que es fácilmente distinguible. Hay muchas acciones posibles en el menú principal, bastantes de ellas se pueden lanzar desde atajos de teclado o desde menús emergentes que salen al pulsar el botón derecho del ratón en el momento adecuado. La mayor parte de la opciones útiles de este menú las veremos a lo largo de este libro, así que tampoco me extenderé aquí para no repetirme.

4.3. Personalización del editor

El editor de Unity es extremadamente flexible. Una de las primeras cosas que yo suelo personalizar es el IDE por defecto para escribir el código fuente del juego. Si optas por usar Visual Studio Community, que viene incluido con Unity por defecto, no tendrás que hacer nada, pero si prefieres otro IDE (como por ejemplo Rider) tendrás que seguir los pasos que detallé al final del capítulo 3, en la sección 3.10.

Otra de las opciones de personalización que ofrece es la posibilidad de reorganizar a tu gusto las pestañas del editor. Unity ofrece algunas disposiciones preconfiguradas de las pestañas en el botón de layouts, que ya mencionamos en la sección 4.2, en la parte de arriba del editor, a la derecha. Si pinchas en dicho botón y seleccionas cada una de las disposiciones preconfiguradas verás cómo cambia la organización y el tamaño de las pestañas del editor, e incluso aparecerá alguna pestaña que no estaba disponible por defecto. Por ejemplo, en la disposición *4 Split*, nos aparecerán cuatro pestañas de Scene con diferentes orientaciones (en sentido de las agujas del reloj, empezando arriba a la izquierda: cenital, frontal, perspectiva y lateral derecha), mientras que las pestañas de jerarquía, proyecto y el inspector se agolparán en el lado derecho del editor. Si en algún momento queremos volver a las disposición por defecto, no tendremos más que elegir el layout *Default*.

Sin necesidad de recurrir a un layout completamente diferente, podemos hacer pequeños ajustes del editor, para adaptarlo mejor a la tarea que estemos llevando a cabo. Si mantenemos pulsado sobre una pestaña y arrastramos, podremos mover dicha pestaña a cualquier otra parte del editor. Verás que al arrastrar y acercarte a un borde válido el editor te dará pistas de posibles lugares válidos donde "aterrizar" la pestaña. Si en vez de en una pestaña, pulsamos en el borde entre dos pestañas, al arrastrar redimensionaremos ambas pestañas.

Si en algún momento necesitamos alguna pestaña que no esté presente en el editor en ese momento, podremos abrirla seleccionándola en el menú Window. Por ejemplo, para abrir una pestaña de *Animator* pulsaríamos en Window > Animation > Animator. Si, por el contrario, hubiera alguna pestaña que no nos fuera ya útil, y de la que quisiéramos librarnos para hacer hueco, no habría más que pulsar con el botón derecho del ratón en la pestaña y elegir Close Tab.

Si en algún momento nos descubriésemos organizando las pestañas repetidamente de la misma forma, lo más cómodo será guardarlas en un layout para no tener que ajustar las pestañas cada vez que abramos el editor. Para ello, una vez que tengamos la disposición de pestañas que queramos guardar no tendremos más que pulsar el botón de layouts y elegir Save Layout... . Le daremos nombre antes de salvarlo y, a partir de ahí, tendremos ese layout disponible en la lista de estos. Cuando lo necesitemos no tendremos más que seleccionarlo en la lista de layouts, para que el editor se reorganice como lo teníamos al salvar el layout. Fíjate que incluso puedes salvar el layout a un fichero (Save Layout to File...), de tal manera que luego lo puedas importar en el editor de otro ordenador (Load Layout from File...).

Si eres un aficionado a los atajos de teclado, seguro que ya te estarás preguntando cómo configurar uno para cada layout de tal manera que puedas cambiar de uno a otro, usando sólo combinaciones de teclas. Para todo lo que tenga que ver con atajos de teclado, puedes acudir a la opción Edit > Shortcuts... del menú principal. Allí puedes configurar los atajos de teclado para cualquier acción del editor, pero verás que son bastantes y que te costará encontrar la acción concreta para la que quieres añadir el atajo. En estos casos, te aconsejo utilizar el buscador que incluye la ventana de los atajos. En nuestro ejemplo, si introduces la palabra "layout" te sacará los distintos layouts configurados y podrás ponerle un atajo a cada uno de ellos.

Una vez que hayas configurado las ventanas a tu gusto, habrá que prestarle cierta atención a la configuración de la rejilla del editor. Para *Prince of Unity* la rejilla me resultó imprescindible para poder colocar con precisión las piezas de las que se compone el escenario. Ya mencionamos la rejilla del editor al describir los controles de la pestaña Scene, en la sección 4.2. Si nos fijamos en la figura 2.6, veremos que la rejilla que utiliza el juego se basa en celdas rectangulares, que son el doble de altas que de anchas. Para que la rejilla del editor se acomode a ese esquema tendremos que pulsar el triángulo que hay junto al botón de pegado de rejilla o *grid snapping* (el de la rejilla con el imán). Saldrá una pequeña ventana emergente como la de la figura 4.9.

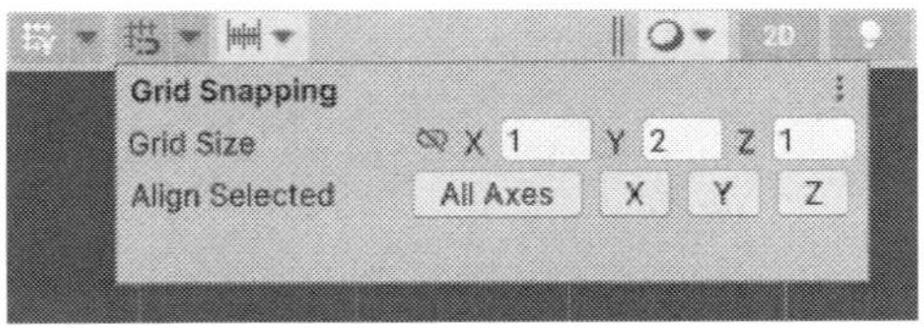

Figura 4.9: Configuración del grid snapping.

Como se puede ver en la figura 4.9, dado que las celdas de *Prince of Unity* son el doble de altas que de anchas, yo he configurado un tamaño de 1 para el eje horizontal (X) y de 2 para el eje vertical (Y). A partir de ahí se mostrará la rejilla con el tamaño de celda seleccionado.

> Recuerda que, para mover objetos haciendo uso del grid snapping, tendrás que tener activados los botones de rejilla y de pegado de rejilla en la pestaña de escena, y que este último sólo se activa si el botón de origen de posiciones de dicha pestaña está fijado en *Global*.

Otro apartado del editor que acabaremos teniendo que organizar es la pestaña de la jerarquía. Al principio, cuando sólo tengamos unos pocos objetos en la escena probablemente no veamos la necesidad de ordenar el listado de objetos, pero conforme vayamos creando niveles cada vez más complejos, se nos empezarán a acumular objetos en el listado de la jerarquía y tendremos que hacer uso de la barra de scroll para recorrer el listado. Cuando llego a ese punto, suelo reordenar los objetos de la escena en grupos coherentes. Por ejemplo, en el caso de *Prince of Unity*, he colocado los objetos *manager* los primeros de todo en el listado, luego he colocado los objetos de las habitaciones, luego las puertas, los interruptores, etc. Para identificar visualmente cada agrupación en el listado, suelo incluir objetos Transform[2] con el único propósito de ponerles un nombre que me sirva de barra separadora o de título en el listado de la jerarquía. Gracias a eso el listado de la jerarquía queda más ordenado, como se puede ver en la figura 4.6.

[2]Ya veremos lo que son en capítulos posteriores.

> Hay extensiones del editor, como la de *RiderFlow* [98], que hacen un truco parecido convirtiendo a cada agrupación de objetos en hijos del objeto utilizado como título de la agrupación. Esto tiene la ventaja de que se puede minimizar y desplegar cada grupo dentro del listado. Sin embargo, a mí eso no me ha encajado porque, como veremos en capítulos posteriores, cuando desde uno de mis scripts hacía búsquedas ascendentes de la raíz del objeto compuesto, en vez de devolverme ese objeto raíz me devolvía el objeto título de la agrupación. Por ese motivo decidí no hacer padre al objeto título de los objetos agrupados.

Hay otro truco que nos puede venir bien, cuando tengamos un montón de objetos en la escena y alguno nos estorbe para ver los que le quedan detrás. Por un lado, podemos hacer que el objeto que estorba no pueda ser seleccionado activando el icono de la mano tachada, a la izquierda del objeto en la jerarquía. Mientras no desactivemos la mano tachada, el objeto no podrá ser ser seleccionado pinchando en él en la escena (sí, si pinchamos sobre él en la jerarquía).

Si lo que queremos es dejar de ver el objeto, tendremos que activar el ojo tachado, al lado de la columna de la mano tachada. El objeto desaparecerá de la vista dejando al descubierto lo que tenga detrás.

Por último, te recomiendo que personalices el editor para que se coloree con un color especial cuando ejecutes el juego desde él. Una ventaja importante de Unity es que cuando ejecutas el juego desde él puedes hacer cambios en el escenario en tiempo real. Dichos cambios se reflejan en la pestaña Game y el juego reacciona a ellos. Es una manera de hacer pruebas rápidas. Sin embargo, hay que tener en cuenta que los cambios que hagas en la escena mientras el juego esté en marcha se perderán en cuanto este se pare. Es fácil olvidarse de eso y ponerse a hacer cambios en la escena habiendo dejado el juego en marcha en un segundo plano. Mucha gente se da cuenta después de un rato grande de hacer cambios y no le queda otra que resignarse a perder todos los cambios realizados. Al colorear el editor cuando tengamos un juego en ejecución evitaremos cometer el mismo error. Para hacerlo iremos a Edit » Preferences... » Colors y le pondremos el color que nos guste a la opción *Playmode tint*. A partir de entonces el color que hayas configurado será el que adquiera el editor mientras estemos con el juego en ejecución, lo que nos alertará de que cualquier cambio en la escena se perderá en cuanto paremos el juego.

4.4. Estructura de carpetas

Como vimos en la sección 4.2, la pestaña Project muestra el contenido de la carpeta `Assets` del proyecto. Cuando desarrollemos un juego con Unity, la mayor parte del tiempo nos centraremos en esa carpeta. Si miramos la carpeta del proyecto desde el explorador de archivos de nuestro sistema operativo, veremos que nuestro proyecto tiene más carpetas, aparte de la de `Assets`, pero sólo tendremos que preocuparnos por ellas cuando entremos en la fase de Postproducción, tal y como veremos en la parte IV de este libro.

Los distintos assets de nuestro juego se distribuirán por diversas carpetas, dentro de la pestaña Project. Las carpetas estándar que usa Unity son las siguientes:

- `Animations`: Contiene tanto los clips de animación, como los controladores de la animación, así como otros assets relacionados con tipos de animación más complejos.
- `Audio`: En ella se suelen guardar los clips de los efectos de sonido.
- `Editor`: Aquí se incluyen los scripts para ampliar la funcionalidad del editor de Unity, tal y como veremos en el capítulo 16.
- `Fonts`: Aquí se incluyen las fuentes personalizadas para los distintos tipos de letra usados en el juego.
- `Materials`: Es donde se guardan los materiales usados para los objetos 3D.
- `Meshes`: Esta es la carpeta donde se guardan los modelos 3D utilizados para el juego.

- `Particles`: Usada para guardar los sistemas de partículas que podamos utilizar en el juego.
- `Prefabs`: Aquí se guardarán los objetos "plantilla", denominados prefab, que veremos en el capítulo 5.
- `Scripts`: Será donde guardaremos todos los scripts para el juego.
- `Settings`: Guardaremos aquí configuraciones del sistema gráfico que hayamos empleado en el juego. En general, sólo se usa cuando empleamos los motores gráficos HDRP o URP, lo cual no es el caso de *Prince of Unity*, ya que sólo utiliza el motor gráfico por defecto.
- `Shaders`: Es donde guardaremos los scripts enfocados al renderizado de los materiales de los objetos.
- `Scenes`: Será donde guardemos los archivos de nuestros niveles.
- `Textures`: Aquí se guardan las imágenes utilizadas por los materiales del los objetos 3D.
- `Thirdparty`: Esta carpeta se recomienda para guardar en ella todos aquellos assets desarrollados por un tercero (como por ejemplo, los que nos descarguemos del Asset Store). Será más fácil actualizarlos si están en una carpeta aparte y no mezclados con nuestros assets.

Si usamos una plantilla para crear crear nuestro proyecto, es posible que nos encontremos alguna de estas carpetas ya creadas y con algunos assets de demostración.

En el caso de *Prince of Unity* no he utilizado todas las carpetas posibles. Tampoco pasa nada por crear carpetas adicionales, si tienes assets que no se ajustan exactamente a los del listado anterior. Yo, por ejemplo, he creado las siguientes para *Prince of Unity*:

- `Icons`: Para las imágenes usadas como iconos en algunos puntos del juego.
- `Input`: Para guardar los ficheros encargados de procesar las interacciones del usuario con los mandos, el teclado, etc.
- `Sounds`: Los ficheros de audio los guardé aquí durante el desarrollo, no fue hasta el momento de escribir este libro que averigüé que en realidad debería haberlo llamado Audio.
- `Sprites`: Aquí he guardado las imágenes que he utilizado tanto para el escenario, como para las animaciones del juego. No he usado la carpeta Textures, porque técnicamente un sprite no es una textura.
- `Tests`: Aquí he guardado todos los test funcionales para comprobar la correcta funcionalidad del juego. Veremos cómo crearlos en el capítulo 18.
- `UI`: Esta es la carpeta donde he guardado los ficheros de la interfaz de usuario del juego.
- `Videos`: Para guardar los vídeos que aparecen durante el juego.

> Como se puede ver, el nombre de las carpetas es más un consenso que una norma escrita en piedra. Sin embargo, hay dos excepciones: `Editor` y `Scripts`. Ambas carpetas deben existir y tienes que ser muy estricto a la hora de guardar en `Editor` sólo los scripts para extender y mejorar el editor, y en `Scripts` los relativos al funcionamiento del juego. El compilador de Unity realiza determinadas operaciones asumiendo que existen esas carpetas y que los ficheros de código están bien distribuidos entre las dos. Si no es así, puede ser que la compilación del juego falle.

4.5. Actualización de la versión del editor

En la sección 4.1 vimos cómo descargar una nueva versión del editor de Unity y crear con ella un nuevo proyecto. ¿Significa eso que ese proyecto estará ligado indisolublemente a esa versión y se perderán las funcionalidades y parches de las nuevas versiones? Ni mucho menos. Si vamos a la pestaña Projects del Unity Hub, buscamos nuestro proyecto y pulsamos sobre la versión del editor que se muestra allí, nos saldrá una ventana como la de la figura 4.10 que nos dejará cambiar la versión del editor que utiliza el proyecto.

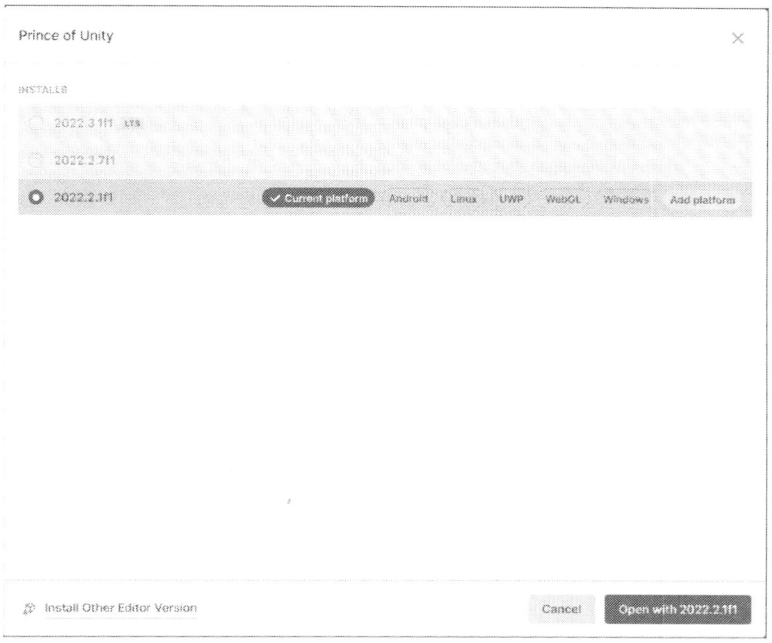

Figura 4.10: Ventana para cambiar la versión del editor de Unity asociada a un proyecto.

Dicha ventana mostrará las versiones del editor que hayamos instalado en el ordenador a través del Unity Hub. Una vez que hayamos seleccionado la nueva versión que queremos utilizar, pulsaremos el botón Open with [version]. Cuando el proyecto se abra tardará un poco más de lo habitual porque llevará a cabo un proceso de conversión de todos los elementos del juego a la nueva versión del editor. Finalizado el proceso el editor se abrirá como siempre y el juego pasará a usar la nueva versión.

Sencillo, ¿verdad?, bueno, hay que tener en cuenta ciertos factores.

El primero es que puedes hacer avanzar la versión del editor que utiliza el juego, pero no puedes hacer que retroceda a una versión anterior. Eso significa que si actualizas a una nueva versión y te encuentras algún problema en la nueva versión no podrás dar marcha atrás a través del Unity Hub. Lo que sí puedes hacer es realizar una copia de seguridad de tu juego antes de la actualización, actualizar y probarlo todo para asegurar que el juego sigue bien tras la actualización. Si algo fuese mal siempre podríamos borrar la carpeta del proyecto y restaurarla desde la copia de seguridad a como estaba antes de la actualización.

> Para la copia de seguridad puedes guardar una copia de la carpeta del proyecto o bien usar un repositorio de versiones como el que veremos en el capítulo 15.

Y aquí llegamos al segundo factor, ¿realmente podemos romper algo de nuestro juego actualizando el editor? Bueno, leyendo los foros de internet me temo que es posible. Hay bastantes casos de gente preguntando cómo hacer un *downgrade* después de que una actualización introdujese problemas en su juego. En el caso de *Prince of Unity*, he ido actualizando el editor conforme iban saliendo nuevas versiones y ninguna ha llegado a romperme el juego, obligándome a restaurar una versión anterior del repositorio, aunque sí es cierto que algunas de las versiones del editor han sido más inestables que otras. Ha habido fases del desarrollo en las que tenía que salvar constantemente, porque el editor tendía a apagarse sin previo aviso, pero bueno, eran rachas que se solventaban al actualizar a la siguiente versión.

También es cierto que probablemente tengas menos problemas al actualizar si lo haces a una nueva versión en la que sólo se parchean fallos (es decir, sólo cambia la tercera cifra de la versión) que si es un cambio mayor (cambia la primera cifra de la versión). De igual manera, sospecho que tu riesgo será menor si vas actualizando poco a poco que si, de repente, actualizas varias versiones de golpe.

Lo que sí he observado en alguna ocasión al actualizar es que algún test funcional que antes funcionaba pasaba a fallar. Sospecho que se debía a que algunas actualizaciones afectaban a la manera de hacer cálculos en punto flotante y determinados tests, cuyos resultados salían antes dentro del umbral de tolerancia, se salían de él al actualizar. La solución casi siempre pasaba por ampliar ese umbral de tolerancia. También es cierto que *Prince of Unity* es un juego muy sencillo, mientras que otros juegos más complejos quizás hubieran sufrido más errores al actualizar.

En todo caso, esta es otra de las ventajas de contar con una nutrida suite de pruebas funcionales, como las que veremos en el capítulo 18, dado que te permite asegurar que todo funciona como es debido tras una actualización. Si actualizas, lanzas tu batería de tests y todos siguen en verde, puedes tener una razonable seguridad de que no se ha roto nada importante y puedes guardar la nueva versión en el repositorio.

A mí me ha merecido la pena ir actualizando durante el desarrollo. Un juego no se desarrolla en una tarde. Lo normal es tardar muchos meses y en ese tiempo suelen salir nuevas versiones con funcionalidades adicionales, corrección de errores y, es de suponer, mayor estabilidad. Gracias a ir actualizando, en un punto determinado se introdujo en el canal estable el soporte completo de *UI Toolkit* [216], y pude reimplementar todos los interfaces de usuario y extensiones del editor del capítulo usándolo, lo que simplificó enormemente el código y mejoró el resultado.

Cuando he dejado de actualizar ha sido cuando me he centrado en este libro. Ya no era importante conseguir nuevas funcionalidades, porque el desarrollo ya había finalizado y tenía el riesgo de romper el juego que uso como hilo conductor de estos capítulos. Además, tampoco tiene mucho sentido actualizar mientras escribo. Algún día acabaré este libro, lo publicaré y ¿entonces qué?, ¿seguiré teniendo que actualizar la versión del editor del juego periódicamente el resto de mi vida? No tiene sentido. Espero que la utilidad de este libro perdure mucho más tiempo que la longevidad media de las versiones del editor de Unity, y eso supone que sus lectores tendrán que bajarse una versión antigua del editor para ejecutar el juego por primera vez.

> Dicho eso, para explicar por qué no he seguido actualizando la versión del editor a partir de cierto momento, puede resultarte interesante hacer el experimento de actualizar el editor utilizado por el juego para ver si sigue funcionando correctamente.

CAPÍTULO

5 Conceptos básicos de Unity

Todo marco de trabajo de desarrollo tiene sus propios conceptos, convenciones y flujos de trabajo que es imprescindible conocer para poder trabajar con él, entender la documentación relacionada y ser capaz de explicar claramente a los demás lo que hacen nuestros juegos y las dudas que nos surgen.

Los engines de juegos no son una excepción. Aunque en términos generales comparten muchos conceptos, los acaban llamando de forma diferente y también guardan un par de peculiaridades en la manga.

En este capítulo repasaremos esos conceptos, para que puedas entender fácilmente las explicaciones que vienen después y para que te sientas cómodo cuando consultes la documentación de Unity y sus foros. Cuando estudies otros engines te darás cuenta de que, aunque los nombres cambien, los conceptos son muy similares.

5.1. 2D vs 3D

Nuestro mundo es tridimensional. Nuestra misma fisonomía está adaptada a esa tridimensionalidad, para ello contamos con dos ojos que nos dotan de visión binocular, necesaria para desarrollar una buena percepción de la profundidad.

La visión binocular se asocia a la percepción de la profundidad, por eso perder un ojo suele afectarla negativamente.

Por tanto, percibimos la posición de los objetos según la suma de tres valores, también denominados dimensiones: posición horizontal, posición vertical y posición en profundidad (también conocidas de manera abreviadas como anchura, altura y profundidad). Por eso, al usar tres dimensiones para ubicar las cosas, decimos que lo natural para el ser humano es percibir su entorno en 3D.

Sin embargo, el ser humano siempre se ha encontrado dificultades para representar sus recuerdos tridimensionales. Es cierto que históricamente ha recurrido a la escultura para hacerlo, pero para ello se necesita una habilidad, materiales y un espacio que no siempre han estado a mano. Históricamente la pintura ha sido más accesible y frecuente, pero ha tenido que afrontar un problema fundamental: ¿cómo se representa la profundidad en la superficie plana de la pared de una cueva, de una casa, de un lienzo o de una pantalla?. Esas superficies planas se extienden a lo largo y a lo ancho, por lo que sólo cuentan con dos de las dimensiones que mencionábamos antes y, por tanto, reciben el nombre de bidimensionales o 2D.

El proceso de representar fielmente un mundo 3D sobre una superficie 2D no ha sido nada fácil y viene a constituir el desarrollo de la pintura desde la época de las cavernas hasta la actualidad.

Como se puede ver en la figura 5.1, con el paso del tiempo, los artistas han inventado nuevas maneras para representar la profundidad en sus obras. Es lo que se ha llamado el estudio de la perspectiva. Partiendo de la base de que los objetos cercanos nos parecen más grandes y definidos y los lejanos más pequeños y menos detallados, se han desarrollado técnicas para representar ese efecto en los lienzos, como, por ejemplo, los puntos de fuga para definir el tamaño, o jugar con el color para hacer más tenues los objetos lejanos y definir mucho más los detalles de los objetos cercanos.

Figura 5.1: Fases del desarrollo de la perspectiva en la pintura. Arriba la Edad Media, en medio el Renacimiento y abajo el Barroco.

Todas esas técnicas se han automatizado en los engines 3D actuales como Unity, Unreal o Godot, mediante algoritmos matemáticos que simulan la profundidad dibujando los objetos en pantalla con un tamaño gradualmente más grande conforme más cerca se encuentren de la cámara de la escena.

El desarrollo de esos algoritmos matemáticos tampoco ha sido inmediato, sino el resultado de una evolución tecnológica y matemática desde el comienzo de la informática. Al principio de la informática, tampoco estaba claro cómo aplicar de manera eficiente lo aprendido en pintura a un programa informático, como es un juego. Por esa razón, los primeros juegos de ordenador fueron 2D. Los juegos 2D usan dibujos, denominados *sprites*, para representar los elementos del juego. Dichos dibujos carecen de información de profundidad. Se representan en la pantalla como imágenes planas y la cámara se enfoca perpendicularmente hacia ellas, en lo que se denomina *posición ortográfica*. Dado que los dibujos son planos y no ofrecen información de profundidad, esta se simula en los juegos 2D utilizando el orden de dibujado: los sprites que se suponen más lejanos se dibujan primero en pantalla y los más cercanos después, encima de los anteriores, tapándolos. También se utilizan otros efectos, como el tamaño, haciendo que los sprites de los objetos más lejanos sean más pequeños, o la velocidad de movimiento, haciendo que los sprites del fondo se muevan a diferente velocidad que los sprites que están en primer plano (efecto *Parallax*).

Aún hoy, existe engines de juegos que sólo sirven para hacer juegos 2D, aunque todo tiende a que los engines sean 3D, ya que estos pueden simular 2D, fijando la cámara en posición ortográfica, como hace por ejemplo Unity.

¿Tiene sentido hacer un juego en 2D cuando ya no hay limitaciones técnicas para desarrollar juegos 3D? La respuesta es que sí, por múltiples razones.

La primera es histórica, dado que la nostalgia es una motivación muy potente. Muchos de los que jugamos los juegos de ahora éramos los que los jugábamos en un Spectrum ZX. Vivimos muchos grandes momentos con aquellos juegos sencillos en 2D y, por tanto, ese formato nos resulta aún muy atractivo.

Luego hay un factor artístico. El factor visual es muy importante a la hora de contar historias. Simplificar la representación del juego, haciéndolo 2D, puede ayudar a que el jugador se centre mejor en el plano argumental y a que capte mejor las emociones que quiere trasmitir el juego.

También hay un factor de mecánica de juego. Y es que hay juegos que tampoco necesitan ser 3D y puede que hasta se sigan mejor en 2D. ¿Realmente es necesario representar en 3D un Conecta-4, un tablero de Go o unas damas? Probablemente no.

Sigue habiendo un factor tecnológico. Aunque ya sea perfectamente posible representar mundos 3D, sí es cierto que hacerlo es más costoso, en términos de procesamiento, que usar en 2D. En el mundo del PC la diferencia puede no ser significativa, pero cuando hablamos de juegos para plataformas móviles (teléfonos y tablets) sí que lo es. Las plataformas móviles tienen menos potencia que los PCs, por lo que están limitadas a representaciones 3D mucho más sencillas. Estas plataformas también están sujetas a un suministro eléctrico limitado, el que ofrecen sus baterías, por lo que a mayor esfuerzo de cálculo más rápido las consumen. Los juegos 3D consumen la batería a un ritmo mucho mayor que los juegos 2D. Relacionado con lo anterior, el mayor esfuerzo de procesamiento que suponen los juegos 3D también puede suponer un mayor calentamiento del terminal móvil, lo que puede ser incómodo para el usuario que lo sujeta y, a la larga, puede aumentar el desgaste acumulado que sufre el terminal. Por lo tanto, en términos de consumo, un juego 2D es mucho más eficiente que uno 3D, lo cual es algo muy a tener en cuenta a la hora de desarrollar un juego para móviles.

Y, por último, hay un factor de economía de desarrollo. Hacer un juego 2D es mucho más rápido y barato que hacer un juego 3D. De entrada, el equipo de desarrollo no necesita modeladores, riggers[1], ni animadores. Los artistas que hacen los storyboards son los mismos que pueden hacer los sprites. El tiempo de compilado de un juego 2D es mucho menor que el de un juego 3D, por lo que el desarrollo iterativo es muchísimo más rápido. Y los requisitos técnicos, tanto para probar el juego como para guardarlo, son mucho menores, por lo que el proyecto también ahorra en equipamiento. Por consiguiente, no es de extrañar que haya tantos estudios *indie* que se centren en hacer juegos 2D.

Así que ya ves, aunque los grandes juegos AAA salgan en 3D, el mundo de los juegos 2D está muy vivo y rebosa de posibilidades artísticas y de mercado.

5.2. Ejes de coordenadas

Habiendo explicado las diferencias entre los modos 2D y 3D, es importante que tengas en cuenta cómo los representa Unity. Aunque todas las herramientas 3D utilizan tres ejes denominados X, Y y Z, no los orientan de la misma manera.

Existen dos familias principales a la hora de representar los ejes. Están las herramientas que representan la altura con el eje Y y las que la representan con el eje Z. Unity y Godot se encuentran en la primera familia, pero Unreal usa la convención de la segunda.

Incluso en la familia que usa el eje Y para la altura hay diferencias, ya que, aunque todas representen el eje X para la anchura, hay discrepancias en cuanto hacia dónde orientar el eje positivo de la Z, para la profundidad.

Las herramientas que representan el eje positivo de la Z alejándose de la cámara se dice que siguen el estándar de mano izquierda (left-handed), mientras que los que lo representan acercándose a la cámara se dice que son de mano derecha (right-handed). Recuerda que cuando uses este truco, el pulgar de ambas manos debe mirar a la derecha.

Comparando la figura 5.2 con la figura 5.3, se puede ver que Unity sigue el estándar de mano izquierda.

[1]Los que asignan a los modelos 3D los esqueletos que luego usarán los animadores para aplicar el movimiento.

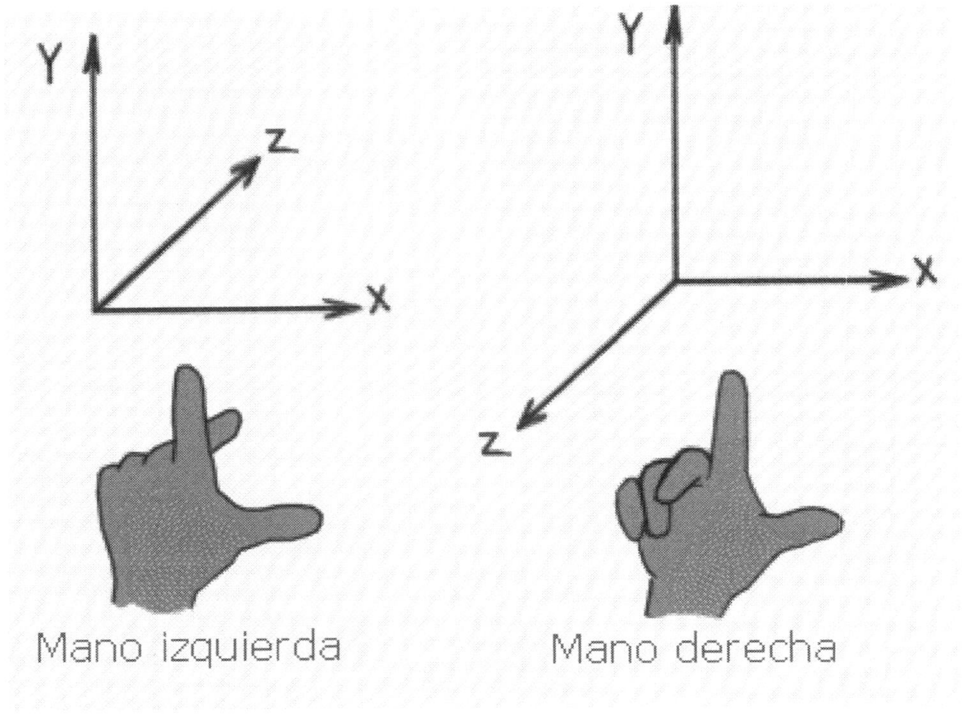

Figura 5.2: Estándar de mano izquierda y derecha para ejes que usen la Y para la altura.

Figura 5.3: Los ejes de Unity.

> Recuerda el código de colores que usa Unity para sus ejes, porque en algún caso puede serte útil: rojo-X, verde-Y y azul-Z.

Es cierto que para juegos 2D no usarás el eje Z para nada, pero sí es importante que tengas muy presente su orientación cuando hagas juegos en 3D. En la figura 5.4, sacada de un interesante artículo de TechArtHub [137], tienes una clasificación de los diferentes engines de juegos y de las herramientas más habituales de modelado y texturizado, según el estándar de ejes que utilizan.

Como verás, hay desavenencias incluso dentro de la familia de los que representan la altura con el eje Z, ya que mientras en Blender el eje positivo de la Y se aleja de la cámara, en Unreal se acerca.

Todas estas diferencias de criterio tienen muchísima importancia cuando exportas de una herramienta a otra. Si exportas tal cual un modelo 3D, elaborado en Blender, y lo importas en Unity te aparecerá volcado y orientado de una manera muy rara[2]. Si, además, ese modelo ejerce de padre de otros, dentro del editor de Unity, la diferencia de orientación puede afectar también a los hijos, provocando efectos realmente aberrantes. Para evitar esos problemas, las funcionalidades de exportación de cada herramienta suelen tener

[2]En realidad estará invertido en el eje X respecto a cómo se veía en Blender.

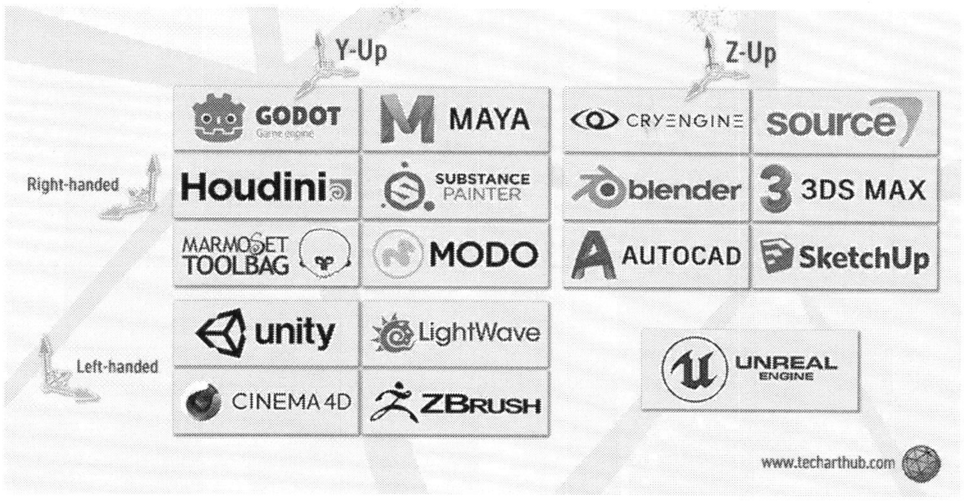

Figura 5.4: Clasificación de los ejes de las distintas herramientas, en función del eje utilizado para representar la altura (Y o Z) y en función de hacia dónde orienten el eje positivo de la X.

parámetros de ajuste de los ejes, para adaptar el modelo exportado al estándar que use engine desde el que queremos importar dicho modelo.

5.3. GameObjects y componentes

En Unity, todos los objetos que pueblan una escena reciben el nombre de *GameObject*. Unos GameObject son visibles para la cámara y otros no necesitan serlo, pero todos tienen uno o varios componentes.

En sí mismo, un GameObject no hace nada. Es una percha de la que colgar componentes y todas sus características y comportamientos vendrán de lo que le colguemos. Si queremos ver qué componentes alberga un GameObject, no tenemos más que seleccionarlo en la jerarquía de la escena, para que aparezcan en el inspector. Es en ese mismo inspector donde podemos añadir nuevos componentes con el botón `Add Component`. Saldrá una ventana emergente con buscador con el que localizar el que nos interesa añadir. Como verás, hay muchísimos, clasificados por múltiples categorías. Una vez añadidos, los componentes se pueden reorganizar dentro del inspector, pulsando con el botón derecho en la barra de su título y seleccionando `Move Up` o `Move Down`. Yo intento mantener los relacionados cerca unos de otros. Si incluyes alguno por error, o bien has dejado de utilizarlo y ya no lo utilizas, puedes borrarlo eligiendolo con el botón derecho del ratón y seleccionando `Remove Component.`

> Ten cuidado al borrar un componente porque es raro el que funciona de manera totalmente autónoma. Es habitual que un componente sea utilizado por otros, por lo que, al borrarlo, afectará negativamente a los que lo usan. Para saber si un componente está referenciado por otros (es decir, si un componente está siendo utilizado por otros) hay que pinchar con el botón derecho del ratón en el componente y seleccionar `Find References In Scene`. Al hacer eso, en el campo de búsqueda de la jerarquía de la escena se introducirá un filtro que mostrará sólo aquellos GameObjects que tenga referencias hacia dicho componente y que, por tanto, fallarán si lo borras. Como te puedes imaginar, el proceso para borrar un componente pasa por asegurar antes que ningún GameObject lo referencie.

La manera más sencilla de crear un GameObject es pinchar con el botón derecho en la jerarquía de la escena y seleccionar `Create Empty`. Esto generará un objeto vacío dentro de la escena. Bueno, completamente vacío no, tendrá una componente *Transform* . Como mínimo, todo GameObject cuenta con un componente Transform. Este componente es el que contiene la información relativa a la posición, el tamaño y orientación del GameObject al que pertenece. El GameObject recién creado aparecerá en el origen de coordenadas de la escena y será visible en el editor por la cruceta de los ejes de su componente Transform.

En ese punto, el GameObject no será visible cuando arranquemos el juego, ya que un componente Transform no tiene representación visual en el juego. Para que el GameObject sea visible necesitará un componente que genere una imagen. En el caso de un juego 2D dicho componente será un *SpriteRenderer*, el cual dibujará un sprite en la posición del Transform del GameObject. En el menú emergente que sale al pulsar el botón derecho del ratón sobre la jerarquía de la escena, se pueden crear otros GameObjects, como formas 2D o 3D, pero en ese caso no son más que GameObjects, con su correspondiente Transform y una serie de componentes predefinidos.

¿Tiene sentido crear GameObjects vacíos? Sí, mucho. No todos los objetos que creemos en la escena deben ser visibles para el jugador. Un mero GameObject vacío puede servir para marcar una posición en el escenario, de manera que otros GameObjects puedan referirse a esa posición. Una lista de GameObjects vacíos, marcando distintas posiciones, puede servir para definir las distintas escalas de una ruta. También pueden marcar los puntos en los que queramos hacer determinadas operaciones.

Por ejemplo, en la carpeta 🗀 `Assets/Prefabs/Components` se encuentra el prefab[3] `EnemySensor`. Si lo abres con un doble click verás que en su jerarquía cuenta con un GameObject raíz, denominado `EnemySensors`, del cual dependen dos GameObjects vacíos, `ForwardSensorStart` y `RearSensorStart`. De `ForwardSensorStart` depende a su vez otro GameObject vacío, denominado `ForwarSensorEnd`, y de `RearSensorStart`, otro llamado `RearSensorEnd`. Como veremos en el capítulo 6, el script que hay en el GameObject raíz guarda referencias a los GameObjects vacíos para poder leer sus posiciones y utilizarlas como puntos de inicio y final de sus medidas (de `ForwarSensorStart` a `ForwarSensorEnd` y de `RearSensorStart` a `RearSensorEnd`).

Los diversos componentes que añadamos a los GameObject tienen múltiples propiedades para configurar su comportamiento. Seleccionando un GameObject en la jerarquía, aparecerán sus componentes en el inspector, donde podremos configurarlos. Esas propiedades pueden ser de muchos tipos, como, por ejemplo, numéricas, de texto, booleanas, o referencias a otros componentes o GameObjects. En este último caso, arrastrando el componente desde el inspector (o el GameObject desde la jerarquía), hacia el campo de la propiedad, se establecerá la referencia.

A lo largo de este libro veremos los componentes más importantes de un juego 2D y cómo utilizarlos. Gran parte del desarrollo de juegos en Unity consiste en saber combinar los componentes adecuados para lograr el efecto deseado.

Es importante destacar que, además de combinar componentes, también podemos combinar GameObjects. Al arrastrar un GameObject A de la jerarquía sobre otro GameObject B haremos que A pase a ser hijo de B y se mueva allá donde se mueva B. Así se generan GameObjects compuestos, que son fácilmente reconocibles en la jerarquía porque tienen un triángulo a su izquierda que permite desplegarlos para mostrar los GameObjects hijos que los componen. Tampoco hay límite en el número de anidamientos, ya que puedes hacer que otros GameObject dependan de los que ya son hijos. Viendo las dependencias de un GameObject compuesto, no es difícil entender de dónde viene la denominación de la pestaña de jerarquía.

Al igual que pasa con el código, lo recomendable es crear GameObjects que se enfoquen a un único cometido, y luego combinarlos en objetos compuestos. Esto nos permitirá distribuir los componentes de una manera que nos resulte más fácil localizarlos y trabajar con ellos, así como reutilizarlos mediante el mecanismo de los prefabs, que estudiaremos más adelante.

En la figura 5.5 puedes ver la jerarquía del prefab del personaje principal. Puedes encontrar ese prefab en la ruta 🗀 `Assets/Prefabs/Characters`. Si haces doble click en el asset del prefab, lo abrirás en la vista de prefab y podrás analizar su estructura interna. Si te fijas, en la figura sólo he desplegado hasta el tercer nivel de anidamiento porque si seguía bajando niveles la imagen alcanzaba un tamaño demasiado grande para la página. En esa estructura puedes distinguir GameObjects dedicados a tareas especializadas, como distintos tipos de sensores (`PickableSensor`, `EnemySensors`, etc), emisores de sonido (`SoundEmitter`) o para mostrar efectos visuales (`DamageEffect`).

[3] En unos pocos párrafos veremos lo que es un prefab.

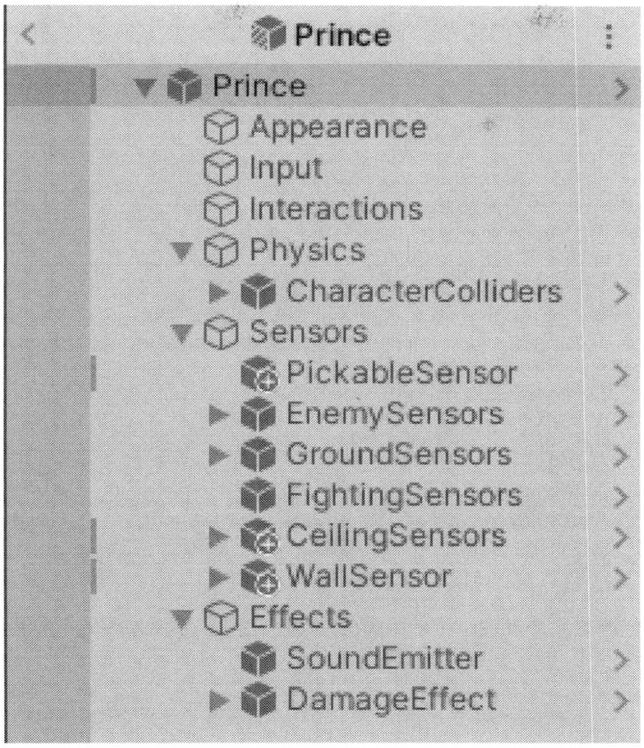

Figura 5.5: Jerarquía del prefab del personaje principal.

Hay también GameObjects vacíos, puestos ahí simplemente para colgar GameObjects de ellos y mantener un cierto orden interno dentro del prefab. Tal es el caso del GameObject `Sensors`. Esos GameObjects vacíos también son útiles para colocar en ellos scripts que no tienen la entidad suficiente como para que hagamos un GameObject para ellos solos. Eso es lo que he hecho, por ejemplo, en los GameObjects `Interactions`, `Physics` o `Effects`.

Y, por cierto, hablando de los scripts de código, en Unity estos son componentes que se añaden a los GameObjects para que puedan interactuar entre sí, según la programación del desarrollador. Los scripts tienen la suficiente enjundia como para merecer el capítulo 6 en exclusiva, así que, por ahora, quédate con la idea de que son un componente más que se puede añadir a los GameObjects.

5.4. Prefabs

La reutilización es crítica en el desarrollo. Los lenguajes de programación nos permiten crear funciones para poder reutilizar de manera cómoda las mismas líneas de código en distintos puntos de nuestro programa. De la misma manera, los lenguajes orientados a objetos nos permiten definir clases para reutilizar su implementación a la hora de generar múltiples instancias (los objetos) que compartan su funcionalidad, pero que difieran entre sí por los datos concretos que manejen.

Un GameObject al que hayas dado forma directamente en la vista Scene sólo podrá reutilizarse en la misma escena a través del procedimiento del copia-pega en esa escena. Si queremos reutilizar ese GameObject en múltiples escenas tendremos que usar un *prefab*. Un prefab es un asset que almacena un GameObject, de manera que, al arrastrar un prefab a una escena, crearemos una copia de ese GameObject en la escena. Al ser un asset, los prefab se guardan en la carpeta 🗀`Assets` y se pueden instanciar en cualquier escena arrastrando el prefab desde la pestaña Project hacia la de Scene.

> Puedes usar cualquier carpeta (dentro de `Assets`) para almacenar tus prefabs. En *Prince of Unity* he decidido no complicarme y utilizar simplemente una carpeta llamada `Prefabs`, aunque no hay razón para que no distribuyas tus prefabs en un árbol de carpetas si tienes muchos y eso te facilita localizarlos.

Si aún no tienes claro qué es un prefab, piensa que un prefab es a los GameObjects de una escena de Unity lo que una clase a los objetos de un lenguaje orientado a objetos.

Una manera muy popular de crear un prefab es construir un GameObject en la vista de Scene y luego arrastrar dicho GameObject desde la jerarquía a la pestaña Project. En la carpeta en la que soltemos el GameObject se creará el prefab. A partir de ahí podremos copiar o mover el prefab entre las distintas carpetas como con cualquier otro asset.

Yo prefiero crear los GameObjects de una manera más parecida a como se hace en Unreal (aunque allí los llaman blueprints[4]). Para ello hay que pulsar con el botón derecho en la carpeta de la pestaña Project donde queramos crear el prefab y seleccionar Create > Prefab. Se abrirá entonces una vista especializada (vista Prefab), en la que podremos editar el prefab de manera aislada de la escena. Yo lo prefiero así, por no afectar por accidente a la escena, por no incluir sin querer un elemento de la escena en el prefab y porque, la verdad es, que me permite concentrarme mejor. En esta vista desaparece la escena de la pestaña Scene, ya que esta se limita a mostrar lo que añadamos al prefab. También aparece un check por encima del toolbar de la vista escena. Se trata del check de Auto Save, que te aconsejo que dejes marcado para evitar perder los cambios cuando salgas de la vista de prefab. Para salir de la vista Prefab, y volver a la vista principal, hay que pulsar la flecha hacia la izquierda que hay en la cabecera que le aparece a la pestaña de la jerarquía cuando estamos en la vista Prefab (tal y como se puede ver en la figura 5.5 y en la figura 5.6).

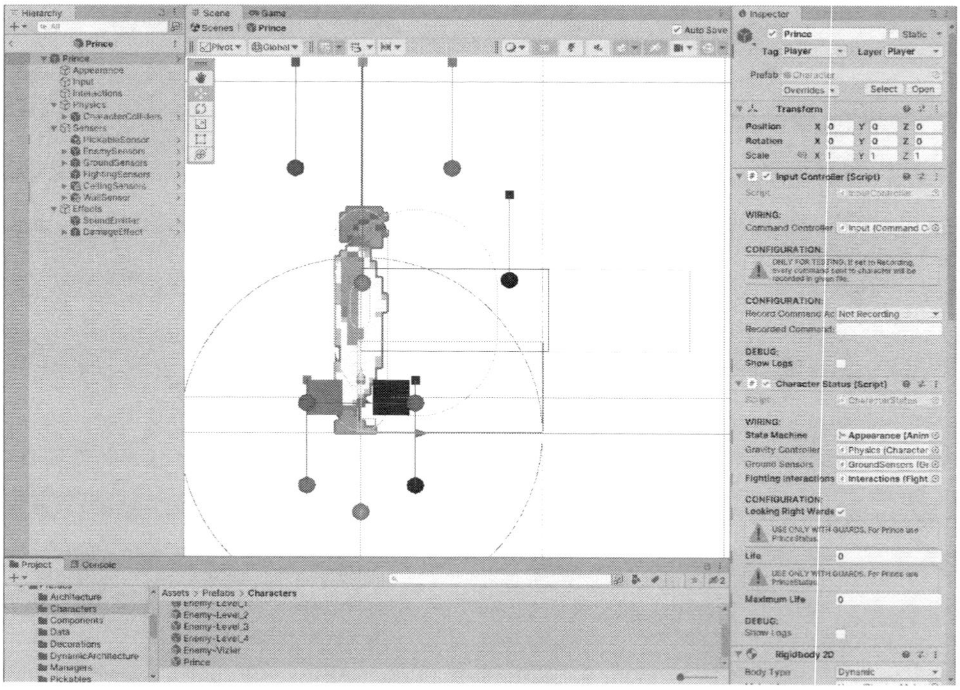

Figura 5.6: Vista Prefab de Unity.

Una vez que hayamos cerrado la vista Prefab, podremos volver a abrirla en cualquier momento haciendo doble click sobre el prefab que queramos editar.

Los valores que les des a los componentes del prefab serán los que tengan por defecto las instancias de ese prefab, aunque luego puedas darle valores distintos a cada una de esas instancias si así te interesase.

[4]Me parece un nombre desafortunado, porque el lenguaje visual que usa Unreal también se llama Blueprints.

Los valores que cambies en una instancia, respecto al valor por defecto del prefab, se resaltarán con una pequeña barra vertical azul, en el borde izquierdo del inspector.

Ten en cuenta que, cuando arrastras un prefab a una escena, generas una copia del prefab que sigue enlazada a él. Eso quiere decir que cualquier cambio en el prefab se reflejará inmediatamente en todas las instancias que haya de él en la escena. Sin embargo, este enlace es unidireccional, dado que los cambios que hagas en los valores y componentes de las instancias no afectan al prefab.

Al igual que los GameObjects, los prefabs también pueden formarse incluyendo otros prefabs, dando lugar a prefabs compuestos. Por eso te conviene generar prefabs muy especializados en una sola función, de manera que luego te resulte más fácil utilizarlo en múltiples prefabs compuestos a la vez.

Una vez que empieces a poblar tu escena de instancias de prefabs, estas se distinguirán en la pestaña de la jerarquía porque aparecerán con una caja rellena de azul junto al nombre. Los GameObjects creados adhoc en la escena, y que por tanto no vienen de un prefab, aparecerán en la jerarquía con el icono de una caja sin relleno. Otra manera de distinguir a las instancias de los prefabs es que, cuando selecciones un objeto de la escena que lo sea, verás que la cabecera de su inspector habrá cambiado levemente. En esos casos, debajo de los combos de *Tag* y *Layer*, habrá otro campo nuevo llamado *Prefab* que señala precisamente el prefab en el que se basa el objeto. Debajo de ese campo habrá dos botones: Select y Open. Si pulsamos en Select, el prefab "padre" del objeto aparecerá seleccionado en la pestaña Project. Si lo que pulsamos es Open, el prefab "padre" se abrirá en la vista Prefab.

Mi consejo es que siempre trabajes con prefabs. En *Prince of Unity* no hay un solo GameObject en la escena que no venga de un prefab. Merece la pena trabajar en dar forma a un prefab y hacerlo suficientemente personalizable, ya que todo el tiempo invertido lo recuperarás gracias a la rapidez con la que trabajarás dándole forma a las escenas usando sólo prefabs. Al igual que las clases en los lenguajes orientados a objetos, los prefabs son la clave de la reutilización en Unity.

5.5. Escenas

Las escenas sirven para almacenar los GameObject, sus propiedades y la posición que les hayas dado para conformar los distintos escenarios de tu juego.

He usado la palabra escenario premeditadamente, ya que debemos enfocar las escenas como lo haríamos con el escenario en el que rodaríamos una película. En un escenario cinematográfico no recreamos al completo el mundo real, sino que nos basta con que parezca real desde el punto de vista de la cámara del espectador. Por eso, si paseamos por un escenario de cine veremos que las casas son sólo fachadas, muchas farolas no se encienden y las tapas de las alcantarillas tienen suelo sólido debajo. Debemos construir las escenas de la misma manera, enfocándonos a que parezcan reales desde el punto de vista del espectador, sin perder el tiempo en darle forma a partes por las que este no vaya a pasar.

Generalmente modelaremos cada nivel del juego en una escena, pero en muchas ocasiones también los usaremos para modelar menús (en caso de que queramos ambientarlos en escenarios tridimensionales), y yo los he usado también en *Prince of Unity* para mostrar vídeos, tal y como veremos a lo largo del capítulo capítulo 8.

Las escenas son un asset más. Las podemos crear pinchando con el botón derecho en la carpeta de 🗀 `Assets` donde queramos guardarlas (yo no me complico, y llamo a esa carpeta 🗀 `Scenes`) y seleccionando Create > Scene. También podemos usar el menú principal mediante File > New Scene. Una vez que hayamos dotado a la escena de los GameObjects que deseemos, podemos salvarla mediante File > Save o el atajo de teclado Ctrl + S. Una vez cerrada una escena podemos reabrirla mediante File > Open Scene, o con Ctrl + O, o bien pinchando dos veces en el asset de la escena en la pestaña Project.

Sin embargo, el hecho de crear el asset de una escena no garantiza que esta salga en el juego. Para que una nueva escena pueda aparecer al ejecutar el juego, tienes que incluirla en la lista de escenas que se incluyen al compilar (proceso que veremos con detalle en el capítulo 25). Esto se hace yendo a File > Build Settings... y arrastrando el asset de la escena nueva desde la pestaña Project al listado *Scenes in Build* de la ventana *Build Settings*. También puedes usar el botón Add Open Scenes de esa ventana, si ya tienes abierta la escena en el editor. Una vez incluida en el listado, tienes que asegurar también que la escena aparezca marcada en este.

Ten en cuenta que, aunque podamos cargar escenas de manera dinámica, desde el código del juego, tal y como veremos en el capítulo 17, estas escenas tienen que haberse cargado previamente en el listado de la ventana Build Settings. De otro modo, la ejecución del código lanzará una excepción.

5.6. Interacción con la escena

Conforme nuestras escenas se vayan complicando, excederán de los límites de la vista de Scene. Por eso, debemos saber movernos en esa vista para poder enfocar correctamente lo que nos interese en cada momento.

Para empezar, la interacción más sencilla es la del zoom. Haciendo girar la rueda central del ratón acercaremos o alejaremos el enfoque hacia el punto de la escena sobre el que tengamos el puntero del ratón.

Para mover la escena podremos pulsar el botón derecho del ratón, lo que nos permitirá "empujar" la escena hacia el lado que queramos, siempre que mantengamos pulsado ese botón.

Un truco muy útil en escenarios grandes consiste en elegir un GameObject en la jerarquía de la escena, mover el ratón sobre la escena y pulsar la tecla F. El resultado será que la cámara se moverá para enfocar al GameObject seleccionado.

Cuando estemos en un juego 2D, como *Prince of Unity*, los movimientos serán más limitados que en un escenario 3D, donde tendríamos muchas más opciones. Podría explicar los movimientos en 3D, pero algo me tengo que reservar para cuando escriba un libro sobre cómo desarrollar un juego 3D.

5.7. Operaciones sobre los GameObjects de la escena

Conforme vayamos creando GameObjects en la escena, querremos operar sobre ellos para ubicarlos donde prefiramos dentro de la escena o para cambiar su tamaño o su orientación.

Una vez que hayamos seleccionado el objeto sobre el que deseemos operar, bien a través de la jerarquía o bien pinchando directamente sobre él en la escena, podremos hacer uso de las opciones del toolbar flotante que hay en la esquina superior izquierda de la pestaña de vista.

Figura 5.7: Toolbar para operar con el objeto seleccionado.

Como se puede ver en la figura 5.7, en el momento de escribir estas líneas el toobar ofrece 6 opciones, siendo de arriba a abajo:

- *La mano* (Q): Permite mover el enfoque de la vista Scene por el escenario. Tiene el mismo efecto que conseguíamos en la sección 5.6 pulsando el botón derecho y arrastrando.
- *La cruceta direccional* (W): Permite desplazar el objeto seleccionado. Aparecerán unos ejes de coordenadas sobre el GameObject seleccionado[5]. En ese momento, pulsando en cualquiera de los ejes y arrastrando, el GameObject se desplazará en el sentido de ese eje. Por otro lado, cerca del origen de los mencionados ejes de coordenadas hay un pequeño recuadro, si lo pulsamos y arrastramos, el GameObject se desplazará libremente siguiendo al ratón.
- *Rotado* (E): En vez de unos ejes de coordenadas nos aparecerá una circunferencia blanca, envolviendo una azul y cruzada esta última por dos ejes perpendiculares, uno rojo (de arriba a abajo) y otro verde (de izquierda a derecha). Si estuviéramos en 3D, lo que veríamos sería una esfera con un ecuador verde y dos meridianos perpendiculares azul y rojo. Recuerda el estándar de colores que usa Unity y que vimos en la sección 5.2. Si pulsamos y arrastramos en la circunferencia azul, giraremos el GameObject alrededor del eje Z (el que va hacia tus ojos). Ese será el giro más evidente en 2D. Si en 2D pulsáramos el eje verde y arrastrásemos, tardaríamos en ver el efecto que aparentaría ser un encogimiento horizontal del GameObject. En realidad, lo que estaríamos haciendo es girar el GameObject en torno a su eje Y (el vertical). Por último, si arrastrásemos el eje rojo, el encogimiento parecería horizontal, pero se debería sencillamente a que estaríamos girando en torno al eje X (el horizontal). En 2D, generalmente sólo giraremos en torno al eje Z, ya que girar alrededor de los otros ejes sólo tiene sentido cuando queramos hacer algún efecto visual. En cuanto a la circunferencia blanca, en 2D su efecto es idéntico al de utilizar la circunferencia azul.
- *Escalado* (R): Aparecerá otro eje de coordenadas, pero en sus extremos habrá cuadrados en vez de flechas. Pulsando en el cuadrado de cualquiera de los ejes y arrastrando, el GameObject se agrandará o reducirá sólo en ese eje. Si quisiéramos que el GameObject cambiase su tamaño en ambos ejes simultáneamente tendremos que pulsar en el cuadrado que hay en el origen de los ejes de coordenadas.
- *El rectángulo* (T): En inglés, la *rect tool*. Combina en una sola todas las herramientas anteriores. Rodeará el objeto seleccionado en un rectángulo. Si pulsamos dentro del rectángulo y arrastramos, moveremos el GameObject. Si pulsamos en una arista o esquina del rectángulo y arrastramos, cambiaremos el tamaño. Y si acercamos el ratón a una de las esquinas, pero sin ponernos encima del todo, nos aparecerá un icono circular que nos permitirá rotar el GameObject. Dicho eso, no sé por qué pero en 2D no he conseguido hacer funcionar esta herramienta con GameObjects compuestos, sólo con sencillos. En 3D sí que me funciona con objetos compuestos.
- *El transformador* (Y): En inglés recibe el nombre de *transform tool* y también combina las funciones de movimiento, rotado y escalado. Básicamente superpone los controles de esas operaciones, por lo que puedes usarlos al mismo tiempo sin tener que cambiar de uno a otro en el toolbar flotante.

5.8. Ejecutar el juego en el editor

Para ejecutar el juego, haremos uso de los tres botones centrales del toolbar de Unity.

Como te puedes imaginar, ejecutar el juego con frecuencia será clave para asegurar que nuestro desarrollo avance conforme a lo que teníamos en mente. Pero es que, además, Unity permite una serie de

[5] En el caso de GameObjects compuestos asegúrate de elegir el objeto raíz o sólo moverás uno de sus objetos hijo, dejando atrás al raíz.

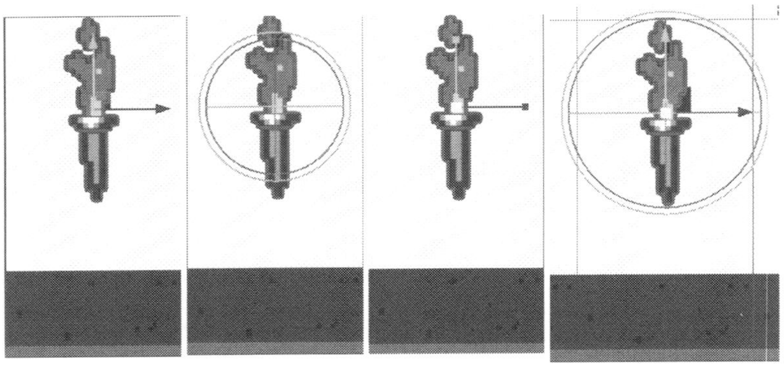

Figura 5.8: De izquierda a derecha: la cruceta direccional, rotado, escalado y el transformador.

Figura 5.9: Botones para ejecutar el juego dentro del editor.

funcionalidades, a la hora de ejecutar el juego en el editor, que nos permitirán experimentar con nuestro escenario y depurar el funcionamiento del juego.

El primer botón empezando por la izquierda (el de Play) arranca el juego en la escena actualmente activa. Durante la ejecución, si queremos parar el juego, no tendremos más que volver a pulsar ese botón.

> Ten en cuenta que esa escena debe tener todos los elementos necesarios para que funcionen tus scripts. Si resulta que, como en el caso de *Prince of Unity*, necesitas un GameObject que venga heredado de escenas previas, tus scripts empezarán a lanzar errores porque no encontrarán dicho GameObject. Un workaround a ese problema es tener un GameObject provisional que sustituya al heredado de niveles previos en las pruebas locales de la escena. El problema de ese workaround es que te tienes que acordar de desactivar ese GameObject cuando pruebes el juego completo o, si no, habrá objetos duplicados: el que heredes de los niveles previos y el que hayas creado para hacer pruebas locales.

El segundo botón (*Pause*) es para parar el juego. Viene fenomenal para revisar con detenimiento el estado de la escena, tanto a través de la vista Game como a través de la vista Scene.

En la vista Game podremos examinar los detalles de la visualización del juego y de sus efectos visuales. Si pasamos a la vista Scene, nos podremos pasear por la escena para ver qué hacen los distintos elementos de ella que no aparezcan en el encuadre de la pestaña Game.

Otro dato a tener en cuenta es que Unity refleja en el inspector los cambios que se produzcan en tiempo de ejecución sobre las propiedades de los componentes de los distintos GameObject. Así que pausar el juego es una manera de consultar con tranquilidad si alguna de esas propiedades ha cambiado.

Por otro lado, además de consultar los valores de las propiedades, también puedes aprovechar para cambiarlos, lo que se reflejará inmediatamente sobre el juego. También puedes cambiar los valores en el inspector con el juego en ejecución, pero probablemente te resulte más cómodo hacerlo tranquilamente con el juego pausado. Cambiar valores en el inspector durante la ejecución del juego es una manera estupenda de hacer experimentos rápidos. A la hora de experimentar, puedes incluso coger GameObjects y arrastrarlos por el escenario, a nuevas ubicaciones.

> Sólo recuerda que los cambios que hagas en ejecución, se perderán al parar el juego. Para que no te despistases, hicieses cambios en los escenarios con el juego en ejecución y perdieses esos cambios al parar el juego, te sugerí, en el capítulo 4, que configurases el editor para que se colorease con un color específico al arrancar el juego.

Para salir del modo pausa y reanudar el juego, basta con que vuelvas a presionar el botón Pause.

El tercer botón (Step) sólo se habilita cuando estás en pausa y sirve para reanudar la ejecución, pero sólo hasta el fotograma siguiente. De esta manera podemos avanzar el juego lentamente, fotograma a fotograma. Es como una especie de cámara lenta. Hacerlo así nos permite ver reacciones de nuestros GameObjects, o interacciones entre ellos, que nos pasarían desapercibidas si jugásemos el juego a su velocidad normal.

He utilizado con muchísima frecuencia el botón de Step. Por ejemplo, para afinar los aterrizajes en el suelo del personaje desde una caída o para asegurar que los combates a espada se desarrollaran como era debido. Sin este modo "a cámara lenta" habría sido muy difícil depurar estos momentos, por lo complicado de su implementación y la elevada rapidez de su ejecución.

5.9. Nuestros primeros GameObjects

A estas alturas supongo que estarás deseando empezar a analizar GameObjects reales. El problema es que, hasta que estudiemos cómo funcionan los scripts, en el capítulo 6, vamos a tener que limitarnos a analizar GameObjects completamente estáticos. Pero bueno, por algo se empieza.

Como te comentaba en la sección 5.4, todos los GameObjects de *Prince of Unity* son prefabs arrastrados sobre las diferentes escenas. Nunca desarrollo GameObjects que no sean prefabs. Este enfoque me permite asegurar la reusabilidad de todo los objetos que vaya desarrollando. Aunque en un momento determinado puedas pensar que sólo vas a necesitar el GameObject en una escena concreta, te recomiendo que ese GameObject sea un prefab. Te sorprendería la cantidad de veces que te das cuenta de que un GameObject que pensabas puntual resulta que queda bien en otras escenas.

Teniendo en cuenta lo anterior, encontrarás los prefabs de Prince of Unity en la carpeta 🗀`Assets/Prefabs` de la pestaña Project. He desarrollado tantos prefabs por el juego que los he clasificado en carpetas.

La ventana

El prefab más sencillo de todos probablemente sea 🗀`Assets/Prefabs/Architecture/Window`. Este prefab sólo sirve para mostrar una ventana en la celda de la rejilla de la escena donde la dejemos.

Como es tan sencillo, si lo abrimos haciendo doble click, veremos que sólo consta de un GameObject (el que trae por defecto el prefab al crearlo). A ese GameObject le he dado el nombre de *Window*, y le he añadido un componente `SpriteRenderer`. Este componente es el responsable de asociar un sprite a un GameObject. En un juego 2D, un GameObject que no cuente con un componente `SpriteRenderer` será literalmente invisible cuando arranquemos el juego.

En este caso concreto, en el que sólo queremos mostrar un sprite en una posición, la configuración del componente SpriteRenderer no pudo ser más sencilla:

1. Desde la pestaña Project arrastré el sprite `_Window_normalized` (en la carpeta 🗀`Assets/Sprites/Architecture/Dungeon`) sobre el campo *Sprite* del componente `SpriteRenderer`.

2. Para asegurar que este GameObject siempre se dibujase al fondo de la escena, y que el resto de los GameObject apareciesen por delante, asocié el valor *Sorting Layer* a la capa `Background` y el campo *Order in Layer* a `0`.

> ℹ Si no tienes muy claro qué es un sprite, de qué va eso del Sorting Layer o en qué consiste el Order in Layer, no te preocupes porque lo veremos con detalle en el capítulo 8.

Y ya está. Dado que el sprite ya cuenta con cierto offset de posición hacia la derecha, no tuve que conseguir ese offset moviendo el componente Transform del GameObject.

Si te fijas en la rejilla de la figura 5.11, el uso del grid snapping permite que la ventana se alinee perfectamente dentro de la celda donde soltemos el prefab. Gracias al uso de prefabs y al grid snapping que configuramos en el capítulo, poner ventanas es tan sencillo como arrastrar el prefab Window desde la pestaña Project a la vista Scene.

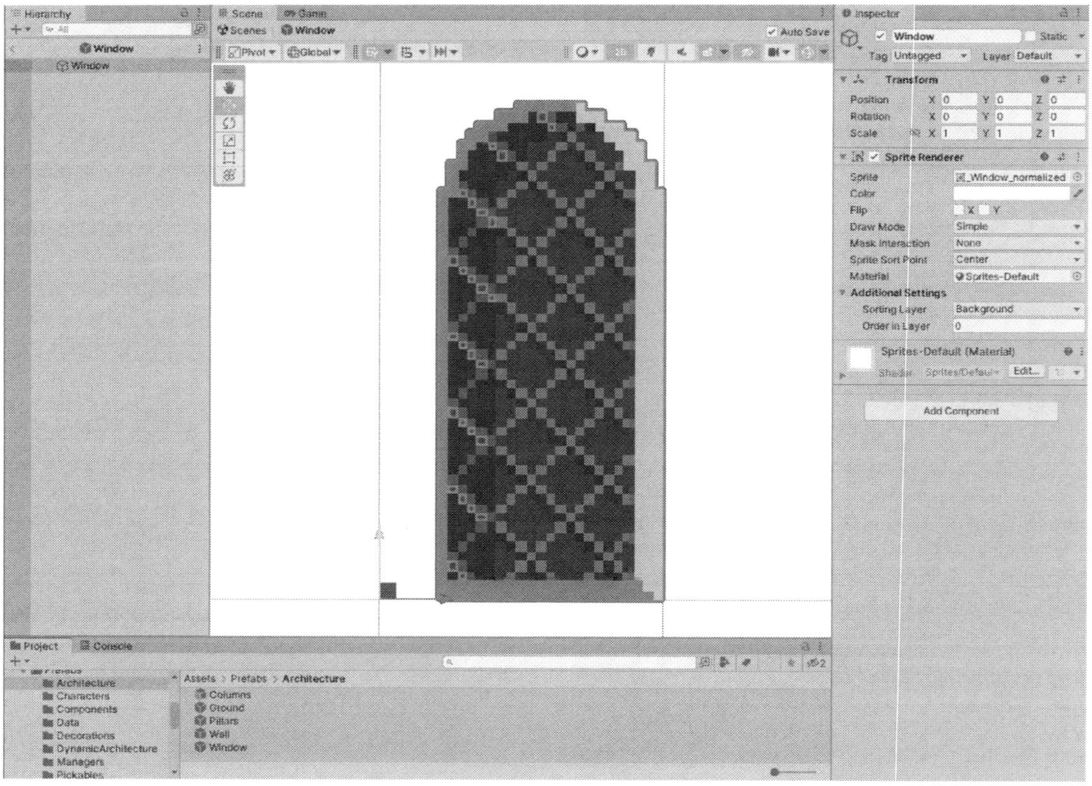

Figura 5.10: Prefab Window.

Figura 5.11: Uso del prefab Window en una escena.

Por otro lado, como puedes comprobar en la figura 5.10, en la vista prefab siempre fijo el origen de coordenadas a *Pivot*. Recuerda que este parámetro se encuentra a la izquierda, en el toolbar de la pestaña Scene. De esa manera puedo ver el origen de coordenadas del GameObject raíz del prefab. Dicho origen de coordenadas será el que se pegue (mediante grid snapping) a las intersecciones de la rejilla en la vista Scene. Así que colocar los componentes visuales en relación con ese origen nos permite ajustar la posición que tendrá la instancia del prefab dentro de la celda donde la soltemos.

La antorcha

Vamos a dar un pasito hacia delante en dificultad y vamos a analizar un prefab un poquito más complejo: el de la antorcha.

Se trata del prefab `Torch` y se encuentra en la carpeta 🗀 `Assets/Prefabs/Decorations`.

Como se puede ver en la figura 5.12, este prefab configura un GameObject compuesto por otros tres:

- *Torch*: Es el que hace de raíz del prefab y por tanto de padre de los otros dos.
- *Stick*: Es el que contiene el mago de la antorcha.
- *Flame*: Es la llama de la antorcha. Dado que cuenta con varios componentes dedicados a la animación del fuego, he preferido mantenerlos en un GameObject especializado por limpieza.

El GameObject `Torch` está vacío. Sólo consta del inevitable componente Transform, pero lo he dejado en el origen de coordenadas (posición 0,0,0) para que coincida con las intersecciones de la rejilla de la vista Scene. En realidad, la única función del GameObject `Torch` es servir de origen de coordenadas y de percha de la que colgar los otros dos GameObjects.

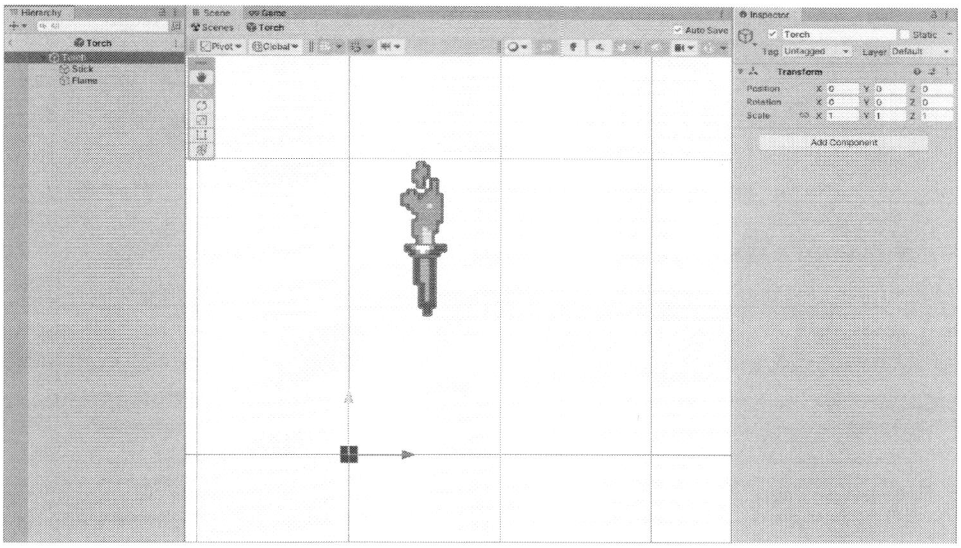

Figura 5.12: El GameObject raíz sirve para definir el origen de coordenadas del prefab y como punto de anclaje del los GameObjects hijos.

El GameObject `Stick` es puramente visual. Como el GameObject del prefab Window que vimos antes, su única función es mostrar un sprite y por eso cuenta con un SpriteRenderer que muestra el sprite `_Torch` (de la ruta 🗀 `Assets/Sprites/Decorations/Dungeon`), también en capa de `Background` y con un sorting layer de `0`. Hasta aquí todo son semejanzas con el prefab Windows. La diferencia está en el componente Transform de `Stick`. Si te fijas en su posición, le he metido un offset de media unidad horizontal y algo más de una unidad vertical. Recuerda que las posiciones de los objetos hijos siempre son relativas a la posición del objeto padre, en este caso `Torch`. De esta manera forzamos que, cuando soltemos el prefab en una celda de la escena, el mango de la antorcha se sitúe en el centro horizontal de la celda y un poco más arriba de su centro vertical (recuerda que hemos configurado que las celdas tengan dos unidades de alto por una de ancho).

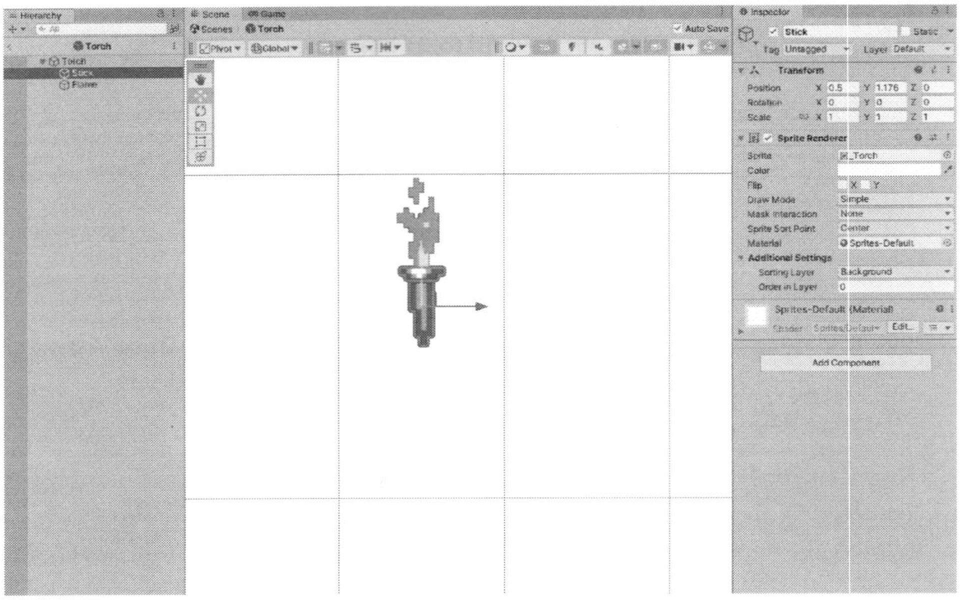

Figura 5.13: Fíjate en la diferencia de posición del GameObject Stick, respecto a Torch, que se mostraba en la figura anterior.

Donde encontramos la mayor complejidad de este prefab es el GameObject `Flame`. En este caso, he configurado la posición de su componente Transform para que este GameObject se sitúe encima del GameObject `Stick`. Al igual que con `Stick`, también he incluido un componente `SpriteRenderer` para darle visibilidad al GameObject. La diferencia es que, en este caso, he incluido también un componente `Animator`, que se encargará de ir cambiando el sprite asignado al `SpriteRenderer` conforme avance una animación predefinida de la llama. En el capítulo 12 veremos con detalle cómo funciona el componente `Animator`.

Otro elemento distintivo del GameObject `Flame` es que cuenta con un script 🗀`Assets/Scripts/AnimationStartRandomizer.cs`. Este script recibe como entrada una referencia al componente `Animator` del GameObject y sirve para que cada instancia de la antorcha comience la animación en un fotograma aleatorio de esta. De no usar un script como este, todas las antorchas del escenario mostrarían una llama perfectamente sincronizada con las demás lo que quedaría realmente raro. En el capítulo 6 veremos cómo funcionan los scripts de Unity y cómo podemos hacer efectos como este.

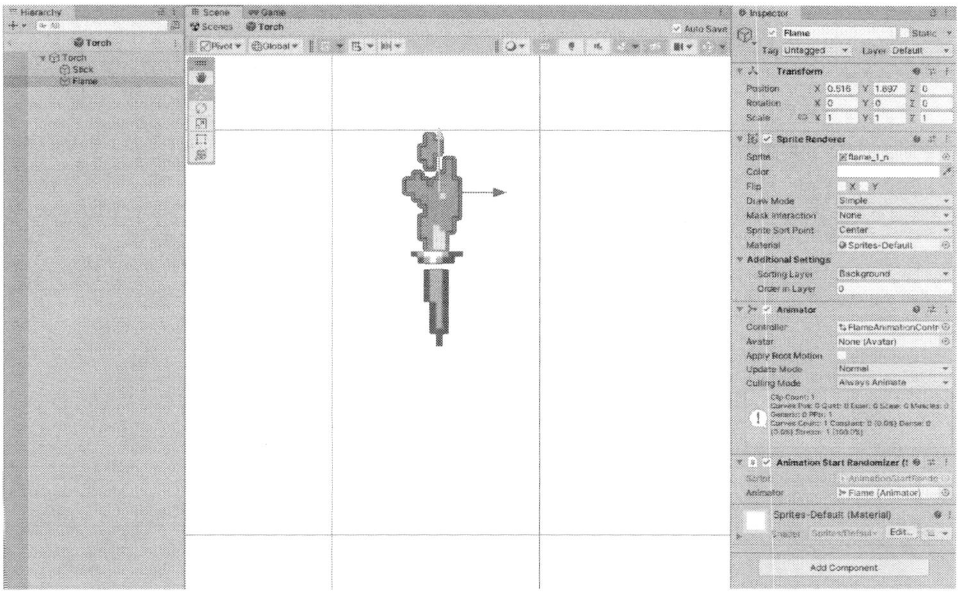

Figura 5.14: Configuración del GameObject Flame, dentro del prefab Torch.

Parte II

Velocidad de crucero

CAPÍTULO

6 Scripts

Ya hemos presentado a los GameObjects y a los componentes de Unity. Colocando GameObjects con los componentes adecuados podemos construir cualquier escenario. Sin embargo, este será estático ya que, por sí mismo, un componente no cambiará su configuración cuando arranque el juego, ni un Transform cambiará la posición que tiene configurada, ni un SpriteRenderer cambiará su apariencia en función de lo que pase a su alrededor. Con lo que hemos visto hasta ahora, sólo podemos modelar escenarios estáticos.

Los scripts son precisamente los componentes que nos faltaban para aportar inteligencia al GameObject y que este sea capaz de reaccionar a los cambios que se produzcan en el juego. Los scripts toman la forma de código fuente de C#, pero dada su naturaleza de componente, desde que se añaden a un GameObject, tienen la capacidad de acceder al resto de componentes del GameObject, leer sus propiedades y cambiarlas (si lo permiten los métodos públicos de dichos componentes). Por ejemplo, un script podrá mover un GameObject cambiando la posición de su componente Transform (o aplicando una fuerza a su RigidBody si no es un GameObject cinemático, como veremos en el capítulo 9), o podrá cambiar el sprite del SpriteRenderer para reaccionar a la pulsación de un botón en el mando del jugador, o para destruir el GameObject, en caso de recibir el impacto de un proyectil.

Por tanto, los scripts son el cerebro del juego. Un cerebro distribuido por los múltiples GameObjects que cuenten con uno o varios scripts en su interior. Por ese motivo, garantizar que los scripts sean capaces de encontrarse y comunicarse unos con otros, de una manera ordenada y escalable, será vital para dar forma a nuestro juego y para su mantenimiento posterior.

Al principio del capítulo 1, te recomendé un libro introductorio de C# que cubre la mayor parte de las técnicas que usaremos en este libro, y te advertí de que en esta obra no te enseñaré a programar en C#, ya que eso requeriría un libro en exclusiva. En vez de eso, en este capítulo me centraré en las peculiaridades de la programación de C# para Unity, y en el capítulo 24 te contaré técnicas avanzadas de C# que me han resultado muy útiles para *Prince of Unity*.

6.1. Tipos de scripts

Para que un script pueda interactuar con el resto de elementos de un juego de Unity, deberá formar parte de los componentes de uno de los GameObjects de la escena activa. Ese GameObject no tiene por qué ser uno de los personajes del juego, ni un objeto visible de la escena. Muchas veces nos bastará con colgar nuestros scripts de GameObjects vacíos y, por tanto, invisibles en la escena. Un ejemplo de esto último lo tenemos en el prefab 🗀`Assets/Prefabs/Managers/GameManagers` de *Prince of Unity*. Si abres ese prefab, verás que no es más que un conjunto muy grande de scripts, organizados, eso sí, en una jerarquía de GameObjects para poder encontrarlos más fácilmente. Aunque ese prefab sea invisible, porque no tiene SpriteRenderer alguno, tiene que estar presente en todos los niveles del juego, ya que presta servicios transversales al resto de los GameObjects de la escena.

> Me suele gustar hacer analogías comparando el desarrollo de videojuegos con mundo cinematográfico. En los videojuegos, estos GameObjects invisibles que sólo cuentan con scripts son como los técnicos de rodaje de una película (el director, el cámara, el técnico de sonido, el técnico de iluminación). Cuando ves la película, no aparecen esos técnicos, pero estaban allí al rodar la escena y fueron imprescindibles para que esta saliese bien. Lo mismo les pasa a estos GameObjects invisibles.

Sin embargo, no cualquier fragmento de código C# puede ser añadido como componente. Para ello, ese código debe venir incluido en una clase que herede de la clase de Unity *MonoBehaviour*. En esta sección veremos con detalle las particularidades de MonoBehaviour, así como de otras clases auxiliares que suelen usarse en juegos de Unity como la *ScriptableObject* o las clases serializables.

MonoBehaviours

Sólo las clases que heredan de MonoBehaviour pueden ser arrastradas sobre un GameObject, desde una carpeta de la pestaña `Project`. Para abreviar, las llamaremos MonoBehaviours, aunque técnicamente sean clases que hereden de esta.

La primera ventaja de que un MonoBehaviour pueda colgarse de un GameObject, es que sus campos públicos, y los privados marcados con el atributo `[SerializeField]`, podrán ser editados desde el inspector de Unity. No sólo podremos editar campos sencillos, como los `int` o los `string`, sino que también podremos arrastrar sobre ellos otros componentes, en incluso GameObjects, para establecer referencias que puedan ser utilizadas desde nuestros scripts.

La segunda ventaja es que la clase MonoBehaviour otorga a sus herederas una serie de métodos para interactuar con Unity, por ejemplo, para localizar otros GameObject del escenario.

También podremos utilizar clases de C# que no hereden de MonoBehaviour, pero para ello la instancia de la clase deberá ser creada en el seno de un MonoBehaviour.

La manera más rápida y evidente de crear un MonoBehaviour es desde el editor de Unity. Una vez seleccionado un GameObject en la jerarquía de la escena, si miramos en inspector, veremos al final de su lista de componentes un botón para añadir uno más. Si ahí hacemos `Add Component` » `New script` le damos un nombre a nuestro nuevo script (no hace falta la extensión `.cs`) y pulsamos `Create and Add`, se nos añadirá un nuevo componente script al GameObject.

> Los scripts que añadamos a nuestros GameObject deben ubicarse en la carpeta 🗀 `Assets/Scripts` o en una subcarpeta de esta. De no hacerlo así podemos tener problemas a la hora de compilar. Lo lógico sería que, al usar el editor para crear un script, este se colocase automáticamente en la carpeta 🗀 `Assets/Scripts`, pero resulta que no es así. Unity crea el script en la última carpeta seleccionada en la pestaña `Project` o, en su defecto, en la raíz de la carpeta 🗀 `Assets/`. Por eso, no te va a quedar otro remedio que mover manualmente el script desde donde quiera que se cree hasta la carpeta de 🗀 `Assets/Scripts`.

A partir de ahí, para editarlo, tendremos que pulsar en los tres puntitos a la derecha de la barra del componente y elegir `Edit Script`, tal y como se puede ver en la figura 6.1. Se nos abrirá el IDE que hayamos configurado por defecto, con el esqueleto del script listo para ser completado.

Otra opción es hacer click con el botón derecho en la carpeta 🗀 `Assets/Scripts`, dentro de la pestaña `Projects`, y seleccionar `Create` » `C# Script`.

La última opción para crear un script es hacerlo a través de tu IDE. En el caso de Rider habría que hacer click con el botón derecho en la carpeta 🗀 `Assets/Scripts`, dentro de la pestaña `Explorer`, y seleccionar `Add` » `Unity Script` » `MonoBehaviour`.

Con cualquiera de las tres opciones se crea un esqueleto básico que sólo incluye dos de los principales métodos de un MonoBehaviour, aunque es un buen punto de partida para añadir el resto de cosas que veremos en este capítulo.

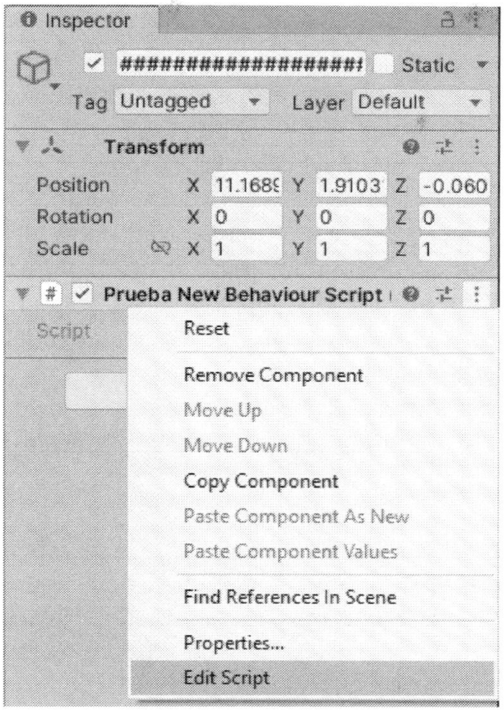

Figura 6.1: Lanzamiento de la edición de un script desde Unity.

```
1  using System.Collections;
2  using System.Collections.Generic;
3  using UnityEngine;
4
5  public class PruebaNewBehaviourScript : MonoBehaviour
6  {
7      // Start is called before the first frame update
8      void Start()
9      {
10
11     }
12
13     // Update is called once per frame
14     void Update()
15     {
16
17     }
18 }
```

Listado 6.1: Esqueleto por defecto creado para un MonoBehaviour

Si miras el listado 6.1 verás que por defecto se cargan tres espacios de nombres (líneas 1 a 3). Los dos primeros, aunque son habituales en los programas de C#, no se utilizan en este punto (porque aún no usamos ninguna lista o diccionario), así que no entiendo por qué se incluyen en la plantilla por defecto, pero bueno, ahí están. El que sí es imprescindible es UnityEngine porque es donde se encuadra MonoBehaviour, del cual heredarán la mayor parte de nuestros scripts.

> Cuando creas un MonoBehaviour desde el editor de Unity, este se encarga de que coincidan el nombre del fichero `.cs` generado y el de la clase heredera de MonoBehaviour que hay en su interior. Es importante que, si renombras el fichero, hagas lo mismo con el nombre de la clase y viceversa. Si en algún momento, el nombre del fichero y el de la clase no coincidiesen Unity empezaría a arrojar errores.

> Una vez creado un script, lo puedes usar en múltiples GameObject. Basta con que lo arrastres desde la pestaña Project sobre el inspector del GameObject al que quieras añadirlo. También puedes usar el botón Add Component del inspector y buscar el script en la categoría *Scripts* o en el buscador que aparece.

Lo que hace especial a un MonoBehaviour es que Unity se compromete a llamar, en momentos muy concretos de la ejecución del juego, a determinados métodos de los componentes MonoBehaviour presentes en la escena.

En las líneas 7 y 13 del listado 6.1, se puede ver que la plantilla generada por Unity explica en qué momentos llamará a los métodos `Start()` y `Update()`. Teniendo claro cuándo se invocarán cada uno de los métodos, podemos incluir en ellos las operaciones necesarias para que nuestro GameObject se informe del estado del escenario y reaccione de la manera adecuada.

El ciclo de vida de un MonoBehaviour es extremadamente complejo [207]. A lo largo de dicho ciclo, Unity llamará a múltiples métodos de los MonoBehaviour presentes en la escena. Sin embargo, los métodos principales son los siguientes:

- `Awake()`: Se invoca una vez por script, cuando se crea por primera vez la instancia del script, independientemente de que el GameObject esté o no habilitado en el inspector del editor. El ciclo de vida de Unity garantiza que siempre se llamará a Awake(), antes que a Start().

- `Start()`: Se llama una vez por script, justo antes de que se renderice el primer fotograma en el que el script esté activo. A diferencia de `Awake()`, este método sólo se ejecuta si su GameObject está habilitado. Si el script es un componente de un GameObject que esté presente en el escenario desde el principio, este método se activará justo antes de que se renderice el primer fotograma mostrando el escenario.

- `Update()`: Se invoca justo antes de renderizar cada fotograma del juego.

- `FixedUpdate()`: Se ejecuta a intervalos fijos. Por defecto este intervalo está configurado para que se llame a este método 50 veces por segundo, pero este intervalo se puede cambiar modificando el tiempo de la variable *Fixed Timestep* en Edit > Project Settings > Time. De todos modos, no se recomienda cambiar este valor, porque puede alterar el funcionamiento del motor de físicas del juego haciendo que su comportamiento sea diferente al esperado.

A priori, `Awake()` y `Start()` se parecen muchísimo, por eso hay mucha gente que usa siempre `Start()`, pero esto puede dar lugar a problemas. Ten en cuenta que Unity garantiza que todos los `Awake()` de los GameObject del escenario habrán sido ejecutados antes de llamar al primer `Update()`. Por ese motivo, el modo correcto de usar `Awake()` es para establecer referencias a otros scripts y componentes del GameObject, así como para fijar valores por defecto a las variables del script. En `Awake()` no deberían producirse accesos a esas referencias, ya que lo que no garantiza Unity es el orden en el que se llaman a los `Awake()`, así que si en uno intentamos acceder a una referencia a otro componente, correremos el riesgo de que el `Awake()` de dicho componente no se haya llamado aún y nos salte un error por intentar acceder a un componente no inicializado. Por eso, sólo debemos acceder por primera vez a las referencias en `Start()`, dado que cuando se llame a ese método sí que tendremos la seguridad de que los componentes ya estarán correctamente inicializados.

Por ejemplo, el script `Assets/Scripts/GameEvents.cs` contiene las definiciones de los distintos eventos que pueden lanzar los GameObjects del juego a través del bus de eventos (veremos en qué consiste todo esto en el capítulo 20). Para que los distintos GameObject del juego puedan registrar callbacks en el bus, para cada uno de esos eventos, estos tienen que haberse registrado antes en el bus. Por eso, `GameEvents` usa el método `Awake()` para registrar los eventos en el bus.

```
[Header(''WIRING:'')]
[Tooltip(''Needed to register game wide events.'')]
[SerializeField] private EventBus eventBus;
```

```
232
233 private void Awake()
234 {
235     eventBus.RegisterEvent<SmallPotionTaken>();
236     eventBus.RegisterEvent<SwordTaken>();
237     eventBus.RegisterEvent<SwordLost>();
238     eventBus.RegisterEvent<CharacterLifeUpdated>();
239     eventBus.RegisterEvent<GuardEnteredTheRoom>();
240     eventBus.RegisterEvent<NoGuardInTheRoom>();
241     eventBus.RegisterEvent<PrinceEnteredNewRoom>();
242     eventBus.RegisterEvent<VideoPlayStart>();
243     eventBus.RegisterEvent<VideoPlayEnd>();
244     eventBus.RegisterEvent<LevelLoaded>();
245     eventBus.RegisterEvent<LevelReloaded>();
246     eventBus.RegisterEvent<TextScreenTimeout>();
247     eventBus.RegisterEvent<GameEnded>();
248     eventBus.RegisterEvent<PrinceHanged>();
249     eventBus.RegisterEvent<PrinceClimbingEnded>();
250     eventBus.RegisterEvent<PrinceDead>();
251     eventBus.RegisterEvent<GuardDead>();
252     eventBus.RegisterEvent<PauseKeyPressed>();
253     eventBus.RegisterEvent<TimeIncreaseKeyPressed>();
254     eventBus.RegisterEvent<TimeDecreaseKeyPressed>();
255     eventBus.RegisterEvent<KillCurrentGuardKeyPressed>();
256     eventBus.RegisterEvent<QuitRequested>();
257     eventBus.RegisterEvent<UserConfirmation>();
258     eventBus.RegisterEvent<UserCancelation>();
259 }
```

Listado 6.2: Fragmento de Assets/Scripts/GameEvents.cs

En el caso de `GameEvents`, la referencia al bus de eventos se fija en la línea 231 del listado 6.2, a través de un campo de inspector (un poco más adelante, en esta sección, veremos en qué consiste esto). Luego, dentro de `Awake()` se llama al método `RegisterEvent()` del bus de eventos, para registrar cada evento.

> Es posible que te preguntes si no es peligroso acceder al bus de eventos desde el `Awake()` de `GameEvents`, ya que no tenemos la garantía de que el `Awake()` de `EventBus` se haya ejecutado antes. La pregunta es legítima, pero en este caso no hay problema, ya que `EventBus` no tiene `Awake()`, porque su inicialización es completamente estática, mediante valores pasados directamente por código a sus campos.

Los scripts que quieran suscribir un callback a uno de los eventos anteriores tienen que realizar la suscripción en su método `Start()`. Por ejemplo, el script `Assets/Scripts/MusicEventsListener.cs`, se suscribe a varios eventos para poder poner una determinada melodía cuando ocurran dichos eventos.

```
private void Start()
{
    eventBus.AddListener<GameEvents.SmallPotionTaken>(OnSmallPotionTaken);
    eventBus.AddListener<GameEvents.SwordTaken>(OnSwordTaken);
    eventBus.AddListener<GameEvents.LevelLoaded>(OnLevelLoaded);
    eventBus.AddListener<GameEvents.LevelReloaded>(OnLevelLoaded);
    eventBus.AddListener<GameEvents.PrinceDead>(OnPrinceDead);
    eventBus.AddListener<GameEvents.GuardDead>(OnGuardDead);
}
```

Listado 6.3: Fragmento de Assets/Scripts/MusicEventsListener.cs

Si las clases suscriptoras, como `MusicEventListener`, usasen `Awake()` en vez de `Start()` para suscribirse, podrían encontrarse con que su suscripción se realizase antes de que `GameEvents` hubiese registrado el evento (ya que no puede garantizarse que el `Awake()` de `GameEvents` se ejecute antes que el de `MusicEventsListener`), lo que daría un error por intento de suscripción a un evento inexistente.

Por tanto, distribuyendo de manera adecuada nuestras tareas de configuración entre los `Awake()` y los `Start()` podemos asegurarnos de no acceder a valores que no se hayan inicializado aún.

> Si tuvieses una situación realmente compleja en la que necesitases forzar que los métodos de un script A se ejecutasen antes que los de un script B, podrías acudir a Edit > Project Settings... > Script Execution Order y cambiar allí el orden de ejecución por defecto para ambos scripts. Para ello, tendrías que incluir ambos scripts en el listado con el botón + y asegurarte de que el script A quede por encima que el script B, ya que el orden de ejecución se evalúa de arriba a abajo de ese listado. Cuando lo hayas hecho acuérdate de aplicar los cambios pulsando Apply.

> No te recomiendo que abuses del truco anterior. De hecho, creo que lo mejor es que lo uses lo mínimo posible. Cambiar el orden de ejecución habitual de los scripts de manera generalizada puede provocar problemas difíciles de diagnosticar.

Por otro lado, ¿qué diferencia hay entre `Update()` y `FixedUpdate()`? Algunos desarrolladores novatos de Unity, y me temo que no pocos tutoriales, usan `Update()` para incluir cualquier tipo de operación a realizar de manera continua (lectura de sensores, movimiento, comunicación de estados, etc). Sin embargo, esta es una aproximación errónea. El problema de `Update()` es que se ejecuta a intervalos variables, ya que estos dependen del ritmo al que nuestra tarjeta gráfica genere fotogramas. Cualquiera que haya monitorizado los fotogramas por segundo (FPS) de un juego sabe que esta métrica no es estable. En las escenas sencillas, con pocos elementos gráficos, los FPS se disparan, pero cuando en la escena hay muchos elementos y efectos gráficos, como explosiones, los FPS se reducen considerablemente. Si ligásemos los cálculos físicos al método `Update()`, podríamos notar un comportamiento anómalo en los momentos de bajos FPS. Por ejemplo, si hiciésemos cálculos de movimientos en el Update() probablemente observaríamos que en momentos de bajos FPS el GameObject se desplazaría más lentamente (porque `Update()` sería llamado con menos frecuencia) y de repente aceleraría cuando volviesen a subir los FPS (dado que se incrementaría la frecuencia de invocación de `Update()`). Por eso, lo correcto es hacer las operaciones físicas en `FixedUpdate()`, dado que a este método se le llama a intervalos fijos, y dejar `Update()` sólo para operaciones que tengan un componente visual, como, por ejemplo, cambiar un sprite del GameObject.

Aparte de los anteriores, hay muchos otros métodos dentro de los MonoBehaviour, pero estos son los principales. El resto ya los iremos viendo conforme avancemos con este libro.

> Por defecto, los métodos de los `MonoBehaviour` sólo se llaman si el juego está en ejecución. Si nos interesase que estos métodos se llamasen también cuando sólo estemos editando, tendremos que usar el atributo `[ExecuteAlways]`, a nivel de la clase. En la sección 6.5 veremos algunos ejemplos de uso de este atributo.

Para configurar los campos de un MonoBehaviour podríamos limitarnos a fijar sus valores iniciales desde el IDE, pero, afortunadamente, Unity permite una integración más cómoda desde el editor. Cuando añadimos un script a un GameObject, el editor analiza el código y muestra en el inspector tanto los campos públicos como los privados anotados con el atributo `[SerializeField]`. De esta manera, se puede editar el valor inicial de esos campos desde el editor y lo muestra actualizado si este cambia al ejecutar el juego. Pongamos por ejemplo el script `Assets/Scripts/WallCrackAppearance.cs`:

```
[ExecuteAlways]
public class WallCrackAppearance : MonoBehaviour
{
    [SerializeField] private SpriteRenderer wallCrackSpriteRenderer;
    [SerializeField] private WallCracks wallCrackType;
    [SerializeField] private WallCrackSprites wallCrackSprites;
    private bool _appearanceUpdatedNeeded = false;
```

Listado 6.4: Fragmento de Assets/Scripts/WallCrackAppearance.cs

Entre las líneas 9 y 11 del listado 6.4 se definen una serie de campos privados con el atributo `[SerializeField]`, mientras que en la línea 12 aparece un campo privado sin ese atributo.

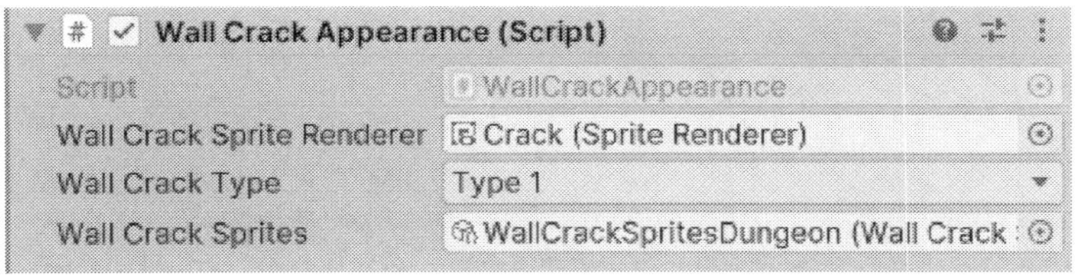

Figura 6.2: Campos privados con [SerializeField] en el inspector.

Como se puede ver en la figura 6.2, el inspector sólo muestra los campos privados con el atributo `[SerializeField]`, pero no `_appearanceUpdatedNeeded` que carece de él.

Mi consejo es que utilices siempre campos privados y anotes con el atributo `[SerializeField]` aquellos que deban ser configurables desde el inspector. Dejar un campo público para poder editarlo desde el inspector no merece la pena, porque crea el riesgo de que otra clase cambie inadvertidamente el valor del campo. Los campos privados, anotados con `[SerializeField]`, también permiten su edición desde el inspector, pero, al mismo tiempo, lo protegen de modificaciones externas a la clase del script. Si lo que necesitas es mostrar un valor a otras clases, es preferible crear una propiedad de sólo lectura [164]. Las propiedades no se pueden editar desde el inspector, pero sí puedes hacerlo con su campo privado de respaldo, anotándolo con `[SerializeField]`.

> Observa que Unity modifica levemente el nombre de los campos a la hora de mostrarlos en el inspector. Si usas nombres en tu código con el estándar camelCase o PascalCase, Unity los mostrará en el inspector incluyendo un espacio donde detecte una mayúscula y asegurándose de que todas las palabras resultantes empiecen por mayúsculas. Por ejemplo, un campo que se llamase `wallCrackSpriteRenderer` se mostraría en el inspector como *Wall Crack Sprite Renderer*.

Mostrar los campos en el inspector es la manera más cómoda de configurar las referencias de un script a otros componentes de su prefab. Basta con arrastrar el componente (o su GameObject) sobre el campo. En el caso del script mostrado en la figura 6.2, ese script se encuentra en el GameObject raíz del prefab `Assets/Prefabs/Decorations/WallCrack` y el valor de su campo `wallCrackSpriteRenderer` se ha fijado arrastrando sobre el campo al GameObject Crack de ese mismo prefab. Al hacerlo, Unity analizó ese GameObject y detectó el SpriteRenderer que tiene, asociándolo al campo `wallCrackSpriteRenderer`. En esa misma figura, el valor de `wallCrackSprites` se fijó arrastrando sobre ese campo el ScriptableObject `WallCrackSpritesDungeon`, desde la carpeta `Assets/Prefabs/Data`.

Pero no todas las referencias se pueden establecer, a priori, desde el editor. Hay referencias que deben resolverse en tiempo de ejecución, ya que aluden a componentes que están fuera del prefab. Esos son los casos en los que tenemos que hacer una búsqueda de esos componentes desde el método `Awake()`.

```
public GameObject LevelCamera {get; private set; }

private CameraController _cameraController;

private void Awake()
{
    LevelCamera = GameObject.Find(''LevelCamera'');
    _cameraController = LevelCamera.GetComponentInChildren<CameraController>();
}
```

Listado 6.5: Fragmento de Assets/Scripts/Room.cs

Por ejemplo, en el fragmento del listado 6.5, aparecen dos campos: uno es una propiedad de lectura pública y escritura restringida (línea 36) y el otro es un campo privado. Cuando se llama al `Awake()` de `Room`, este busca en el escenario un GameObject que tenga por nombre *LevelCamera* (línea 42) y, cuando lo encuentre, guardará su referencia en la propiedad `LevelCamera`. Luego, en la línea 43, usará la referencia de `LevelCamera` para buscar un componente `CameraController` dentro de la jerarquía interna de GameObjects de `LevelCamera`.

Este tipo de búsquedas son muy lentas. Si las haces constantemente, por ejemplo en el método `Update()`, el rendimiento del juego se resentirá. Por eso conviene que sólo las hagas una vez y guardes su resultado en una variable que puedas usar a partir de ahí. Los métodos `Start()` y `Awake()` son buenos candidatos para hacer estas búsquedas.

Cuando hagas búsquedas de GameObjects en ejecución asegúrate de que el objeto buscado realmente se encuentre en el escenario. En nuestro ejemplo, si el escenario no tuviese un GameObject llamado LevelCamera, GameObject.Find() devolvería null, por lo que la llamada de la línea 43 provocaría una excepción. En este caso estoy seguro de que siempre habrá una LevelCamera en el escenario, pero en otras situaciones quizás quieras chequear que el resultado de la búsqueda sea diferente a null, antes de llamar a ningún método de dicho resultado.

Por lo que he visto en muchos tutoriales, hay gente que utiliza el método de búsqueda incluso para referenciar componentes del mismo prefab. Es cierto que eso puede ser más cómodo al principio, pero creo que puede dar lugar a errores en jerarquías complejas de GameObjects. Por eso, siempre que sea posible, prefiero referenciar los componentes manualmente desde el editor. No hay riesgo de que la búsqueda automática retorne el componente equivocado y las dependencias de otros componentes son más visibles.

Aparte del método de la configuración manual y la búsqueda en el escenario, hay un tercer método para que un script consiga referencias a otros componentes con los que deba interactuar. Es el caso de los sensores. Cuando un GameObject cuenta con componentes que reaccionan a la proximidad de otros GameObjects, dichos componentes devuelven una referencia al GameObject que los activa. Veamos un ejemplo con el sensor que utilizan los personajes para detectar a sus enemigos:

```
/// <summary>
/// Return opponent detected if any at character back, or null otherwise.
/// </summary>
/// <returns>Opponent detected or null otherwise.</returns>
private GameObject DetectRear()
{
    Vector2 rayDirection = rearSensorEnd.position - rearSensorStart.position;
    float rearSensorDistance = Vector2.Distance(rearSensorStart.position,
        rearSensorEnd.position);
    RaycastHit2D hit = Physics2D.Raycast(rearSensorStart.position,
        rayDirection,
        rearSensorDistance,
        _opponentMask);
    return (hit.collider != null)? DetectOpponent(hit.collider): null;
}

/// <summary>
/// Return other GameObject if other belongs to an opponent.
///
/// Player opponents are Guards and Player is Guards opponent.
/// </summary>
```

```
126 /// <param name=''otherCollider''>Character collider detected.</param>
127 /// <returns>Other GameObject if it is an opponent. Null if it is not an opponent.</
        returns>
128 private GameObject DetectOpponent(Collider2D otherCollider)
129 {
130     if (otherCollider != null)
131     {
132         // Collider is at a subtransform of a component of Physics subtransform so we
                must go up to get parent tag.
133         string otherTag = otherCollider.transform.root.tag;
134         if (((_isGuard) && (otherTag.Equals(''Player''))) ||
135             ((!_isGuard) && (otherTag.Equals(''Guard''))))
136         {
137             return otherCollider.transform.root.gameObject;
138         }
139         else
140         {
141             return null;
142         }
143     }
144     else
145     {
146         return null;
147     }
148 }
```

Listado 6.6: Fragmento de Assets/Scripts/EnemySensors.cs

El listado 6.6 representa un fragmento del script `Assets/Scripts/EnemySensors.cs`. En el capítulo 10 veremos las distintas técnicas que Unity nos ofrece para implementar sensores. Por ahora, basta con saber que en la línea 114 el script traza un rayo entre dos puntos y, en caso de que el rayo toque algún objeto, devuelve una referencia a dicho objeto a través de la variable `hit` de esa misma línea 114. Luego, mediante el método `DetectOpponent()`, líneas 128 a 148, se analiza el objeto detectado para averiguar si es del tipo con el que queremos interactuar.

ScriptableObjects

Los MonoBehaviour son los únicos scripts que se pueden añadir a un GameObject como componente, aunque hay más casos en los que usarás código C# en Unity. Tenemos también los *ScriptableObject*, que son clases pensadas para guardar datos en forma de assets de Unity que luego se puedan referenciar desde los MonoBehaviour.

En realidad, se parecen mucho a los structs de C# [185], con la ventaja respecto a estos de que se pueden crear instancias desde el editor, completarse sus valores en el inspector y guardarse esas instancias como assets del proyecto para ser utilizados en los MonoBehaviour. Esto permite desacoplar los datos de la lógica de los scripts, facilitando la reutilización.

Pongamos el ejemplo de los guardias de *Prince of Unity*. En el juego hay cuatro tipos de guardias que se distinguen entre sí por su color. Las diferencias van más allá de la apariencia. Como veremos en el capítulo 22, cada tipo de guardia tiene un perfil de combate diferente, definido por tres características: boldness, attack y defense. Cada una de esas características acepta valores entre 0 y 1.

Una aproximación podría ser incluir esos valores a fuego en el código, pero para crear los distintos tipos de enemigos eso nos obligaría a copiar el prefab del enemigo, copiar también el script donde estuviesen esos valores para ponerles los nuevos valores, y sustituir en el prefab copiado el script original por lo el script personalizado... vamos, un lío.

Otra aproximación, podría ser exponer los valores en el inspector (haciéndolos públicos o anotándolos con `[SerializeField]`) y personalizar los valores en cada instancia del guardia que pusiéramos en el escenario. Esto último tendría sentido si cada guardia fuese único, pero si ya sabemos que sólo va a haber 4 tipos de guardia, nos veríamos obligados a repetir las mismas configuraciones de valores una y otra vez.

Finalmente, la aproximación óptima es desacoplar el dato de la lógica de combate, crear cuatro tipos de datos e insertar un tipo u otro en el guardia, dependiendo de la clase de guardia que queramos hacer.

Empezaremos creando un ScriptableObject (🗁 `Assets/Scripts/FightingProfile.cs`) que sirva para encapsular cada configuración de valores:

```
5  [CreateAssetMenu(fileName = ''FightingProfile'', menuName = ''ScriptableObjects/
       GuardFightingProfile'', order = 3)]
6  public class FightingProfile : ScriptableObject
7  {
8      [Tooltip(''Probability this guard is going to Prince straightly. The lesser
           probability the higher likeness this guard stays in his position.'')]
9      [Range(0,1)]
10     public float boldness;
11
12     [Tooltip(''Probability this guard is going to attack when he is at hitting range.
           The lesser probability the higher likeness this guard stays idle.'')]
13     [Range(0,1)]
14     public float attack;
15
16     [Tooltip(''Probability this guard is going to block when he is attacked. The
           lesser probability the higher likeness this guard receives a hit.'')]
17     [Range(0,1)]
18     public float defense;
19 }
```

Listado 6.7: Fragmento de Assets/Scripts/FightingProfile.cs

Como puedes ver en el listado 6.7, los campos de la clase `FightingProfile` se corresponden con las características del perfil de combate y se definen como se haría en un struct. La primera diferencia con un struct es que la clase `FightingProfile` hereda de `ScriptableObject` (línea 5).

Por otro lado, la clase está anotada con un atributo `[CreateAssetMenu]` (línea 5) que le dice a Unity que incluya la creación de instancias de este ScriptableObject en sus menús emergentes, en concreto en la sección *ScriptableObjects*, con el nombre *GuardFightingProfile* y en la cuarta posición de la lista (dice `order=3` porque la primera posición se marca como 0). En la figura 6.3 se puede ver dónde aparece la opción para crear este ScriptableObject, a partir de esta configuración.

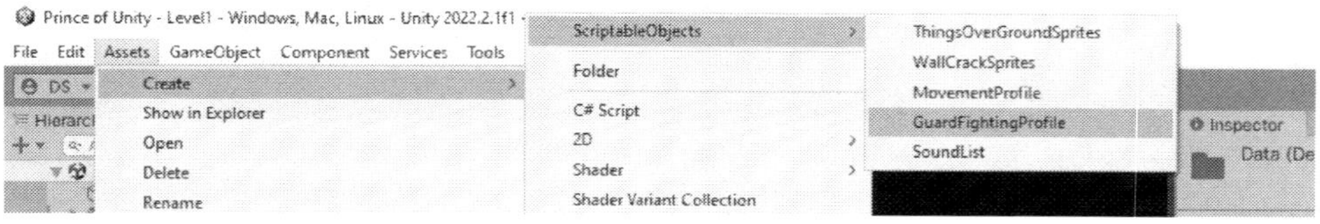

Figura 6.3: Menú de creación de un ScriptableObject.

El parámetro `fileName` de la línea 5 es para darle un nombre por defecto al asset que se cree, aunque lo normal es que lo cambies conforme lo crees para diferenciarlo de otras instancias que generes con diferentes valores.

> El atributo `[Tooltip]` de la línea 8 permite fijar un texto de ayuda explicando la función del campo. Este texto de ayuda aparece cuando el ratón pasa por encima del nombre del campo, en el inspector.

> El atributo `[Range]` de la línea 9 sirve para fijar un rango máximo y mínimo a los valores que se le pueden asignar al campo a través del inspector. De hecho, gracias a esta anotación, el inspector muestra el campo con un control deslizante que impide que se le pueda asignar un valor fuera de los umbrales fijados.

Para crear una instancia del ScriptableObject, no tienes más que elegir en la pestaña Project la carpeta donde la quieras guardar, y acto seguido usar la opción de menú configurada en la línea 5. Una vez creados, los ScriptableObject se identifican en la pestaña Project con un cubo vacío con unas llaves en la esquina inferior derecha. En mi caso, he generado los diferentes ScriptableObject que he usado para el juego en la ruta `Assets/Prefabs/Data`. Pero puedes usar cualquier ruta que desees. A diferencia de los scripts, los ScriptableObject se pueden guardar en cualquier subcarpeta de `Assets`.

Cuando hayas creado las instancias del ScriptableObject, puedes darles valores, seleccionando cada una en su carpeta y editando los valores en el inspector. En la figura 6.4 puedes ver los valores que le he dado a las cuatro instancias que he usado de `FightingProfile`.

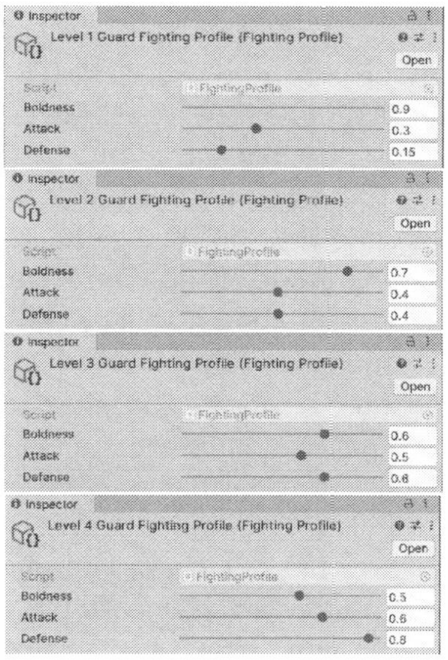

Figura 6.4: Valores de los cuatro tipos de perfiles de combate.

Esas cuatro instancias de FightingProfile son respectivamente:

- `Assets/Prefabs/Data/Level1GuardFightingProfile`: Un valor muy alto de Boldness (0.9) hará que tienda a avanzar hacia el protagonista. Su valor de ataque es 0.3 por lo que tampoco es muy agresivo. Y en cuanto a defensa, apenas tiene 0.15, por lo que será raro que se defienda.

- `Assets/Prefabs/Data/Level2GuardFightingProfile`: Un valor algo más bajo de Boldness (0.7) le da la apariencia de un contrincante algo más cauto. Su valor de ataque y defensa es de 0.4 por lo que, aunque no ataque mucho más que los guardias de nivel 1, sí que se defenderá sensiblemente más.

- `Assets/Prefabs/Data/Level3GuardFightingProfile`: Definitivamente aparentará ser cuidadoso en la aproximación, al tener un valor de Boldness de 0.6. Su valor de ataque es de 0.5 por lo que será más agresivo que los anteriores y su defensa de 0.6 le hará un contrincante que empezará a plantear cierto desafío.

- `Assets/Prefabs/Data/Level3GuardFightingProfile`: Es el que menos avanzará hacia el protagonista, al tener un valor de Boldness de 0.5. Sin embargo, este tendrá que tener mucho cuidado al acercarse, porque su valor de ataque es de 0.6 lo que le hace muy agresivo y su defensa de 0.8 le convierte en un enemigo difícil de dañar.

A las instancias anteriores hay que sumar una más, la del jefe final: `Assets/Prefabs/Data/Vizier FightingProfile`. Es, con diferencia, el enemigo más duro del juego, con un valor de Boldness de 0.7 que hará que se arroje contra el protagonista en cuanto lo tenga al alcance, atacándole sin parar con su valor 0.8 en ataque y siendo casi invulnerable gracias a su valor de 0.9 en defensa.

Una vez que nuestras instancias del ScriptableObject ya son un asset más del juego, las podremos usar en el inspector de cualquier MonoBehaviour que pida ese tipos de dato. En nuestro ejemplo, los prefab de los guardias y del personaje se guardan en la ruta `Assets/Prefabs/Characters`. En esa carpeta hay cuatro tipos de guardias (desde el nivel 1 al 4), que se diferencian entre sí por la apariencia de sus ropajes (la cual delata su habilidad en el combate). Usando de ejemplo al prefab `Enemy-Level_1`, veremos que en su GameObject raíz tiene un script llamado `GuardFightingProfile`. Es sobre el campo de ese script donde hemos colocado la instancia del `FightingProfile` de nivel 1. Hay otro GameObject, llamado `AI`, dentro de ese prefab, donde he colocado los scripts relacionados con la inteligencia artificial del guardia. En ese GameObject está el script `GuardController`, que se encarga de leer el ScriptableObject que hayamos dejado en el script `GuardFightingProfile` del GameObject raíz y, a partir de eso, aplicar su lógica de combate.

> Seguro que te estás preguntando por qué he usado el script intermedio `GuardFightingProfile` en vez de arrastrar el ScriptableObject directamente sobre `GuardController`. Esa habría sido una aproximación válida, pero me habría obligado a escarbar en la jerarquía del prefab para meter el ScriptableObject. Para facilitar la ergonomía de uso de mis prefabs, prefiero que toda la personalización de ellos se haga sobre scripts del GameObject raíz, que es el primero que se ve en el inspector al elegir el prefab, y luego dejo de que los scripts que haya por debajo carguen lo que necesiten desde los scripts intermedios del GameObject raíz. Prescindir de esos scripts intermedios podría haber sido más directo a nivel de código, pero me habría obligado a recordar los diferentes puntos de la jerarquía del prefab donde haría falta meter valores para configurar completamente las diferentes instancias de los prefab.

Para buscar el script `GuardFightingProfile` no me he complicado y lo he enlazado manualmente en el inspector, aprovechando que ambos scripts están en el mismo prefab. No he tenido más que exponer el campo `guardFightingController` de `GuardController`, usando una anotación `[SerializeField]` (listado 6.8) y luego no he tenido más que arrastrar el GameObject raíz sobre ese campo para que se referencie su componente `GuardFightingProfile` desde el campo `guardFightingProfile`.

```
[Tooltip(''Needed to perform fighting calculations.'')]
[SerializeField] private GuardFightingProfile guardFightingProfile;
```

Listado 6.8: Fragmento de Assets/Scripts/GuardController.cs

En el `Awake()` de `GuardController`, desreferencio `GuardFightingProfile`, para quedarme con lo que me interesa: el ScriptableObject `FightingProfile`.

```
private void Awake()
{
    _fightingProfile = guardFightingProfile.fightingProfile;
}
```

Listado 6.9: Fragmento de Assets/Scripts/GuardController.cs

A partir de ahí, los valores que hayamos configurado en el ScriptableObject se leerían como los valores de cualquier struct. Por ejemplo, para usar el valor de `boldness` para decidir si el guardia avanza o no hacia el protagonista al verlo, se hace:

```
// We still need to move to be at hitting range, but will us be bold enough?
if (Random.value < _fightingProfile.boldness)
{
    this.Log($''(GuardController - {transform.root.name}) Boldness check succeeded (
        threshold: {_fightingProfile.boldness}), performing proposed command.'',
        showLogs);
    switch (bestCommandToExecute)
    {
        case Command.CommandType.WalkRightWithSword:
            inputController.WalkRightWithSword();
            break;
```

```
224             case Command.CommandType.WalkLeftWithSword:
225                 inputController.WalkLeftWithSword();
226                 break;
227         }
228         return true;
229 }
```

Listado 6.10: Fragmento de Assets/Scripts/GuardController.cs

Lo único que nos interesa por ahora del código del listado 6.10 es que en su línea 216 accedemos al valor de `boldness` como si `_fightingProfile` fuera un struct, pero en realidad ese struct no está definido en ningún punto de `GuardController`, sino que es un valor "plug-and-play" que le hemos metido al prefab a través de un ScriptableObject.

De esta manera, con una sola implementación genérica del mecanismo de lucha, podemos hacer que esa implementación se comporte de una manera diferente, dependiendo del ScriptableObject que le enchufemos con los parámetros concretos de combate.

> En realidad podría haber usado también la técnica de los ScriptableObject para la apariencia de los guardias, usando un tipo de ScriptableObject para contener los fotogramas coloreados según la clase de guardia y otro tipo de ScriptableObject para los parámetros de combate. Eso me habría permitido tener un único prefab para los guardias y en cada instancia habría metido un ScriptableObject de apariencia y otro de combate, en función de cómo quisiera que fuera cada instancia del guardia. Sin duda, habría sido una implementación mucho más eficiente, pero he preferido no usar ScriptablesObjects para la apariencia, para poder tener un ejemplo con el que explicar la técnica de los Prefab Variant en el capítulo 24.

No es el único caso en el que he usado ScriptableObject. También los he empleado para encapsular los sprites de las distintas grietas posibles para los muros. De esta manera, puedo guardar una serie de sprites de grietas en una lista recogida dentro del asset de un ScriptableObject. Si en el juego hubiera representado niveles con ambientaciones diferentes, podría haber recogido sus respectivas grietas en assets diferentes y haber creado variaciones de `Assets/Prefabs/Decorations/WallCrack`, usando el mecanismo de los Prefab Variant para crear un prefab para cada ambientación. A cada uno de esos prefabs le habría configurado un asset diferente, a través del inspector, en su campo `WallCrackSprites`.

> En realidad, este ScriptableObject de las grietas fue el primero de todos que hice y lo implementé principalmente para practicar los conceptos básicos de los ScriptableObject. En realidad, podría haber pasado sin hacerlo así, ya que en *Prince of Unity* todos los niveles tienen la misma ambientación.

El caso es que la lista de sprites de las grietas se recoge en el ScriptableObject `Assets/Scripts/WallCrackSprites.cs`.

Ese ScriptableObject se limita a envolver una lista de sprites identificados por un nombre:

```
// Scriptable object to pack every possible wall crack name, and its respective sprite
    .

using System;
using System.Collections.Generic;
using UnityEngine;

[Serializable]
public class WallCrackNamedSprite
{
    public string name;
    public Sprite crackSprite;

    public WallCrackNamedSprite(string name, Sprite crackSprite)
```

```
14      {
15          this.name = name;
16          this.crackSprite = crackSprite;
17      }
18  }
19
20
21  [CreateAssetMenu(fileName = ''WallCrackSprites'', menuName = ''ScriptableObjects/
        WallCrackSprites'', order = 1)]
22  public class WallCrackSprites : ScriptableObject
23  {
24      public List<WallCrackNamedSprite> crackSprites;
```

Listado 6.11: Fragmento de Assets/Scripts/WallCrackSprites.cs

En la línea 24 del listado 6.11 se puede ver que WallCrackSprites encapsula un campo `crackSprites` con una lista de sprites identificados por nombre.

Los elementos de esa lista son una clase ad-hoc llamada `WallCrackNamedSprite` (línea 8) con dos campos: `crackSprite` para el sprite (línea 11) y name para el nombre que le queremos dar al sprite (línea 10). La clase debe ser marcada con el atributo `[Serializable]` (línea 7) para poder editar sus valores desde el inspector.

A partir de eso, el resto de la implementación del ScriptableObject no tiene mucho más misterio, limitándose a implementar la entrada de nuevos elementos en la lista y la obtención de estos:

```
public Sprite this[string key]
{
    get => GetValue(key);

    set => SetValue(key, value);
}

private Sprite GetValue(string key)
{
    foreach (var namedSprite in crackSprites)
    {
        if (namedSprite.name == key) return namedSprite.crackSprite;
    }

    return null;
}

private void SetValue(string key, Sprite value)
{
    WallCrackNamedSprite namedSpriteFound = null;
    foreach (var namedSprite in crackSprites)
    {
        if (namedSprite.name == key)
        {
            namedSpriteFound = namedSprite;
            break;
        };
    }

    if (namedSpriteFound == null)
    {
        crackSprites.Add(new WallCrackNamedSprite(key, value));
    }
    else
    {
        namedSpriteFound.crackSprite = value;
    }
}
```

Listado 6.12: Fragmento de Assets/Scripts/WallCrackSprites.cs

Fíjate en que, en la línea 26 del listado 6.12, he usado una sintaxis especial para hacer que esta clase implementase el operador de indexación para que WallCrackSprites se pueda usar como si fuera un diccionario.

Usar una lista para guardar los elementos probablemente no sea la manera más eficiente a ls hora de buscar sus valores (línea 33) o modificarlos (línea 43), pero tenía claro que no llegaría a utilizar esta clase con listas excesivamente largas de objetos, así que podía primar la sencillez sobre la optimización.

Implementado WallCrackSprites, el único asset desde el que he creado una instancia suya ha sido 🗀 `Assets/Prefabs/Data/WallCrackSpritesDungeon`.

Serialización

Como ya hemos visto, los campos de un MonoBehaviour se pueden usar desde el inspector si los exponemos como públicos o con el atributo `[SerializeField]`, pero esto sólo funciona con tipos simples, y ni siquiera con todos. Si exponemos un campo de tipo `List` [1] se mostrará en el inspector, pero si lo intentamos con uno de tipo `Dict` [2] no nos aparecerá. Esto se debe a que sólo se pueden mostrar en el inspector aquellos campos cuyos tipos sean serializables, los demás serán modificables en el código, usando nuestro IDE, pero no a través del inspector.

En Unity, entendemos por serialización el proceso automático por el que un objeto o una estructura de datos se transforma en un formato que Unity pueda guardar en un disco, para recuperarlo y reconstruirlo después. Cuando Unity arranca, una de las primeras cosas que hace es leer los scripts de nuestro juego, tomar nota de los campos que exponemos en cada uno y, en su caso, el valor inicial que le hemos dado a cada uno. Toda esa información se guarda en memoria, junto a la configuración de la escena, y se rescata cuando cargamos un script en el inspector, para poblar los valores de los campos mostrados. Cuando cambiamos el valor de uno de esos campos a través del inspector Unity, este guarda esos valores en memoria y los emplea cuando arrancamos el juego. Si cambiásemos el valor inicial de los campos desde nuestro IDE, una vez que salvásemos el fichero `.cs` modificado, Unity notaría el cambio, volvería a analizar en caliente todos los scripts para refrescar los campos, así como los valores que tiene almacenados y actualizaría lo mostrado en el inspector. Este proceso se llama *hot-reloading*.

Por lo tanto, para poder mostrar en el inspector de Unity el campo de un MonoBehaviour, este debe cumplir las siguientes condiciones:

- Ser público, o bien estar anotado con el atributo `[SerializeField]`.
- No debe estar marcado como `static`, `const` o `readonly`.
- Debe ser un tipo simple (`int`, `float`, `double`, `bool`, `string`, etc)
- ... o bien debe ser un tipo `Enum`.
- ... o bien debe ser un tipo nativo de Unity (aunque no todos valen).
- ... o bien debe ser un array o `List<T>` de uno de los tipos anteriores.

Si el campo fuese un struct, y estuviese compuesto de campos de los tipos anteriores, podríamos añadirle la anotación `[Serializable]` y, a partir de ahí, el inspector podría mostrar sus valores. Lo mismo se podría hacer con clases, siempre que estas no fueran abstractas, genéricas y sus campos a mostrar fueran de los tipos anteriores.

Sin embargo, hay veces que los tipos nativamente serializables se quedan cortos y tenemos que buscar alternativas. En *Prince of Unity*, uno de los tipos que he echado en falta ha sido `Dict`. Soy un Pythonista y en Python el uso de los diccionarios es omnipresente, así que no poder usarlos en los MonoBehaviours, por no ser serializables, ha sido un fastidio. Por eso he intentado evitarlos (como campos expuestos en el inspector), pero ha habido un caso en el que he tenido que montar mi propio diccionario serializable, porque era la manera más natural de resolver el problema. Ha sido al darle forma al script que usan mis GameObjects para emitir sonidos. El script es `Assets/Scripts/SoundController.cs` y veremos su detalle en el capítulo 13, pero lo importante para lo que estamos contando aquí es que ese script tiene un campo, `audioClips`, al que hay que meterle un objeto de tipo `SoundList` con la lista de sonidos que puede emitir el GameObject que utilice el componente. Lo natural era que esa lista tuviese forma de diccionario, con un nombre corto como clave, para llamar a la reproducción desde el código, y el clip de sonido como valor. Además, quería que ese diccionario fuese editable desde el inspector para poder añadir desde allí los clips de sonido que le correspondiesen a cada GameObject.

Por lo tanto, a la hora de desarrollar `SoundList`, mi objetivo era que se comportase como una playlist de sonidos, con el API de un diccionario, que pudieran crearse instancias desde Unity para poder generar una playlist por cada GameObject que emitiese sonidos y que esta pudiera ser editada desde el inspector.

Para poder crear la instancia de esa playlist como un asset más, decidí darle a `SoundList` la forma de un ScriptableObject:

```
20 /// <summary>
21 /// Dict cannot be serialized so be cannot edit them at inspector. We have to create a
       dict alike
22 /// structure.
23 ///
24 /// Programatically this scriptable object behaves like a dict.
25 /// </summary>
26 [CreateAssetMenu(fileName = ''SoundList'', menuName = ''ScriptableObjects/SoundList'',
27     order = 4)]
28 public class SoundList : ScriptableObject
29 {
30     public List<NamedAudioClip> sounds;
```

Listado 6.13: Fragmento de Assets/Scripts/SoundList.cs

Como se puede ver en la línea 30 del listado 6.13, SoundList en realidad encapsula a una lista de objetos del tipo `NamedAudioClip`. Esa lista es pública. Además, las listas son serializables mientras lo sean los objetos que acumulan. Estos últimos objetos son sencillos. Se basan en una clase con sólo dos campos: `name`, como nombre corto, y `audioClip` con el clip de sonido asociado al nombre corto. Los string son serializables y los `AudioClip` pertenecen a los tipos nativos de Unity que también lo son, por lo que, para que también lo sea una clase que los abarque, basta con anotarla con el atributo `[Serializable]`.

```
[Serializable]
public class NamedAudioClip
{
    public string name;
    public AudioClip audioClip;

    public NamedAudioClip(string name, AudioClip audioClip)
    {
        this.name = name;
        this.audioClip = audioClip;
    }
}
```

Listado 6.14: Fragmento de Assets/Scripts/SoundList.cs

Gracias a esa anotación (línea 30 del listado 6.13), el campo `sounds` de `SoundList` puede mostrar en el inspector la lista de `NamedAudioClip`. Por ejemplo, en la figura 6.5 puedes ver como se muestra el playlist que he creado (`Assets/Prefabs/Data/InterlevelGateSounds`) para asignarle los sonidos a la puerta por la que el personaje cambia de nivel.

Para que `SoundList` tuviese el API de un diccionario, hice que la clase implementase un indexador que devolviese un determinado objeto `AudioClip` en función del string que se utilizase como clave con la instancia de `SoundList`.

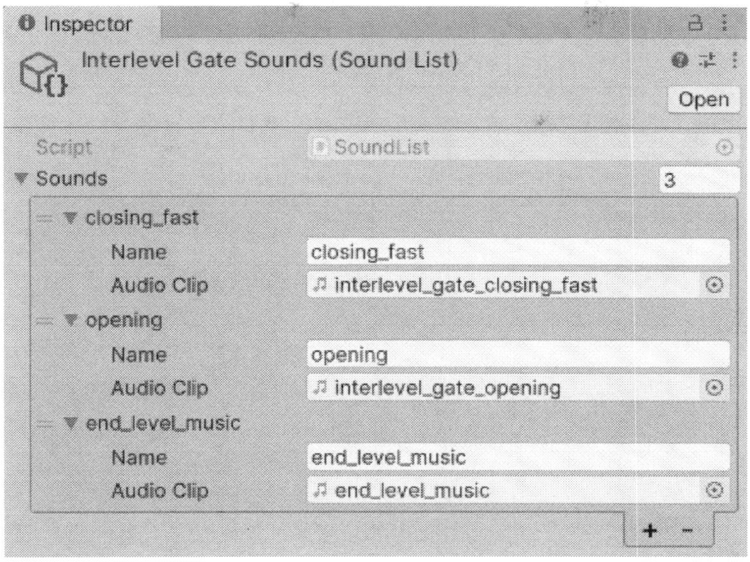

Figura 6.5: Lista de sonidos asignados a las puertas entre nivel.

```
32 public AudioClip this[string key]
33 {
34     get => GetValue(key);
35
36     set => SetValue(key, value);
37 }
```

Listado 6.15: Fragmento de Assets/Scripts/SoundList.cs

Como se puede ver en el listado 6.15, para implementar un indexador basta con crear una propiedad del tipo *this[key]*, como en la línea 32. De esta manera, si, por ejemplo, alguien cargase el `SoundList` de la figura 6.5 en el campo `sonidosInterlevel` y llamase a `sonidosInterlevel["closing_fast"]` en el código, obtendría el `AudioClip` *interlevel_gate_closing_fast*.

Los métodos `GetValue()` y `SetValue()` de las líneas 34 y 36 no tienen misterio. Se limitan a buscar secuencialmente en la lista `sounds` hasta que encuentran un `NamedAudioClip` cuyo campo `name` sea igual a `key` y, a partir de ahí, devuelven el valor o lo actualizan según corresponda. No es una implementación óptima. De hecho, los diccionarios no funcionan así, pero, dado que las playlist que le he asignado a cada GameObject no pasan de unos pocos sonidos, no hay riesgo de búsquedas largas que penalicen el rendimiento. En este caso, me basta con que `SoundList` se pueda manejar como un diccionario, no necesito que por dentro funcione igual.

Como buen ScriptableObject, SoundList no tiene presencia directa en el juego, sino a través de sus instancias en forma de assets que luego se pasan como valor por el inspector a los campos de scripts MonoBehaviour. En este caso, los assets que he creado de SoundList, para *Prince of Unity*, han sido:

- 🗁`Assets/Prefabs/Data/BladesTrapSound`: Con la lista de sonidos que emite la trampa de cuchillas.
- 🗁`Assets/Prefabs/Data/ClimbableSounds`: Son los sonidos que se pueden llegar a emitir al escalar cornisas o descolgarse de ellas.
- 🗁`Assets/Prefabs/Data/FallingGroundSounds`: Sonidos relacionados con las losetas sueltas que se desploman. Principalmente el ruido que hacen al vibrar o al estrellarse con el suelo.
- 🗁`Assets/Prefabs/Data/GuardSounds`: Es el conjunto de sonidos que hace un enemigo del protagonista.

- Assets/Prefabs/Data/MusicList: Son las diferentes melodías que pueden llegar a reproducirse en distintos momentos del juego.
- Assets/Prefabs/Data/PortcullisSounds: Lista de sonidos provocados por las puertas de rastrillo.
- Assets/Prefabs/Data/PotionsSounds: Sonidos relacionados con la interacción de pociones.
- Assets/Prefabs/Data/PrinceSounds: Son todos los sonidos que hace el protagonista.
- Assets/Prefabs/Data/SpikesTrapSounds: Son los ruidos que hace la trampa de pinchos.
- Assets/Prefabs/Data/SwitchSounds: Los sonidos que hacen las baldosas interruptoras al accionarlas.

> En teoría, el anterior no es el único método para serializar un MonoBehaviour que tiene campos no serializables [212]. También existe la posibilidad de implementar el interfaz *ISerializationCallbackReceiver* [3] en el MonoBehaviour. Sin embargo, esta no es una opción que haya explorado en *Prince of Unity*. Quizás en el próximo libro. Te animo a probarla.

No sólo usaremos la serialización para mostrar instancias de clases y structs en el inspector, también tendremos que usarla cuando queramos guardar el estado de nuestros objetos en el disco duro, por ejemplo para salvar la partida.

En el caso de *Prince of Unity* no he implementado la funcionalidad de salvar la partida, pero en el capítulo 8 explicaré la técnica que he usado para grabar secuencias de pulsaciones de teclas de manera que se pudiesen repetir para mover al personaje de manera automatizada durante los tests funcionales. Las secuencias de pulsaciones se guardan en un tipo propio de *Prince of Unity*: Assets/Scripts/CommandSequence.cs. Ese tipo se comporta como una pila FIFO y está respaldado por un campo privado, CommandQueue, que es una Queue de C# que almacena objetos Command, definidos en Assets/Scripts/Command.cs.

```
9  public class CommandSequence: IEquatable<CommandSequence>
10 {
11     private const string FileExtension = ''cse'';
12
13     private Queue<Command> CommandQueue = new Queue<Command>();
```

Listado 6.16: Fragmento de Assets/Scripts/CommandSequence.cs

Para salvar ese CommandSequence en un fichero, primero tenemos que convertir ese Queue de la línea 13 del listado 6.16 en algo que Unity sea capaz de serializar. Unity no puede serializar los Queue, como tampoco podía con los diccionarios, así que no nos va a quedar otra que convertir ese Queue en un array, ya que esos sí que los puede serializar. Ese array debe contener objetos que también sean serializables, así que tendremos que asegurarnos de que la clase Command lo sea. Una vez que nos hayamos asegurado de que todo lo que queremos guardar sea serializable, tendremos que guardarlo en cualquiera de los formatos de serialialización que admite Unity o C#.

En mi caso elegí guardar la información en un fichero con formato JSON, con extensión .cse[1] , por ser un tipo de fichero textual que me facilitaría depurar errores en el contenido del fichero e, incluso, la modificación manual de este. El método de CommandSequence que lleva a cabo todo ese proceso a alto nivel es Save():

```
/// <summary>
/// Save this command sequence in a file.
///
/// File will have a .cse extension.
```

[1] La extensión es inventada. Podría haber usado cualquiera. En mi caso he usado CSE por Command SEquence.

```
98  /// </summary>
99  /// <param name=''filePathname''>Path to file where command should be recorded. Don't
        include .cse extension. </param>
100 public void Save(string filePathname)
101 {
102     // Unity built-in serialization cannot serialize Queues so we must convert that
            field in something Unity can
103     // work with, like an array.
104     WrappedArray<Command> wrappedCommandArray = WrapCommandQueue();
105     string jsonString = JsonUtility.ToJson(wrappedCommandArray, true);
106     string filePathnameWithExtension = Path.ChangeExtension(filePathname,
            FileExtension);
107     //Debug.Log($''(CommandSequence) Saving commands at {filePathnameWithExtension}'')
            ;
108     File.WriteAllText(filePathnameWithExtension, jsonString);
109 }
```

Listado 6.17: Fragmento de Assets/Scripts/CommandSequence.cs

Como se puede ver en la línea 104 del listado 6.17, la conversión del campo `CommandQueue` a un array se hace a través del método `WrapCommandQueue()` que veremos a continuación.

En la línea 105 he utilizado la librería *JsonUtility* de Unity para serializar el array de objetos `Command` en un texto JSON.

Por último, en la línea 108 nos limitamos a guardar el texto JSON en un fichero con extensión `.cse`.

La parte más complicada del proceso es convertir todas nuestras estructuras a otras serializables. En este caso, es lo que hacemos en el mencionado `WrapCommandQueue()`.

```
51  /// <summary>
52  /// Unity built-in serialization is rather limited. Arrays and List apart it cannot
        serialize any other collection
53  /// and only if it is included in a class. As we want to serialize a field not an
        entire class we need to include
54  /// that field in a dummy wrapper class.
55  ///
56  /// See: https://stackoverflow.com/questions/36239705/serialize-and-deserialize-json-
        and-json-array-in-unity
57  /// </summary>
58  /// <typeparam name=''T''>Type of the collection this class wraps.</typeparam>
59  [Serializable]
60  private class WrappedArray<T>
61  {
62      public T[] Items;
63  }
64
65  /// <summary>
66  /// Unity built-in serialization cannot serialize Queues so we must convert that field
         in something Unity can
67  /// work with, like an array.
68  /// </summary>
69  /// <returns></returns>
70  private WrappedArray<Command> WrapCommandQueue()
71  {
72      Command[] commandArray = CommandQueue.ToArray();
73      WrappedArray<Command> wrappedCommandArray = new WrappedArray<Command>();
74      wrappedCommandArray.Items = commandArray;
75      return wrappedCommandArray;
76  }
```

Listado 6.18: Fragmento de Assets/Scripts/CommandSequence.cs

Afortunadamente, la misma clase `Queue` incluye un método para devolver un array con todo su contenido y es el que utilizamos en la línea 72 del listado 6.18.

Sin embargo, la librería JsonUtility tiene la limitación de que no serializa tipos sueltos sino clases completas [176], por lo que no nos va a quedar más remedio que encapsular nuestro array en una clase instrumental. Eso es precisamente lo que hacemos en las líneas 73 y 74, asegurándonos de que la clase instrumental (`WrappedArray`) esté marcada como serializable (línea 59).

Por supuesto, la misma clase `Command` tiene que ser serializable, por eso me he encargado de etiquetarla como `[Serializable]`. Afortunadamente, basta con eso porque todos sus campos son serializables.

```
/// <summary>
/// To make control interactions repeatable, they are encapsulated in Commands instances. Those commands
/// are serializable and can be file stored to be reused later at tests.
/// </summary>
[Serializable]
public class Command: IEquatable<Command>
{
    [Serializable]
    public enum CommandType
    {
        RunRight,
        RunLeft,
        Jump,
        Duck,
        Stop,
        WalkRight,
        WalkLeft,
        Action,
        StopAction,
        Block,
        Sheathe,
        Strike,
        WalkRightWithSword,
        WalkLeftWithSword,
        Stand,
        CrouchWalk,
        StopJump,
        SkipToNextLevel,
        Pause,
        AddExtraBarOfLife,
        HealLifePoint,
        IncreaseTime,
        DecreaseTime,
        KillCurrentGuard,
        Quit,
        Confirm,
        Cancel,
        GetSword,
        StopMovingRight,
        StopMovingLeft
    }

    [SerializeField] private float _delay;
    [SerializeField] private CommandType _action;
```

Listado 6.19: Fragmento de Assets/Scripts/Command.cs

El proceso de carga desde el fichero (*deserialización*) es justamente el inverso: leemos el texto JSON del fichero y a partir de él generamos un objeto `CommandSequence` válido.

```
        /// <summary>
        /// Get a command sequence from a file.
        /// </summary>
        /// <param name=''filePathname''>Path to file where command is recorded. Don't include .cse extension.</param>
```

```
115         /// <returns>Sequence of commands stored at file.</returns>
116         public static CommandSequence Load(string filePathname)
117         {
118             string filePathnameWithExtension = Path.ChangeExtension(filePathname,
                    FileExtension);
119             string absoluteFilePathname = Path.GetFullPath(filePathnameWithExtension);
120
121 #if UNITY_STANDALONE_LINUX
122             // Test paths are coded using Windows standard, if we are at linux we must
                     change paths.
123             absoluteFilePathname = absoluteFilePathname.Replace('\\', '/');
124 #endif
125
126             // Debug.Log($''(CommandSequence) Loading commands from {
                    filePathnameWithExtension}'');
127             Debug.Log($''(CommandSequence) Loading commands from {absoluteFilePathname
                    }'');
128             // string jsonString = File.ReadAllText(filePathnameWithExtension);
129             string jsonString = File.ReadAllText(absoluteFilePathname);
130             CommandSequence sequence = UnWrapCommandQueue(jsonString);
131             return sequence;
132         }
```

Listado 6.20: Fragmento de Assets/Scripts/CommandSequence.cs

El listado 6.20 muestra el método de carga desde un fichero de un `CommandSequence` serializado.

El primer tramo del método, de la línea 118 a la 124, se limita a reconstruir la ruta hasta el fichero que tiene el `CommandSequence` serializado. Fíjate en el fragmento de código condicionado [195], líneas 121 a 124, para ejecutarse únicamente en caso de que el juego esté funcionando en Linux. Este código condicionado, adapta la orientación de las barras de las rutas al estándar de Linux.

La línea 129 se limita a leer el texto JSON del fichero, mientras que la línea 130 se lo entrega al método `UnWrapCommandQueue()`, para que este genere un `CommandSequence`.

```
78 /// <summary>
79 /// Deserialize jsonString and return saved CommandSequence after removing wrapping
        class.
80 /// </summary>
81 /// <param name=''jsonString''>JSON string to deserialize.</param>
82 /// <returns>Recovered command sequence.</returns>
83 private static CommandSequence UnWrapCommandQueue(string jsonString)
84 {
85     WrappedArray<Command> wrappedCommandArray = JsonUtility.FromJson<WrappedArray<
           Command>>(jsonString);
86     CommandSequence sequence = new CommandSequence();
87     foreach (Command command in wrappedCommandArray.Items)
88     {
89         sequence.PushCommand(command);
90     }
91     return sequence;
92 }
```

Listado 6.21: Fragmento de Assets/Scripts/CommandSequence.cs

Como se puede ver en el listado 6.21, `UnWrapCommandQueue()` usa la librería JsonUtility de Unity para recuperar el objeto que serializamos en su momento (línea 85). Fíjate que hay que ayudarle diciéndole el tipo del objeto que esperamos deserializar, pasándoselo como parámetro genérico a `FromJson()`.

Lo que recuperamos es precisamente el objeto instrumental en el que envolvimos nuestro array: `WrappedArray<Command>`. Por eso, tenemos que recorrer el array de ese objeto instrumental, para recuperar los comandos e irlos introduciendo en el objeto CommandSequence que queremos devolver (líneas 87 a 90).

En este punto ya hemos recorrido el viaje de ida y vuelta de un proceso de serialización. Hemos guardado un `CommandSequence` en un fichero y hemos andado el camino inverso reconstruyéndolo a partir de dicho fichero.

Como conclusión, quédate con la idea de que cualquier proceso de serialización se basa en los mismos pasos:

1. Identificar los objetos que queremos guardar en fichero.
2. Analizar las clases de esos objetos para determinar si todos sus campos son serializables de manera nativa por Unity.
3. En caso de que haya campos que no sean serializables en Unity, tendremos que diseñar una clase instrumental que contenga ese campo con un tipo que sea serializable en Unity. El objetivo es que esa clase alternativa nos permita reconstruir la original cuando la recuperemos del archivo.
4. En caso de que hayamos tenido que crear una clase instrumental, tendremos que traspasar a ella el contenido de la clase original.
5. Serializaremos el objeto, original o instrumental según el caso, en un fichero usando las capacidades de serialización de Unity o de C#. Unity sólo serializa a JSON, pero C# permite serializar a ficheros con formato binario o XML.

El proceso de deserialización es el inverso:

1. Deserializar el objeto usando la misma librería con la que serializamos.
2. En caso de que hubiésemos serializado en su momento el objeto original, ya lo tendríamos de vuelta, pero, en caso de que lo que guardásemos fuera un objeto instrumental, tendremos que reconstruir el original a partir de él.

En esta sección hemos hecho el camino para guardar y recuperar una secuencia de comandos, pero el proceso sería idéntico si estuviésemos salvando una partida. En ese caso, sólo tendríamos que identificar qué objetos nos permitirían reconstruir el estado de la partida, una vez que los recuperásemos del archivo. Elegir cuáles son esos objetos dependería del juego que estuviésemos desarrollando.

> Ten en cuenta que en un proyecto open source como *Prince of Unity* no he podido usar determinadas herramientas comerciales. Por eso, en esta sección te he enseñado los métodos manuales de serialización. Sin embargo, si lo que quieres desarrollar es un juego comercial, hay herramientas de pago como *Odin Inspector* u *Odin Serializer* [11] que te permitirán serializar y mostrar en el inspector prácticamente todo, con suma facilidad.

6.2. Interacción de los scripts

En Unity los scripts no suelen hacer nada por sí mismos, sino a través de otros componentes. Comprenden lo que sucede en el juego a través de componentes sensores, y reaccionan a través de los componentes que alteran la física del GameObject, los que emiten sonidos, los que muestran sprites o los que generan nuevos GameObjects (como proyectiles), entre otros. Por tanto, los scripts actúan como los orquestadores de los diversos componentes con los que damos forma a los GameObjects de nuestro juego.

Para poder leer o modificar el estado de un componente, el script necesita una referencia a dicho componente. Eso significa que el script debe declarar un campo del tipo del componente y luego darle un valor con la referencia a dicho componente. La dificultad estriba en cómo enlazar el componente adecuado con dicho campo.

A lo largo de este capítulo ya hemos visto algunos ejemplos de cómo hacerlo, pero en esta sección consolidaremos todos los métodos utilizados en *Prince of Unity*, para que tengas una visión global de las diferentes situaciones que se pueden dar y cómo resolverlas.

En general, se pueden dar cuatro situaciones:

1. El script y el componente comparten GameObject.
2. El script y el componente no están en el mismo GameObject, pero sí comparten el mismo prefab.
3. El script y el componente están en prefabs distintos, pero ambos están en la escena desde el principio. Es decir, ambos están presentes en la jerarquía de la escena antes de dar comienzo al juego.
4. El script y el componente están en prefabs distintos, y al menos uno de los dos se instancia dinámicamente en el escenario, una vez arrancado el juego.

Las tres primeras situaciones se pueden resolver con asignaciones manuales, mientras que la cuarta requiere hacer búsquedas en la escena para localizar al GameObject con el componente específico al que nos interesa acceder. En esta sección revisaremos todas esas técnicas.

Asignación manual de componentes

Ya hemos visto cómo exponer en el inspector determinados campos de un MonoBehaviour. Cuando ese campo tiene el tipo de un componente de Unity, podemos arrastrar el componente sobre el campo usando el inspector. Eso es lo que llamamos una asignación manual.

Pongamos como ejemplo un prefab del que ya hemos hablado, pero cuya explicación dejamos pendiente de desarrollar. Se trata del prefab de la antorcha (`Assets/Prefabs/Decorations/Torch`). Ese prefab está compuesto por dos GameObject: uno estático, denominado Stick, que sólo contiene el sprite de la barra de la antorcha; y otro denominado Flame que contiene un SpriteRenderer, un Animator y un script (`Assets/Scripts/AnimationStartRandomizer.cs`).

`AnimationStartRandomizer` se encarga de poner en marcha la animación del Animator, pero no por el primer fotograma sino por uno aleatorio de su metraje. Ese Animator ejecuta la animación de la llama, así que con este script se consigue que las llamas de las diferentes antorchas de una escena no estén sincronizadas, lo que quedaría bastante mal.

Lógicamente, para que `AnimationStartRandomizer` pueda leer un componente Animator y cambiar su estado, necesita una referencia a dicho componente. Para obtener esa referencia, este script expone un campo de tipo Animator.

```
/// <summary>
/// When you have many prefabs together with the same idle animation playing it is
/// odd if they appear in sync. So this component randomize idle animation start
/// to avoid that effect.
/// </summary>
public class AnimationStartRandomizer : MonoBehaviour
{
    [SerializeField] private Animator animator;
```

Listado 6.22: Fragmento de Assets/Scripts/AnimationStartRandomizer.cs

Al usar la anotación `[SerializeField]` el campo animator es visible desde el inspector.

> Los campos `public` también son visibles en el inspector, por eso muchos tutoriales se limitan a hacer `public` todos los campos que quieren editar desde el inspector. El problema de `public` es que hace que el campo también sea visible y modificable, a nivel de C#, para otras clases. Eso debilita nuestras clases, ya que al hacer que sus campos sean libremente modificables por otras clases, se reduce la encapsulación de la clase y se aumentan sus posibles acoplamientos con otras. Por ese motivo te recomiendo que evites hacer `public` tus campos a no ser que sea absolutamente imprescindible. En vez de eso, si necesitas editarlos en el inspector, puedes usar `[SerializeField]` y, si quieres que sus valores sean visibles para otras clases, puedes crear propiedades de sólo lectura que muestren el contenido del campo privado pero impidan su modificación externa.

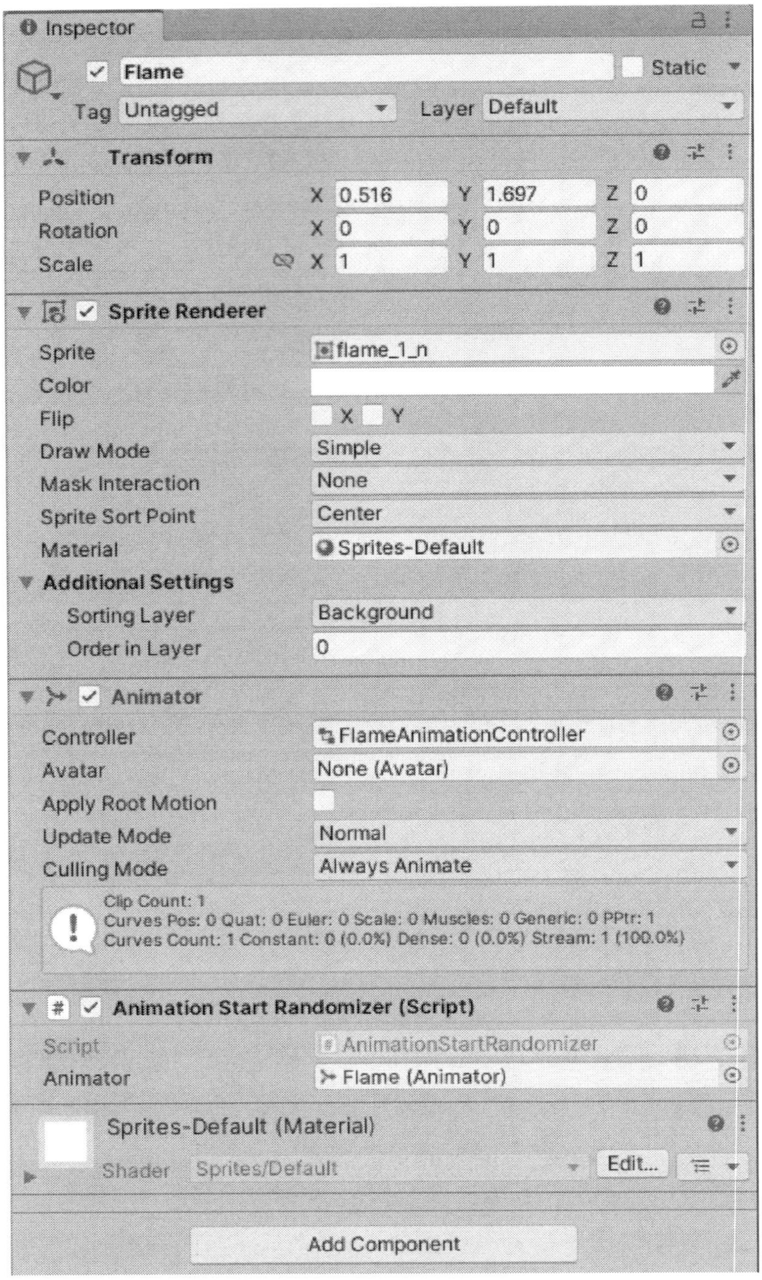

Figura 6.6: Componentes del GameObject Flame del prefab Torch.

En la figura 6.6 se pueden ver los componentes del GameObject Flame del prefab Torch. Al final de los componentes aparece el componente script `AnimationStartRandomizer` con el campo `animator` expuesto. En la figura, el campo animator ya tiene el valor del componente Animator del GameObject Flame porque en su momento pinché en la barra de cabecera del componente Animator de la figura (en esta se encuentra justo encima del script) y arrastré sobre el campo `animator`, lo que inmediatamente le dio el valor que se muestra en la figura.

Si el componente Animator que nos interesaba hubiera estado en otro GameObject del mismo prefab, por ejemplo dentro de Stick, podríamos haber seleccionado ese GameObject en la jerarquía del prefab y haberlo arrastrado sobre el campo `animator`. Si el GameObject que se arrastrase no tuviese un componente del tipo del del campo, aparecería un icono de prohibido al pasar el arrastre sobre el campo. Si ese icono de prohibido no aparece, entonces no habrá problema, podremos soltar el GameObject sobre el campo y el inspector de Unity se encargará de enlazar el campo con el componente que le interesa.

¿Cómo accedemos al componente una vez hecha la asignación? Pues como haríamos con cualquier otra clase de C#. Cada componente de Unity tiene una API para ser accedido y manipulado desde C#.

En el script `AnimationStartRandomizer` de nuestro ejemplo, sólo se necesita acceder al componente Animator justo antes del arranque del nivel ya que nos basta con que la animación comience en un fotograma aleatorio. A partir de ahí, la animación ya puede seguir en bucle.

```
12 // Start is called before the first frame update
13 void Start()
14 {
15     RandomizedStartPlay(CurrentAnimationName());
16 }
17
18 /// <summary>
19 /// Start animation from a random frame.
20 ///
21 /// This way you can avoid that multiple instances of the same animation stay in sync
       (e.g. flames animations).
22 /// </summary>
23 /// <param name=''animationName''>Animation to play at a randomized start.</param>
24 private void RandomizedStartPlay(string animationName)
25 {
26     float startPosition = Random.Range(0.0f, 1.0f);
27     animator.Play(animationName, 0, startPosition);
28 }
29
30 /// <summary>
31 /// Get current animation name.
32 /// </summary>
33 /// <returns>Current animation name.</returns>
34 private string CurrentAnimationName()
35 {
36     var currAnimName = '''';
37     foreach (AnimationClip clip in animator.runtimeAnimatorController.animationClips)
           {
38         if (animator.GetCurrentAnimatorStateInfo (0).IsName (clip.name)) {
39             currAnimName = clip.name.ToString();
40         }
41     }
42     return currAnimName;
43 }
```

Listado 6.23: Fragmento de Assets/Scripts/AnimationStartRandomizer.cs

Por eso, la acción tiene lugar en el método `Start()`, de la línea 13 del listado 6.23. Recuerda que el método `Start()` se ejecuta antes de que se muestre el primer fotograma del nivel del juego.

Desde ese método se llama a `RandomizedStartPlay()`, que elige un punto aleatorio entre 0 y 1 (línea 26) y le pasa ese punto a `animator.Play()` para que ejecute la animación desde allí (línea 27).[2] Por supuesto, `animator` debe estar enlazado con el componente Animator del GameObject antes de llamar a `Play()`. Si nos hubiésemos olvidado de hacer la asignación en el inspector, el campo `animator` seguiría siendo `null` y recibiríamos un error de NullReferenceException en la consola del editor cuando intentásemos cargar el juego y el flujo de ejecución llegase a la línea 27.

No es el único uso del campo `animator` en el script `AnimatorStartRandomizer`. A `Play()` , hay que pasarle el nombre del clip de animación a mostrar. Por eso usamos el método `CurrentAnimationName()` (línea 34) para obtenerlo. En ese método recorremos todos los clip de animación asociados al componente Animator (ya lo veremos en el capítulo 12) y compararemos su nombre con el clip activo en el Animator usando el método `IsName()` de la clase `AnimatorStateInfo` (línea 38). El que haga que `IsName()` dé true será el nombre del clip activo y el que devolverá `CurrentAnimationName()`.

[2] Si pasásemos 0 empezaría desde el primer fotograma y si fuese 0.5 lo haría desde el central.

> El funcionamiento de `CurrentAnimationName()` es excesivamente alambicado. Lo lógico habría sido que la clase AnimatorStateInfo [10] hubiera tenido un campo con el nombre del clip activo, pero por alguna razón que desconozco resulta que no es así. Sólo tiene el método `IsName()`, que da true si el nombre que pruebes coincide con el del clip activo. Así que no me ha quedado otra que ir probando uno a uno los nombres de todos los clips de animación registrados en el Animator.

Asignar un componente arrastrándolo sobre el campo de un script es lo que se conoce como una asignación manual y es la manera más cómoda y segura de hacer asignaciones de componentes tanto de dentro del mismo GameObject como de dentro del mismo prefab.

También puedes hacer asignaciones manuales entre GameObjects que hayas ubicado en la escena al diseñarla en el editor. Por ejemplo, hay dos tipos de interruptores en *Prince of Unity*, las losetas de apertura (`Assets/Prefabs/Switches/OpeningSwitch`) y las losetas de cierre (`Assets/Prefabs/Switches/ClosingSwitch`). Un interruptor puede activar una o varias puertas. Para asociar un interruptor a una puerta del nivel, hay que seleccionar el interruptor en la jerarquía del nivel y buscar en su GameObject raíz un script llamado `SwitchEvents`. Dicho script ofrece un UnityEvent, denominado `activated` al que podemos suscribir los métodos de todos aquellos elementos, generalmente puertas, que queramos que sean llamados cuando el interruptor sea accionado. Para enlazar el interruptor con una puerta no hay más que añadir un elemento a la lista con el botón [+] y arrastrar sobre el campo que aparece el GameObject que sale en la jerarquía de la escena para la puerta que queremos accionar. Como pasaba en los prefabs, puedes arrastrar el GameObject completo sobre el campo, aunque sea un GameObject compuesto, ya que el editor recorrerá la jerarquía completa del GameObject hasta localizar el componente adecuado para el campo sobre el que estemos arrastrando.

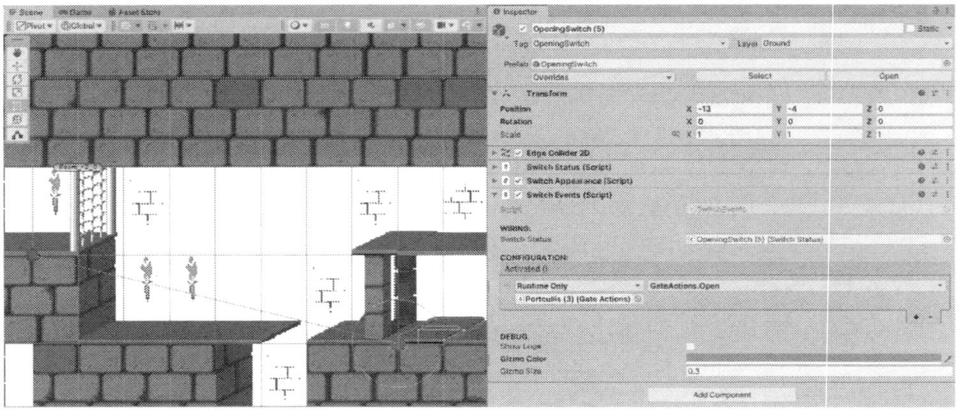

Figura 6.7: Configuración para asociar un interruptor del primer nivel a una puerta de rastrillo.

Búsqueda de otros GameObjects de la escena

Las asignaciones manuales son posibles siempre que estemos enlazando componentes y scripts que estén dentro del mismo prefab o que estén desde el principio dentro de la misma escena y tengamos clarísimo que se van a relacionar.

Sin embargo, la asignación manual no es viable si el componente al que queremos enlazar desde nuestro script se encuentra en un GameObject creado dinámicamente en la escena tras arrancar el juego, o bien en un GameObject que no podíamos anticipar que nos pudiera interesar.

En esos casos, tendremos que conseguir la referencia al objeto que nos interesa, bien a través de su detección mediante sensores (como veremos en el capítulo 10) o bien mediante búsquedas por nombre o etiquetas entre los GameObjects que pueblen la escena. En ambos casos obtendremos un GameObject completo que luego tendremos que "diseccionar" hasta localizar el componente concreto que nos interese.

Para buscar GameObjects de la escena podemos utilizar los métodos estáticos de búsqueda de la clase GameObject:

- `Find()`: Devuelve el GameObject que tenga el nombre que le hayamos facilitado al método de búsqueda. Si no encuentra GameObject con ese nombre, devolverá null.
- `FindGameObjectsWithTag()`: Devuelve un array con todos los GameObjects de la escena que estén marcados con el nombre de etiqueta que le hayamos pasado al método de búsqueda. El array estará vacío si no hubiera GameObjects con esa etiqueta en la escena.
- `FindWithTag()`: Es como el anterior, pero sólo devuelve el primer GameObject que encuentre con la etiqueta dada. Únicamente tiene sentido utilizarlo si está muy claro que sólo va a haber un GameObject con esa etiqueta y nos queremos ahorrar tener que tratar con el array de un sólo elemento que devolvería `FindGameObjectsWithTag()`.

Hay que tener cuidado al usar estos métodos, porque las búsquedas que realizan resultan muy pesadas y pueden afectar al rendimiento del juego si las hacemos una y otra vez, por ejemplo en el método `Update()`. Un uso más razonable de estos métodos de búsqueda sería usarlos en los métodos `Awake()` o `Start()` para darle valor a los campos del script al arrancar este y luego usar esos campos en el método `Update()` si fuera necesario; así no tendríamos que repetir la búsqueda una y otra vez.

En *Prince of Unity* he usado tanto `Find()` como `FindGameObjectsWithTag()`. Por ejemplo, he concentrado los scripts transversales del juego en un GameObject compuesto denominado GameManagers. Ese GameObject compuesto se arrastra de un nivel a otro, conservando la información persistente del juego (vida del personaje, tiempo restante, etc). Dado que se arrastra desde la primera escena del juego, que es la pantalla en la que sale el disclaimer, las escenas de los niveles no tienen un GameManagers, sino que durante la ejecución incorporan el GameManagers del nivel anterior. Por tanto, al ser un GameObject que se incorpora a la escena de manera dinámica, resulta imposible hacer asignaciones manuales a los objetos que lo consumen (aparte de que, al ser tantos los consumidores, tampoco sería práctico hacer una asignación manual). No queda otra que hacer búsquedas. Esa es la razón por la que hay tantos scripts del juego que en su Awake() hacen una búsqueda de GameManagers.

```
private void Awake()
{
    _eventBus = GameObject.Find(''GameManagers'').GetComponentInChildren<EventBus>();
}
```

Listado 6.24: Fragmento de Assets/Scripts/HealthController.cs

En el ejemplo del listado 6.24 el script busca a GameManagers para obtener una referencia al bus de eventos del juego y así poder lanzar a través de él un evento en caso de que los puntos de vida se agoten.

También he hecho alguna búsqueda por etiqueta. Por ejemplo, las puertas hacen una búsqueda por etiqueta para localizar los interruptores que las abren o las cierran y así poder señalarlos en el editor con las líneas de ayuda que se pueden ver en la figura 6.7.

```
/// <summary>
/// Update list of switches that close this gate.
/// </summary>
private void UpdateOpeningSwitchesList()
{
    OpeningSwitchesList.Clear();
    List<GameObject> openingSwitches = new List<GameObject>(GameObject.
        FindGameObjectsWithTag(''OpeningSwitch''));
    foreach (GameObject _switch in openingSwitches)
    {
        if (_switch.GetComponentInChildren<SwitchEvents>().Listeners.Contains(
            gameObject))
            OpeningSwitchesList.Add(_switch);
    }
```

```
108 }
```

Listado 6.25: Fragmento de Assets/Scripts/GateActions.cs

En la línea 102 del listado 6.25 se puede ver que se hace una búsqueda de todos los GameObject marcados con la etiqueta *OpeningSwitch*. En la línea 103 se recorre la lista de GameObject encontrados y se identifican cuáles de ellos tienen un script `SwichEvents` en el que se haya registrado nuestra puerta (línea 105).

Dado que todos los métodos `Find...()` devuelven un objeto GameObject, generalmente querremos aplicar una búsqueda secundaria para obtener la referencia al componente concreto que nos interesa del interior de ese GameObject. Ya hemos visto dos ejemplos de esas búsquedas secundarias en las llamadas a `GetComponentInChildren<T>()` de los listados 6.24 y 6.25.

> Nunca debes asignar un objeto que pueda destruirse. Si lo haces, y destruyes el objeto durante el juego, el acceso al campo al que lo hubieses asignado provocará un error de tipo NullReferenceException. Si no te queda otra que hacer asignaciones a un objeto que pueda ser destruido, asegúrate de que el campo que lo referencie no sea `null`, antes de hacer uso de él.

Los métodos más habituales para buscar componentes dentro de un GameObject son:

- `GetComponent<T>()`: Devuelve una referencia al primer componente de tipo T que se encuentre en el GameObject desde el que llamemos el método. En caso de haber múltiples componentes de tipo T en el GameObject no hay garantía alguna de cuál de esos componentes encontrará primero.

- `GetComponentInChildren<T>()`: Igual que la búsqueda anterior, pero incluye en la búsqueda no sólo al GameObject desde el que llamemos al método, sino también a todos los que cuelguen de él. La búsqueda es recursiva y no tiene límite de profundidad a la hora de buscar en sucesivos GameObjects anidados. Lo que hay que tener en cuenta es que sólo busca en los GameObjects activos, por lo que omitirá cualquiera que esté deshabilitado.

- `GetComponentInParent<T>()`: Similar a la búsqueda anterior, pero cambia la dirección de la búsqueda recursiva. En vez de buscar hacia los descendientes del GameObject, la búsqueda examina los ascendientes de este.

- `GetComponents<T>()`, `GetComponentsInChildren<T>()` y `GetComponentsInParent<T>()`: Similares a los anteriores, pero en vez de devolver el primer componente que encuentran del tipo buscado, lo que devuelven es un array con todos los componentes encontrados en el alcance de la búsqueda.

Todos estos métodos de búsqueda se podrían usar desde un MonoBehaviour, omitiendo la referencia al GameObject. En ese caso, la búsqueda del componente se produciría en el mismo GameObject del MonoBehaviour.

Los prefab que he creado para *Prince of Unity* incluyen en su mayor parte una jerarquía de varios GameObjects por los que he repartido los distintos componentes. Ese reparto no ha estado claro desde el principio. A lo largo del desarrollo he ido recolocando los distintos componentes y scripts conforme creía que podía organizarlos de una manera más intuitiva. Si mis scripts hubieran buceado hasta el GameObject concreto de cada componente para obtenerlo con un simple `GetComponent<T>()`, habría tenido que cambiarlos cada vez que hubiera hecho una reorganización interna de los prefab. Para evitarlo, el enfoque que he asumido para las búsquedas ha sido colocarme siempre en el GameObject raíz de cada instancia de un prefab y desde allí lanzar un `GetComponentInChildren<T>()`. De esta manera, no tenía que retocar los scripts de búsqueda cada vez que reorganizase los GameObject dentro de un prefab. Por ejemplo, en el caso de las puertas de cambio de nivel hay un sensor de volumen que se activa cuando se acerca un personaje. Para conseguir el componente que nos interesa, la puerta de cambio de nivel hace una búsqueda como la que acabo de describir, colocándose en la raíz y haciendo una búsqueda desde allí sobre los hijos.

```
23 private void OnTriggerEnter2D(Collider2D col)
24 {
25     if (col.gameObject.CompareTag(''Sensor'')) return;
26     InterlevelGateInteractions characterInteractions = col.transform.root.gameObject.
           GetComponentInChildren<InterlevelGateInteractions>();
27     if (characterInteractions != null) PrinceCharacter = characterInteractions;
28 }
```

Listado 6.26: Fragmento de Assets/Scripts/InterlevelGateCharacterDetector.cs

Cuando un GameObject entra en el rango del sensor de volumen, este no devuelve dicho GameObject sino un componente especial del mismo, denominados Collider, que veremos con detalle en el capítulo 9. Dicho collider se entrega como el parámetro de entrada `col` del método `OnTriggerEnter2D()`. Tanto con el collider como con cualquier otro componente, podemos obtener el GameObject al que pertenece haciendo `[componente].gameObject`. Si sospechamos que el componente pertenece en realidad a un GameObject compuesto, lo mejor es subir hasta la raíz del GameObject con `[component].transform.root`, obtener su respectivo GameObject con su propiedad `gameObject` y hacer la búsqueda desde allí, que es precisamente lo que se ve en la línea 27 del listado 6.26.

¿Asignación o búsqueda?

En realidad, el método de búsqueda se puede usar siempre. Es muy habitual encontrar tutoriales en internet que aprovechan el `Awake()` de los MonoBehaviour para darle valor a sus campos usando los métodos `GetComponent...()` incluso cuando estos están en el mismo prefab.

Entiendo que lo hacen por la comodidad de no tener que arrastrar componentes en el editor y por tener todas las tareas de asignación concentradas en el código, pero a mí no me gusta hacerlo así. Como ya he dicho, cuando los componentes se encuentran en el mismo prefab prefiero utilizar la asignación manual, arrastrando componentes en el editor.

Lo prefiero porque es una manera de explicitar las dependencias de los scripts. Ya sólo viendo en el inspector el valor que le hayamos dado a los campos del script nos quedará claro cuáles son sus dependencias.

Por otro lado, al hacer la asignación manual, el código del script quedará mucho más limpio, limitando la aparición de búsquedas en el código sólo a los casos en los que necesitemos componentes externos al prefab.

Por último, la búsqueda supone una carga adicional de proceso que la asignación no tiene. Es cierto que las búsquedas sólo se suelen hacer al comienzo del nivel, en el `Awake()`, pero, incluso así, siempre nos vendrá bien ahorrarnos gran parte de esas búsquedas haciendo la asignación manual de los componentes del prefab.

En todo caso, reconozco que son razones muy opinables. Es más una cuestión de gustos que de otra cosa. Yo te he explicado las técnicas y ya es cosa tuya experimentar con ellas hasta dar con la combinación que mejor se adapte a tu manera de trabajar.

6.3. Corrutinas

Ya hemos visto que, para que un MonoBehaviour ejecute una acción de manera continuada a lo largo del juego tiene que incluir la lógica de esa acción en el método `Update()`, para las tareas visuales, o en el `FixedUpdate()`, para las tareas con un componente físico. Ambos métodos ejecutarán su contenido repetidamente varias veces por segundo.

Sin embargo, estos métodos se ejecutan en un mismo proceso para todos los MonoBehaviour del juego, por lo que debemos evitar las operaciones largas en ellos, ya que, si un `Update()`[3] tarda mucho en ejecutarse, retrasará la ejecución del resto de métodos `Update()`. Eso quiere decir que la lógica que incluyamos en `Update()` deberá ser rápida o de otra manera el rendimiento del juego se verá severamente penalizado.

[3] Para no repetirme, durante esta sección, cuando mencione a Update() deberá entenderse que me refiero tanto a Update() como a FixedUpdate().

¿Cómo podemos hacer entonces para llevar a cabo operaciones que se alarguen más de un fotograma? Un ejemplo típico sería reproducir un sonido y esperar al final de este para llevar a cabo una acción. Hacer algo tan aparentemente sencillo con las herramientas que hemos visto hasta ahora puede ser algo tremendamente complejo. Habría que llenar el `Update()` de temporizadores, de chequeos de tiempo y de retornos tempranos en caso de no haber superado los umbrales de tiempo. Sería un auténtico infierno difícil de poner en marcha, probar y mantener. En vez de eso, Unity propone las corrutinas para resolver esa problemática.

Las corrutinas son un mecanismo para llevar a cabo una operación a lo largo del tiempo, en vez de hacerla de una sola vez. Si incluimos en una corrutina esa operación que se va alargar varios fotogramas podremos pausar su ejecución, mientras esperamos a que determinadas acciones terminen, dando la oportunidad de que otras corrutinas se ejecuten mientras esperamos. En nuestro ejemplo anterior, si usásemos una corrutina, lanzaríamos la reproducción del sonido y pausaríamos la ejecución de la corrutina mientras durase dicha reproducción. La reproducción se llevaría a cabo en otro proceso, mientras que en el proceso donde se ejecutan las corrutinas otras podrían ejecutarse gracias a haber puesto la nuestra en espera. Al acabar de reproducir el sonido, se reactivaría nuestra corrutina permitiendo ejecutar la acción que queríamos llevar a cabo tras el sonido.

Al ejecutar las corrutinas en su propio proceso especializado, el principal del juego puede seguir haciendo cosas en paralelo con lo que hagan las corrutinas. Esta es otra utilidad de las coroutinas, lanzar la ejecución de tareas sin interrumpir el flujo de ejecución principal.

En Unity, las corrutinas se implementan incluyendo su lógica en métodos que devuelvan un tipo llamado `IEnumerator` [87]. Este tipo es un interfaz que viene del espacio de nombres System.Collections y se utiliza en C# para implementar iteradores. Unity usa este interfaz para hacer que la ejecución del código de nuestra corrutina pueda pausarse y reanudarse en los puntos que digamos, iterando a través de ellos. Cuando metemos nuestra lógica en una corrutina, Unity crea un objeto que incluye tanto el método de la corrutina como los datos necesarios para ejecutarla [196].

Dentro de una corrutina, los momentos en los que esta se puede quedar a la espera se marcan con la orden `yield return`, seguida de un objeto que define la condición para sacar a la corrutina de su espera. En los ejemplos veremos algunas de las condiciones que podemos utilizar para asegurar que la corrutina se reactive cuando debe.

Para ejecutar la corrutina en su proceso especializado hay que usar la función `StartCoroutine()` y pasarle como parámetro el método donde hayamos implementado nuestra corrutina.

Como primer ejemplo de uso de corrutinas, vamos a ver un caso de *Prince of Unity* muy similar al ejemplo teórico que ponía hace algunos párrafos. El prefab `Assets/Prefabs/Components/SoundEmitter` es un GameObject pensado para ser incluido en GameObjects compuestos y dotar a estos de la capacidad de emitir sonidos. Lo veremos con detalle en el capítulo 13. Por ahora, basta con saber que el cerebro de ese prefab es el script `Assets/Scripts/SoundController.cs`, incluido en su GameObject raíz.

```
/// <summary>
/// This component manages every sound that gameobject produces.
/// </summary>
public class SoundController : MonoBehaviour
{
    [Header(''WIRING:'')]
    [Tooltip(''Needed to play selected audio clips.'')]
    [SerializeField] private AudioSource audioSource;

    [Header(''CONFIGURATION:'')]
    [Tooltip(''Sounds this character plays at certain moments.'')]
    [SerializeField] private SoundList audioClips;

    [Header(''DEBUG:'')]
    [Tooltip(''Show this component logs on console window.'')]
    [SerializeField] private bool showLogs;

    /// <summary>
    /// Play given sound.
```

```
25         ///
26         /// Sound is played asynchronously.
27         /// </summary>
28         /// <param name=''soundName''></param>
29         public void PlaySound(string soundName)
30         {
31             StartCoroutine(PlaySoundAsync(soundName));
32         }
33
34         private IEnumerator PlaySoundAsync(string soundName)
35         {
36             this.Log($''(SoundController - {transform.root.name}) Playing {soundName}'',
                   showLogs);
37             audioSource.clip = audioClips[soundName];
38             audioSource.Play();
39             yield return null;
40         }
```

Listado 6.27: Fragmento de Assets/Scripts/SoundController.cs

Ese script tiene dos campos principales que se asignan desde el inspector: `audioClips`, con la lista de sonidos que puede emitir el objeto, y `audioSource` con el componente nativo de Unity asignado al GameObject y que se encarga de emitir sonidos.

El GameObject que incluya al prefab SoundEmitter utilizará la API ofrecida por SoundController para controlarlo. En concreto, llamará al método público `PlaySound()` para hacer sonar uno de los sonidos recogidos en `audioClips`. Dado que no tiene sentido congelar el juego mientras esperamos a que acabe de reproducirse un sonido, PlaySound() está implementado usando una corrutina.

Por eso, en la línea 31 del listado 6.27, `PlaySound()` inicia la corrutina `PlaySoundAsync()`, usando `StartCoroutine()`.

La corrutina no puede ser más sencilla. Se carga en el componente AudioSource el clip de sonido deseado (línea 37) y se reproduce el sonido (línea 38). Al ejecutarse en el proceso de las corrutinas, el principal del juego sigue su curso mientras se reproduce el sonido.

Por último, en la línea 39 se devuelve un `yield return null`. Devolver un `yield return null` equivale en Unity a decirle a la corrutina "suspéndete hasta el siguiente fotograma". En este caso, la espera se produce al final de la ejecución de la corrutina, por lo que tampoco tiene mucho sentido esperar más, pero las corrutinas de Unity exigen que haya al menos una llamada a `yield return` durante su ejecución, así que he incluido esta espera al final de la corrutina para evitar tener errores en la compilación.

> Si quisieras abandonar una corrutina a mitad de su ejecución, puedes usar `yield break`.

Ese sería un ejemplo de uso de corrutinas para ejecutar algo sin interrumpir el flujo principal. Vamos a ver ahora un ejemplo de uso de corrutinas para llevar a cabo una tarea a lo largo del tiempo.

En ese sentido, creo que uno de los ejemplos más sencillos de entender está en el prefab `Assets/Prefabs/Managers/GameTimer`. Este prefab está incluido a su vez dentro del prefab compuesto `Assets/Prefabs/Managers/GameManagers`. El propósito de GameTimer es controlar todas las operaciones del juego relacionadas con la gestión del tiempo. Para hacerlo, el prefab cuenta con varios scripts. Uno de ellos es `Assets/Scripts/GameTimerPrinter.cs` que se encarga de imprimir el tiempo restante en la barra de abajo de la pantalla principal del juego. Ese script tiene un método que inicia una cuenta atrás que se va mostrando en la pantalla, segundo a segundo, hasta llegar a cero.

```
/// <summary>
/// Print every second how much time leaves.
/// </summary>
public void StartCountDown()
{
    StartCoroutine(CountDown());
}
```

```
53
54 private IEnumerator CountDown()
55 {
56     while (gameTimer.RemainingSeconds >= 1)
57     {
58         PrintRemainingTimeInSeconds(printingTime: 1.0f);
59         yield return new WaitForSeconds(1.0f);
60     }
61 }
```

Listado 6.28: Fragmento de Assets/Scripts/GametimerPrinter.cs

Al igual que cuando reproducíamos un sonido, aquí tampoco queremos que el juego se congele mientras vemos pasar los últimos segundos delante de nuestros ojos. En vez de eso, en la línea 51 del listado 6.28, tiramos de una corrutina para permitir que la acción continúe mientras los segundos restantes se van imprimiendo en la parte inferior de la pantalla.

En el interior de la corrutina vemos que, mientras el tiempo restante sea superior a 1 segundo (línea 56), imprimiremos el tiempo restante (línea 58) y acto seguido suspenderemos la rutina durante 1 segundo (línea 59), tras lo cual se volverá a repetir el proceso.

En este caso hemos utilizado `yield return new WaitForSeconds()`, que sirve para suspender la corrutina durante el número dado de segundos.

`WaitForSeconds()` no es la única condición de reactivación que podemos usar con una corrutina. Otra condición muy útil es `WaitUntil()` que nos permite incluir una lambda [102] que mantendrá en suspensión la corrutina hasta la que la lambda dé true. Un ejemplo de su uso lo tenemos en el script 🗀 `Assets/Scripts/PickableCharacterInteractions.cs` que script ofrece una clase abstracta cuyas implementaciones están presentes en los prefabs de los objetos que el personaje puede recoger por el escenario, como, por ejemplo, las pociones o la espada. Esa clase tiene una corrutina que se activará cuando el personaje pulse el botón de acción para recoger el objeto. Dicha corrutina es `TakePickable()`:

```
41 private IEnumerator TakePickable(PickableInteractions taker)
42 {
43     taker.PickingAnimationStarted();
44     // Wait until character has disabled its sprite to avoid a frame with two prince
           sprites, the one from
45     // character and the one from pickable. WaitUntil character is in TakingPickable
           state or skipping a frame
46     // does not seem to work, so I have to wait time between frames at 8 fps.
47     yield return new WaitForSeconds(0.125f);
48     stateMachine.SetBool(''PrinceAtRight'', BeingTakenFromRight(taker));
49     stateMachine.SetTrigger(''Taken'');
50     flashController.ShowFlashes();
51     DoSomethingOverTaker(taker);
52     yield return new WaitUntil(() => PickingAnimationEnded);
53     taker.PickingAnimationEnded();
54     stateMachine.SetTrigger(''Disable'');
55 }
```

Listado 6.29: Fragmento de Assets/Scripts/PickableCharacterInteractions.cs

Si te fijas en el código del listado 6.29, se combinan dos tipos de condiciones de reactivación. El detalle de lo que ocurre al recoger un objeto se ve en el capítulo 23, aquí vamos a intentar centrarnos en las condiciones de reactivación de la corrutina. El `WaitForSeconds()` de la línea 47 le da tiempo al personaje para hacerse invisible antes de que se active la animación en la que aparece el personaje recogiendo el objeto. Esa animación de recogida pertenece al objeto recogido y no al personaje, por razones que se ven en el capítulo 23. Pasado ese tiempo de margen, el personaje del jugador ya debería ser invisible, por lo que el objeto recogible puede iniciar las animaciones de recogida (líneas 48 y 49), lanzar los efectos visuales (línea 50) y activar la acción desencadenada por el objeto recogido (línea 51). Después de eso, el objeto recogido tiene que esperar a que su animación de recogida finalice para decirle al personaje del jugador que vuelva a hacerse visible (línea 53). Para esperar hasta que finalice la animación, en la línea 52 se usa un `WaitUntil()`

al que se le pasa una lambda que será verdadera cuando lo sea la propiedad protegida `PickingAnimationEnded` de la misma clase. Cuando veamos las animaciones y las máquinas de estado, estudiaremos cómo se hace para poner esa propiedad a verdadero cuando finaliza la animación.

> Una condición similar a `WaitUntil()`, pero que en determinadas situaciones puede ser más legible, es `WaitWhile()`. Esta última también acepta una lambda, pero mantiene la suspensión de la corrutina hasta que la lambda pase a ser falsa. Es decir, `WaitUntil()` mantiene la suspensión *hasta* que se cumpla algo, mientras que `WaitWhile()` mantiene la suspensión *mientras* se cumpla algo.

Hay que tener en cuenta que `WaitForSeconds()` mide los segundos según el tiempo de juego. Es decir, si escalamos el tiempo de juego para que transcurra a la mitad de la velocidad (el típico efecto de tiempo-bala o cámara lenta) el efecto será que un `WaitForSeconds()` durará el doble de tiempo de lo normal. De hecho, si pausamos el tiempo, escalando el tiempo de juego a cero, y acto seguido hacemos un `WaitForSeconds()` nos encontraremos con la desagradable sorpresa de que la corrutina no llegará a reactivarse nunca. En esos casos, lo suyo es sustituir la llamada a `WaitForSeconds()` por una a `WaitForSecondsRealtime()`, la cual cuenta el tiempo en segundos reales y no en segundos de juego.

6.4. Buenas prácticas de scripting

Llegados a este punto tendrás los conocimientos de C# con los que llegaste a este libro, más las peculiaridades que Unity añade a C# y que hemos estudiado a lo largo de este capítulo. En esta sección quiero revisar algunas buenas prácticas que te ayudarán a escribir un mejor código C# para cualquier proyecto que te plantees.

¿Qué se entiende por buen código?, hay tantas definiciones como personas, pero el consenso general define al buen código como:

- Aquel que es fácil de entender por un desarrollador que lo asume por primera vez.
- El que facilita añadir una nueva funcionalidad sin que la ya existente se vea afectada.
- El que simplifica la reutilización, reduciendo los tiempos de desarrollo de una nueva funcionalidad.
- El que facilita encontrar la fuente de los problemas cuando se producen fallos.

Conseguir buen código no es fácil. En parte está limitado por las posibilidades que ofrecen los distintos lenguajes de programación, aunque la aparición y evolución de estos está marcada con frecuencia por lo que, con el paso del tiempo, se entiende por buen código. Por tanto las técnicas para conseguir un buen código están en constante cambio y dan para una abundante literatura.

Si sólo pudieras leer un libro sobre este tema, te recomendaría el libro *Clean Code* de Robert C. Martin [113]. Es un libro ameno, fácil de entender y exhaustivo, que cambiará tu manera de escribir código. Lo que te pueda contar en esta sección no es sino la superficie de lo que te puede aportar esa obra.

A la hora de hacer un resumen de la buenas prácticas, creo que es razonable dividirlas en dos grupos: las que hacen referencia al formato del código y las que se refieren a la estructura de la lógica del código.

Las buenas prácticas respecto al formato del código se refieren a cómo estructurarlo para que sea fácil de leer y de entender. Mientras que, las que se refieren a la lógica del código, se orientan a cómo distribuir su funcionalidad para favorecer su mantenimiento y la inclusión de nuevas funcionalidades sin introducir errores.

A lo largo de esta sección haremos un resumen de las principales buenas prácticas en ambos campos.

Formato del código

La consistencia es clave a la hora de facilitar la lectura de cualquier texto. Si a lo largo de uno cambias constantemente tu forma de expresarte y de representar las cosas, someterás a tus lectores a un esfuerzo constante de readaptación que les dificultará la comprensión de lo que quieras transmitirles. Esa es la razón por la que muchos libros establecen al principio las convenciones que van a seguir, tal y como hice en el capítulo 1.

Con el código pasa lo mismo. Una vez que decidas un formato, una manera de llamar a las cosas o una forma de organizarlas, procura ceñirte a eso. De esa forma conseguirás que los desarrolladores que se sumen a tu proyecto, o que lo retomen cuando tú ya te hayas ido, sean capaces de entenderlo con el menor esfuerzo posible.

Asegurar la consistencia de tu código es más difícil conforme más personas se incorporan al equipo. Cada una tiene una manera natural de hacer las cosas y, si no se acuerda una manera común de hacerlas, al final el código acaba siendo una acumulación de recortes heterogéneos. Por eso, suele ser una buena idea acordar una guía de estilo formal y escrita desde el mismo momento en que el equipo de desarrollo pasa a ser de 2 o más programadores.

Lo primero de lo que debería tratar esa guía de estilo es de cómo nombrar a las cosas dentro del código. En general, se recomienda que los nombres usen sólo caracteres alfabéticos y eviten los caracteres especiales (con la excepción del guion bajo "_"). En casos particulares puede ser razonable utilizar números como sufijos del nombre.

Cada lenguaje de desarrollo tiene su propio preferencia a la hora de darle formato a los nombres de sus diferentes elementos. En el caso de C#, y por tanto de Unity, se recomienda que los nombres de las variables de locales, de los campos privados y de los parámetros de los métodos, sigan el estándar *camel Case*. Este estándar se caracteriza porque la primera letra del nombre es minúscula y a partir de ahí se pone en mayúscula la primera letra de cada palabra que se incluya en el nombre. En el caso de los campos privados se aconseja, además, prefijar el nombre con un guion bajo para distinguir a estos campos de los públicos.

> Algunos ejemplos de nombres de *Prince of Unity* en camel Case: `climbingInteractions`, `characterStatus`, `showLogs`, `_eventBus` o `upRoomNeighbour`.

Por su parte, se suele recomendar que los nombres de las clases, los métodos y los campos públicos usen el estándar *Pascal Case*, similar al camel Case, aunque en este se pone en mayúscula la primera letra del nombre.

> Algunos ejemplos de nombres de *Prince of Unity* en Pascal Case: `EnemyInTheRoom`, `LevelCamera`, `CommandController` o `ReplayCommandSequence`.

Más allá del formato, se recomienda que los nombres sean descriptivos, claros y expresivos, para transmitir sin lugar a dudas el estado o tarea que representan. No se recomienda bajo ningún concepto usar diminutivos, ni acrónimos, a no ser que estos últimos sean comúnmente conocidos incluso por personas ajenas al equipo del proyecto. Hay una pequeña excepción a lo anterior y es que los nombres de los interfaces deben ir prefijados con la letra mayúscula I (como por ejemplo: `IBorder`).

Teniendo en cuenta que las clases, las variables y los campos representan estados y datos, lo mejor es describirlos con nombres y con adjetivos que los acoten (por ejemplo `cameraTransform` o `pickableStatus`).

Por otro lado, dado que los métodos y funciones representan tareas, lo normal es utilizar un verbo con un objeto (directo o indirecto) que lo acote (por ejemplo, `TakePickable` o `ExecuteCommand`).

El caso de las variables booleanas es particular, ya que en general responden a la pregunta de si se cumple una condición (¿muestro los logs?, ¿el personaje está corriendo?), por lo que se considera mejor nombrarlos emparejando esa condición con un verbo que clarifique su cumplimiento (`isDead`, `showLogs`, `IsThereAnEnemyInTheRoom`). La cuestión de si usar camel Case o Pascal Case con los booleanos es bastante discutible. La aproximación más generalizada es usar camel Case si el booleano es un campo y Pascal Case si el booleano es una propiedad de C#.

A la hora de poner los modificadores de acceso (`public`, `private`, `protected`) recomiendo ponerlos siempre, aunque C# deje omitir los `private`. A la hora de definir el acceso a los campos, lo recomendable es hacer privado todo lo que sea posible. Eso hará más robustas tus clases al limitar las posibilidades de alterar su estado desde el exterior. Si necesitas que un campo sea consultado desde fuera de la clase, es mejor crear una propiedad de sólo lectura que hacerlo público. Incluso si el campo tiene que ser también de escritura, trae más cuenta usar una propiedad que hacerlo público, ya que una propiedad te permite introducir lógica de validación del nuevo valor de manera transparente al usuario de la clase. Ni siquiera el acceso al campo desde el inspector justifica hacerlo público, ya que el inspector puede acceder a campos privados si los anotamos con el atributo `[SerializeField]`.

También creo que ayuda a la claridad del código el declarar una variable por línea y evitar el uso del tipo `var`, usando siempre tipos explícitos (aunque seguro que habrá quien discuta esto último).

Hay ciertas "guerras religiosas" a la hora de definir cómo abrir y cerrar la llaves de los segmentos de código y fijar sus indentaciones. Por preferir, yo prefiero el estilo de Kernighan y Ritchie (mantener la llave de apertura en la misma línea que la cabecera que la motiva), porque genera un código visualmente más similar al de Python, mi lenguaje preferido. En cuanto a las indentaciones prefiero usar el método del tabulador, porque bajo ningún concepto me imagino pulsando cuatro espacios para indentar. Sin embargo, a la hora de escribir un código que vaya a compartir (como el de *Prince of Unity*) prefiero no entrar en disputas y suelo aceptar lo que me ofrezca por defecto mi IDE. En el caso de Rider, parece que lo que tiene configurado por defecto es el estilo BSD para las llaves (tanto la llave de apertura como la de cierre en su propia línea) y un indentado con espacios (aunque los tabuladores los convierte a 4 espacios, así que también los puedes usar). Da igual el estándar que utilices mientras sea el común de todo el grupo. Mi consejo es que acordéis el que más os guste, con tranquilidad y con una buena taza de café, y que lo que decidáis quede registrado en la guía de estilos para no tener que discutirlo más.

Precisamente los espacios son otros de los temas a consensuar. La práctica más aceptada es incluir espacio en torno al carácter "=" de las asignaciones, así como después de las comas de los parámetros de los métodos y de las comparaciones tanto booleanas como numéricas ("==", "<=", "&&", etc) . Sin embargo, hay que evitarlos antes y después de los paréntesis de un método o de las llaves de una lista.

Para facilitar la lectura de las líneas de código es importante que estas no superen una determinada longitud. Una línea de código que sea tan larga que se traduzca en dos en pantalla suele ser difícil de interpretar. Por eso, como buen Pythonista he sido un gran partidario de los 80 caracteres de longitud máxima que promulga el PEP-8 [156]. Sin embargo, he de reconocer que ese límite se queda escaso con los monitores modernos de alta definición y que en C#, donde los nombres suelen ser más largos, es claramente insuficiente. Por eso, en C# recomiendo usar 120 caracteres de longitud máxima de línea.

El límite de longitud de línea define la frontera horizontal de tu código. Debemos hablar también de la longitud vertical de tu código. ¿Cómo de largas deben ser tus clases y sus métodos? La respuesta es que cuanto más cortas mejor. En Python intento que mis métodos se queden por debajo de las 5 líneas, si estoy entre 5 y 10 suelo mirar si hay alguna manera de refactorizar para acortarlas, y por encima de 10 tengo clarísimo (salvo contadas excepciones) que a ese método hay que darle una segunda vuelta cuanto antes. Es cierto que en C# se pierden muchas líneas con las llaves de apertura y cierre (y más siguiendo el formato BSD que veíamos antes), pero, en general, la mayor parte de los métodos se pueden organizar para que ocupen unas 10 líneas aproximadamente. En todo caso, el propósito de limitar la longitud de los métodos no es ganar un concurso, sino asegurar que puedas leer toda la función de un único vistazo para facilitar su comprensión. Cualquiera que haya intentado depurar un método tan largo, como para estar todo el rato subiendo o bajando el scroll, sabe lo complicado y trabajoso que resulta. Si al final te encuentras con métodos mayores de 10 líneas, te recomiendo que pienses maneras de reducir su longitud sacando fragmentos de código a métodos privados auxiliares. No pasa nada si esos fragmentos sólo se usan una vez en el método principal. Mientras que esos métodos auxiliares estén especializados en hacer una sola cosa cumpliremos el objetivo de reducir la longitud de la función principal, mejoraremos su comprensión (un nombre expresivo para un método vale por una línea entera de comentario) y, con suerte, acabaremos descubriendo que ese método auxiliar puede ser utilizado en más sitios, aparte del inicial.

Lo ideal es que estructures tus clases siguiendo un orden coherente en tu código de tal manera que una persona familiarizada con ese orden sea capaz de encontrar rápidamente lo que necesite en cada fichero de código fuente. Un buen punto de partida podría ser ordenar tus clases de la siguiente forma:

1. Campos
2. Propiedades
3. Eventos
4. Implementaciones de los métodos nativos de la clase madre.
5. Métodos públicos.
6. Métodos privados.

Intenta que tus métodos tengan la mínima cantidad de parámetros posibles. Lo mejor es que como máximo tengas 2 ó 3 parámetros. Si sientes la tentación de añadir un parámetro de *flag*, que altere la manera de funcionar del método, entonces lo que deberías hacer son dos métodos diferentes, que implementasen ambos modos de funcionamiento.

Por supuesto, allá donde te descubras repitiendo las misma líneas de código significa que tienes que crear un método, aunque sea privado, para ser usado de manera auxiliar en otros métodos. Esa es una de las aplicaciones un principio básico de la programación: DRY o *"Don't Repeat Yourself"* [86]. Si haces caso omiso de este principio y llenas tu juego de código repetido, antes o después tendrás que hacer un cambio y te verás obligado a tener que aplicarlo uno a uno en las múltiples repeticiones del código. Sin embargo, si no pierdes de vista este principio, te aseguro que aplicar un cambio será mucho más sencillo, ya que te bastará con aplicarlo en la función concreta que contenga el código a modificar.

Por último, no quiero cerrar este apartado sin hablar de los comentarios. Estos son un arma de doble filo. Bien utilizados pueden facilitar la comprensión del código, pero si se abusa de ellos pueden tener el efecto contrario. ¿Qué puede tener de malo un comentario? Para empezar, la sobreabundancia de ellos puede distraer del código; por otro lado, los comentarios también deben mantenerse actualizados, así que cuantos más haya, mayor será nuestra carga de mantenimiento; por último, los comentarios pueden acabar siendo una excusa para escribir mal código si constantemente intentamos compensarlo con comentarios explicativos.

En realidad, no necesitamos comentarios si los nombres de nuestros métodos, campos y clases son suficientemente explicativos, nuestros métodos están especializados en hacer una sola cosa y su tamaño cabe en un vistazo. Tenemos que aspirar a que nuestro código sea tan sencillo y expresivo como para no necesitar explicarlo con comentarios. En vez de eso, los comentarios deberían quedar limitados a explicar por qué hemos tomado determinadas decisiones cuyas motivaciones no sean evidentes para otro desarrollador.

Otro uso de los comentarios, que sí sería legítimo es el de documentar la API de nuestras clases. C# permite documentar nuestras clases y métodos con explicaciones de su utilidad, sus parámetros de entrada y sus valores de retorno. Ese tipo de comentarios se denominan *docstrings* o comentarios documentales [51] y, en el caso de C#, son comentarios en formato XML.

```
/// <summary>
/// Return other GameObject if other belongs to an opponent.
///
/// Player opponents are Guards and Player is Guards opponent.
/// </summary>
/// <param name=''otherCollider''>Character collider detected.</param>
/// <returns>Other GameObject if it is an opponent. Null if it is not an opponent.</
    returns>
private GameObject DetectOpponent(Collider2D otherCollider)
```

Listado 6.30: Fragmento de Assets/Scripts/EnemySensors.cs

Como se puede ver en el listado 6.30, un docstring de C# tiene forma de comentario de triple barra ("///") y admite diferentes campos XML:

- <summary>: Este campo permite introducir una descripción del método o de la clase comentada. Dentro de este campo se pueden incluir algunas etiquetas HTML, como, por ejemplo, las de párrafo, las de lista o las de negrita, entre otras.

- <param name=[nombre de parámetro]>: Sirve para describir un parámetro de entrada al método.

- <returns>: Permite describir el objeto devuelto por el método.

- <see cref=[nombre de clase o método] | href=[URL]>: Con el atributo cref sirve para introducir enlaces a otros métodos o clases ya documentados. Alternativamente puede usarse con el atributo href para enlazar una página web.

- <example>: Nos permite introducir un ejemplo en nuestra documentación. Si dicho ejemplo incluyese código de ejemplo para explicar cómo se utiliza una clase o método, habría que envolver a su vez dicho código en una etiqueta <code>.

- <exception cref=[nombre de excepción]>: Identifica una excepción que puede ser lanzada por el método comentado.

- <c>: Lo podemos usar para que el nombre de un método, clase o campo se represente con una fuente similar a la del código.

-
: Sirve para añadir una línea en blanco al texto.

Es muy recomendable documentar tus clases y métodos usando docstrings, para que otros desarrolladores sepan utilizarlos (y el primero tú). A poco que hayas desarrollado sabrás que es difícil recordar todos los métodos y clases que has ido creando en un proyecto grande. Cualquier IDE solvente interpretará los docstrings y te los mostrará como ayuda contextual al usar esas clases o métodos, lo que te resultará muy útil.

Si los docstrings sirven de documentación contextual para otros desarrolladores, Unity permite, además, añadir ayudas contextuales a los campos mostrados en el inspector. Para ello hay que utilizar el atributo [Tooltip()].

```
public class CommandController : MonoBehaviour
{
    [Header(''WIRING:'')]
    [Tooltip(''Needed to set state flags depending on commands.'')]
    [SerializeField] private Animator stateMachine;
    [Tooltip(''Needed to signal changes in climbing/hangings conditions.'')]
    // Enemy does not climb, so he will keep this value to null.
    [SerializeField] private ClimberInteractions climbingInteractions;
    [Tooltip(''Needed to increment life through cheat keys.'')]
    [SerializeField] private CharacterStatus characterStatus;

    [Header(''DEBUG:'')]
    [Tooltip(''Show this component logs on console window.'')]
    [SerializeField] private bool showLogs;
```

Listado 6.31: Fragmento de Assets/ScriptsCommandController.cs

Como se puede ver en el listado 6.31, el texto de ayuda debe introducirse como parámetro del atributo [Tooltip()]. Ese texto aparecerá como una ayuda emergente en el inspector cuando pasemos el ratón por encima del nombre del campo.

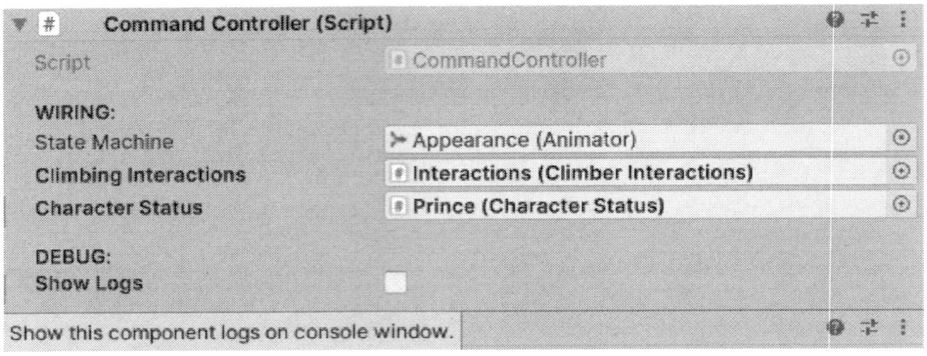

Figura 6.8: Formato de los campos de CommandController.

También es muy útil el atributo `[Header()]`, ya que permite separar los campos en secciones con título. Es más fácil localizar los campos si están separados por categorías que si están todos en una lista continua.

En la figura 6.8 se puede ver la apariencia de los campos, vistos en el inspector y ordenados gracias a los atributos `[Header()]`. Al tomar la captura tenía el ratón sobre el nombre del campo `showLogs`, así que se puede apreciar su texto de ayuda al pie de la figura.

Otro atributo que te puede servir para mostrar las cosas más claramente en el inspector es `[Space()]`. Ese atributo permite añadir un espacio vertical con la cantidad de pixels que le pasemos como parámetro. De esa manera podremos separar los grupos de campos entre sí.

Lógica del código

Al hablar de buenas prácticas para el formato del código buscábamos facilitar el entendimiento de este por parte de los desarrolladores. Es decir, que los desarrolladores pudieran entender el código con el menor esfuerzo posible. Sin embargo, ahora que vamos a hablar de la lógica del código, nos vamos a enfocar en el funcionamiento interno de nuestros programas, es decir, en cómo facilitar el mantenimiento interno de nuestras clases y métodos para garantizar su calidad a largo plazo.

En este caso, el principio básico parece una perogrullada, pero no lo es: *lo sencillo es mejor*. La literatura inglesa sintetiza esa máxima en una frase, para mi gusto innecesariamente agresiva, que cristaliza en un acrónimo fácil de recordar: "*Keep It Simple, Stupid*" o KISS.

Llevado a la práctica, este principio lo que dice es que no tiene sentido hacer alardes y malabarismos con el código si hay una manera equivalente más sencilla y directa. Es cierto que hay competiciones de programación *one-liner*, en las que se premia al que implementa algoritmos en el menor número de líneas posibles aun a costa de la sencillez y la legibilidad, pero en el desarrollo real eso no tiene cabida. A la hora de optar por una implementación, elige la más sencilla, directa y legible posible.

> Sencillo no es lo mismo que fácil. Programar de una manera clara, sencilla y directa conlleva un esfuerzo y se lleva a cabo mejor conforme más experiencia acumules haciéndolo.

Hay otro principio relacionado con KISS, que es el YAGNI ("*You Aren't Gonna Need It*"). En realidad, YAGNI no es más que la consecuencia de KISS. YAGNI quiere decir que no tiene sentido implementar funcionalidad que no vayas a necesitar de manera inmediata. Es decir, cuando desarrolles tus clases, dótalas sólo de los métodos imprescindibles. No las compliques incluyendo métodos adicionales, por si acaso en un futuro fueran necesarios. Cada método adicional que incluyas en tus clases es un gramo más que sumas a la carga que tendrás luego para mantener ese código, así que procura limitarte a lo imprescindible.

A partir de aquí toca explicarte dos principios de la ingeniería del software: *cohesión* y *acoplamiento*.

El concepto de cohesión se refiere al grado con el que un elemento de un programa se especializa en la tarea que se supone que debe hacer. Una función `AbrePuerta()` muestra cohesión si se limita única y exclusivamente a abrir la puerta. Sin embargo, si `AbrePuerta()` no sólo abre la puerta, sino que hace sonar una campanilla, enciende una luz y manda una señal a la empresa de vigilancia, entonces tendrá muy poca cohesión.

Te interesa maximizar la cohesión de tus clases y métodos porque eso hace que el código sea más fácil de entender, depurar y mantener. Un método fuertemente cohesionado, al estar más especializado, tenderá a ser más corto y concreto, lo que lo hará más fácil de entender. Por ser más conciso, será más fácil hacer cambios en él sin introducir fallos y, en caso de introducirlos, esa mayor sencillez permitirá resolver el fallo antes. Además, un elemento cohesionado es más fácil de reutilizar. En el ejemplo de antes, un método `AbrePuerta()` fuertemente cohesionado puede ser fácilmente aplicado a un edificio residencial y a uno empresarial. Sin embargo, si usamos la versión con poca cohesión nos podemos encontrar con que no se pueda usar en el edificio residencial porque no habría campanilla, ni luz que encender, ni empresa de vigilancia a la que avisar.

Por su parte, el acoplamiento se refiere al grado en el que un elemento de un programa depende de otros. Pocos programas son una isla autosuficiente. Lo normal es utilizar librerías externas y reutilizar componentes ya hechos. Cada una de esas librerías y componentes añaden un grado más de acoplamiento. El problema del acoplamiento es que supone una fuente de posibles problemas, y eso lo sabe cualquier desarrollador al que le llega la noticia de que le han descubierto una vulnerabilidad a una de las librerías que usa en su aplicación. De la misma manera, invirtiendo el sentido del ejemplo, los desarrolladores de librerías saben que deben tener mucho cuidado, porque cualquier error que cometan afectará a todas las aplicaciones que las utilicen. Al final no se trata de que convirtamos nuestro programas en una isla, pero sí de que reduzcamos al mínimo imprescindible sus dependencias.

El concepto de acoplamiento no se refiere sólo a las dependencias externas, sino también a las internas. Si las relaciones entre nuestras clases conforman una maraña indescifrable, lo más probable es que, al hacer un cambio en una de las clases, un buen número de las otras falle y te costará mucho desentrañar la maraña para averiguar por qué. Por eso, te interesa que tus clases dependan lo mínimo posible entre sí y que, cuando se relacionen, lo hagan a través de un mecanismo estándar que te permita depurar fácilmente los errores cuando ocurran.

Por tanto, te interesa maximizar la cohesión y minimizar el acoplamiento de las clases y métodos de tu juego.

Una buena técnica para mejorar la cohesión es asegurar que tus clases abarquen un solo tipo de concepto y que sus métodos realicen tareas concretas y especializadas. Técnicamente se denomina a esto *principio de única responsabilidad*, y viene a enunciarse como que cada módulo, clase o función de tu programa debe ser responsable de una única cosa y encapsular sólo la parte de la lógica relativa a esa lógica. En el ejemplo que poníamos antes de la puerta, para cumplir este principio deberíamos tener una clase para la puerta que ofreciese un método `AbrePuerta()`, una clase para la campanilla que ofreciese el método `SonarCampanilla()`, otra para la luz ofreciendo `EncenderLuz()` y otra para la empresa de seguridad ofreciendo el método `NotificarEntrada()`. A partir de eso, si la puerta se utilizase en una tienda, podría haber una clase para la tienda que incorporase campos para las instancias de la puerta, la campanilla, la luz y la empresa de seguridad. La clase de la tienda tendría un método que se activaría al recibir un evento de entrada de un cliente, y dicho método llamaría a `AbrePuerta()`, `SonarCampanilla()`, `EncenderLuz()` y `NotificarEntrada()`. Una de las ventajas de tener las clases y los métodos tan cohesionados es que es más fácil reutilizarlos. Si quisiéramos dotar a la tienda de una puerta trasera de servicio, sin campanilla, ni luz, pero conectada a la central de alarmas, nos bastaría con añadir un segundo campo de puerta y en el método, para atender un evento de entrada por esa puerta secundaria, sólo tendríamos que llamar a `AbrePuerta()` y `NotificarEntrada()`. Fíjate que si hubiéramos tenido la versión pobremente cohesionada de `AbrePuerta()` no habríamos podido usarla en la puerta trasera, porque nos habría dado error al intentar usar la campanilla y la luz y no encontrarlas.

Cuanto más especializados (es decir, cohesionados) estén tus métodos, más cortos serán, por eso la longitud es un buen indicio de si vas bien encaminado o no. De todos modos, ten en cuenta que tampoco se trata de simplificar las clases al extremo dejándolas en un único método. Al final, es una cuestión de sentido común y de ir mejorando con la práctica y la experiencia la cohesión de los elementos de tus juegos.

Por su parte, el secreto para reducir el acoplamiento está en crear abstracciones intermedias e interfaces para evitar que las clases dependan directamente entre sí. Una abstracción es un objeto que oculta los detalles de implementación de una clase o función. Un interfaz es un compromiso de que una clase cuenta con una serie de métodos concretos, independientemente de su implementación específica y del tipo concreto de la clase. Al utilizar interfaces y abstracciones, podemos separar la implementación de una clase o función de su API de interacción con otras clases.

En *Prince of Unity* el uso de interfaces ha sido más anecdótico y está mezclado con otros conceptos que prefiero explicar más adelante. Así que voy a limitarme a explicar el uso de los interfaces con un ejemplo teórico. Imaginemos las baldosas interruptor del juego. Hay dos tipos de baldosas interruptor: las que al ser pisadas cierran puertas y las que las abren. En el juego los interruptores interactúan con dos tipos de puertas, las de rastrillo y las de cambio de nivel.

Una primera aproximación, típica de los primeros tiempos de la programación orientada a objetos, podría ser hacer que ambos tipos de puerta heredasen de una clase madre (podríamos llamarla, por ejemplo, `PuertaGenerica`) que incluyese un método abstracto `ActivarPuerta()`. Las puertas de rastrillo y las de cambio de nivel tendrían implementaciones específicas de `ActivarPuerta()`. Por su parte, la baldosa interruptor podría tener un campo del tipo `PuertaGenerica` al que asignaríamos la puerta de concreta de rastrillo o de cambio de nivel que querríamos accionar con esta baldosa, la cual, al ser pisada, no tendría más que llamar al método `ActivarPuerta()` del campo. Este enfoque es válido, pero no es óptimo, ya que limita a las baldosas interruptor a funcionar sólo con puertas (hay un acoplamiento fuerte entre las baldosas interruptor y las clases que heredan de `PuertaGenerica`). Con este enfoque no podemos hacer que las baldosas interruptor activen otro tipo de objetos. Imagina que quisiéramos que, al pisar una baldosa, se encendiesen las antorchas de una sala, o que se activase una trampa o que apareciese un enemigo. Usando herencia, como en este caso, no podríamos hacer ninguna de esas cosas.

> Si aún así decidieses resolver estas problemáticas con herencia, recuerda que las clases hijas deben respetar íntegramente la funcionalidad de su clase madre. Es decir, una clase hija debe ser capaz de sustituir a la clase madre, ofreciendo exactamente la misma funcionalidad. Eso se denomina el *principio de sustitución de Liskov*, y es importante cuando presentas una clase hija como parámetro de un método que pide a la clase madre. El desarrollador que implementó dicho método tenía en mente la funcionalidad de la clase madre. Si tu clase hija no respetase esa funcionalidad, el método tendría un comportamiento diferente al esperado por su desarrollador o incluso fallar.

Una segunda aproximación al problema pasaría por usar interfaces para reducir el acoplamiento, permitiendo que la baldosa interruptor pudiese activar a cualquier tipo de objeto que implementase un determinado interfaz. En nuestro ejemplo podríamos definir un interfaz `IActivable` que tuviese dos métodos `Activar()` y `Desactivar()`. Cualquier script que quisiera interactuar con una baldosa interruptor debería cumplir `IActivable`, heredando de ella e implementando `Activar()` y `Desactivar()`. Con este enfoque, las baldosas interruptor tendrían un campo de tipo `IActivable` al que asignaríamos el objeto con el que quisiéramos interactuar. Las baldosas de apertura llamarían al método `Activar()` del campo y las baldosas de cierre al método `Desactivar()`. La ventaja de usar interfaces es que ya no estaríamos limitados a los objetos de tipo `PuertaGenerica`, sino que podríamos usar cualquier tipo de objeto, siempre y cuando implementase el interfaz `IActivable`. Esta mayor flexibilidad a la hora de que unas clases puedan interactuar con otras es señal de un menor acoplamiento. Gracias a ese menor acoplamiento, las clases que quieran ser activadas o desactivadas por una baldosa no se ven sometidas a la exigencia de heredar de `PuertaGenerica`. Al no tener esa exigencia, esas clases pueden ser modificadas con total libertad sin miedo a afectar a las baldosas y a su interacción, siempre y cuando se respete la implementación del interfaz `IActivable`.

> El principio de responsabilidad única también se aplica a los interfaces, aunque en su caso se denomina *principio de segregación de interfaces*. El caso es que debemos incluir en un interfaz sólo los métodos aplicables a un único concepto. Un macro interfaz que incluyese métodos de múltiples conceptos sería malo porque obligaría a las clases que lo incorporasen a implementar métodos de conceptos por los que no estarían interesadas.

Pero hay aún una tercera aproximación que reduciría todavía más el acoplamiento. Este tercer enfoque sí que se usa de manera masiva en *Prince of Unity* y lo veremos con detalle en el capítulo 20, aunque hagamos una pequeña introducción aquí. Se trataría de usar otra abstracción denominada evento. Un evento es un anuncio de un cambio de estado. En el caso de una baldosa interruptor, un evento evidente sería `BaldosaPisada`. C# soporta eventos, aunque Unity tiene su propia implementación específica. Podemos usar cualquiera de las implementaciones, aunque tienen matices que pueden hacer más recomendable a una sobre la otra, dependiendo de la situación. Como decía, veremos esos matices en el capítulo 20, así que, por ahora, nos mantendremos en el plano conceptual. La gracia de un evento es que permite que otros objetos se suscriban a él, dando de alta uno de sus métodos para ser llamado en caso de activación del evento. En este caso podríamos suscribir métodos de cualquier objeto al evento `BaldosaPisada`. Por ejemplo podríamos suscribir simultáneamente los métodos `AbrirPuerta()` de dos puertas diferentes, el método `Encender()` de una antorcha y el método `Activar()` de una trampa. En el mismo momento en que la baldosa interruptor activase su evento `BaldosaPisada`, se llamarían simultáneamente a los métodos `AbrirPuerta()`, `Encender()` y `Activar()`. Aquí el acoplamiento sería muy reducido, ya que, gracias a los eventos, un objeto no necesita ser de un determinado tipo, ni cumplir un determinado interfaz, para ser activado por una baldosa interruptora.

Es más, habría una cuarta aproximación que reduciría incluso más el acoplamiento, reduciéndolo casi a cero: el bus de eventos. Con el enfoque de eventos anterior, los objetos suscriptores tienen que ponerse en contacto con los objetos emisores para registrar los métodos a los que llamar en caso de activación. Es decir, los objetos suscriptores tienen que saber a qué objetos emisores quieren subscribirse. Si quisiéramos que una puerta fuera activada por todas las baldosas interruptor de un nivel, tendríamos que identificar todas esas baldosas e ir una a una suscribiendo el método `AbrirPuerta()` de esa puerta. Esa necesidad de identificar específicamente al objeto emisor es una forma de acoplamiento. Si, después de lo anterior, incluyésemos una nueva baldosa interruptora y se nos olvidase suscribir en ella a la puerta, introduciríamos un error en el nivel, porque habríamos dejado de cumplir el requisito de que la puerta debe ser abierta por cualquiera de las baldosas interruptoras del nivel. Un bus de eventos actúa como un mecanismo central de difusión de eventos. Los objetos suscriptores ya no tendrían que buscar a los objetos emisores, sino que darían de alta sus métodos a llamar en el bus de eventos. Por su parte, los objetos emisores no activarían ellos mismos los eventos, sino que lo harían a través del bus de eventos. En nuestro ejemplo, la baldosa interruptor avisaría al bus de eventos de que ha sido pisada y este activaría el evento avisando a todos los suscriptores. En este caso, unos y otros no necesitan conocerse entre sí, ya que les basta con conocer al bus de eventos para dar de alta un evento y activarlo, o para suscribir un método, según el caso. También he usado este enfoque en Prince of Unity, así que vermos su detalle técnico en el capítulo 20.

Cuando hablamos de todas estas opciones, para reducir el acoplamiento, utilizando abstracciones intermedias entre los objetos (los interfaces, los eventos, el bus), en realidad nos referimos al concepto que se conoce como *principio de inversión de dependencias*. Como casi todo en programación, se trata de una cuestión de sentido común. No hay que ir directamente a la opción de montar algo tan complejo como un bus de eventos. Si tienes pocos objetos puede bastarte con los eventos básicos o, sencillamente, usando interfaces. Al final, la práctica y la experiencia adquirida te irá avisando de cuándo se te quedan cortos los interfaces y tienes que pasar a eventos, y cuándo la gestión de estos empieza a complicarse tanto como para aconsejar montar un bus.

El acoplamiento se manifiesta no sólo con librerías externas o entre clases, también hay formas de acoplamiento dentro de las clases. Si cada vez que tocas una clase para añadir una nueva funcionalidad te encuentras con que has provocado errores en alguna de las funcionalidades ya existentes, entonces estarás delante de un caso de fuerte acoplamiento interno. Para evitar este problema, debes diseñar tus clases con el *principio abierto-cerrado* en mente. Este principio recomienda diseñar las clases para que estén abiertas a la inclusión de nueva funcionalidad pero cerradas a la modificación accidental de las existentes. Este principio suena bien, pero aplicarlo en la práctica depende de la funcionalidad concreta que queramos implementar. En este caso, abstracciones como los interfaces o las clases abstractas serán tus mejores aliados para salvaguardar las funcionalidades básicas mientras añades nuevas implementando dichos interfaces y clases abstractas.

Todos los principios que hemos visto en esta sección son lo que en ingeniería del software se conoce como *principios SOLID*:

- Principio de única responsabilidad (*Single responsability*).
- Principio abierto-cerrado (*Open-closed*).
- Principio de sustitución de Liskov (*Liskov substitution*)
- Principio de segregación de interfaces (*Interface segregation*)
- Principio de inversión de dependencias (*Dependency inversion*)

Hay mucho más en la ingeniería del software acerca de cómo escribir un código limpio, mantenible y evolucionable, pero con que empieces teniendo en cuenta estos cinco principios en tu desarrollo diario ya habrás dado un paso de gigante en la calidad de tu código (y en tu calidad de vida para trabajar con él).

Ten en cuenta que lo normal, en el ciclo de vida de cualquier desarrollo software, es que te pases más tiempo manteniéndolo que desarrollándolo (que se lo digan a los creadores de *World of Warcraft* [56]). Por eso, aunque a primera vista la aplicación de estos principios puede parecer más ardua que un desarrollo más directo y sencillo, a la larga ese esfuerzo dará su fruto cuando podamos evolucionar nuestro código sin romper medio juego cada vez que incluyamos una nueva funcionalidad.

En todo caso, recuerda que estos principio no son dogmas religiosos. Se trata de una cuestión de sentido común, de decidir lo que te conviene más a largo plazo. En caso de duda, ya sabes: KISS.

6.5. Algunos ejemplos

Ahora que ya comprendemos los scripts de Unity, estamos en condiciones de entender cómo funcionan más prefabs de Prince of Unity.

La grieta en la pared

Las grietas en las paredes se representan con el prefab 🗀 `Assets/Prefabs/Decorations/WallCrack`.

Este prefab permite elegir entre cuatro dibujos posibles de grieta. Lo sitúas en el punto de la pared en la que quieres que aparezca la grieta, elijes uno de los cuatro tipos de grieta y listo.

Su estructura es extremadamente sencilla. Es un prefab compuesto por dos GameObjects: el principal, WallCrack, que cuenta con el script que gestiona la apariencia de la grieta; y un GameObject hijo, Crack, que tiene el SpriteRenderer que muestra el dibujo elegido para la grieta.

El script del GameObject WallCrack es 🗀 `Assets/Scripts/WallCrackAppearance.cs`. Expone tres campos privados mediante `[SerializeField]`:

- `wallCrackSpriteRenderer`: Es un campo al que se le asigna manualmente el GameObject Crack, del cual referencia su SpriteRenderer.
- `wallCrackType`: Este es el campo configurable. Es un Enum de tipo WallCracks. En función del valor que elijamos aquí, el script pondrá un dibujo u otro en el SpriteRenderer de wallCrackSpriteRenderer.
- `wallCrackSprites`: Es un ScriptableObject con la lista de dibujos (Sprites) que puede mostrar este prefab.

El Enum `WallCracks` sólo tiene cuatro elementos:

```
public enum WallCracks
{
    Type1,
    Type2,
    Type3,
    Type4,
}
```

Listado 6.32: Fragmento de Assets/Scripts/WallCracks.cs

El ScriptableObject que he utilizado para la lista de los sprites tiene algo más de complejidad, pero aún así tiene una estructura prácticamente calcada a la de SoundList, que vimos en la sección 6.1.

```
7  [Serializable]
8  public class WallCrackNamedSprite
9  {
10     public string name;
11     public Sprite crackSprite;
12 
13     public WallCrackNamedSprite(string name, Sprite crackSprite)
14     {
15         this.name = name;
16         this.crackSprite = crackSprite;
17     }
18 }
19 
20 
21 [CreateAssetMenu(fileName = ''WallCrackSprites'', menuName = ''ScriptableObjects/
       WallCrackSprites'', order = 1)]
22 public class WallCrackSprites : ScriptableObject
23 {
24     public List<WallCrackNamedSprite> crackSprites;
25 
26     public Sprite this[string key]
27     {
28         get => GetValue(key);
29 
30         set => SetValue(key, value);
31     }
```

Listado 6.33: Fragmento de Assets/Scripts/WallCrackSprites.cs

Igual que en el caso de `SoundList`, `WallCrackSprites` es un ScriptableObject que se puede manejar como un indexador (línea 26, del listado 6.33) para obtener acceso a los elementos de una lista de objetos de tipo `WallCrackNamedSprite`. Estos objetos sólo encapsulan dos campos: un sprite con el dibujo de la grieta (`crackSprite`) y el nombre con el que queremos identificar a ese dibujo (`name`). De manera similar a `SoundList`, `GetValue()` y `SetValue()` se limitan a recorrer secuencialmente la lista `crackSprites` hasta que detectan un elemento en el que su campo `name` sea igual a `key` y devuelven (`GetValue()`) o modifican (`SetValue()`) su valor, según el caso.

Por su parte, en función del tipo que elijamos para `wallCrackType`, a través del inspector, se cambiará el sprite mostrado por `wallCrackSpriteRenderer`.

```
/// <summary>
/// Update this prefab sprites according to given fields.
/// </summary>
private void UpdateAppearance()
{
    SetCrack();
}

/// <summary>
/// Update this crack sprite depending of WallCrackTypeSet.
```

```
24 /// </summary>
25 private void SetCrack()
26 {
27     Sprite crackSprite = wallCrackType switch
28     {
29         WallCracks.Type1 => wallCrackSprites[''Type1''],
30         WallCracks.Type2 => wallCrackSprites[''Type2''],
31         WallCracks.Type3 => wallCrackSprites[''Type3''],
32         WallCracks.Type4 => wallCrackSprites[''Type4''],
33         _ => throw new ArgumentOutOfRangeException(nameof(wallCrackType),
               wallCrackType, null)
34     };
35     wallCrackSpriteRenderer.sprite = crackSprite;
36 }
37
38 private void Start()
39 {
40     UpdateAppearance();
41 }
```

Listado 6.34: Fragmento de Assets/Scripts/WallCrackAppearance.cs

En el listado 6.34, se puede ver que lo primero que hace este script al arrancar es actualizar su apariencia. Para ello, en su método `Start()` (línea 38) llama a `UpdateAppearance()` (línea 17) y este a SetCrack() (línea 25).

En `SetCrack()` se fija el sprite mostrado por `wallCrackSpriteRenderer` (línea 35) en función del tipo que hayamos elegido para `wallCrackType` (línea 27). Entre las líneas 29 y 32 se puede ver que hemos accedido a los distintos elementos del `wallCrackSprites` usando la funcionalidad de indexador implementada en la clase `WallCrackSprites` y que veíamos en la línea 26 del listado 6.33.

La cuestión es que, si nos quedásemos así con el prefab, por mucho que cambiásemos el tipo de `wallCrackType` en el inspector, el prefab no mudaría su apariencia hasta que arrancásemos el juego. Eso es un problema, ya que lo que queremos es que la apariencia se actualice también en el editor, para que podamos saber qué aspecto va teniendo el nivel conforme lo vayamos construyendo y antes de arrancar el juego por primera vez.

Por eso, le he añadido el atributo `[ExecuteAlways]` a la clase `WallCrackAppearance`.

```
// Customize wall cracks appearance.

using System;
using UnityEngine;

[ExecuteAlways]
public class WallCrackAppearance : MonoBehaviour
```

Listado 6.35: Fragmento de Assets/Scripts/WallCrackAppearance.cs

El atributo `[ExecuteAlways]` hace que los métodos llamados automáticamente al ejecutar el juego, también sean llamados mientras estemos editando, si bien es cierto que en ese caso al método `Update()` no se le llama constantemente, sino sólo cuando cambia algo en la escena.

En este caso, sólo nos interesa actualizar la apariencia del prefab cuando cambiemos su configuración en el inspector. En esas situaciones podemos utilizar un método de MonoBehaviour llamado `OnValidate()` que es llamado cuando estemos en el editor y cambia el valor de uno de los campos expuestos por el MonoBehaviour en el inspector.

```
/// <summary>
/// When a value changes on Inspector, mark brick to update appearance.
/// </summary>
private void OnValidate()
{
    _appearanceUpdatedNeeded = true;
}
```

```
50
51 /// <summary>
52 /// When a value changes on Inspector, update brick appearance.
53 /// </summary>
54 private void LateUpdate()
55 {
56     #if UNITY_EDITOR
57     if (_appearanceUpdatedNeeded)
58     {
59         UpdateAppearance();
60         _appearanceUpdatedNeeded = false;
61     }
62     #endif
63 }
```

Listado 6.36: Fragmento de Assets/Scripts/WallCrackAppearance.cs

`OnValidate()` tiene ciertas limitaciones en lo que se refiere a lo que puede ejecutar en su interior [206]. Por eso, he preferido mantenerlo sencillo y limitarlo a activar el flag `_appearanceUpdateNeeded` (línea 48). El cambio del flag es detectado por el método `LateUpdate()`. Este método de MonoBehaviour se llama en cada fotograma justo después de que hayan finalizado las llamadas a todos los `Update()` de los MonoBehaviours de la escena. Una vez que LateUpdate() detecta el cambio en el flag (línea 57), llama a `UpdateApperance()` (línea 59) para asegurar que el SpriteRenderer muestre el sprite correcto para el valor que hayamos fijado en el campo `wallCrackType` y acto seguido desactiva el flag (línea 60). Por si acaso, he condicionado todo ese código con un `#if UNITY_EDITOR ... #endif`, para asegurar que sólo se ejecute en el editor y no al ejecutar el juego [195].

De esta manera, la apariencia del prefab se actualizará mientras estemos en el editor, teniendo en cuenta los cambios que hagamos a sus campos en el inspector. He aplicado extensamente esta técnica en *Prince of Unity*, así que ya no la voy explicar en el resto de los prefabs que estudiemos a lo largo del libro. Sólo ten en cuenta que en todo MonoBehaviour que haya etiquetado con el atributo `[ExecuteAlways]` habrá también un `OnValidate()`, donde se marcará un flag de actualización, y luego un `LateUpdate()`, desde donde se actualizará la apariencia cuando se detecte la activación del flag.

> `[ExecuteAlways]` es un arma de doble filo. Tienes que asegurarte de no ejecutar en el editor ninguna lógica pensada únicamente para modificar las propiedades o la apariencia del GameObject durante el transcurso del juego (y viceversa). Para ello, tu mejor aliado es el método `Application.IsPlaying()`, al que se le puede pasar un GameObject para saber si forma parte de un juego en ejecución. Otra buena salvaguarda es condicionar el código que sólo queramos ejecutar durante la ejecución del juego usando bloques `#if ... #endif`, tal y como hemos hecho en el `LateUpdate()` de `WallCrackAppearance`.

Los pilares

Los pilares se implementan en el prefab `Assets/Prefabs/Architecture/Pillars`.
Es un prefab compuesto por varios GameObjects:

- Pillars: Es el GameObject que actua de raíz del prefab y el que contiene el script PillarsAppearance que rige la apariencia del prefab.
- FrontPillar: Sólo tiene un SpriteRenderer que muestra el pilar más cercano a la cámara.
- BackPillar: Tiene un SpriteRenderer con el pilar más alejado de la cámara y un GameObject hijo, llamado Occluder, con otro sprite pequeño.
- Climbable: Si te fijas en la jerarquía del prefab, el icono de este GameObject está relleno de azul. Esto sirve para avisar de que ese GameObject no es uno desarrollado ad-hoc para este prefab, sino que se basa en un prefab aparte que se ha incluido dentro de este (Pillars). Recuerda que, al igual

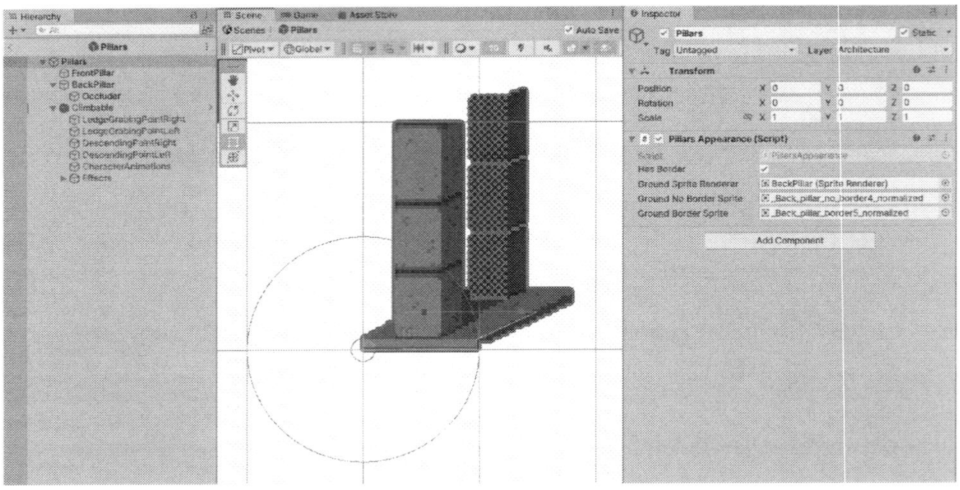

Figura 6.9: Estructura del prefab Pillars.

que pasa con los GameObjects, se pueden incluir prefabs dentro de otros prefabs. En este caso hay varios prefabs de piezas del escenario que incluyen este mismo prefab Climbable, que les dota de la capacidad de ser escalados por el personaje principal. En el capítulo 23 veremos el detalle de cómo funciona.

La razón de haber puesto cada SpriteRenderer en su propio GameObject, en vez de tener un único GameObject con todos los SpriteRenderer, es que así puedo cambiar la posición dentro del prefab de cada uno de los SpriteRenderer, para asegurar que encajen y aparenten ser una pieza única.

No voy a entrar a explicar la configuración del los SpriteRenderer de FrontPillar Y BackPillar, porque lo estudiaremos en el capítulo 8. Ya he dicho que tampoco prestaremos atención por ahora a Climbable. En vez de eso, nos vamos a centrar en el script 🗀 `Assets/Scripts/PillarsAppearance.cs`, presente el GameObject raíz de Pillars.

En realidad los pilares del escenario no cambian casi nada y no interactúan con el usuario. La única razón para incluir un script en ellos es que, cuando esta pieza se encuentra al borde de un abismo, debe mostrar un borde visual que no debe aparecer cuando a la derecha se pongan más piezas contiguas. Por eso he creado un script con un campo booleano denominado `hasBorder`. Cuando marco `hasBorder` como verdadero significa que esta pieza no tiene otra pieza a su derecha y por tanto debe mostrar un borde. Si, por el contrario, la marco como falso significa que sí que hay una pieza a su derecha, por lo que no debe mostrarse borde para ofrecer la apariencia de un suelo continuo.

Puedes experimentar a cambiar el valor de `hasBorder` desde la vista de prefab para comprobar el cambio sutil que se produce en la apariencia del prefab, según la opción marcada.

```
/// <summary>
/// Customize pillars brick appearance.
/// </summary>
[ExecuteAlways]
public class PillarsAppearance : MonoBehaviour, IBorder
{
    [SerializeField] private bool hasBorder;

    [SerializeField] private SpriteRenderer groundSpriteRenderer;
    [SerializeField] private Sprite groundNoBorderSprite;
    [SerializeField] private Sprite groundBorderSprite;

    private bool _appearanceUpdateNeeded = false;
```

Listado 6.37: Fragmento de Assets/Scripts/PillarsAppearance.cs

Como se puede ver en el listado 6.37, el script tiene también un campo al SpriteRenderer cuyo dibujo deberemos modificar (línea 11), según lo que marquemos en `hasBorder`, así como dos campos en los que se deben introducir los sprites con los dibujos a mostrar en caso de marcar o no dicho booleano (líneas 12 y 13).

La actualización de la apariencia de los pilares en el editor sigue la misma técnica que el prefab de las grietas en la pared que acabamos de estudiar en la subsección anterior, así que no voy repetir su explicación.

En todo caso, cuando toca actualizar la apariencia del prefab, ya sea en el editor o al arrancar el juego, se acaba llamando al método `SetGround()`:

```
/// <summary>
/// Show ground border if this brick has one.
/// </summary>
private void SetGround()
{
    if (hasBorder)
    {
        groundSpriteRenderer.sprite = groundBorderSprite;
    }
    else
    {
        groundSpriteRenderer.sprite = groundNoBorderSprite;
    }
}
```

Listado 6.38: Fragmento de Assets/Scripts/PillarsAppearance.cs

Como puedes ver en el listado 6.38, `SetGround()` no puede ser más sencillo. En caso de que `hasBorder` sea verdadero, fuerza a que `groundSpriteRenderer` muestre el dibujo que hayamos fijado en `groundBorderSprite` y, en caso contrario, fuerza lo que hayamos metido en `groundNoBorderSprite`.

Las baldosas

Las baldosas de suelo implementadas en el prefab 🗀 `Assets/Prefabs/Architecture/Ground` se emplean en aquellas habitaciones del escenario en la que aparece suelo volado sin muro debajo.

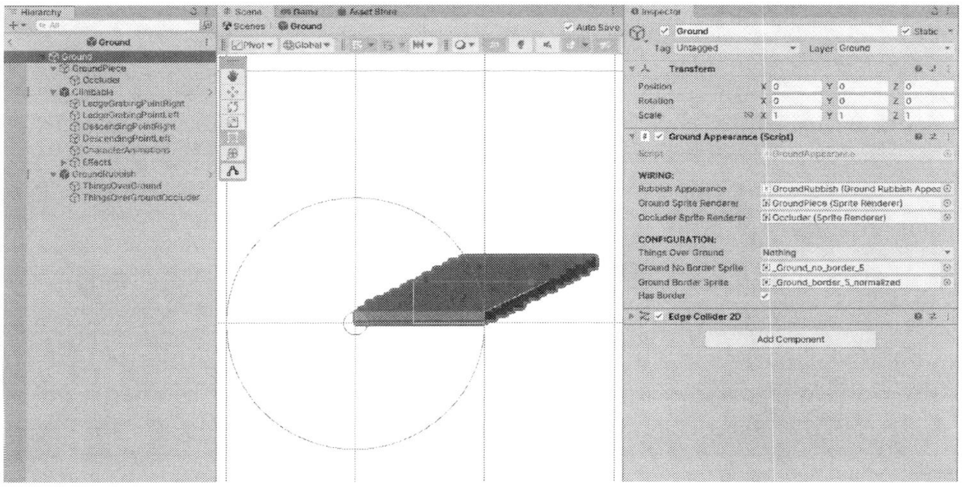

Figura 6.10: Estructura del prefab Ground.

Incluye los siguientes GameObjects:

- Ground: Es la raíz del prefab y el que, siguiendo ya la tradición, incorpora el script que gestiona la apariencia del prefab. Además, este GameObject cuenta con un componente Collider que le da forma física al objeto (veremos qué significa esto en el capítulo 9).

- GroundPiece: Tiene el SpriteRenderer que muestra el dibujo principal del prefab y un GameObject hijo con un pequeño SpriteRenderer para mostrar un dibujo auxiliar.
- Climbable: Al igual que el prefab de los pilares, este también puede ser escalado por el personaje principal, por lo que debe incorporar el prefab Climbable.
- GroundRubbish: Este es un prefab que utilizo para mostrar ciertas decoraciones en las superficies de suelo (escombros o esqueletos). Como hay varios prefabs que ofrecen superficies de suelo, he preferido sacar a su propio prefab para poder reutilizarlo en vez de implementarlo en cada uno de los prefabs anteriores.

En realidad, este prefab se parece mucho a los anteriores, así que me voy a centrar en lo que lo hace especial, que es esa interacción con el prefab auxiliar GroundRubbish.

Los campos de Ground incluyen dos campos relativos a GroundRubbish:

```
3  /// <summary>
4  /// Customize ground bricks appearance.
5  /// </summary>
6  [ExecuteAlways]
7  public class GroundAppearance : MonoBehaviour, IBorder
8  {
9      [Header(''WIRING:'')]
10     [Tooltip(''Needed to show garbage over the ground.'')]
11     [SerializeField] protected GroundRubbishAppearance rubbishAppearance;
12     [Tooltip(''Needed to operate over main sprite.'')]
13     [SerializeField] protected SpriteRenderer groundSpriteRenderer;
14     [Tooltip(''Needed to operate over occluder sprite.'')]
15     [SerializeField] protected SpriteRenderer occluderSpriteRenderer;
16
17     [Header(''CONFIGURATION:'')]
18     [Tooltip(''Data about garbage placeable over ground.'')]
19     [SerializeField] private ThingsOverGround thingsOverGround;
20     [Tooltip(''Sprite to use as ground with no border.'')]
21     [SerializeField] private Sprite groundNoBorderSprite;
22     [Tooltip(''Sprite to use as ground with border.'')]
23     [SerializeField] private Sprite groundBorderSprite;
24     [Tooltip(''Whether brick show border or not. '')]
25     [SerializeField] protected bool hasBorder=true;
26
27     // private GroundRubbishAppearance rubbishAppearance;
28     private bool _appearanceUpdateNeeded = false;
29     protected bool _hidden = false;
```

Listado 6.39: Fragmento de Assets/Scripts/GroundAppearance.cs

Los dos campos que nos interesan del listado 6.39, son el campo `rubbishAppearance` (línea 11) y el campo `thingsOverGround` (línea 19).

El campo `rubbishAppearance` contiene una referencia manual al script que gestiona la apariencia del prefab GroundRubbish y que, para variar, se encuentra en el GameObject raíz de dicho prefab.

El campo `thingsverGround` es el que realmente configuraremos al colocar la pieza en función de si queremos que esta muestre una apariencia limpia, tenga escombros, o un esqueleto encima. Para ello, el tipo del campo `thingsOverGround` es un Enum con 3 posibilidades que se definen en el script 🗀 `Assets/Scripts/ThingsOverGround.cs`:

```
/// <summary>
/// Enum with all types of stuff you can place over a ground.
/// </summary>
public enum ThingsOverGround
{
    Nothing,
    Garbage,
```

```
    Bones
}
```

Listado 6.40: Assets/Scripts/ThingsOverGround.cs

GroundAppearance aprovecha las llamadas a su método `UpdateAppearance()` no sólo para mostrar o no su borde, sino para pasarle al prefab auxiliar lo que debe mostrar, usando la referencia `rubbishAppearance` y el valor que hayamos fijado en el campo `thingsOverGround` (línea 70 del listado 6.41).

```
64 /// <summary>
65 /// Update this prefab sprites according to given fields.
66 /// </summary>
67 private void UpdateAppearance()
68 {
69     SetGround();
70     rubbishAppearance.PlaceThingsOverGround(thingsOverGround);
71 }
```

Listado 6.41: Fragmento de Assets/Scripts/GroundAppearance.cs

El script que gestiona la apariencia del prefab GroundRubbish es 🗀 `Assets/Scripts/GroundRubbishAppearance.cs` y tiene los siguientes campos:

```
5  [ExecuteAlways]
6  public class GroundRubbishAppearance : MonoBehaviour
7  {
8  
9  
10     [SerializeField] private ThingsOverGroundSprites placeableThingsSprites;
11 
12     [SerializeField] private SpriteRenderer thingsOverGroundSpriteRenderer;
13     [SerializeField] private SpriteRenderer thingsOverGroundOccluderSpriteRenderer;
```

Listado 6.42: Fragmento de Assets/Scripts/GroundRubbishAppearance.cs

El prefab GroundRubbish cuanta con dos GameObject colgando de la raíz, ThingsOverGround y ThingsOverGroundOccluder. Ambos tienen un SpriteRenderer, pero el primero está pensado para parecer más alejado de la cámara y el segundo más cerca. Con esta configuración, el personaje principal pasará entre ambos cuando pise esa zona de suelo, dando más sensación de profundidad. El campo `thingsOverGroundSpriteRenderer` del listado 6.42 apunta al SpriteRenderer de ThingsOverGround, mientras que `thingsOverGroundOccluderSpriteRenderer` apunta al de ThingsOverGroundOccluder.

Por su parte, el campo `placeableThingsSprites` de la línea 10 es un ScriptableObject con la lista de objetos que podemos situar encima del suelo y sus correspondientes sprites.

```
[Serializable]
public class OccludedSprite
{
    public Sprite main;
    public Sprite occluder;

    public OccludedSprite(Sprite main, Sprite occluder)
    {
        this.main = main;
        this.occluder = occluder;
    }
}


[Serializable]
public class NamedSprite
{
    public string name;
    public OccludedSprite occluded_sprite;
```

```
31
32      public NamedSprite(string name, OccludedSprite occludedSprite)
33      {
34          this.name = name;
35          this.occluded_sprite = occludedSprite;
36      }
37  }
38
39  /// <summary>
40  /// Dict cannot be serialized so be cannot edit them at inspector. We have to create a
        dict alike
41  /// structure.
42  ///
43  /// Programatically this scriptable object behaves like a dict.
44  /// </summary>
45  [CreateAssetMenu(fileName = ''ThingsSpritesOverGround'', menuName = ''
        ScriptableObjects/ThingsOverGroundSprites'',
46      order = 0)]
47  public class ThingsOverGroundSprites : ScriptableObject
48  {
49      public List<NamedSprite> ThingsSprites;
```

Listado 6.43: Fragmento de Assets/Scripts/ThingsOverGroundSprites.cs

Como se puede ver en la línea 49 del listado 6.43, la lista de objetos a mostrar sobre el suelo en realidad almacena objetos del tipo `NamedSprite`. Estos cuentan con un nombre (línea 29) que se relaciona a una pareja de sprites encapsulados en la clase `OccludedSprite` (línea 13). En esa pareja de sprites el de `main` (línea 15) debe situarse en el SpriteRenderer de ThingsOverGround y el de `occluder` (línea 16) en el de ThingsOverGroundOccluder.

El método `PlaceThingsOverGround()` es el que decide finalmente qué `OccludedSprite` utilizar, de los almacenados en `placeableThingsSprites`, en función del valor de entrada que se le pase.

```
/// <summary>
/// Show rubbish (or nothing) over parent ground parent.
/// </summary>
/// <param name=''thing''>Rubbish type to show.</param>
/// <exception cref=''ArgumentOutOfRangeException''></exception>
public void PlaceThingsOverGround(ThingsOverGround thing)
{
    OccludedSprite occludedThingSprite = thing switch
    {
        ThingsOverGround.Nothing => placeableThingsSprites[''Nothing''],
        ThingsOverGround.Bones => placeableThingsSprites[''Bones''],
        ThingsOverGround.Garbage => placeableThingsSprites[''Garbage''],
        _ => throw new ArgumentOutOfRangeException(nameof(thing), thing, null)
    };
    if (occludedThingSprite.main != null)
    {
        thingsOverGroundSpriteRenderer.sprite = occludedThingSprite.main;
        thingsOverGroundSpriteRenderer.enabled = true;
    }
    else
    {
        thingsOverGroundSpriteRenderer.enabled = false;
    }

    if (occludedThingSprite.occluder != null)
    {
        thingsOverGroundOccluderSpriteRenderer.sprite = occludedThingSprite.occluder;
        thingsOverGroundOccluderSpriteRenderer.enabled = true;
    }
    else
    {
```

```
68          thingsOverGroundOccluderSpriteRenderer.enabled = false;
69      }
70  }
```

Listado 6.44: Fragmento de Assets/Scripts/GroundRubbishAppearance.cs

Fíjate que, en el prefab de Ground, al campo `placeableThingsSprites` (de su prefab auxiliar GroundRubbish) le hemos dado el valor del asset 🗀`Assets/Prefabs/Data/ThingsOverGroundDungeon`. Esa es una instancia del ScriptableObject `ThingsOverGroundSprites` que acabamos de ver, con los sprites para los escombros (*Garbage*) y el esqueleto (*Bones*), así como para un tercer valor (*Nothing*) en el que el suelo debe mostrarse limpio. En ese tercer caso, el campo `main` es nulo y el `occluder` muestra el que tiene por defecto el suelo.

Como se puede ver en el listado 6.44, cuando le digamos que queremos el suelo limpio (*Nothing*), el valor de `main` será nulo y eso hará que desactivemos el SpriteRenderer de `thingsOverGroundSpriteRenderer` (línea 58) para que no se vea nada sobre el suelo.

> Recuerda que cuando fijemos a falso la propiedad `enabled` de cualquier GameObject o componente, este se desactivará volviéndose invisible y dejando de funcionar, hasta que volvamos a darle el valor de verdadero.

El muro

El muro es una manera bastante resumida de llamar a una pieza bastante versátil que acaba siendo la más repetida en cualquier nivel de *Prince of Unity* y que se implementa en el prefab 🗀`Assets/Prefabs/Architecture/Wall`. Si bien es cierto que sirve para representar los muros que miran a la cámara, también sirve para poner las paredes que le cierran el paso al personaje y no pocos tramos de suelo.

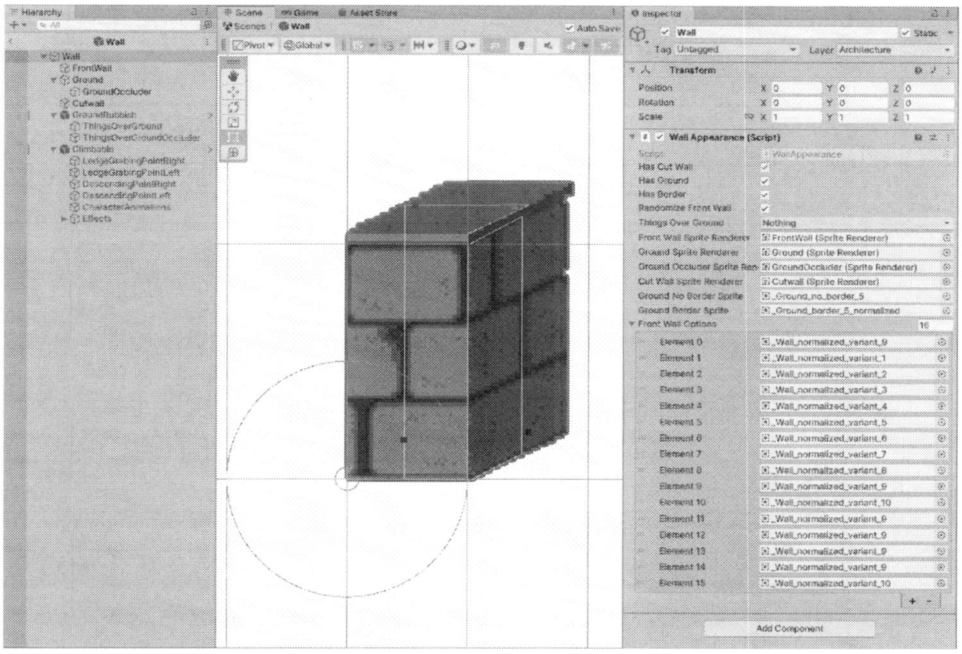

Figura 6.11: Estructura del prefab Wall.

Como se puede ver en la figura 6.11, este prefab cuenta con los siguientes GameObjects:

- Wall: Es la raíz del prefab y la que tiene el script para gestionar su apariencia.

- FrontWall: Tiene el SpriteRenderer que muestra el dibujo del muro que mira hacia la cámara. También cuenta con un componente Collider para frenar el paso a los personajes cuando se acerquen por la izquierda.
- Ground: Cuenta con un SpriteRenderer con el dibujo del suelo que puede haber sobre el muro, así como con un Collider para sostener a los personajes que puedan andar sobre el muro. Al igual que el prefab de las baldosas, este GameObject cuenta con otro hijo mostrando un SpriteRenderer con un dibujo auxiliar.
- Cutwall: Este componente contiene un SpriteRenderer con la pared del lado derecho y un Collider para frenar a los personajes que se aproximen por la derecha.
- GroundRubbish: Es el prefab del que hablamos al explicar las baldosas. Lo utilizo también aquí para poder mostrar escombros o esqueletos sobre el suelo si fuese necesario.
- Climbable: Aquí también incluyo este prefab para que esta pieza pueda ser escalable.

> Este GameObject Ground podría ser sustituido por el prefab Ground que vimos al estudiar las baldosas. De hecho, esa habría sido la solución "de manual". Lo que pasó es que desarrollé el prefab del muro antes que el de las baldosas. Es más, fue con el del muro con el que aprendí todo lo necesario para desarrollar los prefabs del resto de las piezas. Para cuando desarrollé el prefab de la baldosa ya había montado gran parte de los niveles usando el del muro, así que se me hizo muy cuesta arriba tocar algo que ya funcionaba y que estaba tan desplegado. Aun así, quizás tú quieras hacer el ejercicio de sustituir ese GameObject por el prefab a ver cómo queda.

La apariencia del muro se gestiona desde el script `Assets/Scripts/WallAppearance.cs`. Ese script cuenta con los ya conocidos campos para referenciar los componentes de los GameObject del prefab, los cuales se activan o desactivan en función de que marquemos o no los campos de `hasCutWall`, `hasGround` o `hasBorder`. Hasta aquí nada que no hayamos visto ya en los prefab anteriores.

Lo que sí que es nuevo es lo que hace el campo `randomizeFrontWall`. En caso de marcar este campo, se lanza el método `RandomizeFrontWall()`.

```
/// <summary>
/// Set a random front wall.
/// </summary>
private void RandomizeFrontWall()
{
    Random rnd = new Random();
    int selected_index = rnd.Next(0, frontWallOptions.Length);
    frontWallSpriteRenderer.sprite = frontWallOptions[selected_index];
}
```

Listado 6.45: Fragmento de Assets/Scripts/WallAppearance.cs

Tal y como se puede ver en el listado 6.45, lo que hace el método es elegir un dibujo aleatorio para el muro de entre un conjunto de sprites dados de alta en el campo `frontWallOptions`, a través del inspector. En mi caso he dado de alta 16 sprites diferentes con pequeñas diferencias entre sí (grietas, colores, hendiduras). De esta manera he evitado que los muros fueran perfectamente homogéneos y les he dotado de la variedad que se ve en el juego original.

Capítulo

7 Interacción con el usuario

La diferencia entre una película y un juego es que este último depende de la participación del jugador. Para ello, el jugador debe poder transmitirle su voluntad al juego. Esto se hace con los periféricos de entrada.

Cuando *Prince of Persia* se publicó por primera vez, los periféricos de entrada eran el teclado, el ratón y el joystick. Hoy en día se han incorporado algunos más como los control pad (con diferentes disposiciones típicas, como la de XBox o Playstation), mandos HOTAS, volantes, pedales, pantallas táctiles e incluso controladores de realidad virtual.

Una de las primeras decisiones que deberemos tomar al diseñar un juego será qué periféricos de entrada vamos a admitir para que los usuarios interactúen con nuestro juego. Lo ideal será admitir aquellos mandos que sean más intuitivos para el juego y faciliten la inmersión dentro de la temática de este, pero también deberemos hacer ciertas concesiones y aceptar también otros mandos que no sean tan ideales pero sí más frecuentes. Dicho de otra manera, si desarrollamos un simulador de vuelo será lógico que aseguremos su compatibilidad con mandos HOTAS, pedales de timón e, incluso, gafas de realidad virtual, pero, si nos centrásemos única y exclusivamente en esos mecanismos de control, tendríamos muy pocas ventas, porque poca gente tiene todos esos periféricos. Por eso, deberemos preparar nuestro juego para un simple joystick, un ratón o el teclado.

Con todo esto te quiero transmitir que, si bien los desarrolladores de juegos de los 80 y 90 podían centrarse en uno o dos mecanismos de control, hoy en día tendremos que diseñar un sistema de gestión que admita muchos de ellos. Para que dicho sistema sea eficiente, hará falta utilizar abstracciones que separen los distintos periféricos concretos que utilicemos de las acciones que queremos disparar con ellos.

El sistema de gestión tradicional de Unity se denomina *Input Manager*. Se incluye por defecto en Unity y obedece a un enfoque tradicional de la gestión de los mecanismos de entrada, porque supone comprobar desde el código si determinadas teclas o botones están siendo pulsados o no. A estas alturas ese enfoque ya ha dejado claras sus carencias. Si queremos cambiar una tecla por otra, hay que buscar en el código todos los chequeos de la tecla antigua y cambiarlos por chequeos de la nueva. Si tuviéramos que añadir un botón alternativo (por ejemplo, para controlar el juego con teclado y con mando) tendríamos que buscar el chequeo de la tecla original y añadir el chequeo del botón alternativo. Se trata, por tanto, de una forma de trabajar muy poco flexible con la que resulta demasiado laborioso gestionar múltiples periféricos de entrada.

La evolución que ofrece Unity al sistema de gestión anterior es uno nuevo denominado *Input System*. Se parece bastante al sistema que ofrecen otros engines como Unreal al ofrecer una capa de abstracción entre los dispositivos de entrada y nuestro código. Gracias a esa capa de abstracción podemos añadir o quitar mecanismos de entrada para nuestro juego sin tener que modificar el código.

El Input System es relativamente nuevo y por eso hay muchos tutoriales en Internet que siguen utilizando el sistema antiguo. Su novedad también hace que no se incluya por defecto en Unity, sino que haya que instalarlo como un paquete aparte. Con el tiempo, es probable que el Input System acabe reemplazando al Input Manager como sistema por defecto de Unity, pero hasta que eso ocurra tendremos que saber cómo instalar y activar el Input System.

En mi caso, recibí la aparición del Input System con los brazos abiertos. Como he contado, ya había desarrollado una malograda primera versión de *Prince of Unity* en Unreal (esa versión se llamó *Prince of Unreal*) y este engine sigue un paradigma muy similar al Input System. Por eso, poder manejar los mismos conceptos en Unity me facilitó el trabajo de importar el trabajo que había hecho en Unreal.

Por todo lo anterior, en este capítulo vamos a ver cómo utilizar el Input System y cuál ha sido su implementación para *Prince of Unity*. También haremos uso de un patrón de diseño, denominado patrón comando, con el fin de implementar la posibilidad de grabar movimientos y comandos para poder reproducirlos luego, cuando hagamos pruebas automatizadas en el capítulo 18.

7.1. Instalación del Input System

Para instalar el Input System debes acceder a Window > Package Manager, seleccionar el paquete Input System de la lista y pulsar Install. Al instalar el paquete nos saldrá una ventana emergente preguntando si queremos que Unity pase a usar el nuevo sistema en vez del antiguo, a lo cual deberemos responder Yes.

Si, por la razón que fuese, nos equivocásemos en la ventana anterior, podemos ir a Edit > Project Settings... > Player > Other Settings y buscar el parámetro *Active Input Handling*, en el apartado *Configuration*. En dicho apartado deberemos elegir Input System Package (New) si estamos empezando un juego nuevo y queremos centrarnos en el nuevo sistema, pero, si tuviéramos entradas gestionadas a la antigua usanza y quisiéramos hacer una transición gradual al nuevo sistema, podríamos mantener los dos sistemas activados seleccionando Both.

> Si nos fijamos en la descripción del paquete en el Package Manager, veremos que cuenta con una serie de ejemplos, de instalación opcional, que podremos incorporar tras instalar el paquete principal. Estos ejemplos son una manera estupenda de aprender las posibilidades del Input System. Al importarlos, los ejemplos se guardarán en nuestra carpeta `Assets`, desde donde podremos analizarlos.

7.2. Conceptos básicos

Para entender cómo funciona el Input System primero hay que conocer la secuencia de pasos que se dan cuando el jugador mete una entrada al juego desde uno de sus periféricos.

En cualquier entrada desde un periférico entran en juego los siguientes elementos:[1]

- *Usuario*: Es el que pulsa una tecla o un botón, mueve una palanca o un mando o toca una pantalla.
- *Input Device*: Es el periférico de entrada que usa el jugador para interactuar con el juego.
- *Controls*: Son los diferentes elementos de un periférico de entrada. Me refiero a cada una de las teclas de un teclado o de los botones y palancas de un mando.
- *Interactions*: Son los gestos o maneras habituales de utilizar los controles de un periférico. Como ejemplos tenemos el doble click con el ratón, o las presiones largas en una pantalla táctil. El Input System es capaz de reconocer estos gestos y nos permite reaccionar a ellos.
- *Actions*: Son las reacciones del juego a las entradas del usuario, independientemente del periférico de entrada concreto usado. Generalmente, reflejamos estas reacciones en nuestro código con verbos que reflejan lo que hace el juego. Por ejemplo, en *Prince of Unity* hay un Action denominado *Move right* que hace que el protagonista se desplace a la derecha y que se activa tanto si el usuario presiona la tecla D o →, como si pulsa el brazo derecho de la cruceta direccional del mando.

[1] En algunos casos voy a utilizar el término inglés porque luego esos conceptos se corresponderán con elementos que tendremos que crear en Unity.

- *Action asset*: En Unity podemos crear un tipo especial de asset que permite agrupar un conjunto de Actions y asociarlos al uso o pulsación de determinados controles. Esa asociación es lo que llamamos *binding*.

- *Action Map*: Dentro de un Action asset podemos hacer subconjuntos de Actions, denominados Action Maps, que se puede activar o desactivar según las situaciones. Por ejemplo, en el caso de *Prince of Unity*, el Action asset utilizado para el protagonista es 🗀`Assets/Input/PrinceInputActions`, el cual cuenta con dos Action Map: uno con los controles que se utilizan cuando el personaje se mueve normalmente por el nivel (PrinceActionMap) y otro que se activa cuando desenvaina la espada (FightingActionMap). Gracias al uso de Action Maps podemos hacer que una misma tecla desencadene dos Action diferentes dependiendo de la situación. Sólo tenemos que preocuparnos de activar el Action Map adecuado para cada situación.

- *Control Scheme*: Puede ocurrir que sólo quieras permitir que los usuarios desencadenen determinados Action si cuentan con un periférico concreto. Los Control Scheme te permiten gestionar ese tipo de situaciones. Cuando creas un Control Scheme le asocias una lista de dispositivos, y cuando creas un Action lo asocias a uno o varios Control Scheme. De esta manera, dependiendo del periférico que estés usando, podrás activar sólo los Action asociados a los Control Scheme que cuenten con ese periférico.

- *Binding*: Como ya hemos mencionado, se trata de la conexión entre la actuación sobre unos controles determinados y la activación de un Action concreto. Los Binding se definen dentro de un Action asset.

- Processor: Son operaciones que se aplican a los valores que devuelven los periféricos de entrada y que facilitan las operaciones que vayamos realizar con dichos valores.

- *Phase*: Muchas de las interacciones que hacemos con los controles no son atómicas, sino que se estructuran en fases. Por ejemplo, lo que conocemos como "pulsar una tecla" en realidad tiene tres fases: presionar la tecla, mantener presionada la tecla y por último soltar la tecla. Dependiendo del Action que queramos desencadenar nos puede interesar asociarlo a una fase muy determinada de la actuación sobre un control. Por ejemplo, podemos iniciar la acumulación de un hechizo manteniendo pulsada una tecla y disparar el hechizo sólo al soltar la tecla. Por lo anterior, el Input System reconoce tres fases genéricas en toda interacción con los controles: *Started*, *Performed* y *Cancelled* (las tres con una semántica similar a las fases de pulsación de teclas que hemos visto).

Partiendo de los conceptos anteriores, lo que sucede cuando un jugador actúa sobre su periférico de entrada es:

1. El usuario actúa sobre el control del periférico de entrada.

2. Si la conjunción de control e interacción se corresponde con una a la que hayamos enlazado (binding) con un Action, se dispara este.

3. En respuesta al Action disparado, se activa un método de nuestro código.

En la próxima sección veremos cómo enlazar los Actions a métodos de nuestro código.

7.3. Formas de trabajar

Unity intenta ser flexible a la hora de enlazar los Actions con nuestro código, ofreciendo hasta cuatro formas de hacerlo. Optar por una forma o por otra dependerá de nuestra forma de trabajar, de si nos gusta configurar las cosas a través del editor de Unity o de si, por el contrario, preferimos controlarlo todo desde el código.

La primera opción es leer directamente desde el código el estado de los controles del dispositivo de entrada. En este caso no se usarían las abstracciones que vimos en la sección anterior: ni los Actions, ni las

Interactions, ni los Control Schemes. Esta forma de trabajar es muy similar a la que ofrecía el antiguo Input Manager y sólo la recomiendo para pruebas y pilotos rápidos de código, ya que tiene todos los inconvenientes que mencionábamos antes para el Input Manager. En todo caso, ten en cuenta que, si te resultase necesario, el Input System también puede funcionar como el antiguo Input Manager.

La segunda opción sería definir los Actions desde un script MonoBehaviour, utilizando campos del tipo `InputAction`. Cada uno de esos campos representaría un Action y nos permitiría fijar los bindings desde el editor. Todo InputAction cuenta con tres campos (`started`, `performed` y `cancelled`) que se corresponden con las tres fases de un Action y que se comportan como eventos, por lo que podemos suscribirles métodos desde el `Awake()` de nuestro código. Esto permite añadir y quitar bindings desde el editor sin necesidad de tocar el código, lo que resulta un avance respecto a la primera opción, pero se pierde la flexibilidad que ofrece un Action asset a la hora de configurar Action Maps y Control Schemes.

La tercera opción consiste en desacoplar la definición de los Action de nuestro script usando la abstracción que supone un Action asset. De esta manera, el script no define los Action directamente, sino que referencia a un Action assets través de un campo, siendo este Action asset el que define los Action y sus binding. La ventaja que tiene este enfoque es que, editando el Action asset, se pueden usar Action Maps y Control Schemes, lo que permite mayor flexibilidad y organización. Para referenciar un Action asset desde un script necesitarás un campo de tipo `InputActionAsset`. A partir de ahí podrás acceder a un Action Map determinado desde el código usando `InputActionAsset.FindActionMap()` y pasándole la cadena de texto con del nombre del Action Map. Una vez que tengamos el Action Map que nos interesa, podremos acceder a cualquiera de sus Actions mediante `InputActionMap.FindAction()` y pasándole la cadena con el nombre del Action. Cuando hayamos accedido por fin al Action que nos interese, podremos suscribir métodos a sus eventos, tal y como hacíamos en la segunda opción.

> Si no te convence eso de pasar cadenas de texto a `FindActionMap()` y `FindAction()`, puedes usar un truco que consiste en marcar la opción *Generate C# Class*, que aparece en el inspector al seleccionar un Action asset, y luego pulsar Apply. Al hacerlo se generará un asset especial de C# junto a nuestro Action asset. A partir de ahí, podremos instanciar en nuestros scripts una clase del mismo nombre que el asset especial recién creado. En dicha clase, los Action Map aparecen como propiedades de primer nivel y los Actions como propiedades de segundo nivel. De esta manera, podemos aprovechar el autocompletado de nuestro IDE en vez de andar escribiendo cadenas.

La cuarta opción añade una abstracción más, precisamente entre el Action asset y nuestro script. Esta abstracción se consigue haciendo uso del componente *PlayerInput*. Este componente acepta como campo un Action asset y te ofrece la comodidad y la flexibilidad de elegir desde el editor entre varios métodos para conectar los Actions y los métodos de tus scripts. Al hacer estas conexiones desde el editor, te ahorras tener que hacerlo desde el código, y ofreces la posibilidad a tus diseñadores de niveles (level designers) de poder cambiar el comportamiento de los controles sin necesidad de acceder al código.

De las cuatro formas de trabajar, en *Prince of Unity* he elegido la cuarta, la que utiliza un PlayerInput. Según lo anterior, el flujo de una entrada en *Prince of Unity* es el siguiente:

1. El usuario acciona un control en su mando.

2. Dependiendo del Control Scheme al que pertenezca el tipo de mando y del Action Map activo en ese momento, un Action asset recoge la activación del control y dispara un Action determinado.

3. Un componente PlayerInput, al que se le ha asignado el Action asset, monitoriza el Action disparado por ese asset y activa los métodos que se le hayan suscrito a ese Action.

Por tanto, a partir de aquí ten en cuenta que todos los elementos que vamos a revisar funcionan según este flujo (el de la citada "cuarta forma"). En las próximas secciones profundizaremos más en cada uno de esos elementos y en la funcionalidades que nos ofrecen.

7.4. Actions

Como ya hemos comentado, un Input Action, o Action a secas,[2] es una abstracción que nos permite separar el significado de una entrada del método exacto utilizado para introducirla. El significado de la entrada "correr a la derecha" debe ser el mismo independientemente de que utilicemos la tecla D, → o un joystick inclinado a la derecha. Gracias a esta abstracción, los métodos concretos de entrada no tienen que enlazarse por código con las Action, lo que nos permite añadirlos o quitarlos sin asumir el riesgo de modificar líneas de código.

Siguiendo la forma de trabajar que elegimos en la sección 7.3, los Action se crean y se recopilan en un Action asset. Un Action asset se crea pinchando en Assets > Create > Input Actions. Un vez creado, podemos seleccionarlo en la pestaña Project y pinchar en el botón Edit asset del inspector para editarlo.

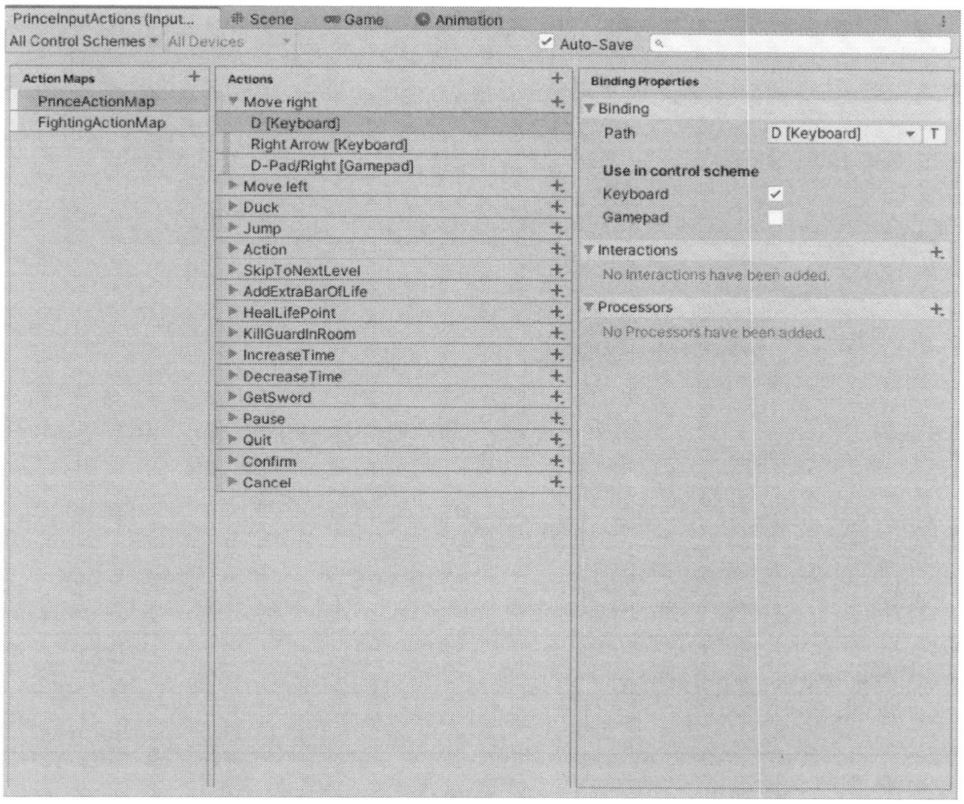

Figura 7.1: Configuración de PrinceInputActions.

En la figura 7.1 se puede ver la configuración del Action asset `Assets/Input/PrinceInputActions`. Este asset contiene los binding para desencadenar todos los Action necesarios para controlar al protagonista y las opciones de *Prince of Unity*.

Como se puede ver en la figura, la ventana de edición de un Action asset tiene cuatro partes:

- Una franja horizontal superior en la que te recomiendo que marques la opción *Auto-Save* para que no te pase que salgas de la ventana sin salvar y pierdas los binding que hayas configurado. A la izquierda de esa franja está el combo que te permite seleccionar el Control Scheme activo. Si en ese combo dejas seleccionada la opción All Control Schemes entonces te aparecerán todos los bindings independientemente del tipo de periférico de entrada que usen. En ese mismo combo tienes las opciones para crear, borrar y editar los Control Scheme. Al crear un Control Scheme podrás seleccionar los tipos de periféricos de entrada que quieras ver recogidos en ese conjunto.

[2] El término Action se usa en varias partes de este libro, con sentidos diferentes. En este capítulo, cuando hablemos de Action, nos referiremos a Input Actions. Cuando lleguemos al capítulo sobre eventos, los Action serán un tipo determinado de función delegada de C#. Y cuando lleguemos al capítulo de integración y despliegue continuos, por Action entenderemos un GitHub Action.

- Debajo de la franja horizontal hay otras tres verticales. La primera por la izquierda es la que permite definir los Action Map. Para definir uno nuevo no hay más que pulsar el icono [+] en la esquina superior derecha de la franja. En el caso de Prince of Unity yo he definido dos, el que contiene los Actions propios del personaje luchando (FightingActionMap) y el que contiene los del personaje moviéndose libremente por el nivel (PrinceActionMap).

- Al seleccionar un Action Map concreto, en la franja de la izquierda, en la franja central aparecerán los Action asignados a aquel. Al pulsar el icono [+] de la esquina superior derecha de esa franja se crearán nuevos Action. Además, a la derecha de cada Action aparecerá un icono [+] que nos permitirá añadir un nuevo binding al Action.

- Finalmente, en la franja de la derecha aparece la configuración del Action o del binding que se encuentre seleccionado en ese momento en la franja central.

Una vez creado un Action y seleccionado este en la franja central, podemos configurarlo de tres tipos en la franja derecha: [Value], [Button] y [Pass Through].

Un Action de tipo Value pasa un valor a los métodos que se activen con él. Generalmente se usa con controles analógicos, es decir, aquellos que devuelven un rango completo de valores según se accionen. Por ejemplo, la palanca de un joystick analógico devuelve un rango de valores en función del grado de inclinación de la palanca. Al seleccionar este tipo, debajo aparecerá un nuevo combo, *Control Type*, que nos permitirá definir el tipo de controles que se enlazarán con este Action. Al seleccionar el Control Type más adecuado, nos aseguraremos de que el valor que ofrezca el Action tenga el formato apropiado para ese tipo de control (por ejemplo, un botón devolverá un único valor continuo, pero un joystick devolverá un vector bidimensional).

Un Action de tipo Button representa valores digitales (pulsado vs. no pulsado). La mayor parte de las consolas clásicas de 8 y 16 bits usaban mandos con controles digitales. Los controles analógicos en los mandos de consola saldrían mucho después. En el caso de *Prince of Unity*, todos los Action son de este tipo ya que el juego original sólo contemplaba este tipo de controles.

Por último, los Action de tipo Pass Through son los más sofisticados de todos ya que toman el valor del control y lo pasa tal cual a los métodos suscritos al Action. Usar este tipo de Action sólo tiene sentido si tienes claro que vas a usar un periférico complejo y necesitas implementar una lógica específica para interpretar los valores que te entregue ese periférico.

Una vez configurado el tipo de Action, podemos empezar a añadirle bindings en la franja central. El elenco de bindings a elegir variará según el tipo de Action. Por ejemplo, para un Action de tipo Button, podemos elegir entre los siguientes tipos de binding:

- *Binding*: Permite enlazar la pulsación de una tecla con la activación del Action. En la franja de la derecha aparecerá el parámetro *Path* con un combo que nos permitirá seleccionar la tecla o botón concreto. Debajo de ese parámetro se te permite elegir los Control Scheme en los que quieres que se recoja este binding. Yo, por ejemplo, he creado dos Control Scheme, *Keyboard* y *Gamepad*. He asociado los binding de teclas de teclado al Control Scheme *Keyboard*, mientras que los que se corresponden a botones de mandos están en *Gamepad*.

- *Positive/Negative Binding*: En este caso, el binding permite asociar dos controles: aquel cuya activación devuelve un valor negativo y aquel cuya activación devuelve un valor positivo. Cuando el Action es de tipo Button, este binding sólo devuelve dos valores posibles, o el negativo o el positivo. Pero si el Action es de tipo Value, podrá retornarse cualquier valor que se encuentre en el rango comprendido entre el valor negativo y el positivo. Piensa por ejemplo en unos pedales para simulación de vuelo, si asocias los pedales como controles de un Action de tipo Value, haciendo que el pedal izquierdo devuelva -1 cuando se pise a fondo y el pedal derecho +1, los valores retornados estarán entre -1 y +1 y cada uno de ellos corresponderá a un valor de giro del timón del avión[3].

[3] Para entender bien el ejemplo, ten en cuenta que no puedes pulsar a fondo simultáneamente los dos pedales de un simulador de vuelo. Todo lo que pulses el pedal izquierdo es lo que retrocede el derecho, y viceversa.

- *Binding with One Modifier*: Permite activar el Action a partir de la pulsación de dos teclas simultáneas (como por ejemplo ⇧+1).
- *Binding with Two Modifiers*: Similar al anterior, pero permite la combinación de tres teclas (como por ejemplo ⇧+Ctrl+1).

En el caso de *Prince of Unity*, todos los Action son de tipo Button y usan binding sencillos, salvo algunos Actions especiales, como AddExtraBarOfLife que, al ser cheat keys, he preferido hacerlos compuestos, mediante *Binding with One Modifier*.

Tampoco he necesitado usar Interactions, ni Processors, ya que un juego para PC tan sencillo como este no lo requería, pero los Interactions serán imprescindibles para ti si desarrollas para móvil o tabletas.

> Puedes tener varios Action assets en tu juego y activarlos según te convenga. En *Prince of Unity* tengo un segundo Action asset `Assets/Input/VideoActions` que se utiliza durante la intro y las secuencias animadas entre nivel, para poder saltárselas, pulsando la tecla Esc.

7.5. El componente PlayerInput

Una vez que hayamos definido todos nuestros Action dentro de un Action asset, deberemos añadir un componente PlayerInput a algún prefab que se vaya a incluir en la escena. Lo normal será añadirlo al prefab del objeto que queramos controlar, como, por ejemplo, nuestro protagonista. Aunque también se puede añadir a un prefab invisible desde el que queramos controlar otros objetos de la escena.

En el caso de *Prince of Unity* he utilizado ambos enfoques. Para los niveles normales, en los que el control se basa en dirigir al protagonista, he añadido el componente PlayerInput al GameObject Input de su prefab (`Assets/Prefabs/Character/Prince`). Sin embargo, en las escenas del juego en las que se reproduce una secuencia animada (como por ejemplo `Assets/Scenes/Interlude1Video`), la jerarquía de la escena cuenta con una instancia del prefab `Assets/Prefabs/Managers/Video` que, además de mostrar la secuencia animada, como veremos en el capítulo 8, cuenta con un componente PlayerInput para reaccionar a la pulsación de la tecla Esc e interrumpir el vídeo.

El uso principal del PlayerInput es permitir que podamos suscribir, a través del editor, aquellos métodos públicos de nuestros script que nos interese activar cuando se disparen determinados Actions.

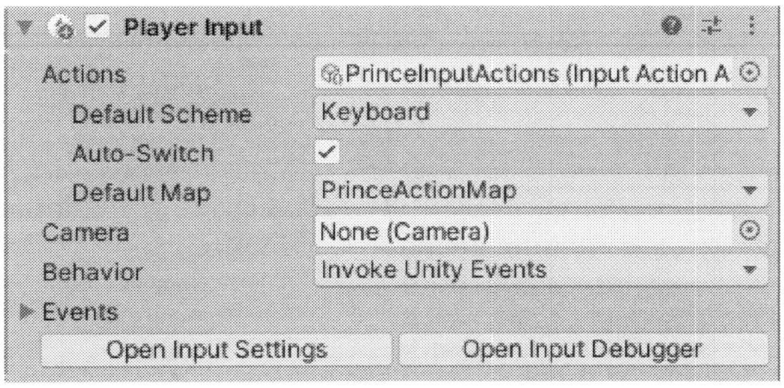

Figura 7.2: Configuración del PlayerInput del protagonista.

Como se puede ver en la figura 7.2, los campos para configurar un componente Player Input son:

- *Actions*: Aquí deberemos arrastrar desde la pestaña Project el Action asset en el que hayamos configurado todos los Action, y sus correspondientes bindings, que queremos que afecten al prefab que contenga el PlayerInput.
- *Default Scheme*: Aquí definiremos qué Control Scheme debe habilitarse por defecto, de los definidos en el Action asset.

- *Auto-Switch*: Si habilitamos este check, el Control Scheme cambiará si el juego detecta que el usuario pasa a usar un periférico de entrada de los recogidos en otro Control Scheme. Si desactivamos el check, sólo podremos cambiar el Control Scheme desde el código.
- *Default Map*: Aquí fijamos cuál será el Action Map activo por defecto.
- *Camera*: Este campo sólo tiene sentido si estamos implementando un juego con split-screen, para asociar la cámara que enfocará al prefab del jugador que contenga este PlayerInput.
- *Behaviour*: Este campo es importante, ya que sirve para definir el mecanismo utilizado para avisar al código del disparo de los Action. En este combo se pueden seleccionar cuatro posibilidades. Send Messages permite usar el método de GameObject `SendMessage()` para llamar a un método presente en alguno de los scripts que estén en el mismo GameObject que el PlayerInput. No me suele gustar esta opción porque te obliga a pasar como parámetro el nombre del método, en forma de cadena, así como los parámetros del método. Al pasar el nombre como cadena es fácil cometer errores y no podemos contar con la ayuda del autocompletado del IDE. Broadcast Messages es similar al anterior, pero usa el método de GameObject `BrodcastMessage()` para llamar a métodos que pueden estar tanto en el mismo GameObject que el PlayerInput, como en GameObject dependientes del primero. Invoke CSharp Events: en mi opinión esta opción desaprovecha la principal utilidad del PlayerInput ya que, si se elige, el componente sólo emitirá eventos de C# a los que sólo podremos suscribirnos desde el código. Invoke Unity Events es la opción que me gusta más, ya que genera un UnityEvent por cada Action y podremos usar el inspector para suscribir métodos a dichos eventos. Es la opción que he usado en *Prince of Unity* porque la suscripción desde el inspector es una manera muy visual de concentrar las dependencias de otros scripts respecto al PlayerInput. Me parece más limpio que desperdigar suscripciones por el código, pero supongo que va en gustos.
- *Events*: Si en la opción *Behaviour* hemos elegido Invoke Unity Events, aquí aparecerán los Action Map del Action asset que hayamos asociado al PlayerInput, a través del campo Actions. Si desplegamos cada uno de ellos, veremos que nos aparecerá un campo UnityEvent por cada Action. Estudiaremos con detalle los UnityEvent en el capítulo 20, pero, por ahora, te basta con saber que, si pulsamos en el icono + de cada UnityEvent, nos saldrán tres campos: el inferior nos permitirá arrastrar un script, a partir de ese momento podremos elegir uno de los métodos públicos del script en el campo de la derecha (ese será el script al que se llame cuando se dispare el Action), en cuanto al campo superior de la izquierda define cuando debe activarse la suscripción. En el caso de *Prince of Unity*, sólo uso los Action durante el juego, así que en ese campo he dejado Runtime Only. Por último, el campo de arriba a la derecha permite elegir el método que queremos suscribir al evento, de entre todos los compatibles que ofrezca el script seleccionado.

En la figura 7.3 se pueden ver algunas de las suscripciones a los Action del protagonista, usando el método de Invoke Unity Events. En el fragmento mostrado se puede ver que he suscrito métodos que están en el script `Assets/Scripts/InputActionController.cs`, situado en el GameObject Input del prefab Prince.

Para que podamos suscribir un método al evento disparado por un Action, dicho método debe tener una firma determinada.

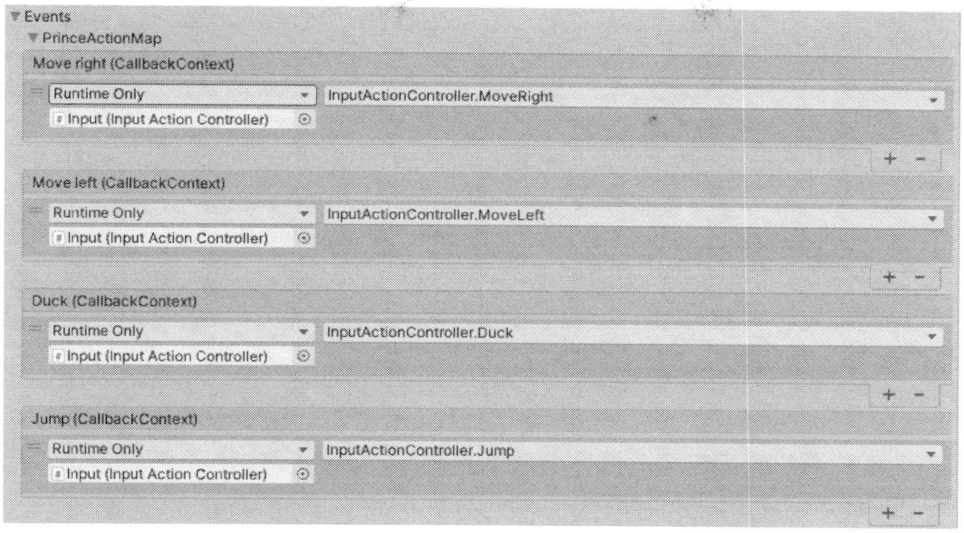

Figura 7.3: Algunas suscripciones del PlayerInput del protagonista.

```
public void MoveRight(InputAction.CallbackContext context)
{
    if (context.performed)
    {
        if (characterStatus.CurrentState == CharacterStatus.States.Crouch)
        {
            inputController.CrouchWalkRight();
        }
        else if (_actionPressed)
        {
            inputController.WalkRight();
        }
        else
        {
            inputController.RunRight();
        }
    }

    if (context.canceled)
    {
        // if (!(_actionPressed || characterStatus.CurrentState == CharacterStatus.
            States.CrouchWalking))
        if (characterStatus.CurrentState != CharacterStatus.States.CrouchWalking)
            inputController.StopMovingRight();
    }
}
```

Listado 7.1: Fragmento de Assets/Scripts/InputActionController.cs

En el listado 7.1, se puede ver la forma de uno de los métodos suscritos en la figura 7.3. Se trata del método de InputActionController `MoveRight()` que, como puede verse en la figura, está suscrito al evento disparado por el Action *Move right*.

La firma del método a suscribir sólo debe tener un parámetro de entrada, que debe ser de tipo `InputAction.CallbackContext`. A través de los campos de ese parámetro podremos acceder a toda la informativa relativa al Action que ha activado al método.

Si el Action era de tipo Value, podemos usar el método `ReadValue<T>()` de `CallbackContext` para leer el valor devuelto por el control, usando el tipo `T` que esperamos obtener.

Por supuesto, si el Action es de tipo Button, el método anterior no servirá de nada, pero sí que nos servirán las propiedades `started`, `performed`, `cancelled` de `CallbackContext`. Esas tres propiedades booleanas se pondrán a verdadero cuando el Action pase por esa fase en concreto, y pasarán a falso cuando la abandonen. Comprobar el valor de estas propiedades es muy importante por dos motivos: para activar nuestra lógica sólo en la fase del Action que nos interese, y para activar nuestra lógica una sola vez.

Las primeras versiones de InputActionController no comprobaban la fase porque yo no entendía su utilidad. El problema que me encontraba era que métodos como el de `MoveRight()` del listado 7.1, parecían llamarse tres veces cuando pulsaba el botón de turno. Tardé un tiempo en darme cuenta de que ese comportamiento era correcto, y que el método suscrito al Action se llamaba realmente tres veces porque se invocaba una vez cuando el botón empezaba a pulsarse (fase started), otra vez cuando el botón estaba pulsado del todo (fase performed) y una última cuando soltaba el botón (fase canceled).

Sin embargo, una vez que entendí el funcionamiento, la implementación que estaba haciendo hasta el momento se simplificó enormemente. Al final, la mayor parte de los métodos suscritos desde InputActionController se acababan resolviendo de la misma manera: se chequeaba si la activación del método se correspondía con la fase performed (línea 37, del listado 7.1) y en ese caso se activaba un movimiento; sin embargo, si la fase era la de canceled (línea 53), significaba que el botón ya no estaba siendo pulsado y se podía cancelar el movimiento (línea 57).

Llegados a este punto, ya tienes todos los elementos para hacer que tus elementos se muevan. Creas un Action asset, lo configuras con los Action Map y Controller Schemes que desees y pueblas estos últimos de los Actions (y sus respectivos bindings) que representen los movimientos que quieras hacer. Luego asignas ese Action asset a un componente PlayerInput desde el que suscribes los métodos que quieras que se invoquen cuando se produzca un Action. Estos últimos métodos serán los que desplacen a tus objetos cambiando la posición de sus Transform o interactuando con sus componente RigidBody. Y ya está, tus objetos se moverán cuando pulses un botón.

7.6. El patrón comando

La mayor parte de los tutoriales y libros sobre Unity se quedan en la sección anterior a la hora de explicar cómo leer las entradas de los periféricos de usuario, pero yo he tenido que ir más allá. En el capítulo 18, verás que soy un firme defensor de la filosofía de desarrollo TDD, así que cuando desarrollo lo hago teniendo en mente que aquello que implemente debe poder probarse de manera automatizada.

Mucha gente, cuando crea pruebas automatizadas de sus juegos no incluye las entradas del usuario en sus pruebas. En vez de eso, van llamando a los métodos que suscribíamos a los Action con el fin de simular dichas entradas. Sin embargo, *Prince Of Unity* es un juego muy dinámico y dependiente del control del personaje, así que quería asegurar que el juego respondiese de manera coherente a los periféricos de entrada y se mantuviera así a lo largo del desarrollo. Por ejemplo, no quería asumir, al principio del desarrollo, que, con un mero toque a una tecla, el personaje empezase a moverse, para luego descubrir que, por alguna razón, algo había cambiado de manera inadvertida durante el desarrollo y ahora había que mantener pulsado mucho tiempo para que el personaje empezara a moverse. Por eso, busqué una forma de grabar las entradas de los periféricos para reproducirlas durante los tests automatizados. De esa manera, aseguraría que, a igualdad de entradas, se mantendrían las mismas respuestas por parte del juego por mucho que avanzase el desarrollo.

¿Pero cómo podemos hacer para guardar las entradas de los periféricos de forma que dichas entradas sean reproducibles? Aquí es donde acude en nuestra ayuda un patrón de diseño llamado *patrón comando*.

El patrón comando es muy común en desarrollo, en situaciones en las que queremos tener trazabilidad de una secuencia de acciones. Un caso muy típico es para implementar la funcionalidad de *undo/redo* en un programa.

La clave del patrón comando es que en vez de llamar a un método directamente al invocar a un Action, lo que hace es guardar el método y sus parámetros de entrada en un objeto denominado *comando*. Los sucesivos comandos se van guardando en una secuencia de ellos (es decir, en una lista o una cola). Luego, esta secuencia se pasa a un método invocador genérico que la toma y va ejecutando los comandos uno a uno, usando el método y los parámetros guardados en cada uno. Es esta secuencia la que puedes guardar en disco, para rescatarla cuando quieras reproducir las acciones originales, pasándosela de nuevo al método invocador.

En *Prince of Unity*, no hay grandes combos. Pulsas un botón y se desencadena un acción, sueltas el botón y se desactiva dicha acción, pasa un tiempo, pulsas otro botón... y vuelta a empezar. Así que, para guardar cada interacción, sólo debes guardar la acción que se desencadena y cuánto tiempo pasa hasta que se desencadena la siguiente acción. La definición de lo que es un comando en Prince of Unity está en el script `Assets/Scripts/Command.cs`.

```
/// <summary>
/// To make control interactions repeatable, they are encapsulated in Commands
    instances. Those commands
/// are serializable and can be file stored to be reused later at tests.
/// </summary>
[Serializable]
public class Command: IEquatable<Command>
{
    [Serializable]
    public enum CommandType
    {
        RunRight,
        RunLeft,
        Jump,
        Duck,
        Stop,
        WalkRight,
        WalkLeft,
        Action,
        StopAction,
        Block,
        Sheathe,
        Strike,
        WalkRightWithSword,
        WalkLeftWithSword,
        Stand,
        CrouchWalk,
        StopJump,
        SkipToNextLevel,
        Pause,
        AddExtraBarOfLife,
        HealLifePoint,
        IncreaseTime,
        DecreaseTime,
        KillCurrentGuard,
        Quit,
        Confirm,
        Cancel,
        GetSword,
        StopMovingRight,
        StopMovingLeft
    }

    [SerializeField] private float _delay;
    [SerializeField] private CommandType _action;

    public float Delay => _delay;
    public CommandType Action => _action;

public Command(float Delay, CommandType Action)
{
    this._delay = Delay;
    this._action = Action;
}
```

Listado 7.2: Fragmento de Assets/Scripts/Command.cs

Como se puede ver en el listado 7.2, para distinguir los comandos entre sí, según la acción que desencadenan, puedes usar un enum de C# (línea 14) para fijar un campo interno. En general, un comando será de sólo lectura. Una vez que lo creas no necesitas cambiar su naturaleza, por eso, en mi caso, el valor del comando se queda en un campo privado y únicamente ofrezco al exterior una propiedad de sólo-lectura (línea 52). Lo mismo ocurre con el retardo (`Delay`) que señala el tiempo entre este comando y el inmediatamente precedente (línea 51).

Recuerda que las opciones de un enum de C# se guardan internamente como un número entero, al que se asocia una cadena a modo de nombre para que podamos seleccionarlo con facilidad. Por defecto, la primera opción del enum (en este caso `RunRight`) equivaldrá al número 0, el segundo (`RunLeft`) a 1 y así sucesivamente. Cuando programamos con tipos enum en C# no suele importar esta equivalencia a enteros, porque usamos siempre sus cadenas identificativas. Sin embargo, cuando serialicemos un enum, guardándolo en un fichero, lo que archivaremos será el valor entero, no la cadena. Puedes comprobar lo que digo, serializando en formato JSON y abriéndolo con editor de texto. En ese caso verás que el valor del campo correspondiente al enum será un valor numérico.

> Cuando añadas nuevos comandos a un enum como el del listado 7.2, te aconsejo que los añadas al final de la lista. Por dentro, un enum es una secuencia de números. Si añadieses un nuevo tipo en mitad de la lista, los números asignados a cada variante del enum cambiarían. Esto puede tener graves consecuencias si has salvado el valor de un enum en un fichero, como yo en *Prince of Unity*. Imagina que hubieses guardado el valor `CommandType.Jump` en el fichero. En realidad lo que habrías guardado es un 2 en el fichero. Si ahora añadieses un nuevo tipo de comando (por ejemplo Strafe) justo antes de Jump este nuevo tendría el valor 2 y Jump pasaría a tener el valor 3. Lo que ocurriría entonces es que al cargar el valor guardado en fichero, al recuperar un 2 se interpretaría que sería un comando Strafe, en vez de ser un comando Jump.

Los comandos anteriores se generan desde el método `ExecuteCommand()` del script `Assets/Scripts/InputController.cs`:

```
88 /// <summary>
89 /// Add command to command controller for execution.
90 /// </summary>
91 /// <param name=''commandType''>Command type to execute.</param>
92 private void ExecuteCommand(Command.CommandType commandType)
93 {
94     float waitingTime = (_isRecording) ? GetElapsedTime() : 0;
95     Command command = new Command(waitingTime, commandType);
96     if (_isRecording) _recordedCommandSequence.PushCommand(command);
97     if (gameObject.activeSelf) StartCoroutine(commandController.ExecuteCommand(command
           ));
98 }
```

Listado 7.3: Fragmento de Assets/Scripts/InputController.cs

Este método crea el tipo de comando (línea 95 del listado 7.3), usando el tipo que se le pase de parámetro (línea 92).

Si la grabación de comandos está activa, se incluye el comando generado en una cola que luego se guardará en un fichero (línea 96).

Finalmente se ejecuta el comando en el invocador genérico (línea 97).

Fíjate que el valor que aporta llamar al `ExecuteCommand()` de InputController antes del invocador genérico es precisamente poder grabar el comando ejecutado en un fichero.

El método `ExecuteCommand()` de InputController se llama desde métodos proxies de la misma clase que a su vez se llaman desde los métodos suscritos a los Action. Por ejemplo, en el listado 7.1, veíamos el método `MoveRight()` que se invocaba cuando se activaba el Action de moverse a la derecha. En la línea 49 de ese listado se llamaba al método `inputController.RunRight()`. Este último es un método proxy de InputController que en realidad se limita a llamar a `ExecuteCommand()` con el valor adecuado:

```
public void RunRight()
{
    ExecuteCommand(Command.CommandType.RunRight);
}
```

Listado 7.4: Fragmento de Assets/Scripts/InputController.cs

Por su parte, el método invocador genérico de *Prince of Unity* se define en el script 🗀 `Assets/Scripts/CommandController.cs`.

```
/// <summary>
/// Add a command to pending commands to execute queue.
/// </summary>
/// <param name=''command''>Command to add.</param>
public IEnumerator ExecuteCommand(Command command)
{
    switch (command.Action)
    {
        case Command.CommandType.Action:
            this.Log($''(CommandController - {transform.parent.transform.gameObject.
               name}) Executed Action at {Time.time}'', showLogs);
            stateMachine.SetTriggerOneFrame(''ActionPressed'', this);
            stateMachine.SetBool(''ActionHoldPressed'', true);
            if (climbingInteractions != null) climbingInteractions.ActionPushed();
            break;
        case Command.CommandType.Block:
            this.Log($''(CommandController - {transform.parent.transform.gameObject.
               name}) Executed Block at {Time.time}'', showLogs);
            // stateMachine.SetTriggerOneFrame(''Block'', this);
            stateMachine.SetTrigger(''Block'');
            break;
        case Command.CommandType.Strike:
            this.Log($''(CommandController - {transform.parent.transform.gameObject.
               name}) Execute strike at {Time.time}'', showLogs);
            // stateMachine.SetTriggerOneFrame(''Strike'', this);
            stateMachine.SetTrigger(''Strike'');
            break;
        case Command.CommandType.WalkRightWithSword:
            this.Log($''(CommandController - {transform.parent.transform.gameObject.
               name}) Execute  walk right with sword at {Time.time}'', showLogs);
            stateMachine.SetTriggerOneFrame(''WalkRightWithSword'', this);
            break;
```

Listado 7.5: Fragmento de Assets/Scripts/CommandController.cs

En el listado 7.5, se puede ver el comienzo del método invocador genérico `ExecuteCommand()`. El método es mucho más largo, pero su lógica interna es la misma que la de las primeras líneas aquí mostradas. Se trata, básicamente, de un `switch` gigantesco en el que, en función del tipo de comando que hayamos pasado como parámetro, activamos unas banderas u otras de la máquina de estados del personaje. En otro juego podríamos haber llamado a métodos de otros scripts desde cada `case`, pero en este caso ha bastado con interactuar con la máquina de estados local del prefab.

En este punto ya hemos visto cómo encapsular la acción que queremos ejecutar en una unidad genérica (el comando) que podemos encolar para su ejecución y que, además, podemos copiar en otra secuencia destinada a grabarse en un fichero. Esa secuencia se implementa en el fichero 🗀 `Assets/Scripts/CommandSequence.cs`. La clase CommandSequence incluye una cola en su interior donde guarda los comandos y ofrece un método `PushCommand()` para añadir nuevos comandos a la cola y un método `PopCommand()` para sacar comandos de ella. Pero los métodos más importantes de esta clase son, por un lado, el que permite salvar la secuencia a fichero y, por otro, el que permite cargarla desde este. El proceso de convertir un objeto a un formato guardable en un fichero es lo que se conoce como *serialización*. Lo inverso, reconstruir un objeto a partir del contenido de un fichero es lo que se conoce como *deserialización*. Empecemos por el proceso de serialización:

```
94  /// <summary>
95  /// Save this command sequence in a file.
96  ///
97  /// File will have a .cse extension.
98  /// </summary>
99  /// <param name=''filePathname''>Path to file where command should be recorded. Don't
        include .cse extension. </param>
100 public void Save(string filePathname)
101 {
102     // Unity built-in serialization cannot serialize Queues so we must convert that
            field in something Unity can
103     // work with, like an array.
104     WrappedArray<Command> wrappedCommandArray = WrapCommandQueue();
105     string jsonString = JsonUtility.ToJson(wrappedCommandArray, true);
106     string filePathnameWithExtension = Path.ChangeExtension(filePathname,
            FileExtension);
107     //Debug.Log($''(CommandSequence) Saving commands at {filePathnameWithExtension}'')
            ;
108     File.WriteAllText(filePathnameWithExtension, jsonString);
109 }
```

Listado 7.6: Fragmento de Assets/Scripts/CommandSequence.cs

Como se puede ver en el listado 7.6, el método `Save()` acepta como parámetro el nombre del fichero donde se guardará la versión serializada de la secuencia de comandos. Podemos elegir entre varias librerías para convertir objetos a formatos que se puedan salvar en ficheros:

- JsonUtility: Es una librería propia de Unity. Permite convertir los objetos a formato textual JSON.
- BinaryFormatter: Esta librería no pertenece a Unity, sino a las librerías estándar de C#. Permite serializar a formato binario.
- XmlSerializer: Al igual que la anterior, esta librería pertenece a las estándar de C# y no a las de Unity. Permite serializar a formato textual XML.

En general, serializar a formatos binarios es lo que ofrece un rendimiento mayor a la hora de salvar y cargar la información, así como un mayor ahorro de espacio. Por su parte, aunque los formatos textuales pueden ser algo más lentos y voluminosos, ofrecen la ventaja de que podemos leerlos por nosotros mismos para analizar su contenido y detectar errores. Si, además, el contenido de los ficheros textuales es pequeño y no se leen constantemente, su mayor lentitud puede ser despreciable frente a la facilidad que ofrecen para arreglar errores. Por eso, en el caso de *Prince of Unity* yo he preferido serializar los comandos en formato JSON. ¿Por qué en JSON y no en XML? Bueno, ahí entramos en el espinoso campo de las preferencias personales, porque me resulta mucho más fácil leer JSON que XML.

El problema es que, aunque JsonUtility puede serializar listas y arrays, lo que no puede es con colas, así que no nos queda otra que convertir nuestra cola en un array. Para ello, en la línea 104 del listado 7.6 hago uso de la función `WrapCommandQueue()` que se implementa de la siguiente manera:

```
/// <summary>
/// Unity built-in serialization cannot serialize Queues so we must convert that field
    in something Unity can
/// work with, like an array.
/// </summary>
/// <returns></returns>
private WrappedArray<Command> WrapCommandQueue()
{
    Command[] commandArray = CommandQueue.ToArray();
```

```
73     WrappedArray<Command> wrappedCommandArray = new WrappedArray<Command>();
74     wrappedCommandArray.Items = commandArray;
75     return wrappedCommandArray;
76 }
```

Listado 7.7: Fragmento de Assets/Scripts/CommandSequence.cs

En la línea 72 del listado 7.7, se usa un método nativo de las colas para convertirla en un array y, acto seguido, se incluye dicho array en un objeto ad-hoc que sólo tiene un campo (línea 74). He llamado a dicho objeto ad-hoc `WrappedArrayT` :

```
/// <summary>
/// Unity built-in serialization is rather limited. Arrays and List apart it cannot
    serialize any other collection
/// and only if it is included in a class. As we want to serialize a field not an
    entire class we need to include
/// that field in a dummy wrapper class.
///
/// See: https://stackoverflow.com/questions/36239705/serialize-and-deserialize-json-
    and-json-array-in-unity
/// </summary>
/// <typeparam name=''T''>Type of the collection this class wraps.</typeparam>
[Serializable]
private class WrappedArray<T>
{
    public T[] Items;
}
```

Listado 7.8: Fragmento de Assets/Scripts/CommandSequence.cs

Envolver el array en un objeto auxiliar como este es artificioso, pero el problema es que JsonUtility no serializa tipos sueltos sino clases completas, así que no nos queda otra que meter nuestro array en una clase, que sólo tiene un campo array [177].

Volviendo al listado 7.6, vemos que `WrapCommandQueue()` devuelve un array con los comandos a salvar, como campo de un objeto auxiliar. Ese objeto ya es serializable y se le puede pasar al método `JsonUtility.ToJson()`, de la línea 105, para obtener una cadena de texto con el array de comandos convertido a formato JSON. Dicha cadena es lo que guardamos en un fichero, en la línea 108.

InputController es el que se encarga de llamar al método `Save()`, del listado 7.6. Este script se encuentra en el GameObject raíz del prefab del protagonista (🗀 `Assets/Prefabs/Characters/Prince`). Se configura desde el inspector, como se puede ver en la figura 7.4.

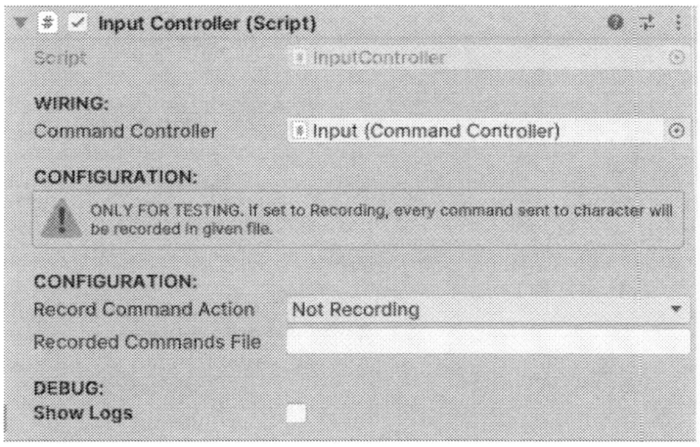

Figura 7.4: Configuración de InputController.

El valor por defecto del campo `recordCommandAction` es Not Recording, lo que significa que no se grabarán los comandos cuando ejecutemos el juego en el editor. Sin embargo, si cambiamos ese valor a Recording e iniciamos el juego en el editor, el script irá tomando nota de los comandos en una secuencia y se encargará de guardarlos en cuanto finalicemos el juego. La ruta y el nombre del fichero donde se guardará la secuencia de comandos será la que pongamos en el campo de texto `recordedCommandsFile`.

Hay una tercera opción para `recordCommandAction` que es Replaying. Cuando se activa esa opción, con la ruta a un fichero con comandos grabados en el campo `recordedCommandsFile`, se abre dicho fichero y se reproducen los comandos guardados en él, por lo que el protagonista se moverá solo, de acuerdo a dichos comandos.

Las clases MonoBehaviour tienen un método llamado `OnApplicationQuit()` que se activa cuando el juego finaliza. He utilizado ese método para hacer que InputController guarde la secuencia de comandos en un fichero, en caso de tener la grabación activada.

```
private void OnApplicationQuit()
{
    if (_isRecording)
    {
        this.Log(''(InputController) Saving commands.'', showLogs);
        SaveRecordedCommands();
    }
}
```

Listado 7.9: Fragmento de Assets/Scripts/InputController.cs

```
/// <summary>
/// Serialize recorded commands and save them to given files.
/// </summary>
private void SaveRecordedCommands()
{
    _recordedCommandSequence.Save(recordedCommandsFile);
}
```

Listado 7.10: Fragmento de Assets/Scripts/InputController.cs

Una vez que tenemos nuestra secuencia de comandos grabada en un fichero, el proceso de recuperar el contenido del fichero y reconstruir un objeto CommandSequence con él, se denomina deserialización. En el caso de *Prince of Unity*, lo hago con el siguiente método:

```
/// <summary>
/// Get a command sequence from a file.
/// </summary>
/// <param name=''filePathname''>Path to file where command is recorded. Don't include .cse extension.</param>
/// <returns>Sequence of commands stored at file.</returns>
public static CommandSequence Load(string filePathname)
{
    string filePathnameWithExtension = Path.ChangeExtension(filePathname, FileExtension);
    string absoluteFilePathname = Path.GetFullPath(filePathnameWithExtension);

    #if UNITY_STANDALONE_LINUX
    // Test paths are coded using Windows standard, if we are at linux we must change paths.
    absoluteFilePathname = absoluteFilePathname.Replace('\\', '/');
    #endif

    // Debug.Log($''(CommandSequence) Loading commands from {filePathnameWithExtension}'');
    Debug.Log($''(CommandSequence) Loading commands from {absoluteFilePathname}'');
    // string jsonString = File.ReadAllText(filePathnameWithExtension);
    string jsonString = File.ReadAllText(absoluteFilePathname);
    CommandSequence sequence = UnWrapCommandQueue(jsonString);
    return sequence;
}
```

Listado 7.11: Fragmento de Assets/Scripts/CommandSequence.cs

Más allá de que el código del listado 7.11 cuente con un fragmento de código condicional [195], para cambiar el sentido de las barras de la ruta en caso de que el juego se ejecute en Linux (líneas 121 a 124), el resto del código es bastante sencillo.

Primero se carga el contenido textual del fichero donde se han guardado los comandos (línea 129) y luego se crea un objeto CommandSequence con dicho texto, usando el método `UnWrapCommandQueue()` (línea 130).

```
78  /// <summary>
79  /// Deserialize jsonString and return saved CommandSequence after removing wrapping
        class.
80  /// </summary>
81  /// <param name=''jsonString''>JSON string to deserialize.</param>
82  /// <returns>Recovered command sequence.</returns>
83  private static CommandSequence UnWrapCommandQueue(string jsonString)
84  {
85      WrappedArray<Command> wrappedCommandArray = JsonUtility.FromJson<WrappedArray<
            Command>>(jsonString);
86      CommandSequence sequence = new CommandSequence();
87      foreach (Command command in wrappedCommandArray.Items)
88      {
89          sequence.PushCommand(command);
90      }
91      return sequence;
92  }
```

Listado 7.12: Fragmento de Assets/Scripts/CommandSequence.cs

Como se puede ver en el listado 7.12, lo primero que hace el método `UnWrapCommandQueue()` es llamar al método `FromJson<T>()` de JsonUtility para generar un objeto con el tipo que le pasemos como T, con el texto que se le dé como entrada (línea 85). En nuestro caso pasamos el tipo de la clase auxiliar que usamos para la serialización (WrappedArray).

Hecho eso, habremos deserializado un objeto WrappedArray y con su contenido podremos reconstruir un objeto CommandSequence, que es lo que nos interesa (líneas 86 a 90).

Con el objeto CommandSequence reconstruido, podremos pasárselo al método `ReplayCommandSequence()`, de CommandController, para reproducir la ejecución de la secuencia de comandos:

```
198  /// <summary>
199  /// Replay a sequence of stored commands over current command.
200  /// </summary>
201  /// <param name=''commandSequence''>Command sequence to execute.</param>
202  public IEnumerator ReplayCommandSequence(CommandSequence commandSequence)
203  {
204      _commandQueue.PushCommandSequence(commandSequence);
205      while (_commandQueue.Count > 0)
206      {
207          Command command = PopCommand();
208          this.Log($''(CommandController - {transform.root.name}) Replay recorded
                 command {command.Action} with delay {command.Delay}'', showLogs);
209          // Don't use usual WaitForSeconds or you won't be able to unpause game after
                 calling a pause command.
210          yield return new WaitForSecondsRealtime(command.Delay);
211          StartCoroutine(ExecuteCommand(command));
212      }
213  }
```

Listado 7.13: Fragmento de Assets/Scripts/CommandController.cs

Fíjate que el método del listado 7.13 consiste en una corrutina. En este caso necesitamos una corrutina porque la ejecución de la secuencia completa de comandos se puede alargar varios segundos, mientras se ejecuta cada uno (línea 211) y se espera el retardo necesario para ejecutar el siguiente (línea 210).

En este caso he utilizado `WaitForSecondsRealtime()` en vez de `WaitForSeconds()` porque uno de los comandos que pruebo en los test automatizados es precisamente el de pausar el juego. Como veremos en el capítulo 9, para pausar el juego ponemos la escala del tiempo de juego en cero, con lo que deja de avanzar. El problema es que `WaitForSeconds()` usa como referencia el tiempo de juego, por lo que si este deja de avanzar, la corrutina nunca saldrá de la suspensión. Para solucionar ese problema he usado `WaitForSecondsRealtime()` que usa el tiempo real y no el del juego.

Finalmente, la corrutina `ReplayCommandSequence()` se llama desde el método `ReplayRecordedCommands()` de InputController, que es el método que usan los tests automatizados que veremos en el capítulo 18 para reproducir los comandos de cada prueba:

```
/// <summary>
/// Deserialize recorded command from given file and send it to command controller for execution.
/// </summary>
private void ReplayRecordedCommands()
{
    _recordedCommandSequence = CommandSequence.Load(recordedCommandsFile);
    StartCoroutine(commandController.ReplayCommandSequence(_recordedCommandSequence));
}
```

Listado 7.14: Fragmento de Assets/Scripts/InputController.cs

También se llama a `ReplayRecordedCommands()` desde el método `Start()` de InputController para iniciar la reproducción de comandos en caso de que hayamos fijado el valor del campo `recordCommandAction` a Replaying en el inspector (véase figura 7.4).

```
private void Start()
{
    _startTime = Time.time;
    if (recordCommandAction == InputControllerStates.Replaying)
    {
        ReplayRecordedCommands();
    }
    else
    {
        _isRecording = (recordCommandAction == InputControllerStates.Recording);
    }
}
```

Listado 7.15: Fragmento de Assets/Scripts/InputController.cs

El enum InputControllerStates se define en el script `Assets/Scripts/InputControllerStates.cs`. En su momento me pareció buena idea dejarlo en su propio fichero, pero, visto en perspectiva, quizás habría sido más lógico definir ese enum en InputController.

7.7. Juntando las piezas

Llegados a este punto, hemos estudiado con sumo detalle cada uno de los elementos que intervienen en la interacción con el usuario en *Prince Of Unity*, pero son tantos que no me extrañaría que hubieras perdido la visión global de cómo se relacionan entre ellos.

En esta sección voy a repasar todos los elementos que hemos estudiado en este capítulo, pero a alto nivel, sin repetir el funcionamiento interno de cada uno de ellos, sino centrándome en cómo se relacionan entre sí.

Para ello, vamos a repasar la lista de elementos que intervienen para procesar la pulsación de un botón en *Prince of Unity*:

1. El usuario pulsa un botón en su periférico de entrada.
2. La pulsación del botón es captada por el Input System de Unity que la reenvía a todos los Action asset activos.
3. Los Action asset activos consultan a qué Control Scheme pertenece el periférico cuyo botón se ha pulsado.
4. Una vez identificado el Control Scheme, el Action asset mira en el Action Map activo si hay algún Action asignado al Control Scheme identificado que tenga un binding para ese botón. De encontrar algún Action que cumpla las condiciones anteriores, lo activa.
5. El Action asset está asignado a un componente PlayerInput. Este componente permite que los scripts suscriban sus métodos a los diferentes Action del Action asset. Cuando un Action se activa, el PlayerInput invoca todos los métodos que estén suscritos a ese Action concreto.
6. En el caso de *Prince of Unity* y de su protagonista, el script que se suscribe a los Action es 🗀 `Assets/Scripts/InputActionController.cs`. Ese script discrimina en qué fase se está activando el Action y en función de eso llama a un método u otro del script 🗀 `Assets/Scripts/InputController.cs`. Por ejemplo, para el Action de *andar a la derecha con espada* (WalkRightWithSword), se llama al método `WalkRightWithSword()` de InputActionController y ese método llama, a su vez, al método `WalkRightWithSword()` de InputController si el Action está en la fase performed (botón pulsado) o al método `Stop()` si está en la fase canceled (el botón acaba de soltarse).
7. InputController es el que va creando los objetos comando en función de las llamadas que va recibiendo. Si la grabación de comandos está activada, guarda dichos comandos en una secuencia que salvará a disco cuando finalice la ejecución del juego. También es el encargado de leer el fichero de comandos en caso de que se active la reproducción de secuencias de acciones pregrabadas. Hecho eso, mandará ejecutar cada comando a través de 🗀 `Assets/Scripts/CommandController.cs`.
8. CommandController es el que recibe los comandos desde InputController y los ejecuta finalmente, llamando a otros scripts o fijando valores en la máquina de estados del personaje.

Esta estructura permite un alto nivel de reaprovechamiento para mover a los guardias y al visir, ya que cuentan con los scripts InputController y CommandController en sus respectivos prefabs. La diferencia con el protagonista es que, en el caso de los guardias, es el script 🗀 `Assets/Scripts/GuardController.cs` y no InputActionController el que va haciendo llamadas a InputController, en función de lo que le vaya diciendo su algoritmo de inteligencia artificial (más al respecto en el capítulo 22).

CAPÍTULO

8 Visualización 2D

En el capítulo 5 vimos las particularidades de los juegos 2D frente a los 3D. Esas peculiaridades se trasladan a los elementos de Unity que debemos manejar en un juego 2D. En este capítulo, vamos a estudiarlas y averiguaremos cómo las podemos gestionar en un juego como *Prince of Unity*.

8.1. Sprites

Los sprites son la materia prima de cualquier juego 2D. Todo dibujo que veamos en el juego, ya sea un personaje, un objeto o un elemento del escenario, es un sprite.

El matiz entre un sprite de Unity y un dibujo cualquiera, es que el segundo debe importarse dentro de Unity para convertirse en lo primero. Una vez que hayamos importado el fichero de imagen con nuestro dibujo, Unity lo convertirá en un sprite y pasará a ser un asset más. Los sprites pueden mostrarse en la escena mediante un componente SpriteRenderer como los que hemos visto hasta ahora.

> A la hora de manipular sprites, es muy importante que hayamos instalado el paquete *2D Sprite*, a través del gestor de paquetes (Window > Package Manager). Como veremos, este paquete nos permite usar el editor de sprites para cambiar la ubicación del pivot, entre otras cosas.

Unity puede importar un listado bastante generoso de posibles formatos de imagen:

- PNG
- JPEG
- BMP
- TGA
- GIF
- PSD
- TIFF

En el caso de *Prince of Unity*, he guardado gran parte de mis ficheros de imagen en formato TGA (Targa) porque leí en algún lado que era un formato muy optimizado para juegos. Tras mi experiencia con este juego, en el siguiente no creo que me complique la vida y probablemente use PNG que soporta transparencias, compresión sin pérdidas, está ampliamente soportado y es un formato recomendado por Unity para juegos 2D.

En todo caso, el formato que utilicemos con las imágenes nos facilitará el trabajo con ellas en las herramientas externas a Unity, pero, al importarlas, Unity las convertirá a su propio formato interno, por lo que el formato de origen perderá su importancia.

Para importar una imagen, y convertirla en un sprite, tienes dos opciones:

- Desde el editor de Unity, ir a Assets > Import New Asset... y elegir la imagen en la ventana que aparecerá. El asset del sprite aparecerá en la carpeta que tengamos seleccionada en la pestaña Project.
- Desde el explorador de archivos del sistema operativo podemos arrastrar el fichero de imagen a la carpeta que queramos, dentro de la pestaña Project.

En ambos casos deberemos seleccionar el asset recién creado, para configurar en el inspector sus parámetros de importación. Verás algo como lo de la figura 8.1.

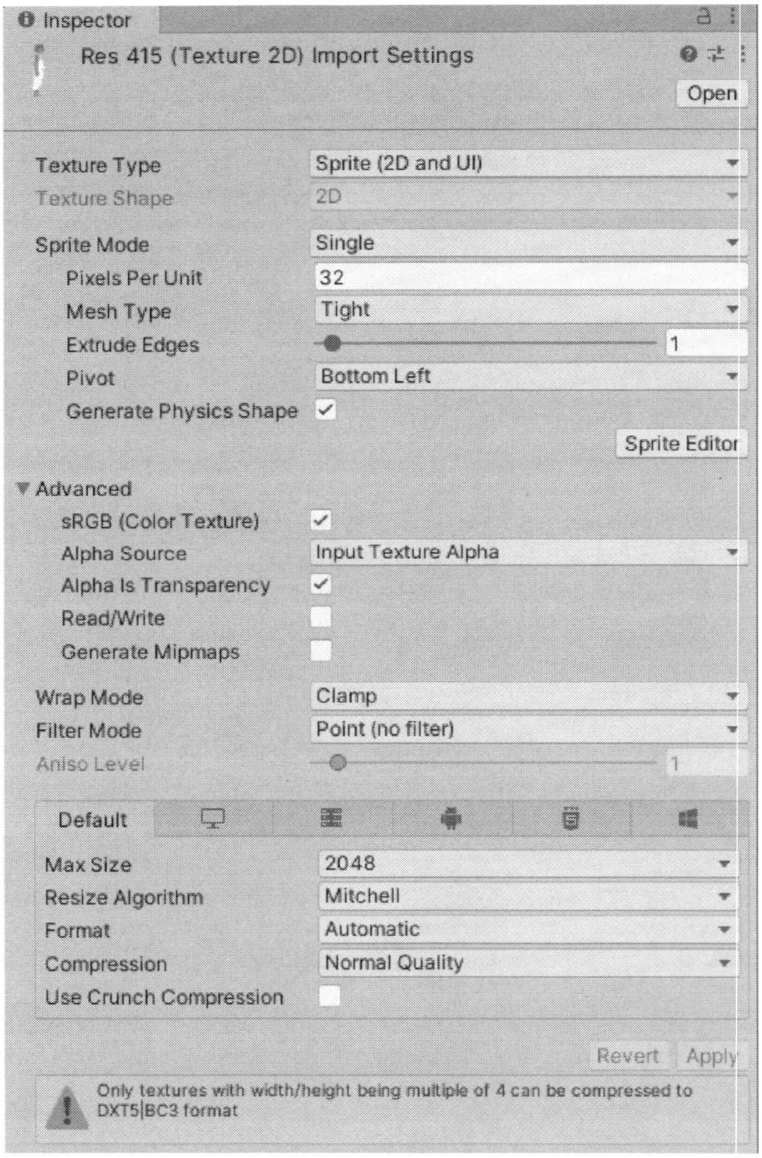

Figura 8.1: Propiedades de un sprite.

Los parámetros de importación, y los valores que le he dado para *Prince of Unity*, son los siguientes:

- *Texture Type*: Nos permite definir el propósito para el que vamos a emplear la imagen importada. En función de lo que elijamos nos saldrán unos parámetros u otros. En nuestro caso, dado que queremos emplearlas como sprites de un juego 2D, elegiremos Sprite (2D and UI).

- *Sprite Mode*: En este caso, cada imagen contiene un único dibujo, por lo que elegiremos Single. Pero ten en cuenta que no siempre será así. En el capítulo 27 veremos una optimización que nos permitirá importar múltiples sprites desde una única imagen.

- *Pixels per Unit (PPU)*: El tamaño de las imágenes se mide en pixels y el de la escena en unidades (recuerda que el motor de físicas asume que cada unidad equivale a 1 metro). Este parámetro define la equivalencia entre ambas dimensiones para fijar la escala de los sprites dentro de la escena. En el caso del sprite de una persona de pie no tienes más que dividir la altura de su dibujo, en pixels, entre la altura que te gustaría que tuviese en el juego, en unidades. Si el dibujo de esa persona tuviera 300 pixels de altura y quisieras que en el juego midiese 2 metros de altura, el PPU sería de 150.

- *Mesh Type*: Ten en cuenta que Unity es un engine 3D que simula ser 2D, así que lo que hace es poner nuestros sprites encima de un objeto 3D transparente. Este parámetro define qué tipo de objeto emplear y con qué precisión se ajustará a los contornos visibles del sprite. Este juego es tan sencillo que da bastante igual lo que elijamos. Yo lo he dejado en Tight, aunque en tu juego te recomiendo que pruebes con las tres opciones a ver si la diferencia en rendimiento llega a notarse.

- *Extrude Edges*: En teoría este parámetro añade pixels extra en el contorno del sprite para evitar que se noten fisuras cuando usemos esta imagen como textura de un objeto 3D... pero ya hemos dicho que queremos usarla como sprite, así que no sé por qué sale este parámetro en este caso. Yo lo he dejado en su valor por defecto y no me ha estorbado.

- *Pivot*: Este es importante, define dónde vamos a poner el punto de referencia del sprite, es decir, el centro del dibujo, su punto de agarre. Generalmente, para los sprites de los personajes he puesto el pivot en la esquina inferior izquierda, aunque en deteminados sprites he tenido que ubicar el pivot manualmente, como veremos más adelante.

- *Generate Physics Shape*: Este caso es similar al de Mesh Type, pero, en vez de generar un objeto 3D al que adherir el sprite, lo que hace es generar un contorno físico adaptado al sprite. En el caso de *Prince of Unity* se puede desactivar, porque como veremos en el capítulo 9, he usado contornos genéricos, independientes de los sprites.

- *sRGB (Color Texture)*: Es un parámetro de corrección y mejora del color. Puede aportar o no. Mi consejo es que pruebes a ponerlo y quitarlo a ver cómo afecta a tu sprite, y que al final lo dejes con la opción que te convenza más.

- *Alpha Source*: Define de dónde se debe coger la transparencia del sprite. En mi caso, las imágenes originales ya incorporaban un canal de transparencia, así que he dejado la opción Input Texture Alpha, para que se cogiese de allí.

- *Alpha is Transparency*: Hasta ahora no me he planteado un caso en el que no quisiera que el canal alpha representase transparencia, así que lo he dejado marcado en todas las ocasiones.

- *Read/Write*: Carga el sprite en memoria de manera que pueda ser modificado en tiempo de ejecución. Tiene sentido si generas sprites en tiempo real o si permites que tus jugadores personalicen los sprites de sus personajes. Ninguno de esos casos se ha dado en *Prince of Unity*, así que lo he dejado desmarcado.

- *Generate MipMaps*: Esta opción genera versiones más pequeñas del sprite para ser usadas cuando aumente la distancia entre el GameObject del sprite y la cámara, ya que esa distancia hará inútil mantener en memoria sprites detallados cuyos detalles no vayan a ser percibidos en la lejanía. Es una estupenda opción para aumentar el rendimiento cuando tengas escenarios amplios. En mi caso, la distancia a la cámara siempre iba a ser la misma, así que no tenía sentido generar MipMaps.

- *Wrap Mode*: Este es otro parámetro que no entiendo por qué sale para los sprites ya que sólo parece tener sentido para las texturas de los objetos 3D. Define cómo se muestra la textura cuando esta se extiende más allá de los límites del objeto que envuelve. Yo lo he dejado en el valor por defecto, Clamp, que ajusta la textura para cubrir el objeto.

- *Filter Mode*: Este parámetro sí es importante, ya que define el algoritmo que utiliza Unity para escalar y reducir el sprite al tamaño que hayamos definido para la pantalla. Si tu juego tiene una estética retro, como la de *Prince of Unity*, te interesará usar la opción de Point (no filter) para conservar los pixels bien definidos. Cualquiera de las otras dos opciones aplica un suavizado que distorsionará los contornos de los pixels.

El resto de los parámetros que puedes configurar tienen que ver con la optimización y los veremos en profundidad en el capítulo 27.

Por ahora, sólo merece la pena explicarte el mensaje de advertencia que aparece al pie de la figura 8.1 y que, sin duda, te saldrá a ti antes o después. Tiene que ver con el algoritmo de compresión de Unity que describí en el capítulo 3, cuando expliqué los usos que le he dado a la herramienta Gimp durante el desarrollo del juego. Recordarás que, en aquella ocasión, te conté que Unity puede aplicar a los sprites un algoritmo de compresión bastante potente, siempre y cuando ambas dimensiones del sprite (ancho y alto) tengan un tamaño múltiplo de 4. Si una de las dimensiones de la imagen importada no es múltiplo de 4 entonces el algoritmo de compresión no se podrá aplicar y el sprite ocupará muchísimo más en tu juego, saliéndote este aviso.

> En el capítulo 3 expliqué cómo usar Gimp para redimensionar el tamaño de tus imágenes para que su tamaño sea múltiplo de 4. De todos modos, si aplicar este método en todos y cada uno de tus sprites se te hace muy cuesta arriba, en el capítulo 27 te contaré otro método de optimización para empaquetar todos tus sprites juntos y aplicarles compresión de una sola vez.

El botón Sprite Editor sí que merece que profundicemos en él, antes de acabar la sección. Lo he usado sobre todo para fijar manualmente el pivot de los sprites, en los casos en los que dejarlo en la esquina inferior izquierda no me valía (te darás cuenta de esos casos porque los fotogramas afectados se descentrarán al reproducirlos en las animaciones). Una vez que abramos el sprite editor, el pivot quedará representado por un círculo azul. Para fijar el pivot manualmente tendremos que poner en Custom el parámetro *Pivot* y luego pinchar en el pivot y arrastrarlo hasta la posición que necesitemos. Cuando el pivot esté en la posición que queramos, tendremos que pulsar en el botón Apply para validar los cambios y ya podremos cerrar el editor de sprites.

> No quiero que pienses que el sprite editor sólo sirve para mover el pivot. Tiene otros usos, lo que pasa es que no han sido de utilidad para *Prince of Unity*. Aún así, en el capítulo 12, como en el capítulo 27, volveremos a hacer uso de esta herramienta.

8.2. Sprite Renderer

Un sprite de Unity es un asset que define cómo se ha importado una imagen, mientras que un SpriteRenderer es un componente que sirve para mostrar dicho asset en la escena. Si se nos ocurriese arrastrar un sprite sobre la escena, dicho sprite se mostraría, pero porque Unity habría creado un SpriteRenderer automáticamente para ese sprite.

A través de un SpriteRenderer podemos controlar la apariencia con la que se muestra el sprite y conseguir diversos efectos visuales. Por eso, vamos a estudiar sus parámetros y qué posibilidades nos ofrecen.

Si miras en la figura 8.2, verás que los parámetros de un SpriteRenderer son:

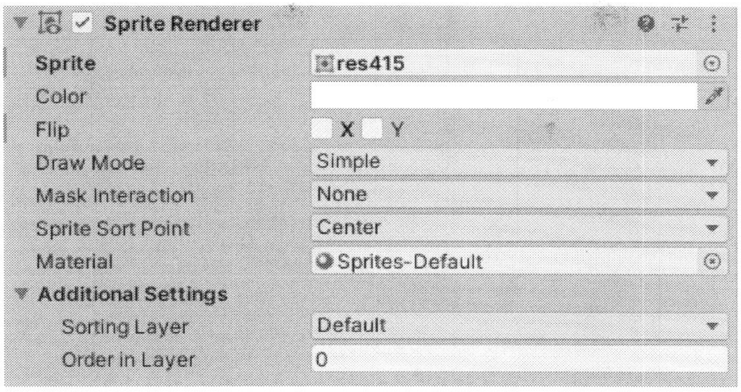

Figura 8.2: Los parámetros de un SpriteRenderer.

- *Sprite*: Es el sprite que muestra un SpriteRenderer. Cuando abordemos las animaciones en el capítulo 12, veremos que lo que hacen es ir cambiando el sprite configurado en este parámetro conforme van avanzando los fotogramas. Si nos fijamos en este parámetro cuando se ejecute una animación, veremos cómo cambia su valor.

- *Color*: Añade un tinte al sprite. Si lo dejamos en blanco quedará en neutro. Si quisiéramos aplicar un tinte rojo a un sprite, por ejemplo cuando su GameObject recibiese daño, tendríamos que manipular este parámetro desde el script correspondiente.

- *Flip*: Invierte el sprite alrededor del eje que marquemos.

- *Draw Mode*: Define cómo se mostraría el sprite en caso de que las dimensiones del SpriteRenderer cambiasen. En *Prince of Unity* basta con la opción por defecto, Simple, ya que estira o comprime el sprite para que quepa en el SpriteRenderer. La opción Sliced sólo tiene sentido con interfaces de usuario, para usar sprites en carteles que se puedan estirar sin que se distorsionen las esquinas. Por su parte, la opción Tiled repite el sprite una y otra vez y suele usarse en fondos de escenarios o para mostrar suelos.

- *Mask Interaction*: Más adelante, en este mismo capítulo, veremos cómo usar máscaras. Este parámetro sirve para determinar cómo interactuará el SpriteRenderer con una máscara, en caso de utilizarla. La opción Visible Inside Mask define que los valores blancos de la máscara harán visibles las regiones del SpriteRenderer con las que coincidan, mientras que la opción Visible Outside Mask hace que los valores blancos de la máscara provoquen la invisibilidad de esas zonas.

- *Sprite Sort Point*: En teoría sirve para determinar el punto del sprite que se usa como referencia para calcular el orden en el que se dibuja el sprite. Como ya he dicho, Unity es un engine 3D. En un juego 2D, Unity mide la distancia entre los diferentes sprites y la cámara para dibujar primero a los sprites que estén más lejanos y los últimos a los más cercanos, lo que hará que estos se superpongan a los lejanos. Si elegimos Center, el punto de referencia será el centro del sprite, y si elegimos Pivot, será el punto de referencia que definimos al importar el sprite. Yo lo he dejado siempre en Center, pero podrías probar a cambiar a Pivot en caso de que te encontrases con un sprite con una forma rara que se mostrase por debajo o por encima cuando no debería.

- *Material*: En *Prince of Unity*, no he necesitado tocar este parámetro. He dejado el material por defecto que no altera para nada el sprite. Sin embargo, en juegos visualmente más ambiciosos puedes incluir aquí materiales que permitan cambiar la apariencia inicial del sprite e, incluso, hacer cambios dinámicamente para que el aspecto del sprite cambie según su entorno. Aunque eso supondría meternos en la programación de *shaders*, que da para su propio libro.

- *Sorting Layer*: Esta propiedad es muy importante, porque nos permite definir el orden en el que se dibujará el sprite. Mediante este parámetro podemos fijar la profundidad aparente del sprite, sin necesidad de cambiar su posición en el eje Z (el que apunta a la cámara) de su GameObject. Los sorting layer se definen en el mismo punto que las layer normales, en Edit » Project Settings » Tags and Layers. Los sprites cuyos SpriteRenderers estén en el sorting layer 0 se dibujarán primero, después se dibujarán por encima los del sorting layer 1, luego los del sorting layer 2 y así sucesivamente. Los SpriteRenderer que estén en el sorting layer con el nivel más alto dibujarán los últimos y, por tanto, encima de todos los demás sprites.

- *Order in Layer*: Este parámetro trabaja en conjunción con el del sorting layer. Sirve para definir el orden relativo en el que dibujan SpriteRenderer dentro del mismo sorting layer. Al igual que los sorting layer, cuanto mayor sea el valor que pongamos en el parámetro Order in Layer, más tarde dibujará el SpriteRenderer y, por tanto, más por encima quedará su correspondiente sprite.

Al comenzar a diseñar tu juego 2D debes definir los diferentes planos de profundidad en los que se situarán los distintos elementos del juego. A cada uno de esos planos le corresponderá un sorting layer. Por ejemplo, en *Prince of Unity* todos los elementos visuales se distribuyen en 3 sorting layer:

- *Background*: Es el plano de profundidad más alejado de la cámara, el que queda por debajo de todo lo demás y, por tanto, el que tiene el nivel más bajo (sorting layer 0). Aquí se colocan las antorchas, las grietas de las paredes, las puertas, los pilares traseros y, en general, todos los elementos que quedan por detrás de los personajes.

- *Default*: Es el plano intermedio, por el que se desplazan los personajes. Le corresponde el sorting layer 1.

- *Foreground*: Es el plano de acción más cercano a la cámara y el que queda por delante de todo, incluidos los personajes. Se colocan aquí todos los elementos que puedan tapar en un momento dado a los personajes, como, por ejemplo, los pilares frontales, los muros o parte de las rejas de los rastrillos.

Por tanto, los sorting layer son una manera de ordenar los elementos visuales en distintos planos de profundidad. Sin embargo, a menudo esto no es suficiente. Muchas veces necesitaremos definir la prioridad de dibujado entre elementos del mismo sorting layer. En esos casos podríamos crear sorting layer adicionales y redistribuir los elementos, pero sería muy complicado y acabaríamos con una cantidad de sorting layer difícil de gestionar. En vez de eso, el parámetro de order in layer es mucho más efectivo y cómodo. Mi consejo es que interpretes los sorting layer como un ajuste grueso de la profundidad de los sprites y el order in layer como un ajuste fino.

Como en cualquier otro juego 2D, en *Prince of Unity* se hace un uso intensivo de los sorting layer y del order in layer.

Si vamos al prefab `Assets/Prefabs/Architecture/Pillars` veremos que el pilar frontal (FrontPillar) se sitúa en el sorting layer Forground, mientras que el pilar trasero (BackPillar) está en Background. Dado que el SpriteRenderer del personaje principal está en la capa intermedia (Default), el personaje pasará entre el pilar frontal y el trasero, lo que le da sensación de profundidad al escenario.

Otro ejemplo muy interesante lo tenemos en el prefab `Assets/Prefabs/DynamicArchitecture/Portcullis` que implementa el rastrillo. Si nos fijamos en el juego, el personaje queda por delante de la reja del rastrillo cuando se aproxima a ella desde la derecha, y por detrás cuando se acerca por la izquierda. Ese efecto se consigue dividiendo la reja en dos mitades verticales. La primera mitad vertical está en el GameObject IronCurtainLeft (tendrás que desplegar la jerarquía del prefab hasta su tercer nivel de anidamiento), y la mitad de la derecha está en IronCurtainRight. Para quedar por delante del personaje, IronCurtainLeft tiene un SpriteRenderer que se sitúa en primer plano (Foreground), mientras que IronCurtainRight se sitúa al fondo (Background) para quedar por detrás del personaje cuando se aproxime desde ese lado. Entre una mitad y otra hay un collider para evitar que el personaje atraviese la reja, pero ya veremos esa parte en el capítulo 9.

8.3. Occluders

Hay gran cantidad de juegos 2D donde los componentes del escenario mantienen la totalidad de su superficie dentro del mismo plano de profundidad. Se me ocurren como ejemplo de ello los juegos Super Mario Bros [114] o Sonic de Hedgehog [175].

Sin embargo, el *Prince of Persia* original era también original en ese sentido, porque la cámara no se situaba enfocando exactamente al perfil del juego sino que estaba ligeramente escorzada para dar sensación de profundidad. Eso no es un problema con los pilares, porque cada uno de ellos mantiene toda su superficie en el mismo plano de profundidad, pero sí que lo es con las baldosas del suelo. Si nos fijamos en estas últimas, están orientadas de tal manera que su borde horizontal superior se ubica en el plano más alejado de la cámara, y el borde horizontal inferior en el plano más cercano. No podemos fijar el sorting layer para que la baldosa esté simultáneamente en dos planos de profundidad. O la ponemos en la capa Background o en la capa Foreground, pero no podemos hacer que sólo una parte de sprite de la baldosa esté en Background y otra parte en Foreground. Esto es un problema cuando el personaje escala a una baldosa, porque si lo hiciese por el lado izquierdo de la baldosa debería verse tapado por la esquina inferior izquierda de esta (por estar más cercana a la cámara), mientras que si lo hiciese por el lado derecho debería ser el personaje el que tapase la baldosa. Lo normal sería colocar la baldosa en la capa Background para que el personaje (que está en la capa Default) se dibujase sobre ella al andar por encima, pero si nos quedásemos sólo en eso tendríamos el problema que se aprecia en la captura de la izquierda de la figura 8.3.

Figura 8.3: A la izquierda, sin occluder. A la derecha, con él.

Lo que está pasando en la figura de la izquierda es que, como el personaje está en la capa Default, que está por encima de la de Background del suelo, su figura se dibuja sobre la del suelo (no aparecen las piernas, porque las tapa el muro, que está en la capa delantera, Foreground). Pero claro, lo que queremos es que el efecto sea el de la imagen de la derecha, con la punta inferior izquierda de la baldosa tapando al personaje durante la escalada. No podemos resolver este problema mandando la baldosa a Foreground, porque taparía al personaje cuando anduviese sobre ella. Este es el tipo de situaciones que resuelven los *occluder*.

Un occluder es un recorte que se copia de un sprite para situarlo justo encima del sprite original, pero en un sorting layer superior. Al ser una copia del original y situarse justo encima, el occluder será invisible, pero al estar en una capa superior podrá tapar cualquier otro sprite que esté en una capa intermedia entre el sprite original y su occluder.

En el caso de las baldosas (o de los muros), el occluder es un sprite con un recorte de la esquina inferior izquierda del suelo, situado en la capa Foreground. De esa manera, tapará al personaje cuando escale la baldosa por el lado izquierdo.

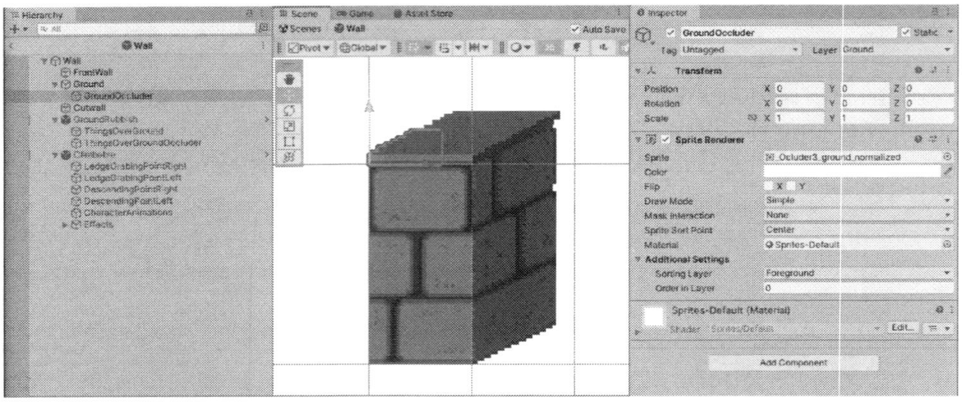

Figura 8.4: Configuración del occluder del muro.

Por tanto, los occluders son un apaño para que aquellas secciones de tus sprite que estén por delante del resto de la pieza puedan tapar a los personajes cuando se acerquen desde determinados ángulos. Yo los he usado en varios puntos de *Prince of Unity*, pero no merece la pena revisarlos todos. Basta con que sepamos cómo funcionan y qué tipo de problemática resuelven, por si nos los encontramos examinando los prefab del juego.

> ⚠ Al elaborar tus occluders, asegúrate de limitar su tamaño para que tape única y exclusivamente lo que te interesa. Si hubiera hecho más grande el occluder de la figura 8.4, haciendo que abarcase toda la mitad inferior de la baldosa, entonces habría tapado al personaje cuando este escalase por el lado derecho, lo que tampoco me interesaba.

> ⚠ Si quieres experimentar con los occluder de la baldosa o de los muros, ten en cuenta que esos prefabs incluyen al prefab auxiliar GroundRubbish, que tiene su propio occluder en un GameObject hijo llamado ThingsOverGroundOccluder. Así que, si quieres desactivar los occluder, tendrás que desactivar tanto el del suelo como el de GroundRubbish.

8.4. Máscaras

Otro truco que nos interesa conocer cuando usemos sprites son las máscaras. Una máscara sirve para definir el grado de opacidad de las secciones de un sprite, cuando este se represente en la escena mediante un SpriteRenderer.

En *Prince of Unity*, las he utilizado con las puertas levadizas de los rastrillos y con las de cambio de nivel. En esos casos, me he limitado a mover hacia arriba el sprite de la reja o de las puertas, según tocase, pero lo que no quería era que dichos sprite asomasen por encima del marco, o peor, en el piso que estuviera por encima de la puerta. Para resolverlo, he utilizado máscaras que hiciesen visible sólo la sección de los sprites que estuviesen dentro del marco de dichas puertas, haciendo invisible todo lo que lo desbordase.

En realidad, una máscara no es sino un sprite con un dibujo de una silueta en blanco y negro. La silueta marca la región donde queramos manipular la opacidad. Allá donde la silueta sea blanca, la opacidad será máxima y allá donde sea negra (o transparente) la opacidad será nula. Los casos intermedios, con tonos grises, harán traslúcido al sprite. En mi caso, me habría bastado con pintar un rectángulo blanco, pero ni siquiera he necesitado hacerlo. Al instalar por el package manager el paquete *2D Sprite*, se incorporan a nuestros assets una serie de sprites sencillos que pueden utilizarse como máscara. Para la máscara de las puertas, yo he usado el sprite 🗀`Packages/2D Sprite/Editor/ObjectMenuCreation/DefaultAssets/Textures/Square`. Si abres ese sprite verás que es una imagen completamente blanca. Para usar ese sprite como máscara tienes que dotar a un GameObject del componente SpriteMask.

Se puede encontrar un ejemplo de uso de una máscara en el prefab de la puerta de cambio de nivel (🗁 `Assets/Prefabs/DynamicArchitecture/InterlevelGate`). Su configuración se puede ver en la figura 8.5.

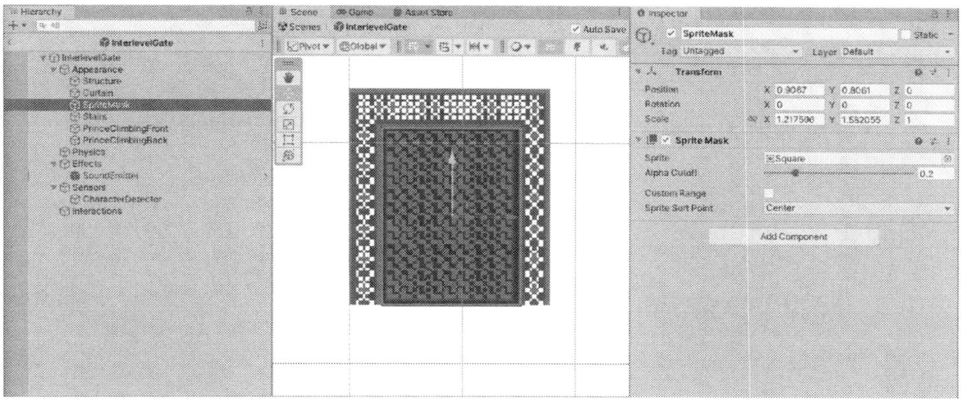

Figura 8.5: Configuración de la máscara de la puerta de cambio de nivel.

En la figura se puede ver que el GameObject del SpriteMask (que también se llama SpriteMask) está a la misma altura de la jerarquía que el GameObject Curtain que tiene el SpriteRenderer al que le afecta la jerarquía. Dicho SpriteRenderer debe tener su parámetro *Mask Interaction* a Visible Inside Mask, para que le afecte la máscara. Si estuviese en Visible Outside Mask se invertiría el efecto.

Los parámetros del componente SpriteMask son:

- *Sprite*: Como ya hemos dicho, fija el sprite que será utilizado como máscara. Recuerda que el blanco (valor 1) es el máximo de opacidad y el negro (valor 0) es el mínimo, o sea invisible.

- *Alpha Cutoff*: Valor mínimo de un píxel de la máscara para considerar opaco el sprite. Si la máscara tiene áreas grises, aumentar el valor de este parámetro reducirá las áreas finalmente visibles. En este caso he dejado el valor por defecto porque no llega actuar, ya que la máscara utilizada es completamente blanca, sin valores intermedios.

- *Custom Range*: Yo lo he desmarcado porque en los prefab donde he aplicado máscaras sólo había un sprite configurado para interactuar con máscaras. Además, eran prefab inmóviles, así que no había posibilidad ni de que se solapasen máscaras ni sprites configurados para ser afectados por ellas. Sin embargo, las máscaras afectan a todos los sprites que tengan activada la interacción con máscaras y que coincidan con ellas en la escena. Eso puede dar lugar a efectos extraños si dos objetos móviles con máscaras se solapan en algún momento dentro de la escena. Para evitar esa anomalía, podemos acotar los sprites a los que afecta cada máscara marcando este parámetro y definiendo el sorting layer en la que queremos que actúe la máscara. Si definimos los parámetros Range Start y Range End simultáneamente, podemos incluso afinar más y afectar sólo a los sprites que están en un determinado rango de orden dentro de un sorting layer.

- *Sprite Sort Point*: Recuerda que este parámetro ya aparecía en la configuración de los SpriteRenderer. Este componente supongo que tiene sentido en caso de que solapes varias máscaras, con sprites entre medias, para determinar el orden de aplicación de las máscaras.

Una vez configurado el SpriteMask, tienes que escalar el componente dentro del editor del prefab para que cubra la zona que quieres enmascarar. Como puedes ver en la figura 8.5, en el caso de las puertas de cambio de nivel, la máscara se encaja perfectamente en el umbral de la puerta para que se hagan invisibles las zonas del SpriteRenderer de Curtain que se eleven más allá de dicho umbral.

8.5. Antialiasing

El antialiasing es una técnica gráfica usada para suavizar los bordes de las imágenes y de los modelos 3D para que parezcan más naturales. El suavizado se puede conseguir con diversas técnicas, aunque casi todas se basan en sacar las medias de color de los pixels cercanos y hacer una transición gradual de colores en el borde. El efecto es mucho más agradable a la vista, pero si te acercas a un borde puedes percibir que se ha conseguido reduciendo la definición de los bordes, que quedan más difuminados.

La Nintendo 64 fue la primera consola que ofreció una primera aproximación al antialiasing y además lo hizo por hardware, por lo que no suponía un consumo extra para la CPU. Antes de esa consola, los bordes aparecían dentados, al percibirse los pixels más extremos de las figuras.

Siendo una mejora relativamente moderna, dejarla activada en un juego retro sería un anacronismo que le restaría encanto, ya que se perdería ese aspecto pixelado que lo caracteriza.

Para desactivar el antialising en Unity debes ir a Edit > Project Settings... > Quality > Anti Aliasing, lo que lo desactivará de todo el proyecto. Tendrás que repetirlo para los diferentes niveles de calidad (desde Very Low, hasta Ultra). Si sólo quisieras desactivarlo en momentos muy concretos, podrías ir al componente Camera de la cámara activa y deshabilitar su parámetro MSAA en el inspector, o bien desde el código de un script.

8.6. Cámara

"La belleza está en los ojos del que mira". La cámara son los ojos del jugador dentro del juego y con la que podemos llevar a cabo no pocos efectos visuales capaces de mejorar la apariencia de nuestro juego.

El componente Camera genera una imagen desde un punto de vista específico de la escena, y muestra esa escena en la pantalla del jugador o sobre una textura. Lo primero correspondería a la vista del juego que se ve en la pestaña Game, y lo segundo a visualizaciones secundarias como un minimapa auxiliar o una imagen generada en tiempo real y mostrada en un elemento del juego (un espejo o un monitor de televisión).

Podemos tener múltiples cámaras en la misma escena y las imágenes que se generan se pueden mostrar en cualquier posición de la pantalla. En función del orden en el que rendericemos las imágenes de las cámara, la posición en la que situemos las imágenes y los efectos visuales que apliquemos a cada una, podremos conseguir casi cualquier composición que nos propongamos.

Sin embargo, en *Prince of Unity* tampoco necesitamos algo tan sofisticado. Con una cámara nos basta. Para ello he creado el prefab `Assets/Prefabs/Managers/LevelCamera`. Dicho prefab cuenta con los siguientes GameObjects:

- LevelCamera: Es el GameObject raíz y el que cuenta con el script `Assets/Scripts/CameraController.cs` que gestiona el comportamiento y la posición de la cámara.
- Video: Es el GameObject del que cuelga el componente Camera, que se gestiona desde CameraController.
- Audio: Es un GameObject para todos los temas relativos a la parte sonora del juego. Veremos su contenido y funcionamiento en el capítulo 13.

El componente Camera usado en *Prince of Unity* tiene la configuración que se puede ver a la derecha de la figura 8.6.

Vamos a explicar sus parámetros de configuración:

- *Clear Flags*: Sirve para decirle a la cámara cómo rellanar los espacios vacíos donde no aparezca objeto alguno. En el caso de *Prince of Unity* es sencillo: he elegido Solid Color para que muestre un fondo negro allá donde no haya objetos, lo que respeta la estética del juego original. En otro tipo de juegos suele ser habitual usar la opción Skybox para envolver a la escena en una caja que simule un cielo con nubes.

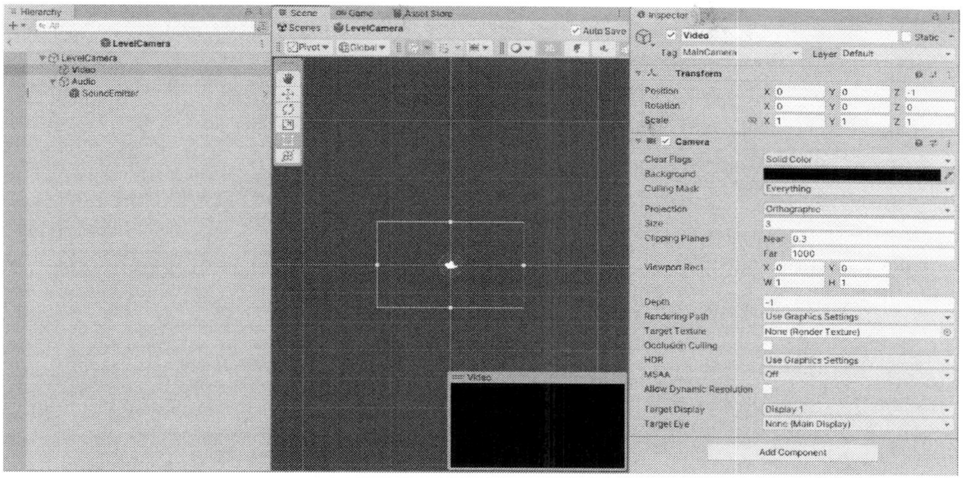

Figura 8.6: Prefab del LevelCamera.

- *Background*: Si en el parámetro anterior hubiésemos elegido `Solid Color`, entonces aquí definiríamos qué color utilizar.

- *Culling Mask*: Sirve para definir qué capas mostrar en la imagen que se renderice. Un ejemplo de uso es cuando quieras mostrar un minimapa en un juego 3D en el que los personajes salgan representados con iconos. En ese caso situarías los iconos encima de cada personaje (como un GameObject hijo) y pondrías los iconos en una capa, los personajes en otra y el escenario en otra. Para que no saliesen los iconos en la imagen principal, pondrías el Culling Mask de su cámara para captar sólo la capa de los personajes y del escenario. Por su parte, la cámara cenital que usaríamos para el minimapa tendría configurado en el Culling Mask sólo la capa de los iconos y del escenario, sin la de los personajes para que estos no se viesen en el minimapa.

- *Projection*: Es muy importante. En un juego 2D generalmente usaremos `Orthographic` que genera una imagen en la que las proporciones de los objetos se mantienen constantes, independientemente de la distancia a la cámara (es decir, que la perspectiva se limita a qué imagen se superpone con las demás). Si hemos usado la plantilla 2D para crear el juego, lo más probable será que las cámaras ya vengan configuradas por defecto con proyección ortográfica. La otra opción, `Perspective`, es la habitual de los juegos 3D.

- *Size*: Este parámetro es engañosamente simple. Define la altura del plano de encuadre de la cámara. Cuando trabajemos en ortográfico, el enfoque no tendrá forma de pirámide sino sencillamente de recuadro. Este parámetro define la altura de dicho recuadro, desde su base a su lado superior. La complicación viene con el ancho del encuadre, es decir, la distancia entre el lado izquierdo y el derecho del recuadro. Ese valor se calcula a partir de la altura, en función de la relación de aspecto que hayamos elegido para la pantalla (por ejemplo 4:3 o 16:9). Para complicar la cosa, en *Prince of Unity* el recuadro de la cámara se tiene que ajustar a las dimensiones de una habitación del juego, que ya hemos visto que tiene 10 columnas y 3 filas, siendo estas el doble de altas que la anchura de las columnas, lo que supone una relación de aspecto de 10:6. Se trata, por tanto, de una relación de aspecto algo peculiar por lo que al final, independientemente del parámetro que pongamos aquí, he usado el script CameraController para ajustar las dimensiones del enfoque.

- *Clipping Plane*: Distancias límite de la cámara. En la imagen final no aparecerá ningún objeto que esté más cerca de *Near* ni más lejos que *Far*.

- *Viewport Rect*: Define la posición (*X*, *Y*) de la pantalla en la que se mostrarán las imágenes de esta cámara, y qué porcentaje de aquella ocupará (en ancho, *W*, y alto, *H*). Un valor de `X=0`, `Y=0`, `W=1` y `H=1` sitúa la imagen en el origen de coordenadas de la pantalla y hará que esta imagen utilice la totalidad del ancho y del alto de dicha pantalla.

- *Depth*: Si el sorting layer sirve para definir el orden en el que los SpriteRenderer pintan en la pantalla, este parámetro sirve para fijar el orden en el que las cámaras dibujan en la pantalla las imágenes que captan. Esto es muy útil cuando tenemos varias cámaras pintando en la pantalla al mismo tiempo, por ejemplo en un juego que implemente pantalla partida (split-screen). Los valores más altos de este parámetro dibujarán encima de las cámaras que tengan valores más bajos. Dado que en *Prince of Unity* sólo hay una cámara, me he limitado a dejar el valor por defecto.

- *Rendering Path*: Cambia el método usado para renderizar la imagen captada por las cámaras. Dicho método depende de cómo se calcula la iluminación y el aspecto de los materiales. Hay dos métodos *Forward Rendering* y *Deferred Rendering*, pero para un juego 2D sencillo como *Prince of Unity* no tiene sentido complicarse tanto, por eso lo he dejado en la opción predeterminada.

- *Target Texture*: Por defecto, las cámaras dibujan su imagen en la pantalla, pero también podrían hacerlo en la superficie de un objeto. Sería la manera de hacer un espejo: pondríamos una cámara en el centro del espejo mirando al frente, aplicaríamos una textura en la zona del cristal y fijaríamos esa textura en este parámetro para que todo lo que viese la cámara se dibujase sobre el espejo. También puede utilizarse, por ejemplo, para implementar un monitor que mostrase imágenes de una cámara colocada en otro punto del escenario. En fin, las posibilidades son muchas aunque en este juego no hayan tenido aplicación.

- *Occlusion Culling*: Esta funcionalidad está desactivada de base. Cuando se usa, permite una optimización del rendimiento al evitar dibujar aquellos GameObject que están tapados por otros. Sin embargo, hacer funcionar esta mejora requiere de cierto trabajo porque exige identificar manualmente aquellos GameObjectque van a tapar y aquellos que van a ser tapados. Por otro lado, si bien puede mejorar el rendimiento del juego, el uso de esta funcionalidad puede incrementar el tamaño final del juego, ya que hay que incluir en él toda la información relativa a ella. No tenía sentido complicar las explicaciones del juego usando esta funcionalidad, por apenas una mejora marginal de velocidad, así que no la he activado.

- *HDR*: Si tu juego usa imágenes de alto contraste (HDR) deberías activar esta funcionalidad para sacar provecho de ellas.

- *MSAA*: Este parámetro permite que la cámara aplique antialiasing a la imagen. Como ya he explicado, en el caso de *Prince of Unity* he dejado desactivada esta opción para mantener la estética retro.

- *Allow Dynamic Resolution*: Esta es otra funcionalidad de optimización. Permite que la cámara reduzca dinámicamente la resolución de la imagen generada en caso de detectar una pérdida de rendimiento del equipo del jugador. De esta manera se podría mantener una tasa estable de fotogramas por segundo, aunque fuera al precio de reducir la calidad de la imagen. Puede ser útil en juegos destinados a plataformas con potencia limitada, como consolas o teléfonos móviles. Si no tienes un juego muy exigente a nivel gráfico, ni piensas usarlo en alguna de las plataformas anteriores, te recomiendo que dejes esta opción desmarcada. Siempre estarás a tiempo de usarla si más adelante te encontrases con cuellos de botella en el rendimiento.

- *Target Display*: Lo mas probable es que este sea el parámetro que menos uses de todos. Sirve para definir a qué pantalla mandar la imagen de esta cámara, en plataformas con múltiples pantallas. Como no puedes esperar que un usuario tenga más de una pantalla, lo normal es que los juegos se diseñen para usar sólo una, por lo que dejan este parámetro en su valor por defecto. El único caso en el que se me ocurre que este parámetro podría tener algún interés sería para un juego desarrollado específicamente para una plataforma arcade construida con múltiples pantallas.

- *Target Eye*: Este parámetro sólo se usa en juegos de realidad virtual para enviar la imagen de la cámara al visor de un ojo determinado del casco.

Fíjate que, entre los parámetros anteriores, hay algunos que se pueden fijar en la configuración gráfica general, lo que afectaría a todas las cámaras, pero también en la configuración concreta de las cámaras, lo que nos serviría para tener excepciones a la configuración general.

El script que gestiona el comportamiento de la cámara es `Assets/Scripts/CameraController.cs`. Los campos que presenta en el inspector son los siguientes:

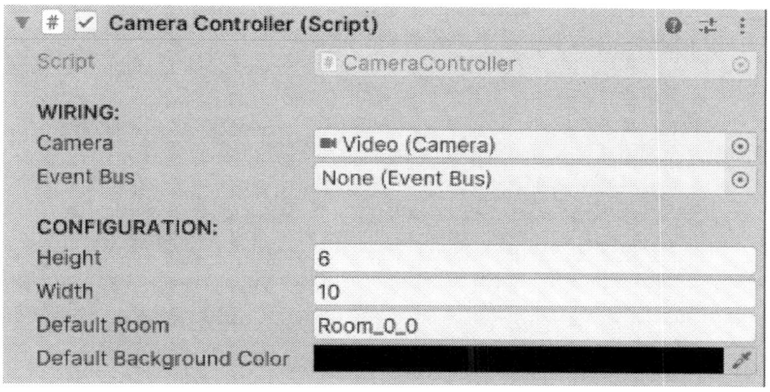

Figura 8.7: Campos del script CameraController.

En la captura de la figura 8.7 el campo `eventBus` aparece vacío, pero hay que tener en cuenta que el prefab LevelCamera está pensado para ser integrado en el prefab compuesto GameManagers, donde también se encuentra el prefab EventBus, así que en GameManagers el campo `eventBus` tiene una referencia al otro prefab. Por su parte, el campo `camera` contiene la referencia al componente Camera del prefab.

Los campos `height` y `width` contienen el alto y el ancho, en unidades, que debe tener el encuadre de la cámara. Como ya mencionamos al estudiar el parámetro *Size* del componente Camera, dado que en el juego original una habitación llenaba por completo la imagen, en *Prince of Unity* las dimensiones del encuadre de la cámara deben coincidir con las de una habitación del juego que, como ya hemos dicho, son 10 unidades de ancho y 6 unidades de alto. Desgraciadamente no podemos aplicar estas dimensiones directamente para configurar el tamaño del encuadre. En vez de eso, debemos recurrir a un método algo más indirecto.

Lo primero que hace el script en su `Awake()` es llamar a `UpdateCameraSettings()`:

```
/// <summary>
/// Set camera settings.
/// </summary>
private void UpdateCameraSettings()
{
    camera.aspect = AspectRatio;
    camera.orthographicSize = OrthographicSize;
    FixPositionOffset();
}

/// <summary>
/// When ortographic size is changed its position is slightly offset so we fix that.
/// </summary>
private void FixPositionOffset()
{
    camera.transform.localPosition = new Vector3(0,0, camera.transform.localPosition.z
        );
}
```

Listado 8.1: Fragmento de Assets/Scripts/CameraController.cs

El campo `aspect` de camera define la relación de aspecto del encuadre, es decir, el resultado de dividir su anchura entre su altura. Por su parte, el campo `ortographicSize` corresponde a lo que se define como la media-altura del encuadre de la cámara (la distancia entre su centro y su lado superior). Si fijamos el `ortographicSize`, podremos forzar la altura que nos interesa para el encuadre. Hecho eso, fijando un `aspect` adecuado, la cámara calculará la anchura de su encuadre en función de la altura resultante de su `ortographicSize`. Para traducir nuestros campos de entrada (height y width) a lo que esperan los campos aspect y ortographicSize he utilizado las propiedades `AspectRatio` (línea 67 del listado 8.1) y `OrtographicSize` (línea 68). La definición de dichas propiedades es la siguiente:

```
public float AspectRatio => (float) width / (float) height;
public float OrthographicSize => (float) height / 2;

public Room CurrentRoom { get; private set; }
```

Listado 8.2: Fragmento de Assets/Scripts/CameraController.cs

Los cálculos son evidentes. Dividimos `height` entre 2 para obtener la media-altura que espera obtener `ortographicSize`. En cuanto a `AspectRatio`, basta con dividir `width` entre `height`.

El problema que he observado es que cada vez que cambias el tamaño del encuadre de la cámara, dicho encuadre se descentra. Por eso he tenido que crear el método auxiliar `FixPositionOffset()` que corrige esa deriva (líneas 69 y 75 del listado 8.1).

Una vez ajustado el tamaño del encuadre, la cámara se debe colocar sobre la habitación que hayamos elegido como la de inicio por defecto, pero eso no puede ocurrir hasta que estemos seguros de que el nivel ha acabado de cargarse.

```
80 private void OnEnable()
81 {
82     SceneManager.sceneLoaded += PlaceAtDefaultRoom;
83 }
84
85 private void OnDisable()
86 {
87     SceneManager.sceneLoaded -= PlaceAtDefaultRoom;
88     if (eventBus.HasRegisteredEvent<GameEvents.KillCurrentGuardKeyPressed>())
89         eventBus.RemoveListener<GameEvents.KillCurrentGuardKeyPressed>(
               OnKillCurrentGuardKeyPressed);
90 }
```

Listado 8.3: Fragmento de Assets/Scripts/CameraController.cs

Como ya veremos en el capítulo 20, en algunos casos se recomienda que la suscripción a eventos se realice en el método `OnEnable()` y que haya una baja de la suscripción en el método `OnDisable()`. Ambos son métodos de MonoBehaviour. `OnEnable()` se llama siempre que se habilita el GameObject, bien porque haya estado desactivado o bien porque acabe de terminar su `Start()`. Por su parte, `OnDisable()` se llama al desactivar el GameObject o al destruirlo. La suscripción se realiza en la línea 82 del listado 8.3, al evento `sceneLoaded` que lanza el gestor de escenas de Unity cuando termina de cargar todos los objetos de una escena.

El método de CameraController que se llama cuando sucede ese evento es `PlaceAtDefaultRoom()` que, como indica su nombre, ubica a la cámara sobre la habitación de inicio del nivel.

```
/// <summary>
/// Place camera at default location.
///
/// If current scene has no room with default name then do nothing.
/// </summary>
private void PlaceAtDefaultRoom(Scene _, LoadSceneMode __)
{
    GameObject roomGameObject = GameObject.Find(defaultRoom);
    Room room = roomGameObject != null ? roomGameObject.GetComponentInChildren<Room>()
        : null;
```

```
120     if (room != null) PlaceInRoom(room);
121 }
```

Listado 8.4: Fragmento de Assets/Scripts/CameraController.cs

Sobre cada habitación del juego hay un GameObject compuesto, que viene del prefab 🗀 `Assets/Prefabs/Managers/Room`. Este GameObject es invisible y su función principal es detectar cuándo entra y sale el personaje principal de alguna habitación, para activar el movimiento de la cámara a la nueva habitación. Estudiaremos con profundidad ese prefab en el capítulo 10. Aun así, el prefab Room también tiene la función de marcar el punto exacto donde debe colocarse una cámara para enfocar correctamente la región de la escena que corresponde a esa habitación.

Por tanto, cada escena está repleta de instancias de Room, para cuyos nombres he utilizado el estándar `Room_[offset_horizontal]_[offset_vertical]`. Los offset se calculan en habitaciones, a partir de la de inicio. En todo caso, la habitación inicial en cada nivel se llama `Room_0_0` y es la que se busca en la línea 118 del listado 8.4. Una vez localizado el GameObject, extraemos de él una referencia a su script (línea 119) y lo utilizamos como entrada para el método `PlaceInRoom()`.

```
52 /// <summary>
53 /// Place this level camera over given room.
54 /// </summary>
55 /// <param name=''room''>Room to place this camera over.</param>
56 public void PlaceInRoom(Room room)
57 {
58     transform.position = room.RoomCameraPosition;
59     CurrentRoom = room;
60 }
```

Listado 8.5: Fragmento de Assets/Scripts/CameraController.cs

El método `PlaceInRoom()` ubica la cámara en la posición marcada por el objeto Room que se le pase como entrada. Para ello, tal y como se puede ver en el listado 8.5, fija la posición del Transform de la cámara a la posición marcada por el objeto Room (línea 58), lo que supone mover la cámara sobre una nueva habitación.

Para poder hacer un seguimiento de cuál es la habitación sobre la que está la cámara en todo momento, en el campo `CurrentRoom` se guarda una referencia al objeto Room sobre el que acabamos de saltar (línea 59).

Una vez fijada la cámara sobre la habitación de inicio, este método `PlaceInRoom()` se llamará nuevamente para recolocar la cámara sobre las habitaciones por las que se vaya moviendo nuestro personaje, tal y como veremos en el capítulo 10.

No podemos acabar el repaso de las funciones del prefab LevelCamera sin describir su papel en los efectos visuales del juego. El juego original ilumina la pantalla con súbitas ráfagas de color en momentos muy concretos (cuando el personaje principal recibe daño, toma una poción o consigue la espada). En *Prince of Unity* he reproducido ese efecto visual jugando con el color de fondo de la cámara.

La clase `CameraController` define un struct llamado `Flash` que condensa los datos de una ráfaga rápida de color:

```
/// <summary>
/// A flash is an instant when background changes is color. It happens in
/// special events like when Prince is hit or it finds a sword.
/// </summary>
[Serializable]
public struct Flash
{
    [Tooltip(''How much time passes since last flash to show this one.'')]
    public float startDelay;
    [Tooltip(''Color to show at background.'')]
    public Color flashColor;
    [Tooltip(''How much time this flash should last.'')]
    public float duration;
```

```
}
```

Listado 8.6: Fragmento de Assets/Scripts/CameraController.cs

El campo `flashColor` define el color de fondo que le pondremos al escenario al activar este flash, y el campo `duration` nos dice por cuánto tiempo debemos mantener ese color de fondo antes de volver a su color original. Por su parte, el campo `startDelay` permite separar los flashes entre sí definiendo cuánto tiempo debemos esperar desde el último flash, antes de activar este.

Los GameObjects de la escena que quieran lanzar una ráfaga de flashes usarán una referencia al LevelCamera activo para llamar a su método `ShowFlashes()`. Las ráfagas no serán sino arrays de flashes.

```
123 /// <summary>
124 /// Show given flash sequence.
125 /// </summary>
126 /// <param name=’’flashes’’>Flash sequence.</param>
127 public void ShowFlashes(Flash[] flashes)
128 {
129     StartCoroutine(ShowFlashesAsync(flashes));
130 }
131
132 private IEnumerator ShowFlashesAsync(Flash[] flashes)
133 {
134     // Color previousColor = camera.backgroundColor;
135     foreach (Flash flash in flashes)
136     {
137         yield return new WaitForSeconds(flash.startDelay);
138         camera.backgroundColor = flash.flashColor;
139         yield return new WaitForSeconds(flash.duration);
140         // camera.backgroundColor = previousColor;
141         camera.backgroundColor = defaultBackgroundColor;
142     }
143 }
```

Listado 8.7: Fragmento de Assets/Scripts/CameraController.cs

Como se puede ver en el listado 8.7, ShowFlashes() ejecuta una corrutina (línea 129) para poder mostrar los flashes de la ráfaga a lo largo de múltiples fotogramas, sin bloquear el proceso principal del juego.

Para cada flash de la ráfaga, la corrutina espera el tiempo definido entre flashes (línea 137), después fija como color de fondo el color del flash (línea 138), vuelve a esperar el tiempo definido como duración para el flash (línea 139) y finalmente devuelve el color de fondo a su color por defecto (línea 141).

Dado los reducido de los tiempos de espera y de duración, el efecto será muy similar a la ráfaga estroboscópica del juego original.

8.7. Vídeos

El juego original reproducía escenas animadas que contaban lo que le pasaba a la princesa y lo que urdía el visir mientras el protagonista avanzaba por el juego. Para replicar esas escenas primero las he grabado del juego original con OBS Studio, que ya explicamos en el capítulo 3, y luego las he reproducido en *Prince of Unity* siguiendo el proceso que vamos a ver en esta sección.

En Prince of Unity, la reproducción de vídeos se hace a través del prefab 🗀`Assets/Prefabs/Managers/Video`. La estructura de este prefab compuesto es similar a otros que hemos analizado anteriormente:

- Video: Es el GameObject raíz y el que tiene el script que gestiona todo el prefab: 🗀`Assets/Scripts/VideoController.cs`.
- Screen: En este GameObject está el componente de Unity que reproduce vídeos, llamado VideoPlayer.
- Input: En este GameObject he colocado un componente PlayerInput que, como vimos en el capítulo 7, sirve para reaccionar a las entradas del usuario (a través de los periféricos de entrada como el teclado, el mando o el ratón) desencadenando llamadas a métodos del prefab.

Este prefab no tiene que actuar en todas las escenas, por lo que no se incluye en el prefab compuesto GameManagers.

Hay dos tipos de escenas en *Prince of Unity*, las que contienen un nivel que el protagonista debe superar y las que reproducen un vídeo. Cuando el protagonista cruza una puerta de cambio de nivel se suele cargar una escena de vídeo y cuando la escena de vídeo ha acabado de reproducir la grabación se dispara la carga de la siguiente escena de nivel que tenga configurada. Por ese motivo, el prefab Video sólo está presente en las escenas pensadas para reproducir grabaciones.

El componente VideoPlayer tiene los siguientes parámetros de configuración:

- *Source*: Tipo de grabación que vamos a reproducir. La opción `Video Clip` carga una grabación importada como asset (nuestro caso) y la opción `URL` reproduce un streaming que le llega desde la URL que le metamos.

- *Video Clip*: Aquí es donde debemos meter el asset con la grabación que queramos reproducir.

- *Update* Mode:[1] Sirve para definir el reloj que utiliza el componente para reproducir los fotogramas. La opción `DSP Time` le da la prioridad a la sincronización de las imágenes de la grabación con el sonido. La opción `Game Time` se usa para sincronizar la velocidad de la reproducción con la escala de tiempo del juego (por ejemplo, si redujeses la escala del tiempo de juego para implementar un *tiempo*-bala,[2] el vídeo reproducido reduciría su velocidad según la nueva escala de tiempo). Por último, la opción `Unscaled Game Time` usa el reloj del sistema para reproducir la grabación, por lo que se usa para asegurar que el ritmo de la reproducción se mantiene consistente independientemente de la escala de tiempo del juego. Elegir la opción más adecuada requiere de cierta experimentación, porque podemos afectar al rendimiento del juego. Yo lo he dejado en `Unscaled Game Time` y no parece haber habido problema alguno.

- *Play On Awake*: Si se marca, inicia la reproducción conforme se inicia la escena. En mi caso lo he dejado marcado.

- *Wait For First Frame*: Espera a que se reproduzca el primer frame de la escena antes de iniciar la reproducción. Si no se marca, podemos encontrarnos con que el vídeo ya esté empezado cuando se muestre el primer fotograma de la escena.

- *Loop*: Si lo marcamos el vídeo se reproducirá una y otra vez. En mi caso lo he desmarcado, porque ninguno de los videos se repite. Todos finalizan y dan paso al siguiente nivel.

- *Skip On Drop*: Este parámetro le dice al VideoPlayer cómo actuar en caso de que haya una bajada de rendimiento en el dispositivo y la reproducción empiece a quedarse atrás respecto al reloj de referencia que hayamos fijado. Si marcamos esta opción, el componente se saltará los fotogramas de la grabación que sean necesarios para volver a acompasarse con el reloj del sistema. Esto supondrá que la reproducción irá a saltos, pero acabará en el momento en el que se supone que debía acabar. Si no se marca esta opción y hay una pérdida de rendimiento en el dispositivo, la reproducción se irá quedando atrás y, aunque reproducirá todos los fotogramas, al haber ido mucho más lenta, finalizará más tarde de lo esperado. Dependiendo del ritmo de tu juego, de la importancia del vídeo para la narrativa y de las plataformas sobre las que esperas ejecutarlo, te interesará más una opción u otra. En mi caso concreto, me ha parecido mejor dejarlo activado.

- *Playback Speed*: Escala de tiempo interna de la reproducción. 1 corresponde a la velocidad de reproducción normal, por debajo de ese valor irá más lenta y por encima más rápida.

[1] Según la versión del editor de Unity, es posible que a este parámetro se le llame Time Source.

[2] El tiempo-bala es una técnica inspirada en algunas escenas de la película Matrix. Consiste en ralentizar el juego de manera extrema, para permitir al jugador realizar acciones que serían imposibles en tiempo real, como por ejemplo esquivar balas.

- *Render Mode*: Este parámetro define dónde dibujar el vídeo reproducido. La opción Camera Far Plane dibuja el vídeo en el plano lejano de la cámara (ese que marcaba el límite a partir del cual los objetos lejanos dejaban de verse) y es útil si quieres que otros objetos de la escena aparezcan sobre el vídeo reproducido. La opción Camera Near Plane, es la que he usado yo porque dibuja el vídeo sobre el plano cercano de la cámara (ese que marcaba el límite según el cual objetos más cercanos dejaban de verse), lo que es útil para asegurar que ningún elemento de la escena aparezca por accidente sobre la reproducción. La opción Render Texture es similar a la que ya vimos para las cámaras, puesto que permite dibujar la reproducción sobre texturas aplicadas a objetos del juego, lo que nos puede servir para mostrar vídeos en monitores que aparezcan en nuestro escenario. Otra opción mucho más avanzada es la de Material Override, que permite dibujar el vídeo sobre un material en el que hayamos programado un shader que aplique efectos visuales. La última opción, API Only es la más avanzada de todas, ya que con ella el vídeo reproducido no se renderiza en pantalla, sino que se ofrece a través de una propiedad del componente VideoPlayer para que nuestros scripts puedan procesarlo en tiempo real. Es una opción que tiene sentido en aplicaciones de procesado de imágenes en tiempo real o de machine-learning, pero que requiere de una gran optimización y recursos hardware.

- *Camera*: Si en el parámetro anterior hemos optado por dibujar en alguno de los planos de la cámara, aquí será donde definamos de qué cámara de la escena.

- *Alpha*: Opacidad de la reproducción, siendo el máximo 1, por debajo del cual la reproducción será traslúcida y dejará ver lo que tenga detrás del plano dibujado.

- *3D Layout*: Este parámetro sólo tiene sentido para vídeos estereoscópicos pensados para gafas 3D. Para vídeos 2D normales como los de *Prince of Unity*, déjalo en No 3D. Las otras dos opciones definen cómo se ubican las imágenes para cada uno de los ojos y dependerán del tipo de gafas que utilicemos.

- *Aspect Ratio*: Aquí definimos cómo encajar la imagen del vídeo reproducido en la pantalla. Si elegimos No Scaling, el vídeo se reproducirá en su tamaño y relación de aspecto original, aunque eso suponga dejar márgenes negros a su alrededor (o mostrar sólo una parte del vídeo si la pantalla se nos quedase corta). Fit Vertically le da prioridad a encajar la dimensión vertical del vídeo en la altura disponible en la pantalla, manteniendo la relación de aspecto del vídeo. Si la pantalla fuera muy ancha y la imagen no la llenase del todo, se verían franjas negras a los lados. Fit Horizontally hace lo mismo pero le da prioridad a encajar horizontalmente la reproducción, manteniendo la relación de aspecto. Como las relaciones de aspecto más habituales son más anchas que altas, esta opción puede tener como efecto que el vídeo no ocupe toda la altura de la pantalla y aparezcan franjas negras arriba y abajo.[3] La opción Fit Inside juega con el tamaño para asegurar que la reproducción quepa en la pantalla, respetando la relación de aspecto. La verdad es que no sé qué sentido tiene la opción Fit Outside, ya que hace lo contrario que la anterior y desborda la imagen respecto a la pantalla. La última opción, Stretch, estira la imagen para ajustarla al ancho y alto disponible en la pantalla, pero al no respetar la relación de aspecto, la imagen puede aparecer distorsionada (estirada o aplastada). Al final, elegir la opción que mejor se adecúe a tu vídeo requiere de cierta experimentación. A mí me ha requerido más "prueba y error" de lo que podía parecer a priori. Al final, lo que mejor me ha encajado (y nunca mejor dicho) ha sido la opción Fit Horizontally.

- *Audio Output Mode*: Este parámetro sirve para decirle al componente qué hacer con la pista de audio de la grabación. Si elegimos None, la pista de audio no se reproducirá, sólo la de imagen. Audio Source deriva la pista de audio a un componente AudioSource, como los que vemos en el capítulo 13, para aplicarle efectos. Por último, Direct reproduce la pista de audio tal cual llega de la grabación. El aspecto sonoro de *Prince of Unity* es muy sencillo, aparte de que quería respetar al máximo el juego original, así que me he limitado a la opción Direct.

[3] Los lectores "vintage", como yo, recordarán que esto mismo era lo que pasaba cuando veías una película de CinemaScope en una televisión de tubo de 4:3.

El control del prefab se lleva a cabo desde el script `Assets/Scripts/VideoController.cs`. Los campos de configuración del script son los de la figura 8.8.

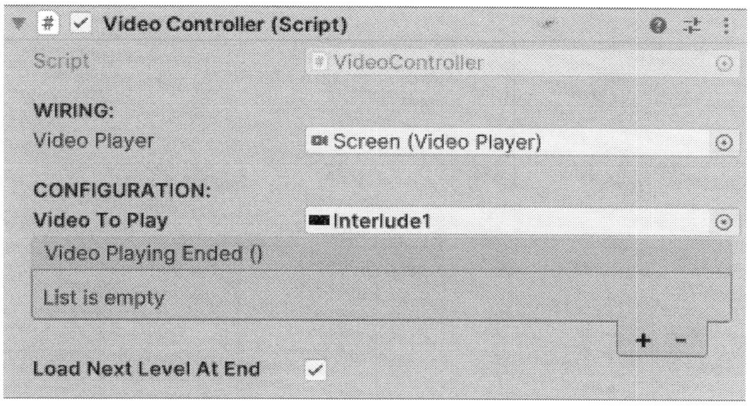

Figura 8.8: Campos de configuración de VideoController.

Al arrancar, el script se configura a sí mismo y al resto de los componentes del prefab y consigue una referencia al bus de eventos para poder avisar a través de él de la finalización de la reproducción. También carga una referencia al gestor de niveles para cargar el siguiente nivel al finalizar la reproducción, si así lo hemos definido, en el campo `loadNextLevelAtEnd`.

```
35 private void Awake()
36 {
37     SetUpVideoPlayer();
38     _levelLoader = GameObject.Find(''LevelLoader'').GetComponentInChildren<LevelLoader>();
39     _eventBus = GameObject.Find(''EventBus'').GetComponentInChildren<EventBus>();
40 }
41
42 private void SetUpVideoPlayer()
43 {
44     videoPlayer.loopPointReached += OnVideoPlayingEnded;
45     _currentCamera = GameObject.Find(''LevelCamera'').GetComponentInChildren<Camera>();
46     videoPlayer.targetCamera = _currentCamera;
47     videoPlayer.clip = videoToPlay;
48 }
```

Listado 8.8: Fragmento de Assets/Scripts/VideoController.cs

Para saber cuándo llega el vídeo a su fin, el mismo script tiene que suscribirse al evento `loopPointReached` que emite el componente VideoPlayer (línea 44 del listado 8.8).

Para que el componente VideoPlayer sepa la cámara sobre cuyo plano cercano debe dibujar la reproducción, el script localiza la cámara activa en el nivel (línea 45) y se la asigna al campo `targetCamera` del componente (línea 46).

Por último, le dice al componente VideoPlayer qué vídeo reproducir en función de lo que hayamos configurado en el campo `videoToPlay` del script (línea 47).

Como ya he dicho, he dejado el parámetro *Play On Awake* del VideoPlayer marcado, por lo que el vídeo dará comienzo en cuanto se inicie el nivel y el script le diga al componente qué vídeo reproducir.

A la primera oportunidad, tras el comienzo de la reproducción, el script lanzará un evento a través del bus para que el resto de los GameObjects del juego sepan que hay una reproducción en curso y de qué vídeo.

```
private void Update()
{
    if (!_startEventTriggered)
```

```
    {
        _eventBus.TriggerEvent(new GameEvents.VideoPlayStart(videoToPlay), this);
        _startEventTriggered = true;
    }
}
```

Listado 8.9: Fragmento de Assets/Scripts/VideoController.cs

Cuando el vídeo finalice, el componente VideoPlayer emitirá su evento `loopPointReached`, al que suscribimos el método `OnVideoPlayingEnded()`, en la línea 44 del listado 8.8:

```
59 private void OnVideoPlayingEnded(VideoPlayer vp)
60 {
61     if (videoPlayingEnded != null) videoPlayingEnded.Invoke();
62     _eventBus.TriggerEvent(new GameEvents.VideoPlayEnd(videoToPlay), this);
63     if (loadNextLevelAtEnd) _levelLoader.LoadNextScene();
64 }
```

Listado 8.10: Fragmento de Assets/Scripts/VideoController.cs

Como se puede ver en el listado 8.10, `OnVideoPlayingEnded()` hace varias cosas como reacción a la finalización del vídeo.

Para empezar, lanza todos los métodos que otros componentes hayan suscrito a través del editor al evento `videoPlayingEnded` ofrecido por este script (línea 61).

> Esta es una funcionalidad que he utilizado en los vídeos de los finales (el final bueno, en el que el personaje gana el juego, y el final malo, en el que lo pierde) para avisar a través del bus de eventos de la finalización del juego. El gestor de niveles reacciona a ese evento reiniciando el juego desde el vídeo de apertura.

Luego, el script avisa a través del bus de eventos de la finalización del vídeo (línea 62). Esto sirve para avisar a otros componentes que no se hayan podido suscribir por el editor.

Y por último el script le pide al gestor de niveles que cargue la siguiente escena (línea 63).

> Observa que, gracias al uso de eventos, hemos reducido el acoplamiento de este script respecto al resto de los GameObjects del juego, ya que se limita a emitir eventos informando de lo que le va pasando, sin necesidad de saber qué otros GameObjects reaccionan a esos eventos, ni de qué manera.

Queda por explicar el método `SkipVideo()`. Como ya hemos visto, el prefab Video cuenta con un componente PlayerInput para detectar las entradas de usuario. Este componente se ha configurado según lo que vemos en el capítulo 7. Su propósito es permitir que el usuario pueda saltarse los vídeos pulsando determinadas teclas. Cuando se pulsa alguna de esas teclas, el componente PlayerInput del prefab está configurado para llamar a `SkipVideo()`.

```
66 public void SkipVideo(InputAction.CallbackContext ctx)
67 {
68     if (ctx.started) videoPlayer.time = videoToPlay.length;
69 }
```

Listado 8.11: Fragmento de Assets/Scripts/VideoController.cs

Como se puede ver en el listado 8.11, lo que hace `SkipVideo()` para interrumpir el video es sencillamente colocar la reproducción del componente VideoPlayer al final de aquel (línea 68).

8.8. Pantalla

Una vez que tengamos listo todo lo anterior, aún nos quedará configurar la pantalla para mostrar las cosas tal y como queremos. En el caso de *Prince of Unity*, eso me ha supuesto dos ajustes: fijar la resolución a la que quiero que se muestre el juego y ocultar el cursor del ratón. Vamos a ver cómo lo he hecho.

Estos ajustes los he hecho desde el prefab 🗀`Assets/Prefabs/Managers/Screen`. Dicho prefab esta incluido dentro del prefab compuesto 🗀`Assets/Prefabs/Managers/GameManagers`.

Screen se limita a dos scripts, situados en su GameObject raíz:

- 🗀`Assets/Scripts/ScreenResolution.cs`: encargado de fijar la resolución de la pantalla.
- 🗀`Assets/Scripts/MouseHider.cs`: que se limita a ocultar el cursor del ratón al comenzar el juego.

MouseHider no puede ser más sencillo.

```
    // This component hides mouse cursor when game starts
    public class MouseHider : MonoBehaviour
    {
        private void Start()
        {
#if !UNITY_EDITOR
            Cursor.visible = false;
#endif
        }
    }
```

Listado 8.12: Fragmento de Assets/Scripts/MoudeHider.cs

Como puedes ver en el listado 8.12, MouseHider se limita a poner a falso la propiedad `Cursor.visible` al arrancar el juego, para hacer que el cursor del ratón desaparezca.

Por su parte, ScreenResolution sí que tiene más enjundia. Cuando arranca el juego, este script mira qué resolución por defecto tenemos en la configuración del juego y fija la resolución de la pantalla a ella.

```
57          private void Start()
58          {
59              Dimension screenDimension = GetResolutionDimensions(gameConfiguration.
                    ScreenResolution);
60  #if UNITY_EDITOR || UNITY_STANDALONE_LINUX
61              // On Linux FullScreenMode stretches image, ignoring set resolution. So, I
                     have to play
62              // game in windowed mode. But in windowed mode you must count the window
                    bar so in a full hd
63              // screen (1080p) the lower side of the window stays under screen lower
                    border. To avoid that
64              // in Linux I keep the game windowed at 720p, until a find a better
                    solution.
65              if (screenDimension.Height > 720) screenDimension = new Dimension(1280,
                    720);
66              Screen.SetResolution(screenDimension.Width, screenDimension.Height,
                    FullScreenMode.Windowed);
67  #else
68              Screen.SetResolution(screenDimension.Width, screenDimension.Height,
                    gameConfiguration.FullScreen);
69  #endif
70          }
```

Listado 8.13: Fragmento de Assets/Scripts/ScreenResolution.cs

El proceso, tal y como se puede ver en el listado 8.13, consta de dos pasos.

El primer paso se da en la línea 59, cuando se usa el método `GetResolutionDimensions()` para bucear en la configuración del juego para rescatar el parámetro de la resolución a la que queramos que se muestre el juego. Dicha configuración se le pasa como campo a ScreenResolution a través del inspector:

```
[Header(''WIRING'')]
[Tooltip(''Needed to know which resolution user desires.'')]
[SerializeField] private GameConfiguration gameConfiguration;
```

Listado 8.14: Fragmento de Assets/Scripts/ScreenResolution.cs

En realidad, lo que se pasa a través del inspector es una referencia al script `Assets/Scripts/GameConfiguration.cs`, el cual se encuentra en el GameObject raíz de GameManagers. Como se puede ver en la figura 8.9, a través de los campos de ese script se recogen los parámetros de configuración que queramos para el juego, tales como el número de segundos máximo del juego, si queremos que se ejecute a pantalla completa y a qué resolución, o los valores de vida con los que queramos que empiece el protagonista.

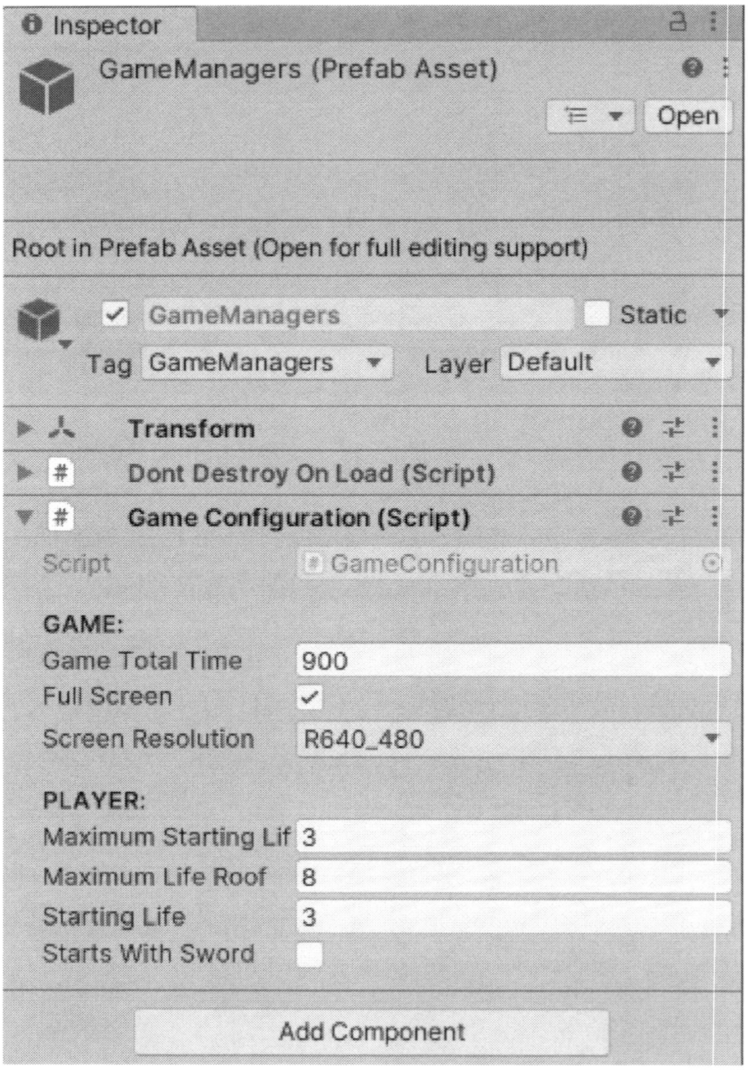

Figura 8.9: Configuración del juego, a través del script GameConfiguration.

Todos esos valores se guardan como campos serializados en el script y se exponen como propiedades para que scripts, como, por ejemplo, ScreenResolution, puedan hacer uso de ellos.

Una vez obtenida dicha resolución, el segundo paso es fijar la pantalla a ella, pero en este caso he tenido que diferenciar dos posibilidades. Si el juego se está ejecutando en Windows, entonces fijo la resolución en modo pantalla completa (línea 68 del listado 8.13) y listo. En ese caso, si la resolución es más pequeña que la nativa de mi pantalla, entonces la imagen se muestra centrada y con bandas negras en las zonas sobrantes de pantalla. Sin embargo, hacer eso mismo en Linux me dio problemas, porque el comportamiento que se daba en ese sistema operativo era que la imagen se estiraba para ocupar la pantalla por completo, ignorando la resolución. Eso deformaba la imagen del juego, lo cual empeoraba todavía más dado que mi pantalla es UltraWide, por lo que la deformación era aún peor. El problema se resolvía si ejecutaba el juego dentro de una ventana del escritorio de Linux, en vez de a pantalla completa, pero en ese caso me encontré con otro problema, y era que la barra de tareas del escritorio tapaba el borde inferior de la pantalla del juego, precisamente donde el HUD mostraba las barras de vida y los mensajes. Como solución al problema anterior hice que el juego se ejecutase en Linux (línea 60) a una resolución de 720p, en vez de en 1080p (líneas 65 y 66). De esa manera, la ventana del juego no ocupa todo el escritorio y no llega a verse tapada por la barra de tares de este. No es la solución óptima, pero es la que he encontrado, dada la diferencia de comportamiento entre Windows y Linux. Al menos el juego original ya tenía una resolución muy inferior a 720p, por lo que jugarlo a esa resolución no es un problema.

El método `GetResolutionDimension()` no es más que un `switch` que devuelve un objeto Dimension según el valor de la resolución que le pidamos:

```
/// <summary>
/// Get a dimension struct for given resolution tag.
/// </summary>
/// <param name=''resolution''>Desired resolution tag.</param>
/// <returns></returns>
private Dimension GetResolutionDimensions(ScreenResolutions resolution)
{
    switch (resolution)
    {
        case ScreenResolutions.r640_480:
            return new Dimension(640, 480);
        case ScreenResolutions.r800_600:
            return new Dimension(800, 600);
        case ScreenResolutions.r1920_1080:
            return new Dimension(1920, 1080);
        case ScreenResolutions.r2560_1080:
            return new Dimension(2560, 1080);
        default:
            throw new ArgumentOutOfRangeException(nameof(resolution), resolution, null
                );
    }
}
```

Listado 8.15: Fragmento de Assets/Scripts/ScreenResolution.cs

El tipo ScreenResolutions no es más que un enum para identificar los tipos de resolución soportados. Sirve para evitarnos tener que estar introduciendo valores enteros por el código y que, en vez de eso, nos ayude el autocompletado de nuestro IDE.

```
public enum ScreenResolutions
{
    r640_480,
    r800_600,
    r1920_1080,
    r2560_1080
}
```

Listado 8.16: Fragmento de Assets/Scripts/ScreenResolution.cs

En cuanto a Dimension, es sólo un tipo propio definido en ScreenResolution:

```
private struct Dimension
{
    public int Width { get; }
    public int Height { get; }

    public Dimension(int width, int height)
    {
```

```
        Width = width;
        Height = height;
    }
}
```

Listado 8.17: Fragmento de Assets/Scripts/ScreenResolution.cs

CAPÍTULO

9 Física

En los tiempos del primer *Prince of Persia* los desarrolladores tenían que escribirlo todo desde cero porque había pocas librerías que se pudieran compartir y medios muy precarios para hacerlo. Por eso, Jordan Mechner tuvo que programar toda la simulación de la física de su juego. Cuando el personaje cae por un agujero y su velocidad se acelera hasta que topa con el suelo es porque Mechner programó esa aceleración en ensamblador.

Afortunadamente, ya se han hecho tantos juegos que están bastante claras las características físicas que necesitan la mayoría de ellos. Por eso, ya hay unas cuantas librerías que implementan esas características para que los desarrolladores no tengan más que importarlas y utilizarlas.

Unity utiliza la librería *Nvidia PhysX* [146] para simular la física 3D y para la 2D emplea *Box2D* [28].

Gracias a estas librerías podemos hacer que los objetos de nuestros juegos aceleren y respondan de manera físicamente realista a las colisiones, a la gravedad y a las fuerzas que se les apliquen. Todo ello de manera sencilla, sin que tengamos que tocar para nada las matemáticas implicadas.

En este capítulo vamos a ver los distintos componentes que hay que combinar en un juego para ofrecer un comportamiento físico como el que exhiben los personajes de *Prince of Unity*.

9.1. Colliders

En un juego 2D, los sprites que vimos en el capítulo 8 sólo son un elemento visual sin presencia alguna en los cálculos del motor de físicas. Para que el GameObject representado por ese sprite pueda tener algún comportamiento físico primero deberemos definir su forma.

La forma física de un objeto se define usando un componente denominado *Collider*. Hay muchos tipos de Collider, dependiendo de la forma básica que ofrezcan y si se usan en 2D o en 3D. Los Collider más básicos ofrecen formas sencillas, como cajas, esferas y cápsulas. Hay otros Collider más complejos que permiten representar objetos más intrincados, pero exigen más esfuerzo al motor de físicas, por lo que sólo debemos usarlos si no hay otro remedio. Siempre que un Collider básico nos ofrezca un comportamiento suficientemente realista para nuestros objetos, será mejor opción que otro Collider más sofisticado.

El Collider más básico es el BoxCollider2D, ya que modela nuestro objeto como una caja. Lo he usado por ejemplo en el prefab 🗀`Assets/Prefabs/Architecture/Wall` para definir la forma de su GameObject interno FrontWall.

Como se puede ver en la figura 9.1, el Collider no llega al borde izquierdo del muro, sino que se queda a la mitad. Eso, unido a que el sprite del muro tiene un sorting layer que le permite quedar por delante del sprite del personaje, hace que el personaje quede oculto antes de topar con el Colider, cuando se acerca por la izquierda, lo que acentúa la sensación de profundidad de la pieza.

Para definir la forma del Collider hay que pulsar en el botón con tres puntos (*Edit Collider*) que hay en la primera fila de la configuración del componente en el inspector. El resto de los parámetros que se pueden configurar son:

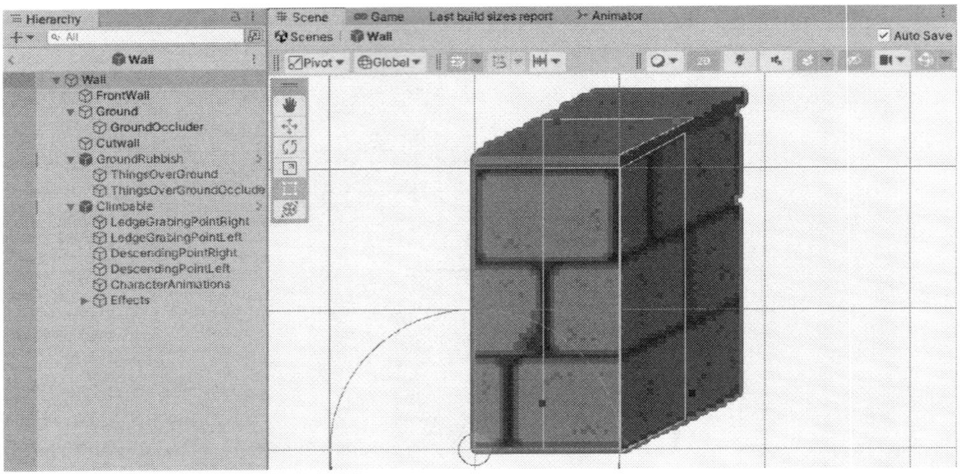

Figura 9.1: Configuración de los Collider del prefab Wall.

- *Material*: Permite asignar un material físico a un Collider. Un material físico es un tipo de asset que permite definir cómo interactúa este Collider con otros, al chocar o al deslizarse. De esta manera nos permite asignarle al Collider propiedades físicas como la fricción o el grado de rebote. Si un Collider no tiene un material físico asignado, se usarán para él los parámetros por defecto que use el motor de físicas.

- *Is Trigger*: Si se activa, este parámetro hará que el Collider deje de representar una superficie sólida y, por tanto, pueda ser atravesado por otros objetos. Su utilidad estriba en que cuando un Collider no es sólido emite una serie de eventos cuando es atravesado que nos permiten reaccionar a dicha interacción. En el capítulo 9 usaremos esta propiedad para implementar sensores volumétricos.

- *Used By Effector*: Los *efectores* son modificadores de las fuerzas que intervienen cuando dos Collider entran en contacto. Son muy útiles para implementar de manera sencilla comportamientos típicos en muchos juegos. Cuando un efector y un Collider coinciden en el mismo GameObject, y este Collider tiene el parámetro "*Used by Effector*", servirá para definir la superficie o área desde la que actuará el efector sobre otros Collider que se acerquen. Por ejemplo, si asociamos un AreaEffector2D a un Collider con el IsTrigger activado podremos aplicar un vector de fuerza a cualquier objeto (con su respectivo Collider) que atraviese el volumen del Collider, lo que nos puede servir para simular baldosas-muelle o baldosas-ventilador, para impulsar al personaje. Unity tiene varios efectores que pueden resultarnos muy útiles: el AreaEfector2D permite aplicar fuerzas a los objetos que pasen por una superficie o un volumen, el BuoyancyEffector2D nos permite aplicar efectos de levitación o flotación a los objetos que entren el volumen del efector, el PointEffector2D sirve para generar atracciones hacia un punto, el PlatformEffector2D nos permitirá implementar plataformas de un sólo sentido como las de Sonic o Mario (plataformas que ofrecen resistencia si te acercas a ellas desde arriba, pero que se dejan atravesar si llegas a ellas desde abajo) y, por último, el SurfaceEffector2D que permite simular cintas transportadores aplicando fuerzas tangenciales a los objetos que toquen su Collider asociado.

- *Used By Composite*: Si marcamos este parámetro, el Collider no tendrá un comportamiento autónomo, sino que se dejará fundir con otros Collider 'del GameObject para formar un Collider compuesto que se gestionará desde la configuración de un componente CompositeCollider2D que añadamos.

- *Auto Tiling*: Esta opción permite que el tamaño del Collider varíe para ajustarse al tamaño de un SpriteRenderer asociado al mismo GameObject. Hay que usarlo con cuidado porque no siempre da los resultados que podríamos esperar intuitivamente.

- *Offset*: Por defecto, el Collider se coloca en la posición del GameObject al que se añade, pero gracias a este parámetro podemos descentrar el Collider lo que necesitemos.
- *Size*: El tamaño del Collider en su eje X e Y.
- *Edge Radius*: Sirve para agrandar el Collider más allá de sus bordes. Yo no lo he llegado a usar.

Un Collider algo más sofisticado es el CapsuleCollider2D, usado en el prefab 🗀`Assets/Prefabs/Characters/Prince`, en su GameObject CharactersColliders. Este Collider ofrece una forma cilíndrica con bases hemiesféricas. El CapsuleCollider2D tiene unos parámetros similares a los ya vistos. Su principal diferencia es el parámetro *Direction* que permite orientar al Collider horizontal o verticalmente. Es una forma muy adecuada para representar a personajes de pie y por eso yo los he usado con los míos.

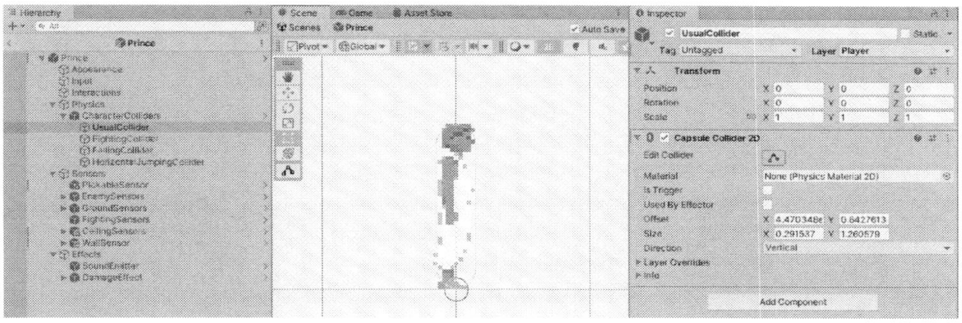

Figura 9.2: Configuración de un CapsuleCollider2D.

El hecho de usar un Collider para un objeto no significa que no podamos cambiarlo durante el juego. Si el objeto cambia de forma, deberíamos adaptar su Collider para asegurar que las colisiones sigan siendo realistas. Si ves en un juego que un objeto se acerca a una pared y parte de él desaparece dentro de esta, ten por seguro que se trata de un problema con el Collider del objeto (probablemente porque el Collider sea demasiado pequeño). Actualizar el tamaño del Collider para que las manos y pies del personaje queden siempre dentro de él evitará que esas extremidades pueda atravesar paredes, pero por otro lado tener un Collider demasiado grande puede hacer que un personaje se detenga demasiado pronto al llegar a una pared.

De hecho, en el caso del prefab Prince se usan varios CapsuleCollider2D de diferentes tamaños, dentro del GameObject CharacterColliders, activándose uno u otro (y desactivándose los demás) según el personaje esté parado, corriendo, saltando o cayendo. El script que hay dentro de ese GameObject es 🗀`Assets/Scripts/ColliderController.cs` y es el que se dedica a activar un Collider u otro según la situación.

```
/// <summary>
/// <p>Enable correct collider depending on current state.</p>
///
/// <p>Every other collider is disabled.</p>
/// </summary>
/// <param name=''currentState''>State we have just switched to.</param>
private void UpdateColliders(CharacterStatus.States currentState)
{
    switch (currentState)
    {
        // case CharacterStatus.States.Idle:
        //     EnableUsualCollider();
        //     break;
        case CharacterStatus.States.RunningStart:
        case CharacterStatus.States.Running:
        case CharacterStatus.States.RunningEnd:
        case CharacterStatus.States.Unsheathe:
        case CharacterStatus.States.RunningJumpImpulse:
        // case CharacterStatus.States.RunningJump:
```

```
111            // case CharacterStatus.States.WalkingJumpStart:
112            // case CharacterStatus.States.WalkingJump:
113            case CharacterStatus.States.WalkingJumpEnd:
114            case CharacterStatus.States.AdvanceSword:
115            case CharacterStatus.States.Retreat:
116            case CharacterStatus.States.AttackWithSword:
117            case CharacterStatus.States.BlockSword:
118            case CharacterStatus.States.BlockedSword:
119            case CharacterStatus.States.CounterBlockSword:
120            case CharacterStatus.States.CounterAttackWithSword:
121            case CharacterStatus.States.IdleSword:
122                EnableFightingCollider();
123                break;
124            case CharacterStatus.States.FallStart:
125            case CharacterStatus.States.Falling:
126            case CharacterStatus.States.VerticalFall:
127            case CharacterStatus.States.FallingSliding:
128                EnableFallingCollider();
129                break;
130            case CharacterStatus.States.Dead:
131                DisableColliders();
132                break;
133            case CharacterStatus.States.RunningJump:
134            case CharacterStatus.States.WalkingJump:
135                EnableHorizontalJumpCollider();
136                break;
137            default:
138                EnableUsualCollider();
139                break;
140        }
141    }
```

Listado 9.1: Fragmento de Assets/Scripts/ColliderController.cs

En el capítulo 11 veremos los distintos estados en los que se puede encontrar el personaje protagonista. Por ahora basta saber que el personaje protagonista, implementado en el prefab Prince, tiene 4 Colliders ubicados por debajo del GameObject CharacterColliders:

- UsualCollider: Es el Collider aplicado por defecto, principalmente cuando el personaje está de pie y parado.
- FightingCollider: Este Collider es más ancho, para abarcar al personaje cuando tiene los brazos y las piernas abiertas, como por ejemplo al correr o al batirse en duelo.
- FallingCollider: Es un Collider muy pequeño que se activa cuando el personaje cae al vacío. Es tan pequeño para evitar rebotes raros con las paredes cuando el protagonista cae por pozos estrechos.
- HorizontalJumpingCollider: Se activa al saltar horizontalmente.

Como se puede ver en el listado 9.1, dependiendo del estado en el que se encuentre el personaje se llaman a unas funciones u otras para activar los diferentes Collider mencionados antes. Por ejemplo, cuando iniciamos una carrera, el protagonista entra en el estado `RunningStart` (línea 105), lo que supone llamar al método `EnableFightingCollider()` (línea 122).

```
/// <summary>
/// Enable FightingCollider and disable every other collider.
/// </summary>
private void EnableFightingCollider()
{
    if (_enabledCollider == ColliderTypes.Fighting) return;
    usualCollider.enabled = false;
    fightingCollider.enabled = true;
```

```
164     fallingCollider.enabled = false;
165     horizontalJumpingCollider.enabled = false;
166     _enabledCollider = ColliderTypes.Fighting;
167 }
```

Listado 9.2: Fragmento de Assets/Scripts/ColliderController.cs

Este método activa el FightingCollider (línea 163 del listado 9.2) y desactiva todos los demás.

La manipulación dinámica de los Collider de un objeto no tiene que limitarse a activarlos o desactivarlos. También puedes manipular sus dimensiones. Por ejemplo, el prefab `Assets/Prefabs/DynamicArchitecture/Portcullis` implementa la puerta de rastrillo y cuenta con un Collider, ubicado en el GameObject CurtainController, cuyo tamaño varía conforme vaya bajando la reja, alcanzando su máxima extensión cuando queda cerrada. De esta manera se va bloqueando gradualmente el paso hasta que, al final, el personaje ya no cabe por la puerta. El script que controla el tamaño del Collider se encuentra en el GameObject Physics y es `Assets/Scripts/IronCurtainController.cs`.

```
/// <summary>
/// <p>Set current opening for iron curtain.</p>
///
/// <p>Opening percentage used here goes from 0 (closed) to 1 (open). Values over 1 will be
/// converted to 1 and values under 0 will converted to 0.</p>
/// </summary>
/// <param name=''newOpening''>Opening, from 0 (closed) to 1 (open)</param>
protected override void setOpening(float newOpening)
{
    base.setOpening(newOpening);
    updateColliderSize();
}

/// <summary>
/// Make collider longer while curtain closes to block the way.
/// </summary>
/// <param name=''portcullisOpening''>Opening, from 0 (closed) to 1 (open)</param>
private void updateColliderSize()
{
    // Collider size rate is the inverse of opening rate.
    float colliderSize = (1 - GateOpening);
    float newColliderHeight = Mathf.Lerp(colliderMinimumHeight, colliderMaximumHeight, colliderSize);
    curtainCollider.size = new Vector2(curtainCollider.size.x, newColliderHeight);
    curtainCollider.transform.localPosition = new Vector3(curtainCollider.transform.localPosition.x,
        colliderInitialYPosition - ((newColliderHeight - colliderMinimumHeight) / 2),
        curtainCollider.transform.localPosition.z);
}
```

Listado 9.3: Fragmento de Assets/Scripts/IronCurtainController.cs

La clase `IronCurtainController` hereda de una clase genérica denominada `CurtainController<T>` e implementa el método `setOpening()` para fijar el grado de apertura de la puerta, siendo el valor 0 el de la puerta completamente cerrada y el valor 1 el de la puerta completamente abierta.

> Si te paras a pensarlo, la otra puerta del juego, la de cambio de nivel, tiene mucho en común con la puerta de rastrillo. Por eso, toda la funcionalidad común la he colocado en la clase `CurtainController<T>`, para que luego la hereden `IronCurtainController` (puerta de rastrillo) e `InterlevelGateCurtainController` (puerta de cambio de nivel). Estas clases hijas reimplementan los métodos abstractos de la madre o implementan nuevos métodos, según sus particularidades, como es el caso del método `updateColliderSize()`.

Esta capacidad de que dos clases diferentes compartan código común, a través de una clase madre, es la razón de ser de la relación de herencia de los lenguajes orientados a objetos, como C#.

Conforme se va llamando al método `setOpening()` para abrir o cerrar gradualmente la puerta, dentro de él se llama a su vez a `updateColliderSize()` que es el que actualiza el tamaño del Collider que bloquea la puerta.

Tal y como se puede ver en el listado 9.3, el tamaño relativo del Collider es inversamente proporcional al grado de apertura que queramos para la puerta. Eso quiere decir que si queremos que la apertura sea máxima (es decir, que `GateOpening` sea 1) querremos que el Collider sea lo más pequeño posible, para dejar pasar al personaje. Si, por el contrario, quisiéramos cerrar la puerta (o sea, que `GateOpening` sea 0), nos interesará que el Collider sea lo más grande posible para bloquearle el paso al protagonista. Ese tamaño relativo se calcula en la línea 51 y se guarda en la variable `colliderSize`.

Cuando `colliderSize` sea 0, el tamaño del Collider debe ser el mínimo y, cuando sea 1, el máximo. Para hacer la correspondencia entre el tamaño relativo y la altura resultante del Collider, en la línea 52 se usa el método `Mathf.Lerp()`.

Mathf.Lerp() es un método muy útil, ya que sirve para interpolar entre dos extremos usando un índice entre 0 y 1. Cuando el índice es 0, el método devuelve el extremo de la izquierda, y cuando es 1, el de la derecha. Valores intermedios entre 0 y 1 devolverán valores intermedios entre los extremos.

En la línea 53 se usa la altura recién calculada para actualizar las nuevas dimensiones del Collider, a través del campo `curtainCollider.size`. El eje `X` del vector corresponde a la anchura del Collider, que se mantiene constante durante todo el proceso, y lo que vamos actualizando es la componente `Y`, que es la de la altura.

El problema que tiene cambiar el tamaño del Collider mediante código es que su posición se desplaza, por lo que hay que corregir el offset con un cálculo que puede variar en cada caso. En el mío, para el caso del Collider de la reja y tras bastantes pruebas, he tenido que hacer la corrección de posición que se ve en la línea 54.

Como puedes ver, se pueden hacer bastantes cosas con los Collider básicos. Si aun así no nos bastasen los Collider con ellos, podemos juntar varios Collider básicos en uno compuesto de tipo Composite.

Aunque hay que tener en cuenta que no todos los Collider básicos se dejan agrupar en un Composite. Si a un Collider básico le falta el parámetro *Used By Composite* no podrás usarlo para agruparlo con otros.

Otra opción muy útil en 2D es usar el EdgeCollider2D que te permite dibujar una forma geométrica cerrada y usarla como Collider. Yo la he usado en el prefab `Assetes/Prefabs/Architecture/Ground`, en su GameObject Ground, para definir la superficie de apoyo que presentan las piezas del suelo a los CapsuleCollider2D de los personajes.

Hasta aquí lo referente a la utilidad de los Collider para la simulación física de tu juego. En el capítulo 10 los analizamos para estudiar su uso como sensores volumétricos.

9.2. RigidBody

Si los Collider definen la forma física de un objeto, los *RigidBody* definen el resto de sus propiedades físicas.

A la hora de tener en cuenta la forma física en sus cálculos, un RigidBody contabiliza los Collider que estén en su mismo GameObject o en uno de sus GameObjects hijos. Por eso es habitual que los RigidBody estén en los GameObject más altos en la jerarquía de un prefab o incluso en su GameObject raíz.

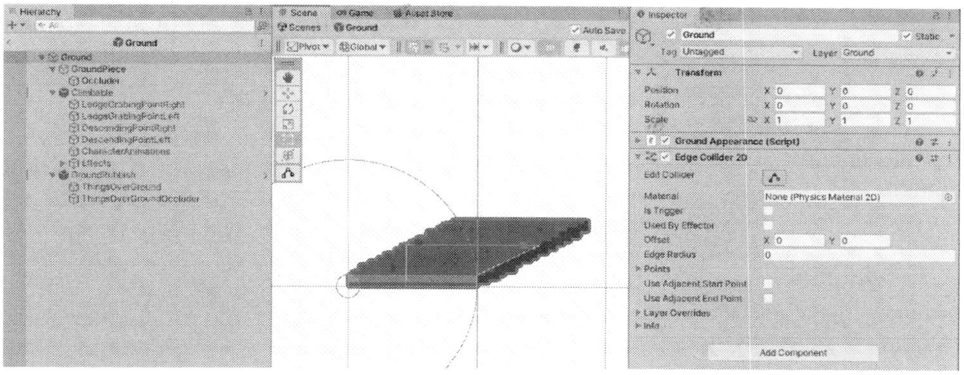

Figura 9.3: Configuración de un EdgeCollider2D.

Al igual que con los Collider, Unity ofrece dos versiones de los RigidBody, una optimizada para 3D y otra para 2D. Siendo *Prince of Unity* un juego 2D, todas las menciones a RigidBody de este libro deben entenderse referidas a RigidBody2D.

Por tanto, un RigidBody es un componente que podemos agregar a un GameObject para definir sus propiedades dentro del motor de físicas de Unity. Esto permite a dicho motor incluir al GameObject en sus cálculos de gravedad, masa, arrastre, momento, etc. Cuando el resultado de esos cálculos supone el cambio de posición del GameObject, el componente RigidBody se encarga de actualizar al Transform del GameObject con los nuevos valores de posición (y de rotación si fuese necesario).

> Dado que cuando tengamos un RigidBody este se encarga de actualizar al Transform del GameObject, es importante que en esos casos no actualicemos las propiedades del Transform directamente desde el código, porque daría lugar a un conflicto entre las actualizaciones de nuestro código y las del RigidBody, con resultados impredecibles y, sin duda, incorrectos. Así que cualquier cambio de posición del GameObject debe realizarse gestionando el movimiento a través del RigidBody y no a través del Transform.

Un RigidBody se puede mover debido a la fuerza resultante del impacto con otro objeto o porque nosotros mismos le apliquemos una fuerza al componente desde el código. A partir de esa fuerza, el motor de física calcula el desplazamiento del RigidBody teniendo en cuenta las propiedades de este, la forma de sus Collider y las interacciones con otros objetos (bien por simple colisión con ellos o bien porque tengan materiales físicos como los que mencionamos en la sección 9.1).

Hay tres tipos de RigidBody:

- Dinámicos: Son aquellos que se van a mover exclusivamente como resultado de los cálculos del motor de físicas.
- Cinemáticos: Los RigidBody de este tipo sólo se mueven mediante código, pero si colisionan con otros objetos les aplicarán fuerzas que se incluirán en el cálculo del motor de físicas.
- Estáticos: Son RigidBody que no se moverán, pero contra los que pueden colisionar el resto de los objetos.

Si estuviésemos desarrollando un simulador de billar, las bolas de billar tendrían RigidBody dinámicos, el taco sería cinemático y la mesa contaría con un RigidBody estático.

Lógicamente, al estar controlados por entero por el motor de físicas, los dinámicos son los que más penalizan el rendimiento, mientras que los estáticos son los que menos recursos demandan. En el caso del billar, querremos que las bolas tengan el comportamiento físico más fidedigno, reaccionando tanto a las fuerzas aplicadas por el taco, como a la de los choques con otras bolas o con los bordes de la mesa. Por ese motivo, lo lógico es que cada bola tenga un RigidBody dinámico.

Los cinemáticos están en un lugar intermedio de consumo de recursos, ya que liberan al motor de físicas de calcular su posición y rotación, que deben ser fijadas manualmente desde código con los métodos `RigidBody2D.MovePosition()` y `RigidBody2D.MoveRotation()`. Tampoco se ven afectados por fuerzas externas (ni por colisionar con otros objetos, ni por la gravedad). Eso supone que un golpe de un RigidBody cinemático sólo afectará a uno dinámico. No puede afectar a otro cinemático porque ya hemos dicho que los cinemáticos aplican fuerzas pero no las reciben, así que el otro cinemático no se daría por enterado del golpe. Tampoco pueden ejercer fuerza sobre los estáticos, porque por definición estos no se mueven.

Por tanto, en el ejemplo del billar que hemos puesto antes, el RigidBody ideal para el taco sería el cinemático. Así se mantendría en el aire, con la posición y orientación que dijésemos por código, sin necesidad de estar aplicando una fuerza constante para evitar su caída por la gravedad (cosa que pasaría si fuera dinámico). Por otro lado, nos permitiría aplicar fuerza a las bolas sin que hubiera que tener en cuenta el retroceso producido en el mismo taco al golpear la bola.

En *Prince of Unity*, casi todos los elementos son estáticos salvo los personajes (los guardias y el protagonista) y las baldosas que se desploman al pasar sobre ellas. En el caso de los personajes, no les asigné un RigidBody cinemático porque eso les habría hecho inmunes a la gravedad, cosa poco recomendable en un juego de plataformas como este. Así que, tanto los personajes, como las baldosas que se desploman, tienen un RigidBody dinámico que está situado en su GameObject raíz.

En el caso del resto de componentes, dado que no se mueven, en puridad todos deberían contar con un RigidBody estático. Sin embargo, si te pones a mirar algunos de los prefab que hemos estudiado hasta ahora, como el del suelo o el muro, te darás cuenta de que no tienen RigidBody alguno. Eso se debe a una facilidad que nos ofrece Unity. Dado que los objetos estáticos suelen ser los más comunes en cualquier escenario, Unity te deja no tener que incluirles un RigidBody estático a todos y cada uno de ellos si ya cuentan con un Collider.

Para ello, Unity localiza todos los objetos que tengan un Collider y no un RigidBody y les añade a un único RigidBody estático virtual, compartido por todos esos objetos. Se forma, por tanto, un gigantesco RigidBody estático virtual que, aunque no aparezca como componente explícito, sí que está bien presente para el motor de físicas.

> Sin embargo, si cuentas con mover el objeto estático vía código durante el juego, Unity recomienda que le pongas un RigidBody estático explícito ya que el recálculo resultante de mover el objeto penalizará menos al rendimiento. Puesto que el RigidBody estático virtual puede llegar a ser enorme, cambiar una de sus piezas de sitio durante el juego obliga al motor de físicas a hacer un recálculo que puede llegar a notarse en el rendimiento. Si, por el contrario, el objeto estático que pensemos desplazar en un momento dado tiene su propio RigidBody, este será más pequeño, el recálculo se centrará en él y, por tanto, será mucho más llevadero.

El efecto del motor de físicas sobre un RigidBody puede ser suspendido temporalmente. Sin embargo, si miras el componente en el inspector, verás que carece del check que tienen otros componentes (arriba a la izquierda). De hecho, si buscas la propiedad `enabled` que tienen otros componentes en la API de RigidBody, verás que carece de ella. Eso se debe a que andar activando y desactivando un RigidBody penalizaría muchísimo el rendimiento porque implicaría crear y destruir el objeto que lo representa en el motor de físicas. En vez de eso, los RigidBody tienen la propiedad `simulated`, que no destruye el objeto en los cálculos, pero que cuando se marca hace que el motor de físicas no tenga en cuenta a ese RigidBody.

Partiendo de todos los conceptos anteriores, los campos a configurar en un RigidBody dinámico, como los usados en *Prince of Unity*, son:

- *Body Tipe*: Aquí es donde decidiremos si el RigidBody va a ser `Dynamic`, `Kinematic` o `Static`.
- *Material*: Al igual que a los Collider, a un RigidBody se le puede asignar un material físico, lo que pasa es que, cuando lo hagamos, los respectivos materiales de los Collider que dependan del RigidBody se supeditarán al material fijado en este último.

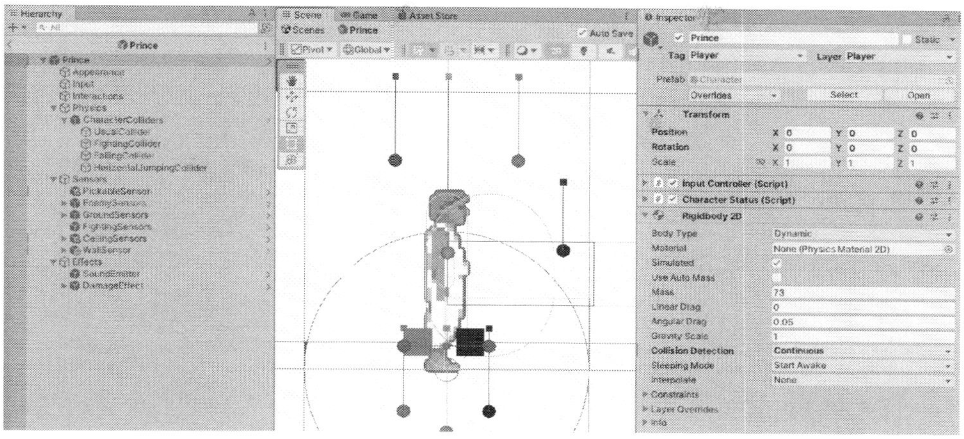

Figura 9.4: Configuración de un RigidBody2d.

- *Simulated*: Ya lo hemos explicado antes. Si está marcado, el RigidBody participará normalmente en los cálculos del motor de física, pero, si se desmarca, quedará fuera de ellos, por lo que ni aplicará ni recibirá fuerzas.
- *Use Auto Mass*: Si se marca, se calculará el peso del RigidBody a partir de los volúmenes de los Collider asociados. Yo he preferido fijar manualmente un peso específico.
- *Mass*: Aquí es donde fijas el peso específico del GameObject al que está asociado el RigidBody.
- *Linear Drag*: Representa el grado de fricción del aire que rodea al objeto. Si dicho aire es muy denso, su grado de fricción se incrementará y opondrá una resistencia al movimiento del objeto, lo que le hará perder velocidad poco a poco aunque no colisione con nadie. Las interacciones físicas de Prince of Unity son tan sencillas que no tiene sentido incluir este efecto, así que lo he dejado a cero.
- *Angular Drag*: Es lo mismo que el parámetro anterior, pero en este caso la fricción ralentiza los movimientos de rotación. En *Prince of Unity* no roto cuerpo alguno, así que he podido dejar el valor por defecto sin que me afecte para nada.
- *Gravity Scale*: Define cómo afecta la gravedad al objeto. Un valor de 1 tirará del objeto como ocurre en la tierra. Si quisiéramos simular una completa ingravidez, como la que habría en una nave espacial parada, pondríamos este valor en cero. Si, por el contrario, quisiéramos simular la gravedad lunar usaríamos un valor cercano a 0,16.
- *Collision Detection*: Cuando este valor se fija a Discrete sólo se evalúa si el objeto colisiona con otro cuando llega a su posición de destino, al final de la actualización física. Esto supone que si un objeto se mueve suficientemente rápido puede llegar a atravesar paredes. Por eso, sólo se recomienda para objetos que se muevan lentamente. La ventaja que ofrece es que al realizar los cálculos de colisión más de tarde en tarde el consumo de recursos es mucho más reducido. Por contra, si fijamos este parámetro a Continuous, la detección de colisiones se realiza a lo largo de todo el movimiento y no sólo al llegar al destino. Consume mucho más pero evita anomalías como las antes descritas. *Prince of Unity* es un juego muy ligero y que tiene muy pocos objetos en movimientos, así que me he podido permitir activar el modo continuo sin una penalización tangible del rendimiento.
- *Sleeping Mode*: Cuando tengas muchos RigidBody juntos y notes que los cálculos del motor de físicas empiezan a penalizar el rendimiento, este parámetro te puede ayudar a optimizarlo. La optimización funciona sacando de los cálculos del motor de físicas a aquellos objetos que reduzcan su velocidad por debajo de un umbral, más allá de un tiempo determinado, e incluyéndolos de nuevo sólo si reciben una fuerza o una colisión. De esta manera, el motor de físicas no tendrá que gastar tiempo

calculando las reacciones de objetos que están parados y no han recibido fuerza alguna sobre ellos. Si fijamos Start Awake, el objeto arrancará dentro de los cálculos del motor de físicas hasta que quede por debajo de los umbrales y entonces se le saque. Si, por el contrario, fijamos Start Asleep el objeto empezará "dormido", es decir, fuera del motor de físicas y será incluido cuando reciba una fuerza o algo le golpee. Si no queremos aplicar esta optimización tendremos que elegir Never Sleep.

- *Interpolate*: Es un parámetro de suavizado del movimiento, para hacerlo más natural. Podemos optar por desactivarlo con None. Si usamos la opción de Interpolate se usará un suavizado manual a los desplazamientos y a las rotaciones aunque puede añadir un pequeño retardo a los movimientos. La opción Extrapolate puede suavizar aún más los movimientos, aunque puede provocar pequeñas imprecisiones si se producen cambios bruscos de velocidad.

- *Constraints*: Nos permite limitar las maneras en las que nos puede afectar el motor de físicas. Por ejemplo, si en la opción *Freeze Position* elegimos la opción `X`, le estaremos diciendo al motor de físicas que no haga cambios en la coordenada X de la posición del objeto. En el caso de *Prince of Unity*, los personajes deben poder desplazarse a izquierda y derecha, así como caer por pozos o escalar (si es el protagonista), sí que he dejado desmarcados los ejes X e Y para poder desplazar a los personajes a izquierda y derecha, así como arriba y abajo. Sin embargo, no me interesaba que los personajes pudieran llegar a volcarse al recibir alguna fuerza o choque (en un juego 2D eso supone girar en torno al eje Z), por ese motivo todos los personajes de *Prince of Unity* tienen el valor `Z` de *Freeze Rotation* activado.

Los RigidBody cinemáticos y estáticos tienen un subconjunto de los parámetros de los dinámicos, así que no tiene sentido repasarlos aquí, habiendo estudiado los de los dinámicos.

> No quiero acabar la sección sin advertirte de algo: la gravedad es implacable. Si añades un RigidBody a un GameObject, este pasará a verse afectado por la gravedad. Eso supone que la gravedad tirará hacia abajo del GameObject en cuanto arranquemos el juego. Si no tenemos un Collider por debajo que nos haga de suelo, el GameObject se desplomará al vacío, desapareciendo por el borde inferior de la pantalla. Sé que puede parecer una obviedad, pero es muy frecuente ver mensajes en los foros de gente preguntando por qué sus GameObject salen de la pantalla en cuanto arranca el juego. Estás advertido, no seas tú el siguiente.

9.3. Movimiento

Como dijimos en el sección anterior, el RigidBody asume el control del Transform de su GameObject para actualizar su posición y orientación. Así que si un GameObject tiene un RigidBody ya te puedes despedir de mover a ese GameObject tocando la posición del Transform desde el código.

En vez de eso, para desplazar al GameObject, tienes que llamar desde tu código a dos de los métodos de RigidBody, `MovePosition()` y `MoveRotation()`. `MovePosition()` aplica al GameObject la velocidad lineal necesaria para colocarlo en la posición dada en la próxima actualización física. Durante ese movimiento el GameObject será inmune a la gravedad, para evitar que pueda desviarse durante el trayecto. Pero ten en cuenta que será un *trayecto*, no un *teletransporte*. Es decir, el GameObject se trasladará muy rápido a la nueva posición (no aparecerá en ella), pero durante ese movimiento, si el RigidBody es dinámico, puede chocar con otros que se interpongan en su camino y que pueden llegar incluso a pararle. Sin embargo, si el RigidBody es cinemático, ningún objeto intermedio podrá pararlo aunque sí que podrá empujarles a ellos (si tienen RigBody dinámicos).

> Recuerda que en Unity hay dos tipos de actualizaciones: las gráficas y las físicas. Las actualizaciones gráficas se producen cada vez que la tarjeta gráfica dibuja un nuevo fotograma, lo que supone que tengan una cadencia variable (si visualizas los fotogramas por segundo que dibuja tu tarjeta gráfica verás que se reducirán en escenas con muchos objetos o efectos visuales). Cada vez que se produce una actualización gráfica se llama a los métodos `Update()` de los MonoBehaviour. Por contra, las actualizaciones físicas se producen a un ritmo fijo (por defecto 50 veces por segundo) que se puede fijar en Edit > Project Settings > Time > Fixed Timestep. Cada actualización física llama al método `FixedUpdate()` de los MonoBehaviour y es en dichos métodos donde debemos realizar las operaciones físicas y de movimiento para asegurar que se desarrollen a un ritmo coherente.

Sin embargo, `MovePosition()` puede aplicar un rango limitado de velocidades al GameObject, por lo que si el destino está demasiado lejano, puede ser que no podamos alcanzarlo en una sola actualización física y que hagan falta varias para llegar.

Todo lo dicho para `MovePosition()` es perfectamente aplicable para el método `MoveRotation()` teniendo en cuenta que para este último fijamos la rotación deseada para el GameObject y no su posición.

También puedes aplicar un vector de fuerza al cuerpo usando `AddForce()`, aplicando tanto fuerzas sostenidas en el tiempo como fuerzas puntuales (impulsos).

Yo, sin embargo, no he utilizado ninguna de esas funciones. En *Prince of Unity* el desplazamiento de los personajes se controla con el script `Assets/Scripts/CharacterMovement.cs`, que se puede encontrar en los GameObject raíz de los prefabs que hay en la carpeta `Assets/Prefabs/Characters`. Es un juego muy sencillo en el que el protagonista sólo se mueve a la izquierda o a la derecha a una velocidad que depende del estado de movimiento en el que se encuentre. Por eso, podemos pensar que el personaje se está desplazando en todo momento hacia la derecha o hacia la izquierda, aunque cuando esté en reposo lo hará a velocidad cero. Para ello, cada vez que acceda al `FixedUpdate()` comprobará si el estado del personaje ha cambiado, si hay que actualizar la velocidad del personaje, y luego empleará esa velocidad en desplazar al personaje.

```
private void FixedUpdate()
{
    StopIfHoleAheadWhileWalking();
    UpdateCurrentSpeed();
    UpdatePosition();
}
```

Listado 9.4: Fragmento de Assets/Scripts/CharacterMovement.cs

`UpdateCurrentSpeed()` es el método que se encarga de recopilar la velocidad que se le supone al estado en el que se encuentre el personaje y el sentido hacia el que mira el personaje.

```
/// <summary>
/// Update current speed only if state has changed or if we are in a non constant speed state.
/// </summary>
private void UpdateCurrentSpeed()
{
    CharacterStatus.States characterState = characterStatus.CurrentState;
    if ((_currentState != characterState) || (IsVariableSpeedState()))
    {
        _currentSpeed = GetCurrentSpeed();
        _currentState = characterState;
        _currentForwardVector = GetCurrentForwardVector();
        this.Log($''(CharacterMovement - {gameObject.name}) We are in a variable speed state ({_currentState}) with speed {_currentSpeed}'', showLogs);
    }
    this.Log($''(CharacterMovement - {gameObject.name}) Current speed {_currentSpeed}'', showLogs);
}
```

Listado 9.5: Fragmento de Assets/Scripts/CharacterMovement.cs

Aunque lo llamemos en cada actualización física, `FixedUpdate()` sólo ejecuta sus cálculos si detecta que se ha producido un cambio de estado que aconseje recabar la velocidad del nuevo estado (línea 98 del listado 9.5). Eso es así en aquellos casos en los que la velocidad del estado sea constante, ya que no tiene sentido preguntar una y otra vez qué velocidad tiene el estado si sabemos que esta velocidad es constante y tampoco ha cambiado el estado. Sin embargo, hay excepciones en las que sí repreguntaremos cuál es la velocidad a emplear, aunque no haya cambiado el estado. Será el caso de aquellos estados que utilicen *curvas de animación* para representar un valor de velocidad variable, como es el caso en los que el protagonista arranca a correr, frena hasta detenerse o derrapa para cambiar de sentido al correr. Esos estados excepcionales se detectan con la función `IsVariableSpeedState()` de la misma línea 98 del listado 9.5. Un poco más adelante estudiaremos en qué consisten esas curvas de animación. Por ahora nos vamos a centrar en los casos en los que la velocidad sea constante.

Una vez comprobado que ha habido un cambio de estado, se llama a `GetCurrentSpeed()` para obtener qué velocidad le corresponde al nuevo estado.

```
/// <summary>
/// <p>Get speed depending on state.</p>
///
/// <p>It also signals state machine if horizontal speed is bigger than zero
/// so it can adjust fallings.</p>
/// </summary>
/// <param name=''state''>State to get speed.</param>
/// <returns>Speed for given state.</returns>
private float GetCurrentSpeed()
{
    float speed = characterStatus.CurrentState switch
    {
        CharacterStatus.States.AdvanceSword => characterMovementProfile.
            AdvanceWithSwordSpeed,
        CharacterStatus.States.Retreat => characterMovementProfile.RetreatSpeed,
        CharacterStatus.States.HitBySword => characterMovementProfile.HitBySwordSpeed,
        // Character only retreats when blocks while he is receiving an attack.
            Otherwise he
        // performs a useless block but stays in his place.
        CharacterStatus.States.BlockSword when fightingInteractions.
            BlockingStrikePossible => characterMovementProfile.BlockSwordSpeed,
        // Transitional running states get running speeds from movement profiles after
             being pondered by animation
        // curves.
        CharacterStatus.States.RunningStart or
            CharacterStatus.States.RunningEnd or
            CharacterStatus.States.TurnBackRunning => characterMovementProfile.
                CurrentRunningSpeed,
        CharacterStatus.States.Running => characterMovementProfile.MaximumRunningSpeed
            ,
        CharacterStatus.States.Walk => characterMovementProfile.CurrentWalkingSpeed,
        CharacterStatus.States.StandFromCrouch => characterMovementProfile.
            CurrentStandingSpeed,
        CharacterStatus.States.CrouchWalking => characterMovementProfile.
            CurrentCrouchWalkingSpeed,
        CharacterStatus.States.FallStart or CharacterStatus.States.Falling when
            characterStatus.CurrentJumpingSequence == CharacterStatus.JumpingTypes.
                RunningJumping => CharacterMovementProfile.
                FallingHorizontalSpeedAfterRunningJump,
        CharacterStatus.States.FallStart or CharacterStatus.States.Falling when
            characterStatus.CurrentJumpingSequence == CharacterStatus.JumpingTypes.
                WalkingJumping => CharacterMovementProfile.
                FallingHorizontalSpeedAfterWalkingJump,
        CharacterStatus.States.FallStart or CharacterStatus.States.Falling when
```

```
            characterStatus.CurrentJumpingSequence == CharacterStatus.JumpingTypes.
                None => CharacterMovementProfile.FallingHorizontalSpeed,
        CharacterStatus.States.RunningJumpImpulse => CharacterMovementProfile.
            RunningJumpingImpulseSpeed,
        CharacterStatus.States.RunningJump => CharacterMovementProfile.
            RunningJumpingSpeed,
        CharacterStatus.States.WalkingJump => CharacterMovementProfile.
            WalkingJumpingSpeed,
        CharacterStatus.States.WalkingJumpEnd => CharacterMovementProfile.
            WalkingJumpingEndSpeed,
        CharacterStatus.States.VerticalJump => CharacterMovementProfile.
            VerticalJumpHorizontalSpeed,
            _ => 0
    };
    stateMachine.SetBool(''HorizontalMovement'', speed > 0);
    return speed;
}
```

Listado 9.6: Fragmento de Assets/Scripts/CharacterMovement.cs

Como se puede ver en el listado 9.6, el método devuelve una u otra de las velocidades recogidas en el campo `characterMovementProfile`, dependiendo del estado actual del objeto. Al citado campo se le ha asignado a través del inspector una instancia del ScriptableObject 🗀 `Assets/Scripts/MovementProfile.cs`. Hay dos instancias de ese tipo en 🗀 `Assets/Prefabs/Data/`, PrinceMovementProfile para el protagonista y GuardMovementProfile para los guardias. En ambos casos, el ScriptableObject contiene las velocidades de cada uno de los estados que implican desplazamiento para el personaje.

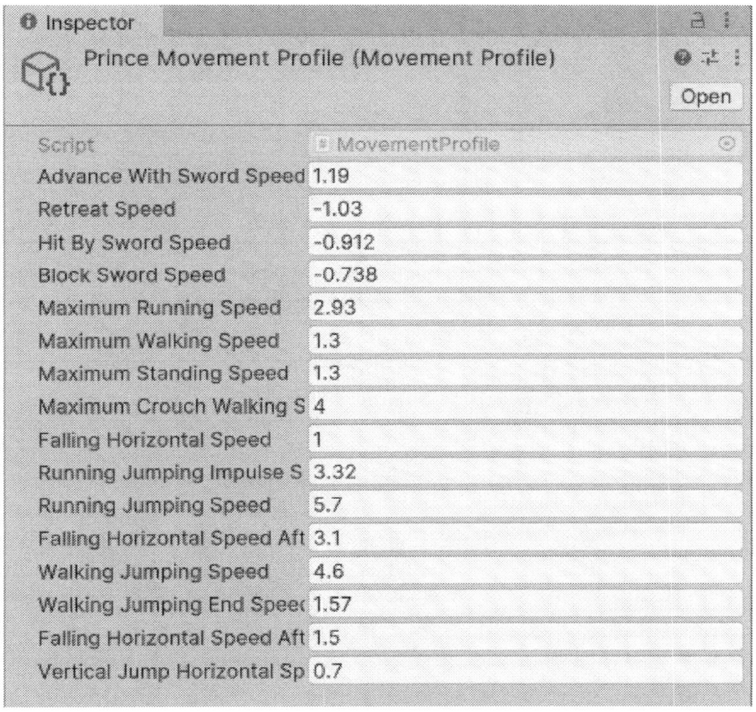

Figura 9.5: Contenido de PrinceMovementProfile.

Una vez obtenida la velocidad, hay que averiguar hacia dónde dirigirla. Por ese motivo, en la línea 102 del listado 9.5, se llama a `GetCurrentForwardVector()` para averiguar si el personaje mira hacia la derecha o hacia la izquierda. Ese método no tiene misterio, ya que se limita a devolver el campo que la clase que almacena el estado del personaje utiliza para saber si mira hacia la derecha o hacia la izquierda.

Cuando ya tengamos la velocidad del estado actual y el sentido (derecha o izquierda) hacia donde enfocarla, podremos actualizar la posición (línea 184 del listado 9.4) con `UpdatePosition()`.

```
140 /// <summary>
141 /// Update position depending on speed and fixed delta time.
142 /// </summary>
143 private void UpdatePosition()
144 {
145     // Sometimes character falls so quickly that when DeadByFall state is activated,
146     // character is already below under ground collider surface, so we must fix that
147     // relocating character to ground collider touch point height.
148     if (characterStatus.CurrentState == CharacterStatus.States.DeadByFall)
149     {
150         gameObject.transform.position = new Vector3(gameObject.transform.position.x,
151             groundSensors.GroundTouchPoint.y,
152             gameObject.transform.position.z);
153     }
154     Vector2 yComponent = characterStatus.CurrentState switch
155     {
156         // When jumping, gravity is disabled so any residual Y velocity makes
            character float away a bit.
157         // So when jumping I make sure Y velocity is 0 to make jump movement keep its
            Y position.
158         CharacterStatus.States.RunningJump or
159             CharacterStatus.States.WalkingJump => Vector2.zero,
160         // In any other case we only change speed on horizontal axis (X). Vertical
            axis (Y) is changed only by gravity forces
161         // so we must keep that axis to restore it when changing horizontal velocity.
162         _ => new Vector2(0, rigidBody2D.velocity.y)
163     };
164     rigidBody2D.velocity = _currentForwardVector * _currentSpeed + yComponent;
165     this.Log($''(CharacterMovement - {gameObject.name}) Moving with speed {
        _currentSpeed} and forward vector {_currentForwardVector}'', showLogs);
166 }
```

Listado 9.7: Fragmento de Assets/Scripts/CharacterMovement.cs

Correcciones varias aparte, la línea principal del listado 9.7 es la 164. En ella se le da valor al campo velocidad del RigidBody, pero date cuenta de que el campo `velocity` es un vector y que no sólo representa la velocidad como magnitud, sino la dirección en la que aplicar dicha velocidad. Para ello se construye ese vector multiplicando la velocidad recién obtenida por el vector de orientación del personaje que nos devolvió `GetCurrentVector()`, el cual sólo tendrá componente X, y luego se añade la componente Y, que será generalmente cero (ya que lo normal es que nos movamos de izquierda a derecha), salvo que el personaje esté cayendo tras dar un salto (en cuyo caso sí habrá un desplazamiento en el eje Y).

Una vez fijada la velocidad adecuada será el mismo RigidBody el que se encargue de actualizar la posición de acuerdo a dicha velocidad.

Hasta aquí el caso de velocidades constantes, pero hemos dicho que también podemos usar velocidades variables mediante las denominadas curvas de animación. ¿Cuándo usaremos velocidades variables? Por ejemplo, al arrancar el movimiento de determinado elementos del juego, como personas o vehículos. Hay casos, como el de las personas, en los que un arranque instantáneo (de parado hasta la velocidad máxima de movimiento) no será llamativo porque la velocidad máxima será reducida. Sin embargo, sí que llamará mucho la atención si tenemos un coche que pasa de 0 a 100 kilómetros por hora instantáneamente. En ese último caso querremos que la velocidad se vaya incrementando de una manera perceptiblemente gradual.

Hay dos maneras de crear y usar curvas de animación. La primera, es crearlas como campos de uno de nuestros scripts. La segunda, es crearlas y usarlas desde un clip de animación. En el caso de *Prince of Unity* he usado la segunda aproximación porque quería ligar el uso de las curvas a ciertos estados muy concretos del protagonista. El problema de esa aproximación es que para poder comprenderla, hace falta conocer antes conceptos de máquinas de estados y de animaciones que veremos en el capítulo 11 y en el capítulo 12, respectivamente. Por eso, será en el capítulo 12 donde explique cómo son las curvas de animación de *Prince of Unity*, mientras que en este explicaré cómo crearlas como campos de nuestros scripts.

Un script puede usar una curva de animación incorporando un campo de tipo `AnimationCurve`. Ese campo debe ser editado desde el inspector. Aparecerá como un recuadro gris en el que, como veremos, aparecerá una versión aplanada de nuestra curva. En un primer momento no se verá nada más que un recuadro gris. Para editarlo hay que hacer doble click sobre el recuadro y se abrirá el editor de curvas.

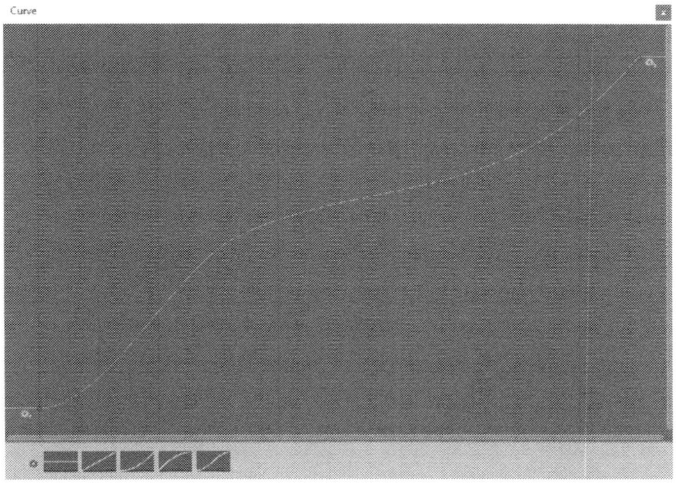

Figura 9.6: El editor de curvas.

Podemos pinchar en cualquiera de las cinco curvas predefinidas que aparecen en la parte baja del editor de curvas, tanto para empezar por primera vez, como para resetear completamente una curva existente.

El eje Y representa los valores de salida de la curva, que están restringidos al rango entre 0 y 1. El eje X representa el tiempo transcurrido y también está restringido al rango entre 0 y 1.

A partir de que tengamos una de las curvas por defecto como punto de partida, podemos añadir puntos de inflexión pinchando con el botón derecho sobre la curva y eligiendo Add Key. Una vez creado, podremos mover cada punto de inflexión hacia el comienzo y hacia el final de la curva y hacia arriba o hacia abajo tirando de esta. Cada punto de inflexión tiene dos manetas laterales con la que podemos afinar la curva que se produce en el punto de inflexión. Para manipularlas tenemos que elegir el punto con el botón izquierdo del ratón, lo que hará aparecer las manetas y podremos moverlas. Si lo que hacemos es pulsar con el botón derecho sobre el punto, nos saldrá un menú con el que podremos cambiar el tipo de maneta. Si, por ejemplo, hiciésemos que una de las manetas fuese de tipo Constant podríamos crear escalones en la curva. El resto de los tipos de maneta te permite configurar transiciones más graduales.

Cuando tengamos la curva a nuestro gusto, podremos salir del editor de curvas y los cambios quedarán salvados en el campo `AnimationCurve` de nuestro script.

Para usar la curva tendremos que llamar al método `AnimationCurve.Evaluate()`. En el caso de que estemos usando la curva para un cálculo físico, como el de la velocidad, lo normal es que esta llamada se haga desde el `FixedUpdate()` del MonoBehaviour, para asegurar que la velocidad se actualiza con la suficiente frecuencia.

`Evaluate()` espera que le demos un valor entre 0 y 1 que usará para situarse en el eje X de la curva y devolvernos el correspondiente valor Y, también entre 0 y 1. En el ejemplo que poníamos de la puesta en marcha de un coche, el rango de entrada sería el plazo de tiempo que queramos que transcurra hasta que el coche alcance su velocidad máxima. Tendremos que hacer las operaciones necesarias para convertir el momento en el que nos encontremos, dentro de ese plazo de tiempo, a una ubicación en el rango entre 0 y 1. A `Evaluate()` le pasaremos como entrada el resultado de esa conversión. En cuanto al resultado del método `Evaluate()`, al estar entre 0 y 1, muchas veces nos bastará con multiplicar ese valor por la velocidad máxima (si la mínima es 0) para obtener la velocidad intermedia resultante de ese momento concreto.

> Este será uno de los casos en los que nos convendrá usar las funciones Lerp() de la librería Mathf de Unity. La función `Mathf.InverseLerp()` nos permitirá traducir un momento de tiempo, entre uno inicial y otro final, al rango entre 0 y 1 que necesita `Evaluate()` como entrada. Por su parte, la función `Mathf.Lerp()` nos servirá para convertir el valor entre 0 y 1 que nos devolverá `Evaluate()` al rango final que estemos manejando (en nuestro caso, un valor intermedio entre una velocidad mínima y otra máxima).

De esta manera, combinando una curva de animación con el valor máximo y mínimo de un parámetro, podremos realizar transiciones graduales de uno a otro, con la suavidad que queramos.

En el capítulo 12, revisitaremos este tema y veremos cómo crear curvas de animación como parte de un clip de animación, de manera que dicha curva se active sólo cuando el objeto del que forme parte alcance un estado determinado.

9.4. Gravedad

En *Prince of Unity* hay varios casos donde el motor de físicas tiene que interrumpir su acción. En el caso del protagonista, veremos que hay que desactivarlo para que pueda saltar. También hay que desactivar la influencia del motor de físicas sobre el personaje cuando se cuelga de un borde tras un salto (lo veremos en el capítulo 23). En el caso de las baldosas que se desploman, la influencia del motor de físicas sobre ellas sólo debe activarse cuando el personaje pasa sobre las mismas. En estos casos me planteé jugar con la propiedad `simulated` del RigidBody, pero en el caso de los saltos no quería perder la posibilidad de cambiar la velocidad del movimiento a través del RigidBody (lo que habría pasado si lo hubiera anulado poniendo `simulated` a falso). Así que, en vez de eso, cambié el efecto de la gravedad sobre los RigidBody de esos objetos.

Los RigidBody tienen un campo denominado `gravityScale` que define el grado con el que la gravedad afecta a ese objeto. Poniendo a cero ese campo, la gravedad deja de afectar a ese objeto y este queda suspendido en el aire. Por eso, tanto el prefab del protagonista (🗀`Assets/Prefabs/Characters/Prince`) como el suelo desplomable (🗀`Assets/Prefabs/DynamicArchitecture/Fallinground`) cuentan en sus GameObject Physics con scripts que heredan de la clase `GravityController`. Podemos encontrar esta clase en 🗀`Assets/Scripts/GravityController.cs`.

```
/// <summary>
/// Deactivate gravity affection over this character.
/// </summary>
protected void DisableGravity()
{
    rigidBody.gravityScale = 0;
    _currentRigidbodyConstraints = rigidBody.constraints;
    rigidBody.velocity = Vector2.zero;
    stateMachine.SetBool(''GravityEnabled'', false);
    _isGravityEnabled = false;
    this.Log($''(Gravity controller - {transform.root.name}) Gravity disabled for this
         game object.'', showLogs);
}

/// <summary>
/// Activate gravity affection over this character.
/// </summary>
protected void EnableGravity()
{
    rigidBody.gravityScale = _enabledGravity;
    rigidBody.constraints = _currentRigidbodyConstraints;
    stateMachine.SetBool(''GravityEnabled'', true);
    _isGravityEnabled = true;
    this.Log($''(Gravity controller - {transform.root.name}) Gravity enabled for this
        game object.'', showLogs);
}
```

Listado 9.8: Fragmento de Assets/Scripts/GravityController.cs

Como se puede ver en el listado 9.8, para desactivar el efecto de la gravedad sobre el objeto sólo hay que poner a cero la propiedad `gravityScale` de su RigidBody (línea 58). Además, en mi caso concreto, me interesaba dejar inmóviles los objetos, por lo que reducía a cero su velocidad (línea 60).

Por el contrario, para reactivar la influencia de la gravedad sobre el objeto, lo que he hecho ha sido restaurar el valor que tenía inicialmente `gravityScale` (guardado durante el Awake() en el campo privado `_enabledGravity`) como se puede ver en la línea 71.

Partiendo de la funcionalidad básica de `GravityController`, el prefab Prince y el FallingGround usan clases derivadas de aquella: `CharacterGravityController` y `FallingGroundGravityController`. La primera se implementa en el script 🗀`Assets/Scripts/CharacterGravityController.cs` y la segunda en 🗀`Assets/Scripts/FallingGroundGravityController.cs`, respectivamente. La diferencia entre ambas implementaciones se da sobre todo en que cada una anula y activa la gravedad en estados diferentes, una reaccionando a los estados de un personaje...

```
private void FixedUpdate()
{

    switch (stateMachineStatus.CurrentState)
    {
        case CharacterStatus.States.Dead:
        case CharacterStatus.States.DeadByFall:
        case CharacterStatus.States.KilledByTrap:
        case CharacterStatus.States.KilledBySword:
            if (GravityEnabled) DisableGravityAndMovement();
            break;
        case CharacterStatus.States.RunningJump:
        case CharacterStatus.States.WalkingJump:
        case CharacterStatus.States.Climbing:
            if (GravityEnabled) DisableGravity();
            break;
        default:
            if (!GravityEnabled) EnableGravity();
            break;
    }
}
```

Listado 9.9: Fragmento de Assets/Scripts/CharacterGravityController.cs

... y la otra reaccionando a estados de un suelo desplomable.

```
private void FixedUpdate()
{
    switch (stateMachineStatus.CurrentState)
    {
        case FallingGroundStatus.FallingGroundStates.Falling:
            if (!GravityEnabled) EnableGravity();
            break;
        default:
            if (GravityEnabled) DisableGravity();
            break;
    }
}
```

Listado 9.10: Fragmento de Assets/Scripts/FallingGroundGravityController.cs

Fíjate en el listado 9.9 donde interrumpo la gravedad en los estados RunningJump y WalkingJump. De esta manera hago que el personaje pueda seguir desplazándose en el aire, aunque no tenga suelo debajo de sus pies. Ten en cuenta que los saltos son sólo un efecto visual en el que nuestro personaje muestra una animación de salto. A nivel físico, todo consiste en la cápsula del personaje desplazándose por el suelo hasta que deja de tenerlo debajo y la cápsula cae. Así que en los saltos, lo que hago es anular la gravedad para que la cápsula pueda seguir moviéndose horizontalmente más allá del borde del suelo. Una vez finalizado el alcance del salto, vuelvo a activar la gravedad y entonces el personaje inicia su caída.

9.5. Tiempo

Otro elemento físico que hay que tener en cuenta es el tiempo, ya que gran parte de los cálculos que realiza el motor de físicas de Unity cuenta con el tiempo como variable.

Unity utiliza dos tipos de tiempo: el tiempo de juego y el tiempo real. El tiempo de juego es el que transcurre dentro de este y, por tanto, es manipulable. El tiempo real es el del reloj interno de nuestro ordenador.

Es raro el juego que no tenga en cuenta el tiempo de manera explícita. En el caso de *Prince of Unity* hay un tiempo determinado para acabar el juego o este se da por perdido. También se suele usar el tiempo para disparar eventos en momentos concretos del juego y para pararlo cuando el jugador necesita un respiro.

Para implementar todo eso, *Prince of Unity* usa el script `Assets/Scripts/GameTimer.cs`. Este script es el corazón del prefab `Assets/Prefabs/Managers/GameTimer`. Durante el juego, ese prefab es uno de los que forman el prefab compuesto `Assets/Prefabs/Managers/GameManagers` que concentra todos los scripts de gestión transversal del juego.

Al arrancar el juego, el script GameTimer se suscribe a varios eventos servidos desde el bus de eventos del juego (veremos cómo se implementa este último en el capítulo 20).

```
96  private void Start()
97  {
98      eventBus.AddListener<GameEvents.LevelLoaded>(OnLevelLoaded);
99      eventBus.AddListener<GameEvents.LevelReloaded>(OnLevelReloaded);
100     eventBus.AddListener<GameEvents.PauseKeyPressed>(OnPauseKeyPressed);
101     eventBus.AddListener<GameEvents.TimeIncreaseKeyPressed>(OnTimeIncreased);
102     eventBus.AddListener<GameEvents.TimeDecreaseKeyPressed>(OnTimeDecreased);
103     ActivateTimer();
104 }
```

Listado 9.11: Fragmento de Assets/Scripts/GameTimer.cs

Uno de esos eventos es `PauseKeyPressed` (línea 100 del listado 9.11) que se emite desde CommandController cuando se pulsa el botón de pausa. Dicho evento se atiende desde GameTimer, con el método `OnPauseKeyPressed()`:

```
/// <summary>
/// Listener for PauseKeyPressed events.
/// </summary>
/// <param name=''_''>Sender of this event. Usually a LevelLoader.</param>
/// <param name=''__''>Event data.</param>
private void OnPauseKeyPressed(object _, GameEvents.PauseKeyPressed __)
{
    TimerEnabled = !TimerEnabled;
    if (TimerEnabled)
    {
        if (timerResumed != null) timerResumed.Invoke();
    }
    else
    {
        if (timerPaused != null) timerPaused.Invoke();
    }
}
```

Listado 9.12: Fragmento de Assets/Scripts/GameTimer.cs

En cada llamada al método del listado 9.12 se invoca alternativamente dos UnityEvent: `timerResumed` y `timerPaused`. La invocación alternativa se realiza porque la primera vez que tocas el botón de pausa paras el juego y la siguiente vez lo reactivas.

Por eso, lo primero que se hace en el método es invertir el valor de `TimerEnabled` (línea 132). Esta propiedad señala si el temporizador que cuenta el tiempo transcurrido en el juego está habilitado o no. Si, tras la inversión de valor, resulta que el temporizador está habilitado (línea 133) se emite el evento `timerResumed` para avisar de la reactivación del temporizador. En caso contrario, se emite un evento `timerPaused` para avisar de la parada del temporizador.

Al emitir eventos, GameTimer puede desentenderse de todo lo que no sea controlar sus campos y avisar de sus propios cambios de estado mediante eventos. Los otros scripts que quieran reaccionar a dichos cambios de estado suscribirán sus métodos a los respectivos eventos a través del inspector, sin necesidad de tocar el código de GameTimer. De hecho, si miramos la configuración de GameTimer dentro del prefab GameManagers, veremos que ambos eventos tienen suscritos métodos de otros dos scripts del mismo GameObject.

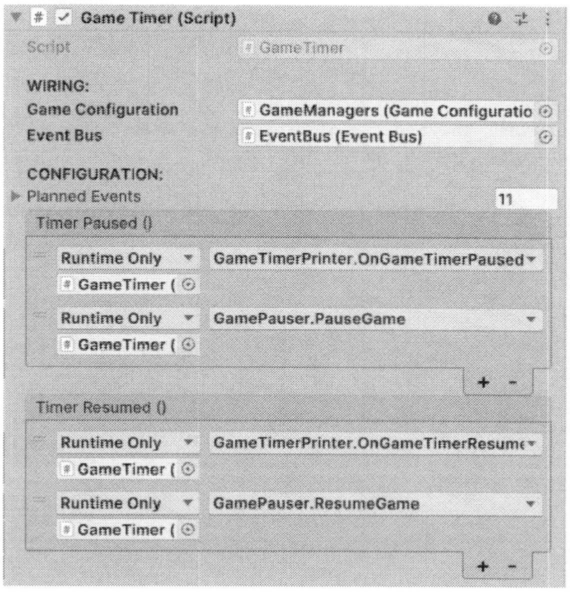

Figura 9.7: Configuración de GameTimer dentro de GameManagers.

De los dos scripts suscritos, uno es el script `Assets/Scripts/GameTimerPrinter.cs`, que se encarga de imprimir en la barra inferior del juego los mensajes avisando de si el juego está pausado o no, y el otro script es `Assets/Scripts/GamePauser.cs`, que se especializa en parar o activar el tiempo de juego.

```
5   /// <summary>
6   /// This GameTimer component pauses the game when timer is disabled.
7   /// </summary>
8   public class GamePauser : MonoBehaviour
9   {
10      public void PauseGame()
11      {
12          Time.timeScale = 0;
13      }
14
15      public void ResumeGame()
16      {
17          Time.timeScale = 1;
18      }
19  }
```

Listado 9.13: Fragmento de Assets/Scripts/GamePauser.cs

Como se puede ver en el listado 9.13, para parar el juego basta con poner el campo `timeScale` de la clase `Time` a 0 (línea 12). Para volver a reactivar el juego habría que poner ese campo a 1 (línea 17).

Un valor entre 0 y 1 en ese campo permitirían implementar situaciones en las que el juego se desarrollase a cámara lenta (típico tiempo-bala) y por encima de 1 el juego se aceleraría.

De vuelta a GameTimer, si el temporizador está habilitado, utilizo el `FixedUpdate()` para contabilizar el tiempo transcurrido (línea 252 del listado 9.14):

```
250 private void FixedUpdate()
251 {
252     if (TimerEnabled) ElapsedSeconds += Time.deltaTime;
253     if (_eventIndex < plannedEvents.Count && plannedEvents[_eventIndex].elapsedSeconds
            <= ElapsedSeconds)
254     {
255         if (plannedEvents[_eventIndex].eventToTrigger != null)
256         {
257             plannedEvents[_eventIndex].eventToTrigger.Invoke();
258         }
259         _eventIndex++;
260     }
261 }
```

Listado 9.14: Fragmento de Assets/Scripts/GameTimer.cs

GameTimer también se encarga de emitir eventos planificados en momentos determinados del juego. Los momentos de emisión de los eventos se pueden fijar de manera absoluta, según una cantidad de segundos desde el inicio del juego, o de manera relativa, según haya pasado un porcentaje determinado del tiempo máximo permitido para el juego. GameTimerPrinter se suscribe a estos eventos para poder imprimir en la barra inferior los avisos periódicos de tiempo restante, así como la cuenta atrás del final.

Para poder añadir o quitar eventos planificados desde el inspector, GameTimer cuenta con un campo `plannedEvents` que es una lista de `PlannedEvent`. La clase `PlannedEvent` tiene los siguientes campos:

```
/// <summary>
/// Event to be launched at specific moments.
/// </summary>
[Serializable]
public class PlannedEvent: IComparable<PlannedEvent>
{
    [Tooltip(''What we want to set, whether seconds or game percentage.'')]
    public TriggeringTimeTypes triggeringType;
    [Tooltip(''Second to let pass since the beginning to trigger this event.'')]
    public float elapsedSeconds;
    [Tooltip(''Game percentage to let pass before triggering this event.'')]
    [Range(0.0f, 100.0f)]
    public float elapsedPercentage;
    [Tooltip(''Event to trigger when elapsed seconds are reached.'')]
    public UnityEvent eventToTrigger;
```

Listado 9.15: Fragmento de Assets/Scripts/GameTimer.cs

De esta manera, cuando añadamos desde el inspector un nuevo PlannedEvent a la lista, podremos añadirle suscripciones a través del campo `eventToTrigger`.

Conforme va pasando el tiempo, el `FixedUpdate()` de GameTimer se encarga de controlar qué eventos planificados se van alcanzando y, llegado el caso, los va activando (líneas 253 a 259 del listado 9.14).

9.6. CharacterController

Todos los componentes vistos en este capítulo buscan ofrecer una simulación física lo más realista posible, pero esto no siempre es necesario. Habrá veces en las que no queramos complicarnos la vida y nos baste con que nuestros personajes puedan hacer giros cerrados y aceleraciones inmediatas, independientemente de que eso sea físicamente veraz.

Para este tipo de situaciones, Unity ofrece el componente *CharacterController*. Este componente incluye un Collider (con forma de cápsula) para envolver a nuestro personaje y ofrece métodos para moverlo desde el código. Un personaje con un CharacterController no necesitará un RigidBody, pero seguirá viéndose bloqueado por los muros. Así que su configuración y uso es mucho más simple.

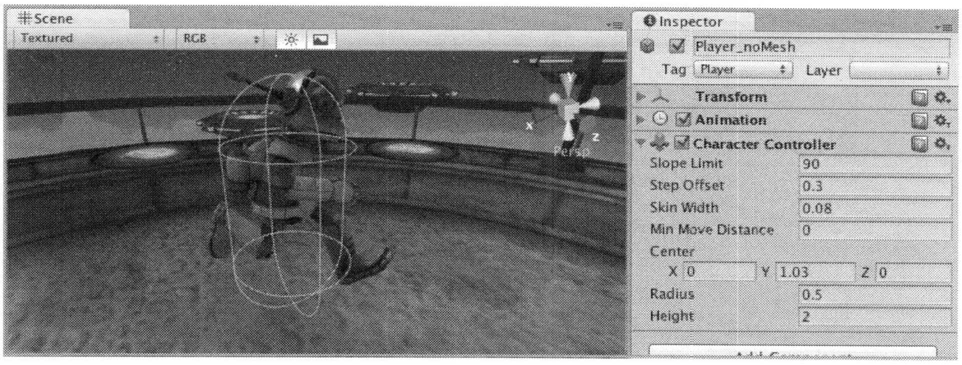

Figura 9.8: Configuración de un CharacterController.

Sin embargo, lo que un CharacterController no puede hacer es empujar a otros RigidBody con los que se tope ni reaccionar a fuerzas externas. Esto último es una pega importante, porque una de esas fuerzas externas a las que no reacciona es a la gravedad, la cual es un ingrediente indispensable de *Prince of Unity*. Esta limitación ha sido una de las razones por las que no he usado este componente en el juego.

Si quisieras usar un CharacterController, sus parámetros de configuración serían los siguientes:

- *Slope Limit*: Define el grado de inclinación máxima que el personaje podrá subir. Si se encuentra con una cuesta con un gradiente superior o se deslizará hacia atrás o directamente no podrá subirla.

- *Step Offset*: Es la máxima altura de escalón que podrá subir el personaje que lleve este componente. Los escalones que tengan una altura superior constituirán un obstáculo insalvable para el personaje.

- *Skin Width*: Permite configurar un pequeño margen entre el Collider del personaje y otros con los que pudiera colisionar. Si te encuentras con que tu personaje se queda pillado al tocar muros, podrías probar a ampliar este valor (aunque tampoco lo subas mucho ¡o parecerá que tu personaje flota sobre el suelo!).

- *Min Move Distance*: Define el espacio que avanzará el personaje entre dos chequeos de colisión. Si el valor es muy bajo, cargaremos el juego con constantes chequeos de colisión. Si, por el contrario, el valor es demasiado alto pueden surgir anomalías como que el personaje atraviese muros o se quede atascado en ellos. El valor por defecto suele ser suficiente en la mayor parte de los casos.

- *Center*: Permite fijar la posición del Collider de cápsula respecto a la posición del GameObject del componente.

- *Radius*: Define el radio de la cápsula.

- *Height*: Sirve para configurar la altura de la cápsula.

Por tanto, el CharacterController es una simplificación que nos permite construir fácilmente personajes que no requieran de interacciones físicas complejas. Por ejemplo, si estuvieses desarrollando un Pac-Man [140], te bastaría con que tus personajes pudieran desplazarse por los pasillos sin atravesar los muros. No habría ni caídas, ni colisiones. Así que en ese caso te bastaría con usar un CharacterController.

CAPÍTULO

10

Sensores

Percibimos el mundo a través de nuestros sentidos. Vemos el lugar al que queremos ir, oímos algo amenazante tras la esquina, olemos el gas que inunda la habitación, saboreamos una comida apetitosa y tocamos la frente de nuestro hijo para saber si tiene fiebre. Gracias a los sentidos podemos saber el estado y la ubicación de los elementos de nuestro entorno.

Los objetos de nuestros juegos recrean personas y seres que, aun siendo ficticios, queremos que se comporten como si fueran reales. Para eso necesitan saber localizarse y conocer sus respectivos estados. Por tanto, tenemos que dotarles de instrumentos para emular nuestros sentidos de la mejor manera posible.

Hasta que envolvamos nuestros cuerpos en trajes hápticos o le pongamos manos a los ordenadores, no se desarrollarán juegos basados en el tacto. Tampoco conozco juego alguno que implemente funcionalidades para detectar olores o sabores reales (si bien hay juegos que simulan que unos personajes huelen a otros).

Sin embargo, actualmente sí que abundan los sistemas de reconocimiento de imagen que buscan imitar nuestra vista para reconocer los elementos circundantes al jugador. Dichos sistemas son la base de los modernos juegos de realidad aumentada como *Pokemon GO* [142]. También hay sistemas de reconocimiento de voz para traducir las órdenes del jugador a comandos del juego, como por ejemplo *VoiceAttack* [232].

Aun así, las técnicas de reconocimiento de imagen y sonido son costosas y, por ahora, no tienen el rendimiento como para ser usadas de manera masiva en un juego de forma que unos objetos se reconozcan a otros.

En todos los casos anteriores, hay técnicas alternativas para recrear el uso de sentidos humanos por parte de los personajes de nuestros juegos. Los personajes no verán, tocarán, olerán, oirán o saborearán, pero parecerá que lo hacen.

En este libro nos centraremos en implementar los sentidos usados por los personajes de *Prince of Unity*: el tacto y la vista. Puedes encontrar ideas para simular el resto de los sentidos en obras como *AI for Games* [136] o en *Game AI Pro: Guide to Tactics and Strategy* [167].

10.1. Detectores de colisión

En el capítulo 9 vimos que la forma física de un GameObject se obtiene dotándole de un componente Collider y las propiedades físicas con un componente RigidBody.

Si dos GameObjects dotados de Collider se tocan (o, mejor dicho, lo hacen sus Collider), y uno de ellos cuenta con un RigidBody dinámico, se llamará a todos los scripts de esos GameObject que implementen el método `OnCollisionEnter()`. Ahí será donde incluiremos la lógica que queramos disparar cuando los objetos se toquen.

> La restricción de que uno de los GameObject cuente con un RigidBody dinámico puede parecer arbitraria al principio, pero, si se piensa bien, tiene bastante sentido. Recordemos que los RigidBody cinemáticos aplican fuerzas pero no las reciben, y los estáticos tampoco. Si dos RigidBody cinemáticos chocasen, ninguno de los dos recibiría fuerza del otro por lo que el `OnCollisionEnter()` no se dispararía. El mismo razonamiento puede seguirse cuando los que se tocan son un RigidBody cinemático y otro estático. Ahora bien, si uno de los dos RigidBody fuera dinámico ya recibiría fuerzas y, por tanto, detectaría la colisión, llamando a `OnCollisionEnter()`.

`OnCollisionEnter()` se llama una sola vez, en el momento en el que se tocan los Collider. Si mantienen el contacto ya no se vuelve a llamar. En su lugar, en cada fotograma en el que se mantenga el contacto se llama a otro método denominado `OnCollisionStay()`. Por último, cuando el contacto se interrumpe por fin el método llamado es `OnCollisionEnd()`.

Para actuar ante el contacto, los tres métodos anteriores reciben como parámetro un objeto de tipo `Collision`. Este objeto contiene campos con información sobre la colisión, como una referencia al GameObject con el que se ha chocado, la posición del punto de contacto de la colisión o las velocidades relativas de los dos objetos que hayan chocado.

En *Prince of Unity* no he llegado a utilizar detectores de colisión. Sin embargo son muy habituales, por ejemplo, para implementar proyectiles. Si tuvieras vehículos en tu juego, que quisieras que pudieran ser alcanzados por proyectiles, una opción podría ser incluir un script en tus vehículos que implementase el método `OnCollisionEnter()`. Dentro de ese método, analizarías el objeto `Collision` que recibirías como entrada y analizarías su campo `gameObject` para saber si el objeto con el que has colisionado es una bala o un objeto inofensivo. Si fuera una bala, podrías activar un método para restarte puntos de vida. También podrías usar el método `Collision.GetContact()` para obtener un objeto `ContactPoint`, para saber el punto de la colisión y activar en él un efecto visual, como por ejemplo llamas o chispas, para señalar al jugador dónde hemos sido alcanzados.

> Para que los métodos `OnCollision...()` puedan ser llamados, su script debe estar en el mismo GameObject que el Collider que dispara el evento de colisión. Tenlo en cuenta si tu prefab está compuesto por una jerarquía de GameObjects.

10.2. Sensores volumétricos

Cuando un Collider tiene su campo *Is Trigger* activado se convierte en un sensor volumétrico. Es decir, deja de ser un Collider sólido y puede ser atravesado por otros Collider, pero, a cambio, activa una serie de métodos que nos permiten reaccionar. Esos métodos son similares a los métodos `OnCollision...()`, que vimos en la sección anterior, pero se llaman `OnTrigger...()`.

Al igual que antes, cuando el sensor volumétrico empieza a ser atravesado por el otro Collider, se llama a los métodos `OnTriggerEnter()` de los scripts que estén en el mismo GameObject del sensor. A partir de ahí, cada fotograma que transcurra en el que el Collider siga dentro del volumen del sensor se llamará a `OnTriggerStay()`. Y cuando finalmente el Collider abandone el sensor, el método llamado será `OnTriggerEnd()`.

Al igual que pasaba para detectar colisiones, para disparar los métodos `OnTrigger...()` se necesita que al menos uno de los dos GameObject cuente con un RigidBody, aparte de los respectivos Colliders. Sin embargo, para los sensores volumétricos hace falta que ese RigidBody sea dinámico o cinemático, no basta con que sea estático [203].

> Los métodos `OnTrigger...()` se activan porque un objeto entra o sale de un área específica. No implica, por tanto, que haya intercambio de fuerzas entre objetos, sólo un cambio de posición. Por eso, un RigidBody cinemático puede disparar sin problema un evento `OnTrigger...()`.

Otra diferencia con las colisiones es que, en el caso de los sensores volumétricos, el parámetro de entrada es un objeto Collider, que contiene una referencia al Collider del GameObject que ha entrado en el sensor volumétrico. Ese objeto cuenta con campos que nos permiten averiguar, por ejemplo, los límites del volumen que define, pero generalmente usaremos su campo gameObject para obtener una referencia al GameObject que contiene al Collider.

En este caso sí que hay bastantes ejemplos de sensores volumétricos en *Prince of Unity*. Creo que uno de los más interesantes es el sensor de peso implementado en `Assets/Prefabs/Components/CharacterWeightSensor`. Si abres este prefab verás que es muy sencillo. Sólo consta de un GameObject con un Collider, que hace de sensor volumétrico, y un script (`Assets/Scripts/CharacterWeightSensor.cs`). El script lo que hace es poner un cronómetro a funcionar en cuanto un personaje entre en el sensor volumétrico. Cuando dicho cronómetro alcance el tiempo de `activationTime` el sensor de peso activa el evento `weightSensorActivated` llamando a todos los eventos que se le pudieran haber suscrito. Si el personaje sale del sensor antes de que se alcance el `activationTime` el cronómetro se para y vuelve a cero. Y si el evento `weightSensorActivated` ya ha sido activado, cuando el personaje salga lo que se activará es el evento `weightSensorDeactivated`.

La clave, por tanto, está en la llamada a los métodos `OnTriggerEnter()` y `OnTriggerExit()`:

```
103 private void OnTriggerEnter2D(Collider2D col)
104 {
105     // Trigger volumes should not be detected to avoid fighting sensors to activate
           spikes.
106     // But falling collider should be detected although is a trigger to keep spikes up
107     // when a character is falling over them.
108     if (col.isTrigger && col.name != ''FallingCollider'') return;
109     GameObject detectedGameObject = GameObjectTools.Collider2GameObject(col);
110     if (GameObjectTools.IsACharacter(detectedGameObject))
111     {
112         if (GameObjectTools.CharacterInState(detectedGameObject,
               dontActivateInTheseCharacterStates)) return;
113         CharactersOverSensor.Add(detectedGameObject);
114         CounterStart();
115         _activated = true;
116     }
117 }
```

Listado 10.1: Fragmento de Assets/Scripts/CharacterWeightSensor.cs

Como se puede ver en la línea 108 del listado 10.1, he usado los campos del objeto Collider para detectar los casos en los que el Collider intruso es otro sensor y evitar en esos casos que se active el sensor de peso. La idea es que el sensor de peso sólo se active con el Collider sólido de los personajes (los únicos que se mueven por el escenario).

He llamado al campo `Collider.transform.root.gameObject` para obtener el GameObject raíz al que pertenece el Collider intruso. Esto me permite obtener el GameObject compuesto al que pertenece el Collider y no sólo su GameObject particular. Lo que ha pasado es que he tenido que aplicar este método en tantos sitios, y es una llamada tan poco intuitiva, que la he acabado encapsulando en un método estático denominado `Collider2GameObject()`, de la librería `Assets/Scripts/GameObjectTools.cs`. Creo que el nombre del método estático es mucho más expresivo del propósito que buscamos que usar directamente el campo.

Un vez obtenido el GameObject raíz del Collider intruso, se usan otros métodos de la librería GameObjectTools para confirmar que se trata de un personaje (línea 110), y que no se encuentra en uno de los estados que se supone que no activan el sensor (línea 112).

Llegados a la línea 113, ya está claro que el GameObject intruso debe activar el sensor y por eso se le añade a la lista de personajes sobre el sensor (por si coincidiesen varios al mismo tiempo). Acto seguido, se inicia el contador para la activación[1] (línea 114).

[1] El método CounterStart() se limita a poner a verdadero el campo privado _countingTime.

```
70  // Update is called once per frame
71  void Update()
72  {
73      if (_countingTime)
74      {
75          _elapsedTime += Time.deltaTime;
76          if (_elapsedTime >= activationTime)
77          {
78              if (weightSensorActivated != null) weightSensorActivated.Invoke();
79              CounterStop();
80          }
81      }
82  }
```

Listado 10.2: Fragmento de Assets/Scripts/CharacterWeightSensor.cs

El método `Update()` de `CharacterWeightSensor` se dedica a añadirle tiempo al contador del cronómetro (línea 75, del listado 10.2) y, cuando dicho cronómetro supera el umbral de activación (línea 76), llama a todos los métodos que se hubiesen suscrito al evento `weightSensorActivated` (línea 78).

La salida del objeto intruso del sensor activa las operaciones inversas a las que se realizaron en la entrada en el sensor:

```
119 private void OnTriggerExit2D(Collider2D other)
120 {
121     GameObject detectedGameObject = GameObjectTools.Collider2GameObject(other);
122     if (GameObjectTools.IsACharacter(detectedGameObject))
123     {
124         if (GameObjectTools.CharacterInState(detectedGameObject,
                dontActivateInTheseCharacterStates)) return;
125         RemoveGameObjectFromSensor(detectedGameObject);
126     }
127 }
128
129 /// <summary>
130 /// Remove given object from detected game object list.
131 /// </summary>
132 /// <param name=''gameObjectToRemove''>Game objet to remove from sensor.</param>
133 private void RemoveGameObjectFromSensor(GameObject gameObjectToRemove)
134 {
135     CharactersOverSensor.Remove(gameObjectToRemove);
136     if (CharactersOverSensor.Count == 0)
137     {
138         CounterStop();
139         if (_activated)
140         {
141             if (weightSensorDeactivated != null) weightSensorDeactivated.Invoke();
142             _activated = false;
143         }
144     }
145 }
```

Listado 10.3: Fragmento de Assets/Scripts/CharacterWeightSensor.cs

En las líneas 121 a 124 del listado 10.3, nos aseguramos de que el GameObject que acaba de abandonar el sensor volumétrico fuese uno capaz de haberlo activado previamente. Luego, se procede a retirar a dicho GameObject de la lista de objetos sobre el sensor (línea 135) y, si con eso el sensor se ha quedado vacío (línea 136), se para el cronómetro (línea 138) y se llama a todos los métodos que se hubiesen suscrito al evento `weightSensorDeactivated` (línea 141).

Como se puede ver, el prefab CharacterWeightSensor se especializa en una sola cosa: lanzar un evento cuando un tipo de objeto determinado pasa el tiempo suficiente sobre él y lanzar otro evento cuando el objeto abandona el sensor.

Mantener el prefab tan especializado y sencillo facilita que lo podamos utilizar en otros prefabs como un componente más. En el caso de CharacterWeightSensor, se utiliza en los siguientes casos:

1. `Assets/Prefabs/DynamicArchitecture/FallingGround`: Integrado en este prefab compuesto, este sensor detecta que un personaje pasa por la baldosa y, pasado un instante, llama a un método suscrito al evento weightSensorActivated que activa el efecto de la gravedad sobre la baldosa, haciendo que esta se desplome.

2. `Assets/Prefabs/Traps/SpikesTrap`: En este prefab compuesto se utiliza este sensor por partida doble. Un primer sensor (RangeSensor) tiene más de 5 unidades de altura y sirve para detectar que el personaje salta por encima de la trampa y activa la animación de los pinchos. Un segundo sensor más pequeño (KillingSensor) avisa de que un personaje está en la zona en la que se le podría aplicar daño.

3. `Assets/Prefabs/Traps/BladesTrap`: Este prefab compuesto cuenta con los mismos sensores que SpikesTrap, pero las dimensiones de sus respectivos volúmenes se han adaptado para que RangeSensor active la animación de las cuchillas cuando un personaje se aproxime a menos de 4 unidades de distancia. En cuanto al sensor KillingSensor se ha redimensionado también para abarcar la franja concreta de cierre de las cuchillas donde se puede matar a los personajes.

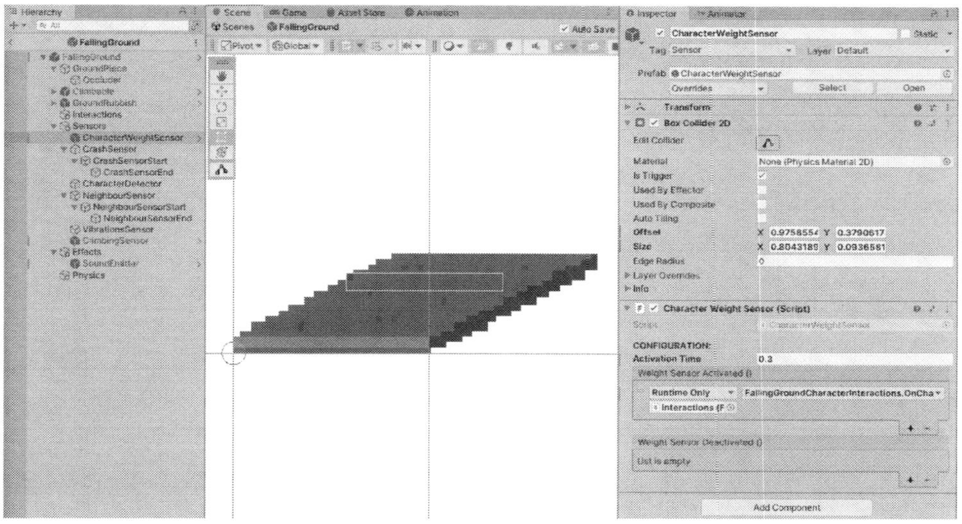

Figura 10.1: Configuración de CharacterWeightSensor, dentro del prefab FallingGround.

Creo que es interesante mencionar que en el caso de SpikesTrap y de BladesTrap he integrado el CharacterWeightSensor dentro de un GameObject dotado de un script `Assets/Scripts/ProximitySensor.cs`. Este script se encarga de recibir los eventos del sensor de peso y, en función del evento recibido, activar o no un flag en la máquina de estados interna del prefab.

> Moraleja: cuanto más especializados y sencillos sean tus componentes, más fácil te será reutilizarlos y combinar varios de ellos entre sí para dar lugar a comportamientos complejos.

Entendida la lógica de un sensor volumétrico como CharacterWeightSensor, el resto de los sensores de este tipo carecen de misterio.

El prefab del protagonista `Assets/Prefabs/Characters/Prince` cuenta con dos sensores volumétricos. Uno se especializa en avisar de que el protagonista se encuentra delante un objeto que puede ser recogido (`Assets/Components/PickableSensor`).

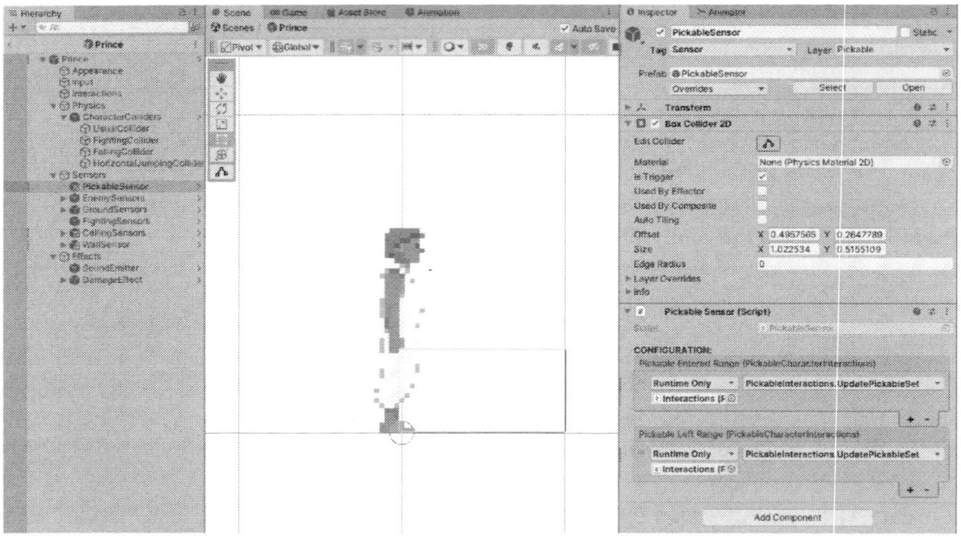

Figura 10.2: Configuración del PickableSensor.

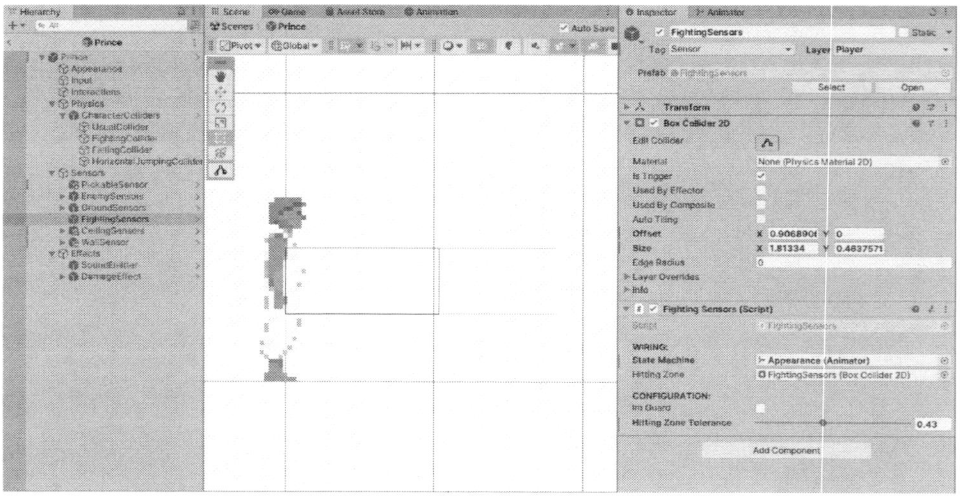

Figura 10.3: Configuración del FightingSensors.

El otro sensor volumétrico marca el volumen en la que el personaje puede infligir daño a un adversario al luchar con las espadas (🗀`Assets/Components/FightingSensors`).

Este sensor es utilizado tanto por el protagonista como por los personajes de los guardias y el visir. En el capítulo 22 veremos el papel de este sensor en los combates a espada.

> Si te estás preguntando cómo se hace para que la caja azul se redimensione al cambiar el valor de *Hitting Zone Tolerance*, del script FightingSensors, no te preocupes porque lo explicaré en el capítulo 16.

10.3. Matriz de colisiones

El problema de los sensores volumétricos es que detectan cualquier tipo de Collider que se le ponga por delante. Sin embargo, a nuestros scripts pueden no interesarles que los sensores detecten a todos los Collider indiscriminadamente. Por ejemplo, si queremos detectar con un volumétrico el momento exacto en el que un personaje atraviesa el umbral de un puerta, no nos interesará que el volumétrico salte con los

Collider de los sensores volumétricos que pueda tener el personaje por delante de él, sino con los Collider que definen la geometría física del personaje. Otro ejemplo: si tenemos un sensor delante de nuestro personaje para detectar enemigos y aplicarles daño, no querremos que el sensor detecte erróneamente a los personajes aliados.

Para solucionar este problema, una opción es filtrar los Collider etiquetando sus GameObject y mirando en el código si el Collider recién detectado tiene la etiqueta que nos interesa. Esa es la técnica que he usado en el volumétrico de las puertas de cambio de nivel, tal y como se ve en la sección 10.6.

Otra solución, que no implica código, y que puede ser útil en otro tipo de situaciones, es utilizar capas y la *matriz de colisiones* [204].

Ya vimos que las capas (Layers) nos sirven para agrupar objetos similares de modo que se les puedan aplicar determinadas configuraciones de manera específica. Una de esas configuraciones son las colisiones. De esta forma, Unity nos permite definir qué colisiones se pueden dar o no entre los objetos situados en las distintas capas.

Siguiendo el ejemplo de la puerta que poníamos al comienzo de la sección, podríamos meter en una capa específica para sensores (podríamos llamarla *Sensors*) al de la puerta y al que que pudiera tener el personaje por delante, mientras que a los Collider físicos de los personajes podríamos meterlos en una capa propia (que podríamos llamar *Characters*). Hecho eso, podemos ir a la matriz de colisiones y configurarla para que la capa *Sensors* sólo colisione con la capa *Characters*. A partir de entonces, los sensores sólo se activarán cuando se solapen con los Colliders asignados a la capa *Characters* y no con otros asignados a otras capas, como la de *Sensors*.

Si quisiéramos detectar enemigos, podríamos crear dos capas de personajes (*Enemies* y *Allies*) en vez de una (la de *Characters*) y distribuir entre ellas a los personajes. Luego podríamos crear una capa de sensores de aliados (*AlliesSensors*) y otra de sensores asignados a los enemigos (*EnemiesSensors*). Con eso, en la matriz de colisiones podríamos configurar que los sensores de los aliados sólo detectasen a los enemigos (*AlliesSensors* sólo colisionase con *Enemies*) y que los sensores de los enemigos sólo detectasen a los aliados (*EnemiesSensors* sólo colisionarían con los objetos de *Allies*).

Así pues, cuando se llamase a los métodos `OnTriggerEnter()` y `OnTriggerExit()` de nuestro código se le pasarían sólo los Collider que nos interesan sin necesidad de tener que filtrarlos por nosotros mismos.

Para acceder a la matriz de colisiones tenemos que ir a Edit > Project Settings... > Physics 2D y ahí pinchar la pestaña Layer Collision Matrix. La matriz que se mostrará dependerá de las capas específicas que hayas creado para tu juego. En el caso de *Prince of Unity* la matriz de colisiones es la de la figura 10.4.

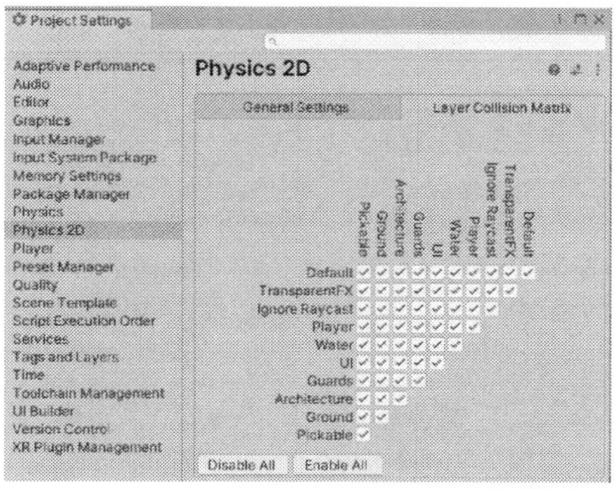

Figura 10.4: Matriz de colisiones de Prince of Unity.

Como puedes ver en esa figura, todas las colisiones se encuentran activadas, señal de que la aproximación que he seguido en el juego es filtrar desde el código usando etiquetas. En realidad, lo que me pasó es que aprendí la técnica de la matriz de colisión cuando ya había hecho la implementación de las etiquetas, así que lo dejé como estaba. Si ahora empezase el juego desde cero probablemente usaría la matriz de colisión.

En la figura 10.5 te muestro la matriz de colisiones de otro proyecto en el que estoy trabajando y en el que sí que he alterado la configuración de las colisiones por defecto entre algunas capas.

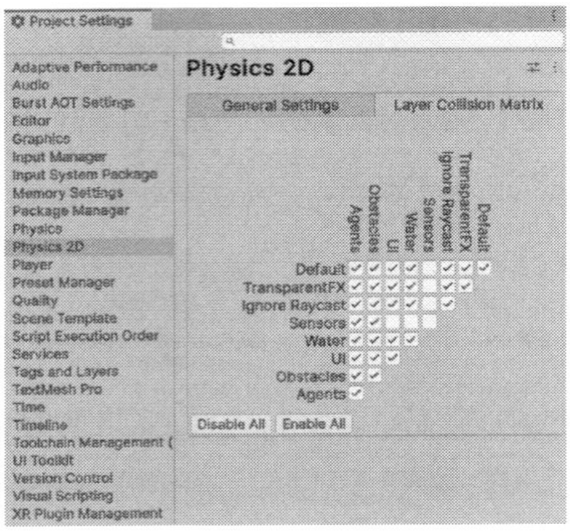

Figura 10.5: Matriz de colisiones con una configuración específica para la capa Sensors.

En esta otra figura he configurado la capa *Sensors* para que sólo colisione con las capas *Agents* y *Obstacles*. Si te fijas, son las únicas casillas marcadas en la fila de *Sensors*. De esa forma he conseguido que los sensores de ese proyecto sólo reaccionen a los objetos que he identificado como agentes u obstáculos al situarlos en esas capas.

Observa que las filas de la matriz van teniendo menos elementos conforme vas bajando. Eso es así porque las casillas se refieren a relaciones bidireccionales, así que las filas inferiores tienen menos casillas porque las relaciones de las casillas ausentes ya aparecieron en las filas superiores. En el ejemplo de la figura, la fila *Sensors* no tiene casillas en las columnas *Ignore Raycast*, *TransparentFX* y *Default*, porque las filas de esas capas ya tenían una casilla para *Sensors*. Así que son esas las que debemos desmarcar si no queremos que esas capas colisionen entre sí, tal y como se puede ver en la figura.

> El uso de la matriz de colisión para los sensores es uno de los más evidentes, pero también hay otros relativos al comportamiento físico de los objetos. Imagina, por ejemplo, un juego donde hubiera fantasmas capaces de traspasar paredes. En ese caso, podríamos usar la matriz de colisión para que los objetos de la capa de los fantasmas no colisionasen con los objetos situados en la capa de obstáculos. El efecto sería que los fantasmas podrían atravesar los obstáculos sin verse afectados por ellos.

10.4. Trazado de rayos

Con los sensores volumétricos podemos cubrir los casos de uso en los que queramos detectar la entrada de un objeto en una zona amplia, pero hay veces que necesitamos detectar objetos con mayor precisión y es ahí donde entra en juego la técnica del trazado de rayos (*raycasting*).

Esta técnica simula el disparo de una línea (el rayo) entre dos puntos, devolviendo como resultado los objetos con los que se tope en el trayecto.

Si un sensor volumétrico se asemeja a las alarmas que se ponen en las casas para detectar la entrada de alguien en una habitación, un sensor por trazado de rayos se asemeja a las alarmas láser con las que se protege al diamante de turno en las películas de robos.

El trazado de rayos tiene ciertas ventajas sobre los sensores volumétricos:

- Los rayos son más precisos, ya que pueden detectar puntos concretos de un objeto en el espacio, mientras que los sensores volumétricos detectan objetos completos.

- Los sensores de rayos son más eficientes porque limitan sus medidas a la línea trazada entre dos puntos, mientras que los volumétricos tienen que controlar lo que entre en un espacio mucho mayor.

- Los sensores de rayos se pueden usar para detectar colisiones con objetos no físicos, como, por ejemplo, elementos de la interfaz gráfica. De hecho, para implementar en un juego la selección de objetos de la escena con el ratón, lo normal es que uses trazado de rayos para lanzar una línea desde el foco de la cámara, atravesando el punto al que hayas hecho click de la pantalla, hasta colisionar con el objeto a seleccionar.
- Con sensores de rayos puedes identificar objetos mucho más lejanos que con sensores volumétricos, cuyo alcance está mucho más limitado.
- Los volumétricos permiten detectar objetos en varias direcciones simultáneamente, pero muchas veces te interesará centrar la detección en una sola dirección. En esos casos lo suyo será utilizar rayos.
- Cuando quieras detectar objetos moviéndose rápidamente, el trazado de rayos te dará resultados muchos más precisos que los volumétricos.

Después de todo esto no quiero que pienses que hay que dar de lado a los sensores volumétricos, ni mucho menos. Los dos tipos de sensores tienen su escenario de uso y sus propias ventajas. De hecho, yo he usado ambos tipos en el juego.

En el caso de los sensores de rayos, los he usado principalmente en los personajes. Por ejemplo, todos ellos incluyen el sensor 🗀 `Assets/Prefabs/Components/GroundSensors` que, a su vez, incluye el script 🗀 `Assets/Prefabs/Components/GroundSensors.cs` en su GameObject raíz, que es el que controla el trazado de rayos entre los puntos marcados por las parejas de GameObject vacíos que cuelgan del raíz.

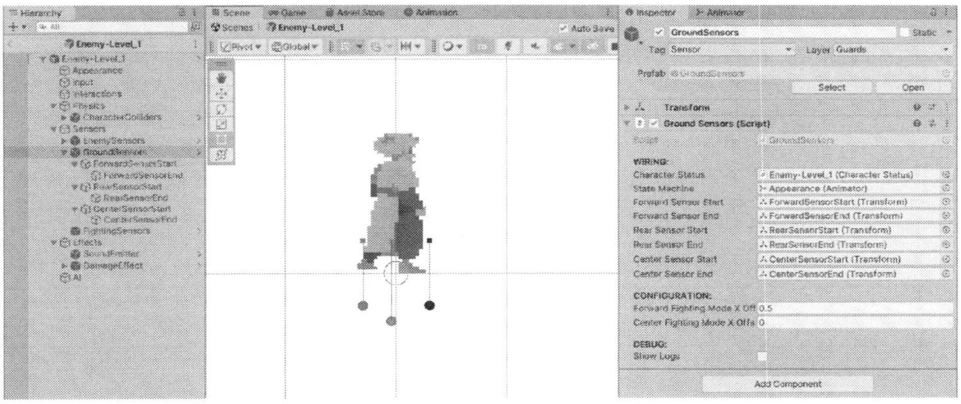

Figura 10.6: Configuración de GroundSensors en el guardia.

Como ya hemos explicado en otras ocasiones, el uso de GameObject vacíos nos permite usarlos como marcadores, fáciles de mover, con los que señalar puntos en el espacio. Como puedes ver a la derecha de la figura 10.6, dichos marcadores se pasan al script para que este no tenga más que acceder a la posición de su componente Transform para conseguir los puntos del espacio que le interesan para trazar los rayos.

Cada una de las parejas de marcadores, definen un rayo que mide algo muy concreto.

El más importante es el rayo central, configurado por la pareja de marcadores CenterSensorStart y CenterSensorEnd. Este rayo controla que haya suelo justo debajo del personaje. Si ese rayo deja de colisionar en algún momento con un Collider de suelo, se asume que el personaje está en el aire y se activa la animación de caída.

El rayo trasero (RearSensorStart a RearSensorEnd) controla que haya suelo detrás del personaje. Los guardias no hacen uso de este rayo porque no pueden ni agacharse, ni descender por una cornisa, pero el protagonista sí. En el caso de este último, cuando pulsamos el botón o la cruceta con dirección hacia abajo pueden ocurrir dos cosas: si el protagonista está dándole la espalda al borde de una cornisa iniciará el descenso por ella, pero si lo que tiene es suelo macizo sencillamente se agachará. La diferencia entre iniciar una animación u otra dependerá de que, en el momento de pulsar el botón, el rayo trasero detecte el Collider del suelo o no.

El rayo delantero (ForwardSensorStart a ForwardSensorEnd) lo usan, por ejemplo, los guardias para detectar cuándo se acercan al borde de una cornisa y pararse ante ella para no caer. En el momento en el que el rayo deja de colisionar con un Collider de suelo, el guardia ya sabe que debe pararse o caerá por el hueco.

Como no queremos que un personaje se mantenga suspendido en el aire cuando carezca de suelo debajo de sus pies, nos interesará trazar los rayos con la mayor frecuencia posible para mantener el sensor actualizado. Como, además, del resultado de esos rayos depende la posición del personaje y su caída o no, he preferido realizar el trazado de los rayos desde el `FixedUpdate()`.

```
private void FixedUpdate()
{
    ForwardGround = DetectForward();
    CenterGround = DetectCenter();
    RearGround = DetectRear();
    UpdateSensorsPosition();
}
```

Listado 10.4: Fragmento de Assets/Scripts/GroundSensors.cs

Cada uno de los métodos `Detect...()` del listado hace lo mismo: traza un rayo y devuelve el GameObject del suelo que detecte o el valor null en caso contrario. Veamos, por ejemplo el caso de `DetectCenter()`:

```
164 /// <summary>
165 /// Return ground detected below of character if any, or null otherwise.
166 /// </summary>
167 /// <returns>Ground detected or null otherwise.</returns>
168 private GameObject DetectCenter()
169 {
170     RaycastHit2D hit = Physics2D.Raycast(centerSensorStart.position,
171         _centerRayDirection,
172         _centerSensorDistance,
173         _architectureLayerMask);
174     if (hit.collider != null)
175     {
176         GroundTouchPoint = hit.point;
177         return hit.collider.transform.root.gameObject;
178     }
179     else
180     {
181         GroundTouchPoint = Vector3.zero;
182         return null;
183     }
184     // return (hit.collider != null) ? hit.collider.transform.root.gameObject: null;
185 }
```

Listado 10.5: Fragmento de Assets/Scripts/GroundSensors.cs

La clave del listado 10.5 está en la llamada a `Physics2D.Raycast()` de la línea 170. Este un método sobrecargado con 3 versiones. Es decir, que podremos llamarlo con tres posibles lotes de parámetros y, en función de la versión que utilicemos, devolverá una opción u otra [208]. En el caso de la línea 170 he usado la versión que devuelve un objeto `RaycastHit2D` que incluye en su campo `collider` el primer Collider con el que topa el rayo.

Las otras dos versiones del método Raycast() permiten que el rayo "perfore" los objetos y devuelva un array o una lista con todos los objetos atravesados por el rayo.

Aquí, lo que le he pasado a `Raycast()` es el punto de partida del rayo (`centerSensorStart.position`), la dirección del rayo a partir del punto de partida (`_centerRayDirection`), el alcance máximo del rayo (`_centerSensorDistance`) y un filtro de capas. El punto de partida no tiene misterio porque es una referencia al marcador de inicio del rayo (el GameObject CenterSensorStart), pero el resto de los parámetros merecen cierta explicación, así que vamos a ver de dónde salen.

Las direcciones de los rayos se calculan en el método `CalculateRayDirections()`:

```
/// <summary>
/// Calculate ray directions for every sensor.
/// </summary>
private void CalculateRayDirections()
{
    _forwardRayDirection = (forwardSensorEnd.position - forwardSensorStart.position).
        normalized;
    _centerRayDirection = (centerSensorEnd.position - centerSensorStart.position).
        normalized;
    _rearRayDirection = (rearSensorEnd.position - rearSensorStart.position).normalized
        ;
}
```

Listado 10.6: Fragmento de Assets/Scripts/GroundSensors.cs

Como puedes ver, para calcular una dirección basta con restarle la posición inicial del rayo a la posición final. Dado que en este método no nos interesa la distancia, he optado por quedarme sólo con el valor normalizado tirando del campo `normalized`.

Puede ser tentador incluir este cálculo en el `FixedUpdate()`, pero antes de hacerlo tenemos que plantearnos si es realmente imprescindible, dado que cualquier cosa que metamos en el `Update()` o en el `FixedUpdate()` puede incrementar enormemente la carga del juego. En general, tiene sentido incluir un método en el `Update()` o en el `FixedUpdate()` si este método realiza una acción continuada en el tiempo o evalúa una condición que puede variar con él. En este caso, las posiciones relativas entre los marcadores iniciales y finales son fijas, por lo que no tiene sentido repetir el cálculo de la dirección una y otra vez. Basta con llamar a `CalculateRayDirections()` desde el `Awake()`, tal y como hace GroundSensors.

Le pasa lo mismo al cálculo de las distancias, para definir el alcance de los rayos:

```
/// <summary>
/// Calculate distances between starting an end sensor points.
/// </summary>
private void CalculateSensorDistances()
{
    _forwardSensorDistance = Vector2.Distance(forwardSensorStart.position,
        forwardSensorEnd.position);
    _centerSensorDistance = Vector2.Distance(centerSensorStart.position,
        centerSensorEnd.position);
    _rearSensorDistance = Vector2.Distance(rearSensorStart.position, rearSensorEnd.
        position);

}
```

Listado 10.7: Fragmento de Assets/Scripts/GroundSensors.cs

Como las posiciones relativas entre los marcadores de inicio y final son fijas, tampoco varían las distancias. Así que como pasaba con las direcciones, basta con llamar a `CalculateSensorDistances()` una vez, desde el `Awake()`.

Nos quedaría por explicar el último parámetro de la llamada a `Raycast()`, de la línea 170 del listado 10.5. Es el mencionado filtro de capas. Se trata de un objeto de tipo `LayerMask` que define un conjunto de capas cuyos objetos queremos que puedan ser detectados por el rayo. Recuerda que ya explicamos lo que eran las capas (Layer) en el capítulo 4 y cómo se utilizaban. Cuando asignamos un objeto a una capa, lo que hacemos es incluirlo en un grupo de objetos. Un LayerMask representa a un subconjunto de las capas creadas para el juego. Cuando usamos un LayerMask en una llamada `Raycast()` lo que hacemos es configurar el rayo para que sólo devuelva impactos sobre objetos que se encuentren en alguna de las capas del LayerMask. Si el rayo da sobre un objeto que se encuentre en una capa que no esté incluida en el LayerMask, lo atravesará ignorándolo completamente. De esta manera, nos aseguraremos de que el rayo detecte sólo lo que nos interesa y no otros objetos que pueda haber en el escenario estorbando.

Al igual que las distancias y las direcciones de los rayos, el LayerMask es el mismo a lo largo de todo el juego, así que también se puede calcular una sola vez en el `Awake()` y a partir de ahí reutilizar el valor calculado:

```
110 private void Awake()
111 {
112     _architectureLayerMask = LayerMask.GetMask(''Ground'');
113     CalculateSensorDistances();
114     CalculateRayDirections();
115 }
```

Listado 10.8: Fragmento de Assets/Scripts/GroundSensors.cs

Como se puede ver en la línea 112 del listado 10.8, basta con el método estático `LayerMask.GetMask()` para obtener un LayerMask que incluya únicamente las capas cuyos nombres le pasemos a la función. En el caso del ejemplo, sólo nos interesa detectar los Collider que estén asignados al suelo (capa *Ground*).

Después de esta larga elipsis, ya sabemos de dónde salen los parámetros que le pasamos a `Raycast()` en la línea 170 del listado 10.5. Como podemos ver en esa misma línea, `Raycast()` devuelve un objeto `RaycastHit2D`. Si el rayo hubiese impactado con el Collider de algún GameObject incluido en el LayerMask, el valor del campo `collider` del objeto `RaycastHit2D` sería diferente de null, que es precisamente la comprobación que se hace en la línea 174 de ese listado. A partir de ahí la función `DetectCenter()` usa la referencia al Collider detectado para devolver el GameObject en el que se encuentra incluido (línea 177).

> En la línea 177 podría haber usado la función `GameObjectTools.Collider2GameObject()` que vimos en la sección 10.2. No lo he hecho así porque escribí esa función después de hacer funcionar este segmento de código, y tengo la regla personal de no hacer cambios estéticos en código que ya funciona bien. Si algún día tengo que refactorizar `DetectCenter()` para cambiar su funcionalidad o mejorar su rendimiento, será entonces cuando aproveche para incluir la función `Collider2GameObject()`.

> Si te lo estás preguntando, la propiedad `GroundTouchPoint` de la línea 176 se usa durante las caídas para detectar el punto exacto en el que el personaje tomará tierra. Ese punto se usa para forzar explícitamente la posición del personaje tras la caída. El problema que tenía era debido a que durante las caídas empleo un Collider más pequeño para el personaje, y a que este llega a alcanzar grandes velocidades de caída, el cadáver del personaje aparecía muy por debajo de la línea de suelo. El truco para resolver el problema es usar `GroundTouchPoint` para recolocar el cadáver a su posición correcta. La corrección es tan rápida que resulta imperceptible para el usuario.

Como se puede ver en el listado 10.4, los GameObject de suelo detectados por los rayos se almacenan en propiedades del sensor por si necesitasen ser consultados por los usuarios del sensor. En este caso, he preferido usar propiedades, no simples campos, con el fin de aprovechar la asignación para actualizar estados en otros objetos y fijar variables en la máquina de estados del personaje (línea 80 del listado 10.9).

```
69 public GameObject CenterGround
70 {
71     get=> _centerGround;
72     private set
73     {
74             bool _onGround = (value != null);
75             _centerGround = value;
76             // Gravity enabled check is done in IsFalling property.
77             characterStatus.IsFalling = !_onGround;
78             // OnGround is not the same as IsFalling. With no gravity you can be
79             // off ground but not being falling. With gravity enabled isFalling == !
                OnGround.
```

```
                stateMachine.SetBool(''OnGround'', _onGround);
                this.Log($''(GroundSensors - {transform.root.name}) On ground: {_onGround
                    }.'', showLogs);
        }
}
```

Listado 10.9: Fragmento de Assets/Scripts/GroundSensors.cs

Lo que hace un `Raycast()` para crear el rayo es proyectar un punto a lo largo de una línea. También puedes proyectar otro tipo de formas. `Physics2D.BoxCast()` proyecta una caja, mientras que `Physics2D.CapsuleCast()` proyecta una cápsula y `Physics2D.SphereCast()` lo hace con una esfera. Esto es extremadamente útil para calcular si GameObject va a caber en determinados sitios. Por ejemplo, podemos usar un `BoxCast()` para saber si un edificio va a caber en una parcela libre de nuestro simulador de ciudades.

En todas las figuras de este libro donde aparezcan sensores de rayos, los verás representados con un círculo y un cuadrado en sus extremos y con una línea roja o verde uniéndolos. En realidad los rayos trazados con `Raycast()` son invisibles, tanto en el editor como durante el juego. Las líneas que ves en las capturas son ayudas que se pueden dibujar en el editor para representar cosas (en este caso, los rayos). Estas ayudas se llaman *gizmos* y las estudiaremos en el capítulo 16.

10.5. Integración de sensores

En las secciones anteriores hemos visto los mecanismos que pueden utilizar nuestros sensores para detectar otros objetos circundantes, ¿pero, cómo podemos hacer para que los sensores comuniquen sus hallazgos? Al fin y a al cabo un sensor es una pieza especializada que se integra dentro de un objeto mayor que debe estar al tanto de lo que vaya detectando el sensor.

En esta sección vamos a explorar dos técnicas posibles: *polling* y eventos.

En la primera técnica, el sensor se limita a actualizar el valor de una propiedad que informa de si ha detectado algo o no. Para que el objeto usuario del sensor se entere de una detección, tiene que consultar periódicamente al sensor y mirar el valor de su propiedad pública. Ese proceso de consulta periódica es lo que se conoce como polling. Se trata de la técnica más sencilla, y, para juegos ligeros como *Prince of Unity*, puede ser suficiente. Pero, en general, hay que tener cuidado con esta técnica en juegos muy exigentes, porque un régimen de consultas demasiado frecuente, o si cada una de ellas resulta muy pesada, puede producir un impacto negativo en el rendimiento.

La otra opción es utilizar eventos, ya mencionados en el capítulo 6 y que estudiaremos con detalle en el capítulo 20. En este caso, el sensor puede ofrecer dos eventos, uno para el comienzo de la detección y otro para el fin de la misma. En este caso, el objeto usuario del sensor no tiene más que suscribirse a dichos eventos para enterarse de las novedades. De esa manera, el objeto usuario no tiene que estar revisando constantemente al sensor, dado que tiene la seguridad de que este le avisará, a través del evento, cuando detecte algo. El uso de eventos es más ligero en términos de rendimiento, aunque puede no ser tan directo de programar como el polling.

En general, mi recomendación es que con sensores utilices eventos. Aunque he de reconocer que en *Prince of Unity* se dan ambas técnicas. Los primeros sensores que creé usaban polling y, cuando ya aprendí cómo funcionaban los eventos en Unity, empecé a hacerlos con eventos.

Como ejemplo de la primera técnica tenemos el sensor 🗁`Assets/Prefabs/Components/EnemySensors`. Este es un sensor de trazado de rayos que usan los guardias y el visir para detectar al protagonista cuando se aproxima. Para ello proyecta un rayo desde los tobillos del guardia hasta unas 5 unidades por delante y hace lo mismo con un rayo que se proyecta hacia atrás unas 3 unidades. El rayo delantero simula la visión del personaje y el rayo trasero su capacidad de oír la aproximación del protagonista por detrás.

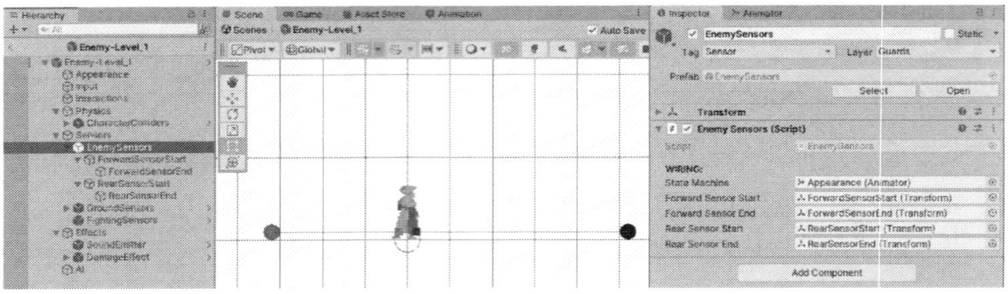

Figura 10.7: Configuración de EnemySensors.

La lógica del sensor y la API para acceder a lo que descubra se encuentra en el script `Assets/Scripts/EnemySensors.cs`. Ese script ofrece tres propiedades públicas para informar de si está detectando algo:

```
public bool EnemySeenForward => ForwardEnemy != null;
public bool EnemySeenRear => RearEnemy != null;

public bool EnemySeen
{
    get => EnemySeenForward || EnemySeenRear;
}
```

Listado 10.10: Fragmento de Assets/Scripts/EnemySensors.cs

Básicamente, el sensor estará detectando algo por delante si `EnemySeenForward` es verdadero y por detrás si lo es `EnemySeenRear`. En cuanto a la propiedad `EnemySeen`, será verdadera si se detecta algo o por delante o por detrás.

Si el usuario del sensor quisiera saber qué objeto ha sido detectado, encontraría una referencia en otras dos propiedades públicas:

```
public GameObject ForwardEnemy
{
    get=> _forwardEnemy;
    private set
    {
        _forwardEnemy = value;
        if (value != null)
        {
            stateMachine.SetBool(''enemySeenForward'', true);
        }
        else
        {
            stateMachine.SetBool(''enemySeenForward'', false);
        }
        stateMachine.SetBool(''enemySeen'', EnemySeen);
    }
}

public GameObject RearEnemy {
    get=> _rearEnemy;
    private set
    {
        _rearEnemy = value;
        if (value != null)
        {
            stateMachine.SetBool(''enemySeenRear'', true);
        }
        else
        {
```

```
            stateMachine.SetBool(''enemySeenRear'', false);
        }
        stateMachine.SetBool(''enemySeen'', EnemySeen);
    }
}
```

Listado 10.11: Fragmento de Assets/Scripts/EnemySensors.cs

La propiedad `ForwardEnemy` ofrece una referencia al objeto detectado por el rayo delantero y la propiedad `RearEnemy` al objeto detectado por el trasero.

Un usuario de este sensor es el script 🗀`Assets/Scripts/EnemyPursuer.cs` que se encuentra en el GameObject AI de los prefabs de los enemigos. Como su nombre indica, este script se ocupa de perseguir al protagonista cuando es detectado por los sensores del guardia. Para ello, EnemyPursuer tiene un campo enemySensor al que se le asigna en el inspector una referencia al EnemySensor del guardia.

EnemyPursuer realiza una llamada en su `FixedUpdate()` a su método `GetEnemyToPursue()` para ver si tiene alguien a quien perseguir.

```
78  /// <summary>
79  /// Get next enemy to pursue.
80  ///
81  /// if forward and rear enemies are detected, this method returns the forward one.
82  /// </summary>
83  /// <returns>Enemy detected to pursue. Null if there is no enemy to pursue.</returns>
84  private GameObject GetEnemyToPursue()
85  {
86      if (enemySensor.EnemySeen)
87      {
88          return enemySensor.EnemySeenForward ? enemySensor.ForwardEnemy : enemySensor.
                RearEnemy;
89      }
90      else
91      {
92          if ((PursuedEnemy != null) && (!PursuedEnemyStatus.IsDead))
93          {
94              // Enemy not seen any longer but can still be at range. He may have fallen
                     to a lower level.
95              if (DistanceToEnemy(_pursuedEnemy) > pursuingRange)
96              {
97                  // Enemy already out of range.
98                  return null;
99              }
100             else
101             {
102                 // Current enemy is still at range.
103                 return PursuedEnemy;
104             }
105         }
106     }
107     return null;
108 }
```

Listado 10.12: Fragmento de Assets/Scripts/EnemyPursuer.cs

Como se puede ver en el listado 10.12, lo primero que hace el método es consultar la propiedad EnemySeen del sensor para averiguar si este ha detectado algo (línea 86). En caso afirmativo, el método devuelve una referencia al GameObject detectado (línea 88), para que se proceda a perseguirle.

El resto del método hace referencia a situaciones en las que el guardia está persiguiendo a alguien que de repente desaparece del sensor (por ejemplo porque el protagonista se haya dejado caer a un nivel inferior). No te preocupes, estudiaremos esa parte en el capítulo 22.

Dado que `GetEnemyToPursue()` se llama desde el `FixedUpdate()` el efecto es que EnemyPursuer consulta el estado del sensor 50 veces por segundo. Esto puede no tener importancia para un juego sencillo como Prince of Unity que no tiene más de un enemigo en pantalla y con pocos sensores. Si incrementásemos el número de enemigos y de sensores, consultarlos todos 50 veces por segundo podría penalizar el rendimiento.

Aquí es donde entra en juego la segunda técnica de la que hemos hablado: la de los eventos. Yo la he utilizado para desarrollar un sensor de rayos genérico que puedes encontrar en `Assets/Prefabs/Components/RaySensor`. Lo creé porque hubo un momento en el que me di cuenta de que todos los sensores de rayos que había creado en el juego eran tan parecidos entre sí, que cabía la posibilidad de crear un sensor genérico que pudiese ser reutilizado en los distintos prefabs que necesitasen un sensor de rayos. En ese sensor genérico aproveché para usar eventos como mecanismo de comunicación de detecciones, aunque también dejé propiedades públicas por si algún prefab usuario prefería usar polling en vez de eventos.

El prefab de RaySensor no puede ser más sencillo. Un GameObject raíz con el script `Assets/Scripts/RaySensor.cs` y un GameObject hijo para definir el punto de origen del rayo, así como otro GameObject dependiendo de este último para definir la posición de finalización del rayo. Esos GameObject se referencian desde el script de la raíz para que este sepa de dónde a dónde trazar el rayo.

```
7  /// <summary>
8  /// <p>Generic component for ray sensors.</p>
9  ///
10 /// <p>Just place it and give it the layer were you want to detect colliders. It will emit
11 /// a colliderDetected event whenever one is hit by ray and a noColliderDetected event when
12 /// ray is clear. </p>s
13 /// </summary>
14 public class RaySensor : MonoBehaviour
15 {
16     [Header(''WIRING:'')]
17     [Tooltip(''Point from ray starts.'')]
18     [SerializeField] private Transform startPoint;
19     [Tooltip(''Point ray ends to.'')]
20     [SerializeField] private Transform endPoint;
21
22     [Header(''CONFIGURATION:'')]
23     [Tooltip(''Layers to be detected by this sensor.'')]
24     [SerializeField] private List<string> layerList = new List<string>();
25     [Tooltip(''Event to trigger when a collider is detected by this sensor.'')]
26     [SerializeField] private UnityEvent<Collider2D> colliderDetected;
27     [Tooltip(''Event to trigger when no collider is detected by this sensor.'')]
28     [SerializeField] private UnityEvent noColliderDetected;
29
30     [Header(''DEBUG:'')]
31     [SerializeField] private Color pointColor = Color.green;
32     [Range(0.01f, 1.0f)]
33     [SerializeField] private float gizmoRadius;
```

Listado 10.13: Fragmento de Assets/Scripts/RaySensors.cs

Como se puede ver en el listado 10.13, el script también admite una lista de nombres de capas para crear el LayerMask para el rayo (línea 24).

Más interesante es que en la línea 28 defino el evento `noColliderDetected`. Como veremos en el capítulo, hay varias maneras de usar eventos en Unity. Implementarlos con la clase `UnityEvent` no es la que más rendimiento da, pero permite realizar las suscripciones al evento desde el inspector, como veremos un poco más adelante.

En la línea 26, defino otro evento pero de tipo `UnityEvent<Collider2D>` para señalar que a los métodos suscritos al evento se les pasará un Collider (el del objeto detectado por el sensor).

RaySensor realiza el trazado de rayos como ya hemos visto en el caso de GroundSensors:

```
private void FixedUpdate()
{
    RaycastHit2D hit = Physics2D.Raycast(startPoint.position,
```

```
94             GetRayDirection(),
95             _rayDistance,
96             _layerMask);
97         DetectedCollider = hit.collider;
98 }
```

Listado 10.14: Fragmento de Assets/Scripts/RaySensors.cs

Al igual que entonces, RaySensors asume que las posiciones relativas del marcador de inicio y final del rayo no van a cambiar durante el juego, por lo que calcula la dirección, el alcance y el LayerMask una sola vez en el `Awake()`.

La mayor novedad es que cuando el rayo detecta algo guarda el resultado en la propiedad `DetectedCollider` (línea 97 del listado 10.14), y es en ese momento cuando se invocan los eventos y los métodos suscritos a ellos (líneas 54 y 58 del listado 10.15).

```
42 /// <summary>
43 /// Collider currently detected by sensor.
44 /// </summary>
45 public Collider2D DetectedCollider
46 {
47     get => _detectedCollider;
48     private set
49     {
50         if (_detectedCollider != value)
51         {
52             if (value == null && noColliderDetected != null)
53             {
54                 noColliderDetected.Invoke();
55             }
56             else if (value != null && colliderDetected != null)
57             {
58                 colliderDetected.Invoke(value);
59             }
60             _detectedCollider = value;
61         }
62     }
63 }
```

Listado 10.15: Fragmento de Assets/Scripts/RaySensors.cs

Un GameObject usuario de RaySensor es `Assets/Prefabs/Components/WallSensor`. WallSensor usa dos RaySensor, uno dirigido hacia adelante y otro hacia atrás, para detectar si el personaje tiene un muro enfrente o detrás. Para ello, WallSensor tiene el script `Assets/Scripts/WallSensor.cs` en su objeto raíz. Ese script es el que tiene referencias a la máquina de estados del prefab usuario de WallSensor y, además, suscribe sus métodos a los eventos emitidos por sus dos RaySensor. Esos RaySensors están situados en prefabs hijos de la raíz de WallSensor. El que mira hacia adelante recibe el nombre de ForwardRaySensor y el que mira hacia atrás BackRaySensor.

Como se puede ver en el inspector de la figura 10.8, el script de la raíz de WallSensor suscribe los métodos `OnFrontWallDetected()` y `OnNoFrontWallDetected()` a los eventos `colliderDetected` y `noColliderDetected` del RaySensor delatero. Al haber usado eventos de tipo `UnityEvent`, la suscripción se puede hacer en el inspector, arrastrando un script (en este caso WallSensor) al campo inferior de cada suscripción y eligiendo en el campo derecho el método del script que queremos suscribir.

En cuanto al LayerMask, se puede ver en la figura 10.8 que lo que le interesa a WallSensor son los objetos que estén en la capa *Architecture*.

WallSensor se usa en el prefab del protagonista, donde se suscribe a su máquina de estados para actualizarla con las novedades.

Como se puede ver, WallSensor no tiene que malgastar ciclos de CPU consultando constantemente a los RaySensor que tiene por debajo. En vez de eso, puede sentarse a esperar a que cualquiera de los RaySensor inicie uno de los eventos a los que se haya suscrito.

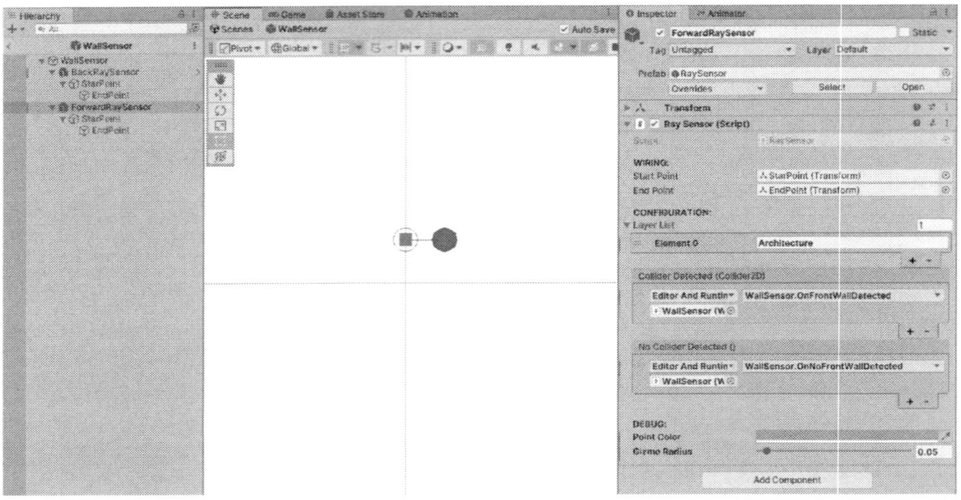

Figura 10.8: Configuración interna del rayo delantero de WallSensor.

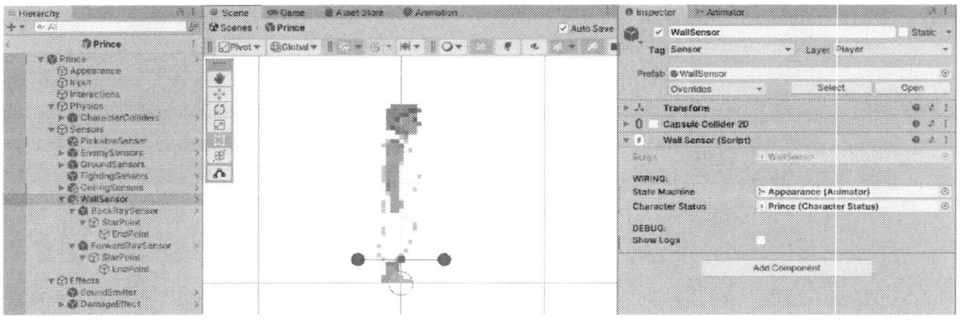

Figura 10.9: Configuración de WallSensor en el prefab del protagonista.

Por tanto, la primera moraleja de esta sección es mi recomendación de que intentes basar en eventos la comunicación con tus sensores. Mejorarás el rendimiento sensiblemente.

La segunda moraleja es que intentes generalizar tus sensores cuanto antes, para no tener que estar reimplementando prácticamente los mismos sensores una y otra vez. Todos los sensores de rayos del juego se podrían haber simplificado muchísimo partiendo de RaySensor. Sin embargo, desarrollé este último casi al final del proyecto, cuando ya había implementado ad-hoc el resto de sensores de rayos del juego. En ese punto ya no me atreví a reimplementar todos los sensores de rayos usando RaySensor. Al final, RaySensor sólo me sirvió para implementar el WallSensor, pero al menos sí me valió para observar la superioridad del enfoque de los eventos frente al polling.

10.6. Algunos ejemplos

En esta sección vamos a analizar más casos de uso de sensores, dentro de *Prince of Unity*, que no hayamos analizado hasta ahora.

La mayor parte de ellos nos servirán para reforzar conceptos ya vistos, aunque habrá varios casos donde veremos sensores que nos permitirán detectar situaciones no ligadas al movimiento físico de Colliders.

Sensor en la puerta de cambio de nivel

Las puertas de cambio de nivel (🗀`Assets/Prefabs/DynamicArchitecture/InterlevelGate`) permiten que el protagonista pueda abandonar el nivel actual y pasar al siguiente. Lo que pasa es que su apertura es lenta y en algunos niveles el jugador puede plantarse delante de la puerta antes de que esta haya acabado de abrirse. En esos casos, el juego original impide que el jugador pueda hacer uso de la puerta hasta que la animación de apertura haya finalizado.

Para implementar el mismo comportamiento en *Prince of Unity*, he tenido que dotar a la puerta de un sensor frontal para detectar la llegada del personaje protagonista. Cuando se produce la detección, y sólo cuando haya finalizado la apertura, el sensor le entrega al protagonista una referencia al script de la puerta que le permitirá activar la animación de cambio de nivel.

Se trata por tanto de un sensor muy sencillo. Dentro del prefab, se encuentra dentro del GameObject Sensors y recibe el nombre de CharacterDetector. Consta de un BoxCollider2D, que abarca toda la zona de delante de la puerta donde se colocará el protagonista para entrar en ella, y de un script para controlar la lógica del sensor (🗀`Assets/Scripts/InterlevelGateCharacterDetector`).

Dentro de ese script, la lógica para controlar lo que entre y salga del volumen del sensor es la siguiente:

```
23 private void OnTriggerEnter2D(Collider2D col)
24 {
25     if (col.gameObject.CompareTag(''Sensor'')) return;
26     InterlevelGateInteractions characterInteractions = col.transform.root.gameObject.
           GetComponentInChildren<InterlevelGateInteractions>();
27     if (characterInteractions != null) PrinceCharacter = characterInteractions;
28 }
29
30 private void OnTriggerExit2D(Collider2D other)
31 {
32     if (other.gameObject.CompareTag(''Sensor'')) return;
33     if (other.transform.root.gameObject.GetComponentInChildren<
           InterlevelGateInteractions>() != null)
34     {
35         if (PrinceCharacter != null &&
36             PrinceCharacter.InterlevelGateAvailable) PrinceCharacter.InterlevelGate =
                   null;
37         PrinceCharacter = null;
38     }
39 }
```

Listado 10.16: Fragmento de Assets/Scripts/InterlevelGateCharacterDetector.cs

Como se puede ver en el listado 10.16, se ignora cualquier Collider que entre dentro del volumétrico y que esté marcado con la etiqueta de *Sensor* (líneas 26 y 33). Esto se hace así para que lo que active el sensor sea el Collider principal del personaje (CharacterColliders) y no su FightingSensors, que se prolonga muy por delante de su objeto principal.

Una vez asegurado que lo que hemos detectado es el Collider principal del personaje, y que, por tanto, este se encuentra enfrente de la puerta, el método `OnTriggerEnter2D()` (línea 27) busca una referencia al script del protagonista que incluye los métodos relativos a las interacciones con las puertas de cambio de nivel (InterlevelGateInteractions). Este script sólo está presente en el GameObject Interactions del protagonista y no en el de los guardias, ya que estos últimos no tienen que atravesar puertas de cambio de nivel. Por ese motivo, si lo que estuviese delante de la puerta fuera un guardia, la búsqueda de ese script devolvería `null`, condición que controlamos en la línea 27.

Cuando un personaje abandona el volumen de detección, también hay que distinguir si se trata de un guardia o del protagonista, dado que el que nos interesa es este último. Para distinguir un tipo de GameObject de otro, un buen truco suele ser intentar localizar un script que sabemos que sólo está presente en uno de ellos. Por eso, en la línea 33 intentamos obtener una referencia al script InterlevelGateInteractions, que ya hemos dicho que sólo lo tiene el protagonista. Hechas esas comprobaciones, en las líneas 36 y 37 eliminamos las posibles referencias que pudiéramos tener del personaje del jugador.

Una vez que tenemos una referencia válida al protagonista en el campo PrinceCharacter, el método Update() se encarga de entregarle una referencia al script de cambio de nivel, sólo cuando la puerta se abra completamente.

```
private void Update()
{
```

```
43      if (PrinceCharacter != null &&
44          gateStatus.CurrentState == InterlevelGateStatus.GateStates.Open)
45      {
46          PrinceCharacter.InterlevelGate = characterInteractions;
47      }
48  }
```

Listado 10.17: Fragmento de Assets/Scripts/InterlevelGateCharacterDetector.cs

Fíjate en el código del listado 10.17. Cuando el campo `PrinceCharacter` es diferente de `null` (línea 43), significa que el sensor ha detectado al protagonista.

La última comprobación consiste en chequear si la puerta se ha abierto del todo, alcanzando el estado `Open` (línea 44). En caso contrario, se vuelve a comprobar en la llamada al `Update()` del siguiente fotograma hasta que la apertura finaliza.

Una vez que la puerta está abierta del todo, se avisa al protagonista asignándole a su campo InterlevelGate una referencia al script de la puerta que se encarga del cambio del nivel (línea 46). Es como entregarle el botón del cambio de nivel, ya que una vez que cuente con acceso al script CharacterInteractions el protagonista "pulsará el botón" llamando al método `EnterGate()` de ese script. Eso activará la animación en la que el personaje sube por la escalera y la música de fin de nivel, terminadas las cuales se cargará el siguiente nivel.

Detección de techos y cornisas

Ya hemos analizado los sensores de rayos que se encargan de que los personajes detecten el suelo bajos sus pies (GroundSensors), al enemigo que se les aproxima (EnemySensors) y la pared que pueden tener justo delante o detrás (WallSensor).

Nos queda por analizar un grupo más de sensores dedicados a detectar techos y cornisas que pueden afectar a la capacidad de escalar del protagonista. Este grupo de sensores se denominan CeilingSensors y se ubican en el GameObject Sensors del prefab del personaje del jugador (🗀 `Assets/Prefabs/Characters/Prince`).

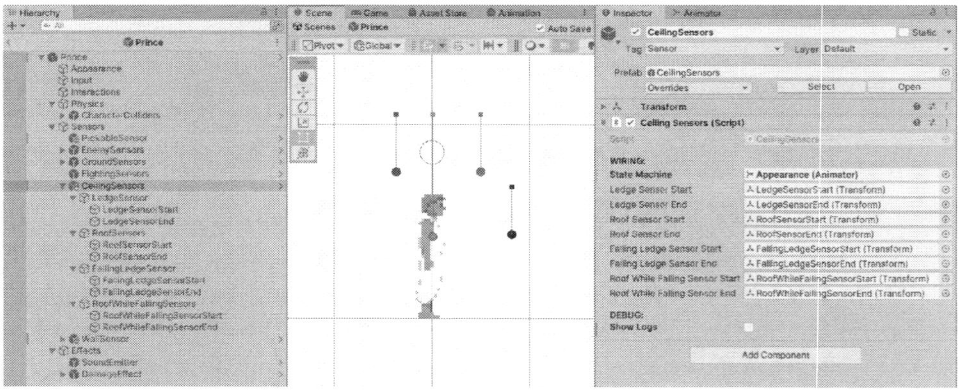

Figura 10.10: Configuración de los CeilingSensors.

A estas alturas, ya debería resultarte familiar la configuración de CeilingSensors que puede verse en la figura 10.10. Como en otras ocasiones, se trata de un GameObject raíz (CeilingSensors), que tiene el script que rige los sensores (🗀 `Assets/Scripts/CeilingSensors.cs`), y del que cuelgan los GameObjects con los marcadores de inicio y fin de cada uno de los rayos.

> Este es uno de los casos en los que podría haber simplificado la implementación haciendo uso del sensor genérico RaySensor (que usamos con WallSensor), en vez de implementar ad-hoc cada uno de los rayos. Pero esta implementación era anterior a la de los RaySensor y funcionaba, así que preferí terminar el juego en las fechas planificadas antes que enredarme en hacer reimplementaciones. Un buen ejercicio por tu parte sería probar a hacerla tú, sustituyendo los rayos individuales ad-hoc de este sensor con objetos RaySensor.

Dado que el funcionamiento interno de los rayos es similar al de los sensores anteriores, me voy a centrar en el propósito de cada uno de los sensores, explicándolos de izquierda a derecha según la figura 10.10:

- RoofSensors: Sirve para detectar que el personaje tiene techo sobre su cabeza. Si el personaje intenta saltar en esos casos, el salto es mucho más corto para que no parezca que atraviesa el techo.

- RoofWhileFallingSensors: Se usa durante las caídas, para detectar si está cayendo con nosotros una baldosa.

- LedgeSensors: Es muy útil para detectar si delante de un personaje, apoyado en el suelo, hay una cornisa a la que se pueda agarrar para iniciar una escalada.

- FallingLedgeSensors: Este último sensor es muy importante durante los saltos y las caídas, ya que es el que indica si durante uno de ellos se detecta una cornisa a la que nos podamos agarrar para detener la caída.

Sensores de caída

El personaje principal es el que más sensores contiene, por ser el que más variedad de movimientos puede llegar a hacer. Los otros personajes que pueden moverse, y cuentan con sensores para ello, son los guardias y el visir. Pero, además, hay un tercer elemento en el juego que, sin ser un personaje, también puede desplazarse: las baldosas que se desploman (`Assets/Prefabs/DynamicArchitecture/FallingGround`).

El prefab FallingGround deriva del prefab Ground, con el que ya nos hemos cruzado anteriormente y del que hereda su apariencia, su Collider, y el prefab anidado que le permite ser escalable (Climbable). Sobre esa base, FallingGround añade un RigidBody dinámico para permitir que la baldosa pueda ser arrastrada por la gravedad, una serie de scripts para controlar el proceso de desplome de la baldosa y su destrucción al finalizar su caída, así como una gran cantidad de sensores de diversos tipos.

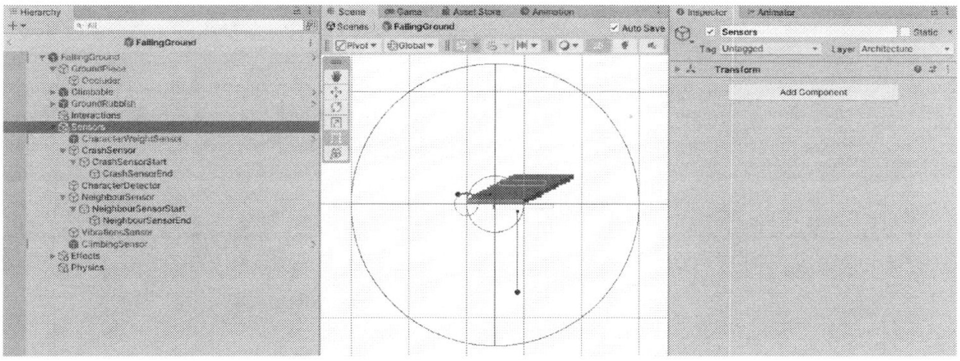

Figura 10.11: Sensores del prefab FallingGround.

Los sensores de FallingGround se concentran en su GameObject Sensors. Como se puede ver en la figura 10.11, esos sensores son:

- CharacterWeighSensor: Ya analizamos con detalle este sensor en la sección 10.2. Como dijimos entonces, este sensor detecta que un personaje la está pisando y, tras un periodo configurable de tiempo, emite un evento que en este caso activa el desplome de la baldosa.

- CrashSensor: Es un sensor de rayo situado debajo de la baldosa que cobra importancia durante las caídas, porque permite detectar la aproximación al suelo. Cuando llega ese momento, el prefab inicia el sonido de choque de la baldosa, la hace desaparecer y asegura que el suelo detectado muestre restos de escombros.

- CharacterDetector: Este sensor volumétrico está situado debajo de la baldosa para detectar si esta se desploma sobre un personaje, en cuyo caso le aplica un daño variable, directamente proporcional a la altura de la caída.

- NeighbourSensor: Este sensor de rayo define su lógica en el script `Assets/Scripts/FallingGroundNeighbourSensor.cs`. Tiene un propósito peculiar. Sirve para determinar si la baldosa tiene otra pieza a su izquierda o no. En caso de tenerla, dicha pieza no mostrará su borde (¿recuerdas el parámetro `hasBorder` que mencionamos, por ejemplo, cuando hablamos de los pilares en el capítulo 6?). Sin embargo, cuando la baldosa se desploma debemos avisar a la pieza de su izquierda de que a partir de ese momento sí que debe mostrar un borde, porque donde antes estaba la baldosa, ahora va a quedar un hueco. Este sensor es el que te permite saber si hay alguna pieza a la que avisar a la izquierda o no.

Esos son los sensores, volumétricos y de rayos, directamente implicados en la caída de estas baldosas.

La lógica del sensor CharacterDetector se implementa en el script `Assets/Scripts/FallingGroundCharacterDetector.cs`. Mientras que otros sensores del juego ofrecen propiedades sobre las que hacer polling, este sensor se caracteriza por ofrecer un evento. Los eventos se estudian con detalle en el capítulo 20, pero por ahora te vale con saber que un evento es como un aviso emitido por un objeto, al que se suscriben otros objetos para ser avisados. En el caso de FallingGroundCharacterDetector, el evento se define de la siguiente manera:

```
/// <summary>
/// Component to detect if this ground is falling over a character.
///
/// It has a hitSensorActivated UnityEvent were listeners can subscribe callbacks
/// to be activated when a character was hit, with its game object passed as parameter.
/// </summary>
public class FallingGroundCharacterDetector : MonoBehaviour
{
    [Serializable] public class CharacterHit : UnityEvent<GameObject> { }

    [Header(''CONFIGURATION:'')]
    // I could have used polling to know if sensor is triggered, but as this sensor is only
    // activated few times I found interesting using unity events. That way I'm not going
    // to waste CPU polling a sensor that is idle most of the time.
    //
    // In this specific use case (intra-prefab communication) I could have wired
    // FallingGroundCharacterInteractions to call its public methods directly. Probably
    // the result would have been the same, and possibly it would have been more performant. But
    // this way at least I have a chance to practice with UnityEvents.
    //
    // While CharacterWeightSensor emitted a parameterless event, this one includes
    // hit game object as parameter.
    [Tooltip(''Callbacks to activate when sensor is triggered.'')]
    [SerializeField] private CharacterHit hitSensorActivated;
```

Listado 10.18: Fragmento de Assets/Scripts/FallingGroundCharacterDetector.cs

El evento en cuestión es `hitSensorActivated` (línea 31 del listado 10.18) y, como te puedes imaginar, se lanza cuando el sensor se activa. De esta manera los objetos no tienen que estar consultando constantemente una propiedad del sensor para averiguar si el sensor ha sido activado (polling), sino que les basta con suscribirse a un evento y esperar a que este evento se active. Cuando un objeto se suscribe a un evento, dicho objeto le asocia uno de sus métodos al evento. Cuando se activa el evento, el aviso se produce porque dicho evento llama a todos los métodos que se hayan asociado a él.

No voy a entrar en más detalle, porque ya estudiaremos los eventos más adelante, pero me parecía interesante ofrecer un ejemplo de sensor que los usase. Por lo demás, FallingGroundCharacterDetector es un sensor volumétrico como otros que ya hemos estudiado en este capítulo.

Como puedes ver en la figura 10.11, quedan dos sensores más por explicar: VibrationsSensor y ClimbingSensors. Esos dos sensores son muy particulares, porque no utilizan ni volúmenes ni rayos, así que merece la pena que les dediquemos una atención especial en las subsecciones siguientes.

Detección de vibraciones

Prince of Persia es un juego engañosamente sencillo. Si te paras a analizarlo tiene muchas sofisticaciones, muchos pequeños detalles, que resulta admirable que se hubieran podido implementar en ensamblador.

Uno de esos detalles sofisticados es el uso que se hace de las vibraciones. En el juego original, cuando el personaje salta o aterriza cerca de una baldosa que puede desplomarse, esta vibra, lo que avisa al jugador del peligro. Además, si la vibración está lo suficientemente cerca (básicamente, el personaje salta justo debajo) entonces la baldosa debe desplomarse directamente.

Para implementar este comportamiento en *Prince of Unity* no sirve ninguno de los mecanismos ya vistos, ya que el motor de físicas de Unity no permite simular la propagación de vibraciones.

En vez de eso, he adoptado una aproximación más sencilla. Haciendo uso del bus de eventos que estudiaremos en el capítulo 20, he hecho que todos los movimientos susceptibles de generar vibraciones, principalmente saltos y aterrizajes, lancen un evento de vibración en el que incluyan la posición del protagonista en ese momento.

Todas las instancias del prefab FallingGround de la escena se suscriben al evento de vibración, desde el script 🗀`Assets/Scripts/VibrationsSensor.cs`, incluido en el GameObject Sensors de FallingGround.

```
private void Awake()
{
    _eventBus = GameObject.Find(''EventBus'').GetComponentInChildren<EventBus>();
}

private void Start()
{
    if (_eventRegisteringRetryNeeded)
    {
        _eventBus.AddListener<VibrationsController.VibrationEvent>(OnVibration);
        _eventRegisteringRetryNeeded = false;
    }
}

private void OnEnable()
{
    try
    {
        _eventBus.AddListener<VibrationsController.VibrationEvent>(OnVibration);
    }
    catch (EventBus.NotExistingEvent ev)
    {
```

```
46            _eventRegisteringRetryNeeded = true;
47        }
48    }
49
50    private void OnDisable()
51    {
52        _eventBus.RemoveListener<VibrationsController.VibrationEvent>(OnVibration);
53    }
```

Listado 10.19: Fragmento de Assets/Scripts/VibrationsSensor.cs

Como se puede ver en el listado 10.19, lo primero que hace el script es buscar en la escena al bus de eventos (EventBus) para guardar una referencia a él (línea 26). Recuerda que el bus de eventos es uno de los prefabs incluidos dentro del prefab compuesto GameManagers, del cual hay una instancia que se va arrastrando por todos los niveles desde el primero del juego.

A partir de ahí se sigue la mecánica recomendada por Unity de suscribirse a los eventos en el método `OnEnable()` (línea 42) y darse de baja en el método `OnDisable()` (línea 52), pero en mis pruebas me he dado cuenta de que a veces se producían fallos al suscribir (línea 44), así que en esos casos he vuelto a intentarlo en el método `Start()` (línea 33).

En todo caso, el método suscrito para responder a los eventos de vibración es `OnVibration()`:

```
55    /// <summary>
56    /// If vibration event takes place into activation distance then trigger a tremble
          signal to state machine.
57    /// </summary>
58    /// <param name=''sender''>Game object who triggered vibration event.</param>
59    /// <param name=''eventArgs''>Event data.</param>
60    private void OnVibration(object sender, VibrationsController.VibrationEvent eventArgs)
61    {
62        if (IsJustBelow(eventArgs.SourcePosition))
63        {
64            stateMachine.SetBool(''Fall'', true);
65        }
66        else if (InTremblingActivationRange(eventArgs.SourcePosition))
67        {
68            stateMachine.SetTrigger(''Tremble'');
69        }
70    }
```

Listado 10.20: Fragmento de Assets/Scripts/VibrationsSensor.cs

Este método lo primero que comprueba es si la fuente de la vibración está justo debajo de la baldosa (línea 62 del listado 10.20), lo que debería desencadenar su desprendimiento inmediato (línea 64).

Si no es así, hay que determinar si la posición de la fuente del evento de vibración está lo suficientemente cerca (línea 66) como para provocar que la baldosa tiemble (línea 68).

Para implementar ambas comprobaciones no hay más que aplicar matemáticas:

```
/// <summary>
/// Whether source position is in trembling activation range.
/// </summary>
/// <param name=''sourcePosition''>Vibration source position.</param>
/// <returns>True if it is in range or false if not.</returns>
private bool InTremblingActivationRange(Vector3 sourcePosition)
{
    float distance = Vector3.Distance(transform.position, sourcePosition);
    return distance <= tremblingActivationDistance;
}

/// <summary>
/// <p>Whether vibration source is just below vibrations sensors.</p>
///
/// <p>Actually it checks two conditions:</p>
```

```
87  /// <ul>
88  /// <li> Vibration source position is in falling activation range. </li>
89  /// <li> Vibration source Y position is under vibration sensor Y position. </li>
90  /// </ul>
91  /// </summary>
92  /// <param name=''sourcePosition''>Vibration source position.</param>
93  /// <returns>True if it is just below or false if not.</returns>
94  private bool IsJustBelow(Vector3 sourcePosition)
95  {
96      Vector3 currentPosition = transform.position;
97      float distanceX = Math.Abs(currentPosition.x - sourcePosition.x);
98      float distanceY = Math.Abs(currentPosition.y - sourcePosition.y);
99      bool isBelow = currentPosition.y > sourcePosition.y;
100     return distanceX <= fallingActivationDistance && isBelow && distanceY <= 2.0f;
101 }
```

Listado 10.21: Fragmento de Assets/Scripts/VibrationsSensor.cs

El método `IsJustBelow()` básicamente comprueba si la fuente de la vibración está tan cerca en el eje X como para provocar el desplome y si dicha fuente está justo en la casilla de debajo de la baldosa (línea 100 del listado 10.21).

Por su parte, el método `InTremblingActivationRange()` comprueba si la distancia euclídea a la vibración (línea 79) está dentro del rango para provocar que la baldosa tiemble (línea 80).

Por tanto, hay dos rangos de distancias a valorar: el de desplome (`fallingActivationDistance`) y el de temblor (`tremblingActivationDistance`). Ambos se configuran en el script, a través del inspector:

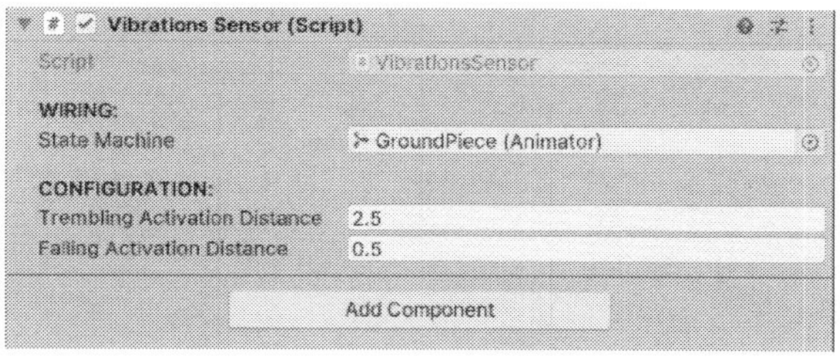

Figura 10.12: Configuración del script VibrationsSensor.

Como se puede ver en la figura 10.12, al script también hay que meterle una referencia a la máquina de estados del prefab. Es a través de esa referencia que VibrationsSensor informa al resto del prefab de si debe temblar (línea 68 del listado 10.20) o si debe caerse directamente (línea 64 de ese mismo listado).

Hemos cubierto cómo se procesa una vibración detectada por la baldosa, pero ¿cómo se emite dicha vibración?

De eso se encarga el script `Assets/Scripts/VibrationsController.cs`, situado en el GameObject Physics del prefab del protagonista (`Assets/Prefabs/Characters/Prince`). Ese script se limita a emitir un evento a través del bus. Dicho evento se activa a su vez desde eventos de animación del personaje, situados en los fotogramas de las animaciones en los que este realiza un aterrizaje fuerte.

```
/// <summary>
/// Trigger vibration event through event bus.
///
/// This method is called from animation events.
/// </summary>
public void TriggerVibrationEvent()
{
    _eventBus.TriggerEvent(new VibrationEvent(transform.root.position), this);
}

private void Awake()
{
```

```
42      _eventBus = GameObject.Find(''EventBus'').GetComponentInChildren<EventBus>();
43      _eventBus.RegisterEvent<VibrationEvent>();
44  }
```

Listado 10.22: Fragmento de Assets/Scripts/VibrationsController.cs

Como se puede ver en la línea 37 del listado 10.22, el evento lanzado incluye el dato de la posición de la fuente de la vibración, para que el VibrationsSensor que lo reciba pueda valorar si la vibración está dentro del radio de reacción del sensor o no.

Detección de escalada

Otra sofisticación del juego original es que las baldosas sueltas (FallingGround) no se desploman en cuanto el jugador intenta escalarlas, sino que esperan a que el jugador las escale, o que cuelgue el tiempo suficiente de ellas, y entonces se caen.

La complicación para *Prince of Unity* es que, tal y como veremos en el capítulo, los procesos de escalada nos son físicos, sino meramente visuales. Cuando el protagonista quiere escalar una pieza del escenario que cuente con el prefab `Assets/Prefab/Components/Climbable`, se vuelve invisible y Climbable reproduce una animación del personaje escalando. Aunque parezca que el personaje está escalando, en realidad sigue en el suelo, al pie de la pieza a escalar, pero en estado invisible. Cuando la animación de escalada finaliza, se teletransporta al protagonista a lo alto de la pieza escalada y se le vuelva a hacer visible.

Por lo tanto, un sensor dedicado a detectar que una pieza está siendo escalada por el protagonista tiene que monitorizar el estado de Climbable y avisar cuando dicho estado deja de ser el de reposo.

El sensor dedicado a esto en FallingGround es `Assets/Prefabs/Components/ClimbingSensor`, colgado del GameObject Sensors de FallingGround.

Este sensor se basa en el script `Assets/Scripts/ClimbingSensor.cs`, al que se le configura dentro de FallingGround de la siguiente manera:

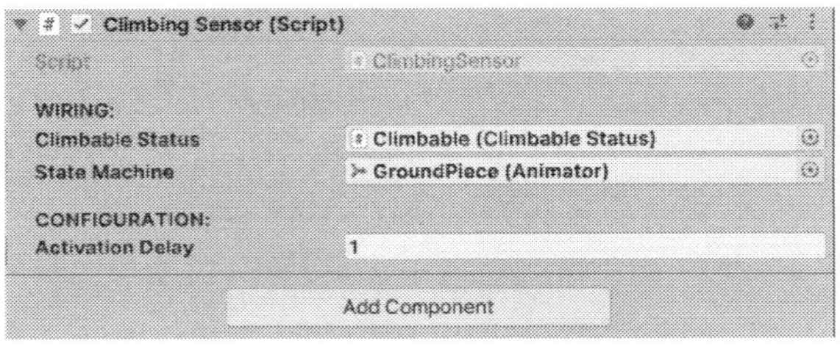

Figura 10.13: Configuración de ClimbingSensor dentro de FallingGround.

Partiendo de todo lo anterior, el funcionamiento interno del sensor es muy sencillo:

```
/// <summary>
/// True if this brick is being climbed.
/// </summary>
public bool IsBeingClimbed => ClimbableStatus.CurrentState != ClimbableStatus.States.
    Inactive;

private bool _climbingAlreadySignaled;

private void FixedUpdate()
{
    if (IsBeingClimbed && !_climbingAlreadySignaled)
    {
        StartCoroutine(SignalClimbing());
    }
    else if (!IsBeingClimbed && _climbingAlreadySignaled)
    {
        stateMachine.SetBool(''IsBeingClimbed'', false);
        _climbingAlreadySignaled = false;
```

```
41         }
42 }
```

Listado 10.23: Fragmento de Assets/Scripts/ClimbingSensor.cs

En este caso el sensor hace polling en cada actualización física, consultando si está siendo escalado (línea 33 del listado 10.23). La señal de que está siendo escalado es que la máquina de estados de Climbable pasa a estar en cualquier otro estado que no sea el de inactividad (línea 27). En ese caso, y si el escalado no ha sido ya notificado (línea 33), se inicia el aviso de escalado mediante una corrutina (línea 35).

Otra sofisticación del juego original es que el proceso de escalado se puede abortar a la mitad y el protagonista volver a la posición inicial. Por ese motivo, en este método contemplo la posibilidad de que, habiéndose notificado un proceso de escalada, este se hubiese cancelado (línea 37). En ese caso se avisa a la máquina de estados de FallingGround de que ya no hay proceso de escalada en curso (línea 39) y se resetea el flag del aviso (línea 40).

Precisamente esa posibilidad de que el personaje aborte la escalada, es la que justifica que la notificación de escalado sea una corrutina (línea 35).

```
44 /// <summary>
45 /// Signal to state machine that a climbing has been detected.
46 ///
47 /// State machine is warned after activationDelay seconds from detection. This way
48 /// we can let character climb partially before falling.
49 /// </summary>
50 /// <returns></returns>
51 private IEnumerator SignalClimbing()
52 {
53     _climbingAlreadySignaled = true;
54     yield return new WaitForSeconds(activationDelay);
55     stateMachine.SetBool(''IsBeingClimbed'', true);
56 }
```

Listado 10.24: Fragmento de Assets/Scripts/ClimbingSensor.cs

El margen de tiempo que le damos al protagonista para que se lo piense mejor y cancele la escalada es el definido en el campo `activationDelay`, que forma parte de la configuración del script desde el inspector (ver figura 10.13). Por eso, lo primero que hace la corrutina es esperar ese tiempo (línea 54 del listado 10.24) antes de avisar de la escalada en la línea 55.

> Otros prefab que incluye un ClimbingSensor son los de los interruptores `Assets/Prefabs/Switches`, porque en el primer nivel hay uno elevado al que el protagonista tiene que trepar para activarlo y abrir la puerta de salida del nivel. En esos casos, el funcionamiento del sensor de escalada es exactamente igual que en el de FallingGround.

Sensores de las habitaciones

Los niveles del juego se dividen en habitaciones con una medidas fijas de 10 bloques horizontales y 3 niveles de altura (en términos de unidades de Unity son 10x6, ya que cada nivel vertical tiene 2 unidades de altura).

La cámara no sigue de manera continua al protagonista, sino que salta de una habitación a otra cuando el jugador traspasa alguno de los bordes de la habitación donde se encuentre.

Para ubicar la posición de la cámara en cada una de las habitaciones, se utiliza el prefab `Assets/Prefabs/Managers/Room`.

Este prefab tiene el script `Assets/Scripts/Room.cs` en su GameObject raíz, para para mostrar los Gizmos del prefab (más sobre eso en el capítulo 16) y para ofrecer información al exterior del prefab, a través de propiedades. El resto del prefab son un GameObject para ubicar la cámara de esa habitación (CameraLocation) y un conjunto de tres sensores volumétricos:

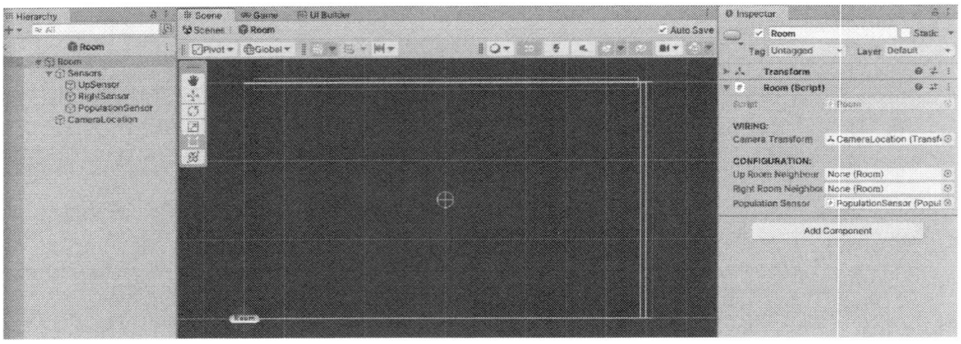

Figura 10.14: Estructura del prefab Room.

- UpSensor: Se trata de un sensor volumétrico que se extiende por toda la parte superior de la habitación, para detectar entradas y salidas del personaje a través del borde de arriba de la habitación.
- RightSensor: Similar al anterior, pero está situado en el lado derecho de la habitación.
- PopulationSensor: Es un volumétrico que abarca toda la habitación y sirve para llevar un registro de todos los personajes que se encuentren en un momento determinado en la habitación.

Como se puede ver en la figura 10.15, las instancias de este prefab se distribuyen por el escenario señalando las distintas habitaciones que enfocará la cámara conforme el protagonista se vaya moviendo por el nivel.

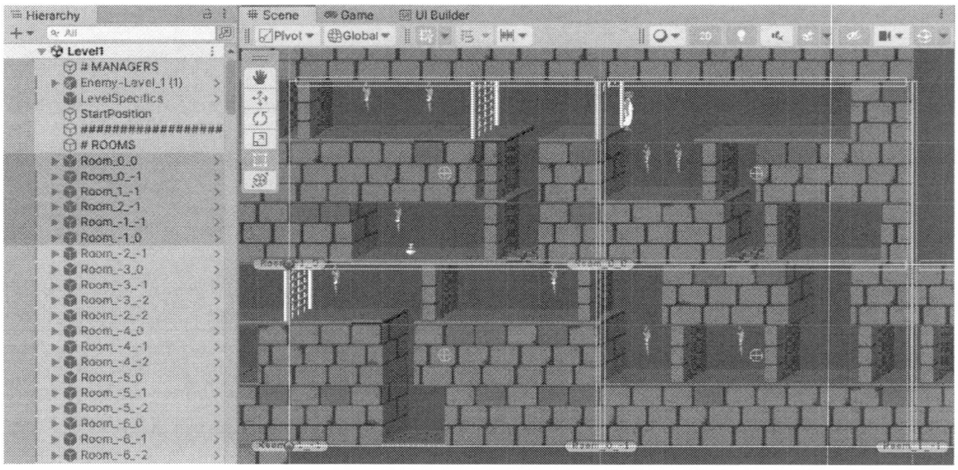

Figura 10.15: Instancias de Room distribuidas para demarcar las primeras habitaciones del juego.

Fíjate cómo se va formando una cuadrícula conforme vas encajando las distintas Room, unas al lado de las otras. Al final, unas van complementando a las otras. Esa es la razón por la que sólo hay sensores arriba y a la derecha de cada Room, dado que en caso de tener una Room contigua a la izquierda o debajo, serán sus respectivos sensores los que cubran esos flancos. Dicho de otra manera, sólo hay sensores arriba y a la derecha de cada habitación para que estos encajen con las habitaciones contiguas sin que haya solapes de sensores.

El sensor volumétrico de arriba (UpSensor), y el de la derecha (RightSensor), cuenta con un script 🗀 `Assets/Scripts/CameraChangerGate.cs` que se encarga de activar el movimiento de la cámara cuando el protagonista atraviesa el sensor. Para hacerlo, el script debe asegurarse de que el usuario no entre y salga del sensor por el mismo lado, porque eso significaría que se ha arrepentido en el último momento y que finalmente se ha quedado en la habitación en la que se encontraba. Así que el script debe implementar tanto el `OnTriggerEnter2D()` como `OnTriggerExit2D()`.

```
72 /// <summary>
73 /// Change camera location when entering gate.
74 /// </summary>
75 /// <param name=''col''>Character collider.</param>
76 private void OnTriggerEnter2D(Collider2D col)
77 {
78     GameObject other = col.transform.root.gameObject;
79     // I want the gate to be activated by character body collider not by his sensors
           colliders.
80     if (other.CompareTag(''Player'') && !col.transform.CompareTag(''Sensor''))
81     {
82         if (IsPlayerOutOfCurrentRoom(other))
83         {
84             // Player is entering in current room.
85             if (_levelCamera!= null) _levelCamera.PlaceInRoom(currentRoom);
86             this.Log($''(CameraChangerGate - {transform.root.name}) Player seems to be
                    entering in me.'', showLogs);
87             _eventBus.TriggerEvent(new GameEvents.PrinceEnteredNewRoom(currentRoom),
                   this);
88         }
89         else
90         {
91             // Player is leaving current room.
92             if (_levelCamera!= null) _levelCamera.PlaceInRoom(_externalRoom);
93             this.Log($''(CameraChangerGate - {transform.root.name}) Player seems to be
                    leaving from me.'', showLogs);
94             _eventBus.TriggerEvent(new GameEvents.PrinceEnteredNewRoom(_externalRoom),
                    this);
95         }
96 
97     }
98 }
```

Listado 10.25: Fragmento de Assets/Scripts/CameraChangerGate.cs

Como no queremos que el sensor se active por los sensores que preceden a los personajes (y en especial el FightingSensors), en la línea 80 del listado 10.25 nos aseguramos que lo que hemos detectado no sea uno de ellos.

Si el personaje está saliendo por la izquierda de su habitación, el sensor que activará será el derecho de de la habitación contigua, por lo que, desde el punto de vista de dicha habitación contigua, el personaje estará activando el sensor desde fuera de la habitación. Esa situación es la que se chequea en la línea 82. De ser cierta, el script interpreta que el protagonista está entrando en la habitación, mueve la cámara sobre ella (línea 85) y avisa del cambio a través del bus de eventos (línea 87).

Sin embargo, si el protagonista sale por la derecha de la habitación activará el sensor derecho de esta, por lo que el chequeo de la línea 82 devolverá falso porque desde el punto de vista del script el personaje se encontrará dentro de la habitación actual. Eso hará que el fragmento de código que se ejecute sea el que se encuentra entre las líneas 92 y 94, en el que se el script mueve la cámara sobre la habitación contigua (línea 92) y avisa del cambio por el bus de eventos.

La cuestión es que puede darse la situación de que el protagonista entre en el volumen del sensor, pero se detenga justo ahí y luego dé media vuelta saliendo del sensor por el mismo lado por el que entró. En esos casos tenemos que recuperar la cámara para situarla de nuevo en la habitación original.

```
/// <summary>
/// A further check is needed when player leaves gate. Normal behaviour is that player
/// leaves gate through the opposite side to the one he entered it. But there is an
/// edge behaviour to check: if player stops inside gate and leave it through the same
    side
```

```
104 /// he entered it. If that behaviour happens we must switch back camera to its
        original room.
105 /// </summary>
106 /// <param name=''col''>Character collider.</param>
107 private void OnTriggerExit2D(Collider2D col)
108 {
109     GameObject other = col.transform.root.gameObject;
110     // I want the gate to be activated by character body collider not by his sensors
            colliders.
111     if (other.CompareTag(''Player'') && !col.transform.CompareTag(''Sensor''))
112     {
113         if (IsPlayerOutOfCurrentRoom(other))
114         {
115             // Player is returning to his former room.
116             if (_levelCamera.CurrentRoom != _externalRoom)
117             {
118                 _levelCamera.PlaceInRoom(_externalRoom);
119                 _eventBus.TriggerEvent(new GameEvents.PrinceEnteredNewRoom(
                        _externalRoom), this);
120             }
121             this.Log($''(CameraChangerGate - {transform.root.name}) Player is finally
                    leaving from me.'', showLogs);
122         }
123         else
124         {
125             // Player is finally entering in current room.
126             if (_levelCamera.CurrentRoom != currentRoom)
127             {
128                 _levelCamera.PlaceInRoom(currentRoom);
129                 _eventBus.TriggerEvent(new GameEvents.PrinceEnteredNewRoom(currentRoom
                        ), this);
130             }
131             this.Log($''(CameraChangerGate - {transform.root.name}) Player finally is
                    entering in me.'', showLogs);
132         }
133 
134     }
135 }
```

Listado 10.26: Fragmento de Assets/Scripts/CameraChangerGate.cs

Ese tipo de situaciones se detectan en el método `OnTriggerExit2D()` del listado 10.26.

Este método puede ser algo más difícil de entender. Si el protagonista está saliendo de su habitación por la izquierda, activará el sensor derecho de la habitación contigua, por lo que se ejecutará el método `OnTriggerEnter2D()` del listado 10.25. Es ese caso, la llamada a `IsPlayerOutOfCurrentRoom()`, en la 82 de ese listado, devolverá verdadero y la cámara se colocará en la habitación contigua (la del sensor activado). Si, en ese momento, el protagonista se para (aún dentro del sensor), da media vuelta y sale del sensor por el mismo lado por el que entró, se volverá a activar el mismo sensor, pero esta vez en su método `OnTriggerExit2D()` que es el que se puede ver en el listado 10.26. En ese caso, como el usuario no ha llegado a entrar en la habitación del sensor, la llamada a `IsPlayerOutOfCurrentRoom()` de la línea 113 retornará verdadero y el script devolverá la cámara a la habitación en la que estaba cuando el personaje entró en el sensor (línea 118).

Si el personaje saliese de la habitación por la derecha, activaría el sensor derecho de su misma habitación, por lo que la llamada a `IsPlayerOutOfCurrentRoom()` de la línea 82 devolvería falso y la cámara se situaría en la habitación contigua de la derecha (línea 92). Si, en ese momento, el protagonista diese media vuelta y abandonase el sensor por el mismo lado por el que entró, el método `IsPlayerOutOfCurrentRoom()` de la línea 113 (en `OnTriggerExit2D()`) devolvería falso y se ejecutaría el segmento de código entre las líneas 126 a 131, situando la cámara en la habitación del sensor (en este caso lo que hace es situarla en la misma posición en la que ya se encontraba).

¿Y si el protagonista no deshiciese sus pasos, sino que siguiese hacia adelante, atravesando del todo el sensor? Vamos a seguir el proceso, en ese caso.

Si el usuario saliese por la izquierda de su habitación, ya hemos visto que activaría el sensor de la habitación contigua, el cual desplazaría la cámara sobre su habitación. Si en ese momento el protagonista continuase andando y abandonase el sensor, se activaría el `OnTriggerExit2D()` de ese sensor, lo que pasa es que al llamar a `IsPlayerOutOfCurrentRoom()` en la línea 113, este devolvería falso, ya que el protagonista ya se encontraría dentro de los lindes de la habitación del sensor, lo que haría que la cámara se situase en la habitación del sensor (línea 128)... que es precisamente donde ya se encontraba desde que el personaje entró en el sensor, así que la cámara no se movería.

Si el usuario saliese por la derecha, activaría el sensor de su propia habitación y movería la cámara a la habitación contigua de la derecha. Al atravesar el sensor y salir de él, la llamada a `IsPlayerOutOfCurrentRoom()` de la línea 113 devolvería verdadero, porque el personaje ya no estaría dentro de la habitación del sensor, lo que haría que la cámara se situase sobre la habitación contigua (línea 118)... donde ya estaba desde que el personaje entró en el sensor, así que la cámara tampoco se movería.

> Para no alargarme demasiado, sólo estoy poniendo como ejemplos salidas a izquierda o derecha del jugador, pero los movimientos a través del borde superior o inferior de la habitación siguen una lógica similar.

Finalmente ¿cómo se implementa el método `IsPlayerOutOfCurrentRoom()` que ha resultado tan crucial?

```
56 /// <summary>
57 /// Whether this player is out of current room or not.
58 /// </summary>
59 /// <returns>True is player is out of current room and entering in it. False
       otherwhise.</returns>
60 private bool IsPlayerOutOfCurrentRoom(GameObject player)
61 {
62     Vector3 positionDifference = player.transform.position - transform.position;
63     switch (currentCameraChangerGateType)
64     {
65         case ChangerGateTypes.Horizontal:
66             return positionDifference.x > 0;
67         default:
68             return positionDifference.y > 0;
69     }
70 }
```

Listado 10.27: Fragmento de Assets/Scripts/CameraChangerGate.cs

En realidad, como se puede ver en el listado 10.27, se trata de un mero cálculo aritmético. Básicamente se trata de sacar la diferencia entre la posición del personaje y la posición del sensor (línea 62).

Si el sensor es horizontal (el que se sitúa a la derecha de la habitación) y la posición del personaje está a su derecha (línea 66), entonces estará claro que el personaje está fuera de la habitación.

Si el sensor fuera vertical (el que está en la banda superior de la habitación), se comprueba si el personaje se encuentra por encima del sensor (línea 68), lo que significaría que también que el personaje se encuentra fuera de la habitación del sensor.

Por su parte, el PopulationSensor cuenta con una lógica más sencilla, aunque tiene múltiples propósitos.

Por un lado, detecta cuándo un personaje entra en un habitación escalando desde la habitación de abajo. Como veremos en el capítulo 23, al escalar no se produce una transición gradual a través del UpSensor de la habitación inferior (aunque visualmente lo parezca), sino un cambio de posición instantáneo entre la posición inferior de partida y la superior de finalización. El PopulationSensor detecta cuándo aparece el protagonista en la habitación y lanza un evento a través del bus que hace que el controlador de la cámara la sitúe en la habitación desde la que salió el evento.

En este caso, hay que tener en cuenta que el cambio de posición instantáneo del protagonista al interior del sensor hace que no se llegue a activar el `OnTriggerEnter2D()` de este, por lo que no queda otra que usar otro método de detección.

```
private bool PrinceInSensor(Vector3 princePosition)
{
    return sensorBox.OverlapPoint(princePosition);
}
```

Listado 10.28: Fragmento de Assets/Scripts/PopulationSensor.cs

En este caso, lo que he hecho es una llamada al método `OverlapPoint()` de las clases Collider. Ese método devuelve verdadero si la posición suministrada está dentro de los límites del Collider usado para definir el volumen del sensor.

Este método se llama siempre que el sensor detecta un evento PrinceHanged o un evento PrinceClimbingEnded, que son los dos que pueden anunciar una situación en la que el protagonista puede acabar trepando hasta esa habitación.

```
public void OnPrinceHanged(object sender, GameEvents.PrinceHanged ev)
{
    if (PrinceInSensor(ev.Position) && princeClimbedInRoom != null)
        princeClimbedInRoom.Invoke();
}

public void OnPrinceClimbingEnded(object sender, GameEvents.PrinceClimbingEnded ev)
{
    if (PrinceInSensor(ev.Position) && princeClimbedInRoom != null)
        princeClimbedInRoom.Invoke();
}
```

Listado 10.29: Fragmento de Assets/Scripts/PopulationSensor.cs

Por otro lado, PopulationSensor detecta a los guardias que entran en la habitación y emite un evento a través del bus que hace que el HUD se actualice y muestre los puntos de vida de esos guardias (tal y como veremos en el capítulo 14).

```
private void OnTriggerEnter2D(Collider2D col)
{
    RegisterIfGuard(col);
}

/// <summary>
/// It provide collider belongs to a guards, then his registered at EnemyCharacter and
    a GuardEnteredRoom event is
/// raised.
/// </summary>
/// <param name=''col''>Provided colider.</param>
/// <returns>True if provided collider was a guard, or false otherwise.</returns>
private bool RegisterIfGuard(Collider2D col)
{
    if (col.tag == ''Sensor'') return false;
    GameObject character = col.transform.root.gameObject;
    CharacterStatus characterStatus = character.GetComponentInChildren<CharacterStatus
        >();
    if (characterStatus != null && !characterStatus.IsPrince)
    {
        EnemyCharacter = character;
        _eventBus.TriggerEvent(new GameEvents.GuardEnteredTheRoom(character), this);
        return true;
    }
    return false;
}
```

Listado 10.30: Fragmento de Assets/Scripts/PopulationSensor.cs

De nuevo, dado que los guardas también pueden tener sensores que les precedan, este volumétrico descarta aquellas detecciones que sean en realidad sensores (línea 94 del listado 10.30).

Sólo los personajes se mueven por el escenario, así que son los únicos que podrían activar este sensor. Y personajes sólo hay de dos tipos: el protagonista (Prince) o los guardias. Por ese motivo, el sensor se asegura de que el personaje detectado no sea el protagonista (línea 97) y verificado eso emite un evento de que un guardia ha entrado en la habitación (línea 100).

Por supuesto, también hay que detectar cuándo un guardia sale de la habitación, para que el HUD oculte sus puntos de vida. Así que también debemos implementar `OnTriggerExit2D()`.

```
private void OnTriggerExit2D(Collider2D other)
{
    if (other.tag == ''Sensor'') return;
    GameObject character = other.transform.root.gameObject;
    CharacterStatus characterStatus = character.GetComponentInChildren<CharacterStatus>();
    if (characterStatus != null && !character.GetComponentInChildren<CharacterStatus>().IsPrince)
    {
        if (EnemyCharacter == character)
        {
            EnemyCharacter = null;
            _eventBus.TriggerEvent(new GameEvents.NoGuardInTheRoom(character), this);
        }
    }
}
```

Listado 10.31: Fragmento de Assets/Scripts/PopulationSensor.cs

Se hacen las mismas comprobaciones que en `OnTriggerEnter2D()`, sólo que en este caso lo que se emite es un evento avisando de que el guardia ha abandonado la sala.

Con lo que hemos visto hasta ahora, PopulationSensor sólo funciona cuando un guardia atraviesa sus límites y activa al método `OnTriggerEnter2D()`. ¿Qué pasaría si el juego empieza con un guardia dentro de la habitación? Dado que ese guardia ya está dentro, no activaría el `OnTriggerEnter2D()` desde el que se avisaría de su existencia. Para contemplar esa eventualidad, el método `Start()` de PopulationSensor llama al método `RegisterInitialPopulation()`.

```
66 /// <summary>
67 /// This method find guards that are already at room when this one is created.
68 /// </summary>
69 private void RegisterInitialPopulation()
70 {
71     Collider2D[] hitColliders =
72         Physics2D.OverlapBoxAll(gameObject.transform.position, sensorBox.size, 0);
73     bool guardInSensor = false;
74     foreach (Collider2D hitCollider in hitColliders)
75     {
76         guardInSensor = RegisterIfGuard(hitCollider);
77     }
78     if (!guardInSensor) _eventBus.TriggerEvent(new GameEvents.NoGuardInTheRoom(null), this);
79 }
```

Listado 10.32: Fragmento de Assets/Scripts/PopulationSensor.cs

En este caso, se usa el método estático `OverlapBoxAll()` de la clase Physics2D, este método devuelven una lista con todos los GameObjects (bueno, en realidad sus Collider) que se encuentren dentro del rango de una caja trazada en torno a una posición (línea 72 del listado 10.32). En este caso, la posición y el tamaño son los del sensor. El método permite también un tercer parámetro que permite girar la caja un cierto ángulo.

Luego se recorre la lista de Collider recuperados y se emite un evento de aviso en el momento en el que detecte un Collider que pertenezca a un guardia (línea 76), lanzando un evento avisando de no haber detectado guardia alguno en caso contrario (línea 78).

CAPÍTULO

11 Máquinas de estados

Las personas no somos estáticas, al menos no las vivas. Estamos dormidos o despiertos y dentro de estos estados hay otros. Por ejemplo, una vez que estamos despiertos podemos estar desayunando, duchándonos, yendo al trabajo, leyendo, etc. Es decir, a lo largo del día nuestro comportamiento se estructura en estados y en subestados.

A los elementos de nuestros juegos les pasará lo mismo. A no ser que sean edificios o rocas, lo más probable es que tengan algún tipo de comportamiento dinámico y nos veamos en la necesidad de hacerle seguimiento a los sucesivos estados de dichos elementos para variar su comportamiento de manera acorde.

La herramienta para llevar a cabo este seguimiento se denomina *Máquina de Estados Finitos*, o FSM por sus siglas en inglés (*Finite State Machine*).[1]

En este capítulo veremos el fundamento teórico detrás de una FSM y las opciones que tenemos para llevarlo a la práctica en Unity. En *Prince of Unity* he hecho un uso muy extensivo de este concepto, así que al final del capítulo veremos algunos de los ejemplos más importantes.

11.1. El patrón estado

Las FSM se basan en un patrón de diseño denominado *patrón estado*. Este patrón se fundamenta en las siguientes premisas:

- En cada momento, el objeto que implementa la FSM se encuentra en un único estado de un conjunto finito de estados posibles para dicho objeto.
- El objeto recibe eventos del entorno y de su implementación interna.
- Cada estado tiene un conjunto de transiciones preconfiguradas para cambiar a otros estados, en función de los eventos recibidos. Este cambio de un estado a otro se denomina transición.
- El objeto debe cambiar su comportamiento cuando su estado interno cambie.
- Los comportamientos de cada estado deben ser independientes unos de otros. Es decir, añadir nuevos estados no debe impactar en el comportamiento de los estados ya existentes.

En general, las implementaciones más habituales de una FSM incluyen tres comportamientos diferentes para cada estado:

1. *Entry:* Una serie de acciones que se desencadenan cuando la FSM pasa a ese estado.
2. *Update:* Acciones que se llevan a cabo en cada ciclo en el que la FSM permanece en ese estado.

[1] En este libro utilizaré los términos de "máquina de estados" y FSM de manera intercambiable.

3. *Exit:* Acciones que se desencadenan cuando la FSM abandona el estado para pasar a otro.

Por tanto, cada transición supone la ejecución de la lógica incluida en el comportamiento Exit del estado antiguo y en el comportamiento Entry del nuevo. Una vez que ya hemos transitado al nuevo estado, lo normal es que se llame al comportamiento Update en cada fotograma que se mantenga el estado.

En sí mismo, cada estado es un mero contenedor que abarca sus condiciones de transición, a qué otros estados apunta cada una de ellas, así como su lógica para cada uno de los tres comportamientos anteriores.

Teniendo en cuenta todo lo anterior, un FSM se puede representar fácilmente con un diagrama de flujo en el que cada estado se representa con una caja, y, las transiciones, como flechas que señalan los posibles saltos de un estado a otro. Por ejemplo, si quisiéramos representar el FSM que rige el semáforo de un paso de peatones, tendría la forma de la figura 11.1.

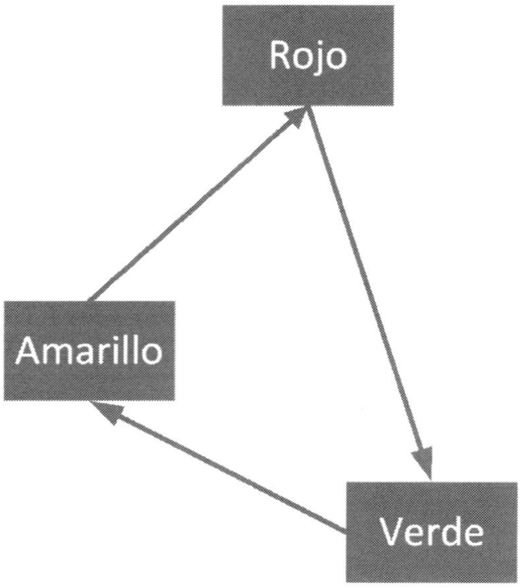

Figura 11.1: FSM del semáforo de un paso de peatones.

La idoneidad de implementar un FSM en uno de nuestros objetos depende del número de estados en el que pueda encontrarse dicho objeto. Si sólo va a tener dos estados, podemos valernos de un campo booleano para representar ambos. Implantar un FSM para ese caso probablemente sería como matar moscas a cañonazos. Sin embargo, si tuviéramos más estados, y esperásemos cierta disparidad de criterios para transitar entre ellos, sí que sería recomendable un FSM para separar la lógica interna de los comportamientos de los diferentes estados y mejorar así nuestro cumplimiento de los principios SOLID, vistos en el capítulo 6.

11.2. Máquinas de estado en Unity

Hay múltiples maneras de implementar un FSM en nuestro proyecto.

Como veremos, podemos partir desde cero e implementarlo nosotros mismos desde código o se pueden usar sistemas visuales que permiten representar a los estados como cajas y a las transiciones como fechas entre dichas cajas. En *Prince of Unity* yo he optado por el segundo enfoque, pero en este capítulo veremos también las bases del primero porque es, al fin y al cabo, con lo que se construyen los sistemas visuales.

Por tanto, empezaremos explicando cómo darle forma mediante código a nuestra propia FSM. Acto seguido veremos dos opciones propias que ofrece Unity de este concepto que, partiendo de los conceptos de nuestra implementación mediante código, ofrecen herramientas visuales para poder darle forma a nuestro FSM desde el inspector.

Implementación con código

Aunque se pueda implementar un FSM de diferentes formas, todas suelen parecerse a la que voy a describir aquí.

A la hora de programar un FSM, lo primero suele ser definir la clase que representará nuestros estados. La clase mínima para definir un estado contiene los siguientes métodos:[2]

- `Enter()`: Para ser ejecutado cuando se activa este estado. Puede utilizarse, por ejemplo, para inicializar todo lo que vaya a necesitar el estado.
- `Update()`: Es al que se llama en cada fotograma mientras se permanezca en este estado.
- `NextState()`: Contiene la lógica para evaluar si se dan las condiciones necesarias para saltar a un nuevo estado o si hay que permanecer en el actual. Este método devuelve el estado en el que se debería estar en el siguiente fotograma.
- `Exit()`: Se ejecuta cuando vamos a abandonar un estado. Puede servir para hacer limpieza de todo lo que haya usado el estado y que no vaya a necesitar el nuevo.

Dado que todos los estados del FSM compartirán el mismo listado de métodos, aunque diferirán en sus respectivas implementaciones, lo normal será que usemos interfaces o clases abstractas para definir esta estructura de métodos y que dejemos a los que implementen dichos interfaces, o hereden de esas clases abstractas, los detalles de implementación para cada estado concreto.

Una vez definidas las clases para cada uno de los estados, bien aplicando el interfaz o bien heredando de la clase abstracta anterior, tenemos que crear instancias de dichos estados desde una clase que represente a nuestra máquina de estados.

La clase que implemente nuestra máquina debería tener un campo para cada uno de los estados en los que pueda encontrarse la FSM. Además, para que los que usen nuestro FSM sepan en qué estado se encuentra, la clase que represente nuestra máquina debería tener una propiedad (de lectura pública, pero modificación privada) que represente el estado que se encuentre activo en ese momento (en esta descripción voy a llamar a esta propiedad `CurrentState`).

La clase que implemente nuestra máquina de estados sólo necesita los siguientes métodos, en su versión más básica:

- `Start()`: En este método deberemos configurar nuestro FSM para que empiece a andar. Para ello deberemos asignarle a `CurrentState` el estado que queremos que sea el inicial para la FSM, de entre los que tengamos instanciados desde la clase de la máquina de estados. Acto seguido llamaremos al método `Enter()` del estado que hayamos elegido.
- `Update()`: Desde aquí llamaremos, en cada fotograma, al respectivo método `Update()` del estado en el que se encuentre `CurrentState`. Acto seguido llamaremos al método `NextState()` de dicho estado y veremos qué otro estado devuelve. Si es el mismo estado que ya está en `CurrentState` no haremos nada, pero, si resulta ser diferente, llamaremos al método `ChangeToNewState()` y le pasaremos el nuevo estado como parámetro.
- `ChangeToNewState()`: A este método se le deberá pasar como parámetro el nuevo estado al que se pretende cambiar. Lo primero que hará será llamar al método `Exit()` del estado actual, hecho eso cambiaremos el estado actual al nuevo asignando este a `CurrentState` y, finalmente, llamaremos al método `Enter()` del nuevo estado.

[2]Los siguientes métodos se pueden llamar como quieras. Los nombres que yo les he puesto son sólo ejemplos. Lo realmente importante es la funcionalidad que deben ofrecer esos métodos.

Para facilitar la integración de la clase anterior con Unity, de manera que se llamase automáticamente a `Start()` y a `Update()` y que pudiéramos manipular la clase desde el inspector, yo haría que esta clase heredase de `MonoBehaviour` y que las clases de los estados heredasen de `ScriptableObject`. En este caso, si los estados fuesen ScriptableObjects, podríamos hacer que las referencias a los estados de la clase del FSM fuesen una lista, y podríamos arrastrar los estados desde la pestaña Project al inspector del FSM. Con eso, `CurrentState` no tendría que ser más que un índice que señalase la posición dentro de la lista del estado activo.

En fin, todo esto son ideas. Hay múltiples maneras de llevar el patrón estado a la práctica. El problema a la hora de implementar nuestra propia máquina de estados es que, a poco que acumulemos varios estados, cada uno con sus propias condiciones para las transiciones, nos resultará cada vez más complicado hacernos una idea de la malla de estados y transiciones que estaremos generando. Esa es la razón por la que la mayor parte de las implementaciones de máquinas de estados optan por añadir una capa de presentación que nos permita representar todo este modelo de datos de manera visual, a base de cajas y flechas. Así es más fácil generar mallas de estados complejas sin perdernos y enredarnos en el proceso.

Las dos opciones de máquinas de estados que vamos a ver en las secciones siguientes tienen en sus cimientos implementaciones como las que hemos visto en los párrafos anteriores, pero, además, ofrecen el componente visual para poder darle forma cómodamente a la FSM.

Implementación con Visual Scripting

Desde su versión 2021.1, Unity ofrece un sistema de scripting visual que permite implementar la lógica de los scripts mediante mallas de nodos. En realidad, se trata de la versión que ofrece Unity de los blueprints de Unreal, si bien opino que el scripting visual de Unreal es considerablemente más cómodo y avanzado que el de Unity. Además, la documentación que ofrece Unity sobre su sistema de visual scripting es extremadamente pobre comparada con la que tiene Unreal para sus blueprints.

Además, en mi caso no me gusta usar visual scripting, pero por una mera cuestión de costumbres. Estoy más acostumbrado al código, me resulta más comprensible y compacto que los mapas de nodos que se generan con la programación visual y, además, al usar código, aprovecho todas las ventajas de un IDE optimizado para Unity como es Rider. Se resume en que usando código soy más productivo, pero entiendo perfectamente que para alguien sin experiencia previa en programación los sistemas de scripting visual resulten ideales para iniciarse.

El caso es que el sistema de visual scripting de Unity ofrece una herramienta para crear máquinas de estado de manera visual, así que conviene que la conozcas aunque no sea la opción que haya elegido para *Prince of Unity*.

Para usar el sistema de visual scripting de Unity tienes que asegurarte de que tienes instalado el paquete que lo habilita, yendo a Window > Package Manager e instalando el paquete *Visual Scripting* si no lo tuvieses ya.

Hecho eso, hay que inicializarlo por primera vez desde la ventana de configuración del editor. Esto hay que hacerlo una vez en cada uno de los proyectos donde vayamos a usar visual scripting. Para ello tienes que ir a Edit > Project Settings > Visual Scripting > Initialize Visual Scripting. Cuando se haya inicializado el sistema de visual scripting tendremos que usar la opción Regenerate Nodes para que el editor compile toda la API de Unity de manera que podamos acceder a ella mediante los nodos de nuestros scripts visuales.

En esa misma ventana hay dos desplegables, *Type Options* y *Node Library*, que nos permiten añadir nuestros propios tipos [192] y nodos [191] a los que ofrece por defecto Unity. Lo más importante que debes tener en cuenta en ese caso es que tendremos que volver a pulsar Regenerate Nodes cuando añadamos nuevos nodos o tipos personalizados.

Esta ventana también tiene un botón Generate para el caso en el que quieras hacer extensiones para el editor, como las del capítulo 16, pero usando visual scripting.

> Si sigues los consejos del capítulo 15 y usas un repositorio de versiones, te recomiendo que añadas a tu fichero `.gitignore` las exclusiones recomendadas para visual scripting [202], ya que este sistema genera automáticamente una serie de ficheros que es inútil incluir en el repositorio.

Hecho eso, ya puedes crear grafos, que es la versión visual de nuestros scripts. Unity ofrece la posibilidad de crear dos tipos de grafos:

- Grafos de script (*Script graphs*): Es el equivalente visual de los MonoBehavior.
- Grafos de estados (*State graphs*): Son los grafos para diseñar una máquina de estados.

Ambos tipos de grafos necesitan ser incluidos en componentes que los ejecuten. Los grafos de script en un componente denominado ScriptMachine y los grafos de estado en uno denominado StateMachine [211]. Dichos componentes son los que se añaden a los GameObjects sobre los que queremos que actúen los grafos.

Ten en cuenta que contar con un componente StateMachine no significa que el FSM arranque al crear una instancia del GameObject. Hay que arrancar el FSM bien desde el `Start()` de un script del GameObject, pasándole al script una referencia de tipo `StateMachine`, o bien usando un nodo State Unit [213] en un grafo de script de dicho GameObject.

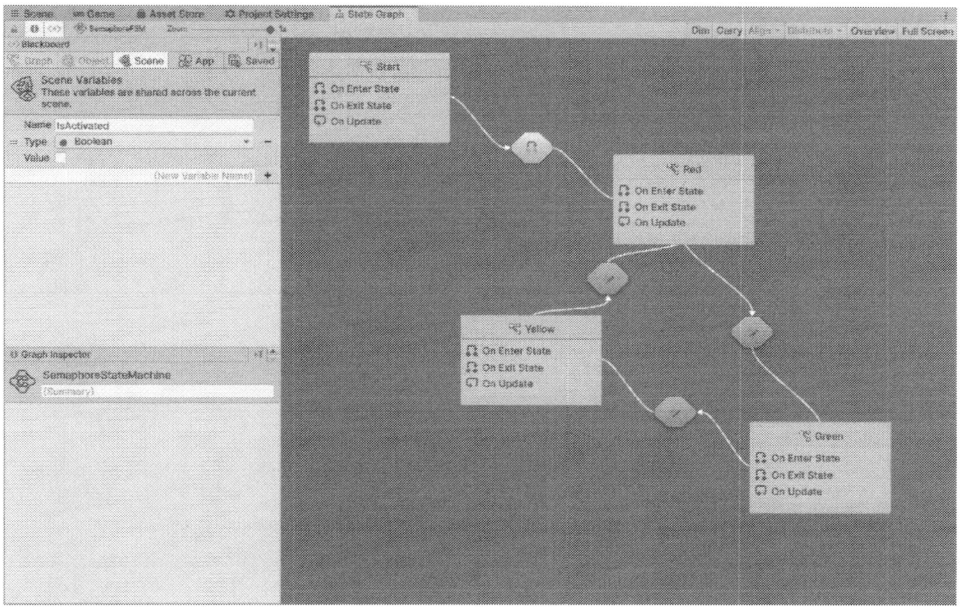

Figura 11.2: FSM del semáforo de un paso de peatones implementado con el visual scripting de Unity.

En un grafo de estado dichos estados se representan mediante nodos State. Hay varios tipos de ellos:

- *Script State*: Son los nodos de estado básicos. Equivalentes a la clase que veíamos en la sección anterior para los estados. Permiten incluir un grafo de script que responda a tres tipos de eventos que reconocerás también: OnEnterStateEvent, OnUpdateEvent y OnExitStateEvent. Configurando en el grafo de script la respuesta del estado a esos tres eventos tendremos el equivalente a lo que veíamos en la sección anterior.
- *Super State*: Son estados que permiten agrupar otros. Sirven para organizar tus grafos en varios niveles de abstracción.

- *Any State*: Es un estado que permite representar a cualquier estado. Es decir, se trata de un estado wildcard o comodín. Por ejemplo, si nuestro personaje recibe el impacto directo de un misil querremos que pase al estado Muerto independientemente de que estuviera en cualquier otro estado (comiendo, corriendo, leyendo, etc). Podríamos poner una transición de cada uno de esos estados al de Muerto, para representar la eventualidad de ser alcanzado por un misil, pero es más sencillo si dicha situación la representamos con una única transición entre el estado Any State y el estado Muerto.

Para crear un nodo estado, sólo tenemos que pulsar con el botón derecho del ratón sobre el grafo de estado y elegir la opción Create Script State. Nos aparecerá la caja del nuevo estado y podremos cambiarle el nombre a dicha caja en el inspector de la izquierda.

Para editar cada estado no tendremos más que hacer doble click en él y se nos abrirá un subgrafo en el que podremos crear flujos para reaccionar a los eventos OnEnterStateEvent, OnUpdateEvent y OnExitStateEvent.

Los distintos nodos de estado se relacionan entre sí mediante los enlaces de las transiciones. Cada transición cuenta con un grafo de script que contiene las condiciones que activan dicha transición. Para acceder a la edición de dichas condiciones no tendremos más que hacer doble click en la flecha de la transición.

Para crear una transición haremos click derecho sobre el estado de partida para seleccionar Make Transition, tras lo cual deberemos seleccionar el estado de destino para que se dibuje la flecha de la transición.

Por supuesto, de nada nos sirve que el FSM vaya saltando de un estado a otro si el resto de los componentes del GameObject no puede saber en qué estado se encuentra y reaccionar de acuerdo a ello. Por eso, para informar del estado en el que se encuentra el FSM podemos lanzar un evento personalizado [198] cada vez que se active el OnEnterStateEvent de un estado recién activado. Podemos responder a dichos eventos desde nuestros scripts si los hemos suscrito previamente a ellos [205]. En este caso, el evento que lancemos desde el grafo de estados puede incluir el nombre del estado que acabemos de iniciar de manera que los scripts que se hayan suscripto al evento puedan tomar nota de dicho estado.

En todo caso, la sensación que me ha dado todo el paquete de visual scripting de Unity, incluidos sus grafos de estado, no ha sido buena. Me ha parecido un paquete muy verde, de funcionalidades limitadas, mal documentado, poco actualizado[3] y muy incómodo de usar. En la próxima sección veremos otra alternativa que nos ofrece Unity que me ha parecido mucho más madura y adecuada para lo que he necesitado en *Prince of Unity*.

Implementación con un Animator Controller

En realidad, el paquete de Visual Scripting que vimos en la sección anterior es relativamente reciente. Se basa en una herramienta de pago anterior, denominada *Bolt*, que Unity adquirió en 2020 como respuesta a la aparición de los blueprints de Unreal. A partir de ese momento Bolt se incluyó en Unity, como paquete nativo y rebautizado como Visual Scripting.

Sin embargo, antes de eso Unity ya contaba con una herramienta para crear máquinas de estado de manera visual. Lo que pasa es que está disimulada como una opción especializada en la gestión de animaciones, pero, en realidad, con unas pocas adaptaciones como las que he hecho para *Prince of Unity*, se puede usar para crear máquinas de estado de propósito general. Se trata de los *Animator Controller* [215].

En su concepción inicial, los Animator Controller permiten organizar y mantener un conjunto de animaciones asociadas a un GameObject. Dicha organización se basa en una máquina de estados que va cambiando la animación activa en cada momento, en función de las condiciones del GameObject y su entorno.

Aunque es una herramienta anterior al paquete de Visual Scripting, he preferido que la viésemos después de esta porque su base conceptual es esencialmente la misma, añadiendo la idea de que en un Animator Controller se puede asociar la reproducción de una animación a cada uno de los estados de la FSM. El resto de la funcionalidad es básicamente la misma con la diferencia decisiva de que, en mi opinión, los Animator Controller están mucho más pulidos y su uso es más cómodo y está mejor integrado con el editor.

El enfoque del Animator Controller se ha adaptado muy bien para el caso de *Prince of Unity*. En este caso, la mayor parte de los objetos tienen una animación visual asociada a cada uno de sus estados, siendo

[3] En el momento de escribir estas líneas hacía más de un año de la última actualización del paquete.

raro que hubiera estados sin una representación visual en pantalla[4]. Así que ha sido muy cómodo que la reproducción de las animaciones asociadas a cada estado se activase al saltar de un estado a otro. Más allá de eso, todos los demás conceptos son los mismos: tienes estados, transiciones entre estos y super-estados para englobar grafos enteros.

Para usar los Animator Controller no necesitas importar paquete alguno. Es una funcionalidad integrada en el editor desde el principio. Se crean como assets, desde Assets > Create > Animator Controller, en la carpeta que tengas seleccionada en la pestaña Project. A partir de ahí si haces doble click en el asset del Animator Controller se abrirá la pestaña Animator para que puedas editarlo.

Al abrir un Animator Controller verás que ya incluye de serie tres estados especiales:

- *Entry*: Es el punto de entrada al FSM. Debemos unirlo al primer estado que queramos que se ejecute al arrancar la máquina de estados.
- *Exit*: Es justo lo contrario a Entry. Si algún estado transita a este, entonces la FSM se detiene.
- *Any State*: Es un estado comodín con una función exactamente igual a la que vimos en la sección de virtual scripting.

Para crear un nuevo estado no tenemos más que hacer click derecho sobre el grafo y elegir Create State > Empty. La creación de animaciones se cubre en el capítulo 12, pero, si ya tuviéramos claro que queremos asociar una animación a un determinado estado, podemos arrastrar el asset de dicha animación sobre el grafo, lo que creará un nuevo estado con esa animación asociada. Si tuviéramos un estado vacío ya creado y quisiéramos asociarle una animación, podríamos seleccionar ese estado en el grafo y arrastrar la animación sobre su campo *Motion*, en el inspector.

Al igual que en la sección anterior, para unir un estado con otro a través de una transición deberemos pulsar el estado inicial con el botón derecho del ratón y seleccionar Make Transition, arrastrando la flecha hasta el estado de destino. Al pulsar sobre el estado de destino, la transición quedará fijada.

Al seleccionar una transición, veremos que muestra diversos elementos configurables en el inspector. La mayor parte de los campos se ven en el capítulo 12 porque hacen referencia a la transición de animaciones de un estado a otro. En este capítulo nos centraremos en la lista *Conditions* que se muestra en el inspector, porque es donde se definen las condiciones que disparan la transición.

Las variables utilizadas para definir las condiciones de transición se crean en la pestaña Parameters, en la parte superior izquierda de la pestaña Animator. En esa pestaña hay un icono + que permite crear cuatro tipos de variables: Float, Int, Bool y Trigger. Como veremos en los ejemplos, las variables que creemos en esa pestaña se pueden modificar desde el código de nuestros GameObjects de manera que las transiciones de la máquina de estados se vayan activando según evolucionen los valores que vayan tomando esas variables.

Cuando hayamos definidos nuestras variables en la pestaña Parameters puedes ir al inspector de una transición y añadir una nueva condición de transición con su respectivo icono +. Al hacerlo, nos saldrá un combo que nos permitirá seleccionar la variable que queramos usar de condición. En función del tipo de variable seleccionada nos saldrán otros campos a la derecha para seleccionar el valor que debe tener la variable para activar la transición.

Todas las condiciones que añadamos a una misma transición se relacionan entre sí con un AND lógico. Eso quiere decirse que deben cumplirse simultáneamente todas las condiciones para que se active la transición.

Si quisiéramos añadir condiciones OR, es decir, que la transición se activase si se diese una condición u otra, lo que tendríamos que hacer es añadir más transiciones paralelas a la primera. Cuando entre dos estados haya múltiples transiciones, la línea de transición entre ellos muestra varias cabezas de flecha. Al seleccionar una línea así, el inspector mostrará una lista de transiciones arriba que nos permite seleccionar la transición concreta que queramos editar. Si estuviésemos haciendo pruebas, podríamos desactivar temporalmente una transición concreta activando su propiedad *Mute*, en la lista anterior. Si activásemos la propiedad *Solo*, se desactivarían el resto de transiciones entre los dos estados salvo esa.

[4]Aún así, alguno ha habido, como veremos más delante.

Los super-estados se crean pulsando en el grafo con el botón derecho del ratón y seleccionando la opción `Create Sub-State Machine`. Aparecerá una nueva caja con los laterales apuntados que representará nuestro super-estado. Al hacer doble click sobre él se abrirá un sub-grafo, con los tres estados iniciales que vimos antes, a los que se le suma uno nuevo, con los lados apuntados, denominado *(UP) Base Layer* y que representa a los estados que están fuera del subgrafo.

Los super-estados son extremadamente útiles para agrupar estados estrechamente relacionados entre sí, de manera que el grafo principal no crezca en extensión hasta hacerse inmanejable.

Dentro de un subgrafo el funcionamiento es exactamente igual que en el grafo principal, con la particularidad de que al acabar una transición en el estado *(UP) Base Layer* se nos dará a elegir en qué estado de los de fuera del grafo queremos acabar. Simétricamente, si subiéramos al grafo principal (*Base Layer*), seleccionándolo en el toolbar superior del sub-grafo, e hiciésemos acabar una transición en el super-estado se nos daría a elegir el estado interno en el que queremos acabar la transición.

Si a estas alturas ya estás echando de menos los métodos `Enter()`, `Update()` y `Exit()` del patrón de estados entonces no te preocupes porque los Animator Controller también incluyen esa funcionalidad. Si seleccionas un estado del grafo verás que su inspector incluye un botón de `Add Behaviour`. Ese botón asocia un script al estado. Ese script debe implementar una clase que herede de StateMachineBehaviour, la cual es una clase abstracta que ofrece los tres métodos anteriores, con los nombres `OnStateEnter()`, `OnStateExit()` y `OnStateUpdate()`. Si quisiéramos que el estado ejecutase alguna lógica en una de las fases anteriores no tendríamos más que incluir dicha lógica en la implementación de uno de esos métodos y asociar el script resultante al estado con `Add Behaviour`. En las secciones posteriores veremos ejemplos de esto.

> La clase StateMachineBehaviour incluye más métodos que se pueden implementar, pero se usan en juegos 3D para sincronizar las animaciones con el desplazamiento del GameObject. Yo no he necesitado implementarlos en *Prince of Unity*.

La única pega de un Animator Controller es que es un componente muy hermético. Aunque parezca raro, no he conseguido encontrar en su API propiedad alguna para averiguar algo tan sencillo como el estado activo. Eso es todo un problema porque una máquina de estados es como un director de orquesta, el resto de los músicos de la orquesta observa sus gestos y en función de ellos inician un movimiento u otro. De igual manera, el resto de los componentes de un GameObject necesitan conocer qué estado señala la FSM, porque en función de ese estado actuarán de una manera u otra. Si la FSM no puede informar al resto del GameObject del estado en el que se encuentra entonces pierde su razón de ser.

Para resolver esa problemática he utilizado scripts derivados de StateMachineBehaviour, asociados a cada estado, para que en su `OnStateEnter()` actualizasen un script externo con el estado recién iniciado. En los ejemplos veremos cómo he generalizado esto para que fuera cómodo de usar, pero se resume en que he utilizado los Animator Controller para agrupar la lógica de las transiciones entre estados y un script aparte para guardar y mostrar el estado activo de dicho Animator Controller. Estos scripts externos están normalizados e implementan el interfaz IStateMachineStatus que he definido para esta labor. El resto de los scripts lo que hacen es consultar a esos scripts externos para averiguar el estado activo en el Animation Controller.

Hay un caso en el que he usado los StateMachineNehaviour para algo más. Se trata del caso de 🗀 `Assets/Scripts/TurnBackState.cs`. Este script se asocia al estado TurnBackRunning del protagonista y se encarga de invertir el valor de la propiedad `LookingRightWards` del protagonista, para señalar que este ha cambiado de orientación al salir del estado.

```
// OnStateExit is called when a transition ends and the state machine finishes evaluating this state
override public void OnStateExit(Animator animator, AnimatorStateInfo stateInfo, int layerIndex)
{
    _characterStatus.LookingRightWards = !_characterStatus.LookingRightWards;
}
```

Listado 11.1: Fragmento de Assets/Scripts/TurnBackState.cs

Por último, hay que mencionar, antes de pasar a los ejemplos, que los Animator Controller no se ejecutan por sí mismos en los GameObject, sino que deben incorporar un componente *Animator* [193] y es al campo *Controller* de este al que se le arrastra el asset del Animator Controller que queramos que ejecute.

11.3. Algunos ejemplos

Vamos a ver ejemplos de implementaciones de máquinas de estado con los Animator Controller de Unity. Todos ellos pertenecen a *Prince of Unity*. La idea es que los ejemplos se sucedan en un orden creciente de complejidad, de manera que la ilustración de los conceptos básicos se dé en los primeros ejemplos y podamos dedicar los posteriores a explicar conceptos más complejos o detalles de implementación.

> He incluido capturas de los diferentes FSM. Sin embargo, muchos de ellos son tan extensos que resulta imposible encajarlos en el tamaño disponible en una página de este libro y garantizar además que se puedan leer con claridad los nombres de sus estados. Tampoco ayudará si tu versión tiene las capturas en blanco y negro. Por tanto, te pido disculpas de antemano si no se distinguen bien algunos de los FSM que vamos a estudiar. Cuando ocurra eso, te recomiendo que te bajes el código del juego y lo abras en Unity para analizar los Animator Controller tú mismo.

La antorcha

Las antorchas que decoran las paredes del juego implementan el FSM más sencillo de todos: una máquina de estados con un solo estado, el de la animación de la llama.

Como se ve en otros capítulos, el prefab de la antorcha está en `Assets/Prefabs/Decorations/Torch`. Consta de un GameObject raíz vacío (Torch) del que cuelgan otros dos: Stick, con el SpriteRenderer que dibuja el sprite del mástil de la antorcha, y Flame, que tiene el SpriteRenderer que dibuja la llama y el componente Animator con la máquina de estados.

El componente Animator monta en su campo *Controller* el Animator Controller `Assets/Animations/Animators/FlameAnimationController`. Si hacemos doble click sobre él veremos la máquina de estados de la figura 11.3.

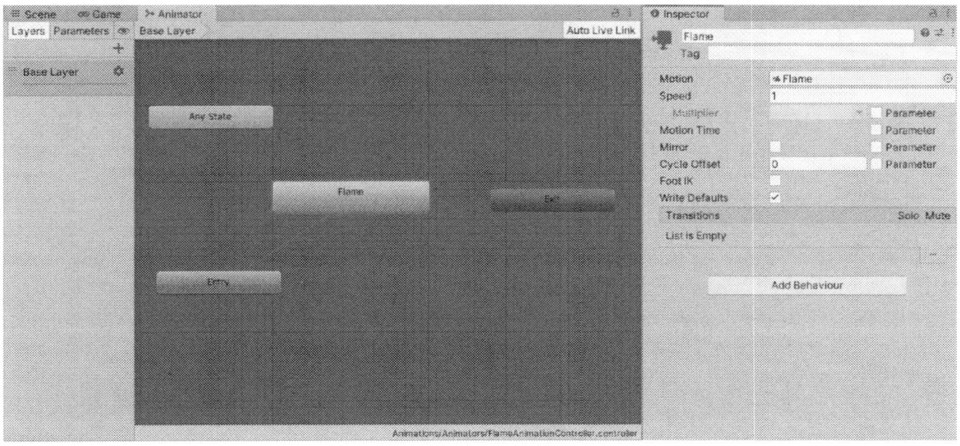

Figura 11.3: FlameAnimationController con el estado Flame seleccionado.

Como se puede ver en esa figura, la máquina de estados salta al estado Flame nada más comenzar y ahí permanecerá mientras el GameObject que contiene el componente Animator siga activo. En la captura he seleccionado el estado Flame para que el inspector muestre su configuración. En el capítulo 12 se ven los detalles de los distintos parámetros de este inspector, ya que en su mayor parte se refieren a configuraciones para la animación asociada al estado. En este caso, la animación que se ejecuta es Flame (parámetro Motion) y esta se reproduce a su velocidad normal (parámetro Speed).

La baldosa interruptora

Un interruptor sólo tiene dos estados: activado y desactivado. Los interruptores de *Prince of Unity* no son una excepción. Aunque en el juego haya dos tipos de interruptores, de apertura o de cierre, la única diferencia entre ellos es su apariencia gráfica y la acción que desencadenan cuando son activados. Aparte de eso, su esquema de grafos es idéntico.

Esas similitudes entre los interruptores de apertura y cierre me han permitido concentrar toda la funcionalidad común en un prefab básico, 🗀 `Assets/Prefabs/Switches/Switch`, del que luego se derivan otros dos, cada uno de los cuales aporta respecto al original una apariencia diferente. Esos dos interruptores derivados son ClosingSwitch y OpeningSwitch y están en la misma carpeta que el primero. El mecanismo para hacer derivar prefabs de otros se denomina *Prefab Variant* y se ve con detalle en el capítulo 24. Por ahora, quedémonos con la idea de que se trata de un mecanismo muy similar al de la herencia de los lenguajes orientados a objetos, en el que hay un prefab padre con la funcionalidad común y luego prefabs hijos que aportan funcionalidad adicional o una apariencia ligeramente diferente a la del padre.

El prefab padre, Switch, incorpora un componente Animator en su GameObject GroundPiece. En ese mismo GameObject está el SpriteRenderer que le da la apariencia al objeto. Sin embargo, si te fijas en el prefab Switch, verás que ni el parámetro *Controller* del componente Animator, ni el parámetro *Sprite* del SpriteRenderer, tienen valor asignado. Ambos campos están en blanco porque Switch es un prefab que no está pensado para instanciarse directamente en la escena. En vez de eso, se supone que son sus prefabs derivados, ClosingSwitch y OpeningSwitch, los que están preparados para ser instanciados al darle valor a esos campos con sus apariencias especializadas.

Aún así, si vas a la carpeta donde tengo mis Animator Controller verás que sí existe uno para Switch, 🗀 `Assets/Animations/Animators/SwitchAnimatorController`. Probablemente te preguntes por qué me he molestado en crear un Animator Controller que en realidad no he montado en el campo Controller del Animator de Switch. La clave está en que todos los interruptores tienen la misma máquina de estados, pero se diferencian entre sí por las animaciones que se ejecutan en cada uno de los estados. La activación de un interruptor de apertura muestra la animación de la pulsación de una baldosa que sobresale del suelo, mientras que la de un interruptor de cierre muestra la de una baldosa que queda a ras del resto del suelo. Así que he armado la máquina de estados común en SwitchAnimatorController y luego he utilizado otro mecanismo de derivación, denominado *Animator Override Controller*, para crear Animator Controllers derivados con la misma máquina de estados del original, pero con animaciones diferentes para cada uno de los estados. Los Animator Controller Override se explican con detalle en el capítulo 24.

Utilizando el mecanismo de los Animator Overrides, he generado hasta nueve derivaciones, cuatro para los interruptores de apertura y cinco para los de cierre (todos ellos en 🗀 `Assets/Animations/Animators`):

- OpeningSwitchBorder
- OpeningSwitchBorderLeftEdge
- OpeningSwitchNoBorder
- OpeningSwitchNoBorderLeftEdge
- ClosingSwitch
- ClosingSwitchBorder
- ClosingSwitchBorderLeftEdge

- ClosingSwitchNoBorder
- ClosingSwitchNoBorderLeftEdge

Fíjate que el icono que aparece a la izquierda del nombre de los Animator Controller, en la pestaña Project, es diferente según se trate de uno original o derivado. En el caso de los derivados se muestra un icono con un pequeño símbolo "+". Si pulsas sobre un Animator Controller derivado verás que su inspector muestra el original del que deriva en el campo *Controller* y, acto seguido, las animaciones que sustituyen a las originales.

La cantidad de Animator Controllers obedece a las diferentes apariencias de los interruptores, según los configuremos para estar el borde de un agujero o flanqueados por otras baldosas de suelo. Cada interruptor cuenta con el script `Assets/Scripts/SwitchAppearance.cs` en su GameObject raíz. Ese script se encarga de asignarle al componente Animator el Animator Controller más adecuado a la apariencia que queramos darle al interruptor.

```
23 [Header(''CONFIGURATION:'')]
24 [Tooltip(''Has this brick a hole at right so its border is visible?'')]
25 [SerializeField] private bool hasBorder;
26 [Tooltip(''Has this brick a hole at left?'')]
27 [SerializeField] private bool AtLeftEdge;
28 [Tooltip(''Animation controller for different parameter options.'')]
29 [SerializeField] private AnimatorOverrideController AnimatorControllerBorder;
30 [SerializeField] private AnimatorOverrideController AnimatorControllerBorderLeftEdge;
31 [SerializeField] private AnimatorOverrideController AnimatorControllerNoBorder;
32 [SerializeField] private AnimatorOverrideController AnimatorControllerNoBorderLeftEdge
       ;
33
34 private bool _appearanceUpdateNeeded = false;
35
36 private void Awake()
37 {
38     UpdateAnimationController();
39 }
40
41 private void UpdateAnimationController()
42 {
43     switch ((hasBorder, AtLeftEdge))
44     {
45         case (true, false):
46             stateMachine.runtimeAnimatorController = AnimatorControllerBorder;
47             break;
48         case (true, true):
49             stateMachine.runtimeAnimatorController = AnimatorControllerBorderLeftEdge;
50             break;
51         case (false, false):
52             stateMachine.runtimeAnimatorController = AnimatorControllerNoBorder;
53             break;
54         case (false, true):
55             stateMachine.runtimeAnimatorController =
                   AnimatorControllerNoBorderLeftEdge;
56             break;
57     }
58 }
```

Listado 11.2: Fragmento de Assets/Scripts/SwitchAppearance.cs

Como se puede ver en el listado 11.2, el script cuenta con referencias configuradas a través del inspector a los AnimatorController entre los que puede elegir (líneas 29 a 32). A través del inspector también se configura si el interruptor tiene un agujero a la derecha y, por lo tanto, debe mostrar un borde (línea 25), o bien si tiene un agujero a la izquierda y, por tanto, no debe mostrar sombras a ese lado al ser pulsado (línea 27).

Aunque no aparezca en el listado, el script también espera recibir a través del inspector una referencia al componente Animator del GameObject. Dicha referencia se encuentra en el campo `stateMachine` que se utiliza en las líneas 46, 49, 53 y 55 para asignarle el Animator Controller adecuado, a través de su propiedad `runtimeAnimatorController`, en función de los parámetros de apariencia que hayamos configurado en el inspector (línea 43). La configuración del Animator Controller se hace al arrancar el GameObject (línea 38).

De todos modos, ya hemos dicho que los diferentes Animator Controller de los interruptores sólo se diferencian entre sí por las animaciones concretas asignadas a cada uno de sus estados. La estructura de sus máquinas de estados es la misma y ya hemos dicho que se define en 🗀`Assets/Animations/Animators/SwitchAnimatorController`.

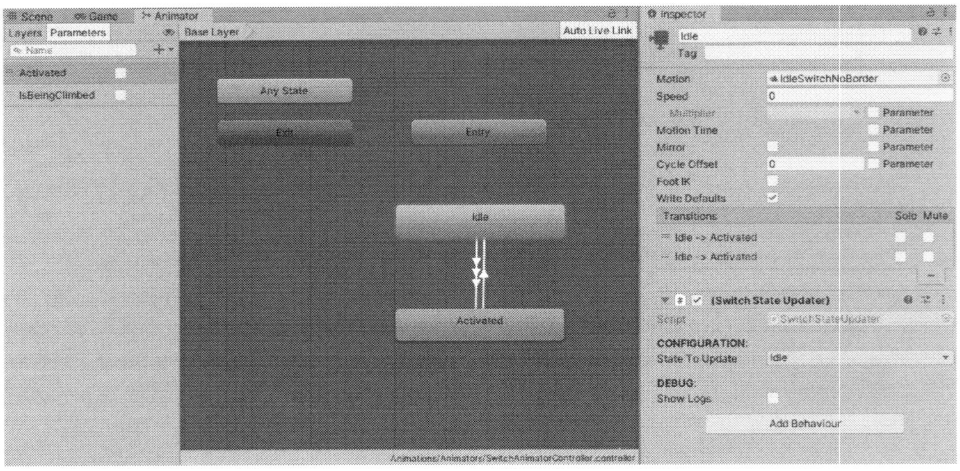

Figura 11.4: SwitchAnimatorController con el estado Idle seleccionado.

Como se puede ver en la figura 11.4, la FSM de los interruptores sólo tiene dos estados: activado (Activated) y desactivado (Idle). Por defecto, la máquina de estados empieza en el estado Idle.

A la izquierda de la figura se puede ver que he seleccionado la pestaña Parameters para que se pudiera ver que esta FSM basa sus transiciones en dos variables de tipo booleano: Activated e IsBeingClimbed.

Por otro lado, en el grafo de la figura he seleccionado el estado Idle, para que en el inspector se mostrasen las dos posibles transiciones entre el estado Idle y el Activated. Si seleccionamos cada una veremos sus respectivas condiciones de transición.

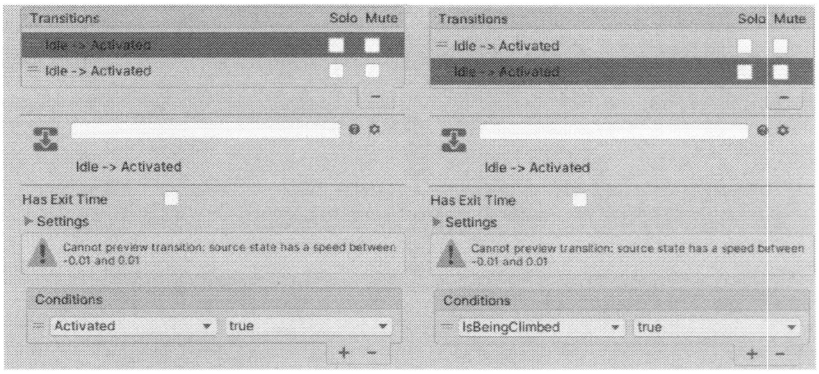

Figura 11.5: Transiciones posibles entre los estados Idle y Activated de SwitchAnimatorController.

En la figura 11.5, he superpuesto las condiciones de las dos transiciones posibles. Se puede ver que la FSM transitará del estado Idle al Activated si el parámetro Activated pasa a ser verdadero o bien si lo hace isBeingClimbed. Fíjate que digo "o bien" (es decir, un OR lógico) porque las dos condiciones están en transiciones diferentes.

Para volver del estado Activated al Idle sólo hay una transición posible. Si la seleccionamos veremos una configuración como la de la figura 11.6.

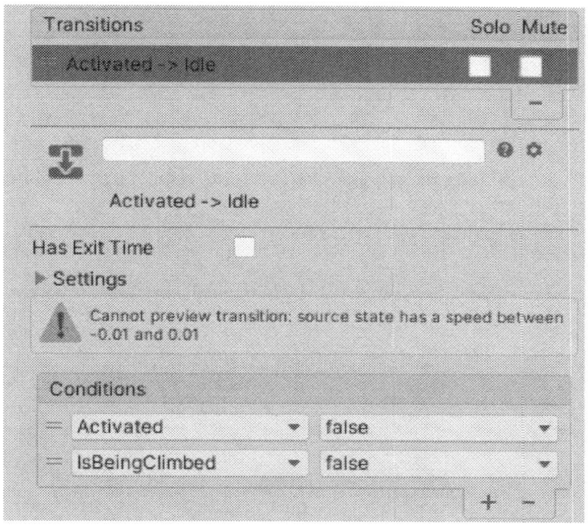

Figura 11.6: Transición posible entre los estados Activated e Idle de SwitchAnimatorController.

En ese caso, la transición de Activated a Idle sólo se dará cuando Activated sea falso e isBeingClimbed también lo sea. Aquí, hablamos de un AND lógico entre ambas condiciones porque las dos se encuentran configuradas dentro de la misma transición.

Por tanto, vemos que la máquina de estados va cambiando de estado conforme los cambios en sus parámetros van disparando las distintas transiciones, pero ¿cómo cambian los parámetros? Los valores de estos se van actualizando desde los diversos scripts del GameObject. Por ejemplo, tal y como se puede ver en la figura 11.7, los interruptores cuentan con un sensor de peso (CharacterWeightSensor) que está configurado para llamar a los métodos `ActivateSwitch()` y `DeactivatedSwitch()` del script 🗀`Assets/Scripts/SwitchCharacterInteractions.cs`, situado en el GameObject Interactions.

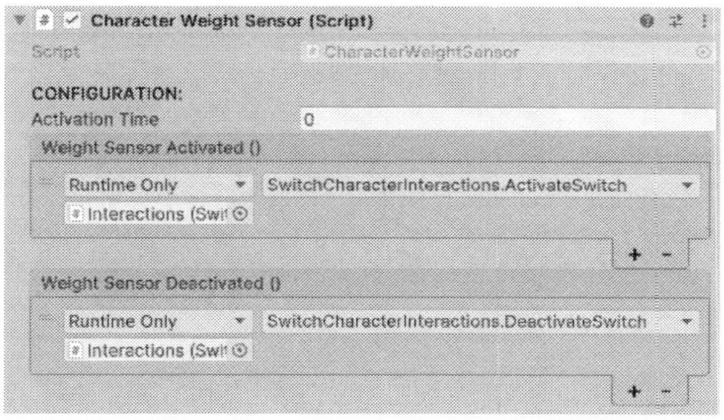

Figura 11.7: Configuración del sensor de peso para un interruptor de apertura.

Es ese script el que se encarga de actualizar el parámetro Activated de la FSM, según se active o no el sensor de peso del interruptor.

```
[Header(''WIRING:'')]
[Tooltip(''Needed to send signal of activation and deactivation.'')]
[SerializeField] private Animator stateMachine;

public void ActivateSwitch()
{
```

```
16      stateMachine.SetBool(''Activated'', true);
17  }
18
19  public void DeactivateSwitch()
20  {
21      stateMachine.SetBool(''Activated'', false);
22  }
```

Listado 11.3: Fragmento de Assets/Scripts/SwitchCharacterInteractions.cs

Como se puede ver en el listado 11.3, el componente Animator ofrece el método `SetBool()` para fijar los parámetros booleanos del Animation Controller que tenga configurado en ese momento. En el caso de las líneas 16 y 21 del, se usa ese método para fijar a verdadero o falso el valor del parámetro Activated de la variante de SwitchAnimatorController que tenga configurado el componente Animator.

Al igual que `SetBool()`, Animator ofrece otros métodos similares para el resto de las tipologías de parámetros, así como sus respectivas contrapartidas para obtener su valor actual. En general, los métodos que utilizaremos con más frecuencia son:

- `SetBool()`
- `SetFloat()`
- `SetInteger()`
- `SetTrigger()`
- `GetBool()`
- `GetFloat()`
- `GetInteger()`

> Ten cuidado con el primer parámetro de estos métodos. Es una cadena con el nombre de la variable, por lo que es fácil equivocarse al escribirla. Al ser una cadena sería raro que el IDE te alertase del error por lo que no te darías cuenta hasta que ejecutases el juego y te empezasen a salir mensajes de error por consola de que estás intentando fijar el valor de una variable inexistente.

El caso de la configuración del parámetro isBeingClimbed es similar. Ese parámetro lo activa un sensor de escalado, `Assets/Scripts/ClimbingSensor.cs`, colocado junto al sensor de peso en el GameObject Sensors de los interruptores.

```
/// <summary>
/// True if this brick is being climbed.
/// </summary>
public bool IsBeingClimbed => ClimbableStatus.CurrentState != ClimbableStatus.States.
    Inactive;

private bool _climbingAlreadySignaled;

private void FixedUpdate()
{
    if (IsBeingClimbed && !_climbingAlreadySignaled)
    {
        StartCoroutine(SignalClimbing());
    }
    else if (!IsBeingClimbed && _climbingAlreadySignaled)
    {
        stateMachine.SetBool(''IsBeingClimbed'', false);
```

```
40            _climbingAlreadySignaled = false;
41        }
42    }
43
44    /// <summary>
45    /// Signal to state machine that a climbing has been detected.
46    ///
47    /// State machine is warned after activationDelay seconds from detection. This way
48    /// we can let character climb partially before falling.
49    /// </summary>
50    /// <returns></returns>
51    private IEnumerator SignalClimbing()
52    {
53        _climbingAlreadySignaled = true;
54        yield return new WaitForSeconds(activationDelay);
55        stateMachine.SetBool(''IsBeingClimbed'', true);
56    }
```

Listado 11.4: Fragmento de Assets/Scripts/ClimbingSensor.cs

Como se puede ver en el listado 11.4, el sensor consulta el estado de ClimbableStatus en cada `FixedUpdate()`. El prefab Climbable tiene su propia FSM y ClimbableStatus es el script externo en el que dicha FSM refleja su estado actual para que otros scripts lo consulten.

Cuando el script detecta que el personaje está escalando, la pieza que tiene el componente Climbable (línea 33) espera un momento (línea 54) antes de fijar a verdadero el parámetro isBeingClimbable de la máquina de estados (línea 55). Esta espera se realiza porque en el juego original hay un pequeño margen para abortar la escalada una vez iniciada, soltando el botón de salto antes de que la escalada culmine. La espera de la línea 55 es la que permite ese margen para cancelar la escalada.

Cuando se detecta que la escalada ha finalizado (línea 37), se vuelve a fijar el parámetro isBeingClimbable a falso (línea 39).

Cada vez que cambia un parámetro, la máquina de estados valora si los nuevos valores encajan en alguna de las condiciones de transición, en cuyo caso realiza el cambio de estados correspondiente. Sin embargo, esa valoración consume recursos así que he procurado no dispararla inútilmente. Ese es el motivo por el que he usado la bandera `_climbingAlreadySignaled` para no volver a fijar una y otra vez un parámetro con el mismo valor.

Nos queda por ver cómo hacemos para publicar los estados de la FSM en un script externo para que pueda ser consultado por el resto de scripts.

La clave está en el botón Add Behaviour que hay a la derecha de la figura 11.4, justo debajo del inspector. Como dijimos en la sección 11.2, ese botón nos permite asociar al estado un script derivado de StateMachineBehaviour, con el que implementar la lógica que queramos ejecutar en las fases Enter, Update y Exit del estado. En el caso de la figura, se puede ver que ese botón ya se ha utilizado para añadir el script `Assets/Scripts/SwitchStateUpdater`.

```
public class SwitchStateUpdater : GenericStateUpdater<SwitchStatus.States,
    SwitchStatus>
{
}
```

Listado 11.5: Fragmento de Assets/Scripts/SwitchStateUpdater.cs

Al leer el listado 11.5, es probable que te estés preguntando dónde está la herencia de StateMachineBehaviour y las implementaciones de sus métodos `OnStateEnter()`, `OnStateExit()` y `OnStateUpdate()`. La pregunta es legítima. Lo que pasa es que uso tantas FSM en el juego, y todas emplean el mismo mecanismo de publicación, que al final he tenido que usar clases genéricas para no andar repitiendo el mismo código en cada máquina de estados. Por eso, SwitchStateUpdater no es sino una versión de la clase genérica `Assets/Scripts/GenericStateUpdater.cs`, concretada para los tipos `SwitchStatus` y `SwitchStatus.States`.

Vamos a estudiar cómo se implementa dicha clase genérica:

```
5  /// <summary>
6  /// There is not an easy way to ask Animator which is the current state. So we make
       every state update
7  /// an annotation at at its respective game object state machine status tracker.
8  ///
9  /// <ul>
10 /// <li> T: Enum type with all states. </li>
11 /// <li>TU: Type of state machine status tracker. </li>
12 /// </ul>
13 /// </summary>
14 public class GenericStateUpdater<T,TU> : StateMachineBehaviour where TU:
       IStateMachineStatus<T>
15 {
16     [Header(''CONFIGURATION:'')]
17     [Tooltip(''State to set as active at character status.'')]
18     [SerializeField] private T stateToUpdate;
19
20     [Header(''DEBUG:'')]
21     [Tooltip(''Show this component logs on console window.'')]
22     [SerializeField] private bool showLogs;
23
24     private TU _stateMachineStatus;
25
26     public override void OnStateEnter(Animator animator, AnimatorStateInfo stateInfo,
27         int layerIndex)
28     {
29         // I have to initialize stateMachineStatus here because is where I get
               animator to go up and
30         // get root game object which has our target game object state machine status
               tracker.
31         if (_stateMachineStatus == null)
32             _stateMachineStatus = animator.transform.root.gameObject.
                   GetComponentInChildren<TU>();
33         _stateMachineStatus.CurrentState = stateToUpdate;
34         this.Log($''(StateUpdater - {animator.transform.root.name}) State changed to {
               stateToUpdate}'', showLogs);
35     }
```

Listado 11.6: Fragmento de Assets/Scripts/GenericStateUpdater.cs

En el listado 11.6, se puede ver que el primer tipo que se le pasa a la clase genérica (`T`) se corresponde con un enum con los nombres de todos los estados de la FSM con la que se utilice la clase concretada. Dicho tipo se utiliza con el campo `stateToUpdate` (línea 18), para que se pueda señalar desde el inspector con qué estado se ha asociado este StateMachineBehaviour. A la derecha de la figura 11.4, se puede ver que, como el StateMachineBehaviour se ha asociado al estado Idle, en el campo `stateToUpdate` he elegido Idle. Ese valor de `stateToUpdate` es el que se utiliza en la línea 33 para actualizar al campo `CurrentState` de `_stateMachineStatus` con el estado actual. El resto de los scripts consultarán a `CurrentState` para saber el estado en el que se encuentra la máquina de estados.

El segundo tipo de la clase genérica (`TU`) se corresponde con el tipo de la clase donde se va a guardar el estado. `TU` sirve para dar el tipo del campo `_stateMachineStatus` (línea 24) y para buscar un componente de ese tipo dentro del GameObject con el que darle valor a `_stateMachineStatus` (línea 32). Se puede usar cualquier tipo para `TU`, siempre y cuando implemente el interfaz `IStateMachineStatus<T>` (línea 14).

Este interfaz, que es genérico y al que se le pasa el mismo tipo `T` que recibe GenericStateUpdater, se limita a asegurar que la clase que lo implemente ofrecerá una propiedad `CurrentState`, de tipo `T`.

```
/// <summary>
/// Common interface of all state machine trackers.
///
/// <ul>
```

```
/// <li> T: Enum type with all state machine states.</li>
/// </ul>
/// </summary>
/// <typeparam name=''T''></typeparam>
public interface IStateMachineStatus<T>
{
    public T CurrentState { get; set; }
}
```

Listado 11.7: Fragmento de Assets/Scripts/IStateMachineStatus.cs

Gracias a eso tendremos la certeza de que habrá una propiedad `CurrentState` a la que le podamos pasar el nuevo estado (línea 33 del listado 11.6).

Con este método es cierto que tengo que crear una versión concreta de GenericStateUpdater para cada FSM, pero como has podido ver en el listado 11.5, se trata de algo muy sencillo, ya que sólo hay que especificar el tipo de la clase que implementa el interfaz IStateMachineStatus y que servirá para que el resto de los scripts del GameObject consulten el estado. El script resultante debe adjuntarse a cada estado del FSM, con el botón Add Behaviour, asegurándonos de que el campo *StateToUpdate* quede fijado con la etiqueta del estado al que hayamos adjuntado el script.

En el caso de la baldosa interruptora, el script que implementa IStateMachineStatus es 🗀 `Assets/Scripts/SwitchStatus.cs`, el cual se encuentra en el GameObject raíz de los prefab de las baldosas interruptoras. Su implementación es muy sencilla:

```
/// <summary>
/// Component to register current switch state.
/// </summary>
public class SwitchStatus : MonoBehaviour, IStateMachineStatus<SwitchStatus.States>
{
    public enum States
    {
        Idle,
        Activated
    }

    public States CurrentState { get; set; }
}
```

Listado 11.8: Fragmento de Assets/Scripts/SwitchStatus.cs

A modo de ejemplo, uno de los scripts que hacen uso de SwitchStatus para averiguar el estado actual del FSM del interruptor es 🗀 `Assets/Scripts/SwitchEvents.cs`. Este script está situado en el GameObject raíz del interruptor y se encarga de activar todos los métodos suscritos al evento de activación del interruptor:

```
private bool _eventAlreadyTriggered;
private void Update()
{
    if (switchStatus.CurrentState == SwitchStatus.States.Activated && !
        _eventAlreadyTriggered)
    {
        if (activated != null) activated.Invoke();
        _eventAlreadyTriggered = true;
    }
    else if (switchStatus.CurrentState == SwitchStatus.States.Idle &&
        _eventAlreadyTriggered)
    {
        _eventAlreadyTriggered = false;
    }
}
```

Listado 11.9: Fragmento de Assets/Scripts/SwitchEvents.cs

En el listado 11.9 se puede ver que SwitchEvents consulta en cada fotograma el estado de la FSM del prefab, mirando `CurrentState` (líneas 68 y 73).

Cuando el estado pasa a ser `Activated` (línea 68), se invoca a todos los métodos suscritos al evento de activación (línea 70). Para no invocar una y otra vez en cada fotograma a los métodos suscritos, tras la primera invocación se activa la variable de guardia `_eventAlreadyTriggered` (línea 71). Dicha guardia se elimina (línea 75) cuando el interruptor pasa al estado `Idle` (línea 73).

> Se trata, por tanto, de un esquema de funcionamiento basado en polling, ya que está una y otra vez consultando `CurrentState`. En este caso no supone una carga reseñable, pero una mejora sería hacer que el interfaz IStateMachineStatus emitiese un evento cuando cambiase el estado y lo incorporase como parámetro de dicho evento. El resto de los componentes del prefab no tendrían más que subscribir un método al evento para reaccionar a los cambios de estado. Así no habría que sobrecargar el método `Update()` con consultas a `CurrentState`, ni tampoco necesitaríamos la variable `_eventAlreadyTriggered`.

> Fíjate en que no he usado el método `OnStateUpdate()` de StateMachineBehaviour. Hay gente que incluye en él toda la lógica del prefab que se ejecuta en el estado donde se incruste el objeto StateMachineBehaviour. De esta manera, desde la máquina de estados se gestiona todo el prefab. Yo prefiero no hacerlo así porque supone mezclar en un único método lógicas de múltiples componentes, lo que rompe el principio de única responsabilidad. Al final, eso degenera en métodos gigantescos difíciles de mantener y depurar.

> Para evitar lo anterior, prefiero que la máquina de estados se dedique a una única cosa: decidir en qué estado se sitúa. A partir de ahí, dejo que cada componente del prefab implemente su propia lógica, en función del estado en el que vea a la máquina. Eso me permite mantener la especialización de los componentes y, por tanto, el principio de única responsabilidad.

Los items recogibles

En *Prince of Unity* hay varios elementos recogibles:

- La espada: `Assets/Prefabs/Pickables/Sword`
- La poción pequeña: `Assets/Prefabs/Pickables/SmallPotion`
- La poción grande: `Assets/Prefabs/Pickables/BigPotion`

Independientemente de la acción que desencadenen al ser recogidos, todos comparten el mismo esquema de estados que se puede ver en la figura 11.8.

Dicho esquema de estados se corresponde con el animator controller `Assets/Animations/Animators/PickableAnimator`.

Cuando el item está inerte en el suelo, se encuentra en el estado PickableIdle.

Desde ese estado pueden ocurrir dos cosas: o que el personaje se acerque por la izquierda y lo coja, o que lo haga por la derecha. Si el personaje recoge el item por la izquierda, se pasa al estado PickableBeingTakenFromLeft 0; en caso de ser por la derecha, a PickableBeingTakenFromRight. En ambos casos, el sprite del personaje se oculta, y lo que se muestra es una animación propia del objeto recogible en la que aparece el personaje recogiéndolo (se ve con detalle en el capítulo 23). Una vez finalizada la animación, ambos estados transitan al estado PickableTaken. En el capítulo 12 se explica cómo esperar a la finalización de una animación antes de pasar a otro estado. En PickableTaken, el recogible se oculta y el protagonista vuelve a mostrarse.

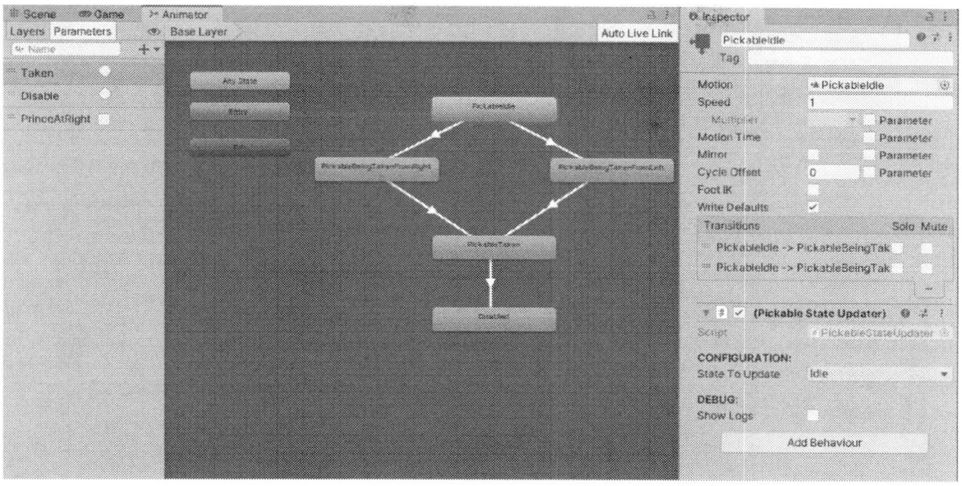

Figura 11.8: PickableAnimator con el estado PickableIdle seleccionado.

Este método de ocultar al protagonista y mostrar una animación de él, que en realidad está asociada al objeto recogible, es muy habitual. De otra manera sería muy complicado hacer que la animación del personaje se ajustase a la posición del objeto recogible (lo digo por experiencia). Si en un juego inicias una animación de recogida de un objeto o de cualquier otro tipo y notas un pequeño salto en la posición del personaje, lo más probable es que estén usando este método. En el capítulo 23 se utiliza esta técnica para las animaciones de escalada y agarre.

El objeto se queda en el estado PickableTaken hasta que el FSM recibe una señal Disable, que le hace transitar al estado Disabled.

Si te fijas a la izquierda de la figura 11.8, se puede ver que se maneja un parámetro booleano (PrinceAtRight), similar a los que usamos con las baldosas interruptoras, así como dos parámetros con un marcador redondo (Taken y Disable) denominados *triggers*.

El parámetro booleano PrinceAtRight se usa para decidir si ir hacia el estado PickableBeingTakenFromRight o al PickableBeingTakenFromLeft cuando se reciba la señal de recogida (Taken). Por ejemplo, en la figura 11.9, se puede ver que las condiciones para la transición del estado PickableIdle al PickableBeingTakenFromLeft son recibir la señal Taken y que PrinceAtRight sea falso.

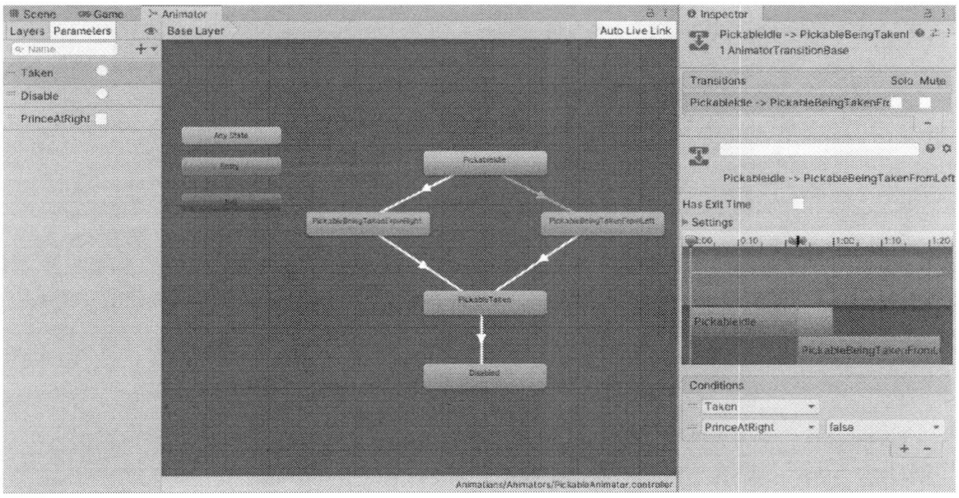

Figura 11.9: PickableAnimator con la transición al estado PickableBeingTakenFromLeft seleccionada.

Los trigger (yo los llamo también señales) son parámetros similares a los booleanos que se diferencian de estos porque, una vez fijados a verdadero, vuelven a falso en cuanto activan una transición. Son muy útiles, por ejemplo, para activar transiciones desde el estado *Any State*, ya que si configurásemos una transición desde *Any State* usando un booleano provocaríamos un bucle infinito hasta que pusiéramos el booleano a falso otra vez. Imagina que tuviésemos una transición desde *Any State* a un estado *StateA* que se disparase cuando el booleano *Condition1* fuera verdadero. Al poner a verdadero *Condition1* se transitaría a *StateA*, pero al llegar a él, *Condition1* seguiría siendo verdadero y, dado que *StateA* es un estado más, entraría en el alcance de *Any State*, por lo que volvería a activarse la transición, y así indefinidamente hasta que *Condition1* volviese a ser falso. La solución a este problema sería que *Condition1* fuera un trigger. De esta manera, al poner a verdadero al trigger, se dispararía la transición y esta pondría a falso a *Condition1* antes de llegar al nuevo estado.

Sin embargo, hay que tener muy presente que los trigger que no se consumen por una transición se quedan activados hasta que llegue una que haga uso de ellos. Imagina que estuviésemos en un estado *StateA*, cuyas transiciones no hiciesen uso de un trigger *Condition1* y que este último pasase a verdadero. En ese caso, *Condition1* se quedaría en verdadero hasta que alguna transición hiciera uso de él. Si *StateA* pasase a *StateB* y este ya tuviese una transición, por ejemplo a *StateC*, que se activase con *Condition1* entonces dicha transición se activaría de inmediato lo que pondría a falso a *Condition1* al llegar a *StateC*. Esta problemática puede provocar que, en máquinas de estados muy complejas, se vayan acumulando triggers sin utilizar y que por ello estos activen transiciones en momentos inesperados. En mi opinión, este comportamiento de Unity con las señales es muy desafortunado. Creo que debería haber alguna opción para configurar la desactivación de los triggers que no sean consumidos de inmediato, pero yo no la he encontrado. Por eso, más adelante veremos un truco para limpiar esos triggers rezagados de manera que no nos generen problemas.

Los objetos recogibles cuentan con un script que hereda de la clase definida en `Assets/Scripts/PickableCharacterInteractions.cs`. Por ejemplo, en el caso del prefab de la poción pequeña (`Assets/Prefabs/Pickables/SmallPotion`), la clase heredera se define en `Assets/Scripts/SmallPotionCharacterInteractions.cs` y este script se añade al prefab en el GameObject Interactions.

En realidad, PickableCharacterInteractions es una clase abstracta que incluye toda la funcionalidad común a todos los objetos recogibles. Al ser abstracta, no se pueden crear instancias de esta clase directamente, pero de sus clases hijas sí, si implementan los métodos abstractos de su madre. En este caso, las clases hijas, como SmallPotionCharacterInteractions, sólo tienen que implementar el método `DoSomethingOverTaker()` para aplicar el efecto del objeto sobre el personaje que lo haya recogido.

```
/// <summary>
/// Small potion component to make changes over Prince when hi drinks potion.
/// </summary>
public class SmallPotionCharacterInteractions: PickableCharacterInteractions
{
    protected override void DoSomethingOverTaker(PickableInteractions taker)
    {
        taker.RestoreOneHealthPoint();
    }
}
```

Listado 11.10: Fragmento de Assets/Scripts/SmallPotionCharacterInteractions.cs

Como se puede ver en el listado 11.10, al método se le pasa como parámetro un objeto de tipo PickableInteractions que es el script que tiene el protagonista y que se encarga de todas las interacciones con los objetos recogibles. En este caso, la poción pequeña llama a `RestoreOneHealthPoint()`, que es uno de los métodos públicos que ofrece PickableInteractions. Este método en concreto cura un punto de vida. La definición de esa clase está en `Assets/Scripts/PickableInteractions.cs`. El script de PickableInteractions cuelga del GameObject Interactions del prefab `Assets/Prefab/Characters/Prince`.

Cuando el protagonista quiere tomar un objeto que se puede recoger, llama al método `Take()` del PickableCharacterInteractions del recogible[5] y le pasa una referencia a su script PickableInteractions.

[5] En realidad, del script del recogible que hereda e implementa a PickableCharacterInteractions.

```
public void Take(PickableInteractions taker)
{
    StartCoroutine(TakePickable(taker));
}
```

Listado 11.11: Fragmento de Assets/Scripts/PickableCharacterInteractions.cs

El método `Take()` es una corrutina ya que, como decíamos antes, tiene que avisar al protagonista de que se ha iniciado una animación de recogida para que el sprite de dicho protagonista se oculte. De otra manera se verían dos imágenes del personaje: la del objeto del protagonista y la de la animación de recogida que muestra el objeto.

```
41 private IEnumerator TakePickable(PickableInteractions taker)
42 {
43     taker.PickingAnimationStarted();
44     // Wait until character has disabled its sprite to avoid a frame with two prince
           sprites, the one from
45     // character and the one from pickable. WaitUntil character is in TakingPickable
           state or skipping a frame
46     // does not seem to work, so I have to wait time between frames at 8 fps.
47     yield return new WaitForSeconds(0.125f);
48     stateMachine.SetBool(''PrinceAtRight'', BeingTakenFromRight(taker));
49     stateMachine.SetTrigger(''Taken'');
50     flashController.ShowFlashes();
51     DoSomethingOverTaker(taker);
52     yield return new WaitUntil(() => PickingAnimationEnded);
53     taker.PickingAnimationEnded();
54     stateMachine.SetTrigger(''Disable'');
55 }
```

Listado 11.12: Fragmento de Assets/Scripts/PickableCharacterInteractions.cs

En la línea 43 del listado 11.12 es donde se avisa al protagonista de que debe ocultarse. Acto seguido, se espera una fracción de segundo en la línea 47 para permitir que el protagonista se oculte.

Pasado ese tiempo, se avisa a la máquina de estados del objeto recogible de que se está produciendo una recogida (línea 49) y de si está teniendo lugar por la derecha (línea 48). Es importante fijar el booleano en la línea 48 antes de iniciar la transición en la línea 49, ya que los booleanos tienen un valor por defecto, por lo que no hace falta que lo inicialicemos para que la transición tenga lugar en cuanto lancemos la señal de la línea 49.

Tras lanzar el trigger Taken, se muestran los efectos visuales de la recogida (línea 50) y se aplica el efecto del recogible al protagonista (línea 51).

Como la animación de recogida lleva un tiempo, esperamos a que esta finalice antes de proseguir (línea 52). La animación de recogida se produce durante los estados PickableBeingTakenFromLeft o PickableBeingTakenFromRight, por lo que el PickinAnimationEnded de la línea 52 no es más que una propiedad que devuelve verdadero en cuanto el estado de la FSM pasa a ser PickableTaken.

Después de que haya acabado la animación, avisamos al protagonista para que haga aparecer de nuevo su sprite (línea 53) y lanzamos la señal Disable a la máquina de estados del recogible para que desaparezca de la escena y ya no intervenga más (línea 54).

Esa desactivación del recogible se realiza con el script 🗀 `Assets/Scripts/PickableDisablingController.cs` el cual se encuentra en el GameObject raíz de los prefab de los recogibles. Aunque, en realidad, ese script no hace sino concretar la clase genérica DisablingController.

```
public class PickableDisablingController : DisablingController<PickableStatus.States>
{ }
```

Listado 11.13: Fragmento de Assets/Scripts/PickableDisablingController.cs

DisablingController es una clase que se define en el script 🗀 `Assets/Scripts/DisablingController.cs`. No se puede usar directamente, ya que es una clase genérica, por lo que para colocarla de componente de un prefab primero hay que concretarla haciendo herencia, como en el listado 11.13.

En este caso, DisablingController no es abstracta, ya que no hace falta que las clases herederas personalicen alguno de los métodos. La clase contiene toda la funcionalidad que las clases hijas puedan necesitar. Lo único que DisablingController necesita saber es el tipo genérico, que no es otro que el enum que define los distintos estados posibles de la FSM del prefab donde se coloque este componente. Haciéndolo así, puedo reutilizar la funcionalidad de DisablingController en múltiples prefabs limitándome a concretarla en una clase hija a la que se le pasa el tipo con los estados de la FSM del prefab, tal y como vimos en el listado 11.13.

Una vez que se concreta este tipo genérico, el script tiene dos campos a configurar desde el inspector:

```
6  /// <summary>
7  /// This component disables his game object when we reach an specific state.
8  ///
9  /// This way we avoid further interactions and process after that state.
10 /// </summary>
11 public class DisablingController<T> : MonoBehaviour where T: Enum
12 {
13     [Header(''CONFIGURATION:'')]
14     [Tooltip(''Target state when game object is going to be disabled.'')]
15     [SerializeField] private T disablingState;
16     [Tooltip(''How long we should wait to disable game object after reaching target
           state.'')]
17     [SerializeField] private float waitingTime;
18
19     private IStateMachineStatus<T> _gameObjectStatus;
20
21     private void Awake()
22     {
23         _gameObjectStatus = gameObject.GetComponentInChildren<IStateMachineStatus<T
               >>();
24     }
```

Listado 11.14: Fragmento de Assets/Scripts/DisablingController.cs

El campo `disablingState` (línea 15 del listado 11.14) es el estado en el que queremos deshabilitar la instancia del prefab, mientras que el campo `waitingTime` (línea 17) es un retardo que podemos configurar para retrasar la desactivación una vez que hayamos alcanzado el estado definido en `disablingState`.

> Otro caso en el que uso un script que hereda de DisablingController es con las baldosas sueltas, para desactivarlas cuando se estrellan en el suelo, pero no antes de que finalice el estruendo del choque (para lo que utilizo `waitingTime`).

Para poder saber el estado de la FSM, lo que hago es buscar el script dentro del prefab que implemente el interfaz IStateMachineStatus que ya hemos visto a lo largo de este capítulo. Recuerda que todo script que lo implemente tiene una propiedad `CurrentState` que nos permite saber el estado actual de la FSM.

A partir de eso, DisablingController hace polling para actuar en cuanto detecta que el estado pasa a a ser el de `disablingState`:

```
private void FixedUpdate()
{
    // Comparison operators cannot be used with generic. Instead use CompareTo.
    if (_gameObjectStatus.CurrentState.CompareTo(disablingState) == 0)
    {
        // We cannot disable this component at once because we would interrupt
        // crashing sound. To let crashing sound end we wait a while before disabling
        // object.
        Invoke(nameof(DisableGameObject), waitingTime);
    }
}
```

Listado 11.15: Fragmento de Assets/Scripts/DisablingController.cs

Como se puede ver en el listado 11.15, DisablingController verifica una y otra vez si el estado del FSM se corresponde con `disablingController` (línea 37), y, cuando eso sucede, llama al método `DisableGameObject()` pasado el tiempo de espera fijado en `waitingTime` (línea 42).

Por su parte, el método `DisableGameObject()` se limita a desactivar el GameObject y todos los que tenga como hijos. Esa es la razón por la que el script que herede de DisablingController debe colocarse en la raíz del prefab.

```
/// <summary>
/// Disable current game object.
/// </summary>
protected virtual void DisableGameObject()
{
    gameObject.SetActive(false);
}
```

Listado 11.16: Fragmento de Assets/Scripts/DisablingController.cs

El rastrillo

El FSM del rastrillo es más complejo, pero voy a dar por sabida la funcionalidad que comparte con los prefabs que hemos visto en secciones anteriores y vamos a centrarnos en lo que tiene este de particular.

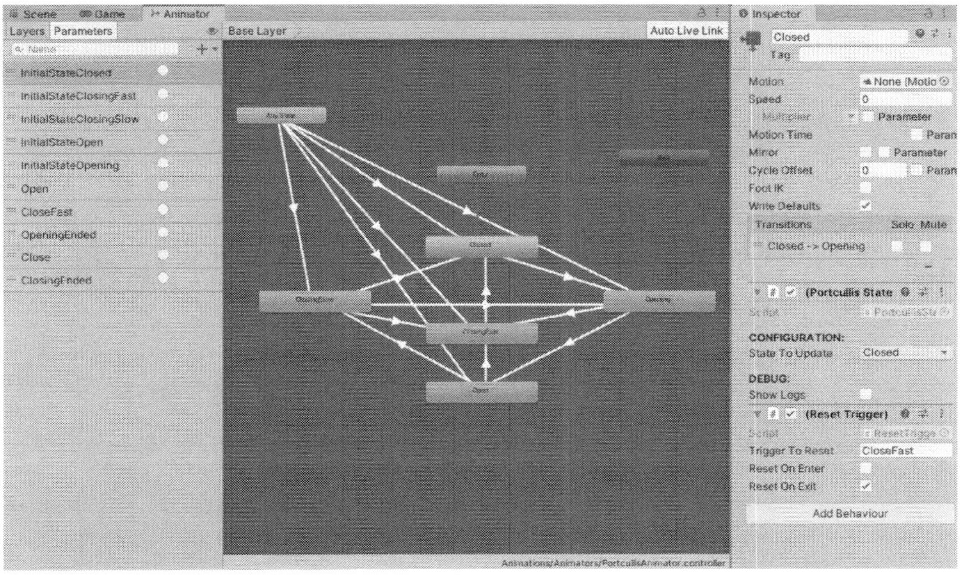

Figura 11.10: PortcullisAnimator con el estado Closed seleccionado.

Ese FSM se define en el animator controller 🗀 `Assets/Animations/Animators/PortcullisAnimator`.

Como se puede ver en la figura 11.10, el estado por defecto de ese animator es Closed. Desde él, el FSM puede ir al estado Opening en caso de recibir una señal Open.

El FSM pasa de Opening a Open cuando recibe una señal OpeningEnded. También puede ocurrir que mientras el rastrillo se esté abriendo el protagonista pise su correspondiente baldosa interruptora de cierre, lo que supondría la emisión de la señal CloseFast y la transición inmediata desde Opening al estado ClosingFast.

Una vez que el rastrillo esté abierto (estado Open) podrían ocurrir dos cosas: o bien que el protagonista pisase una baldosa interruptora de cierre, lo que supondría la emisión de la señal CloseFast y la transición de Open a ClosingFast; o bien que el rastrillo pasase el suficiente tiempo abierto como para que se activase el autocierre y se emitiese la señal Close que activaría la transición de Open a ClosingSlow.

El FSM permanecerá en el estado ClosingSlow mientras el rastrillo se esté cerrando gradualmente. Cuando acaba de cerrarse se activa la señal ClosingEnded y el estado pasa a Closed. Aquí también puede ocurrir que se pise una baldosa interruptora de cierre, mientras se está produciendo el cierre gradual, lo que precipitaría las cosas con la emisión de la señal CloseFast y el paso al estado ClosingFast.

Por su parte, desde ClosingFast también se pasa a Closed cuando finaliza el cierre y se emite la señal ClosingEnded.

Una particularidad de este FSM respecto a los anteriores es que hace uso del estado Any State para fijar el estado inicial de la máquina de estados. El script `Assets/Scripts/PortcullisStatus.cs` está situado en el GameObject raíz del prefab `Assets/Prefabs/DynamicArchitecture/Portcullis` y, aparte de implementar el interfaz IStateMachineStatus, para servir de referencia al resto de los scripts del prefab del estado de su máquina de estados, también se encarga de fijar el estado inicial de dicha máquina de estados.

Para ello, el script cuenta con un campo `initialState` que se configura desde el inspector con el estado inicial que deseemos para la instancia del rastrillo.

```
5  public class PortcullisStatus : MonoBehaviour, IStateMachineStatus<PortcullisStatus.
       PortcullisStates>
6  {
7      [Header(''WIRING:'')]
8      [Tooltip(''Needed to set initial state.'')]
9      [SerializeField] private Animator stateMachine;
10
11     [Header(''CONFIGURATION:'')]
12     [Tooltip(''Initial state for this portcullis.'')]
13     [SerializeField] private PortcullisStates initialState;
```

Listado 11.17: Fragmento de Assets/Scripts/PortcullisStatus.cs

También se puede ver en el listado 11.17 que PortcullisStatus ofrece un campo `stateMachine` (línea 9) para que le demos una referencia al componente Animator con la máquina de estados del prefab.

Al arrancar la instancia del prefab se configura el valor inicial del FSM en función del valor que hayamos configurado en `initialState`:

```
private void Start()
{
    SetInitialState();
}

/// <summary>
/// Put portcullis at its given initial state.
/// </summary>
private void SetInitialState()
{
    switch (initialState)
    {
        case PortcullisStates.Closed:
            stateMachine.SetTrigger(''InitialStateClosed'');
            break;
        case PortcullisStates.Open:
            stateMachine.SetTrigger(''InitialStateOpen'');
            break;
        case PortcullisStates.Opening:
            stateMachine.SetTrigger(''InitialStateOpening'');
            break;
        case PortcullisStates.ClosingFast:
            stateMachine.SetTrigger(''InitialStateClosingFast'');
            break;
        case PortcullisStates.ClosingSlow:
            stateMachine.SetTrigger(''InitialStateClosingSlow'');
            break;
    }
```

```
54 }
```

Listado 11.18: Fragmento de Assets/Scripts/PortcullisStatus.cs

Para ello, el método `Start()` de PortcullisStatus llama al método `SetInitialState()`, en la línea 28 del listado 11.18.

Por su parte, el método `SetInitialState()` emite una señal específica en función del valor configurado en `initialState` (líneas 36 a 52). Estas son precisamente las señales que hacen transitar el estado desde Any State a cada uno de los otros estados de la figura 11.10.

Otra peculiaridad de esta FSM es que todos sus parámetros son señales, tal y como se puede ver a la izquierda de la figura 11.10. Como comenté al hablar de los items recogibles, esto tiene el peligro de que algunas señales se queden activadas porque en el momento de emitirse la FSM no esté en el estado que las puede consumir. Si a veces vemos que se activan estados sin venir a cuento, échale un ojo al valor de las señales durante la ejecución del juego. Es probable que la culpa la tengan señales que se quedan activadas.

Este fenómeno ocurre en el caso concreto de la puerta de rastrillo cuando estando cerrada (y por tanto en estado Closed), pisamos una baldosa interruptora de cierre que está conectada a esa puerta. El efecto es que la máquina de estados del rastrillo recibe una señal CloseFast, y como el estado Closed no la usa para transitar a otro estado, la señal se queda activada. En ese punto no pasa nada, aparentemente, hasta que por fin recibimos una señal Open y el FSM transita al estado Opening. Cuando llegamos al estado Opening resulta que ese estado sí puede hacer uso de la señal CloseFast para transitar al estado ClosingFast, así que consume la señal CloseFast que se había quedado activada en el estado Closed y se produce un cambio de estado (a ClosingFast). En este punto sí que se produce una anomalía para el jugador. Probablemente no le resultó raro que al pisar la baldosa de cierre la puerta permaneciese cerrada, pero ahora el efecto que percibirá es que ha pisado una baldosa de apertura y que la puerta ha emitido por un instante el sonido de apertura, seguido por el de cierre, y que esta ha permanecido cerrada. Un comportamiento así no es lógico en nuestro FSM y tenemos que resolverlo cuando se nos presenta. Tenemos que buscar una manera de que las señales que no se consuman de inmediato sean desactivadas.

Para resolver este problema he creado un pequeño script, 🗀 `Assets/Scripts/ResetTrigger.cs`, que deriva de StateMachineBehaviour. Utilizo este script añadiéndolo a los estados en los que quiero hacer limpieza de señales "zombies". El script se añade a cada estado mediante el botón [Add Behavior] que sale en el inspector al seleccionar un estado (tal y como se ve en la sección 11.2).

```
/// <summary>
/// Sometimes triggers get stuck. This behaviour cleans a trigger when an state is entered.
/// </summary>
public class ResetTrigger : StateMachineBehaviour
{
    [Tooltip(''Trigger to reset when this state is entered.'')]
    [SerializeField] private string triggerToReset;

    [Tooltip(''Reset trigger when state is entered.'')]
    [SerializeField] private bool resetOnEnter = true;
    [Tooltip(''Reset trigger when state is left.'')]
    [SerializeField] private bool resetOnExit;

    public override void OnStateEnter(Animator animator, AnimatorStateInfo stateInfo,
        int layerIndex)
    {
        if (resetOnEnter) animator.ResetTrigger(triggerToReset);
    }

    public override void OnStateExit(Animator animator, AnimatorStateInfo stateInfo,
        int layerIndex)
    {
        if (resetOnExit) animator.ResetTrigger(triggerToReset);
    }
```

Listado 11.19: Fragmento de Assets/Scripts/RessetTrigger.cs

Un ejemplo de aplicación de este script se puede ver en la esquina inferior derecha de la figura 11.10. En ese caso, el script está pensado para desmarcar el trigger CloseFast en cuanto se produzca la salida desde el estado Closed a cualquier otro.

Por dentro, la implementación del script es la que se ve en el listado 11.19. En él, el nombre del trigger a desmarcar se configura a través del inspector en el campo `triggerToReset` (línea 11). Por otra parte, el momento de hacer el desmarcado se configura fijando el valor de dos campos booleanos (líneas 14 y 16): al entrar en el estado (`resetOnEnter`) o al salir del él (`resetOnExit`).

Para el desmarcado del trigger basta con usar el método `ResetTrigger()` de la clase Animator, tal y como se puede ver en las líneas 21 y 27.

El script sólo permite configurar una señal a desmarcar, pero nada te impide añadir múltiples instancias del script al estado, cada una de ellas desmarcando una señal concreta.

Es difícil determinar a priori qué señales limpiar en cada estado. Podríamos limpiar en cada estado todas las señales que este no consuma, pero eso supondría llenar todos los estados de instancias de ResetTrigger y sería difícil de mantener, ya que tendríamos que estar actualizando las instancias de cada estado conforme hiciésemos evolucionar la máquina de estados con nuevas señales. Al final, creo que es mejor hacer pruebas exhaustivas y limpiar explícitamente sólo aquellas señales que se nos queden encasquilladas durante las pruebas.

La puerta de cambio de nivel

El prefab de las puertas de cambio de nivel, 🗀`Assets/Prefabs/DynamicArchitecture/InterlevelGate`, incluye un FSM que viene a ser una combinación de la máquina de estados del rastrillo y de la de los objetos recogibles. Del rastrillo incorpora las mecánicas para abrir y cerrar la puerta, mientras que de los objetos recogibles adopta el mostrar una animación del personaje cuando se activa el estado de entrada de este por la puerta.

Su FSM se define en el animator controller 🗀`Assets/Animations/Animators/InterlevelGateAnimator`.

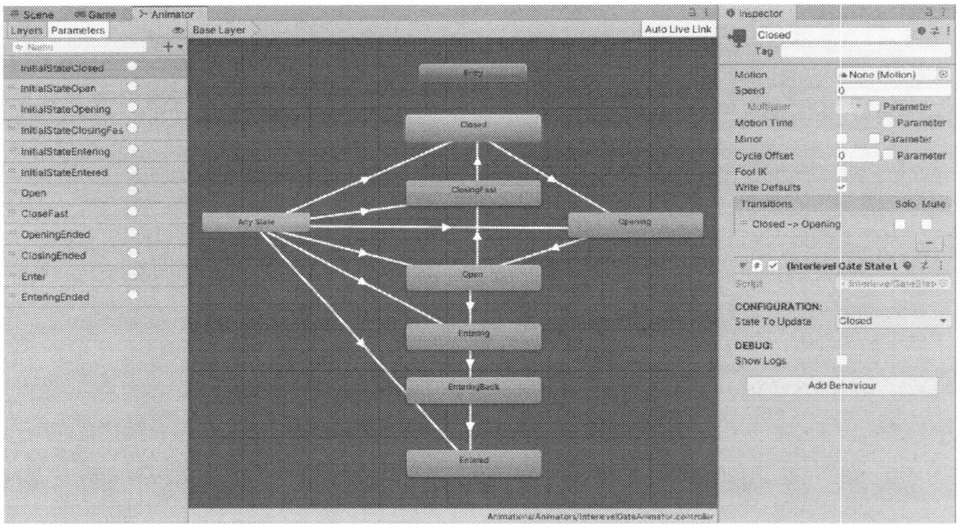

Figura 11.11: InterlevelGateAnimator con el estado Closed seleccionado.

Como se puede ver en la figura 11.11, y al igual que en el rastrillo, la configuración inicial de la puerta se hace con las señales InitialState... las cuales activan la transición al estado deseado desde Any State.

Los estados Closed, ClosingFast, Opening y Open, funcionan igual que en el rastrillo. En este caso no hay un estado Closing, ya que no hay caso alguno en el juego en el que una puerta de cambio de nivel se cierre gradualmente. Todas se cierran de una vez.

La verdadera novedad respecto al rastrillo son los estados Entering, EnteringBack y Entered. Estos son los estados que activan la animación del protagonista entrando en la puerta.

Las puertas InterlevelGate tienen un sensor volumétrico en su GameObject CharacterDetector que se especializa en detectar la entrada del protagonista en el rango de activación de la puerta. Para ello, el sensor incluye el script `Assets/Scripts/InterlevelGateCharacterDetector.cs`. Este script debe ser configurado desde el inspector con una referencia a la instancia del script `Assets/Scripts/InterlevelGateCharacterInteractions.cs` con la que cuenta el prefab para interactuar con el protagonista cuando esté cerca.

```
5  /// <summary>
6  /// Component to detect prince character and signal him when gate is open and
7  /// ready to load next level.
8  /// </summary>
9  public class InterlevelGateCharacterDetector : MonoBehaviour
10 {
11     [Header(''WIRING:'')]
12     [Tooltip(''Needed to know when gate is open.'')]
13     [SerializeField] private InterlevelGateStatus gateStatus;
14     [Tooltip(''Needed to give it to Prince character when he is in front of gate.'')]
15     [SerializeField] private InterlevelGateCharacterInteractions characterInteractions
           ;
16 
17     /// <summary>
18     /// Reference to detected Prince character while he stays in sensor volume.
19     /// </summary>
20     public InterlevelGateInteractions PrinceCharacter { get; private set; }
```

Listado 11.20: Fragmento de Assets/Scripts/InterlevelGateCharacterDetector.cs

Cuando el sensor detecta que tiene al protagonista cerca, recaba una referencia a su script InterlevelGateInteractions, el script que usa el personaje para interactuar con las puertas de cambio de nivel (línea 26 del listado 11.21), y deja disponible esa referencia en la propiedad `PrinceCharacter` (línea 27) para que la utilicen los usuarios del sensor que quieran interactuar con el protagonista:

```
23 private void OnTriggerEnter2D(Collider2D col)
24 {
25     if (col.gameObject.CompareTag(''Sensor'')) return;
26     InterlevelGateInteractions interlevelGateInteractions = col.transform.root.
           gameObject.GetComponentInChildren<InterlevelGateInteractions>();
27     if (characterInteractions != null) PrinceCharacter = interlevelGateInteractions;
28 }
```

Listado 11.21: Fragmento de Assets/Scripts/InterlevelGateCharacterDetector.cs

El intercambio de referencias es bidireccional. En cuanto la puerta se abre del todo (línea 44 del listado 11.22), le entrega al protagonista una referencia al script InterlevelGateCharacterInteractions de la puerta, mencionado antes (línea 15, del listado 11.20).

```
41 private void Update()
42 {
43     if (PrinceCharacter != null &&
44         gateStatus.CurrentState == InterlevelGateStatus.GateStates.Open)
45     {
46         PrinceCharacter.InterlevelGate = characterInteractions;
47     }
48 }
```

Listado 11.22: Fragmento de Assets/Scripts/InterlevelGateCharacterDetector.cs

La entrega de la referencia `characterInteractions` al protagonista, en la línea 46, le sirve a este de indicio de que ya puede solicitar atravesar la puerta.

Si indagamos en `Assets/Scripts/InterlevelGateInteractions.cs`, que es el script del protagonista especializado en interactuar con las puertas de cambio de nivel, veremos que al fijar la propiedad `InterlevelGate` la propiedad `InterlevelGateAvailable` pasa a ser verdadero.

```
/// <summary>
/// Interlevel gate gives Prince a reference to its interaction API when detects Prince
/// is in front of gate.
/// </summary>
public InterlevelGateCharacterInteractions InterlevelGate { get; set; }

/// <summary>
/// Interlevel gate set this to true if Prince character is in front of one of them and gate is open
/// and ready to be entered.
/// </summary>
public bool InterlevelGateAvailable => InterlevelGate != null;
```

Listado 11.23: Fragmento de Assets/Scripts/InterlevelGateInteractions.cs

El método `Update()` de ese script monitoriza constantemente el valor de `InterlevelGateAvailable` (línea 33 del listado 11.24), y cuando detecta que pasa a ser verdadero señaliza a la máquina de estados del protagonista que tiene una puerta de cambio de nivel al alcance, poniendo a verdadero su parámetro InterlevelGateAvailable (línea 58 del listado 11.25).

```
31 private void Update()
32 {
33     SignalIfInterlevelGateIsAvailable();
34 
35     SignalIfWeWantToEnterGate();
36 }
```

Listado 11.24: Fragmento de Assets/Scripts/InterlevelGateInteractions.cs

```
51 /// <summary>
52 /// Signal interlevel gate we want to enter it.
53 /// </summary>
54 private void SignalIfInterlevelGateIsAvailable()
55 {
56     if (InterlevelGateAvailable != _gateAvailableAlreadySignaled)
57     {
58         stateMachine.SetBool(''InterlevelGateAvailable'', InterlevelGateAvailable);
59         _gateAvailableAlreadySignaled = InterlevelGateAvailable;
60     }
61 }
```

Listado 11.25: Fragmento de Assets/Scripts/InterlevelGateInteractions.cs

Si el jugador desease entrar en la puerta, pulsaría el botón de acción y, en caso de que su FSM estuviese en el estado adecuado y su parámetro InterlevelGateAvailable fuese verdadero, dicha FSM pasaría al estado EnteringInterlevelGate. El script InterlevelGateInteractions vigila si su máquina de estados entra en el estado EnteringInterlevelGate (línea 35 del listado 11.24) y, en su caso, reacciona a ello avisando a la puerta de que quiera entrar en ella (línea 46 del listado 11.26):

```
38 /// <summary>
39 /// Signal character state machine than an inter level gate is available.
40 /// </summary>
41 private void SignalIfWeWantToEnterGate()
42 {
43     if (!_enteringGateAlreadySignaled &&
44         characterStatus.CurrentState == CharacterStatus.States.EnteringInterlevelGate)
45     {
46         InterlevelGate.EnterGate();
```

```
47         _enteringGateAlreadySignaled = true;
48     }
49 }
```

Listado 11.26: Fragmento de Assets/Scripts/InterlevelGateInteractions.cs

La API que la puerta le ofrece al protagonista, a través del script InterlevelCharacterInteractions no puede ser más sencilla: un único método `EnterGate()` para que el protagonista avise de que quiere entrar.

```
5  /// <summary>
6  /// This is an interlevel gate component used by Prince character to interact with
7  /// gate.
8  /// </summary>
9  public class InterlevelGateCharacterInteractions : MonoBehaviour
10 {
11     [Header(''WIRING:'')]
12     [Tooltip(''Needed to signal we Prince is entering the gate.'')]
13     [SerializeField] private Animator stateMachine;
14 
15     /// <summary>
16     /// Called from Prince character when he wants to enter inter level gate.
17     /// </summary>
18     public void EnterGate()
19     {
20         stateMachine.SetTrigger(''Enter'');
21     }
22 }
```

Listado 11.27: Fragmento de Assets/Scripts/InterlevelGateCharacterInteractions.cs

Cuando el protagonista llama a `EnterGate()`, como vimos en la línea 46 del listado 11.26, dicho método manda la señal Enter al FSM de la puerta (línea 20 del listado 11.27). Eso hace que la máquina de estados de la puerta pase del estado Open al Entering.

Para cuando la FSM alcanza el estado Entering, el objeto del protagonista ya ha ocultado su sprite, y, acto seguido, la puerta muestra su animación del protagonista entrando. Esta animación está dividida en dos partes: la del estado Entering y la del estado EnteringBack.

La del estado Entering se muestra en un SpriteRenderer, situado en el GameObject PrinceClimbingFront del prefab 🗀 `Assets/PrefabsDynamicArchitecture/InterlevelGate`. Dicho SpriteRenderer está configurado en el sorting layer Default para mostrarse por encima del marco de la puerta, el cual está en el sorting layer Background.

Por su parte, la animación del estado EnteringBack muestra la animación por detrás del marco de la puerta para que este la tape parcialmente y dar así mayor sensación de profundidad. Para eso, la animación se muestra en el SpriteRenderer que se encuentra en el GameObject PrinceClimbingBack del mencionado prefab InterlevelGate. A diferencia del de Entering, este SpriteRenderer está configurado para mostrarse en el sorting layer BackGround, pero en un Order in Layer inferior al del marco para que este tape la animación a pesar de encontrarse en el mismo sorting layer. Para que la animación quede por encima de los escalones, el SpriteRenderer de estos está en un Order in Layer inferior al de la animación.

> Este es uno de los casos más evidentes de la utilidad del parámetro Order in Layer para el ajuste fino de la profundidad de elementos que se encuentran en el mismo sorting layer.

Una vez que la animación de entrada ha finalizado, el FSM transita al estado Entered, en el cual se activa el cambio al siguiente nivel del juego. Para ello, en la raíz del prefab InterlevelGate hay un script llamado 🗀 `Assets/Scripts/InterlevelGateNextLevel.cs` que se encarga de detectar el momento en el que la FSM de la puerta llega al estado Entered:

```
private void Update()
{
```

```
28      if (!_alreadyLoadingNextLevel && gateStatus.CurrentState == InterlevelGateStatus.
            GateStates.Entered)
29      {
30          playMusicAndLoadNextLevel();
31          _alreadyLoadingNextLevel = true;
32      }
33  }
34
35  private void playMusicAndLoadNextLevel()
36  {
37      string end_level_music = ''end_level_music'';
38      soundController.PlaySound(end_level_music);
39      float soundLength = soundController.getSoundLength(end_level_music);
40      Action nextLevelFunction = () => _levelLoader.LoadScene(levelToLoad);
41      Invoke(nextLevelFunction.Method.Name, soundLength);
42  }
```

Listado 11.28: Fragmento de Assets/Scripts/InterlevelGateNextLevel.cs

Por eso, cuando en la línea 28 del listado 11.28 se detecta el estado Entered se llama al método `playMusicAndLoadNextLevel()` (línea 30).

En dicho método se reproduce la música de fin de nivel (línea 38), se calcula el tiempo de duración de dicha música (línea 39) y se configura que, pasado ese tiempo, se cargue el siguiente nivel (líneas 40 y 41).

Las trampas

Todas las trampas utilizan el mismo FSM porque en el fondo tienen el mismo funcionamiento: están inactivas hasta que algo las pone en marcha y, cuando eso ocurre, más le vale a los personajes no estar en su radio de acción porque, de lo contrario, serán aniquilados.

Como la interacción entre los personajes y las trampas tiene cierta complejidad, en esta sección me voy a centrar en la FSM de las trampas y dejaré para el capítulo 23 la descripción de la interacción de los diferentes scripts implicados.

Al igual que las baldosas interruptoras o los items recogibles, las trampas tienen una implementación genérica en el prefab 🗀 `Assets/Prefabs/Traps/Trap`, que luego se especializa en prefabs concretos para cada tipo de trampa, usando el mecanismo de los Prefab Variant que se ven en el capítulo 24.

El FSM de dicho prefab genérico se define en el animator controller 🗀 `Assets/Animations/Animators/TrapAnimator`.

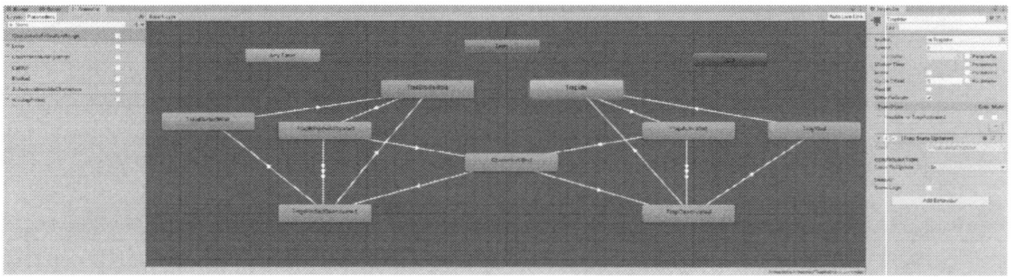

Figura 11.12: TrapAnimator con el estado TrapIdle seleccionado.

Como se puede ver en la figura 11.12, este FSM ya empieza a tener cierta complejidad, aunque sus principios básicos son los mismos que los FSM que hemos visto anteriormente.

La trampa empieza en el estado TrapIdle, es decir, inactiva, hasta que un personaje entra en su rango de acción y el parámetro CharacterInActivationRange se pone en verdadero. Cuando ocurre eso, la trampa pasa al estado TrapActivated con lo que las cuchillas empiezan a cerrarse periódicamente o los pinchos salen del suelo.

En el estado activado pueden ocurrir dos cosas: que vuelva a desactivarse o que consiga cazar a un personaje y matarlo.

La desactivación de la trampa, supone su paso al estado TrapDeactivated. Si te fijas en la figura 11.12, la transición de TrapActivated a TrapDeactivated muestra varios triángulos. Eso quiere decir que hay dos transiciones posibles entre ambos estados. Dicho de otro modo: hay dos conjuntos diferentes de condiciones que pueden provocar que se pase del estado TrapActivated a TrapDeactivated.

El primer conjunto de condiciones es que, aunque haya un personaje en el rango de acción de la trampa, esta esté configurada en bucle (es decir, que el parámetro Loop esté en true). Esto pasa con la trampa de cuchillas que se abre y cierra periódicamente mientras haya un personaje en su rango de acción. Eso supone que, mientras tenga un personaje al alcance, repetirá una y otra el ciclo de estados conformado por TrapIdle, TrapActivated, TrapDeactivated y TrapWait (desde donde volverá a TrapIdle e iniciará el ciclo de estados de nuevo).

El segundo conjunto de condiciones es que el personaje salga del radio de acción de la trampa, lo que ocurrirá cuando el parámetro CharacterInActivationRange pase a falso. En ese caso, de TrapDeactivated el FSM vuelve al estado TrapIdle.

Cuando la trampa se encuentra en el estado TrapActivated y coincide que la atraviesa un personaje desprevenido, se pone a verdadero el parámetro CanKill y eso activa la transición al estado CharacterKilled. Sólo hay una excepción a ese comportamiento: cuando el parámetro AllAreInvulnerableCharacters está en verdadero. En ese caso, la trampa no activa la aniquilación de los personajes. He incluido esa excepción para implementar que no se mate al protagonista cuando ande lentamente sobre la trampa de pinchos.

Cuando la trampa pasa al estado CharacterKilled se comunica al objeto del protagonista que está acabado, para que este haga desaparecer su sprite. Hecho esto, la trampa muestra el SpriteRenderer con el cadáver del personaje al que acaba de eliminar. El prefab genérico de la trampa incorpora en su GameObject CharacterCorpses hasta cuatro SpriteRenderer de cadáveres de personajes:

- Protagonista mirando a la derecha.
- Protagonista mirando a la izquierda.
- Guardia mirando a la derecha.
- Guardia mirando a la izquierda.

En función de si el personaje eliminado es el protagonista o un guardia, y de si miraba a la derecha o izquierda en el momento de la muerte, se muestra un SpriteRenderer u otro.

Una vez que la trampa se ha cobrado su víctima pueden ocurrir tres cosas:

- Si el caído es el protagonista, se activa la música de derrota y se reinicia el nivel.
- Si el que ha muerto es un guardia, y lo ha hecho en una trampa de pinchos, entonces la trampa se queda activada con el cadáver del guarda ensartado en ella.
- Si el que ha muerto es un guardia, y lo ha hecho en una trampa de cuchillas, entonces la trampa sigue haciendo bucles (las cuchillas siguen abriéndose y cerrándose), pero mostrando el cadáver seccionado de un guardia y una siniestra mancha de sangre en las cuchillas.

El tercer caso es el que se implementa en la parte izquierda del FSM de la figura 11.12. En ese caso se transita a TrapBlodiedDeactivated porque el parámetro Loop está en verdadero (para señalar que es una trampa de cuchillas) y porque el parámetro Blodied también está en verdadero (para señalar que hay que mostrar el cadáver y la mancha de sangre).

A partir de ahí, desde TrapBlodiedDeactivated se realiza un ciclo de estados similar al del lado derecho del FSM pero con la particularidad de que esos estados muestran los sprites del cadáver y de la sangre.

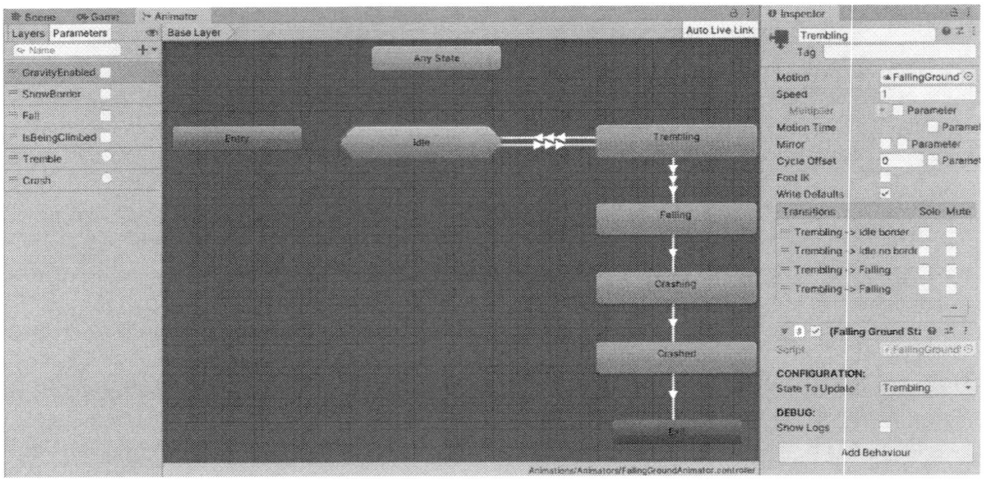

Figura 11.13: FallingGroundAnimator con el estado Trembling seleccionado.

Las baldosas sueltas

En comparación con las trampas, el FSM de las baldosas sueltas (las que se desploman al pisarlas) parece engañosamente simple. Pero sólo lo parece, porque en realidad he utilizado un recurso que no ha aparecido en los casos anteriores: un super-estado para englobar un subconjunto del grafo de estados.

El animator controller que implementa lo que se ve en la figura 11.13 se encuentra en `Assets/Animations/Animators/FallingGroundAnimator`.

La baldosa se encuentra por defecto inactiva en uno de los estados englobados en Idle (un poco más adelante veremos cuáles son). De ahí pasa a temblar (estado Trembling) si se da cualquiera de las siguiente situaciones:

- Recibe una señal Tremble. Esta señal la emite el sensor de vibración del prefab cuando detecta el aterrizaje del protagonista cerca de la baldosa, tal y como se ve en el capítulo 10.
- El parámetro Fall se pone en verdadero. El prefab tiene un sensor de peso como el también visto en el capítulo 10, en su GameObject Sensors. Dicho sensor está configurado para llamar al método `OnCharacterWeightSensorTriggered()` del script `Assets/Scripts/FallingGroundCharacterInteractions.cs`, el cual se limita a poner a verdadero este parámetro Fall.
- El parámetro IsBeingClimbed pasa a verdadero. Este prefab también cuenta con un sensor de escalada, también explicado en el capítulo 10. Este sensor es el que se encarga de poner a verdadero este parámetro cuando detecta que se está intentando trepar sobre la baldosa.

Una vez que ha finalizado la animación de temblor, la FSM vuelve a Idle si ni el parámetro Fall, ni el IsBeingClimbed, son verdaderos. Sin embargo, si cualquiera de ellos lo son, la máquina de estados pasa a Falling, lo que hace que el script `Assets/Scripts/FallingGroundGravityController.cs`, con el que cuenta el prefab en su GameObject Physics, active de nuevo la acción de la gravedad sobre el objeto, haciéndolo caer, tal y como se ve en el capítulo 9.

Mientras cae, la baldosa desactiva su collider para evitar que pueda rozar una de las paredes y rebote o se desvíe. Para ello utiliza el script `Assets/Scripts/FallingGroundColliderController.cs`, situado en el GameObject Physics del prefab.

```
/// <summary>
/// This component disables ground collider when it falls and crash.
/// </summary>
public class FallingGroundColliderController : MonoBehaviour
{
    [Header(''WIRING:'')]
```

```
11      [Tooltip(''Needed to disable it when crash.'')]
12      [SerializeField] private Collider2D groundCollider;
13      [Tooltip(''Needed to know when we are falling.'')]
14      [SerializeField] private FallingGroundStatus fallingGroundStatus;
15
16      private bool _trackingEnabled = true;
17
18      private void FixedUpdate()
19      {
20          if (_trackingEnabled &&
21              fallingGroundStatus.CurrentState == FallingGroundStatus.
                    FallingGroundStates.Falling)
22          {
23              groundCollider.enabled = false;
24              _trackingEnabled = false;
25          }
26      }
27  }
```

Listado 11.29: Fragmento de Assets/Scripts/FallingGroundColliderController.cs

Como se puede ver en el listado 11.29, ese script comprueba en cada `FixedUpdate()` si el estado es Falling (línea 21) y, en ese caso, desactiva el collider (línea 23).

La baldosa se mantiene en Falling hasta que alcanza el suelo. Para detectar ese momento, el prefab cuenta con otro sensor en el GameObject Sensors, denominado CrashSensor. Se trata de un sensor de trazado de rayos, como los vistos en el capítulo 10, enfocado a detectar la aproximación al suelo. El script que articula ese sensor es 🗀`Assets/Scripts/FallingGroundCrashSensor.cs`. Ofrece tres propiedades:

- `CrashingOverGround`: Es una referencia al GameObject de suelo con el que se va a estrellar la baldosa en su caída.
- `GroundBelowDetected`: Es una propiedad booleana que se pone a verdadero si el rayo detecta un suelo contra el que vaya a chocar la baldosa. Cuando esta propiedad se pone a verdadero se puede obtener una referencia al bloque de suelo detectado usando `CrashingOverGround`.
- `DistanceToGroundBelow`: En este campo se puede encontrar la distancia que resta hasta el suelo.

Una vez que `GroundBelowDetected` se pone a verdadero, el script 🗀`Assets/Scripts/FallingGroundGroundInteractions.cs`, situado en el GameObject Interactions, lo detecta y llama al método que desencadena el choque.

```
37  private void FixedUpdate()
38  {
39      _trackingEnabled = (fallingGroundStatus.CurrentState == FallingGroundStatus.
            FallingGroundStates.Falling);
40      if (_trackingEnabled && fallingGroundCrashSensor.GroundBelowDetected)
41      {
42          UpdateDistanceToGroundBelow();
43          if (_distanceToGroundBelow < crashDistance) Crash();
44      }
45
46  }
```

Listado 11.30: Fragmento de Assets/Scripts/FallingGroundGroundInteractions.cs

Como se puede ver en el listado 11.30, la monitorización del valor del sensor se realiza en la línea 40. Cuando la distancia al suelo se reduce por debajo de un umbral (línea 43), desencadenamos el choque llamando al método `Crash()`.

```
59  /// <summary>
60  /// Manages crashing over below floor.
```

```
61 /// </summary>
62 private void Crash()
63 {
64     stateMachine.SetTrigger(''Crash'');
65     soundController.PlaySound(''ground_crashing'');
66     _groundBelow.GetComponentInChildren<GroundRubbishAppearance>().
           PlaceThingsOverGround(ThingsOverGround.Garbage);
67     this.Log($''(FallingGroundGroundInteractions - {transform.root.name}) Crash
           triggered.'', showLogs);
68 }
```

Listado 11.31: Fragmento de Assets/Scripts/FallingGroundGroundInteractions.cs

En el listado 11.31 se puede ver que lo primero que hace el método en su línea 64 es avisar al FSM del prefab, activando la señal Crash. Luego se reproduce el sonido del choque (línea 65), y finalmente se hace que el suelo contra el que se ha chocado muestre escombros haciendo uso de su método `PlaceThingsOverGround()` (línea 66).

Precisamente, la señal Crash de la línea 64 es la que hace que el FSM pase al estado Crashing. En ese estado, el script `Assets/Scripts/FallingGroundAppearance.cs` se ocupa de ocultar los sprites de la baldosa (línea 30 del listado 11.32).

```
23 private void Update()
24 {
25     UpdateBorder();
26     switch (fallingGroundStatus.CurrentState)
27     {
28         case FallingGroundStatus.FallingGroundStates.Crashing:
29         case FallingGroundStatus.FallingGroundStates.Crashed:
30             HideGround();
31             break;
32         default:
33             ShowGround();
34             break;
35     }
36 }
```

Listado 11.32: Fragmento de Assets/Scripts/FallingGroundAppearance.cs

El estado Crashing no dura mucho porque sólo tiene una animación vacía asociada (más sobre eso en el capítulo 12). Por eso pasa al estado Crashed casi inmediatamente.

Cuando se alcanza el método Crashed, entra en juego el componente `Assets/Scripts/FallingGroundDisablingController.cs`, situado en el GameObject raíz. Este es un script de desactivación, como los vistos en el apartado de los items recogibles, configurado para actuar pasado un segundo desde que se alcanza el estado Crashed. Según mis pruebas, ese segundo es suficiente para que el sonido de choque no se vea interrumpido por la desactivación del objeto que lo emite.

Una vez que actúa este script, la instancia de la baldosa desaparece de la pantalla y ya deja de existir en el juego.

Llegados a este punto, sólo nos queda analizar Idle para ver el grafo que contiene. Si pulsas dos veces con el botón izquierdo sobre el super-estado, accederás a su interior. En el caso de Idle, el grafo que contiene es el de la figura FallingGroundIdle

Los grafos contenidos en un super-estado son similares a los del nivel principal. Contienen los estados habituales de Entry, Exit y Any State que ya hemos visto en otros FSM, a los que se añade el de *(Up) Base Layer* para dirigir hacia él las transiciones hacia los estados que se encuentren en el nivel principal del grafo.

En este caso concreto, el subgrafo de Idle contiene dos estados posibles de inactividad: uno que muestra a la baldosa inactiva sin mostrar el borde derecho, por tener otra pieza a ese lado, y otro que sí que muestra dicho borde, por tener ese lado libre.

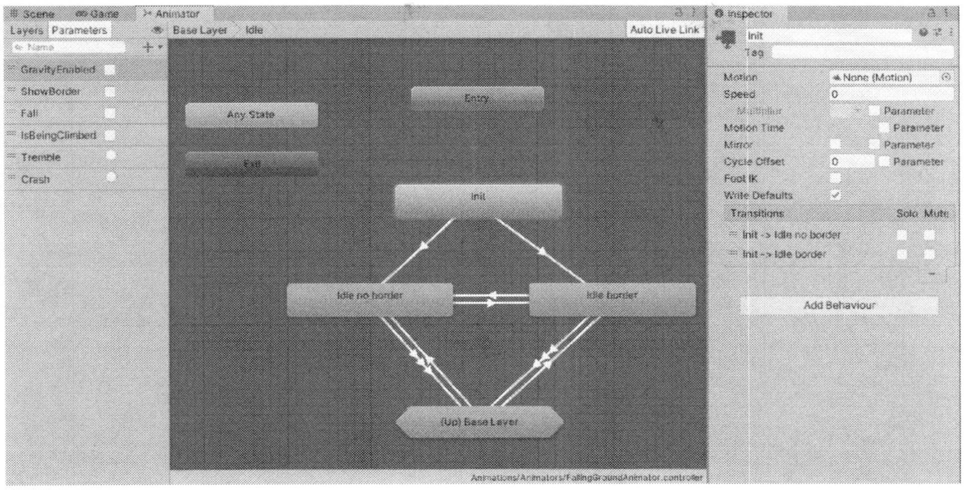

Figura 11.14: Grafo contenido en el super-estado Idle de FalligGroundAnimator.

Los guardias

Los FSM de los personajes son extremadamente complejos. El FSM del guardia, siendo más sencillo que el del personaje, gestiona unos 23 parámetros booleanos y 18 señales para funcionar. La cantidad de estados es tan grande que para hacer que el grafo sea manejable se usan super-estados para resumir determinadas zonas.

Los ejemplos anteriores deberían haberte servidor para aclarar los conceptos básicos del uso de las máquinas de estado. Explicar las máquinas de los personajes con el mismo nivel de detalle sería extensísimo, y tampoco aportaría demasiado, ya que la mecánica es la misma, añadiendo más estados, transiciones y scripts. Los detalles más importantes de la implementación de esos elementos que no se traten aquí se ven detenidamente en el capítulo 23. Así pues, aquí me conformaré con hacer una descripción de alto nivel de los FSM del guardia y el protagonista.

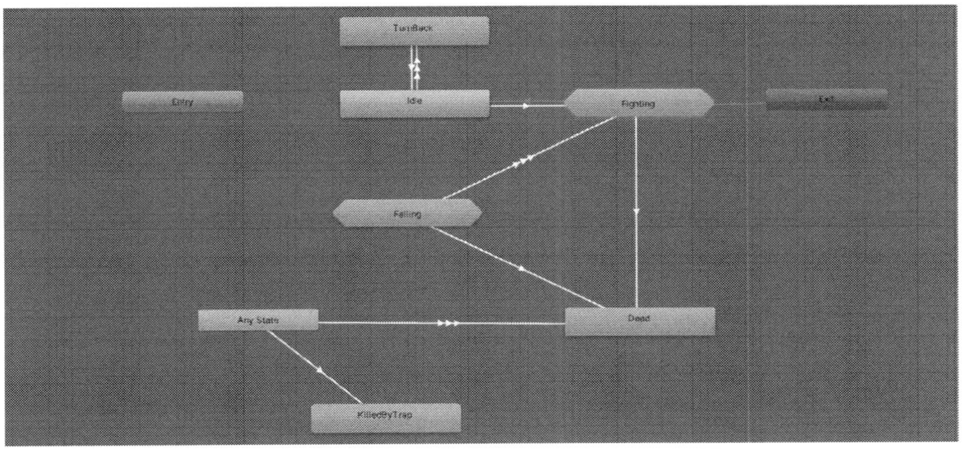

Figura 11.15: Máquina de estados de los guardias.

Puedes encontrar el animation controller de los guardias en `Assets/Animations/Animators/EnemyAnimator`.

En el caso concreto de un enemigo, este permanece parado, en estado Idle, hasta que detecta al protagonista. Cuando llega ese momento, pasa al super-estado Fighting en el que se pone en guardia y comienza a aproximarse al protagonista. Si para hacer esa aproximación tiene que volverse por encarar al protagonista entonces pasa por el estado TurnBack.

A partir de entonces, del super-estado Fighting sólo sale ya si le vence el protagonista, en cuyo caso pasa a Dead, o bien si inicia una caída que le hace entrar en el super-estado Falling.

Como se puede ver en la figura 11.15, también puede darse la posibilidad de que el guardia caiga presa de una trampa, en cuyo caso pasa al estado KilledByTrap.

Otra posibilidad es que le caiga encima una baldosa suelta, desde una altura suficiente como para restarle todos los puntos de vida. En ese caso se produce una transición entre Any State y el estado Dead.

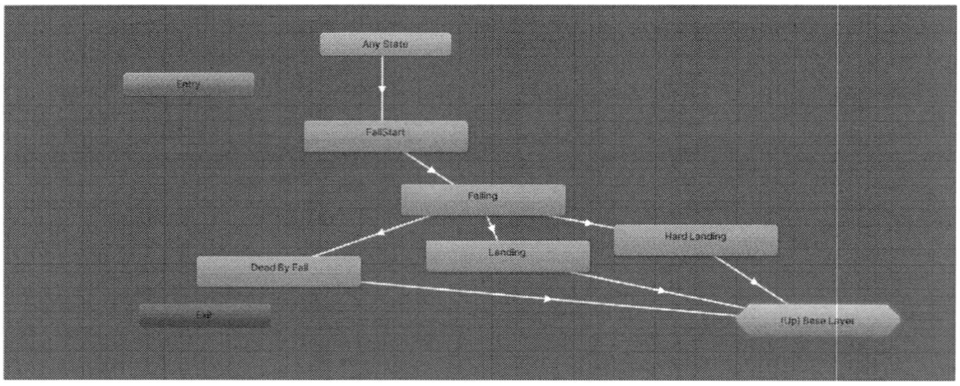

Figura 11.16: Super-estado Falling de la máquina de estado de los guardias.

En la figura 11.16 se puede ver el grafo incluido dentro del super-estado Falling. La caída no es un proceso monolítico, sino que incluye diferentes fases, con sus respectivas animaciones.

La caída comienza en el estado FallStart, en la que además los collider del personaje cambian para hacerse más pequeños, como se ve en el capítulo 9.

A partir de entonces se pasa al estado Falling, en el que se va contabilizando el tramo de caída recorrido. En función de la longitud de dicho tramo el aterrizaje puede ser normal (estado Landing), puede ser un aterrizaje duro en el que pierda puntos de vida (estado HardLanding) o puede ser un choque fatal contra el suelo (estado Dead By Fall).

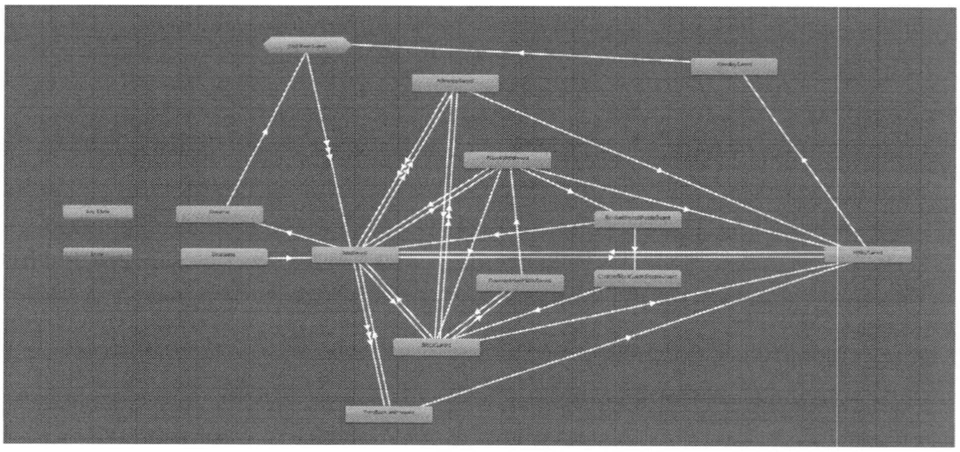

Figura 11.17: Super-estado Fighting de la máquina de estado de los guardias.

He intentado mostrar el grafo del super-estado Fighting en la figura 11.17, pero es tal su complejidad que lo más probable es que no distingas bien las cajitas en la copia impresa que tengas del libro. En este caso te recomiendo que visualices el FSM cargando el animator controller desde el editor de Unity.

La cuestión es que los combates en *Prince of Persia* son engañosamente sencillos. Sólo hay cuatro acciones posibles:

- Avanzar hacia el oponente.

- Alejarse del oponente.
- Atacar.
- Bloquear un ataque.

Sin embargo, si eres lo suficientemente hábil puedes hacer un contraataque rápido, en caso de haber conseguido bloquear un ataque del contrincante. Para complicar más la cosa, el citado contrincante también puede bloquear tu contraataque y lanzar el suyo propio. Este encadenamiento de ataques y bloqueos da lugar a combates tremendamente espectaculares para la época en la que salió el juego.

Implementar esa mecánica en *Prince of Unity* no ha sido sencillo. Después de hacerlo he de reconocer que ha aumentado muchísimo mi respeto por los juegos de lucha y sus extensos combos de ataques y defensas.

La entrada en el super-estado Fighting supone el paso por el estado Unsheate, en el que el guardia se pone en posición de combate.

En dicha posición de combate, mientras no avance permanecerá en el estado IdleSword. Desde ahí puede avanzar, entrando en el estado AdvanceSword, o puede atacar desde el estado AttackWithSword.

El guardia puede bloquear un ataque, tanto desde Idle, como desde AttackWithSword (interrumpiendo su propio ataque), lo que supone pasar al estado BlockSword.

Después de ese bloqueo es cuando el guardia puede contraatacar pasando al estado CounterAttack-WithSword.

En cualquier momento, el personaje puede ser alcanzado por un ataque de su oponente, en cuyo caso pasa al estado HitBySword. Y si el golpe agota sus puntos de vida se transita al estado KilledBySword y el personaje muere.

El protagonista

Como ya hemos mencionado, uno de los puntos fuertes del juego original fue la riqueza de movimientos del protagonista. El público quedó embelesado por las posibilidades acrobáticas que permitía el juego en una época en la que la mayor parte de los juegos sólo permitía desplazarse, saltar, atacar y poco más.

Reconozco que para mí resulta un misterio cómo pudo articularse algo así en código ensamblador, pero hacer algo equivalente en *Prince of Unity* me ha supuesto utilizar 35 parámetros booleanos y 26 triggers. Sólo en el primer nivel del FSM hay 9 estados y 7 superestados. Una auténtica locura.

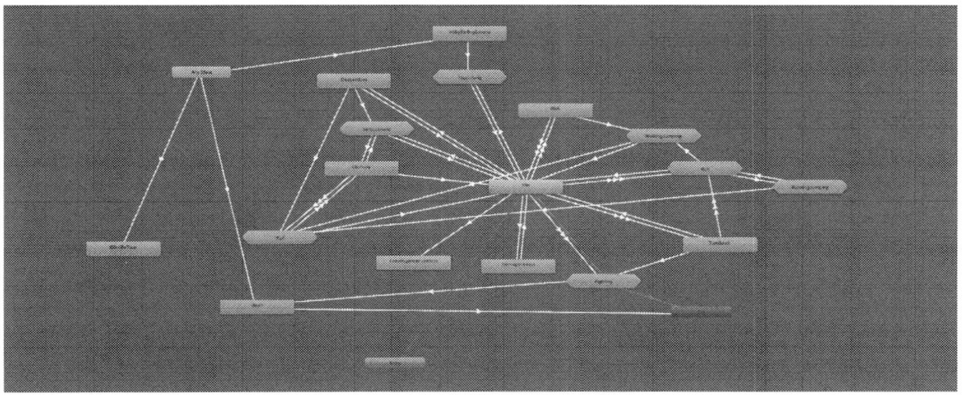

Figura 11.18: Primer nivel del FSM del protagonista.

El animator controller de ese FSM está en `Assets/Animations/Animators/PrinceAnimator`. Mi consejo es que lo abras en el editor y lo estudies con detenimiento a partir de lo que hemos ido explicando en este capítulo. Verás que es un compendio de todo lo que hemos visto pero multiplicado en cantidad.

Por mi parte no lo voy a explicar aquí. Alargaría inútilmente el capítulo sin añadir concepto nuevo alguno. Además, muchos de los apartados de la implementación del protagonista se explican suficientemente bien en otros apartados del libro. Así que adelantarlo aquí sería una pérdida de tiempo.

11.4. Depuración de las máquinas de estado

A lo largo de este capítulo he intentado trasmitirte las enormes posibilidades de las máquinas de estado para articular el comportamiento de los diferentes elementos de nuestro juego. Sin embargo, no están exentas de su propia complejidad, por lo que una cosa es diseñarlas en el editor y otra conseguir que funcionen como pretendemos.

A menudo nos encontraremos en situaciones en las que una FSM no funcione como esperábamos y tendremos que diagnosticar el problema para poder resolverlo. Afortunadamente el editor de Unity nos permite acceder al animator controller de cualquier elemento del juego mientras este se ejecuta y ver el estado de ese FSM y el valor de sus parámetros.

Una vez que hayamos lanzado la ejecución del juego desde el editor, tal y como se explica en el capítulo 5, debemos seleccionar el objeto cuyo animator controller queremos examinar. Con el objeto seleccionado debemos abrir la pestaña Animator. Si no la tenemos abierta ya, podemos hacerlo desde Window > Animation > Animator. En la pestaña Animator debería salir el grafo de estados del animator controller del objeto que hayamos seleccionado.

El estado activo en cada momento se marca en naranja. En dicho estado activo aparece una barra de progreso. Esa barra de progreso avanza conforme lo hace la animación asociada con el estado, si es que hemos asociado alguna.

A la izquierda veremos la lista de parámetros con los valores que tienen asignados en cada momento.

Si ponemos las pestaña de Game y la Animator en paralelo podremos ver cómo van cambiando los parámetros y el estado activo de la FSM conforme interactuemos con el juego.

Si en algún momento los cambios en la FSM fuesen demasiado rápidos, siempre puedes pausar el juego y avanzarlo fotograma a fotograma para ver más lentamente la evolución de los estados y de los parámetros.

Fíjate que cuando monitorizas la pestaña Animator durante la ejecución del juego, el apartado de los parámetros no está sombreado en gris, lo que quiere decir que puedes editar sus valores. Eso es muy útil, ya que te permite probar transiciones fijando desde el editor el valor de los parámetros que las provocan.

Teniendo en cuenta todo lo anterior, más lo que se ve en el capítulo 19, no debería haber máquina de estado que se te resista.

Capítulo

12 Animaciones

En el capítulo 11 estudiamos cómo implementar máquinas de estados y utilizarlas para que nuestros prefab reaccionasen a los cambios en su entorno. De todas las posibles implementaciones, vimos con detalle que en *Prince of Unity* he utilizado una basada en componentes Animator a los que se asignan máquinas de estados modeladas en un tipo especial de asset denominado Animator Controller.

Sin embargo, en el momento de modelar las máquinas de estado con ese método mencioné que se podían asociar animaciones a cada estado, pero pasé de puntillas sobre esa funcionalidad, a la espera de que lo desarrollásemos luego. En este capítulo resolveremos esa laguna.

Para empezar, debemos tener claro qué se entiende por animación dentro de Unity. Seguramente la primera definición que nos venga a la cabeza tenga que ver con el mundo cinematográfico según la cual un animación es una sucesión de fotogramas estáticos que, reproducidos a la suficiente velocidad, crean la ilusión de movimiento. Unity incorpora ese concepto para animar los sprites de los juegos 2D, tal y como veremos en la sección 12.1, pero lo lleva un paso más allá ampliándolo hasta abarcar la sucesión de cambios en cualquier propiedad de un objeto a lo largo del tiempo.

Es decir, en Unity una animación se corresponde con una grabación de la evolución de un conjunto de propiedades de un GameObject a lo largo de un lapso determinado de tiempo. Para el caso concreto de una animación 2D meramente visual, la animación iría cambiando la propiedad `Sprite` de un SpriteRenderer, haciendo que mostrase diferentes fotogramas a lo largo de un periodo determinado de tiempo. Lo importante es entender que podemos cambiar otras propiedades de los diferentes componentes de un GameObject y no sólo la propiedad `Sprite`. Por ejemplo, podríamos cambiar la posición del sprite de una puerta, para que el sprite se desplazase hacia un lado como si fuera una puerta corredera. En la sección 12.6 veremos cómo animar propiedades.

En este capítulo empezaremos por las animaciones de sprites, por ser más sencillas. Después de entender cómo se crean, veremos cómo asignarlas a los estados de un Animator Controller. Una vez asignadas las animaciones a los diferentes estados, aprenderemos cómo configurar las transiciones que se produzcan entre ellas cuando cambien los estados.

Tras dominar lo anterior, pasaremos a estudiar las animaciones de propiedades. Veremos cómo crearlas, cómo elegir los campos y propiedades a los que hacer cambiar y cómo configurar las características de esos cambios a lo largo del tiempo de la animación.

Por último, veremos cómo disparar eventos en puntos determinados de las animaciones. Con eso conseguiremos efectos como, por ejemplo, generar sonidos de pisadas cuando la animación muestre al sprite del protagonista apoyando el pie en el suelo.

De todos modos, quiero dejar claro que lo que vamos a ver en este capítulo no agota el tema de las animaciones. Aquí vamos a ver animaciones mediante fotogramas de sprites. Es el sistema clásico de animación en juegos 2D, incluido *Prince of Persia* y aún hoy día sigue siendo el más usado. Sin embargo, existe otro modo de animación 2D basado en esqueletos, que es extremadamente potente y que se asemeja mucho a los mecanismos de animación de los juegos 3D. Aquí no lo cubriremos, pero te animo a que lo explores

[210].

12.1. Animaciones de sprites

La creación de animaciones dentro de Unity no es tan intuitiva como debería. El interfaz de Unity permite pulsar con el botón derecho del ratón en cualquier carpeta de la pestaña Project, y acto seguido elegir Create > Animation, para que se cree el asset de una animación, denominado *Animation Clip*. Sin embargo, si abres ese asset verás que el botón Add Property estará sombreado, por lo que no podrás añadir nada que animar. No sé por qué el interfaz de Unity te permite crear un asset de una manera que luego resulta ser inútil.

El truco que me funciona es dotar al prefab que quiero animar con un componente Animator, seleccionar el GameObject del prefab que tenga el Animator y abrir la pestaña Animation, pulsando Window > Animation > Animation. Será en esa pestaña Animation donde aparezca un botón Create que nos permitirá crear una nueva animación. Esa animación recién creada sí que tendrá el botón Add Property habilitado. Si pulsas en él podrás elegir una propiedad de cualquier componente del GameObject del Animator y de otros GameObjects que queden por debajo de dicho GameObject del Animator.

> Te recomiendo que cuando coloques el componente Animator lo hagas en el GameObject raíz del prefab. Yo no lo he hecho así en Prince of Unity, ya que generalmente he colocado el Animator en un GameObject inferior denominado Appearance, y eso me ha supuesto algún problema cuando he querido animar una propiedad de un componente de un GameObject hermano del que contiene el Animator. En esos casos puedes recurrir a un script proxy, como veremos más adelante, pero mejor si te lo ahorras colocando al Animator en la raíz.

Para animar sprites lo que tienes que hacer es seleccionar la propiedad Sprite del componente SpriteRenderer. La propiedad se te añadirá a la pestaña Dopesheet, incluida a la izquierda de la pestaña Animation. A la derecha se marcará la regleta de tiempos para esa propiedad, a la cual podremos añadir nuevos puntos pulsando con el botón derecho del ratón y eligiendo Add Key, aunque eso nos será más útil cuando veamos las animaciones de propiedades.

Para las animaciones de sprites, el siguiente paso, tras añadir la propiedad Sprite a la pestaña Dopesheet, es fijar la velocidad de la animación. Eso se hace fijando la cifra que aparece en el campo *Samples* que hay en el toolbar de la parte superior de la pestaña Dopesheet. Por defecto, ese campo está puesto a 60, para ofrecer 60 fotogramas por segundo.[1] Sin embargo, el juego original se ejecutaba a unos 8 fotogramas por segundo aproximadamente. Así que yo he fijado el parámetro Samples de la mayor parte de las animaciones a 8, aunque en algunas animaciones he puesto un valor ligeramente superior porque me parecía que hacía más fluidas esas animaciones en concreto.

Hecho eso, podemos ir añadiendo a la regleta de tiempos los distintos sprites que harán de fotogramas de nuestra animación. Lo haremos arrastrando los sprites desde la pestaña Project hasta la regleta de tiempos de la pestaña Animation, más o menos en la zona de la regleta en la que queramos que se sitúe el fotograma. Al haber fijado la velocidad en el campo Samples, Unity sabrá cómo equiespaciar los diferentes fotogramas dentro de la regleta de tiempo, por lo que creará los puntos asociados a cada uno.

Si en algún momento quisiéramos cambiar el orden de los fotogramas de la animación, sólo tendríamos que pulsar en el que queramos mover, dentro de la regleta de tiempos, y arrastrarlo al momento al que deseemos que se traslade.

A modo de ejemplo de todo lo anterior, en la figura 12.1 tienes una captura de cómo está configurada la animación de carrera del protagonista.

Si te fijas en la figura 12.1, y en concreto en el toolbar de la parte superior izquierda de la pestaña Animation, verás que aparecen unos controles de reproducción. Si arrastras la pestaña para que se vea al mismo tiempo que la pestaña Scene y pulsas el botón de reproducción (*Play the animation clip*), verás que

[1] Esa velocidad visual suele ser el estándar comúnmente aceptado para juegos actuales.

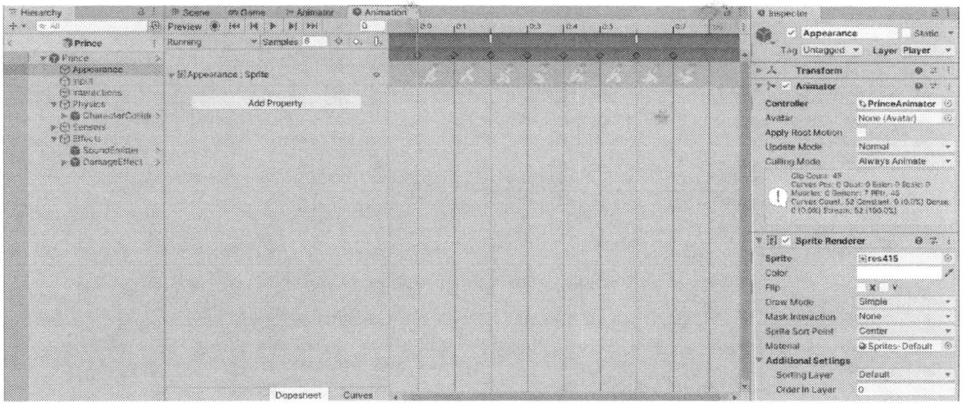

Figura 12.1: Configuración de la animación de carrera para el prefab del protagonista.

la animación se mostrará en la pestaña Scene, a modo de preview. Esto es muy útil para ajustar la velocidad de las animaciones y para asegurar que los fotogramas están correctamente ordenados para que la animación sea fluida.

Te aconsejo que hagas el ejercicio de poner la pestaña Animation no sólo en paralelo con la de Scene, sino también con el inspector del GameObject que tenga el SpriteRenderer del prefab. Así verás cómo cambia la propiedad Sprite en el inspector conforme avanza la preview de la animación. En ese caso, el campo Sprite se colorea con una suave color azul de fondo para señalar que su valor está definido desde una animación. Esto será muy útil cuando animemos propiedades, para asegurarnos de que estas evolucionen a lo largo de la animación tal y como pretendíamos. Con desactivar el botón Preview de la pestaña Animation el campo Sprite volverá a su valor y fondo normal.

Observa también que el toolbar de la pestaña Dopesheet también incluye un combo con el nombre de la animación. Ese combo te permite elegir entre las distintas animaciones que hayamos creado para el prefab y te permite crear otras nuevas eligiendo la opción Create New Clip... del final del listado.

Todas las animaciones que vayamos creando se añadirán automáticamente como nuevos estados en el FSM del Animator Controller activo, aunque nos corresponderá a nosotros definir las transiciones necesarias para que la máquina de estados reproduzca esas animaciones.

12.2. Asignación de animaciones a estados

Cuando hayamos creado las diferentes animaciones de nuestro prefab, podemos ir a la pestaña Animator y allí veremos que se habrá creado una caja de estado por cada una de las animaciones.

Ten en cuenta que se crearán en la capa base, no en los subgrafos.

De todos modos si quisieras pasar alguno de los nuevos estados a uno de los subgrafos existentes, puedes copiarlo de la capa base y pegarlo dentro del subgrafo.

Si no hubiésemos creado aún el grafo de estados y transiciones podríamos partir de las cajas recién creadas automáticamente para darle forma a nuestra máquina de estados.

Sin embargo, si ya hubiésemos creado nuestro grafo, dejando los estados vacíos a la espera de crear las animaciones, podríamos borrar los estados creados automáticamente y asignar manualmente las animaciones a los estados vacíos. Para eso no tenemos más que seleccionar el estado vacío y buscar su campo *Motion* en el inspector. A ese campo es al que podemos arrastrar, desde la pestaña Project, la animación que queramos asociar al estado. Como en el resto de campos, también podemos pulsar en él y nos saldrá un diálogo que nos permitirá elegir la animación que deseemos entre todas las presentes en el proyecto.

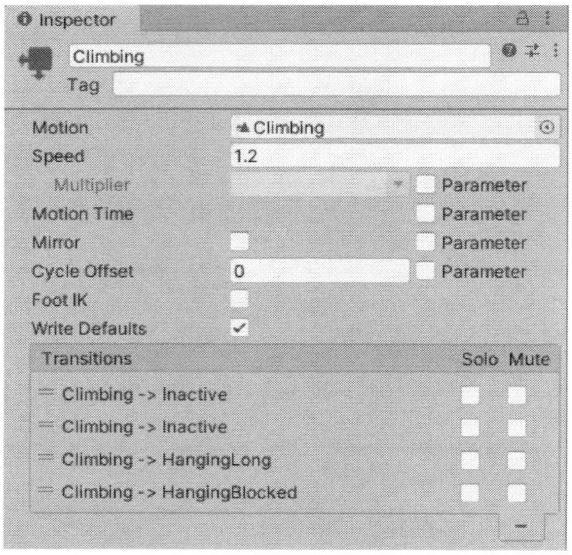

Figura 12.2: Configuración del estado Climbing dentro de la máquina de estados del prefab Climbable.

Hecho eso, la animación se reproducirá cada vez que la máquina de estados alcance el estado al que esté asociada. Como se puede ver en la figura 12.2, debajo del campo *Motion* hay otros que permiten configurar cómo será dicha reproducción:

- *Speed*: Es la velocidad a la que se reproducirá la animación. 1 es su velocidad normal, tal y como la hayamos configurado en el campo *Samples* de la animación. Por encima de 1, la animación se reproducirá más rápido y por debajo de ella será más lento. Puede venir bien para acelerar determinadas animaciones sin tocar el campo *Samples* (quizás para usar la misma animación en múltiples prefabs con velocidades diferentes).

- *Multiplier*: El campo *Speed* es estático. Una vez fijado en el inspector se mantendrá constante durante el juego. Sin embargo, con el campo *Multiplier* podemos cambiar la velocidad dinámicamente. Estará sombreado hasta que marquemos la casilla *Parameter* que hay a su lado. Si lo hacemos podremos elegir uno de los parámetros de tipo float que tengamos en el árbol de estados para que le dé valor a este campo. De esta manera el valor del campo podrá ir cambiando conforme lo haga el parámetro del grafo. Este campo se usa para multiplicar el campo *Speed*, por ejemplo para ralentizar momentáneamente una animación para aplicar un efecto de tiempo bala en determinados momentos.

- *Motion Time*: Al igual que el anterior, sólo entra en juego si lo marcamos como parámetro y lo asociamos a uno del grafo. Sirve para mostrar un punto concreto de la animación. Si lo ponemos a 0 mostrará el comienzo de la animación, si lo ponemos a 1 el final, a 0.5 mostrará el punto medio de la animación, etc. Usando este campo a través de un parámetro del grafo podemos hacer, por ejemplo, que una animación se reproduzca al revés.

- *Cycle Offset*: Sirve para hacer que la animación empiece en un punto diferente del primer fotograma. Si lo ponemos en 0 la animación empezará en el primer fotograma y, si lo ponemos en 0.5, lo hará en el fotograma de la mitad. También se puede asociar a un parámetro de la máquina de estados para poder manipular este campo dinámicamente.

- *Foot IK*: Este parámetro se usa cuando reproducimos animaciones basadas en esqueletos. Como *Prince of Unity* sólo usa sprites, no hace falta activarlo.

- *Write Defaults*: Este campo permite definir qué pasa con las propiedades que no son animadas por el estado al que pertenecen, pero que sí los son por otros estados de la máquina de estados. Cuando se activa este campo, esas propiedades vuelven a su valor por defecto cuando se activa un estado que no las modifica. Cuando dejamos desactivado este campo, las propiedades retendrán el valor que les dejó el último estado que las modificó. Unity marca por defecto este campo por razones históricas, pero dependiendo del tipo de animación que quieras crear te puede interesar desactivarlo.

Debajo de todos los campos anteriores está el listado de todas las transiciones que parten de este estado hacia otros. Aunque eso merece su propia sección...

12.3. Transiciones entre animaciones

En el capítulo 11 ya vimos cómo establecer transiciones entre estados y cómo fijar sus condiciones de activación, pero pasamos de puntillas sobre el resto de opciones de configuración que ofrecen las transiciones.

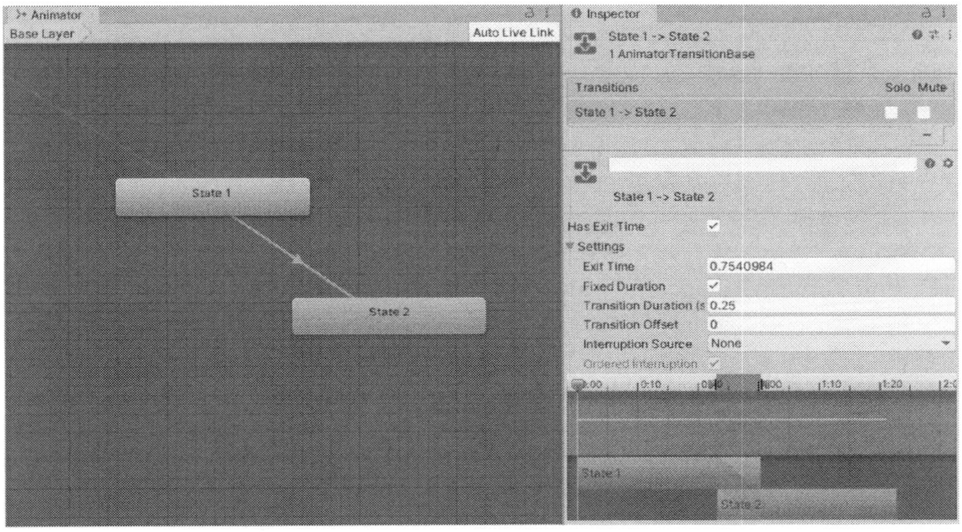

Figura 12.3: Parámetros de configuración de una transición.

En la figura 12.3, se puede ver la transición entre dos estados que no pertenecen a *Prince of Unity*, pero que nos servirán para explicar cómo configurar una transición. A partir de ahí explicaremos ejemplos concretos de *Prince of Unity*.

Como puedes ver a la derecha de la figura 12.3, la configuración de una transición consta de los siguientes campos:

- *Has Exit Time*: Cuando está desmarcado, la transición se produce en cuanto se cumplen las condiciones de activación de esta. Sin embargo, cuando la marcamos, podemos especificar el punto de la animación del estado saliente al que hay que esperar antes de saltar al nuevo estado.

- *Exit Time*: Se vuelve editable al marcar *Has Exit Time*. Este campo sirve para definir el punto de la animación saliente al que hay que esperar antes de saltar. El campo está normalizado, así que 0 señala el comienzo de la animación y 1 el final. Por ejemplo, si quisiéramos que, una vez activada la transición, esta no se produjese antes de la finalización de la animación del estado saliente, activaríamos *Has Exit Time* y fijaríamos *Exit Time* a 1. En el caso del ejemplo de la figura 12.3, la transición no se produciría hasta que se alcanzase el tercer cuarto de la animación.

- *Fixed Duration*: La transición entre los dos estados puede ser instantánea, pero cuando los estados llevan animaciones asociadas puede que nos interese que la transición sea gradual. Esto ocurre sobre todo con las animaciones 3D de movimiento, en las que queremos que los cambios de una a otra se hagan más suaves, mezclándolas mediante ponderación de la posición de los esqueletos de ambas animaciones. En el caso del ejemplo de la figura 12.3, la transición duraría 0,25 segundos a lo largo de los cuales iría desapareciendo el peso de la animación asociada al estado 1 e incrementándose el peso de la animación asociada al estado 2. Ese cambio gradual se representa con la diagonal que pasa de una barra a otra en el diagrama que hay al pie, a la derecha, de la figura 12.3. Cuando marcamos el campo Fixed Duration, la duración del cambio entre animaciones se fija de manera absoluta en segundos, mientras que si se desmarca se usa un tanto por ciento relativo al tamaño de la animación del estado saliente.

- *Transition Duration*: Sirve para fijar la duración del periodo en el que ambas animaciones están activas en un cambio gradual. En juegos 2D que usan sprites los cambios entre animaciones no son graduales, sino que se cambia de una a otra inmediatamente. Ese caso se configura marcando *Fixed Duration* y poniendo *Transition Duration* a 0.

- *Transition Offset*: Define el punto de aterrizaje de la transición dentro de la animación del nuevo estado. Si se pone a cero, la animación del nuevo estado se reproducirá desde el principio. Si lo ponemos en 0.5, la animación del nuevo estado se ejecutará desde su punto central.

- *Interruption source*: Por defecto este combo está en None, lo que significa que las transiciones no pueden ser interrumpidas y que, una vez que se inicien, iremos al nuevo estado ineludiblemente. Sin embargo, si usamos cualquier otra opción de ese combo, podremos hacer que una transición que esté en curso se interrumpa y se adopte otra. Ya hemos dicho que en juegos 2D con sprites las transiciones suelen ser instantáneas, por lo que hay poco margen para las interrupciones. Pero la cosa cambia si hablamos de una transición como la de la figura 12.3, que se prolonga 0.25 segundos, ya que en ese intervalo pueden pasar muchas cosas. Si para este parámetro elegimos Current State, la transición podrá ser interrumpida por cualquier transición más prioritaria del estado de salida que se dispare mientras aún esté activa la primera. La prioridad se define por la altura dentro de la lista de transiciones del estado, siendo la primera por arriba la más prioritaria. Por eso podemos ordenar a nuestro gusto la posición de las diferentes transiciones dentro de la lista. Si para este parámetro eligiésemos Next State, las transiciones que interrumpirían serían las del estado de destino. Por ejemplo, si estuviésemos transitando del estado A al B y en mitad de dicha transición se disparase una entre B y otro estado C, la transición activa se interrumpiría y lo que habría sería una transición de A a C. La opción Current State then Next State permite que interrumpan tanto el estado principal, como el destino, dándole preferencia a las interrupciones más prioritarias del estado de origen. La opción Next State then Current State es similar a la anterior, pero le da prioridad a las interrupciones del estado de destino.

- *Ordered Interruption*: Sólo se vuelve editable cuando *Interruption Source* es distinto de None. Mientras esté marcado, las transiciones sólo se verán interrumpidas por otras más prioritarias, tal y como he explicado antes. Pero si desmarcamos esta opción, cualquier otra transición podrá interrumpir a la activa siempre que provenga de la fuente configurada en el campo *Interruption Source*.

Entendidos los elementos principales de la configuración de una transición, veamos algunos ejemplos de *Prince of Unity*. Creo que los mejores están en la máquina de estados del protagonista, así que te recomiendo que lo abras (🗀`Assets/Animations/Animators/PrinceAnimator`).

En esa FSM hay una transición posible entre el estado Walk y el super-estado WalkingJumping (en concreto a su sub-estado WalkJumpStart). Esa transición se da porque mientras andamos podemos activar el salto en cualquier momento. Si pinchamos en dicha transición veremos una configuración como la de la figura 12.4.

En dicha figura se puede ver que *Has Exit Time* está desmarcado para que la transición interrumpa la animación de Walk inmediatamente. Además, la transición es instantánea, ya que *Fixed Duration* está

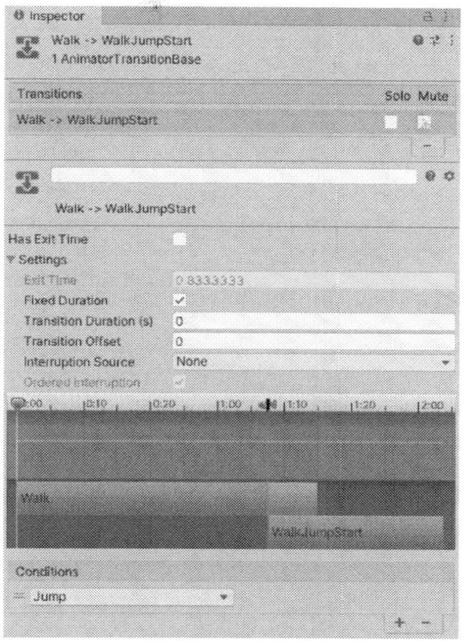

Figura 12.4: Configuración de la transición entre el estado Walk y el estado WalkingJumpStart del super-estado WalkingJumping.

marcado y su duración está fijada a 0 (*Transition Duration*). Observa también que la animación de WalkingJumpinStart se inicia desde el principio cuando se alcanza ese estado, dado que el campo *Transition Offset* está fijado a 0.

Vamos a elevar un grado la complejidad. Entra en el super-estado Run y fíjate en la transición entre RunningStart y Running (figura 12.5).

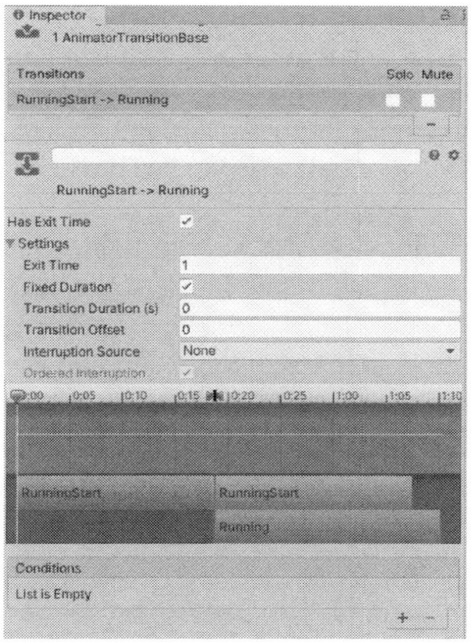

Figura 12.5: Configuración de la transición entre el estado RunningStart y Running.

La idea de esta transición era que se reprodujese primero la animación de arranque de la carrera y, finalizada esta, que pasase a ejecutarse la animación cíclica de carrera. Para ello fíjate que la transición de RunningStart a Running no tiene condición, pero sí que está marcado *Has Exit Time* y su *Exit Time* está fijado a 1. Con esos campos, lo que se configura es que la transición desde RunningStart no se produzca hasta que su animación se haya finalizado por completo y, cuando eso ocurra, se disparará sí o sí (por eso no tiene condiciones) la transición a Running.

No siempre querremos esperar a la finalización de una animación para saltar a un nuevo estado. Por ejemplo, dentro del super-estado Fighting hay una transición entre el estado AttackWithSword y el estado BlockSword. Representa el caso en el que estemos lanzando un mandoble, pero veamos que el contrincante nos está atacando y por eso decidimos cancelar el mandoble e iniciar un bloqueo.

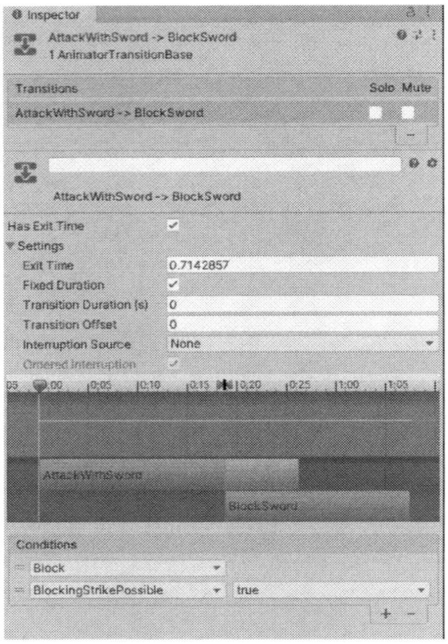

Figura 12.6: Configuración de la transición entre el estado AttackWithSword y BlockSword

Para implementar este caso, analicé a cámara lenta los movimientos del juego original. Viendo fotograma a fotograma, me di cuenta de que el protagonista abandonaba la animación de ataque hacia la de bloqueo siempre en el mismo punto, así que en mi versión fijé un *Exit Time* de 0.71 para forzar la salida de la animación en el mismo punto, tal y como se puede ver en la figura 12.6.

En *Prince of Unity*, la mayor parte de las sofisticaciones en las transiciones entre animaciones se concentran en el combate. El juego original reutiliza las mismas animaciones una y otra vez, enganchando con ellas en diferentes puntos para que no se hagan repetitivas. Tiene mucho mérito que lo consiga y además con transiciones tan fluidas.

Otro ejemplo de esas sofisticaciones se da cuando el personaje está en estado BlockedSword, porque ha visto bloqueado su ataque, y se da cuenta de que su contrincante le va a atacar, por lo que inicia a su vez un bloqueo. Cuando eso ocurre, el personaje pasa de BlockedSword a CounterBlockSword, y de ahí a BlockSword. La primera transición, desde BlockedSword a CounterBlockSword, tiene la configuración de la figura 12.7.

A estas alturas esa transición no debería tener misterios, al no tener marcado *Has Exit Time* significa que se abandona la animación de BlockedSword en cuanto se cumplen las condiciones de la transición. Además, la transición es instantánea, porque tiene marcado *Fixed Duration*, con un *Transition Duration* de 0. Por último, el aterrizaje en el estado de destino se produce al comienzo de su animación, ya que el *Transition Offset* es 0.

La segunda transición, de CounterBlockSword a BlockSword, tiene bastante más complejidad.

Como se puede ver en la figura 12.8, esta transición espera a agotar por completo la animación (*Has Exit Time* marcado y *Exit Time* a 1) antes de transitar automáticamente al estado Blocked (la lista de condiciones está vacía). Una vez que se produce el salto entre estados, este es instantáneo (*Fixed Duration* marcado y *Transition Duration* a 0), pero no inicia desde el principio la animación del estado destino, sino que lo hace

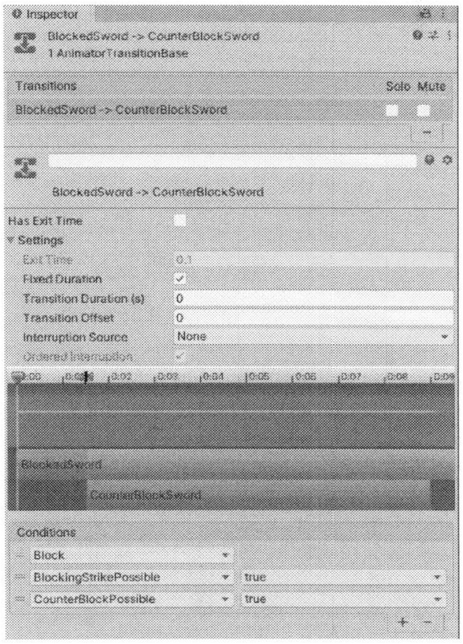

Figura 12.7: Configuración de la transición entre el estado BlockedSword a CounterBlockSword.

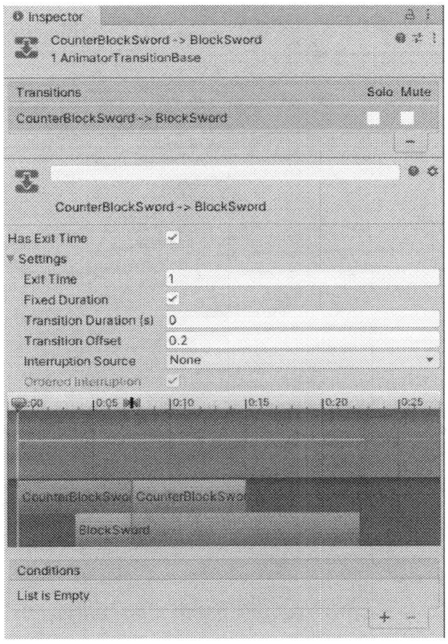

Figura 12.8: Configuración de la transición entre el estado CounterBlockSword y BlockSword.

aproximadamente a un 20% de su longitud total (*Transition Offset* a 0.2).

He configurado todos estos valores reproduciendo fotograma a fotograma las animaciones del juego original, para encontrar los puntos de inflexión donde se producían los cambios entre una animación y otra. Hacer que las animaciones de las máquinas de estado cambien de la misma forma implica cierto ensayo y error, pero ahí resulta valiosísima la ventana de Preview que se ve en la parte inferior del inspector de cada transición. Reproduciendo la animación de esa ventana podemos ver el punto donde empalman ambas animaciones y comprobar si es el adecuado o si, por el contrario, se produce un salto que rompa la suavidad de la transición.

12.4. El problema del ghosting

En esta sección te voy a contar un problema que he tenido puntualmente y que sospecho que puede ser un fallo del motor de renderizado 2D de Unity. Puede ser que hayan parcheado el motor para cuando reproduzcas lo visto en estas líneas y no tengas un fallo como el mío, pero, por si acaso lo sufres tú también, te voy a contar en qué consiste y cómo lo solucioné.

He llamado al problema *ghosting*, aunque ese problema se utiliza también con otros fenómenos que nada tienen que ver con este. Un caso en el que me ha pasado ha sido cuando el personaje corría y se producía el movimiento de derrape con cambio de sentido de la marcha. El árbol de estados que regía ese movimiento en concreto, dentro de 🗀`Assets/Animations/Animators/PrinceAnimator`, está dentro del super-estado Run.

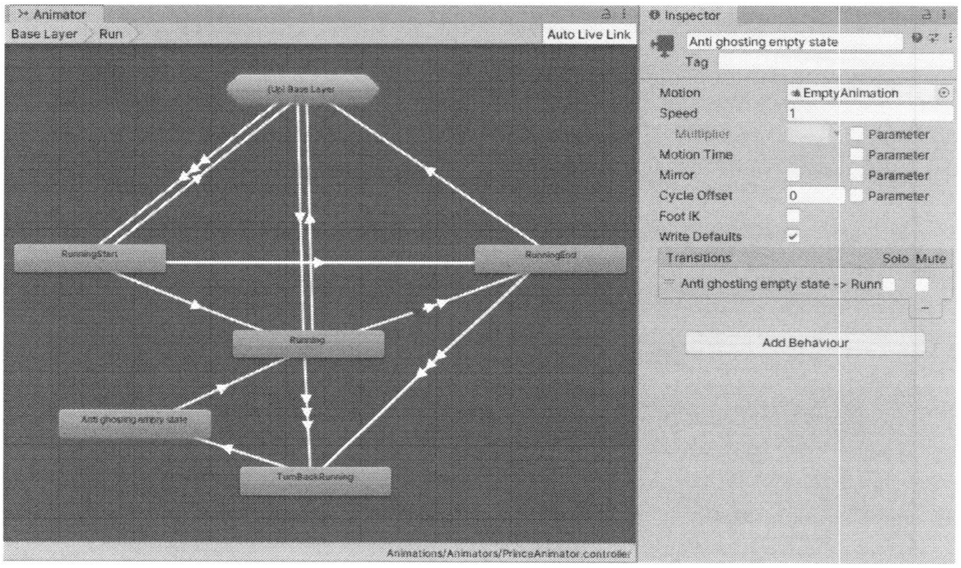

Figura 12.9: Árbol de estados con el estado utilizado para solventar el problema del ghosting.

En una primera versión del árbol de estados de la figura 12.9, desde el estado Running se transitaba al TurnBackRunning cuando se detectaba que el jugador pulsaba la tecla contraria al sentido de la marcha. En TurnBackRunning se reproducía la animación en la que el protagonista derrapaba y cambiaba de orientación. Finalizada la animación de derrape, se volvía al estado Running tras invertir la orientación del sprite, en el eje X, para que el sprite de carrera mirase en sentido contrario que al principio.

Supongamos que el protagonista corriese inicialmente hacia el lado derecho de la pantalla y entonces derrapase para empezar a correr hacia el izquierdo. Mi problema era que, al cambiar de TurnBackRunning a Running, durante una fracción de segundo, quizás apenas un fotograma, la animación de Running seguía mirando a la derecha antes de orientarse correctamente hacia la izquierda. Para complicar la cosa, resulta que el problema no pasaba siempre, sino sólo de vez en cuando. Muchas veces, la transición entre los dos estados era limpia, pero otras veces aparecía el ghosting. Probé múltiples cosas: hacer invisible el sprite del protagonista, invertir el sprite y, sólo entonces, volver a hacerlo visible; meter un retardo una vez girado por si era un problema de buffers. En fin, probé múltiples cosas y seguía apareciendo el fotograma fantasma. Mi conclusión es que debía tratarse de un bug del engine con los buffers de renderizado.

Al final, la solución que encontré fue un poco chapucera, pero al menos resolvió el problema. En vez de volver directamente desde TurnBackRunning a Running, metí el estado intermedio que se puede ver en la parte inferior izquierda de la figura 12.9: *Anti ghosting empty state*. Ese estado cuenta con una animación compuesta por un único fotograma vacío. En cuanto se muestra ese fotograma vacío, se pasa a Running. De alguna manera, el fotograma vacío debía limpiar el buffer que estaba incordiando porque ya no volvía a aparecer el dichoso fotograma fantasma.

Me encontré este problema del ghosting en un par más de ocasiones y lo resolví de igual manera, utilizando animaciones con un fotograma vacío ubicadas en estados estratégicos. Puedes encontrar otro ejemplo en el caso de la máquina de estados de los elementos escalables, `Assets/Animations/Animators/ClimbableAnimator`. El estado Inactive de esa máquina de estados está asociado a una animación vacía, precisamente para resolver la aparición de ghosting cuando se escalaba un bloque.

En fin, espero que no te encuentres nunca un problema como este, porque además no encontré a nadie en Internet que le pasase lo mismo. Pero si finalmente te topas con él, prueba a meter una animación vacía por medio. Lo mismo te funciona como a mí.

12.5. Movimiento manual

En algún momento del desarrollo de *Prince of Unity* me he encontrado con que carecía de los sprites para armar las animaciones que necesitaba y he tenido que buscar alternativas.

Me ha pasado por ejemplo con la reja de la puerta de rastrillo. En ese caso tenía los sprites para formar la puerta cerrada, pero no para formar un Animation Clip de bajada y subida de la reja. En vez de eso, lo que tuve que hacer fue mover "manualmente" la pieza de la reja arriba y abajo. Digo manualmente, pero en realidad ha sido a través de un script.

Para empezar, hay que tener en cuenta que tanto las puertas de rastrillo como las de cambio de nivel comparten un mecanismo básico de funcionamiento: ambos suben y bajan la mampara que impide el paso. Teniendo en cuenta eso, he sacado toda la funcionalidad común de esos objetos a un script abstracto que se encuentra en `Assets/Scripts/CurtainController.cs`. Luego, tanto las puertas de rastrillo, como las de cambio de nivel, heredan de CurtainCollider para implementar o extender sus métodos.

CurtainController cuenta con los siguientes campos de configuración:

```
/// <summary>
/// Common functionality for gates.
///
/// Open and close methods for gates like portcullis and inter level gates.
///
/// Specific gates inherit from this class and implement some of it methods.
/// </summary>
/// <typeparam name=''T''></typeparam>
[ExecuteAlways]
public abstract class CurtainController<T>: MonoBehaviour
{
    [Header(''WIRING (CurtainController):'')]
    [Tooltip(''Needed to signal state machine state changes.'')]
    [SerializeField] protected Animator stateMachine;
    [Tooltip(''Needed to mode curtain.'')]
    [SerializeField] protected Transform curtainTransform;
    [Tooltip(''Needed to play gate sounds.'')]
    [SerializeField] protected SoundController soundController;

    [Header(''CONFIGURATION (CurtainController):'')]
    [Tooltip(''Height when curtain is considered open.'')]
    [SerializeField] protected float openingHeight;
    [Tooltip(''Height when curtain is considered closed.'')]
```

```
29     [SerializeField] protected float closingHeight;
30     [Tooltip(''Duration in seconds of opening sequence.'')]
31     [SerializeField] protected float openingTime;
32     [Tooltip(''Duration in seconds of closing sequence.'')]
33     [SerializeField] protected float closingTime;
34     [Tooltip(''Duration in seconds of closing fast sequence.'')]
35     [SerializeField] protected float closingFastTime;
36     [Tooltip(''Whether this door should close automatically after a time.'')]
37     [SerializeField] protected bool autoClose;
38     [Tooltip(''Time to wait before starting closing sequence if autoClose is true.'')]
39     [SerializeField] protected float autoCloseWaitingTime;
40     [Tooltip(''Initial opening of this gate (0 closed 1 full open).'')]
41     [Range(0.0f, 1.0f)]
42     [SerializeField] protected float initialOpening;
```

Listado 12.1: Fragmento de Assets/Scripts/CurtainController.cs

El componente Transform de la mampara se le pasa al script, a través del campo `curtainTransform` (línea 21 del listado 12.1). La altura de ese componente se usa para compararla con el valor del campo `openingHeight` y con la de `closingHeight` para asegurar que nunca se sale de su margen. Esto se ve muy bien en el método `setOpening()` que sirve para fijar el grado de apertura de la puerta, siendo 0 cerrado y 1 completamente abierto:

```
88  /// <summary>
89  /// <p>Set current opening for curtain.</p>
90  ///
91  /// <p>Opening percentage used here goes from 0 (closed) to 1 (open). Values over 1
        will be
92  /// converted to 1 and values under 0 will converted to 0.</p>
93  /// </summary>
94  /// <param name=''newOpening''>Opening, from 0 (closed) to 1 (open)</param>
95  protected virtual void setOpening(float newOpening)
96  {
97      GateOpening = newOpening;
98      float newCurtaingHeight = Mathf.Lerp(closingHeight, openingHeight, GateOpening);
99      curtainTransform.localPosition = new Vector3(curtainTransform.localPosition.x,
100         newCurtaingHeight,
101         curtainTransform.localPosition.z);
102 }
```

Listado 12.2: Fragmento de Assets/Scripts/CurtainController.cs

En la línea 98 del listado 12.2, se puede ver que se utiliza el método `Lerp()` para convertir un valor entre 0 y 1 a otro valor en el intervalo entre `closingHeight` y `openingHeight`. De esta manera estaremos seguros de que nunca cerraremos la mampara bajándola más allá de `closingHeight` ni la abriremos por encima de `openingHeight`.

El valor de altura obtenido se utiliza en la línea 99 para recolocar el Transform de la mampara a la altura del grado de apertura que deseamos.

Con este método `setOpening()` ya podemos abrir y cerrar la puerta, pero además queremos hacerlo a una velocidad muy determinada. De hecho, el cierre de la puerta debe poder hacerse a dos velocidades: lenta y rápida. Para calcular esas velocidades, el script necesita que se le pasen los tiempos que tarda en abrirse y cerrarse la puerta. Eso se hace a través de los campos `openingTime`, `closingTime` y `closingFastTime` de las líneas 30 a 35 del listado 12.1. A partir de esos campos, ya se puede calcular la velocidad a la que se abre y cierra la puerta, teniendo en cuenta el rango normalizado de apertura que utilizamos, entre 0 y 1:

```
/// <summary>
/// Calculate normalized opening and closing speeds depending on given parameters.
/// </summary>
protected void calculateSpeeds()
{
```

```
    _openingNormalizedSpeed = 1 / openingTime;
    _closingNormalizedSpeed = 1 / closingTime;
    _closingNormalizedFastSpeed = 1 / closingFastTime;
}
```

Listado 12.3: Fragmento de Assets/Scripts/CurtainController.cs

Teniendo las velocidades, ya se pueden implementar los métodos para abrir y cerrar las puertas según dichas velocidades. En el caso de la apertura de puertas:

```
104 /// <summary>
105 /// Start an opening sequence.
106 /// </summary>
107 public void OpenGate()
108 {
109     StartCoroutine(OpenGateAsync());
110 }
111
112 /// <summary>
113 /// Coroutine to open the gate.
114 /// </summary>
115 protected virtual IEnumerator OpenGateAsync()
116 {
117     _timer.StartTimeMeasure();
118     float previousTime = _timer.ElapsedTime;
119     float elapsedTime = 0;
120     while (IsOpening())
121     {
122         if (GateOpen)
123         {
124             break;
125         }
126         else
127         {
128             float newTime = _timer.ElapsedTime;
129             elapsedTime = newTime - previousTime;
130             setOpening(GateOpening + _openingNormalizedSpeed * elapsedTime);
131             previousTime = newTime;
132         }
133         yield return null;
134     }
135     if (IsOpening())
136         stateMachine.SetTrigger(''OpeningEnded'');
137     yield return null;
138 }
```

Listado 12.4: Fragmento de Assets/Scripts/CurtainController.cs

Para empezar a analizar el listado 12.4, fíjate en que `OpenGate()` llama a la corrutina `OpenGateAsync()` (línea 109). Esto se hace así para que el proceso de ir abriendo y cerrando la mampara no bloquee el progreso del resto del juego.

Al arrancar, la corrutina inicia un temporizador (línea 117) para medir el tiempo transcurrido (línea 129) y usarlo con la velocidad de apertura para actualizar la posición de la mampara (línea 130).

> Este temporizador es uno ad-hoc definido por mí en 🗀 `Assets/Scripts/SimpleTimer.cs`. Es un simple contador que voy actualizando en el `FixedUpdate()`. Quizás haya otras clases disponibles en C#, e incluso en Unity, para hacer esta función, pero no las encontré en un primer vistazo y preferí implementarla yo que seguir buscando.

Una vez que la puerta está abierta del todo (línea 122) se sale del bucle (línea 124) y se avisa a la máquina de estados de que la apertura ha finalizado (línea 136).

Hay que tener en cuenta que `IsOpening()` es un método abstracto booleano que los herederos de CurtainController deben implementar señalando si su respectiva máquina de estados se encuentra en el de apertura en curso. Por ejemplo, la puerta del rastrillo implementa ese método en `Assets/Scripts/IronCurtainController.cs` de la siguiente manera:

```
public override bool IsOpening()
{
    return gateStatus.CurrentState == PortcullisStatus.PortcullisStates.Opening;
}
```

Listado 12.5: Fragmento de Assets/Scripts/IronCurtainController.cs

Mientras que la puerta de cambio de nivel lo implementa en `Assets/Scripts/InterlevelGateCurtainController.cs` de la siguiente manera:

```
public override bool IsOpening()
{
    return CurrentState == InterlevelGateStatus.GateStates.Opening;
}
```

Listado 12.6: Fragmento de Assets/Scripts/InterlevelGateCurtainController.cs

El resto de los métodos de CurtainController para abrir y cerrar la mampara son similares a `OpenGate()`, pero cambiando la velocidad utilizada y la señal enviada a la máquina de estados para avisar de la finalización de la operación.

CurtainController vigila la FSM del prefab desde el `FixedUpdate()` y reacciona a los cambios de estado:

```
protected virtual void FixedUpdate()
{
    UpdateTimerCounter();
    ReactToStateChanges();
}
```

Listado 12.7: Fragmento de Assets/Scripts/CurtainController.cs

```
247 /// <summary>
248 /// At state changes trigger iron curtain movement methods.
249 /// </summary>
250 private void ReactToStateChanges()
251 {
252     if (StateHasChanged())
253     {
254         CurrentState = GateStatus.CurrentState;
255         ReactToNewState(GateStatus.CurrentState);
256     }
257 }
```

Listado 12.8: Fragmento de Assets/Scripts/CurtainController.cs

La manera de reaccionar a los cambios de estado dependerá de cada puerta en particular, y por eso CurtainController define como abstracto al método `ReactToNewState()` (al que llama en la línea 255 del listado 12.8):

```
/// <summary>
/// Take and action depending on new state.
/// </summary>
/// <param name=''newState''>New state.</param>
protected abstract void ReactToNewState(T newState);
```

Listado 12.9: Fragmento de Assets/Scripts/CurtainController.cs

Por ejemplo, la puerta de rastrillo implementa de la siguiente manera el método `ReactToNewState()`:

```
88  protected override void ReactToNewState(PortcullisStatus.PortcullisStates newState)
89  {
90      switch (newState)
91      {
92          case PortcullisStatus.PortcullisStates.Opening:
93              OpenGate();
94              break;
95          case PortcullisStatus.PortcullisStates.ClosingFast:
96              closeGateFast();
97              break;
98          case PortcullisStatus.PortcullisStates.ClosingSlow:
99              CloseGateSlowly();
100             break;
101         case PortcullisStatus.PortcullisStates.Open:
102             setGateOpen();
103             break;
104         case PortcullisStatus.PortcullisStates.Closed:
105             SetGateClosed();
106             break;
107     }
108 }
```

Listado 12.10: Fragmento de Assets/Scripts/IronCurtainController.cs

Mientras que la implementación de la puerta de cambio de nivel es diferente por tener menos estados:

```
23  protected override void ReactToNewState(InterlevelGateStatus.GateStates newState)
24  {
25      switch (newState)
26      {
27          case InterlevelGateStatus.GateStates.Opening:
28              OpenGate();
29              break;
30          case InterlevelGateStatus.GateStates.ClosingFast:
31              closeGateFast();
32              break;
33          case InterlevelGateStatus.GateStates.Open:
34              setGateOpen();
35              break;
36          case InterlevelGateStatus.GateStates.Closed:
37              SetGateClosed();
38              break;
39      }
40  }
```

Listado 12.11: Fragmento de Assets/Scripts/InterlevelGateCurtainController.cs

Si te estás preguntando cómo se implementa que la puerta empiece a cerrarse pasado un tiempo, se hace dentro del método `setGateOpen()`, al que se llama en la línea 102 del listado 12.10 y en la línea 34 del listado 12.11.

```
/// <summary>
/// Open portcullis at once.
/// </summary>
public void setGateOpen()
{
    setOpening(1.0f);
    if (autoClose) StartCoroutine(AutoClose());
}

/// <summary>
/// Coroutine to close the portcullis after autoclose waiting time.
/// </summary>
private IEnumerator AutoClose()
```

```
225 {
226     yield return new WaitForSeconds(autoCloseWaitingTime);
227     if (IsOpen())
228         stateMachine.SetTrigger(''Close'');
229 }
```

Listado 12.12: Fragmento de Assets/Scripts/CurtainController.cs

Como se puede ver en el listado 12.12, `setGateOpen()` deja lanzada la rutina `AutoClose()`, en caso de que hayamos configurado el campo `autoClose` a verdadero (línea 218).

La corrutina espera el tiempo que hayamos configurado en el campo `autoCloseWaitingTime` para la activación del cierre automático (línea 226) y pasado ese tiempo señala a la máquina de estados que ya es hora de cerrarse (línea 228).

12.6. Animaciones de propiedades

Aunque lo primero que uno aprende es a cambiar la propiedad Sprite para mostrar animaciones visuales, lo cierto es que los Animation Clip de Unity pueden modificar casi cualquier propiedad del prefab a lo largo de la ejecución de la animación. De hecho, hay gente que hubiera resuelto la apertura de puertas planteada en la sección 12.5 usando sólo Animation Clips. Quizás no hubiera sido una solución tan genérica pero probablemente habría funcionado.

Por ejemplo, he usado esa capacidad de modificar propiedades en el prefab de la espada que se recoge en el primer nivel (`Assets/Prefabs/Pickables/Sword`).

Si abrimos la máquina de estados que ese prefab incluye en su GameObject Appearance, veremos el grafo de la figura 12.10 y podremos examinar sus distintos estados e ir abriendo sus animaciones asociadas en la pestaña Animation.

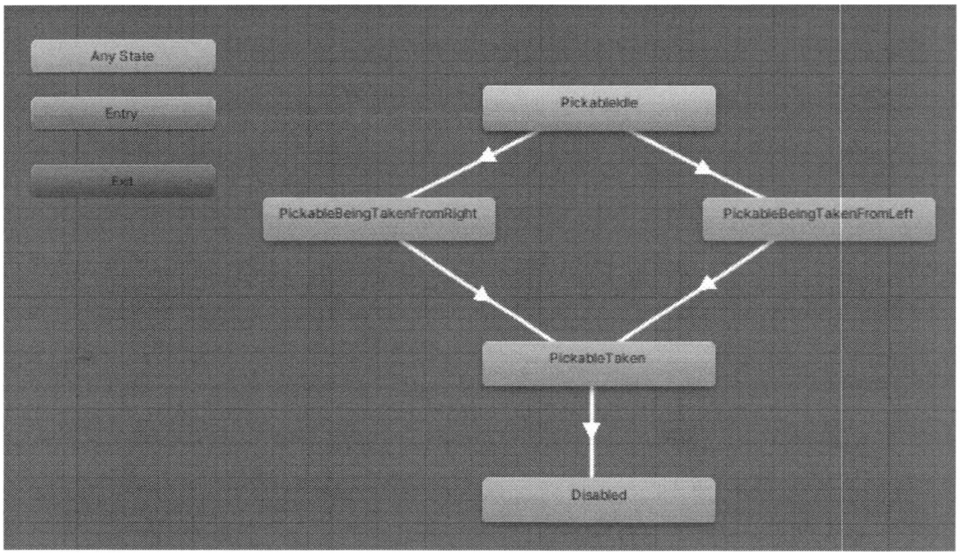

Figura 12.10: Máquina de estados de la espada.

Para eso te recomiendo que configures el interfaz del editor para que se vea esta pestaña y la de Animator al mismo tiempo. Recuerda que para abrir una animación en la pestaña Animation debes usar el combo del toolbar que hay en la zona superior izquierda de dicha pestaña. Recuerda también que el prefab Sword utiliza un mecanismo de reutilización denominado *Animator Controller Override*, que se ve con detalle en el capítulo 24, y que hace que las animaciones que veas en cada uno de los estados en realidad se refieran a los de la columna Override de la figura 12.11.

Según lo anterior, el estado PickableIdle de la espada usa la animación SwordIdle. Si la abrimos en la pestaña Animation veremos una configuración como la de la figura 12.12.

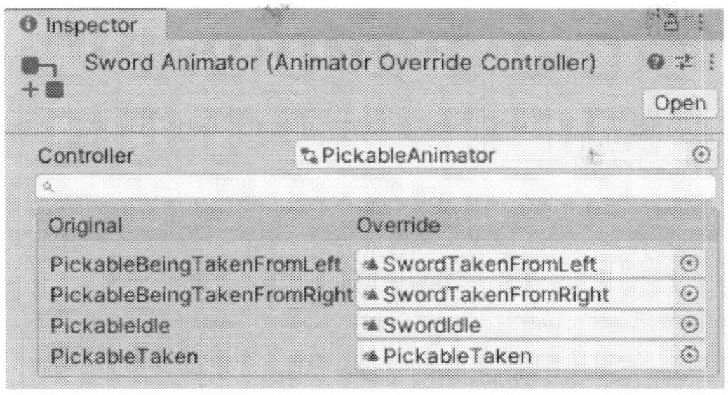

Figura 12.11: Animaciones realmente utilizadas en la máquina de estados de la espada.

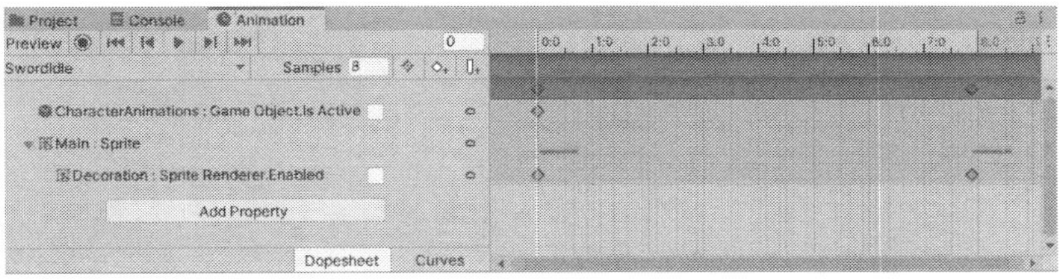

Figura 12.12: Animación SwordIdle.

Fíjate en dicha figura que la animación empieza dejando en falso la propiedad IsActive del GameObject CharacterAnimations. Eso hace invisible el GameObject con los SpriteRenderers encargados de mostrar al protagonista recogiendo la espada.

También deja a falso la propiedad Enabled del SpriteRenderer que muestra el sprite del brillo de la espada. Eso esconde dicho sprite. Sin embargo, si pulsamos en la regleta de la pestaña Animation y arrastramos la línea de tiempo hasta el final de la animación, veremos que la propiedad Enabled vuelve verdadero. Teniendo en cuenta que la animación dura 8 segundos y que se reproduce en bucle, el efecto será que se muestra el sprite del brillo de la espada cada 8 segundos, durante una fracción de tiempo. El efecto es muy similar al brillo de la espada en el juego original.

Ahora vamos a suponer que la máquina de estados recibe aviso de que la espada ha sido recogida y transita al estado PickableBeingTakenFromLeft. En ese caso la animación que activará es SwordTakenFromLeft, cuya configuración se ve en la figura 12.13.

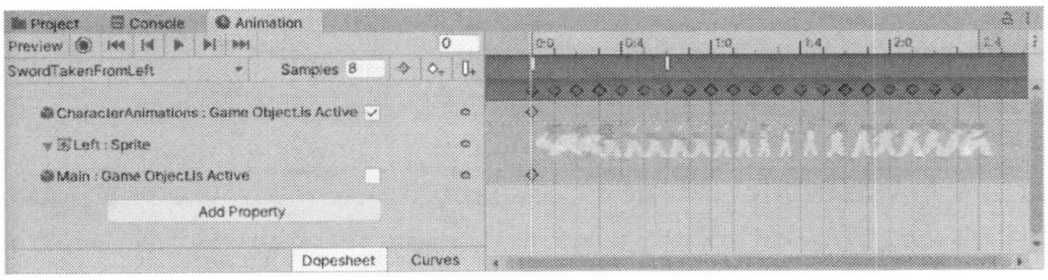

Figura 12.13: Animación SwordTakenFromLeft.

Aquí, la animación hace dos cosas en su primer fotograma: oculta el GameObject con el SpriteRenderer que mostraba la espada y muestra el GameObject con el SpriteRenderer donde se van a mostrar los sprites de la animación.

En el segundo fotograma se empiezan a mostrar sprites en el SpriteRenderer hecho visible en el fotograma anterior.

Si la máquina de estados hubiera caído en el de PickableBeingTakenFromRight la animación habría sido prácticamente la misma, con la salvedad de que el SpriteRenderer donde se mostrarían los sprites de la animación tiene activada la propiedad Flip-X para hacer que los sprites se muestren mirando hacia la izquierda.

Una vez que la animación de recogida finaliza, se pasa al estado PickableTaken. Ese estado reproduce la animación PickableTaken, cuya configuración puede verse en la figura 12.14.

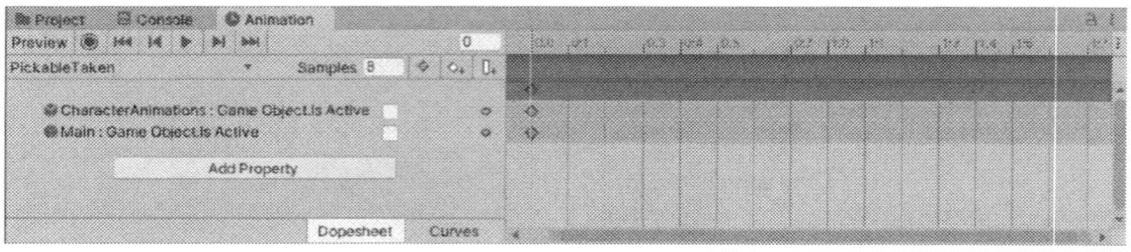

Figura 12.14: Animación PickableTaken.

Esta animación vuelve a hacer invisible al GameObject que contiene los SpriteRenderers para mostrar las animaciones de recogida y mantiene invisible al GameObject con el SpriteRenderer que mostraba la imagen de la espada.

Con esto finaliza nuestro ejemplo sobre cómo manipulan propiedades las animaciones de la espada. Es cierto que todas estas modificaciones se podrían hacer a través de código, pero hacerlo dentro de los AnimationClip permite sincronizar de manera más sencilla la parte visual con el momento del cambio de valor de las propiedades. Hacer esa sincronización por código podría ser muy complicado o incluso imposible.

A la hora de hacer tus propias animaciones tienes dos maneras de incluir modificaciones de propiedades:

- Se puede añadir la propiedad a la pestaña Animation usando el botón Add Property. Después de pulsaríamos en la regleta para desplazar la línea de tiempos al punto donde modificaremos la propiedad. Al llegar a ese punto pulsaremos con el botón derecho de ratón sobre la pista de la propiedad y elegiremos Add Key. Se generará un punto en la línea de tiempos de la propiedad. Deberemos seleccionar el punto (se pondrá azul) y entonces podremos editar su valor en la pestaña Animation. Si movemos la línea de tiempos adelante y atrás del punto veremos cómo el valor de la propiedad cambia cada vez que alcanza el punto.

- La otra opción es pulsar el botón rojo que hay en el toolbar de la pestaña Animation. Eso pondrá en rojo la regleta de tiempo para señalar que estamos en modo grabación. A partir de ese momento podremos mover la línea de tiempo a ir cambiando los valores de las propiedades directamente en el inspector. Las propiedades que ya están incluidas en la animación se resaltarán en rojo en el inspector para que las distingamos fácilmente. Sin embargo, la principal ventaja de este método es que si pulsamos en el inspector una propiedad que no esté en rojo, se incluirá inmediatamente en la pestaña Animation junto con un nuevo punto en la línea de tiempos. A partir de ese momento, la propiedad recién añadida también se mostrará en rojo en el inspector. Cuando hayamos acabado las modificaciones en los distintos puntos de la línea de tiempo deberemos volver a pulsar el botón rojo para finalizar la grabación.

Una de las aplicaciones más útiles de las animaciones de propiedades es para crear curvas de animación. En el capítulo 9 vimos cómo crear estas en el inspector y cargar sus valores en nuestros scripts. Otra manera de crearlas es usando el sistema de animación de propiedades para cambiar gradualmente el valor de una propiedad numérica de un script.

A modo de ejemplo he usado este sistema para implementar la reducción gradual de velocidad que se produce al derrapar. Cuando el protagonista está corriendo en una dirección y decide ir hacia la contraria realiza un derrape en el que reduce gradualmente su velocidad hasta detenerse, momento en el que empieza a correr en sentido contrario.

Para hacerlo, he incluido el script `Assets/Scripts/SpeedForwarder.cs` junto al componente Animator del protagonista (`Assets/Prefabs/Characters/Prince`) en el GameObject Appearance.

```
5  public class SpeedForwarder : MonoBehaviour
6  {
7      [Header(''WIRING:'')]
8      [Tooltip(''Used to link animation speed curves to speed float values at
           MovementProfile.'')]
9      [SerializeField] CharacterMovement characterMovement;
10
11     [Header(''DEBUG:'')]
12     [Tooltip(''Show this component logs on console window.'')]
13     [SerializeField] private bool showLogs;
14
15
16     // Value from 0 to 1. This value is set by current animation curve and is
           multiplied
17     // with this state maximum movement speed.
18     // Not every animation set this value through an animation curve, only those that
           have
19     // a non constant movement speed value along its frames.
20     [HideInInspector]
21     [SerializeField] private float currentSpeedProportion;
22
23     private MovementProfile _movementProfile;
24
25     private void Awake()
26     {
27         _movementProfile = characterMovement.CharacterMovementProfile;
28     }
29
30     private void FixedUpdate()
31     {
32         _movementProfile.CurrentSpeedProportion = currentSpeedProportion;
33         this.Log($''(SpeedForwarder - {transform.root.name}) Current speed proportion
               {currentSpeedProportion} and movement profile speed proportion {
               _movementProfile.CurrentSpeedProportion}'', showLogs);
34     }
35 }
```

Listado 12.13: Fragmento de Assets/Scripts/SpeedForwarder.cs

En el listado 12.13 se puede ver que SpeedForwarder modifica el valor de la propiedad `CurrentSpeed Proportion` del MovementProfile del protagonista, en cada `FixedUpdate()`, asignándole el valor de su campo `currentSpeedProportion` (línea 32). Esta propiedad se usa luego en MovementProfile para graduar proporcionalmente la velocidad del estado actual. Si la propiedad tiene valor 1, entonces se emplea toda la velocidad que le toque al estado, mientras que si la propiedad se reduce a 0, también lo hace la velocidad.

Por lo tanto, para implementar la reducción gradual de velocidad del derrape, lo que tenemos que hacer es que el valor de `currentSpeedProportion` pase de 1 a 0, según la curva de desaceleración que deseemos. Esa reducción de valor la haremos desde la animación del derrape.

Si abrimos la animación del derrape, TurnBackRunning, veremos que anima dos propiedades: el sprite del protagonista, para mostrar la parte visual de la animación, y luego el valor de CurrentSpeedProportion del script SpeedForwarder.

Se puede ver el aspecto de la animación en la figura 12.15.

Como el resto de las animaciones de propiedades, he añadido la propiedad CurrentSpeedProportion usando el botón Add Property de la pestaña de animación.

De igual manera, podríamos añadir los campos o propiedades de cualquier otro script que se encuentre en el mismo GameObject del Animator, siempre y cuando dichos campos estén marcados con el atributo `[SerializeField]`. Esa es la razón por la que el campo `currentSpeedProportion` se marca con ese atributo en la línea 21 del listado 12.13. Sin embargo, marcar el campo con ese atributo tiene el efecto colateral de que lo hace editable en el inspector, cosa que a mí no me interesaba porque quería que sólo

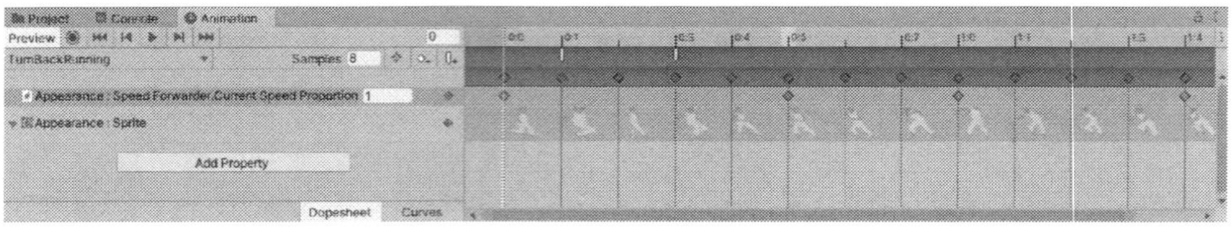

Figura 12.15: Animación del derrape.

se pudiese cambiar el valor desde la animación. Así que para resolver el problema complementé el campo con el atributo `[HideInInspector]`, que lo que hace es precisamente evitar que el campo al que decora aparezca en el inspector.

Una vez añadida la propiedad del script, debemos añadir puntos a su línea de tiempo (mediante el Add Key que veíamos antes) en aquellos fotogramas que queramos usar como referencia.

Hecho eso, podemos hacer dos cosas: o bien mover la línea de tiempos de la pista de animación hasta cada uno de los puntos clave y cambiar en cada uno de ellos el valor de CurrentSpeedProportion, o bien podemos usar curvas. Te recomiendo lo segundo porque así podremos editar las pendientes de transición entre unos puntos clave y otros.

Para ello, tienes que pulsar la pestaña Curves, dentro de la de Animation. La pestaña Curves te permite editar la forma de la curva de evolución de valores numéricos, entre los diferentes puntos de la línea de tiempos. De esta manera, podrías hacer líneas escalonadas si quisieras que los valores cambiaran de repente al llegar a sus puntos en la línea de tiempo, o bien podrías usar líneas redondeadas para hacer que los valores cambiasen más gradualmente.

En el caso de CurrentSpeedProportion, la pestaña Curves tiene el aspecto de la figura 12.16.

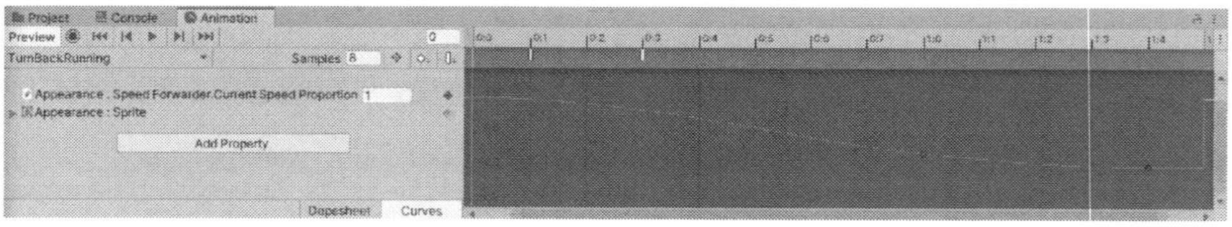

Figura 12.16: Curva de animación del derrape.

En esa pestaña, puedes pinchar en cada uno de los puntos clave y desplazarlos verticalmente. Eso cambiará su valor en ese punto. También puedes editar sus tangentes para definir la pendiente de la curva entre puntos. Por defecto, la configuración de tangentes es de tipo lineal, pero si pulsas con el botón derecho en cualquiera de los puntos claves te saldrá una ventana en la que podrás cambiar el comportamiento de las tangentes en ese punto.

En mi caso, he dejado el comportamiento de tangentes por defecto y he configurado sus valores y los de los puntos intermedios para que el valor del campo descienda de 1 a 0 suavemente a lo largo de la animación.

De esta manera, siempre que se ejecute la animación de derrape, el valor de `currentSpeedProportion`, del script SpeedForwarder, se reducirá de 1 a 0, de manera sincronizada con la animación. Lo que hará, a su vez, que se reduzca de 1 a 0 la propiedad `CurrentSpeedProportion` de MovementProfile, haciendo que el protagonista reduzca su velocidad hasta pararse.

12.7. Eventos de animación

En la sección anterior vimos cómo sincronizar cambios en las propiedades del prefab con la animación en curso. Sin embargo, ¿cómo podemos sincronizar llamadas a nuestros scripts con dichas animaciones? Ahí es donde acuden al rescate los *eventos de animación* (Animation Events para Unity). Gracias a ellos podemos, por ejemplo, llamar a un método de reproducción del sonido de pisada justo en el fotograma en el que el personaje pisa en el suelo o reproducir el sonido de choque de espadas justo en el fotograma de bloqueo de estas. También podemos sincronizar la activación de efectos visuales, emisores de partículas, avisar al resto de objetos a través del bus de eventos... las posibilidades son infinitas.

Los eventos de animación se configuran en los Animation Clip. Igual que podemos añadir puntos de animación de propiedades pulsando con el botón derecho del ratón sobre la pista de esa propiedad en la línea de tiempos, si hacemos lo mismo en la pista de más arriba (la que está justo debajo de la regleta) nos dará la opción de Add Animation Event. Si la elegimos aparecerá un símbolo, parecido a un marcapáginas diminuto, en el fotograma seleccionado.

Al seleccionar el símbolo, en el inspector aparecerá un combo que nos permitirá seleccionar cualquiera de los métodos públicos de los scripts que estén en el mismo GameObject que el componente Animator del prefab. Los scripts que estén en otros GameObject del prefab, aunque sean hijos del que tiene el Animator, no aparecerán listados en el combo. Esto ha resultado una limitación importante al desarrollar *Prince of Unity* dado que he ordenado los scripts de los prefabs en jerarquías de GameObjects, lo que provocaba que en la mayor parte de los casos quisiera acceder a métodos de scripts que no estaban junto al componente Animator. Para resolver esa problemática he puesto scripts proxy (o intermediarios) junto al componente Animator. Esos scripts proxy ofrecen métodos públicos a las animaciones y por dentro llaman a su vez a los métodos de otros scripts del prefab. En esta sección veremos un ejemplo de esto.

Veamos como ejemplo el mencionado de las pisadas. Sigue por favor los mismos pasos que yo, para estar seguros de que veas lo mismo que te voy a mostrar en las capturas. Ya te he contado que el interfaz de Unity no es precisamente intuitivo con las animaciones, así que si no sigues estos pasos lo que veas puede ser distinto a lo que yo te enseñe.

1. Abre el prefab `Assets/Prefabs/Characters/Prince`.
2. Abre la pestaña Animation.
3. Selecciona el GameObject Appearance del prefab Prince.
4. En la pestaña Animation selecciona la animación Running, en el combo del toolbar de la esquina superior izquierda.

Con la animación abierta de esa manera deberías ver algo similar a la figura 12.17, salvando la parte derecha del inspector, la cual no saldrá hasta que elijamos uno de los eventos de animación.

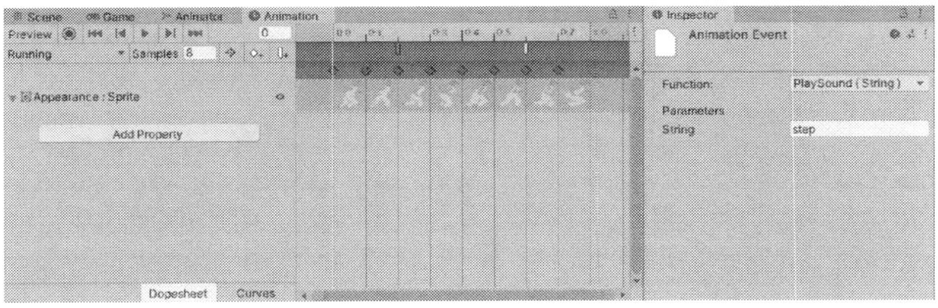

Figura 12.17: Eventos de animación de Running.

Como puedes ver en la figura 12.17, la animación cuenta con dos eventos: uno en el tercer fotograma y otro en el séptimo[2]. Son precisamente los fotogramas en los que el personaje apoya el pie en el suelo. En la figura he seleccionado el primer evento para que se vea el combo de selección de método en el inspector. En este caso, de las opciones que ofrecía el combo, he elegido el método `PlaySound()` y le he dado la cadena que necesitaba como parámetro (*"step"*). Si seleccionas el evento del séptimo fotograma verás que hace exactamente lo mismo. De esta manera el sonido de pisada se producirá justo en el momento en que el personaje apoye el pie principal en el suelo.

[2] El primero está seleccionado, así que está sombreado y puede que en la copia impresa no se vea bien.

¿De dónde viene `PlaySound()`? Si en el prefab Prince abres el GameObject Appearance verá que, además del componente Animator, tiene el script proxy 🗀 `Assets/Scripts/AnimationsEventsForwarder.cs`. Al examinar la configuración en el inspector de ese script verás que tiene referencias a scripts de otros GameObjects del prefab. Esas referencias son las que usará para reenviar las llamadas que reciba de las animaciones. Siguiendo nuestro ejemplo, fíjate que una de las referencias es `soundController`, el componente de tipo SoundController que usamos para emitir sonidos (tal y como se ve en el capítulo 13). Si abrimos el script, y buscamos `PlaySound()` entre todos los métodos públicos que ofrece, comprobaremos que ese método se limita a ser un reenviador hacia `soundController`.

```
public void PlaySound(string soundName)
{
    soundController.PlaySound(soundName);
}
```

Listado 12.14: Fragmento de Assets/Scripts/AnimationsEventsForwarder.cs

Los otros métodos del script usan sus respectivas referencias para hacer exactamente lo mismo. De esta manera podemos llamar a métodos de cualquier GameObject del prefab desde los eventos de nuestras animaciones.

A la hora de añadir eventos a nuestros fotogramas no hay problema en que añadas varios al mismo, aunque a veces deber tener buena vista para distinguirlos en la pista de eventos. El primer evento suele tener un signo de marcapáginas muy evidente, pero los siguientes pueden tener un signo más pequeño que a veces, según el zoom que tengamos configurado para la línea de tiempo, puede superponerse con el símbolo del primer evento. Por ejemplo, en la figura 12.18 puedes ver los eventos de la animación AttackWithSword, del prefab Prince.

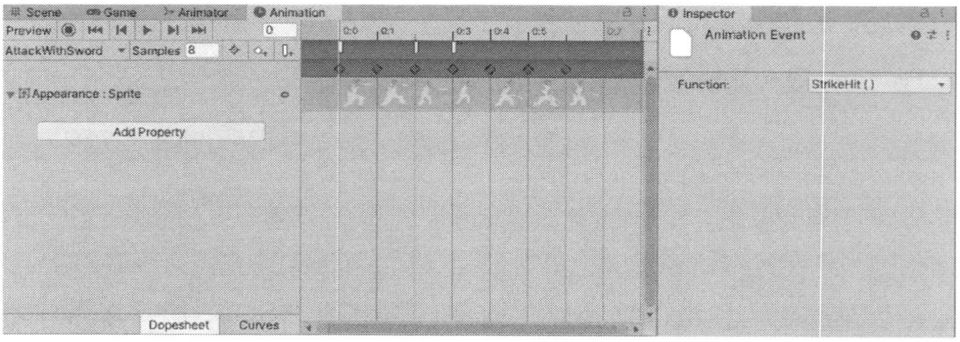

Figura 12.18: Eventos de animación de AttackWithSword.

En dicha animación hay 4 eventos: en el primer fotograma, en el tercero y dos en el cuarto. La función de esos eventos se verá en el capítulo 23, por ahora basta con saber que existen y entender cómo se crean y se muestran en el editor.

Fíjate que el símbolo del segundo evento del cuarto fotograma es considerablemente más pequeño que el primero. Te lo he señalado en la figura para facilitar que lo puedas ver.[3]

> Desgraciadamente no puedes aumentar el tamaño del símbolo de los eventos secundarios de un fotograma, pero sí puedes aumentar su separación aumentando el zoom de la línea de tiempos. Así al menos no se apelotonarán unos sobre otros y se distinguirán mejor.

Pocas cosas hay que rompan tanto la inmersión de un juego como percibir que los sonidos, los efectos o el funcionamiento mismo del juego se desacompasan con las animaciones de lo que hacen los personajes. A la hora de cerrar esta sección quiero que te quedes con la idea de que los eventos de animación son un

[3] Aunque dependiendo de la resolución final de la versión impresa de este libro, lo mismo ni con esas consigues distinguirlo. En ese caso, mi consejo es que abras la animación en el editor.

mecanismo tremendamente potente para evitar este problema, al permitirte sincronizar el funcionamiento de tus scripts con el desarrollo de las animaciones que le muestres al usuario.

Si quieres ver en qué otros casos he usado este mecanismo, lo puedes encontrar en los siguientes scripts:

- `Assets/Scripts/ClimbableAnimationEventsForwarder.cs`: Usado en las animaciones de escalada y descenso del protagonista por cornisas. Tienes más detalles de este proceso en el capítulo 23.
- `Assets/Scripts/FallingGroundAnimationEventsForwarder.cs`: Se usa, entre otras cosas, para hacer emitir sonido cuando las baldosas sueltas vibran.
- `Assets/Scripts/PickableEventsForwarder.cs`: Se añade a los objetos recogibles para disparar los efectos visuales o los sonidos en el momento justo en el que se recoge la espada o se bebe la poción.
- `Assets/Scripts/TrapAnimationEventsForwarder.cs`: Se usa para emitir sonidos en el mismo momento en el que las cuchillas se cierran o que los pinchos salen.

CAPÍTULO

13 Sonido

Cuando pensamos en las distintas facetas del desarrollo de un juego, es probable que el sonido no sea una de las primeras que nos vengan a la cabeza. Sin embargo, se trata de una de las partes más importantes si queremos hacer un juego realmente inmersivo. Un simulador, un FPS o un juego de acción no son lo mismo si el sonido no está bien trabajado.

Por ese motivo, Unity tiene un conjunto muy amplio de componentes para configurar el sonido de un juego. Con esos componentes podemos configurar sonido envolvente 3D, simular efectos sonoros como el eco y mezclar múltiples fuentes.

En realidad, las posibilidades son tan amplias que por sí mismas requerirían varios capítulos en cualquier libro que pretendiese cubrir todo este ámbito.

Sin embargo, este no es nuestro caso. El juego original en el que se basa *Prince of Unity* tenía un esquema de sonido que a día de hoy sería muy simple. Dado que uno de los objetivos de *Prince of Unity* era ser fidedigno al original, pero no sobrepasarlo para asegurar que lo terminase en un tiempo razonable, me he limitado a una configuración de sonido del juego muy básica.

Aún así, esa configuración es más que suficiente para un texto introductorio como este. Por eso, la estudiaremos con detalle a lo largo de este capítulo. Con lo que veremos te bastará para dotar de sonido a cualquier juego indie que quieras crear.

13.1. Ficheros de sonido

Unity puede importar ficheros de audio de la misma manera que las imágenes del capítulo 8. No tienes más que arrastrar el fichero de audio desde el explorador de archivos de tu sistema operativo, hasta la pestaña `Project` del editor. Al hacerlo se creará un asset denominado *AudioClip*.

Puedes importar los siguientes formatos de audio:

- AIFF
- WAV
- MP3
- OGG

> También puedes importar módulos tracker, para generar melodías en tiempo real, a partir de muestras de sonido de diferentes instrumentos. Sin embargo, en este libro no hablaremos de eso.

Una vez importado el sonido, el AudioClip no almacena sus datos. En vez de eso, el AudioClip lo que contiene es un puntero a esos datos y un conjunto de opciones acerca de cómo cargarlos en memoria al ejecutar el juego. Eso te permite configurar que determinados sonidos cortos, livianos y frecuentemente usados se mantengan en memoria todo el tiempo, mientras que otros sonidos más pesados y esporádicos se carguen sólo bajo demanda o incluso gradualmente cuando se aproxime el momento de reproducirlos.

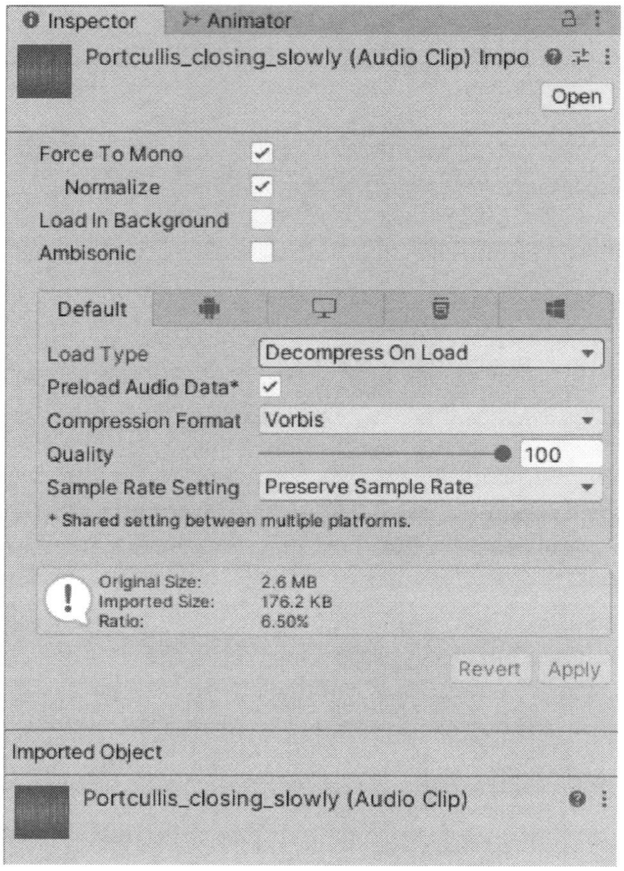

Figura 13.1: Configuración de un AudioClip.

He incluido los AudioClip utilizados por el juego en la carpeta `Assets/Sounds`. Si abres cualquiera de ellos verás que cuentan con los siguientes parámetros de configuración:

- *Force to mono*: Te permite reducir los dos canales de un sonido típico estéreo a un único canal. Para sonidos muy sencillos, puede tener sentido para reducir su tamaño. Sonidos como `Assets/Sounds/Portcullis/portcullis_closing_slowly` pasan de 0,6 MB a 176,2 KB, al dejarlo en mono. A pesar de que el juego original era monocanal, me ha dado la sensación (muy subjetiva) de que al cambiar los sonidos a mono perdían calidad. Además, en el caso de *Prince of Unity* el tamaño de los sonidos del juego era tan insignificante, comparado con otras cosas, que no me he complicado la vida usando esta opción.

- *Load in Background*: Los sonidos marcados con esta opción se cargarán poco a poco en un hilo de ejecución separado del principal. Es muy útil para cargar sonidos grandes, como por ejemplo músicas, sin que se note ralentización en el juego.

- *Ambisonic*: Cuando se marca esta opción, Unity intepretará el clip como un sonido posicional 3D. Es una opción muy usada en juegos de realidad virtual y aumentada.

Debajo de esos parámetros vienen una serie de pestañas enfocadas a personalizar el tratamiento del sonido en las distintas plataformas en las que se puede ejecutar Unity. La primera pestaña, la de Default, define la configuración por defecto para todas las plataformas. A partir de esa, el resto de pestañas definen excepciones a la configuración por defecto, para plataformas específicas como Android, Windows, Linux, HTML5 o UWP.

En dichas pestañas se pueden configurar los siguientes parámetros:

- *Load Type*: Define cómo se carga el sonido en memoria. Si se elije `Decompress on Load`, el audio se descomprimirá al cargarse en memoria dejándolo como datos PCM. Esta opción libera a la CPU de la carga de descomprimir el sonido cada vez que haya que reproducirlo, pero por contra consume más memoria. La opción `Compressed in Memory` mantiene el sonido comprimido en memoria, lo que reduce la carga sobre la misma pero la incrementa sobre la CPU al obligar a descomprimir el sonido cada vez que vaya a reproducirse. Mantener un sonido comprimido en memoria puede tener sentido para sonidos largos que no se estén reproduciendo constantemente ni de manera instantánea. La última opción es `Streaming` y permite ir leyendo el sonido poco a poco del disco lo que reduce la carga tanto de la memoria como de la CPU, aunque la aumenta en los accesos a disco, lo que puede introducir latencias. Lo mejor es usar esta última opción en caso de bandas sonoras o sonidos extremadamente largos.

- *Preload Audio Data*: Si se marca, el sonido se cargará en memoria al arrancar el juego. Esto permite reducir la latencia a la hora de reproducir el sonido, ya que se leerá directamente de la memoria. Sin embargo, si hay que precargar muchos sonidos de esta manera, puede prolongarse el tiempo de arranque del juego y la carga de memoria de este. En mi caso, yo lo he dejado marcado, porque los sonidos que usa *Prince of Unity* son tan pequeños que su precarga no alarga el arranque del juego ni se nota en memoria.

- *Compression Format*: Define cómo guardar el sonido una vez importado. `PCM` es el equivalente a guardar el sonido en crudo sin comprimir. Ofrece la mayor calidad con el coste de un mayor consumo de almacenamiento y carga de memoria. `Vorbis` es un formato de compresión con pérdidas que ofrece buena calidad y un buen ratio de compresión. Te recomiendo este último si piensas publicar tu juego en Linux. `ADPCM` es otro algoritmo de compresión con pérdidas, pero su compresión no es tan alta como la de Vorbis. `MP3` es otro algoritmo de compresión con pérdidas que tiene una calidad similar a la Vorbis, aunque su compatibilidad sigue siendo menor que la de este. Mi recomendación es que fijes siempre Vorbis para las músicas y los diálogos. Por su parte, te recomiendo PCM para efectos sonoros cortos. Sólo deberías usar ADPCM con efectos sonoros cortos que tuvieran ruido (como choques o explosiones), ya que el algoritmo de compresión que usa deja trazas que se pueden notar en sonidos puros.

- *Quality*: En el caso de que elijas un algoritmo de compresión con pérdidas te saldrá este slider. Fijarlo a 1 maximizará la calidad del sonido comprimido aunque aumentará también el tamaño de dicho sonido. Dejarlo en 0 reducirá al máximo el tamaño del sonido pero empeorará su calidad. En este caso, me temo que nadie te librará de hacer "prueba y error" hasta que encuentres el valor que más te convenza.

- *Sample Rate Setting*: A la hora de reproducir el sonido, este se muestrea. Un régimen de muestreo más laxo puede permitir un menor consumo de recursos, pero ofrecerá un sonido resultante mucho peor. Aún así puede interesarte si el sonido va a reproducirse en una plataforma con recursos limitados. Si elijes `Preserve Sample Rate` se conserva la calidad del sonido original aunque aumentará el uso de recursos. Con `Optimize Sample Rate` el muestreo se adaptará dinámicamente al rendimiento de la plataforma donde estemos ejecutando el juego. Por último, `Override Sample Rate` te permite fijar manualmente la frecuencia de muestreo. Dado que mis sonidos son pequeños y que *Prince of Unity* está pensado para PC, el consumo de recursos no es un problema, así que he optado por mantener la calidad del sonido original.

Para *Prince of Unity* lo he configurado todo en la pestaña Default. Pero recuerda que puedes definir configuraciones específicas por plataforma, seleccionando su pestaña, marcando la opción *Override for...* y fijando los parámetros particulares de esa plataforma.

Una vez que hayamos configurado nuestro AudioClip, no te olvides de pulsar el botón de Apply para que se guarden los cambios.

13.2. Emisores

Una vez que ya hayas importado todos tus sonidos, querrás que suenen en las escenas de tu juego. Para ello necesitas que los GameObject que vayan a emitir sonidos cuenten con el componente *AudioSource*.

Un AudioSource reproduce un sonido[1] desde la posición de un GameObject. Lo de la posición es importante porque, si utilizamos un sistema de altavoces con 2 canales (estéreo) o más (2.1, 5.1 o 7.1), la posición del GameObject se utilizará para ponderar por qué altavoz se reproducirá con más fuerza el sonido, creando una mayor sensación de inmersión.

Dado que hay que añadir un AudioSource a cada uno de los elementos que pueden emitir sonidos, yo lo he añadido a múltiples prefabs de *Prince of Unity:* al protagonista, sus enemigos, a las trampas, a las puertas, los interruptores e incluso a los objetos recogibles o a las baldosas que se caen. De hecho, la presencia de los AudioSource es tan frecuente que he creado un prefab con dicho componente, para simplificar su uso y configuración en otros prefab. El prefab en cuestión es 🗀 `Assets/Components/SoundEmitter` y contiene un único GameObject con el AudioSource y con un script para poder controlar la reproducción de sonidos desde el código (🗀 `Assets/Scripts/SoundController.cs`).

Como se puede ver en la figura 13.2, este componente tiene múltiples parámetros de configuración. A través de ellos podemos aplicar efectos al sonido de base de los AudioClip. Estos parámetros son:

- *Audio Clip*: Aquí se pondría la referencia al AudioClip que quisiéramos hacer sonar con este AudioSource. En mi caso, el prefab SoundEmitter deja este campo en blanco porque su valor se fija desde el script SoundController del mismo GameObject.

- *Output*: Si se deja en blanco el sonido se emitirá directamente a la escena, pero también se le puede meter un *AudioMixer*. Este último permite reproducir varios sonidos simultáneamente aplicándoles efectos conjuntos. No lo he usado en este juego y tampoco lo voy a cubrir aquí.

- *Mute*: Sirve para enmudecer el sonido reproducido por este componente. Si quisieras callar una reproducción en curso desde el código podrías usar esta propiedad.

- *Bypass Effects*: Cuando se marca, se anula cualquier efecto que se hubiera configurado en este componente y se emitirá el sonido tal cual.

- *Bypass Listener Effects*: Similar al anterior, pero lo que anula son los efectos configurados en el AudioListener.

- *Bypass Reverb Zones*: Un *ReverbZone* es un componente que nos permite aplicar efectos de reverberación y eco a los AudioSources que se encuentren en un área concreta de la escena. Este parámetro permite anular el efecto de los ReverbZone que atraviese el AudioSource.

- *PlayOnAwake*: Si se marca, el sonido de este AudioSource empezará a reproducirse en cuanto arranque la escena.

- *Loop*: Si se marca, el sonido comenzará de nuevo al llegar a su final. Si sólo quieres que suene una vez, no tienes más que desmarcarlo.

[1] O, más concretamente, un AudioClip.

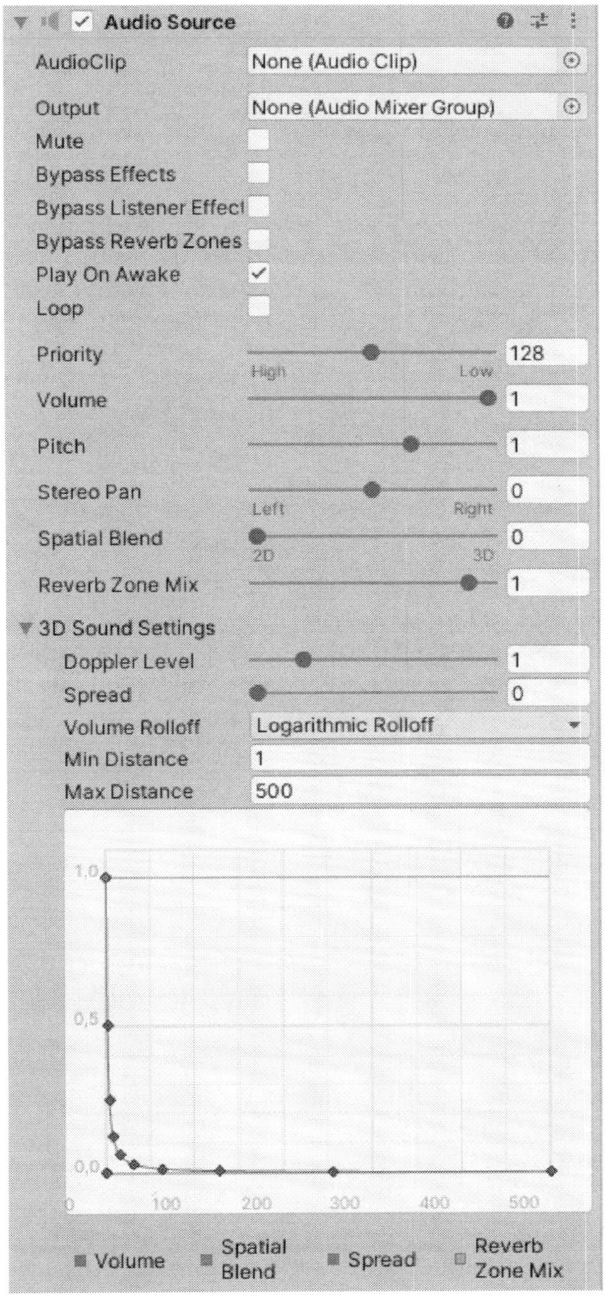

Figura 13.2: Configuración de un AudioSource.

- *Priority*: Determina la importancia de este AudioSource cuando hay más sonidos reproduciéndose simultáneamente que canales disponibles. Un valor de 0 le dará al AudioSource la máxima prioridad, lo que significará que, en caso de congestión de canales, a este AudioSource siempre se le asignará un canal de audio, incluso parando otro sonido que ya lo estuviera usando. Ajustar esta prioridad es una manera de asegurar que los sonidos más importantes del juego, como los diálogos, se reproduzcan siempre mientras que otros menos importantes puedan ser cancelados en caso de que los prioritarios necesiten canales.

- *Volume*: Como su nombre indica, permite fijar el volumen relativo de este AudioSource frente a otros. Un valor de 1 marca el máximo volumen. Con este parámetro puedes fijar que sonidos ambientales (como grillos o ranas) se oigan más bajo que otros sonidos de primer plano (como los diálogos).

- *Pitch*: Sirve para variar el tono y la velocidad del sonido. Si dejamos este valor a 1, el sonido se reproducirá a su velocidad normal, mientras que un valor de 3 lo reproducirá a máxima velocidad. Por debajo de 1 el sonido se reproducirá más lentamente. Este parámetro puede ser muy útil, por ejemplo, para ralentizar los sonidos en una escena de tiempo-bala.

- *Stereo Pan*: Sirve para forzar manualmente la ponderación de canales estéreos. Si lo dejas en 0 el sonido se quedará centrado y mostrará la ponderación original. Sin embargo, si ponemos -1, forzaremos que el sonido salga por el altavoz izquierdo. Si usásemos 1, forzaríamos la salida por el canal derecho.

- *Spatial Blend*: Permite graduar el nivel de posicionamiento del sonido. Si usamos un valor de 1, el sonido será completamente espacial y la ponderación entre los canales derecho e izquierdo se calculará a partir de la posición del AudioSource respecto al AudioListener. Un valor de 0 significa que el sonido será plano y sonará igual por ambos canales del estéreo, independientemente de su posición.

- *Reverb Zone Mix*: Define cuánto afectan las ReverbZone a este AudioListener. Un valor de 0 significará que podrá atravesar una ReverbZone sin que se produzca eco, mientras que un valor de 1 significa que se le aplicará el efecto al máximo.

Al final de la configuración, hay una serie de parámetros bajo el título de *3D Sound Settings*. Yo he dejado esta parte en sus valores por defecto ya que, hasta donde sé, sólo tienen sentido en juegos 3D, para mejorar la inmersión del sonido.

- *Doppler Level*: El efecto dopler es el cambio de tono que se produce en un sonido cuando una fuente pasa de acercársenos a alejársenos. Si dejamos a 0 este parámetro, lo desactivaremos, y si lo ponemos en 1, lo dejaremos plenamente activado.

- *Spread*: Define el ángulo del cono de propagación del sonido. Un valor de 0 significa que el sonido se enfoca en una sola dirección, mientras que un valor de 360 significa que el sonido se extiende uniformemente en todas las direcciones.

- *Volume Rolloff*: Define la curva de atenuación del sonido conforme la fuente se aleja de nosotros. Se nos ofrecen dos curvas predeterminadas, `Linear` y `Logarithmic Rolloff`, y si ninguna de esas te vale, puedes usar `Custom Rolloff` para definir tu propia curva.

- *Min-Max Distance*: Definen el rango en el que el volumen de la fuente de sonido se ve afectado por la curva fijada en el parámetro Volume Rolloff. Por debajo de la distancia mínima el volumen del sonido es el máximo, y más allá de la distancia máxima el volumen será cero.

En el caso de *Prince of Unity*, he dejado todos los parámetros de los AudioSource en su valor por defecto, ya que el único que he cambiado es el de AudioClip y lo he hecho desde el script SoundController, situado en el mismo GameObject que el AudioSource.

Como se puede ver en la figura 13.3 la configuración de este script es muy sencilla:

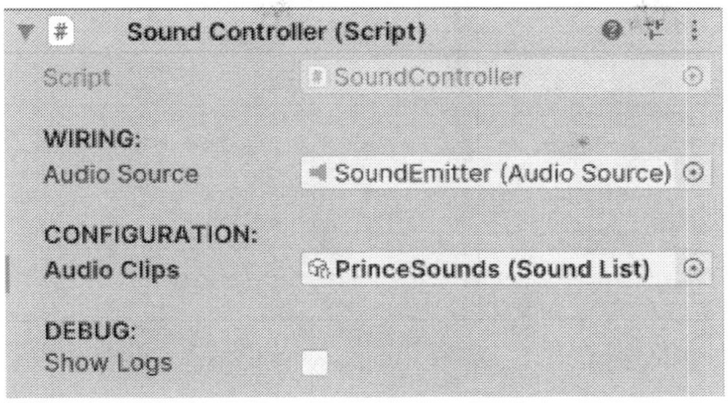

Figura 13.3: Configuración del script SoundController.

Básicamente se le pasa una referencia al AudioSource por el campo `audioSource`, para poder manipularlo desde el código.

Luego, por el campo `audioClips` se le pasa un ScriptableObject de tipo SoundList. Ya expliqué la implementación de SoundList en la sección sobre ScriptableObjects del capítulo 6, así que no la voy a repetir aquí. Este ScriptableObject contiene la lista de sonidos que puede reproducir este AudioSource, ordenados por nombres.

SoundController ofrece dos métodos públicos. Por un lado `getSoundLength()`, que devuelve la duración de un sonido, y que se usa por ejemplo para que las puertas de cambio de nivel sepan cuánto tiempo esperar para dejar que suene toda la canción de cambio de nivel, antes de activar la carga del nuevo escenario. Para eso, se limita a devolver el campo `length` que tiene cualquier AudioClip.

```
/// <summary>
/// Get sound length in seconds.
/// </summary>
/// <param name=''soundName''>Name of sound.</param>
/// <returns>Length in seconds.</returns>
public float getSoundLength(string soundName)
{
    return audioClips[soundName].length;
}
```

Listado 13.1: Fragmento de Assets/Scripts/SoundController.cs

Por otro lado `PlaySound()`, es el método que permite activar la reproducción de un sonido concreto del repertorio del AudioSource, contenido en el campo `audioClips`.

Para no bloquear el juego mientras se reproduce el sonido, lo que hace `PlaySound()` es ejecutar la reproducción en una corrutina.

```
/// <summary>
/// Play given sound.
///
/// Sound is played asynchronously.
/// </summary>
/// <param name=''soundName''></param>
public void PlaySound(string soundName)
{
    StartCoroutine(PlaySoundAsync(soundName));
}

private IEnumerator PlaySoundAsync(string soundName)
{
    this.Log($''(SoundController - {transform.root.name}) Playing {soundName}'',
        showLogs);
    audioSource.clip = audioClips[soundName];
    audioSource.Play();
    yield return null;
```

```
40 }
```

Listado 13.2: Fragmento de Assets/Scripts/SoundController.cs

Como se puede ver en el listado 13.2, lo que hay que hacer para que un AudioSource reproduzca un sonido es fijar su campo `clip` al AudioClip que queramos que suene (línea 37). Hecho eso ya podemos reproducir el sonido llamando al método `AudioSource.Play()` (línea 39).

Y ya está. Todos los prefab de *Prince of Unity* que emiten sonidos cuentan con un prefab SoundEmitter anidado. Cuando el prefab principal quiere emitir un sonido, busca el script SoundController de SoundEmitter y llama a su método `PlaySound()`, pasándole el nombre del sonido a emitir. Basta con eso para emular la gestión de sonido que hacía el juego original.

Además de lo anterior, el prefab de los personajes tiene un script 🗀`Assets/Scripts/MusicController.cs` en su GameObject Effects. Ese script busca al GameObject LevelCamera del nivel y saca una referencia a su componente SoundController. A partir de entonces utiliza esa referencia para emitir desde allí las melodías. ¿Por qué los sonidos, como las pisadas, las emito desde el SoundController del personaje y sin embargo reproduzco las melodías desde la cámara? En un juego como *Prince of Unity* hay muy poca diferencia entre ambos enfoques, pero en cualquier otro juego los sonidos, como las voces o las pisadas, son posicionales mientras que las melodías no lo son. El jugador espera que los sonidos posicionales se emitan desde los objetos que los provocan. Es lo natural y permite darle al jugador una sensación de profundidad. De esa manera, si un personaje se acerca al jugador por la derecha, este oirá dichas pisadas con más intensidad por su oído derecho. Las melodías del juego sin embargo no son posicionales, ya que se espera que las oigamos igual independientemente de hacia dónde mire el jugador. Por eso, para reproducir esas melodías he optado por utilizar el emisor de sonidos que está en LevelCamera, justo en el mismo GameObject que el componente AudioListener. De esa manera, la música se oirá con igual intensidad allá donde mire la cámara.

En la siguiente sección explicaremos en qué consiste este componente AudioListener.

13.3. Micrófonos

Si te fijas en el rodaje de una película, no basta con que los actores declamen las líneas de sus diálogos sino que también hace falta alguien que, dotado de un micro en una pértiga y fuera del encuadre de la cámara, se encargue de captar esos sonidos para grabarlos.

En un juego de Unity pasa lo mismo: hace falta un AudioSource para emitir un sonido y un componente *AudioListener*AudioListener para captarlo.

Un AudioListener es un componente tan sencillo que no tiene parámetro alguno para configurarlo.

La configuración por defecto de Unity es añadir un AudioListener a la cámara principal de la escena, aunque hay algunos juegos que lo añaden al prefab del personaje principal del juego. Decidir entre una configuración u otra depende del juego, por lo que lo mejor es probar ambas para elegir la que más nos convenga.

En todo caso, hay que tener en cuenta que sólo puede haber un AudioListener en una escena. En caso contrario la consola mostrará errores advirtiendo de que hay más de un AudioListener en la escena.

En el caso de *Prince of Unity*, he situado el AudioListener en el prefab de la cámara (🗀`Assets/Prefabs/Managers/LevelCamera`), en su GameObject Audio. El prefab LevelCamera está integrado en el prefab compuesto GameManagers (🗀`Assets/Prefabs/Managers/GameManagers`), del cual sólo hay uno en todo el juego, que además se va arrastrando de un nivel a otro conforme vamos avanzando. Así que no hay riesgo de duplicar el AudioListener.

Es importante señalar que en el mismo GameObject Audio de LevelCamera hay anidado un SoundEmitter que utilizo para emitir los sonidos que no están ligados a ningún objeto concreto del escenario, como, por ejemplo, los fragmentos musicales que suenan en determinados momentos.

> Con todo lo dicho hasta ahora ya tienes lo suficiente para montar un sistema de sonido plenamente funcional para el juego. Aun así, puedes afinar todavía más la configuración del sonido en Edit > Project Settings... > Audio, aunque yo no he necesitado tocar ahí.

CAPÍTULO

14 Interfaz de usuario

El interfaz de usuario son los medios a través de los cuales le transmitimos información contextual al jugador y recibimos de él sus intenciones. Interfaz de usuario es el menú principal del juego y sus ventanas de configuración, pero también los indicadores que se superponen a la escena del juego para transmitirnos información de cómo se desarrolla la partida.

Se trata, por tanto, de una faceta crítica de cualquier juego. Por un lado, debe aportar al jugador la información necesaria para entender lo que está pasando y decidir qué hacer. Cuánta vida le queda, cuánto tiempo resta para acabar, los mensajes de los personajes, el inventario de objetos con el que se cuenta para avanzar, todo ello es información que llega a través del interfaz de usuario.

Además, el interfaz de usuario debe servir para involucrar al jugador transmitiéndole la misma estética del juego. Por ejemplo, si eres un vikingo en un juego sobre la mitología nórdica parece lógico que las letras del interfaz de usuario aparenten ser runas.

Por último, el interfaz de usuario debe hacer todo lo anterior sin estorbar la jugabilidad. Por algo dicen que el mejor interfaz de usuario es aquel del que no te das cuenta.

Hoy en día los interfaces de usuario son tremendamente sofisticados. En un juego de estudio, el interfaz de usuario involucra a equipos de artistas y diseñadores especializados. Por eso hay libros enteros dedicados a cómo diseñar e implementar interfaces de usuarios para aumentar la inmersión del jugador.

En este capítulo empezaremos explicando las distintas opciones que ofrece Unity para implementar interfaces de usuario. Veremos por qué me he decantado por uno en concreto: UI Toolkit. Luego explicaré los conceptos básicos de UI Toolkit. Hecho eso, pasaremos a explicar los interfaces que he implementado para el juego.

Prince of Unity tiene varios interfaces de usuario: un mensaje de disclaimer, una página de carga entre niveles (con una barra de progreso) y la barra inferior que aparece durante el juego para mostrar la vida del personaje, la de los guardias, así como mensajes sobre el tiempo restante. El juego original no tenía menús, así que yo no los he incluido. No obstante, con sólo esos dos interfaces podremos entender lo indispensable para poder utilizar UI Toolkit y poner en práctica los conceptos básicos. Eso debería darte la base suficiente para tener un punto de partida desde el que profundizar en aspectos concretos conforme vayas avanzando en tus propios proyectos.

14.1. Comparativa de opciones

Unity cuenta con hasta 3 sistemas para construir interfaces de usuario. Esa profusión de alternativas se debe a motivos históricos y a cierta incontinencia de Unity a la hora de desarrollar nuevas opciones en vez de pulir la aristas de las existentes.

El caso es que, en el momento de escribir estas líneas, hay tres alternativas para implementar interfaces de usuario en Unity:

- *UI Toolkit*
- *Unity UI* (uGUI)
- *Inmediate Mode Graphical User Interface* (IMGUI)

De los tres anteriores se supone que el futuro está en UI Toolkit: se trata del sistema más moderno y es el recomendado por Unity para nuevos desarrollos. Cuenta con una ventana especializada dentro del editor de Unity para diseñar interfaces en modo WYSIWYG[1] y permite crear interfaces tanto para hacer extensiones del editor (véase el capítulo 16), como interfaces para juegos. Aun así, debido a lo reciente de su desarrollo aún le faltan algunas funcionalidades con las que sí cuentan los otros sistemas, aunque Unity se ha comprometido a ir resolviendo esas carencias.

Hasta hace bien poco, uGUI era la opción por defecto de Unity para hacer interfaces de juegos. No ofrece un editor especializado. En vez de eso, el interfaz se edita desde la pestaña Scene, superponiéndose con el resto de los elementos de la escena, pero a diferente escala. Personalmente, siempre me pareció un enfoque tremendamente confuso, así que me alegré cuando se supo que el UI Toolkit incluiría una ventana independiente.

Por último está IMGUI, pensado para desarrollar interfaces para el editor desde el código, aunque no se recomendaba para hacer interfaces para juegos.

Teniendo en cuenta lo anterior, mi consejo es que te centres en estudiar el UI Toolkit. Es la opción más segura. Con él cubrirás el desarrollo de interfaces, tanto para extender el editor de Unity, como para juegos. Por otro lado, si estás empezando sospecho que encontrarás todo lo que necesites en el UI Toolkit. Para el momento en el que avances tanto como para alcanzar sus carencias actuales es muy posible que Unity ya las haya resuelto. Ten en cuenta que para Unity el UI Toolkit es el futuro, así que cualquier esfuerzo que hagan irá dirigido a ese sistema.

Dado que el UI Toolkit ha cubierto perfectamente lo que necesitaba para *Prince of Unity*, su uso es considerablemente más sencillo que las otras dos opciones, y que ese el sistema del futuro para Unity, todo lo que veamos en este capítulo estará enfocado a dicho sistema.

14.2. UI Toolkit

Si ya has desarrollado interfaces de usuario para aplicaciones, entonces con el UI Toolkit te sentirás como en casa.

El interfaz se define en un asset denominado *Visual Tree* en el que se describe la disposición de los diferentes elementos, usando un lenguaje de hipermarcado denominado UXML. Dicho asset se puede escribir desde el IDE, pero para los menos avezados también se puede usar una ventana de edición especializada denominada *UI Builder* en la que podremos ir construyendo visualmente nuestro interfaz.

A los Visual Tree se les puede asociar otro asset denominado *Style Sheet*. Este último asset también es un fichero textual que, en este caso, utiliza un lenguaje declarativo denominado USS. El papel de estos assets es el mismo que el de las hojas CSS para las páginas HTML. Se trata de un medio para desacoplar los estilos visuales del posicionamiento de los elementos del interfaz. La idea es usar UXML para definir los elementos del interfaz y su posición y luego asociarle la hoja de estilos en USS para configurar la apariencia de dichos elementos.

Los estilos de los documentos también se pueden configurar elemento a elemento, a través del UI Builder o directamente en el UXML, igual que puedes configurar la apariencia de una página web sin necesidad de CSS. Donde las hojas de estilo muestran realmente su valor es cuando tienes múltiples interfaces (por ejemplo: uno para el menú principal, otro para el HUD del juego, otro para la pantalla de configuración, etc.) ya que con una sola hoja de estilos puedes definir la apariencia de todos los interfaces al mismo tiempo, en vez de tener que cambiar los elementos uno a uno en cada interfaz (con el riesgo de equivocarse y no aplicar exactamente los mismos estilos).

[1]What You See Is What You Get.

Las hojas de estilos también se pueden agrupar en los que se denominan *Theme Style Sheets* (TSS). Como veremos más adelante, se crea uno de estos por defecto, así que no creo que tengas que interactuar con uno hasta que hagas interfaces realmente complejos.

Más allá de la estructura de elementos, su posición y su apariencia, los interfaces de usuario necesitan definir cómo se integran dentro del engine de Unity. Para ello se utiliza otro tipo de asset denominado *Panel Settings*. Este tipo de asset permite configurar cómo se instanciarán y visualizarán en ejecución todos los Visual Tree a los que se asocie. Por ejemplo, puedes definir un Panel Settings A en el que se fije que se utilice el monitor primario, y otro Panel Settings B en el que se configure el monitor secundario. A partir de ahí podemos asociar el Panel Settings A al interfaz de usuario que queramos que aparezca en el monitor primario (por ejemplo, la vista principal de la acción) y asociarle el Panel Settings B a un interfaz con indicadores adicionales que queramos que se muestren sólo en un monitor secundario (en caso de que el usuario cuente con uno). Al igual que las hojas de estilos, puedes asociar un único Panel Settings a varios interfaces o utilizar Panel Settings diferenciados si lo necesitases.

Lo que relaciona a los Visual Tree y a los Panel Settings es un componente denominado *UI Document*. Este es un componente que hay que añadir a un GameObject de la escena para mostrar el interfaz cuando se renderice esta. Se trata de un asset más que se crea con GameObject > UI Toolkit > UI Document. Al hacerlo verás que en tu carpeta `Assets` se creará una nueva denominada `UI Toolkit` con un asset de Panel Settings y un TSS por defecto. Ese Panel Settings estará enlazado con el UI Document recién creado.

La ventaja de UI Toolkit es que utiliza conceptos que son habituales a la hora de desarrollar interfaces de usuario para aplicaciones tanto de escritorio, como web. Así que la curva de aprendizaje es muy llevadera. De hecho, UI Toolkit utiliza Yoga [58] como motor de posicionamiento de elementos (*layout engine*), siendo este muy habitual en desarrollo web. Gracias a ello, podemos organizar los elementos del interfaz en una jerarquía y posicionarlos utilizando reglas sencillas, de tal manera que dichos elementos se puedan recolocar de manera coherente si la ventana se redimensionase.

14.3. La página de carga

La página de carga sale durante el cambio de un nivel a otro. Se compone de una simple barra de progreso y de un texto que reza *Loading...*

Cuando juegues a *Prince of Unity* es posible que no repares en esta pantalla, ya que la carga es tan rápida que sólo aparece durante una fracción de segundo. En realidad, esta barra de progreso sólo tenía sentido con el juego original; este solía jugarse desde un diskette extraíble ya que el uso de discos duros no estaba generalizado aún. Por eso los tiempos de lectura eran extremadamente lentos y había que esperar a que el ordenador leyese del diskette toda la información del nivel y la cargase en memoria. Se trataba de una operación tan prolongada que convenía mantener al jugador informado de su progreso para que no se deseperase o pensase que el juego se había quedado colgado. Hoy en día las condiciones de contorno han cambiado mucho. Los juegos se leen desde unidades de almacenamiento internas, como por ejemplo las SSD que son extremadamente rápidas. Y para los estándares actuales, la información de un nivel de *Prince of Unity* es diminuta, por lo que su lectura es prácticamente instantánea.

A pesar de lo anterior, creo que el ejercicio de implementar una pantalla de carga sigue siendo muy interesante. Conforme vayas haciendo juegos cada vez más complejos, con grandes niveles, contenido generado proceduralmente, modelos 3D detallados, múltiples texturas y sonido de alta calidad, tus tiempos de carga se alargarán y te verás en la misma necesidad de informar del progreso a tus usuario en la que se vio Mechner con el juego original. Así que, antes o después, te verás en la situación de implementar tu propia página de carga, para lo cual espero que te resulte útil la que vamos a revisar ahora.

Todo lo relacionado con el proceso de carga de nuevos niveles se encuentra en un prefab denominado `Assets/Prefabs/Managers/LevelLoader`, que es uno de los que componen el prefab `Assets/Prefabs/Managers/GameManagers`. En el capítulo 17 veremos con detalle cómo funcionan estos prefab, pero por ahora vamos a centrarnos en la parte de LevelLoader que muestra la página de carga.

El caso es que, si examinamos el prefab LevelLoader (figura 14.1), veremos que cuenta con un GameObject raíz en el que está el script `Assets/Scripts/LoadingScreen.cs` que se encarga de mostrar y ocultar la pantalla de carga según convenga.

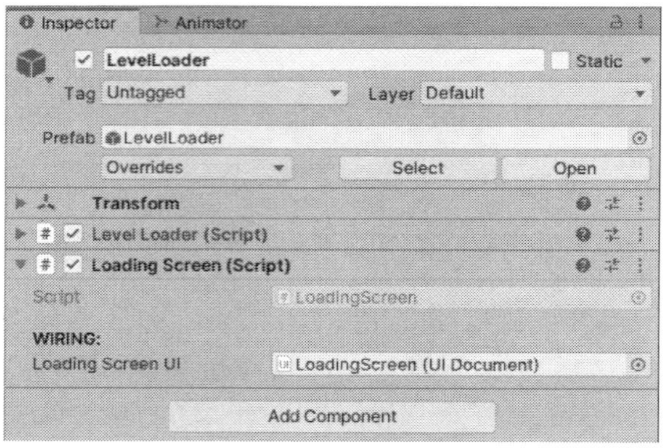

Figura 14.1: Configuración del script LoadingScreen de LevelLoader.

Colgando de ese GameObject hay otro, denominado LoadingScreen que es el que cuenta con el componente UI Document.

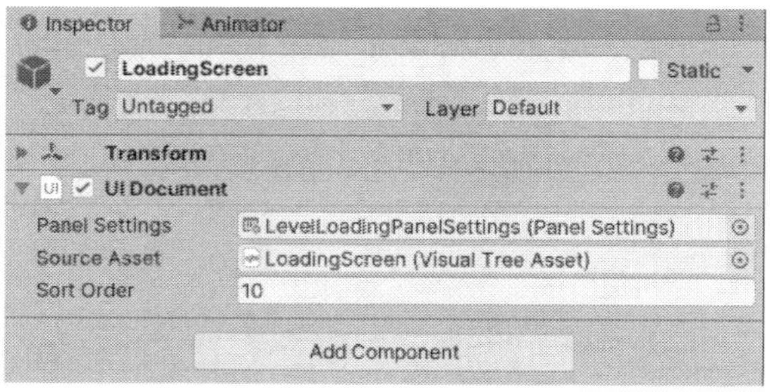

Figura 14.2: Configuración del componente UI Document de LevelLoader.

Puedes ver la configuración del Panel Settings que se utiliza en ese UI Document en `Assets/UI Toolkit/LevelLoadingPanelSettings`. Creé un Panel Settings para la ventana de carga y otro para el HUD (que veremos en la sección 14.5) por si acaso iba a tener que personalizarlos de alguna manera, pero al final no fue necesario, así que los dos son iguales (y se corresponden con la configuración por defecto de los Panel Settings).

El Visual Tree utilizado en el parámetro *Source Asset* de la figura 14.2, se encuentra en `Assets/UI/LoadingScreen.xml`. Si intentas crear un Visual Tree de la misma manera que el resto de assets, te encontrarás con que en el menú Assets > Create > UI Toolkit no aparece la posibilidad de crear un Visual Tree. Probablemente las versiones posteriores del editor resuelvan ese problema, pero, hasta entonces, la manera de crear un nuevo Visual Tree no es muy ergonómica. Primero tienes que abrir el UI Builder desde Window > UI Toolkit > UI Builder. En la ventana que se abre, fíjate que en el panel central (el de Viewport) hay un combo File, si lo pulsas te da la opción de seleccionar New y crear un Visual Tree en la carpeta que elijas. A partir de ahí, haciendo doble click en el asset se abrirá en el UI Builder para editarlo.

En la figura 14.3 se puede ver el Visual Tree de LoadingScreen, una vez abierto en el UI Builder.

De manera muy similar a otras herramientas de diseño de interfaces, el UI Builder se divide en tres franjas verticales de trabajo. La primera por la izquierda aglutina verticalmente tres secciones: el listado de hojas de estilo aplicadas al interfaz, la jerarquía de componentes y la librería de los componentes disponibles para añadir en el interfaz. La segunda franja es la central, donde se previsualiza el aspecto que tendrá nuestro interfaz y a la que debemos arrastrar los componentes, desde la librería de la izquierda, para colocarlos y darle forma a nuestro interfaz. Por último, la franja de más a la derecha es la del inspector, y es la que permite configurar las propiedades del componente que tengas seleccionado. Como verás, es parecido a la herramienta que puedes encontrar, por ejemplo, en Visual Studio para diseñar interfaces gráficos.

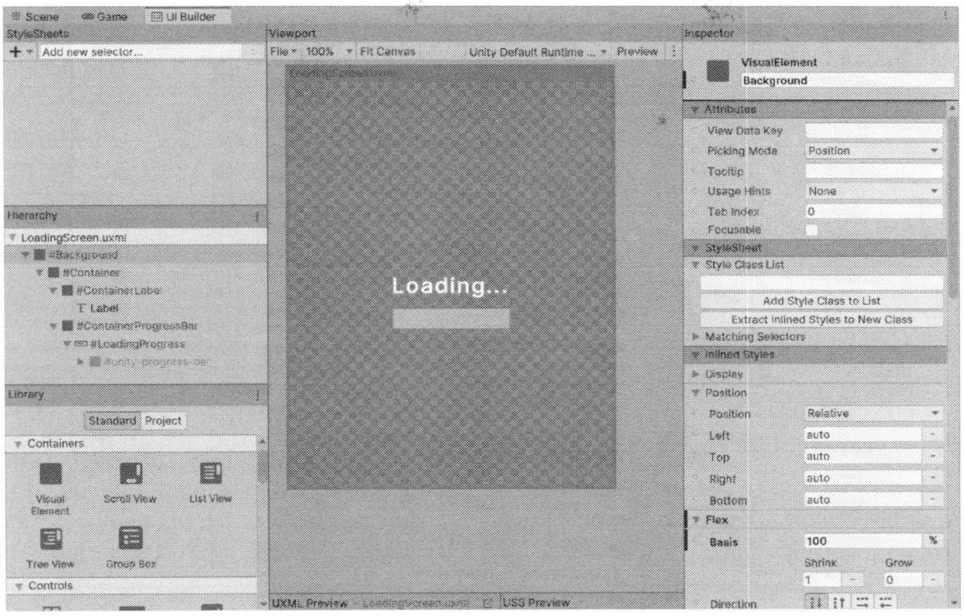

Figura 14.3: LoadingScreen en el UI Builder.

En el caso de LoadingScreen no he usado hojas de estilo, por eso la lista de la izquierda está vacía. En vez de eso, he definido los estilos de cada componente desde el inspector. No es una aproximación ideal, ya que me obligaría a repetir la configuración manual de estilos si quisiera crear barras de proceso similares en otras partes del juego, pero, dado que esta era la única, no he querido complicarme artificialmente la vida creando una hoja de estilos para usarla en un único interfaz. En cualquier otro juego que tuviese más menús, este enfoque sería suicida, así que te recomiendo que, por defecto, utilices hojas de estilos.

El componente más básico que podemos meter en un interfaz de UI Toolkit es el *Visual Element*. Este componente viene a ser un lienzo en blanco que te permite arrastrar otros sobre él, así que será con el que empieces habitualmente y del que colgarán todos los demás.

El primer Visual Element de LoadingScreen es el que usamos de color de fondo (#Background). Para hacer que se extendiese por todo el espacio disponible de la pantalla, lo que he hecho ha sido fijar el parámetro *Basis*, de la sección *Flex*, de ese elemento a 100%. En la sección de *Size*, también he fijado el ancho y el alto al 100% del espacio disponible.

> Flex es el mecanismo de layout de Yoga. Los mecanismos de layout se encargan de organizar los componentes visuales incluidos dentro de un contenedor (ya sea una ventana o una sección de esta). Sin ellos, situar manualmente los componentes visuales sería extremadamente laborioso porque deberíamos tener cuidado de que no se solapasen y de que estuviesen equiespaciados. Además, la disposición que utilizásemos no sería válida a partir del momento en el que el usuario redimensionase el contenedor. Al usar Flex, dejamos que este ubique los componentes según las reglas que le digamos y que sea él el que mantenga dicho orden en caso de que el contenedor se redimensione.

Como la idea era poner primero un letrero de *Loading...* y justo debajo la barra de progreso, me he asegurado de que #Background tuviese su parámetro *Direction* (dentro de la sección *Flex*) fijado en el valor de columna descendente. De esa manera, el mecanismo de layout se ha encargado de organizar en columna descendente los componentes que he incluido dentro de #Background. Para que dichos componentes estuvieran centrados horizontalmente, he usado la tercera opción por la izquierda (*center*), del parámetro *Align Items* (dentro de la sección *Align*). Y para que estuvieran centrados verticalmente, he usado la primera opción (*flex-start*) del parámetro *Justify Content*.

Hecho eso, he incluido un único elemento a #Background, un contenedor de nombre #Container, que también cuenta con un layout vertical. Dentro de #Container he añadido el contenedor con el texto (#ContainerLabel) y el contenedor de la barra de progreso (#ContainerProgressBar).

En #ContainerLabel he incluido un componente Label, sacado de la librería de la izquierda. Este componente permite mostrar textos cortos, editando su campo *Text*. Para cambiar la apariencia del texto, puedes modificar los campos de la sección *Text*, en el inspector del componente. En este caso yo he puesto el texto en negrita, le he aumentado el tamaño a 24 píxeles, le he dado un color blanco y le he dejado en una alineación centrada.

Por su parte, en #ContainerProgressBar he incluido una barra de progreso, también de la librería de la izquierda, y la he llamado #LoadingProgress.

Con lo anterior ya tenemos una sencilla pantalla de carga. Para mostrarla debemos habilitar el GameObject que tenga el componente UI Document en el que tengamos el Visual Tree del interfaz. Como veíamos al comienzo de la sección, el UI Document que monta el Visual Tree de la pantalla de carga está en el GameObject LoadingScreen del prefab LevelLoader. Dicho prefab, cuenta con el script LoadingScreen en su GameObject raíz. Ese script cuenta con el campo `loadingScreenUI`, con una referencia configurada en el inspector hacia el UI Document de LoadingScreen. Una vez que tengas una referencia al UI Document, puedes conseguir referencias a los componentes específicos del interfaz haciendo llamadas al método `rootVisualElement.Q()`.

```
20 private void OnEnable()
21 {
22     _progressBar = (ProgressBar)loadingScreenUI.rootVisualElement.Q(name: ''
           LoadingProgress'');
23     _container = loadingScreenUI.rootVisualElement.Q(name: ''Container'');
24 }
25
26 private void Start()
27 {
28     _container.visible = false;
29 }
```

Listado 14.1: Fragmento de Assets/Scripts/LoadingScreen.cs

Las llamadas a `rootVisualElement.Q()` devuelven un Visual Element. En la línea 23 del listado 14.1 obtenemos una referencia a #Container que en la línea 28 nos sirve para hacer invisible el interfaz al arrancar el juego.

Cuando tengamos que localizar un componente más específico, tendremos que hacer casting, sabiendo que todos los componentes de los interfaces heredan de Visual Element. En la línea 22 tenemos un ejemplo en el que he cogido el Visual Element devuelto por `rootVisualElement.Q()` y lo he convertido en un `ProgressBar`.

Cuando queramos mostrar la barra de progreso bastará con hacer visible su contenedor:

```
public void ShowLoadingScreen()
{
    ResetProgressBar();
    _container.visible = true;
}

public void HideLoadingScreen()
{
    _container.visible = false;
}
```

Listado 14.2: Fragmento de Assets/Scripts/LoadingScreen.cs

En el caso de *Prince of Unity*, cuando quiero mostrar la barra de progreso llamo a `ShowLoadingScreen()`, que se limita a fijar el valor verdadero al campo `visible` del contenedor de la barra de progreso. Y cuando quiero ocultarla llamo a `HideLoadingScreen()` que simplemente pone el campo `visible` a falso.

En la línea 33 del listado 14.2 hay una llamada a `ResetProgressBar()` porque, en mi caso, quiero que la barra de progreso esté a cero cuando la muestre. Ese método fija a cero la barra de progreso modificando su campo `value`:

```
42 /// <summary>
43 /// Set progress bar to zero.
44 /// </summary>
45 public void ResetProgressBar()
46 {
47     _progressBar.value = 0;
48 }
49
50 /// <summary>
51 /// Set progress bar new value.
52 /// </summary>
53 /// <param name=''value''>New value for progress bar.</param>
54 public void SetProgressBarValue(float value)
55 {
56     _progressBar.value = value;
57 }
```

Listado 14.3: Fragmento de Assets/Scripts/LoadingScreen.cs

Se puede hacer lo mismo para fijar el valor de la barra de progreso a cualquier otro valor, como ocurre en el método `SetProgressBarValue()` de la línea 54 del listado 14.3. Este es el método que se va llamando conforme vamos cargando un nuevo nivel, tal y como veremos en el capítulo 17.

14.4. El disclaimer

El mensaje de disclaimer sale al principio del juego para informar de que *Prince Of Unity* es un homenaje, sin ánimo de lucro, del juego original *Prince of Persia*. La idea es que sea lo primero que vea el jugador al arrancar el juego, que permanezca en pantalla unos pocos segundos para dar tiempo a leerlo y que finalmente funda a negro para dar paso a la presentación del juego.

La escena que muestra el disclaimer es 🗀 `Assets/Scenes/Disclaimer`. Es la primera del juego y por eso es la única que incluye el prefab compuesto 🗀 `Assets/Prefabs/Managers/GameManagers`. Esa escena le pasará el GameManagers a la siguiente y así sucesivamente hasta el final del juego. Como veremos en el capítulo 17, ese traspaso del objeto GameManagers de un nivel al siguiente es lo que le permite a *Prince of Unity* mantener la persistencia de sus datos a lo largo del juego.

Volviendo a la parte visual de la escena Disclaimer, esta cuenta en su jerarquía con una instancia del prefab 🗀 `Assets/Prefab/Managers/TextScreen`. Este prefab tiene un GameObject raíz con el UI Document a mostrar y un script (🗀 `Assets/Scripts/TextScreen.cs`) para mostrarlo. También tiene un GameObject hijo (Input) con un componente PlayerInput, enlazado a un Action asset (VideoActions), para hacer desaparecer el disclaimer antes de tiempo en caso de que el jugador pulse la tecla Esc.

El script TextScreen se configura a través del inspector dotándole de una referencia al UI Document, a través del campo `textUI`. También expone el campo `timeToFadeOut` para configurar el número de segundos que se mostrará el mensaje antes de desaparecer. Por tanto, el script deberá tener en cuenta dos tiempos: el tiempo para permitir la lectura del mensaje y el tiempo que durará el fundido a negro (dado que no queremos que la nueva escena se cargue hasta que finalice el fundido a negro). Para gestionar ambos casos he utilizado tanto `Update()` como `FixedUpdate()`.

```
private void FixedUpdate()
{
    _elapsedTime += Time.fixedDeltaTime;
    if ((_elapsedTime >= timeToFadeOut) && !_timeToBeReadExpired)
    {
        _timeToBeReadExpired = true;
        // Let ease transition to perform. Keep below value synced with .
            DisclaimerText transition animation duration.
```

```
54             Invoke(nameof(LaunchTextScreenTimeoutEvent), 2.0f);
55         }
56     }
57 
58     private void Update()
59     {
60         if (_timeToBeReadExpired && !_alreadyFading)
61         {
62             _textBox.AddToClassList(’’DisclaimerTextFadeOut’’);
63             _alreadyFading = true;
64         }
65     }
```

Listado 14.4: Fragmento de Assets/Scripts/TextScreen.cs

Como se puede ver en el listado 14.4, he utilizado `FixedUpdate()` para llevar la cuenta del tiempo de lectura transcurrido (`_elapsedTime`). Cuando ese tiempo supera al que hayamos configurado en `timeToFadeOut` (línea 50), pondremos a verdadero el flag que activa el fundido a negro (línea 52). Ese flag se monitoriza desde el `Update()` y cuando detecta que está a verdadero (línea 60) se inicia el fundido a negro (línea 62).

El fundido a negro tarda 2 segundos en acabar, por ese motivo TextScreen espera 2 segundos (línea 54) antes de emitir el evento `TextScreenTimeout` que alertará al gestor de niveles para cargar el nivel en el que se muestra el vídeo introductorio.

> En su momento me pareció buena idea separar la lógica entre `FixedUpdate()` y `Update()`, pero repasándolo ahora para escribir estas líneas ya no le veo tanto sentido. Sospecho que no habría pasado nada si lo hubiera metido todo en el `Update()`.

El fundido a negro se implementa como una transición de estilos. Las transiciones de estilos permiten cambiar entre una hoja de estilos y otra de manera gradual. El usuario percibe el cambio gradual como si fuera una animación, esa es la razón por la que esta funcionalidad se denomina *Transition Animation*.

El Visual Tree del Disclaimer es `Assets/UI/Disclaimer.xml`. Es muy sencillo: un Visual Element de fondo y dentro de él un componente Text con el texto del disclaimer.

He usado UI Builder para implementarlo. En este caso, la estructura de componentes es mucho más sencilla que la de la página de carga. Me ha bastado con un Visual Element (#TextBackground) para definir un fondo negro y he incluido en él un componente #Text en el que he introducido el texto a mostrar.

Los estilos se aplican precisamente al componente #Text. El estilo de partida tiene a 100 la propiedad *Opacity* de la sección *Display*. Eso significa que las letras son completamente opacas. El estilo final tiene esa propiedad a 0, lo que hace que las letras sean invisibles. Para que el proceso de fundido a negro sea gradual, tenemos que hacer que la transición de un estilo a otro se prolongue durante un par de segundos.

Para crear los estilos tenemos que dar los siguientes pasos: primero debemos crear un nuevo fichero USS mediante el botón [+] de la franja izquierda del UI Builder. Nos pedirá que le demos un nombre y una ubicación al fichero resultante. En ese fichero se guardarán los estilos que vayamos creando.

Para crear un nuevo estilo debemos introducir un nombre en el campo de texto *Add new selector...* de la franja de la izquierda y pulsar [Enter]. Justo abajo aparecerá el nuevo estilo. Si lo seleccionamos podremos configurarlo en el inspector de la franja derecha. Otra opción es definir los distintos estilos en el inspector y salvar el conjunto con [Extract Inlined Styles to New Class], tras introducir el nombre que queramos para el estilo en el campo de texto de la misma sección.

> Cuando pulsamos en el campo de texto *Add new selector...* nos saldrá una ventana emergente informativa con sugerencias para el nombre del estilo. Dependiendo del nombre del estilo podremos restringir el estilo a determinados componentes e, incluso, a determinados eventos.

Para aplicar el nuevo estilo a un componente del interfaz, hay varias opciones. La opción más rápida es seleccionar el estilo en la sección *StyleSheets* de la franja izquierda y arrastrarlo sobre el componente, en la sección *Hierarchy* de la misma franja. Otra opción consiste en seleccionar el componente, introducir el nombre del estilo en el campo de texto de la sección StyleSheet del inspector y finalmente pulsar Add Style Class to List.

Para el texto de Disclaimer he creado dos estilos .DisclaimerText y .DisclaimerTextFadeOut. Los dos son iguales, salvando que .DisclaimerText tiene un valor de Opacity de 100, mientras que .DisclaimerTextFadeOut tiene un valor de 0.

Otra diferencia importantísima está en la sección *Transition Animations* del inspector de .DisclaimerText (figura 14.4). Aquí es donde se configura la transición desde este estilo a cualquier otro. En este caso he fijado el campo *Duration* a 2 para que la transición dure 2 segundos.

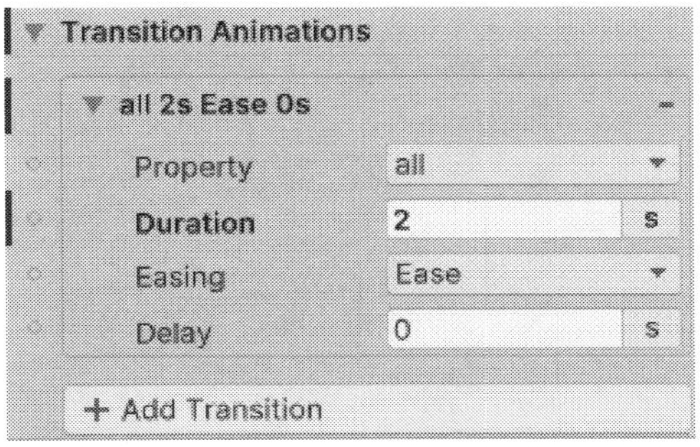

Figura 14.4: Configuración de las animaciones de transición desde el estilo .DisclaimerText.

Como se puede ver en la figura TransitionAnimations, la transición tiene más campos configurables. El campo *Property* permite restringir la animación sólo al cambio de una propiedad determinada. Al usar all se animan todas las propiedades que cambien entre un estilo y otro. El campo *Easing* permite seleccionar la curva que define la transición de los valores iniciales a los finales conforme avancemos en la duración definida. Lo mejor es que pruebes unas y otras hasta que des con la que más te convenza. Por último, el campo *Delay* permite retardar el inicio de la animación.

Con esta configuración, dado que la única diferencia entre los dos estilos es la propiedad *Opacity*, cuando pasemos del estilo .DisclaimerText al estilo .DisclaimerTextFadeout la opacidad pasará de 100 a 0 en un intervalo de 2 segundos.

Como el componente #Text tiene el estilo .DisclaimerText configurado desde el UI Builder, la transición no se iniciará hasta que desde el código no añadamos el estilo .DisclaimerTextFadeOut, superponiéndose al anterior. Eso era precisamente lo que hacíamos en la línea 62 del listado 14.4.

Las transiciones de animación pueden añadir muchísima sofisticación a nuestros interfaces. Aquí sólo hemos arañado la superficie, pero tienen muchísimas posibilidades más. De hecho, están detrás de muchos de los menús animados que se montan o desmontan cuando transitas de una pantalla a otra o que cambian la apariencia de sus botones cuando pasas el ratón por encima.

14.5. El HUD de Prince of Unity

El término HUD viene de *Head Up Display*. Tiene su origen en el dispositivo situado en el frontal de la cabina de los cazas de combate, para ayudar a los pilotos a apuntar su armamento. Los que hayan visto la película *Top Gun* [174], recordarán que el dispositivo servía para encuadrar al avión enemigo y para avisar al piloto de que los misiles ya habían fijado el blanco. En el fondo, los HUD eran una versión primitiva de lo que actualmente se conoce como *realidad aumentada*, un concepto según el cual se enriquece la imagen que vemos superponiendo sobre ella información contextual.

El HUD de videojuego es precisamente la parte del interfaz que se superpone a la acción, dando información contextual sobre ella. Un ejemplo de HUD son las barras de vida y contadores de puntuación que se muestran durante los combates de *Street Fighter II* [148].

En el caso de *Prince of Persia*, el HUD era muy básico. Se limitaba a una barra inferior negra en la que se mostraban los puntos de vida restantes del protagonista mediante triángulos rojos y los de los enemigos mediante triángulos azulados. En la parte central de la barra se mostraban mensajes como el tiempo restante o avisos de que el juego estaba pausado.

En *Prince of Unity* he utilizado el UI Toolkit de Unity para reconstruir el HUD del juego original.

Figura 14.5: El HUD de Prince of Unity es la barra inferior negra que muestra los puntos de vida del protagonista y del guarda.

El HUD de Prince of Unity se implementa en el prefab `Assets/Prefabs/Managers/HUDManager`, que también forma parte del prefab compuesto `Assets/Prefabs/GameManagers`, presente en todos los niveles del juego. En la raíz de HUDManager están tanto el UI Document que muestra el Visual Tree del interfaz como el script que lo gestiona (`Assets/Scripts/HUDManager.cs`).

El Visual Tree mostrado es `Assets/UI/Hud.xml`. Si lo abrimos en el UI Builder veremos que cuenta con un único Visual Element, denominado #HudBar. Ese componente contiene otros tres Visual Element:

- #PrinceBar: Que a su vez contiene otros 8 componentes (#life1 a #life8). Cada uno de esos componentes mostrará uno de los triángulos de vida.
- #TextBar: Sólo contiene un componente de tipo Label, #TextMessage, para mostrar los mensajes.
- #EnemyBar: Al igual que #PrinceBar, contiene los ocho componentes que mostrarán los triángulos de vida del guardia (también reciben los nombres #life1 a #life8).

Para que #HudBar se mostrase al pie de la pantalla, he usado el inspector para fijar su campo *Position* en Absolute y el *Bottom* a 0 píxeles (ambos en la sección *Position*).

Por otro lado, para que se extendiese a todo lo ancho de la pantalla he fijado su *Size Width* a 100 %, en la sección *Size*. El alto no ha hecho falta fijarlo porque lo dan los elementos que contiene.

Para que los elementos que fuéramos metiendo en #HudBar se fueran distribuyendo en horizontal, he fijado su campo *Direction* (en la sección *Flex*) a *row*. Ese es el tercer valor por la izquierda, el que muestra una fila horizontal con una flecha de izquierda a derecha justo debajo. El resto de los valores posibles de este parámetro permiten ordenar en columna los elementos incluidos o incluso en orden inverso.

La alineación vertical de los elementos incluidos se define en la sección *Align*. En el caso de #HudBar, definí un valor de *center* (tercer valor por la izquierda) para el parámetro *Align Items*, de manera que los componentes incluidos se centrasen en el eje central longitudinal de #HudBar. El valor *flex-start* habría pegado los elementos al borde superior de #HudBar, y un valor de *flex-end* los habría pegado al inferior; por

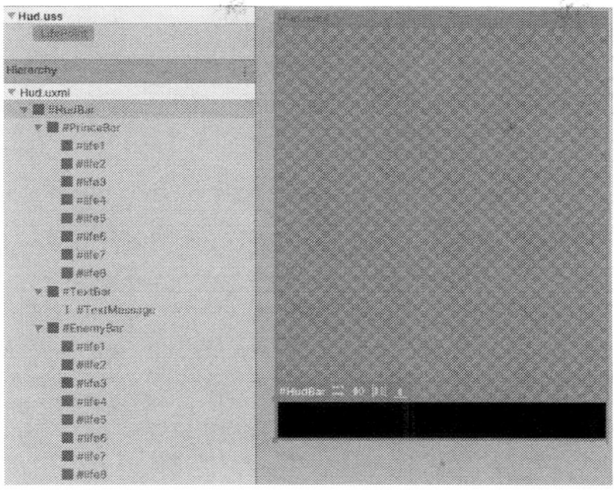

Figura 14.6: Posición y estructura del HUD de Prince of Unity.

su parte, un valor de *stretch* los habría estirado para que los componentes incluidos hubieran tocado tanto el borde superior como el inferior.

La ubicación horizontal de los elementos incluidos en #HudBar se configura también en la sección *Align*, pero usando el parámetro *Justify Content*. En el caso de Prince of Unity he usado la opción *space-between* (la cuarta por la izquierda), de manera que los elementos se fueran distribuyendo equitativamente por el espacio disponible, dejando el primer elemento pegado al borde izquierdo de #HudBar y el último al borde derecho. Si hubiese usado el valor *flex-start*, los elementos se hubieran pegado al borde izquierdo. Con el valor *center*, los elementos se habrían concentrado alrededor del eje central transversal de #HudBar. La opción *flex-end* es similar a *flex-start*, pero habría pegado los elementos al borde derecho de su contenedor. Por último, la opción *space-around* habría distribuido equitativamente los elementos, pero asegurándose de repartir el espacio libre para que todos los elementos (incluidos el primero y el último) tuvieran el mismo espacio libre a ambos lados.

Por último, para que la barra tuviese un color negro, fijé a negro el campo *Color* de la sección *BackGround*.

Los elementos internos de #HudBar tienen también su configuración si queremos que su organización sea coherente en diferentes tamaños de pantalla. Tenemos que plantearnos cómo queremos distribuir el espacio disponible dentro de #HudBar cuando el tamaño de la ventana del juego cambie. En el caso de Prince of Unity, no tenía sentido que #PrinceBar o #EnemyBar creciesen, ya que sólo necesitan el tamaño necesario para mostrar los 8 triángulos de vida; con que se les respetase el tamaño mínimo para la función anterior ya tenían suficiente. Sin embargo, el elemento central #TextBar sí que se beneficia de contar con más espacio libre para mostrar el texto, así que tenía sentido que ese componente creciese todo lo posible (respetando, eso sí, el tamaño mínimo de los otros dos contenedores).

Para implementar el comportamiento anterior, he configurado a 1 el parámetro *Shrink*, de la sección *Flex*, tanto de #PrinceBar como de #EnemyBar. Ese parámetro hace que el componente no intente adquirir espacio adicional en caso de que el tamaño del contenedor se incremente. Por supuesto, he dejado el parámetro inverso, *Grow*, a 0. Podría haber configurado el tamaño mínimo de #PrinceBar y #EnemyBar a través de los parámetros de la sección *Size*, pero he preferido dejar esa parte en *auto*, y configurar los tamaños mínimos en cada uno de los elementos #life que contienen (24 píxeles de anchura, por 20 de altura, para ser exactos). De esta manera, si finalmente decidía añadir más elementos #life, los contenedores #PrinceBar y #EnemyBar recalcularían su tamaño automáticamente.

> Observa la transitividad: al fijar manualmente la altura de los elementos #life, se fija automáticamente la de #PrinceBar, #EnemyBar y #HudBar. En general, te trae cuenta dejar el tamaño de los nodos superiores en automático y fijarlo manualmente en los nodos hoja del árbol de la jerarquía, de manera que el tamaño de los nodos hoja determinen el tamaño del conjunto.

Como #TextBar tiene que crecer, acaparando el espacio disponible, su configuración de la sección *Flex* es la inversa a la que hemos visto hasta ahora: *Shrink* está fijado a 0 y *Grow* a 1. De esta manera, cuando #HudBar crezca, #TextBar crecerá todo lo que pueda, mientras que #PrinceBar y #EnemyBar se encogerán hasta el tamaño mínimo necesario para contener sus respectivos elementos #life.

En cuanto a los elementos #life, dado que son tantos y su configuración es similar, he preferido crear un estilo (.lifePoint) y aplicárselo a todos.

14.6. Fuentes de texto

Las fuentes del texto forman parte de la ambientación del juego. Una letra gótica puede tener sentido en un juego medieval, pero no en uno futurista. En mi caso, mi objetivo era utilizar un tipo letra lo más cercano posible al juego original. Sin embargo, Unity sólo cuenta con un tipo de fuente que dista mucho del aspecto retro que quería conseguir. Afortunadamente, se pueden importar nuevos tipos de letra.

En internet hay numerosas páginas que te permiten descargar fuentes. En general, te permiten descargarlas en un fichero con extensión `.ttf` u `.otf`. Una página muy popular en este ámbito es DaFont [43]. Desde ella te puedes bajar miles de tipos de letra diferentes. Sólo tienes que buscar en las distintas categorías que te ofrece y elegir la que más se ajuste a la ambientación de tu juego.

> Antes de utilizar una fuente en tu juego, lee bien sus términos de la licencia. En general, podrás usarla libremente en caso de juegos gratuitos en los que no haya ánimo de lucro, pero es posible que tengas que contactar con el autor para recabar su permiso si pretendes obtener ganancias con tu juego.

Para *Prince of Unity*, la fuente que encontré más parecida a la del juego original fue la denominada *8 BIT Wonder* [6].

Una vez que hayas bajado el fichero de la fuente (recuerda: con extensión `.ttf` u `.otf`), tienes que arrastrarlo a una carpeta de la pestaña Project. Eso creará un asset de importación. Seleccionando el asset de importación, en general tenemos que asegurarnos de que el parámetro *Character* esté fijado a Dynamic y que el parámetro *Include Font Data* quede marcado. El parámetro *Character* sirve para definir qué rango de caracteres cubre la fuente. Si la fuente sólo contase con caracteres ASCII lo mejor sería fijar una de las opciones de ASCII. En general usar Dynamic o Unicode aquí suele ser la opción más sencilla. El parámetro *Include Font Data* fija que la fuente se incluya en el paquete del juego final. Si estuvieses seguro de que la fuente está disponible en el equipo del usuario, podrías optimizar el tamaño del juego dejando sin marcar esta opción, pero, en general, es más seguro incluir la fuente para curarte en salud ante la eventualidad de que tus usuarios no contasen con la fuente.

Una vez que hayamos configurado el asset de importación, podemos usarlo directamente en el campo *Font*, de la sección *Text*, de cualquier componente *Label* que añadamos a un interfaz.

14.7. Actualización del interfaz

Llegados a este punto tendremos una serie de interfaces, con todos sus componentes bien situados y configurados, pero ¿cómo los actualizamos para mostrar la información al usuario?

Ahí entran en juego los scripts que acompañan a los GameObject que contienen los UI Document que hemos visto hasta ahora. Un primer ejemplo lo vimos en la sección 14.3, en la que pudimos comprobar cómo el script `Assets/Scripts/LoadingScreen.cs` localizaba una referencia al interfaz de la barra de progreso y a través de esa referencia iba cambiando el valor de dicha barra.

En el caso del HUD la mecánica es la misma, aunque la cantidad de elementos con los que hay que interactuar es mucho mayor, ya que hay que actualizar tanto los triángulos de vida como la barra de mensajes.

El HUD de *Prince of Unity* se gestiona desde el script 🗀`Assets/Scripts/HUDManager.cs`. Ese script actúa desde el mismo GameObject del UI Document que muestra el HUD, en el prefab 🗀`Assets/Prefabs/Managers/HUDManager`.

La configuración del script es la que se muestra en la figura 14.7.

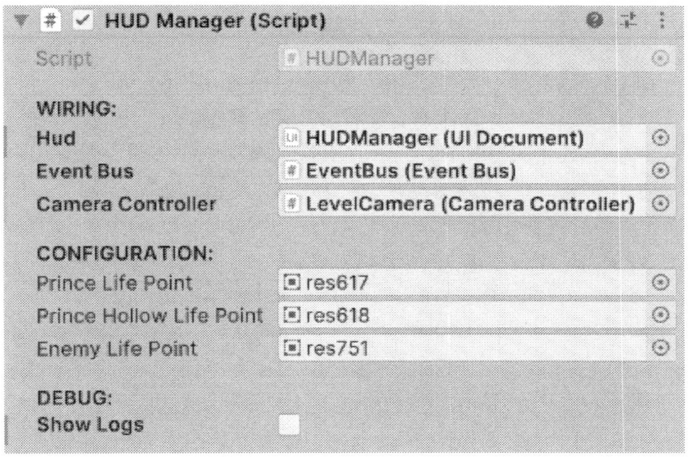

Figura 14.7: Configuración del script HUDManager.

Lo primero que hace el script al arrancar es localizar referencias a aquellos elementos que están fuera del prefab, con los que va a tener que interactuar.

```
48 private void Awake()
49 {
50     _princePersistentStatus = GameObject.Find(''GameManagers'').GetComponentInChildren
           <PrinceStatus>();
51     _eventBus = GameObject.Find(''GameManagers'').GetComponentInChildren<EventBus>();
52 }
53
54 private void OnEnable()
55 {
56     _rootVisualElement = hud.rootVisualElement;
57     _textBar = _rootVisualElement.Q<Label>(''TextMessage'');
58     _princeLifes = GetLifeElements(''PrinceBar'');
59     _enemyLifes = GetLifeElements(''EnemyBar'');
60 }
```

Listado 14.5: Fragmento de Assets/Scripts/HUDManager.cs

En el `Awake()`, el script busca dentro de GameManagers referencias al bus de eventos (línea 51 del listado 14.5) y al script que mantiene la información del estado del protagonista (línea 50).

En el `OnEnable()` es donde el script obtiene referencias a los distintos elementos del HUD. En la línea 56 obtiene una referencia a la raíz del HUD, en la 57 al componente que muestra los mensajes, en la línea 58 al componente que muestra las vidas restantes del protagonista y, por último, en la 59, al que muestra las del guardia de turno.

En realidad `_princeLifes` y `_enemyLifes` son arrays de VisualElement que guardan referencias a los elementos #life del interfaz. El método `GetLifeElements()` consigue dichas referencias de la siguiente manera:

```
/// <summary>
/// Get life point placeholders array.
///
/// They are ordered alphabetically by their name.
/// </summary>
/// <param name=''rootLifeName''>Root element por life point placeholders.</param>
/// <returns>Array of life point placeholders.</returns>
```

```
109 private VisualElement[] GetLifeElements(string rootLifeName)
110 {
111     VisualElement rootLife = _rootVisualElement.Q<VisualElement>(rootLifeName);
112     return rootLife.Children().OrderBy(element => element.name).ToArray();
113 }
```

Listado 14.6: Fragmento de Assets/Scripts/HUDManager.cs

Como se puede ver en el listado 14.6, he vuelto a usar el método `Q<T>()` del elemento raíz del HUD para conseguir referencias a otros elementos por debajo, en la jerarquía del Visual Tree del interfaz. En el caso de la línea 111, se consigue una referencia a #PrinceBar o a #EnemyBar, en función de que al método se le pase como parámetro de entrada "*PrinceBar*" o "*EnemyBar*".

Con la referencia a #PrinceBar o a #EnemyBar, he conseguido el array de referencias a sus respectivos componentes #life, llamando al método `Children()` (línea 112) y ordenando el resultado alfabéticamente usando el método `OrderBy()` de la librería Linq de C#. Rematando con una llamada a `ToArray()` ya tendremos un array de referencias a los elementos #life, para ser guardadas en `_princeLifes` y `_enemyLifes`.

Por otro lado, una vez que ya se tiene una referencia al bus de eventos, el script la usa para suscribirse a los distintos eventos a los que tiene que reaccionar. Dicha suscripción se hace en el método `Start()`:

```
76 private void Start()
77 {
78     eventBus.AddListener<GameEvents.CharacterLifeUpdated>(OnCharacterLifeUpdated);
79     eventBus.AddListener<GameEvents.GuardEnteredTheRoom>(OnGuardEnteredTheRoom);
80     eventBus.AddListener<GameEvents.NoGuardInTheRoom>(OnNoGuardInTheRoom);
81     eventBus.AddListener<GameEvents.PrinceEnteredNewRoom>(OnPrinceEnteredNewRoom);
82     eventBus.AddListener<GameEvents.LevelLoaded>(OnLevelLoaded);
83     eventBus.AddListener<GameEvents.TimeIncreaseKeyPressed>(OnTimeIncreaseKeyPressed);
84     eventBus.AddListener<GameEvents.TimeDecreaseKeyPressed>(OnTimeDecreaseKeyPressed);
85     eventBus.AddListener<GameEvents.QuitRequested>(OnQuitRequested);
86     eventBus.AddListener<GameEvents.UserCancelation>(OnUserCancelation);
87     eventBus.AddListener<GameEvents.SwordTaken>(OnSwordTaken);
88     SetPrinceLife(_princePersistentStatus.CurrentPlayerLife, _princePersistentStatus.
           CurrentPlayerMaximumLife);
89     ShowHudIfLevelsAskIt();
90 }
```

Listado 14.7: Fragmento de Assets/Scripts/HUDManager.cs

Precisamente en la línea 88 del listado 14.7 es donde se realiza la primera actualización del interfaz, llamando a `SetPrinceLife()` para dibujar los triángulos de vida del protagonista.

```
// Active life points.
for (int i = 0; i < currentLife; i++)
{
    _princeLifes[i].style.backgroundImage = new StyleBackground(princeLifePoint);
}
// Empty life points.
if (maximumLife > currentLife)
{
    for (int i = currentLife; i < maximumLife; i++)
    {
        _princeLifes[i].style.backgroundImage = new StyleBackground(
            princeHollowLifePoint);
    }
}
// Remove points above maximum.
if (maximumLife < _princeLifes.Length)
{
    for (int i = maximumLife; i < _princeLifes.Length; i++)
    {
        _princeLifes[i].style.backgroundImage = null;
```

```
356         }
357     }
```

Listado 14.8: Fragmento de Assets/Scripts/HUDManager.cs

En el listado 14.8 se puede ver el fragmento que hace dicha actualización, desde `SetPrinceLife()`. Primero se dibujan los puntos de vida activos (línea 338 a 341) y luego se dibujan los puntos de vida gastados, hasta el nivel máximo de vida (líneas 343 a 349). En ambos casos, es tan sencillo como fijar el campo `style.backgroundImage` a un sprite de un triángulo rojo lleno, para los puntos activos, o vacío, para los puntos gastados.

El caso de los puntos de vida de los guardias es muy similar y se gestiona en el método `SetEnemyLife()`, el cual es muy parecido a `SetPrinceLife()` con el matiz de que los guardias no tienen que mostrar la diferencia entre los puntos de vida máximos y los actuales como puntos de vida agotados, así que no tienen que mostrar triángulos vacíos.

A partir de ahí, cada vez que se produce un cambio en los puntos de vida de un personaje se emite un evento del tipo `CharacterLifeUpdated` que dispara la ejecución del método `OnCharacterLifeIpdated()`:

```
232 /// <summary>
233 /// Listener for character update events.
234 /// </summary>
235 /// <param name=''sender''>Sender of event. Usually a character monobehaviour.</param>
236 /// <param name=''ev''>Event data.</param>
237 public void OnCharacterLifeUpdated(object sender, GameEvents.CharacterLifeUpdated ev)
238 {
239     GameObject senderGameObject = ((MonoBehaviour)sender).transform.root.gameObject;
240     CharacterStatus characterStatus =
241         senderGameObject.GetComponentInChildren<CharacterStatus>();
242     if (characterStatus != null)
243     {
244         if (characterStatus.IsPrince)
245         {
246             SetPrinceLife(ev.CurrentLife, ev.MaximumLife);
247         }
248         else
249         {
250             if (senderGameObject == cameraController.CurrentRoom.EnemyInTheRoom)
                    SetEnemyLife(ev.CurrentLife);
251         }
252     }
253 }
```

Listado 14.9: Fragmento de Assets/Scripts/HUDManager.cs

Observa en el listado 14.9 que, si el emisor del evento es el protagonista, se llama a `SetPrinceLife()` (línea 246), y si es un guardia a `SetEnemyLife()` (línea 250).

Una variante del caso anterior, es cuando un guardia entra en la misma habitación del protagonista y hay que mostrar sus puntos de vida. Cuando un guardia entra en una habitación en la que coincide con el protagonista, el script 🗀`Assets/Scripts/PopulationSensor.cs` del prefab 🗀`Assets/Prefab/Managers/Room` se encarga de emitir un evento `GuardEnteredTheRoom`, a través del bus de eventos. Ese evento es respondido desde HUDManager con el método `OnGuardEnteredTheRoom()` precisamente para mostrar en el HUD los puntos de vida del guardia:

```
/// <summary>
/// Listener for guard entered a room events.
/// </summary>
/// <param name=''sender''>Sender of event. Usually a room monobehaviour.</param>
/// <param name=''ev''>Event data.</param>
public void OnGuardEnteredTheRoom(object sender, GameEvents.GuardEnteredTheRoom ev)
{
    GameObject senderGameObject = ((MonoBehaviour)sender).transform.root.gameObject;
```

```
    Room senderRoom = senderGameObject.GetComponentInChildren<Room>();
    if (senderRoom != null && cameraController.CurrentRoom == senderRoom)
    {
        GameObject guardGameObject = ev.Guard;
        SetEnemyLife(guardGameObject.GetComponentInChildren<CharacterStatus>().Life);
    }
}
```

Listado 14.10: Fragmento de Assets/Scripts/HUDManager.cs

Si lo que ocurre es justamente lo contrario, que el guardia sale de la habitación donde se encuentre el protagonista, entonces se emite un evento `NoGuardInTheRoom` al que se responde con el método `OnNoGuardInTheRoom()`, para borrar del HUD los puntos del guardia (poniendo dichos puntos a 0).

```
/// <summary>
/// Listener for guard left a room events.
/// </summary>
/// <param name=''sender''>Sender of event. Usually a room.</param>
/// <param name=''ev''>Event data.</param>
public void OnNoGuardInTheRoom(object sender, GameEvents.GuardEnteredTheRoom _)
{
    GameObject senderGameObject = ((MonoBehaviour)sender).transform.root.gameObject;
    Room senderRoom = senderGameObject.GetComponentInChildren<Room>();
    if (senderRoom != null && cameraController.CurrentRoom == senderRoom)
    {
        SetEnemyLife(0);
    }
}
```

Listado 14.11: Fragmento de Assets/Scripts/HUDManager.cs

Otra llamada intrigante del listado 14.7, es la de la línea 89 al método `ShowHudIfLevelsAskIt()`. Este método se encarga de discernir si el HUD debe ser visible y lo muestra o no en consecuencia. Ten en cuenta que GameManagers, y por tanto HUDManager, se va arrastrando nivel a nivel, tanto en los niveles de juego como en los niveles de reproducción de vídeos, aunque en el caso de estos últimos la barra del HUD tiene que ser invisible. Para saber en qué niveles mostrar el HUD y en qué niveles ocultarlos, cada uno de los niveles tiene un GameObject denominado LevelSpecifics y este cuenta con el script 🗀`Assets/Scripts/LevelConfiguration.cs` que ofrece una propiedad `ShowHudBarAtStart` que es verdadera cuando el HUD deba ser mostrado en ese nivel. Por tanto, `ShowHudIfLevelsAskIt()` muestra o no el HUD en función del valor `ShowHudBarAtStart` que encuentre en el LevelSpecifics del nivel.

```
private void ShowHudIfLevelsAskIt(string levelName = '''')
{
    LevelConfiguration currentLevelConfiguration =
        GameObject.Find(''LevelSpecifics'').GetComponentInChildren<LevelConfiguration
            >();
    if (currentLevelConfiguration.ShowHudBarAtStart)
    {
        ShowHud();
        this.Log($''(HUDManager - {transform.root.name}) Hud shown in this level {
            levelName}.'', showLogs);
    }
    else
    {
        HideHud();
        this.Log($''(HUDManager - {transform.root.name}) Hud not shown in this level {
            levelName}.'', showLogs);
    }
}
```

Listado 14.12: Fragmento de Assets/Scripts/HUDManager.cs

Como hacíamos con el interfaz de la página de carga, mostrar o no el HUD es una cuestión de poner a verdadero o falso la propiedad `visible` de su componente raíz.

```
/// <summary>
/// Show hud.
///
/// Nedd to be used after video scenes.
/// </summary>
public void ShowHud()
{
    _rootVisualElement.visible = true;
}
```

Listado 14.13: Fragmento de Assets/Scripts/HUDManager.cs

```
/// <summary>
/// Hide hud.
///
/// Useful for video scenes.
/// </summary>
public void HideHud()
{
    _rootVisualElement.visible = false;
}
```

Listado 14.14: Fragmento de Assets/Scripts/HUDManager.cs

Nos queda por cubrir la impresión de mensajes en la barra de mensajes del HUD.

```
200 /// <summary>
201 /// Set text bar message.
202 /// </summary>
203 /// <param name=''text''>Message to display at text bar.</param>
204 public void SetMessage(string text)
205 {
206     if (_rootVisualElement.visible)
207         _textBar.text = text;
208 }
209
210 /// <summary>
211 /// Remove any text from message bar.
212 /// </summary>
213 public void ClearMessage()
214 {
215     SetMessage('''');
216 }
```

Listado 14.15: Fragmento de Assets/Scripts/HUDManager.cs

Como se puede ver en el listado 14.15, para imprimir algo en la barra de mensajes del HUD no hay más que meter una cadena en la propiedad `text` de la referencia al componente Label del HUD (línea 207). Por su parte, para borrar el mensaje y dejar vacía la sección de mensajes de la barra del HUD, basta con imprimir una cadena vacía (línea 215).

Para imprimir mensajes temporales, que se borren pasado un tiempo, podemos llamar a `SetMessage()` y luego hacer una invocación diferida de `ClearMessage()`.

```
/// <summary>
/// Set text bar message just for a time.
/// </summary>
/// <param name=''text''>Message to display at text bar.</param>
/// <param name=''timeInSeconds''>Time to show message.</param>
public void SetMessageForATime(string text, float timeInSeconds)
{
    if (_rootVisualElement.visible)
```

```
226     {
227         SetMessage(text);
228         Invoke(nameof(ClearMessage), timeInSeconds);
229     }
230 }
```

Listado 14.16: Fragmento de Assets/Scripts/HUDManager.cs

Las invocaciones diferidas se hacen con el método Invoke() que se puede ver en la línea 228 del listado 14.16. El primer parámetro de `Invoke()` es la cadena con el nombre de la función que se quiere invocar, y el segundo parámetro es el tiempo a esperar antes de llamar a la función. Recuerda que `Invoke()` no es bloqueante.

Usar cadenas para señalar el nombre de funciones es bastante peligroso porque es fácil cometer errores al teclear la cadena y, en ese caso, los mecanismos de alerta de nuestro IDE no podrán avisarnos de nada.

Como alternativa a las cadenas, es mejor utilizar el método `nameof()` y pasarle una referencia a nuestra función. Este método se encargará de generar la cadena. Con este último método podremos usar los mecanismos de autocompletado de nuestro IDE, así como los de refactorizado para asegurarnos de que el nombre de la función quede correctamente actualizado.

Parte III

Pongámonos serios

CAPÍTULO

15 Control de versiones

Resulta sorprendente la cantidad de desarrolladores que aún evitan trabajar con sistemas de control de versiones (o abreviadamente *versionado*). Eso se debe generalmente al mito de que se trata de un tema complejo, lo que lleva a la pereza a la hora de cacharrear con el tema para aprenderlo.

Mi intención con este capítulo es desterrar ese mito. Es cierto que el versionado de un proyecto extenso, con multitud de desarrolladores, es un tema delicado que puede alcanzar un alto grado de sofisticación, pero un desarrollador independiente, o un grupo pequeño, apenas tendrán que utilizar tres o cuatro operaciones básicas en su día a día para poder aprovechar las ventajas del control de versiones. A lo largo de este capítulo estudiaremos esas operaciones, poniendo como ejemplo la gestión de versiones que he hecho para *Prince of Unity*.

Para ello, en las próximas secciones veremos los peligros que supone no utilizar control de versiones en un proyecto. Luego veremos cómo se resuelven esos problemas con versionado. Detallaremos las diferencias entre los distintos tipos de herramientas de control de versiones y a qué tipos de proyectos se adapta mejor cada una de ellas. Aquí repasaremos algunas de las más habituales entre los desarrolladores de Unity. Por último, nos centraremos en una de ellas, Git, que veremos que tiene sus limitaciones a la hora de desarrollar en Unity, pero que es suficiente en determinados proyectos y conviene conocer, dada su ubicuidad en el resto de ramas del desarrollo.

Me sentiré contento si este capítulo sirve para que le pierdas el miedo a las herramientas de control de versiones y te hace decidir utilizar una (la que sea) en tu próximo proyecto. Verás cómo las ventajas de usar control de versiones superan con creces el esfuerzo de configurarlas, independientemente del tamaño y complejidad de tu proyecto.

15.1. Desgracias que te llevan al control de versiones

Para empezar a mentalizarnos, vamos a repasar algunas de las miserias a las que se exponen los desarrolladores que se resisten a utilizar versionado. Para ello vamos a relatar un cuento sobre un desarrollador ficticio. Lo he elaborado a partir de anécdotas que me han contado otros desarrolladores o que, incluso, viví yo mismo antes de empezar a aplicar versionado. Mi esperanza es que alguna de estas historias consiga conectar con momentos y problemas que hayas vivido tú mismo y eso dé pie a que percibas mejor las ventajas de empezar a versionar.

> A Alberto le encantaba desarrollar. Era su hobby. Le relajaba, le entretenía, le desafiaba. Y últimamente había descubierto el mundo del desarrollo con Unity que le había permitido aunar su otra pasión, el mundo de los videojuegos. Había oído hablar de los sistemas de control de versiones, pero montar uno le parecía más propio de una gran empresa y estaba convencido de que su complejidad no le merecería la pena por el tiempo que le restaría para poder desarrollar.

Por ese motivo, Alberto se limitaba a *picar* el código de su proyecto y lo iba salvando en su ordenador conforme avanzaba. Un día se fue a hacer la compra, dejando el ordenador encendido para que aplicase una batería de tests automatizados en su ausencia. Cuando volvió, olió alarmado el aroma a pelo de gato quemado y descubrió que su minino debía haber perdido al menos una de sus vidas jugando con el cable de corriente del ordenador. Al felino le quedaban unas cuantas vidas más, pero estaba claro que al disco duro no. El apagón repentino lo había dañado irremediablemente, haciendo que el código del proyecto se perdiese. Desde entonces, Alberto decidió situar el código de sus proyectos en una carpeta local sincronizada con su cuenta de *Dropbox* [54]. Así, si el ordenador volvía a romperse, al menos tendría una copia de seguridad de su código en la nube.

Alberto continuó feliz con sus proyectos, pero un día tuvo que ir al baño y se le olvidó bloquear la pantalla. Cuando volvió descubrió que su hijo Pablo, de apenas 2 años, se había puesto cómodo en su mesa y se había dedicado a "programar" como su padre. Alberto descubrió con horror que su hijo había llenado de galimatías sin sentido múltiples ficheros de código y que deshacer los cambios con Ctrl + Z llega hasta un número limitado de cambios. Como la carpeta donde guardaba el código estaba sincronizada en tiempo real con Dropbox, toda la "obra de arte" de su hijo había sobrescrito el código que tenía en la nube. Desde entonces, Alberto decidió hacer una copia de seguridad de su carpeta de código una vez al día y situar esa copia de seguridad en una carpeta aparte. Así podría recurrir a la copia de un día anterior si la del día en curso se veía afectada por cualquier razón.

Esa manera de trabajar permitió a Alberto avanzar con mayor seguridad, plantearse proyectos más complejos y a probar cosas nuevas en sus desarrollos. Sin embargo, un día descubrió que la funcionalidad en la que llevaba un tiempo trabajando le había llevado a un callejón sin salida y que era mejor descartarla. El problema es que para intentar desarrollar la funcionalidad había tocado tantos ficheros de código que ya era imposible localizar y deshacer todos los cambios a mano. Había que restaurar la copia de seguridad del código del día de antes de empezar a trabajar en la nueva funcionalidad. Pero ¿cuál era esa copia de seguridad? Alberto tuvo que invertir una tarde abriendo una por una las copias de seguridad para analizar cada uno de los ficheros de código hasta descubrir la del día en el que ya no quedaban por lado alguno trazas del código de la funcionalidad. Desde entonces, Alberto decidió que al empezar el desarrollo de una nueva funcionalidad añadiría al nombre de la copia de seguridad unas palabras explicando en qué se iba a embarcar a partir de esa copia.

La cosa se complicó cuando conoció a Bertín, otro desarrollador de Unity con el que empezó a colaborar para hacer un juego. El problema era coordinarse para no trabajar en los mismos ficheros al mismo tiempo. Al principio todo fue bien, pero una noche Bertín se despertó en mitad de la noche con una idea luminosa que quiso plasmar inmediatamente en el juego. Era tan tarde que no se le pasó por la cabeza avisar a Alberto. Sin duda su compañero estaría dormido a esas horas. Lo que él no sabía es que a Alberto le había ocurrido lo mismo y también estaba trabajando con el juego. Los dos estuvieron modificando ficheros toda la noche sin darse cuenta de que se estaban pisando el trabajo mutuamente. Cuando por la mañana se dieron cuenta de la situación, en la carpeta de código había una mezcolanza de código de las dos respectivas versiones en las que había trabajado cada uno. Estaba todo tan enmarañado que era difícil saber a cuál de las dos versiones pertenecía cada fichero.

Absolutamente derrotados, decidieron ir a un café a calmarse. Allí se encontraron con Carla, una amiga desarrolladora que oyó pacientemente sus penas. Cuando acabaron, ella lo tenía claro y así se lo dijo a sus amigos: "*Nada de todo esto os habría pasado si hubiérais usado un sistema de control de versiones*".

Veamos por qué Carla estaba tan convencida como para hacer una afirmación tan categórica.

15.2. ¿Cómo funcionan los sistemas de control de versiones?

El corazón de los sistemas de versionado es lo que se conoce como *repositorio* . Un repositorio es una base de datos compartida en la que se van guardando copias de seguridad de nuestro código. Cada copia de seguridad (denominada *commit*) se identifica con un número y se asocia a una fecha, una hora, un desarrollador y un mensaje dejado por este resumiendo los cambios respecto a la anterior copia de seguridad. Además, el repositorio se encarga de relacionar cada copia de seguridad con la anterior en la que se basaba. De esta manera, el repositorio va guardando un registro histórico de los sucesivos cambios de los ficheros recogidos en el versionado.

Llegado el caso de que quisiéramos ver cómo eran nuestros ficheros en un momento determinado, sólo tendríamos que identificar el registro del momento que nos interesa y pedirle al repositorio que restaurase esa copia. Así, el sistema de versionado se convierte en una especie de máquina del tiempo que permite restaurar la carpeta del proyecto, tal y como estaba en cualquier momento de su desarrollo. Además, para identificar los cambios, las herramientas de versionado suelen incluir funcionalidades de comparación, para resaltar visualmente las líneas de código cambiadas en cada uno de los ficheros incluidos en un commit. Esto permite la identificación de cambios que hayan introducido errores y la restauración de funcionalidades que hubiésemos borrado anteriormente.

Existe la posibilidad de guardar el repositorio en ficheros locales de nuestro ordenador, pero lo normal es guardarlo en la nube o en un servidor para facilitar el trabajo colaborativo.

15.3. Control de versiones centralizado vs distribuido

Aunque todos los sistemas de control de versiones ofrecen la posibilidad de alojar el repositorio en la nube o en un servidor, hay diferentes enfoques a la hora de definir cómo interactúan los desarrolladores con dicho repositorio. Dichos enfoques cristalizan fundamentalmente en dos: el centralizado y el distribuido.

En el *enfoque centralizado* sólo hay un repositorio, el del servidor central (figura 15.1). Los desarrolladores se bajan los ficheros de él y marcan aquellos en los que vayan a trabajar para que el servidor central rechace modificaciones sobre esos ficheros hasta que ellos los liberen. Una vez que el desarrollador acaba los cambios sobre un fichero, lo sube al servidor central y libera el bloqueo sobre el fichero para que otros desarrolladores puedan trabajar sobre él. Por tanto, en este enfoque, aunque los desarrolladores tengan una copia local actualizada de los ficheros del proyecto, la única base de datos de versiones (es decir, el único repositorio) es la del servidor central.

Este enfoque centralizado fue el que adoptaron los primeros sistemas de control de versiones, como por ejemplo *Subversion* [186]. Aún así, este tipo de sistemas de versionado sigue siendo muy popular en las grandes organizaciones porque les da confianza mantener las versiones del software que desarrollan en una plataforma centralizada on-premise que puedan securizar debidamente. Además, hay que reconocer que la manera de trabajar con un versionado centralizado puede ser más sencilla de entender para algunos desarrolladores.

El *enfoque distribuido* se llama así porque hay un repositorio por desarrollador, si bien es cierto que lo normal es que esos repositorios locales se sincronicen a su vez con un servidor central, en la nube u on-premise (figura 15.2). Precisamente, lo que ofrece GitHub es un servicio en la nube donde ubicar dicho repositorio central. En este caso, los desarrolladores clonan el repositorio del servidor central. Eso quiere decir que el repositorio local tiene tanto los ficheros del proyecto, como el histórico de cambios. A diferencia de la manera de trabajar del enfoque centralizado, en este caso no se bloquean ficheros. Cada desarrollador tiene su propia copia de los ficheros y los modifica a su antojo. Cuando finaliza las modificaciones, el desarrollador lanza sus commits contra su repositorio local. Así, se puede escribir código e ir guardando los cambios aunque no se tenga conexión de red con el servidor central. Finalmente, una vez que se han acumulado una serie de commits, el desarrollador puede decidir subirlos al servidor central en una operación denominada *push.* A su vez, para bajarse las actualizaciones que pudieran haber hecho otros usuarios sobre el servidor central, se utiliza una operación denominada *pull.* Básicamente el push actualiza el repositorio

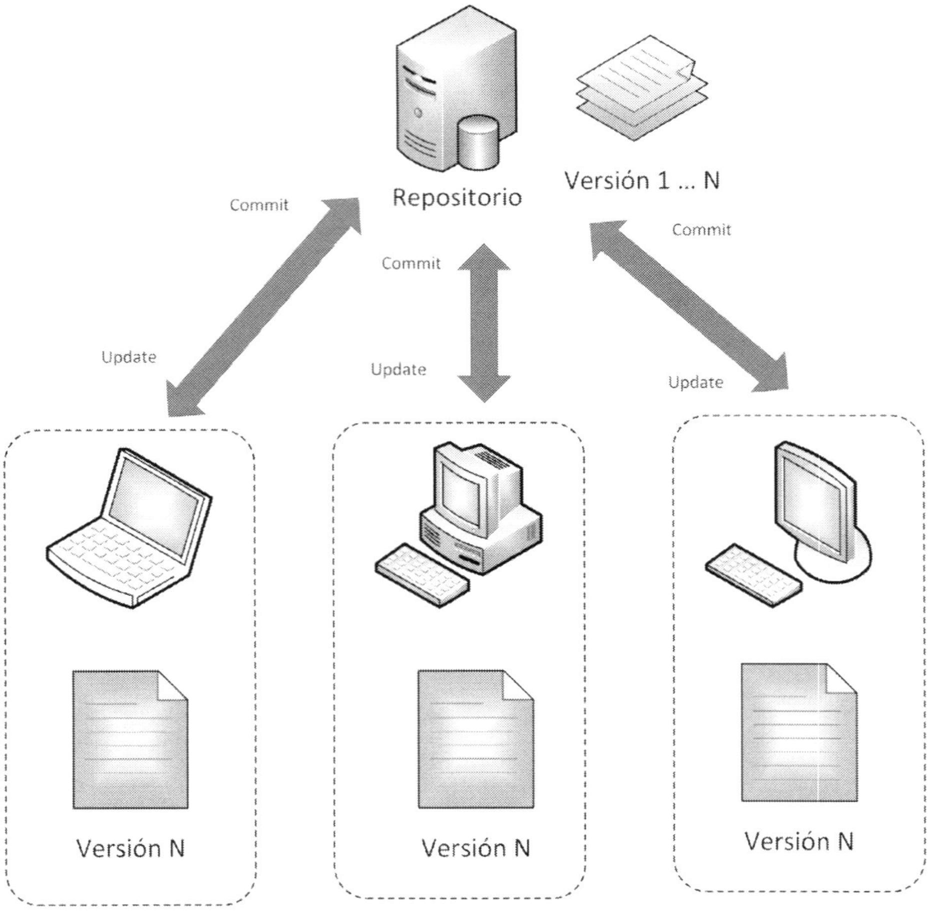

Figura 15.1: Operativa con un repositorio centralizado. Sólo hay un repositorio del que todos los desarrolladores se descargan la última versión y al que suben las actualizaciones.

centralizado con los cambios del repositorio local, mientras que el pull actualiza el repositorio local con los cambios del centralizado.

La mayor parte de los sistemas de versionado más recientes adoptan el enfoque distribuido. Dos ejemplos de este tipo son los sistemas *Mercurial* [126] y *Git* [72]. Su uso se ha vuelto tremendamente popular por su flexibilidad, sencillez de despliegue y manejo, así como por su especial adaptación a grupos de desarrollo pequeños, distribuidos y ágiles que utilicen metodologías de desarrollo como SCRUM.

A no ser que tengas razones muy concretas para usar un sistema de versionado centralizado, mi consejo es que te decantes por uno distribuido y, en concreto, por Git.

15.4. Opciones de control de versiones para Unity

Los tres sistemas de control de versiones más populares en el mundo del desarrollo de juegos son los siguientes:

- *Perforce - Helix Core* [157]: Es un sistema de versionado de enfoque centralizado muy popular en los grandes estudios de desarrollo de juegos. De hecho, es el sistema que Epic recomienda usar con su Unreal Engine. No conozco proveedor que lo ofrezca como servicio, por lo que para usarlo no queda otra que bajar el instalador de la página del fabricante e instalarlo, o bien en un servidor on-premise, o bien en uno virtual en una nube que contratemos. A pesar de eso, su uso es gratuito para equipos pequeños de hasta 5 personas. Una de sus grandes virtudes es que puede manejar ficheros grandes.

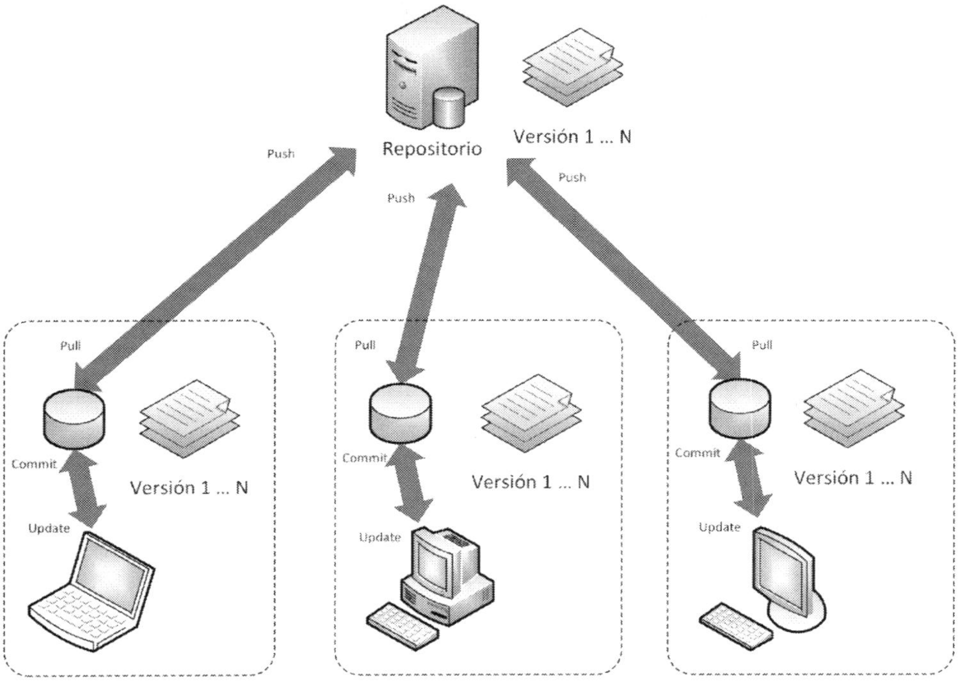

Figura 15.2: Operativa con un repositorio distribuido. Cada desarrollador cuenta con una copia completa del repositorio que se refresca bajo demanda (pull). El desarrollador guarda las actualizaciones en su repositorio local (commit) hasta que sincroniza este con el central (push).

- *Git* [72]: Este sistema de versionado fue el que popularizó el enfoque distribuido. Lo desarrolló el mismísimo Linus Torvalds[1] porque el equipo de desarrollo del kernel de Linux se vió en la necesidad de abandonar su anterior sistema de versionado: *BitKeeper* [17]. Dicha necesidad también motivó la creación de Mercurial, otro sistema de versionado descentralizado, aunque al final fue descartado para su uso en el desarrollo del kernel[2]. A pesar de tratarse de una herramienta de consola, hay infinidad de clientes gráficos que permiten usarlo sin necesidad de tocar la línea de comandos. Es extremadamente bueno a la hora de gestionar ficheros de texto, como los de los código fuente. Una de las razones de su popularidad es la simbiosis de Git con GitHub. Aunque Git se pueda usar de manera independiente de GitHub, y haya otras alternativas a GitHub, como GitLab [79] o Bitbucket [16], lo cierto es que es GitHub quien ha conseguido popularizar el control de versiones hasta límites insospechados, dotando a su servicio de una especie de envoltorio de red social para desarrolladores, al fomentar los repositorios públicos de código, dotar de logos a los desarrolladores y mostrar dichos logos en los repositorios a los que contribuyan esos desarrolladores, permitiendo que estos pudieran puntuar positivamente a los repositorios que les gustasen, creando emblemas para logros y un largo etcétera. Puede que Git tuviese un sitio en el mundo antes de GitHub, pero ha sido este último el que realmente ha puesto de moda a Git.

- *PlasticSCM* [226]: Es el que Unity recomienda para trabajar en proyectos de desarrollo de juegos. De hecho, Unity adquirió PlasticSCM hace poco. Se trata de un sistema de control de versiones que puede funcionar simultáneamente tanto de manera centralizada, como distribuida, con el fin de aprovechar lo mejor de ambos mundos.

¿Cuál de los tres utilizar? Me temo que no hay una respuesta sencilla. Dependerá del tipo de juego que estemos desarrollando.

[1] Creador del sistema operativo Linux.
[2] Las malas lenguas dicen que en aquella decisión pesó mucho el que Linus Torvalds estuviera detrás de la creación de Git.

Si nuestro grupo es muy paranóico de la seguridad y no se fía de servicios en la nube a la hora de guardar las versiones de nuestro proyecto, entonces la solución natural es montar un servidor propio de Perforce - Helix Core. Aunque es probable que los desarrolladores del grupo se sientan un poco encorsetados por la manera de funcionar de Perforce, los artistas se sentirán felices al poder bloquear ficheros para poder editarlos.

Precisamente la imposibilidad de bloquear ficheros es uno de los talones de Aquiles de Git a la hora de desarrollar juegos. Si bien no hace falta bloquear los ficheros de código fuente, porque llegado el caso siempre podemos resolver los conflictos a mano, eso no es posible con ficheros binarios como los que manejan los artistas (dibujos, texturas, sonidos, modelos 3D). Dicho de otra manera, en caso de conflicto entre dos versiones no hay manera de mezclar manualmente ficheros binarios, la única opción es elegir uno de los dos ficheros y descartar el otro. Por ese motivo Git no es la opción adecuada cuando tenemos varios artistas en el equipo que puedan llegar a trabajar al mismo tiempo con el mismo tipo de archivo. Estas limitaciones de Git con los ficheros binarios también afectan al tamaño del repositorio, si bien Git es capaz de guardar sólo los cambios[3] entre una versión y otra de un fichero de texto (lo que le permite ahorrar espacio), en el caso de los binarios se ve obligado a guardar dos ficheros completos, el antiguo y el nuevo (lo que dispara el tamaño del repositorio en cuanto el número de nuestros archivos crece y empezamos a hacer cambios sobre ellos). Quizás por esta razón Git no maneja bien ficheros binarios grandes.

> De hecho, GitHub limita el tamaño de los ficheros a 100 MB, lo cual puede parecer mucho al principio, pero en el momento en el que empezamos a desarrollar en 3D con múltiples texturas, sonido, vídeos y escenarios más o menos grandes, veremos que no es tanto. Para resolver ese problema, GitHub recomienda el uso de Git Large File Storage (*LFS*). Dicha función sustituye los ficheros del repositorio por punteros a un almacenamiento externo, lo que permite reducir el tamaño del repositorio, pero a su vez introduce un nivel mayor de complejidad.

Es para resolver las limitaciones tanto de Perforce, como de Git, que PlasticSCM permite funcionar de manera mixta dejando que los desarrolladores trabajen de manera descentralizada, al modo de Git, mientras que los artistas pueden trabajar de manera centralizada bloqueando los ficheros sobre los que vayan a trabajar y liberándolos al acabar, como harían con Perforce. Por otro lado, PlasticSCM no tiene problemas para trabajar con ficheros grandes y su integración dentro del editor de Unity es perfecta.

> Aunque PlasticSCM tiene una modalidad gratuita para grupos de hasta 3 miembros, el almacenamiento del repositorio no debe exceder de los 5 GB o de lo contrario nos tocará pagar.

Teniendo en cuenta estas limitaciones, yo opté por usar Git con *Prince of Unity*. Al ser un proyecto 2D con unos gráficos muy sencillos no era probable que alguno de mis ficheros alcanzase el límite de los 100 MB. Por otro lado, al tratarse de un proyecto en solitario no existía la posibilidad de que me pisase con otro artista al editar concurrentemente un mismo recurso artístico. Por último, el propósito de *Prince of Unity* era didáctico, por lo que su sitio natural era un repositorio público al que la gente pudiese acceder para ver el código y descargárselo. Para eso, el mejor escaparate para repositorios públicos es GitHub.

Aunque en un proyecto más exigente, con múltiples desarrolladores y artistas, habría elegido PlasticSCM, para un proyecto tan comparativamente sencillo como *Prince of Unity* el uso de Git y GitHub era *suficientemente* bueno.

Por todo lo anterior, a partir de aquí nos centraremos en Git y en GitHub.

15.5. ¿Por qué aplicar control de versiones a tu proyecto?

A nivel individual, usar sistemas de versionado permite proteger nuestro proyecto de cualquier calamidad que le pueda pasar a nuestro ordenador. Yo mismo estoy usando un sistema de versionado para guardar copias de seguridad de este libro, conforme avanzo en su redacción.

[3] Lo que se denomina la delta.

Además, este tipo de sistemas facilita experimentar con nuestro código. Gracias a la confianza que ofrece contar con una copia de seguridad de nuestro proyecto, podemos probar sin miedo nuevas funcionalidades o nuevas maneras de hacer las cosas. Si al final las cosas no saliesen como queríamos, no tendríamos más que revertir los cambios, restaurando el proyecto en el commit previo a estos.

Si los cambios que quisiéramos probar fueran muy abundantes y previésemos que no íbamos a tener un resultado concluyente de manera inmediata, podríamos usar una rama (también denominadas *branch*) para bifurcar la línea histórica de nuestro repositorio y recoger en esa rama los commits de nuestros experimentos, sin miedo a contaminar la línea histórica principal (denominada *master* o *main*). Si al final los cambios llegasen a buen puerto, podríamos fusionar de vuelta la rama con la línea master para consolidar en esta los cambios de la rama. Si, por el contrario, no nos gustase el resultado de nuestro experimento podríamos dejar de trabajar en esa rama y volver a la master, olvidándonos de los cambios.

Las ramas son habituales para trabajar en múltiples funcionalidades en paralelo. Imaginemos un grupo que repartiese entre sus desarrolladores las funcionalidades a incluir en la siguiente iteración del proyecto. Cada desarrollador del equipo bifurcaría la línea master en una rama y a partir de entonces iría recogiendo en dicha rama los sucesivos commits para desarrollar la funcionalidad. Cuando hubiese acabado, el desarrollador fundiría su rama con la master para incluir en esta la nueva funcionalidad. Esta manera de trabajar también sería útil incluso para un desarrollador en solitario, ya que permitiría ir avanzando las nuevas funcionalidades en ramas paralelas a la master y pasar en cualquier momento a esta última cuando hiciese falta (por ejemplo, para desarrollar un parche que resolviese un fallo). De esa manera podemos saltar de una rama a otra dependiendo de aquello en lo que que nos apetezca, o sea más urgente trabajar. La naturaleza distribuida de Git, hace que el salto de una rama a otra sea extremadamente rápido a diferencia de lo que pasa en los sistemas de versionado centralizado.

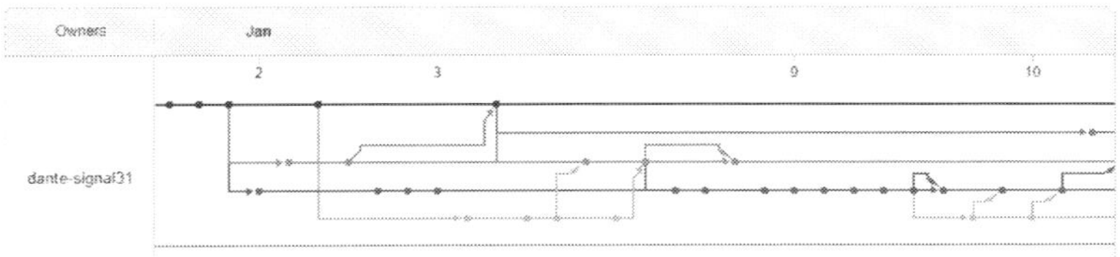

Figura 15.3: Diagrama de ramas de un momento determinado del desarrollo de uno de mis proyectos. La rama negra, la superior, es la master y de ella nacen ramas de funcionalidades que fui desarrollando en paralelo y que volví a fundir con la master cuando estuvieron listas. Este fue un desarrollo en solitario, imagínate cómo puede llegar a ser uno en equipo.

Las ramas no son las únicas funcionalidades de los sistemas de versionado para facilitar el trabajo colaborativo. Además de eso, la mayoría de los sistemas de control de versiones tienen mecanismos para prevenir que los cambios de un desarrollador sobrescriban los de otro. Cuando un desarrollador A quiere sincronizar su rama con la del servidor, el sistema de versionado comprueba que la rama local del desarrollador A comprende todos los commits de la rama guardada en el servidor. Si no fuera así, significaría que otro desarrollador B habría hecho cambios sobre la rama del servidor sin que el desarrollador A lo supiese. En ese caso, el sistema rechazaría la sincronización del desarrollador A y le obligaría a bajarse los últimos cambios de la rama del servidor para consolidarlos en su rama local. De esa manera, el desarrollador A tendría acceso a los cambios del desarrollador B y podría compatibilizarlos con sus respectivos cambios (esto es lo que se conoce como un *merge conflict*). Dependiendo de la magnitud de los cambios, resolver un merge conflict puede ser sencillo o muy laborioso. Una vez resuelto, el desarrollador A ya puede volver a pedir la sincronización al servidor. Este detectará que la sincronización del desarrollador A comprende los commits del desarrollador B y entonces sí que le dejará hacer la sincronización. Como te puedes imaginar, siempre existe la posibilidad de que el desarrollador B incluya nuevos commits en la rama del servidor mientras el desarrollador A aún sigue intentando resolver el merge conflict, por eso, en general, es recomendable que no haya múltiples desarrolladores trabajando sobre una misma rama.

Con los sistemas de versionado sincronizados con la nube o con un servidor central, todos los miembros del equipo tienen acceso a la última versión del proyecto, pero, además, se facilita la automatización de determinados procesos repetitivos de nuestro desarrollo. Por ejemplo, GitHub tiene una funcionalidad denominada *GitHub Actions* que permite disparar automáticamente procesos en respuesta a determinados eventos. En mi caso, tengo el repositorio del código fuente de varias herramientas alojados en GitHub y he configurado sus GitHub Actions para que detecte actualizaciones en sus respectivas ramas de *staging*. Cuando eso ocurre, he configurado que GitHub Actions dispare la batería de pruebas funcionales del repositorio. En caso de que estas fuesen correctas, se hace un merge automático de la rama staging con la master y se inician una serie de scripts para compilar y empaquetar la herramienta. Una vez finalizado el empaquetado, se disparan una serie de scripts que suben los paquetes a los distintos medios de distribución que uso (principalmente la sección de Releases de cada repositorio de GitHub, así como repositorios DEB y RPM alojados en PackageCloud [154]). Hacer todas estas tareas manualmente lleva mucho tiempo y esfuerzo, resulta tedioso y es fácil equivocarse, por eso automatizar su ejecución a partir de las actualizaciones del repositorio de versiones me libera para cosas más importantes, elimina posibles errores en el proceso de empaquetado y distribución y me permite agilizar la entrega de nuevas versiones de mis herramientas a sus usuarios.

15.6. Clientes gráficos para Git

Como ya hemos dicho, Git es en realidad una aplicación de consola, pero a la hora de la verdad casi todo el mundo usa clientes gráficos que se encargan de llamar por debajo a la aplicación de consola. Dada la popularidad de Git, hay una lista extensísima, y siempre en crecimiento, de estos clientes gráficos. En esta sección, repasaré aquellos con los que estoy habituado y recomiendo, pero de ningún modo se trata de una lista exhaustiva. Te animo a que, a partir de las recomendaciones que doy aquí, busques el cliente de Git que mejor se adapte a tu manera de trabajar.

Al final, creo que se trata de decidir si preferimos trabajar con nuestro repositorio de Git desde el editor de Unity, desde el mismo escritorio o desde nuestro IDE.

En su momento, Unity reconoció la popularidad de Git y mantuvo su propia extensión oficial, *GitHub for Unity* [225], para el editor. Sin embargo, desde que adquirió PlasticSCM [226] y lo convirtió en su sistema de control de versiones oficial, dejó de mantener la extensión para Git. Actualmente hay forks más o menos actualizados de aquella extensión, como por ejemplo Git for Unity [182], así como extensiones de pago en el Asset Store de Unity. Sin embargo, yo no utilizo ninguna de esas extensiones. Está claro que a Unity ya no le interesa esa integración con su editor, porque su alternativa en ese sentido es PlastiSCM, por lo que tirar de esas extensiones tiene algo de remar contra corriente. Además, las otras opciones que vamos a ver en esta sección son más que suficientes para el 100 % de los casos.

Partiendo de ahí, creo que la opción más sencilla para los que se inician en Git es el cliente oficial de GitHub: *GitHub Desktop* [77]. Con este cliente podemos controlar nuestro repositorio desde el escritorio. Hay muchos otros clientes de Git para el escritorio, pero este hace de la facilidad de uso su razón de ser y se nota para bien. De hecho, es el que yo uso para guardar las sucesivas versiones de este libro en mi repositorio privado de GitHub. Permite gestionar múltiples repositorios, crear ramas, fusionarlas, crear commits y actualizar el repositorio central, así como descargarse las novedades de este. También incluye un visor integrado para ver las modificaciones realizadas sobre los ficheros de texto en cada commit.

El cliente de GitHub Desktop debería ser suficiente para los desarrollos sencillos, pero a partir de cierto punto de complejidad empiezan a faltarle cosas, tales como la visualización gráfica de las ramas, para comparar sus respectivos grados de avance, o la capacidad de asignar una etiqueta (*tag*) a un determinado commit para señalarlo como importante y facilitar su posterior búsqueda. Aquí es donde entran los clientes de Git que normalmente tienen integrados los IDE. Visual Studio tiene el suyo y Visual Studio Code permite instalar varias opciones. Como en mi caso uso Rider, las capturas de pantalla que veremos en las siguientes secciones serán de ese último IDE. No creo que eso suponga un problema si usas otro IDE que no sea Rider, las opciones que presentarán otros IDE serán básicamente las mismas y sólo variará su ubicación dentro de la interfaz y su aspecto. Dicho de otra forma, si has visto cómo se usa Git a través del interfaz de un IDE, hacer lo mismo con otro IDE será, con toda probabilidad, muy parecido.

15.7. Configuración de Git para Unity

Ahora que tenemos controlada la teoría, vamos a ponernos manos a la obra para ver cómo instalar Git y GitHub Desktop en nuestro ordenador. Luego crearemos un repositorio local y lo subiremos a GitHub. Por último accederemos a Rider para ver cómo habriamos hecho esas mismas operaciones con él.

El primer paso debería ser crearse una cuenta en GitHub [75], en caso de que no la tengamos ya.

Luego tendremos que instalar Git [72] en nuestro ordenador. Simplemente descarga el instalador de su página web y ejecútalo. Git quedará instalado en tu ordenador y a partir de ahí podrás usarlo desde la línea de comandos, pero tranquilo, que no vamos a usarlo así.

El siguiente paso es instalar GitHub Desktop [77]. Al igual que con Git basta con ir a su página web, descargar el instalador y ejecutarlo. Sin embargo, aquí sí que habrá que configurar cosas:

1. Para empezar tienes que identificar la autoría de los commits que vayas a hacer, para lo cual tienes que acceder, dentro de GitHub Desktop, a File > Options... > Git y poner allí el nombre de usuario con el que quieres firmar tus commits, así como tu dirección de correo[4]. No te olvides de pulsar el botón *Save* para aplicar los cambios.

2. Acto seguido, conviene acudir a File > Options... > Accounts y pulsar en *Sign in* en la cuenta de GitHub.com para que podamos meter nuestras credenciales y, a partir de ahí, operar con nuestra cuenta de GitHub. Sólo habrá que hacer esta operación una vez. A menos que cambiemos nuestra contraseña, el cliente de GitHub Desktop recordará las credenciales y las usará al arrancar.

3. Esto sería opcional, pero si quieres integrar GitHub Desktop con tu IDE, puedes ir a File > Options... > Integrations y marcar tu IDE como el editor externo por defecto de la aplicación. De esa manera, si en algún momento pinchases desde GitHub Desktop en un fichero para editarlo, se te abriría para ello tu IDE.

Ahora vamos a crear un repositorio local y a subirlo a GitHub.

Para tener algo con lo que probar, abre Unity y crea un proyecto de prueba en una carpeta de tu ordenador. No hace falta que te compliques, basta con que crees un proyecto con la plantilla 2D. En el caso de este ejemplo, yo he creado el proyecto en la ruta: `F:/Desarrollos/PruebaVCS`

Ahora que ya tenemos un proyecto que guardar, es importante definir *qué es lo que no debe guardarse.* Los servicios de versionado en la nube ofrecen un espacio limitado para guardar tu repositorio, por eso es importante guardar en él sólo lo imprescindible. Lo imprescindible son aquellos ficheros que no pueden ser generados a partir de otros. Si ya has programado antes resulta fácil de entender: no tiene sentido gastar espacio almacenando el binario de un programa compilado, cuando te basta guardar los ficheros de código fuente que le puedes pasar a un compilador estándar para generar el citado binario. De la misma forma, para un proyecto de Unity te basta con guardar en el repositorio la carpeta `Assets`, la de `Packages` y la de `Project Settings`. Todo lo demás que puedes ver en un momento dado en el proyecto puede ser recreado con lo que hay en las citadas carpetas. Por ejemplo, la carpeta `Library`, que puedes encontrar en la de proyecto, es una de las que no debes guardar, ya que puede ser gigantesca y Unity la creará de nuevo si arrancas el Editor y este no encuentra esa carpeta. Tampoco hace falta incluir en el versionado el fichero `.sln` del proyecto, ya que Unity lo recreará al importar el proyecto desde el Unity Hub.

Una excepción a lo anterior son los ficheros *.meta*. Aunque sean ficheros autogenerados por Unity, conviene incluirlos en el versionado. Unity asocia un fichero *.meta* a cada fichero que se incluya dentro del proyecto. En los ficheros .meta se guardan los parámetros para importar en el proyecto los ficheros asociados. Esto es especialmente importante con ficheros como las texturas o los sonidos, ya que si no incluimos los ficheros .meta en el versionado, otros desarrolladores pueden importar los mismos recursos con diferentes parámetros, lo que puede darnos problemas.

Para decirle a Git lo que no debe guardar en el repositorio hay que crear en la carpeta raíz del proyecto un fichero llamado `.gitignore`, el cual contiene el nombre de aquellos ficheros que bajo ningún concepto deben ser incluidos en el repositorio. Como es lógico, si tuviéramos que enumerar uno a uno los ficheros

[4] Lo mejor es que sea la misma que usemos para GitHub.

que no deben ser incluidos, la lista sería gigantesca. En vez de eso, el fichero `.gitignore` permite usar nombres de carpetas y wildcards para señalar múltiples nombres de una vez. Mi consejo vuelve a ser que no te compliques y utilices plantillas ya preparadas para proyectos de Unity. La misma GitHub mantiene un repositorio de ficheros `.gitignore` para múltiples proyectos [73], incluyendo uno para Unity [74] con el siguiente contenido:

```
# This .gitignore file should be placed at the root of your Unity project directory
#
# Get latest from https://github.com/github/gitignore/blob/main/Unity.gitignore
#
/[Ll]ibrary/
/[Tt]emp/
/[Oo]bj/
/[Bb]uild/
/[Bb]uilds/
/[Ll]ogs/
/[Uu]ser[Ss]ettings/

# MemoryCaptures can get excessive in size.
# They also could contain extremely sensitive data
/[Mm]emoryCaptures/

# Recordings can get excessive in size
/[Rr]ecordings/

# Uncomment this line if you wish to ignore the asset store tools plugin
# /[Aa]ssets/AssetStoreTools*

# Autogenerated Jetbrains Rider plugin
/[Aa]ssets/Plugins/Editor/JetBrains*

# Visual Studio cache directory
.vs/

# Gradle cache directory
.gradle/

# Autogenerated VS/MD/Consulo solution and project files
ExportedObj/
.consulo/
*.csproj
*.unityproj
*.sln
*.suo
*.tmp
*.user
*.userprefs
*.pidb
*.booproj
*.svd
*.pdb
*.mdb
*.opendb
*.VC.db

# Unity3D generated meta files
*.pidb.meta
*.pdb.meta
*.mdb.meta

# Unity3D generated file on crash reports
sysinfo.txt

```

```
# Builds
*.apk
*.aab
*.unitypackage
*.app

# Crashlytics generated file
crashlytics-build.properties

# Packed Addressables
/[Aa]ssets/[Aa]ddressable[Aa]ssets[Dd]ata/*/*.bin*

# Temporary auto-generated Android Assets
/[Aa]ssets/[Ss]treamingAssets/aa.meta
/[Aa]ssets/[Ss]treamingAssets/aa/*
```

Listado 15.1: Fichero .gitignore recomendado para proyectos de Unity.

A la lista anterior deberías añadir también aquellos ficheros instrumentales que pudiera crear tu IDE. Por ejemplo, como mi IDE es Rider, yo suelo añadir las siguientes entradas, recomendadas por su fabricante [95]:

```
# Common IntelliJ Platform excludes

# User specific
.idea/
**/.idea/**/workspace.xml
**/.idea/**/tasks.xml
**/.idea/shelf/*
**/.idea/dictionaries
**/.idea/httpRequests/


# Sensitive or high-churn files
**/.idea/**/dataSources/
**/.idea/**/dataSources.ids
**/.idea/**/dataSources.xml
**/.idea/**/dataSources.local.xml
**/.idea/**/sqlDataSources.xml
**/.idea/**/dynamic.xml

# Rider
# Rider auto-generates .iml files, and contentModel.xml
**/.idea/**/*.iml
**/.idea/**/contentModel.xml
**/.idea/**/modules.xml


*.suo
*.user
.vs/
[Bb]in/
[Oo]bj/
_UpgradeReport_Files/
[Pp]ackages/

Thumbs.db
Desktop.ini
.DS_Store
```

Listado 15.2: Fichero .gitignore recomendado para proyectos creados con Rider.

> Hay dos cosas en las que debo insistir:
> La primera es que el fichero `.gitignore` debe situarse en la carpeta raíz del proyecto para ser realmente efectivo (en mi caso en la ruta `F:/Desarrollos/PruebaVCS`).
> La segunda es que dicho fichero debe crearse en la carpeta antes de crear el repositorio local. Si te equivocas y creas primero el repositorio y luego el fichero `.gitignore` tendrás que pedirle manualmente a Git que se olvide de todos los ficheros y luego vuelva a cargarlos teniendo en cuenta, ahora sí, el fichero `.gitignore` [42].

Una vez que ya tenemos nuestro fichero `.gitignore`, podremos crear por fin nuestro repositorio local.

Si usamos GitHub Desktop, hay que ir a File › New Repository... En la ventana emergente que sale te recomiendo que fijes al menos los campos *Name* y *Description*, describiendo el propósito del repositorio. En esa misma ventana fija la ruta de la carpeta de proyecto, en el campo *Local Path*. Hecho eso, ya puedes pulsar el botón *Create Repository*.

> Ten en cuenta que GitHub Desktop intenta crear una carpeta con el nombre fijado en *Name*, dentro de la ruta de *Local Path*, si no la encuentra ya creada. Siguiendo el ejemplo de esta sección, si en *Name* pones `PruebaVCS` y en *Local Path* pones `F:/Desarrollos/PruebaVCS`, lo que hará será crear una carpeta en la ruta `F:/Desarrollos/PruebaVCS/PruebaVCS`. Evidentemente eso es incorrecto, así que debemos recordar poner en *Name* el nombre de la carpeta de nuestro proyecto (`PruebaVCS`) y en *Local Path* la ruta madre de nuestra carpeta de proyecto (`F:/Desarrollos`). Sólo de esa manera el repositorio se creará en la ruta correcta: `F:/Desarrollos/PruebaVCS`.

Hecho eso, GitHub Desktop creará el repositorio en una carpeta oculta, denominada `.git`, dentro de la de nuestro proyecto. También hará de manera automática un primer *commit* de todos los ficheros de la carpeta que no estén incluidos dentro de las excepciones del fichero `.gitignore`. Podemos ver ese primer *commit*, y los ficheros incluidos en él, pulsando en la pestaña *History:*

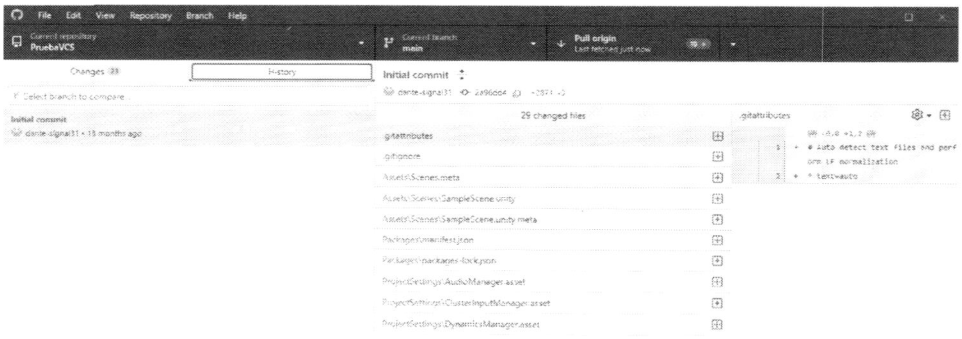

Figura 15.4: Contenido de un commit, en este caso el inicial, visto con GitHub Desktop.

Si te fijas, cuando pulsas en la pestaña Changes, a la derecha te sale un recuadro azul que te anima a publicar el repositorio en GitHub. Si no ves el recuadro porque a la derecha te esté mostrando el contenido de algún archivo, también puedes pulsar la pestaña Publish repository. Esto es lo mismo que sincronizar el repositorio local con el central mediante un push, con el matiz de que si el repositorio central no existe aún en GitHub se creará, usando nuestras credenciales allí. Si pulsas en el botón Publish Repository de ese recuadro azul y no cuentas aún con un repositorio central en GitHub, te saldrá una ventana emergente en la que podrás darle un nombre y una descripción a dicho repositorio central antes de crearlo definitivamente. Una vez que crees el repositorio central, nuestro repositorio local se sincronizará con él y le cargará los commits que hayamos ido guardando hasta el momento.

> Fíjate en bien en la opción "*Keep this code private*", antes de pulsar el botón de publicación. Si esta opción está marcada significará que el repositorio se creará en modo privado y sólo podrás verlo tú, así como aquellos usuarios de GitHub a los que des acceso explícitamente. Si, por el contrario, lo desmarcases, el repositorio sería público y cualquiera podría verlo (aunque no modificarlo). Lo normal es dejar esta opción desmarcada cuando estás trabajando en un proyecto open source como por ejemplo *Prince of Unity*. Sin embargo, si estás trabajando en un proyecto personal, como por ejemplo este libro, lo lógico es que marques el repositorio como privado. Aunque esta configuración se puede cambiar luego desde el panel de administración de GitHub, para hacer privado un repositorio público o viceversa, conviene que no te equivoques en esta opción para evitar que tu código esté expuesto al mundo, si no es lo que deseas.

La operativa es muy similar si prefieres manejar tu repositorio de Git desde tu IDE. Sólo tienes que acordarte de crear lo primero de todo el fichero `.gitignore` en la carpeta raíz del proyecto. Hecho eso, por ejemplo en Rider, si abro un proyecto de Unity[5] y este aún no tiene el versionado activado, podemos ir a VCS > Enable Version Control Integration... y seleccionar en el combo de la ventana emergente el tipo de sistema de control de versiones que queremos utilizar (en nuestro caso Git)[6]. Será entonces cuando en la esquina inferior derecha del IDE nos saldrá un aviso de que ya se ha creado un repositorio local.

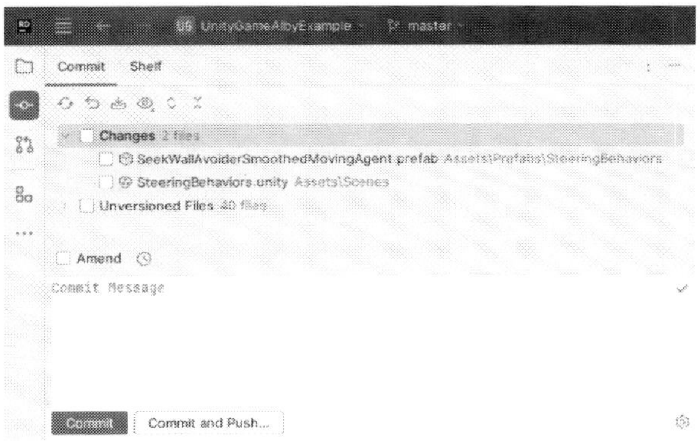

Figura 15.5: Pestaña del Rider para hacer commits.

A diferencia de GitHub Desktop, Rider no hace automáticamente un primer *commit* con todos los ficheros del proyecto que no estén exceptuados en el fichero `.gitignore`. Para hacer ese primer commit, hay que ir a la pestaña lateral izquierda de Commit (tienes también dos atajos: Alt + 0 o Ctrl + k) y marcar el check de *Unversioned Files* para que se seleccionen todos los ficheros. En esta lista de ficheros es importante que sólo estén los ficheros que queremos guardar. A veces ocurre que nuestro `.gitignore` no está todo lo afinado que nos gustaría y hay cosas que aparecen en este listado que no deberían acabar en el repositorio. En esos casos tenemos dos opciones:

1. Afinar nuestro .gitignore para excluir aquellos ficheros que se nos han colado en la lista del commit.
2. No marcar esos ficheros en la lista del commit y así evitar que acaben incluidos en el repositorio. Puede valer como solución provisional mientras afinamos nuestro .gitignore, pero yo no confiaría a largo plazo en esta solución porque, antes o después, acabaremos despistándonos, marcaremos por descuido esos ficheros y acabarán incluidos en el repositorio.

Si pulsamos con el botón derecho del ratón en cualquier fichero del listado de la pestaña *Commit* y seleccionamos la opción Show Diff, se nos abrirá una ventana de editor donde podremos ver los cambios

[5] En mi caso he creado un segundo proyecto de prueba: PruebaVCS2.

[6] Observa sin embargo que Rider es compatible, de manera nativa, con 5 sistemas de control de versiones: Git, Mercurial, Perforce, Subversion y Microsoft TFVC.

que hemos hecho en ese fichero respecto a la última versión guardada en el repositorio para la rama en la que estamos trabajando. Esta opción es tremendamente útil si nuestro código ha dejado de funcionar y queremos repasar todos los puntos donde hemos tocado desde el último commit, para localizar dónde está el problema.

Por último, la pestaña Commit tiene un campo de texto en el que se pueden describir los cambios incluidos en ese commit.

Una vez que hayamos marcado los ficheros y rellenado la descripción del commit ya podremos pulsar el botón azul Commit, de la parte inferior de la pestaña, para guardar los cambios en el repositorio local.

Una vez que empieces a acumular commits en el repositorio local, puedes consultarlos en la pestaña inferior Git (la puedes abrir también con el atajo Alt+9).

En Rider, la creación de un repositorio central en GitHub es muy similar a como lo haces en GitHub Desktop. Pincha en Git » GitHub » Share Project on GitHub. Se abrirá una ventana emergente con unas opciones muy parecidas a las del GitHub Desktop: nombre del repositorio, descripción y si queremos que el repositorio sea privado o no. Una vez que rellenemos las opciones y pulsemos el botón para aceptar, se creará el repositorio en GitHub y se hará en él un primer push con los commits de nuestro repositorio local.

15.8. Descarga de un proyecto desde Git

Suponiendo que hayamos seguido las instrucciones de la sección 15.7 para configurar nuestro repositorio de Git y subirlo a GitHub, vamos a ver qué tendremos que hacer para descargar el proyecto en otro ordenador (otro nuestro o de un colaborador) de manera que también se pueda trabajar en él desde allí.

Obviamente, lo primero que debemos hacer en el ordenador donde queramos importar el proyecto de nuestro juego es instalar Unity, Git y GitHub Desktop y configurar este último como vimos en la sección 15.7. Hecho eso, clonaremos en el ordenador el repositorio de GitHub con File » Clone repository...

Una vez que tengamos el proyecto en una carpeta del ordenador, abriremos el Unity Hub y, en la pestaña de *Projects*, elegiremos Open » Add project from disk. Nos pedirá que seleccionemos la carpeta donde hayamos clonado el proyecto. Una vez que lo hagamos el proyecto será visible en la lista de proyectos del Unity Hub. Cuando pulsemos en él por primera vez, el editor de Unity detectará que faltan ficheros y los regenerará, incluido el fichero de solución `.sln`. Por eso, la primera vez tardará un poco en abrir hasta que acabe de regenerarlos. Cuando se abra por fin el editor de Unity ya podremos trabajar plenamente sobre el proyecto.

En cuanto a Rider, una vez que hayamos regenerado el fichero de solución `.sln`, ya podremos abrir el proyecto en el IDE, para trabajar desde allí. Si tenemos Rider abierto, sólo habría que hacer File » Open... y seleccionar el fichero `.sln` regenerado por Unity.

15.9. Operaciones típicas con Git

En la sección anterior vimos cómo crear un repositorio de Git para nuestro proyecto de Unity. En el proceso, usamos muchas de las operaciones principales que haremos con nuestro repositorio. En esta sección repasaremos esas operaciones y veremos otras que aún no han aparecido, pero que sin duda te resultarán útiles en tu labor diaria.

La operaciones principales con un repositorio Git son las siguientes:

- *Commit* : Un commit empaqueta todas las modificaciones realizadas sobre los diferentes archivos desde el commit anterior. Cuando ejecutamos un commit, ese paquete de cambios queda registrado en el repositorio local.

- *Push* : Al hacer commit, los cambios sólo se quedan guardados en el repositorio local. Para hacer que esos cambios se guarden también en el servidor central hay que ejecutar la operación push. Al hacer push se almacenan en el repositorio central todos los commits pendientes de subir de la rama activa. Dicho de otra manera, la operación push permite actualizar el repositorio central con los cambios del repositorio local.

- *Pull* : Es la operación inversa al push. Permite actualizar la rama activa del repositorio local con los nuevos commits guardados en el repositorio central para esa rama. Por tanto, el pull permite actualizar el repositorio local con los cambios del repositorio central.
- *Fetch* : Esta operación refresca la información que tenemos del repositorio central, pero sin aplicar cambio alguno en el repositorio local. Es una manera de echar un ojo a ver si hay cambios en el repositorio central que tengamos que actualizar en el local con un pull.
- *Clone* : La operación de clonado permite crear un repositorio local copiando un repositorio central. Es la manera de iniciar un proyecto de Unity en tu ordenador a partir de los ficheros guardados en un repositorio central de Git.
- *Checkout* : Es la acción de saltar a un punto concreto del historial de cambios. Para ello se selecciona un commit concreto y se hace checkout en él. El resultado es que la carpeta de proyecto se restaura a como estaba en ese commit.
- *Branch* : Crea una rama de cambios paralela a la principal. Para ello se hace checkout en el commit que queramos que sea la raíz de la rama y se ejecuta la orden branch para crear la rama desde ese punto. De esa manera, la rama empezará teniendo el contenido del commit que hemos elegido como raíz. Todos los cambios que hagamos sobre la rama sólo la afectarán a ella, por lo que los commits que guardemos en ella constiruirán una línea de cambios independiente. Para saltar de una rama a otra haremos checkout entre las ramas, lo que actualizará nuestra carpeta de proyecto con los ficheros que tenga cada rama.
- *Merge* : Es la operación de fundir una rama con otra. Se usa generalmente cuando acabamos de desarrollar una funcionalidad y queremos incorporar los cambios de la rama de esa funcionalidad sobre la rama principal. La mayor parte de los merge se resuelven automáticamente si la rama secundaria está correctamente actualizada, pero, si no es así, puede ser que que haya cambios incompatibles que haya que resolver manualmente (es lo que se denomina un *merge conflict*). Generalmente se da un merge conflict cuando dos desarrolladores hacen cambios sobre las mismas líneas de código.
- *Reset/Revert* : Todos somos humanos. Es normal ponerse a hacer cambios y acabar dándose cuenta de que esos cambios no van a ningún lado. En esos casos no tiene sentido hacer un commit de esos cambios. En vez de eso haremos un reset para descartar los cambios y devolver los ficheros al estado en el que se encontraban en el último commit de la rama activa.
- *Stash* : ¿Nunca te ha pasado que estás trabajando en algo pero llega tu jefe y te "pide" que te pongas con otra cosa? Nos ha pasado a todos, incluidos los desarrolladores de Git. Podrías hacer un commit de lo que lleves hecho hasta el momento y luego ponerte a trabajar en lo otro, pero en general es recomendable que los commit contengan cambios terminados y no a medio hacer. Por eso, hacer un stash permite guardar los últimos cambios en un almacenamiento temporal, sin necesidad de hacer un commit al repositorio local, y restaura los ficheros al estado del último commit de la rama activa. Es por tanto una manera de apartar momentáneamente un trabajo para ponerse a hacer otra cosa y luego restaurar ese trabajo cuando podamos retomarlo.
- *Tag* : Es importantísimo darle un nombre y una descripción a cada commit, pero a menudo eso no basta para encontrar ágilmente determinados cambios. Ahí es donde entran en juego las etiquetas (tags). Son muy útiles para marcar determinados commits de manera que sean fácilmente identificables, por ejemplo, en las gráficas de las ramas. Yo las uso a menudo para marcar los commits que finalizan una versión, dándole a la etiqueta el nombre de esa versión (por ejemplo "v1.2.3").

Vamos a ver cómo se ponen en práctica todos esos conceptos, a través del desarrollo de un proyecto colaborativo ficticio que nos sirva de ejemplo. La idea es representar el día a día de trabajar con Git, presentando los posibles problemas que nos podemos encontrar y cómo solucionarlos. Aunque todas las operaciones se pueden hacer tanto por línea de comandos, como con GitHub Desktop, voy a basar los ejemplos en la integración de Git con Rider. Creo que la mayor parte de los desarrolladores encontrarán más cómodo trabajar con Git desde el IDE y, aunque no uses Rider, toda la operativa será similar en otros IDE, como por ejemplo Visual Studio.

Para facilitar el seguimiento del ejemplo lo voy a estructurar en días. En cada día se hará una serie de operaciones, unas saldrán bien y otras se complicarán y habrá que aplicar alguna resolución. Para ilustrar cómo se usan esas operaciones en un IDE moderno, pondré la ruta de los menús y los atajos de teclado para ejecutarlas (aunque para no repetirme lo haré sólo en el primer día en el que aparezcan dichas operaciones, mientras que los días siguientes daré por conocidas esas operaciones y sólo detallaré las nuevas). La idea es que, para cuando acabemos, hayas visto un ejemplo de cada una de las operaciones. En cada uno de los días trabajarán dos desarrolladores: Alberto y Bertín. Puedes seguir los ejemplos creando dos repositorios locales en tu equipo, en carpetas diferentes y abriendo dos instancias distintas de tu IDE, una que simule el IDE de Alberto y otra que simule el de Bertín. Las capturas que verás a continuación se han hecho simulando así a los dos desarrolladores.

Día 1

Alberto estaba emocionado, era el primer día de su proyecto PruebaVCS. Era el primero en el que aplicaba versionado y en que tenía un compañero con el que repartir el trabajo, Bertín.

Alberto había aplicado lo que había leído en la sección 15.7 para crear el repositorio y subirlo a GitHub, a un repositorio privado compartido con su amigo.

El proyecto no podía ser más sencillo. Era un proyecto de figuras geométricas en 2D con Unity. En la reunión de esa mañana, Alberto y Bertín habían quedado en que el primero desarrollaría un prefab del Círculo y Bertín uno del Cuadrado, ambas con funcionalidad básica.

Con esa tarea clara, Alberto abrió su Rider e hizo un fetch (Git > Fetch) del repositorio central a ver si Bertín había hecho cambios sobre la rama master. Con satisfacción vio (Alt + 9) que su rama master del repositorio local estaba sincronizada con la del central, ya que su puntero *main* apuntaba al mismo commit que el puntero *origin/main*.

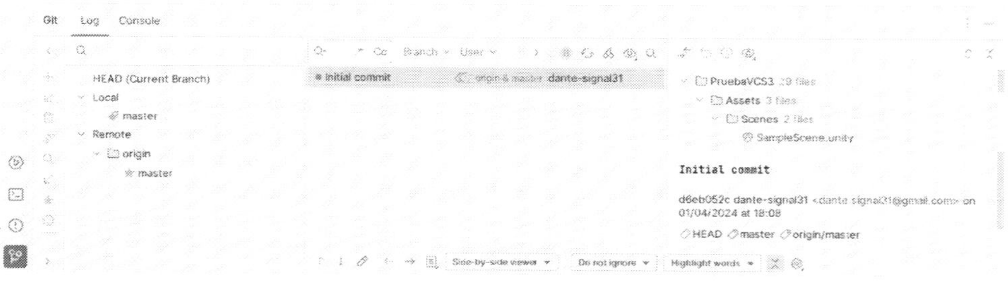

Figura 15.6: Estado inicial del repositorio.

Era hora de ponerse a trabajar, así que hizo un branch de la rama master (Git > New Branch...) para ponerse a trabajar en la funcionalidad que le tocaba ese día. En la ventana emergente, llamó *circulo_basico* a su rama y marcó la opción de que se le hiciese checkout automáticamente en esa rama. En la esquina superior izquierda del IDE, debajo del menú principal, vio que el combo del toolbar de Git apuntaba a circulo_basico, señal de que todos los cambios que hiciese irían a la rama correcta.

Hecho eso, dentro de Unity, creó dos carpetas dentro de su proyecto `Assets/ Prefabs` y `Assets/Scripts`. Dentro de la carpeta de Prefabs, creó un prefab en Unity denominado *Circle* y en su Transform raíz le añadió un Sprite Renderer con la figura geométrica de un círculo y un script denominado *CircleStatus*. El contenido del script no podía ser más sencillo:

```
using UnityEngine;

public class CircleStatus : MonoBehaviour
{
    // Start is called before the first frame update
```

```
    void Start()
    {
        InitCircle();
    }

    // Update is called once per frame
    void Update()
    {
        MoveCircle();
    }

    public void InitCircle()
    {
        // Tareas de inicializacion internas del circulo.
    }

    public void MoveCircle()
    {
        // Mueve el circulo conforme pase el tiempo.
    }
}
```

Listado 15.3: Fichero Scripts/CircleStatus.cs en el día 1.

Hecho eso, Alberto juzgó que había desarrollado funcionalidad suficiente para guardar su primer commit. Fue a la pestaña lateral de Commits (Alt + 0 o Ctrl + k o bien Git › Commit...) y vió que Rider había identificado los ficheros que había creado, pero que aún no los había metido en el versionado (figura 15.7).

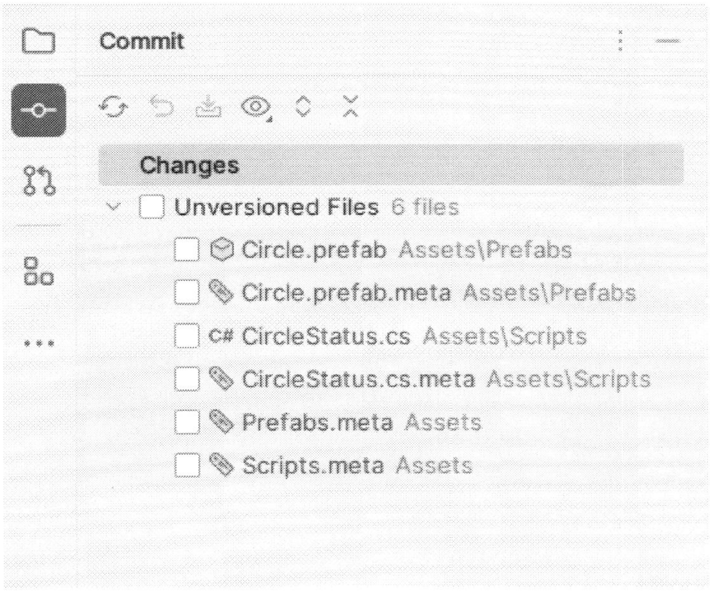

Figura 15.7: Ficheros creados por Alberto, pendientes de incluir en el versionado.

Alberto marcó todos e hizo su commit. Luego, como se quería ir a comer, decidió subir sus cambios al servidor central, por lo que hizo un push (Git › Push... o Ctrl + ⇧ + k) y subió los cambios.

Por su parte, Bertín empezó el día clonando en su ordenador el repositorio central que había creado el día antes su compañero Alberto. Para ello, desde Rider usó la opción File › Open › Get from Version Control... seleccionó la pestaña de GitHub y seleccionó el proyecto (PruebaVCS) y el directorio donde quería clonarlo.

> Esta es la manera de clonar un proyecto que tenemos en nuestra cuenta de GitHub. Si es un proyecto de otro, y tiene un repositorio público en GitHub, lo suyo es crear una copia de ese repositorio en nuestra cuenta pulsando en el botón Fork, arriba a la derecha de la pantalla principal del repositorio que queremos copiar. A partir de ahí, podremos operar sobre ese repositorio central como si lo hubiéramos creado desde cero nosotros.

Como en el repositorio sólo habían dejado lo mínimo imprescindible, Bertín tenía que regenerar todo lo demás. Así que abrió el Unity Hub y seleccionó la opción Open > Add project from disk..., y seleccionó la carpeta donde había clonado el proyecto. Con eso, el proyecto ya se le mostró en el listado del Unity Hub y pudo pinchar en él. Esperó un rato mientras Unity abría el proyecto. Unity tardó un poco más que de costumbre porque tenía que regenerar todos los ficheros que faltaban con lo que se había descargado del repositorio.

En ese punto, Bertín ya veía la misma escena inicial que había creado Alberto el día anterior, por lo que se puso manos a la obra para hacer lo que le tocaba. Abrió Rider y, al igual que Alberto, creó una rama nueva desde la master (Git > New Branch...) a la que llamó *cuadrado_explotando*. En su caso no marcó la opción de checkout, así que cuando se creó la nueva rama, su toolbar de la esquina superior izquierda marcaba que seguía en la principal. Así que cambió el combo de la esquina superior izquierda, justo debajo del menú principal para que apuntase a la rama de cuadrado_explotando y eligió la opción de checkout. Con eso pasó a la nueva rama.

En ese punto se dio cuenta de que no tenían carpeta de Scripts, ni de Prefabs, así que llamó a Alberto. Alberto le dijo que ya se había dado cuenta y las había creado en su rama. Acordaron que Bertín las crearía también en su respectiva rama, con los mismos nombres exactamente que había usado Alberto. De esa manera evitarían conflictos y duplicidades cuando les tocase fundirlo todo.

Creadas esas carpetas en Unity, Bertín creó un prefab llamado *Box*, le añadió un Sprite Renderer a su Transform raíz y un script denominado `BoxExplosion.cs`, con el siguiente contenido:

```
using UnityEngine;

public class BoxExplosion : MonoBehaviour
{
    // Start is called before the first frame update
    void Start()
    {
        InitBox();
    }

    // Update is called once per frame
    void Update()
    {
        Explosion();
    }

    public void InitBox()
    {
        // Box internal initialization.
    }

    public void Explosion()
    {
        // Explodes when certain condition is met.
    }
}
```

Listado 15.4: Fichero Scripts/BoxExplosion.cs en el día 1.

Todo parecía bien, así que Bertín hizo commit de los ficheros (Ctrl+k o Git > Commit...) y, pasado un rato, les hizo push (Ctrl+⇧+k o Git > Push...) al servidor central y se fue a comer.

En la comida, Alberto y Bertín estuvieron hablando y se dieron cuenta de que Alberto había escrito los nombres de variables, funciones y comentarios en español, mientras que Bertín lo había hecho en inglés. Después de discutirlo un rato acordaron que todo el texto del código estuviese en inglés, para facilitar el copia pega en internet cuando tuvieran que acudir a foros a buscar ayuda, así como para facilitar la futura incorporación al equipo de gente que no hablase español. Alberto quedó en corregir esa parte por la tarde.

Después de comer, Alberto pasó al inglés todo su código:

```
using UnityEngine;

public class CircleStatus : MonoBehaviour
{
    // Start is called before the first frame update
    void Start()
    {
        InitCircle();
    }

    // Update is called once per frame
    void Update()
    {
        MoveCircle();
    }

    public void InitCircle()
    {
        // Circle internal initialization.
    }

    public void MoveCircle()
    {
        // Circle movement as time passes.
    }
}
```

Listado 15.5: Fichero Scripts/CircleStatus.cs segunda versión en el día 1.

Realizadas las modificaciones, les hizo commit (Ctrl+k o Git › Commit...) y luego push (Ctrl+⇧+k o Git › Push...).

Bertín se dió cuenta de que Alberto había subido al servidor central sus modificaciones al hacer fetch (Git › Fetch) de las últimas actualizaciones del repositorio central y ver que le aparecía la rama que había creado Alberto (figura 15.8).

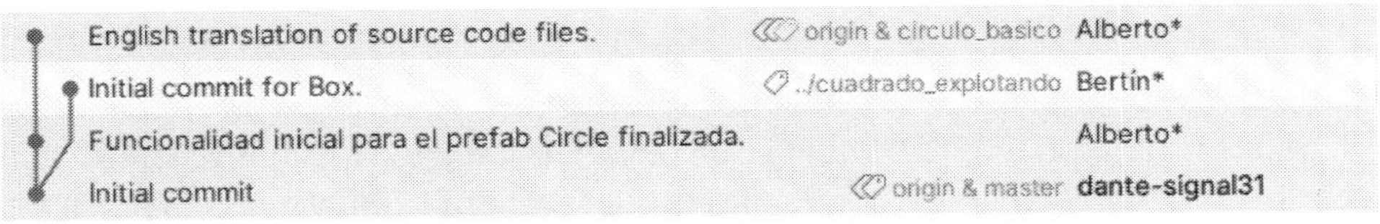

Figura 15.8: Vista de la pestaña Git del Rider de Bertín al hacer fetch y aparecer la rama circulo_basico, creada por Alberto, en paralelo con la rama cuadrado_explotando creada por Bertín.

Para revisar el trabajo realizado por Alberto, Bertín pulsó con el botón derecho en el último commit de la rama de circulo_basico de Alberto y eligió la opción Branch 'origin/circulo_basico' › Checkout, para que su IDE desplegase el último commit de la rama circulo_basico en su carpeta de proyecto.

> Cuando el nombre de una rama va precedido por el prefijo *"origin/"* quiere decir que se refiere a la versión de la rama que se encuentra en el repositorio central, mientras que la que carece del prefijo se refiere a la versión de la rama que se encuentra en el repositorio local. Hasta que hagamos pull de la rama del repositorio central, las dos versiones de la rama no tienen por qué coincidir y, de hecho, cuanto más tiempo pase del último pull mayores serán las probabilidades de que la rama del repositorio central cuente con commits de otros desarrolladores posteriores a la última sincronización de la rama de nuestro repositorio local con el repositorio central. Cuando haces checkout de un commit de la rama del repositorio central que es posterior al último commit de la rama del repositorio local, Git asume que la rama local necesita ser actualizada y hace pull sobre la rama local aplicando todos los commits hasta el requerido en nuestro checkout sobre la rama local. En este caso, Bertín no contaba con la rama circulo_basico en su repositorio local, pero al hacer checkout sobre la versión de esa rama en el repositorio central el Rider la descargó al repositorio local.

Gracias a eso, Bertín pudo tener acceso al fichero `CircleStatus.cs`, desarrollado por Alberto, para estudiar su funcionamiento. Tras revisarla, concluyó que Alberto había aplicado correctamente los cambios y le llamó para decirle que por él se podían meter los cambios desarrollados por Alberto en la rama principal. Cuando hablaron, Alberto le contó que había hecho el mismo proceso con la rama cuadrado_explotando y que por él los cambios de Bertín también se podían aplicar a la rama principal (figura 15.9).

Figura 15.9: A la izquierda, el contenido de la carpeta Scripts cuando hacemos checkout en la rama circulo_basico; a la derecha, cuando hacemos el checkout en la rama cuadrado_explotando. Git se encarga de reconstruir el contenido de la carpeta para dejarla con el contenido que tenía cuando se hizo el commit de la rama elegida.

Como ambos estaban de acuerdo con el trabajo del otro, procedieron a incorporar sus respectivas ramas a la principal. Bertín hizo checkout en la rama principal con Branch 'main' › Checkout, se aseguró de que su copia de la rama principal estuviera bien actualizada con Git › Pull, eligió con el botón derecho el último commit de la rama cuadrado_explotando y pulsó Branch 'cuadrado_explotando' › Merge 'cuadrado_explotando' into 'main'. Eso le permitió hacer merge la rama cuadrado_explotando sobre la rama principal, incorporando los commits de la primera en la segunda. Hecho eso, Bertín se aseguró de estar en la rama principal e hizo push de esta al repositorio central (Ctrl + ⇧ + k o Git › Push).

Por su lado, Alberto se preparó a hacer lo mismo, aunque en su caso con la rama circulo_basico. Al hacer checkout en la rama principal con Branch 'main' › Checkout y comprobar si había actualizaciones con Git › Pull, se encontró con que su rama principal se actualizaba con el commit que había incorporado Bertín al hacer merge de su rama. Una vez seguro de que su rama principal local estaba bien actualizada, hizo merge de la rama circulo_basico sobre la principal, con el mismo método que Bertín. Hecho eso, Alberto también subió sus cambios sobre la rama principal local a la del repositorio central, con un push (Ctrl + ⇧ + k o Git › Push).

Para cuando acabaron, la carpeta Scripts de la rama principal tenía tanto el fichero BoxExplosion.cs como el CircleStatus.cs, ya que incorporaba los cambios en los que habían trabajado tanto Alberto, como Bertín, en sus respectivas ramas, a lo largo del día (figura 15.10).

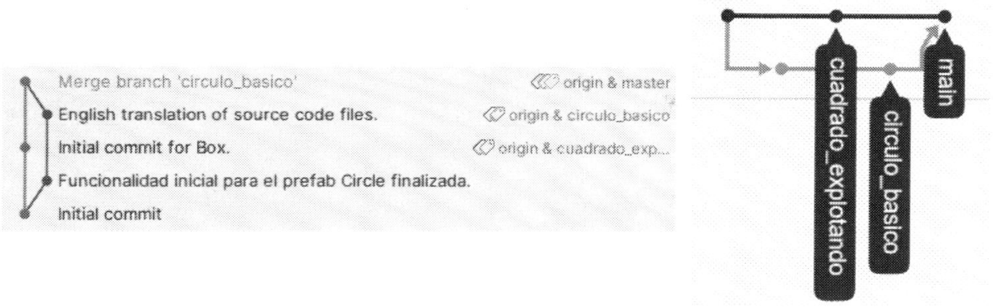

Figura 15.10: A la izquierda el historial de cambios del día 1, tal y como lo representa Rider. A la derecha, el mismo historial representado por GitHub en función de los cambios del repositorio central.

Creo que es importante tener en cuenta que un merge aplica los cambios unidireccionalmente. Aunque haya utilizado el término "fundir" para explicar el merge entre dos ramas, lo cierto es que al hacer un merge entre dos ramas sólo una gana los cambios de la otra. Si hacemos merge de una rama A sobre una rama B, B ganará los commits de A, pero A seguirá con sus commits, sin incorporar los de B a no ser que hagamos un merge de B sobre A. Tenlo presente porque hay gente que da por sentado que al hacer merge se produce una fusión literal de las ramas y que ambas quedan con el mismo historial de cambios.

Hay que reconocer que a veces los diagramas de ramas de los IDE no ayudan a evitar esta confusión, porque no resaltan esa unidireccionalidad de los merge. En ese sentido, creo que los diagramas de GitHub son mucho más claros. En la figura 15.10 puedes ver la diferencia: en el caso del merge GitHub utiliza una flecha para representar hacia dónde se incorporan los cambios, lo que para mi gusto es mucho más claro.

Día 2

El segundo día Alberto y Bertín decidieron trabajar en una clase gestora que tuviera interacción tanto con `BoxExplosion` como con `CircleStatus`. Decidieron llamarla `GeometricManager`.

Por favor, ten en cuenta que probablemente nada de lo que veas a nivel de código en este capítulo cumple con las buenas prácticas de programación. En este capítulo me interesa forzar determinadas situaciones que podrían darse al trabajar colaborativamente, para enseñarte cómo podrían resolverse con las herramientas que ofrece Git. Si te fijas, las buenas prácticas de programación que hemos visto en este libro (por ejemplo, los principios SOLID) lo que promueven es una separación de funcionalidades que en la operativa diaria reducen la probabilidad de que dos desarrolladores trabajen simultáneamente sobre los mismos ficheros o que modifiquen código anterior, que son precisamente las situaciones en las que se podrían producir complicaciones como las que vamos a ver en esta subsección y la siguiente.

A la hora de repartirse el trabajo, quedaron en que Bertín desarrollaría la inicialización de la clase y luego cada uno de ellos introduciría en la clase unos métodos estáticos para que la clase gestora interactuase con las clases que desarrollaron respectivamente el día anterior.

Teniendo en cuenta lo anterior, ambos crearon ramas desde el último commit de la rama principal.

Bertín llamó a su rama *GeometricManager_Cuadrado* e hizo checkout en ella. Acto seguido, creó el fichero `GeometricManager.cs` y le dió el siguiente contenido:

```
using System;
using UnityEngine;
```

```

namespace DefaultNamespace
{
    public class GeometricManager : MonoBehaviour
    {
        private void Awake()
        {
            // Get references to other components.
        }

        private void Start()
        {
            // Initialize using other components values.
        }

        public static void InteractWithBox(BoxExplosion box)
        {
            // Get a box reference and interact with it.
        }
    }
}
```

Listado 15.6: Fichero Scripts/GeometricManager desarrollado por Bertín en el día 2.

Para que Alberto pudiera ver su aportación, Bertín hizo push de la rama.

Por su lado, Alberto llamó a su rama GeometricManager_Circulo e hizo checkout en ella. En esa rama, creó a su vez el fichero `GeometricManager.cs` con el siguiente contenido:

```
using UnityEngine;

namespace DefaultNamespace
{
    public class GeometricManager : MonoBehaviour
    {
        public static void InteractWithCircle(CircleStatus circle)
        {
            // Get a circle reference and interact with it.
        }
    }
}
```

Listado 15.7: Fichero Scripts/GeometricManager desarrollado por Alberto en el día 2.

Al finalizar, Alberto también hizo push de su rama.

Con los cambios subidos al repositorio central, a sus respectivas ramas, ambos revisaron el contenido de la rama del otro utilizando las técnicas que detallamos el día anterior. Llegaron a la conclusión de que los cambios eran correctos y decidieron que Alberto fusionase ambas ramas antes de incorporar los cambios a la rama principal.

Para ello, Alberto se aseguró de estar en su rama (GeometricManager_Circulo) e hizo merge sobre ella de la rama de Bertín. Aquí surgió lo que se denomina el ya mencionado merge conflict. Un conflicto de este tipo se da cuando dos desarrolladores modifican simultáneamente, en sus respectivas ramas, las mismas líneas de código de un fichero. En esos casos, cuando toca fundir ambas ramas, Git no sabe con qué líneas quedarse a la hora de construir el fichero y por eso pide que un humano decida. Esto es lo que se denomina resolver el conflicto.

Cuando se hace un merge que resulta ser conflictivo, Rider avisa al desarrollador con una ventana como la de la figura 15.11. Esa ventana permite resolver los conflictos fichero a fichero, bien aceptando una de las dos versiones (la de la rama propia o la de la externa) o bien resolviendo el conflicto manualmente. En el caso del fichero `GeometricManager.cs`, Alberto optó por resolver manualmente el conflicto, haciendo click en el botón Merge... de la ventana.

Se abrió entonces la ventana de resolución manual de conflictos. Como se puede ver en la figura 15.12, se trata de una ventana muy intimidatoria con la que hay que estar muy atento. Se divide en tres bloques

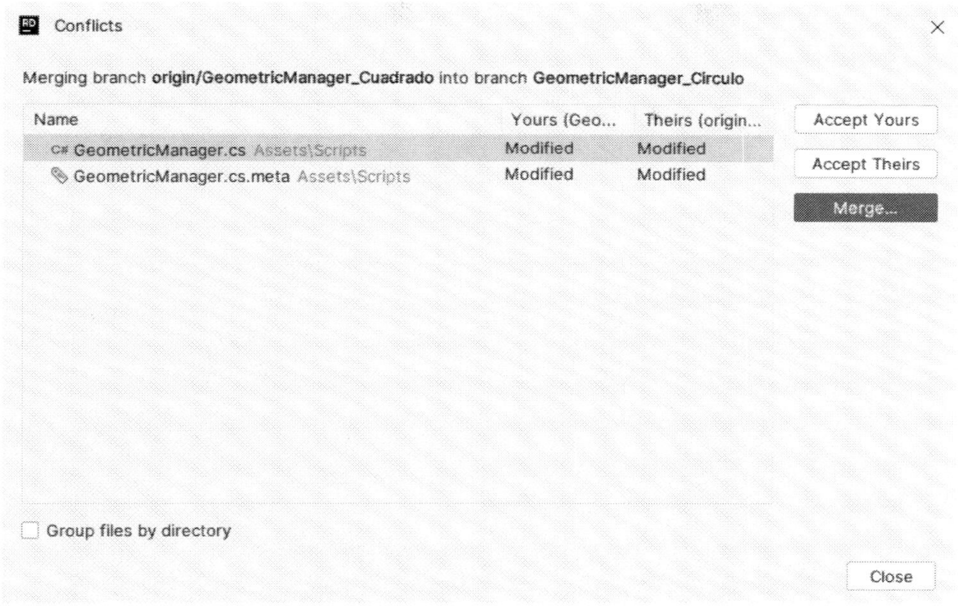

Figura 15.11: Ventana emergente de Rider avisando de que el merge tiene conflictos pendientes de resolver.

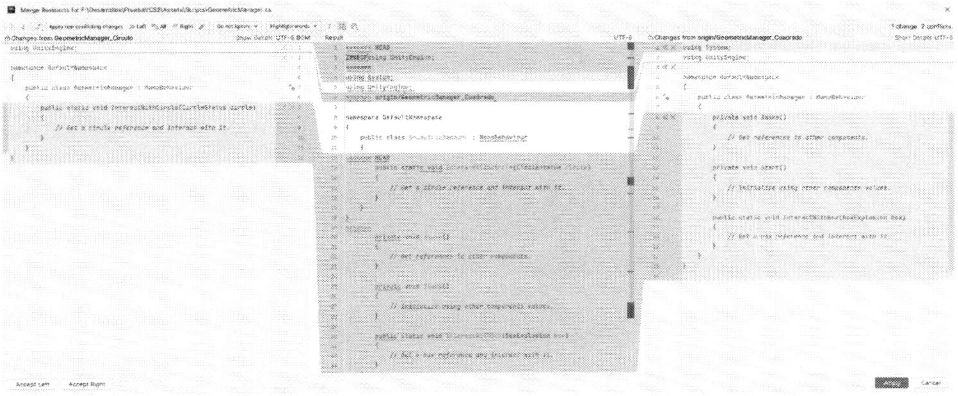

Figura 15.12: Ventana de Rider para la resolución manual de merge conflicts.

principales: a la izquierda está el contenido del fichero de nuestra rama[7], a la derecha el contenido de la versión de la rama cuyos cambios queremos incorporar a la nuestra[8] y, finalmente, en el centro, se sitúa la versión resultante del merge. El objetivo de esta ventana es ir aceptando o rechazando la incorporación de los fragmentos de los extremos a la zona central, para conformar la versión resultante del merge. Para aceptar la inserción en la zona central de un fragmento hay que pulsar el icono ≫ (si el fragmento está a la izquierda) o ≪ (si está a la derecha). Para descartar la inserción de un fragmento hay que pulsar el icono X que hay junto a él. Por último, una vez que hemos aceptado o rechazado todos los fragmentos, se puede editar la zona central para darle la forma final, antes de dar el conflicto por resuelto. Por tanto, resolver un merge conflict, tiene mucho de jugar a ser el Dr. Frankestein eligiendo pedazos de código de manera que, al juntar todos los pedazos, nos quede una clase que haga lo que queramos.

En este caso, Alberto decidió descartar la línea 1 del listado 15.6, haciendo X, porque se dio cuenta de que esa librería en realidad no se utilizaba para nada. Sí que aceptó las líneas 8 a la 20 del listado 15.6, haciendo ≪. Por último, aceptó las líneas 7 a 9 de su propio código del listado 15.7, seleccionando ≫. Aún así quedaron unas partes coloreadas en la parte superior de la parte central. Como Alberto quería que esa zona

[7] En el caso de Alberto, recordemos que su rama es GeometricManager_Circulo.

[8] En este caso, la rama que Alberto quiere incorporar a la suya es GeometricManager_Cuadrado.

quedase como su código, pulsó sobre ella con el botón derecho del ratón y seleccionó » Accept Left Side. Tras esto, la parte central de la ventana tenía, literalmente, el siguiente código:

```
1  using UnityEngine;
2  
3  namespace DefaultNamespace
4  {
5      public class GeometricManager : MonoBehaviour
6      {
7          private void Awake()
8          {
9              // Get references to other components.
10         }
11 
12         private void Start()
13         {
14             // Initialize using other components values.
15         }
16 
17         public static void InteractWithBox(BoxExplosion box)
18         {
19             // Get a box reference and interact with it.
20         public static void InteractWithCircle(CircleStatus circle)
21         {
22             // Get a circle reference and interact with it.
23         }
24     }
25 }
```

Listado 15.8: Fichero GeometricManager tal y como lo vió Alberto en el día 2 en la parte central de la ventana de resolución de conflictos.

Si te fijas, hay un error en el código, ya que la función `InteractWithBox`, de la línea 17 no se cierra en la línea 20. Por eso, Alberto editó el código en la zona central para corregirlo, dejándolo de la siguiente manera:

```
using UnityEngine;

namespace DefaultNamespace
{
    public class GeometricManager : MonoBehaviour
    {
        private void Awake()
        {
            // Get references to other components.
        }

        private void Start()
        {
            // Initialize using other components values.
        }

        public static void InteractWithBox(BoxExplosion box)
        {
            // Get a box reference and interact with it.
        }

        public static void InteractWithCircle(CircleStatus circle)
        {
            // Get a circle reference and interact with it.
        }
    }
}
```

Listado 15.9: Fichero GeometricManager tal y como lo dejó Alberto en el día 2 tras resolver los conflictos.

Quedaban así resueltos todos los conflictos, por lo que Alberto pudo presionar en el botón Apply de la ventana para dar por buena la versión de la zona central.

Esa fue la resolución para el conflicto del fichero `GeometricManager.cs`, pero quedaba aún un conflicto con otro fichero, en este caso más esotérico porque se trataba de un fichero creado automáticamente por Unity: `GeometricManager.cs.meta`. Como vimos en la sección 15.7, los ficheros .meta incluyen información de Unity relativa a un fichero del proyecto. En este caso, el fichero incluido en el conflicto es el que se refiere a cómo se incluye el fichero `GeometricManager.cs` en el proyecto. Resolver un conflicto en un fichero .meta es muy complicado, ya que usan un formato propio de Unity que no siempre es intuitivo. En estos casos, yo suelo optar por elegir quedarme con mi propia versión, en caso de conflicto. Por esa misma razón, Alberto eligió la opción Accept Yours para resolver el conflicto con el fichero .meta.

Quedaban así resueltos todos los conflictos y el merge de la rama GeometricManager_Cuadrado sobre la rama GeometricManager_Circulo correctamente finalizado. Por si acaso, Alberto probó el programa para asegurar que todo funcionase correctamente. Bien sabía Alberto que no siempre se resuelven los merge conflicts correctamente.

Una vez verificado que el programa funcionase bien, Alberto hizo push de la rama GeometricManager_-Circulo, para que el merge quedase reflejado en el histórico del repositorio central.

Por último, quedaba aplicar todos los cambios a la rama principal, por lo que hizo un merge de la rama GeometricManager_Circulo sobre la principal y luego hizo push de esta última. Con eso, avisó a Bertín de que ya podía hacer pull de la rama principal para cargar en su repositorio local los cambios que habían hecho.

Con eso, tanto Alberto como Bertín pudieron dar por cerrado el día.

Día 3

El proyecto estaba casi acabado y Alberto y Bertín acordaron que sería Bertín el que le diese los últimos retoques antes de dar por finalizada la versión. Se trataba de que Bertín incluyese en GeometricManager.cs la funcionalidad necesaria para liberar los recursos cuando la clase fuese destruida.

Así que siguiendo el flujo de los días anteriores, Bertín hizo checkout en la rama principal y pull para asegurar que la tuviese actualizada. Acto seguido, creó una nueva rama desde la principal para ponerse a trabajar en GeometricManager. La llamó Destroy_GeometricManager.

Bertín se puso a escribir la nueva funcionalidad. En un momento determinado, estaba a la mitad del desarrollo de la nueva implementación:

```
private void OnDestroy()
{
    // Start of destroying functionality.
}
```

Listado 15.10: Fragmento del fichero Scripts/GeometricManager.cs de la nueva funcionalidad que estaba desarrollando Bertín cuando le interrumpieron.

Fue entonces cuando le llamó Alberto. Se había dado cuenta de que había un problema con `CircleStatus.cs`, pero no le daba tiempo a arreglarlo porque tenía una urgencia familiar. Le explicó a Bertín como arreglarlo y le rogó que lo hiciese él.

Ante esa tesitura, Bertín podría haber optado por hacer commit del fichero `GeometricManager.cs`, en el estado en el que estaba, antes de ponerse a trabajar en otra cosa. Pero a Bertín no le hacía gracia esa opción. Le gustaba que sus commits dejasen el código en un estado funcional, por lo que dejar un commit a medio acabar, y por tanto el proyecto sin funcionar, era una opción que no quería considerar. En vez de eso, prefirió hacer stash del proyecto (Git > Uncommitted Changes > Stash Changes...) para guardar una copia de los cambios antes de ponerse a trabajar en otra cosa, eso sí, sin llegar a hacer un commit. Una vez seleccionada esa opción del menú, le salió una ventana emergente en la que recogió un mensaje lo suficientemente explicativo como para poder reconocer fácilmente la copia cuando hubiera que restaurarla.

> Un stash es una operación de Git que te permite guardar el estado de un proyecto, sin llegar a incluirlo como un commit en el histórico de cambios. Al hacerlo, los ficheros del proyecto se restauran al estado en el que estaban en el último commit de la rama. Se usa cuando te encuentras en un punto del desarrollo, que no está lo suficientemente maduro como para incluirse en el histórico mediante un commit, pero te ves obligado a trabajar momentáneamente en otra cosa, partiendo del último commit limpio. El stash te permite "apartar" por un rato lo que estabas haciendo y ponerte con otra cosa sin ensuciar el histórico de cambios. La operación inversa es unstash, la cual pone de nuevo los ficheros del proyecto en el estado en el que te encontrabas al hacer stash.

Habiendo puesto a buen recaudo sus cambios. Volvió a la rama principal y desde allí sacó otra que denominó Circle_Fix, para aplicar la corrección que le había dicho Alberto:

```
public void MoveCircle()
{
    // Circle movement as time passes.
    // Fix told by Alberto.
}
```

Listado 15.11: Fragmento del fichero Scripts/CircleStatus.cs con la solución al error detectado por Alberto.

Hizo commit de los cambios y los guardó en el repositorio central haciendo push.

Después, volvió a la rama Destroy_GeometricManager, haciendo checkout en ella. Para recuperar los cambios que había dejado apartados, hizo Git » Uncommitted Changes » Unstash Changes... . Tras identificarlo por el mensaje, seleccionó el stash que había creado y lo restauró pulsando Apply Stash. Eso hizo aparecer de nuevo la función `OnDestroy` en el fichero `GeometricManager.cs` y pudo continuar trabajando donde lo había dejado. Cuando acabó, la función tenía este aspecto:

```
private void OnDestroy()
{
    // Start of destroying functionality.
    // Every other aspect of destroying functionality.
}
```

Listado 15.12: Fragmento del fichero Scripts/GeometricManager.cs con la nueva funcionalidad ya finalizada.

Hizo commit del cambio y luego push para guardarlo en el servidor central.

Quedaban por incorporar los cambios que había aplicado en la rama Circle_Fix, así que hizo merge de esa rama sobre la de Destroy_GeometricManager.

Lo probó todo y vio que funcionaba correctamente, así que lo aplicó sobre la rama principal, saltando a ella mediante checkout y luego haciendo merge de la rama Destroy_GeometricManager sobre la rama principal.

Como esto suponía la finalización de la primera iteración que se habían marcado, Bertín decidió marcar con un tag el commit de merge con la rama principal. Para ello, seleccionó el commit con el botón derecho, eligió la opción New Tag... e introdujo el nombre que quería para el tag ("v1.0.0"). Entonces, y sólo entonces, hizo push de la rama, asegurándose de marcar la opción *Push tags* para que la información de las etiquetas también se guardase en el repositorio central.

15.10. Buenas prácticas para el control de versiones

Como en todo, una vez que llevas un tiempo trabajando con versiones, te acabas dando cuenta de métodos y prácticas que funcionan y de otras que te retrasan o que, incluso, entrañan peligros. En esta sección vamos a ver algunas de las primeras, las buenas prácticas que te pueden ayudar a trabajar de una manera más efectiva. Con el tiempo aprenderás otras nuevas, pero, al menos con estas, no cometerás los mismos errores que ya hemos cometido otros.

La primera recomendación es que hagas *commits pequeños y frecuentes*. Un commit sólo debería contener los cambios necesarios para realizar una única tarea. De esta manera, la probabilidad de que un único commit rompa varias cosas simultáneamente será más reducida. Por otro lado, puestos a revertir cambios contar con commits pequeños permite que al revertir seamos más precisos. Por ejemplo, supongamos que en un mismo commit hubiésemos metido cambios para poner en marcha 3 funcionalidades, pero que más tarde nos diésemos cuenta de que la implementación de una de las funcionalidades genera un fallo grave en la aplicación. En esa situación, podríamos revertir el commit, pero al hacerlo perderíamos las 3 funciones implementadas, no sólo la que provoca el problema. En vez de eso, si cada commit hubiera abarcado una única funcionalidad podríamos haber localizado fácilmente en el histórico los cambios del commit problemático, para posteriormente deshacer sólo dichos cambios, sin afectar al resto de funcionalidades. La única excepción a esta recomendación es el commit inicial, en el que es normal hacer una carga masiva de ficheros en el repositorio.

La segunda recomendación es que documentes tus commits con *descripciones claras y expresivas* que detallen de una manera sucinta pero concreta los cambios incluidos en ese commit. De esa manera, será más fácil encontrar el commit que te interesa dentro de un histórico de varios cientos (es fácil que proyectos con múltiples desarrolladores abarquen miles de commits).

La tercera recomendación es muy específica de Unity y es que sólo hagas *commit de los ficheros que hayas modificado directamente*. Cuando trabajas con Unity es habitual que, al tocar un fichero, otros ficheros del proyecto se marquen también como modificados. Les pasa por ejemplo a las escenas, a los prefabs e inclusos a los sprite atlas. Es un efecto colateral que en un escenario colaborativo puede suponer una incomodidad importante. Imagina que estás trabajando en un prefab que inadvertidamente marca como modificada una escena y que cometes el error de subir al repositorio el prefab y la escena. Si otra persona del equipo está trabajando en un cambio precisamente en esa escena, cuando quiera subirla se va a encontrar con que no va a poder hasta que baje los cambios del repositorio y los mezcle con los suyos (lo cual es fácil con el código, pero no con una escena). Por tanto la regla mental es clara, sube al repositorio sólo aquellos ficheros que hayas modificado directamente. Por supuesto, todo esto da igual si estás trabajando en un proyecto en solitario, pero conviene que vayas adoptando esta sana costumbre porque te será muy útil para cuando hagas un proyecto colaborativo.

La cuarta recomendación es que mantengas tu *repositorio local tan actualizado como puedas*. Si haces pulls frecuentes para mantener actualizado tu repositorio local minimizarás el riesgo de conflictos cuando quieras hacer push o merge hacia el servidor central de las cosas en las que hayas estado trabajando. Por eso, tus iteraciones de trabajo con Git deberían seguir el siguiente orden:

1. Refresca tu repositorio local con un pull.

2. Haz los cambios sobre los ficheros de tu copia local.

3. Haz commit de los cambios sobre tu repositorio local.

4. Vuelve a refrescar tu repositorio local con un pull para comprobar que mientras trabajabas ninguno de los ficheros que has cambiado se ha visto afectado por el trabajo de otra persona. En caso de que así haya sido, tendrás que resolver el conflicto mezclando tus cambios con los de la otra persona.

5. Una vez resueltos los conflictos vuelve a refrescar con otro pull.

6. Una vez seguros de que nuestro repositorio local está actualizado, y de que los conflictos están resueltos, subiremos nuestros commits al servidor central con un push.

La quinta recomendación es *trabajar en ramas*. Cuando trabajas en un proyecto en solitario puede parecer natural trabajar sobre la rama master y limitar el sistema de versionado a un mero gestor de backups. Sin embargo, cuando tu proyecto llegue a un punto funcional en el que ya lo compartas con el resto del mundo, querrás mantenerlo en funcionamiento la mayor parte del tiempo posible. Será en ese momento cuando empieces a verle la utilidad a mantener en la rama master la versión probada y funcional de tu juego, y a desarrollar las nuevas funcionalidades en ramas separadas que no se fundirán con la master hasta que esa funcionalidad esté finalizada y bien probada. Si ya trabajas en un proyecto colaborativo, las ramas serán imprescindibles desde el primer minuto. Si trabajásemos con varias personas haciendo cambios simultáneamente sobre la misma rama viviríamos un auténtico infierno, ya que la rama se actualizaría tan a menudo que tendríamos que repetir múltiples veces el ciclo que vimos en la cuarta recomendación, para incorporar los cambios de los demás, hasta conseguir que el repositorio nos dejase subir los nuestros a la rama del servidor central. En vez de eso, en los proyectos colaborativos lo normal es que cada desarrollador aplique sus cambios sobre una rama exclusiva de ese desarrollador y que luego esa rama se funda con un merge sobre la principal. Las ramas también son útiles para mantener varias versiones en paralelo del juego. Por ejemplo, en la rama master puedes tener la última versión estable del juego, de manera que sobre esa rama sólo aplicarías parches para resolver los fallos que se descubriesen. Mientras, en otra rama podrías tener la próxima versión del juego mientras se desarrolla. Una vez que la nueva versión superase todos los testeos podríamos fundir esa rama con la máster convirtiendo a la nueva versión en la estable.

> Verás que cuando hablo de la rama principal la denomino *master*. Sin embargo, si ves repositorios de otros desarrolladores en GitHub comprobarás que unos repositorios llaman a su rama principal *master* y otros *main*. La divergencia se debe a que GitHub llamaba tradicionalmente master a su rama principal, pero en un momento determinado decidieron que se llamase por defecto main. El motivo no fue técnico sino ideológico. Alegaban que el término master recordaba a los dueños de esclavos y podría hacer que determinados usuarios se sintiesen ofendidos, por lo que habían optado por pasar a usar el término main. En español, el termino master se suele asimilar al de "maestro" (no es la traducción correcta, pero hablamos de la "copia maestra", la "versión maestra", etc) y ese término define muy bien el uso de la rama, ya que un maestro es la referencia de sus alumnos, al igual que la rama principal lo es de las ramas secundarios. Por ese motivo, suelo tender a usar el término master en vez de main. Basta con que tengas en cuenta que ambos términos son intercambiables.

La sexta recomendación es hacer uso de la funcionalidad de GitHub de los *pull requests* . Los pull-request se usan cuando un desarrollador acaba de trabajar en su rama y quiere fundir esta con la principal. Podría hacer un merge directamente sobre la rama principal, pero puede ser que ese desarrollador no tenga conocimiento suficiente para saber si los cambios que va a incorporar a la rama principal puede afectarla negativamente, en su conjunto. En esos casos, lo suyo es ejecutar un pull-request. Con un pull-request se hace una solicitud de merge de la rama sobre la principal y dicha solicitud se somete a la revisión de otro desarrollador, el cual audita el código de la rama que se quiere incorporar a la principal y decide si es suficientemente bueno para ello o no. En caso afirmativo, el revisor autoriza el merge, pero en caso negativo puede establecer un diálogo con el autor de los cambios, a través de la página de GitHub para el pull request, para sugerirle las modificaciones que tiene que hacer para que los cambios sean aceptados en la rama principal. El mecanismo de los pull requests es habitual con los repositorios públicos de GitHub, ya que es la vía por la que otras personas pueden sugerirte mejoras en tu proyecto. En proyectos colaborativos, es habitual que se nombre a una persona concreta como revisora de cada rama principal y que el resto de los desarrolladores tengan restringida la capacidad de hacer actualizaciones sobre esas ramas principales, salvo a través de un pull request auditado y autorizado por el revisor.

CAPÍTULO

16 Extensión del editor

El editor de Unity ofrece múltiples ventanas para las operaciones habituales en la construcción de cualquier juego. Sin embargo, hay veces en las que la representación que te ofrecen esas ventanas no es la más cómoda, ni eficiente, para tu juego en concreto. Para esos casos, Unity ofrece la funcionalidad de crear personalizaciones del editor que te permiten representar los datos de tu juego exactamente como necesitas.

Es cierto que crear personalizaciones del editor conlleva cierto trabajo y puede no traer cuenta en proyectos pequeños, pero conforme nuestro proyecto gane en tamaño y en complejidad es probable que el esfuerzo que invirtamos en personalizaciones del editor lo recuperemos, con creces, gracias a la mayor rapidez de desarrollo que nos permitirán.

Por tanto, las extensiones que hagamos en el editor para personalizarlo no tendrán efecto en el juego final que entreguemos, sino en nuestra calidad de vida como desarrolladores durante su construcción.

En este capítulo veremos varias extensiones que he utilizado para desarrollar *Prince of Unity*. Verás que ninguna ha sido realmente imprescindible, pero todas han supuesto una mayor comodidad de desarrollo frente a lo que ofrecía el editor de Unity por defecto.

Cubriremos los 4 tipos de personalizaciones que permite Unity:

- *Gizmos*: Son artefactos visuales que podemos superponer a la escena como ayudas para la ubicación y configuración de los objetos que la conforman. Dichas ayudas sólo son visibles en el editor de Unity y no aparecerán en el juego que le entreguemos a nuestros usuarios.

- *Custom Editors*: Son ventanas de editor personalizadas que nos permiten mostrar datos y realizar operaciones relativas a la escena o a los ficheros del proyecto. Se integran en el editor como pestañas que podemos recolocar en las distintas zonas de este o sacarlas para tenerlas flotantes (y ponerlas en paralelo con la ventana principal del editor o sobre el mismo).

- *Custom Inspectors*: Permite mostrar una vista de inspector personalizada para determinados scripts de nuestro proyecto, ya sean estos MonoBehaviours o ScriptableObjects.

- *Property Drawers*: Nos permite crear atributos personalizados con los que decorar determinados campos de nuestros scripts. Dichos atributos servirán para mostrar de una manera concreta ese campo desde el editor.

16.1. Gizmos

Ya hemos dicho que los Gizmos son ayudas visuales que se superponen a los objetos de la escena para ayudarnos en su configuración. Dichas ayudas sólo serán visibles mientras trabajemos con nuestro juego en el editor, pero desaparecerán cuando empaquetemos el juego y se lo entreguemos a nuestros usuarios.

Por defecto, Unity ya muestra varios tipos de Gizmos con los que ya estaremos familiarizados. Un ejemplo lo tenemos en los ejes de coordenadas que salen cuando pulsamos en un GameObject para moverlo. Otro ejemplo son las cajas y circunferencias con las que se representan los Collider de nuestro GameObject. Todos ellos son elementos visuales que nos sirven para ubicar y configurar nuestros GameObjects dentro de la escena, pero que no aparecerán cuando el juego se ejecute fuera del editor.

Dentro del editor, sí que aparecerán por defecto en la pestaña Scene, aunque no en la pestaña Game, pero en ambos casos podremos cambiar ese comportamiento por defecto. Si queremos que los Gizmos aparezcan, o no, en la pestaña Scene o Game, tenemos que pulsar en el combo que aparece en el extremo derecho de sus respectivos toolbar. Nos saldrá un extenso menú en el que podremos configurar qué Gizmos queremos que aparezcan representados en el visor de la pestaña.

Las ayudas visuales que podemos representar con los Gizmos son líneas y formas geométricas simples (esferas y cubos), así como texturas y modelos tridimensionales sencillos.

No podemos seleccionar ni manipular directamente los Gizmos desde el editor, por lo que cualquier modificación sobre estos debe realizarse desde los scripts. Recuerda que los Gizmos sólo sirven para representar información de tus objetos, pero no puedes interactuar con los Gizmos desde el editor para cambiar esa información. Lo que generalmente harás será manipular tu GameObject desde el inspector y eso activará el script del GameObject encargado de actualizar sus respectivos Gizmos.

> En realidad, los ejes de coordenadas de los Transform y las representaciones visuales de los Collider no son exactamente Gizmos, dado que puedes manipularlos directamente sobre la escena. Siendo puristas, se tratan de un tipo avanzado de ayuda visual, denominada *Handle* [201], que sí permite la interacción directa con el usuario. En *Prince of Unity* no he usado ninguno, pero conviene que sepas de su existencia por si te pudiesen encajar en algún proyecto.

En *Prince of Unity* he usado los Gizmos en varias ocasiones. Un ejemplo ha sido para representar la relación entre las baldosas interruptoras y las puertas que activaban. Quería representar en la escena qué puertas se veían afectadas por una baldosa interruptora. Así que he configurado que, cuando se seleccione una baldosa interruptora, se dibuje una línea entre ella y todas las puertas a la que active. También he configurado la relación inversa, de manera que cuando se selecciona una puerta inmediatamente se dibuja una línea con aquellas baldosas interruptoras que la accionan.

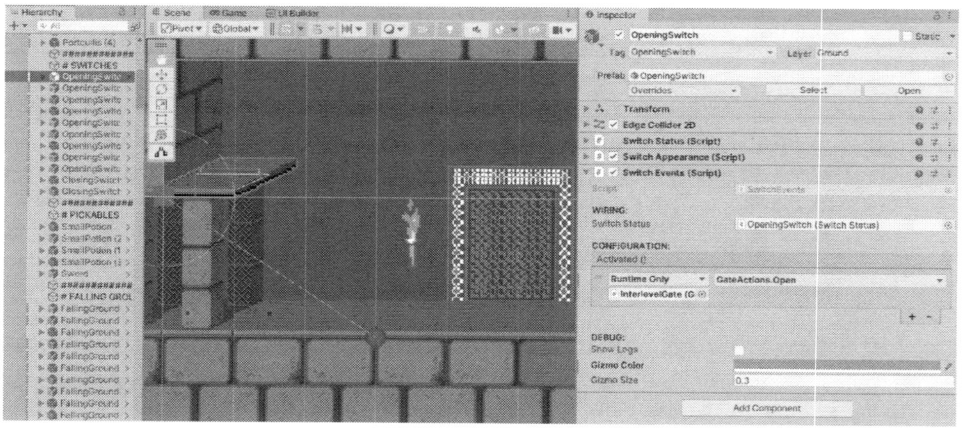

Figura 16.1: Gizmo para mostrar la relación entre una baldosa interruptora y la puerta que acciona.

Como se puede ver en la figura 16.1, el prefab `Assets/Prefabs/Switches/OpeningSwitch` cuenta con el script `Assets/Scripts/SwitchEvents.cs` en su GameObject raíz. Este script cuenta con un UnityEvent, `activated`, al que el diseñador del nivel puede suscribir los métodos de los objetos que quiera disparar cuando se active la baldosa. En el ejemplo de la figura se puede ver que he suscrito el método `Open()` del script GateActions, de la puerta de cambio de nivel. En la misma figura, también se puede ver que SwitchEvents permite configurar, a través de campos expuestos en el inspector, el color y el tamaño de los Gizmos.

> El prefab 🗀 `Assets/Prefabs/Switches/ClosingSwitch` también cuenta con el script SwitchEvents y dibuja los Gizmos igual que vamos a ver aquí.

Todo script que quiera mostrar Gizmos sobre la escena debe implementar al menos uno de los métodos `OnDrawGizmos()` u `OnDrawGizmosSelected()`. La diferencia entre uno y otro es que los Gizmos que dibujemos desde `OnDrawGizmos()` se mostrarán en todo momento, mientras que los que dibujemos desde `OnDrawGizmosSelected()` sólo se mostrarán cuando el GameObject del script sea seleccionado en la escena. En el caso de las baldosas y las puertas sólo quería que apareciesen los Gizmos cuando se seleccionase una de las dos, así que he implementado `OnDrawGizmosSelected()`.

```
99  private void OnDrawGizmosSelected()
100 {
101     DrawConnectionsToListeners();
102 }
103
104 private void DrawConnectionsToListeners()
105 {
106     if (activated != null)
107     {
108         // if (Listeners.Count == 0) return;
109         gizmoColor.a = 1;
110         Gizmos.color = gizmoColor;
111         Gizmos.DrawCube(transform.position, new Vector3(gizmoSize, gizmoSize));
112         this.Log($''(SwitchEvents - {transform.root.name}) Drawing connections with {
                Listeners.Count} listeners.'', showLogs);
113         foreach (GameObject listener in Listeners)
114         {
115             this.Log(
116                 $''(SwitchEvents - {transform.root.name}) Drawing connections with
                    listener from {transform.position} to {listener.transform.position
                    }.'',
117                 showLogs);
118             Gizmos.DrawSphere(listener.transform.position, gizmoSize / 2);
119             Gizmos.DrawLine(transform.position, listener.transform.position);
120         }
121     }
122 }
```

Listado 16.1: Fragmento de Assets/Scripts/SwitchEvents.cs

En el listado 16.1, se puede ver que desde `OnDrawGizmosSelected()` me limito a llamar al método `DrawConnectionsToListeners()` que es donde se encuentra realmente la miga.

Lo que hago es comprobar si hay alguna puerta suscrita al evento de activación de la baldosa (línea 106). En caso afirmativo, ya tenemos el otro extremo de la línea que queremos dibujar y podemos ponernos a ello.

Lo primero que hago es fijar la propiedad `color` de `Gizmos` (línea 110), al color que hayamos fijado por el inspector de SwitchEvents. Una vez que fijemos la propiedad `color`, todos los Gizmos que dibujemos se dibujarán con ese color, hasta que volvamos a cambiar la propiedad.

> En la línea 109 he forzado que el alpha del color sea 1. De esta manera me aseguro de que dicho color sea completamente opaco. Aunque puede haber ocasiones en los que te interese que los Gizmos sean traslúcidos, en cuyo caso tendrás que asegurarte de que el valor del alpha esté entre 0 y 1.

Podría haber dibujado las líneas sin más, pero me resulta más fácil ubicar las líneas en escenarios grandes si los extremos de la línea están resaltados con figuras geométricas. En este caso, he resaltado el extremo de la baldosa con un cuadrado (sería un cubo si el juego fuese 3D), mientras que en el extremo de las puertas he usado un círculo (en 3D una esfera). En la línea 111 es donde he dibujado el cuadrado, pasándole como parámetros a `DrawCube()` la posición de la baldosa y un vector con las dimensiones de ancho y alto que queramos para el cuadrado.

Acto seguido, para cada GameObject que se haya suscrito a la activación de la baldosa (línea 113) dibujamos un círculo en su posición (línea 118) y luego la línea entre esa posición y la de la baldosa (línea 119).

Para mantener actualizada la lista de GameObjects suscritos a la activación de la baldosa, he creado el método `UpdateListenerList()`:

```
80 /// <summary>
81 /// Update list of game object registered as listeners of activated event.
82 /// </summary>
83 private void UpdateListenerList()
84 {
85     if (activated != null)
86     {
87         Listeners.Clear();
88         int listenerCount = activated.GetPersistentEventCount();
89         this.Log($''(SwitchEvents - {transform.root.name}) There are {listenerCount}
               listeners.'', showLogs);
90         for (int i=0; i<listenerCount; i++)
91         {
92             this.Log($''(SwitchEvents - {transform.root.name}) Listener {i} is of type
                   {activated.GetPersistentTarget(i).GetType()}.'', showLogs);
93             MonoBehaviour listener = (MonoBehaviour) activated.GetPersistentTarget(i);
94             Listeners.Add(listener.gameObject);
95         }
96     }
97 }
```

Listado 16.2: Fragmento de Assets/Scripts/SwitchEvents.cs

Como se puede ver en la línea 88 del listado 16.2, he usado el método `GetPersistentEventCount()` de UnityEvent. Este método devuelve cuántos GameObject se han suscrito a un UnityEvent. A partir de ahí, podemos recuperar una referencia a los scripts donde se encuentren los métodos suscritos haciendo uso de `GetPersistentTarget()` (línea 93). Con esas referencias podemos recuperar los GameObject que tengan esos scripts usando la propiedad `gameObject` (línea 94) de la clase MonoBehaviour.

Es importante que se refresque la lista de suscriptores cada vez que se produzca un cambio en el inspector de SwitchEvents y por eso llamo a `UpdateListenerList()` desde el método `OnValidate()` de SwitchEvents.

```
private void OnValidate()
{
    UpdateListenerList();
}
```

Listado 16.3: Fragmento de Assets/Scripts/SwitchEvents.cs

> Un problema cuando elaboras extensiones del editor, es que el código de la extensión no debe mezclarse con el código propio del juego. Por eso conviene que los métodos que dediques a dibujar Gizmos (y sus respectivas llamadas) los metas entre guardas del tipo `#if UNITY_EDITOR ... #endif` [195]. De otra manera te puedes encontrar con errores de compilación cuando quieras hacer la compilación final del juego, para entregárselo a tus usuarios. Si examinas el código fuente de SwitchEvents, verás que está salpicado de guardas de este tipo.

No voy a explicarlo aquí para no repetirme, pero los prefabs de las puertas tienen un código similar al de SwitchEvents para dibujar líneas hasta los interruptores que las accionan. Dicho código está en el script

Assets/Scripts/GateActions.cs, situado en la raíz de los prefabs de las puertas. La gran diferencia con SwitchEvents es que en GateActions no hay eventos `activated` cuyos suscriptores podamos consultar. Así que hay que consultar a la escena, para lograr la lista de interruptores y ver cuáles de ellos tienen suscripciones de nuestra puerta en concreto.

```
71  private void OnValidate()
72  {
73      UpdateAllSwitchesList();
74  }
75
76  private void UpdateAllSwitchesList()
77  {
78      UpdateClosingSwitchesList();
79      UpdateOpeningSwitchesList();
80  }
81
82  /// <summary>
83  /// Update list of switches that close this gate.
84  /// </summary>
85  private void UpdateClosingSwitchesList()
86  {
87      ClosingSwitchesList.Clear();
88      List<GameObject> closingSwitches = new List<GameObject>(GameObject.
            FindGameObjectsWithTag(''ClosingSwitch''));
89      foreach (GameObject _switch in closingSwitches)
90      {
91          if (_switch.GetComponentInChildren<SwitchEvents>().Listeners.Contains(
                gameObject))
92              ClosingSwitchesList.Add(_switch);
93      }
94  }
95
96  /// <summary>
97  /// Update list of switches that close this gate.
98  /// </summary>
99  private void UpdateOpeningSwitchesList()
100 {
101     OpeningSwitchesList.Clear();
102     List<GameObject> openingSwitches = new List<GameObject>(GameObject.
            FindGameObjectsWithTag(''OpeningSwitch''));
103     foreach (GameObject _switch in openingSwitches)
104     {
105         if (_switch.GetComponentInChildren<SwitchEvents>().Listeners.Contains(
                gameObject))
106             OpeningSwitchesList.Add(_switch);
107     }
108 }
```

Listado 16.4: Fragmento de Assets/Scripts/GateActions.cs

Como se puede ver en el listado 16.4, el GateActions de la puerta reacciona a las modificaciones que se hagan a través del inspector, actualizando la lista de los interruptores (tanto de apertura como de cierre) que apuntan hacia dicha puerta (línea 73).

Los métodos `UpdateClosingSwitchesList()` y `UpdateOpeningSwitchesList()` son prácticamente iguales, diferenciándose únicamente en que el primer método busca los objetos de la escena marcados con la etiqueta *ClosingSwitch* y el segundo método los marcados con la etiqueta *OpeningSwitch*.

> De hecho, viéndolo al escribir estas líneas, me doy cuenta de que estos dos métodos se podrían haber fundido en uno. Te lo dejo como propuesta de ejercicio de refactorización.

Para recopilar la lista de los objetos que hay en la escena que tengan una determinada etiqueta se usa el método estático `FindGameObjectsWithTag()` de la clase `GameObject` (líneas 88 y 102). En nuestro caso, los objetos que tienen esas etiquetas son las baldosas interruptoras.

Luego iteramos por la lista de los objetos recuperados (líneas 89 y 103) buscando en cada uno el script SwitchEvents y usando su propiedad Listeners para ver si entre los suscriptores a su evento `activated` está el GameObject del script GateActions (líneas 91 y 105). Si ese es el caso, GateActions incluye dicho interruptor en la lista de objetos (líneas 92 y 106) a los que trazará líneas desde el método `OnDrawGizmosSelected()`.

El uso de Gizmos es especialmente importante cuando tengas sensores basados en trazado de rayos. Los Raycast no son visibles y, en todo caso, no se realizan hasta la ejecución del juego, por lo que los Gizmos son muy útiles para representar en el editor hasta dónde llegará un rayo.

Un ejemplo lo tenemos en el sensor genérico prefab `Assets/Prefabs/Components/RaySensor`. Como vimos en el capítulo 10, dicho prefab se especializa en trazar rayos entre dos puntos y emitir eventos cuando detecta algo. El trazado del rayo se hace desde el script `Assets/Scripts/RaySensor.cs`, situado en el GameObject raíz. Desde ese script se hace también el dibujado de los Gizmos para poder ver el alcance de los rayos en el editor.

```
100 #if UNITY_EDITOR
101         private void OnDrawGizmosSelected()
102         {
103             DrawSensor();
104         }
105
106         private void DrawSensor()
107         {
108             Vector3 gizmoSize = new Vector3(gizmoRadius, gizmoRadius, gizmoRadius);
109             Gizmos.color = pointColor;
110             Gizmos.DrawCube(startPoint.position, gizmoSize);
111             Gizmos.DrawSphere(endPoint.position, gizmoRadius);
112             Gizmos.color = IsColliderDetected ? Color.green : Color.red;
113             Gizmos.DrawLine(startPoint.position, endPoint.position);
114         }
115 #endif
```

Listado 16.5: Fragmento de Assets/Scripts/RaySensor.cs

En el listado 16.5 hay muchas similitudes con el trazado de líneas que hacíamos en SwitchEvents. En este caso se trata de dibujar una única línea (línea 113) entre un punto inicial (startPoint) y un punto final (endPoint).

Una novedad interesante es que los Gizmos también se pueden mostrar cuando se ejecute el juego dentro de la pestaña Scene, y es por eso que en caso de que el rayo detecte algún objeto lo coloreo de verde y, si no, de rojo (línea 112). De esa manera, al ejecutar el juego en el editor puedo depurar si los sensores están detectando algún objeto o no.

> El resto de los Gizmos de los sensores de rayos se representan de manera similar a los de RaySensor, así que no aporta nada revisarlos aquí.

Pero no sólo podemos mostrar líneas, sino que también podemos delimitar zonas dibujando círculos o rectángulos. Es el caso del sensor `Assets/Prefabs/Components/FightingSensors`. Se trata de un prefab que se incluye en el de los personajes para detectar a un oponente en los duelos y marcar la máxima aproximación a este. Ese sensor es volumétrico y utiliza un volumen rectangular para detectar las aproximaciones.

```
/// <summary>
    /// Visual in-editor aid to show how much distance we can enter an enemy into our
        hitting range.
    /// </summary>
    private void DrawMaximumApproachBox(){
        Gizmos.color = Color.blue;
```

```
169         Vector2 forwardVector = transform.root.gameObject.GetComponentInChildren<
                CharacterStatus>().ForwardVector;
170         if (CurrentEnemy == null)
171         {
172             Gizmos.DrawWireCube(hittingZone.transform.position + (Vector3)
                    forwardVector * MaximumApproachDistance / 2,
173                 new Vector3(MaximumApproachDistance * forwardVector.x, hittingZone.
                        bounds.size.y, hittingZone.bounds.size.z));
174         }
175         else
176         {
177             float correctedMaximumApproachDistance = MaximumApproachDistance -
                    CurrentEnemy
178                 .GetComponentInChildren<ColliderController>()
179                 .CurrentColliderWidth;
180             Gizmos.DrawWireCube(hittingZone.transform.position + (Vector3)
                    forwardVector*correctedMaximumApproachDistance/2,
181                 new Vector3(correctedMaximumApproachDistance * forwardVector.x,
182                     hittingZone.bounds.size.y,
183                     hittingZone.bounds.size.z));
184         }
185 
186     }
187 
188 #if UNITY_EDITOR
189     private void OnDrawGizmosSelected()
190     {
191         DrawMaximumApproachBox();
192     }
193 #endif
```

Listado 16.6: Fragmento de Assets/Scripts/FightingSensors.cs

En el listado 16.6, la variable `hittingZone` es precisamente la que apunta al Collider del volumen rectangular para detectar colisiones. El código del listado dibuja un segundo rectángulo (líneas 172 y 180) de color azul (línea 168), para representar el límite de aproximación máxima entre dos oponentes durante un duelo. He incluido ese límite para evitar que los contendientes se acerquen demasiado y se solapen, lo que haría raras y poco naturales las animaciones de lucha. Lo que pasa es que hay que tener en cuenta un par de matices.

El primero es que `DrawWireCube()` sitúa el rectángulo pasándole como primer parámetro la posición de su centro, por lo que esta varía conforme aumentamos la amplitud de la aproximación máxima. Esa es la razón por la que se usa de referencia la posición de `hittingZone` (situada en el borde izquierdo del volumen detector) y se le suma la mitad de `MaximumApproachDistance`.

La segunda consideración, que no es evidente hasta que haces pruebas, es que las distancias se miden de centro a centro de los Collider que definen la forma de los personajes, pero en realidad lo que entendemos como aproximación máxima a otro personaje es desde nosotros al borde del volumen que define a ese otro personaje. De otra manera, si el Collider del otro personaje fuese lo suficientemente amplio, podría seguir habiendo solapes a pesar de tener un `MaximumApproachDistance` mayor que cero. Esa es la razón por la que se hace la corrección de la línea 177.

El de FigtingSensors no es el único caso en el que se dibuja una forma como Gizmo. El prefab 🗀 `Assets/Prefabs/Managers/Room`, que ya hemos analizado en capítulos anteriores, se usa para definir los límites de una habitación y colocar los sensores para detectar los movimientos del protagonista de unas habitaciones u otras. Dichos límites no son visibles por sí mismos, pero conviene que lo sean en el editor para que podamos ir colocando por el escenario las distintas instancias de Room, correctamente alineadas y sin solapamientos. Es por eso que el script 🗀 `Assets/Scripts/Room.cs`, situado en el GameObject raíz del prefab representa dichos límites dibujando un rectángulo.

```
#if UNITY_EDITOR
        private void DrawRoomCameraPosition()
```

```
83          {
84              float gizmoRadius = 0.2f;
85              Gizmos.color = IsActiveRoom() ? Color.green : Color.yellow;
86              Gizmos.DrawWireSphere(RoomCameraPosition, gizmoRadius);
87          }
88
89          private void DrawRoomBounds()
90          {
91              Gizmos.color = IsActiveRoom() ? Color.green : Color.yellow;
92              Gizmos.DrawWireCube(RoomCameraPosition, _roomDimensions);
93          }
94
95          private void OnDrawGizmosSelected()
96          {
97              DrawRoomCameraPosition();
98              DrawRoomBounds();
99          }
100 #endif
```

Listado 16.7: Fragmento de Assets/Scripts/Room.cs

Como se puede ver en el listado 16.7, se dibuja un rectángulo para delimitar la extensión de la habitación (línea 92) y, además, se colorea de verde si dicha habitación es en la que se encuentra el protagonista (línea 91).

También se dibuja una esfera en el centro de la habitación, para representar la posición en la que se situará la cámara cuando el protagonista entre en la habitación (línea 86).

16.2. Custom editors

Unity permite que creemos ventanas personalizadas dentro de su editor, para integrar dentro de este nuestras propias herramientas y flujos de trabajo.

Esto se hacía antes usando IMGUI, pero mientras desarrollaba el juego Unity homologó el UI Toolkit para ser usado para extender el interfaz del editor. En mi opinión, el uso de UI Toolkit tiene muchas ventajas sobre IMGUI. La primera es que IMGUI no tenía un editor de interfaces, por lo que el diseño de las ventanas tenía que hacerse íntegramente por código. Por otro lado, IMGUI no tenía un mecanismo de layout, por lo que había que calcular por código la posición de los elementos de interfaz y no era raro equivocarse, y que dichos elementos acabasen solapándose. IMGUI carecía también de soporte para hojas de estilos, por eso el uso de UI Toolkit aporta versatilidad y comodidad a la configuración visual de los interfaces de nuestras ventanas personalizadas.

Por todas las razones anteriores, yo he basado en UI Toolkit la ventana personalizada que he creado. En todo caso, ten en cuenta que esta opción es relativamente nueva, por eso en Internet aún hay muchísimos tutoriales que te enseñan a hacer lo mismo que vamos a hacer aquí, pero a la antigua usanza, con IMGUI.

La ventana personalizada que he creado para *Prince of Unity* que nos servirá como ejemplo se denomina *BuildSizesReport*. La definición del Visual Tree de su interfaz se encuentra en `Assets/UI/BuildSizesReport`, mientras que el script con su lógica está en `Assets/Editor/BuildSizesReport.cs`.

El propósito de la ventana BuildSizesReport es servir de herramienta de optimización en la fase de compilación y empaquetado del juego. En dicha fase, que cubriremos en el capítulo 25, se compilan los scripts del juego y sus assets se empaquetan y se depositan en una carpeta junto con el ejecutable y las librerías de Unity necesarias para hacer funcionar el juego en el equipo del usuario. Aunque parezca mentira, Unity no ofrece una ventana especializada que nos permita saber cuánto ocupan nuestros distintos assets en el paquete final, lo cual es un problema a la hora de optimizar nuestro juego para distribuirlo en plataformas o desde markets que pongan limitaciones al tamaño de los juegos. La alternativa que te ofrece la documentación de Unity es mirar el fichero de log de la compilación donde aparece una sección de texto en la que se describe el tamaño de los distintos tipos de assets y su peso relativo sobre el total. Diseñé BuildSizesReport para que analizase por mí el log y extrajese de él los datos de tamaño para reflejarlos en una ventana de editor en la que pudiera consultarlos después de cada compilación.

Al igual que hicimos en el capítulo 14, he usado el UI Builder para darle forma al Visual Tree del interfaz de BuildSizesReport. Puedes utilizar un asistente que ofrece Unity para crear la ventana del editor (figura 16.2). Ese asistente se encuentra en Assets > Create > UI Toolkit > Editor Window.

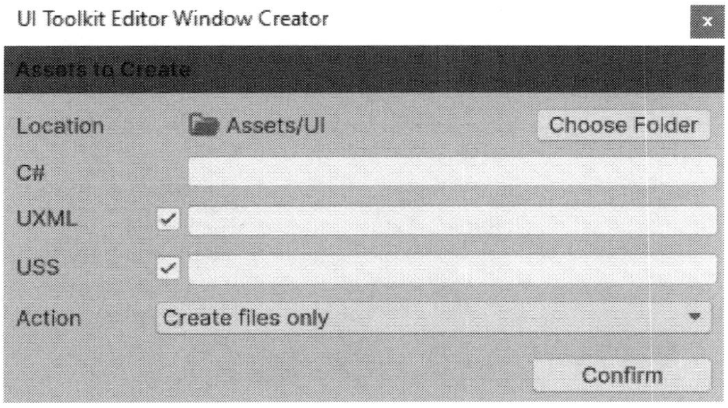

Figura 16.2: Asistente para crear ventanas personalizadas de editor.

Con ese asistente se debería crear todo lo que necesitas para empezar a darle forma a tu ventana personalizada: un script, un Visual Tree y una hoja de estilos. También puedes crear cada uno de esos elementos manualmente, que fue lo que hice yo, porque me enteré de la existencia del asistente después.

En todo caso, una vez que crees el Visual Tree, ya sea manualmente o con el asistente, puedes editarlo con el UI Builder.

Como se puede ver en la figura 16.3, he ido apilando en columna los Visual Element, y dentro de cada uno de ellos he fijado un layout horizontal. En las filas de datos he incluido tres componentes Label: uno con el nombre del dato, otro con su tamaño y otro con su peso relativo. La última fila incluye un Visual Element de layout vertical, con la cadena *"Last refreshed: "* y la fecha y hora de la última actualización de la ventana, así como el botón para refrescar los datos de la ventana.

Observa en la figura que le he puesto nombre a todos los elementos, para poder conseguir referencias a ellos desde el script.

> Hay una serie de controles que sólo se pueden usar en ventanas de editor y por eso el UI Builder los oculta por defecto en la sección *Library*. Para mostrarlos, tienes que seleccionar la raíz del Visual Tree en la jerarquía del UI Builder (será el nombre del interfaz, con extensión `.uxml`) y luego, en el inspector del UI Builder marcar la opción Editor Extension Authoring. Los nuevos controles aparecerán en la sección *Library*, marcados con un comentario de *Editor Only*.

> Dicho script se encuentra en la carpeta `Assets/Editor`. Esta ubicación no es baladí. Todos los scripts que utilices para crear ventanas e inspectores personalizados, así como property drawers, deben ir en esa carpeta y no en otra. Si no cumples esta regla te arriesgarás a que el juego no compile cuando quieras construir la versión final para los usuarios.

Para que un script pueda servir para implementar la lógica de una ventana personalizada debe heredar de la clase `EditorWindow`.

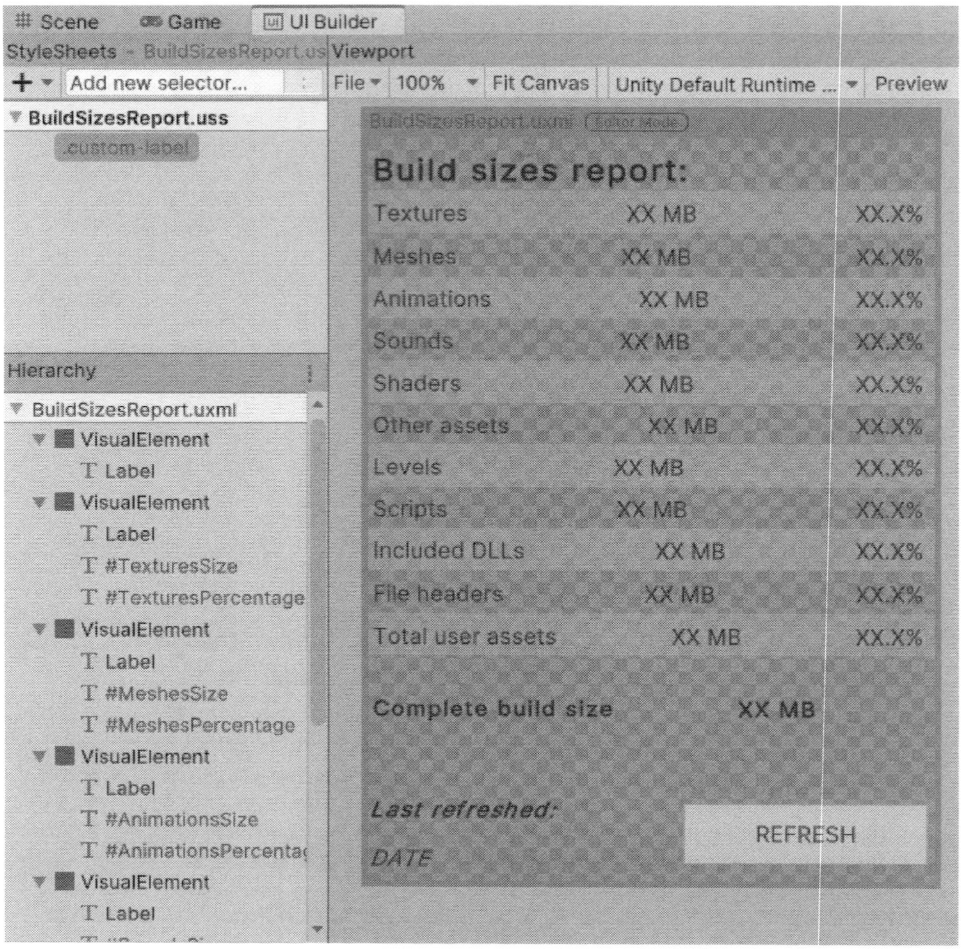

Figura 16.3: Diseño del interfaz de BuildSizesReport en el UI Builder.

```
28 public class BuildSizesReport : EditorWindow
29 {
30     [SerializeField] private VisualTreeAsset visualTreeAsset = default;
```

Listado 16.8: Fragmento de Assets/Editor/BuildSizesReport.cs

Al igual que los MonoBehaviour, las EditorWindow permiten exponer campos en el inspector. Dichos campos aparecen en el inspector cuando seleccionas el script en su carpeta de la pestaña Project. En el caso de BuildSizesReport, esta funcionalidad viene estupendamente para arrastrar el asset del Visual Tree sobre el campo `visualTreeAsset` de la línea 30 del listado 16.8.

Para poder hacer que la ventana aparezca, tenemos que configurar su lanzador. Esto se hace creando un método estático y decorándolo con el atributo `[MenuItem()]`.

```
[MenuItem(''Tools/Build sizes report'')]
private static void ShowWindow()
{
    var window = GetWindow<BuildSizesReport>();
    window.titleContent = new GUIContent(''Last build sizes report'');
    window.Show();
}
```

Listado 16.9: Fragmento de Assets/Editor/BuildSizesReport.cs

El atributo hace que aparezca una opción en el menú de Unity, en la ruta que le pasemos a `MenuItem()`.

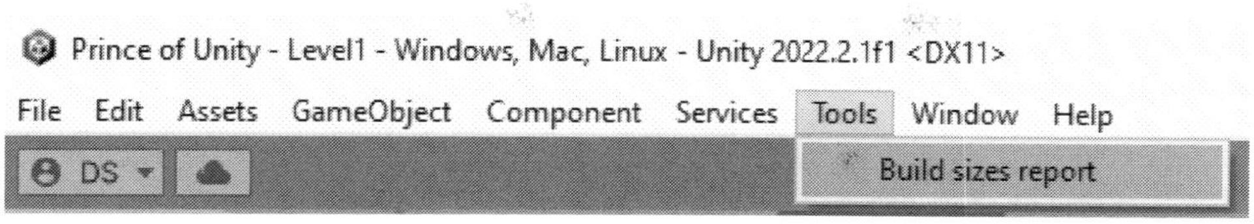

Figura 16.4: Lanzador de nuestra ventana personalizada.

Cuando se pulse el lanzador del menú de Unity, se llamará al método que hayamos decorado con el atributo `[MenuItem()]`, que en este caso ha sido `ShowWindow()`.

Por su parte, `ShowWindow()` llama al método `GetWindow()`, para crear una instancia de una ventana del tipo BuildSizesReport (línea 83 del listado 16.9); luego le da título a la ventana (línea 84) y, finalmente, muestra la ventana (línea 85).

```
93  private void CreateGUI()
94  {
95      // Each editor window contains a root VisualElement object
96      _root = rootVisualElement;
97
98      // Instantiate UXML
99      VisualElement uiXML = visualTreeAsset.Instantiate();
100     _root.Add(uiXML);
101
102     // Get references to all UI elements.
103     GetSizeLabels();
104     GetPercentageLabels();
105     _lastRefreshLabel = _root.Q<Label>(''LastRefreshDate'');
106     _refreshButton = _root.Q<Button>(''RefreshButton'');
107     _refreshButton.clicked += RefreshData;
108     RefreshData();
109 }
```

Listado 16.10: Fragmento de Assets/Editor/BuildSizesReport.cs

Cuando se instancia una ventana EditorWindow se llama al método `CreateGUI()`. Debemos implementar ese método para hacer que la ventana cargue el Visual Tree que diseñamos en el UI Builder.

Resulta que toda EditorWindow tiene una propiedad, denominada `rootVisualElement`, que ofrece una referencia al Visual Element raíz de la ventana. Se trata de una propiedad de sólo lectura, así que hay que sacarle una copia (línea 96 del listado 16.10) y con eso ya puedes modificar dicha raíz para colgar de ella (línea 100) una instancia recién creada de nuestro Visual Tree (línea 99).

A partir de ese momento, la ventana tendrá la jerarquía de elementos a la que dimos forma desde el UI Builder, por lo que podremos usar el método `Q<T>()` para obtener referencias a los diferentes elementos del interfaz (líneas 103 a 106).

Para que el botón de la ventana responda a las pulsaciones, hay que suscribir un método a su evento `clicked` (línea 107). Dicho método, que en este caso es `RefreshData()`, es el que otorga funcionalidad al botón.

```
/// <summary>
/// Update UI with last build report results.
/// </summary>
private void RefreshData()
{
    Dictionary<string, BuildReportEntry> reportEntries = GetLastBuildReportData(
        _logPath);
    if (reportEntries.Count == 0)
    {
        _lastRefreshLabel.text = ''NO BUILD REPORT WAS FOUND !'';
    }
    else
```

```
153     {
154         _lastRefreshLabel.text = $''{DateTime.Now.ToLocalTime()}'';
155         _texturesSizeLabel.text = $''{reportEntries[TexturesTag].Size} {reportEntries[
                TexturesTag].SizeUnit}'';
156         _meshesSizeLabel.text = $''{reportEntries[MeshesTag].Size} {reportEntries[
                MeshesTag].SizeUnit}'';
157         _animationsSizeLabel.text = $''{reportEntries[AnimationsTag].Size} {
                reportEntries[AnimationsTag].SizeUnit}'';
158         _soundsSizeLabel.text = $''{reportEntries[SoundsTag].Size} {reportEntries[
                SoundsTag].SizeUnit}'';
159         _shadersSizeLabel.text = $''{reportEntries[ShadersTag].Size} {reportEntries[
                ShadersTag].SizeUnit}'';
160         _othersAssetsSizeLabel.text = $''{reportEntries[OtherAssetsTag].Size} {
                reportEntries[OtherAssetsTag].SizeUnit}'';
161         _levelsSizeLabel.text = $''{reportEntries[LevelsTag].Size} {reportEntries[
                LevelsTag].SizeUnit}'';
162         _scriptsSizeLabel.text = $''{reportEntries[ScriptsTag].Size} {reportEntries[
                ScriptsTag].SizeUnit}'';
163         _includedDLLsSizeLabel.text = $''{reportEntries[IncludedDLLsTag].Size} {
                reportEntries[IncludedDLLsTag].SizeUnit}'';
164         _fileHeadersSizeLabel.text = $''{reportEntries[FileHeadersTag].Size} {
                reportEntries[FileHeadersTag].SizeUnit}'';
165         _totalUserAssetsSizeLabel.text = $''{reportEntries[TotalUserAssetsTag].Size} {
                reportEntries[TotalUserAssetsTag].SizeUnit}'';
166         _completeBuildSizeLabel.text = $''{reportEntries[CompleteBuildSizeTag].Size} {
                reportEntries[CompleteBuildSizeTag].SizeUnit}'';
167         _texturesPercentageLabel.text = $''{reportEntries[TexturesTag].Percentage}'';
168         _meshesPercentageLabel.text = $''{reportEntries[MeshesTag].Percentage}'';
169         _animationsPercentageLabel.text = $''{reportEntries[AnimationsTag].Percentage
                }'';
170         _soundsPercentageLabel.text = $''{reportEntries[SoundsTag].Percentage}'';
171         _shadersPercentageLabel.text = $''{reportEntries[ShadersTag].Percentage}'';
172         _othersAssetsPercentageLabel.text = $''{reportEntries[OtherAssetsTag].
                Percentage}'';
173         _levelsPercentageLabel.text = $''{reportEntries[LevelsTag].Percentage}'';
174         _scriptsPercentageLabel.text = $''{reportEntries[ScriptsTag].Percentage}'';
175         _includedDLLsPercentageLabel.text = $''{reportEntries[IncludedDLLsTag].
                Percentage}'';
176         _fileHeadersPercentageLabel.text = $''{reportEntries[FileHeadersTag].
                Percentage}'';
177         _totalUserAssetsPercentageLabel.text = $''{reportEntries[TotalUserAssetsTag].
                Percentage}'';
178     }
179 }
```

Listado 16.11: Fragmento de Assets/Editor/BuildSizesReport.cs

Dentro de `RefreshData()`, la clave está en el método `GetLastBuildReportData()` que lee el fichero de log, localiza la parte con el texto de los tamaños y lo procesa devolviendo un diccionario (línea 147 del listado 16.11). Las claves de ese diccionario son los nombres de cada tipo de asset:

```
private const string BuildReportTag = ''Build Report'';
private const string UncompressedTag = ''Uncompressed'';
private const string TexturesTag = ''Textures'';
private const string MeshesTag = ''Meshes'';
private const string AnimationsTag = ''Animations'';
private const string SoundsTag = ''Sounds'';
private const string ShadersTag = ''Shaders'';
private const string OtherAssetsTag = ''Other Assets'';
private const string LevelsTag = ''Levels'';
private const string ScriptsTag = ''Scripts'';
private const string IncludedDLLsTag = ''Included DLLs'';
private const string FileHeadersTag = ''File headers'';
private const string TotalUserAssetsTag = ''Total User Assets'';
```

```
private const string CompleteBuildSizeTag = ''Complete build size'';
```

Listado 16.12: Fragmento de Assets/Editor/BuildSizesReport.cs

En cuanto a los valores de ese diccionario, son instancias del struct `BuildReportEntry` las cuales cuentan con la información en cuanto a tamaño y peso relativo para cada tipo de asset.

```
/// <summary>
/// Every line in build report is parsed to one of this structs.
/// </summary>
public struct BuildReportEntry
{
    public readonly string Size;
    public readonly string SizeUnit;
    public readonly string Percentage;

    public BuildReportEntry(string size, string percentage, string sizeUnit)
    {
        Size = size;
        Percentage = percentage;
        SizeUnit = sizeUnit;
    }
}
```

Listado 16.13: Fragmento de Assets/Editor/BuildSizesReport.cs

Con el contenido de ese diccionario es con lo que fijamos las cadenas de texto a mostrar en los distintos elementos de la ventana (líneas 154 a 177 del listado 16.11).

En cuanto a `GetLastBuildReportData()`:

```
/// <summary>
/// Parse last build report from given log path.
/// </summary>
/// <param name=''logPath''>File path name of log.</param>
/// <returns>Parsed lines of build report, returned as a dictionary with item as keys
    an its corresponding <see cref=''BuildReportEntry''/> as value.</returns>
public static Dictionary<string, BuildReportEntry> GetLastBuildReportData(string
    logPath)
{
    Dictionary<string, BuildReportEntry> entries = new Dictionary<string,
        BuildReportEntry>();
    string[] lines = ReadLines(logPath);
    int index = 0;
    foreach (string line in lines)
    {
        if (line.StartsWith(BuildReportTag) && lines[index + 1].StartsWith(
            UncompressedTag))
        {
            entries[TexturesTag] = ParseLine(lines[index + 2]);
            entries[MeshesTag] = ParseLine(lines[index + 3]);
            entries[AnimationsTag] = ParseLine(lines[index + 4]);
            entries[SoundsTag] = ParseLine(lines[index + 5]);
            entries[ShadersTag] = ParseLine(lines[index + 6]);
            entries[OtherAssetsTag] = ParseLine(lines[index + 7]);
            entries[LevelsTag] = ParseLine(lines[index + 8]);
            entries[ScriptsTag] = ParseLine(lines[index + 9]);
            entries[IncludedDLLsTag] = ParseLine(lines[index + 10]);
            entries[FileHeadersTag] = ParseLine(lines[index + 11]);
            entries[TotalUserAssetsTag] = ParseLine(lines[index + 12]);
            entries[CompleteBuildSizeTag] = ParseLine(lines[index + 13]);
        }
        index++;
    }
    return entries;
```

```
211 }
```

Listado 16.14: Fragmento de Assets/Editor/BuildSizesReport.cs

Como se puede ver en el listado 16.14, lee todo el fichero de log (línea 189) y luego va examinando línea a línea (línea 191), hasta que localiza la cadena *Build Report*, seguida de la línea *Uncompressed* (línea 193). A partir de ahí va procesando las 12 líneas siguientes del fichero de log e introduce su contenido en el diccionario (líneas 195 a 206).

Creo que es interesante señalar que el método `ReadLines()` de la línea 189 es un método personalizado que he tenido que implementar, porque me saltaba una excepción al intentar utilizar el método estándar en estos casos, `File.ReadAllLines()`. Dicha excepción se debía a que intentaba abrir el fichero de log al mismo tiempo que ya lo tenía abierto el editor de Unity. Así que he tenido que crear mi propio método, fijando un tipo de acceso al fichero que me permitiese compartir el acceso con el editor de Unity.

```
/// <summary>
/// Custom all-lines file reader.
///
/// I cannot use built-in File.ReadAllLines() because Editor.log is already open by unity and
/// build ReadAllLines gives me an IOException about it cannot share access. So, I had to make
/// my own reader setting opening parameters to share access to file with Unity process.
/// </summary>
/// <param name=''logPath''>Log file path name.</param>
/// <returns>An array with every read line.</returns>
private static string[] ReadLines(string logPath)
{
    List<String> lines = new List<String>();
    using (FileStream fileStream = new FileStream(logPath,FileMode.Open, FileAccess.Read, FileShare.ReadWrite))
    {
        String line;
        using (StreamReader streamReader = new StreamReader(fileStream, Encoding.Default))
        {
            while ((line = streamReader.ReadLine()) != null)
                lines.Add(line);
        }
    }
    return lines.ToArray();
}
```

Listado 16.15: Fragmento de Assets/Editor/BuildSizesReport.cs

En cuanto al proceso de cada línea, lo he hecho usando la siguiente expresión regular (probablemente lo que más tiempo me ha llevado de toda la ventana):

```
private static Regex rx = new Regex(@''(\d+\.\d+)\s+([a-z]{2})\s*(\d+\.\d+%)?'',
    RegexOptions.Compiled | RegexOptions.IgnoreCase);
```

Listado 16.16: Fragmento de Assets/Editor/BuildSizesReport.cs

Aplicando esa expresión a cada línea, las he dividido en los campos que me interesaban:

```
/// <summary>
/// Take tokens from given build report line and return a BuildReportEntry.
/// </summary>
/// <param name=''line''>Build report line</param>
/// <returns>Created BuildReportEntry</returns>
public static BuildReportEntry ParseLine(string line)
{
    Match match = rx.Match(line);
```

```
    BuildReportEntry entry = new BuildReportEntry(
        size: match.Groups[1].Value,
        sizeUnit: match.Groups[2].Value.ToUpper(),
        percentage: match.Groups[3].Value);
    return entry;
}
```

Listado 16.17: Fragmento de Assets/Editor/BuildSizesReport.cs

16.3. Custom inspectors

Unity tiene su manera por defecto de mostrar los campos de un MonoBehaviour, un ScriptableObject o una clase serializable. Eso suele ser suficiente en la mayor parte de los casos, pero hay situaciones muy concretas en las que querremos personalizar esa representación en el inspector. Las razones pueden ser muchas: para hacer más cómoda la edición de los campos, para hacer grupos con estos, para ocultar unos campos en función de lo que fijemos en otros o, incluso, para mostrar información adicional en situaciones muy concretas.

Como ejemplo, vamos a estudiar el caso de 🗀`Assets/Editor/TrapStatusInspector.cs`. Este es un inspector personalizado que muestra o no un campo, según hayamos marcado o no un campo booleano previo. En concreto queremos que se muestre el campo `loopWaitingTime` de TrapStatus sólo cuando el campo `loop` esté marcado como verdadero. Es algo muy sencillo, pero entendiendo la mecánica será más que suficiente para afrontar cualquier otro inspector que se te ocurra.

Aunque también puedes usar el UI Builder para diseñar inspectores personalizados, el inspector ofrece una superficie muy limitada, así que tampoco da pie a grandes alardes visuales que me hayan justificado usar el UI Builder. En vez de eso, por ahora, he encontrado más cómodo crear los inspectores personalizados mediante código.

Por tanto, al sólo usar código, únicamente necesitas un script, eso sí, situado en la carpeta 🗀`Assets/Editor`. El script debe heredar de la clase `UnityEditor.Editor` y estar decorado con el atributo `[CustomEditor()]`.

```
9  [CustomEditor(typeof(TrapStatus))]
10 public class TrapStatusInspector : UnityEditor.Editor
11 {
12     private SerializedProperty _stateMachineProperty;
13     private SerializedProperty _soundControllerProperty;
14     private SerializedProperty _killModeProperty;
15     private SerializedProperty _loopProperty;
16     private SerializedProperty _loopWaitingTime;
17
18     private Length _leftMargin = new Length(3.0f, LengthUnit.Percent);
19
20     private void OnEnable()
21     {
22         _stateMachineProperty = serializedObject.FindProperty(''stateMachine'');
23         _soundControllerProperty = serializedObject.FindProperty(''soundController'');
24         _killModeProperty = serializedObject.FindProperty(''killMode'');
25         _loopProperty = serializedObject.FindProperty(''loop'');
26         _loopWaitingTime = serializedObject.FindProperty(''loopWaitingTime'');
27     }
```

Listado 16.18: Fragmento de Assets/Editor/TrapStatusInspector.cs

El atributo `[CustomEditor()]` sirve para definir la clase que se mostrará usando este inspector personalizado. En este caso, el inspector personalizado es para representar al MonoBehaviour `TrapStatus`.

Aquellos valores de la clase que vayan a contener los campos serializados de la clase original deben ser del tipo `SerializedProperty` (líneas 12 a 16 del listado 16.18).

El inspector personalizado cuenta con una referencia a la clase original a representar. Dicha referencia le llega por la propiedad `serializedObject`. Usando el método `FindProperty()` de `serializedObject` se pueden obtener referencias a los campos de la clase original (líneas 22 a 26) para guardarlos en los campos SerializedProperty de inspector personalizado.

Para mostrar el inspector personalizado hay que volver a implementar un método heredado de la clase madre, pero en este caso es el método `CreateInspectorGUI()`.

```
29 public override VisualElement CreateInspectorGUI()
30 {
31     VisualElement root = new VisualElement();
32 
33     // Add elements in a descending column.
34     root.style.flexDirection = new StyleEnum<FlexDirection>(FlexDirection.Column);
35 
36     // Just add those properties we want to be shown in its default view.
37     root.Add(new PropertyField(_stateMachineProperty));
38     root.Add(new PropertyField(_soundControllerProperty));
39     root.Add(new PropertyField(_killModeProperty));
40 
41     // Here, I want to customize the way this part of inspector is shown, so I
42     // use a toogle instead of a PropertyField to access its value.
43     Toggle isLoop = new Toggle(''Loop'');
44     isLoop.BindProperty(_loopProperty);
45     root.Add(isLoop);
46 
47     // loopWaitingTimePanel should show any content only if Loop value  is true.
48     VisualElement loopWaitingTimePanel = new VisualElement();
49     root.Add(loopWaitingTimePanel);
50     // When adding fields dynamically use and specific field instead of PropertyField.
51     // I've detected repainting problems when using PropertyFields.
52     FloatField loopWaitingTime = new FloatField(''Loop Waiting Time'');
53     loopWaitingTime.BindProperty(_loopWaitingTime);
54     loopWaitingTime.style.marginLeft = new StyleLength(_leftMargin);
55     if (_loopProperty.boolValue) loopWaitingTimePanel.Add(loopWaitingTime);
56 
57     // Add a callback to refresh loopWaitingTimePanel depending on Loop value changes.
58     isLoop.RegisterValueChangedCallback(evt =>
59     {
60         // make sure panel is empty.
61         loopWaitingTimePanel.Clear();
62 
63         // Fill panel with loopWaitingTimeProperty only if Loop is true.
64         if (evt.newValue) loopWaitingTimePanel.Add(loopWaitingTime);
65     });
66 
67     return root;
68 }
```

Listado 16.19: Fragmento de Assets/Editor/TrapStatusInspector.cs

A diferencia de las ventanas personalizadas, aquí no hay una propiedad `rootVisualElement` heredada que nos sirva de elemento raíz. En este caso, el primer Visual Element que creemos será la raíz del inspector (línea 31 del listado 16.19). Sobre esa configuraremos el flujo del layout del inspector, que generalmente será en columna (línea 34).

A partir de ahí podremos añadir a la raíz los diferentes elementos que queramos mostrar en el inspector.

> Si quisiéramos usar un Visual Tree como base del inspector, añadiríamos un campo `VisualTreeAsset` (como el que usamos en la sección 16.2) y arrastraríamos sobre él el Visual Tree desde el inspector. Luego, desde `CreateInspectorGUI()` llamaríamos al método `CloneTree()` del VisualTreeAsset, pasándole como parámetro el Visual Element raíz de nuestro inspector [197].

Cuando usamos el control genérico `PropertyField` (líneas 37 a 39), el inspector mostrará el control que habría mostrado para ese campo con el inspector por defecto. Así que lo normal es añadir a la raíz como PropertyField todos aquellos campos que quieras mostrar con su forma y comportamiento habitual.

Cuando quieras acceder al valor del campo para modificarlo, para leer su contenido y decidir a partir de él o para mostrarlo de una forma diferente a la que se utilizaría por defecto, entonces tiene que utilizar controles especializados. En mi caso, quiero acceder al valor del campo `loop` para decidir si mostrar o no el campo `loopWaitingTime`, así que he usado un control `Toggle` (línea 43) que me permite leer dicho valor a través de su propiedad `boolValue`.

Para asegurar que cualquier cambio en el inspector se guarde en un campo asociado de la clase `TrapInspectorInspector`, en la línea 44 he ligado el valor del control del inspector con el campo en el que quiero que se guarde su valor (`_loopProperty`).

Una vez configurado el control, ya podemos añadirlo a la raíz para ser mostrado en el inspector.

Acto seguido, viene el campo que queremos mostrar u ocultar en función del valor de `loop`. Para ello hay que añadir el control del campo que vayamos a ocultar a un Visual Element, ya que será ese último elemento el que ocultaremos o no. En este caso, el Visual Element es `loopWaitingTimePanel` (línea 48). A priori, el control que iría en ese Visual Element podría ser un PropertyField ya que no necesitamos acceder a su valor, sólo ocultar o mostrar su Visual Element padre. Sin embargo, en las pruebas que he hecho, me he encontrado problemas si no usaba un control específico. Básicamente, el control no se mostraba correctamente en todas las ocasiones, a pesar de poner `loop` a verdadero. Por esa razón, en vez de usar un PropertyField genérico he tenido que usar un `FloatField` para `loopWaitingTime` (línea 52).

Finalmente, es en la línea 55 donde, en función del valor de la propiedad `loop` (obtenido a través del `boolValue` de nuestro Toogle), decidimos si mostrar el panel del `loopWaitingTime`, añadiéndolo a la raíz o no.

Sin embargo, todo lo que hemos visto hasta ahora sólo sirve para mostrar el inspector por primera vez. Una vez que ya haya sido mostrado, tenemos que valorar si alterar la representación cada vez que cambien los valores del inspector. Para ello podemos podemos suscribir un método al evento que emite Toogle cada vez que cambia su estado. En este caso, he suscrito una lambda usando el método `RegisterValueChangedCallback()` de Toogle (línea 58). Por tanto, dicha lambda se activa cada vez que cambie el valor del campo `loop` en el inspector. Lo primero que hace la lambda es vaciar el panel de `loopWaitingTime`, por si acaso (línea 61). Luego, si el nuevo valor es verdadero vuelve a mostrarlo añadiendo el control de nuevo al panel (línea 64).

> Podría pensarse que al hacer desaparecer el control y luego volverlo a mostrar se debería percibir algún parpadeo, pero en las pruebas que he hecho no se nota ese efecto.

> Recuerda que, a diferencia del `CreateGUI()` de la sección 16.2, el método `CreateInspectorGUI()` espera que el método devuelva el VisualElement que hayamos usado como raíz del inspector (línea 67).

16.4. Property drawers

Desde que empezamos a programar scripts, allá por el capítulo 6, has visto que los campos de los MonoBehavior y los ScriptableObject se pueden decorar con atributos que permiten modificar la apariencia del campo en el inspector. Un ejemplo es el atributo `[Range()]`, que limita a un rango determinado el valor que puede aceptar un campo numérico y muestra un control deslizante para fijar ese valor de una manera más cómoda. Estos atributos reciben el nombre de *property drawers* [209] y, aunque Unity ofrece un buen surtido de ellos, también nos permite crear los nuestros propios.

Más allá de su uso como atributo, los property drawer también pueden utilizarse para decirle al inspector de Unity cómo debe representar determinados tipos de clases cuando estas aparezcan en forma de campos de un MonoBehaviour o de un ScriptableObject.

Los property drawer se basan en scripts que, al igual que las otras extensiones que hemos visto en este capítulo, también deben situarse en la carpeta `Assets/Editor`.

En el caso de *Prince of Unity* he creado dos tipos de property drawers. Voy a explicarlos empezando por el más sencillo y continuaré en orden creciente de complejidad.

Representación de atributos

El primero que vamos a analizar es `Assets/Editor/HelpBarAttributteDrawer.cs`. Se trata de un property drawer para crear un atributo dedicado a mostrar un mensaje de ayuda o advertencia, relativo al campo que decora (por eso, este tipo de property drawers reciben el nombre de *decorator drawers* [200]). Por ejemplo, el script `Assets/Scripts/CharacterStatus.cs` lo utiliza para decorar los campos `life` y `maximumLife`, con el fin de señalar que sólo deben usarse con guardias.

```
#if UNITY_EDITOR
        [HelpBar(''USE ONLY WITH GUARDS. For Prince use PrinceStatus.'', MessageType.
            Warning)]
#endif
        [SerializeField] private int life;
        [Tooltip(''Current character maximum life. ONLY USEFUL FOR GUARDS. Prince life
             is set through PrinceStatus game manager.'')]
#if UNITY_EDITOR
        [HelpBar(''USE ONLY WITH GUARDS. For Prince use PrinceStatus.'', MessageType.
            Warning)]
#endif
        [SerializeField] private int maximumLife;
```

Listado 16.20: Fragmento de Assets/Scripts/CharacterStatus.cs

El resultado en el inspector es el que se puede ver en la figura 16.5.

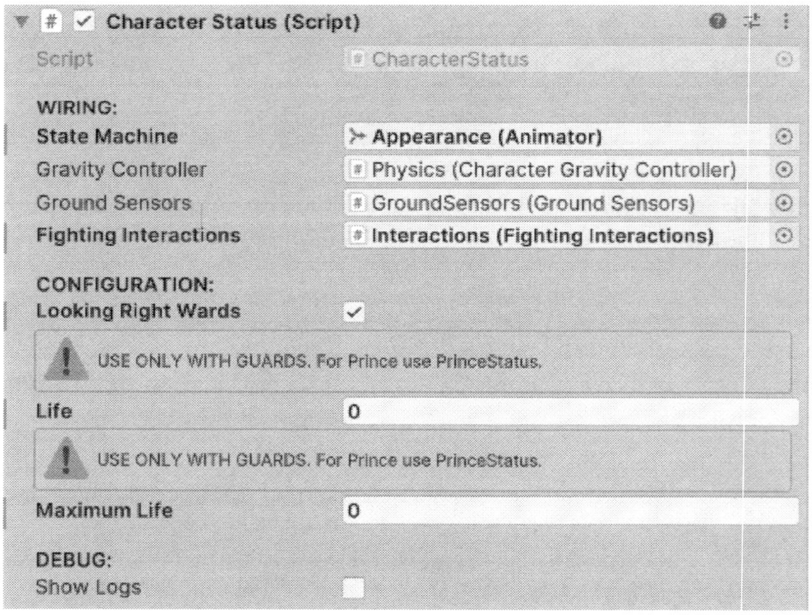

Figura 16.5: Mensajes de advertencia gracias al atributo HelpBar.

Los property drawer que van a ser usados como atributos están formados por dos scripts: uno que define el atributo en sí y otro que define cómo mostrar en el inspector el campo decorado por ese atributo. Por lo general, ambos scripts deben colocarse en `Assets/Editor`, pero yo me he encontrado un problema que me ha obligado a colocar la definición del atributo en `Assets/Scripts`.

La raíz del problema creo que tiene que ver con los ensamblados que tuve que crear en el capítulo 18 para facilitar las pruebas automatizadas. La mayor parte de los tutoriales sobre cómo crear atributos personalizados parecen asumir que usas los ensamblados por defecto de Unity, pero, al verme obligado a crear un ensamblado para los tests y otro para los scripts, resulta que los scripts dejaban de ver las definiciones de los atributos. La única manera de resolverlo fue mover dichas definiciones a la carpeta `Assets/Scripts`. Sin embargo, eso creaba un nuevo problema. Dado que no puede haber scripts en la carpeta `Assets/Scripts` que importen la librería de UnityEditor, al mover las definiciones de los atributos a esa carpeta empecé a tener errores a la hora de compilar el ejecutable final. Al final, la solución que encontré, para poder dejar las definiciones de los atributos en `Assets/Script`, fue envolver todo su contenido en guardas `#if UNITY_EDITOR ... #endif`, tanto en el fichero definición del atributo, como para usarlo al decorar campos (que es el caso que se ve en el listado 16.20).

> No he sido el único que ha tenido problemas como este. En los foros de Unity puedes encontrar casos parecidos [46].

> Por tanto, la moraleja es que nunca uses el espacio de nombres UnityEditor desde un script situado en la carpeta `Assets/Scripts`. En Unity, ese espacio de nombres sólo puede ser usado desde scripts que se encuentren en la carpeta `Assets/Editor`. Si al final te ves obligado a tirar del espacio UnityEditor desde un script de `Assets/Scripts`, entonces tendrás que usar las guardas para envolver las llamadas de cualquier método de ese espacio o si no tendrás errores al compilar el ejecutable final.

> Sin duda habrá opciones más elegantes y limpias que esa. Si la encuentras, te ruego que me la cuentes. La incluiré en la próxima edición del libro y mencionaré tu autoría de la solución.

El caso es que la definición del atributo es `Assets/Scripts/HelpBarAttribute.cs`.

```
#if UNITY_EDITOR
using UnityEditor;
using UnityEngine;

namespace Prince
{
    // Most documentation and tutorials about custom property attributes include its definition along with
    // ist corresponding property drawer a Editor folder.
    //
    // That approach does not work in my case because I have an specific assembly at my Scripts folder to
    // reference it from my play tests. I guess tutorials assume you are using default assemblies but when
    // you are not problem is that your property attribute is not seen from your classes at Scripts folder.
    //
    // So, the only solution I've found is to take custom properties definitions to Scripts folder, and
    // leave it corresponding property drawer at Editor folder.
    //
    // Problem them is that any script outside Editor folder that uses ''using UnityEditor'' makes the final
    // build fail. So I've wrapped the entire scrip in an ''#if UNITY_EDITOR''.


    /// <summary>
    /// Show a help box at inspector with a message about decorated field.
```

```
23     /// </summary>
24     public class HelpBarAttribute : PropertyAttribute
25     {
26         public string Message;
27         public MessageType MessageLevel;
28 
29         public HelpBarAttribute(string message, MessageType messageLevel)
30         {
31             Message = message;
32             MessageLevel = messageLevel;
33         }
34     }
35 }
36 # endif
```

Listado 16.21: Fragmento de Assets/Scripts/HelpBarAttribute.cs

Observa las guardas que he tenido que situar en la primera y en la última línea del listado 16.21 para evitar los errores de compilación que te mencionaba antes.

La definición de un atributo siempre debe heredar de PropertyAttribute (línea 24).

A partir de eso, el constructor de la definición define la firma que tendrá el atributo, a la hora de ser usado para decorar. Por eso, fíjate que los dos parámetros que se le pasan al constructor de la línea 29 son los mismos que se le pasan al atributo en la línea 86 del listado 16.20.

Una vez hecha la definición del atributo, toca definir cómo se mostrará en el inspector el campo decorado por ese atributo. Ahí es donde entra en juego el property drawer propiamente dicho. Este es el que debe ir en la carpeta `Assets/Editor`.

Cuando queremos crear un prOperty drawer tenemos que hacer que nuestra clase herede de `PropertyDrawer` y decorarla con un atributo `[CustomPropertyDrawer()]` al que se le pase como parámetro el nombre de la clase con la definición de nuestro atributo.

```
[CustomPropertyDrawer(typeof(HelpBarAttribute))]
public class HelpBarAttributeDrawer : PropertyDrawer
{
```

Listado 16.22: Fragmento de Assets/Editor/HelpBarAttributeDrawer.cs

En este caso, el método que tendremos que implementar es `CreatePropertyGUI()`. Funciona de manera prácticamente idéntica al `CreateInspectorGUI()` de la sección 16.3, con la única salvedad de que `CreatePropertyGUI()` recibe como parámetro una referencia al campo decorado por el atributo.

```
public override VisualElement CreatePropertyGUI(SerializedProperty property)
{
    // Create container element.
    VisualElement container = new VisualElement();

    // Get message text.
    string message = ((HelpBarAttribute)attribute).Message;
    MessageType messageLevel = ((HelpBarAttribute)attribute).MessageLevel;

    // Add help bubble with given message to container.
    HelpBox helpBox = new HelpBox(message, (HelpBoxMessageType) messageLevel);
    container.Add(helpBox);

    // And now add decorated property to container.
    PropertyField decoratedProperty = new PropertyField(property);
    container.Add(decoratedProperty);

    // Return container to be shown on inspector.
    return container;
}
```

Listado 16.23: Fragmento de Assets/Editor/HelpBarAttributeDrawer.cs

Como se puede ver en las líneas 58 y 59 del listado 16.23, la clase PropertyDrawer ofrece una propiedad `attribute`, a través de la cual se puede obtener una referencia al atributo que se usó para decorar el campo original, así como a sus respectivos parámetros.

Con esa información, se puede añadir a la raíz un control `HelpBox` con el que mostrar el mensaje recuperado del atributo (línea 62).

Por último, el campo decorado original se vuelca tal cual, usando un sencillo `PropertyField`, tal y como ya explicamos en la sección 16.3.

> A la hora de escribir estas líneas creo que me he dado cuenta de la causa del problema del listado 16.21. Lo que me obliga a poner las guardas es usar el espacio UnityEditor y eso sólo lo he hecho para poder usar el tipo `MessageType`. Si, en vez de ese tipo, hubiese utilizado un enum propio, no habría tenido que tirar de UnityEditor y no habría necesitado las guardas ni en el fichero `Assets/Scripts/HelpBarAttribute.cs`, ni a la hora de emplear dicho atributo en el resto del código fuente.

Representación de campos

Más allá de sus usos con atributos, los property drawers también pueden ayudarnos a superar limitaciones del inspector.

Unos de los prefabs incluidos dentro del prefab compuesto `Assets/Prefabs/managers/GameManagers` es el prefab `Assets/Prefabs/Managers/LevelLoader`. Como se ve en el capítulo 17, se trata del prefab que guarda referencias a las escenas del juego, en el orden en el que aparecerán.

Desde el momento en el que empecé a diseñar LevelLoader tuve claro que quería poder arrastrar sobre él los assets de las escenas, para que los guardase en su lista. Podría haberme limitado a guardar una lista con los nombres de los niveles, pero eso tiende a ser propenso a errores porque antes o después acabas metiendo la pata y escribiendo mal un nombre.

El problema es que la clase SceneAssets, en la que se basan los assets de las escenas, está bajo el espacio de nombres de UnityEditor, por lo que no puedo referenciar directamente SceneAssets desde un script como LevelLoader, que está situado en `Assets/Scripts`. Para resolverlo, he implementado un property drawer que se encarga de que, cuando arrastremos sobre el campo un assets de escena, en el realidad sólo se serialice la cadena de su ruta dentro del árbol de assets.

Al final, la apariencia que buscaba para este inspector era la de la figura 16.6.

El property drawer que he creado para ello es `Assets/Editor/LevelDrawer.cs`. Su función es gestionar la apariencia de cada uno de los elementos de la lista del campo gameLevels, de la figura 16.6.

Al igual que el anterior property drawer, este debe heredar de PropertyDrawer y estar decorado por un atributo `[CustomPropertyDrawer()]` que tenga como parámetro la clase que se mostrará en el inspector a través de este property drawer.

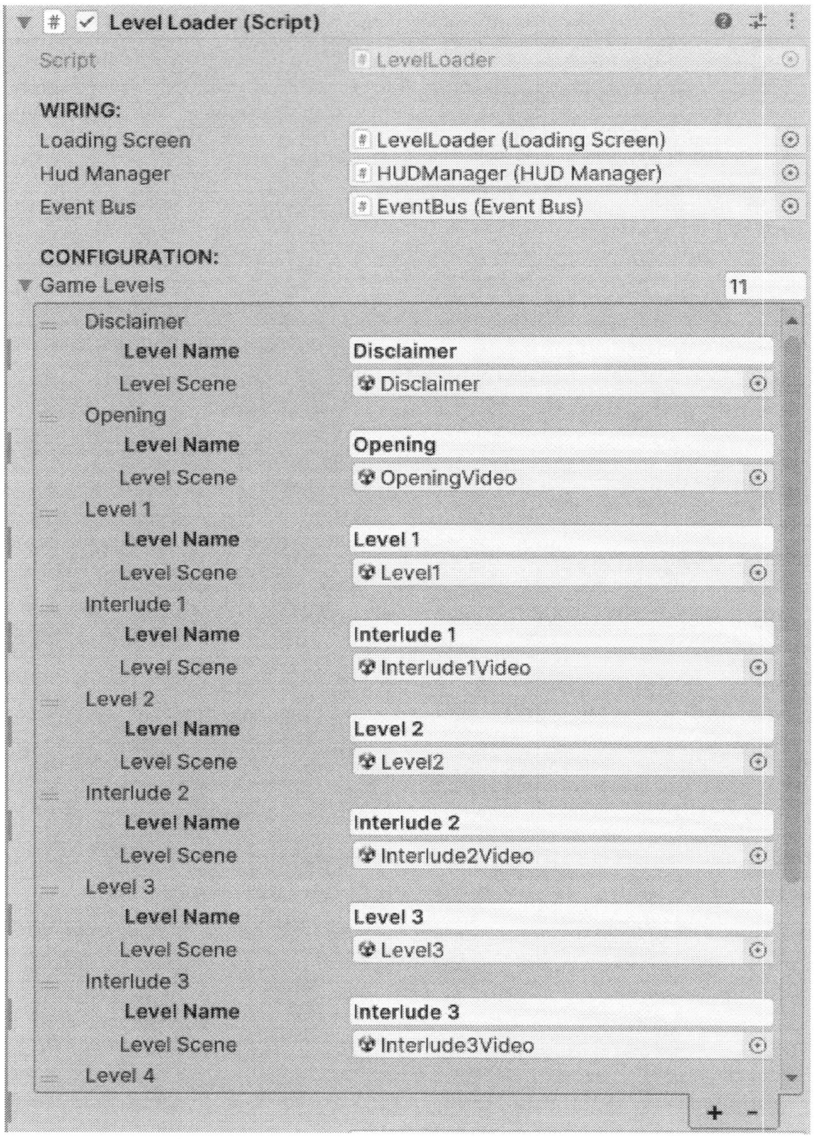

Figura 16.6: Apariencia del inspector de LevelLoader.

```
/// <summary>
/// <p>This property drawer is needed because I want to drag and drop scene assets to inspector. Problem is
/// that SceneAssets are under UnityEditor namespace. Remember that final build fails if you use UnityEditor
/// namespace outside from Editor folder.</p>
///
/// <p> So, I need a custom property drawer to take dropped scenes and take their name and store at Level
/// struct just scene name string, not an SceneAsset.</p>
/// </summary>
[CustomPropertyDrawer(typeof(LevelLoader.Level))]
public class LevelDrawer : PropertyDrawer
{
```

Listado 16.24: Fragmento de Assets/Editor/LevelDrawer.cs

Igualmente, la miga está en el método `CreatePropertyGUI()`:

```
81  public override VisualElement CreatePropertyGUI(SerializedProperty property)
82  {
83      // Create main container
84      VisualElement container = new VisualElement();
85  
86      // Three vertical elements: Prefix label, level name and level scene.
87      container.style.flexDirection = new StyleEnum<FlexDirection>(FlexDirection.Column)
        ;
88  
89  // Prefix label.
90  SerializedProperty serializedLevelNameProperty = property.FindPropertyRelative(''
        levelName'');
91  Label prefixLabel = new Label();
92  prefixLabel.style.unityTextAlign = new StyleEnum<TextAnchor>(TextAnchor.MiddleLeft);
93  prefixLabel.text = serializedLevelNameProperty.stringValue;
94  container.Add(prefixLabel);
95  
96  // Level name.
97  PropertyField levelName = new PropertyField(serializedLevelNameProperty);
98  levelName.style.alignContent = new StyleEnum<Align>(Align.FlexStart);
99  levelName.style.marginLeft = new StyleLength(_leftMargin);
100 container.Add(levelName);
101 
102 // Level scene.
103 SerializedProperty serializedLevelSceneNameProperty = property.FindPropertyRelative(''
        levelSceneName'');
104 string serializedLevelSceneName = serializedLevelSceneNameProperty.stringValue;
105 SceneAsset currentScene = AssetDatabase.LoadAssetAtPath<SceneAsset>(
        serializedLevelSceneName);
106 ObjectField sceneField = new ObjectField(''Level Scene'');
107 sceneField.objectType = typeof(SceneAsset);
108 sceneField.allowSceneObjects = true;
109 sceneField.value = currentScene;
110 sceneField.style.alignContent = new StyleEnum<Align>(Align.FlexStart);
111 sceneField.style.marginLeft = new StyleLength(_leftMargin);
112 sceneField.RegisterValueChangedCallback((evt )=>
113 {
114     SceneAsset selectedScene = (SceneAsset) evt.newValue;
115     if (selectedScene != null) serializedLevelSceneNameProperty.stringValue =
            AssetDatabase.GetAssetPath(selectedScene);
116     property.serializedObject.ApplyModifiedProperties();
117 });
118 container.Add(sceneField);
```

Listado 16.25: Fragmento de Assets/Editor/LevelDrawer.cs

Aunque sepamos que este property drawer se aplica a clases de tipo `Level`, lo que recibe como parámetro `CreatePropertyGUI()` es un parámetro de `property` de tipo `SerializedProperty` (línea 81 del listado 16.25). Por eso, aunque sepamos que por debajo de `property` hay una clase `Level`, el acceso a sus respectivos campos no puede hacerse directamente. En vez de eso, hay que usar el método `FindPropertyRelative()` para obtener una referencia a dichos campos (línea 90) que luego nos permita recuperar su valor con la propiedad `stringValue` (línea 93).

Usando esa mecánica, se recupera el nombre del nivel entre las líneas 90 y 93 y se usa como prefijo, es decir, como el título de la casilla dentro de la lista mostrada en la figura 16.6.

Acto seguido, entre las filas 97 y 100, se añade directamente (como PropertyField) el campo del que se obtuvo el nombre.

El siguiente campo que se recupera es `levelSceneName` (línea 103 y 104). El contenido de ese campo es una ruta al asset de la escena. Ruta que se utiliza en la fila 105 para cargar dicho asset mediante el método estático `LoadAssetsAtPath<T>()` de la clase `AssetDatabase`.

Sin embargo, yo no quiero que se note en el inspector que `levelSceneName` es en realidad una cadena.

Lo que quiero es que se comporte como un campo de assets y por eso en las líneas 106 a 111 configuro un `ObjectField`, un tipo especial de campo sobre el que puedes arrastrar los objetos del tipo que configures en su campo `objectType` (línea 107). Es ese ObjectField el que añado al inspector, en la línea 118.

Para convertir a cadenas las escenas que podamos arrastrar sobre ese campo, lo que he hecho es suscribir una lambda al evento que lanza el campo cuando es actualizado (línea 112). Dicha lambda convierte el valor recibido a un SceneAsset (línea 114), acto seguido saca la ruta al asset usando `GetAssetPath()` y es eso lo que guarda (línea 115) en la propiedad que se va a serializar (línea 116).

Veamos ahora otro ejemplo de property drawer, similar a LevelDrawer en que se busca representar elementos de una lista, pero que va un paso más allá en la complejidad del layout que muestra. Se trata de 🗀`Assets/Editor/PlannedEventDrawer.cs`. Se usa para representar las instancias de la clase PlannedEvent que implementa el script 🗀`Assets/Scripts/GameTimer.cs` en su campo `plannedEvents`. Ese script se usa en el prefab 🗀`Assets/Prefabs/Managers/GameTimer`, que se encarga de centralizar las funciones relativas al tiempo del juego.

La apariencia que he buscado para los elementos de la lista es la que se muestra en la figura 16.7.

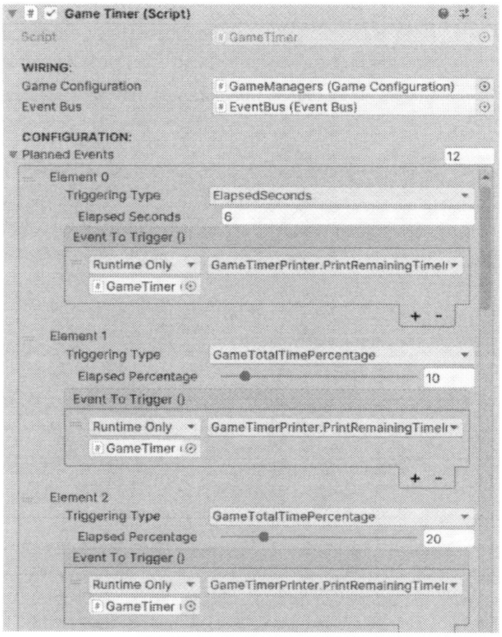

Figura 16.7: Apariencia del listado de eventos planificados del script GameTimer.

Como podemos ver en la figura 16.7, he buscado que cada elemento de la lista cuente con un layout en columna en la que el primer elemento es un combo para representar al campo `triggeringType` de PlannedEvent.

El siguiente elemento está ligeramente indentado a la derecha para representar que su forma final depende de lo que elijamos en `triggeringType`. Si en dicho campo seleccionamos ElapsedSeconds, en el segundo elemento se nos mostrará el campo `elapsedSeconds`, mientras que si es GameTotalTimePercentage lo que elijamos se nos mostrará el campo `elapsedPercentage`.

El último elemento es un UnitiEvent, `eventToTrigger`, mostrando todas sus suscripciones.

Se trata de una organización más compleja que las anteriores, en la que he tenido que montar la distribución que se puede ver en la figura 16.8.

En la columna de la izquierda de esa figura están los paneles (Visual Elements). En esa columna, los paneles de más arriba son padres de los de más abajo, en la jerarquía de elementos. En cuanto a la columna de la derecha, son los controles alojados en cada panel.

Como antes, la distribución se construye en el método `CreatePropertyGUI()`.

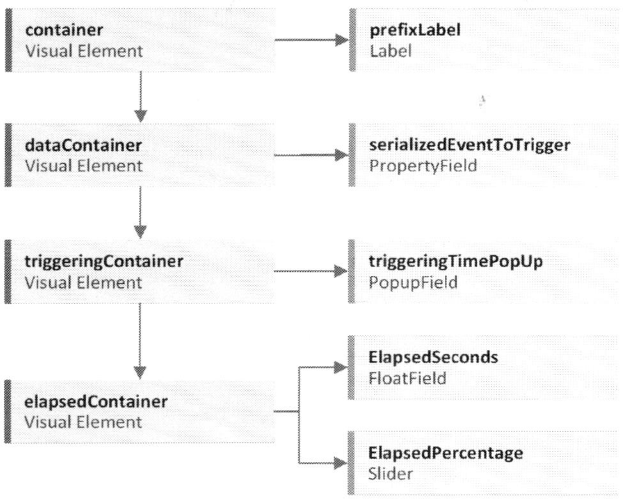

Figura 16.8: Esquema de Visual Elements y controles de PlannedEventDrawer.

```
98  public override VisualElement CreatePropertyGUI(SerializedProperty property)
99  {
100     // Create main container
101     VisualElement container = new VisualElement();
102
103     // Four vertical elements: Prefix label, triggering type, elapsed amount and event
            to trigger..
104     container.style.flexDirection = new StyleEnum<FlexDirection>(FlexDirection.Column)
            ;
105
106     // Prefix label.
107     Label prefixLabel = new Label();
108     container.Add(prefixLabel);
109     prefixLabel.style.unityTextAlign = new StyleEnum<TextAnchor>(TextAnchor.MiddleLeft
            );
110     prefixLabel.text = property.displayName;
111
112     // Data container.
113     VisualElement dataContainer = new VisualElement();
114     container.Add(dataContainer);
115     dataContainer.style.flexDirection = new StyleEnum<FlexDirection>(FlexDirection.
            Column);
116     dataContainer.style.alignContent = new StyleEnum<Align>(Align.FlexEnd);
117     dataContainer.style.marginLeft = new StyleLength(_leftMargin);
```

Listado 16.26: Fragmento de Assets/Editor/PlannedEventDrawer.cs

En la línea 101 del listado 16.26, creamos la raíz del inspector del componente (`container`).

En dicha raíz alojamos la etiqueta Label (línea 108) que titula a cada elemento de la lista como *Element 0*, *Element 1*, etc (línea 110).

Acto seguido, creamos el panel `dataContainer` y lo incluimos dentro de `container` (línea 114).

```
// Triggering container.
VisualElement triggeringContainer = new VisualElement();
triggeringContainer.name = $''triggeringContainer - {property.displayName}'';
triggeringContainer.style.flexDirection = new StyleEnum<FlexDirection>(FlexDirection.
    ColumnReverse);
dataContainer.Add(triggeringContainer);


```

```
126 // Elapsed container.
127 VisualElement elapsedContainer = new VisualElement();
128 elapsedContainer.name = $''elapsedContainer - {property.displayName}'';
129 elapsedContainer.style.marginLeft = new StyleLength(_leftMargin);
130 elapsedContainer.style.flexDirection = new StyleEnum<FlexDirection>(FlexDirection.
        Column);
131 triggeringContainer.Add(elapsedContainer);
```

Listado 16.27: Fragmento de Assets/Editor/PlannedEventDrawer.cs

En el fragmento del listado 16.27 se crean los dos otros paneles y se añaden a sus respectivos padres. El panel `triggeringContainer` se añade a `dataContainer` (línea 123) y el panel `elapsedContainer` se añade a `triggeringContainer` (línea 131).

```
133     SerializedProperty serializedTriggeringType = property.FindPropertyRelative(''
            triggeringType'');
134     GameTimer.TriggeringTimeTypes selectedTimeType = (GameTimer.TriggeringTimeTypes)
            serializedTriggeringType.enumValueIndex;
135     PopupField<GameTimer.TriggeringTimeTypes> triggeringTimePopup = new PopupField<
            GameTimer.TriggeringTimeTypes>(serializedTriggeringType.displayName);
136     triggeringTimePopup.choices = new List<GameTimer.TriggeringTimeTypes>(Enum.
            GetValues(typeof(GameTimer.TriggeringTimeTypes)).Cast<GameTimer.
            TriggeringTimeTypes>().ToList());
137     triggeringTimePopup.value = selectedTimeType;
138     triggeringTimePopup.RegisterValueChangedCallback(evt =>
139     {
140         selectedTimeType = (GameTimer.TriggeringTimeTypes)evt.newValue;
141         serializedTriggeringType.enumValueIndex = (int) selectedTimeType;
142         serializedTriggeringType.serializedObject.ApplyModifiedProperties();
143         ShowElapsedField(property, selectedTimeType, elapsedContainer);
144     });
145     triggeringContainer.Add(triggeringTimePopup);
146     ShowElapsedField(property, selectedTimeType, elapsedContainer);
147 
148 
149     // Now show triggered event.
150     SerializedProperty serializedEventToTrigger = property.FindPropertyRelative(''
            eventToTrigger'');
151     dataContainer.Add(new PropertyField(serializedEventToTrigger));
152 
153     // Return created container to be shown on inspector.
154     return container;
155 }
```

Listado 16.28: Fragmento de Assets/Editor/PlannedEventDrawer.cs

En el fragmento del listado 16.28 es donde empieza realmente la complejidad de este property drawer.

En la línea 133 se obtiene una referencia al campo `triggeringType`, en formato SerializedProperty. Para poder recuperar su valor original, hay que usar su propiedad `enumValueIndex` y luego hacerle un casting a su forma original de tipo `TriggeringTimeTypes` (línea 134). Como puedes ver, el resultado se guarda en la variable `selectedTimeType`.

Para poder presentar a `selectedTimeType` en el inspector con forma de combo hay que usar un control de tipo `PopupField<T>()`, siendo T el tipo del enum que le vamos a pasar con las opciones (línea 135). Por su parte, el parámetro de entrada de `PopupField()` es el texto que precede y le da nombre al combo en el inspector. Sin embargo el PopupField no tiene por qué mostrar todas las opciones desde el principio, por eso hay que pasarle a su propiedad `choices` una lista con las opciones que queremos que muestre (línea 136). De todas las opciones anteriores, le decimos cuál queremos que aparezca seleccionada a través de la propiedad `value` (línea 137).

De la línea 138 a 144 implemento el comportamiento del combo cuando se cambie su valor desde el inspector. Básicamente, cojo el nuevo valor seleccionado (línea 140) y me aseguro de guardarlo en la propiedad serializada que respalda al control (líneas 141 y 142).

Una vez configurado el combo, lo añado a su panel (línea 145) y actualizo el campo elapsedField, en función del valor seleccionado del combo, usando el método `ShowElapsedField()` (líneas 146 y 143).

Por último, muestro las suscripciones del evento `eventToTrigger` como se mostraría por defecto, así que me basta con meterlo en un PropertyField y añadirlo a su panel (línea 151).

¿Cómo hace `ShowElapsedField()` para cambiar el campo a mostrar en función de lo seleccionado en el combo?

```
158 private void ShowElapsedField(SerializedProperty property, GameTimer.
        TriggeringTimeTypes selectedTimeType,
159     VisualElement parentContainer)
160 {
161     parentContainer.Clear();
162 
163     // I could have used property binding here, but I've done manual sync because
164     // with binding console registered errors when I removed events from time events
            list.
165     switch (selectedTimeType)
166     {
167         case GameTimer.TriggeringTimeTypes.ElapsedSeconds:
168             SerializedProperty serializedElapsedSeconds = property.
                    FindPropertyRelative(''elapsedSeconds'');
169             // I don't know why a PropertyField is now correctly redrawn when combo
                    was updated, so in this case
170             // I had to use a FloatField.
171             FloatField elapsedSeconds = new FloatField(''Elapsed Seconds'');
172             elapsedSeconds.name = $''elapsedSecondsField - {property.displayName}'';
173             elapsedSeconds.value = serializedElapsedSeconds.floatValue;
174             elapsedSeconds.RegisterValueChangedCallback(evt =>
175             {
176                 float desiredSeconds = evt.newValue;
177                 serializedElapsedSeconds.floatValue = desiredSeconds;
178                 serializedElapsedSeconds.serializedObject.ApplyModifiedProperties();
179             });
180             parentContainer.Add(elapsedSeconds);
181             break;
182         case GameTimer.TriggeringTimeTypes.GameTotalTimePercentage:
183             SerializedProperty serializedElapsedPercentage = property.
                    FindPropertyRelative(''elapsedPercentage'');
184             Slider elapsedPercentage = new Slider(''Elapsed Percentage'', 0, 100);
185             elapsedPercentage.name = $''elapsedPercentageField - {property.displayName
                    }'';
186             elapsedPercentage.showInputField = true;
187             elapsedPercentage.value = serializedElapsedPercentage.floatValue;
188             elapsedPercentage.RegisterValueChangedCallback(evt =>
189             {
190                 float desiredPercentage = evt.newValue;
191                 serializedElapsedPercentage.floatValue = desiredPercentage;
192                 serializedElapsedPercentage.serializedObject.ApplyModifiedProperties()
                        ;
193             });
194             parentContainer.Add(elapsedPercentage);
195             break;
196     }
197 }
```

Listado 16.29: Fragmento de Assets/Editor/PlannedEventDrawer.cs

Como se puede ver en el listado 16.29, el valor seleccionado en el combo se pasa como parámetro a través de `selectedTimeType`. En función de dicho valor se ejecuta el brazo de código que muestra el campo de los segundos (líneas 167 a 180) o el campo que muestra el porcentaje (líneas 182 a 194). En ambos casos he registrado una lambda para asegurarme de guardar el valor de los campos en sus respectivas propiedades serializadas de respaldo (líneas 176 a 178 y líneas 190 a 192).

CAPÍTULO

17 Gestión de niveles

A lo largo de este libro hemos visto cómo crear prefabs de todo tipo y cómo arrastrarlos sobre las escenas para crear escenarios ricos y funcionales para nuestro juego.

Salvando la categoría de los juegos de mesa, lo normal es que nuestro juego no se desarrolle en un único escenario, sino que transcurra a lo largo de varios, a través de los cuales se va desgranando la trama del juego hasta su desenlace.

En los juegos arcade, esta mecánica cristaliza en una sucesión de niveles que el jugador debe atravesar venciendo enemigos cada vez más difíciles, hasta alcanzar el nivel del jefe final.

En el caso de *Prince of Persia* el enemigo no eran tanto los guardias como los mismos niveles que, conforme se sucedían, le exigían al jugador una mayor destreza para recorrerlos, sin caer en las trampas y sin perder demasiado tiempo.

En *Prince of Unity* he reproducido esa mecánica del juego original, reproduciendo los tres primeros niveles del juego original en sendas escenas de Unity. Por su parte, he implementado los vídeos intermedios que aparecían en el juego original creando escenas en las que utilizo el prefab `Assets/Prefabs/Managers/Video`, que vimos en el capítulo 8, para proyectar los vídeos sobre el plano cercano (*Near Plane*) de la cámara de la escena.

Por tanto, el progreso de *Prince of Unity* supone ejecutar en orden las siguientes escenas (todas en la carpeta `Assets/Scenes/`):

1. *Disclaimer*: Es la que muestra el mensaje al que dimos forma en el capítulo 14.
2. *OpeningVideo*: Muestra el vídeo con el título principal y la secuencia de presentación.
3. *Level1*: Corresponde al primer nivel del juego.
4. *Interlude1Video*: Al finalizar el primer nivel, se lanza esta escena en la que se reproduce el primer vídeo intercalado.
5. *Level2*: Es el que contiene el segundo nivel del juego.
6. *Interlude2Video*: Al finalizar el segundo nivel, se ejecuta esta escena que muestra el segundo vídeo intercalado.
7. *Level3*: Es el que contiene el tercer nivel del juego.
8. *Interlude3Video*: Al finalizar el tercer nivel, se arranca esta escena en la que se reproduce el tercer vídeo intercalado.
9. *Level4*: Es el nivel con el duelo final con el visir.

10. *HappyEndingVideo*: Si conseguimos llegar hasta el visir y vencerlo sin que se nos agote el tiempo, pasaremos a esta escena en la que se reproducirá el vídeo con el final feliz del juego.

Aparte de las anteriores, si se nos agota el tiempo para finalizar el juego, se cargará la escena *BadEndingVideo*, la cual muestra el vídeo de la derrota del jugador y la consumación de la maldición del visir. Una vez finalizado ese vídeo, se volverá a cargar la escena *OpeningVideo* y el juego volverá a comenzar desde ese punto.

En caso de que el jugador muera, se reiniciará el nivel en el que se encontrase y el jugador empezará desde la puerta de acceso a dicho nivel.

Como se puede ver, la mecánica del juego supone estar cargando constantemente nuevas escenas o reiniciando la actual, obedeciendo a una lógica reflejada en nuestro código. En este capítulo veremos cómo hacerlo y los condicionantes que supone para el diseño de nuestro juego.

17.1. Carga de una escena

Para cargar una escena, primero tenemos que incluirla en el juego. Para eso no basta con tenerla entre los assets del juego, sino que tenemos que pedirle a Unity que la incluya dentro del paquete final que generará al construir el juego. Si no lo hacemos así, no podremos cargar dichas escenas desde nuestro código.

Para gestionar la lista de escenas que se incluirán en la versión final del juego, elige File › Build Settings... . Se abrirá entonces una ventana como la de la figura 17.1.

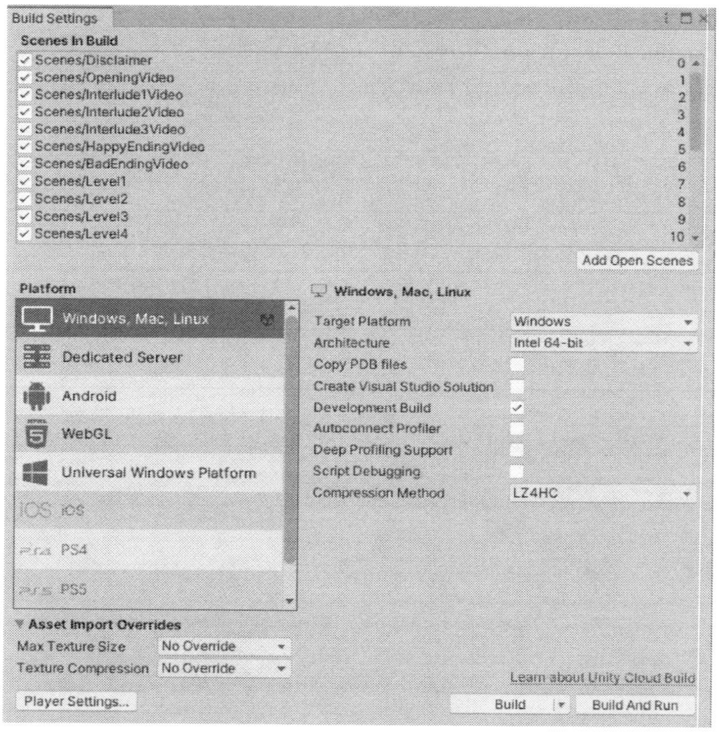

Figura 17.1: La lista de escena en la ventana de Build Settings.

La ventana incluye la pestaña Build Settings, que se puede arrastrar para acoplarla al punto que queramos del editor, en caso de que no queramos verla como una ventana flotante.

Build Settings muestra la lista de escenas que se empaquetarán con la versión final del juego. Para incluir nuevas escenas, podemos arrastrarlas desde su carpeta en la pestaña Project sobre la lista de Build Settings. También podemos usar el botón Add Open Scenes para incluir aquellas escenas que tengamos abiertas en el editor en ese momento.

Hecho eso, para hacer la carga de niveles, podemos usar la clase `SceneManager`, del espacio de nombres `UnityEngine.SceneManagement`. Sólo tendremos que hacer `SceneManager.LoadScene([Nombre de escena])` para que la escena se cargue, haciendo desaparecer la escena actual.

Si no quisiéramos pasarle a `LoadScene()` la cadena con el nombre de la escena, también podríamos pasarle el número con la posición de la escena en la lista de Build Settings. Esto último puede ser especialmente útil si quisiéramos pasar todas las escenas en el orden que hubiéramos fijado en la lista de Build Settings. En mi caso no lo he hecho así porque no todas las escenas del juego deben ejecutarse en orden, sino que algunas deben mostrarse o no dependiendo de la lógica del juego.

El problema de cargar las escenas así, usando `LoadScene()`, es que es un método bloqueante. Eso quiere decir que parará el juego hasta que acabe de cargar la nueva escena. Los niveles de *Prince of Unity* son tan sencillos y livianos que la pausa necesaria para cargarlos es prácticamente imperceptible. Sin embargo, cualquier juego moderno incluye escenarios de tal tamaño que dicha pausa sí que sería notable y podría hacer pensar al usuario que el juego se ha quedado colgado.

17.2. Carga asíncrona

Para evitar la problemática del carácter bloqueante de `LoadScene()`, existe una alternativa a ese método que exhibe un comportamiento asíncrono. Eso quiere decir que lleva a cabo su labor al margen del proceso principal del juego, por lo que este puede seguir funcionando mientras se carga el nuevo nivel. Este método alternativo es `LoadSceneAsync()`.

Este comportamiento de `LoadSceneAsync()` nos permite múltiples posibilidades. Por ejemplo, empezar a cargar el nuevo nivel cuando detectemos que el jugador está acabando el actual, de manera que cuando llegue al final el nuevo nivel esté ya listo y la transición a él sea instantánea. Otra opción es mostrar mensajes o trucos al jugador mientras espera a que finalice la carga. En mi caso, he optado por mostrar una barra de progreso, que era lo que hacía el juego original.

Al llamarlo, el método devuelve un objeto de tipo AsychronousOperation que nos permitirá seguirle la pista y saber en qué punto se encuentra de su proceso de carga, principalmente a través de dos propiedades:

- `isDone`: Se trata de un booleano que se pondrá a verdadero cuando la carga haya finalizado del todo.
- `progress`: Es un número, de tipo float, que devolverá valores entre 0 y 1, siendo 0 el comienzo del proceso de carga y 1 su finalización.

En el caso de *Prince of Unity*, he optado por `LoadSceneAsync()` no tanto por necesidad, ya que la carga de sus niveles es muy rápida, sino más bien para tener una excusa para implementar una ventana de carga.

He implementado la carga de niveles en el prefab `Assets/Prefabs/Managers/LevelLoader`. Como otros prefabs de esa carpeta, LevelLoader participa en el juego como parte del prefab compuesto `Assets/Prefabs/Managers/GameManagers`.

LevelLoader cuenta con el script `Assets/Scripts/LevelLoader.cs` en su GameObject raíz, desde donde se ofrece la funcionalidad para cambiar de nivel.

Como se puede ver en la figura 17.2, LevelLoader cuenta con una lista de los niveles que queremos gestionar a través de él. Dicha lista se encuentra accesible desde el campo `gameLevels`. Su razón de ser es muy similar a la lista de la pestaña Build Settings, pero crear mi propia lista alternativa me ha permitido evitar algunas de sus limitaciones.

Para cargar cualquiera de los niveles de la lista de `gameLevels`, LevelLoader ofrece sus propias versiones del método `LoadScene()`, una que le pasa como parámetro el nombre de la escena (según esté reflejado en `gameLevels`) y otra que lo que le pasa es el número de índice dentro de `gameLevels`. Vamos a estudiar la versión que utiliza el índice, por ser algo más sencilla (la otra es similar, pero recorre los elementos de `gameLevels` comparando por nombres):

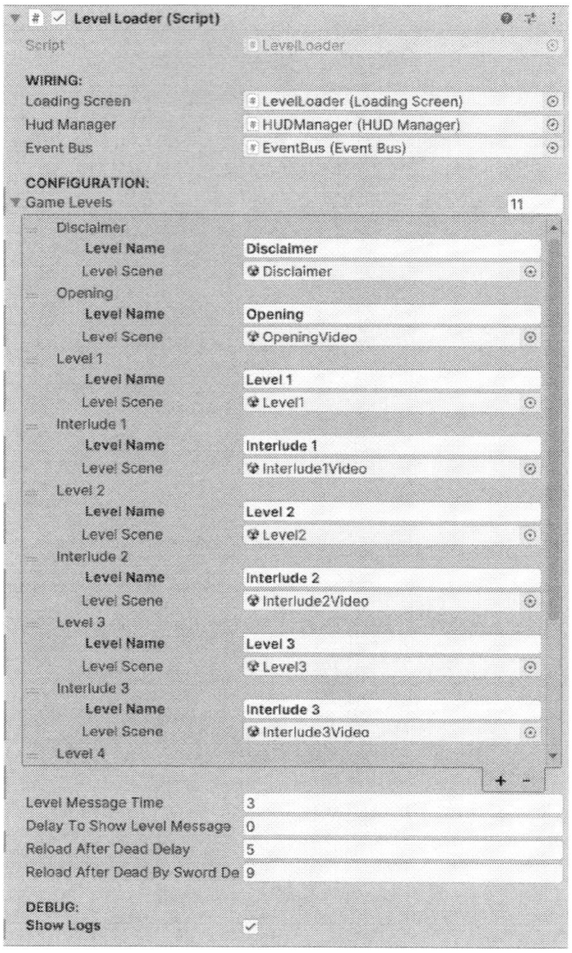

Figura 17.2: Configuración de LevelLoader dentro del prefab compuesto GameManagers.

```
126 /// <summary>
127 /// Load scene of given index.
128 ///
129 /// This index is the one of gameLevels, not the one of build settings.
130 /// </summary>
131 /// <param name=''sceneName''>Index of scene to load.</param>
132 /// <param name=''isReloading''>Whether the scene to loas</param>
133 public void LoadScene(int sceneIndex)
134 {
135     _previousSceneIndex = CurrentSceneIndex;
136     CurrentSceneIndex = sceneIndex;
137     Level level = gameLevels[sceneIndex];
138     CurrentSceneName = level.levelName;
139     _loadingOperation = SceneManager.LoadSceneAsync(level.levelSceneName);
140     this.Log($''(LevelManager - {transform.root.name}) Scene {level.levelSceneName}
        loaded by index {sceneIndex}.'', showLogs);
141 }
```

Listado 17.1: Fragmento de Assets/Editor/LevelLoader.cs

Como se puede ver en el listado 17.1, nuestra versión de `LoadScene()` lo primero que hace es guardar el valor actual del índice en un campo privado (línea 135), antes de cambiarlo por el nuevo valor (línea 136). Más adelante veremos que se hace para detectar los casos en los que se ha recargado el mismo nivel y poder lanzar un evento de aviso.

Acto seguido, se carga el nivel de `gameLevels` con ese índice (línea 137) y se actualiza el nombre del nivel activo (línea 138).

Finalmente, usamos `LoadSceneAsync()` para cargar asíncronamente el nuevo nivel (línea 139). Observa que le pasamos como parámetro el campo `levelSceneName`, en vez de `levelName`. Eso es así porque `levelName` es un nombre corto que le hemos dado al asset de la escena para poder referirnos a ella de manera cómoda. Sin embargo, el nombre que necesita LoadSceneAsync() es el nombre real del asset de la escena a cargar y ese es un nombre que incluye la ruta hasta el asset, partiendo desde la carpeta 🗀`Assets/`.

> En el capítulo 16, sección 16.4, vimos cómo usar un property drawer para sacar automáticamente el nombre real al arrastrar un asset de escena sobre el campo `levelSceneName`.

Observa también que la llamada a `LoadSceneAsync()` nos sirve para darle valor al campo privado `_loadingOperation`. Ese campo es el que guarda el objeto AsychronousOperation con el que podemos seguir el progreso de la carga del nivel.

```
172 private void Update()
173 {
174     if (_loadingOperation != null)
175     {
176         if (_loadingOperation.isDone && !_levelNameAlreadyShown)
177         {
178             HideLoadScreen();
179             StartCoroutine(ShowLevelNameAtMessageBar());
180             if (CurrentSceneIndex == _previousSceneIndex)
181             {
182                 eventBus.TriggerEvent(new GameEvents.LevelReloaded(CurrentSceneName),
                        this);
183                 this.Log($''(LevelManager - {transform.root.name}) Scene {
                        CurrentSceneName} reloaded event triggered.'', showLogs);
184             }
185             else
186             {
187                 eventBus.TriggerEvent(new GameEvents.LevelLoaded(CurrentSceneName),
                        this);
188                 this.Log($''(LevelManager - {transform.root.name}) Scene {
                        CurrentSceneName} loaded event triggered.'', showLogs);
189             }
190             _levelNameAlreadyShown = true;
191             return;
192         }
193         if (!_showingLoadingScreen)
194         {
195             ShowLoadScreen();
196             _levelNameAlreadyShown = false;
197         }
198         loadingScreen.SetProgressBarValue(_loadingOperation.progress * loadingScreen.
                ProgressBarMaxValue);
199     }
200 }
```

Listado 17.2: Fragmento de Assets/Editor/LevelLoader.cs

Como puedes ver en el listado 17.2, he usado el método `Update()` para actualizar la barra de progreso conforme avance la carga.

Para ello, lo primero que hago en cada llamada de `Update()` es comprobar si hay alguna operación de carga en curso (línea 174). En caso afirmativo compruebo si el proceso de carga ha finalizado ya, consultando la propiedad `isDone` (línea 176). De no ser así, muestro la página de la barra de progreso (línea 195), en caso de que no se fuese visible aún (línea 193). Y, finalmente, actualizo el valor de la barra de progreso usando como referencia el campo `progress` de `_loadingOperation` y el método `SetProgressBarValue()` que ofrece el interfaz de la página de carga. (línea 198).

> Fíjate que `SetProgressBarValue()` es el método que implementamos en el capítulo 14, al diseñar la página de carga.

> La propiedad `isDone` te permite controlar la finalización de la carga mediante polling, que es lo que yo he hecho consultando la propiedad una y otra vez desde el `Update()`. Sin embargo, los objetos AsychronousOperation, como `_loadingOperation`, también ofrecen el evento `completed` para señalar la finalización de la carga. Sólo tendríamos que suscribir un método para reaccionar a dicho evento, tal y como vimos en el capítulo, y nos ahorraríamos tener que estar consultando a `isDone` constantemente.

Cuando acabe el proceso de carga, y suponiendo que no hayamos mostrado ya el nombre del nivel recién cargado (línea 176), esconderemos la barra de progreso, mostraremos el nombre del nivel cargado en la barra de mensajes del HUD (línea 179) y emitiremos un evento anunciando la finalización de la carga del nuevo nivel (línea 187) de la recarga del actual (línea 182).

Dado que el nombre del nivel cargado debe mostrarse en la barra del HUD durante varios segundos, hay que imprimirlo a través de una corrutina (línea 179). Dicha corrutina está implementada así:

```
202 /// <summary>
203 /// Show level name at message bar after a delay.
204 ///
205 /// Delay is used because otherwise loading operation is done before hud is enabled
        again. So we must give
206 /// hud a time (this delay) to activate itself an prepare to be ready to print
        messages again.
207 /// </summary>
208 /// <returns></returns>
209 private IEnumerator ShowLevelNameAtMessageBar()
210 {
211     yield return new WaitForSeconds(delayToShowLevelMessage);
212     hudManager.SetMessageForATime(CurrentSceneName, levelMessageTime);
213 }
```

Listado 17.3: Fragmento de Assets/Editor/LevelLoader.cs

Fíjate que la corrutina del listado 17.3 maneja dos tiempos de espera: `delayToShowLevelMessage` y `levelMessageTime`.

El primer tiempo de espera tiene un fin estético. Se me ocurrió que podía quedar un poco raro que el nombre del nivel apareciese en el HUD en el mismo instante de la carga, y que lo mismo quedaba mejor un segundo o dos antes de mostrarlo. Esa es la razón de la existencia de la espera de la línea 211. Al final, tras unas cuantas pruebas, fijando diversos valores para `delayToShowLevelMessage`, decidí dejarlo en 0 (como se puede ver en la figura 17.2), por lo que en la práctica esa espera no se da en la versión final del juego.

El segundo tiempo, el de `levelMessageTime`, es el tiempo que debe mostrarse el mensaje en la barra del HUD.

> La implementación de `SetMessageForATime()` también la vimos en el capítulo 14.

Hemos visto dos propiedades importantes de los objetos de tipo AsychronousOperation que devuelve `LoadSceneAsync()` para que controlemos cómo avanza el proceso de carga. Esas dos propiedades son `isDone` y `progress`. Sin embargo, hay otra propiedad más que, aunque yo no haya utilizado, te puede resultar muy útil. Se trata de la propiedad `allowSceneActivation`. Cuando ponemos a falso esta propiedad, Unity cargará el nivel hasta el 90% y se quedará ahí, manteniendo a su vez a `isDone` a falso. Cuando volvamos a poner `allowSceneActivation` a verdadero Unity cargará el 10% restante y pondrá `isDone` a verdadero. De esta manera podemos implementar el truco del que te hablaba antes de empezar a cargar el siguiente nivel cuando detectemos que el usuario esté acabando el actual, y dejarlo precargado para que, cuando el jugador finalice del todo el nivel, el paso al siguiente sea casi instantáneo. Lo único que tendríamos que hacer es precargar el siguiente nivel con `allowSceneActivation` a falso, lo que cargaría el 90 %, y cuando el jugador llegase al final del nivel actual pondríamos `allowSceneActivation` a verdadero para que se acabase de cargar el 10 % restante y se hiciese la transición al nuevo nivel.

17.3. Paso de datos entre escenas

Por defecto, cuando Unity carga una escena nueva destruye la anterior, así como todos sus objetos. Eso quiere decir que el estado de los objetos de una escena no pasa a la siguiente, ya que esta se crea desde cero. Eso es un problema ya que pocos son los juegos cuyos niveles sean entidades plenamente aisladas entre sí. Siempre hay cierta información de estado que se mantiene a través de los niveles del juego, como la puntuación obtenida, los objetos recogidos, la vida restante o el tiempo consumido.

En esta sección vamos a ver los mecanismos que ofrece Unity para mantener dicha información de estado aunque vayamos cambiando las escenas de los niveles.

Clases estáticas

El método más sencillo para compartir datos entre escenas es usar clases estáticas [132]. No son un recurso de Unity, sino del propio lenguaje C#.

Una clase estática no necesita ser instanciada. Existe dentro de su espacio de nombres de tal manera que sus métodos y campos pueden ser usados desde cualquier otra clase del espacio de nombres, a través del nombre de su clase, sin necesidad de generar una instancia.

Aparte de la comodidad de no tener que ser instanciadas, las clases estáticas tienen la peculiaridad de que conservan los valores de sus campos durante toda la ejecución de la aplicación C# que las alberga, por lo que son un lugar muy popular donde guardar información de estado, usando el *patrón singleton*.

> El patrón singleton es un patrón de diseño que busca asegurar que una determinada clase sólo tiene una instancia y que esta es accesible por el resto de las clases de la aplicación. Las clases singleton se suelen usar para tareas transversales de la aplicación como logging, cacheo, acceso a bases de datos o gestión centralizada de otras clases. El patrón singleton tiene sus partidarios y sus detractores, pero independientemente de eso, se basa en el uso de clases con métodos y clases estáticas.

Para crear una clase, un método o un campo estático, hay que usar el modificador `static` en la definición del elemento que queramos hacer estático [131]. Para usarla en Unity, nos bastaría con crear un fichero C# en la carpeta `Assets/Scripts/` del juego, definiendo la clase estática. A partir de ahí, el resto de los scripts podrán referirse a esa clase y a sus campos. Los valores que se depositen en los campos de una clase estática permanecerán allí incluso aunque haya cambios de escena, así que son una de las primeras aproximaciones para compartir datos entre niveles.

Sin embargo, aunque estén en la carpeta `Assets/Scripts/`, las clases estáticas son clases básicas de C# y no heredan de MonoBehaviour, ya que estas basan su funcionamiento en ser instanciadas, y por definición las clases estáticas no pueden ser instanciadas. Si una clase estática no puede ser instanciada en el editor de Unity, ni configurada a través del inspector, su utilidad se ve limitada a compartir tipos básicos de datos que además no requieran de configuración previa a través del inspector.

Como matiz a lo anterior, es cierto que sí que puedes incluir campos estáticos dentro de una clase MonoBehaviour, lo cual puede ser útil en alguna situación, pero, en general, te encontrarás con la limitación de que los campos estáticos no pueden ser editados desde el inspector, aunque sean campos de una clase que herede de MonoBehaviour. La razón es que los campos estáticos no están ligados a ninguna instancia concreta de MonoBehaviour, por lo que no pueden aparecer en el editor de Unity ya que este está diseñado para mostrar instancias de MonoBehaviour o ScriptableObject.

Por lo tanto, desde mi punto de vista, la utilidad de las clases estáticas para compartir datos entre escenas de Unity está limitada a que sólo necesitemos compartir variables de tipos sencillos que no necesiten ser configuradas ni visualizadas desde el inspector.

PlayerPrefs

Otra alternativa es usar la clase PlayerPrefs. Una clase propia de Unity que permite salvar y recuperar datos sencillos de una manera integrada con el editor de Unity. Cuando digo tipos sencillos me refiero a strings, floats o enteros. Hasta ahí podría parecer que su utilidad es muy similar a la de las clases estáticas, pero lo cierto es que tiene una ventaja importante sobre estas.

Dicha ventaja es que los datos guardados en un PlayerPrefs tienen persistencia entre sesiones, mientras que la información guardada en una clase estática se pierde al finalizar el juego. Para dotar de esa persitencia a los datos, PlayerRefs los guarda en el disco duro del usuario. Por ejemplo, en Windows los guarda en el mismo registro del sistema operativo, si bien en un formato cifrado para evitar que los usuarios se sientan tentados de modificar manualmente los valores almacenados.

No hace falta instanciar la clase PlayerPrefs para utilizarla, ya que ofrece métodos estáticos para ello. Por ejemplo, haríamos `PlayerPrefs.SetInt("Score", score)` para guardar el valor entero de una variable `score` en PlayerPrefs. Si posteriormente quisiéramos recuperar ese valor, para poder usarlo a través de la variable `score`, haríamos `int score = PlayerPrefs.GetInt("Score", 0)`. Aparte de `Get/SetInt()`, PlayerPrefs ofrece otros métodos estáticos para actuar sobre el resto de los tipos simples que puede guardar, tales como `Get/SetFloat()` o `Get/SetString()`.

Sin embargo, comparte uno de los inconvenientes de las clases estáticas, y es que no puede ser editado directamente desde el inspector. Por otro lado, al utilizar el registro del sistema operativo como repositorio tampoco es adecuado para grandes volúmenes de datos.

Entonces, ¿para qué nos puede servir PlayerPrefs? Bueno, si sólo tenemos que pasar datos sencillos (como cadenas o números) entre niveles, y queremos darle persistencia a esos datos para poder recuperarlos al volver a arrancar el juego, nos puede valer con PlayerPrefs. Un uso habitual de esa clase es el que su nombre indica: para guardar las preferencias del usuario. Puedes tener una ventana de configuración en la que el usuario decida la resolución, el volumen del sonido o los controles y guardar su elección en PlayerPrefs para que esté accesible por el juego, incluso después de un reinicio.

Don't Destroy on Load

Las opciones que hemos visto hasta ahora permiten pasar tipos simples entre niveles. Es decir, fijar una variable de tipo textual o numérico en un nivel y recuperarla en el siguiente.

Sin embargo, aún no sabemos cómo pasar un MonoBehaviour completo de un nivel a otro. Como ya sabemos, el origen del problema es que al cargar una nueva escena Unity borra de memoria la escena anterior, así como todos los objetos que la poblaban. Eso hace que por defecto no podamos usar determinados GameObject para guardar en los campos de sus scripts los datos de estado que queramos guardar.

Pero Unity nos ofrece un truco para marcar aquellos GameObject que no queramos que se borren junto con la escena anterior sino que, en vez de eso, se incorporen a la escena siguiente. El truco consiste en llamar al método `DontDestroyOnLoad()` desde el `Awake()` o el `Start()` de uno de los scripts del GameObject que queramos conservar.

Por ejemplo, en el caso de Prince of Unity, todos los gestores transversales del juego, y las variables de estado que albergan, se concentran en el prefab compuesto `Assets/Prefabs/Managers/GameManagers`. Al GameObject raíz de dicho prefab le he añadido el script `Assets/Scripts/DontDestroyOnLoad`. Dicho script no puede ser más sencillo:

```
/// <summary>
/// Add this component to any game object that should not be destroyed between scenes.
///
/// Add it to game objects root transform. It affects to every children of root transform.
/// </summary>
```

```
public class DontDestroyOnLoad : MonoBehaviour
{
    private void Awake()
    {
        DontDestroyOnLoad(this.gameObject);
    }
}
```

Listado 17.4: Fragmento de Assets/Editor/DontDestroyOnLoad.cs

Como puedes ver en el listado 17.4, basta con llamar al método `DontDestroyOnLoad()` desde el `Awake()` y pasarle una referencia al GameObject que alberga el script para que dicho GameObject quede marcado para pasar intacto de la escena actual a la siguiente.

El método es tan sencillo que podía haber incluido esa llamada a `DontDestroyOnLoad()` en el `Awake()` de cualquier otro script del prefab, pero creo que es interesante utilizar un script especializado para que así resalte más en el inspector.

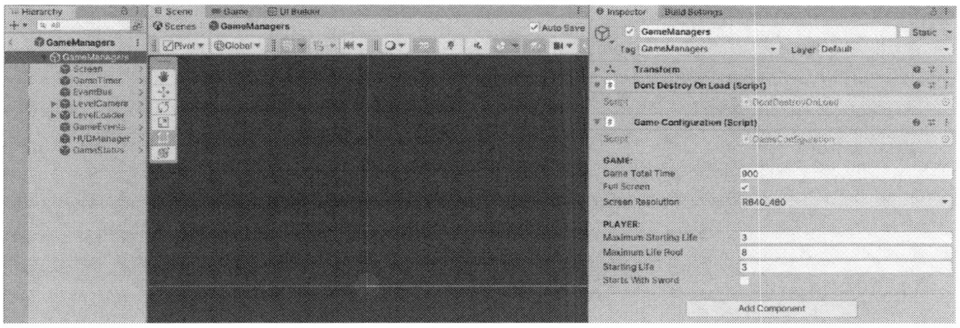

Figura 17.3: Configuración del GameObject raíz de GameManagers.

Fíjate en la figura 17.3, muestra la configuración del GameObject raíz de GameManagers. Observa en el inspector de la derecha que, dado que hemos usado un script especializado para ejecutar `DontDestroyOnLoad()`, dándole al script precisamente ese nombre, es fácil darse cuenta de que ese GameObject está marcado para ser conservado en la transición entre escenas. Si hubiéramos escondido esa llamada en cualquier otro script, no habría habido manera de saber desde el inspector si el GameObject se iba a conservar o no, a menos que entrásemos al código de cada script y revisásemos lo ejecutado en cada `Awake()` o `Start()`.

Además, al haber metido la llamada a `DontDestroyOnLoad()` en su propio script especializado, para hacer que se conservase otro GameObject no tendríamos más que arrastrar sobre él dicho script. De esa manera, hemos convertido una llamada a un método en un simple atributo que podemos otorgar a cualquier GameObject arrastrando el scrip sobre él.

En todo caso, es muy importante que el script que llame a `DontDestroyOnLoad()` esté situado en la raíz del GameObject que queramos conservar para el siguiente nivel. De otra manera sólo se conservará la rama del GameObject donde se encuentre el script. En GameManagers lo he situado en el GameObject raíz, por lo que la instancia completa del prefab pasará al siguiente nivel, con todos sus GameObject hijos.

Esto es extremadamente útil porque al permitirme trasvasar varios MonoBehaviour de un nivel a otro, puedo encapsular tipos mucho más sofisticados y además configurarlos desde el inspector, lo que los hace muy cómodos de utilizar.

La única pega es que aunque `DontDestroyOnLoad()` nos permita pasar entre niveles los GameObject, con sus métodos y la información de sus campos, por sí mismo no otorga persistencia, por lo que si quisiéramos guardar en el disco duro la información de estado, para recuperarla al reiniciar el juego, no nos quedará otra que acudir a las técnicas de serialización que vimos en el capítulo 7, al estudiar el patrón comando (sección 7.6).

Esta ha sido la técnica que he usado en *Prince of Unity*. Por eso, aunque GameManagers sea imprescindible para que pueda funcionar cualquiera de los niveles del juego, en realidad sólo está explícitamente situado en la escena `Assets/Scenes/Disclaimer` que es la primera que se ejecuta en el juego. A partir de ahí, y dado que GameManagers está marcado con `DontDestroyOnLoad()`, se irá pasando de un nivel al siguiente.

> Si vas heredar un GameObject del nivel anterior es importante que no metas dicho GameObject explícitamente en el nuevo nivel o puedes encontrarte con GameObjects duplicados: el del nivel anterior y el que habías situado en el nuevo. Ese tipo de duplicidades puede dar lugar a errores difíciles de diagnosticar hasta que consigues darte cuenta de que tienes objetos repetidos que no deberían estarlo.

Escena maestra

La última opción es bastante más compleja, yo de hecho no la he usado para *Prince of Unity*, pero conviene que la conozcas.

Hasta ahora hemos dicho que cuando Unity carga una nueva escena borra de la memoria la anterior. Ese es su comportamiento por defecto, pero dicho comportamiento puede cambiarse para que la nueva escena se sume a la antigua, sin borrar esta. Así, podríamos tener una escena maestra con los GameObjects que quisiéramos conservar a lo largo del juego y a ella le iríamos sumando las escenas de los nuevos niveles, borrando y sumando los niveles que se fuesen superando, pero conservando siempre la escena con los GameObject transversales. Esta técnica se conoce como *carga aditiva*.

De haber aplicado este enfoque en *Prince of Unity*, habría montado una escena sólo con una instancia de `Assets/Prefabs/Managers/GameManagers` y a esa escena le habría ido sumando (y quitando) las del resto de los niveles del juego.

Para cargar los nuevos niveles, sin borrar el anterior, se le puede pasar a `LoadSceneAsync()` un parámetro adicional que es `LoadSceneMode.Additive`. Para borrar las escenas que ya no sean útiles se puede usar el método `UnloadSceneAsync()`, tambien de SceneManager (al igual que `LoadSceneAsync()`), pasándole el nombre de la escena que queremos borrar.

Habría sido un enfoque viable para *Prince of Unity*, y de hecho hice varios experimentos, pero surgieron varios matices a tener en cuenta que me complicaban las cosas y al final opté por la alternativa sencilla, que era la del `DontDestroyOnLoad()`.

A pesar de su mayor complejidad, es importante que conozcas esta opción porque es la base de la técnica que se conoce como *streaming de niveles*. Esta técnica se utiliza para simular niveles gigantescos. En vez de modelar un único escenario enorme y lento de cargar, lo que haces es modelar fragmentos del escenario en escenas separadas. Cuando el personaje se mueve por la escena activa pasa por determinados sensores que avisan al gestor de escenas que hayamos implementado de que el usuario se acerca al límite del escenario actual. Dicho gestor de escenas reaccionará cargando un nuevo escenario, de forma aditiva, sumándolo al actual y colocándolo en el borde al que se aproxima el usuario. Así, cuando el jugador llega finalmente a ese borde, se encuentra el nuevo escenario encajado allí y dando la apariencia de continuidad, sin que el jugador sospeche que ese fragmento de mundo acaba de cargarse. De igual manera, conforme el jugador se va alejando de determinadas zonas, el gestor de niveles se encarga de borrar de la memoria las escenas que las implementan, desacoplándolas de la escena activa. De esta forma, no hay que mantener en memoria zonas del escenario de las que el usuario está tan alejado que lo mismo ni vuelve a pasar por ellas.

17.4. Configuración de las escenas

Hasta ahora hemos tratado las escenas que conforman nuestros niveles como algo estático que definimos en el editor de Unity y cargamos tal cual en nuestro juego.

Sin embargo, no tiene por qué ser así, ya que contamos con mecanismos para personalizar nuestras escenas. Esto nos puede servir, por ejemplo, para cambiar un nivel en función del avance del jugador o para reaprovechar niveles en varios puntos de nuestro juego, personalizándolos vía configuración.

Desde mi punto de vista hay dos tipos de configuraciones que se pueden hacer sobre una escena:

- Configuraciones comunes: Contienen parámetros aplicables a todos las escenas del juego. La diferencia entre la configuración común de dos escenas estribará en los valores concretos que tenga cada una para esos parámetros.

- Configuraciones específicas: Contienen parámetros que sólo son aplicables a una escena concreta.

Un ejemplo de configuración común lo tenemos en el prefab 🗀`Assets/Prefabs/Managers/LevelSpecifics`. Todos los niveles del juego cuentan con una instancia de este prefab, ubicada en la jerarquía de la escena al mismo nivel que se colocará el GameManagers que se heredará de las escenas anteriores.

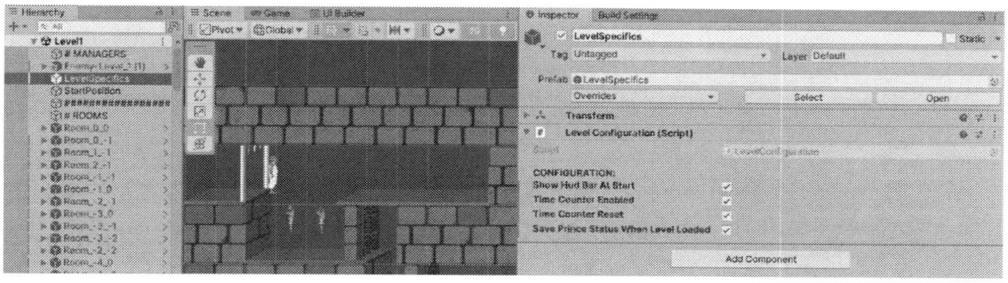

Figura 17.4: Configuración del LevelSpecifics del primer nivel del juego.

Se trata de un prefab muy sencillo, dotado de un único script. Dicho script es 🗀`Assets/Scripts/LevelConfiguration.cs` y sólo cuenta con unos campos, expuestos en el inspector y ofrecidos a otras clases a través de propiedades de sólo lectura.

```
/// <summary>
/// This LevelSpecifics prefab component is intended to give data configuration that is common to every level.
/// </summary>
public class LevelConfiguration : MonoBehaviour
{
    [Header(''CONFIGURATION:'')]
    [Tooltip(''Whether to show HUD bar when this scene is loaded.'')]
    [SerializeField] private bool showHudBarAtStart;
    [Tooltip(''Whether time counter should be activated in this level.'')]
    [SerializeField] private bool timeCounterEnabled;
    [FormerlySerializedAs(''timeResetCounter'')]
    [Tooltip(''Whether time counter should be reset when this level loads.'')]
    [SerializeField] private bool timeCounterReset;
    [Tooltip(''Whether Prince status should be saved when this level is loaded.'')]
    [SerializeField] private bool savePrinceStatusWhenLevelLoaded;

    /// <summary>
    /// Whether this scene should show HUD bar when it is loaded.
    /// </summary>
    public bool ShowHudBarAtStart => showHudBarAtStart;

    /// <summary>
    /// Whether time counter should be active in this scene. This should be false at video scenes.
    /// </summary>
    public bool TimeCounterEnabled => timeCounterEnabled;

    /// <summary>
    /// Whether time counter should be reset when this scene loads.
    /// </summary>
    public bool TimeCounterReset => timeCounterReset;

    /// <summary>
```

```
    /// Whether Prince status should be saved when this level is loaded. This should
        be false at video scenes.
    /// </summary>
    public bool SavePrinceStatusWhenLevelLoaded => savePrinceStatusWhenLevelLoaded;
}
```

Listado 17.5: Fragmento de Assets/Scripts/LevelConfiguration.cs

Cada instancia de LevelSpecifics se configura a través de su LevelConfiguration en función de lo que deseamos que ocurra en este nivel:

- `showHudBarAtStart`: Si se pone en verdadero se mostrará el HUD en este nivel. Las escenas dedicadas a mostrar vídeos llevan este campo puesto a falso para que HUD no se superponga a la secuencia de vídeo que se reproduzca.
- `timeCounterEnabled`: Si está en verdadero la cuenta atrás seguirá descontando tiempo en ese nivel. Las escenas de vídeo tienen este campo puesto a falso para que no se les descuente tiempo restante del juego a los jugadores que quieran ver los vídeos entre niveles.
- `timeCounterReset`: Si se pone en verdadero, el contador de tiempo se pondrá en su valor inicial cuando se arranque el nivel. Esta configuración se da por ejemplo en el primer nivel, para que el contador vuelva a su punto de partida cuando maten al jugador y este tenga que recomenzar el nivel.
- `savePrinceStatusWhenLevelLoaded`: Cuando está puesto a verdadero, se salvará el estado del protagonista cuando se arranque el nivel. En las escenas de vídeo está puesto a falso, pero en los niveles normales está en verdadero para guardar el estado del personaje (por ejemplo, puntos de vida) al comienzo del nivel, de manera que podamos restaurarlos si matan al protagonista y hay que hacerle recomenzar el nivel.

Por tanto, LevelSpecifics es un GameObject al que recurren otros GameObject transversales para configurar el juego cuando se carga una escena.

Por ejemplo, cuando la instancia de `Assets/Prefabs/Managers/GameTimer` que se encuentra dentro del prefab compuesto `Assets/Prefabs/Managers/GameManagers` detecta que se ha cargado un nuevo nivel llama al método `ActivateTimer()`:

```
143 /// <summary>
144 /// Enable timer if there is a level configuration that allows it or disable it
        otherwise.
145 /// </summary>
146 private void ActivateTimer()
147 {
148     LevelConfiguration levelConfiguration =
149         GameObject.Find(''LevelSpecifics'').GetComponentInChildren<LevelConfiguration
            >();
150     if (levelConfiguration != null)
151     {
152         TimerEnabled = levelConfiguration.TimeCounterEnabled;
153         if (levelConfiguration.TimeCounterReset)
154         {
155             ElapsedSeconds = 0;
156             UpdateEventIndex();
157         }
158     }
159 }
```

Listado 17.6: Fragmento de Assets/Scripts/GameTimer.cs

Como se puede ver en el listado 17.6, lo primero que hace el método es buscar la instancia de LevelSpecifics con la que cuente el nivel y extraer de ella su componente LevelConfiguration (líneas 148 y 149).

Luego consulta la propiedad `TimerCounterEnabled` del LevelConfiguration para determinar si el temporizador debe seguir descontando tiempo en este nivel (línea 152).

Por último, también consulta la propiedad `TimerCounterReset` del LevelConfiguration para aclarar si debe poner o no el temporizador a su valor inicial al comenzar el nivel.

Otros GameObjects con funciones de gestión transversal realizan la misma operativa para localizar a LevelSpecifics en la escena y consultar sus propiedades, para determinar cómo deben configurarse ante la carga de una nueva escena.

¿Pero cómo pueden enterarse nuestros scripts de que se ha cargado una nueva escena? Fíjate en que en el proceso de carga de un nivel, que se muestra en el listado 17.2, hay dos puntos en los que emito eventos a través del bus para avisar al resto de los GameObjects del juego. En la línea 187 emito un evento LevelLoaded al acabar la carga del nivel, mientras que en la línea 182 emito un evento LevelReloaded si el nivel cargado es el mismo que había antes.

Los GameObjects que estén interesados en reaccionar a la carga de un nuevo nivel no tienen más que suscribirse a LevelLoaded y LevelReloaded. En el caso del ejemplo de GameTimer, este lo hace en su método `Start()`:

```
private void Start()
{
    eventBus.AddListener<GameEvents.LevelLoaded>(OnLevelLoaded);
    eventBus.AddListener<GameEvents.LevelReloaded>(OnLevelReloaded);
    eventBus.AddListener<GameEvents.PauseKeyPressed>(OnPauseKeyPressed);
    eventBus.AddListener<GameEvents.TimeIncreaseKeyPressed>(OnTimeIncreased);
    eventBus.AddListener<GameEvents.TimeDecreaseKeyPressed>(OnTimeDecreased);
    ActivateTimer();
}
```

Listado 17.7: Fragmento de Assets/Scripts/GameTimer.cs

Siendo el método suscrito el que llama a `ActivateTimer()`:

```
/// <summary>
/// Listener for LevelLoaded events.
/// </summary>
/// <param name=''_''>Sender of this event. Usually a LevelLoader.</param>
/// <param name=''__''>Event data.</param>
private void OnLevelLoaded(object _, GameEvents.LevelLoaded __)
{
    ActivateTimer();
}
```

Listado 17.8: Fragmento de Assets/Scripts/GameTimer.cs

> Observa que llamo a `ActivateTimer()` tanto en el `Start()` como al reaccionar a la carga de una nueva escena. Recuerda que GameTimer está integrado dentro de GameManagers y que este tiene un `DontDestroyOnLoad()` que hace que la instancia que presente en la primera escena del juego (Disclaimer) se traspase a los niveles siguientes. Por tanto, el `ActivateTimer()` del `Start()` se llamará cuando se cree la instancia en la primera escena, y el resto de las veces cuando se cargue una nueva escena y el GameManagers pase a ella.

Hay dos escenas con instancias de LevelSpecifics ligeramente diferentes. Se trata de las escenas `Assets/Scenes/HappyEndingVideo` y `Assets/Scenes/BadEndingVideo`. A la primera se accede cuando se superan todos los niveles con éxito y a la segunda cuando se agota el tiempo antes de eso. Ambas son niveles que se limitan a mostrar una secuencia animada, tal y como vimos en la sección de los vídeos del capítulo 8. Los LevelSpecifics de esas escenas incorporan un script adicional: `Assets/Scripts/GameEndedEventEmitter.cs`. Ese script tiene un método `EmitGameEndedEvent()` que emite un evento GameEnded a través del bus cuando finaliza el vídeo. Ese evento desencadena que se reinicie el juego. Por su parte , el método `EmitGameEnded()` se suscribe al UnityEvent VideoPlayedEnded del script VideoController que hay en el GameObject Video de la escena, de tal manera que se llame a dicho método en cuanto finalice la reproducción del vídeo de la escena.

Todo lo anterior sirve como ilustración de cómo podemos crear configuraciones comunes para todos nuestro niveles, pero puede darse el caso de que una de nuestras escenas sea muy particular y queramos que se comporte de manera diferente. Sería el caso de una configuración específica, como la que mencionaba al comienzo de esta sección.

Para una configuración específica el proceder es muy sencillo: tenemos que colocar en la jerarquía del nivel un GameObject que cuente con un script que dispare la lógica particular del nivel desde su método `Start()`. Tan sencillo como eso.

17.5. Finalización del juego

Como hemos visto, nuestro juego se construye cargando escenas para que el jugador las supere, pero antes o después este se cansará y querrá abandonarlo. Cuando eso ocurra, no querremos que tenga que recurrir al administrador de aplicaciones para poder escapar, primero, porque nos interesa que la experiencia del usuario sea la más cómoda posible y, segundo, porque nos conviene que su salida sea ordenada para que podamos salvar todos los estados que nos interesen antes de la finalización del juego.

En Unity, la manera de finalizar el juego dependerá de si estamos ejecutándolo o no dentro del editor.

Si el juego se está ejecutando fuera del editor, por ejemplo en el PC de uno de sus jugadores, podemos finalizarlo usando la llamada `Application.Quit()`.

El problema es que si estamos ejecutando el juego en el editor de Unity, este ignorará la llamada a `Application.Quit()`, obligándonos a cerrar el juego desde el editor. No es que sea terrible, pero a mí me resultaba molesto. Afortunadamente descubrí que en estos casos te basta poner a falso la propiedad EditorApplication.isPlaying para que el juego finalice.

Por tanto, se trata de que tu código distinga cuándo se está ejecutando en el editor y cuándo no. En el caso del editor, tendrá que poner a falso `EditorApplication.isPlaying` y, en el caso de que esté fuera de él, tendrá que llamar al método `Application.Quit()`.

En el caso de Prince of Unity, estas gestiones las hago a través del script 🗀`Assets/Scripts/QuitListener.cs`, integrado dentro del prefab 🗀`Assets/Prefabs/Managers/GameEvents` que a su vez forma parte del prefab compuesto 🗀`Assets/Prefabs/Managers/GameManagers`.

Lo primero que hace QuitListener es acceder al bus de eventos del juego (más sobre eso en el capítulo 20) para suscribirse a los eventos que se emiten cuando el jugador pulse las teclas asignadas a la salida del juego.

```
/// <summary>
/// This component listen for user quit requests and ask for confirmation before
    closing application.
/// </summary>
public class QuitListener : MonoBehaviour
{
    [Header(''WIRING'')]
    [Tooltip(''Needed to subscribe to events.'')]
    [SerializeField] private EventBus eventBus;

    private bool _quitPendingOfConfirmation;

    private void Start()
    {
        eventBus.AddListener<GameEvents.QuitRequested>(OnQuitRequested);
        eventBus.AddListener<GameEvents.UserConfirmation>(OnUserConfirmation);
        eventBus.AddListener<GameEvents.UserCancelation>(OnUserCancelation);
    }

    private void OnDisable()
    {
```

```
29         eventBus.RemoveListener<GameEvents.QuitRequested>(OnQuitRequested);
30         eventBus.RemoveListener<GameEvents.UserConfirmation>(OnUserConfirmation);
31         eventBus.RemoveListener<GameEvents.UserCancelation>(OnUserCancelation);
32     }
```

Listado 17.9: Fragmento de Assets/Scripts/QuitListener.cs

Como se puede ver en el listado 17.9, el script se suscribe a los eventos QuitRequested (línea 22) para ser notificado cuando el usuario pulse la tecla Esc, UserConfirmation (línea 23) que se emite cuando el usuario confirma que quiere salir (Y) tras pulsar la tecla Esc y UserCancelation (línea 24) que se emite cuando el jugador cancela la salida (N) tras pulsar Esc. Todos esos eventos se emiten desde `Assets/Scripts/CommandController.cs`, situado en el prefab del protagonista, y están asociados a determinadas pulsaciones de teclas, tal y como vimos en el capítulo 7.

Observa que todas las suscripciones que realicemos las tendremos que deshacer luego en `OnDisable()` (líneas 29 a 31). En el capítulo 20 veremos la razón.

Cuando el usuario pulse la tecla Esc se llamará a `OnQuitRequested()`:

```
/// <summary>
/// Listener for quit requested events.
/// </summary>
/// <param name=''sender''>Sender of event. Usually a character monobehaviour.</param>
/// <param name=''_''>Event data. Actually not used here.</param>
private void OnQuitRequested(object sender, GameEvents.QuitRequested _)
{
    _quitPendingOfConfirmation = true;
}
```

Listado 17.10: Fragmento de Assets/Scripts/QuitListener.cs

Este script se limita a poner a verdadero la guarda `_quitPendingOfConfirmation` porque no puede cerrar aún el juego hasta que el usuario confirme que realmente quiere salir, pulsando la tecla Y. Cuando eso ocurra, se llamará a `OnUserConfirmation()`.

```
/// <summary>
/// Listener for user confirmation events.
/// </summary>
/// <param name=''sender''>Sender of event. Usually a character monobehaviour.</param>
/// <param name=''_''>Event data. Actually not used here.</param>
private void OnUserConfirmation(object sender, GameEvents.UserConfirmation _)
{
    if (_quitPendingOfConfirmation) QuitApplication();
}
```

Listado 17.11: Fragmento de Assets/Scripts/QuitListener.cs

En ese caso, suponiendo que la guarda `_quitPendingOfConfirmation` fuera verdadera, lo que significaría que la tecla Y se habría pulsado después de la tecla Esc, entonces se llamaría al método `QuitApplication()` para cerrar la aplicación.

Por supuesto, podría ocurrir que el jugador se lo pensase mejor y cancelase la salida del juego pulsando N. En ese caso, se llamaría al método `OnUserCancelation()` que se limitaría a poner a falso de nuevo la guarda.

```
/// <summary>
/// Listener for user cancelation events.
/// </summary>
/// <param name=''sender''>Sender of event. Usually a character monobehaviour.</param>
/// <param name=''_''>Event data. Actually not used here.</param>
private void OnUserCancelation(object sender, GameEvents.UserCancelation _)
{
    _quitPendingOfConfirmation = false;
}
```

Listado 17.12: Fragmento de Assets/Scripts/QuitListener.cs

Finalmente, el método `QuitApplication()` es el que implementa los dos mecanismos de salida, dependiendo de dónde vayamos a ejecutar el juego.

```
64         /// <summary>
65         /// Close game and leave to desktop.
66         /// </summary>
67         private void QuitApplication()
68         {
69 #if UNITY_EDITOR
70             // Aplication.Quit() is ignored when playing at editor. So at editor you
                   must se EditorApplication.isPlaying
71             // to false to end game and return to editor. But as EditorApplication
                   comes from UnityEditor namespace it has
72             // to be enclosed in #if directives.
73             EditorApplication.isPlaying = false;
74 #else
75             Application.Quit();
76 #endif
77         }
```

Listado 17.13: Fragmento de Assets/Scripts/QuitListener.cs

En este caso, he utilizado directivas de compilación condicional [195] para hacer que el contenido de `QuitApplication()` sea uno u otro en función de para qué plataforma se esté compilando el juego.

Si el juego se compila para ser ejecutado en el editor de Unity (línea 69 del listado 17.13) el método pondrá a falso la propiedad `EditorApplication.isPlaying` (línea 73).

Sin embargo, si el juego se compila para cualquier otra plataforma que no sea el editor (línea 74) entonces `QuitApplication()` lo que hará será llamar a `Application.Quit()` (línea 75).

CAPÍTULO

18 Pruebas automatizadas

El ser humano es imperfecto y su obra también. Y eso tampoco está mal, dado que los grandes descubrimientos de la humanidad se basan, en gran medida, en errores y equivocaciones.

Sin embargo, cuando desarrollamos software no queremos descubrir nada, lo que queremos es que nuestra aplicación funcione como esperamos. Lo malo es que eso es cada vez más difícil de garantizar conforme vamos incorporando nuevas funcionalidades, y no por asegurar la corrección de la nueva funcionalidad, sino por evitar que lo nuevo haga que deje de funcionar alguna de las funcionalidades anteriores.

Yo he vivido en mis carnes esa dificultad. *Prince of Unity* nos es mi primer intento de reconstruir *Prince of Persia.* Lo intenté antes usando Unreal, con un juego que quería llamar *Prince of Unreal.* Lo hice usando los Blueprints, el sistema de programación visual de Unreal.

Al principio, todo fue bien con *Prince of Unreal.* Desarrollaba una nueva funcionalidad y ejecutaba el juego, centrándome en esa funcionalidad, para comprobar que funcionaba. De vez en cuando, jugaba al juego "paseándome" para comprobar que las funcionalidades anteriores seguían funcionando y los fallos que iba encontrando los diagnosticaba y los resolvía.

Pero con el tiempo, los "paseos" que tenía que hacer por el juego se iban haciendo más largos, porque había más que probar. Al final, siempre había funcionalidades que se me olvidaban o no me daba tiempo a comprobar. Por eso, cuando detectaba algún fallo, ya no podía estar seguro de que lo hubiera provocado alguno de los últimos cambios o uno anterior que no hubiese probado por completo. Eso se traducía en tiempos cada vez más largos de diagnóstico e incluso en que, cuando por fin encontraba un error y lo arreglaba, con frecuencia provocaba nuevos errores en otras partes del juego.

Llegó un punto en el que ya dedicaba mucho más tiempo a analizar errores que a implementar nuevas funcionalidades. Cuando me di cuenta de eso y de que me empezaba a dar miedo añadir cosas nuevas al juego, por temor a romperlo, decidí que debía dejarlo. Aquello era ya insostenible.

Dejé apartado el proyecto y me dediqué a otros, en los cuales aprendí el método TDD de desarrollo. Dicho método mejoró considerablemente la fiabilidad de mi código y mi calidad de vida durante su desarrollo. Pronto me di cuenta de que todos los principios del TDD se podían aplicar al desarrollo de videojuegos, así que me planteé retomar el proyecto del juego, pero empezando desde cero aplicando TDD.

Me puse a investigar las opciones que ofrecían al respecto Unreal y Unity y aunque Unreal permite aplicar TDD con sus Blueprints, el enfoque de Unity se basaba en código y me resultaba más familiar a lo que ya había experimentado en mis otros proyectos. Así que opté por reiniciar el proyecto en Unity y así nació *Prince of Unity.*

La conclusión del experimento no puede haber sido más positiva. Aplicar TDD al desarrollo de *Prince of Unity* ha disparado la velocidad y la calidad del desarrollo. He podido crear en un año muchísimo más que lo que en el primer proyecto me llevó dos años y medio. Además, el juego final ha quedado respaldado por una batería de tests que me garantizan que, si modifico algo o añado una nueva funcionalidad, detectaré inmediatamente si algo deja de funcionar, aunque esté en la esquina más recóndita del código, por lo que podré arreglarlo inmediatamente, sin que se me vayan acumulando errores ocultos.

Por todo lo anterior, soy un absoluto convencido de la importancia de aplicar TDD al desarrollo de videojuegos. En este capítulo te explicaré los principios de esta práctica y cómo puede aplicarse al caso concreto de Unity.

18.1. TDD

TDD obedece a las siglas de *Test Driven Development* o, traducido al español, Desarrollo Orientado a Tests. Se trata de una manera de orientar el trabajo de desarrollo para asegurar que no dejemos errores atrás, conforme hacemos crecer nuestro proyecto. Como tal, se trata de una disciplina de trabajo que no se asume de manera natural, sino que conlleva cierto entrenamiento hasta que uno se acostumbra a ella. Muchos no están dispuestos a asumir ese esfuerzo, pero te aseguro que merece la pena invertir en él, por todo el trabajo y preocupaciones que te ahorrará después.

Usar el método TDD implica desarrollar, funcionalidad a funcionalidad, aplicando el siguiente ciclo iterativo:

1. Modelar en nuestra cabeza la funcionalidad que queremos conseguir. Para ello debemos definir cuáles son las entradas que recibirá el programa y qué resultados esperamos que devuelva.

2. Escribir un test que falle. Desarrollaremos un test que le pase al programa las entradas que hemos definido y que compruebe si este devuelve el resultado esperado. Dado que no hemos implementado aún la funcionalidad, el test debería fallar en este punto. Si no fuera así significaría que el test no está funcionando como es debido. También podemos escribir varios tests si la funcionalidad es lo suficientemente compleja como para que un sólo test no pueda cubrirla por entero.

3. Implementar la funcionalidad con el código mínimo para que el test se supere con éxito.

4. Comprobar que el test se supera.

5. Mejorar la implementación de la funcionalidad, mejorando su código para que sea más claro, eficaz y mantenible. Al acabar deberemos asegurar que el test sigue superándose con éxito, porque de otra manera significará que hemos estropeado la funcionalidad al intentar mejorarla.

Este método es iterativo, ya que una vez que hayamos acabado de implementar una funcionalidad, afrontaremos la siguiente de igual manera.

La razón por la que el método plantea escribir el test antes que el código mismo, y no después, es porque así se evita que el desarrollador escriba un test sesgado que esté enfocado a ser superado por el código ya desarrollado. Es una cuestión puramente psicológica, ya que al tener ya hecha la funcionalidad tenderíamos a minimizar el test, pasarlo cuanto antes y ponernos con la siguiente funcionalidad. Sin embargo, cuando escribimos el test antes que el código (y nos aseguramos de que falla) no tenemos la presión psicológica de un trabajo previo ya hecho, por lo que estamos en mejores condiciones de escribir un test imparcial que falle cuando tiene que hacerlo (por ejemplo, por no implementar la funcionalidad requerida correctamente) y que no se supere en falso.

Conforme vayamos avanzando, iremos acumulando tests y eso conformará la red de seguridad de nuestro desarrollo ya que, cuando probemos una funcionalidad, no sólo ejecutaremos el test de esa funcionalidad sino todos los tests que hayamos creado hasta ese momento. Si nuestra implementación de la funcionalidad hubiese dañado otra anterior (lo que se denomina un *error de regresión*), su respectivo test fallaría, lo que nos serviría de aviso. Inmediatamente nos pondríamos a revisar qué efecto pueden haber tenido los últimos cambios para que ese test dejase de superarse. Esto es estupendo, ya que nos permite evitar que vayamos acumulando errores inadvertidamente en zonas del código alejadas de donde estemos tocando.

La clave de esta manera iterativa de trabajar es que no podemos avanzar al ciclo siguiente (es decir, implementar una nueva funcionalidad) sin asegurar que todos los tests que hayamos desarrollado hasta ese momento se superen correctamente. Por tanto, la batería de tests que vayamos creando con el tiempo es la garantía de que detectaremos los errores pronto, y que cuando afrontemos una nueva funcionalidad será sin vicios ocultos de nuestro código que luego nos compliquen el diagnóstico.

Para que te hagas una idea de cuántos tests podemos llegar a acumular, la batería de tests de *Prince of Unity* asciende a 131, en el momento de escribir estas líneas. Dado que son automatizados, su ejecución apenas lleva unos 10 minutos, pero ten por seguro que, si tuviera que probar manualmente todas las funcionalidades, el proceso me llevaría horas.

No te voy a engañar, el método TDD no está exento de controversia. Hay desarrolladores que se niegan a aplicarlo porque alegan que desarrollar los tests les quita tiempo para implementar funcionalidad y les obliga a actualizar los tests conforme las funcionalidades vayan evolucionando. Los partidarios de TDD responden que el tiempo empleado en crear y mantener actualizados los tests se recupera con creces conforme el proyecto va creciendo, y la batería de tests te permite detectar fallos antes y minimizar el esfuerzo de diagnóstico (ya que los test te apuntan a la zona del código que está fallando).

En el campo del desarrollo de videojuegos, abundan los detractores del TDD. Estos argumentan que no es posible automatizar los juegos para ejecutar pruebas con ellos. A los reparos de los detractores en el ámbito de los videojuegos se les puede responder que un juego se puede automatizar perfectamente si sus módulos de gestión de las entradas de usuario se han diseñado integrando el concepto de patrón comando que se ve en el capítulo 7 de este libro. Con el patrón comando podemos grabar secuencias de entradas de usuario para repetirlas en el marco de pruebas automatizadas, por eso es muy importante incorporarlo desde el principio al crear los módulos para captar esas entradas. Pero, incluso aunque no hubiéramos integrado el patrón comando, se podrían probar la mayor parte del juego, si bien no los controles, llamando directamente a los métodos que se disparan con las acciones de los controles.

Como ya te puedes imaginar, me sitúo en el bando de los defensores del TDD, no sólo porque me ha permitido evitar que en *Prince of Unity* se reprodujese el infierno de *Prince of Unreal*, sino porque en mi vida profesional conozco el caso de múltiples aplicaciones corporativas que carecen de tests automatizados y que por eso requieren movilizar a una gran cantidad de personas para probar cualquier cambio manualmente y durante muchas horas. Y aun así, es frecuente que se descubran errores pasado un tiempo. Eso acaba haciendo que el ritmo de evolución de las aplicaciones se frene, dado el coste de probar que los cambios no rompan nada. Es por eso que los defensores del TDD creemos que cualquier estrategia de desarrollo iterativo rápido (es decir, de desarrollo *Agile*) debe venir acompañado de una estrategia de creación de tests automatizados.

La misma Unity reconoce desde hace mucho que el TDD es una técnica muy positiva para el desarrollo de juegos [214] y que no hay razón para evitarla, sino todo lo contrario.

Es cierto que, cuando uno empieza a desarrollar, lo que le pide el cuerpo es empezar a tirar líneas de código cuanto antes para darle forma a las nuevas funcionalidades. Frenar ese impulso y ponerse a trabajar en un test es difícil al principio, pero, cuando te acostumbras, acabas viéndole ventajas incluso a corto plazo:

- Te obliga a planificar la estructura de tu código de una manera que luego sea fácil de probar. Cuando te habitúas a pensar así, tu código queda mejor encapsulado, con menos acoplamientos, más reutilizable y, en general, más fácil de leer y mantener.

- Con frecuencia, el test te resultará más cómodo y rápido de ejecutar que hacer la prueba manualmente. Eso se nota sobre todo cuando una funcionalidad se te resiste y tienes que hacer múltiples pruebas hasta que consigues hacerla funcionar. Es mucho más fácil ejecutar el test automatizado pulsando un atajo de teclado en tu IDE que abrir el editor de Unity, buscar el escenario de pruebas, lanzar la ejecución del juego y luego mover a tu personaje para probar lo que sea.

Al final, como con cualquier disciplina, cuando superas el esfuerzo inicial, te acabarás familiarizando y te saldrá solo desarrollar usando TDD. A partir de entonces, si te ves en la situación de que las prisas (o tu jefe) te obligan a trabajar sin crear tests, te aseguro que te vas a sentir como un trapecista sin red de seguridad. Una vez te acostumbras, ya no puedes desarrollar sin aplicar TDD. La recompensa acaba siendo infinitamente mayor que el esfuerzo invertido.

18.2. Estructura de un test

En TDD se distinguen varios tipos de tests:

- *Unitarios*: Son los más básicos. Generalmente sirven para probar una función o método concretos.
- *De integración*: Prueban la interacción entre sí de dos piezas de código diferentes.
- *De aceptación*: Sirven para comprobar la funcionalidad de un sistema completo. Generalmente se definen en nombre del cliente que ha contratado el desarrollo para comprobar que sus requisitos se cumplen.
- *De rendimiento*: Someten a carga al programa para verificar que sigue funcionando correctamente.
- *De seguridad*: Le pasan entradas maliciosas al programa para comprobar que las descarta y alerta de ello.

Aparte de los anteriores, yo distingo los llamados *tests funcionales*. En este libro me refiero a ellos como un tipo de tests, no tan específicos a un método o función concretos como los unitarios, ni tan centrados en la interacción de módulos diferentes, como son los de integración. Por ejemplo, si quiero probar que el botón de correr funciona bien, guardaré la posición inicial del protagonista, simularé la pulsación del botón de correr y, pasado un tiempo concreto, comprobaré que el protagonista se ha desplazado la distancia que debería, según la velocidad que se le supone de carrera. Para mí, un test así no es ni unitario, porque puede haber muchos métodos implicados, ni tiene por qué ser de integración, porque no se está probando el interfaz entre dos módulos. Tampoco es ninguno de los otros tests que listábamos antes. Por eso, yo me referiré a los tests de ese tipo como test funcionales, dado que me permiten probar funcionalidades completas (en el ejemplo, la de correr).

En todo caso, cualquier test que diseñemos debe contar con las siguientes características para que pueda ser realmente útil:

- Específico: Debe estar claro qué se está probando en concreto.
- Medible: Debe haber una métrica que nos permita determinar si la prueba ha resultado exitosa o no.
- Ejecutable: Para poner en práctica la prueba, tenemos que encontrar una forma de que Unity la ejecute por nosotros.
- Completo: El test debe cubrir todas las casuísticas de la funcionalidad. Si eso es complicado con un sólo test (por el tamaño o complejidad que adquiriría), tendremos que hacer varios tests para probar cada uno de los casos posibles.
- Independiente: Un test no debe depender de la ejecución de otro. Dicho de otra manera, cada test debe poder ser ejecutado al margen de los demás. De otra forma se producirían acoplamientos entre los tests que complicarían sacar conclusiones en nuestros diagnósticos.
- Repetible: Debemos poder ejecutar el test todas las veces que sean necesarias.

Más allá de eso, todos los test acaban teniendo una estructura interna común que algunos denominan de las cuatro A (AAAA) [19] por el nombre de sus fases:

- *Arrange*: Es la preparación inicial de los elementos del test para simular las condiciones específicas del mismo. Generalmente, pasa por fijar las variables de entorno del juego para que el escenario se encuentre en las condiciones que queremos simular.
- *Act*: En esta fase se hace funcionar el código testado, con los parámetros de entrada del test.

- *Assert*: En esta fase se recuperan las variables de salida del test y se comprueba que son las esperadas. Si es así, el test se da por exitoso y, si no, por fallido. Las variables de salida son típicas de los tests unitarios, pero cuando hacemos test funcionales puede no haberlas, ya que no estamos probando una función concreta. En ese caso, lo que se comprueban son campos internos del programa para comprobar que se encuentran en el estado esperado.

- *Annihilate*: Una vez finalizado el test, hay que limpiar todas las configuraciones que se pudieran haber fijado en la primera fase y que pudieran interferir en la ejecución del resto de los tests. Variables de entorno, bloqueos exclusivos contra recursos compartidos y conexiones a base de datos, son los típicos elementos que suelen limpiarse y liberarse en esta fase, para evitar problemas con el resto de los tests.

18.3. Configuración de Unity para pruebas automátizadas

Unity cuenta con un paquete oficial para hacer tests automatizados que se denomina *Unity Test Framework* (UTF). Este paquete permite a los desarrolladores de juegos probar sus juegos de Unity usando la librería *NUnit* de C#.

> UTF es el nombre con el que se ha rebautizado al conjunto de herramientas que anteriormente se denominaba *Unity Test Runner*, por si en algún momento te encuentras con documentación antigua que aún use esa denominación.

UTF no viene incluido por defecto en Unity, sino que hay que instalarlo a través del gestor de paquetes. Dentro del editor de Unity tienes que dirigirte a Window > Package Manager. En la ventana emergente, asegúrate de que el combo de la esquina superior izquierda esté fijado a Packages: Unity Registry para que muestre todos los paquetes oficiales disponibles para descarga y no sólo los ya instalados en el proyecto. En el listado resultante selecciona Test Framework y pulsa Install.

Una vez instalado, UTF te permite probar el juego en dos modos:

- *Modo Edit*: Los tests tienen acceso tanto al código del juego como al editor de Unity. Esto es muy útil para probar extensiones de editor (como las del capítulo 16) o para realizar ajustes previos en los valores del escenario, a través del inspector, antes de arrancar el juego en el modo Play.

- *Modo Play*: Es el que permite probar la ejecución del juego. Los tests que se ejecutan en este modo son corrutinas, por lo que pueden prolongar su labor a lo largo de un periodo de tiempo. Por defecto, los tests de este modo se ejecutan dentro del editor, aunque también podemos configurar que se ejecuten en su propia ventana emergente.

Por tanto, lo normal será que tengas una carpeta con tus tests en modo Edit, para probar las extensiones del editor, y otra carpeta con los tests del modo Play, para probar el juego en sí. En el caso de *Prince of Unity*, el grueso de los tests son en modo Play y se encuentran en la ruta `Assets/Tests/PlayTests`.

Puedes encontrar también algunos tests en las rutas `Assets/Tests/UnitTests` y `Assets/EditorTests`, pero no son test que usen los dos modos anteriores, sino simples tests de NUnit que prueban determinadas clases de mis scripts al margen del engine de Unity.

Antes de empezar a crear ficheros de C# con pruebas automatizadas en cualquiera de esas carpetas, primero tienes que dotar a cada una de ellas de un fichero ensamblado (*assembly*). Hablar de los ficheros ensamblados de C# da para mucho [4], pero, para nuestro propósito específico de los tests, podemos entender que cada ensamblado comprende una descripción de todos los tipos, ya sean públicos o privados, de los scripts situados en la carpeta (y subcarpetas) donde se encuentre el ensamblado. Dicho de otro modo, el ensamblado comprende un índice de todas las clases, métodos, campos y tipos definidos en los scripts que se encuentren en la misma carpeta o subcarpeta del ensamblado. Su propósito hacia fuera de la carpeta es que el código de otras partes del proyecto pueda referenciar al ensamblado para obtener visibilidad de los tipos contenidos en él. Hacia dentro de la carpeta, el ensamblado puede contener referencias a otros de manera que el código de su carpeta obtenga visibilidad del incluido en otros ensamblados.

Por tanto, tenemos que crear un ensamblado para la carpeta de los tests de modo Edit y otro para los tests de la carpeta de modo Play. Afortunadamente, Unity tiene un asistente para hacerlo. Antes de ejecutarlo, te recomiendo que crees la carpeta `Assets/Tests/` y te sitúes dentro de ella dentro de la pestaña Project. Hecho eso, si vas a Window > General > Test Runner se te abrirá la ventana de ejecución de los test. Tiene dos pestañas principales: PlayMode y EditMode.

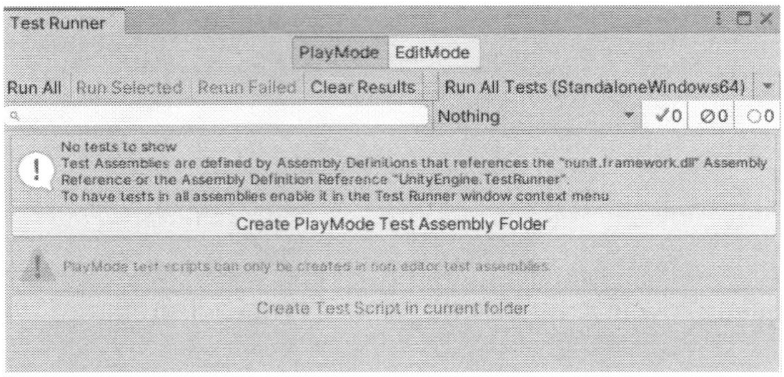

Figura 18.1: El Test Runner, antes de crear los ensamblados.

Como puedes ver en la figura 18.1, la primera vez que abras la ventana, ambas pestañas te mostrarán un mensaje que te dirá que no hay tests que mostrar y se te ofrecerá un botón para crear un ensamblado. Al pulsarlo, se creará una carpeta dentro de la que tengas seleccionada en la pestaña Project (por eso te decía que creases la carpeta `Assets/Tests/` y te situases dentro de ella) y te dará la opción de darle nombre. Mi recomendación es que llames `EditTests` a la carpeta que se te cree al pulsar el botón en la pestaña EditMode, y `PlayTests` a la que crees desde la pestaña PlayMode.

> Para simplificar la explicación, en el resto de la sección asumiré que las has llamado así.

Si entras en ambas carpetas, verás que Unity habrá creado sendos ficheros con extensión `.asmdef`. Esos ficheros son los ensamblados a los que nos venimos refiriendo. Cada uno de ellos debería tener referencias a:

- UnityEngine.TestRunner
- UnityEditor.TestRunner
- nunit.framework.dll

En este punto, la ventana del Test Runner debería ofrecerte un botón para crear un script de tests (ver figura 18.2), cuando tengas el botón EditMode pulsado y te encuentres en la carpeta `Assets/Tests/EditTests`, o bien cuando tengas pulsado el botón PlayMode y te encuentres en la carpeta `Assets/Tests/PlayTests`. Al pulsar ese botón se te creará un script en la carpeta activa. Pulsando dos veces sobre el script podrás editarlo en tu IDE.

Los scripts de tests que se te habrán generado contienen dos tests vacíos de ejemplo. El que está decorado con el atributo `[Test]` es un test básico de NUnit para ejecutar al margen de Unity (por ejemplo, para probar métodos estáticos). El otro test estará decorado con el atributo `[UnityTest]` y será el que se ejecute dentro del engine.

El problema en ese punto será que, si intentas crear una instancia de cualquiera de las clases que tengas definidas en la carpeta `Assets/Scripts/`, el autocompletado de tu IDE no te funcionará y acabarás con mensajes de error de que no se reconocen esas clases que pretendes instanciar.

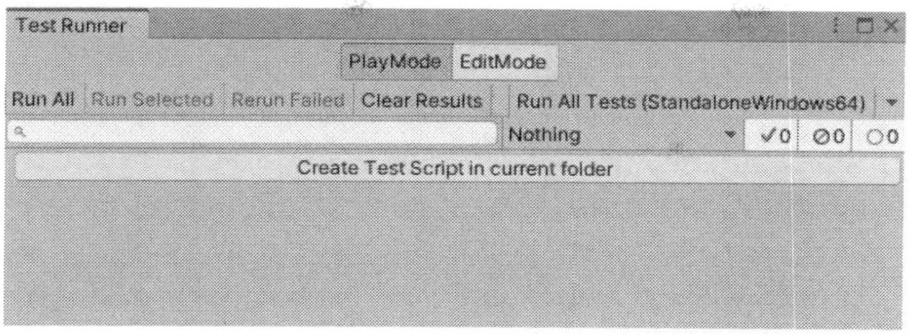

Figura 18.2: El Test Runner, tras crear los ensamblados y antes de crear el primer test.

Para resolver ese problema, tienes que crear un ensamblado en la carpeta de los scripts y referenciarlo desde los ensamblados de los tests. En este caso, Unity también te permite crear el ensamblado de una manera fácil. Sólo tienes que situarte en la carpeta `Assets/Scripts/`, seleccionar la opción Assets > Create > Assembly Definition y darle nombre al asset del ensamblado que se creará. Una vez creado el ensamblado de los scripts, tienes que pinchar sobre los ensamblados de las carpetas de los tests e incluir el ensamblado de los scripts en el listado de la sección de *Assembly Definition References*, añadiendo un nuevo elemento al listado y arrastrando el asset del ensamblado de los scripts sobre él. Pulsa el botón de Apply del inspector, para que se aplique el cambio en el ensamblado. Cuando lo hagas, verás cómo tu IDE pasará a autocompletar correctamente las clases de la carpeta `Assets/Scripts/` que intentes instanciar desde los ficheros de tests.

En este punto ya podrás empezar a crear tests, tanto de modo Edit, como de modo Play.

> A mí me parece poco intuitivo, pero lo cierto es que, una vez que hayas creado el primer fichero de tests, el botón de creación que se veía en la figura 18.2 desaparecerá del Test Runner. Así que, para crear nuevos ficheros de tests, tendrás que seleccionar la carpeta de tus ficheros de test en la pestaña Project y pulsar Assets > Create > Testing > C# Test Script.

18.4. NUnit

NUnit [145] es una librería de pruebas automatizadas open source enfocada al código desarrollado en cualquiera de los lenguajes del ecosistema .NET. Si vienes del mundo de Java, verás que se parece muchísimo a *JUnit*, en la que está claramente inspirada.

Puedes usar NUnit en cualquiera de tus desarrollos C# al margen de Unity. La ventaja de que Unity integre NUnit es que el editor se encarga de la instalación y configuración de la librería, por lo que nosotros podemos saltar directamente a escribir tests con ella.

Un fichero con tests de NUnit contiene una clase pública cuyo nombre generalmente se termina en el sufijo ... *Tests*, aunque no es imprescindible, sólo un convenio. Por supuesto, este fichero debe incluirse en la carpeta donde creamos los ensamblados para el modo Edit y el modo Play, según lo que estemos probando.

Los tests son métodos de la clase anterior. Para distinguir los métodos que son tests de los métodos que puedan ser meramente auxiliares de los tests, los que implementan pruebas van decorados con el atributo `[Test]`, si son tests de NUnit que no tienen que ejecutarse dentro de Unity, o con el atributo `[UnityTest]` que marca precisamente los tests que deben ejecutarse dentro de Unity.

Aparte de los anteriores, NUnit cuenta con una lista enorme de atributos con los que decorar nuestros métodos. A estos atributos se unen los propios de Unity. Con ellos, podemos definir el momento en el que debe ejecutarse cada método dentro de la secuencia de pruebas.

Aparte de los mencionados `[Test]` y `[UnityTest]`, los atributos más frecuentes son:

- `[SetUp]`: Marca un método que debe ejecutarse justo antes de cada test. En dicho método meteríamos toda la lógica de la fase *Arrange* que vimos en la sección 18.2.

- [TearDown]: Decora el método que debe ejecutarse después de cada test. Aquí iría la lógica de la fase *Annihilate* que estudiamos en la sección 18.2.

- [OneTimeSetUp]: Señala un método que debe ejecutarse una única vez al comienzo de la batería de tests. Sí hay que hacer ciertas preparaciones previas, pero sirven para un conjunto de tests (no tiene sentido repetir dichas preparaciones antes de cada uno de los tests) así que mejor encapsularlas en un método que tenga este atributo.

- [OneTimeTearDown]: Similar al atributo anterior, pero enfocado a las tareas de limpieza que se puedan hacer para una batería completa de tests.

- [UnitySetUp]: Como su nombre indica, es un atributo que aporta Unity. Su función es idéntica a [SetUp] pero con el matiz de que permite decorar corrutinas. Dicho de otra manera, este atributo permite usar corrutinas para llevar a cabo preparaciones previas que se alarguen durante varios fotogramas.

- [UnityTearDown]: Similar a [UnitySetUp], pero enfocado a las tareas de limpieza.

Fíjate que Unity no aporta atributos equivalentes a [OneTimeSetUp] o [OneTimeTearDown] aunque haya cierta demanda de ellos [8]. En todo caso, yo no he llegado a necesitarlos para las pruebas de *Prince of Unity*.

Más adelante veremos cómo implementar los tests y ejecutarlos. Cuando lancemos su ejecución, el Test Runner irá abriendo uno a uno los ficheros de la carpeta de tests y ejecutará los métodos de cada uno en este orden:

1. Ejecutará una sola vez el método marcado con [OneTimeSetUp].

2. Antes de cada test, ejecutará el método marcado con [UnitySetUp].

3. En caso de que hubiese un método [SetUp], lo ejecutaría justo después del [UnitySetUp].

4. Se ejecutará el método [Test] o [UnityTest] que corresponda.

5. Finalizado el test que tocase, se llamará primero a la limpieza del método con el atributo [TearDown].

6. Justo después de que acabe [TearDown], se llamará a [UnityTearDown] y se volverá al punto 2 si hubiera que ejecutar otro test.

7. Cuando hayan acabado de ejecutarse todos los tests del fichero, llamará al método con el atributo [OneTimeTearDown].

Por las pruebas que he hecho, el Test Runner va abriendo los ficheros, en orden alfabético de las clases incluidas en ellos, y ejecuta los tests de cada uno también en orden alfabético. En todo caso, los tests se van ejecutando uno a uno; por defecto no hay paralelización en la ejecución de los tests.

> A veces te puede ser útil jugar con el nombre de las clases o de los tests para forzar que se ejecuten en un orden determinado. Por ejemplo, por algún motivo que no he llegado a entender, el test del fichero Assets/Tests/PlayTests/InterlevelGateTests.cs se superaba siempre bien si se ejecutaba individualmente, pero, de vez en cuando, provocaba fallos si se ejecutaba junto a otras pruebas. Estaba claro que era un problema del test, porque lo que probaba se ejecutaba perfectamente en el juego. Debía haber algún acoplamiento entre este test y los demás que no alcancé a entender. Al final lo resolví cambiándole el nombre a la clase, poniéndole un prefijo *Z_*, para que se ejecutase el último y dejase de dar problemas.

18.5. Acceso a lo privado

Cuando pruebas una función en un test unitario, lo que haces es pasarle a la función unos parámetros determinados y verificar que el valor que devuelve la función es el esperado para esos parámetros. En ese caso no tienes que romper la encapsulación de la función para comprobar su corrección; puedes tratarla como una caja negra y verificarla sólo por la salida que arroja.

Sin embargo, ¿qué pasa cuando haces una prueba funcional, en la que ya no ejecutas una función concreta sino un conjunto de ellas? Ahí ya es más complicado identificar una salida concreta que te sirva para validar la corrección de la prueba. Aparte de eso, en un juego lo que tienes que comprobar no siempre es una salida de las clases implicadas, por lo que ya no puedes seguir respetando la encapsulación de los elementos del juego. Si quieres comprobar que al final de una prueba el juego se encuentre en el estado que esperas, no te va a quedar otra que "levantar el capó" de tus objetos para asegurar que sus campos privados están en valores correctos.

El problema es que el código de tus tests tendrá las mismas limitaciones de acceso que el resto del código, por lo que, por defecto, no podrás acceder a los campos y métodos privados de los objetos del juego. Sin embargo, las limitaciones impuestas por el encapsulamiento están allí sólo para evitar modificaciones accidentales de los estados internos de los objetos; no son una medida de seguridad para evitar cualquier tipo de acceso al objeto. Con eso quiero decir que todos los lenguajes orientados a objetos tienen mecanismos para acceder a los metadatos y partes privadas de los objetos en ejecución. En Python esos mecanismos se denominan *instropección* y en C# *reflexión.*

He tenido que desarrollar un pequeño módulo que, haciendo uso de las capacidades de reflexión de C#, me permitiese interactuar con la parte privada de mis objetos. Este módulo se usa repetidamente en los ejemplos de tests que veremos más adelante, así que conviene que entiendas lo que hace. Creo que también te resultará útil para los tests que puedas desarrollar en el futuro.

El módulo se encuentra en el fichero 🗀`Assets/Tests/PlayTests/Tools/Lang/AccessPrivateHelper.cs`. Implementa la clase AccessPrivateHelper. Dicha clase ofrece tres métodos estáticos:

- `AccessPrivateMethod()`: Sirve para llamar a un método privado pasándole la instancia del objeto que tiene el método, el nombre del método y los parámetros del mismo. Este método devuelve el valor retornado por el método privado llamado.

- `GetPrivateField<T>()`: Devuelve el valor de un determinado campo privado de tipo T. Se le pasa como parámetros el objeto que contiene el campo y el nombre de este.

- `SetPrivateField<T>()`: Similar al anterior, pero sirve para fijar el valor de un campo privado de tipo T. Los parámetros son similares a los del método anterior, pero se incorpora uno adicional con el valor (de tipo T) que queramos asignar al campo.

Vamos analizar la implementación de cada uno de esos métodos.

```
/// <summary>
/// Helper to call private methods while testing.
/// </summary>
/// <param name=''instance''>Object whose method we want to call.</param>
/// <param name=''methodName''>Method to call.</param>
/// <param name=''methodParameters''>Parameters to pass to method.</param>
/// <returns>Whatever called method returns.</returns>
public static object AccessPrivateMethod(object instance, string methodName, params
    object[] methodParameters)
{
    MethodInfo dynMethod = instance.GetType().GetMethod(methodName,
        BindingFlags.NonPublic | BindingFlags.Instance);
    if (dynMethod != null)
    {
        return dynMethod.Invoke(instance, methodParameters);
    }
    return null;
```

```
23 }
```

Listado 18.1: Fragmento del código fuente del fichero auxiliar para los tests Assets/Tests/PlayTests/Tools/Lang/AccessPrivateHelper.cs

En el listado 18.1 se muestra la implementación del método `AccessPrivateMethod()`.

Lo primero que hace el método es usar las capacidades de reflexión de C# para conseguir un objeto MethodInfo (línea 16) describiendo los metadatos del método buscado, en la instancia que hemos pasado como entrada.

El objeto MethodInfo cuenta con un método `Invoke()` que permite llamar al método privado descrito por el objeto. Así que en la línea 20 uso `Invoke()` y le paso tanto la instancia sobre la que ejecutar el método, como sus parámetros. Fíjate también que devuelvo desde esa misma línea lo que pudiera haber retornado el método llamado.

```
25 /// <summary>
26 /// Helper to get private properties values while testing.
27 /// </summary>
28 /// <param name=''instance''>Object whose property we want to see.</param>
29 /// <param name=''fieldName''>Property to see</param>
30 /// <returns>Whatever value that property has.</returns>
31 public static T GetPrivateField<T>(object instance, string fieldName)
32 {
33     FieldInfo dynAttribute = instance.GetType().GetField(fieldName,
34         BindingFlags.NonPublic | BindingFlags.Instance);
35     return (T) dynAttribute.GetValue(instance);
36 }
```

Listado 18.2: Fragmento del código fuente del fichero auxiliar para los tests Assets/Tests/PlayTests/Tools/Lang/AccessPrivateHelper.cs

En el caso del listado 18.2 la mecánica es muy similar.

La principal diferencia estriba en que, en esta ocasión, queremos acceder al valor de un campo, por lo que el objeto que utilizamos es un FieldInfo (línea 33).

Por otro lado, los campos no se invocan sino que son accedidos y por esa razón el método que nos ofrece FieldInfo es `GetValue()`, que es el que utilizo en la línea 35 haciendo casting al tipo que espero obtener del campo.

```
38 /// <summary>
39 /// Helper to set private properties values while testing.
40 /// </summary>
41 /// <param name=''instance''>Object whose property we want to set.</param>
42 /// <param name=''fieldName''>Property to set.</param>
43 /// <param name=''value''>Whatever value that property is going to have.</param>
44 /// <typeparam name=''T''>Private field type.</typeparam>
45 public static void SetPrivateField<T>(object instance, string fieldName, T value)
46 {
47     FieldInfo dynAttribute = instance.GetType().GetField(fieldName,
48         BindingFlags.NonPublic | BindingFlags.Instance);
49     dynAttribute.SetValue(instance, value);
50 }
```

Listado 18.3: Fragmento del código fuente del fichero auxiliar para los tests Assets/Tests/PlayTests/Tools/Lang/AccessPrivateHelper.cs

Para fijar el valor de un campo privado podemos usar el mismo objeto FieldInfo, pero usaríamos su método `SetValue()`, tal y como se puede ver en la línea 49 del listado 18.3.

18.6. Escenarios de pruebas

En las pruebas funcionales haremos que nuestros personajes se desplacen por escenarios, llevando a cabo los movimientos y acciones que queramos probar.

> Creo que ya lo he dicho en algún momento, pero a lo largo de este libro utilizaré la palabra escena y escenario de manera equivalente, aunque, siendo muy ortodoxos, lo correcto sería decir que los escenarios de nuestro juego se implementan usando escenas de Unity.

Podemos utilizar dos tipos de escenario, los que va a recorrer el jugador u otros especialmente preparados para las pruebas, pero que luego no se empaquetarán con el juego final.

En mi opinión, lo más productivo es utilizar escenarios preparado ad-hoc para las pruebas automatizadas. Así se pueden crear escenarios especializados en las funcionalidades concretas a probar. Por ejemplo, si quisiéramos probar trampas, podríamos crear escenarios con los diferentes tipos de trampa juntos y sin otro tipo de estorbos.

El uso de escenarios preparados ad-hoc para las pruebas tiene las siguientes ventajas:

- Las pruebas son más sencillas de configurar. Al ser escenarios temáticos, la configuración de la prueba será más directa. Por ejemplo, si quisiéramos probar una trampa, pero usásemos un nivel del juego, lo mismo nos veríamos en la tesitura de esquivar a un enemigo que estuviese junto a la trampa. Al usar un nivel especializado en cada tipo de pruebas, ya nos aseguraremos de que no haya estorbos para esas pruebas.

- Las pruebas son más rápidas. Al crear escenarios especializados, podemos usar el mismo escenario para todas las pruebas de un mismo tipo por lo que el Test Runner puede reutilizar el mismo escenario una y otra vez. Al ahorrarnos tener que cargar un nivel diferente para cada prueba aceleraremos el proceso de ejecución de la batería completa.

- Mantenemos limpios los niveles del juego. Como veremos, la realización de pruebas automatizadas requiere de la ubicación de determinados artefactos en el escenario. Aunque esos artefactos sean invisibles durante el juego, lo cierto es que se mezclan con el resto de los objetos de la jerarquía del nivel, complicando su gestión. Usando niveles ad-hoc para las pruebas mantendremos esos artefactos al margen de los niveles del juego, simplificando su mantenimiento.

Sin embargo, si sólo hiciésemos pruebas sobre niveles ad-hoc, nos enfrentaríamos con los siguientes inconvenientes:

- Nos perderíamos posibles interacciones entre tipos diferentes de elementos. Si sólo probamos escenario ad-hoc con un único tipo de elementos ¿tendremos la seguridad de que no interferirán entre sí cuando los mezclemos en un nivel?

- Los niveles del juego también son un elemento a probar en sí mismos. Tanto para asegurar que son divertidos, como para verificar que son realmente viables. Por ejemplo, podemos haber comprobado en un escenario ad-hoc que el protagonista puede saltar sobre un hueco, pero ¿hemos comprobado que el hueco que hemos puesto en determinado nivel del juego no es demasiado ancho para ser saltado?

Por todo lo anterior, creo que lo mejor es un enfoque intermedio: utilizar niveles ad-hoc para las pruebas automatizadas, pero planificar pruebas manuales con usuarios sobre los escenarios finales del juego. Esa es una de las razones por las que tratamos las pruebas automatizadas aquí y las pruebas con usuarios en el capítulo 26.

Los escenarios ad-hoc para las pruebas de *Prince of Unity* se encuentran en la ruta 🗀`Assets/Scenes/Tests/`, mientras que los niveles del juego final se encuentran en un nivel superior, en 🗀`Assets/Scenes/`.

Dado que los tests implican la carga repetida y rápida de distintos escenarios, he creado un pequeño módulo auxiliar para gestionar dicha tarea. El módulo está en 🗀`Assets/Tests/PlayTests/Tools/Scene/TestSceneManager.cs`. Implementa una clase estática que ofrece métodos estáticos para la carga, recarga y descarga de escenarios.

Veamos primero el caso de la carga de escenarios:

```
49 /// <summary>
50 /// Load given scene.
51 /// </summary>
52 /// <param name=''scene''>String name of scene.</param>
53 public static IEnumerator LoadScene(string scene)
54 {
55     AsyncOperation asyncLoad = SceneManager.LoadSceneAsync(scene, LoadSceneMode.Single
       );
56     yield return new WaitUntil(() => asyncLoad.isDone);
57 }
```

Listado 18.4: Fragmento del código fuente del fichero auxiliar para los tests Assets/Tests/PlayTests/Tools/Scene/TestSceneManager.cs

Como se puede ver en el listado 18.4, `LoadScene()` inicia la carga asíncrona de la nueva escena en la línea 55. Al usar el modo `LoadSceneMonde.Single`, la escena cargada sustituirá a la anterior. Al cargar asíncronamente la nueva escena, evitamos que el juego se bloquee hasta la finalización de la carga.

Luego, en la línea 56, le decimos a la corrutina que espere hasta que finalice la carga del nuevo escenario.

La descarga de un escenario tiene algo más de complejidad:

```
22 /// <summary>
23 /// Unload given scene.
24 /// </summary>
25 /// <param name=''scene''>String name of the scene</param>
26 public static IEnumerator UnLoadScene(string scene)
27 {
28     if (SceneManager.GetSceneByName(scene).isLoaded)
29     {
30         AsyncOperation asyncUnLoad = SceneManager.UnloadSceneAsync(scene,
               UnloadSceneOptions.None);
31         if (asyncUnLoad != null)
32             yield return new WaitUntil(() => asyncUnLoad.isDone);
33         else
34         {
35             yield break;
36         }
37     }
38 }
```

Listado 18.5: Fragmento del código fuente del fichero auxiliar para los tests Assets/Tests/PlayTests/Tools/Scene/TestSceneManager.cs

El propósito del método estático `UnLoadScene()`, del listado 18.5, es sacar de memoria una escena cargada previamente.

Lo primero que hace el método es comprobar que esa escena está realmente activa (línea 28). Provocaríamos un error si intentásemos descargar de la memoria una escena que no hubiese sido previamente cargada.

En caso de que se confirme que la escena a sacar está activa, se le pide al SceneManager de Unity que la descargue de manera asíncrona (línea 30).

Al igual que pasó con la carga, al ser una operación asíncrona, ponemos a la corrutina a esperar hasta que la operación finalice (línea 32).

Por último, si has entendido bien las dos operaciones anteriores, la operación de recarga debería resultarte fácil:

```
12 /// <summary>
13 /// Unload given scene and load it again.
14 /// </summary>
15 /// <param name=''scene''>String name of the scene.</param>
16 public static IEnumerator ReLoadScene(string scene)
17 {
```

```
18     _ = UnLoadScene(scene);
19     return LoadScene(scene);
20 }
```

Listado 18.6: Fragmento del código fuente del fichero auxiliar para los tests Assets/Tests/PlayTests/Tools/Scene/TestSceneManager.cs

El propósito de la función `ReLoadScene()`, del listado 18.6, es doble: si la escena no hubiera sido cargada aún, entonces la carga por primera vez, y, si ya hubiese sido cargada anteriormente, entonces la saca de memoria y la vuelve a cargar. Para eso, en la línea 18 la descarga, si ya estuviese en memoria, y en la 19 carga de nuevo el escenario.

18.7. Ejemplos de tests

Ya hemos estudiado los conceptos suficientes para empezar a ver ejemplos de tests aplicados a *Prince of Unity*.

Las pruebas funcionales de Prince of Unity se concentran en la carpeta `Assets/Tests/PlayTests/`.

Todos los tests cuentan con una estructura muy similar (muy cercana a las AAAA) y su funcionamiento es muy parecido. Así que no revisaremos todos los test, sino aquellos más representativos de la mecánica para hacer test funcionales en Unity.

Vamos a empezar con uno de los tests más visuales, el que prueba los saltos del protagonista. Esas pruebas se realizan en el script `Assets/Tests/PlayTests/JumpingTests.cs` y utilizan el escenario de pruebas `Assets/Scenes/Tests/TheAbyss`.

Si abres el mencionado escenario de pruebas, verás que carece de muchas de las características habituales en un escenario del juego: carece de puertas de entrada al nivel y de puertas de salida de este, los extremos del nivel están abiertos y, en general, el nivel carece de sentido como conjunto. Nada de eso tiene importancia al ser un nivel utilizado sólo para pruebas. Lo único que interesa aquí es que el personaje pueda moverse por el pedacito de escenario que le sirva para probar una funcionalidad.

En todo caso, todos los escenarios de pruebas cuentan con una instancia del prefab `Assets/Prefabs/Managers/GameManagers`, ya que al ser escenas que se ejecutan independientemente no pueden heredarlo de una escena previa como pasa en el juego. GameManagers ya incorpora entre sus prefabs la cámara del juego, así como el resto de los objetos para la gestión transversal del mismo.

Por supuesto, cada nivel cuenta con una instancia del protagonista que es al que movemos para probar las diferentes funcionalidades que le vamos a elegir al jugador. También hay niveles de pruebas con instancias de los enemigos para probar la interacción de los enemigos con su entorno, así como con el protagonista.

Además, los niveles cuentan también con una instancia de `Assets/Prefabs/Managers/LevelSpecifics` para configurar que se pueda ver el HUD durante las pruebas.

Otra particularidad es que, si examinas la jerarquía del nivel, encontrarás un GameObject vacío, denominado Position, que hace de padre de una lista de otros GameObject vacíos con el nombre StartPosition seguido de un número. Los StartPosition no son sino maneras de marcar posiciones dentro del escenario para poder colocar a los personajes al principio de las pruebas y para poder medir si al finalizar estas se han desplazado hasta el punto al que deberían. Juegan el mismo papel que las marcas que se hacen en el suelo en los rodajes cinematográficos para que los actores sepan hasta dónde moverse durante la grabación de las escenas.

Aparte de lo anterior, el resto del nivel está construido como cualquier otro, encajando piezas en las distintas celdas de la rejilla y cubriendo el nivel con instancias del prefab `Assets/Prefabs/Managers/Room` allí donde queramos que enfoque en algún momento la cámara.

Casi todos los ficheros de tests tienen la misma estructura. La fase de Arrange suele tener dos componentes: la parte de los preparativos iniciales, común a todos los tests, y los preparativos específicos de cada test. La parte común de los preparativos la he englobado en una corrutina marcada con el atributo `[Unity`

Setup] que, para no complicarme la vida, he llamado sencillamente Setup(). A continuación tienes un ejemplo utilizado para las pruebas de los saltos:

```
[UnitySetUp]
public IEnumerator Setup()
{
    yield return TestSceneManager.ReLoadScene(_currentScene);

    if (_prince == null) _prince = GameObject.Find(''Prince'');
    if (_enemy == null) _enemy = GameObject.Find(''Enemy'');
    if (_startPosition1 == null) _startPosition1 = GameObject.Find(''StartPosition1'')
        ;
    if (_startPosition2 == null) _startPosition2 = GameObject.Find(''StartPosition2'')
        ;
    if (_startPosition3 == null) _startPosition3 = GameObject.Find(''StartPosition3'')
        ;
    if (_startPosition4 == null) _startPosition4 = GameObject.Find(''StartPosition4'')
        ;
    if (_startPosition5 == null) _startPosition5 = GameObject.Find(''StartPosition5'')
        ;
    if (_startPosition6 == null) _startPosition6 = GameObject.Find(''StartPosition6'')
        ;
    if (_startPosition7 == null) _startPosition7 = GameObject.Find(''StartPosition7'')
        ;
    if (_startPosition8 == null) _startPosition8 = GameObject.Find(''StartPosition8'')
        ;
    if (_startPosition11 == null) _startPosition11 = GameObject.Find(''StartPosition11
        '');
    if (_startPosition12 == null) _startPosition12 = GameObject.Find(''StartPosition12
        '');
    if (_startPosition13 == null) _startPosition13 = GameObject.Find(''StartPosition13
        '');
    if (_startPosition14 == null) _startPosition14 = GameObject.Find(''StartPosition14
        '');
    if (_startPosition15 == null) _startPosition15 = GameObject.Find(''StartPosition15
        '');
    if (_startPosition33 == null) _startPosition33 = GameObject.Find(''StartPosition33
        '');
    if (_startPosition34 == null) _startPosition34 = GameObject.Find(''StartPosition34
        '');
    if (_cameraController == null)
        _cameraController = GameObject.Find(''LevelCamera'').GetComponentInChildren<
            CameraController>();
    if (_room00 == null)
        _room00 = GameObject.Find(''Room_0_0'').GetComponentInChildren<Room>();
    if (_room01 == null)
        _room01 = GameObject.Find(''Room_0_1'').GetComponentInChildren<Room>();
    if (_room02 == null)
        _room02 = GameObject.Find(''Room_0_2'').GetComponentInChildren<Room>();
    if (_room10 == null)
        _room10 = GameObject.Find(''Room_1_0'').GetComponentInChildren<Room>();
    if (_room_10 == null)
        _room_10 = GameObject.Find(''Room_-1_0'').GetComponentInChildren<Room>();

    _prince.SetActive(false);
    _enemy.SetActive(false);

    // yield return new EnterPlayMode();
}
```

Listado 18.7: Fragmento de Assets/Tests/PlayTests/JumpingTests.cs

Recuerda que el método que hayas marcado como [UnitySetup] se ejecutará justo antes de cada uno de los tests del fichero.

En el caso del método `Setup()` del listado 18.7, lo primero que hace es recargar la escena activa (línea 45) usando la función estática a la que dimos forma en la sección anterior. La variable `_currentScene` contiene la cadena con el nombre del nivel, *TheAbyss*. Al recargar la escena la volvemos a poner en su estado inicial, haciendo desaparecer cualquier cambio que hubiera provocado un test anterior.

De la línea 47 a la 75 conseguimos referencias a GameObjects situados en la escena con los que interactuaremos en los tests del fichero.

En las líneas 77 y 78 desactivamos al protagonista y al guardia. Será en cada test donde activaremos a los personajes que necesitemos para ese test en concreto.

Después de cada `Setup()` se ejecutará el test que toque. Vamos a ver un ejemplo:

```
92  /// <summary>
93  /// Test that running jumping can get over a 3 unit wide gap.
94  /// </summary>
95  [UnityTest]
96  public IEnumerator RunningJumpingTest()
97  {
98      _cameraController.PlaceInRoom(_room02);
99      _enemy.SetActive(false);
100     _prince.SetActive(true);
101     _prince.transform.SetPositionAndRotation(_startPosition11.transform.position,
            Quaternion.identity);
102     _prince.GetComponentInChildren<CharacterStatus>().LookingRightWards = true;
103     float startingHeight = _prince.transform.position.y;
104     float startingHorizontalPosition = _prince.transform.position.x;
105     int startingHealth = _prince.GetComponentInChildren<CharacterStatus>().Life;
106     float expectedAdvancedHorizontalPosition = 10.46f;
107     string commandFile = @''Assets\Tests\TestResources\runningJumpingSequence'';
108     InputController inputController = _prince.GetComponent<InputController>();
109     yield return null;
110     AccessPrivateHelper.SetPrivateField(inputController, ''recordedCommandsFile'',
            commandFile);
111     AccessPrivateHelper.AccessPrivateMethod(inputController, ''ReplayRecordedCommands
            '');
112     // Let movements perform.
113     yield return new WaitForSeconds(4);
114     // Assert Prince has not fallen.
115     float endHeight = _prince.transform.position.y;
116     Assert.True(Math.Abs(endHeight - startingHeight)< 0.20f);
117     // Assert Prince has advanced what we expected.
118     float endHorizontalPosition = _prince.transform.position.x;
119     float advancedHorizontalPosition = endHorizontalPosition -
            startingHorizontalPosition;
120     Assert.True(Math.Abs(advancedHorizontalPosition -
            expectedAdvancedHorizontalPosition) < 0.40);
121     // Assert Prince keeps his life.
122     Assert.False(_prince.GetComponentInChildren<CharacterStatus>().IsDead);
123     int endHealth = _prince.GetComponentInChildren<CharacterStatus>().Life;
124     Assert.True(startingHealth == endHealth);
125 }
```

Listado 18.8: Fragmento de Assets/Tests/PlayTests/JumpingTests.cs

En el test del listado 18.8, se realiza la parte específica del *Arrange* entre las líneas 98 y 109. Es decir, entre esas líneas se llevan a cabo las tareas de configuración que `Setup()` no pudo cubrir por ser específicas del test.

En la línea 98 se coloca la cámara en la habitación del escenario donde queremos que empiece el test.

Acto seguido se activa al GameObject del protagonista (línea 100) y se le ubica en la posición de inicio que hemos marcado en la escena con el GameObject StartPosition11 (línea 101). En la figura 18.3 puedes ver esa posición, dentro del escenario de la prueba.

En la línea 102 hacemos que el protagonista mire hacia la derecha.

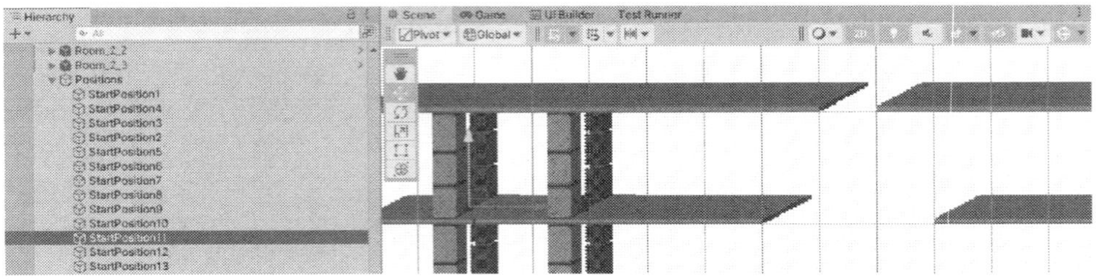

Figura 18.3: Zona del escenario donde se desarrolla la prueba, con el marcador StartPosition11 seleccionado.

En las líneas 103 a 105 guardamos los valores iniciales de estado del protagonista para poder compararlos con los que tenga al final del test. En concreto guardamos la altura del escenario en la que se encuentra el protagonista, su posición horizontal dentro del escenario y sus puntos de vida.

En la línea 106 he guardado la distancia que espero que se haya desplazado el protagonista al final del test. Es decir, voy a dar por correcta la prueba si al final del test el protagonista se encuentra a 10.46 unidades a la derecha de su posición inicial y exactamente a la misma altura que al principio. Teniendo en cuenta que cada baldosa tiene una unidad de ancho, y que entre la posición inicial y la final hay un agujero, que el personaje se encuentre en esa posición al final del test significará que ha saltado correctamente sobre el agujero. En otras pruebas he usado un GameObject vacío para marcar el punto en el que espero que se encuentre el personaje al final del test, pero en este caso he marcado directamente la distancia.

En la línea 107, he guardado la ruta al fichero en el que se encuentra la secuencia de comandos que vamos a reproducir ahora para hacer que el protagonista se mueva y salte sobre el agujero.

La última tarea del *Arrange* específico del test es la de la línea 108, en la que obtengo una referencia al InputController del protagonista para luego pasarle a ese InputController la secuencia de comandos pregrabada.

A partir de la línea 109 entremos en la fase *Act* del test. He metido un `yield return null` en esa línea porque en mis pruebas he visto que a veces le viene bien a los tests que dejes pasar un fotograma para que se procesen los cambios anteriores.

En la línea 110, le he dado al campo privado `recordedCommandsFile` del InputController el valor de la ruta al fichero con los comandos pregrabados. En la línea 111 he llamado al método privado `ReplayRecordedCommands` para que se ejecuten los comandos pregrabados, lo que hará que el protagonista empiece a moverse sin nuestra intervención. En ambos casos, he utilizado los métodos estáticos auxiliares de la sección 18.5.

> En este caso, podría haber hecho que el campo `recordedCommandsFile` y el método `ReplayRecordedCommands` fueran públicos y así podría haberlos manipulado directamente. Sin embargo, he preferido dejarlos privados porque así me daba una excusa para contarte cómo puedes hacer para acceder a campos y métodos privados. Ten en cuenta que, aunque en este caso el cambio habría estado muy localizado, te encontrarás con situaciones en las que tendrías que hacer pública tal cantidad de código que podría afectar al adecuado encapsulamiento de tu código. En esas situaciones, es mejor descartar lo de hacer públicas las cosas y optar por el acceso usando reflexión.

En este punto, el componente InputController del protagonista estará ejecutando los comandos pregrabados, y, como consecuencia de ello, el personaje se estará moviendo sin que tengamos que darle nosotros las órdenes. Por ese motivo, tenemos que darle tiempo al protagonista a acabar todos sus movimientos. Eso es lo que hace la línea 113.

Pasado ese tiempo, el protagonista debería haber llegado a su destino, por lo que, a partir de la línea 114, pasamos a la fase *Assert* del test. Es en esa fase donde valoramos si el juego se encuentra en el estado esperado. En este caso concreto valoramos si el personaje ha conseguido saltar el agujero. Para averiguarlo nos aseguramos de que se encuentra a la misma altura que al principio (línea 116), que se ha desplazado a la derecha tanto como esperábamos (línea 120) y que en el trayecto no ha perdido vida (línea 124). Si esas tres condiciones se cumplen, entonces el test se da por exitoso.

> Observa que en la línea 116 y en la 120 he hecho comparaciones con umbrales. Esto es muy importante porque cuando trabajas con números de coma flotante (`float`), no puedes hacer comparaciones de igualdad, sino sólo comparaciones relativas (mayor o menor) respecto a umbrales. Esto se debe a que los números de coma flotante no son precisos. Siempre tienen variaciones en sus decimales y nunca te saldrán los mismos valores de una ejecución a la siguiente, aunque la parte entera y los primeros decimales te parezcan estables. Lo normal es que trabajes con números de coma flotante al medir posiciones durante las pruebas funcionales, así que te recomiendo que evites hacer comparaciones de igualdad con los marcadores de posición objetivo y optes por asegurar que la diferencia de posición entre ambos está por debajo de un determinado umbral. De otra manera, acabarás encontrándote con que los test fallen aunque aparentemente los valores sean iguales (en realidad, sus decimales más profundos no lo serán).

Una vez finalizada la fase de *Assert* pasamos a la de *Annihilate*, con el fin de limpiar el entorno de pruebas de cara al siguiente test.

Si tuviéramos alguna limpieza específica de un test, podríamos hacerlo después de las líneas de los Assert (en nuestro ejemplo, a partir de la línea 124 y antes del cierre del método). En nuestro caso, las tareas a realizar son comunes a todos los tests, así que pueden ir en un método marcado como `[UnityTearDown]`.

```
[UnityTearDown]
public IEnumerator TearDown()
{
    // Remove GameManagers to avoid having multiple instances of it in the next test.
    GameObject.Destroy(GameObject.Find(''GameManagers''));
    // yield return TestSceneManager.UnLoadScene(_currentScene);
    yield return null;
}
```

Listado 18.9: Fragmento de Assets/Tests/PlayTests/JumpingTests.cs

En el caso del listado 18.9, la tarea de limpieza que hago es borrar el GameObject compuesto GameManagers al acabar cada test. La razón por la que lo hago probablemente no sea evidente a primera vista. La clave está en que el escenario de pruebas cuenta con un GameManagers y que este tiene un script con un `DontDestroyOnLoad()`, por lo que este GameObject se conservará incluso cuando cambiemos de escena. Como se ve en el capítulo 17, este comportamiento tiene todo el sentido del mundo para poder usar un mismo GameManagers a través de los sucesivos niveles del juego. Lo que pasa es que, de los niveles del juego, sólo el primero cuenta con un GameManagers, así que no hay riesgo de duplicidad. Sin embargo, en los tests de JumpingTests estamos cargando una y otra vez la escena *TheAbyss*, por lo que al GameManagers de la escena recién cargada se le sumarían los GameManagers conservados de las escenas de los tests anteriores. Esa multiplicidad provocaría un comportamiento errático de las pruebas, por lo que evito esa situación borrando el GameManagers al finalizar el test para impedir que sobreviva y se incorpore al siguiente.

Esta secuencia es muy similar en el resto de los tests del juego. La diferencia entre unos y otros estriba en el escenario, la secuencia de movimientos pregrabados a ejecutar y los estados que se comprueban al finalizar la ejecución de los movimientos.

Vamos a ver un par de ejemplos más para confirmar que, aun poniéndose a prueba funcionalidades muy diferentes, la estructura de los tests es la misma.

```
/// <summary>
/// Tests that taking a potion restores one life point.
/// </summary>
/// <returns></returns>
[UnityTest]
```

```
95  public IEnumerator SmallPotionTest()
96  {
97      _cameraController.PlaceInRoom(_room00);
98      _prince.SetActive(true);
99      _prince.transform.SetPositionAndRotation(_startPosition13.transform.position,
         Quaternion.identity);
100     _prince.GetComponentInChildren<CharacterStatus>().LookingRightWards = true;
101     _prince.GetComponentInChildren<CharacterStatus>().MaximumLife = 4;
102     _prince.GetComponentInChildren<CharacterStatus>().Life = 3;
103     _enemy.SetActive(false);
104     int initial_life = _prince.GetComponentInChildren<CharacterStatus>().Life;
105     int initial_maximum_life = _prince.GetComponentInChildren<CharacterStatus>().
         MaximumLife;
106     // Command sequence.
107     string commandFile = @''Assets\Tests\TestResources\unsheathe'';
108     InputController inputController = _prince.GetComponent<InputController>();
109     yield return null;
110     AccessPrivateHelper.SetPrivateField(inputController, ''recordedCommandsFile'',
         commandFile);
111     AccessPrivateHelper.AccessPrivateMethod(inputController, ''ReplayRecordedCommands
         '');
112     // Let movement happen.
113     yield return new WaitForSeconds(4);
114     // Assert Prince incremented his life.
115     Assert.True(_prince.GetComponentInChildren<CharacterStatus>().Life == initial_life
          + 1);
116     Assert.True(_prince.GetComponentInChildren<CharacterStatus>().MaximumLife ==
         initial_maximum_life);
117 }
```

Listado 18.10: Fragmento de Assets/Tests/PlayTests/PickableTests.cs

En el caso del test del listado 18.10, lo que comprobamos es que el protagonista gana un punto de vida al tomarse una poción.

Para ello, el test sitúa al personaje en la posición StartPosition13 de la escena *TheTrap* (línea 99), mirando a la derecha (línea 100) y con 3 puntos de vida (línea 102). Al lado de esa posición hay una poción, por lo que, de funcionar correctamente el test, al pulsar el botón de acción, el personaje debería tomar la poción y ganar un punto de vida adicional, hasta los 4.

La secuencia de acciones ejecutada (línea 107 a 111) sólo presiona el botón de acción.

La cantidad de tiempo a esperar, para dejar que se ejecute la secuencia de comandos (línea 113), dependerá de cada test. Tienes que poner un valor que te asegure que al personaje le dará tiempo a ejecutar toda la secuencia de movimientos antes de que empieces con los Assert. Si empiezas a ejecutar los Assets antes de que se haya finalizado la secuencia, lo más seguro es que el test falle, porque al personaje no le habrá dado tiempo a hacer lo que debería. Por otro lado, tampoco conviene que uses un tiempo excesivamente largo y que sobre mucho tiempo entre la finalización de la secuencia y los Asserts, ya que es tiempo ocioso del test. Para un único test puede no ser dramático que sobren unos segundos, pero si eso ocurre con todos tus tests y la cantidad de estos se incrementa, también lo hará el tiempo de más que se irá acumulando, haciendo inútilmente largo el tiempo de ejecución total de tus tests.

Recuerda que te interesa que tu batería de tests se ejecute lo más rápido posible para que puedas permitirte ejecutarla con frecuencia y asegurar que detectas los errores lo antes posible.

Por último, si en el test del salto comprobábamos la posición, en este comprobamos que la vida al finalizar la secuencia de acciones es un punto superior que antes de empezarla (línea 115), y que la poción, en este caso la pequeña, no ha alterado los puntos máximos de vida (línea 116), como sí hace la poción grande.

También puedes comprobar estados del entorno, como en las pruebas para comprobar que funcionan las puertas de cambio de nivel.

```
/// <summary>
/// Test Prince can go to next level through an interlevel gate.
/// </summary>
```

```
67 [UnityTest]
68 public IEnumerator CanGoThroughInterlevelGate()
69 {
70     _cameraController.PlaceInRoom(_room00);
71     _prince.SetActive(true);
72     _prince.transform.SetPositionAndRotation(_startPosition1.transform.position,
           Quaternion.identity);
73     _prince.GetComponentInChildren<CharacterStatus>().LookingRightWards = true;
74     string expectedFinalLevelName = ''doors1'';
75     string commandFile = @''Assets\Tests\TestResources\enterInterlevelGate'';
76     InputController inputController = _prince.GetComponent<InputController>();
77     yield return null;
78     AccessPrivateHelper.SetPrivateField(inputController, ''recordedCommandsFile'',
           commandFile);
79     AccessPrivateHelper.AccessPrivateMethod(inputController, ''ReplayRecordedCommands
           '');
80     // Let movements perform.
81     yield return new WaitForSeconds(25);
82     string endFinalLevelName = _levelLoader.CurrentSceneName;
83     // Assert Prince has gone through inter level gate to desired level.
84     Assert.True(expectedFinalLevelName == endFinalLevelName);
85 }
```

Listado 18.11: Fragmento de Assets/Tests/PlayTests/InterlevelGateTests.cs

En este caso, el test empieza en la escena *TheDoors*, a la izquierda de la puerta (línea 72 del listado 18.11).

El protagonista ejecuta una secuencia de movimientos que le hacen aproximarse a la puerta, pasando por encima de la baldosa que abre la puerta, para finalmente entrar en ella cuando finaliza la apertura.

Toda la secuencia suele durar unos 25 segundos (línea 81).

Una vez que finalizan los movimientos, lo que comprobamos es que el personaje ha pasado a encontrarse en la escena *TheDoors1* (línea 84). Ten en cuenta que comparamos con la cadena "doors1" porque ese ese el nombre corto de la escena *TheDoors1* dentro del GameObject LevelLoader (el cual se estudia en el capítulo 17).

18.8. Ejecución de los tests

Una vez que tengamos nuestra batería de tests querremos ejecutarlos.

Cuanto menos esfuerzo y tiempo nos consuma la ejecución de nuestros tests, más a menudo los ejecutaremos. Lanzar nuestras pruebas lo más frecuentemente posible es vital para detectar los fallos antes de que se acumulen y se mezclen con otros, lo que haría más difícil su diagnóstico y resolución.

Unas veces querremos ejecutar nuestros tests en batería y otras individualmente. Individualmente mientras trabajamos en darle forma a una funcionalidad o en resolver un fallo en la misma; y, en batería, al acabar, para asegurarnos de que al tocar la funcionalidad no hemos dañado otras.

Por otro lado, aunque empezaremos ejecutando nuestros tests personalmente en nuestro ordenador, habrá un punto en el que nuestro proyecto alcance una madurez, y nuestros tests una cantidad, que recomienden montar un entorno de integración y despliegue continuos como el que se ve en el capítulo 31. En ese caso, la ejecución de los tests se llevará a cabo de una manera desatendida, en el marco de un flujo automatizado.

En el citado capítulo 31 veremos cómo ejecutar nuestros tests de manera completamente desatendida, mientras que aquí nos centraremos en la ejecución en nuestro ordenador.

Unity permite ejecutar nuestros tests desde el Test Runner. Conforme vayamos desarrollando tests, estos irán apareciendo en esa ventana, clasificados por el nombre de su fichero. Si seleccionamos un test concreto y pulsamos `Run Selected` en esa ventana, se ejecutará sólo ese test, mientras que, si lo que seleccionamos es un fichero, se ejecutarán sólo los tests de ese fichero. Si ejecutamos `Run All` se ejecutarán todos los tests de la batería.

Al finalizar la ejecución de los tests, aquellos exitosos se marcarán con una marca verde, mientras que los fallidos quedarán con una roja.

Otra opción para ejecutar nuestros test, y la que utilizo yo, es lanzarlos desde nuestro IDE. Por ejemplo, en Rider está la ventana *Unit Tests* que se puede abrir con View > Tool Windows > Unit Tests o con el atajo Alt + ⇧ + 8. Desde esa ventana, tenemos también las opciones para ejecutar todos los tests con Ctrl + ⇧ + Enter o sólo el seleccionado con ⇧ + Enter. Hasta ahí todo similar al Test Runner de Unity.

La ventaja de ejecutar los test desde el IDE, que no te ofrece el Test Runner, es que podemos lanzarlos en modo *Debug* y así pararnos en determinados puntos de la ejecución, para ver el estado de los objetos en ese punto y depurar fallos (los métodos de depuración se ven en el capítulo 19). Otra ventaja estriba en la comodidad de poder lanzar la depuración desde el IDE, cuando editamos código, sin necesidad de cambiar de ventana al editor.

CAPÍTULO

19 Depuración de errores

Errar es de humanos y el desarrollo de software es uno de los campos donde más presente está esa máxima. El desarrollo de videojuegos no es una excepción y por eso el capítulo 18 y el 26 se enfocan en detectar errores tanto funcionales, como de enfoque, en nuestro juego.

Los errores de enfoque se refieren a decisiones de diseño que en las pruebas con usuarios demuestran ser equivocadas. Pueden ser de lo más heterogéneo: niveles excesivamente difíciles o directamente imposibles, mecánicas aburridas, controles incómodos, etc. En este caso, el código funciona como es debido, pero se han implementado según unas premisas que no han sido acertadas. Por lo tanto, resolver estos errores es una cuestión que compete a los diseñadores, los cuales deben reformular los niveles o la mecánica de juego para adaptarlos mejor a los objetivos del proyecto y a las expectativas de los usuarios. Hecha esa reformulación, se traducirá en nuevas premisas que los desarrolladores deberán implementar modificando su código.

Por su parte, los errores funcionales son aquellos en los que el juego no se comporta según sus premisas de diseño, por lo que están directamente relacionados con el código. Por eso, compete a los desarrolladores arreglar este tipo de fallo. El problema es que no siempre es fácil encontrar qué líneas de código lo provocan, entre las miles del juego.

Este capítulo se centrará en los errores funcionales y revisará técnicas y herramientas que puedes usar para facilitar la localización de su causa.

19.1. Tipos de errores

Dentro de los errores funcionales podemos distinguir de dos tipos: de compilación y de ejecución.

Los *errores de compilación* son los que aparecen durante la fase de compilación del juego y que hacen imposible su ejecución. Son los más fáciles de detectar, ya que el compilador se encarga de señalarnos las líneas de código que se le han atragantado al intentar compilar. Todos los compiladores suelen acompañar los errores de mensajes en los que explican lo que no les ha gustado de la línea señalada. A este respecto, hay compiladores cuyos mensajes son más claros que otros,[1] pero el de Unity es bastante didáctico.

La mayor parte de los errores de compilación suelen ser fáciles de resolver, ya que normalmente se deben a errores de escritura: nombres de variables mal escritas, mayúsculas mal puestas, punto y comas (";") que se nos han olvidado, paréntesis ausentes o fragmentos de código sin cerrar por su correspondiente llave.

Mi consejo para arreglar este tipo de errores es que vayas uno a uno, empezando por el primero que te diga el compilador. Después de haber resuelto cada error, te recomiendo que vuelvas a intentar la compilación, aunque queden pendientes más errores. La razón para intentar una nueva compilación es que

[1] Cualquiera que haya trabajado con el lenguaje Rust sabrá lo crípticos que pueden llegar a ser los mensajes de error de un compilador.

con frecuencia provocamos un nuevo error al intentar arreglar otro, por lo que la recompilación nos puede ayudar a detectarlo. Por otro lado, no es raro que un error provoque más en cadena, por lo que arreglar ese error puede servir para hacer desaparecer varios de una sola vez. Si al recompilar ves que el compilador ha dejado de quejarse del error sobre el que acabas de actuar, puedes dar por buena la corrección y atacar el siguiente error de los que queden. De esta manera la reparación de errores de compilación se convierte en un proceso iterativo con la siguientes fases:

1. Compilas.
2. Eliges el primer error arrojado por el compilador.
3. Interpretas el error y resuelves el fallo del código que lo provoca.
4. Vuelves a compilar.
5. Compruebas que el error ya no aparece entre los detectados por el compilador.
6. En caso de que ya no aparezca el error, vas al paso 2 y elijes el primer error para pasar a trabajar en él.
7. En caso de que el error persista, tienes que volver al paso 3 y ver la razón por la que tu resolución no ha funcionado.

Hay que tener en cuenta también un tipo especial de error de compilación que Unity arroja, a través del editor, antes de compilar. Se trata de errores que Unity detecta en el uso de los componentes que asocies a tus distintos GameObject, por ejemplo porque el nombre de un script no se corresponda con la clase que alberga o porque elimines componentes que son indispensables para la labor de otros.

Los *errores de ejecución* son aquellos que no detecta el compilador y, por tanto, asoman la cabeza al ejecutar el juego. Lo que pasa con este tipo de errores es que la sintaxis de tu código es correcta, y por eso supera la compilación, pero lo que hace el código en ejecución provoca un error. Son los más complicados de localizar porque a veces dependen de situaciones esporádicas de tu juego y, por tanto, no se repiten siempre. Por ejemplo, hay errores de límite, que sólo se producen cuando un GameObject se encuentra cerca del límite de un escenario e intenta hacer una operación fuera de él. Detectar el patrón de lo que provoca un determinado error de ejecución puede ser muy complicado y llevarnos horas de trabajo.

Podemos distinguir dos tipos de errores de ejecución: *de lenguaje* y *funcionales*.

En un *error de lenguaje*, el código intenta realizar una operación que resulta ilegal para el lenguaje empleado y, por eso, este arroja un mensaje de error o, incluso, aborta la ejecución. En C#, este tipo de errores se da por ejemplo si intentas llamar un método de una variable que resulta ser null o si intentas acceder al índice de una lista que está más allá de su fin. La ventaja de estos errores es que salen en la consola de Unity (pestaña Console) con un mensaje que explica el error y apunta a la línea en cuestión que lo ha provocado. Así que son errores fáciles de localizar.

Los *errores funcionales* ya son más complicados de resolver, ya que en este caso no se realiza ninguna operación ilegal para el lenguaje empleado, pero el resultado obtenido de la ejecución del código no es el esperado. Este tipo de error se da, por ejemplo, cuando el personaje no salta tan lejos como debería o recibe un impacto pero no pierde un punto de vida. Al no provocar mensajes de error, su detección depende por entero de la realización de pruebas, ya sean automatizadas o manuales. Por eso es importante que las pruebas automatizadas sean lo más granulares posibles, de manera que el fallo de una prueba apunte a un fragmento de código corto y concreto y, por tanto, fácil de analizar y modificar. Si la detección viene de una prueba manual, es muy importante que el informe del error sea lo más completo posible ya que, cuantos más datos aporte, más fácil será investigar la causa.

Las buenas prácticas de desarrollo del capítulo 6 son especialmente importantes para minimizar la cantidad de errores y para facilitar su diagnóstico. Si un método se especializa en una única función, te será fácil crear una prueba automatizada que detecte su malfuncionamiento y repararlo será más sencillo, ya que la especialización reduce los efectos colaterales. Por otro lado, si un método es corto, y su código es expresivo, te será más fácil analizarlo para determinar si puede tener algo que ver con el error detectado.

En todo caso, una vez detectado el error, al no haber mensaje que te indique su ubicación, dependes por entero de las técnicas y herramientas de diagnóstico de este capítulo para investigar el funcionamiento del mismo hasta dar con la pieza que no está funcionando de la manera esperada.

19.2. Impresión en la consola

La técnica de depuración más básica en todos los lenguajes es la impresión por consola. Cuando quieres saber qué valor tiene una variable en un punto dado del código, incluyes una orden de impresión de esa variable en dicho punto, lanzas el juego y, cuando el flujo de ejecución alcance ese punto, el valor de la variable te aparecerá en la consola. Esta técnica también es habitual si no tienes muy claro si el flujo de ejecución pasa por una determinada rama del código o no. En ese caso, añades a cada rama una orden imprimiendo un mensaje diferente y, en función del que te acabe saliendo por consola, ya sabrás por dónde ha pasado el flujo. También se usa esta opción para ir dejando un rastro de migas de pan del avance de la ejecución del programa. Si algo sale mal, siempre puedes recorrer ese rastro para dilucidar en qué punto empezaron a torcerse las cosas.

La orden para imprimir algo por la consola del Editor de Unity es `Debug.Log()`, pasándole como parámetro la cadena a imprimir. También puedes pasarle un segundo parámetro opcional, un GameObject o un componente. Si lo haces, dicho GameObject se iluminará en la jerarquía de la escena cuando pulses sobre el mensaje en la pestaña Console. Se trata, por tanto, de una manera rápida y sencilla de relacionar un mensaje con su remitente.

> Si te da pereza usar la librería Debug, la clase MonoBehaviour tiene el método `print()` que también imprime por consola.

Por sí mismo, `Debug.Log()` es suficientemente potente para la mayor parte de los casos. Sin embargo, yo le di una vuelta de tuerca más porque quería que todos mis mensajes tuvieran el mismo formato y, además, incluyesen un prefijo señalando la hora exacta en la que se generó el mensaje. Esto es muy útil para asegurarse de que los mensajes que lees están correctamente ordenados (cosa que no siempre ocurre cuando incluyes el multiprocesamiento en tus juegos). Así que implementé un método específico para imprimir mis mensajes con ese formato.

`CustomLog.Log()` es un método estático, definido en el script `Assets/Scripts/CustomLog.cs`, que añade un prefijo con la hora a la que se imprime el mensaje en la consola:

```
6  /// <summary>
7  /// Common custom log implementation used in various behaviours extensions.
8  /// </summary>
9  public static class CustomLog
10 {
11     public static void Log(string logString)
12     {
13         DateTime currentTime = System.DateTime.Now;
14         Debug.Log($''[{currentTime.Hour}:{currentTime.Minute}:{currentTime.Second}:{
               currentTime.Millisecond}] {logString}'');
15     }
16 }
```

Listado 19.1: Fragmento de Assets/Scripts/CustomLog.cs

Como se puede ver en el listado 19.1, mi método sigue tirando de `Debug.Log()`, pero le añade al mensaje un prefijo con la hora, minuto y segundo del momento en el que se imprimió el mensaje (línea 14).

Podía haber usado dicho método llamándolo desde su clase (fíjate que es estático), pero aproveché la ocasión para probar una técnica nueva: los métodos de extensión (*extension methods*). Esta técnica permite añadir métodos adicionales a clases existentes. Por tanto, si en algún momento tienes la sensación de que una clase determinada debería haber implementado un método, siempre puedes añadirlo a posteriori con esta técnica y, a partir, de ahí llamar al método desde esa clase.

En mi caso decidí añadir el método a MonoBehaviour, para ello utilicé el script `Assets/Scripts/MonoBehaviourExtensions.cs`:

```
6  /// <summary>
7  /// <p>If every component logs simultaneously is hard to find the specific thing you
       need.</p>
8  ///
9  /// <p>This extension over usual Debug.Log() allows you to associate your log call to
       a custom
10 /// MonoBehaviour boolean field so you can enable or disable logging per script. You
       can activate
11 /// that field through inspector if you want that component logs and use that field
       value for
12 /// showScriptLogs when Log() is called.</p>
13 ///
14 /// <p>That way your console log window won't be so cluttered and will show only what
       you're interested in.</p>
15 /// </summary>
16 public static class MonoBehaviourExtensions
17 {
18     /// <summary>
19     /// <p>Show given log string if showScriptLogs is true.</p>
20     ///
21     /// <p>Besides a detailed timestamp is prepended to given logString. Be aware that
           default Unity
22     /// timestamp goes only to seconds, so if you need milliseconds then you are out
           of look. This
23     /// extension prepend your logs with a timestamps with milliseconds.</p>
24     /// </summary>
25     /// <param name=''script''>We are extending MonoBehaviour.</param>
26     /// <param name=''logString''>String to log.</param>
27     /// <param name=''showScriptLogs''>True if we want to activate this log, false
           otherwise.</param>
28     public static void Log(this MonoBehaviour script, string logString, bool
           showScriptLogs)
29     {
30         if (showScriptLogs)
31         {
32             CustomLog.Log(logString);
33         }
34     }
35
36 }
```

Listado 19.2: Fragmento de Assets/Scripts/MonoBehaviourExtensions.cs

Como se puede ver en el listado 19.2, los extension methods se definen en clases estáticas. Cada método que queramos añadir deberá ser también estático e incluir como primer parámetro el tipo al que queremos añadir el método, precedido de `this`. En este caso, como quería poder llamar a este método desde los MonoBehaviour, el primer parámetro es `this MonoBehaviour script` (línea 29). Cuando se llame al método, a través de ese parámetro, le llegará la instancia desde la que se le esté llamando, por si fuera útil para la ejecución del método, por ejemplo, para acceder a las propiedades de la instancia o para llamar a los métodos nativos de esta.

> Yo no he usado ese parámetro, pero una optimización legítima habría sido no usar `Debug.Log()` desde CustomLog sino el método `print()` de MonoBehaviour haciendo `script.print()`. Aunque este método es idéntico a `Debug.Log()`, yo prefiero no utilizarlo porque lo que no tiene MonoBehaviour son métodos equivalentes a `Debug.LogWarning()` y `Debug.LogError()`.

> He utilizado una aproximación similar para imprimir los logs de la lógica de los StateMachineBehaviour que he asociado a los estados de las máquinas de estados. La implementación es calcada a la de MonoBehaviourExtensions y la puedes encontrar en `Assets/Scripts/StateMachineBehaviourEstensions.cs`.

El problema con ir imprimiendo mensajes en la consola es que, conforme el juego se va haciendo más complejo, se irán acumulando mensajes en la consola hasta llegar a un punto en el que se haga inmanejable. Cuando llegues a ese punto, tienes dos opciones: seleccionar los mensajes que se imprimirán en la consola (filtrado a priori) o seleccionar entre los mensajes que se hayan imprimido en la consola (filtrado a posteriori).

Para el filtrado a priori, le he pasado el booleano `showScriptLog` al método del listado 19.2, en la línea 28. El mensaje sólo se imprime en la consola si este valor es verdadero (línea 30). Todos los scripts que usen el método para imprimir en consola deben pasar ese parámetro en función de un campo configurado en el inspector.

Por ejemplo, el script `Assets/Scripts/GravityController.cs` usa este método para dejar traza de la desactivación de la gravedad en un momento dado:

```
53 /// <summary>
54 /// Deactivate gravity affection over this character.
55 /// </summary>
56 protected void DisableGravity()
57 {
58     rigidBody.gravityScale = 0;
59     _currentRigidbodyConstraints = rigidBody.constraints;
60     rigidBody.velocity = Vector2.zero;
61     stateMachine.SetBool(''GravityEnabled'', false);
62     _isGravityEnabled = false;
63     this.Log($''(Gravity controller - {transform.root.name}) Gravity disabled for this
           game object.'', showLogs);
64 }
```

Listado 19.3: Fragmento de Assets/Scripts/GravityController.cs

Esa llamada se puede ver, por ejemplo, en la línea 63 del listado 19.3.

Fíjate que el parámetro booleano es `showLogs`. Este parámetro es un campo que suelo definir en los scripts que quiero que dejen rastro en la consola:

```
[Header(''DEBUG:'')]
[Tooltip(''Show this component logs on console window.'')]
[SerializeField] private bool showLogs;
```

Listado 19.4: Fragmento de Assets/Scripts/GravityController.cs

Por lo general suelo dejar en falso los campos `showLog` de los distintos scripts. Sólo pongo a verdadero aquellos scripts que tengan que ver con un fallo que esté intentando resolver. De esa manera, sólo reflejarán sus mensajes en la consola aquellos scripts que me puedan ser útiles en un momento dado. Cuanto menos abarrotado esté el log de la consola, más fácil te resultará encontrar el mensaje que te sirva para diagnosticar el error.

Sin embargo, habrá veces que el error sea lo suficientemente complejo como para necesitar habilitar el log de muchos scripts. Cuando eso ocurra, es probable que la consola se te llene de cientos e incluso miles de mensajes. En ese caso tendrás que recurrir al filtrado a posteriori que mencionábamos antes.

En la figura 19.1 puedes ver una captura del buscador de Unity. Será ahí donde aparezcan los mensajes que imprimas mediante `Debug.Log()`.

En la parte superior derecha de la figura puedes ver varias herramientas para filtrar los mensajes que te hayan salido. Por un lado, está la barra de buscador, en la que podrás introducir palabras clave, para que la consola sólo te muestre los mensajes que la contengan.

A la derecha de esa barra de búsqueda, cuentas con tres botones. Según los actives o desactives se mostrarán o no los mensajes de un determinado nivel de criticidad. El botón de la izquierda hace referencia a

Figura 19.1: Consola del editor de Unity.

los mensajes informativos, es decir, los que se refieren al funcionamiento correcto del programa. El botón del centro se refiere a mensajes de advertencia, que informan de situaciones anómalas que por sí mismas no comprometen la ejecución del programa, pero a las que conviene echar un ojo en algún momento. Por último, el botón de la derecha se refiere a mensajes de error que advierten de situaciones incorrectas que podrían comprometer la estabilidad del juego. Deberías investigar cuanto antes cualquier mensaje de error que te salga por la consola.

Los mensajes que imprimas con `Debug.Log()` lo harán como mensajes informativos, pero también puedes imprimir en los otros dos niveles haciendo uso de `Debug.LogWarning()`, para los mensajes de advertencia, y de `Debug.LogError()`, para los de error.

> Cuando te salgan mensajes en la consola y pulses sobre ellos, verás que te sale debajo una ventana donde aparecen una versión extendida del mensaje que incluye la ruta de llamadas que dio lugar a ese Debug.Log(), con enlaces señalando la línea de código de cada una de esas llamadas. Si pulsas en cualquiera de esos enlaces, se abrirá tu IDE en esa línea de código. Esto viene genial para averiguar qué ha pasado si te sale un mensaje que creas que no debería haber salido.

19.3. Depuración con el editor

Una de las ventajas de Unity es su capacidad para depurar el funcionamiento de los juegos.

La opción de lanzar el juego desde el editor no es sólo una cuestión de comodidad (para ahorrarte tener que compilar el juego, buscar el ejecutable y lanzarlo desde el explorador de archivos), sino que también permite monitorizar e influir en el funcionamiento del juego desde el editor. Esto nos sirve para verificar que el juego funciona como pretendemos y cómo lo haría en determinadas situaciones. De esta manera, el editor se convierte en un verdadero entorno de laboratorio desde el que estudiar el funcionamiento del juego.

Como se ve detalladamente en la sección 5.8, del capítulo 5, el editor cuenta con botones para ejecutar, pausar y avanzar fotograma a fotograma el juego.

Cuando ejecutamos el juego, el foco del editor cambia a la vista Game, donde se muestra el juego tal y como se vería en el equipo del usuario. Sin embargo, eso no significa que la vista Scene se desactive. Muy al contrario, puedes pasar a la vista Scene en cualquier momento (sin necesidad de parar el juego) y modificar desde allí cualquiera de las propiedades de los objetos de la escena. Cualquier cambio que hagas en la escena se reflejará en tiempo real en la vista Game. Esto es muy cómodo para experimentar ya que, por ejemplo, puedes mover a los distintos personajes por las diferentes salas del juego y cambiarles sus valores de vida según te convenga, como si estuvieras en un laboratorio.

> Cualquier cambio que hagas en la escena mientras el juego esté en ejecución se perderá al finalizar esta. No son pocos los que se olvidan de esto, y hacen ajustes que pretenden definitivos sobre la escena, para ver con desesperación que se pierden al parar la ejecución. Por eso, te sugerí en el capítulo 4 que configurases el editor para que se colorease con un color específico al arrancar el juego. Así que, recuerda: mientras el juego esté en ejecución, sólo debes modificar la escena para experimentar. Cualquier ajuste sobre la escena que desees conservar, debe realizarse cuando el juego no esté arrancado.

Ten en cuenta que cuando ejecutas un juego desde el editor, los valores del inspector se van actualizando también en tiempo real. Si quieres verlos, no tienes más que seleccionar el objeto que quieres monitorizar en la vista Scene, de manera que el editor saque su respectivo inspector. Conforme sigas jugando en la vista Game, verás que los campos del inspector se irán actualizando con los valores que tenga en ese momento el objeto seleccionado. Esto puede servirte para depurar el funcionamiento, al permitirte verificar que esos valores son los que esperabas. Otra funcionalidad muy útil es que los campos del inspector no son sólo de lectura, sino que también puedes cambiarlos, lo que se reflejará de inmediato en el juego.

La única pega a lo anterior es que el inspector de Unity sólo muestra campos y no propiedades. Además, no siempre te interesará exponer campos privados en el inspector. Vale que hacerlo te permite monitorizarlos al depurar, pero también rompe la encapsulación, al permitir la modificación de unos campos que, de otra manera, deberían haber permanecido inalterables. Para resolver esa problemática puedes crear un componente MonoBehaviour que sólo lea desde su `Update()` el valor de los campos y propiedades de otros objetos y los exponga desde su inspector. Podrás cambiar dichos valores en el inspector, pero dicha modificación no tendrá efecto alguno y se perderá en cuanto el componente refresque los valores, desde sus objetos de origen, en el siguiente `Update()`.

Sin embargo, a veces la acción se desarrolla con tal rapidez que los valores del inspector cambian a una velocidad que te impide analizarlos adecuadamente. Es en esos momentos cuando te interesa hacer uso del botón de pausa. Eso interrumpe el juego sin pararlo definitivamente, y nos permite estudiar con tranquilidad la situación del inspector, así como hacer los cambios en la escena que queramos. Una vez que hayamos terminado, podemos desactivar la pausa, para continuar el juego normalmente, o avanzar al fotograma siguiente (usando el botón de Step) para ver los cambios producidos en el siguiente `Update()`.

El uso repetido del botón Step nos permite avanzar el juego a cámara lenta (fotograma a fotograma) para ver detenidamente cómo evoluciona el juego. Yo lo he usado bastante, mientras monitorizaba el juego desde la vista Scene, para ver cómo se comportaban los sensores de los personajes en movimientos muy rápidos, como saltos, combates y caídas.

19.4. Depuración con el IDE

Aunque las herramientas anteriores sean muy útiles para localizar errores, al final siempre tendrás que bajar al IDE, bien para tocar el código, bien para seguir investigando desde allí porque los indicios extraídos del editor no hayan sido concluyentes.

Junto al resaltado, el autoformato, el autocompletado y la ayuda contextual, la fácil depuración del código es otra de las grandes razones para usar un IDE frente a un editor de texto.

Como sabes desde el capítulo 3, el IDE que uso para Unity es Jetbrains Rider. En esta sección voy a centrarme en él para contar las funcionalidades de depuración que ofrece. Supongo que otros IDE tendrán funcionalidades similares, pero pueden no ser exactamente iguales.

Rider te permite lanzar el juego sin salir del IDE. Para ello, se conecta con el editor de Unity y le lanza las órdenes necesarias para que no tengas que estar saltando manualmente entre el IDE y el editor.

Pero puede hacer algo incluso más potente y que resulta ser clave para depurar el funcionamiento del código: te permite señalar una línea de código para que la ejecución del juego se interrumpa (sin pararse definitivamente) al llegar a dicha línea. El efecto es similar a cuando interrumpimos el juego con el botón de pausa del editor. La diferencia en ese momento será que aunque el editor de Unity parezca congelado, desde el IDE podremos examinar las variables del juego y avanzarlo línea a línea para ver qué líneas de código recorre la ejecución.

Cuando señalas una línea de código para que la ejecución se pare ahí se dice que estás fijando un *punto de interrupción* (*breakpoint*). En Rider se fijan pulsando con el ratón en el número de la línea que aparece en el margen izquierdo del código. Aparecerá un círculo rojo, donde antes estaba el número de línea, para avisarte de que has configurado un punto de interrupción ahí. Si quisieras retirarlo, no tendrías más que pulsar sobre el círculo rojo y este desaparecería. Una vez que hayas fijado uno o varios puntos de interrupción puedes pulsar el icono del bichito de la esquina superior derecha, o pulsar ⇧ + F9, para arrancar el juego en modo depuración. A diferencia de una ejecución normal, en este modo es cuando el juego se detiene al alcanzar los puntos de interrupción.

Figura 19.2: Rider, con un punto de interrupción fijado en la línea 137 del fichero.

En la figura 19.2 se puede ver un fichero en el que, a modo de ejemplo, he fijado un punto de interrupción en su línea 137 usando Rider. Al hacer la captura tenía el ratón sobre el botón de arranque en modo depuración (el del bichito), en la parte superior derecha, para señalarlo y que se mostrase su *tooltip*.

Puede ser que cuando pulses el icono de arranque en modo depuración parezca no pasar nada. Eso suele ocurrir si el combo que hay junto al botón está en modo Attach to Unity Editor. En ese caso, el IDE está a la espera de que pulses el botón de arrancar el juego, dentro del editor de Unity. Si lo pulsas, arrancará la sesión de depuración. Si lo que quieres es que la sesión de depuración empiece directamente, sin tener que pasar por el editor, tienes que fijar el combo a la opción Attach to Unity Editor & Play. Recomiendo esta última opción por una cuestión de simple comodidad.

Una vez que se inicie el juego, podrás usarlo hasta que la ejecución se tope con la línea marcada con el punto de interrupción. En ese momento, el editor se quedará congelado y en el IDE se abrirá el panel de Debug con la información del estado del juego en ese punto de la ejecución. También puedes abrir el panel de Debug con Alt + 5 o con View > Tool Windows > Debug, pero, si lo haces antes de que se alcance un punto de interrupción, el panel te aparecerá vacío.

En la figura 19.3 te he mostrado la apariencia del panel de Debug cuando la ejecución alcanza la mencionada línea 137. Fíjate que, junto al círculo del punto de interrupción, ha aparecido una pequeña flecha para marcar que la ejecución está detenida justo en esa línea de código, sin haberla ejecutado aún.

Debajo del texto del código ha aparecido el panel de Debug, que cuenta con varias pestañas en su parte superior, un pequeño toolbar de control arriba a la derecha, y cuatro subpaneles. Hasta ahora, la única pestaña que he usado de las disponibles es la de Threads & Variables, así que será en la que nos centremos en esta sección.

El panel de más a la izquierda te permite examinar cada uno de los hilos de ejecución que Unity tiene abiertos en ese momento. A no ser que estés usando multiproceso en tu juego, puedes ignorar este subpanel y centrarte en el hilo de ejecución que te haya señalado Rider al parar el juego.

El segundo panel por la izquierda, el central, ya es más interesante. Es el que te detalla la ruta de llamadas entre métodos que se ha seguido hasta llegar al punto de interrupción. Si tu figura aparece en blanco y negro quizás no lo aprecies, pero Rider te marca, en negro, las llamadas explícitas producidas en tu propio código y, en púrpura, las llamadas implícitas producidas dentro de la API de Unity. Como lo que estás depurando es tu código y no el de Unity, lo que te interesan son las líneas en negro. Dichas llamadas están ordenadas con la más reciente arriba y en orden creciente de antigüedad conforme bajas. En el ejemplo de la figura, la ejecución siguió el siguiente orden:

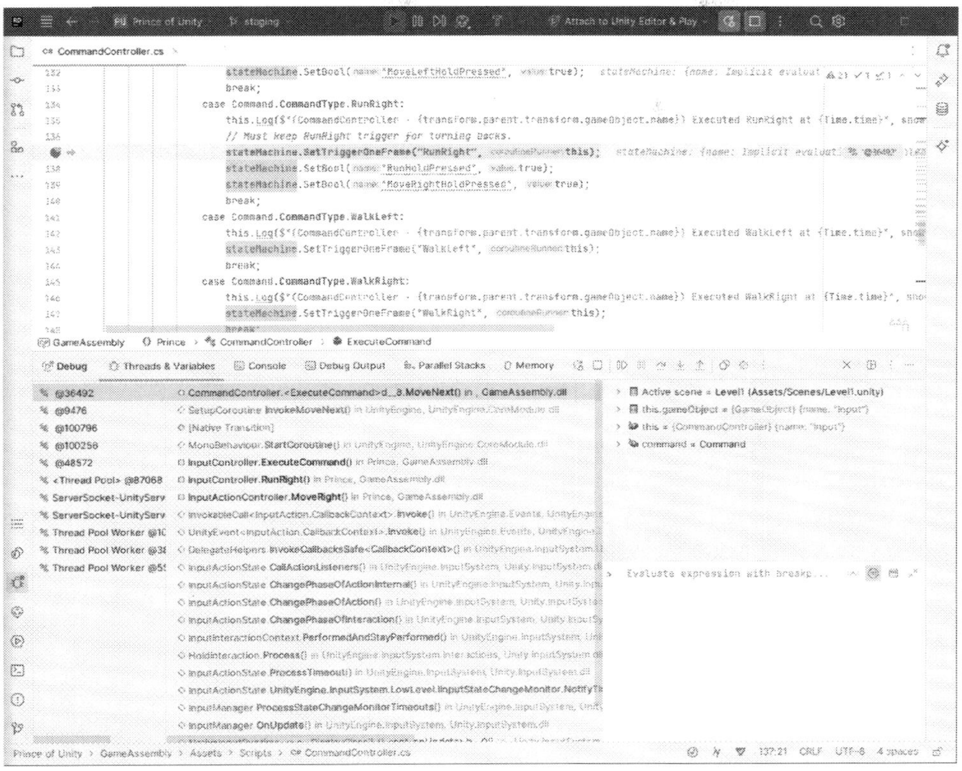

Figura 19.3: El panel de Debug de Rider.

1. `InputActionController.MoveRight()`
2. `InputController.RunRight()`
3. `InputController.ExecuteCommand()`
4. Línea 137 de CommandController.cs

Si pulsas en cualquiera de las líneas negras de ese subpanel, el IDE te mostrará el fragmento de código desde el que se realizó esa llamada.

> Este subpanel es tremendamente útil para seguirle la pista a la ejecución. Será al que recurrirás si te encuentras con que tu juego acaba ejecutando una línea de código a la que crees que no debería haberse llegado en esa situación.

A la derecha del panel, con la ruta de llamadas, se encuentran otros dos muy importantes: el de variables y el de la consola de C#.

El panel superior de la derecha será el que más acabes utilizando, por eso te recomiendo que lo amplíes lo más posible. Es el que te muestra el valor de todas las variables del juego, en el punto en el que se ha detenido el juego. Para acceder a cada una de las variables tienes que desplegar sus respectivos contextos. En el ejemplo de la figura, el contexto `command` hace referencia al parámetro de entrada que se le ha pasado al método donde se encuentra la línea 137. El contexto `this` hace referencia a la instancia de CommandController donde se está ejecutando el método de la línea 137. En el contexto `this.gameObject` puedes examinar los valores del GameObject que hospeda al componente CommandController donde se está ejecutando la línea 137. Y, por si todo lo demás fuera poco, también puedes examinar los valores del resto de los GameObjects de la escena desplegando el contexto `Active Scene`.

Este subpanel es el más importante de todos. Si, por ejemplo, estás intentando averiguar la razón por la que la ejecución ha acabado derivando a una rama de código a la que no debería haber llegado, puedes seguir la ruta de llamadas en el panel central y localizar con él el punto de bifurcación en el que se eligió la rama con la que no estás de acuerdo. Luego puedes situar un punto de interrupción en esa bifurcación y repetir la sesión de depuración. Cuando la ejecución se pare en la bifurcación, podrás usar el panel de las variables para ver qué valor tienen las que usas como condición para decidir la rama por la que seguir. Si alguna de esas variables resulta tener un valor que no te cuadra, ya tendrás un hilo del que seguir tirando para diagnosticar el problema.

Debajo del subpanel de variables se encuentra una pequeña consola de C#. Su uso es más anecdótico, pero sí que me ha resultado útil en algunas ocasiones. Si tecleas en él el nombre de un campo o propiedad, te devolverá su valor, tal y como lo podrías ver en el subpanel de variables. Esta consola resulta realmente útil para ejecutar funciones y ver qué valor devolverían si se ejecutasen en ese mismo punto del código donde estemos detenidos. Eso es muy interesante si nos estamos planteando usar un determinado método en ese punto y queremos saber qué es lo que devolvería dicho método, en ese momento.

Una vez que nos hayamos cerciorado de los valores de las variables en un determinado punto, es probable que queramos que la ejecución siga avanzando para ver cómo evoluciona el juego. En ese caso, tenemos dos opciones dependiendo de si queremos que el juego se vuelva a parar en un punto alejado del actual o en uno cercano.

Si queremos que el juego se reanude, pero que se vuelva a parar en una línea del código lejana de la actual, tendremos que añadir un punto de interrupción a esa línea y reanudar la ejecución pulsando el botón de Resume (F9) del toolbar de la parte superior derecha del panel Debug.

Sin embargo, si queremos que la ejecución se detenga cerca de la línea actual, o si simplemente queremos ejecutar paso a paso las siguientes líneas de código para examinar con detenimiento la evolución de las variables, podremos usar los controles de avance paso a paso que ofrece el citado toolbar. Las opciones son principalmente tres. Puedes ver sus nombres si pasas el ratón por encima de sus respectivos iconos:

- *Step Over* (F8): Avanzas la ejecución a la siguiente línea de código. Si la línea de código implica la ejecución de un método, no entra en él sino que lo ejecuta como una caja negra y permanece en el código llamante.

- *Step Into* (F7): Avanza una línea de código. La diferencia con la opción anterior es que si la línea implica llamar a un método, entra en él y hace que la siguiente línea a ejecutar sea la primera del método. Esto es muy útil si piensas que el error que estás buscando puede venir del método al que estás llamando.

- *Step Out* (⇧+F8): Este botón es complementario del anterior. Si has entrado en un método con Step Into y quieres volver al código llamante, porque ya has examinado todo lo que querías del método, puedes, o bien seguir ejecutando las líneas del método una a una con Step Over, hasta alcanzar el final, o bien pulsar Step Out para que se ejecute automáticamente lo que quede del método y vuelvas a la línea llamante.

Cuando quieras finalizar la sesión de depuración, tienes un botón de Stop (Ctrl+F2) en el toolbar del panel Debug y otro de idéntica función a la derecha de la barra principal de Rider.

Los puntos de interrupción se conservan entre sesiones de depuración, hasta que decidas eliminarlos, pulsando de nuevo sobre ellos.

Hasta aquí hemos visto las herramientas para una sesión de depuración estándar. Sin embargo, quiero enseñarte un par de trucos más sofisticados que creo que pueden serte útiles: los puntos de interrupción condicionales y los Unity pausepoints.

En Rider, cuando pulsas con el botón derecho del ratón sobre un punto de interrupción, se te abrirá una ventana emergente que te permitirá configurar ciertos aspectos del funcionamiento del punto de interrupción. Puedes ver dicha ventana emergente en la figura 19.4.

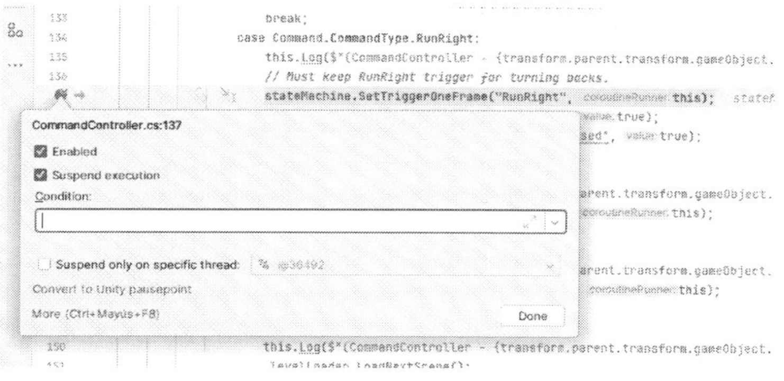

Figura 19.4: Ventana emergente para configurar un punto de interrupción.

La primera opción que ofrece esa ventana es un campo *Enabled*. Si lo pones a falso, el punto de interrupción se desactivará. Eso es útil si quieres que la ejecución deje de pararse en esa línea de código, pero aún no quieres borrarlo. Para volver a reactivarlo te basta con poner a verdadero ese campo.

El campo *Condition* también es muy útil. Te permite configurar una condición, con las variables visibles desde ese punto del código, de manera que el punto de interrupción sólo actúe cuando la condición resulte ser verdadera. Por eso se les llama *puntos de interrupción condicionales*. Imagina que tuvieras un bucle `for`, que recorriese una lista de 1.000 elementos usando como índice una variable denominada `index`, y que te interesase depurar el cuerpo del bucle en su última iteración (típica situación en la que sospechas que el bucle está sobrepasando los límites de un lista). En ese caso, pondrías un punto de interrupción en el interior del `for`, pero, en vez de darle al botón Resume 999 veces, podrías configurar el punto de interrupción para que su condición de parada fuera `index==999`. De esta manera, el bucle se ejecutaría normalmente y sólo se pararía en su última iteración.

Otra opción muy útil de esa ventana es la de Convert to Unity pausepoint. Esta opción te permite convertir un punto de interrupción en un *pausepoint*. Tengo entendido que los pausepoints son una funcionalidad propia de Rider. Como habrás podido observar, al alcanzar un punto de interrupción el editor de Unity queda congelado y todas las tareas de diagnóstico deben realizarse desde el IDE. Sin embargo, puede haber situaciones en las que te interese que la ejecución del juego se interrumpa, pero que el editor de Unity siga respondiendo para que podamos manipular la escena o usar el inspector para analizar o modificar valores. Esto es lo que permite un pausepoint.

Cuando conviertes un punto de interrupción en un pausepoint, el círculo rojo pasa a ser las dos barras verticales de un icono de pausa. Al ejecutar el juego en modo depuración, el juego se detendrá al llegar a la línea y, aunque el IDE seguirá respondiendo, su panel de Debug seguirá en blanco. Sin embargo, al entrar en el editor de Unity veremos que el juego está pausado desde el toolbar superior de Unity, por lo que podremos seleccionar objetos en la escena y acceder a sus componentes desde el inspector. Para reanudar la ejecución lo haremos desde el toolbar superior central de Unity, bien avanzando al siguiente fotograma con el botón de Step o bien pulsando de nuevo el botón de Pause para que el juego continúe con normalidad.

Combinando puntos de interrupción y pausepoints puedes tener lo mejor de ambos mundos a la hora de depurar tu código, al permitirte usar tanto el IDE como el editor de Unity.

Si quieres convertir un pausepoint en un punto de interrupción normal basta con pulsar en él con el botón derecho del ratón y elegir Convert to line breakpoint.

Eso no agota lo que puedes hacer con la ventana emergente de la figura 19.4. Si pulsas en su opción More (Ctrl-⇧+F8) se te abrirá una ventana con aún más opciones para gestionar desde un mismo sitio todos los puntos de interrupción que tengas desplegados por tu código.

Puedes ver esa ventana extendida en la figura 19.5.

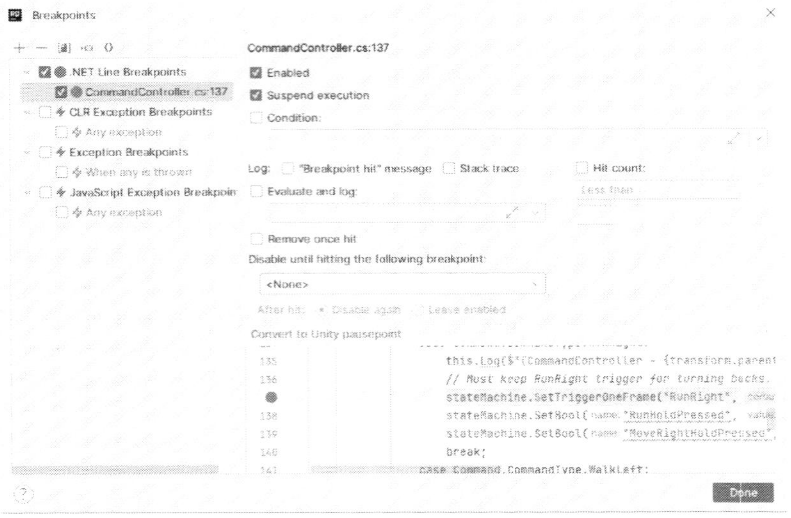

Figura 19.5: Ventana extendida para gestionar los puntos de interrupción.

En la parte izquierda de esa ventana verás un listado de todos los puntos de interrupción que tengas en tu código. Es la manera más cómoda de desactivar puntos de interrupción, o, incluso, borrarlos, sin necesidad de tener que buscarlos a lo largo y ancho de tu código.

En la parte derecha verás algunas opciones adicionales que te pueden ser útiles, como la de *Hit count*, que te permite configurar una condición para activar el punto de interrupción dependiendo del número de veces que se haya pasado por esa línea de código. Su uso es similar al ejemplo que veíamos antes, pero sin depender de una variable `index` del código.

También puedes borrar el punto de interrupción una vez se haya activado, con la opción *Remove once hit*.

Otra opción que he usado a veces es la de *Disable until hitting de following breakpoint*. Esta opción también vuelve condicional al punto de interrupción, pero en este caso la condición de activación sería que se hubiese pasado previamente por otro punto de interrupción. Se puede usar en conjunto con otra opción de la ventana, *Suspend execution*. Esta otra opción suele estar a verdadero para que se pare la ejecución al llegar al punto de interrupción, pero te puede interesar dejarlo en falso para que la ejecución continúe si sólo quieres usar ese punto de interrupción como testigo para otro condicionado que estuviese en otro punto del código.

Por ejemplo, imagina que te interesase parar la ejecución en un determinado punto, pero sólo en caso de que la ejecución hubiese pasado antes por una determinada rama. En ese caso, pondrías un punto de interrupción (llamémoslo A) en la rama y fijarías a falso su campo *Suspend execution* para que la ejecución pasase de largo sobre ese punto. Más abajo, en el punto donde realmente quisieras que se parase la ejecución, pondrías un segundo punto de interrupción y lo condicionarías con *Disable until hitting de following breakpoint* a que antes se hubiese pasado por el punto de interrupción A.

Por su parte, los pausepoints también tienen una ventana extendida, muy similar a la de los puntos de interrupción.

CAPÍTULO

20 Eventos

Ya nos hemos topado tantas veces con los eventos a lo largo de este libro que probablemente tendrás un idea intuitiva y bastante acertada de lo que son y para qué sirven. En este capítulo vamos a darle a esa intuición un respaldo más formal.

Es muy importante que los comprendas, porque son una herramienta vital para cualquier juego. Usando eventos puedes simplificar tu código y hacerlo más mantenible e intuitivo. Sin embargo, también tienes que aprender a usarlos de manera correcta o, de lo contrario, pueden suponer una fuente más de problemas a la hora de depurar tu juego.

En este capítulo veremos cuál es la base conceptual sobre la que se sustentan, qué herramientas ofrecen tanto C# como Unity para implementarlos, cuáles de esas herramientas son más adecuadas para cada escenario y cómo lo he articulado todo en el caso concreto de *Prince of Unity*.

20.1. El patrón observador

Como se ve en el capítulo 6, uno de los principios más importantes en el desarrollo es el principio de única responsabilidad. Según este principio, debemos especializar a nuestros componentes en la realización de una única tarea. Idealmente, nuestros componentes deberían centrarse en hacer una única cosa e ignorar todo lo demás. Partiendo de ahí, cuando nuestros componentes hagan algo que pueda interesar a los demás, deberían poder anunciarlo a los cuatro vientos sin plantearse siquiera quién recibirá el aviso. Tener que llevar la cuenta de quién está interesado en el aviso e informarle sólo a él sería una tarea adicional a la suya para el componente, por lo que es muy importante que esa labor de aviso sea lo más transparente posible para este.

El *patrón observador* es un patrón de diseño que se aplica a estos casos. Permite que tus objetos puedan comunicar lo que les pasa usando un esquema de comunicación de "uno a muchos" que reduce el acoplamiento.

En este patrón hay dos tipos de roles: el emisor y el observador (o receptor). El emisor anuncia que puede emitir una serie de eventos a lo largo de su ciclo de vida. Idealmente, cada uno de esos eventos es un anuncio de algo que le ha pasado al emisor. Los observadores muestran su interés por determinados eventos suscribiéndose a ellos. Esa suscripción supone asociar al evento un método del observador, de tal manera que la emisión del evento supone la llamada automática de todos los métodos suscritos a él. Dicho coloquialmente, lo que hace un observador al suscribirse a un evento es decirle al emisor: "oye emisor, cuando lances tu evento llama a este método que tengo".

Los lenguajes de programación que admiten eventos los integran de una manera lo más transparente posible para el código que los usa. Son los tipos ofrecidos como eventos por el lenguaje los que gestionan internamente el listado de suscriptores y la llamada a sus métodos ante la invocación del evento. El código que usa el tipo evento no necesita saber nada de lo anterior. De esta manera, los eventos sirven para desacoplar al emisor de los observadores porque, en realidad, el primero ni sabe ni le importa quiénes son los

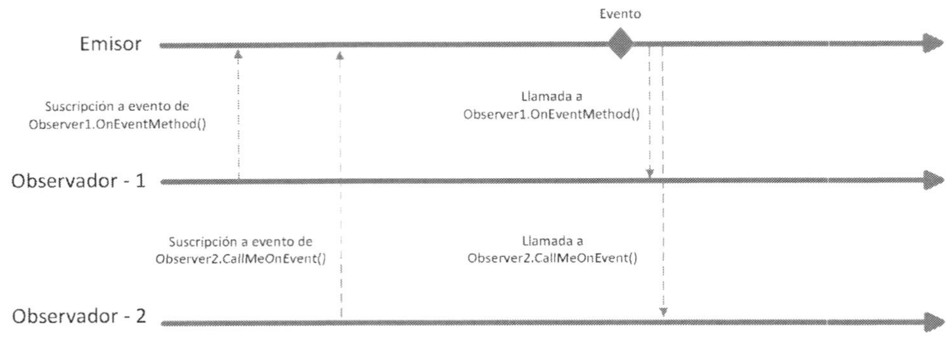

Figura 20.1: Dos observadores suscribiéndose al evento de un emisor.

segundos. Le basta con emitir sus eventos cuando le toque y será el lenguaje el que por debajo se encargue de avisar a los observadores. Por otro lado, aunque los observadores sí deben saber quién es el emisor, pueden ignorar tranquilamente quiénes son el resto de observadores.

Este patrón permite que los observadores se relajen y no tengan que estar consultando constantemente al emisor para saber si ha pasado algo (eso sería el polling). Hacerlo así sería ineficiente porque cada consulta consumiría recursos disponibles. En vez de eso, los observadores pueden dedicarse a otras cosas, o quedarse a la espera, con la tranquilidad de que, cuando ocurra lo que les interesa, el emisor les avisará llamando al método que hayan suscrito. Los emisores que quedan a la espera no consumen recursos, y los que se dedican a otra cosa los emplean más eficientemente.

Además, los eventos permiten que múltiples componentes reaccionen al mismo tiempo a lo que le pase al emisor, sin que este tenga que ser consciente de ello, lo que simplifica el diseño del emisor y su mantenimiento posterior.

20.2. El concepto de evento

Voy a ilustrar la presentación formal anterior con una metáfora de ejemplo que acabe de aclararte el concepto de evento.

Parto de una situación personal: aborrezco los aeropuertos. Me encanta volar, pero el proceso de subirse a un avión me parece insufrible. No he volado tantas veces como para interiorizar todo lo que hay que hacer y por eso, cuando vuelo, todo me resulta bastante confuso y estresante hasta que por fin me siento en el avión.

Una de las cosas que contribuye a ese estado de ánimo es tener que estar pendiente de las pantallas del aeropuerto para enterarme de los cambios en las condiciones de embarque del avión. Por eso, paso el último rato atacado haciendo polling a las pantallas del aeropuerto. A mí lo que me gustaría es tomarme un café mientras leo un libro, pero no puedo hacerlo porque tengo que ir una y otra vez a la pantalla de marras para confirmar que no me han cambiado la hora y la puerta de embarque.

Ahora entramos en el campo de la ficción. ¿No sería maravilloso si nuestra aerolínea ofreciera un sistema de eventos para informarnos del embarque? Al hacer el checking, la aerolínea nos podría ofrecer avisarnos de los eventos relativos al embarque. Entre el catálogo de eventos de aviso podría estar:

1. Hora estimada de aterrizaje del avión en el aeropuerto de salida

2. Hora de embarque

3. Puerta de embarque

4. Hora estimada de despegue

Ahí, en función de tus preferencias, te suscribirías a unos eventos u otros. Imagina que has llegado con antelación y con hambre, y que te apetece comer en un restaurante del aeropuerto. En ese caso, para ir con más tranquilidad, prefieres que te avisen de cuándo va a aterrizar el avión al que vas a subir, para ir pidiendo el postre cuando ocurra; también te interesará la hora de embarque para que, cuando te llegue, puedas ir pidiendo el café y la cuenta; y, por último, te interesará que te manden la puerta de embarque para salir del restaurante directo hacia ella. Otra persona puede llegar con mucho menos tiempo y puede que sólo le interese la hora y la puerta de embarque en cuanto se conozca. Alguien al que le estuviesen esperando en el destino podría estar interesado en recibir la hora estimada de despegue para avisar a los que le fuesen a recoger.

A la hora de suscribirte al evento le ofrecerías a la aerolínea un método a través del cual avisarte. Habría quién se suscribiría ofreciendo como método de contacto mensajes SMS, otros lo harían suscribiendo su Whatsapp, otros pedirían un mensaje de voz a su móvil y los más *vintage* suscribirían el número de su busca.[1]

En este ejemplo ficticio, la aerolínea tendría un sistema de publicación de los cuatro tipos de eventos anteriores en el que iría insertando los avisos, y este se encargaría de difundirlo a la lista de pasajeros suscritos, usando el método de contacto que hubiera ofrecido cada uno.

De esta manera, los pasajeros sabrían que las novedades sobre su vuelo les irían llegando por el método que les resultase más cómodo, lo que les permitiría relajarse y liberarse de la esclavitud de mirar una y otra vez las pantallas.

20.3. Eventos en C#

C# ofrece soporte para eventos a través de la palabra clave `event`. Lo que pasa es que no basta sólo con usarla para declarar el evento que vamos a emitir, sino que también tenemos que definir qué tipo de métodos vamos a admitir que se le suscriban. Ten en cuenta que, cuando se produce el evento, el emisor tiene que llamar a todos los métodos suscritos, así que estos deben tener una forma determinada para asegurar que el emisor sea capaz de llamarlos con todos sus parámetros.

Para definir la forma que deben tener los métodos suscritos se utiliza la palabra clave `delegate`. Veamos un ejemplo para el lado del emisor:

```
1  using UnityEngine;
2  using System;
3
4  public class Embarque: MonoBehaviour
5  {
6      public delegate void NotificacionPuertaEmbarque(string nombrePuertaEmbarque);
7
8      public event NotificacionPuertaEmbarque PuertaEmbarqueDefinida;
9
10     public void NuevaPuertaEmbarque(string idPuerta)
11     {
12         PuertaEmbarqueDefinida?.Invoke(idPuerta);
13     }
14 }
```

Listado 20.1: Ejemplo de definición de un evento

En la línea 6 del listado 20.1, hemos usado la palabra clave `delegate` para definir la estructura de un método. Ese método aceptará un parámetro de tipo `string` y no devolverá nada, o sea que será de tipo `void`. Para poder usar esa definición en otros puntos del código le hemos dado el nombre de `NotificacionPuertaEmbarque`.

En la línea 8 usamos la estructura de método definida antes para declarar el evento `PuertaEmbarqueDefinida`. Para ello hemos usado la palabra clave `event`, seguida del nombre de la definición de estructura de la línea 6. Con eso hemos dicho que podemos emitir el evento `PuertaEmbarqueDefinida` y que a ese

[1] ¿Seguirán existiendo los servicios de ”busca”?

evento se pueden suscribir métodos con la estructura definida por `NotificacionPuertaEmbarque`, es decir, que reciban un `string` y devuelvan `void`. Con esa declaración del evento, si alguien intentase suscribir al evento un método que recibiese un `int` como parámetro, o que devolviese un `float`, el compilador emitiría un error para evitar que se produjese un error en ejecución al pasarle parámetros equivocados al método suscrito incorrectamente.

En la línea 10 se declara el método `NuevaPuertaEmbarque`, en el que la clase hará todas las gestiones necesarias cuando se defina la puerta del embarque. Entre esas gestiones estará avisar a los pasajeros emitiendo el evento `PuertaEmbarqueDefinida`. Eso se hace usando el método `Invoke()` de la línea 12, al cual se le pasa la cadena definida para `NotificacionPuertaEmbarque` (en este caso, `idPuerta`). Ten en cuenta que si llamásemos a `Invoke()` antes de que se hubiera suscrito alguien, se produciría un error de ejecución. Un campo de evento es `null` hasta que se produce la primera suscripción, así que si llamásemos a `Invoke()` antes, se producirá un NullReferenceException. Para evitarlo, hay que comprobar que el evento no es `null` antes de llamar al método `Invoke()`. Para ello viene muy bien utilizar el atajo de la interrogación que ofrece C# (línea 12).

Veamos ahora la forma que podría tener un objeto que se suscribiese al evento anterior:

```
1  using UnityEngine;
2  using System;
3
4  public class Pasajero: MonoBehaviour
5  {
6         [SerializeField] private Embarque embarque;
7         [SerializeField] private PlanoAeropuerto plano;
8
9         private void Start()
10        {
11             embarque.PuertaEmbarqueDefinida += OnNuevaPuertaEmbarque;
12        }
13
14        public void OnNuevaPuertaEmbarque(string idPuerta)
15        {
16             Vector3 LocalizacionPuerta = plano.GetPosition(idPuerta);
17             SetDisplacementTarget(LocalizacionPuerta);
18        }
19
20        private void OnDestroy()
21        {
22             embarque.PuertaEmbarqueDefinida -= OnNuevaPuertaEmbarque;
23        }
24 }
```

Listado 20.2: Ejemplo de suscripción a un evento

En el caso del listado 20.2 el observador es el pasajero. Este cuenta con una referencia, facilitada a través del inspector, a la instancia de Embarque (línea 6).

La suscripción debe hacerse cuanto antes para evitar perderse eventos. Los métodos `Awake()`, `Start()` y `OnEnable()` son candidatos habituales para hacerla. En la línea 11 se suscribe el método `OnNuevaPuertaEmbarque()` para que sea llamado cuando se produzca el evento. Para hacer la suscripción sólo hay que pasar el nombre del método, sin paréntesis.

> Para suscribir un método siempre tienes que usar "+=" y para deshacer la suscripción "-=". Fíjate en el carácter "+" y en el "-" en cada caso. Es muy importante que los uses para que tu método se sume a otros que puedan haberse suscrito anteriormente al evento. Si usas "=" sólo, dejarás a tu método como el único asociado al evento.

El método suscrito debe cumplir la estructura definida por el `delegate` del emisor. En este caso, `OnNuevaPuertaEmbarque()` lo cumple al requerir un único parámetro `string` y devolver `void`, tal y como se puede comprobar en la línea 14. Este es el método que contiene la lógica con la que el observador responde al evento. En este caso, dicha lógica pasa por obtener la posición de la puerta de embarque (línea 15) y encaminarse a ella (línea 16).

Por último, hay que acordarse de deshacer la suscripción cuando vayamos a eliminar al observador. De otra manera, cuando se produzca el evento, el emisor intentará llamar al método suscrito de un objeto que ya no existe, lo que provocará un error en ejecución. Por eso, se suele usar el método `OnDestroy()` (línea 19) para sacar del evento al método suscrito. La manera es prácticamente igual a la de la suscripción, pero usando "-=" (línea 21).

Los eventos son tan habituales que C# incluye varios atajos y convenios para facilitar su uso.

Para empezar, C# predefine varios `delegate` genéricos para que no tengamos que hacerlo nosotros.

```
public delegate void Action();
public delegate void Action<in T>(T obj);
public delegate void Action<in T1,in T2>(T1 arg1, T2 arg2);
public delegate void Action<in T1,in T2,in T3>(T1 arg1, T2 arg2, T3 arg3);
. . .
public delegate void Action<in T1,in T2,in T3,in T4,in T5,in T6,in T7,in T8,in T9,in
    T10,in T11,in T12,in T13,in T14,in T15,in T16>(T1 arg1, T2 arg2, T3 arg3, T4 arg4,
     T5 arg5, T6 arg6, T7 arg7, T8 arg8, T9 arg9, T10 arg10, T11 arg11, T12 arg12, T13
     arg13, T14 arg14, T15 arg15, T16 arg16);
```

Listado 20.3: Delegates predefinidos en el namespace System de C#

Como puedes ver en el listado 20.3, C# ya tiene todos los `delegate` necesarios para que se suscriban métodos que devuelvan `void` y tengan hasta 16 parámetros de cualquier tipo. Gracias a eso, podemos usar directamente uno de estos tipos, concretándolos a los tipos de nuestros parámetros, y así ahorrarnos la definición del `delegate`.

Por ejemplo, usando uno de estos `delegate` predefinidos, el listado 20.1 quedaría de la siguiente manera:

```
using UnityEngine;
using System;

public class Embarque: MonoBehaviour
{
       public event Action<string> PuertaEmbarqueDefinida;

       public void NuevaPuertaEmbarque(string idPuerta)
       {
              PuertaEmbarqueDefinida?.Invoke(idPuerta);
       }
}
```

Listado 20.4: Ejemplo de definición de un evento usando un Action

Fíjate, en el listado 20.4, como ya no es necesaria la línea en la que definíamos el `delegate NotificacionPuertaEmbarque()`.

Como puedes ver, los mecanismos para configurar eventos, sus retornos y parámetros son muy flexibles. Quizás demasiado, lo que hacía que en los grupos de desarrollo hubiera que acordar formas estándar de implementar eventos para evitar que en el mismo código acabasen conviviendo múltiples maneras de usarlos. Al final ha acabado emergiendo un único acuerdo, bendecido por Microsoft, para usar eventos.

Dicho acuerdo consiste en que el delegate del evento tenga sólo dos parámetros. El primero es el objeto emisor del evento y el segundo es una clase heredera de EventArgs. Este delegate también viene predefinido en el namespace System de C# y recibe el nombre de `EventHandler<T>`:

```
public delegate void EventHandler<TEventArgs>(object sender, TEventArgs e);
```

Listado 20.5: Definición del delegate EventHandlerT

Ten en cuenta que el tipo `TEventArgs` del listado 20.5 es la clase que debe heredar de EventArgs.

Este convenio tiene varias ventajas. La primera es que, si un observador se suscribe a varios emisores que emiten eventos del mismo tipo, cuando el observador reciba la llamada de su método suscrito, podrá saber qué emisor concreto es el que lanzó el evento, examinando el argumento `sender`. La segunda ventaja es la homogeneidad, ya que todos los métodos suscritos pasan a tener el mismo número de parámetros.

Partiendo de lo anterior, el emisor de nuestro ejemplo pasaría a implementarse de la siguiente manera:

```
using UnityEngine;
using System;

public class Embarque: MonoBehaviour
{
       public class EmbarqueArgs: EventArgs {
           public string idPuerta { get; }\\
\\
           public EmbarqueArgs(string id){\\
               idPuerta = id;\\
           }
       }

       public event EventHandler<EmbarqueArgs> PuertaEmbarqueDefinida;

       public void NuevaPuertaEmbarque(string idPuerta)
       {
              PuertaEmbarqueDefinida?.Invoke(this, new EmbarqueArgs(idPuerta));
       }
}
```

Listado 20.6: Ejemplo de definición de un evento usando el estándar EventHandler

Por su parte, el observador se implementaría de la siguiente manera:

```
using UnityEngine;
using System;

public class Pasajero: MonoBehaviour
{
       [SerializeField] private Embarque embarque;
       [SerializeField] private PlanoAeropuerto plano;

       private void Start()
       {
            embarque.PuertaEmbarqueDefinida += OnNuevaPuertaEmbarque;
       }

       public void OnNuevaPuertaEmbarque(object sender, Embarque.EmbarqueArgs args)
       {
            Vector3 LocalizacionPuerta = plano.GetPosition(args.idPuerta);
            SetDisplacementTarget(LocalizacionPuerta);
       }

       private void OnDestroy()
       {
            embarque.PuertaEmbarqueDefinida -= OnNuevaPuertaEmbarque;
       }
}
```

Listado 20.7: Ejemplo de suscripción a un evento usando el estándar EventHandler

Aunque a priori te pueda parecer que la aproximación usando Actions es más directa, también es menos escalable. El bus de eventos que he implementado en *Prince of Unity*, y que se ve en la sección 20.5, ha sido posible gracias a la aplicación del estándar EventHandler.

20.4. Eventos en Unity

La implementación de eventos de C# es suficiente para el desarrollo de la mayor parte de aplicaciones, sin embargo se queda coja para el desarrollo de juegos.

Al crear un juego intervienen muchos más grupos aparte de los desarrolladores. Entre ellos, uno de los más importantes es el de los diseñadores de niveles. Estos dan forma a los escenarios, niveles y acertijos del juego utilizando las piezas constructivas que les ofrece el equipo artístico y el de desarrollo. Por tanto, su función es muy importante, ya que son los responsables de componer el puzzle del juego que se ofrecerá a los usuarios. El uso de eventos es una herramienta muy poderosa para relacionar todas esas piezas. El problema es que los diseñadores de niveles pueden no ser desarrolladores ni tener acceso al código, así que no pueden relacionar por sí mismos objetos mediante eventos, sino que tienen que pedirle a los desarrolladores que establezcan esas relaciones en el código. Eso rompe el ritmo de trabajo de los diseñadores, importuna a los desarrolladores y, en general, ralentiza la creación del juego.

Imagina que eres un diseñador de niveles y que tienes los siguientes elementos constructivos:

- Un objeto interruptor que emite un evento de activado.
- Una puerta que tiene un método público para accionar su apertura.
- Una luz con un método público para activar su encendido.

Teniendo en cuenta lo anterior, supón que quieres dar forma a tres habitaciones de un escenario, cada una de ellas con un interruptor, y que en cada caso quisieras que ocurriesen cosas diferentes:

- En la primera habitación quieres que, al pulsar el interruptor, se abra la puerta a la siguiente habitación.
- En la segunda habitación quieres que el interruptor active simultáneamente la luz de la habitación y la apertura de la puerta hacia la siguiente animación.
- En la tercera habitación quieres que el interruptor sólo active la luz.

Todas esas configuraciones son una pequeñísima muestra de la labor de los diseñadores de niveles. Imagina ahora lo lento que sería su trabajo si, para hacer las configuraciones anteriores, tuvieran que recurrir al equipo de desarrolladores para que ellos hiciesen las correspondientes suscripciones de todas las puertas y luces a cada uno de los interruptores. Sin contar con que el código se llenaría de casos específicos que sólo se aplicarían en puntos muy concretos del juego.

Esta es la problemática que Unity quiere resolver al ofrecer su propio mecanismo de eventos. Los pilares de este mecanismo son los *UnityEvent*.

Podemos añadir campos UnityEvent a nuestros scripts, tal y como haríamos con los eventos de C#. La ventaja es que esos campos se mostrarían en el inspector, desde el cual podríamos hacer la suscripción de métodos de los scripts de otros GameObjects. Esto permite que los diseñadores de niveles puedan usar el inspector para establecer relaciones de eventos entre objetos, sin necesidad de modificar el código del juego.

Por ejemplo, las mismas baldosas interruptoras del juego derivan de un prefab común (`Assets/Prefabs/Switches/Switch`) que en su GameObject raíz cuenta con el script `Assets/Scripts/SwitchEvents.cs`. Este script ofrece un UnityEvent para avisar de la activación del interruptor:

```
/// <summary>
/// Component to activate things from this switch.
/// </summary>
[ExecuteAlways]
public class SwitchEvents : MonoBehaviour
{
    [Header(''WIRING:'')]
    [Tooltip(''Needed to know when this switch is activated.'')]
```

```
15    [SerializeField] private SwitchStatus switchStatus;
16
17    [Header(''CONFIGURATION:'')]
18    [Tooltip(''Event launched by this brick when it is activated.'')]
19    [SerializeField] private UnityEvent activated;
```

Listado 20.8: Fragmento de Assets/Scripts/SwitchEvents.cs

Como se puede ver en el listado 20.8, basta con declarar la variable UnityEvent como cualquier otro campo para que se muestre en el inspector (línea 19).

Una vez expuesto, podemos arrastrar al inspector los GameObject que queramos suscribir al interruptor, seleccionando los scripts, y sus respectivos métodos, que deberán ser llamados cuando se produzca el evento. Por ejemplo, en la figura 20.2 se muestra la configuración del interruptor que abre la puerta para finalizar el primer nivel de *Prince of Unity*.

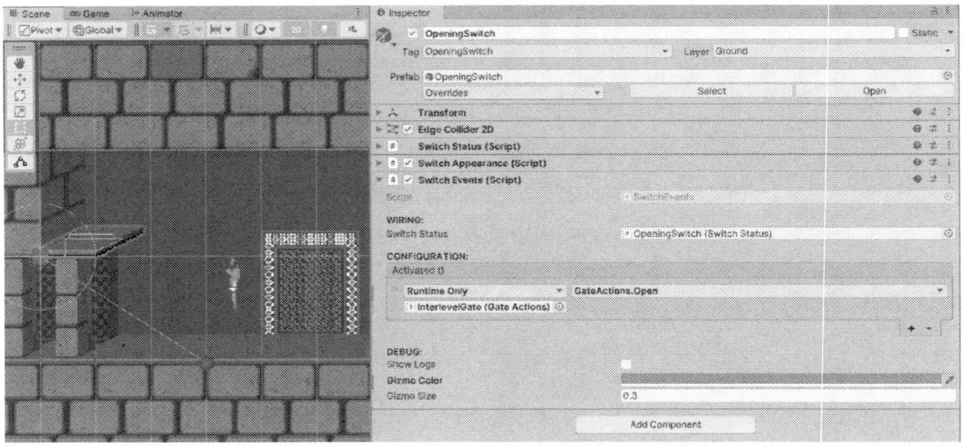

Figura 20.2: Suscripción mediante el inspector al evento de activación de un interruptor.

Si te fijas en dicha figura, verás que el evento `activated` del listado 20.8 se muestra en el inspector como una lista a la que podemos ir añadiendo nuevos elementos. Esos elementos son cada una de las suscripciones al evento. En el ejemplo sólo hay una suscripción, la de la puerta de cambio de nivel.

Dentro de cada elemento que añadamos a la lista de suscripciones hay tres campos: dos combos y un campo sobre el que arrastrar GameObjects (bien del prefab, si estamos en esa vista, o bien de la escena). En este caso, he arrastrado el GameObject de la puerta, desde la jerarquía de escena. Una vez que haya arrastrado un GameObject a ese campo, el combo de arriba a la derecha te permitirá elegir el método a suscribir, de entre todos los del GameObject que tengan la estructura de parámetros y retorno adecuada para la suscripción. Aquí, he suscrito el método `Open()` del script `Assets/Scripts/GateActions.cs` que tiene el prefab de la puerta en su GameObject raíz. De esta manera, la puerta reaccionará iniciando su apertura cuando el interruptor emita su evento `activated`. Por su parte, el combo de arriba a la izquierda especifica cuándo debe lanzarse el evento. Dado que se trata de un elemento del juego, debemos dejarlo en Runtime Only. Sin embargo, si desarrollamos extensiones para el editor, nos encontraremos elementos que emitan UnityEvents y por tanto nos interesará elegir Editor And Runtime.

> También puedes hacer suscripciones desde el código a los UnityEvents usando sus métodos `AddListener()` para la suscripción y `RemoveListener()` para deshacerla.

En cuanto a su invocación, los UnityEvent se activan igual que los eventos de C#, tal y como se puede ver en la línea 70 del listado 20.9.

```
66 private void Update()
67 {
```

```
    if (switchStatus.CurrentState == SwitchStatus.States.Activated && !
        _eventAlreadyTriggered)
    {
        if (activated != null) activated.Invoke();
        _eventAlreadyTriggered = true;
    }
    else if (switchStatus.CurrentState == SwitchStatus.States.Idle &&
        _eventAlreadyTriggered)
    {
        _eventAlreadyTriggered = false;
    }
}
```

Listado 20.9: Fragmento de Assets/Scripts/SwitchEvents.cs

Cuando leas la documentación de Unity puede que te encuentres con menciones a las *UnityActions*. Son exactamente lo mismo que las Actions de C# que vimos en la sección anterior. Si usas tu IDE para buscar las definiciones de ambas verás que están definidos igual. ¿Entonces por qué existen los UnityActions existiendo los Actions? Es muy buena pregunta y hay hilos enteros en Internet discutiéndolo sin que se llegue a una conclusión clara [234].

Los UnityEvents son extremadamente útiles para hacer más versátiles los prefab a situar en tus niveles y para facilitar el trabajo de los que los diseñen. Por otro lado, ofrecen una funcionalidad calcada a la de los eventos de C#. Por eso, en un juego de Unity se podrían usar UnityEvents exclusivamente, sustituyendo por completo los eventos de C#. Sin embargo, el rendimiento de los UnityEvents es muy inferior al de los eventos de C#. Por eso, te recomiendo que limites el uso de los UnityEvents a aquellos casos donde realmente te vaya a aportar algo hacer las suscripciones desde el inspector. En el resto de los casos, es mejor que uses los eventos de C#.

20.5. Bus de eventos

Aunque los eventos, tal y como los hemos explicado hasta el momento, ayudan a reducir el acoplamiento, lo cierto es que no lo eliminan del todo, ya que los observadores siguen necesitando una referencia al emisor que define el evento. Sin esa referencia, no pueden acceder al emisor para suscribirse al evento. Por lo tanto, los observadores siguen teniendo una dependencia del emisor.

Además, conseguir esa referencia puede ser problemático en determinadas situaciones. Cuando es el diseñador del nivel el que sitúa al emisor y al observador dentro del nivel, él mismo puede hacer la suscripción desde el inspector usando UnityEvents. Cuando el emisor y el observador están cercanos el uno al otro, pueden usar la referencia que les aporte un sensor que les permita detectarse entre sí. Sin embargo, ¿qué pasa cuando los emisores se crean dinámicamente y están lejos de los sensores de los observadores?, ¿cómo pueden hacer entonces los observadores para obtener una referencia a los emisores para suscribirse a sus eventos?.

A ese problema se le podría plantear la solución subóptima de marcar los objetos emisores con una etiqueta, para que los observadores hicieran búsquedas periódicas en la escena de los objetos con esa etiqueta y utilizar el resultado de esa búsqueda para hacer las suscripciones. Sin embargo, esta implementación tendría muy poco recorrido, porque las búsquedas por etiqueta son muy lentas y repetirlas frecuentemente penalizaría el rendimiento del juego. Por otro lado, obligaría a los observadores a llevar la contabilidad de los emisores a los que se hubieran suscrito anteriormente, para no volver a suscribirse a ellos. Por último, podrían surgir emisores en el periodo intermedio entre búsquedas y sus eventos se perderían para los observadores que aún no los hubiesen buscado.

No, la verdadera solución a esa problemática pasa por usar otro patrón de diseño habitual en el mundo del desarrollo: el *bus de eventos*.

Un bus de eventos es un objeto intermedio que ofrece a emisores y observadores un mecanismo para publicar y suscribirse a eventos. Los emisores publican eventos en el bus y los observadores lo utilizan para suscribirse a ellos. Cuando se produce un evento, es el bus el que llama a los métodos suscritos a dicho evento. De esta manera, los observadores no tienen que andar buscando a los emisores para suscribirse a sus eventos, ya que les basta con tener una referencia al bus para poder tener acceso a todos los eventos del juego.

El funcionamiento de un bus de eventos se resume en la figura 20.3.

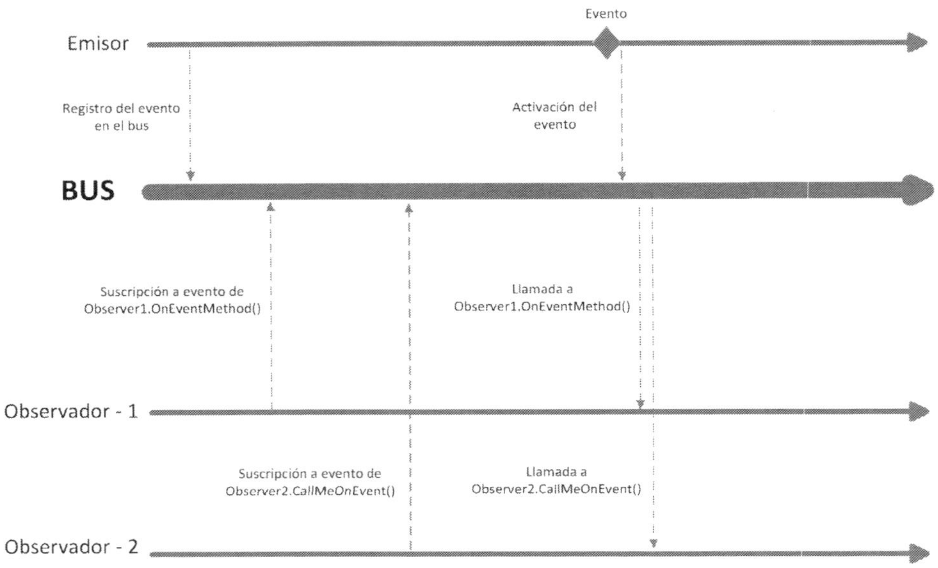

Figura 20.3: Funcionamiento de un bus de eventos.

Los buses de eventos ofrecen las siguientes ventajas:

- Desacoplamiento: Los emisores y observadores no necesitan conocerse entre sí. A todos les basta con tener una referencia al bus de eventos. Eso supone un grado elevado de desacoplamiento, lo que redunda en un mejor mantenimiento y evolución del código.
- Escalabilidad: Facilitan la tarea de añadir nuevos emisores y eventos al juego, así como de hacérselo llegar a nuevos observadores.
- Eficiencia: Al evitar que los observadores tengan que hacer búsqueda de los emisores, reducen la carga del juego y mejoran su rendimiento.

Como puedes ver, el concepto del bus de eventos resulta sencillo. Lo que no es tan sencilla es su implementación, aunque merece la pena todo el esfuerzo que requiere por la simplificación que supone para el resto de los componentes de tu juego, una vez que cuentas con él. Además, si haces un bus lo suficientemente genérico lo podrás reutilizar en otros juegos, así que será un esfuerzo bien invertido.

Puedes encontrar el bus de eventos de *Prince of Unity* en el prefab 🗀`Assets/Prefabs/Managers/EventBus`EventBus. Ese prefab es muy sencillo, ya que consta de un único Transform con el script 🗀`Assets/Scripts/EventBus.cs`. Sin embargo, el prefab no aparece en el juego solo, sino como parte del prefab compuesto 🗀`Assets/Prefabs/Managers/GameManagers`.

Vamos a estudiar primero cómo lo utilizan el resto de los componentes y luego veremos cómo se implementa por dentro.

Para empezar seguiremos el flujo definido en la figura 20.3. Según ese flujo, el juego comenzaría con los emisores informando al bus de los eventos que quieren enviar a través de él. Para ello, los emisores usarían el método `RegisterEvent<T>()` del bus, concretando T al tipo del evento que quieren registrar. Ese evento podría estar declarado en el script del emisor, pero yo he preferido declarar todos los eventos del juego en un único script que es, además, el encargado de registrar los eventos en el bus. Ambos enfoques son legítimos, pero a mí me ha parecido más cómodo tener todos los eventos definidos en un único script. Ese script es `Assets/Scripts/GameEvents.cs` y está situado en el prefab `Assets/Prefabs/Managers/GameEvents` que también forma parte del prefab compuesto GameManagers.

```
229 [Header(''WIRING:'')]
230 [Tooltip(''Needed to register game wide events.'')]
231 [SerializeField] private EventBus eventBus;
232 
233 private void Awake()
234 {
235     eventBus.RegisterEvent<SmallPotionTaken>();
236     eventBus.RegisterEvent<SwordTaken>();
237     eventBus.RegisterEvent<SwordLost>();
238     eventBus.RegisterEvent<CharacterLifeUpdated>();
239     eventBus.RegisterEvent<GuardEnteredTheRoom>();
240     eventBus.RegisterEvent<NoGuardInTheRoom>();
241     eventBus.RegisterEvent<PrinceEnteredNewRoom>();
242     eventBus.RegisterEvent<VideoPlayStart>();
243     eventBus.RegisterEvent<VideoPlayEnd>();
244     eventBus.RegisterEvent<LevelLoaded>();
245     eventBus.RegisterEvent<LevelReloaded>();
246     eventBus.RegisterEvent<TextScreenTimeout>();
247     eventBus.RegisterEvent<GameEnded>();
248     eventBus.RegisterEvent<PrinceHanged>();
249     eventBus.RegisterEvent<PrinceClimbingEnded>();
250     eventBus.RegisterEvent<PrinceDead>();
251     eventBus.RegisterEvent<GuardDead>();
252     eventBus.RegisterEvent<PauseKeyPressed>();
253     eventBus.RegisterEvent<TimeIncreaseKeyPressed>();
254     eventBus.RegisterEvent<TimeDecreaseKeyPressed>();
255     eventBus.RegisterEvent<KillCurrentGuardKeyPressed>();
256     eventBus.RegisterEvent<QuitRequested>();
257     eventBus.RegisterEvent<UserConfirmation>();
258     eventBus.RegisterEvent<UserCancelation>();
259 }
```

Listado 20.10: Fragmento de Assets/Scripts/GameEvents.cs

Como se puede ver en el listado 20.10, GameEvents cuenta con una referencia al bus, facilitada a través del inspector (línea 231). Dado que tanto GameEvents, como EventBus forman parte del prefab compuesto GameManagers, esa referencia se puede configurar desde el inspector de GameManagers, al darle forma al prefab.

Luego, en el `Awake()`, se registran todos los eventos en el bus (líneas 235 a 258). Es importante hacerlo en el `Awake()`, porque he configurado las suscripciones de los observadores para que tengan lugar en sus respectivos métodos `Start()`. Dado que las llamadas a `Start()` se producen cuando ya han acabado todos los `Awake()`, así tengo la seguridad de que ningún observador va a intentar suscribirse a un evento que no se ha registrado aún en el bus.

Para la suscripción, los observadores podrían hacer una única búsqueda del objeto del bus en la escena, desde sus respectivos `Awake()`, y guardar la referencia obtenida en una variable privada. Luego utilizarían esa variable privada para suscribirse en el `Start()` y para deshacer la suscripción en su `OnDisable()` o en su `OnDestroy()`.

Si usas un bus como este debes ser riguroso y comprobar que el registro de los eventos se produce en el `Awake()` y las suscripciones en el `Start()`. Si te equivocases e hicieses alguna suscripción en el `Awake()`, podrías encontrarte con que el juego funcionase limpiamente a veces y otras arrojase un error. La razón es que el orden de las ejecuciones de los `Awake()` no está garantizado, así que habría veces en las que el `Awake()` del registro se ejecutaría antes que el de las suscripciones y no habría errores, pero otras veces se ejecutaría el de la suscripción antes que el del registro y entonces sí que habría un error grave. Por eso, es mejor asegurarse de que todas las suscripciones se lleven a cabo en el `Start()`.

Para ver un ejemplo de cómo se hace una suscripción usando el bus, vamos a centrarnos en el evento `SmallPotionTaken`, registrado en la línea 235.

Ese evento se emite cuando el protagonista bebe una poción de las que hay repartidas por los niveles. Uno de los GameObject del juego interesado en este evento es el script 🗀 `Assets/Scripts/MusicEventsListener.cs`, especializado en escuchar eventos del juego y activar la reproducción de determinadas melodías en respuesta a ellos. Este script se encuentra en el mismo prefab GameEvents que el script donde se definen los eventos.

Para llevar a cabo su labor, MusicEventsListener cuenta con referencias al `eventBus` (línea 12 del listado 20.11), para suscribirse a sus eventos, y a `soundController` (línea 14), para emitir las melodías de cada evento. Dichas referencias se configuran desde el inspector.

```
5  /// <summary>
6  /// Listens for music events and plays required clip at level camera sound controller.
7  /// </summary>
8  public class MusicEventsListener : MonoBehaviour
9  {
10     [Header(’’WIRING:’’)]
11     [Tooltip(’’Needed to receive music requests’’)]
12     [SerializeField] private EventBus eventBus;
13     [Tooltip(’’Needed to play requested music.’’)]
14     [SerializeField] private SoundController soundController;
15 
16     [Header(’’CONFIGURATION:’’)]
17     [Tooltip(’’Time in seconds to delay playing dead music start.’’)]
18     [SerializeField] private float deadMusicDelay;
```

Listado 20.11: Fragmento de Assets/Scripts/MusicEventsListener.cs

Como hemos dicho, para este bus, la suscripción a los eventos se hace desde el `Start()` y nunca antes:

```
private void Start()
{
    eventBus.AddListener<GameEvents.SmallPotionTaken>(OnSmallPotionTaken);
    eventBus.AddListener<GameEvents.SwordTaken>(OnSwordTaken);
    eventBus.AddListener<GameEvents.LevelLoaded>(OnLevelLoaded);
    eventBus.AddListener<GameEvents.LevelReloaded>(OnLevelLoaded);
    eventBus.AddListener<GameEvents.PrinceDead>(OnPrinceDead);
    eventBus.AddListener<GameEvents.GuardDead>(OnGuardDead);
}

private void OnDisable()
{
    eventBus.RemoveListener<GameEvents.SmallPotionTaken>(OnSmallPotionTaken);
    eventBus.RemoveListener<GameEvents.SwordTaken>(OnSwordTaken);
    eventBus.RemoveListener<GameEvents.LevelLoaded>(OnLevelLoaded);
    eventBus.RemoveListener<GameEvents.LevelReloaded>(OnLevelLoaded);
    eventBus.RemoveListener<GameEvents.PrinceDead>(OnPrinceDead);
    eventBus.RemoveListener<GameEvents.GuardDead>(OnGuardDead);
}
```

Listado 20.12: Fragmento de Assets/Scripts/MusicEventsListener.cs

En el listado 20.12 se puede ver que MusicEventListener está interesado en 6 eventos, para los que ha suscrito sendos métodos. Uno de esos eventos es el que estamos siguiendo como ejemplo (línea 22), para el que se suscribe el método `OnSmallPotionTaken()`.

Es importante resaltar que, igual que hacíamos con los eventos en la sección 20.3, al usar este bus también hay que deshacer la suscripción a los eventos cuando se va a destruir al observador. Para eso está el método `RemoveListener<T>()` del bus y he concentrado su uso en el método `OnDisable()` (líneas 32 a 37), aunque también podría haberlo hecho en `OnDestroy()`. Mi consejo es que tengas el método `Start()` y el `OnDisable()` (u `OnDestroy()`) uno al lado del otro y que, conforme metas una suscripción en `Start()`, añadas su respectiva baja en `OnDisable()`.

Hecha la suscripción, al método suscrito no le queda más que esperar a que se dispare el evento. En este caso, las pociones lanzan el evento desde la animación. Si abrimos la máquina de estados del prefab `Assets/Prefabs/Pickables/SmallPotion`, y miramos en las animaciones ligadas a sus estados PickableBeinTakenFromRight o PickableBeingTakenFromLeft, veremos que esas animaciones tienen 2 eventos de animación en su décimoquinto fotograma. Uno de esos eventos llama a `ShowFlash()` y el otro a `RaisePotionTakenEvent()`. El script que está en el mismo GameObject que el Animator de SmallPotion, y al que llaman sus eventos de animación, es `Assets/Scripts/PickableEventsForwarder.cs`, el cual define al método `RaisePotionTakenEvent()` de la siguiente manera:

```
public void RaisePotionTakenEvent()
{
    _eventBus.TriggerEvent(new GameEvents.SmallPotionTaken(), this);
}
```

Listado 20.13: Fragmento de Assets/Scripts/PickableEventsForwarder.cs

Se puede ver en el listado 20.13, que `RaisePotionTakenEvent()` se limita a lanzar el evento a través del bus usando su método `TriggerEvent()`. Es en ese momento cuando el bus llama al método `OnSmallPotionTaken()`, suscrito en el listado 20.12.

Se puede ver que he usado el evento SmallPotionTaken en todos los métodos explicados en la sección. Para definirlo, he implementado una clase heredera de EventArgs, tal y como vimos en la sección 20.3.

```
/// <summary>
/// This event is raised by potions to signal an small potion has been taken.
/// </summary>
public class SmallPotionTaken : EventArgs { }
```

Listado 20.14: Fragmento de Assets/Scripts/GameEvents.cs

En el caso del listado 20.14, el evento se limita a heredar a EventArgs con una clase vacía. Esa es la manera más rápida de definir un evento cuando este no necesita incluir información.

Si necesitásemos que el evento incluyese información, la incluiríamos como campos de la clase, como se puede ver en el siguiente ejemplo:

```
/// <summary>
/// This event is raised when Prince deads.
/// </summary>
public class PrinceDead : EventArgs
{
    public bool DeadBySword { get; }

    public PrinceDead(bool deadBySword = false)
    {
        DeadBySword = deadBySword;
    }
}
```

Listado 20.15: Fragmento de Assets/Scripts/GameEvents.cs

Definido el evento, he decidido que los métodos que suscribamos a él, y al resto de los eventos de *Prince of Unity*, deben seguir el estándar EventHandler de la sección y, por tanto, tener dos parámetros: el primero, es el objeto remitente del evento y, el segundo, la instancia del evento con la información que acarrea. Por ejemplo, para el caso del evento SmallPotionTaken, el método suscrito por MusicEventsListener que veíamos antes es:

```
private void OnSmallPotionTaken(object _, GameEvents.SmallPotionTaken __)
{
    soundController.PlaySound(''small_potion'');
}
```

Listado 20.16: Fragmento de Assets/Scripts/MusicEventsListener.cs

Como se puede ver en el listado 20.16, `OnSmallPotionTaken()` se limita a reproducir un sonido, así que no hace uso ni del parámetro del remitente ni de la instancia del evento (tampoco le sería útil porque, como hemos visto, no arrastra información). Dado que en este caso no se usan los parámetros he usado la convención de nombrarlos con guiones bajos.[2]

No tiene por qué ser siempre así. MusicEventsListener suscribe el método `OnPrinceDead()` al evento PrinceDead, definido en el listado 20.15. Ese método sí que utiliza la información que lleva consigo el evento.

```
65 private void OnPrinceDead(object _, GameEvents.PrinceDead ev)
66 {
67     if (ev.DeadBySword)
68     {
69         Invoke(nameof(PlayDeadBySwordMusic), deadMusicDelay);
70     }
71     else
72     {
73         Invoke(nameof(PlayDeadMusic), deadMusicDelay);
74     }
75 }
76
77 private void PlayDeadMusic()
78 {
79     soundController.PlaySound(''regular_death'');
80 }
81
82 private void PlayDeadBySwordMusic()
83 {
84     soundController.PlaySound(''fight_death'');
85 }
```

Listado 20.17: Fragmento de Assets/Scripts/MusicEventsListener.cs

En el listado 20.17, se puede ver que `OnPrinceDead()` llama a `PlayDeadMusic()` o a `PlayDeadBySwordMusic()`, tras un pequeño retardo (líneas 69 y 73), en función del campo booleano `DeadBySword` del evento (línea 67).

Entendido cómo se utiliza el bus de eventos, ahora toca zambullirnos en él para entender cómo está implementado.

El script `Assets/Scripts/EventBus.cs` es una clase que encapsula un diccionario, cuyas claves son el tipo del evento, y los valores son delegate con todos los métodos suscritos a ese evento.

```
private Dictionary<Type, Delegate> _eventTable = new Dictionary<Type, Delegate>();
```

Listado 20.18: Fragmento de Assets/Scripts/EventBus.cs

A la hora de registrar un nuevo evento creamos una entrada en el diccionario para ese tipo de evento, si no la tiene ya.

```
/// <summary>
/// Add a new event to event table.
```

[2] Es una convención del lenguaje Python.

```
36 ///
37 /// Should be run at awake() of registering game object.
38 /// </summary>
39 /// <param name=''eventArgsType''>EventArgs concrete type.</param>
40 public void RegisterEvent<T>()
41 {
42     if (!_eventTable.ContainsKey(typeof(T))) _eventTable[typeof(T)] = null;
43 }
```

Listado 20.19: Fragmento de Assets/Scripts/EventBus.cs

Observa que el tipo que se usará como clave se pasa como parámetro genérico (la `T` de la línea 40 del listado 20.19).

Fíjate también que la entrada se inicia a `null`, como se puede ver en la línea 42.

Esa entrada deja de ser `null` cuando se le empiezan a suscribir métodos en el método `AddListener<T>()`.

```
45 /// <summary>
46 /// Add a listener to an existing event.
47 ///
48 /// Should be run at start() of listening game objects. If awake() is used to register
       listeners then
49 /// race conditions may happen if a listener tries to add itself to event bus before
       events are registered.
50 /// </summary>
51 /// <param name=''listener''>Callback for this event.</param>
52 /// <typeparam name=''T''>EventArgs concrete type.</typeparam>
53 /// <exception cref=''NotExistingEvent''>Thrown if event is not registered yet.</
       exception>
54 public void AddListener<T>(EventHandler<T> listener)
55 {
56     if (_eventTable.ContainsKey(typeof(T)))
57     {
58         _eventTable[typeof(T)] = (EventHandler<T>) _eventTable[typeof(T)] + listener;
59     }
60     else
61     {
62         throw new NotExistingEvent(typeof(T).Name);
63     }
64 }
```

Listado 20.20: Fragmento de Assets/Scripts/EventBus.cs

De nuevo, en `AddListener<T>()` se vuelve a pasar el tipo concreto del evento a través del parámetro genérico. En cuanto al parámetro del método a suscribir, se exige que cumpla con el estándar `EventHandler<T>` (línea 54 del listado 20.20).

Si se está haciendo la suscripción a un evento previamente registrado, habrá una entrada para este en el diccionario interno (línea 56). En ese caso se suma el método a suscribir a los que ya constasen en la entrada del diccionario (línea 58).

Si se está intentando hacer una suscripción a un evento que no ha sido registrado previamente, entonces se lanza una excepción personalizada (línea 62), definida dentro del mismo script, tal y como se puede ver en el listado 20.21.

```
/// <summary>
/// Exception thrown if anyone tries to add a listener to a non existing event.
/// </summary>
public class NotExistingEvent : Exception
{
    public string TriedEvent { get; private set; }

    public NotExistingEvent(string triedEvent) : base ($''Tried a not existing event:
        {triedEvent}'')
```

```
    {
        TriedEvent = triedEvent;
    }
}
```

Listado 20.21: Fragmento de Assets/Scripts/EventBus.cs

El proceso de deshacer una suscripción es justamente el inverso:

```
/// <summary>
/// Remove a listener from an existing event.
/// </summary>
/// <param name=''listener''>Callback for this event.</param>
/// <typeparam name=''T''>EventArgs concrete type.</typeparam>
/// <exception cref=''NotExistingEvent''>Thrown if event is not registered yet.</
    exception>
public void RemoveListener<T>(EventHandler<T> listener)
{
    if (_eventTable.ContainsKey(typeof(T)))
    {
        _eventTable[typeof(T)] = (EventHandler<T>) _eventTable[typeof(T)] - listener;
    }
    else
    {
        throw new NotExistingEvent(typeof(T).Name);
    }
}
```

Listado 20.22: Fragmento de Assets/Scripts/EventBus.cs

Fíjate que para suscribir usamos la notación "sumar" (línea 58 del listado 20.20) y aquí, en el listado 20.22, se ha usado la notación "restar" para deshacer la suscripción.

Por último, como ya hemos visto, el bus ofrece a los emisores el método `TriggerEvent<T>()` para disparar un evento. Su implementación es la siguiente:

```
84  /// <summary>
85  /// Trigger a registered event.
86  /// </summary>
87  /// <param name=''args''>Concrete EventArgs for this event.</param>
88  /// <param name=''sender''>Instance that is raising this event.</param>
89  /// <typeparam name=''T''>EventArgs concrete type.</typeparam>
90  /// <exception cref=''NotExistingEvent''>Thrown if event is not registered yet.</
        exception>
91  public void TriggerEvent<T>(T args, object sender)
92  {
93      if (_eventTable.ContainsKey(typeof(T)))
94      {
95          ((EventHandler<T>) _eventTable[typeof(T)])?.Invoke(sender, args);
96      }
97      else
98      {
99          throw new NotExistingEvent(typeof(T).Name);
100     }
101 }
```

Listado 20.23: Fragmento de Assets/Scripts/EventBus.cs

La clave del método es la línea 95 del listado 20.23. Si el evento que se quiere lanzar ha sido registrado previamente (línea 93), se recupera su entrada del diccionario, se le hace casting para convertirlo en un delegate de tipo `EventHandler<T>` y, si el resultado no es `null` (fíjate en la interrogación), se llama a los métodos suscritos mediante `Invoke()`, tal y como vimos en las secciones anteriores.

Y ya está. Con esas 4 funciones ya tienes un bus completamente funcional.

Para que lo puedan usar el resto de los objetos de la escena, no puedes usar la asignación directa por el inspector, como hacíamos con los otros componentes de su prefab, ya que he añadido el prefab EventBus al prefab compuesto GameManagers y ese se va arrastrando de nivel en nivel, desde el primero, tal y como se ve en el capítulo 17). Así que EventBus no está presente en los niveles cuando se les da forma en el editor. Por ese motivo, para que los objetos de la escena obtengan una referencia al bus de eventos, no les queda otra que hacer una búsqueda en la escena al arrancar esta. Por ejemplo, el script `Assets/Scripts/PickableEventsForwarder.cs` hace lo siguiente en su método `Awake()`:

```
private EventBus _eventBus;

private void Awake()
{
    _eventBus = GameObject.Find(''EventBus'').GetComponent<EventBus>();
}
```

Listado 20.24: Fragmento de Assets/Scripts/PickableEventsForwarder.cs

Este bus es un script corto, pero del que estoy bastante satisfecho. Gracias a haber usado el estándar EventHandler, es lo suficientemente flexible como para admitir eventos con diferentes argumentos, cosa que no es fácil encontrar en otras implementaciones que hay por Internet. Además, en mi opinión, está bien encapsulado, por lo que creo que es fácilmente traspasable desde *Prince of Unity* a cualquier otro tipo de juego.

CAPÍTULO

21 Gestión de vida

A lo largo de un juego hay condiciones de contorno que van evolucionando según las acciones del jugador y que afectan a lo que le ocurre. El caso de los juegos RPG es quizás el más extremo, ya que gestionan simultáneamente decenas, e incluso centenares, de condiciones de todo tipo, en forma de objetos, habilidades, rasgos y condiciones ambientales.

Prince of Unity es muy sencillo en ese sentido. La situación del protagonista sólo se ve condicionada por 3 factores:

- *La espada*: La tiene que conseguir en el primer nivel o de otra manera no podrá enfrentarse al enemigo que custodia la primera puerta entre niveles.
- *La vida*: Se incrementa con las pociones y se reduce con los golpes por caídas, baldosas o mandobles de los enemigos. Si disminuye a cero, el personaje muere.
- *El tiempo*: El juego se desarrolla durante una cuenta a atrás, finalizada la cual, si el protagonista no ha alcanzado a su princesa, el jugador es derrotado.

La gestión de la espada aporta poco, dado que se limita a un booleano en el script `Assets/Scripts/PrinceStatus.cs` que se pone a verdadero cuando se recoge la espada.

La otra variable que condiciona el juego es el tiempo. El protagonista se enfrenta a una cuenta atrás para llegar a la princesa antes de que se culmine la maldición del visir. Así que *Prince of Unity* debe implementar alguna manera de llevar la cuenta del tiempo transcurrido para atravesar la totalidad de los niveles. Además, esa cuenta atrás debe ser justa e interrumpirse durante los vídeos entre niveles y cuando el jugador pausa el juego. También he decidido que cuando el jugador muera y tenga que reiniciar el nivel, no sólo se le restaure la vida que tenía al comienzo de este, sino también el tiempo restante en ese punto. Todo lo anterior, y alguna cosa más, lo he hecho a través de los scripts del prefab `Assets/Prefabs/Managers/GameTimer`, el cual forma parte del prefab compuesto GameManagers que se conserva de nivel en nivel, desde el primero. No voy a incluir aquí su explicación porque sería repetir aquí lo visto en la sección sobre tiempo del capítulo 9.

Así pues, en este capítulo nos centraremos en la vida. Espero que entender cómo he gestionado la vida te dé ideas para cuando tengas que incluir otras parecidas en tus propios juegos.

21.1. HealthController

Tanto el protagonista, como sus enemigos, gestionan la vida de manera muy parecida, esa es la razón por la que los scripts implicados se integran en el prefab `Assets/Prefabs/Characters/Character`, del que descienden los prefab de los mencionados personajes.

El núcleo de la gestión de la vida de los personajes se lleva desde el script `Assets/Scripts/HealthController.cs`, el cual está en el GameObject Interactions del prefab Character. Ese script ofrece la API a la que llaman todos elementos externos al prefab que quieren alterar la vida del personaje. Los distintos métodos de dicha API modifican dos propiedades: `Life` y `MaximumLife`:

```
29 /// <summary>
30 /// Current character life.
31 ///
32 /// Actually, just a forwarder to CharacterStatus life property.
33 /// </summary>
34 private int Life
35 {
36     get => characterStatus.Life;
37     set
38     {
39         characterStatus.Life = Math.Clamp(value, 0, MaximumLife);
40         if (characterStatus.IsPrince && characterStatus.IsDead)
41             _eventBus.TriggerEvent(new GameEvents.PrinceDead(characterStatus.
                   IsFighting), this);
42     }
43 }
44
45 /// <summary>
46 /// Current character maximum life.
47 ///
48 /// Actually, just a forwarder to CharacterStatus maximum life property.
49 /// </summary>
50 private int MaximumLife
51 {
52     get => characterStatus.MaximumLife;
53     set => characterStatus.MaximumLife = (value > 0) ? value : 0;
54 }
```

Listado 21.1: Fragmento de Assets/Scripts/HealthController.cs

Observa que he utilizado la propiedad `Life` para asegurar que los nuevos valores que se le quieran fijar no excedan la vida máxima (línea 39 del listado 21.1). El valor resultante sirve para actualizar la propiedad `Life` del script `Assets/Scripts/CharacterStatus.cs`, ubicado en el GameObject raíz del prefab. Ese script tiene sus propias propiedades `Life` y `MaximumLife` que son espejo de las de HealthController. Uno de los propósitos de CharacterStatus es ofrecer propiedades espejo que reflejan las de otros scripts del prefab. Así se centraliza el acceso a esas propiedades desde objetos externos al prefab, de tal manera que a dichos objetos les basta con conseguir una referencia a CharacterStatus, en vez de tener que obtener múltiples referencias a componentes desperdigados por el prefab. Luego veremos qué pasa en CharacterStatus, por ahora seguiremos en HealthController.

Cuando HealthController actualiza su propiedad `Life` valora si su prefab es el protagonista y si está muerto (línea 40), en cuyo caso emite un evento `PrinceDead` a través del bus (línea 41). El evento recibe un argumento para definir si la muerte ha sido luchando a espada o bien por otra causa, lo que sirve para que se muestre la animación de muerte más adecuada en cada caso.

En cuanto a `MaximumLife`, el usar una propiedad sirve para controlar que no se le pase un valor inferior a 0 (línea 53).

Los métodos más sencillos que ofrece la API de HealthController son los que utilizan las pociones para decirle al protagonista que puede reponer puntos de vida.

```
/// <summary>
/// Add a new health point.
/// </summary>
public void HealLifePoint()
{
    Life++;
}
```

```
68
69 /// <summary>
70 /// Set life point to its maximum.
71 /// </summary>
72 public void HealToFullLife()
73 {
74     Life = MaximumLife;
75 }
76
77 /// <summary>
78 /// Add a new maximum life point.
79 /// </summary>
80 public void AddMaximumLifePoint()
81 {
82     MaximumLife++;
83 }
```

Listado 21.2: Fragmento de Assets/Scripts/HealthController.cs

Como puedes ver en el listado 21.2, `HealLifePoint()` se limita a incrementar en un punto la vida (línea 66), mientras que `HealFullLife()` la pone a su máximo (línea 74).

El tercer método, `AddMaximumLifePoint()`, sirve para incrementar la capacidad total de la barra de vida (línea 82).

HealthController ofrece también métodos para que los objetos que dañen al protagonista puedan restarle vida. Por ejemplo, el método `SwordHit()` es llamado por FightingInteractions cuando, en mitad de una refriega, el personaje recibe un golpe de espada.

```
/// <summary>
/// Character has been hit by an enemy's sword.
/// </summary>
public void SwordHit()
{
    switch (characterStatus.CurrentState)
    {
        // If character has sword unsheathed then only loses a life.
        case CharacterStatus.States.IdleSword:
        case CharacterStatus.States.AdvanceSword:
        case CharacterStatus.States.AttackWithSword:
        case CharacterStatus.States.BlockedSword:
        case CharacterStatus.States.CounterBlockSword:
        case CharacterStatus.States.BlockSword:
        case CharacterStatus.States.Retreat:
            Life--;
            break;
        // In every other case character is directly killed.
        default:
            Life = 0;
            break;
    }

    if (characterStatus.IsDead)
    {
        this.Log($''(HealthController - {transform.root.name}) Dead by sword.'',
            showLogs);
        stateMachine.SetBool(''isDead'', true);
        stateMachine.SetTrigger(''Hit'');
    }
    else
    {
        this.Log($''(HealthController - {transform.root.name}) Hit by sword. New
            current life: {Life}'', showLogs);
        stateMachine.SetTrigger(''Hit'');
    }
```

```
130 }
```

Listado 21.3: Fragmento de Assets/Scripts/HealthController.cs

En este caso, el juego original distingue dos situaciones: si la estocada coge al protagonista sin desenvainar su espada, entonces el protagonista caerá herido de muerte; sin embargo, si el ataque se produce con la espada desenvainada, entonces el protagonista sólo recibirá un punto de daño.

En *Prince of Unity* implemento las dos situaciones dentro de `SwordHit()`. Las líneas 104 a la 112 del listado 21.3 abarcan los estados en los que el personaje cuenta con la espeda desenvainada, por lo que sólo recibe un punto de daño, mientras que las líneas 114 a 116 cubren el resto de los casos en los que el protagonista muere por recibir el mandoble sin tener su propia espada en sus manos.

Si, como consecuencia de lo anterior, se produjese la muerte del protagonista (línea 119), esta se señalizaría a la máquina de estados del personaje (línea 122). En caso contrario, se avisaría de que se ha recibido un golpe de espada (línea 128) para que se activase la animación en la que el personaje se tambalea y retrocede.

Cuando el golpe no viene de una espada, sino de una losa de suelo que se desploma sobre la cabeza del personaje, el método que al que se llama es `GroundHit()`.

```
132 /// <summary>
133 /// Character has been hit by a falling ground.
134 /// </summary>
135 /// <param name=''damage''>Damage amount to inflict to character.</param>
136 public void GroundHit(int damage)
137 {
138     //Life = Math.Clamp(Life - damage, 0, MaximumLife);
139     // Don't change for Life =- damage. Maybe because it is a property but if you do
           that way wrong things happen.
140     Life = Life - damage;
141     if (characterStatus.IsDead)
142     {
143         this.Log($''(HealthController - {transform.root.name}) Dead by falling ground
               .'', showLogs);
144         stateMachine.SetBool(''isDead'', true);
145         Invoke(nameof(ShowFallingGroundHitEffect), 0.05f);
146     }
147     else
148     {
149         this.Log($''(HealthController - {transform.root.name}) Hit by falling ground.
               New current life: {Life}'', showLogs);
150         Invoke(nameof(ShowFallingGroundHitEffect), 0.15f);
151     }
152 }
```

Listado 21.4: Fragmento de Assets/Scripts/HealthController.cs

El método `GroundHit()` tiene un parámetro `damage` (línea 136 del listado 21.4) para que el personaje reciba un daño proporcional a la altura desde la que haya caído la baldosa (línea 140).

Si el personaje muere a consecuencia del daño recibido (línea 141), se informa a la máquina de estados del prefab (línea 144) y luego se llama al método `ShowFallingGroundHitEffect()` que activa los efectos visuales (línea 145). Esa llamada se realiza mediante un `Invoke()` para retrasarla un tiempo y darle así margen a la máquina de estados a activar las animaciones adecuadas.

El mencionado método `ShowFallingGroundHitEffect()` es muy sencillo.

```
/// <summary>
/// Make Prince crouch and show damage signal.
/// </summary>
private void ShowFallingGroundHitEffect()
{
    stateMachine.SetTrigger(''HitByFallingGround'');
    damageEffects.ShowFallingGroundHit(fightingInteractions.ImGuard);
}
```

Listado 21.5: Fragmento de Assets/Scripts/HealthController.cs

Como puedes ver en el listado 21.5, el método se limita a avisar a la máquina de estados de que se ha producido un golpe por el desplome de una baldosa (línea 159), y a llamar al método `ShowFallingGroundHit()` (línea 160) para mostrar los flashes visuales que resaltan el daño.

Como ya hemos dicho, la cantidad de daño que se le pasa al método `GroundHit()` del listado 21.4 es proporcional a la altura desde la que se haya desplomado la baldosa. El cálculo se realiza en el método `OnCharacterHit()` del script `Assets/Scripts/FallingGroundCharacterInteractions.cs`.

```
38 /// <summary>
39 /// When a character is hit, then we must hurt him.
40 ///
41 /// The inflicted damage depends on how much this ground has fallen.
42 /// </summary>
43 /// <param name=''characterHit''>Character to apply damage.</param>
44 public void OnCharacterHit(GameObject characterHit)
45 {
46     if (fallingGroundStatus.CurrentState == FallingGroundStatus.FallingGroundStates.
           Falling)
47     {
48         if (characterHit.GetComponentInChildren<CharacterStatus>().CurrentState !=
               CharacterStatus.States.Falling)
49         {
50             int damage = (int)Mathf.Ceil(fallingHeightCounter.FallenHeight/2);
51             HealthController characterHitHealthController = characterHit.
                   GetComponentInChildren<HealthController>();
52             characterHitHealthController.GroundHit(damage);
53             this.Log($''(FallingGroundCharacterInteractions - {transform.root.name})
                   Character hit wit {damage} damage.'', showLogs);
54         }
55     }
56 }
```

Listado 21.6: Fragmento de Assets/Scripts/FallingGroundCharacterInteractions.cs

Como se puede ver en el listado 21.6, el cálculo del daño se realiza dividiendo a la mitad la altura caída y redondeando al alza (línea 50). Ese es el valor que se le pasa al método `GroundHit()` que estudiábamos antes.

Observa que el valor de la altura caída lo devuelve la propiedad `FallenHeight` del campo `fallingHeightCounter`, el cual no es más que una referencia al script `Assets/Script/FallingGroundFallenHeightCounter.cs`, situado en el GameObject Physics del prefab de los personajes.

```
/// <summary>
/// Current fallen height since fall started.
/// </summary>
public float FallenHeight { get; private set; }

private float _startingHeight;

/// <summary>
/// Get current Y coordinate where this component parent game object is placed.
/// </summary>
/// <returns>Current Y coordinate this component parent game object is placed.</
    returns>
private float GetCurrentHeight()
{
    return transform.root.position.y;
}

private void Start()
{
```

```
34        _startingHeight = GetCurrentHeight();
35    }
36
37    private void FixedUpdate()
38    {
39        if (fallingGroundStatus.CurrentState == FallingGroundStatus.FallingGroundStates.Falling)
40        {
41            FallenHeight = _startingHeight - GetCurrentHeight();
42        }
43    }
```

Listado 21.7: Fragmento de Assets/Scripts/FallingGroundFallenHeightCounter.cs

En el listado 21.7 se ve que el script se inicia tomando nota de la altura a la que se encuentra situada la baldosa (línea 34).

A partir de entonces, el script hace polling a la máquina de estados en cada `FixedUpdate()` y, en cuanto detecta que el estado pasa a ser Falling, calcula la diferencia entre la altura a la que se encuentra la pieza respecto a la que estaba al arrancar el nivel (línea 41). Dicha diferencia es precisamente la altura caída hasta el momento y la que se guarda en la propiedad `FallenHeight`.

HealthController no es sólo reactivo. No se limita a ofrecer una API, sino que también toma acciones cuando detecta determinadas situaciones desde su `FixedUpdate()`:

```
163   private void FixedUpdate()
164   {
165       if (characterStatus.CurrentState != _oldState)
166       {
167           switch (characterStatus.CurrentState)
168           {
169               case CharacterStatus.States.HardLanding:
170                   Life--;
171                   this.Log($''(HealthController - {transform.root.name}) Hard landing. Now life is {Life}.'', showLogs);
172                   break;
173               case CharacterStatus.States.DeadByFall:
174                   Life = 0;
175                   this.Log($''(HealthController - {transform.root.name}) Deadly landing.'', showLogs);
176                   break;
177               case CharacterStatus.States.KilledByTrap:
178                   Life = 0;
179                   this.Log($''(HealthController - {transform.root.name}) Killed by a trap.'', showLogs);
180                   break;
181           }
182           _oldState = characterStatus.CurrentState;
183       }
184
185   }
```

Listado 21.8: Fragmento de Assets/Scripts/HealthController.cs

Como se puede ver en el listado 21.8, HealthController monitoriza mediante polling los estados por los que va pasando el personaje y actualiza el nivel de vida conforme a ellos.

Si ve que el personaje realiza un aterrizaje duro (línea 169), tras caer más de 1 nivel, le resta un punto a la vida (línea 170).

Si, por el contrario, detecta un estado letal para el personaje, como aterrizar tras caer más de dos niveles (línea 173) o ser asesinado por una trampa (línea 177), entonce pone la vida a cero (líneas 174 y 178).

21.2. CharacterStatus

Llegados a este punto ya podemos profundizar en CharacterStatus. Recuerda que este script ofrece un reflejo centralizado de varias propiedades de HealthController, junto a otras de otros scripts del prefab. En ese sentido, las dos propiedades que refleja de HealthController son `Life` y `MaximumLife`:

```
181 public int Life
182 {
183     get => life;
184     set
185     {
186         life = Math.Clamp(value, 0, maximumLife);
187         if (_eventBus != null && _eventBus.HasRegisteredEvent<GameEvents.
                CharacterLifeUpdated>())
188             _eventBus.TriggerEvent(new GameEvents.CharacterLifeUpdated(Life,
                    MaximumLife), this);
189         // Added check to get rid of ''Animator is not playing an AnimatorController''
                 warning.
190         if (stateMachine.isActiveAndEnabled) stateMachine.SetBool(''isDead'', IsDead);
191     }
192 }
193 
194 public int MaximumLife
195 {
196     get => maximumLife;
197     set
198     {
199         if (value > 0)
200         {
201             maximumLife = IsPrince? Math.Clamp(value, 0, _lifesRoof): value;
202             life = Math.Clamp(life, 0, maximumLife);
203             if (_eventBus != null && _eventBus.HasRegisteredEvent<GameEvents.
                    CharacterLifeUpdated>())
204                 _eventBus.TriggerEvent(new GameEvents.CharacterLifeUpdated(Life,
                        MaximumLife), this);
205         }
206 
207     }
208 }
```

Listado 21.9: Fragmento de Assets/Scripts/CharacterStatus.cs

Como puedes ver en el listado 21.9, las dos propiedades ejecutan bastante código cuando se producen modificaciones de su valor.

La propiedad `Life` emite un evento a través del bus anunciando el nuevo valor de vida (línea 188) y, acto seguido, avisa a la máquina de estados del prefab (línea 190).

La propiedad `MaximumLife` también emite un evento a través del bus avisando del nuevo valor máximo de la vida del protagonista (línea 204). Lo que no necesita es avisar a la máquina de estados, ya que esta propiedad no se actualiza en situaciones que puedan implicar la muerte del protagonista.

Fíjate que CharacterStatus ofrece propiedades directamente calculadas a partir de las reflejadas de otros scripts. Por ejemplo, la propiedad `IsDead` se calcula a partir de las de HealthController:

```
public bool IsDead => (Life == 0);
```

Listado 21.10: Fragmento de Assets/Scripts/CharacterStatus.cs

21.3. PrinceStatus

Gracias a HealthController podremos gestionar la vida a lo largo de un nivel, pero ¿qué pasa cuando cambiemos de nivel? En el capítulo 17 vimos que los GameObject, y los datos que contienen, no se conservan entre niveles a no ser que se recurra al truco del `DontDestroyOnLoad()`. Sin embargo, HealthController no incluye esa llamada en su código, así que ese script, así como el prefab del protagonista que lo contiene, se recrea desde cero en cada nivel.

¿Cómo se hace entonces para conservar de un nivel a otro los datos de vida actual y de vida máxima? El secreto está en reflejar estos datos en un script que se encuentre dentro del prefab compuesto `Assets/Prefabs/Managers/GameManagers`. Como vimos en el capítulo 17, ese prefab tiene en su GameObject raíz un script que llama a `DontDestroyOnLoad()`, por lo que dicha raíz, y los GameObjects y prefabs anidados que están por debajo de ella, se conservan entre niveles. Uno de esos prefabs anidados es `Assets/Prefabs/Managers/GameStatus`, del cual cuelga el script `Assets/Scripts/PrinceStatus.cs`. Dicho script se suscribe, entre otros, al evento que informa de cambios en la vida del protagonista:

```
62  private void Start()
63  {
64      eventBus.AddListener<GameEvents.SwordTaken>(OnSwordTaken);
65      eventBus.AddListener<GameEvents.SwordLost>(OnSwordLost);
66      eventBus.AddListener<GameEvents.CharacterLifeUpdated>(OnLifeUpdated);
67      eventBus.AddListener<GameEvents.LevelLoaded>(OnLevelLoaded);
68      eventBus.AddListener<GameEvents.LevelReloaded>(OnLevelReloaded);
69  }
70
71  // private void OnEnable()
72  // {
73  //
74  // }
75
76  private void OnDisable()
77  {
78      eventBus.RemoveListener<GameEvents.SwordTaken>(OnSwordTaken);
79      eventBus.RemoveListener<GameEvents.SwordLost>(OnSwordLost);
80      eventBus.RemoveListener<GameEvents.CharacterLifeUpdated>(OnLifeUpdated);
81      eventBus.RemoveListener<GameEvents.LevelLoaded>(OnLevelLoaded);
82      eventBus.RemoveListener<GameEvents.LevelReloaded>(OnLevelReloaded);
83  }
```

Listado 21.11: Fragmento de Assets/Scripts/PrinceStatus.cs

La suscripción es al evento CharacterLifeUpdated (línea 66 del listado 21.11), el cual ya vimos en el listado 21.9 que se emitía desde CharacterStatus (línea 188 de ese listado).

El método suscrito es `OnLifeUpdated()` que tiene la siguiente implementación:

```
103 /// <summary>
104 /// Listener for listener update events.
105 /// </summary>
106 /// <param name=''sender''>Sender game object. Usually a character monobehaviour</
        param>
107 /// <param name=''ev''>Event data.</param>
108 private void OnLifeUpdated(object sender, GameEvents.CharacterLifeUpdated ev)
109 {
110     // We only keep track of Prince across levels.
111     CharacterStatus senderStatus = ((MonoBehaviour) sender).transform.root.gameObject.
            GetComponentInChildren<CharacterStatus>();
112     if (senderStatus != null && senderStatus.IsPrince)
113     {
114         CurrentPlayerMaximumLife = ev.MaximumLife;
115         CurrentPlayerLife = Mathf.Clamp(ev.CurrentLife, 0, CurrentPlayerMaximumLife);
116     }
117 }
```

Listado 21.12: Fragmento de Assets/Scripts/PrinceStatus.cs

El método usa la referencia al remitente del evento y, después de convertirlo a un MonoBehaviour, consigue una referencia al GameObject raíz de su prefab. Desde allí hace una búsqueda recursiva con `GetComponentInChildren()` del script CharacterStatus (línea 111 del listado 21.12).

Esa referencia al Character Status del remitente es muy útil, porque permite determinar si el emisor del evento es el protagonista o un enemigo. Sólo nos interesa guardar entre niveles la vida del protagonista (ya que los enemigos no viajan entre niveles), así que, en caso de que el remitente lo sea (línea 112), se guarda su vida máxima (línea 114) y su vida actual (línea 115). Esa información se guarda en las propiedades `CurrentPlayerMaximumLife` y `CurrentPlayerLife` respectivamente.

Cuando se carga un nuevo nivel, se emite un evento LevelLoaded al que PrinceStatus suscribe el método `OnLevelLoaded()`:

```
119 /// <summary>
120 /// Listener for LevelLoaded events.
121 /// </summary>
122 /// <param name=''_''>Sender game object. Usually a LevelLoader monobehaviour.</param>
123 /// <param name=''__''>Event data.</param>
124 private void OnLevelLoaded(object _, GameEvents.LevelLoaded __)
125 {
126     bool shouldSavePrinceStats = GameObject.Find(''LevelSpecifics'').
            GetComponentInChildren<LevelConfiguration>()
127         .SavePrinceStatusWhenLevelLoaded;
128     if (shouldSavePrinceStats)
129     {
130         _levelStartStats.MaximumLife = CurrentPlayerMaximumLife;
131         _levelStartStats.CurrentLife = CurrentPlayerLife;
132         _levelStartStats.HasSword = HasSword;
133         GameTimer timer = GameObject.Find(''GameManagers'').GetComponentInChildren<
                GameTimer>();
134         _levelStartStats.ElapsedSeconds = timer.ElapsedSeconds;
135     }
136 }
```

Listado 21.13: Fragmento de Assets/Scripts/PrinceStatus.cs

Este método sirve para guardar los niveles de vida con los que el protagonista empieza el nivel (líneas 130 y 131 del listado 21.13) para restaurarlos en caso de que el protagonista tuviera que reiniciar el nivel tras morir en él.

Esa restauración ocurre en el método `OnLevelReloaded()`, método suscrito al evento LevelReloaded:

```
138 /// <summary>
139 /// Listener for LevelReloaded events.
140 /// </summary>
141 /// <param name=''_''>Sender game object. Usually a LevelLoader monobehaviour.</param>
142 /// <param name=''__''>Event data.</param>
143 private void OnLevelReloaded(object _, GameEvents.LevelReloaded __)
144 {
145     CurrentPlayerMaximumLife = _levelStartStats.MaximumLife;
146     CurrentPlayerLife = _levelStartStats.CurrentLife;
147     HasSword = _levelStartStats.HasSword;
148 }
```

Listado 21.14: Fragmento de Assets/Scripts/PrinceStatus.cs

Es en las líneas 145 y 146 del listado 21.14 donde tiene lugar la restauración de los niveles de vida que se guardaron al iniciar el nivel por primera vez.

Por otro lado, `CurrentPlayerMaximumLife` y `CurrentLife` son claves a la hora de inicializar al protagonista al comienzo del nivel. Cuando se arranca un nivel, se instancia el prefab del protagonista, por lo que este se inicia desde cero. Lo primero que hace su script CharacterStatus es conseguir una referencia a PrinceStatus:

```
private void Awake()
{
    UpdateStateMachineFlags();
    _gameManagersAvailable = GameObject.Find(''GameManagers'') != null;
    if (_gameManagersAvailable)
```

```
294     {
295         _eventBus = GameObject.Find(''GameManagers'').GetComponentInChildren<EventBus
            >();
296         _princePersistentStatus = GameObject.Find(''GameManagers'').
                GetComponentInChildren<PrinceStatus>();
297     }
298 }
```

Listado 21.15: Fragmento de Assets/Scripts/CharacterStatus.cs

Para ello, hace una búsqueda dentro del nivel del GameObject con nombre GameManagers (línea 292 del listado 21.15). Esta es la instancia del prefab GameManagers que se va arrastrando entre niveles desde el primero del juego.

Una vez obtenida la referencia a GameManagers, se utiliza para buscar los GameObject anidados dentro de él: el bus de eventos (línea 295) y PrinceStatus (línea 296).

Con esas referencias, CharacterStatus ya puede averiguar los niveles iniciales de vida con los que tiene que crear al protagonista, al arrancar el nivel:

```
301 private void Start()
302 {
303     if (_gameManagersAvailable && IsPrince)
304     {
305         _lifesRoof = _princePersistentStatus.MaximumLifeRoof;
306         // I cannot assign directly from _princePersistentStatus to Life and
                MaximumLife
307         // because those properties assign values under the hood to
                _princePersistentStatus.
308         int _maximumLife = _princePersistentStatus.CurrentPlayerMaximumLife;
309         int currentLife = _princePersistentStatus.CurrentPlayerLife;
310         MaximumLife = _maximumLife;
311         Life = currentLife;
312         HasSword = _princePersistentStatus.HasSword;
313         this.Log($''(CharacterStatus - {transform.root.name}) Starting stats set.'',
                showLogs);
314         if (_eventBus.HasRegisteredEvent<GameEvents.LevelReloaded>())
315             _eventBus.AddListener<GameEvents.LevelReloaded>(OnLevelReloaded);
316     }
317     else
318     {
319         HasSword = true;
320     }
321     this.Log($''(CharacterStatus - {transform.root.name}) Started.'', showLogs);
322 }
```

Listado 21.16: Fragmento de Assets/Scripts/CharacterStatus.cs

Es en `Start()` donde CharacterStatus lee los valores de vida PrinceStatus (líneas 308 y 309 del listado 21.16) y los carga en sus propias propiedades (líneas 310 y 311). Probablemente te estés preguntando por qué he usado variables intermedias en vez de cargar los valores de PrinceStatus directamente en `MaximumLife` y `Life`. La razón es que esas dos propiedades generan eventos que a su vez actualizan PrinceStatus, lo cual me ha dado problemas que he sorteado haciendo uso de esas variables intermedias.

Fíjate que sólo cargas los valores de PrinceStatus si se trata del CharacterStatus del protagonista. Si fuera un enemigo, caería en el código de la línea 317 en la que nos limitamos a decir que los enemigos están equipados con la espada desde el principio. El efecto es que los valores de `Life` y `MaximumLife` serán los que hayamos cargado por el inspector a través de los campos `life` y `maximumLife`.

Una vez cargados los valores en las propiedades `MaximumLife` y `Life` de CharacterStatus, HealthController ya puede funcionar también, ya que sus respectivas propiedades `MaximumLife` y `Life` se refieren, en realidad, a las de CharacterStatus, como pudimos ver en el listado 21.1.

Eso cierra lo que podríamos llamar el círculo de la gestión de la vida dentro de *Prince of Unity*.

CAPÍTULO

22 Inteligencia de los enemigos

A pesar del precedente de *Karateka,* que enfocaba su mecánica de juego a vencer a enemigos que se interponían en el camino del protagonista, Jordan Mechner empezó el desarrollo de *Prince of Persia* por los escenarios y por las habilidades acrobáticas del personaje principal. No fue hasta cierto punto que determinadas personas probaron el juego y le advirtieron de que debía introducir enemigos o, de lo contrario, el juego podría hacerse monótono [123].

Así que Mechner incluyó tres tipos de enemigos: los guardias, el esqueleto y el visir. Los guardias están diseminados por todo el juego, mientras que el esqueleto y el visir sólo aparecen en un momento del juego cada uno. Todos exhiben el mismo comportamiento: permanecen quietos hasta que detectan al protagonista y entonces se aproximan a él para atacarle. La diferencia entre unos y otros estriba en la dificultad. Hay distintos tipos de guardias, distinguibles por el color de sus ropajes, que se caracterizan por diferentes grados de agresividad a la hora de atacar y de efectividad para defenderse. El visir es igual que los guardias, sólo que tiene un atuendo diferente y es el que más ataca y se defiende. Por su parte, el esqueleto hace lo mismo que los guardias y el visir, pero además es invulnerable a los ataques que le acierten. Más allá de hacerle retroceder hasta hacerle caer por un abismo, no hay manera de acabar con el esqueleto.

Teniendo en cuenta lo anterior, para *Prince Of Unity* decidí implementar sólo a los guardias y al visir. Sus semejanzas me permitían crear elementos comunes a todos ellos, y sus diferencias eran lo suficientemente reducidas como para que su implementación no retrasase el avance del desarrollo (que en aquel momento iba ya un poco justo para el objetivo que me había propuesto). De hecho, la implementación interna de los guardias y el visir es exactamente la misma, salvando la apariencia visual y la habilidad en combate, que en el visir es superior a la de cualquier guardia. Deseché incorporar al esqueleto porque sólo aparece una vez en todo el juego, y sus diferencias estéticas y funcionales con el resto de enemigos habrían complicado innecesariamente el juego. Hacer invulnerable al esqueleto no habría sido difícil, pero sospecho que habría complicado la generalización de código con los otros dos tipos de enemigos, y aun así me habría obligado a repetir bastantes cosas, tanto de código como gráficas, sin que tampoco me hubiese aportado nada en terminos de nuevo conocimiento. Por tanto, llegué a la conclusión de que el esfuerzo de incorporar al esqueleto era superior al beneficio que obtendría para mi propio aprendizaje y para el propósito de *Prince of Unity.* A partir de este punto, cuando a lo largo de este capítulo hable de los enemigos, debe entenderse que me refiero a los guardias y al visir, a no ser que haga mención explícita a alguno de ellos. Todos sus prefabs están en la ruta 🗀 `Assets/Prefabs/Characters`.

A pesar de todo lo anterior, los enemigos juegan un papel secundario tanto en el juego original como en *Prince of Unity.* El verdadero antagonista del jugador son los escenarios, con sus trampas, abismos, escaladas, puertas y agujeros. El juego original tiene un gran mérito al haber conseguido un juego tan dinámico con componentes de un comportamiento tan predecible. Los únicos elementos que son realmente dinámicos y cuyos comportamiento tiene cierto componente de impredecibilidad son, precisamente, los enemigos, en los que se concentran todos los componentes que solemos asociar a la inteligencia artificial en un juego. En este capítulo estudiaremos esos componentes, lo que nos servirá como una primera introducción a la inteligencia artificial que se aplicaba a los personajes de los juegos de los años 80 y 90.

22.1. Agentes inteligentes

Los *agentes inteligentes* son también conocidos como *agentes autónomos*. La mejor definición que he leído sobre ellos es esta [24]:

> *Un agente autónomo es un sistema que forma parte de un entorno, que siente dicho entorno y que actúa sobre él a lo largo del tiempo, persiguiendo sus propios objetivos y afectando, por tanto, a lo que vaya a percibir en el futuro.*

Esta definición tiene bastante enjundia, así que vamos a analizarla con detenimiento.

Para empezar, un agente es un sistema. Eso quiere decir que no es una entidad monolítica, sino que tiene componentes internos que interactúan entre sí para dar forma al comportamiento del agente. Cuando construyes un prefab de Unity, juntando componentes de distintos tipos, lo que estás dando lugar es a un sistema.

El agente forma parte de un entorno. Un agente aislado de su entorno no es un agente, pierde su razón de ser. Lo que buscamos en un agente es que se integre en un entorno y reaccione a él. En Unity, el entorno sería una escena y nuestro agente tomaría la forma de una instancia de un prefab dentro de dicha escena.

El agente siente su entorno, eso significa que debe ser consciente de lo que pasa a su alrededor para poder tomar una decisión de cómo reaccionar a ello. Para que un objeto de la escena pueda percibir los cambios, hay que dotarle de sensores como los que se ven en el capítulo 10.

El agente actúa sobre su entorno, no es un elemento inerte. Una vez que percibe determinados cambios en su entorno, puede decidir reaccionar a ellos, lo que puede conllevar que el entorno cambie como consecuencia de esa reacción.

El agente tiene sus propios objetivos e intereses. Es lo que le da el carácter autónomo o inteligente para reaccionar como lo hace a los cambios del entorno. Muchas veces, los intereses contrapuestos de los agentes respecto a los del protagonista son la razón de ser del juego. En el caso de *Prince of Unity*, su motivación es matar al protagonista para que no pueda llegar hasta la princesa, mientras que el interés del protagonista es liberarla.

Las reacciones del agente afectan a lo que vaya a percibir en el futuro. Eso quiere decir que las decisiones que toma afectan al entorno y, por tanto, condicionan su propio futuro. Si un guardia toma la decisión de no protegerse de un ataque y, como consecuencia de ello recibe un golpe, su futuro se tornará más negro, porque estará más cerca de ser eliminado. En *Prince of Unity* no pasa, pero en otros juegos esa mayor cercanía a la muerte podría hacer que el guardia tuviese mayor percepción de peligro y se volviese más agresivo.

Por lo tanto, una vez que situamos a un agente en el escenario, se pondrá a percibir lo que tiene alrededor y a reaccionar a los cambios en función de sus intereses. Todo ello sin intervención del desarrollador. Una vez situado en el escenario, el agente autónomo va a su aire.

¿Significa eso que el agente autónomo debe ser capaz de reaccionar a todos los cambios? No necesariamente. Lo que distingue a la inteligencia artificial académica (o científica) de la aplicada a videojuegos es que esta no tiene que ser realmente inteligente, sino sólo parecerlo. Me explico: si estuviésemos desarrollando un sistema de inteligencia artificial para un Rover que hubiera que enviar a Marte, querríamos contemplar cada posible contingencia y dotar al sistema de la capacidad de reaccionar a ella. A nuestro favor tendríamos el presupuesto abultado de una agencia espacial y el acceso a la tecnología de proceso más puntera y potente. Sin embargo, la inteligencia artificial para videojuegos no puede permitirse esos lujos, ya que tiene que ajustarse al presupuesto de un grupo de desarrollo y el hardware donde se ejecute el agente será el que pueda aportar el usuario: un ordenador de consumo, una consola o, incluso, un móvil. Además, cuando desarrollamos un juego tampoco queremos que sea tan listo como para vencer inmisericordemente a los jugadores. Eso les desalentaría y dejarían de jugar. Así que, cuando desarrollamos inteligencia artificial para videojuegos, queremos que sea lo suficientemente buena como para resultar desafiante, pero no tanto como para resultar invencible para nuestro público objetivo. Así que para nuestros juegos nos bastará con que nuestros agentes parezcan inteligentes, y ello supone que sean capaces de reaccionar a las situaciones más habituales, pero no necesariamente a todas las que se pudieran dar. El diseño de niveles juega un papel fundamental a la hora de evitar que se noten las limitaciones de nuestra inteligencia artificial. Para ello necesitaremos un diseñador de niveles habilidoso, capaz de crear escenarios interesantes y desafiantes, pero que al mismo tiempo minimicen sutilmente las situaciones en las que nuestra inteligencia artificial podría tener problemas para comportarse de manera convincente.

Teniendo en cuenta todo lo anterior, los únicos agentes inteligentes que hay en *Prince of Unity* son los enemigos. Todos ellos son sistemas de componentes (prefabs) instanciados en escenas (entornos) y dotados con sensores con los que perciben su entorno. En función de lo que detecten esos sensores, se moverán y tomarán la decisión de atacar o no, siguiendo su motivación de borrar del mapa al protagonista. Todo ello sin ser rivales perfectos que barran al jugador en cuanto se crucen con él.

En las siguientes secciones veremos cómo le he dado forma a estos agentes en *Prince of Unity.* Espero que te sirva de ejemplo para enfocar los agentes que vayas a implementar en tus propios juegos.

22.2. Detección

Los enemigos cuentan con un conjunto de sensores agrupados en su GameObject Sensors.

En concreto hay tres sensores:

- Sensores de rayos para detectar al protagonista (🗀`Assets/Prefabs/Components/EnemySensors`).
- Sensores de rayos para detectar el suelo (🗀`Assets/Prefabs/Components/GroundSensors`).
- Sensor volumétrico para los combates (🗀`Assets/Prefabs/Components/FightingSensors`).

Las diferencias entre los sensores de rayos y los volumétricos se ven en el capítulo 10.

Los sensores de rayos para detectar al protagonista son dos rayos situados a la altura de los tobillos del enemigo. Un rayo se dirige 5 unidades hacia delante y el otro rayo 3 unidades hacia atrás.

Si cualquiera de los rayos detecta al protagonista, avisa al enemigo a través de los parámetros de su máquina de estados. Si se le ha detectado por delante, se activa el parámetro enemySeenForward y, si se le detecta por detrás, enemySeenRear. Esto hace que la máquina de estados reaccione orientándose hacia el protagonista y aproximándose a él. Para llevar a cabo esta tarea, el sensor necesita una referencia al componente Animator del enemigo.

De igual manera, los sensores de suelo son tres rayos que se enfocan hacia el suelo. Se trata de un componente que también se usa en el prefab del protagonista. El rayo delantero detecta el borde de los precipicios para evitar que el guardia se desplome por ellos sólo por haber detectado al protagonista al otro lado. El rayo central detecta el suelo bajo los pies del guardia y activa la animación de caída cuando deja de hacerlo. El rayo trasero detecta bordes de precipicios por detrás del personaje. El rayo trasero le sirve al protagonista para detectar cuándo puede descolgarse a un nivel superior agarrándose a los bordes. Sin embargo, los enemigos no usan este rayo porque no se descuelgan, sólo se caen.

Los sensores de suelo también tienen referencias al Animator del enemigo y a su script de Status. Con la referencia al Animator activan parámetros en la máquina de estados, y con la que apunta al script de Status puede acceder al estado actual de la máquina de estados. Cuando el rayo delantero detecta suelo, activa el parámetro GroundAhead en la máquina de estados. Cuando lo hace el rayo trasero, se activa GroundBehind. Finalmente, cuando es el rayo central, el que se activa es OnGround.

No entro al detalle del funcionamiento de esos sensores, porque ya se explican en el capítulo 10.

Por último, el sensor volumétrico para los combates tiene dos propósitos: avisar del momento en el que el contrincante se pone al alcance de los ataques del enemigo, y evitar acercarse demasiado a este. Este sensor también lo tiene el protagonista.

Cuando el contendiente entra en el volumétrico se activa su correspondiente `OnTriggerEnter2D()`:

```
private void OnTriggerEnter2D(Collider2D col)
{
```

```
106        if (IsOurEnemy(col))
107        {
108            CurrentEnemy = GetRootGameObject(col);
109            stateMachine.SetBool(''enemyInHittingRange'', true);
110        }
111    }
```

Listado 22.1: Fragmento de Assets/Scripts/FightingSensors.cs

Como puedes ver en el listado 22.1, si el collider detectado pertenece a un oponente, se asciende por la jerarquía de la que depende dicho collider hasta obtener su raíz y, por tanto, la instancia completa del GameObject al que pertenece. Asignamos ese GameObject a la propiedad CurrentEnemy para tener una referencia que nos permita comunicarnos con el oponente (línea 108).

Acto seguido, se avisa a la máquina de estados de que hay un oponente al alcance poniendo a verdadero el parámetro enemyInHittingRange (línea 109).

Hay que tener en cuenta que el volumen se activa en cuanto entra en él cualquier tipo de collider, así que hay que hacer cierto filtrado para asegurar que el que ha entrado sea un oponente. De eso se encarga el método `IsOurEnemy()` de la línea 106:

```
73  /// <summary>
74  /// Friend or foe identification.
75  /// </summary>
76  /// <param name=''other''>Other guy.</param>
77  /// <returns>True if he is our enemy, false if not.</returns>
78  private bool IsOurEnemy(Collider2D other)
79  {
80      // We want to detect character solid colliders, not sensors.
81      if (other.transform.CompareTag(''Sensor'')) return false;
82  
83      string otherTag = GetRootGameObject(other).tag;
84      if (imGuard && otherTag == ''Player'') return true;
85      if (imGuard && otherTag == ''Guard'') return false;
86      if (!imGuard && otherTag == ''Guard'') return true;
87      if (!imGuard && otherTag == ''Player'') return false;
88  
89      // If we get here then we have detected nor a Character nor a Sensor, but possibly
            some architecture brick.
90      return false;
91  }
```

Listado 22.2: Fragmento de Assets/Scripts/FightingSensors.cs

Fíjate que puede ser que el collider que haya entrado en el volumétrico sea el FightingSensors del oponente, porque ese sensor se alarga muy por delante del cuerpo de su personaje y lo que queremos detectar es ese cuerpo. Así que he marcado los sensores con la etiqueta Sensor, para poder descartarlo en la línea 81 del listado 22.2.

Luego, he usado las etiquetas Player y Guard, que llevan el protagonista y los enemigos respectivamente, para aclarar si el collider detectado es de un oponente o no, en función de si este script se está ejecutando o no en un enemigo (líneas 83 a 87).

> Visto en perspectiva, este fragmento de código se podría haber simplificado algo si hubiésemos utilizado capas. Por ejemplo, situando los sensores en su propia capa y configurando la matriz de colisiones para que la capa de estos sensores sólo pudiera colisionar con la de los personajes.

Cuando el otro personaje abandona el rango del volumétrico se produce el proceso inverso:

```
113 private void OnTriggerExit2D(Collider2D other)
114 {
115     if (IsOurEnemy(other))
```

```
116         {
117             GameObject otherEnemy = GetRootGameObject(other);
118             if (CurrentEnemy != null && CurrentEnemy.name == otherEnemy.name)
119             {
120                 CurrentEnemy = null;
121                 stateMachine.SetBool(''enemyInHittingRange'', false);
122             }
123         }
124 }
```

Listado 22.3: Fragmento de Assets/Scripts/FightingSensors.cs

Si el collider que ha abandonado el volumétrico pertenece a nuestro contrincante (línea 115 del listado 22.3), ponemos a `null` la propiedad que señala a nuestro oponente actual (línea 120) y avisamos a la máquina de estados poniendo a falso el parámetro enemyInHittingRange (línea 121).

Observa que en este listado se vuelve a usar el método `GetRootGameObject()` para conseguir una referencia al GameObject al que pertenece el collider. La implementación de ese método es la siguiente:

```
/// <summary>
/// Get main GameObject this collider is attached to.
/// </summary>
/// <param name=''col''>Collider detected</param>
/// <returns>Root GameObject this collider is attached to.</returns>
private GameObject GetRootGameObject(Collider2D col)
{
    // Non trigger collider are attached at a subtransform of a component of Physics
        subtransform so be must go up.
    return col.transform.root.gameObject;
}
```

Listado 22.4: Fragmento de Assets/Scripts/FightingSensors.cs

Fíjate que la clave del listado 22.4 es utilizar la propiedad `col.transform.root` para conseguir una referencia al Transform del que cuelga el collider y que se encuentra en la raíz de la jerarquía. Hecho eso, se puede usar la propiedad `gameObject` de ese Transform para obtener el GameObject asociado a él.

Uno de los primeros problemas que me encontré fue que, si los personajes se aproximaban demasiado al luchar, empezaban a solaparse y el combate no quedaba bien. Por eso busqué una manera de que los contendientes no pudieran acercarse entre sí más allá de un determinado punto. Ese punto se definía en los campos de FightingSensors:

```
4  /// <summary>
5  /// While EnemySensors search for enemy in the long range, this component detects when
       an enemy enter in hitting range.
6  /// </summary>
7  public class FightingSensors : MonoBehaviour
8  {
9      [Header(''WIRING:'')]
10     [Tooltip(''Needed to update when an enemy is at hitting range and we don't need to
           advance further.'')]
11     [SerializeField] private Animator stateMachine;
12     [Tooltip(''Needed to find out HittingRange.'')]
13     [SerializeField] private BoxCollider2D hittingZone;
14     [Header(''CONFIGURATION:'')]
15     [Tooltip(''Is this component attached to a guard?'')]
16     [SerializeField] private bool imGuard;
17     [Tooltip(''How much space proportion we let enemy enter into our hitting zone.'')]
18     [Range(0,1)]
19     [SerializeField] private float hittingZoneTolerance;
```

Listado 22.5: Fragmento de Assets/Scripts/FightingSensors.cs

Para ello, en la línea 19 del listado 22.5 se define el campo `hittingZoneTolerance`, que se configura a través del inspector. En ese campo se debe introducir la proporción (en tanto por uno) del volumétrico que nos vamos a acercar al oponente. Superada esa proporción, el sensor interpretará que hemos llegado a límite de aproximación. A partir de ese campo, el cálculo de la aproximación máxima se hace en la propiedad `MaximumApproachDistance`:

```
41 /// <summary>
42 /// Minimum distance this character can be from its enemy.
43 /// </summary>
44 public float MaximumApproachDistance
45 {
46     get
47     {
48         if (CurrentEnemy == null)
49         {
50             return HittingRange * (1 - HittingZoneTolerance);
51         }
52         else
53         {
54             return HittingRange * (1 - HittingZoneTolerance) +
55                    CurrentEnemy.GetComponentInChildren<ColliderController>()
56                        .CurrentColliderWidth;
57         }
58     }
59 }
```

Listado 22.6: Fragmento de Assets/Scripts/FightingSensors.cs

Por tanto, la aproximación máxima es el complemento a uno de la proporción representada por `HittingZoneTolerance` (línea 50 del listado 22.6). El alcance máximo del volumétrico se representa por el collider referenciado por la propiedad `HittingRange`, que no hace más que ofrecer el tamaño horizontal del collider del volumétrico.

```
/// <summary>
/// How much space proportion we let enemy enter into our hitting zone.
/// </summary>
public float HittingZoneTolerance => hittingZoneTolerance;

/// <summary>
/// Distance from character where hitting range starts.
/// </summary>
public float HittingRange => hittingZone.size.x;
```

Listado 22.7: Fragmento de Assets/Scripts/FightingSensors.cs

El sensor calcula constantemente la distancia al enemigo y lo compara con la distancia máxima de aproximación, para comprobar si esta se ha sobrepasado:

```
private void FixedUpdate()
{
    CheckIfMaximumApproachReached();
}

/// <summary>
/// Check if we have reached the minimum distance to current enemy.
/// </summary>
private void CheckIfMaximumApproachReached()
{
    // Enemy in hitting range and under MaximumApproachDistance.
    if (CurrentEnemy != null)
    {
        if (DistanceToEnemy(CurrentEnemy) <= MaximumApproachDistance)
        {
            if (!MaximumApproachToEnemyReached)
            {
                stateMachine.SetBool(''MaximumApproachToEnemyReached'', true);
```

```
149                     MaximumApproachToEnemyReached = true;
150                 }
151                 return;
152             }
153         }
154         // Enemy out of hitting range or beyond MaximumApproachDistance.
155         if (MaximumApproachToEnemyReached)
156         {
157             stateMachine.SetBool(''MaximumApproachToEnemyReached'', false);
158             MaximumApproachToEnemyReached = false;
159         }
160
161 }
```

Listado 22.8: Fragmento de Assets/Scripts/FightingSensors.cs

Fíjate cómo se actualiza la distancia en el `FixedUpdate()` del script (línea 133 del listado 22.8).

Como en otros sensores de *Prince of Unity*, cuando el sensor detecta que se ha sobrepasado la aproximación máxima al oponente, se pone a verdadero el parámetro MaximumApproachToEnemyReached de la máquina de estados (línea 148). Esto lleva a la máquina de estados a hacer que el personaje se quede donde está en caso de que pretenda avanzar.

La distancia al enemigo de la línea 144 se calcula de una manera muy sencilla. Partiendo de que se cuenta con el GameObject del oponente, sólo hay que usar el método `Distance()` de Vector2 para obtener la distancia entre el GameObject del sensor y el del oponente.

```
/// <summary>
/// Get distance to given enemy from this character.
/// </summary>
/// <param name=''enemy''>Enemy to which we want to measure distance.</param>
/// <returns>Distance to enemy.</returns>
private float DistanceToEnemy(GameObject enemy)
{
    return Vector2.Distance(transform.position, enemy.transform.position);
}
```

Listado 22.9: Fragmento de Assets/Scripts/FightingSensors.cs

Configurar a ojo la distancia de aproximación máxima puede ser un poco complicado, así que he implementado una ayuda visual que dibuja una caja azul, dentro del volumétrico, representando dicha distancia dentro del editor. Si quieres ver cómo he implementado esa ayuda visual, lo tienes bien detallado en el capítulo 16.

22.3. Movimiento

El movimiento de los personajes se gestiona desde el script `Assets/Scripts/CharacterMovement.cs`, situado en el GameObject raíz de los prefabs de dichos personajes. Hablo de personajes porque este script funciona tanto en el script del protagonista, como en el de sus enemigos. Como se ve en la sección sobre movimiento del capítulo 9, este script se limita a actualizar la velocidad del RigidBody asociado al personaje, en función del estado en el que se encuentre el personaje. Dado que la máquina de estados de los enemigos es un subconjunto de los estados del protagonista, el mismo script puede reaprovecharse para prestar servicio en ambos prefabs.

El script se configura desde el inspector, a través de los siguientes campos:

```
/// <summary>
/// This component interacts with Physics component to make character move.
/// </summary>
public class CharacterMovement : MonoBehaviour
{
```

```
10      [Header(''WIRING:'')]
11      [Tooltip(''Needed to know where is this character looking to.'')]
12      [SerializeField] private CharacterStatus characterStatus;
13      [Tooltip(''Needed to change this character position depending on its speed.'')]
14      [SerializeField] private Rigidbody2D rigidBody2D;
15      [Tooltip(''Needed to know combat conditions that may change movements.'')]
16      [SerializeField] private FightingInteractions fightingInteractions;
17      [Tooltip(''Needed to know if there is a hole ahead.'')]
18      [SerializeField] private GroundSensors groundSensors;
19      [Tooltip(''Needed so send an stop signal if we are walking over a hole ahead.'')]
20      [SerializeField] private Animator stateMachine;
21      [Tooltip(''Needed to play blocked sound.'')]
22      [SerializeField] private SoundController soundController;
23
24      [Header(''CONFIGURATION:'')]
25      [Tooltip(''Needed to know this character speed in every state.'')]
26      [SerializeField] private MovementProfile characterMovementProfile;
27
28      [Header(''DEBUG:'')]
29      [Tooltip(''Show this component logs on console window.'')]
30      [SerializeField] private bool showLogs;
```

Listado 22.10: Fragmento de Assets/Scripts/CharacterMovement.cs

Como se puede ver en el listado 22.10, el script tiene referencias a la máquina de estados (línea 20) para mandarle parámetros para iniciar nuevas transiciones, al status del prefab para saber el estado actual de la máquina de estados (línea 12), al RigidBody para poder cambiar la velocidad y dirección del personaje (línea 14), así como al ScriptableObject con las velocidades asociadas a cada uno de los estados (línea 26).

El personaje cambia el estado de su FSM en función de las lecturas de sus sensores y de los comandos del jugador (en caso de ser el protagonista). Este script revisa el estado de la FSM en cada `FixedUpdate()` para fijar en el RigidBody la velocidad más apropiada para el estado actual en el que se encuentre el personaje:

```
169 /// <summary>
170 /// If we are walking we stop if there's no ground ahead.
171 /// </summary>
172 private void StopIfHoleAheadWhileWalking()
173 {
174     if (characterStatus.CurrentState == CharacterStatus.States.Walk && !groundSensors.
            GroundAhead)
175     {
176         stateMachine.SetTrigger(''Stop'');
177         soundController.PlaySound(''path_blocked'');
178     }
179 }
180
181 private void FixedUpdate()
182 {
183     StopIfHoleAheadWhileWalking();
184     UpdateCurrentSpeed();
185     UpdatePosition();
186 }
```

Listado 22.11: Fragmento de Assets/Scripts/CharacterMovement.cs

En cada `FixedUpdate()` lo primero que se hace es comprobar si el personaje se aproxima hacia un precipicio (línea 183 del listado 22.11). Eso se puede determinar por la conjunción de dos condiciones: que estemos andando y que el sensor situado en el sentido de la marcha ya no detecte suelo (línea 174). En caso de que se den esas dos condiciones, se le pide a la máquina de estados que detenga la marcha (línea 176) para evitar la caída del personaje.

Esto vale tanto para el protagonista como para su enemigo. El protagonista no puede caerse por un borde cuando anda (sí cuando corre, pero eso tiene su estado específico) y los enemigos siempre se desplazan andando.

Asegurado que no estamos a punto de caernos por un precipicio, se busca la velocidad que corresponde al estado actual (línea 184) y, finalmente, se aplica esa velocidad al RigidBody del prefab (línea 185).

No voy a reiterar aquí cómo se implementan los métodos de esas líneas porque ya se cubre con detalle en la citada sección de movimiento del capítulo 9. Así que te remito a la explicación recogida en él.

Lo que no se cubre en dicho capítulo es cómo deciden los enemigos ponerse en movimiento y la dirección del mismo. Eso lo hace el script 🗀`Assets/Scripts/EnemyPursuer.cs`, situado en el GameObject AI de los prefabs de los enemigos. El protagonista no cuenta con los scripts de ese GameObject porque las decisiones de movimiento y ataque las toma el jugador.

En ese script se controlan en cada `FixedUpdate()` las lecturas de los sensores a ver si se detectan a un oponente y, en caso de ser así, se inicia su persecución.

```
private void FixedUpdate()
{
    PursuedEnemy = GetEnemyToPursue();
    NextPursuingCommand = GetNextPursuingCommand(PursuedEnemy);
}
```

Listado 22.12: Fragmento de Assets/Scripts/EnemyPursuer.cs

El método `GetEnemyToPursue()` se implementa de la siguiente manera:

```
78  /// <summary>
79  /// Get next enemy to pursue.
80  ///
81  /// if forward and rear enemies are detected, this method returns the forward one.
82  /// </summary>
83  /// <returns>Enemy detected to pursue. Null if there is no enemy to pursue.</returns>
84  private GameObject GetEnemyToPursue()
85  {
86      if (enemySensor.EnemySeen)
87      {
88          return enemySensor.EnemySeenForward ? enemySensor.ForwardEnemy : enemySensor.
                RearEnemy;
89      }
90      else
91      {
92          if ((PursuedEnemy != null) && (!PursuedEnemyStatus.IsDead))
93          {
94              // Enemy not seen any longer but can still be at range. He may have fallen
                     to a lower level.
95              if (DistanceToEnemy(_pursuedEnemy) > pursuingRange)
96              {
97                  // Enemy already out of range.
98                  return null;
99              }
100             else
101             {
102                 // Current enemy is still at range.
103                 return PursuedEnemy;
104             }
105         }
106     }
107     return null;
108 }
```

Listado 22.13: Fragmento de Assets/Scripts/EnemyPursuer.cs

Tal y como se puede ver en el listado 22.13, si los sensores del enemigo han detectado al protagonista (línea 86), se devuelve una referencia a él (línea 88).

En caso contrario, si se estaba persiguiendo al protagonista y este sigue vivo (línea 92), se valora si se ha superado la distancia máxima de persecución (línea 95), en cuyo caso se concluye que ya no hay protagonista que perseguir (línea 98); si, por el contrario, el protagonista sigue dentro de la distancia máxima de persecución, se continúa esta (línea 103). Estas comprobaciones se hacen porque, en el juego original, cuando los guardias empiezan a perseguirte, siguen haciéndolo aunque cambies de habitación o bajes un nivel y desaparezcas de su vista directa.

El método que emite los comandos de movimiento necesarios para llevar a cabo la persecución es `GetNextPursuingCommand()` que es uno de los más complejos de todo el juego:

```
/// <summary>
/// Get best command to get nearer to pursued enemy.
///
/// Be aware that ''nearer'' means up to hitting range. When enemy is within hitting range this method
/// returns stop.
/// </summary>
/// <param name=''pursuedEnemy''>Enemy to get nearer to.</param>
/// <returns>Next command to execute to get nearer.</returns>
private Command.CommandType GetNextPursuingCommand(GameObject pursuedEnemy)
{
    if (pursuedEnemy == null) return Command.CommandType.Stop;

    this.Log($''(EnemyPursuer - {transform.root.name}) EnemyPursuer chasing Prince.'', showLogs);
    Vector2 pursuedPosition = pursuedEnemy.transform.position;
    Vector2 currentPosition = this.transform.position;

    // Enemy cannot climb so stop.
    if (pursuedPosition.y > currentPosition.y && Math.Abs(pursuedPosition.y - currentPosition.y) > YTolerance)
    {
        this.Log($''(EnemyPursuer - {transform.root.name}) Prince is higher. As cannot climb, proposing Stop.'', showLogs);
        return Command.CommandType.Stop;
    }
    // Enemy at same level. Chase him if there's not any hole in the way.
    else if (Math.Abs(pursuedPosition.y - currentPosition.y) < YTolerance)
    {
        this.Log($''(EnemyPursuer - {transform.root.name}) Prince at the same level. Choosing best approach.'', showLogs);
        float horizontalDistance = pursuedPosition.x - currentPosition.x;
        float absHorizontalDistance = Math.Abs(horizontalDistance);
        if (absHorizontalDistance <= pursuingRange && absHorizontalDistance > fightingSensors.MaximumApproachDistance)
        {
            // This scope is only for guards as they walk only with swords unsheathed.
            if (horizontalDistance > 0 && absHorizontalDistance > fightingSensors.MaximumApproachDistance && !HoleAtRight())
            {
                this.Log($''(EnemyPursuer - {transform.root.name}) Proposing WalkRightWithSword with horizontalDistance: {horizontalDistance}, absHorizontalDistance: {absHorizontalDistance} and MaximumApproachDistance: {fightingSensors.MaximumApproachDistance}'', showLogs);
                return Command.CommandType.WalkRightWithSword;
            }

            if (horizontalDistance < 0 && absHorizontalDistance > fightingSensors.MaximumApproachDistance && !HoleAtLeft())
            {
                this.Log($''(EnemyPursuer - {transform.root.name}) Proposing WalkLeftWithSword with horizontalDistance: {horizontalDistance}, absHorizontalDistance: {absHorizontalDistance} and MaximumApproachDistance: {fightingSensors.MaximumApproachDistance}'', showLogs);
                return Command.CommandType.WalkLeftWithSword;
```

```
185                 }
186             }
187             if (absHorizontalDistance > pursuingRange) this.Log($''(EnemyPursuer - {
                    transform.root.name}) Prince beyond pursuing range ({pursuingRange}).
                    Proposing Stop.'', showLogs);
188             if (absHorizontalDistance <= _hittingRange) this.Log($''(EnemyPursuer - {
                    transform.root.name}) Prince already at hitting range ({_hittingRange}).
                    Proposing Stop.'', showLogs);
189             if (HoleAtRight() || HoleAtLeft()) this.Log($''(EnemyPursuer - {transform.root
                    .name}) Hole blocking route. Right hole: {HoleAtRight()}. Left hole: {
                    HoleAtLeft()} Proposing Stop.'', showLogs);
190             return Command.CommandType.Stop;
191         }
192         // Enemy below. We saw him (if not we would not be aware of him) but he has
                disappeared probably
193         // because he has fallen through a hole in front of us. So we got that hole and
                jump through it too.
194         else if ((pursuedPosition.y < currentPosition.y && Math.Abs(pursuedPosition.y -
                currentPosition.y) > YTolerance)
195                  && DistanceToEnemy(pursuedEnemy) <= pursuingRange
196                  && characterStatus.CurrentState != CharacterStatus.States.Falling)
197         {
198             this.Log($''(EnemyPursuer - {transform.root.name}) Prince in a lower level.
                    Choosing best option to chase him.'', showLogs);
199             return GetForwardCommand();
200         }
201         // We are falling while we chase him. Let update our next command to look in the
                correct direction as soon
202         // as we land on ground.
203         else if ((pursuedPosition.y < currentPosition.y) && DistanceToEnemy(pursuedEnemy)
                <= pursuingRange && characterStatus.CurrentState == CharacterStatus.States.
                Falling)
204         {
205             this.Log($''(EnemyPursuer - {transform.root.name}) Prince detected while we
                    fall. Choosing best option to chase him.'', showLogs);
206             float horizontalDistance = pursuedPosition.x - currentPosition.x;
207             if (horizontalDistance > 0) return Command.CommandType.WalkRightWithSword;
208             if (horizontalDistance < 0) return Command.CommandType.WalkLeftWithSword;
209         }
210         return Command.CommandType.Stop;
211     }
```

Listado 22.14: Fragmento de Assets/Scripts/EnemyPursuer.cs

Si la búsqueda de oponente del método `GetEnemyToPursue()` ha resultado infructuosa a `GetNextPursuingCommand()` se le pasará null como parámetro, a lo que el método reaccionará recomendando que el enemigo ejecute el comando Stop para quedarse parado (línea 154 del listado 22.14).

Si, por el contrario, se ha detectado al protagonista y se le puede perseguir, se saca su posición (línea 157) y se compara con la del enemigo. Si el enemigo está por debajo del protagonista (línea 161), se concluye que este se encuentra en un piso superior y que, por tanto, no se le puede perseguir (los guardias no escalan), por lo que el método recomendará el comando Stop para que el guardia permanezca donde está (línea 164).

Lo interesante empezará si el protagonista resulta estar a la misma altura que el enemigo (línea 167). En ese caso dará comienzo la persecución.

Si el protagonista se encuentra en el rango de persecución y aún hay margen de aproximación entre el protagonista y el enemigo (línea 172), se valora si el protagonista está a la derecha del enemigo (línea 175) o a la izquierda (línea 181), en cuyo caso se devuelve el comando para que el enemigo ande hacia la derecha (línea 178) o hacia la izquierda (línea 184) respectivamente.

Por el contrario, si el protagonista se ha alejado lo suficiente (línea 187), o ya lo tenemos al alcance de nuestra espada (línea 188), o bien tenemos un agujero bloqueando el paso (línea 189), entonces el método parará al enemigo recomendando el comando Stop (línea 190).

Si el enemigo hubiera visto al protagonista y este se hubiera colado por un agujero al nivel inferior (línea 194), se valora si el protagonista sigue en el rango de persecución (línea 195) y si ya ha detenido su caída por el agujero, en cuyo caso se emite un comando para avanzar un paso hacia delante para que el enemigo se meta por el mismo agujero y continúe la persecución (línea 199).

Una vez que el enemigo se ha metido por el agujero para seguir con la persecución, durante su caída (línea 203) evalúa la posición del protagonista respecto a la suya (línea 206) para decidir si al aterrizar debe moverse hacia la derecha (línea 207) o a la izquierda (línea 208).

Finalmente, si llegamos a la última línea (lo cual sería harto improbable) supondría que estamos en un caso no contemplado, así que el enemigo opta por la prudente decisión de quedarse quietecito (línea 210).

> Fíjate que EnemyPursuer no ejecuta ningún comando, sino que lo recomienda a través de su campo `NextPursuingCommand`. En la sección veremos cómo hay otro script, GuardController, que toma esa recomendación y la aplica o no según otros factores que se verán entonces.

22.4. Combate

Una vez que el enemigo ha detectado al protagonista y se ha aproximado a él lo suficiente, llega el momento de combatir a muerte. De esta labor se encarga el script `Assets/Scripts/GuardController.cs`, también situado en el GameObject AI del prefab de los enemigos.

Este script recibe las siguientes referencias a través del inspector:

```
/// <summary>
/// This is the main guard AI. Its main goal is get near Prince and fight with him to death.
/// </summary>
public class GuardController : MonoBehaviour
{
    [Header(''WIRING:'')]
    [Tooltip(''Needed to approach to Prince.'')]
    [SerializeField] private EnemyPursuer enemyPursuer;
    [Tooltip(''Needed to perform actions commands.'')]
    [SerializeField] private InputController inputController;
    [Tooltip(''Needed to perform fighting calculations.'')]
    [SerializeField] private GuardFightingProfile guardFightingProfile;
    [Tooltip(''Needed to check if Prince is at hitting range.'')]
    [SerializeField] private FightingSensors fightingSensor;
    [Tooltip(''Needed to know if we are being attacked and we have a chance to block that attack.'')]
    [SerializeField] private FightingInteractions fightingInteractions;
    [Tooltip(''Needed to know current character state.'')]
    [SerializeField] private CharacterStatus characterStatus;
    [Tooltip(''Needed to signal when we can strike.'')]
    [SerializeField] private Animator stateMachine;

    [Header(''CONFIGURATION:'')]
    [Tooltip(''Time (in seconds) the guard does not move if he fails a boldness test.'')]
    [SerializeField] private float stopTime;
    [Tooltip(''Time (in seconds) the guard does not attack if he fails an attack test or has been blocked.'')]
    [SerializeField] private float stopAttackTime;
    [Tooltip(''Time (in seconds) the guard does not try to block again if he fails a defense test.'')]
    [SerializeField] private float stopBlockTime;

    [Header(''DEBUG:'')]
    [Tooltip(''Show this component logs on console window.'')]
    [SerializeField] private bool showLogs;
```

Listado 22.15: Fragmento de Assets/Scripts/GuardController.cs

Como en otros casos, el núcleo del trabajo de este script se encuentra en su `FixedUpdate()`:

```
99  private void FixedUpdate()
100 {
101
102     if (OurAttackHasJustBeenBlocked()) StartCoroutine(DontAttackForAWhile());
103
104     if (enemyPursuer.PursuedEnemy != null)
105     {
106         if (!EngagingEnemy)
107         {
108             // Unsheathe.
109             inputController.Action();
110         }
111
112         // We can't approach nearer. May be Prince is unreachable or he is already at
                hitting range.
113         if (fightingSensor.EnemyAtHittingRange)
114         {
115             this.Log($''(GuardController - {transform.root.name}) We got to hitting
                    range.'', showLogs);
116             // Fighting phase.
117             if (StrikeAllowedByMe)
118             {
119                 TryToAttackEnemy();
120                 return;
121             }
122         }
123         else
124         {
125             this.Log($''(GuardController - {transform.root.name}) Cannot fight because
                     not in hitting range.'', showLogs);
126         }
127
128         // Chasing phase.
129         if (!fightingSensor.EnemyAtHittingRange ||
130             (fightingSensor.EnemyAtHittingRange && (_fightingProfile.boldness >
                    _fightingProfile.attack)))
131         {
132             if (_movementAllowed && ChaseEnemy()) return;
133         }
134
135     }
136     else
137     {
138         if (EngagingEnemy)
139         {
140             inputController.Sheathe();
141         }
142     }
143
144 }
```

Listado 22.16: Fragmento de Assets/Scripts/GuardController.cs

Para empezar, si el protagonista bloqueó el último ataque del enemigo, este no intenta atacar durante un tiempo determinado (línea 102 del listado 22.16).

Si se puede perseguir al protagonista (línea 104) y aún no se ha desenvainado la espada (línea 106), entonces se lanza la orden equivalente a pulsar el botón de acción para que el enemigo desenvaine el arma (línea 109).

Si el protagonista está al alcance de nuestra espada (línea 113), y estuviesen permitidos los ataques, entonces se le ataca (línea 119).

Sin embargo, si el protagonista no estuviera al alcance de la espada (línea 129) significaría que aún estamos persiguiéndole, por lo que dejaríamos que continuase la persecución (línea 132).

El método para evitar realizar ataques durante un periodo de tiempo, tras un bloqueo, es una sencilla corrutina que desbloquea un flag:

```
338 /// <summary>
339 /// It is not enough to do nothing in a cycle if attack test fails because they are
        performed so many times a second
340 /// that only winning a fraction of times the character keeps attacking in a
        apparently constant manner. To really
341 /// stop character attacks, a waiting time is needed so TryToAttackEnemy() does
        nothing for that waiting time.
342 /// </summary>
343 private IEnumerator DontAttackForAWhile()
344 {
345     StrikeAllowedByMe = false;
346     yield return new WaitForSeconds(stopAttackTime);
347     StrikeAllowedByMe = true;
348 }
```

Listado 22.17: Fragmento de Assets/Scripts/GuardController.cs

Básicamente, se pone el flag `StrikeAllowedByMe` a falso (línea 345 del listado 22.17) y se espera el tiempo fijado en `stopAttackTime` (línea 346) antes de volver a ponerlo a verdadero (línea 347).

En cuanto al método usado para atacar, `TryToAttackEnemy()`, hay que tener en cuenta que potencialmente se le puede llamar en cada `FixedUpdate()`, incluso antes de que haya finalizado el ataque anterior. Por ese motivo, tenemos que implementarlo con una guarda para que no se le vuelva a llamar hasta que haya finalizado la ejecución anterior.

```
/// <summary>
/// Try to launch an strike against enemy if attack skill is high enough.
///
/// A random value is extracted, if that value is under our attack profile then attack
    is performed else
/// character does not tries to attack again for a time.
/// </summary>
private void TryToAttackEnemy(bool counterAttacking = false)
{
    // If we are already attacking just skip.
    if (characterStatus.CurrentState == CharacterStatus.States.AttackWithSword ||
        characterStatus.CurrentState == CharacterStatus.States.CounterAttackWithSword)
            return;

    // We want to attack, but will we have attack skill enough?
    this.Log($''(GuardController - {transform.root.name}) Doing attack check (counter
        attack: {counterAttacking}).'', showLogs);
    if (Random.value < _fightingProfile.attack)
    {
        this.Log(
            $''(GuardController - {transform.root.name}) Attack check succeeded (
                threshold: {_fightingProfile.attack}), performing attack against enemy
                . (counter attack: {counterAttacking})'', showLogs);
        if (counterAttacking) this.Log($''(FightingInteractions - {transform.root.name
            }) We have used our chance to counter attack.'', showLogs);
        // inputController.Strike();
        StartCoroutine(Attack());
    }
    else
    {
        this.Log(
            $''(GuardController - {transform.root.name}) Attack check failed (
                threshold: {_fightingProfile.attack}), just standing where we are. (
                counter attack: {counterAttacking})'', showLogs);
```

```
271            // If we are not skilled enough to attack just stay where we are.
272            StartCoroutine(DontAttackForAWhile());
273            inputController.Stop();
274        }
275    }
```

Listado 22.18: Fragmento de Assets/Scripts/GuardController.cs

Esa guarda está en las líneas 254 y 255 del listado 22.18. Es decir, mientras estemos en el estado AttackWithSword o en el de CounterAttackWithSword no se iniciará un nuevo ataque.

En general, debes tener cuidado cada vez que lances una corrutina (o un método que la contenga) desde el `Update()` o el `FixedUpdate()`. Por definición, una corrutina se extiende en el tiempo, por lo que lo más probable es que no haya acabado antes del nuevo `Update()/FixedUpdate()`. Eso tiene el riesgo de que vuelvas a llamar a la corrutina una y otra vez sin dar tiempo a que terminen las llamadas anteriores. En ese caso, el resultado no será el que esperabas. Por eso, lo mejor es que las llamadas a corrutinas desde el `Update()` o el `FixedUpdate()` cuenten con guardas que eviten que se ejecute una nueva llamada si no ha acabado la anterior.

Salvada la guarda podremos lanzar el ataque (línea 265). Me reservo comentar el resto de líneas del método porque quiero tratarlo en la sección sobre cómo implementar los niveles de dificultad.

El método de ataque es otro ejemplo de corrutina que hay que situar entre guardas:

```
277 /// <summary>
278 /// We don’t want to spend CPU calling repeatedly Strike(), so we call it once and
        guard it
279 /// to not to be called again until state has changed.
280 /// </summary>
281 private IEnumerator Attack()
282 {
283     StrikeAllowedByMe = false;
284     CharacterStatus.States currentState = characterStatus.CurrentState;
285     inputController.Strike();
286     yield return new WaitUntil(() => currentState != characterStatus.CurrentState);
287     StrikeAllowedByMe = true;
288 }
```

Listado 22.19: Fragmento de Assets/Scripts/GuardController.cs

Como puedes ver en el listado 22.19, se manda el comando de ataque en la línea 285 y la corrutina se echa a dormir hasta que el estado cambie (línea 285). La misma corrutina inicia una guarda en la línea 283 para no ser llamada de nuevo hasta que el estado cambie y se libere la guarda en la línea 287.

Hay muchos tipos de guarda. Hemos visto condiciones booleanas que sirven para proteger el código guardado dentro de un `if`; también hemos visto consultas a la máquina de estados para bloquear la ejecución del código guardado mientras la FSM se encuentre en determinados estados. Sin embargo, las guardas de este código son diferentes, ya que lo que hacen es fijar parámetros en la máquina de estados para que esos parámetros eviten que se vuelva a pasar al estado que llama al código guardado. Esto se hace gracias a que `StrikeAllowedByMe` en realidad es una propiedad que fija parámetros en la máquina de estados:

```
/// <summary>
/// Whether this AI can trigger a new attack.
/// </summary>
public bool StrikeAllowedByMe
{
    get=> stateMachine.GetBool(’’StrikeAllowedByMe’’);
    private set
    {
        stateMachine.SetBool(’’StrikeAllowedByMe’’, value);
    }
```

```
}
```

Listado 22.20: Fragmento de Assets/Scripts/GuardController.cs

Hemos cubierto los ataques, pero ¿qué pasa con los bloqueos? Estos se gestionan desde el script `Assets/Scripts/FightingInteractions.cs`, que se encuentra en el GameObject Interactions de los prefab de los personajes.

Cuando se produce un enfrentamiento entre un protagonista y un enemigo, cada uno obtiene una referencia al otro a través de sus sensores. Esto se hace desde el `FixedUpdate()` en cuanto se detecta al contrincante:

```
150 private void FixedUpdate()
151 {
152     _currentEnemyInteractions = GetCurrentEnemyInteractions();
153     if (_currentEnemyInteractions == null)
154         this.Log($''(FightingInteractions - {transform.root.name}) No enemy to interact with.'', showLogs);
```

Listado 22.21: Fragmento de Assets/Scripts/FightingInteraction.cs

El `GetCurrentEnemyInteractions()` de la línea 152 del listado 22.21 se limita a obtener una referencia al contrincante que hayan detectado los sensores del personaje:

```
135 /// <summary>
136 /// Get FightingInteractions component from enemy currently detected by fighting sensors.
137 /// </summary>
138 /// <returns>FightingInteractions component from enemy currently detected by fighting sensors.</returns>
139 private FightingInteractions GetCurrentEnemyInteractions()
140 {
141     GameObject enemyGameObject = fightingSensors.CurrentEnemy;
142     return (enemyGameObject == null)? null: enemyGameObject.GetComponentInChildren<FightingInteractions>();
143 }
```

Listado 22.22: Fragmento de Assets/Scripts/FightingInteraction.cs

Como se puede ver en el listado 22.22, en la línea 141 se obtiene una referencia al GameObject del contrincante y, a partir de esa referencia, se consigue otra a su respectivo script FightingInteractions (línea 142).

Por tanto, ese intercambio de referencias a los respectivos scripts FightingInteractions se produce en ambos sentidos. A partir de ese momento, lo que tenga que comunicar un personaje a su contrincante, en relación al combate que están librando, lo hará a través de la API del FightingInteractions de dicho contrincante.

Teniendo en cuenta lo anterior, cuando un personaje alcanza el estado de ataque en su FSM (AttackWithSword) su animación de ataque lanza un evento de animación que acaba llamando al método `StrikeStart()` de FightingInteractions:

```
/// <summary>
/// Signal enemy we are starting an attack to give him a chance to block it.
/// </summary>
public void StrikeStart()
{
    if (_currentEnemyInteractions != null)
    {
        this.Log($''(FightingInteractions - {transform.root.name}) Noticing {_currentEnemyInteractions.transform.root.name} that I'm going to attack him.'', showLogs);
        _currentEnemyInteractions.NoticeStrikeStart();
        this.Log($''(FightingInteractions - {transform.root.name}) Starting attack against {_currentEnemyInteractions.transform.root.name}'', showLogs);
```

```
197             // _strikeMissed = false;
198             // StrikeBlockable = true;
199         }
200         else
201         {
202             this.Log($''(FightingInteractions - {transform.root.name}) Doing an apparently
                    missed attack'', showLogs);
203             // _strikeMissed = true;
204             // StrikeBlockable = false;
205         }
206         _strikeMissed = false;
207         StrikeBlockable = true;
208         // Until we end current strike we cannot start a new one.
209         StrikeAllowedByMe = false;
210         _elapsedBlockingTime = 0;
211     }
```

Listado 22.23: Fragmento de Assets/Scripts/FightingInteraction.cs

Ese método avisa al contrincante de que lo vamos a atacar (línea 195 del listado 22.23).

Cuando un personaje recibe una llamada a `NoticeStrikeStart()` avisa a su máquina de estados de que hay un ataque en curso que puede ser bloqueado si el jugador o la IA del personaje decide hacerlo:

```
213 /// <summary>
214 /// Method used by enemies to signal us they're starting an attack over us.
215 ///
216 /// Since this moment, we have an small chance to block his attack.
217 /// </summary>
218 public void NoticeStrikeStart()
219 {
220     this.Log($''(FightingInteractions - {transform.root.name}) Entering
            NoticeStrikeStart.'', showLogs);
221     BlockingStrikePossible = true;
222     if (_currentEnemyInteractions != null)
223     {
224         this.Log($''(FightingInteractions - {transform.root.name}) {
                _currentEnemyInteractions.transform.root.name} notice us he is going to
                attack us.'', showLogs);
225     }
226     else
227     {
228         this.Log($''(FightingInteractions - {transform.root.name}) We have been
                noticed we are going to be attacked'', showLogs);
229     }
230 }
```

Listado 22.24: Fragmento de Assets/Scripts/FightingInteraction.cs

El aviso a la máquina de estados se produce en la línea 221 del listado 22.24, lo que pasa es que no es evidente porque lo he camuflado detrás de una propiedad, como se puede ver en el listado 22.25.

```
private bool _blockingStrikePossible;
/// <summary>
/// Used by defender to track an attack is on its way and he has a chance to block it.
/// </summary>
public bool BlockingStrikePossible {
    get=> _blockingStrikePossible;
    private set
    {
        bool previousValue = _blockingStrikePossible;
        _blockingStrikePossible = value;
        stateMachine.SetBool(''BlockingStrikePossible'', _blockingStrikePossible);
        if (_blockingStrikePossible && _blockingStrikePossible != previousValue &&
            iAmBeingAttacked != null) iAmBeingAttacked.Invoke();
```

```
65 |     }
66 | }
```

Listado 22.25: Fragmento de Assets/Scripts/FightingInteraction.cs

Las propiedades son estupendas para encapsular lógica que deba dispararse cada vez que se produzca el cambio del valor de una variable.

En el caso del listado 22.25, se disparan dos acciones cada vez que le asignamos un valor a la propiedad. Por un lado, se actualiza el valor del parámetro de la máquina de estados (línea 63) y, por otro, se emite un evento para avisar a otros componentes del prefab de que estamos siendo atacados (línea 64).

Si examinamos la configuración del script FightingInteractions de un enemigo, veremos quién está suscrito a ese evento.

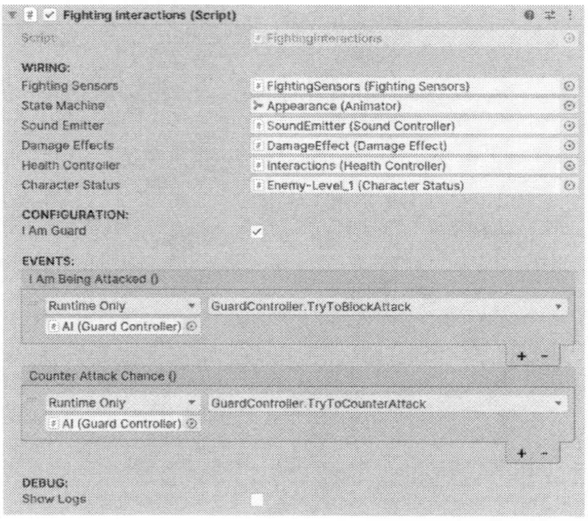

Figura 22.1: Configuración del script FightingInteractions de un enemigo.

En la figura 22.1 se puede ver que el que se suscribe al evento `iAmBeingAttacked` es precisamente GuardController, con su método `TryToBlockAttack()`.

```
/// <summary>
/// Listener for iAmBeingAttacked <see cref=''FightingInteractions''/> events.
/// </summary>
public void TryToBlockAttack()
{
    // Must we block and incoming attack?
    if (_blockAllowed &&
        (characterStatus.CurrentState == CharacterStatus.States.BlockSword))
    {
        // Enemy attack is being already blocked so do nothing until we leave block
            state.
        this.Log(
            $''(GuardController - {transform.root.name}) We're already blocking an
                incoming attack so we do nothing.'',
            showLogs);
        // return;
    }
    else if (_blockAllowed &&
              characterStatus.CurrentState == CharacterStatus.States.CounterBlockSword)
    {
        // Our strike was blocked and our enemy is counter attacking so we perform
            defense check.
        this.Log(
            $''(GuardController - {transform.root.name}) We have been blocked and our
                enemy tries a counter attack. Checking if I can counter block.'',
```

```
181             showLogs);
182         BlockAttack();
183     }
184     else if (_blockAllowed)
185     {
186         // Attack has not been blocked yet so we perform defense check.
187         this.Log($''(GuardController - {transform.root.name}) I've being attacked.
                Checking if I can block attack.'',
188             showLogs);
189         BlockAttack();
190     }
191     else
192     {
193         // If we get here then we are under attack but we failed defense check so we
                can only wait for the hit.
194         this.Log(
195             $''(GuardController - {transform.root.name}) I've being attacked, but I
                    cannot block because I failed a defense test.'',
196             showLogs);
197     }
198 }
```

Listado 22.26: Fragmento de Assets/Scripts/GuardController.cs

Al comienzo de ese método, se comprueba si ya hemos iniciado el bloqueo en algún ciclo anterior, en cuyo caso no haríamos nada, tal y como se puede ver en las líneas 166 y 167 del listado 22.26.

En caso de que no hayamos iniciado aún el bloqueo, y podamos hacerlo, se arranca en la línea 189 llamando a `BlockAttack()`. Fíjate en que acabo de decir que bloqueamos si "podemos hacerlo" y en que el método se llama TryToBlock... Esto es así porque, como veremos en la siguiente sección, hay momentos en los que el enemigo perderá la capacidad de bloquear.

Con `BlockAttack()` se produce el bloqueo del ataque del oponente.

Con todo lo anterior, los ataques se van sucediendo una y otra vez mientras los sensores sigan detectando al protagonista. Cuando este muere, sus colliders se desactivan y los sensores del enemigo dejan de detectarlo, lo que hace que la máquina de estados de este vuelva al estado Idle.

Si te fijas, sólo con lo que hemos explicado hasta ahora, los enemigos son la máquina de matar perfecta: detectan al protagonista, se aproximan a él y, cuando lo tienen al alcance, atacan una y otra vez hasta acabar con su oponente. Encima, dado que el protagonista les avisa de los ataques, tienen la capacidad de reaccionar instantáneamente bloqueándolos. Pero los jugadores no quieren enfrentarse a enemigos perfectos, sino a unos que puedan vencer, pero que sean lo suficientemente desafiantes como para hacer gratificante la victoria. En la próxima sección explicaremos cómo implementar un sistema de dificultad que regule la habilidad de los enemigos para el combate.

22.5. Niveles de dificultad

Los guardias no son todos iguales en el juego original. Unos dudan más a la hora de avanzar, otros son más lentos a la hora de atacar y algunos prácticamente ni se defienden. Sin embargo, conforme se avanza en el juego, los guardias se tornan más agresivos y atacan y se defienden con mucha más presteza. De hecho, los diferentes tipos de guardia acaban distinguiéndose por el color de los ropajes, de modo que sólo por ellos acabas siendo capaz de saber con antelación lo que te va a costar vencer el combate.

La inteligencia artificial de los enemigos es uno de los campos de inversión en el mundo de los videojuegos. Se han escrito libros enteros y el nivel de sofisticación es elevadísimo. Sin embargo, en un juego de la época de *Prince of Persia* las limitaciones técnicas eran tales que los algoritmos tenían que ser sencillos a la fuerza. Así que yo he aplicado el mismo criterio para *Prince of Unity*. En mi caso, había conseguido desarrollar un enemigo que podía detectar al protagonista, acercarse a él y atacarle como si no hubiera mañana. Desde un punto de vista de efectividad, se trataba del enemigo perfecto, así que mi reto consistía en devaluar de una manera configurable a ese enemigo perfecto para generar varias categorías de enemigos más imperfectos.

Llegados a ese punto cabía preguntarse ¿qué es un enemigo imperfecto? Desde el punto de vista de *Prince of Unity* se trata de un enemigo que no avanza siempre que tiene al protagonista a la vista, que no le ataca siempre que lo tiene al alcance y que no se defiende siempre que es atacado. Resumiendo: en *Prince of Unity* un enemigo es imperfecto si no hace todo lo que podría ser capaz de hacer. Así que lo que tenía que encontrar era una manera graduable de ponerle trabas al enemigo para reaccionar como lo habría hecho su versión perfecta.

Partiendo de lo anterior, definí tres características principales para un enemigo:

- *Boldness*: Valentía. Un valor de 1 significa el arrojo máximo de lanzarse sin dudar hacia el protagonista en cuanto lo detecta. Sin embargo, un enemigo con nivel 0 en esta característica esperará parado a que el que se le acerque sea el protagonista.
- *Attack*: Rapidez de ataque. Un enemigo con un nivel 1 en esta característica atacará siempre que tenga al protagonista al alcance de su espada, mientras que se quedará parado, sin atacar, en caso de tener un nivel 0.
- *Defense*: Rapidez de defensa. Igual que el caso de Attack, pero aplicado al bloqueo de los ataques del protagonista. Un nivel 1 significa que el enemigo parará todos los ataques lanzados por el protagonista, mientras que un enemigo con nivel 0 recibirá todos los ataques sin intentar bloquearlos.

En este caso yo he definido tres características, pero imagina, por ejemplo, el caso de un juego de rol con decenas de ellas. Siguiendo el ejemplo del juego de rol, podemos tener un juego de 20 características pero querremos condensarlas todas en una ficha homogénea en blanco de la que podamos crear instancias (si hablamos del papel, fotocopiar) para que cada uno pueda rellenarse la ficha con sus propios datos o, incluso, que un mismo jugador tenga fichas de varios personajes.

El mecanismo que ofrece Unity para crear ese conjunto instanciable de características, y que además sea editable desde el editor, son los ScriptableObject. De hecho, ya hablé sobre ellos en el capítulo 6, poniendo, además, como ejemplo el ScriptableObject desarrollado para contener las características de los enemigos. Así que no voy a repetir aquí cómo se crean y se instancian en forma de assets.

En vez de eso, vamos a partir de que tenemos una instancia del ScriptableObject 🗀`Assets/Scripts/FightingProfile.cs` por cada uno de los tipos de enemigo (4 guardias y el visir). Los assets de esas instancias están en la carpeta 🗀`Assets/Prefabs/Data` y son:

- Level1GuardFightingProfile
- Level2GuardFightingProfile
- Level3GuardFightingProfile
- Level4GuardFightingProfile
- VizierFightingProfile

Las instancias de los guardias están ordenadas en niveles crecientes de habilidad. Así, un guardia de nivel 4 es considerablemente más difícil de vencer que un guardia de nivel 1.

Si seleccionamos cada uno de ellos en la pestaña Project podremos ver en el inspector los valores que tienen para cada una de las características. Fíjate especialmente en las características Attack y Defense y en cómo son cada vez mayores conforme se incremente el nivel del guardia. Finalmente, los niveles más altos en todas las características se alcanzan en el caso del visir, sin tampoco llegar a 1 en ninguna característica para que quede algún atisbo de fallo que el jugador pueda aprovechar para vencerle.

Por tanto, para un determinado tipo de enemigo tengo un juego de tres características, cada una de las cuales tiene un rango de 0 a 1, siendo 1 la perfección. Lo he aprovechado desde el código sacando un número aleatorio entre 0 y 1 en determinados momentos del juego, y comparando el valor obtenido con una de las características. Si resulta ser menor, entonces considero que el enemigo ha superado la tirada y puede llevar a cabo la acción ligada a esa característica. Sin embargo, si el valor aleatorio resulta ser mayor que la característica, entonces se da la tirada por fallida y el enemigo no lleva a cabo la acción.

Partamos de la primera característica, Boldness, en la línea 132 del listado 22.16 vimos que si GuardController no tenía al alcance al protagonista iniciaba su persecución llamando a `ChaseEnemy()`.

```
/// <summary>
/// Move towards enemy if possible and if we are bold enough.
///
/// This function returns true if chase was possible, but false otherwise. A false value means
/// didn't find a route to get nearer to enemy. That can happens if enemy is out of range and
/// cannot be approached or because we are already at hitting range. So a false value should
/// be further tested against hitting range to decide if we can fight against enemy or not.
/// </summary>
/// <returns>True if chase was possible, false otherwise.</returns>
private bool ChaseEnemy()
{
    Command.CommandType bestCommandToExecute = enemyPursuer.NextPursuingCommand;
    this.Log($''(GuardController - {transform.root.name}) EnemyPursuer proposed: {bestCommandToExecute}'', showLogs);
    if (bestCommandToExecute != Command.CommandType.Stop)
    {
        // We still need to move to be at hitting range, but will us be bold enough?
        if (Random.value < _fightingProfile.boldness)
        {
            this.Log($''(GuardController - {transform.root.name}) Boldness check succeeded (threshold: {_fightingProfile.boldness}), performing proposed command.'', showLogs);
            switch (bestCommandToExecute)
            {
                case Command.CommandType.WalkRightWithSword:
                    inputController.WalkRightWithSword();
                    break;
                case Command.CommandType.WalkLeftWithSword:
                    inputController.WalkLeftWithSword();
                    break;
            }
            return true;
        }
        this.Log($''(GuardController - {transform.root.name}) Boldness check failed (threshold: {_fightingProfile.boldness}), so guard will stay where it is.'', showLogs);
        // If we are not bold enough to advance just stay where we are.
        StartCoroutine(StayStoppedForAWhile());
        inputController.Stop();
        return true;
    }

    if (characterStatus.CurrentState is not (CharacterStatus.States.Idle or CharacterStatus.States.IdleSword))
    {
        this.Log($''(GuardController - {transform.root.name}) Stopping.'', showLogs);
        inputController.Stop();
    }
    return false;
}
```

Listado 22.27: Fragmento de Assets/Scripts/GuardController.cs

Lo primero que hace `ChaseEnemy()` es mirar qué le recomienda EnemyPursuer, el script especializado en planificar la persecución del protagonista. Dicho script deja su recomendación en la propiedad `NextPursuingCommand` (línea 211 del listado 22.27).

Si el comando recomendado es cualquier otro que no sea quedarse parado (línea 213), `ChaseEnemy()` debe hacer una tirada para ver si lo aplica o no (línea 216). Es como si lanzásemos un dado que devuelve valores entre 0 y 1, de forma que superaríamos la tirada si el valor resultante estuviera por debajo del de Boldness. Fíjate, por tanto, que cuanto mayor sea el valor de la característica Boldness, mayor será también la probabilidad de que se supere la tirada y se pueda aplicar el comando recomendado (líneas 219 a 228).

Sin embargo, si fallásemos la tirada, renunciaríamos a aplicar el comando nos quedaríamos parados (línea 233), pero tendríamos que aplicar una espera (línea 232) antes de volver a intentar movernos. De otra manera, se volvería a llamar a `ChaseEnemy()` en el siguiente `FixedUpdate()` y se volvería a repetir la tirada varias veces por segundo hasta que fuera exitosa. Con la rapidez a la que se producirían las tiradas, sería imperceptible el fallo de una de ellas y parecería que todas son exitosas. Por tanto, la única manera de que se note que el enemigo no se mueve por el fallo de una tirada es renunciar a volver a intentarla en unos segundos. Para ello, lo que hace `StayStoppedForAWhile()` es poner a falso el campo `_movementAllowed`:

```
326 /// <summary>
327 /// It is not enough to do nothing in a cycle if boldness test fails because they are performed so many times a second
328 /// that only winning a fraction of times the character keeps moving in a apparently constant manner. To really
329 /// stop character movement, a waiting time is needed so ChaseEnemy() is not called for that waiting time.
330 /// </summary>
331 private IEnumerator StayStoppedForAWhile()
332 {
333     _movementAllowed = false;
334     yield return new WaitForSeconds(stopTime);
335     _movementAllowed = true;
336 }
```

Listado 22.28: Fragmento de Assets/Scripts/GuardController.cs

Fíjate en que, para llamar a `ChaseEnemy()`, en la línea 132 del listado 22.16, era imprescindible que `_movementAllowed` fuera verdadero. Por eso, una vez que `StayStoppedForAWhile()` la pone a falso (línea 333 del listado 22.28), ya no se puede volver a llamar a `ChaseEnemy()` hasta que vuelve a ser verdadero en la línea 335.

A la segunda característica, Attack, le pasa lo mismo. La tirada se hace en este caso en la línea 259 del listado 22.18, en el método `TryToAttackEnemy()`. En caso de superarse, se lanzaría el comando de ataque (línea 265), que ya analizamos en la sección anterior. Y en caso de que se perdiese la tirada, aplicaríamos una espera (línea 272) por las mismas razones que en el caso de Boldness.

La implementación de la espera es muy similar a la de Boldness, pero usando unos booleanos de guarda diferentes:

```
/// <summary>
/// It is not enough to do nothing in a cycle if attack test fails because they are performed so many times a second
/// that only winning a fraction of times the character keeps attacking in a apparently constant manner. To really
/// stop character attacks, a waiting time is needed so TryToAttackEnemy() does nothing for that waiting time.
/// </summary>
private IEnumerator DontAttackForAWhile()
{
    StrikeAllowedByMe = false;
    yield return new WaitForSeconds(stopAttackTime);
    StrikeAllowedByMe = true;
}
```

Listado 22.29: Fragmento de Assets/Scripts/GuardController.cs

Para los bloqueos, la tirada se produce en el métodos `BlockAttack()`:

```
290 /// <summary>
291 /// Try to block an strike from enemy if defense skill is high enough.
292 ///
293 /// A random value is extracted, if that value is under our defense profile then block
        is performed else
294 /// character does not tries to block again for a time.
295 /// </summary>
296 private void BlockAttack()
297 {
298     // If we are yet blocking just skip.
299     if (characterStatus.CurrentState == CharacterStatus.States.BlockSword)
300     {
301         this.Log(
302             $''(GuardController - {transform.root.name}) We're already blocking an
                    incoming attack so we do nothing.'', showLogs);
303         return;
304     }
305
306     // We need to block, but will we have defense skill enough?
307     if (Random.value < _fightingProfile.defense)
308     {
309         this.Log(
310             $''(GuardController - {transform.root.name}) Defense check succeeded (
                    threshold: {_fightingProfile.attack}), blocking attack from enemy.'',
                    showLogs);
311         if (characterStatus.CurrentState == CharacterStatus.States.BlockedSword)
312             this.Log(
313                 $''(GuardController - {transform.root.name}) Counterblocking.'',
                        showLogs);
314         inputController.Block();
315     }
316     else
317     {
318         this.Log(
319             $''(GuardController - {transform.root.name}) Defense check failed (
                    threshold: {_fightingProfile.attack}), we are going to receive a hit
                    .'', showLogs);
320         // If we are not skilled enough to block just stay where we are.
321         StartCoroutine(DontBlockForAWhile());
322         inputController.Stop();
323     }
324 }
```

Listado 22.30: Fragmento de Assets/Scripts/GuardController.cs

Comparando el listado 22.30 con los anteriores, se puede ver que la estructura de `BlockAttack()` es muy similar a la de `ChaseEnemy()` o `TryToAttackEnemy()`: si ya estamos bloqueando, no se hace nada (línea 299 a 303); si superamos la tirada de Defense, entonces se lanza el comando de bloqueo (línea 314); o si, por el contrario, perdemos la tirada de la característica Defense, entonces desactivamos la capacidad de bloquear durante un tiempo (línea 321).

Y eso es todo. Con este método de provocar el fallo en determinados momentos, evitando que los enemigos puedan moverse, atacar o defenderse, les volvemos imperfectos y le ofrecemos al jugador una oportunidad para vencerlos. No tengo claro cómo se implementó este tema en el juego original, pero con la implementación que he explicado aquí he conseguido que los enemigos de *Prince of Unity* se parezcan mucho a los enemigos de *Prince of Persia*.

22.6. Coordinación

En muchos libros se incluye la explicación de las máquinas de estados dentro del apartado de inteligencia artificial.

Es cierto que, con una máquina de estados, se puede dotar a un personaje de una variedad de reacciones que ayuda a mejorar su apariencia de inteligencia, pero yo he usado máquinas de estados en muchos más casos, más allá de los personajes. Todos esos casos se cubren en el capítulo 11, incluido el de los enemigos. Así que no voy a repetir aquí lo que allí se cuenta.

Lo único que voy a recordar aquí es que las máquinas de estado son un mecanismo excelente para organizar cómo reaccionarán los personajes a los cambios que perciban en su entorno, a través de sus sensores. Esas reacciones se traducen en la transición a un nuevo estado, que sirve de referencia a los componentes encargados del movimiento y la actuación sobre el entorno (en este caso, para luchar) para que decidan cómo actuar. De esta manera podemos coordinar múltiples componentes al mismo tiempo sin aumentar su acoplamiento.

Sólo con máquinas de estados de estado se pueden implementar agentes inteligentes bastante válidos, como de hecho se hizo en el mundo de los videojuegos durante bastantes años hasta la llegada de los árboles de comportamiento, aunque estos últimos ya son materia para otro libro.

CAPÍTULO

23 Interacciones complejas

Cuando pensaba en cómo estructurar este libro se me ocurrieron dos opciones: enfocarme a la estructura de *Prince of Unity* o enfocarme a una curva de aprendizaje progresiva de los conceptos de Unity.

La primera opción me habría permitido explicar el juego de una manera más homogénea y coherente, pero habría tenido que manejar conceptos avanzados desde el principio que podrían ser demasiado prematuros para un lector novel.

La segunda opción me permitía ir introduciendo los conceptos de Unity de una manera más gradual y asequible para un lector sin experiencia previa, si bien es cierto que, a la hora de ilustrar esos conceptos con ejemplos del libro, estos tenían que ser tan concretos que podría perderse la visión general de su papel dentro del conjunto del juego.

Por tanto, no había una aproximación perfecta, aún así acabé eligiendo el segundo enfoque porque me interesaba que mis lectores acabasen sabiendo de Unity, aunque no se comprendiesen hasta el último recodo del juego.

Por eso, sería perfectamente comprensible si tu entendimiento del juego estuviese un poco deslavazado en este momento. Han sido muchos ejemplos sueltos y puede que haya faltado la visión de conjunto de cómo funcionan todas las piezas.

Este capítulo, aunque no sea el último, sí que lo fue a la hora de escribirlo, pretende resolver en parte ese problema explicando algunas mecánicas del juego que combinan varios de los conceptos que hemos ido viendo. Espero que eso te dé una mejor visión de conjunto del juego y a mí me servirá de capítulo escoba para comentar cosas que no me hayan encajado en otras partes del libro. Además, todas las mecánicas que vamos a explicar aquí son perfectamente extrapolables a otros juegos, así que conviene que las conozcas para que seas capaz de adaptarlas a tus propias creaciones.

En todo caso, como la mayor parte de los conceptos de este capítulo ya han sido explicados con detalle en otros, en este voy a explicar las cosas a alto nivel, sin entrar a detallar demasiado para evitar repetirme y alargarme innecesariamente. Sólo entraré a detallar el código en aquellos casos en los que me refiera a scripts que no hayan aparecido hasta el momento.

23.1. Recogida de objetos

La primera mecánica es la de la recogida de los objetos. El prefab del protagonista 🗀 `Assets/Prefabs/Characters/Prince` cuenta con un sensor en su GameObject Sensors. Este sensor es una instancia del prefab 🗀 `Assets/Prefabs/PickableSensor` y es un volumétrico que, cuando detecta un objeto, mira si este tiene un script que herede de 🗀 `Assets/Scripts/PickableCharacterInteractions.cs`, ya que sólo los objetos recogibles lo tienen. En caso de encontrarlo, guarda una referencia a él y emite un UnityEvent al que están suscritos otros scripts del prefab del protagonista.

En concreto, hay tres scripts que hereden de PickableCharacterInteractions:

- `Assets/Scripts/BigPotionCharacterInteractions.cs`: Para las pociones que cambian el límite máximo de vida.
- `Assets/Scripts/SmallPotionCharacterInteractions.cs`: Para las pociones que sólo incrementan la vida en un punto.
- `Assets/Scripts/SwordCharacterInteractions.cs`: Para la espada del primer nivel.

El script PickableCharacterInteractions ofrece un conjunto de métodos a través de los cuales el protagonista puede pedirle cosas al recogible. Su contraparte en el protagonista, es decir, el script al que puede llamar el recogible para pedirle cosas al protagonista, es el script `Assets/Scripts/PickableInteractions.cs`, situado en el GameObject Interactions de este. El recogible no tiene que buscar este script, ya que el protagonista le pasa una referencia como argumento de los métodos que va llamando de PickableCharacterInteractions.

El script PickableInteractions es el script del protagonista que se suscribe a los UnityEvent del sensor, de manera que, cuando uno de estos avisa de que hay un recogible al alcance, entonces este script actualiza un parámetro en la máquina de estados del protagonista. Este parámetro activa la transición al estado de recogida del objeto en caso de que el jugador pulse el botón de acción.

Este mismo script PickableInteractions hace polling en su método `Update()` del estado actual de la máquina de estados del protagonista y, cuando detecta que esta pasa al estado de recogida, entonces llama al método `Take()` de la referencia a PickableCharacterInteractions con la que cuenta gracias al sensor. A este método le pasa como argumento una referencia a sí mismo de tal manera que, como decíamos antes, el recogible pueda actuar sobre el protagonista.

Cuando se activa el método `Take()` del script PickableCharacterInteractions de un recogible, este avisa al protagonista (a través de la referencia de PickableInteractions recibida como argumento) de que va a mostrar la animación del personaje recogiendo el objeto. El protagonista reacciona ocultando su sprite para evitar aparecer repetido al verse simultáneamente su sprite y el de la animación del recogible.

Mientras se muestra la animación, el recogible vuelve a usar los métodos de la referencia a PickableInteractions para causar su efecto sobre el personaje, como curarle un punto de vida, aumentarle la vida máxima o dotarle de espada.

La animación lanza eventos para marcar los momentos en los que se deben mostrar los efectos visuales. He implementado estos efectos visuales en el script `Assets/Scripts/PickableFlash.cs`. Se limitan a mostrar flashes de distintos colores usando el método `ShowFlashes()` del componente CameraController de la cámara principal del nivel.

Finalizada la animación, el recogible avisa al protagonista de ello, este muestra su sprite y el recogible oculta tanto el suyo como el de la animación de recogida del personaje.

Por último, para evitar que un recogible pueda recogerse dos veces, este cuenta con el script `Assets/Scripts/PickableDisablingController.cs` en su GameObject raíz. Este script hereda de otro genérico `Assets/Scripts/DisablingController.cs`, y lo concreta para los recogibles como `DisablingController<PickableStatus.States>`. Este script hace polling de la máquina de estados del recogible y, cuando detecta que esta entra en el estado de desactivación, entonces deshabilita su propio GameObject. De esta manera, ese objeto no podrá volver a ser recogido.

23.2. Caídas

El realismo físico fue una de las enseñas de *Prince of Persia*. Los que lo jugamos quedamos encandilados con el detalle de los derrapes en los que el protagonista cambiaba de sentido en mitad de una carrera, o cuando dábamos un salto sobre el vacío y nos agarrábamos en el último segundo al borde del otro lado. Programar ese realismo a base de ensamblador es una prueba de la maestría de los desarrolladores de aquella generación.

Hoy en día, aunque uses engines como Unity, es bastante normal basar los personajes en cuerpos cinemáticos e implementar sus caídas aplicando una aceleración hacia abajo cuando deja de haber suelo bajo sus pies. Aunque eso pueda valer para juegos sencillos, como Sonic [175] o Super Mario [114], me dio la sensación de que se quedaba corto para lo que tenía que hacer para *Prince of Unity*, o quizás es que me faltaba pericia, así que decidí que mis personajes fueran objetos dinámicos y que fuese el motor de físicas el que me hiciera parte del trabajo.

Por ese motivo, el prefab `Assets/Prefabs/Characters/Character`, el prefab en el que se basan todos los personajes del juego, cuenta con un RigidBody2D dinámico en su GameObject raíz. La forma física de ese prefab la da un juego de colliders que se activan o desactivan según el estado en el que se encuentre el personaje. Por ejemplo, si el personaje está parado, se usa un collider que es mucho más estrecho que si está combatiendo o corriendo. Si hubiera usado el collider estrecho en todos los casos, habría habido momentos en los que al correr contra una pared la animación del personaje se habría "introducido en la pared", mientras que, al usar un collider más ancho en esos casos, he podido evitar ese tipo de solapamientos. El caso es que también se usa un collider específico en las caídas y es uno bastante pequeñito para evitar rebotes raros en las caídas por pozos estrechos. De toda esa gestión de colliders se ocupa el prefab `Assets/Prefabs/Components/CharacterColliders`, que luego se ubica dentro del GameObject Physics del prefab Prince. CharacterColliders basa su lógica en el script `Assets/Scripts/ColliderController.cs`, el cual monitoriza el estado del protagonista y activa o desactiva sus colliders en consonancia.

Aunque los personajes cuentan con un juego de tres sensores bajo los pies para detectar el suelo, dicha detección actúa sobre el estado en el que se encuentra el personaje, para cambiar su animación, pero no en su desplazamiento durante una caída. En ese último caso, quien desplaza al personaje es el motor de físicas. Por eso, durante un salto horizontal, lo que hago es anular la gravedad del motor de físicas para evitar que el protagonista caiga mientras dure el salto. Una vez finalizada la longitud máxima del salto, vuelvo a activar la gravedad, lo que, unido a su velocidad horizontal, hace que el protagonista empiece a caer describiendo un arco tan realista como el del juego. Ese proceso de activar o desactivar el efecto de la gravedad sobre el RigidBody2D lo lleva a cabo el script `Assets/Scripts/CharacterGravityController.cs`, situado en el GameObject Physics del prefab.

Una vez que el personaje inicia su caída, se activa un contador que contabiliza la distancia recorrida, para valorar así el daño producido por el impacto al aterrizar. De esa labor se encarga el script `Assets/Scripts/FallingController.cs`, el cual va actualizando además los parámetros de la máquina de estados cuando detecta que se superan los umbrales de aterrizaje sin daño, aterrizaje con daño y aterrizaje con muerte segura. Otro de los umbrales de los que avisa este script es el punto a partir del cual el personaje empieza a gritar aterrorizado.

Los collider no son los únicos que cambian según el estado del personaje, también lo hace la posición de los mencionados sensores de suelo. Cuando se activa un collider ancho, los sensores se separan entre sí para cubrir aproximadamente la base del collider, mientras que, cuando se activa un collider más estrecho, los sensores se acercan entre sí para ceñirse a la nueva base. De esa labor se encargan los métodos `SetWideModeSensors()` y `SetNormalModeSensors()`, del script `Assets/Scripts/GroundSensors.cs`, situado en la raíz del prefab `Assets/Prefabs/Components/GroundSensors` que se utiliza para implementar dichos sensores. Esa mecánica funciona bien para coordinar las animaciones con los momentos en los que el jugador percibe visualmente que se va a iniciar la caída. Sin embargo, me ha jugado malas pasadas en algunos momentos del desarrollo, principalmente en algunos aterrizajes, en los que el cambio de localización de los sensores provocaba un cambio en sus lecturas y, por tanto, un cambio repentino en la máquina de estados del personaje. El efecto que percibía el jugador era que el protagonista ejecutaba el movimiento de aterrizaje dos veces. Al final, tras mucho ensayo y error, fui colocando las posiciones de los sensores de tal manera que se minimizase el efecto hasta conseguir que se produjese muy raramente, aunque tampoco puedo asegurar que no se vaya a producir nunca.

Durante la caída, esos sensores siguen activos y avisan a la máquina de estados en cuanto detectan suelo. En ese momento, la máquina de estados activa los estados de aterrizaje, los cuales dependerán de los umbrales que FallingController haya detectado que se han traspasado. Hay un estado para un aterrizaje normal, otro para un aterrizaje en el que el personaje recibe daño y otro estado para un aterrizaje que provoca su muerte. En todos los casos se activa una animación diferente y el script `Assets/Scripts/HealthController.cs`, situado en el GameObject Interactions, se encarga de reducir la vida según el tipo de aterrizaje que se produzca.

En caso de que la caída sea mortal, la máquina de estados pasa a DeadByFall, lo que hace que el script CharacterGravityController anule el efecto de la gravedad sobre el personaje. Esto lo he hecho así para parar inmediatamente el descenso de protagonista, porque, en algunos casos de caídas muy prolongadas, el objeto del protagonista traspasaba levemente el nivel del suelo al chocar con él (literalmente se empotraba en él). La explicación que encontré fue que se debía a múltiples factores: los cambios de collider (uno más pequeño en caídas y uno más grande sobre el suelo), a la enorme velocidad alcanzada en la caída y al tiempo que se gastaba en los cálculos entre que se detectaba el choque y finalizaba el movimiento. Además, para corregir la posición del cadáver, en caso de que hubiera quedado por debajo del nivel del suelo, el script `Assets/Scripts/CharacterMovement.cs`, situado en el GameObject raíz de los personajes, se encarga en su método `UpdatePosition()` de recolocar el cadáver del personaje justo en el punto en el que tocó el suelo (líneas 148 a 153 del listado 23.1). Se trata de una corrección de posición, pero es tan rápida y sutil que no es perceptible para el jugador.

```
140 /// <summary>
141 /// Update position depending on speed and fixed delta time.
142 /// </summary>
143 private void UpdatePosition()
144 {
145     // Sometimes character falls so quickly that when DeadByFall state is activated,
146     // character is already below under ground collider surface, so we must fix that
147     // relocating character to ground collider touch point height.
148     if (characterStatus.CurrentState == CharacterStatus.States.DeadByFall)
149     {
150         gameObject.transform.position = new Vector3(gameObject.transform.position.x,
151             groundSensors.GroundTouchPoint.y,
152             gameObject.transform.position.z);
153     }
154 
155     Vector2 yComponent = characterStatus.CurrentState switch
156     {
157         // When jumping, gravity is disabled so any residual Y velocity makes
                character float away a bit.
158         // So when jumping I make sure Y velocity is 0 to make jump movement keep its
                Y position.
159         CharacterStatus.States.RunningJump or
160             CharacterStatus.States.WalkingJump => Vector2.zero,
161         // In any other case we only change speed on horizontal axis (X). Vertical
                axis (Y) is changed only by gravity forces
162         // so we must keep that axis to restore it when changing horizontal velocity.
163         _ => new Vector2(0, rigidBody2D.velocity.y)
164     };
165     rigidBody2D.velocity = _currentForwardVector * _currentSpeed + yComponent;
166     this.Log($''(CharacterMovement - {gameObject.name}) Moving with speed {
            _currentSpeed} and forward vector {_currentForwardVector}'', showLogs);
167 }
```

Listado 23.1: Fragmento de Assets/Scripts/CharacterMovement.cs

23.3. Escaladas y agarres

Por escaladas entiendo el movimiento que hace el protagonista para moverse entre niveles a distintas alturas, aferrándose a un borde. Es decir, que abarca tanto el movimiento de trepar a un nivel superior, como el de descender a uno inferior. Por su parte, por agarre me refiero al momento en el que el protagonista se agarra a una cornisa cuando está cayendo.

Ambos son movimientos de una engañosa simplicidad. *Prince of Persia* podría haber optado por hacer que las escaladas fueran movimientos monolíticos, es decir que, una vez iniciados, se desarrollasen exactamente igual hasta finalizar el desplazamiento entre niveles. Dicho de otra manera: que una vez iniciada la escalada ya no fuese posible cambiar de opinión. En vez de eso, en *Prince of Persia* tienes cierto margen para cambiar de sentido en mitad de una escalada o, incluso, quedarte colgado de la cornisa y al cabo de un rato reanudar la escalada en cualquiera de los dos sentidos. La variedad de opciones es riquísima y eso ha complicado muchísimo la implementación de *Prince of Unity*.

Estos movimientos están restringidos al protagonista. Ninguno de sus enemigos puede desplazarse entre niveles, más allá de dejarse caer a un nivel inferior al perseguir al jugador.

Para iniciar una escalada, el prefab 🗀`Assets/Prefabs/Characters/Prince` del protagonista se basa en las lecturas que recibe de sus sensores. En concreto, los sensores del prefab 🗀`Assets/Prefabs/Components/CeilingSensors`, integrado dentro del prefab Prince, en su GameObject Sensors.

CeilingSensors cuenta con 4 sensores de trazado de rayos:

- *LedgeSensor*: Es un sensor situado por delante del protagonista y por encima de su cabeza. Está más o menos donde quedarían sus manos, con los brazos extendidos, en un ángulo de 30º respecto a la vertical. Este sensor detecta si hay una cornisa a la que pueda agarrarse el jugador para trepar a un nivel superior.

- *RoofSensors*: Este sensor está por encima de la cabeza del protagonista, un poco más atrás de su nuca. Sirve para detectar si hay techo justo encima de la cabeza del protagonista, en cuyo caso, si intentase saltar, se limitaría la altura del salto como si el personaje chocase con el techo.

- *FallingLedgeSensor*: Situado enfrente de la cara del protagonista, sirve durante las caídas para detectar un borde al que el jugador pueda agarrarse y detener dicha caída.

- *RoofWhileFallingSensors*: Cuando el protagonista se precipita por el desplome de una baldosa, esta cae al mismo tiempo, muy cerca de su cabeza. Este sensor sirve para detectar esa situación y que la máquina de estados del protagonista no confunda la baldosa que cae con una a la que agarrarse.

El protagonista inicia una escalada si el jugador pulsa la tecla de salto en un momento en el que el LedgeSensor arroja un resultado positivo y RoofSensors no. Si ambos sensores ofreciesen resultados negativos, el protagonista mostraría la animación de salto. Por último, si RoofSensor detectase algo, se interpretaría que hay suelo por encima y se mostraría una versión del salto mucho más corta, para transmitir la idea de que el perosnaje choca con el techo al saltar. Si lo que detectase RoofSensor fuese una baldosa de las que se desploman, se activaría la caída de esta.

Si el protagonista estuviese cayendo, se le ofrece una ventana de oportunidad de agarrarse en caso de que el sensor FallingLedgeSensor detectase algo. Cuando eso ocurra, el jugador tiene la oportunidad de pulsar el botón de acción para hacer que el personaje inicie el proceso de aferrarse a la cornisa y detener su caída.

A su vez, el proceso de descenso se basa en el juego de sensores 🗀`Assets/Prefabs/Components/GroundSensors`. Como ya hemos visto en este libro, este prefab comprende los siguientes sensores de rayos:

- *ForwardSensorStart*: Se usa para detectar un borde por el que puede caer el protagonista. Al correr no entra en acción, pero unas de las premisas del juego original era que, al andar, el protagonista no podía caerse por los bordes, así que he usado este sensor para implementar ese comportamiento en *Prince of Unity*.

- *RearSensorStart*: Se usa para detectar si hay un hueco o no por detrás del protagonista.

- *CenterSensorStart*: Es el sensor que detecta si el personaje está sobre el suelo o no, para iniciar, en su caso, la animación de caída.

Para los descensos, el principal sensor es RearSensorStart. Este movimiento debe iniciarse con el personaje dándole la espalda al hueco por el que quiere descender y pulsando el botón hacia abajo. En ese momento, si RearSensorStart no detectase suelo, se iniciaría la animación de descenso. En caso contrario, es decir, que el sensor sí detectase suelo, la animación que se mostraría sería la del protagonista poniéndose en cuclillas.

Una vez iniciado el movimiento de escalada o de ascenso, el prefab del protagonista se bloquea y desaparece. Literalmente se queda parado y se hace invisible. Si el agarre se produjo durante una caída, se usa su componente `Assets/Scripts/CharacterGravityController.cs`, en el GameObject Physics, para detener el efecto de la gravedad sobre el protagonista y dejarle suspendido. Mientras el personaje sea invisible, las animaciones de él escalando o descendiendo las muestra, en realidad, el componente Animator del componente `Assets/Prefabs/Components/Climbable` de la pieza de arquitectura a la que se esté aferrando el protagonista.

Todos los prefabs de las piezas de arquitectura que pueden ser escaladas o descendidas anidan el prefab Climbable por debajo de su GameObject raíz.

Climbable cuenta con cuatro Transform que se usan para marcar los puntos claves en cualquier proceso de escalada o descenso:

- *LedgeGrabingPointRight*: Marca el punto al que se agarra el protagonista al escalar la pieza por la derecha.
- *LedgeGrabingPointLeft*: Igual que el anterior, pero entra en juego cuando la escalada tiene lugar por la izquierda de la pieza.
- *DescendingPointRight*: Señala el punto donde aterriza el protagonista tras finalizar el descenso por el lado derecho de la pieza.
- *DescendingPointLeft*: Al igual que el anterior, señala el punto donde aterriza el protagonista al acabar de descenso por el lado izquierdo de la pieza.

Al anidar una instancia de Climbable en un prefab, podemos desplazar los Transforms lo necesario para ajustar los puntos de agarre y de descenso a la pieza particular que estemos configurando.

Aparte de lo anterior, Climbable cuenta con un GameObject denominado CharacterAnimations, que es el que cuenta con el SpriteRenderer que muestra los sprites del protagonista escalando o descendiendo. Ese SpriteRenderer está regido por un componente Animator, en el mismo GameObject, que es el que contiene la máquina de estados del Climbable. Además, en el GameObject CharacterAnimations está el script `Assets/Scripts/ClimbableAnimationController.cs`, que se encarga de mostrar la animación en el lado del climbable por el que se haya aproximado el protagonista.

Cuando el protagonista se hace invisible, para iniciar un proceso de escalada o descenso, le reclama a la pieza a la que se va a agarrar una referencia al script `Assets/Scripts/Climbable.cs` que se encuentra en el GameObject raíz del prefab del mismo nombre. El personaje realiza esa operación desde su script `Assets/Scripts/ClimberInteractions.cs`, situado en su GameObject Interactions. ClimberInteractions recoge los comandos del jugador y los convierte en llamadas a los métodos ofrecidos por el script Climbable. Estos métodos actualizarán los parámetros de la máquina de estados de Climbable para que esta muestre la animación más adecuada para los comandos que esté ejecutando el usuario. Por tanto, cuando pulsamos las teclas durante una escalada o descenso, el componente que está reaccionando a esas pulsaciones es Climbable.

El personaje espera oculto y suspendido hasta que su componente ClimberInteractions detecta que Climbable ha finalizado la escalada o el descenso. Para ello monitoriza la propiedad `ClimbingResult` del script Climbable. Dicho script fija esa propiedad al valor `ClimbingResult.Climbed` cuando ha finalizado una escalada y a `ClimbingResult.Descended` al acabar un descenso. En el caso general, cuando ClimberInteractions detecta uno de esos valores en ClimbingResult, concluye que ya ha acabado el proceso de escalada o descenso y teletransporta al personaje a la posición marcada por uno de los Transform que veíamos antes (el que aplique a cada caso),[1] justo antes de volver a hacer visible al objeto del protagonista.

[1] En el caso de las escaladas, el punto de agarre coincide con el punto en el que se sitúa el protagonista al finalizar la escalada.

> Observa que he dicho "en el caso general". Hay casos en los que el jugador cambia de opinión en mitad de una escalada y decide abortarla volviendo al punto de partida. ClimbableInteractions detecta esos casos cuando el ClimbingResult que recibe es justo el contrario de la operación que inició. Si, por ejemplo, inició una escalada y recibe un resultado `ClimbingResult.Descended`, entonces concluye que se ha producido uno de esos cambios de opinión y no modifica la posición del personaje antes de volver a hacerlo visible.

> Al igual que se hace en los combates, los márgenes de reacción que tiene el jugador para cambiar de opinión en una escalada o un descenso lo marcan determinados fotogramas de las respectivas animaciones. Pasados esos fotogramas, el proceso de escalada o descenso estará tan avanzado que ya no se podrá abortar. Esos fotogramas están marcados con eventos de animación que se replican a otros componentes a través del script 🗀`Assets/Scripts/ClimbableAnimationEventsForwarder.cs`, situado en el mismo GameObject del Animator.

ClimbingResult ofrece un tercer resultado, `ClimbingResult.Uncertain`, que significa que el proceso de escalada y descenso sigue en curso y, por tanto, el objeto del protagonista debe seguir a la espera, parado y oculto.

No quiero acabar la sección sin mencionar que las puertas de rastrillo tienen su propio componente Climbable. En este caso, puedes pensar en la puerta de rastrillo de la primera habitación del primer nivel. Con la puerta cerrada nos interesará que la puerta no sea escalable o, de otra manera, podríamos encontrarnos con que podríamos atravesar la puerta cerrada simplemente escalándola desde abajo. Por eso, en esas puertas he incluido el script 🗀`Assets/Scripts/PortcullisClimbableDisabler.cs`, integrado en el GameObject raíz de las puertas de rastrillo (🗀`Assets/Prefabs/DynamicArchitecture/Portcullis`). Dicho script desactiva el componente Climbable cuando la puerta de rastrillo está cerrada, se está cerrando rápido o lo hace lentamente, pero la apertura restante ya es demasiado reducida.

23.4. Muerte por trampas

En *Prince of Unity*, el protagonista se enfrenta a tres tipos de adversarios: el escenario, las trampas y los enemigos.

El escenario amenaza al protagonista por su misma forma, llena de agujeros y abismos, por los que puede caer hacia su muerte.

Las trampas y los enemigos son dinámicos, ya que están inertes hasta que detectan la aproximación del protagonista y entonces se activan.

En el caso de las trampas, la activación se produce gracias a un sensor volumétrico, RangeSensor, que avisa a su máquina de estados de que un personaje se aproxima a ella. En ese momento, la trampa se activa y muestra sus puntas, en el caso de los pinchos, o empieza la secuencia de cierre periódico, en el caso de las cuchillas. En cuanto sale el último personaje del rango de acción de este sensor, las puntas vuelven a ocultarse y las cuchillas se quedan abiertas.

Hay un segundo volumétrico, mucho más estrecho que el anterior, KillingSensor, que marca la zona de muerte en la que el personaje perece en caso de que la trampa se active en ese preciso momento. Este volumétrico contiene en su propiedad `CharactersDetected` la lista de personajes que se encuentra en su rango de acción y que se verán afectados por la trampa en cuanto esta se active.

Recuerda que el juego original permite dos maneras de salvar las trampas de pinchos: puedes saltar por encima de ellas o puedes andar (que no correr) a través de ellas, como si evitases cuidadosamente las puntas. Por ese motivo, en el caso de los pinchos, la trampa permanece activa en todo momento mientras el personaje siga en el RangeSensor, si bien es cierto que, antes de matar al personaje, la trampa comprueba si se trata del protagonista y si está andando (que no corriendo) o saltando sobre la trampa, en cuyo caso no le mata.

En el caso de las cuchillas, la trampa cuenta con un temporizador en su script `Assets/Scripts/TrapStatus.cs` que se encarga de activar la trampa cada cierto tiempo. Este temporizador se basa en una corrutina.

```
private void FixedUpdate()
{
    switch (CurrentState)
    {
        case States.Activated:
            if (!_activationSoundAlreadyPlayed)
            {
                soundController.PlaySound(''activated'');
                _activationSoundAlreadyPlayed = true;
            }
            CanKill = true;
            break;
        case States.Deactivated:
            _activationSoundAlreadyPlayed = false;
            CanKill = false;
            break;
        case States.Waiting:
            if (!Waiting)
            {
                Waiting = true;
                StartCoroutine(SignalEndWaitingTime());
            }
            CanKill = false;
            break;
    }
}

private IEnumerator SignalEndWaitingTime()
{
    yield return new WaitForSeconds(loopWaitingTime);
    Waiting = false;
}
```

Listado 23.2: Fragmento de Assets/Scripts/TrapStatus.cs

Cuando la trampa se activa, hay otro de los scripts que se encarga de matar a todos los personajes que se encuentren dentro de su KillingSensor. Ese script es `Assets/Scripts/TrapCharacterInteractions.cs` y, aunque es abstracto, sus clases hijas se encuentran en el GameObject Interactions de las trampas. En concreto, hay 2 clases hijas que la implementan:

- `Assets/Scripts/BladesCharacterInteractions.cs`: Es el script incluido en la trampa de cuchillas.
- `Assets/Scripts/SpikesCharacterInteractions.cs`: Implementado por la trampa de pinchos.

Esos scripts van recorriendo la lista de los personajes que hay en la propiedad CharactersDetected del KillingSensor, obtienen referencias a sus respectivos scripts `Assets/Scripts/TrapInteractions.cs` y las usan para notificarles que han muerto víctimas de la trampa.

```
/// <summary>
/// Kill whoever is in trap kill zone.
/// </summary>
private void KillCharactersInKillingZone()
{
    foreach (GameObject character in killingSensor.CharactersDetected)
    {
        if (InvulnerableCharacter(character)) continue;
```

```
76         TrapInteractions characterTrapInteractions = character.GetComponentInChildren<
               TrapInteractions>();
77         CharacterStatus characterStatus = character.GetComponentInChildren<
               CharacterStatus>();
78         Sprite corpse = characterTrapInteractions.GetKilledByTrapCorpse(trapStatus.
               KillMode);
79         damageEffect.ShowTrapHit(characterStatus.LookingRightWards?
80             TrapDamageEffect.DamageEffectType.CharacterCameFromLeft:
81             TrapDamageEffect.DamageEffectType.CharacterCameFromRight, characterStatus.
                   IsPrince);
82         trapAppearance.ShowCorpse(characterStatus.IsPrince, characterStatus.
               LookingRightWards, corpse);
83         characterTrapInteractions.KilledByTrap();
84         _charactersInTrap--;
85     }
86 }
```

Listado 23.3: Fragmento de Assets/Scripts/TrapCharacterInteractions.cs

La línea 79, del listado 23.3, muestra el flash que tinta de rojo la pantalla para alertar al jugador de que ha recibido daño (esta vez mortal), para lo cual se utiliza el método `ShowTrapHit()` del script `Assets/Scripts/TrapDamageEffect.cs`.

La llamada de la línea 78 le pide al personaje el sprite del cadáver que la trampa debe mostrar. Por un lado, es importante que sea la trampa la que muestre el cadáver para asegurar que este queda bien colocado.[2] Pero, por otro lado, las trampas no pueden guardar los sprites de los cadáveres de los distintos personajes, porque eso añadiría un factor de acoplamiento, ya que nos obligaría a añadir a las trampas nuevos sprites de cadáveres cada vez que creásemos un nuevo personaje. En vez de eso, he hecho que sea cada personaje el que devuelva su sprite de cadáver cuando se le notifique su muerte en una trampa. Para ello, el método `GetKilledByTrapCorpse()` en realidad llama al método `GetCorpseSprite()` del script `Assets/Scripts/CharacterAppearance.cs`, situado en el GameObject Appearance de los personajes.

```
/// <summary>
/// Get this character corpse for a given trap mode.
/// </summary>
/// <param name=''corpseType''>Trap mode.</param>
/// <returns>Sprite used to represent this character killed by a trap of that mode.</
    returns>
public Sprite GetKilledByTrapCorpse(CorpseTypes corpseType)
{
    return characterAppearance.GetCorpseSprite(corpseType);
}
```

Listado 23.4: Fragmento de Assets/Scripts/TrapInteractions.cs

A su vez, `GetCorpseSprite()` se implementa de la siguiente manera:

```
/// <summary>
/// Get corpse to show for this character at traps.
/// </summary>
/// <param name=''corpseType''>Killing mode of trap.</param>
/// <returns>Corpse to show at a trap of this mode.</returns>
public Sprite GetCorpseSprite(TrapInteractions.CorpseTypes corpseType)
{
    switch (corpseType)
    {
        case TrapInteractions.CorpseTypes.Stabbed:
            return stabbedCorpse;
        case TrapInteractions.CorpseTypes.Cut:
            return cutCorpse;
        default:
            // We won't get here.
```

[2] Por muy gore que suene.

```
132             return null;
133     }
134 }
```

Listado 23.5: Fragmento de Assets/Scripts/CharacterAppearance.cs

Observa en el listado 23.5 que el método devuelve sprites diferentes según la trampa le haya ensartado (línea 127) o seccionado (línea 129). Los sprites para cada caso (`stabbedCorpse` y `cutCorpse`) se le dan al script a través del inspector.

Una vez obtenido el sprite del cadáver, la línea 79 del listado 23.3 llama al método `ShowTrapHit()` del prefab `Assets/Prefabs/Components/DamageEffect`, el cual se integra bajo el GameObject Effects del prefab de la trampa. DamageEffect se encarga de mostrar fugazmente los sprites rojos, representando el impacto cuando el protagonista recibe un golpe que le resta vida. Tras lo anterior `KillCharactersInKillingZone()`, hace que la trampa lo muestre (línea 82 del listado 23.3) usando el método `ShowCorpse()` del script `Assets/Scripts/TrapAppearance.cs`. Ese método muestra el sprite del cadáver en un punto u otro de la trampa (ambos predefinidos), según la orientación del personaje, antes de ser eliminado.

```
/// <summary>
/// Show given corpse looking in given direction.
/// </summary>
/// <param name=''isPrince''>Whether this coprse is from prince or not.</param>
/// <param name=''lookingRight''>Whether corpse should look rightwards.</param>
/// <param name=''corpse''>Corpse to show.</param>
public void ShowCorpse(bool isPrince, bool lookingRight, Sprite corpse)
{
    if (isPrince)
    {
        ShowPrinceCorpse(corpse, lookingRight);
    }
    else
    {
        ShowGuardCorpse(corpse, lookingRight);
    }
}
```

Listado 23.6: Fragmento de Assets/Scripts/TrapAppearance.cs

Hay puntos predefinidos tanto para los cadáveres del protagonista...

```
/// <summary>
/// Show given corpse looking in given direction.
/// </summary>
/// <param name=''corpse''>Corpse to show.</param>
/// <param name=''lookingRight''>Whether corpse should look rightwards.</param>
private void ShowPrinceCorpse(Sprite corpse, bool lookingRight)
{
    if (lookingRight)
    {
        princeCorpseLookingRight.sprite = corpse;
    }
    else
    {
        // By default corpses sprites look to right, but there is no need to flip them
            because
        // sprite renderers looking to left are already flipped in their editor
            configuration.
        princeCorpseLookingLeft.sprite = corpse;
    }
}
```

Listado 23.7: Fragmento de Assets/Scripts/TrapAppearance.cs

... como para los cadáveres de los guardias:

```
/// <summary>
/// Show given corpse looking in given direction.
/// </summary>
/// <param name=''corpse''>Corpse to show.</param>
/// <param name=''lookingRight''>Whether corpse should look rightwards.</param>
private void ShowGuardCorpse(Sprite corpse, bool lookingRight)
{
    if (lookingRight)
    {
        guardCorpseLookingRight.sprite = corpse;
    }
    else
    {
        // By default corpses sprites look to right, but there is no need to flip them because
        // sprite renderers looking to left are already flipped in their editor configuration.
        guardCorpseLookingLeft.sprite = corpse;
    }
}
```

Listado 23.8: Fragmento de Assets/Scripts/TrapAppearance.cs

Colocado el sprite del cadáver, se notifica al personaje que puede darse por muerto (línea 83 del listado 23.3), lo que hace que este haga desaparecer su propio sprite y sólo se muestre el del cadáver, en la trampa.

Dicha notificación se hace a través del método `KilledByTrap()` de TrapInteractions, el cual se limita a fijar un parámetro en la máquina de estados del personaje que le avisa de que ha muerto por la acción de una trampa.

La reacción de la máquina de estados es pasar al estado KilledByTrap, lo que activa el script `Assets/Scripts/CharacterDisablingController.cs`, situado en el GameObject raíz de los personajes. Ese script, al igual que el de PickableDisablingController que vimos en la sección 23.1, hereda del script genérico `Assets/Scripts/DisablingController.cs`, concretándolo para el tipo `CharacterStatus.States`. Como en aquel caso, la función de este script es desactivar el GameObject al que pertenece cuando su máquina de estados alcanza el estado que hayamos definido en el inspector, en este caso KilledByTrap. De esa manera, estaremos seguros de que el personaje deje de interactuar con su entorno.

> También puedes tener la necesidad de desactivar sólo algunos componentes en determinados estados. Un ejemplo de cómo hacerlo está en el script `Assets/Scripts/CharacterPartialDisablingController.cs`. Este script hereda de DisablingController y extiende su funcionalidad ofreciendo un campo en el que podremos meter una lista de GameObjects del prefab que se desactivarán al llegar al estado definido.

En el caso de la trampa de pinchos, ahí acaba todo: el personaje desaparece y se deshabilita y la trampa muestra un sprite de cadáver. Sin embargo, la trampa de cuchillas tiene una complicación adicional y es que, una vez asesinado un personaje, las cuchillas deben mostrar una mancha de sangre tanto cuando estén inertes, como cuando vuelva a activarse la trampa. Para detectar esa situación, la trampa de cuchillas cuenta con el script `Assets/Scripts/BladeTrapBloodController.cs` en el GameObject Appearance. Ese script detecta el momento en el que la trampa se cobra su primera víctima y avisa a su máquina de estados para que esta pase al conjunto de estados en los que las animaciones tienen fotogramas con las cuchillas manchadas de sangre.

23.5. Combates

En el capítulo 22 vimos una parte sustancial de los combates, al estudiar cómo se comporta en ellos la inteligencia de los enemigos. Sin embargo, creo que la parte de los combates relativa a la mecánica y la interacción no quedó suficientemente bien cubierta. Esa es la parte que vamos a estudiar aquí.

Una vez que dos personajes se han acercado lo suficiente para poder alcanzarse con sus mandobles, intercambian referencias a sus respectivos scripts 🗀`Assets/Scripts/FightingInteractions.cs`, situados en los GameObject Interactions del prefab base de los personajes (🗀`Assets/Prefabs/Characters/Character`).

A partir de ahí, utilizarán esas referencias para informar al otro de sus acciones. Por ejemplo, cuando el protagonista inicie un ataque, informará de ello a su enemigo llamando al método `NoticeStrikeStart()` del FightingInteractions de dicho enemigo.

Cuando el enemigo reciba una llamada a su método `NoticeStrikeStart()`, avisándole de que hay un ataque contra él en curso, pone a verdadero su propiedad `BlockingStrikePossible`. Mientras dicha propiedad sea verdadera, el personaje tiene una ventana de oportunidad para bloquear el ataque. La duración de esa ventana es la de los primeros fotogramas de la animación de ataque. Cuando el atacante finaliza esos fotogramas, emite un evento de animación (vistos en el capítulo 12) que acaba llamando al método `NoticeBlockingChanceEnded()` de su contrincante. Dicho método pone a falso su propiedad `BlockingStrikePossible`, finalizando su oportunidad de bloquear el ataque. A partir de ahí, el contrincante recibirá el golpe y sufrirá un punto de daño.

¿Cómo aprovecha el atacado su ventana de oportunidad para bloquear? Si el atacado es el protagonista, el bloqueo se hace efectivo si el jugador pulsa la tecla hacia arriba (la de salto) mientras `BlockingStrikePossible` sea verdadero. Se trata, por tanto, de una cuestión de reflejos, en la que el jugador tiene que reaccionar antes de que pasen los primeros fotogramas del ataque de su enemigo.

Si el atacado es un enemigo, no cabe duda de que reaccionaría instantáneamente al recibir el aviso del ataque. Podemos vencer a las máquinas en muchas cosas, pero no en reflejos. Por eso, el enemigo hace una tirada de bloqueo, tal y como se ve en el capítulo 22. Dicha tirada se hace contra su puntuación de defensa. En caso de sacar un número aleatorio por debajo de su puntuación de defensa, el enemigo activa el bloqueo del ataque, mientras que si el número es superior a dicha puntuación tendrá que quedarse parado y recibir el golpe.

En caso de bloquear un ataque, el que bloquea llama al método `NoticeBlockStarted()` del bloqueado. Al recibir dicha llamada, este puede avisar a su máquina de estados para que haga transitar la animación desde la de ataque hasta la de bloqueo del mismo. El otro hace lo propio con su máquina de estados, para que se muestre la animación en la que el personaje bloquea el ataque.

La de bloqueo no es la única ventana de oportunidad de los combates, aunque todas se gestionan igual, utilizando las animaciones para definir el comienzo y final de dichas ventanas. De esa manera, la lógica de los personajes reacciona de manera coordinada con fotogramas muy concretos lo que, unido a los mecanismos de transición de animaciones que vimos en el capítulo 12, consigue que las animaciones se encadenen unas con otras de manera fluida.

Cuando un personaje bloquea un ataque, tiene la posibilidad de contraatacar. Al igual que la de bloqueo, tiene el margen de unos pocos fotogramas de margen para iniciar un ataque rápido desde la posición de bloqueo. Si el jugador no acierta a pulsar el botón de ataque en esa misma franja, o el enemigo falla su tirada de ataque, el personaje vuelve a su posición inicial desde el que sólo podrá lanzar ataques estándar, mucho más lentos.

Por su parte, cuando un personaje ve bloqueado su ataque, puede anticiparse a un contraataque pulsando el botón de bloqueo en el momento justo lo que le permite iniciar un bloqueo rápido. Al igual que en las anteriores ventanas, si el personaje falla en aprovecharla vuelve a la posición inicial, lo que le supone sufrir un golpe si hay un contraataque en curso, ya que desde la posición inicial no tendrá margen para bloquear dicho contraataque.

Saber aprovechar estas tres ventanas: bloqueo, contraataque y contrabloqueo es esencial contra los enemigos más avanzados. Los primeros son más lentos en sus ataques y bloqueos, por lo que puedes hacer ataques sueltos desde la posición inicial, pero, a partir de cierto punto, los enemigos tendrán los reflejos para bloquear los ataques y devolver un contraataque, por lo que si el jugador no domina el contrabloqueo acabará hecho papilla.

> Todas estas transiciones entre estados son tan complejas y rápidas que, como ya hemos visto en otros puntos del libro, hay triggers que pueden quedarse atascados, lo que he tenido que resolver usando el script `Assets/Scripts/ResetTrigger.cs`. De igual manera, me he encontrado con situaciones en las que, no sé muy bien por qué, algunos parámetros booleanos de las máquinas de estados se quedaban en verdadero cuando no deberían estarlo. Tras buscar infructuosamente la causa del problema, al final opté por una solución práctica y elaboré el script `Assets/Scripts/ResetBool.cs` para poner a falso determinados parámetros booleanos al entrar en los estados en los que se producía este fenómeno.

Te recomiendo que examines el código del script FightingInteractions, así como la parte del combate de las máquinas de estado del protagonista y de los guardas. No he reflejado aquí su implementación por no alargar en exceso el capítulo con cosas que ya hemos cubierto en otros. Aún así, cuando examines dichas implementaciones verás el trabajo y la complejidad que tiene plasmar las mecánicas que he explicado en los párrafos anteriores. Después de lo que he sufrido para que todo encajase de manera fluida, considerando sólo un ataque y un bloqueo, tengo el mayor de los respetos por la implementación del juego original, hecha a golpe de ensamblador, y por los juegos de lucha que implementan múltiples golpes y combos de manera perfectamente sincronizada.

CAPÍTULO

24 Reutilización

En la universidad conocí a un profesor que sostenía que para ser buen desarrollador había que ser inteligente, pero que para llegar a ser un gran desarrollador además había que ser vago. Reconozco que tardé un tiempo en entender a lo que se refería. No fue hasta que hice mi primer gran desarrollo, y vi la importancia de la reutilización, que comprendí de verdad a mi profesor.

El desarrollo es una disciplina en la que si te encuentras haciendo una y otra vez lo mismo (el mismo código, las mismas clases, los mismos prefabs) entonces es señal de que estás haciendo algo mal. Esto es así porque uno de los pilares del desarrollo es la reutilización, y si repites una y otra vez será señal de que no estás reutilizando el trabajo. Un desarrollador que practique la "vagancia inteligente" estará atento a aquellos elementos de su aplicación que sean susceptibles de ser reutilizados y los aprovechará, no sólo para ahorrarse el esfuerzo de tener que volver a implementarlos constantemente, sino también para reducir los puntos en los que tocar cuando se produzca una evolución de la aplicación.

Para reutilizar tenemos que fijarnos en aquello que repetimos una y otra vez y situarlo en una unidad lógica separada de las que contienen las particularidades de cada caso. Esa unidad lógica contendrá la parte común a todos los casos y será de la que tiremos para evitarnos tener que implementar constantemente lo mismo.

La forma más básica de reutilización en un lenguaje de programación es la función, pero, a partir de ahí, hay otras muchas maneras. Unas son propias de Unity y otras de C#. Dominarlas te será tremendamente útil para acelerar tu velocidad de desarrollo y minimizar tu esfuerzo. En este capítulo veremos las más útiles.

24.1. Herencia

La *herencia* es el mecanismo de reutilización propio de los lenguajes de programación orientada a objetos, como Java, C# o Python. Se basa en situar la funcionalidad común a un conjunto de clases en otra que actuará de madre de dicho conjunto. Por tanto, la clase madre implementará la funcionalidad común y las clases hijas la extenderán añadiendo las funcionalidades particulares respectivas.

Se trata, además, de un concepto con el que resulta fácil modelar situaciones cotidianas. Por ejemplo, imagina que tuvieses que desarrollar una aplicación para inventariar los animales que deben subir al arca de Noé. A la hora de modelar la descripción de las distintas especies de felinos tendrías una clase madre que podría llamarse Felino, en la que reflejarías las siguientes propiedades:

- 4 patas.
- Bigotes.
- Pelo corto.
- Garras.

- Cola.

Asimismo, lo dotarías de los siguientes métodos:

- `Arañar()`
- CazarDeUnSalto()

Todo lo anterior sería común a todos los felinos del planeta. Un tigre o un siamés no tendrían que implementar el método Arañar() porque ya les vendría implementado desde la clase madre.

Aún así, estamos de acuerdo en que un siamés y un tigre tienen muchas diferencias entre sí. Por ejemplo, un tigre añadiría el método `Nadar()`,[1] mientras que un siamés incorporaría el método `Ronronear()`. También podrían personalizar la funcionalidad que les llega de la madre, por ejemplo para hacer que el método `Arañar()` de un tigre provocase más puntos de daño que el de un siamés.

Por tanto, desde el punto de vista de la reutilización, el ahorro que consigues con la herencia es que lo que implementes en la clase madre se aplicará inmediatamente en las clases hijas.

> Cuando uses herencia ten muy presente el Principio de Sustitución de Liskov que vimos en el capítulo 6. Las clases hijas deben ampliar la funcionalidad de la madre, no mermarla o modificarla de una manera contraria a lo que se esperaría de la madre. Siguiendo el ejemplo de los felinos, iría contra este principio que una clase hija definiese un tipo de felino que anduviese a dos patas o no arañase.

> Cuando se interpretan diagramas que representan herencias entre clases, se suele leer la relación entre la clase hija y la madre como "*es un*". En el caso de la clase Felino y su heredera Tigre, se leería que "un Tigre *es un* Felino".

En *Prince of Unity* he usado herencia en varios puntos para extender determinados MonoBehaviors. Por ejemplo, el script `Assets/Scripts/FallingGroundGravityController.cs` hereda de la clase madre definida en `Assets/Scripts/GravityController.cs`, la cual hereda a su vez de MonoBehavior. Eso supone FallingGroundGravityController puede hacer uso de todos los métodos y propiedades definidos en MonoBehavior, así como de los de GravityController y de los que defina el mismo FallingGroundGravityController.

FallingGroundController modifica uno de los métodos heredados de su madre extendiendo su funcionalidad:

```
/// <summary>
/// Disables gravity for this falling ground.
/// </summary>
protected override void DisableGravity()
{
    base.DisableGravity();
    // Rigid body constraints must be set. Otherwise when this component is used with
    // falling ground character pushes ground before its falling timer is up. Although
    // falling ground gravity is disabled it can still be pushed by characters that
         have
    // gravity enabled.
    rigidBody.constraints = RigidbodyConstraints2D.FreezeAll;
}
```

Listado 24.1: Fragmento de Assets/Scripts/FallingGroundGravityController.cs

[1] Sí. Los tigres nadan estupendamente. Así que tenlo en cuenta si te planteas tirarte al agua para escapar de uno.

En el caso del listado 24.1, la función `DisableGravity()` llama a la funcionalidad que la madre define para ese método (línea 34) y, además, añade la suya propia (línea 39).

> Al poner la propiedad `constraints` de un RigidBody en `FreezeAll` evitas que se produzcan rotaciones en los desplazamientos del objeto. Yo le he hecho así porque, a veces, cuando un personaje pisaba una baldosa que se soltaba, al caer personaje y baldosa juntos, se tocaban entre sí y la baldosa se giraba durante la caída. Dado que algo así no ocurría en el juego original, decidí impedirlo configurando la propiedad constraints para que la baldosa no pudiera girar al caer y se mantuviese derecha.

Hay varias maneras de que una clase hija modifique uno de los métodos de la madre, y es importante entenderlas, porque cada manera tiene sus matices, que, además, son muy específicos de C#.

En otros lenguajes de programación, para modificar una clase heredada de la madre basta con que la hija defina un método con el mismo nombre que aquel de la madre que se quiere reimplementar. Sin embargo, si haces eso en C# puede que el comportamiento resultante no sea el que esperas. Imaginemos que el método `Arañar()` de la clase Felino hiciese 5 puntos de daño y que el de la clase Tigre (heredera de Felino) hiciese 100 puntos de daño, pero para hacerlo se limitase a definir un método `Arañar()` sin más. Si tuviéramos otro método que aceptase un parámetro Felino y dentro de ese método llamásemos a `Arañar()`, en otros lenguajes de programación esperaríamos que, si a ese parámetro le pasásemos una instancia de Tigre, la llamada a `Arañar()` devolvería 100 puntos de daños. Sin embargo, en C# no sería así. `Arañar()` devolvería 5 puntos de daño. Mientras el parámetro fuera de tipo Felino, las diferentes instancias de clases hijas devolverían 5 puntos de daño para `Arañar()`. Sin embargo, si cambiases el tipo de parámetro a Tigre, verías que al al ejecutar el método `Arañar()` devolvería correctamente 100 puntos. Esto es así porque cuando reimplementas sin más un método, C# se limitará a llamar al método de la clase dentro de la jerarquía definido para el parámetro.

Lo que pasa es que el comportamiento anterior no es el esperado en un lenguaje orientado a objetos, del que lógicamente se espera polimorfismo. Si a un parámetro Felino se le pasa un argumento de tipo Tigre lo normal es esperar que, cuando se llame a `Arañar()`, responda el método del Tigre y no el del Felino.

Para que C# exhiba el comportamiento esperado, debemos marcar el método de la clase madre con el término *virtual* para señalar que ese método puede ser redefinido en una clase hija. Luego, en la clase hija, se debe marcar el método que redefina al de la madre con el término *override*. Por ejemplo, en la línea 32 del listado 24.1 se puede ver cómo se redefine el método `DisableGravity()` usando el término override, mientras que en la clase madre se define originariamente el método con el término virtual (línea 56, del listado 24.2) para señalar que puede ser redefinido en una clase hija:

```
53 /// <summary>
54 /// Deactivate gravity affection over this character.
55 /// </summary>
56 protected virtual void DisableGravity()
57 {
58     rigidBody.gravityScale = 0;
59     _currentRigidbodyConstraints = rigidBody.constraints;
60     rigidBody.velocity = Vector2.zero;
61     stateMachine.SetBool(''GravityEnabled'', false);
62     _isGravityEnabled = false;
63     this.Log($''(Gravity controller - {transform.root.name}) Gravity disabled for this
           game object.'', showLogs);
64 }
```

Listado 24.2: Fragmento de Assets/Scripts/GravityController.cs

Usando virtual en los métodos de la madre y override en los métodos reimplementados de los hijos, se obtendrá el efecto esperado de que, cuando pasemos un hijo a un parámetro con el tipo de la madre, los métodos que se llamen usando ese parámetro sean los del hijo cuando este los haya reimplementado. En nuestro ejemplo anterior, al pasar una instancia de Tigre a un método con un parámetro Felino, al llamar desde ese método a `Arañar()` se producirán los 100 puntos de daño del Tigre.

Ten en cuenta, sin embargo, que al pasar una clase hija a un parámetro con el tipo de la clase madre sólo tendremos acceso a los métodos definidos en la clase madre, aunque, gracias al uso de virtual y override, se ejecutará la implementación de la clase hija. Sin embargo, no vas a poder ejecutar un método exclusivamente propio de la clase hija. Para eso, tendrías que coger argumento pasado al parámetro con el tipo de la clase madre y hacerle casting a la clase hija que crees que es. A partir de entonces sí que tendrás acceso a los métodos exclusivos de la clase hija. Pero, cuidado: debes estar seguro de qué clase hija es la instancia que te han pasado, porque tendrás un error en ejecución si intentas hacer casting a la clase equivocada.

Cuando no usamos virtual y override y nos limitamos a redefinir sin más los métodos de la madre en una clase hija, lo normal es que sencillamente nos estemos equivocando. Por ese motivo, el compilador de C# arroja un mensaje de advertencia. Sin embargo, puede ser que estemos actuando a sabiendas y que sea ese el comportamiento que queremos obtener. En ese caso, para que no nos salgan los mensajes de advertencia, tendríamos que preceder los métodos de la clase hija, que redefinan a los de la madre, con el término *new*. En ese caso, el compilador asumirá que sabemos lo que estamos haciendo y no nos alertará de nada.

24.2. Clases abstractas

Hay veces que querremos contar con *clases plantilla*. Son clases madres que no están pensadas para ser instanciadas directamente sino para definir la estructura mínima de campos y métodos de sus clases hijas. Son las que C# denomina *clases abstractas*.

Una clase abstracta es como cualquier otra, pero tiene dos características formales: está marcada con el término *abstract* y, al menos uno de sus métodos, carece de implementación. Dicho método está también calificado con el término *abstract*.

Pongamos por ejemplo la clase PickableCharacterInteractions, definida en el script `Assets/Scripts/PickableCharacterInteractions.cs`. Esta clase define la funcionalidad común que tienen todos los objetos, a la hora de interactuar con el objeto del protagonista, cuando este lo coge.

```
/// <summary>
/// Pickable component to interact with Prince character.
///
/// This component should not be used directly but subclassed instead.
/// </summary>
public abstract class PickableCharacterInteractions : MonoBehaviour
{
    [Header(''WIRING:'')]
    [Tooltip(''Needed to signal when this pickable is being taken and from where.'')]
    [SerializeField] private Animator stateMachine;
    [Tooltip(''Needed to show flashes when this pickable is taken.'')]
    [SerializeField] private PickableFlash flashController;
    [Tooltip(''Needed to know when picking animation is being played.'')]
    [SerializeField] private PickableStatus pickableStatus;

    /// <summary>
    /// Whether this pickable is still being playing it picking animation.
    /// </summary>
    protected bool PickingAnimationEnded => pickableStatus.CurrentState ==
        PickableStatus.States.Taken;

    public void Take(PickableInteractions taker)
    {
        StartCoroutine(TakePickable(taker));
    }

    /// <summary>
```

```
32      /// Whether Prince taker is at right from pickable.
33      /// </summary>
34      /// <param name=''taker''>PickableInteractions Prince component.</param>
35      /// <returns>True if taker is at right from pickable.</returns>
36      private bool BeingTakenFromRight(PickableInteractions taker)
37      {
38          return (taker.transform.position.x - transform.position.x) >= 0;
39      }
40
41      private IEnumerator TakePickable(PickableInteractions taker)
42      {
43          taker.PickingAnimationStarted();
44          // Wait until character has disabled its sprite to avoid a frame with two
                prince sprites, the one from
45          // character and the one from pickable. WaitUntil character is in
                TakingPickable state or skipping a frame
46          // does not seem to work, so I have to wait time between frames at 8 fps.
47          yield return new WaitForSeconds(0.125f);
48          stateMachine.SetBool(''PrinceAtRight'', BeingTakenFromRight(taker));
49          stateMachine.SetTrigger(''Taken'');
50          flashController.ShowFlashes();
51          DoSomethingOverTaker(taker);
52          yield return new WaitUntil(() => PickingAnimationEnded);
53          taker.PickingAnimationEnded();
54          stateMachine.SetTrigger(''Disable'');
55      }
56
57      /// <summary>
58      /// Apply this pickable effect over taker.
59      /// </summary>
60      /// <param name=''taker''>PickableInteractions Prince component.</param>
61      protected abstract void DoSomethingOverTaker(PickableInteractions taker);
62  }
```

Listado 24.3: Fragmento de Assets/Scripts/PickableCharacterInteractions.cs

Como puedes ver en el listado 24.3, la clase está marcada con el término abstract para señalar que es abstracta (línea 11).

Además, ofrece un método `Take()` (línea 26) que debe ser llamado por el protagonista cuando vaya a recoger el objeto. Ese método llama a su vez a la corrutina `TakePickable()` (línea 28), que es la que se encarga de activar la animación en la que aparece el protagonista recogiendo el objeto (líneas 47 a 54).

Hasta ahí la funcionalidad común a todos los recogibles, pero lo que no podemos hacer aquí es definir el efecto que tendrá el recogible sobre el protagonista, porque esos efectos pueden ser muy heterogéneos y dependerán de cada objeto recogible concreto. Por eso, en esta clase sólo se define el método que lleva a cabo esa función, `DoSomethingOverTaker()` (línea 61), pero se deja sin implementación. Fíjate en que el método también se marca con la palabra clave abstract.

Serán las clases hijas las que dotarán de implementación a los métodos abstractos de su madre. En ese ejemplo, uno de las clases hijas de PickableCharacterInteractions es BigPotionCharacterInteractions, definida en el script 🗀 `Assets/Scripts/BigPotionCharacterInteractions.cs`. Esta clase hija reaprovecha toda la funcionalidad definida en su madre, por lo que sólo tiene que implementar el método que esta dejó pendiente

```
public class BigPotionCharacterInteractions: PickableCharacterInteractions
{
    protected override void DoSomethingOverTaker(PickableInteractions taker)
    {
        taker.EnhanceHealth();
    }
}
```

Listado 24.4: Fragmento de Assets/Scripts/BigPotionCharacterInteractions.cs

La implementación del método se marca con el término override (línea 5 del listado 24.4) que ya utilizamos en la sección 24.1, con la herencia.

La implementación del método `DoSomethingOverTaker()` no hace más que llamar al método `EnhanceHealth()` (línea 7) del componente PickableInteractions del protagonista para incrementar la cantidad máxima de puntos de su barra de vida.

Por lo tanto, las clases abstractas son un mecanismo para implementar funcionalidad común en las clases madres, y dejar para las clases hijas la implementación de la funcionalidad específica. Hasta ahí son similares a la herencia tradicional de la sección 24.1. Entonces, ¿qué diferencia el uso de la herencia normal, con virtual y override, de la herencia abstracta, con abstract y override?

La primera diferencia es que con la herencia normal no puedes dejar método alguno sin definir, mientras que en las clases abstractas sí. Podrías forzar las cosas y rellenar los métodos virtuales con una implementación de relleno que luego descartases en los métodos override de las clases hijas, pero sería incómodo, porque te obligaría a tener que inventarte valores de retorno falsos para los métodos que no devolvieran el tipo void.

Lo anterior sería además peligroso, porque nada te impediría crear instancias de la clase madre y que acabases llamando a algunos métodos de relleno, lo que probablemente provocase un fallo en el programa. Evitar ese problema es la segunda diferencia de las clases abstractas y su verdadera razón de ser. Es precisamente por eso que no puedes crear instancias de las clases abstractas, a diferencia de las clases con métodos virtuales. Una clase seguirá siendo abstracta siempre que tenga al menos un método abstracto y, mientras eso ocurra, no podrán generarse instancias de ella, sólo heredarla.

Por lo tanto, si quieres definir la parte común de la funcionalidad de un conjunto de clases, deberías pensar en poner esa funcionalidad en una clase madre, marcando como virtuales aquellos métodos que preveas que las clases hijas vayan a extender. Sin embargo, si alguno de esos métodos no pudiera implementarse, porque su funcionalidad variase completamente de un hijo a otro, entonces ese método y su clase serían abstractos. Y dado que la clase abstracta quedará así "incompleta", sólo servirá de plantilla para sus hijas, pero no podrán generarse instancias suyas directamente.

Aun siendo incompletas y no poder instanciarse, sí que puedes usar una clase abstracta (heredera a su vez de MonoBehavior) como tipo de un campo editable en el inspector, a través de `[SerializeField]`, así como del parámetro de un método. Bastará con pasarle a ese campo o parámetro cualquier instancia de las clases hijas. Lo único es que, cuando hagas eso, dentro del MonoBehavior o del método donde lo hayas hecho, sólo tendrás acceso a los métodos y propiedades de la clase abstracta. Si quisieras acceder a algo específico de las clases hijas, tendrías que hacer casting del objeto para convertirlo en un objeto de la clase hija que queramos (aunque tendremos que estar seguros de cuál si no queremos provocar un fallo al hacer casting a la clase hija equivocada).

24.3. Interfaces

Ya hemos visto que las clases abstractas implementan funcionalidad propia, pero dejan determinados métodos en blanco, a la espera de que los implementen las clases hijas.

Los interfaces van un paso más allá. Si, para una clase abstracta, lo normal es implementar la mayor parte de los métodos y dejar sólo alguno pendiente; con un interfaz es al revés: se dejan vacíos la mayor parte de los métodos y se implementan algunos (aunque no es lo normal).

A diferencia de las secciones anteriores, los interfaces sólo pueden definir funciones, entendiendo como funciones a los métodos y a las propiedades (siendo estas últimas funciones que simulan comportarse como campos). No permiten definir campos, salvo que sean estáticos, pero sí propiedades. Aparte de eso, las clases pueden implementar los métodos de los interfaces, pero al hacerlo no necesitan usar el término override.

Siendo tan especiales, se sigue la convención de identificarlos anteponiendo la letra I a su nombre.

Con estas limitaciones ¿para qué sirven? Desde luego no para concentrar funcionalidad común, ya que sus métodos se suelen dejar vacíos. En realidad, para lo que sirven es para garantizar que la clase que implementa el interfaz puede ofrecer, al menos, los métodos definidos en él.

Cuando creas un método que acepta un parámetro cuyo tipo es un interfaz lo que vienes a decir es *"me da igual la clase del objeto que me pases como argumento, lo único que me interesa es que dicho objeto tenga los métodos que se definen en el interfaz"*. Por eso son más flexibles. Cuando escribas métodos y clases que dependan de interfaces podrás usar cualquier objeto que implemente esos interfaces, en vez de estar limitado a una única clase y a sus herederas.

Ten en cuenta, además, que C# no admite herencia múltiple, así que una clase sólo puede tener una madre. Sin embargo, sí que se admite que una misma clase implemente múltiples interfaces a la vez, e, incluso, que herede de una clase madre e implemente simultáneamente varios interfaces. Por eso, los interfaces permiten dotar a las clases de una versatilidad a la que la herencia no puede llegar.

Por todo lo anterior, los interfaces son enormemente útiles en C#, aunque, en concreto en Unity, no puedes usar interfaces como tipos de campos que quieras editar desde el inspectos (a diferencia de las clases abstractas que si pueden). Aún así, seguirá siendote de utilidad cuando desarrolles en Unity.

Un interfaz muy sencillo que he implementado en *Prince of Unity* se encuentra en `Assets/Scripts/IBorder.cs`. Es un interfaz que implementa todas las clases encargadas de gestionar la apariencia de los prefabs de las piezas del decorado, que puede mostrar borde o no, dependiendo de si tienen otras piezas a su derecha.

```
1  /// <summary>
2  /// Prefabs that have ground should show border at right if it is at a very edge, but
       not if it has more
3  /// ground at right hand side.
4  /// </summary>
5  public interface IBorder
6  {
7          /// <summary>
8          /// Has this prefab an active border?.
9          /// </summary>
10         /// <returns>True if yes.</returns>
11         public bool IsBorderShown();
12
13         /// <summary>
14         /// Set this prefab to show a border.
15         /// </summary>
16         /// <param name=''showIt''>True if prefab must show its border.</param>
17         public void ShowBorder(bool showIt);
18 }
```

Listado 24.5: Fragmento de Assets/Scripts/IBorder.cs

Como puedes ver en el listado 24.5, el interfaz se limita a definir sólo dos métodos: `IsBorderShown()` (línea 11) y `ShowBorder()` (línea 17).

Hay 5 clases que implementan dicho interfaz:

- GroundAppearance
- PillarsAppearance
- SwitchAppearance
- WallAppearance
- FallingGroundAppearance

Más allá de que heredan de MonoBehaviour, son completamente diferentes entre sí, pero al implementar el interfaz IBorder podemos tener la seguridad de que todas ellas ofrecen los métodos `IsBorderShown()` y `ShowBorder()`.

Como ejemplo de implementación vamos a elegir a GroundAppearance, cuyo código está en `Assets/Scripts/GroundAppearance.cs`.

Para señalar que vamos a implementar un interfaz, basta con declararlo junto a la clase madre:

```
1 using UnityEngine;
2
3 /// <summary>
4 /// Customize ground bricks appearance.
5 /// </summary>
6 [ExecuteAlways]
7 public class GroundAppearance : MonoBehaviour, IBorder
8 {
```

Listado 24.6: Fragmento de Assets/Scripts/GroundAppearance.cs

En la línea 7 del listado 24.6, se puede ver que GroundAppearance hereda de MonoBehaviour e implementa el interfaz IBorder. El convenio de anteponer la letra I al nombre del interfaz permite aquí distinguir de un vistazo cuál es el interfaz y cuál la clase madre.

Podríamos haber sumado más interfaces, separándolos simplemente con comas. Sin embargo, en C# sólo podemos declarar una clase madre.

Una vez declarados todos los interfaces que deseemos, tendremos que implementar sus respectivos métodos. En este caso, habrá que implementar los dos métodos del interfaz IBorder:

```
public bool IsBorderShown()
{
    return hasBorder;
}

public void ShowBorder(bool showIt)
{
    hasBorder = showIt;
    UpdateAppearance();
}
```

Listado 24.7: Fragmento de Assets/Scripts/GroundAppearance.cs

Observa en el listado 24.7 que, aunque hemos implementado los dos métodos del interfaz IBorder, no ha hecho falta usar la palabra clave override.

Una vez que hayamos implementado los métodos del interfaz, y mientras sólo necesitemos usar esos métodos, podremos usar el interfaz como tipo de parámetros y variables y pasarle instancias de cualquier clase, mientras estas implementen el interfaz. Por ejemplo, el script 🗀 `Assets/Scripts/FallingGroundNeighbourInteractions.cs` , se encuentra en el GameObject Interactions, del prefab 🗀 `Assets/Prefabs/DynamicArchitecture/FallingGround`, y sirve para que las baldosas sueltas le indiquen su caída a la pieza que tengan a la izquierda, de tal manera que dicha pieza pase a mostrar su borde. Eso se hace concretamente en el método `NoticeNeighbourWeAreFalling()`:

```
31 /// <summary>
32 /// Notice neighbour we are falling making him to show its border.
33 /// </summary>
34 private void NoticeNeighbourWeAreFalling()
35 {
36     if (neighbourSensor.NeighbourDetected && !_alreadyNoticed)
37     {
38         IBorder borderManager = neighbourSensor.Neighbour.GetComponentInChildren<
               IBorder>();
39         if (borderManager != null) borderManager.ShowBorder(true);
40         _alreadyNoticed = true;
41     }
42 }
```

Listado 24.8: Fragmento de Assets/Scripts/FallingGroundNeighbourInteractions.cs

El método valora si su sensor de vecindad, `neighbourSensor`, detecta una pieza a su izquierda a la que no hayamos avisado antes de que la baldosa suelta va a caer (línea 36 del listado 24.8).

En ese caso se usa la propiedad Neighbour del sensor para obtener una referencia al GameObject que haya detectado y, a partir de esa referencia, se busca un componente que implemente el interfaz IBorder (línea 38).

El componente que se recupera puede ser cualquiera de los del listado que veíamos algo más arriba, en esta misma sección, dependiendo del tipo de pieza que se encuentre junto a la baldosa. No importa que no sepamos de qué componente en concreto se trata, porque sólo vamos a usar los métodos enunciados en el interfaz y esos sí los vamos a encontrar, porque el componente encontrado lo implementa. Es precisamente en la línea 39 donde usamos uno de los dos métodos del interfaz, en este caso `ShowBorder()`.

Como puedes ver, no hemos tenido que identificar explícitamente el tipo de pieza que se encontraba junto a la baldosa. Nos ha bastado asegurar, mediante un interfaz, que esa pieza nos ofrecía el método que necesitábamos y hemos hecho uso de él. Este es un ejemplo de la flexibilidad que nos pueden ofrecer los interfaces.

24.4. Composición

La herencia ha sido la base de los lenguajes de programación orientados a objetos como Python, Java o C#. Tiene múltiples ventajas:

- Facilita la extensibilidad, concentrando la funcionalidad común en una clase madre que las clases hijas pueden heredar y ampliar.
- Es conceptualmente fácil de entender, porque la podemos asociar a situaciones cotidianas, lo que se traduce también en que es fácil modelar situaciones reales en programas basados en objetos y herencia.
- Al concentrar la funcionalidad común en las clases madres, se reduce la redundancia del código, lo que supone menores costes de mantenimiento de ese código y una mayor facilidad para reutilizarlo.
- La herencia permite formalizar una API común de las clases madres e hijas de cara a ser utilizadas por el resto del código.

Sin embargo, como todo, la herencia tampoco está exenta de sus propios problemas si se utiliza mal:

- Genera acoplamiento entre las clases hijas y sus respectivas madres. Cualquier cambio en la clase madre afecta a las clases hijas y puede condicionarlas.
- Precisamente por lo anterior, a veces puede ser complicado añadir nueva funcionalidad a las clases madres por el riesgo de afectar negativamente a la funcionalidad de las hijas. Aquí es crítico seguir el principio de abierto-cerrado visto en el capítulo 6, pero no siempre es fácil cumplirlo a rajatabla.
- Hay que tener cuidado a la hora de definir los atributos de accesibilidad de los campos propiedades y métodos de las clases madres para que sólo se exponga lo mínimo imprescindible a las clases hijas. Sin embargo, es fácil equivocarse y acabar exponiendo más de lo debido, lo que merma el encapsulamiento de la clase madre.

Toda la complejidad anterior puede hacer lento y costoso mantener jerarquías de clases demasiado extensas. Al principio, puedes tener la tentación de crear jerarquías de clases con varios niveles de herencia, pero te recomiendo que lo evites siempre que te sea posible. A la larga, gestionar la evolución de una jerarquía de más de un nivel se hace demasiado complejo, sobre todo si estás desarrollando en solitario. Mi consejo es que te limites a herencias de un único nivel como mucho.

Esos problemas con la herencia han provocado alternativas extremas como la del lenguaje *Rust*, que opta por no incluir herencia y ofrecer en su lugar una alternativa similar a la implementación de interfaces.[2]

[2] Por simplificarlo mucho. Ruego que me perdonen los Rustáceos que puedan estar leyendo esto.

Otros son menos radicales y abogan por utilizar, siempre que sea posible, otras prácticas de desarrollo como es la composición, en lugar de recurrir a la herencia.

Tal y como vimos en la sección 24.1, la herencia se modela como una relación *"es un"*. En comparación, la composición se modela como una relación *"tiene un"*.

La composición es un mecanismo por el cual un objeto cuenta con referencias a otros objetos (entendidos como instancias de clases) y aprovecha sus respectivos métodos. Por eso hablamos de una relación "tiene un", ya que la clase del objeto define referencias a otros objetos. De esta manera, la composición permite combinar clases existentes sencillas para dar forma a un conjunto que ofrece una funcionalidad más compleja.

Para que el enfoque de la composición sea viable, es primordial que respetemos el principio de única responsabilidad visto también en el capítulo 6. Si no especializamos lo suficiente nuestras clases en una única tarea, será complicado que las podamos reutilizar luego combinándolas con otras clases. Por tanto, la clave de la composición es que especialicemos nuestras clases para facilitar su reutilización.

La ventaja de la composición es que, al no alterar la estructura interna de las clases, permite que los objetos alteren dinámicamente su composición y comportamiento, haciendo que sus referencias apunten a otros objetos que ofrezcan la misma API, pero con una implementación diferente. Aquí, el uso de los interfaces, vistos en la sección 24.3, se vuelve importantísimo.

Como su nombre indica, el enfoque por componentes de Unity favorece a la técnica de la composición. Casi todos los scripts de *Prince of Unity* tienen una serie de campos identificados con un `[Header("WIRING:")]`. Esos campos son precisamente las referencias a los otros objetos especializados que le ofrecen su funcionalidad al script que contiene los campos. Así, por ejemplo, el script no necesita implementar código para dibujar en pantalla un sprite, porque le basta con que se le pase por el inspector una referencia a un SpriteRenderer que ya ofrece esa funcionalidad. Es a través de esa referencia por donde el script le puede decir al componente cuándo va a necesitar que ejecute funcionalidad.

Otro ejemplo de composición en Unity es el de los prefabs anidados. Cada vez que das forma a un prefab ensamblándolo a partir de otros prefab estás poniendo en práctica el concepto de composición.

Por tanto, el cambio de enfoque de la composición respecto a la herencia supone situar la funcionalidad común no en una clase madre sino en una clase especializada que luego el resto de clases interesadas puedan instanciar y acceder a través de una referencia. Esto convierte la construcción de la funcionalidad de una clase en una especie de Lego, en el que vamos juntando piezas especializadas en tareas simples y combinamos su funcionalidad para obtener la que queremos para nuestra clase.

En general, te recomiendo que uses la técnica de la composición siempre que te sea posible, aunque eso tampoco supone desterrar del todo la herencia. Lo mejor es usar el sentido común y preguntarte qué tipo de relación encaja mejor entre los componentes del problema que estás modelando, ¿se trata de una relación *"tiene un"* o encaja mejor una relación *"es un"*? Depende de cada situación y la práctica te ayudará a identificar el modelo más adecuado para cada caso. Equivocarse tampoco es malo si aprendemos de ello.

Por tanto, al final, acabarás usando tanto la herencia como la composición, y el peso de cada uno dependerá del proyecto concreto y de tu experiencia.

24.5. Clases genéricas

Cuando escribes la implementación de un método, la basas en el tipo concreto de los parámetros que recibe dicho método. Pero hay veces que quieres que esa implementación sirva para varios tipos de parámetros de entrada. En ese caso, puedes ligar esos parámetros a que implementen un interfaz común o ni siquiera eso, si la implementación es lo suficientemente amplia.

Entramos en el terreno de los métodos y clases genéricos, que permiten implementar métodos y clases sin definir los tipos de sus campos o de los parámetros de sus métodos, simplemente dejando un marcador (un placeholder) para señalar en tiempo de compilación qué tipo usaremos para concretar finalmente la implementación genérica. Esto permite desarrollar implementaciones que luego se puedan utilizar con tipos diferentes.

Los métodos y clases genéricos se distinguen visualmente por las llaves en ángulo en las que se incluyen los marcadores de los tipos genéricos. Por ejemplo, la implementación genérica más conocida por los desarrolladores de C# es `List<T>`. Para usarla, debemos concretar el tipo del dato que queremos guardar en la lista sustituyendo la `T` por dicho tipo. Por ejemplo, si quisiéramos guardar cadenas, crearíamos la lista haciendo `new List<string>();` mientras que si quisiéramos guardar enteros haríamos `new List<int>()`.

Podemos usar varios marcadores dentro de una implementación, basta con separarlos con comas, dentro de las llaves. El nombre que le demos a los marcadores es indiferente, aunque la costumbre es llamarlos con una única letra mayúscula, empezando por la T. También hay gente que les pone nombres de varias letras, pero en ese caso se suele preceder de la letra T (como por ejemplo `TKey` o `TValue`), para señalar que es un marcador genérico.

En *Prince of Unity* he usado clases genéricas en tres ocasiones ocasiones: para implementar el bus de eventos (capítulo 20), para implementar el patrón comando (capítulo 7) y para implementar las máquinas de estados. En el tercer caso usé este tipo de clases para implementar un StateMachineBehaviour genérico que me permitiese hacer público el estado actual de cada una de mis máquinas de estados. Se trata de la clase definida en el script 🗀`Assets/Scripts/GenericStateUpdater.cs`. Vimos su funcionamiento con detalle al estudiar la baldosa interruptora en el capítulo 11, así que en esta sección me limitaré a usar ese código como ejemplo del proceso de concreción de una clase genérica. Por tanto, partamos de la definición de aquella clase:

```
/// <summary>
/// There is not an easy way to ask Animator which is the current state. So we make every state update
/// an annotation at at its respective game object state machine status tracker.
///
/// <ul>
/// <li> T: Enum type with all states. </li>
/// <li>TU: Type of state machine status tracker. </li>
/// </ul>
/// </summary>
public class GenericStateUpdater<T,TU> : StateMachineBehaviour where TU: IStateMachineStatus<T>
{
    [Header(''CONFIGURATION:'')]
    [Tooltip(''State to set as active at character status.'')]
    [SerializeField] private T stateToUpdate;

    [Header(''DEBUG:'')]
    [Tooltip(''Show this component logs on console window.'')]
    [SerializeField] private bool showLogs;

    private TU _stateMachineStatus;

    public override void OnStateEnter(Animator animator, AnimatorStateInfo stateInfo,
        int layerIndex)
    {
        // I have to initialize stateMachineStatus here because is where I get animator to go up and
        // get root game object which has our target game object state machine status tracker.
        if (_stateMachineStatus == null)
            _stateMachineStatus = animator.transform.root.gameObject.GetComponentInChildren<TU>();
        _stateMachineStatus.CurrentState = stateToUpdate;
        this.Log($''(StateUpdater - {animator.transform.root.name}) State changed to {stateToUpdate}'', showLogs);
    }

}
```

Listado 24.9: Fragmento de Assets/Scripts/GenericStateUpdater.cs

En la línea 14 del código del listado 24.9 se puede ver que GenericStateUpdater utiliza dos marcadores genéricos: `T` y `TU`. Además, podemos aplicarles condiciones a los marcadores genéricos usando la cláusula `where`. En esa misma línea puedes ver que hemos condicionado el marcador `TU` para que sólo se acepten para él tipos que implementen el interfaz `IStateMachineStatus` (el cual es también genérico, pero eso ya lo veremos más adelante).

Cuando concretemos la clase genérica, el tipo que usemos para `T` se usará como tipo de `stateToUpdate` (línea 18) y el que apliquemos a `TU` para `_stateMachineStatus` (línea 24), así como para definir el tipo del componente que se buscará en el prefab del animator (línea 32).

Esta clase genérica se concreta 8 veces para dar lugar a 8 clases específicas. Por ejemplo, la clase que define el script 🗀 `Assets/Scripts/TrapStateUpdater.cs` es una de las que concreta a GenericStateUpdater:

```
public class TrapStateUpdater: GenericStateUpdater<TrapStatus.States,TrapStatus>
{ }
```

Listado 24.10: Fragmento de Assets/Scripts/TrapStateUpdater.cs

Como puedes ver en el listado 24.10, la clase TrapStateUpdater concreta a GenericStateUpdater haciendo que el marcador `T` equivalga al tipo `TrapStarus.States` y el marcador `TU` a `TrapStatus`. Son sólo dos líneas y sin embargo equivalen a la siguiente implementación:

```
public class TrapStateUpdater:
{
    [Header(''CONFIGURATION:'')]
    [Tooltip(''State to set as active at character status.'')]
    [SerializeField] private TrapStatus.States stateToUpdate;

    [Header(''DEBUG:'')]
    [Tooltip(''Show this component logs on console window.'')]
    [SerializeField] private bool showLogs;

    private TrapStatus _stateMachineStatus;

    public override void OnStateEnter(Animator animator, AnimatorStateInfo stateInfo,
        int layerIndex)
    {
        // I have to initialize stateMachineStatus here because is where I get
            animator to go up and
        // get root game object which has our target game object state machine status
            tracker.
        if (_stateMachineStatus == null)
            _stateMachineStatus = animator.transform.root.gameObject.
                GetComponentInChildren<TrapStatus>();
        _stateMachineStatus.CurrentState = stateToUpdate;
        this.Log($''(StateUpdater - {animator.transform.root.name}) State changed to {
            stateToUpdate}'', showLogs);
    }
}
```

Listado 24.11: Contenido equivalente al de TrapStateUpdater tras concretar a la clase genérica GenericStateUpdater

Por tanto, la clase genérica actúa como una especie de plantilla en la que los marcadores se sustituyen por los tipos con los que concretes la clase genérica.

En *Prince of Unity*, GenericStateUpdater se concreta en las siguientes clases:

- 🗀 `Assets/Scripts/ClimbableStateUpdater.cs`: Utilizado para los estados de la máquina del componente que tienen todos aquellos elementos que el protagonista puede escalar o a los que puede agarrarse.

- `Assets/Scripts/FallingGroundStateUpdater.cs`: Empleada en la máquina de estados de las baldosas sueltas que se desploman.
- `Assets/Scripts/InterlevelGateStateUpdater.cs`: Presente en los estados de la máquina de la puerta de cambio de nivel.
- `Assets/Scripts/PickableStateUpdater.cs`: En este caso, se aplica en la máquina de estados de los elementos recogibles.
- `Assets/Scripts/PortcullisStateUpdater.cs`: La puerta de rastrillo también lo utiliza en su máquina de estados.
- `Assets/Scripts/StateUpdater.cs`: Es el que se usa en la máquina de estados del protagonista.
- `Assets/Scripts/SwitchStateUpdater.cs`: La máquina de estados de las baldosas interruptoras también los usa.
- `Assets/Scripts/TrapStateUpdater.cs`: Es el que hemos estudiado con detalle en esta sección.

Aparte de lo anterior, también puedes definir interfaces genéricos. El que defino en `Assets/Scripts/IStateMachineStatus.cs` es un ejemplo:

```
/// <summary>
/// Common interface of all state machine trackers.
///
/// <ul>
/// <li> T: Enum type with all state machine states.</li>
/// </ul>
/// </summary>
/// <typeparam name=''T''></typeparam>
public interface IStateMachineStatus<T>
{
    public T CurrentState { get; set; }
}
```

Listado 24.12: Fragmento de Assets/Scripts/IStateMachineStatus.cs

En este caso, este interfaz genérico se concreta también en 8 clases diferentes. A modo de ejemplo, una de esas clases es la que se define en el script `Assets/Scripts/PortcullisStatus.cs`:

```
public class PortcullisStatus : MonoBehaviour, IStateMachineStatus<PortcullisStatus.
    PortcullisStates>
{
    [Header(''WIRING:'')]
    [Tooltip(''Needed to set initial state.'')]
    [SerializeField] private Animator stateMachine;

    [Header(''CONFIGURATION:'')]
    [Tooltip(''Initial state for this portcullis.'')]
    [SerializeField] private PortcullisStates initialState;

    public enum PortcullisStates
    {
        Closed,
        Opening,
        Open,
        ClosingFast,
        ClosingSlow
    }

    public PortcullisStates CurrentState { get; set; }
```

Listado 24.13: Fragmento de Assets/Scripts/PortcullisStatus.cs

En este caso, fíjate que he implementado el interfaz IStateMachineStatus, concretando su marcador `T` en el tipo `PortcullisStatus.PortcullisStates`. Por eso, para implementar ese interfaz concreto, he incorporado a PortCullisStatus un campo `CurrentState` de tipo `PortcullisStates` (línea 24 del listado 24.13).

Las otras clases que concretan e implementan a IStateMachineStatus se definen en los siguientes scripts:

- `Assets/Scripts/CharacterStatus.cs`: Para publicar el estado de la máquina de estados de los personajes.
- `Assets/Scripts/ClimbableStatus.cs`: Igual, pero para la máquina de estados de los componentes que implementan la escalada y los descensos.
- `Assets/Scripts/FallingGroundStatus.cs`: Las baldosas sueltas tienen su propia máquina de estados, y este script sirve para saber en cuál se encuentra.
- `Assets/Scripts/InterlevelGateStatus.cs`: Igual, pero para la máquina de estados de la puerta de cambio de nivel.
- `Assets/Scripts/PickableStatus.cs`: Lo mismo, pero para los objetos recogibles.
- `Assets/Scripts/PortcullisStatus.cs`: Igual, pero para las puertas de rastrillo.
- `Assets/Scripts/SwitchStatus.cs`: Señala el estado de las baldosas interruptoras.
- `Assets/Scripts/TrapStatus.cs`: Exactamente lo mismo, pero para las trampas.

24.6. Prefab Variants

Igual que las clases madres pueden extenderse a través de sus clases hijas, Unity permite que utilicemos prefabs como base de otros prefabs. Esos prefabs hijos, que usan a uno padre como punto de partida, se denominan *Prefab Variants*.

Para crear un Prefab Variant debemos elegir en la pestaña Project el prefab que queremos usar como base. Al pinchar en él con el botón derecho elegiremos Create > Prefab Variant. Tras esto, podremos darle nombre al nuevo prefab, que se identificará visualmente con el icono del cubo típico de los prefab, pero, en este caso, con uno de los lados coloreados de negro (para señalar que se trata de un prefab variant).

Al pulsar dos veces sobre un Prefab Variant entraremos a su edición, al igual que con cualquier otro prefab. Sin embargo, el Prefab Variant tiene una cabecera de inspector ligeramente diferente.

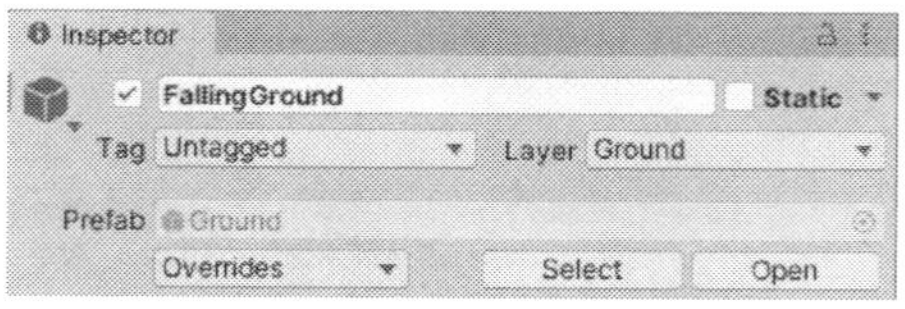

Figura 24.1: Cabecera del inspector de un prefab variant.

Si te fijas en la figura 24.1, debajo de los campos de Tag y Layer, aparece un campo que identifica al prefab utilizado de base para este prefab variant. Si pulsas en el botón Select que hay justo debajo, se seleccionará el prebab base en la pestaña Project, y si pulsas en el botón Open se abrirá.

Ten en cuenta que todos los componentes que se vayan añadiendo al prefab base aparecerán en sus correspondientes prefab variant. Los prefab variant también pueden añadir componentes adicionales a los que les aportan sus prefab base. Además, estos pueden hacer cambios en los componentes heredados de su base. Dichos componentes modificados se identifican con una pequeña barra azul en el lateral izquierdo del inspector.

Por tanto, los prefab variant son un mecanismo de reutilización nativo de Unity que puede ahorrarte mucho trabajo. Yo los he usado profusamente en *Prince of Unity*.

Uno de los ejemplos más básicos ha sido el del prefab 🗀`Assets/Prefabs/Architecture/Columns`, que deriva del prefab 🗀`Assets/Prefabs/Architecture/Pillars` variando respecto al original sólo los sprites de los pilares, sustituidos por sprites de columnas.

Otro ejemplo: en el caso de los personajes, hay muchos componentes comunes entre el protagonista y los enemigos, así que lo que he hecho ha sido concentrar todos esos componentes comunes en un prefab base, localizado en 🗀`Assets/Prefabs/Characters/Character`. A partir de esa base, he derivado dos prefab variant en la misma carpeta, Enemy-Base y Prince, en los cuales he puesto los componentes que son específicos de cada uno. De esa manera, si en algún momento he querido modificar algo de la parte común de los personajes, no he tenido más que hacerlo en Character para que se aplicase inmediatamente en Enemy-Base y Prince.

Nada te impide usar un prefab variant como base de otros prefab variant. De hecho, yo he usado Enemy-Base como punto de partida de los prefab variant: Enemy-Vizier, Enemy-Level_1, Enemy-Level_2, Enemy-Level_3 y Enemy-Level_4 (todos ellos situados en la misma carpeta). Esos prefab variant se diferencian entre sí porque tienen animaciones con sprites de diferente color (más sobre eso en la sección 24.7), y porque incorporan un ScriptableObject diferente en su componente GuardFightingProfile, de su GameObject raíz, personalizando su destreza para el combate, tal y como se estudia en el capítulo 22. También podría haber usado únicamente el prefab Enemy-Base para situar a los enemigos en el escenario, pero eso habría sido muy incómodo, porque me habría obligado a configurar las animaciones y la destreza adecuada en cada caso. Resultaba más sencillo preconfigurar varios tipos de enemigos, en forma de prefab variant, y así tenerlos listos para ser arrastrados sobre el escenario.

Los personajes no son el único caso en el que he usado los prefab variant. Los prefabs de los objetos recogibles se encuentran en 🗀`Assets/Prefabs/Pickables` y todos descienden del prefab base Pickable. Del mismo modo, los dos tipos de baldosas interruptoras que se encuentran en la carpeta 🗀`Assets/Prefabs/Switches` en realidad descienden de un prefab base, Switch (en la misma carpeta), que aglutina toda la funcionalidad común a ambas. Lo mismo pasa con los prefabs de las trampas, que se encuentran en 🗀`Assets/Prefabs/Traps`, y que, en realidad, descienden del prefab base Trap.

Los prefab variant son, por tanto, una suerte de mecanismo de herencia entre prefabs, por lo que cabe utilizarlos en todos los escenarios de Unity en los que, si fuera código, utilizaríamos herencia. Sin embargo, ten en cuenta que aquí se aplican la mayor parte de las precauciones que comentábamos en la sección 24.4. En este caso, el mecanismo equivalente a la composición dentro de Unity sería el de anidar prefabs.

24.7. Animator Controller Override

En la sección 24.6 vimos los Prefab Variant como mecanismo para reutilizar un prefab base para crear una serie de prefabs derivados que extiendan la funcionalidad del padre. Sin embargo, muchas veces los Prefabs Variant que descienden del mismo prefab base sólo se diferencian entre sí por su parte visual. Es el caso de los enemigos, que tienen todos la misma máquina de estados y sólo se diferencian entre sí por el color de sus ropajes y por la diferente configuración del ScriptableObject que define su habilidad para el combate.

En el capítulo 11 vimos que cada estado, de una máquina de estados implementada con un componente Animator, se enlaza a una animación recogida en un Animation Clip. Sería un horror tener que reimplementar la misma máquina de estados en cada Prefab Variant de los enemigos sólo porque cambiasen los colores de los sprites de sus Animation Clip. Afortunadamente, Unity ofrece un mecanismo para reutilizar la máquina de estados de un Animator Controller, simplemente sustituyendo el Animation Clip asociado a cada estado. Ese mecanismo se denomina *Animator Controller Override*.

Siguiendo con el ejemplo de los enemigos, el Animator Controller con la máquina de estados base para todos los enemigos está en 🗀`Assets/Animations/Animators/EnemyAnimator`. Para crear un Animator Controller Override a partir de un Animator Controller, lo seleccionamos con el botón derecho en la pestaña Project y elegimos Create > Animator Override Controller. De esa forma, se nos generará un asset que, al abrirlo en el inspector, nos mostrará un listado de todos los Animation Clips utilizados en el Animator Controller original, y nos dará la posibilidad de sustituir cada uno por un nuevo Animation Clip. En mi caso, como se puede ver en la figura 24.2, he sustituido las animaciones originales por otras donde los sprites tienen los colores adecuados al tipo de guardia al que se le va a asignar ese Animator Override.

Figura 24.2: Animator override para el enemigo rosa.

El Animator Controller Override resultante se puede usar en el campo Controller del componente Animator del prefab del enemigo de turno, y, a partir de ese momento, los distintos estados lucirán las nuevas animaciones.

Como conclusión: siempre que tengas prefabs que compartan la misma máquina de estados, pero que difieran simplemente en la parte visual de las animaciones de cada estado, entonces deberías pensar en usar el recurso de los Animator Controller Override.

24.8. Plantillas de escenas

Una vez que madures la mecánica de los componentes de tu juego, empezará una de las partes más divertidas: darle forma a los niveles de tu juego. Reconozco que es una fase creativa que me encanta. Conforme vayas creado niveles, lo más probable es que te des cuenta de que hay elementos que se repiten: GameObjects de gestión que siempre están presentes, configuraciones recurrentes, etc. Al final, hasta los niveles tienen cosas que se repiten.

Unity te permite guardar plantillas para crear tus escenas a partir de ellas. De esa manera, no tendrás que armar tus escenas partiendo desde cero y repitiendo una y otra vez lo mismo.

En el fondo, ya experimentas lo que son las plantillas cuando decides iniciar un proyecto y Unity te deja elegir si quieres iniciar un proyecto 2D, 3D built-in, 3d con URP o 3D con HDRP. En este caso, se trataría de hacer lo mismo, pero con plantillas de niveles generadas por nosotros mismos.

Como vamos a ver, el flujo de trabajo pasa por montar y configurar la escena que queramos que nos sirva de plantilla y, acto seguido, convertirla en ella. Para ello tenemos dos opciones: si tenemos la escena abierta podemos utilizar la opción File > Save As Scene Template, mientras que, si la escena está cerrada, podemos seleccionarla con el botón derecho en la pestaña Project y seleccionar Create > Scene Template From Scene.

Tras eso, nos aparecerá un asset *scene template* en la pestaña Project. Si lo seleccionamos, podremos configurarlo desde el inspector. Tiene varios apartados, el primero es el apartado *Details*, que cuenta con los siguientes parámetros:

- *Template Scene*: Es el asset de la escena que esta plantilla utilizará como base.
- *Title*: Es el título de la plantilla.
- *Description*: Aquí debemos detallar qué tipo de nivel genera la plantilla.
- *Pin in New Scene Dialog*: Si lo marcamos, esta plantilla nos aparecerá bien visible en el wizard de Unity para crear nuevos niveles que aparece al seleccionar File > New Scene.

Al apartado anterior le sigue el *Thumbnail*, con las siguientes opciones:

- *Badge*: Es un icono que se pone en la esquina superior izquierda de la imagen de miniatura para realzar alguna cualidad del nivel. Por ejemplo, las plantillas de Unity muestran un icono de 3D en las que permiten crear niveles de ese tipo.
- *Snapshot*: Es una imagen en miniatura para mostrar el tipo de nivel que se creará.
- *View*: Es un combo que permite definir si queremos capturar la imagen en miniatura desde la cámara principal o desde la pestaña Game.
- *Take Snapshot*: Al pulsarlo, captura una imagen en miniatura de la fuente que hayamos configurado en la opción View.

La siguiente sección es la de *Scene Template Pipeline*, y te permite seleccionar un script que realice determinadas tareas que te puedan interesar al crear un nuevo nivel [199].

La última sección es la de *Dependencies*, y enumera todos los assets y sus dependencias con los que está construido el nivel usado como plantilla. Para cada elemento se nos presentarán dos opciones: o clonar el asset o establecer referencia a él.

Cuando se elige clonar los assets, estos se copian en la plantilla (o mejor dicho, en una carpeta con el mismo nombre que la escena que creemos con ella). Eso significa que, si posteriormente decides modificar los assets, la escena creada no se verá alterada porque usa una copia de los assets originales. Esto es muy útil cuando queramos que las nuevas escenas cuenten con un conjunto inicial de assets que queremos permitir que los usuarios modifiquen.

Por contra, cuando decidimos establecer referencias a los assets ocurrirá que cuando modifiques estos, se actualizarán en todas las escenas creadas con la plantilla. Esto tiene sentido cuando quieras dotar a la plantilla de un conjunto de assets que los usuarios puedan utilizar, pero no modificar.

Por defecto, Unity hace una preselección con los tipos de assets que clonaría por defecto. Los que no queden marcados para clonado serán assets a los que se establecerán referencias desde los niveles creados. Mi consejo es que, hasta que no adquieras la suficiente experiencia, dejes la selección que Unity hace por defecto. Aún así, si estás lo suficientemente seguro de lo que haces, puedes configurar los tipos de objetos a clonar por defecto accediendo a la opción Edit > Project Settings > Scene Template.

Hecho todo lo anterior, y como decíamos antes, podrás hacer uso de esta plantilla y crear una escena con ella, seleccionando File > New Scene y eligiendo nuestra plantilla en la ventana que aparecerá.

Si después de crear una plantilla, necesitas cambiar algo del escenario inicial que se crea, puedes abrir el escenario en el que se basa la plantilla (en el parámetro *Template Scene* del apartado *Details*) y hacer los cambios que desees. Al salvar la escena, todas las plantillas que la usen como punto de partida incorporarán los cambios.

24.9. Extension methods

Habrá veces que trabajes con las clases de Unity y eches en falta un método que, en tu opinión, debería haberse incluido en la API de una clase determinada. En ese caso, podrías plantearte dos opciones: herencia o extension methods.

Por un lado, podrías generar una clase hija de la clase de Unity que te parezca incompleta y añadirle a esa hija el método. Sin embargo, ese enfoque es muy problemático porque puede ser incómodo obligarte a usar en todos los casos tu clase hija en vez de la clase madre, y porque los mismos métodos de Unity no conocerán tu clase hija, y lo que te devolverán serán instancias de la clase original. Podrías construir instancias de tu clase hija a partir de esas instancias de la clase madre devueltas por los métodos de Unity, pero sería extremadamente incómodo, complejo y propenso a errores.

En vez de eso, C# ofrece un mecanismo que te permite reutilizar una clase existente para añadirle un nuevo método mientras sea utilizada en tu programa. Ese mecanismo se llama *extension method* [127].

En *Prince of Unity* he aplicado esta técnica para configurar una versión personalizada del método de impresión de mensajes por consola. No voy a explicar aquí cómo lo hice porque sería repetir lo visto en la sección de impresión por consola del capítulo 19.

También he usado esta técnica para resolver la problemática vista en el capítulo 11, de los triggers que se iban acumulando en las máquinas de estados cuando se emiten y no hay estado que pueda consumirlos en ese momento. En aquel capítulo ya expliqué una medida de mitigación que he implementado, incorporando un script `Assets/Scripts/ResetTrigger.cs` a ciertos estados para que se encarguen de limpiar determinados triggers problemáticos que se pudieran haber acumulado. No es la única solución que he aplicado.

Utilizando la técnica de los extension methods, he implementado una versión modificada de los trigger para que se desactiven si no son consumidos inmediatamente. Es lo que he hecho en el script `Assets/Scripts/AnimatorExtensions.cs`.

```
/// <summary>
/// <p>By default animator triggers get enqueued if they are fired while in a state that cannot consume it. That
/// is not the behaviour I want. I'd like trigger to vanish after a frame independently they are consumed or not.</p>
///
/// <p>To do that, a method extension over Animator is needed to implement an special trigger call.</p>
///
/// <p>Solution got from: https://forum.unity.com/threads/mecanim-trigger-stays-down-queued.314742/</p>
/// </summary>
public static class AnimatorExtensions
{
    /// <summary>
    /// Set trigger just for one frame and reset it afterwards.
    /// </summary>
    /// <param name=''anim''>Animator our state machine is running on.</param>
    /// <param name=''coroutineRunner''>MonoBehavior that is calling this method.</param>
    /// <param name=''trigger''>Name of trigger we want to call.</param>
    public static void SetTriggerOneFrame(this Animator anim, string trigger, MonoBehaviour coroutineRunner) {
        coroutineRunner.StartCoroutine(TriggerOneFrame(anim, trigger));
    }

    private static IEnumerator TriggerOneFrame(Animator anim, string trigger) {
        anim.SetTrigger(trigger);
        yield return null;
        if (anim != null) {
            anim.ResetTrigger(trigger);
        }
    }
}
```

Listado 24.14: Fragmento de Assets/Scripts/AnimatorExtensions.cs

Como se puede ver en el listado 24.14, he utilizado la técnica de los extension methods para añadirle el método `SetTriggerOneFrame()` a la clase Animator.

Para hacerlo, he creado una clase estática denominada Animator Extensions (línea 14 del listado 24.14), en la que he incluido el método a añadir. Para señalar a qué clase queremos añadir el método, he pasado dicha clase como primer parámetro, precedido por la palabra clave `this` (línea 22). Ese parámetro será invisible cuando llamemos al método. C# se encargará de pasar por nosotros dicho argumento para que el método pueda contar con una instancia de la clase a la que se le ha sumado (por si le resultase útil). El resto de los parámetros del método estático sí que serán visibles y deberemos pasarlos cuando se llame al método.

En este caso concreto, el nuevo método se limita a lanzar una corrutina (línea 23), la cual lanza el trigger (línea 27) que hayamos pasado como argumento, espera al siguiente fotograma (línea 28) y, acto seguido, resetea el trigger (línea 30). De esta forma se pueden conseguir triggers efímeros que sólo duran activados un único fotograma, independientemente de que algún estado los consuma o no.

A partir de esta implementación, cualquier código del juego que tenga acceso a una instancia de Animator podrá llamar desde ella al método `SetTriggerOneFrame()`, como si perteneciese a la implementación original de Animator.

Los extension methods son, por tanto, otra manera de reutilización, en este caso de clases existentes para anclar a ellas nueva funcionalidad.

Parte IV

Postproducción

CAPÍTULO

25 Compilación

Para compilar un juego desarrollado con Unity no basta con pasar el código fuente por el compilador de C#. En el editor de Unity combinamos múltiples recursos, como imágenes, vídeos y sonidos, con el código fuente, para darle forma a nuestros juegos. Al compilar el juego, Unity toma todos esos recursos, los convierte a formatos internos compatibles con el engine y los empaqueta en ficheros que puedan ser distribuidos y utilizados de manera eficiente desde los equipos de los usuarios, ya sean ordenadores o teléfonos móviles. Ese proceso se denomina transcodificación y lo estudiamos, en el caso de las imágenes y los vídeos, en el capítulo 8, y para el sonido, en el capítulo 13.

Aún así, la compilación de un juego de Unity es una tarea sencilla, una vez que se ha configurado adecuadamente y se tienen claros los matices entre las distintas formas que hay de hacerlo. En este capítulo las detallaremos para que te muevas con seguridad cuando llegue la hora de convertir tu juego en un ejecutable que puedan jugar otras personas.

25.1. Instalación de módulos de compilación

Una de las ventajas de los engines como Unity o Unreal es que permiten compilar para múltiples plataformas. Eso quiere decir que, sin cambiar los recursos, ni código fuente de nuestro juego, podemos crear ejecutables para distintos tipos de PC (Windows, Linux o Mac), móviles (Android o iOS) e, incluso, de consolas (como Playstation, XBox o Nintendo Switch).

En el caso de Unity, compilar para consolas suele requerir un registro previo en la web del fabricante, para obtener una licencia de desarrollador, y luego instalar una versión especial del editor de Unity, adaptada para compilar para esa plataforma.

Para móviles con Android y ordenadores Windows y Linux todo es más sencillo, ya que el editor estándar de Unity permite compilar para ellos libremente. De hecho, el editor de Unity permite compilación cruzada, lo que quiere decir que desde Windows podemos compilar nuestro juego para que se genere un ejecutable para Linux o Android, y viceversa, si ejecutamos el editor en Linux.

El caso de Apple es algo más complejo, ya que aunque el editor de Unity puede generar ejecutables para iOS y Mac, tanto desde Windows como desde Linux, dichos ejecutables no se pueden probar en esas plataformas, por lo que hace falta contar con un equipo Apple para realizar esas pruebas.

Para que podamos compilar para una plataforma concreta, de las que tengamos disponibles, tenemos que abrir el Unity Hub, seleccionar la pestaña `Installs`, pulsar en el icono del engranaje de la versión de Unity que estemos usando en nuestro juego y finalmente pulsar en `Add modules`. Saldrá una ventana emergente en la que podremos seleccionar los módulos para compilar en las distintas plataformas disponibles. En el caso de *Prince of Unity* me planteé como objetivo publicar el juego tanto en Windows, como en Linux, por lo que instalé los siguientes módulos:

- Linux Build Support (Mono)

- Linux Build Support (IL2CPP)
- Windows Build Support (IL2CPP)

También suelo instalar el módulo *Documentation* para contar con una versión offline de la documentación de Unity.

El proceso que te acabo de describir aplica si te has descargado esa versión de Unity sin módulos y quieres añadirlos después. Recuerda que también tienes la posibilidad de aplicar los módulos al instalar una nueva versión de Unity desde el Unity Hub, tal y como vimos en el capítulo 4.

25.2. Diferencias entre Mono y IL2CPP

Fíjate que en la sección 25.1 instalamos dos módulos para compilar en Linux (Mono e IL2CPP). El editor de Unity para Windows incorpora de serie el soporte para Mono y es la razón por la que, en el caso de ese sistema operativo, sólo instalásemos el soporte de IL2CPP.

Históricamente, Unity ha compilado sus juegos usando Mono [161]. Mono es una implementación open source del entorno .NET de Microsoft, que permite compilar programas escritos en cualquier lenguaje .NET (como C# o Visual Basic) en plataformas no Windows como Linux, Solaris o Android. Durante mucho tiempo, el sistema operativo Linux fue un apestado para Microsoft[1] por lo que Mono fue la única manera de programar con C# en Linux. Sin embargo, en 2014, Microsoft cambio de rumbo[2] y pasó a apoyar, al menos oficialmente, a Linux. Eso supuso que Microsoft comprase Xamarin, la empresa que estaba detrás de Mono, y que hiciese a .NET multiplataforma. Desde entonces, ya se puede instalar .NET en Linux y usarlo para compilar código C#. Al usar Mono, Unity se aseguraba de que fuese fácil compilar un mismo juego tanto para Windows como para Linux.

Usar Mono ha sido un enfoque que le ha funcionado bien a Unity, pero Mono no es la mejor opción a la hora de crear juegos con una gran carga gráfica que requieran obtener un rendimiento máximo. El problema de compilar C# para Mono es que el ejecutable resultante no es código nativo, sino un ensamblado basado en un lenguaje intermedio (en inglés, *Intermediate Language* o *IL*), que se tiene que ejecutar en un runtime de C# instalado en el ordenador del usuario y que compila sobre la marcha el ensamblado, convirtiéndolo en un ejecutable (*Just-In-Time compiler* o *JIT compiler*). Es exactamente lo mismo que hace Java. En su concepción original, este enfoque obedecía al deseo de compilar el código a un único ensamblado que pudiera luego ejecutarse en cualquier plataforma dotada de un runtime adecuado.[3] El problema es que, aunque este enfoque facilite el desarrollo multiplataforma, el proceso de interpretar un ensamblado y compilarlo sobre la marcha resta rendimiento, por lo que los juegos basados en esta tecnología de ejecución se encuentran en desventaja, en cuanto a rapidez, frente a los compilados a código nativo. También hay que tener en cuenta que depender de que el equipo del usuario cuente con un runtime para Mono significa que debemos explicarle cómo instalar dicho runtime o hacerlo nosotros mismos por él. Es muy raro que un equipo Windows no cuente con un runtime para C#, dada la profusión de las herramientas .NET en dicho sistema operativo, pero para Linux es muy probable que sí que haya que instalar el runtime, junto con el juego.

Conscientes de esas desventajas, Unity ha pasado a incorporar un compilador denominado IL2CPP, capaz de coger el ensamblado creado por Mono y hacerle una segunda pasada de compilación para crear un ejecutable de código nativo. Ese ejecutable, ya no necesita un runtime para funcionar en la plataforma para la que haya sido compilado, por lo que su rendimiento es mucho mayor. Además, al no tener que compilar sobre la marcha un juego que tiene que ejecutarse cuanto antes, el compilador IL2CPP puede dedicar más tiempo a aplicar optimizaciones adicionales al código resultante, por lo que este es aún más rápido y hace un mejor uso de los recursos del ordenador del usuario.

La contrapartida de IL2CPP es que el tiempo necesario para compilar un juego es comparativamente superior al empleado por Mono. También se observa que el tamaño del ejecutable resultante es también

[1] Steve Balmer, el CEO de Microsoft en 2001, llegó a afirmar: "Linux es un cáncer".
[2] Con la llegada de un nuevo CEO: Satya Nadella.
[3] Lo llamaban "Compile once and run everywhere".

mayor cuando se usa IL2CPP, aunque hoy en día el almacenamiento es abundante y barato, por lo que el tamaño del ejecutable ha dejado de ser un problema. Ten en cuenta también que la mayor parte del almacenamiento de un juego moderno lo consumen sus recursos (imágenes, texturas y vídeos) por lo que, si tienes un problema con el tamaño del juego, probablemente avances más atacándolo por el lado de los recursos que por el lado del tamaño del ejecutable.

En todo caso, el mayor tiempo de compilación de IL2CPP puede ser un problema en fases tempranas del desarrollo, en las que lo que se necesita son iteraciones rápidas de programación-compilación-prueba. Por eso, Unity recomienda que mientras desarrollemos el juego, usemos Mono como compilador y dejemos IL2CPP para cuando queramos crear las versiones definitivas del juego (en las fases de pruebas con usuarios y distribución).

25.3. Configuración de la compilación

Teniendo en cuenta todo lo anterior, debemos saber cómo configurar el compilador de Unity, según la fase del desarrollo del juego en la que nos encontremos.

Cuando aún estemos programando el juego, nos interesará que compile rápido para poder probar cuanto antes lo que estemos implementando y que el tiempo de compilación no nos corte el ritmo de desarrollo. Por otro lado, en esa misma fase nos interesará hacer compilaciones que permitan que conectemos el *debugger* al juego para analizar la ejecución paso a paso (capítulo 19) o, incluso, que conectemos el *profiler* para medir su rendimiento (capítulo 27).

Cuando pasemos a la fase de pruebas con usuarios (capítulo 26), o cuando queramos publicar el juego definitivamente, nos interesará que el juego rinda al máximo y que ocupe lo menos posible.

A continuación, vamos a ver cómo configurar cada uno de los escenarios anteriores.

Compilaciones de desarrollo

Como acabamos de mencionar, en las secciones anteriores, cuando estemos desarrollando, nos interesará que las compilaciones sean lo más rápidas posibles para que podamos probar el juego con frecuencia sin que nos corte el ritmo al tener que esperar.

La solución es compilar con Mono durante el proceso de desarrollo. Para ello, una vez arrancado el editor de Unity, debemos pinchar en Edit > Project Settings... y, dentro de la ventana que aparece debemos entrar el apartado *Player*. Allí, en la pestaña de Settings for Windows, Mac, Linux, hay que ampliar la sección de *Other Settings* y bajar a la subsección *Configuration*. Es precisamente en esta subsección donde se define si se utilizará Mono o IL2CPP cuando queramos compilar el juego. Para usar Mono, mientras estemos desarrollando, tendremos que asegurarnos de que el parámetro *Scripting Backend* esté en Mono.

Hecho eso, la ventana desde la que se lanzan las compilaciones está en File > Build Settings... . En la parte superior de esa ventana está la lista de escenas a incluir en el juego al compilar. Durante el desarrollo, deberán estar marcadas todas las escenas, tanto las del juego, como las que uses para las pruebas funcionales que vimos en el capítulo 18. De no marcar las escenas usadas por tus tests, estos fallarán al intentar cargar esas escenas.

Abajo a la izquierda, verás la lista *Platform*, con todas las plataformas para las que podemos compilar nuestro juego. Dependiendo de los módulos que hayamos instalado, según lo visto en la sección 25.1, en esta lista aparecerán más o menos plataformas. Como ya hemos dicho, en este libro nos concentraremos en compilar para las plataformas para PC, así que seleccionaremos *Windows, Mac, Linux*. Al seleccionar esa plataforma, se abren sus opciones a la derecha de la lista.

En las opciones para *Windows, Mac, Linux*, podemos definir si queremos compilar para Windows o Linux, según lo que seleccionemos en el parámetro *Target Platform*. En el parámetro *Architecture* elegiremos Intel 64-bit, ya que no queda prácticamente ningún ordenador de 32 bits en uso, así que mejor usar 64 bits y asegurarnos de aprovechar el rendimiento de los modernos procesadores de 64 bits.

En cuanto a las funcionalidades de debugging y profiling, las habilitaremos activando el parámetro *Development Build* y luego la de *Script Debugging* para poder conectar el debugger de nuestro IDE cuando compilemos. Habilitando además las opciones *Autoconnect Profiler* y *Deep Profiling Support*, permitiremos el uso del profiler integrado en Unity para analizar el rendimiento del juego.

Por último, está el parámetro *Compression Method*. Con él podemos pedirle a Unity que comprima el ejecutable final para que ocupe menos. En general, lo recomendable es usar LZ4 durante el desarrollo porque comprime más rápido y, por tanto, no alarga la compilación.

Compilaciones para producción

Cuando acabemos la fase de desarrollo compilaremos con mucha menos frecuencia. Durante las tareas de postproducción las razones para compilar son típicamente dos: porque en las pruebas de usuario hayamos encontrado un fallo que obligue a incluir una corrección en el juego (parche), o bien porque demos por buena una versión y decidamos compilarla para distribuirla a nuestros usuarios. En ambos casos nos interesará que el ejecutable resultante de la compilación tenga el mejor rendimiento posible, aunque eso suponga alargar el tiempo de compilación.

Como ya hemos explicado, para que el ejecutable tenga el rendimiento del código nativo utilizaremos IL2CPP para compilar. Para ello, una vez arrancado el editor de Unity, debemos pinchar en Edit > Project Settings... y, dentro de la ventana que aparece debemos entrar al apartado *Player*. Allí, en la mencionada pestaña de Settings for Windows, Mac, Linux, hay que ampliar la sección de *Other Settings* y bajar a la subsección *Configuration*. Es precisamente en esta subsección donde se define si se utilizará Mono o IL2CPP cuando queramos compilar el juego. Para usar IL2CPP mientras estemos desarrollando, tendremos que asegurarnos de que el parámetro *Scripting Backend* esté en IL2CPP. Al activar IL2CPP se habilitarán un par de opciones debajo. Deberemos asegurarnos de que la opción *IL2CPP Code Generation* esté en Faster runtime para que se optimice la velocidad del ejecutable, en vez de su tamaño. Por otro lado, el parámetro *C++ Compiler Configuration* tiene tres niveles de configuración:

- *Debug*: No optimiza nada en absoluto, por lo que compila más rápido. No le veo sentido ya que, si realmente nos vemos en la necesidad de compilar rápido, deberíamos usar Mono y no IL2CPP.
- *Release*: El compilador aplica optimizaciones para mejorar tanto la velocidad como el tamaño del ejecutable, aunque las compilaciones se alargan sensiblemente.
- *Master*: Aquí el compilador aplica todas las optimizaciones posibles. El tiempo de compilación se alargará aún más que en el modo Release, pero el ejecutable saldrá con el máximo de rendimiento que el compilador pueda ofrecer. Lo recomendable es usar este modo para la última compilación, la que hagamos para nuestros usuarios finales.

Hecho eso, la ventana desde la que se lanzan las compilaciones está en File > Build Settings.... En la parte superior de esa ventana está la lista de escenas a incluir en el juego al compilar. Dado que las escenas aumentan el tamaño del juego final, lo recomendable es desmarcar las escenas de prueba si no se usan en el juego.

Abajo a la izquierda, verás la lista *Platform*, con todas las plataformas para las que podemos compilar nuestro juego. Dependiendo de los módulos que hayamos instalado, según lo visto en la sección 25.1, en esta lista aparecerán más o menos plataformas. Como ya hemos dicho, en este libro nos concentraremos en compilar para las plataformas para PC, así que en esta lista seleccionaremos *Windows, Mac, Linux*. Al seleccionar esa plataforma, se abren sus opciones a la derecha de la lista.

En las opciones para *Windows, Mac, Linux*, podemos definir si queremos compilar para Windows o Linux, según lo que seleccionemos en el parámetro *Target Platform*. Como en las versiones para desarrollo, en el parámetro *Architecture* elegiremos Intel 64-bit para aprovechar el rendimiento de los modernos procesadores de 64 bits, ahora que ya son mayoritarios.

Para las compilaciones de las versiones de producción nos aseguraremos de que el parámetro *Development Build* esté desactivado, ya que las compilaciones de desarrollo cuentan con mecanismos de control y monitorizan que puedan restarle rendimiento al ejecutable final.

Por último está el parámetro *Compression Method*. Con él podemos pedirle a Unity que comprima el ejecutable final para que ocupe menos. En general, lo recomendable es usar LZ4HC para los ejecutables de producción porque, aunque alargue el tiempo de compilación respecto a LZ4, ofrece una mejor tasa de compresión.

25.4. Realización de la compilación

Una vez configurada la compilación, llevarla a cabo no tiene mayor misterio: vamos a File > Build Settings... y cuando salga la nueva ventana pincharemos en el botón Build, de abajo a la derecha. Hecho eso, elegiremos la carpeta de salida, donde se debe dejar al ejecutable, así como sus ficheros asociados, y se lanzará la compilación. Cuando finalice, tendremos los ficheros en la carpeta señalada.

Hay que destacar que, cuando usamos IL2CPP, se crea una carpeta con un nombre bastante exótico en la de nuestro ejecutable. El prefijo del nombre varía según el juego, en el caso de *Prince of Unity*, dicha carpeta es `Prince of Unity_BackUpThisFolder_ButDontShipItWithYourGame` y tiene un tamaño bastante abultado. Tal y como indica el nombre de la carpeta, no debemos distribuirla con el resto del ejecutable, porque este no la usa para nada.

> En teoría, esta carpeta se utiliza para poder analizar los *crash dumps* que puedan trasladarnos los usuarios, en caso de sufrirlos con nuestros ejecutables. En la práctica yo no la he usado para nada y sé de gente que directamente la borra para que no le estorbe en sus procesos de integración y despliegue continuos. Quizá tú sí seas capaz de sacarle provecho a esa carpeta.

Otra opción interesante está en el botón de Build. Si te fijas es un desplegable que te ofrece la opción Clean Build... . Unity hace compilaciones incrementales por defecto, para que sean más rápidas, pero hay veces que nos interesará que la compilación parta desde cero y lo compile absolutamente todo de nuevo, haciendo uso de Clean Build... . Yo generalmente empleo esa opción cuando algo falla y me entran dudas de si no será una incoherencia del compilado incremental.

Por último, tenemos el botón de Build and Run, que compilará el juego y lo lanzará desde su ejecutable, en su propia ventana y al margen del editor. Es un botón muy útil para probar el juego sin la pérdida de rendimiento que supone jugarlo desde el editor de Unity.

Una vez eliminada la carpeta de los crash dumps, el resto del contenido de la carpeta de salida es lo que debemos hacer llegar a nuestros usuarios para que puedan ejecutar nuestro juego. Puede bastar con que les pasemos la carpeta en un pendrive o que la comprimamos en un ZIP y se la colguemos de una carpeta pública de Dropbox, pero en el capítulo 29 veremos maneras mejores de empaquetar el juego, según el sistema operativo al que lo destinemos, y en el capítulo 30 explicaremos algunas vías para hacerle llegar nuestro juego a sus usuarios.

> Es importante mencionar que, aunque podamos compilar para Linux desde un ordenador Windows, lo que no podemos hacer en Windows es fijar los permisos de lectura y ejecución de los archivos de nuestro ejecutable. Eso es así porque el sistema de ficheros de Windows no utiliza los permisos que usa el de Linux. Por eso, si hemos compilado un ejecutable para Linux en un entorno Windows, deberemos llevarnos la carpeta de salida a un Linux y cambiar allí los permisos del ejecutable y de sus carpetas internas, usando el comando `chmod`. Veremos cómo se hace en el capítulo 29, al tratar el empaquetado para Linux.

CAPÍTULO

26 Pruebas con usuarios

En el capítulo 18 de este libro estudiamos cómo podemos mejorar la calidad de nuestro desarrollo aplicando TDD y automatizando nuestros tests. Sin embargo, esto no agota las pruebas que podemos hacer, ya que dichos tests sólo validan la mecánica interna de nuestras funcionalidad, es decir, que el juego funciona técnicamente como pretendíamos, pero lo que no verifican es que el juego funcione como tal, siendo una experiencia atractiva, divertida y que enganche a nuestros jugadores. Para esto último no hay test automatizado que nos pueda decir si el juego es bueno, sólo otro ser humano puede hacerlo.

En este capítulo estudiaremos los distintos tipos de pruebas con humanos a las que podemos someter a nuestros juegos. No se trata de un estudio exhaustivo, porque es un tema que da para un libro en exclusiva, pero, al menos, rascaremos la superficie para que obtengas los conceptos básicos y te hagas una idea de hasta dónde se puede llevar.

Aunque haya situado este capítulo en la parte de Postproducción, eso no significa que debamos dejar las pruebas con usuarios para cuando hayamos acabado el juego. En realidad, estas pruebas deben comenzar en cuanto tengamos un primer prototipo, lo cual debería ser cuanto antes en el proceso de desarrollo. De nada nos sirve que nos prueben el juego ya terminado y que nos digan entonces que no cumple las expectativas, ya que para entonces será muy complicado hacer grandes cambios. En vez de eso, debemos hacer un desarrollo iterativo de nuestro juego, generando prototipos jugables con cada funcionalidad que añadamos y sometiendo dichos prototipos a pruebas por parte de otras personas. Sin la guía que suponen las conclusiones de dichas pruebas, los objetivos del juego se vuelven difusos y el desarrollo errático. Por eso son tan importantes estas pruebas.

Sin embargo, es tristemente común que estas pruebas no se realicen correctamente, ya que se suele asumir que basta con jugar al juego y recoger las conclusiones cuando en realidad estas son dos fases de un proceso más amplio que comprende la selección, reclutamiento y preparación de las personas que vayan a probar el juego, así como la realización controlada de las pruebas y el análisis metódico de los datos recogidos de ellas. Por eso no vale con que los desarrolladores prueben el juego y hablen sobre él. Los desarrolladores conocen demasiado el juego, saben cómo jugarlo y superar sus partes difíciles, por lo que su opinión está demasiado sesgada para ser útil.

Microsoft dedicó 3.000 horas a probar *Halo 3* [26] con más de 600 personas participando en las pruebas. Por supuesto, pocos tienen los recursos de Microsoft, pero es importante que te quedes con la idea de que es crítico que superes la timidez que te pueda suponer enseñar un juego a medio hacer y que lo enseñes y lo pongas a prueba desde el principio con gente ajena al desarrollo. Así te asegurarás de que el juego vaya tomando forma sin separarse de su principal objetivo: divertir y gustar a su público.

26.1. ¿Quién puede probar nuestros juegos?

No todos valen para probar videojuegos. A la hora de elegir a las personas que lo harán tenemos que asegurarnos de que cumplan unas condiciones mínimas:

- Deben ser capaces de pensar en alto: Necesitamos que vayan describiendo verbalmente su línea de pensamientos y sensaciones mientras juegan para que podamos entender sus decisiones y lo que el juego les va trasmitiendo.
- Deben abrirse a revelar sus sesgos: La experiencia previa nos condiciona a todos a la hora de percibir el mundo y obrar en él. El tester debe revelar esa experiencia previa mientras juega, explicando a qué otros juegos, películas, vídeos o vivencias le recuerdan las distintas partes del juego. Sólo así podremos discernir qué parte de sus conclusiones se debe a su sesgo personal y qué parte es objetiva y extrapolable a un grupo grande de usuarios.
- Tienen que contar con capacidad analítica: Su opinión no puede quedarse en un "*me ha gustado*" o "*me he aburrido*". Más allá de eso, deben ser capaces de dar su opinión sobre los distintos elementos del juego por separado: atmósfera visual, efectos de sonido, música, mecánica del juego, etc. De otra manera no podremos centrar nuestros esfuerzos de mejora.
- No deben tener miedo a dar su opinión: De nada nos valen falsas alabanzas. Si el juego tiene algo que no les gusta, deben tener claro que nos hacen un favor diciéndonoslo y que es precisamente eso lo que les agradeceremos.

Teniendo en cuenta lo anterior, hay distintos tipos de personas a las que podemos acudir para que prueben nuestro juego. Una manera de clasificar a esos tipos de personas es por círculos [19], siendo los círculos más internos los primeros a los que debes recurrir, pero los que te darán una información más limitada, y los más externos los que más información te pueden dar, pero también los más costosos a la hora de realizar las pruebas:

- *Primer círculo - Tú*: Como desarrollador del juego, tú serás el primero que lo pruebe. Está claro que si el juego no supera tu propio filtro, no tiene sentido que lo sometas al escrutinio de otras personas. Sin embargo, tu papel no se queda ahí. Tienes que enfocar tu manera de trabajar en tener cuanto antes un prototipo jugable que se pueda probar. Hasta que tengas ese prototipo, lo único que manejarás será un batiburrillo de ideas, pero, cuando lo tengas, ya habrá algo concreto a lo que otros podrán reaccionar y decirte si vas bien encaminado o no. Sin embargo, tu papel en las pruebas no puede ir más allá de lo anterior (que no es poco), ya que conoces demasiado del juego, y estás tan implicado emocionalmente en su desarrollo, que tu opinión nunca será objetiva. En la sección 26.2 veremos algunas cosas a tener en cuenta para este tipo de pruebas.
- *Segundo círculo - Amigos y familia*: Una vez que tengas un primer prototipo que permita hacerse una idea de la experiencia que quieres ofrecer, será el momento de enseñárselo a otros. Lo lógico en ese momento será tirar de seres cercanos. Tu familia y amigos serán los más inmediatos a los que recurrir, aunque conviene que acudas primero a los que se sitúen en el rango de tu público objetivo, ya que serán los que te ofrecerán opiniones más cercanas a las de tus futuros jugadores.
- *Tercer círculo - Conocidos*: Tras varias iteraciones en el primer y el segundo círculo, empezarás a tener algo sólido como para enseñarlo a gente con la que tengas menos confianza. Ten en cuenta que tu familia y amigos comparten experiencias y gustos contigo, por lo que también pueden tener tus mismos sesgos, por eso conviene acudir a gente que esté fuera de esa burbuja familiar y de amistad. ¿A quién acudir en este caso? Puedes intentarlo con clubes de informática de las universidades cercanas, asociaciones de aficionados a los videojuegos que conozcas, llegar a un acuerdo con alguna tienda que venda videojuegos en tu zona para que ofrezca probar el tuyo o, incluso, enseñarlo en fiestas y eventos sociales a los que acudas.
- *Cuarto círculo - Internet*: Aquí llegamos a la selva. Es cierto que en Internet hay gente de todo tipo y que las cosas pueden descontrolarse rápido, pero también lo es que se trata del medio a través del cual podremos lograr más testers. Sin embargo, para poder sacarle verdadero jugo a esta fuente de pruebas, tienes que dotar a tu juego de herramientas de telemetría que ter permitan recoger los datos necesarios para responder a tus preguntas.

Las anteriores serán las fuentes más normales de probadores para nuestros juegos si somos un desarrollador indie o un grupo pequeño.

Los grandes estudios pueden tirar también de empresas de estudios de mercado que ofrezcan servicios de prueba de productos. Estas empresas se encargan de buscar a los probadores, de presentarles nuestro juego y de recoger sus impresiones de manera sistemática. Por supuesto, aunque este sea el recurso más potente a la hora de recabar opiniones de nuestro juego, también es el más caro y no está al alcance de cualquiera.

26.2. Pruebas propias

Como ya hemos dicho, las pruebas propias encajan sobre todo en las primeras fases de construcción del prototipo que estés desarrollando en cada momento. Si las pruebas automatizadas te aseguran que los distintos métodos funcionan, las pruebas manuales propias te permitirán verificar que la funcionalidad encaja como tú quieres en el conjunto del juego.

Pongo un ejemplo. A la hora de implementar el salto horizontal en *Prince of Unity*, el que haces mientras estás corriendo para sortear un agujero en el suelo, hice mis mediciones y desarrollé la funcionalidad usando una prueba automatizada para verificarla. La funcionalidad de salto horizontal quedó operativa, con una prueba automatizada para respaldarla. Hasta ahí todo bien. Sin embargo, cuando monté los primeros niveles completos del juego y me puse a probarlo manualmente, me di cuenta de que, aunque el personaje saltaba los agujeros pequeños, había saltos muy extremos que se quedaban cortos. Eran los saltos en los que el hueco era tan grande que el personaje empezaba a caer y tenía que agarrarse en el borde de enfrente. Sencillamente no llegaba a agarrarse al borde de enfrente porque se quedaba corto. La diferencia de velocidad necesaria era tan sutil que había pasado desapercibida en las mediciones previas. Aumenté la velocidad del salto ligeramente y con eso conseguí que el personaje alcanzase a agarrar el borde de enfrente. Por supuesto, después de hacer esa corrección incorporé una prueba automatizada para asegurarme de que ese tipo de saltos siguiese siendo posible.

La moraleja es que puedes diseñar a priori todas las pruebas automatizadas que quieras, pero al final seguirás descubriendo cosas que arreglar cuando te pongas a jugar a los niveles reales.

Por otro lado, hay otra cosa que ninguna prueba automatizada te puede dar, y es la confirmación de que el juego es lo suficientemente suave y cómodo de utilizar. Hasta que no me puse a hacer pruebas manuales no me di cuenta de que cuando el jugador cambia de sentido mientras está corriendo, muchos pulsan la tecla del sentido contrario antes de soltar la del sentido en curso. Es una cuestión meramente instintiva y de costumbre. Yo sólo había implementado el caso en el que se soltaba primero la tecla del sentido en curso y, sólo entonces, se pulsaba la tecla en el otro sentido. Hasta que no me puse a jugar un nivel entero no me di cuenta de que, al final, uno tiende a acabar pulsando las dos teclas al mismo tiempo, antes de soltar la antigua.

Por supuesto, someterse a las mismas restricciones del usuario a la hora de probar las cosas puede ser un problema a la larga. No tiene mucho sentido tener que pasarse el juego entero para poder probar el duelo con el visir del final de *Prince of Unity*. Ese es el motivo por el que el juego original, este y en realidad muchos otros, implementan *cheat keys*. Estas son combinaciones ocultas de teclas que te permiten hacer pequeñas trampas en el juego para tomar atajos que te faciliten las pruebas. ¿Que quieres probar el duelo final con el visir? Pues pulsa tres veces la combinación oculta de teclas para saltar inmediatamente al siguiente nivel. ¿Que quieres probar llegar a luchar con un guardia, pero has estado torpe y una mala caída te ha dejado poca vida? Pues pulsa la combinación oculta para dotarte de más vida. ¿Que quieres asegurarte de que al acabarse el tiempo te sale la cuenta atrás y, finalmente, el vídeo de derrota? Pues en vez de esperar a que pasen los 15 minutos del juego, pulsas repetidamente la combinación para restar tiempo hasta que sólo te quede 1 minuto. Estas cheat keys te permiten centrarte en la parte del juego que quieres probar.

> Es tradición que los desarrolladores dejen disponibles las cheat keys que hayan implementado para probar el juego. Son un huevo de pascua divertido y muy agradecido por los jugadores que finalmente las descubren, ya que les permiten jugar la partida de una manera diferente.

Las cheat keys de *Prince of Unity* son sencillas de implementar. Las combinaciones de teclas para activarlas deben incluirse en los Action Map, junto con los movimientos habituales del protagonista. Si abres el Action asset `Assets/Input/PrinceInputActions` verás la configuración de la figura 26.1, en la que he desplegado las configuraciones para las cheat keys.

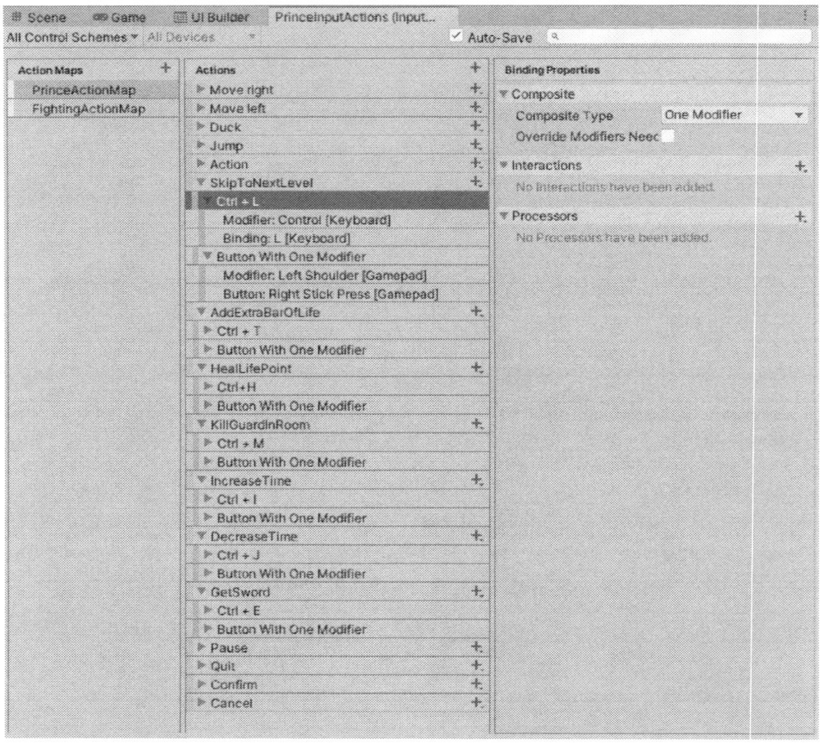

Figura 26.1: Configuración de los Actions para los cheat keys de Prince of Unity.

En la figura he desplegado al máximo la configuración del Action SkipToNextLevel que es la cheat key que salta al nivel siguiente. El resto de las configuraciones de las cheat keys son similares, con la única diferencia de que cambian las teclas utilizadas.

Todas las Action que he utilizado son del tipo Button, ya que me basta con saber si se han pulsado determinadas teclas. No necesito para nada valores de pulsaciones intermedias. Quería que todos los cheat keys se activasen con una combinación de teclas, para que no fuesen tan fáciles de descubrir. Para usar combinaciones de dos teclas para activar un Action, tienes que seleccionar la opción Add Binding With One Modifier al crear el binding. Si quisieras generar combinaciones de tres teclas, tendrías que seleccionar la opción Add Binding With Two Modifiers.

En mi caso, no me he complicado, y el modificador que he usado para todas las cheat keys ha sido la tecla Ctrl y ya luego he usado una tecla diferente para el *binding* de cada cheat key concreto. En el caso del Action SkipToNextLevel el modificador ha sido la tecla Ctrl y la tecla del binding L.

Como con el resto de las teclas, los eventos generados por sus pulsaciones se recogen en el componente PlayerInput, situado en el GameObject Input del prefab `Assets/Prefabs/Characters/Prince`. Desde allí, se generan llamadas al script `Assets/Scripts/InputActionController.cs`, tal y como se explica en el capítulo 7.

El PlayerInput mostrado en la figura 26.2 asigna la ejecución del Action SkipToNextLevel al método `SkipToNextLevel()` del citado script InputActionController, el cual se encuentra en el mismo GameObject que

Figura 26.2: Recogida del Action SkipToNextLevel en el PlayerInput de Prince.

PlayerInput.

```
190 public void SkipToNextLevel(InputAction.CallbackContext ctx)
191 {
192     if (ctx.started) inputController.SkipToNextLevel();
193 }
```

Listado 26.1: Fragmento de Assets/Scripts/InputActionController.cs

En realidad, el método `SkipToNextLevel()` de InputActionController es un reenviador que repite la llamada al método `SkipToNextLevel()` del script 🗀 `Assets/Scripts/InputController.cs` (línea 192 del listado 26.1). Eso sí, antes de hacer la llamada al InputController, se asegura de hacerla una única vez, en la fase `started` del Action. Podría haber usado la fase `performed`, como en otras Actions, pero en este caso me dio por usar `started` y no hubo gran diferencia. Recuerda que el script InputController se encuentra situado en el GameObject raíz del prefab Prince.

Como se ve en el capítulo 7, las llamadas a los métodos de InputController se realizan para tener la oportunidad de grabar los comandos en un fichero y poder reproducirlos luego en el marco de los tests automatizados.

```
public void SkipToNextLevel()
{
    ExecuteCommand(Command.CommandType.SkipToNextLevel);
}
```

Listado 26.2: Fragmento de Assets/Scripts/InputController.cs

Como se puede ver en el listado 26.2, `SkipToNextLevel()` se limita a llamar al método `ExecuteCommand()` pasándole un valor `SkipToNextLevel` como parámetro.

```
/// <summary>
/// Add command to command controller for execution.
/// </summary>
/// <param name=''commandType''>Command type to execute.</param>
private void ExecuteCommand(Command.CommandType commandType)
{
    float waitingTime = (_isRecording) ? GetElapsedTime() : 0;
    Command command = new Command(waitingTime, commandType);
    if (_isRecording) _recordedCommandSequence.PushCommand(command);
    if (gameObject.activeSelf) StartCoroutine(commandController.ExecuteCommand(command
        ));
}
```

Listado 26.3: Fragmento de Assets/Scripts/InputController.cs

Después de haber tenido la oportunidad de guardar el comando en un fichero, si así lo hubiéramos configurado, el ExecuteCommand() de InputController llama al ExecuteCommand() del script 🗀 `Assets/Scripts/CommandController.cs`. CommandController se encuentra en el GameObject Input del prefab Prince. Es este script el que ejecuta finalmente el código necesario para realizar la acción del cheat key:

```
149 case Command.CommandType.SkipToNextLevel:
150     this.Log($''(CommandController - {transform.parent.transform.gameObject.name})
            Executed cheat SkipToNextLevel at {Time.time}'', showLogs);
151     _levelLoader.LoadNextScene();
152     Break;
```

Listado 26.4: Fragmento de Assets/Scripts/CommandController.cs

El listado 26.4, muestra el fragmento del método `ExecuteCommand()` de CommandController que ejecuta la lógica del cheat key para saltar de nivel. Como puedes observar en la línea 151, se limita a llamar al método `LoadNextScene()` del script 🗀 `Assets/Scripts/LevelLoader.cs`.

```
/// <summary>
/// Load next scene in gameLevels.
/// </summary>
```

```
public void LoadNextScene()
{
    LoadScene(CurrentSceneIndex+1);
    this.Log($''(LevelManager - {transform.root.name}) Next scene loaded by index {
        CurrentSceneIndex}.'', showLogs);
}
```

Listado 26.5: Fragmento de Assets/Editor/LevelLoader.cs

Este último método, el `LoadNextScene()` del listado 26.5, se limita a llamar al método `LoadScene()` que se ve con detalle en el capítulo 17.

Con esto hemos estudiado el camino que recorre una cheat key desde que se pulsa la combinación de teclas que la activa, hasta que finalmente se ejecuta. Aunque hayamos usado como ejemplo el de saltar de nivel, el resto de cheat keys sigue la misma mecánica, y sólo se diferencia en el método que se llama desde CommandController para ejecutar lo que sea (ampliar la vida, matar al guardia de la habitación, etc).

> El juego original tiene sus propias cheat keys [159]. Muchas de ellas las he incorporado a *Prince of Unity*, aunque cambiando la combinación de teclas [160].

26.3. Pruebas individuales

Denominamos pruebas individuales a las que hacemos con personas que no pertenezcan al grupo desarrollador del juego, llevándolas a cabo en solitario, sin otros probadores alrededor. Generalmente es el tipo de pruebas a las que más suelen recurrir los desarrolladores, por ser las más sencillas y baratas de realizar.

Este tipo de pruebas son útiles para darte una idea de las impresiones de una persona cuando toca el juego por primera vez.

Esto es especialmente importante para probar cosas como:

- Los tutoriales del juego.
- Los primeros niveles del juego.
- Las primeras impresiones y las emociones transmitidas por el argumento del juego.
- El impacto y sabor de boca tras el desenlace del juego.

Sin embargo, hay que tener en cuenta que este tipo de testers son de *usar y tirar*. Una vez que hayan jugado al juego, aunque sea una sola vez, ya sabrán algo sobre él y ese conocimiento ya les supondrá un sesgo las siguientes veces que lo jueguen. Por tanto, sólo habrá una oportunidad para que estas personas te cuenten su primera impresión con el juego. Plantéate qué tipo de punto de vista te puede ofrecer cada persona antes de ponerla delante del juego. Sólo así te asegurarás de que su opinión te llegue en el momento adecuado del desarrollo. Dicho eso, tampoco te escudes en ello para esconder tu juego con la excusa de que no está preparado. Cuanto antes lo enseñes, mejor: lo que te recomiendo es que te guardes a determinadas personas de tu confianza para enseñarles el juego en el momento en el que sus primeras impresiones te puedan ser más beneficiosas.

A la hora de llevar a cabo este tipo de pruebas debemos asegurarnos de lo siguiente:

- *No contarle demasiado al tester*: Todo lo que le digamos puede sesgar su opinión. Recuerda que no estarás cuando los jugadores finales instalen tu juego y lo arranquen por primera vez. Así que cuanto menos le digamos a nuestro tester, más lo acercará al punto de vista de un jugador final. Intenta darle el juego a tus probadores ofreciéndoles pocas o ninguna. A ver qué hacen. Esto puede darte una información valiosísima de lo intuitivo que es tu juego. Por supuesto, si tu probador se atasca y no puede avanzar de ninguna manera, debemos tomar nota de su dificultad e intervenir para desbloquearle. No tiene sentido prolongar un forcejeo estéril del tester con el juego, pero, en todo caso, tenemos que intentar aportarle la mínima información imprescindible para que la prueba siga fluyendo.

- *No influir ni guiar al tester*: En el punto anterior dejamos claro que no hay que darle instrucciones al probador, pero también hay que tener cuidado con hacerle determinadas preguntas que puedan ser en realidad pistas e instrucciones encubiertas (por ejemplo, "¿has detectado la puerta secreta?", con eso ya le alertas de que las hay, lo cual no te interesa).

- *No discutas ni defiendas los fallos del juego*: La misma convocatoria de las pruebas es un reconocimiento implícito (muy sano, por cierto) de que el juego puede tener tener fallos, tanto funcionales como conceptuales. Así que el mejor regalo que te pueden dar los testers es sacar a la luz dichos fallos. No tiene sentido que te pongas a defender tu juego o a hacer de menos los fallos encontrados, ya que eso sólo coartará a los probadores y puede hacer que se inhiban a la hora de contarte sus impresiones o los fallos que detecten.

- *Toma notas*: Somos humanos y tendemos a recordar sólo lo que nos resulta agradable. Si confías exclusivamente en tu memoria, es posible que a la semana sólo te acuerdes de las cosas buenas que te contasen del juego. Por eso es muy importante que pongas por escrito todas y cada una de las impresiones y descubrimientos que te vayan trasmitiendo los probadores, así como todo lo que tú mismo vayas percibiendo durante la sesión. A partir de ahí, cuanto más estructures y formalices tus notas, más sencillo te será procesarlas luego. En ese sentido, las tablas son tus amigas.

Hasta ahí, lo que puedes hacer a nivel informal. Si optas por contratar a una empresa especializada, es probable que sitúen al probador en un puesto especialmente preparado en el que se grabe su pantalla, sus acciones y su cara para relacionar los diferentes momentos del juego con la expresión de su rostro. Esto es muy útil para medir las emociones que le provoquen los distintos momentos del juego. Lo anterior también suele complementarse con grabaciones de audio, para captar su tono de voz, y registros de la telemetría del juego.

También puedes montar un puesto como este tú mismo, aunque no será barato. En todo caso, ten en cuenta que, si quieres llegar al punto de grabar al probador, este tiene que ser informado por adelantado por si no estuviese de acuerdo con que le grabasen.

La estructura de las sesiones individuales dependerá de lo que quieras probar, pero siempre deberían empezar contigo dándole las gracias al tester por dedicar su tiempo a la prueba. Después de esta, conviene sentarse con el probador para recapitular con él su experiencia con el juego.

26.4. Pruebas grupales

Las pruebas en grupo suelen ser más formales. Al fin y al cabo estás movilizando a un conjunto de personas, cada una con sus propias ocupaciones y agendas, por lo que necesitas formalizar el proceso de las pruebas para asegurar que no se descontrole y que resulte productivo sin alargarse en exceso.

La ventaja de las pruebas grupales es que te permiten recopilar gran cantidad de información en poco tiempo. Su desventaja es que, como hemos dicho, son más complejas de gestionar que las individuales.

Este tipo de pruebas suelen realizarse en salas con un ordenador para que cada tester pruebe su copia del juego. Como en las individuales, en estas pruebas hay que darle las mínimas explicaciones posibles a los probadores.

Dependiendo del tipo de juego podemos darle a los testers un tiempo u otro, pero la media suele aproximarse a los 30 minutos. Después de ese tiempo, los probadores suelen rellenar un formulario con sus impresiones. Justo después de eso, o más tarde si queremos procesar los formularios antes, pueden hacerse entrevistas individuales para preguntarle a los participantes por sus sensaciones respecto al juego.

Para asegurar que el proceso de la prueba no se desmande y que realmente sea productivo, lo mejor es dirigirlo siguiendo un guion preparado de antemano que debería cubrir, al menos, los siguientes puntos:

- Configuración básica del puesto de juego del tester: Para asegurar que, cuando llegue, lo tenga todo listo para ponerse a jugar.

- Presentación e instrucciones mínimas del juego: Mejor llevarlo preparado y no improvisar para no hablar de más. Esta presentación puede tener dos fases: una introducción y un calentamiento. En la introducción, que no tiene que durar más de un par de minutos, le daremos la bienvenida a los probadores, les agradeceremos su participación y nos presentaremos. Acto seguido, les explicaremos la estructura de la prueba y cómo nos ayudarán sus hallazgos e impresiones. Hay que avisarles de que el juego está sin terminar y que, por lo tanto, dista de ser perfecto. También deberemos advertirles si pretendemos grabar la sesión. En cuanto al calentamiento, se trata de una breve conversación, de no más de 5 minutos, para preguntarles por los juegos que hayan jugado antes, que pudieran ser similares a los de la prueba. Por un lado, nos servirá para averiguar la experiencia previa de los testers, y por tanto estimar su pericia, así como para irles mentalizando acerca del juego al que se van a enfrentar.

- Tiempo de la prueba: Cuanto más se prolongue la prueba, mayor será el volumen de información que recogeremos, pero también la probabilidad de que los testers se cansen y reduzcan la atención que le presten a la misma. No olvides pedirle a los probadores que piensen en alto mientras jueguen para que podamos seguir su línea de razonamiento.

- Preguntas a realizar tras la prueba a los participantes: Este apartado no debería prolongarse más de 15 ó 20 minutos. Se trata de averiguar el sentir general tras el juego, qué interés ha despertado en los participantes y si el nivel de dificultad les ha parecido adecuado. Recuerda que se trata de escuchar a los probadores, no de discutir con ellos, así que procura no sentirte herido por las opiniones que te transmitan. Simplemente, limítate a tomar nota de todo lo que te cuenten.

- Elementos y factores mínimos a los que tenemos que prestar atención y de los que debemos tomar nota.

26.5. Pruebas en Internet

El mayor campo de pruebas que puedes encontrar es Internet, sin embargo lo mejor es aproximarse a él cuando el juego ya está muy avanzado y tiene prácticamente su forma final. Un juego en ese punto se dice que se encuentra ya en fase *beta,* y por eso a las pruebas que se realizan con él se las denomina *beta tests.*

Se pueden distinguir los siguientes tipos de beta tests:

- *Pruebas cerradas*: Se pone el juego a disposición de un grupo limitado de usuarios, a través de internet. Generalmente se busca a estas personas a través de invitaciones a amigos de los amigos de los desarrolladores. Este debería ser el primer tipo de prueba beta que deberías plantearte. Ya que te permite poner a prueba la arquitectura de tu juego y su enfoque, en apartados que te generen dudas, antes de llegar al gran público. Una aproximación habitual es empezar con grupos pequeños e ir invitando a más gente conforme las pruebas avancen, vayas arreglando cosas y el juego madure.

- *Beta limitada*: Suele ser la segunda fase de las pruebas por Internet. Aquí se abandona el sistema de invitaciones y se deja que cualquiera se inscriba en las pruebas, aunque se limita el número de testers inscritos a una cantidad que sea fácilmente manejable. Este tipo de betas busca someter el juego a mucha mayor carga (en caso de ser online) y aumentar el número de ojos que busquen fallos.

- *Beta abierta*: Generalmente se llega a este punto con los conceptos del juego muy claros, por lo que, a partir del comienzo de esta fase, no se espera hacer cambios de fondo sobre el juego y su mecánica, sino sólo sobre errores que detecten los jugadores. Al ser abierta, esta fase deja que se inscriba cualquiera que lo desee. Muchas desarrolladoras optan por poner el juego a la venta en este punto (aunque quizás a un precio más reducido) para empezar a darse a conocer, aunque reconociendo que el juego no se encuentra terminado aún (es lo que se llama un *Early Access*).

Para sacar el máximo provecho de las pruebas por Internet, podemos implementar funciones de telemetría en nuestro juego para medir, de manera remota, las estadísticas de rendimiento de los usuarios y su desempeño en el juego. Con dichas estadísticas se pueden hacer las últimas optimizaciones para mejorar el rendimiento y algún ajuste en la dificultad final.

> Plataformas como itch.io o Steam permiten realizar pruebas beta de los juegos que alojemos en ellas. Te recomiendo que eches un vistazo a lo que ofrecen a este respecto, a ver si te encaja.

26.6. Otros tipos de pruebas

Más allá de buscar errores en los juegos, las grandes desarrolladoras llevan a cabo otros tipos de pruebas:

- *Pruebas demográficas*: Son pruebas grupales enfocadas a un grupo de edad determinado. Se trata de ver cómo reacciona gente de una edad concreta a la apariencia, el argumento, la música y otros elementos del juego. Este tipo de pruebas permite determinar el público objetivo del juego y valorar si es económicamente atractivo.
- *Sondeos de interés*: Se trata de usar las redes sociales para averiguar el nivel de interés que despertaría tu juego. Se pueden colgar vídeos del juego en redes sociales y ver qué tipo de comentarios genera. Hay quien inicia campañas de crowdfunding para crear un juego, aun sin necesitarlo, sólo para ver cuántos se interesan y se apuntan.
- *Pruebas de usabilidad*: En ellas se evalúa la ergonomía del juego, es decir, cómo de cómodos e inmersivos son los controles del juego.

En general, sólo los grandes estudios tienen recursos propios para hacer este tipo de pruebas. Las desarrolladoras medias suelen contratar a empresas especializadas en estudios de mercado, pero sólo para sus juegos ambiciosos. Sin embargo, los desarrolladores indie o los grupos pequeños no recurren a estas últimas pruebas por su elevado coste.

Capítulo

27

Optimización

Un rendimiento adecuado es imprescindible para crear una experiencia de juego inmersiva. Nada rompe el encanto de un juego como que empiece a dar tirones. La optimización es el proceso de medición y perfeccionamiento del rendimiento de tu juego, para asegurar que la experiencia sea la óptima en cualquiera de las plataformas objetivo en la que se ejecute.

Claro que, el primer paso es definir cuáles serán las plataformas objetivo donde se ejecutará el juego. Si enfocamos nuestro juego a PC, debemos tener en cuenta la heterogeneidad de equipamiento entre los usuarios. No dispone del mismo PC un gamer empedernido que alguien que lo usa para ofimática. Incluso dentro de la misma gama de PC, hay componentes de distintos fabricantes que pueden condicionar fuertemente al juego. El mundo de las consolas es más homogéneo, pero cada una tiene sus propias peculiaridades a tener en cuenta en el proceso de optimización. Si encima quieres optar a publicar en teléfonos móviles, ya tienes el entorno más exigente: heterogeneidad de recursos hardware (sobre todo en Android) y limitación de la potencia de estos.

Definir tu plataforma objetivo te sirve no sólo para tener en cuenta los recursos hardware de los que dispondrá el juego, sino también para definir las expectativas de los jugadores. El usuario de un juego de PC o de consola espera poder jugar en alta definición, a más de 60 fotogramas por segundo, con imágenes con sombreado e iluminación en tiempo real y, en general, le da igual que su tarjeta gráfica parezca el núcleo de una estrella mientras el juego rinda con suavidad. Sin embargo, el usuario de un teléfono móvil usa pantallas más pequeñas, por lo que no espera grandes alardes visuales y desde luego no quiere sentir la desagradable sensación de que el teléfono le quema en la mano porque su CPU está a punto de derretirse por culpa del juego. El jugador de cada plataforma objetivo tiene expectativas y prioridades diferentes.

Una vez que hayamos definido a qué plataformas nos queremos enfocar, tendremos que elegir la menos dotada de todas para usarla como referencia. Al final, nadie nos quitará tener que probar el juego en todas las plataformas objetivo, pero usar la menos potente como referencia, a la hora de probar durante el desarrollo, nos permitirá asegurar que el juego se desenvuelva incluso con más soltura en las demás.

Hecha esa elección de una plataforma de pruebas para el desarrollo, mi consejo es que te olvides de la optimización mientras el juego funcione bien en dicha plataforma. Muchas técnicas de optimización complican el código, por lo que no tiene sentido recurrir a ellas si no es realmente necesario. Si en algún momento notases que el juego renquea en la plataforma de pruebas, entonces sí que deberías pararte a optimizar hasta que el juego volviese a ser suave (recuerda que habremos elegido una plataforma de prueba que será la menos potente de todas plataformas objetivo).

En mi caso lo tenía bastante fácil. El primer *Prince of Persia* fue un juego multiplataforma, pero yo tenía claro que quería enfocarme a su versión de PC, así que descarté cualquier otra. Por otro lado, los juegos en 2D suelen exigirle poco esfuerzo a las tarjetas gráficas actuales y tampoco es que el juego original tuviese grandes alardes visuales, así que muy mal lo tenía que hacer para que *Prince of Unity* supusiese una carga relevante para cualquier equipo moderno. Durante el desarrollo, fui probando el juego en mi equipo e iba fluido. Mi equipo es relativamente potente, así que me aseguré probando el juego en un portátil con recursos muy limitados e iba igual de bien. Partiendo de eso, pude concluir con seguridad que no hacía falta optimizar el rendimiento del juego. Así que, siendo sincero, no tuve la necesidad de aplicar las técnicas de análisis (profiling) que vamos a tratar en este capítulo.

Sí que apliqué las técnicas de optimización de la parte visual, sonido y tamaño, principalmente porque me dio la sensación de que el ejecutable final era excesivamente grande para un juego tan sencillo.

Las haya utilizado o no en *Prince of Unity*, en este capítulo te presentaré algunas herramientas y técnicas que pueden serte útiles para optimizar juegos 2D. No serán todas, ni las explicaré con profundidad, ya que eso supondría un libro entero, pero al menos haré una breve introducción para que paladees el tema por primera vez.

27.1. Profiling

Se dice que haces *profiling* cuando mides el rendimiento de un juego en un equipo determinado.

Unity cuenta con su propio profiler. En esta sección aprenderemos a utilizarlo. Recurriremos a él cuando notemos que el rendimiento se resiente de una manera notable ante un cambio que debería haber sido irrelevante o cuando notemos que el rendimiento desciende por debajo de lo tolerable en nuestra plataforma objetivo. Cuando eso ocurra, deberemos realizar los siguientes pasos:

1. Medir el rendimiento antes de hacer ningún cambio más. Se trata de establecer una línea base y localizar el punto de nuestro código donde se estén produciendo las mayores pérdidas de rendimiento.

2. Realizar cambios que creemos que optimizarán el juego.

3. Volver a medir el rendimiento y comparar el resultado con la línea base que obtuvimos al principio. Si el rendimiento ha mejorado lo suficiente, podemos concluir que el cambio ha sido fructífero y podemos dejarlo. Si el rendimiento no hubiese mejorado entonces deberíamos deshacer el cambio y repetir el proceso, probando otro cambio.

El profiler de Unity se basa en unos marcadores situados estratégicamente en la funciones de la API de Unity. Estos marcadores guardan información detallada del tiempo que ha sido necesario para ejecutar el código en el ámbito del marcador [194].

Sin embargo, el profiler de Unity no mide los métodos que hayamos desarrollado en nuestros scripts, sólo las llamadas a la API de Unity. Si quisiéramos medir el rendimiento de nuestros scripts, tendríamos que recurrir al denominado *deep profiling*, el cual introduce marcadores en los métodos de nuestros scripts (incluyendo a las propiedades). Aunque el deep profiling da el mayor nivel de detalle en cuanto a la lentitud relativa de los diferentes métodos, hay que tener en cuenta que este sistema de medida incluye penalizaciones en el rendimiento global del juego.

Como alternativa al deep profiling, Unity permite introducir marcadores manuales sólo en funciones que queramos medir [5]. De esta manera, podremos medir lo que nos interese sin incurrir en la penalización que supone el deep profiling.

A la hora de hacer profiling tienes que valorar qué te interesa más: hacer una medida rápida pero imprecisa u obtener una medida precisa pero lenta de obtener.

La manera más rápida y cómoda de medir es ejecutar tu juego dentro del editor y ver los resultados en el profiler integrado en él. El problema es que, aunque conseguiremos una medida inmediata, esta estará penalizada tanto por el profiler, como por el editor, cuyas llamadas se mezclarán con las de nuestro juego, haciendo que sea más difícil separar el polvo de la paja.

Tenemos la opción de ejecutar el profiler en un proceso aparte del editor, lo cual restará carga espúrea a la medida, con la leve incomodidad de obligarnos a manejar el profiler en una ventana separada.

En el extremo donde la medida será más precisa, pero más lenta de obtener, está la opción de ejecutar el juego fuera del editor y medir con el profiler en una ventana aparte del editor. Esta opción es mucho más lenta porque obliga a una compilación completa del juego como la vista en el capítulo 25. Tiene también la incomodidad de que el profiler estará en una ventana aparte del editor. Por contra, las medidas serán las más cercanas a la realidad que podremos obtener.

Mi consejo es que, cuando detectes una ralentización del juego que te obligue a optimizar, empieces por hacer profiling en el editor a ver si encuentras alguna carga inusualmente alta que explique la ralentización. Si con eso ves algo llamativo, te recomiendo que sigas haciendo profiling en el editor mientras vas probando los cambios en el código, o en la configuración del juego, hasta reducir la carga que habías detectado. Al tratarse de un proceso que suele ser de prueba y error, resulta importante que puedas medir frecuentemente, aunque la medida no sea precisa. En ese momento da igual la falta de precisión, porque lo importante es reducir la mayor duración relativa del método que te ha llamado la atención frente a los demás.

Si no vieses nada llamativo, tocaría evaluar el juego en su conjunto. En ese caso, te recomiendo que ejecutes el juego fuera del editor, para tener una idea lo más clara posible del rendimiento real del juego.

Para ejecutar el profiler dentro del editor, no tienes más que mostrarlo pulsando Window > Analysis > Profiler. Te saldrá una pestaña que podrás anclar donde te parezca del editor o dejarla aparte. Si arrancas el profiler de esta manera, se ejecutará dentro del proceso del editor aunque dejes la pestaña flotante, sin anclar en el editor.

Dentro del profiler, arriba a la izquierda, tienes el combo Profiler Modules en el que podrás seleccionar lo que quieres que mida el profiler. Cuantas más cosas midas simultáneamente, más cargará el mismo profiler al juego, alterando la lectura del rendimiento global. Dependiendo del tipo de juego, habrá medidas que no tendrán sentido. En un juego 2D sencillo, como *Prince of Unity*, no tiene sentido que midamos cosas como la iluminación global en tiempo real (*realtime GI*), o el consumo del motor de físicas en 3D (*physics*). Una aproximación que puede ser razonable es hacer una primera ronda de medidas descartando sólo aquello de lo que estemos seguros (en nuestro caso, realtime GI y physics), ver los resultados y tomar nota de aquellas métricas que supongan una carga irrisoria. Para la segunda ronda de medidas, desactivaremos también esas métricas irrisorias (si son irrelevantes ¿para qué cargar el juego midiéndolas?)

En función de lo que hayas decidido medir, saldrán más o menos secciones en la barra de la izquierda. Cada sección muestra su gráfica en su correspondiente fila del panel principal.

A mí me gusta dejar activado el botón Clear on Play, en la barra superior del profiler. Eso hace que se borren las medidas anteriores al iniciar una nueva.

En esa misma barra puedes hacer que se midan también las llamadas a los scripts pulsando el botón Deep Profile. Mi recomendación es que lo dejes activado, al menos hasta que ganes experiencia con el profiler.

Una vez configurado el profiler, ya puedes arrancar el juego dentro del editor. Mientras juegues, el profiler irá almacenando la información recolectada y la mostrará en las gráficas. Dada la cantidad de información, el profiler sólo muestra los datos de los últimos segundos, así que, una vez que haya llegado al punto en el que notes que se produce la ralentización, te aconsejo que pauses inmediatamente el juego y examines la gráfica.

En la figura 27.1, puedes ver el profiler ejecutándose en el editor.

A la izquierda se encuentran las casillas de cada una de las métricas habilitadas en el combo Profiler Modules. En el renglón a la derecha de cada casilla se encuentra la gráfica de la métrica. Dentro de la casilla se muestra la leyenda de las distintas submétricas. Si la gráfica te parece muy abarrotada, puedes simplificarla si pulsas en cualquiera de las submétricas, lo que hará que se oculte (o que se vuelva a mostrar) en la gráfica.

En una pantalla no te cabrán más de 3 ó 4 conjuntos de métricas. Si has activado más, puedes verlas moviendo hacia abajo la barra de scroll de la derecha.

Al pulsar en la casilla de una métrica, verás que debajo de las gráficas aparecerá una franja con detalles sobre dicha métrica.

Imaginemos que quieres investigar una ralentización que se produce en un momento determinado del juego. Cuando diseñamos nuestro juego, tenemos debemos decidir a cuántos FPS queremos que rinda y, a partir de eso, calcular el tiempo máximo de renderizado de cada fotograma. Si nuestro objetivo es que nuestro juego rinda a 60 FPS, eso nos lleva a que cada fotograma se renderice en menos de $1/60 = 16$ ms[1] aproximadamente. En ese caso, si un fotograma tardase más de 16 ms en renderizarse, se notaría en el juego como una ralentización.

[1] milisegundos.

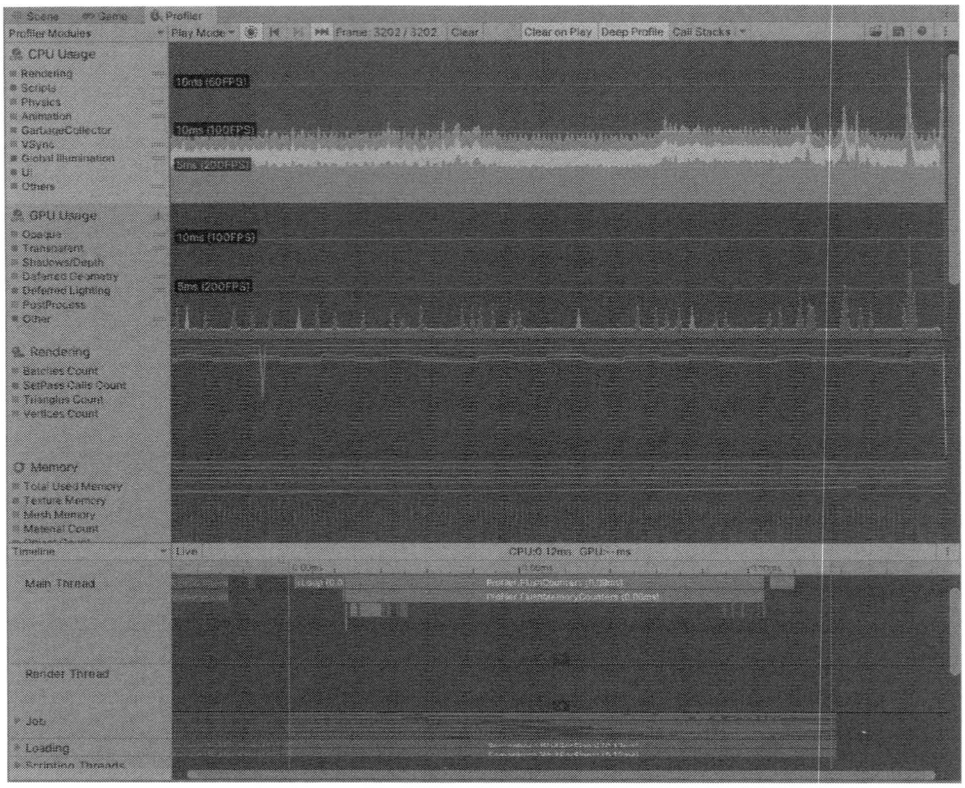

Figura 27.1: El profiler ejecutándose en el editor.

> El tiempo máximo que puede tardar un fotograma en renderizarse, para que podamos cumplir nuestro objetivo de rendimiento, es lo que se denomina *frame budget*.

Para renderizar un fotograma intervienen dos componentes principales: la CPU debe trabajar en decidir qué debe aparecer en un fotograma, y la GPU debe trabajar en mostrar lo que le diga la CPU. Dado que ambos trabajan en conjunto, el tiempo de renderizado final del fotograma dependerá del más lento de los dos.

En la parte superior de la figura 27.1 se pueden ver las gráficas de CPU y GPU, en las que se representa el tiempo que emplean estas para dibujar un fotograma en un momento determinado. Si te fijas, en dicha figura se ve que la tarjeta gráfica está muy por debajo de los 5 ms para procesar la mayor parte de los fotogramas (salvando el final de la gráfica en la que hay algunos picos que superan los 5 ms). Eso quiere decir que, si sólo fuera por la GPU, el juego rendiría muy por encima de los 200 FPS.[2] Sin embargo, la gráfica de la CPU (la de más arriba) señala que esta tarda 10 ms en elaborar cada fotograma, lo que supone un rendimiento de 100 FPS.[3] Por tanto, en este caso será la CPU la que actúe de cuello de botella y la que limite el rendimiento máximo del juego a 100 FPS. Sin embargo, puede haber juegos en los que la carga de efectos gráficos sea tan alta que el cuello de botella esté en los tiempos de la GPU y no en la CPU.

Así pues, al hacer profiling, tenemos que vigilar que ni los tiempos de la GPU ni los de la CPU superen nuestro frame budget. Cualquier pico que supere ese tiempo en las gráficas, señalará un momento en el que el juego se ha ralentizado. Nuesto objetivo será evitar que esos picos se produzcan y, si lo hacen, que sean al menos esporádicos y lo más cortos posibles.

Si se produjese un pico de ese tipo, que superase nuestro frame budget, podemos seleccionar ese momento, pulsando sobre el pico, en la gráfica. Aparecerá una barra vertical que señalará ese momento en las distintas gráficas.

[2] 1 / 0,005 = 200 fotogramas por segundo.

[3] 1 / 0,010 = 100 fotogramas por segundo.

Si quisiéramos investigar en qué ha invertido su esfuerzo la CPU, una vez seleccionado el pico podemos pinchar en el cajetín de la CPU de la izquierda de la gráfica, lo que hará que se muestre un diagrama con el reparto de tiempos de la CPU en la franja inferior del profiler. Dicho diagrama suele estar muy ampliado al principio. Mi consejo es que gires la rueda del ratón, para variar el zoom, hasta que el diagrama inferior muestre la totalidad del tiempo transcurrido para renderizar el fotograma. Notarás que ves el fotograma completo cuando el diagrama de abajo esté flanqueado a ambos lados por gráficas de colores más apagados.

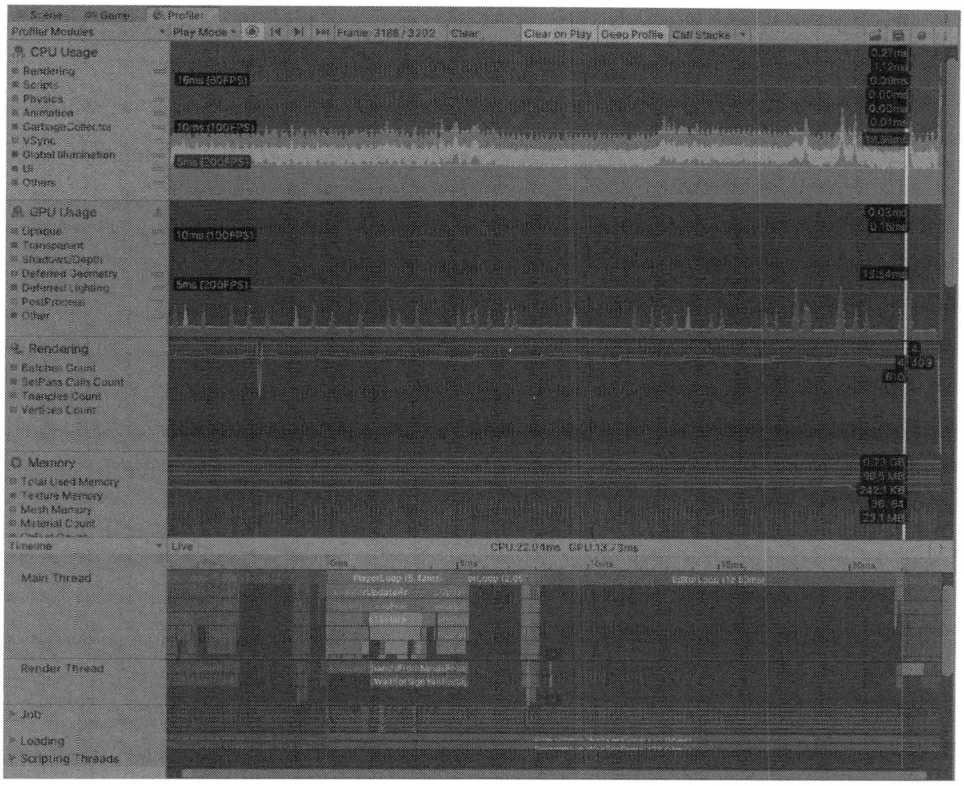

Figura 27.2: El profiler con el momento de uno de los picos seleccionados.

Por ejemplo, en la figura 27.2 he seleccionado el segundo pico por la derecha que se aprecia en la figura 27.1. Fíjate en la barra vertical que marca ese momento, así como los valores de las distintas métricas en ese instante. En esta gráfica, los valores de la CPU se han situado alrededor de los 10 ms en todo momento, pero por alguna razón en este pico la CPU ha tardado casi 22.04 ms en renderizar el fotograma.

Para averiguar lo que ha pasado, he reducido el zoom de la sección inferior hasta que esta ha pasado a cubrir una franja de unos 23 ms. No sé si se percibirá bien en la versión impresa de la figura, pero si te fijas bien en esa zona, la parte de colores vivos representa el fotograma del momento seleccionado, mientras que los flancos de colores más apagados representan los fotogramas anterior y posterior. De esa manera podemos ver de un vistazo las cargas más generales que ha tenido la CPU para renderizar el fotograma. Si con eso no bastase, podríamos ampliar más el zoom e ir más al detalle. Sin embargo en este ejemplo, y para este nivel de zoom, ya se ve que hay dos franjas, de 13,53 ms y 2,05 ms respectivamente, que se come un proceso denominado *EditorLoop*. Este es el proceso del editor de Unity y representa la penalización que ha sufrido nuestro juego por ejecutarse dentro del editor. Por tanto, si de los 22,04 ms del pico restamos los 15,58 ms que se han producido por culpa del editor nos quedan 6,46 ms que es lo que realmente habría supuesto renderizar el fotograma del juego si no hubiera tenido que compartir proceso con el editor de Unity. Esos 6,46 ms ya están en la media del resto de fotogramas de la gráfica, así que la conclusión es que el pico lo ha producido el editor de Unity, probablemente porque en ese momento habrá realizado alguna tarea interna que ha ralentizado la ejecución del juego.

La franja inferior del profiler, cuando está seleccionada la métrica de CPU, muestra varias filas. Las filas superiores están compuestas por lo que muestran las filas inferiores. Si ver el fotograma en su conjunto no te aclarase qué proceso ha consumido demasiado, puedes incrementar el zoom sobre una sección concreta del fotograma y verás cómo aparecen más detalles sobre el reparto de tiempos. Si te fijas en la parte inferior de la figura 27.2, si quitamos la parte consumida por EditorLoop, la única franja de tiempo realmente consumida por nuestro programa está en los primeros 8 ms.

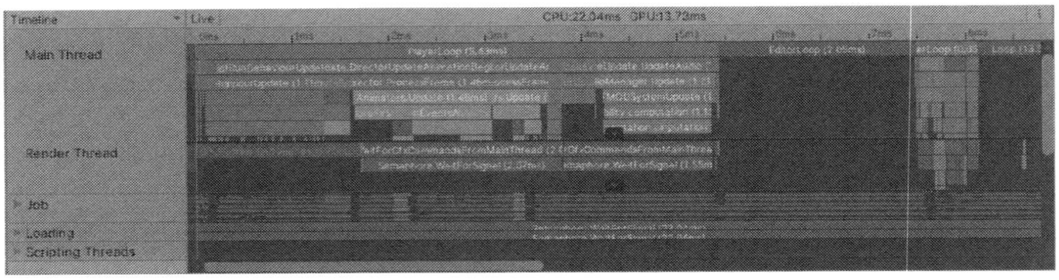

Figura 27.3: Detalle del reparto de cargas de la CPU en los primeros 8 ms del fotograma.

En la figura 27.3 podemos ver esa franja del fotograma convenientemente ampliada. Con este nivel de zoom ya empiezan a aparecer más etiquetas identificativas. Por ejemplo, la parte realmente consumida por nuestro juego se identifica en la primera fila con la etiqueta *PlayerLoop*, a diferencia de la ya vista EditorLoop que es la consumida por el editor.

Si siguiésemos ampliando el zoom, iríamos viendo más etiquetas en las filas inferiores que nos irían explicando las tareas que componen las de las filas superiores. En este caso concreto, si amplías el zoom lo suficiente y te fijas en el cuarto y quinto renglón de la franja de los primer milisegundo, verás aparecer los tiempos de ejecución de los scripts del juego.

> Que tengas que hacer tanto zoom para ver los scripts, y que estos ocupen tan poca franja del total del tiempo de renderizado del fotograma, es señal de que el tiempo necesario para procesar la lógica del código es irrisorio y que, por tanto, hay poco margen para mejorar el rendimiento del juego optimizando los algoritmos del código.

En teoría, ejecutar el profiler fuera del editor debería mejorar el rendimiento de la captura de datos, aunque yo he notado muy poca diferencia. Se hace pulsando Window > Analysis > Profiler (Standalone Process). Además, aunque ejecutes el profiler fuera del editor, el juego seguirá ejecutándose dentro de este, por lo que seguirán saliendo las trazas de EditorLoop en las gráficas de la CPU.

> Una vez abras el profiler en su propia ventana, asegúrate de que no tienes una pestaña de profiler abierta dentro del editor, o de lo contrario el juego le dará sus métricas a dicha pestaña, en vez de al profiler que tengamos en la ventana aparte.

La mayor diferencia la he encontrado al ejecutar el juego fuera del editor. Esto tiene algo más de complejidad porque tienes que compilar el juego tal y como se ve en el capítulo 25, pero añadiendo una serie de opciones para que se conecte al profiler y le vaya dejando trazas de la ejecución.

En concreto, una vez que hayamos abierto la ventana del profiler fuera del editor, tendremos que ir a File > Build Settings... y activar las siguientes opciones:

- *Development Build*: Para generar métricas.
- *Autoconnect Profiler*: Para entregarle esas métricas al profiler.
- *Deep Profiling Support*: Para medir también la ejecución de los métodos de nuestros scripts.

Hecho eso, ya puedes pulsar Build And Run, y el juego se ejecutará en otra ventana, fuera del editor. Por debajo abrirá una ventana de profiler y se conectará a ella para empezarle a volcar datos.

Cuando salgas del juego, o bien cuando lo minimices, podrás examinar las trazas del profiler. El resultado (figura 27.4), al menos en mi caso, es una traza mucho más estable, con picos escasos o nulos, gracias a que el editor ya no nos mete ruido.

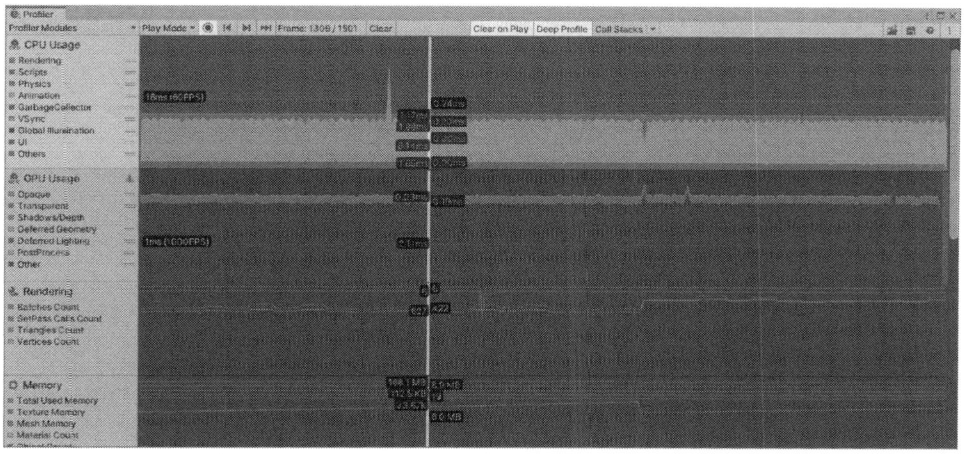

Figura 27.4: Gráficas del profiler, con el juego ejecutándose fuera del editor.

En mi caso, siendo un juego tan ligero, la principal componente de la carga de la CPU es la que aporta el VSync (de color amarillo en la captura de la figura 27.4).

VSync es una tecnología gráfica que detecta la frecuencia de refresco de tu monitor y la usa como cota máxima de los FPS de tu juego, para evitar el fenómeno del *screen tearing*. Este fenómeno ocurre cuando tu juego produce fotogramas mucho más rápido de lo que el monitor los puede mostrar. Muchos monitores tienen una frecuencia de actualización de 60 Hz, eso significa que "repintan" la imagen 60 veces por segundo. Imagina ahora que tu juego fuese tan rápido que produjese 120 FPS. Eso supondría que cuando el monitor se encontrase a la mitad del dibujado de un fotograma, este habría cambiado por el siguiente dentro de la memoria de vídeo por lo que la el monitor dibujaría este nuevo fotograma en la parte restante de la imagen. Es decir, que el monitor dibujaría un trozo de un fotograma en la parte superior de la pantalla y el fotograma siguiente en la parte inferior. Si la imagen fuera estática, no se notaría nada, pero, si fuera una imagen en movimiento, el resultado sería que la mitad superior de la pantalla se retrasaría respecto a la inferior provocando momentos de imágenes partidas. Activando el VSync, nuestra tarjeta gráfica detectaría que el monitor sólo puede ofrecer 60 Hz y limitaría la tasa de producción de fotogramas a 60 FPS. De esa manera, el monitor, y la tarjeta irían sincronizados y no se generará un nuevo fotograma hasta que el anterior hubiera sido mostrado por completo en la pantalla.

El VSync se configura dentro de Unity en Edit > Project Settings > Quality, usando el parámetro *VSync Count*. La opción Don't Sync desactiva el VSync, mientras que la opción Every V Blank lo activa haciendo coincidir los FPS con la tasa de refresco del monitor, tal y como hemos visto. Hay una tercera opción, un tanto peculiar, Every Second V Blank, que reduce los FPS justo a la mitad de la tasa de refresco y que tiene su utilidad si tu juego se encuentra a veces con que no puede producir fotogramas a la misma velocidad que la tasa de refresco del monitor.

En todo caso, lo que estamos viendo en esta gráfica es el VSync en acción. Mi monitor tiene una tasa de refresco de 75 Hz, lo cual no está mal, pero aún así *Prince of Unity* es un juego tan ligero que puede producir una tasa muy superior de FPS. Así que lo que hace el VSync es añadir una tarea de espera para que los fotogramas no se finalicen demasiado rápido y el resultado final sean 75 FPS. Esa tarea de espera es la carga amarilla que vemos en la gráfica. Si analizamos de las tareas realizadas por la CPU en el punto marcado en la figura 27.4, veremos la distribución de tareas de la figura 27.5:

En la figura 27.5, vemos que el renderizado del fotograma ha llevado 13,29 ms de tiempo de CPU, lo cual

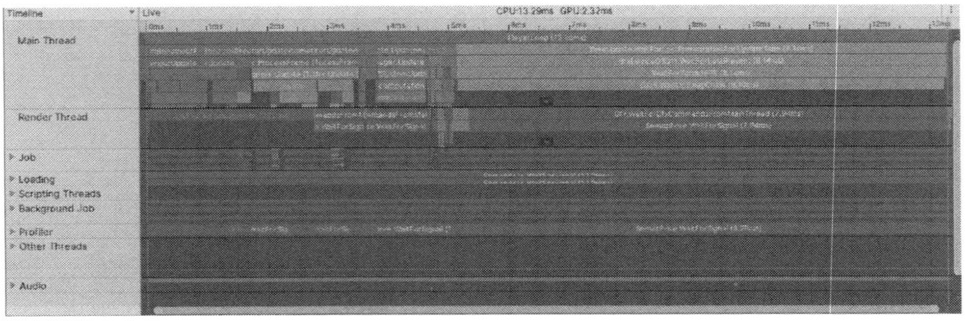

Figura 27.5: Distribución de cargas de la CPU con el VSync activado.

se corresponde exactamente con 75 FPS.[4] Sin embargo, de esos 13,29 ms, en realidad 8.14 ms se deben a la tarea *WaitForLastPresentationAndUpdateTime*, que es precisamente la tarea de relleno que mete VSync para evitar que el fotograma se construya demasiado rápido.

Fíjate también en que no hay ni rastro de la tarea EditorLoop en la figura, lo que es señal de que la construcción del fotograma ha sido completamente independiente del editor de Unity.

Con esto termino mi introducción al profiler. Para un juego sencillo en 2D debería ser más que suficiente, aunque si tu juego es más exigente y necesita obtener el máximo rendimiento, el profiler puede dar mucha más información. Unity tiene documentación muy detallada de cómo sacarle el máximo partido [217].

27.2. Elementos visuales

Una vez que el profiler te haya señalado la causa de una pérdida de rendimiento, puede que tengas que optimizar el uso que haces de los elementos visuales del juego.

Una manera de optimizarlos es asegurar que se dibujan en pantalla de la manera más eficiente posible. Si ejecutamos el juego dentro del editor, y pulsamos en el botón Stats de la esquina superior derecha de la pestaña Game, nos saldrá una ventana con estadísticas de rendimiento.

En una de las primera iteraciones del juego, las estadísticas fueron las de la figura 27.6.

Hay mucha información en esas estadísticas, pero ahora me voy a centrar en la métrica Batches. Dibujar uno a uno los elementos a mostrar en pantalla sería lentísimo, por eso Unity los agrupa en lotes y va dibujando un lote tras otro. Interesa que el número de lotes sea lo más bajo posible para minimizar así las pasadas que tiene que hacer el renderizador. El parámetro Batches es el que mide cuántos lotes ha tenido que formar Unity para mostrar la escena de la pantalla.

El problema en este momento del desarrollo del juego era que referenciaba mis sprites de manera individual, tal y como están recopilados en las carpetas Assets/Sprites. Así que, cuando en una escena había, por ejemplo, 7 tipos de sprites diferentes, Unity leía cada uno de los sprites de sus respectivos assets y conformaba un lote con cada uno.

Para optimizar esa situación, Unity te permite concentrar todos los sprites utilizados por tu juego en una única imagen denominada *sprite atlas* (también llamados *sprite sheets*). Esto es una única imagen en la que se encajan todos los sprites, como si fueran un mosaico. La gracia del atlas es que Unity lo lee una única vez y, a partir de ahí, es capaz de saber qué trocito del atlas corresponde a cada sprite concreto. De esta manera, al leer todos los elementos visuales de un mismo atlas, de una sola vez, se puede reducir el número de lotes.

Partiendo de lo anterior, utilicé la herramienta de creación de sprite atlas de Unity para crear tres atlas (todos ellos en la carpeta `Assets/Sprites/SpriteSheets`):

- *Architecture*: con todos los sprites de los que conforman los bloques constructivos del escenario.

[4] 1 / 0,01329 = 75 fotogramas por segundo aproximadamente.

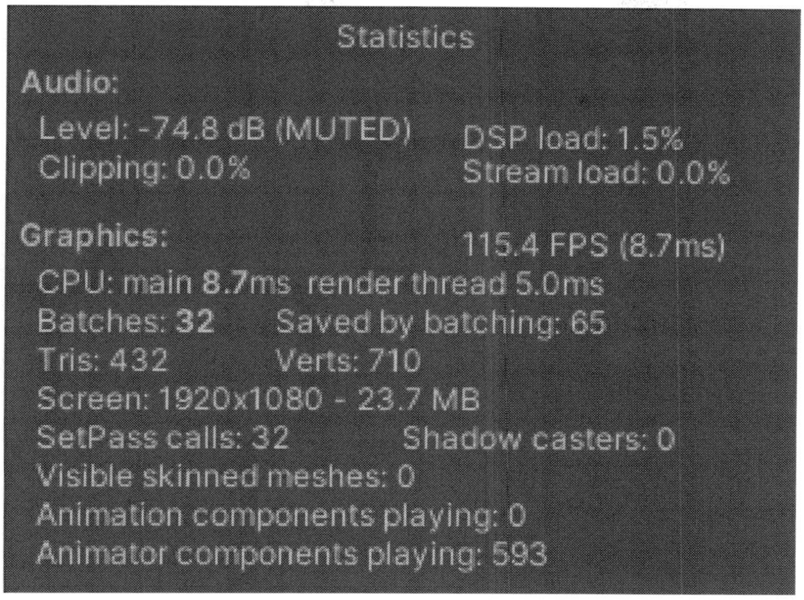

Figura 27.6: Estadísticas de rendimiento sin usar Atlas.

- *Prince*: Con todos los sprites de las animaciones del protagonista.
- *Vizier*: Con todos los sprites de las animaciones del visir.

En esa misma carpeta hay también cuatro atlas con los sprites de los distintos guardias, aparte del visir. Sin embargo, por razones que explicaré más adelante, estos atlas no los generé con Unity sino con una herramienta externa.

Para generar el asset de un atlas con Unity, tienes que colocarte en la carpeta donde quieres que se cree, pulsar el botón derecho del ratón sobre el contenido de esa carpeta y elegir Create > 2D > Sprite Atlas.

De la configuración por defecto de los atlas sólo he cambiado los siguientes parámetros:

- *Allow Rotation*: Lo he desmarcado. Por defecto, Unity intenta aprovechar al máximo la superficie de la imagen y para ello rota los sprites si eso le facilita encajarlos en la superficie disponible. Yo he preferido simplificar las cosas y he desmarcado esta opción para que los sprites conservasen su orientación al ser incluidos en el atlas.
- *Filter Mode*: Lo he configurado en Point para mantener el aspecto pixelado de los sprites. Cualquiera de las otras dos opciones hubiera suavizado los bordes entre colores, rompiendo la estética retro del juego.

Teniendo en cuenta lo anterior, hay que decirle a Unity qué sprites incluir dentro del atlas, para ello hay que añadirle elementos a la lista *Objects for Packing* y seleccionar un sprite o una carpeta con ellos para cada elemento.

Finalmente, para que se actualice la previsualización del atlas, que aparece en la parte inferior del inspector, debes pulsar el botón Pack Preview.

> El atlas se carga en memoria incluso para sus píxeles vacíos, así que nos interesa que su tamaño sea el exacto para que quepan nuestros sprites. En un juego tan pequeño como *Prince of Unity* importa poco, pero si lo que estamos empaquetando son texturas de un juego con miles de ellas cada byte de más cuenta. Así que te recomiendo que te asegures de que el combo *Max Texture Size* esté en el tamaño mínimo para que te quepan los sprites.

Como ejemplo, la configuración del atlas de los elementos de arquitectura es la que se muestra en la figura 27.7.

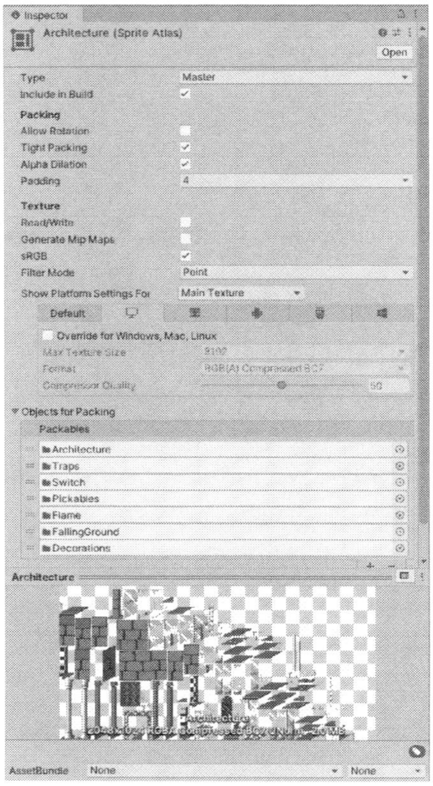

Figura 27.7: Configuración del atlas con los sprites de los elementos de arquitectura.

Si tenemos un montón de sprites sueltos, la herramienta de Unity es una manera estupenda de agruparlos en un atlas. Además, se aplica a la hora de compilar o ejecutar el juego, así que puedes seguir editando los sprites de manera individual como venías haciendo. Cuando se compile el juego para ejecutarlo, Unity se encargará de regenerar el atlas.

Los atlas también se utilizan como mecanismo de intercambio de sprites. Es bastante habitual que el equipo artístico te entregue los sprites de una animación en un atlas, en vez de en un montón sprites sueltos. Ese es el motivo de que existan herramientas como *Texture Packer* [35], que permiten agrupar sprites en atlas, de una manera similar a como lo hace Unity, pero de forma más personalizable y exportable para ser tratada por programas de diseño gráfico y por engines de videojuegos, como Unity.

En mi caso, he utilizado Texture Packer como herramienta para facilitar la creación de los sprites de los guardias. Originalmente, tenía los sprites del guardia púrpura. Para crear los sprites del resto de los guardias (rosa, blanco y amarillo), podía copiar todos los sprites del púrpura e ir editando las copias con Gimp, una a una, para cambiar los colores. Sin embargo, eso habría sido una tarea muy ardua. Así que lo que hice fue agrupar los sprites del guardia púrpura en un único atlas, usando Texture Packer. Luego, usé esa herramienta para exportar el atlas como una imagen PNG, de manera que pudiera editarla desde Gimp. Posteriormente, hice una copia del atlas resultante para cada uno de los otros guardias (una copia para rosa, otra para blanco y, por último, una para amarillo).

Prueba a abrir uno de los atlas de los guardias, por ejemplo el de `Assets/Sprites/SpriteSheets/YellowGuard`. A diferencia de los atlas generados por Unity, estos son imágenes que se pueden abrir en cualquier herramienta de diseño gráfico.

Al abrir desde Gimp los atlas generados por Texture Packer, podía operar sobre todos los sprites al mismo tiempo. Lo que hacía era usar la herramienta de intercambio de color de Gimp, para cambiar los colores de los ropajes del guardia púrpura por sus equivalentes en el resto de guardias. La herramienta de intercambio de color actuaba sobre todo el atlas, con lo que me ahorraba tener que editar los sprites uno a uno.

Hecho eso, debía importar los atlas de los guardias dentro de Unity de manera que pudiera acceder a cada uno de los sprites (figura 27.8). Dado que los atlas generados con Texture Packer son imágenes PNG, se pueden importar igual que los sprites, tal y como se ve en el capítulo 8. La diferencia clave entre la importación de un sprite y de un atlas es que para este último tienes que fijar el *Sprite Mode* a Multiple, para señalarle a Unity que es un atlas.

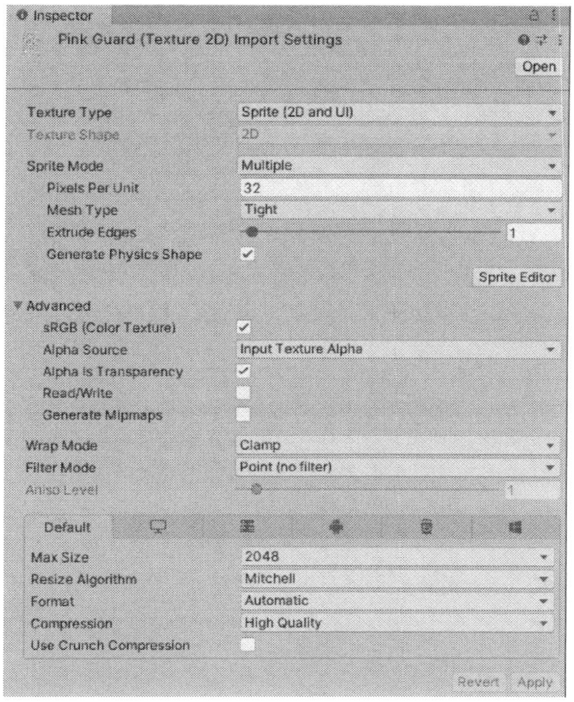

Figura 27.8: Configuración de la importación del atlas del guardia rosa.

De esa manera le decimos a Unity que dentro de esa imagen hay varios sprites. En mi caso, Unity hizo un buen trabajo identificando automáticamente cada uno de los sprites, pero puede ser que cuando te toque a ti tengas que hacer algún ajuste. Cuando ocurra, pulsa el botón de Sprite Editor, del inspector de importación del atlas, y podrás ver cada una de los sprites del atlas rodeados de un recuadro. Pulsando en cada uno de los recuadros, te saldrá una ventana en la esquina inferior derecha en la que le podrás cambiar el nombre al sprite, ajustar su recuadro, así como la posición de su pivot point.

A partir de ese momento, si te fijas en el asset del atlas, verás que tiene un desplegable. Al hacer uso de él podrás ver todos los sprites que hay dentro del mismo y referenciarlos desde otros assets.

Una vez que hacemos uso de atlas, los lotes de dibujado se reducen drásticamente. En mi caso, las estadísticas pasaron a ser las de la figura 27.9.

Como puedes ver en esa figura, gracias al uso de los atlas, la métrica de los Batches pasó de 32 a 9, lo cual supone una reducción sustancial en la carga de renderizado. Quizás por eso los FPS se incrementaron también de 115 a 137.

27.3. Audio

El audio es otro de los elementos que podemos perfeccionar. Aquí el reto es utilizar el formato que permita reducir el tamaño de los ficheros de sonido sin perder su calidad de manera perceptible. Por otro lado, unos formatos de sonido consumen más CPU a la hora de reproducirse que otros, por lo que nos interesará que los que se ejecuten más a menudo sean los que menos CPU consuman.

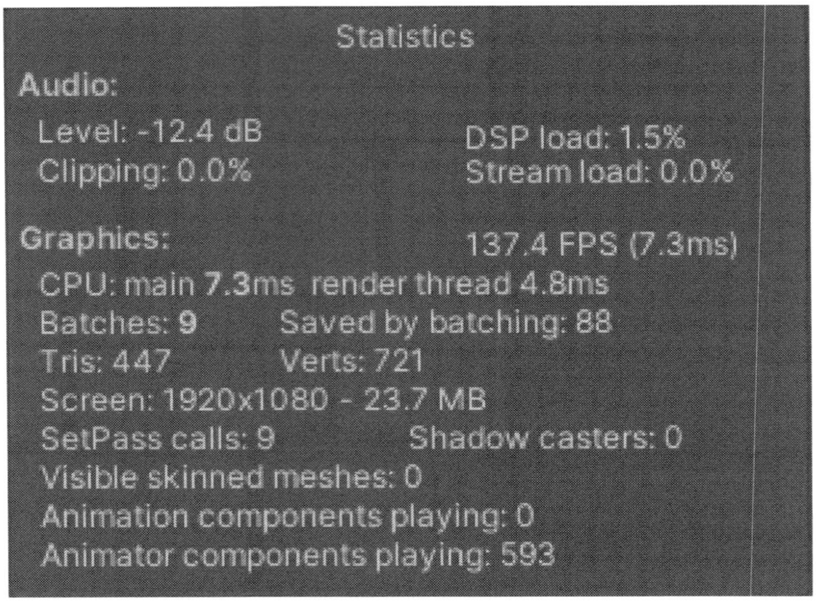

Figura 27.9: Estadísticas de rendimiento usando Atlas.

Empezando por los formatos, Unity admite importar ficheros de múltiples formatos, tal y como vimos en el capítulo. Sin embargo, una vez importados, los sonidos se codifican en un formato interno de Unity que utiliza tres tipos de formatos de compresión:

- PCM
- Vorbis
- ADPCM

Lo mejor es usar PCM para los efectos de sonido repetitivos y de poca duración, ya que aunque es un formato que ocupa bastante, eso no será un problema si el sonido es corto. Por otro lado es el formato que menos carga de CPU supone para reproducirse, por lo que es perfecto para sonidos repetitivos.

En cuanto a Vorbis, es mejor para sonidos largos, como la música de fondo, ya que de otra manera pesarían demasiado. Este formato permite graduar la intensidad de la compresión (a mayor compresión, menor tamaño, pero peor calidad). Lo más recomendable es que empieces con un nivel de compresión reducido (es decir, de alta calidad de sonido) y que lo vayas subiendo gradualmente hasta que empieces a percibir pérdida de calidad. En ese momento, reduce levemente la compresión para que la pérdida de calidad deje de notarse.

Por su parte, ADPCM se sitúa entre los dos extremos anteriores. Sólo usa un poco más de CPU que PCM pero permite un ratio de compresión fijo de 3,5. Aún así, este ratio de compresión sigue siendo unas 3 veces peor a la que se conseguiría con Vorbis. Al igual que PCM, lo recomendable es usar ADPCM sólo con sonidos cortos, pero que contengan cierto grado de ruido (explosiones, choques, crujidos...), porque sí que es cierto que la compresión de ADPCM añade artefactos sonoros que pueden notarse en sonidos suaves.

Otra optimización posible, sobre todo en los efectos sonoros muy localizados en un punto (disparos, pisadas, palabras, etc.), es activar la opción *Force to Mono* de la configuración de sus respectivos Audio Clip. De esta manera, el tamaño del sonido se reducirá a la mitad al pasar a tener un único canal de sonido. Esto es viable con efectos sonoros, pero no te lo recomiendo que lo hagas con la banda sonora del juego, ya que estamos acostumbrados a que la música sea en estéreo, por lo que pasarla a monocanal será percibido por los jugadores como una pérdida de calidad.

27.4. Tamaño del juego

Hoy en día el almacenamiento es barato y en PC suele ser un recurso abundante. Sin embargo, hay otro tipos de plataformas, como los teléfonos móviles, donde sigue siendo un bien escaso. Por eso conviene asegurarse de que el tamaño final del juego no sea excesivamente grande.

La manera más fácil de reducir el tamaño final del juego es utilizar el parámetro *Compression Method* de la ventana File > Build Settings. Usando la compresión por defecto (Default), una compilación de *Prince of Unity* para Windows, usando IL2CPP, ocupa 127 MB. Si usamos la opción de compresión LZ4, el tamaño se reduce a 107 MB. Y, por último, está la opción LZ4HC que deja el tamaño en 106 MB y es la que utilizo.

Si con lo anterior, el tamaño del juego sigue estando por encima de tu límite, puedes asegurarte de que en el paquete final del juego sólo se hayan incorporado exclusivamente las escenas jugables. Cuando desarrollamos un juego, es normal crear escenas de prueba. Si marcas dichas escenas en el listado *Scenes in Build* de la ventana de Build Settings mencionada antes, se incluirán en el juego final incrementando su tamaño. En mi caso, he dejado dichas escenas porque eran necesarias para ejecutar las pruebas automáticas que describo en el capítulo 31, en el marco de mi proceso automatizado de prueba, compilación y empaquetado que detallo en ese capítulo.

Más allá de lo anterior, si aún necesitamos reducir el tamaño del juego, tendremos que estudiar cada tipo de asset de manera específica. Sin embargo, es raro, pero Unity no ofrece de manera nativa un informe de los tamaños relativos de las distintas categorías de assets en la versión finalmente compilada del juego. Por lo tanto, no hay manera de saber el peso relativo de, por ejemplo, los vídeos o los sonidos en el tamaño final del juego. La única posibilidad al respecto es examinar manualmente el fichero de log de la compilación, donde hay un apartado bastante recóndito en el que se encuentra la información que necesitamos.

Ese fichero se puede leer si vas a la pestaña Console, pulsas los tres puntitos verticales que hay en el extremo derecho y seleccionas Open Editor Log. Se abrirá un fichero de texto con el log de la última compilación del juego. Tienes que buscar una línea que contenga la frase *"Build Report"*.

> Te aconsejo que uses el buscador integrado en el editor de texto, porque si no te puede costar encontrar la cadena.

> Ten en cuenta que, si haces sucesivas compilaciones en una misma sesión, sus logs se irán añadiendo a los anteriores, por lo que cada vez tendrás que recorrer más logs para encontrar el último Build Report.

Cuando por fin encuentres la línea, debajo deberían venir los pesos relativos de los diferentes tipos de assets en el tamaño final del juego.

Como todo este proceso es un poco engorroso, desarrollé una ventana de editor personalizada que se encargase de analizar el log por mí y me mostrase el informe de pesos relativos. Vimos su implementación en la sección de editores personalizados (custom editors) del capítulo 16.

Usando esa herramienta se puede ver que el reparto de pesos en el tamaño final del *Prince of Unity* es el reflejado en la figura 27.10.

En la figura anterior no hagas mucho caso a la línea *Complete build size* porque, tal y como se ve en el capítulo, al compilar mediante IL2CPP se me está generando una carpeta `Prince of Unity_BackUpThisFolder_ButDontShipItWithYourGame` que es gigantesca, pero que no debe incluirse en el paquete que se le haga llegar al usuario.

Por tanto, la línea en la que hay que fijarse es en la de *Total user assets*, que corresponde al total de todos los assets categorizados en las filas superiores. Dicha línea arroja en la figura un total de 57,1 MB, lo cual está muy por debajo de los 106 MB que ocupa el juego. La diferencia es lo que ocupa la parte distribuible de Unity que se requiere para ejecutar el juego.

Otro detalle muy interesante de la figura 27.10 es que, en realidad, la causa del 83,2 % del tamaño del juego se debe a la categoría de assets *Other assets*, en la que se encuadran los vídeos, y que pesa 47,5 MB. El peso del resto de los assets del informe es realmente irrisorio al lado del peso de los *Other assets*. Por tanto,

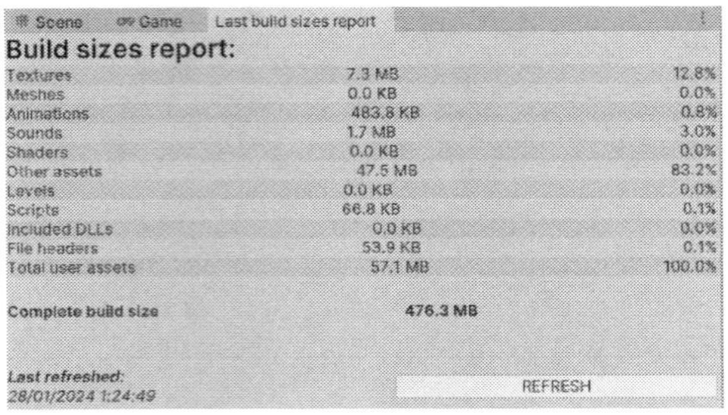

Figura 27.10: Reparto de pesos en el tamaño final del juego.

lo que va en esa categoría son los vídeos que se muestran al comienzo y entre las escenas del juego. Por mucho que he intentado comprimirlos, lo más que he conseguido es que ocupasen los citados 47,5 MB, sin que perdiesen calidad.

> Quizás alguien que sepa más que yo de compresión de vídeo me pueda recomendar una configuración para la herramienta Handbrake que me permita reducir el tamaño de los vídeos de *Prince of Unity*, sin perder calidad.

Viendo el resto de los pesos relativos, está claro que en el caso de *Prince of Unity* hay poco margen de mejora más allá de reducir el tamaño de los vídeos. Sin embargo, en cualquier otro tipo de juego, el reparto de cargas podría ser más equilibrado lo que abriría más vías de optimización.

En todo caso, hagas lo que hagas para reducir el tamaño del juego, ten también en cuenta que las herramientas de empaquetado que se ven en el capítulo 29, también incluyen compresores que reducirán aún más el tamaño del paquete a distribuir del juego, si bien no así en el equipo final del usuario, una vez que lo haya instalado.

CAPÍTULO

28 Manual de uso

Cuanto más te enfrascas en el desarrollo de un juego, más obvio e intuitivo te parece su uso. Sin embargo, esa sensación es muy peligrosa, ya que tus jugadores se acercarán a tu juego sin saber nada de él e, incluso, sin haber jugado a nada parecido antes, así que no puedes presuponer que sabrán utilizarlo. Ni siquiera puedes pedirles que se esfuercen en aprenderlo. Al fin y al cabo, quien se acerca a un juego de ordenador lo que quiere es pasar un buen rato, en el poco tiempo libre que tiene para jugar, así que no le puedes exigir que gaste mucho de ese tiempo intentando aprender a manejar el juego. A no ser que el uso del juego sea evidente, o el proceso de aprendizaje en sí sea divertido, lo más probable es que nuestros usuarios le den una oportunidad de unos minutos y luego desistan para dedicarse a otros juegos más accesibles.

Al principio, y estoy hablando de los tiempos en los que comprabas los juegos en cinta, las instrucciones de uso de los juegos eran escuetas o inexistentes. Al fin y al cabo, no te cabía un manual de instrucciones en la caja de una cinta. Así que el manejo de los juegos tenía que ser muy evidente. También es cierto que los medios técnicos eran tan limitados, tanto para desarrollar los juegos, como para jugarlos, que tampoco se podía alcanzar una sofisticación de los juegos como para que se necesitasen unas instrucciones muy complejas.

La evolución de los juegos a formato disco hizo que aquellos pasasen a venderse en caja. Eso permitió cuidar más la presentación física del juego, incorporando portadas más espectaculares y resúmenes (en la parte trasera de la caja) mucho más atractivos. Al fin y al cabo, los juegos eran algo físico y su tamaño había crecido al pasar a disco. Si iban a ocupar espacio en la estantería de una casa, más valía que las cajas fueran visualmente atractivas para mover a los usuarios a comprar el juego. El proceso creativo para darle forma a la caja de los juegos se volvió crucial, como pasó con *Prince of Persia* [119], cuya portada fue una de las más celebradas de la historia de los videojuegos.

El contenido de las cajas también se cuidaba muchísimo. Los manuales de instrucciones se enriquecían visualmente, según la temática del juego, así como en su contenido, llevándolo mucho más allá de lo estrictamente necesario para hacerlo funcionar. Recuerdo, por ejemplo, el diario del padre de Indiana Jones que se incluía en la aventura gráfica *Indiana Jones and the Last Crusade* [70], que simulaba la apariencia del diario que aparecía en la película, con dibujos a mano e, incluso, marcas de tazas de café, que incorporaba pistas para momentos cruciales del juego. Otro ejemplo muy reseñable fueron los simuladores de vuelo de la segunda guerra mundial *Their Finest Hour* [85] y *Secret Weapons of the Luftwaffe* [84], que incluían sendos manuales de más de 200 páginas, donde, más allá de explicar el funcionamiento del juego, hacían un extensísimo estudio de su contexto histórico, detallando las batallas, las perspectivas de los pilotos, las peculiaridades de los aviones. Sin duda, con aquellos simuladores comprabas dos cosas: unos juegos realmente desafiantes y adelantados a su época, así como unos libros dignos de estar en la biblioteca de cualquier aficionado a la historia. Otro ejemplo digno de mención fue el de *Where in the World is Carmen Sandiego?* [23], con el que venía un libro atlas con detalles de todos los países del mundo y que te servía para deducir, con las pistas que te daban, cuál era el siguiente país al que había huido Carmen Sandiego.

La distribución digital de los juegos trajo muchas ventajas, como la inmediatez, la reducción de precios

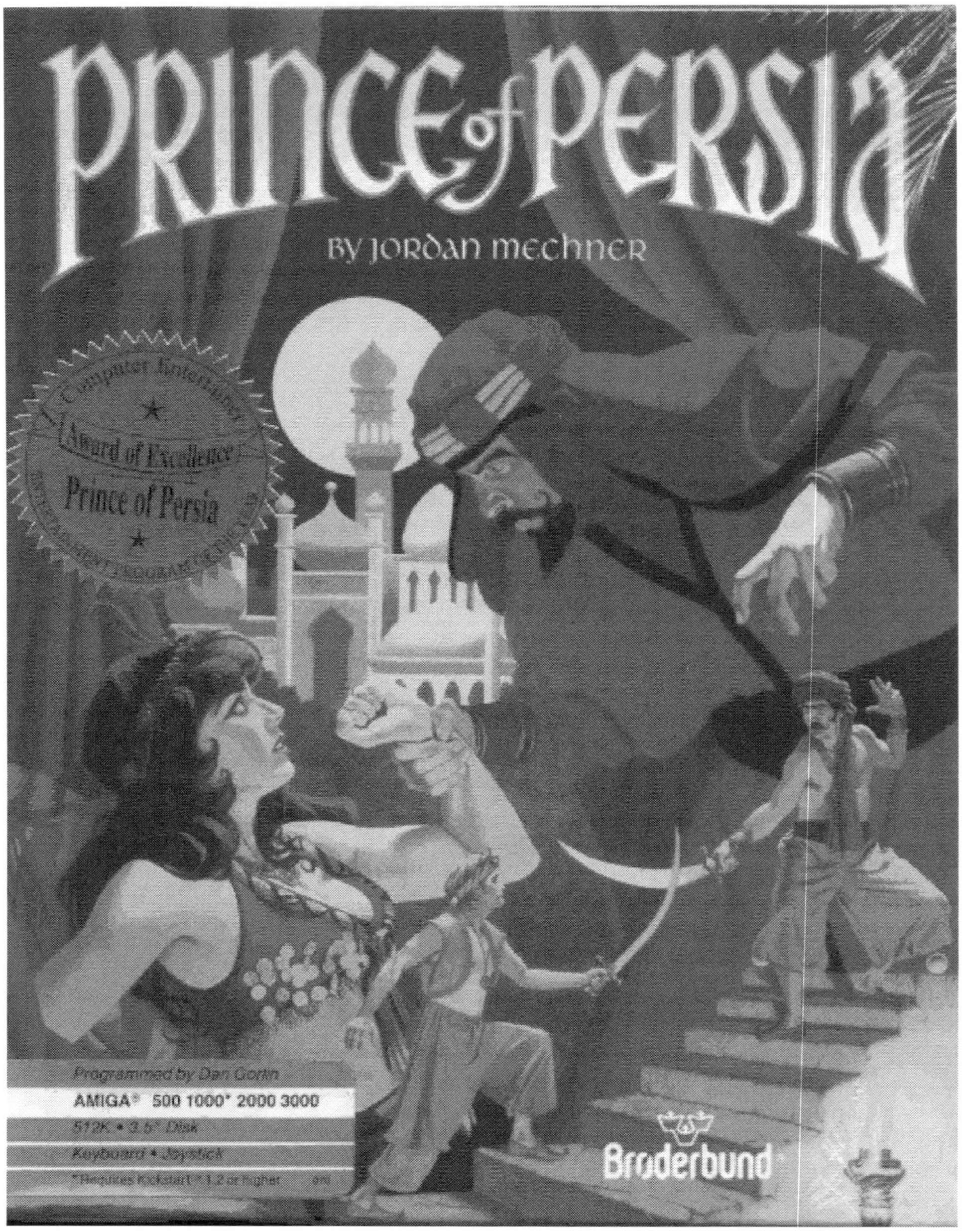

Figura 28.1: Portada de la caja de Prince of Persia, en su versión para Amiga.

y la posibilidad de contar con cientos de juegos, sin la necesidad de tener que comprar una segunda casa para almacenarlos. Sin embargo, tuvo como consecuencia que se perdió el arte de hacer cajas y manuales atractivos, y, con él, el canal de comunicación que establecían con los usuarios. De hecho, con el paso del tiempo, esa inmediatez para conseguir los juegos también conllevó una impaciencia de los usuarios por jugarlos. A estas alturas, muy pocos están dispuestos a leerse unas instrucciones antes de ponerse a jugar. Por eso, los juegos han evolucionado a otras maneras de enseñar a jugar a sus usuarios, mediante tutoriales o mediante un inicio sutilmente guiado al comienzo del juego para que el usuario aprenda paso a paso mientras avanza.

En todo caso, con lo que quiero que te quedes es con la idea de que no puedes soltarle tu juego sin más al usuario. Debes pensar cómo quieres enseñarle a jugar, o, si no, puedes llevarte el disgusto de ver cómo tus usuarios se desaniman y dan de lado tu juego.

Prince of Unity es un juego *retro*, así que he optado por una solución a la antigua usanza y he preparado un manual de instrucciones. En este capítulo veremos cómo lo he hecho para minimizar el trabajo que me lleva mantenerlo actualizado y para poder ofrecerlo con el paquete de instalación del juego.

28.1. GitHub Wiki

En el capítulo 15 vimos cómo utilizar GitHub como repositorio centralizado de versiones, y en el capítulo 30 veremos cómo podemos usarlo como punto de distribución de nuestro juego. Resulta que también podemos emplearlo como lugar desde el que informar a nuestros usuarios sobre el juego y su manejo.

Un repositorio de GitHub cuenta con dos vías principales de información: su portada y su wiki.

La portada (la pestaña Code) muestra el contenido del fichero `README.md` que situemos en la raíz del repositorio. En esta página podremos dar un resumen del proyecto, ofrecer noticias de su desarrollo y enlazar con recursos secundarios como, por ejemplo, otras páginas de distribución de los binarios o foros relacionados con el juego. En todo caso, como en todas las portadas, resulta importante que no te excedas en la longitud del fichero `README.md` para que no aburras al visitante. Esa pagina debe ser más un índice y un tablón de novedades que un manual de uso.

Para explayarte, y entrar al detalle, está la pestaña de Wiki. Una wiki es una publicación basada en hipertexto, mantenida y editada colaborativamente a través de navegadores web. Cuando decimos hipertexto podríamos hablar de HTML, pero generalmente se prefiere utilizar estándares de marcado más sencillos de utilizar, y limpios de leer en el editor, como *Markdown* [112] o *reStructuredTex* [170]. Estos lenguajes de hipermarcado se suelen elegir por su facilidad de uso y porque no emborronan el texto metiendo etiquetas, usando en su lugar caracteres específicos que representan formatos. GitHub utiliza por defecto un dialecto de Markdown, aunque también puede aceptar texto formateado con reStructuredTex. Como en una página web, un sitio wiki se forma a base de páginas enlazadas entre sí, aunque, a diferencia de una web, lo principal con una wiki es el contenido textual y no la estética o los efectos visuales del sitio.

La pestaña de Wiki está disponible en los repositorios públicos, por lo que no tendrás problema en utilizarla si tu proyecto es open source, como es el caso de *Prince of Unity*. Sin embargo, si el repositorio es privado, tendrás que tener una suscripción de pago para utilizarla. De todos modos, el propósito de una wiki es ofrecer un punto de difusión de información, por lo que, si tienes un repositorio privado que sólo utilices tú, entonces no vas a necesitar una wiki y, si de lo que se trata es de que sois un grupo grande que necesitáis la wiki para colgar información interna del proyecto, entonces lo más probable es que os podáis permitir una suscripción a GitHub.

Si, por lo que quiera que sea, no vieses la pestaña de Wiki, la puedes activar en Settings > General, dentro de la sección *Features* de GitHub. En todo caso, mi recomendación es que te asegures de que sólo tú puedas editar la wiki activando el check Restrict editing to collaborators only.

Una vez dentro de la pestaña de Wiki, puedes añadir nuevas páginas pulsando el botón de New page, arriba a la derecha. Una cosa rara de la wiki de GitHub es que no he encontrado ninguna manera evidente de ordenar las páginas. El truco que he utilizado, y que parece que usa más gente, es nombrar las páginas empezando por un número que señale el orden en el que se deben colocar. Es un truco muy incómodo en caso de que tengas que insertar una página en medio, porque te obligará a tocar los nombres de todas las páginas posteriores, pero al menos funciona. Si lo que quieres es editar el contenido de una página, tendrás que seleccionarla en el listado de la derecha y pulsar el botón Edit que hay junto al de New page.

El formato de una página de Markdown para GitHub es muy sencillo [15].

Los niveles de las cabeceras se definen acumulando almohadillas ('#'). Cuantas más almohadillas, mayor es el nivel de indentación de la cabecera respecto a su cabecera madre. Debes dejar un espacio entre el carácter y la cabecera.

Si quieres poner un texto en cursiva, tienes que rodearlo con un asterisco en ambos extremos ('`*texto*`'). Si lo haces usando dos asteriscos ('`**texto**`') saldrá en negrita. Con tres asteriscos ('`***texto***`') saldrá en negrita y cursiva.

Si lo que quieres es mostrar código fuente o un comando de consola, tienes que preceder el código con una línea en la que haya tres acentos invertidos y finalizar el código con otra línea en la que haya tres acentos invertidos, tal y como se puede ver en el listado 28.1.

````
'''
using UnityEngine;

namespace Prince
{
    /// <summary>
    /// Sometimes bool get stuck between state machine cycles.
    /// This behaviour cleans a bool when an state is entered.
    /// </summary>
    public class ResetBool : StateMachineBehaviour
    {
        [Tooltip(''Trigger to reset when this state is entered.'')]
        [SerializeField] private string boolToReset;
        [Tooltip(''Bool value to set.'')]
        [SerializeField] private bool defaultValue;
        public override void OnStateEnter(Animator animator, AnimatorStateInfo
            stateInfo,
            int layerIndex)
        {
            animator.SetBool(boolToReset, defaultValue);
        }
    }
}
'''
````

Listado 28.1: Un fragmento de código en Markdown

Los enlaces se pueden mostrar envolviendo el texto del enlace en corchetes, seguido de la URL envuelta en paréntesis. Por ejemplo, para incluir un enlace a GitHub Pages haríamos `[GitHubPages](https://pages.github.com/)`. Aparte de URLs de Internet, también puedes enlazar otros documentos Markdown del mismo repositorio, usando como URL la ruta relativa respecto al documento actual. Al meter rutas relativas puedes usar `../` para ascender a la carpeta madre o `./` para referenciar la carpeta actual.

Las imágenes se pueden insertar envolviendo un texto descriptivo entre corchetes, precedidos de un signo de exclamación de cierre, y seguir dicho texto descriptivo con la ruta de la imagen, envuelta en paréntesis. Por ejemplo, en el fichero README.md, para mostrar la foto del duelo a espada he hecho `![Prince fighting](Screenshots/Level_2_screenshot_1.png)`.

Las listas se forman precediendo los elementos de la lista con caracteres -, * o +, en el caso de las listas no numeradas:

```
Lista de enemigos:
- Guardias
- Visir
- Trampas
```

Listado 28.2: Una lista sin numerar en Markdown

También se pueden crear listas ordenadas empezando las líneas con un número seguido por un punto para las listas ordenadas:

```
Como superar un abismo en Prince of Unity:
1. Correr hacia el borde
2. Saltar en el mismisimo borde
3. Rezar
4. Agarrarse al borde del otro extremo
```

Listado 28.3: Una lista numerada en Markdown

Para crear listas indentadas, tienes que alinear el carácter de comienzo del elemento indentado con el comienzo del texto de la línea madre:

```
Lista de enemigos:
- Guardias
  * Morados
  * Amarillos
- Visir
- Trampas
```

Listado 28.4: Una lista indentada en Markdown

En cuanto a los párrafos, se crean dejando una línea en blanco tras el párrafo anterior.

Básicamente esos son los formatos principales que he utilizado en la wiki del repositorio de *Prince of Unity*, pero hay muchos más. Una simple búsqueda en Google por `markdown cheatsheet` te sacará multitud de chuletas con más formatos.

Una vez que ya sabemos cómo darle forma a una página de Markdown, ¿cuáles deberíamos incluir en nuestra wiki? Bueno, plantéate cuál es la información que tú mismo consultas en la mayor parte de los juegos que adquieres:

- Introducción al juego. Todo lo que pueda ayudar al jugador a entender la historia del juego y su planteamiento, si no lo cuentas ya en el juego mismo.
- Requisitos hardware y software, si tu juego realmente los tiene.
- Instalación
- Controles

Tampoco necesitas mucho más. En el caso de *Prince of Unity*, como no es un juego pesado, se puede ejecutar en cualquier tipo de ordenador, así que no he incluido requisitos.

28.2. Manual de uso en PDF

La wiki de GitHub es un lugar idóneo para colgar información útil para nuestros usuarios. Si sólo puedes permitirte un único punto de información, resulta razonable que sea ese.

Sin embargo, a mí me apetecía crear un manual a la vieja usanza. Quería crear al menos un documento PDF que pudiera repartir junto a los instaladores del programa. El problema de eso es que, a priori, me iba a suponer tener que mantener dos fuentes de información: la wiki y el documento PDF. En un equipo de desarrollo puedes repartir trabajo, pero, si eres un desarrollador indie, no te queda otra que automatizar y reaprovechar todo el trabajo que puedas.

La solución a la que he llegado pasa por convertir la wiki en el contenido del manual en PDF. De esta manera sólo tenemos que mantener actualizada la wiki, con lo que reaprovechamos el trabajo que hacemos en ella. Por otro lado, los distintos pasos para llevar a cabo la conversión se pueden incluir en un script local o en un flujo de trabajo del repositorio, lo que permite automatizar el trabajo y hacerlo más rápido y llevadero.

Analizaremos el flujo de trabajo en el capítulo 31, sobre integración y despliegue continuos, mientras que en esta sección analizaremos la aproximación con un script local.

Lo primero es bajarnos a local el contenido de la wiki. Una cosa rara de la wiki de un repositorio es que no se descarga al clonar a local este, sino que constituye un repositorio aparte. Si vas a la pestaña Wiki verás que debajo de la caja con el índice de páginas se ofrece la URL para clonar el repositorio de la wiki. Usando esa URL con el comando `git clone` que vimos en el capítulo 15 podrás copiar los ficheros markdown de la wiki a una carpeta local. En mi caso, yo copio los ficheros a la carpeta `Manual/wiki`, creada en el momento de hacer la copia.

Una vez que tengamos la copia local de la wiki, los pasos para generar un documento PDF son:

1. Consolidar todos los documentos Markdown en uno solo.
2. Convertir el fichero Markdown consolidado en uno de LaTeX.
3. Insertar el documento de LaTeX en otro también de LaTeX que incorpore la portada.
4. Convertir el fichero de LaTeX a otro PDF.

Cada uno de estos pasos tiene cierta miga, así que vamos a analizarlos con detenimiento.

Consolidación de documentos

Para empezar, aunque reStructuredText permite incluir el contenido de unos ficheros dentro de otros, Markdown por defecto no lo admite. Lo que sí lo permite es una extensión de Markdown llamada *MultiMarkdown* [138], la segunda abarca a la primera y le añade una serie de funcionalidades adicionales muy interesantes. La que nos interesa a nosotros es la posibilidad de incluir ficheros Markdown dentro de otro.

El problema con MultiMarkdown es que no está incluido por defecto en las principales distribuciones de Linux, ni siquiera en sus repositorios de paquetes oficiales, por lo que hay que instalarlo manualmente. Los pasos para instalarlo son los del listado 28.5.

```
dante@Camelot:~$ sudo apt update
...
dante@Camelot:~$ sudo apt install cmake build-essential -y
...
dante@Camelot:~$ git clone https://github.com/fletcher/MultiMarkdown-6.git mmd_build
...
dante@Camelot:~$ cd mmd_build
...
dante@Camelot:~$ git submodule init
...
dante@Camelot:~$ git submodule update
...
dante@Camelot:~$ make
...
dante@Camelot:~$ cd build
...
dante@Camelot:~$ sudo make install
...
```

Listado 28.5: Pasos para instalar MultiMarkdown.

El fichero MultiMarkdown que he usado para consolidar todos los demás se llama `manual.mmd` y se encuentra en la ruta `Manual/template` del repositorio.

```
{{../wiki/0---Introduction.md}}
{{../wiki/1---Installation.md}}
{{../wiki/2---Usage.md}}
```

Listado 28.6: Fichero Manual/template/manual.mmd

Como se puede ver en el listado 28.6, incluyendo entre llaves dobles el nombre de un fichero Markdown, se puede hacer que su contenido se muestre al compilar el documento. Básicamente, el contenido de cada uno de los ficheros sustituirá a la etiqueta que lo nombra dentro del listado 28.6.

Para compilar el fichero MultiMarkdown anterior y hacer que muestre el contenido de los otros ficheros a los que referencia, hay que usar el siguiente comando.

```
dante@Camelot:~$ multimarkdown -t mmd -o output/manual.mmd template/manual.mmd
```

Listado 28.7: Conversión con MultiMarkdown.

En dicho comando, decimos cuál queremos que sea el fichero de salida creado al compilar con el parámetro `-o output/manual.mmd`, mientras que con el parámetro `-t mmd` le decimos que queremos que el formato del fichero de salida sea MultiMarkdown.

Con estos pasos hemos conseguido juntar el contenido de los distintos ficheros Markdown en uno solo.

Conversión de contenido a LaTeX

En este punto tenemos un documento MultiMarkdown que abarca todo el contenido de la wiki. El problema es que su formato está pensado para ser leído vía web y no en un documento que pueda ser impreso, por lo que carece tanto de portada como de índice.

Para poder imprimir un documento, lo mejor es utilizar un formato como *LaTeX* [103]. Este es un formato que se lleva utilizando desde hace décadas en el mundo editorial por la alta calidad visual de los documentos compilados a partir de LaTeX.

Como en el caso de Markdown, alguien que escribe LaTeX escribe texto plano y marca determinadas partes de ese texto con etiquetas para definir su formato. La diferencia estriba en que Markdown sólo aspira a producir textos sencillos, para ser visualizados en el navegador, mientras que LaTeX está pensado para crear textos adaptados a todo tipo de medios impresos: documentos técnicos, tesis doctorales, revistas, folletos, etc. Por eso, dado que el alcance de LaTeX es mucho más ambicioso, tiene muchísimas más opciones y es bastante más complejo que Markdown.

Tampoco ayuda que sea un formato cuyo origen se remonta a 1984. Desde entonces, el concepto de ergonomía de los lenguajes ha evolucionado mucho. A LaTeX se le nota bastante lo arcaico de su origen a la hora de utilizarlo. Aunque en el lado positivo de la balanza hay que poner que, al ser un formato con tanto recorrido y tan ampliamente utilizado, resulta muy fácil resolver dudas sobre LaTeX a golpe de búsqueda en internet. A no ser que te metas en documentos extremadamente complicados, será muy difícil que preguntes por algo que no haya indagado alguien antes y al que la comunidad no le haya respondido con una solución.

En todo caso, LaTeX es tu mejor opción a la hora de producir un documento con una alta calidad visual y que luego te resulte fácil de modificar, en su apariencia visual, con sólo unos pocos ajustes.

Para convertir el documento de MultiMarkdown a LaTeX, usaremos la navaja suiza de los conversores de documentos en Linux: *Pandoc* [155]. Si quieres convertir un documento de un formato a otro, tu primera parada debería ser Pandoc. Es sorprendente la cantidad de formatos que soporta.

Puede ser que no cuentes con Pandoc instalado en tu Linux, aunque afortunadamente es un paquete que suele estar disponible en los repositorios oficiales, así que en Ubuntu la instalación es tan sencilla como hacer:

```
dante@Camelot:~$ sudo apt install pandoc -y
```

Listado 28.8: Instalación de Pandoc.

A partir de ahí ya podemos usar Pandoc para convertir el documento de MuliMarkdown a LaTeX.

```
dante@Camelot:~$ pandoc --listings -f markdown_mmd -o output/manual.tex output/manual.
    mmd
```

Listado 28.9: Conversión con Pandoc.

En el caso del listado 28.9 cogemos el fichero `Manual/output/manual.mmd` y lo convertimos en `Manual/output/manual.tex`. El fichero original queda sin tocar, dado que la conversión se hace sobre un nuevo fichero. Para darle alguna pista a Pandoc del formato del fichero de entrada, utilizamos el parámetro `-f markdown_mmd` que le indica a Pandoc que el fichero de entrada está en MultiMarkdown. Por último, está el parámetro `-listings` que resulta imprescindible para que se conviertan correctamente los fragmentos de código fuente o de comandos de consola que hubieses incluido en la wiki.

Portada e índice

Pandoc genera un fichero LaTeX que en realidad no es un fichero LaTeX completo, ya que no incluye la cabecera del fichero. La cabecera de un fichero LaTex es donde está el grueso de la configuración de la apariencia visual del documento. Con el mismo contenido, dos documentos con cabeceras distintas pueden tener apariencias radicalmente diferentes. Siendo tal la complejidad y la importancia de la cabecera, Pandoc prefiere no suponer nada respecto a ella y se limita a convertir lo que le pasemos como si fuera simplemente contenido, sin incluir la cabecera.

A nosotros eso nos viene de perlas, porque en esa cabecera configuraremos la portada y el índice de contenidos. Así que configuraremos una plantilla, con toda la información de la cabecera, y marcaremos con una etiqueta el punto de la plantilla donde debe insertarse el contenido del documento resultante de la conversión con Pandoc.

Para generar la cabecera lo ideal sería saber LaTeX, pero también puedes acudir a plantillas ya hechas para ahorrarte el trabajo. Un lugar muy bueno para encontrar plantillas de LaTeX es *Overleaf* [152]. Se trata de un editor web donde puedes editar tus publicaciones en LaTeX. Tanto por su facilidad de uso, como por sus plantillas pre-hechas, y por su documentación explicando los pormenores de LaTeX, resulta el lugar ideal para iniciarse en este formato.

Si te abres una cuenta en Overleaf, accedes a la página y pulsas New Project » View All, podrás seleccionar la plantilla en la que basar tu proyecto e iniciar dicho proyecto con Open as Template. Yo elegí la plantilla *Technical Document Template* [153].

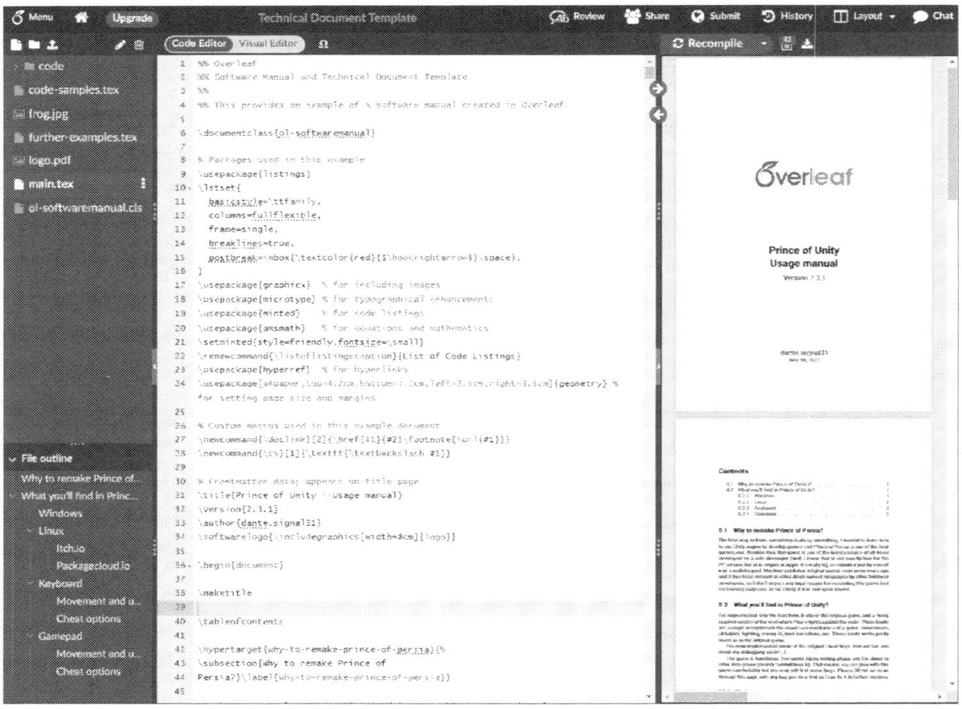

Figura 28.2: El interfaz web de Overleaf.

Una vez dentro, puedes examinar la estructura del documento LaTeX que hace de plantilla. A la izquierda del interfaz están los distintos archivos que conforman el documento. El principal es el archivo `main.tex`. En ese fichero, entre las etiquetas `tableofcontents` y `end{document}`, es donde debemos encajar el contenido del fichero `Manual/output/manual.tex` generado en la sección anterior. De hecho, podemos abrir `Manual/output/manual.tex` en un editor, copiar su contenido y pegarlo en el punto que te he dicho de `main.tex`, en Overleaf para tener una primera aproximación del aspecto del manual.

Lo que pasa es que queremos generar nuestro documento definitivo en local, no en la página de Overleaf. Por ese motivo, tenemos que recrear el entorno de Overleaf en nuestro ordenador. Yo lo he hecho copiando el contenido de main.tex en el fichero `Manual/template/complete_manual_template.tex`. Por supuesto, he hecho algunas adaptaciones, como, por ejemplo, eliminar las líneas 26 a 27 del fichero `main.tex`, porque en el mío no iba a necesitar esas *custom macros.*

Otro documento de Overleaf, cuyo contenido hay que trasladar a una copia local, es `ol-softwaremanual.cls`. Este documento se encuentra al mismo nivel que `main.tex`, y así debemos colocarlo también en local. Se trata de un fichero auxiliar que se usa para definir ciertos valores por defecto y macros utilizadas en `main.tex` y que se referencia en la línea 6 de este, tal y como se puede ver en el listado 28.10.

```
1  %% Overleaf
2  %% Software Manual and Technical Document Template
3  %%
4  %% This provides an example of a software manual created in Overleaf.
5
6  \documentclass{ol-softwaremanual}
7
8  % Packages used in this example
9  \usepackage{listings}
10 \lstset{
11   basicstyle=\ttfamily,
12   columns=fullflexible,
13   frame=single,
14   breaklines=true,
15   postbreak=\mbox{\textcolor{red}{$\hookrightarrow$}\space},
16 }
17 \usepackage{graphicx}  % for including images
18 \usepackage{microtype} % for typographical enhancements
19 \usepackage{minted}    % for code listings
20 \usepackage{amsmath}   % for equations and mathematics
21 \setminted{style=friendly,fontsize=\small}
22 \renewcommand{\listoflistingscaption}{List of Code Listings}
23 \usepackage{hyperref}  % for hyperlinks
24 \usepackage[a4paper,top=4.2cm,bottom=4.2cm,left=3.5cm,right=3.5cm]{geometry} % for
       setting page size and margins
25
26 % Add tightlist support.
27 \providecommand{\tightlist}{\setlength{\itemsep}{0pt}\setlength{\parskip}{0pt}}
28
29 % Frontmatter data; appears on title page
30 \title{Prince of Unity \\Usage manual}
31 \version{ {{ version }} }
32 \author{dante.signal31}
33 \softwarelogo{\includegraphics[width=8cm]{Manual_cover}}
34
35 \begin{document}
36
37 \maketitle
38
39 % Blank page after the title to make index start at an odd page.
40 \begingroup
41 \pagestyle{empty}
42 \null
43 \newpage
```

```
44 \endgroup
45
46 % Table of contents should use roman numbering.
47 \pagenumbering{roman}
48
49 \tableofcontents
50
51 % Make introduction start at an odd page.
52 \null
53 \newpage
54 \null
55 \newpage
56
57 % First page starts after the index and we return to arabic numbering.
58 \pagenumbering{arabic}
59 \setcounter{page}{1}
60
61 {{ contents }}
62
63 \end{document}
```

Listado 28.10: Manual/template/complete_manual_template.tex

Como se puede ver en el listado 28.10, primero se crea una página de portada en el punto donde utilicemos la etiqueta `maketitle` (línea 37). La portada se genera con la información que hayamos facilitado como metadatos del documento en las líneas 30 a 33. Estos metadatos son: el título del documento con la etiqueta `title` (la doble barra invertida equivale a un retorno de carro que permite poner la segunda mitad del nombre en otra línea), la versión del documento con la etiqueta `version`, el autor de este con la etiqueta `author`, y la imagen a mostrar sobre el título, a partir de la etiqueta `softwarelogo`. En esta última etiqueta, el valor que pongamos entre las llaves deberá obedecer al nombre de una imagen (sin la extensión) que deberá estar situado al mismo nivel desde el que lancemos la compilación del documento `.tex`. Como veremos, el script que va a compilar el fichero LaTeX es `Manual/compile_manual.sh`, así que en este caso he situado la imagen del logo en `Manual/Manual_cover.png`.

Después de la portada, he incluido las secuencias `null` y `newpage` en las líneas 42 y 43 para añadir páginas en blanco que "empujasen" al índice a empezar en una página impar. En un formato libro, la página impar es la de la derecha y es a la que los occidentales tendemos a dirigir nuestra atención al abrir por primera vez un libro, por eso en los periódicos se suelen reservar las páginas impares para los grandes titulares. Por la misma razón, se suele considerar de buen gusto que los capítulos siempre empiecen en páginas impares.

En la línea 47 he fijado la numeración de las páginas a caracteres romanos (I, II, III, IV...), para que las páginas del índice de contenidos tuvieran una numeración diferente a la del resto del documento.

En la línea 49 es donde he llamado a la etiqueta `tableofcontents` para generar un índice de contenidos. Justo después de la tabla de contenidos, en las líneas 52 a 55, he generado dos páginas en blanco con `null` y `newpage` para forzar que el cuerpo principal del texto empezase en una página impar.

Justo antes de comenzar el cuerpo principal del texto, en la línea 58, he vuelto a poner la numeración en caracteres arábigos (1, 2, 3, 4...) y he reiniciado el contador de páginas a 1 (línea 59) para que la página número 1 fuera la del inicio de dicho texto principal.

Ahora viene lo importante. Al comienzo de la sección dijimos que este no era un documento definitivo, sino una plantilla en la que insertaríamos el texto que generamos al convertir la wiki. Sólo tras esa inserción tendríamos el documento definitivo. El punto donde insertaremos ese texto se marca en la línea 61, con la etiqueta `{{ contents }}`. Esa no es una etiqueta de LaTeX, sino un mero *placeholder* para que la herramienta de plantillas que vamos a utilizar sepa dónde hacer la inserción.

En este caso, la herramienta de plantillas que he utilizado es *Jinja* [99]. Se utiliza mucho en desarrollo web para generar páginas dinámicamente, a partir de plantillas. Aquí vamos a usarla de una manera muy básica, inyectando valores a las variables de los placeholders, pero Jinja permite incluso meter código Python en los placeholders para hacer aún más flexible la generación del documento final.

Probablemente no tengas Jinja instalado en tu sistema, aunque suele estar disponible en los repositorios estándar de la mayor parte de las distribuciones. Para instalarlo en Ubuntu no hay más que hacer:

```
dante@Camelot:~$ sudo apt install python3-jinja2 -y
```

Listado 28.11: Instalación de Jinja.

Tal y como puedes ver en el listado 28.10, documento LaTeX `Manual/template/complete_manual_template.tex` tiene dos placeholders que lo convierten en una plantilla de Jinja: en la línea 31 para la versión de documento (`{{ version }}`), y en la línea 61 para insertar el contenido del documento (`{{ contents }}`).

Para realizar la sustitución primero tenemos que leer el contenido de `Manual/output/manual.tex`, fichero que generamos en la sección anterior. Será con lo que haremos la sustitución del placeholder `{{ contents }}`. Posteriormente tendremos que conseguir la versión del documento, para realizar con ella la sustitución del placeholder `{{ version }}`. De ambas tareas se encarga el script de Python `Manual/populate_tex_template.py`.

```
#!/usr/bin/python3

# This script needs manual version to be passed as an argument.
# So, to pass 1.0.0 version do:
#     ./populate_tex_template.py 1.0.0

import pathlib
import sys

from jinja2 import Template, TemplateSyntaxError

content_to_input = ''output/manual.tex''
latex_template = ''template/complete_manual_template.tex''
populated_latex = ''output/PoU_manual.tex''

if __name__ == '__main__':
    content = pathlib.Path(content_to_input).read_text()
    template = pathlib.Path(latex_template).read_text()
    with open(file=populated_latex, mode=''w'') as complete_manual:
        try:
            manual_template = Template(template)
            complete_manual_content = manual_template.render(contents=content, version=sys.argv[1])
        except TemplateSyntaxError as e:
            print(
                ''Jinja2 template syntax error during render of line {}:{} error: {}''.
                format(e.name, e.lineno, e.message))
            raise e
        complete_manual.write(complete_manual_content)
```

Listado 28.12: Manual/populate_tex_template.py

Como se puede ver en el listado 28.12, se trata de un script de Python que en su primera línea carga el *shebang* de Python para que el script se pueda ejecutar directamente, sin necesidad se usarlo a través del intérprete de Python.

> Un shebang es una secuencia de caracteres, formada por una almohadilla y una exclamación, que se colocan al principio de un script con permisos de ejecución para que el sistema operativo sepa qué interprete utilizar para ejecutar dicho script.

Hay que tener en cuenta también que añadir un shebang es condición necesaria pero no suficiente para hacer ejecutable el script. Adimidmo, hay que cambiar los permisos al fichero del script para que cuente con el de ejecución. Suponiendo que estemos en la carpeta Manual, donde se ubica el script, el cambio de permisos se haría de la siguiente manera:

```
dante@Camelot:~$ chmod 755 populate_tex_template.py
```

Listado 28.13: Configuración de permisos de ejecución del script de Python.

El script del listado 28.12, está pensado para ser llamado con un único parámetro: la versión. El resto de los parámetros, la ruta al contenido generado con Pandoc, la ruta a la plantilla LaTeX y la ruta al fichero resultante de rellenar la plantilla, están incluidos directamente en el código, en las líneas 12 a 14.

Creo que el script es fácil de entender. En la línea 17 leemos el contenido del fichero generado con Pandoc en la sección anterior. En la línea 18 hacemos lo propio con la plantilla de LaTeX. En la línea 19 creamos el fichero de salida resultante y lo dejamos listo para empezar a escribir en él. En la línea 21 creamos un objeto plantilla de Jinja con la plantilla de LaTeX. Y finalmente, en la línea 22 le decimos a Jinja que sustituya el placeholder `contents` con el contenido del fichero generado por Pandoc y el placeholder `version` con lo que hayamos pasado como parámetro al script. En la línea 28 escribimos el resultado de la sustitución en el fichero de salida.

Con esto ya estaría todo para llevar a cabo la sustitución, ya no quedaría más que ejecutar el script desde la carpeta Manual.

```
dante@Camelot:~$ ./populate_tex_template.py 1.0.0
```

Listado 28.14: Ejecución del script de Python para completar los valores de la plantilla de LaTeX.

El script generará el fichero output/PoU_manual.tex que, esta vez sí, será un documento LaTeX completo que podremos convertir en un PDF, tal y como veremos en la próxima sección.

Conversión a PDF

En realidad no hay lectores para documentos LaTeX porque este formato no está pensado para ser leído directamente. La idea de LaTeX es que, a partir de un mismo fichero LaTeX, se puedan generar documentos en múltiples formatos de lectura como `.pdf`, `.epub`, `.html`, `.mobi`, etc.

Bueno, esa es la idea. En la práctica, es probable que tengas que hacer algunos ajustes para que el documento se vea bien en múltiples formatos de lectura simultáneamente.

El caso es que, tras la subsección anterior, ya tenemos en output/PoU_manual.tex un documento LaTeX con todo el manual de uso de nuestro juego. Para convertirlo a PDF usaremos uno de los múltiples compiladores de LaTeX, en este caso, `pdflatex`. Como su nombre indica, este compilador se especializa en compilar ficheros LaTeX en documentos PDF. Se encuentra dentro de los paquetes base de LaTeX, así que en Ubuntu habrá que instalar estos haciendo:

```
dante@Camelot:~$ sudo apt install texlive-latex-base texlive-fonts-recommended texlive
    -fonts-extra texlive-latex-extra python3-pygments -y
```

Listado 28.15: Instalación de LaTeX.

Cuando se hayan instalado todos esos paquetes ya tendremos acceso al comando `pdflatex`. A partir de ese momento, la compilación a PDF de nuestro fichero LaTeX no puede ser más sencilla:

```
dante@Camelot:~$ pdflatex -shell-escape -output-directory pdf output/PoU_manual.tex
```

Listado 28.16: Compilación de LaTeX a PDF.

El parámetro `-output-directory` sirve para decirle a `pdflatex` dónde dejar el fichero `.pdf` resultante. En nuestro caso, lo dejaremos en la carpeta Manual/pdf. El último parámetro es sencillamente el fichero LaTeX que queremos compilar.

El parámetro -shell-escape depende del documento de partida de LaTeX que estés usando. Unos requerirán que uses -shell-scape para compilarlos y otros no. En nuestro caso, debido al documento concreto de

Overleaf que he usado como base, me he encontrado con que, si no usaba el parámetro `-shell-escape`, la compilación fallaba.

> Una rareza de la compilación con pdflatex es que necesitas ejecutarlo dos veces para que se cree correctamente el índice de contenidos. La primera vez que lo ejecutas, `pdflatex` crea un fichero .toc con el índice, pero, por alguna razón, no lo aplica al documento final. Es en la segunda vez que lo ejecutas cuando detecta el fichero .toc y entonces sí genera correctamente el índice dentro del documento final. Lo he investigado por Internet y lo que se encuentra en los foros es que, por muy raro que sea, `pdflatex` funciona así [235].

Al ejecutar el comando del listado 28.16 se generará el fichero `Manual/pdf/PoU_manual.pdf`, con el manual de uso de nuestro juego. Listo para ser distribuido a nuestros usuarios.

Script con todo el proceso

Podríamos ir picando uno a uno los comandos de esta sección, pero en desarrollo es crítico automatizar las tareas rutinarias, sobre todo si eres un desarrollador indie, sin un equipo de personas apoyándote.

En mi caso, he recopilado todos los comandos que hemos visto en esta sección en un script de bash. El script se llama `compile_manual.sh` y se encuentra en la carpeta `Manual` del repositorio. Su contenido es el del listado 28.17.

```
1  # Consolidate every markdwon subdocument in one single document.
2  multimarkdown -t mmd -o output/manual.mmd template/manual.mmd
3  # Corvert markdown document to latex content.
4  pandoc --listings -f markdown_mmd -o output/manual.tex output/manual.mmd
5  # Insert content into latext template to generate a complete manual.
6  ./populate_tex_template.py $1
7  # Convert latex document to PDF.
8  pdflatex -shell-escape -output-directory pdf output/PoU_manual.tex
9  # You need to run pdflatex twice to generate a proper table of contents.
10 # Odd but true: https://tex.stackexchange.com/questions/314796/why-is-there-no-content
       -under-the-contents-section-generated-with-tableofconten
11 pdflatex -shell-escape -output-directory pdf output/PoU_manual.tex
```

Listado 28.17: Script Manual/compile_manual.sh

El script se llama con un único parámetro, la versión del documento. Como se puede ver en la línea 6 del listado 28.17, esta versión es la que luego se pasará como parámetro al script auxiliar `populate_tex_template.py` que analizamos en la subsección anterior.

Recuerda que para poder ejecutar este script, también debemos añadirle el permiso de ejecución:

```
dante@Camelot:~$ chmod 755 compile_manual.sh
```

Listado 28.18: Configuración de permisos de ejecución del script de bash.

Hecho eso, ya podremos ejecutar el script normalmente, para generar nuestro manual:

```
dante@Camelot:~$ ./compile_manual.sh 1.0.0
```

Listado 28.19: Generación del manual de uso en PDF.

CAPÍTULO

29

Empaquetado

Como vimos en el capítulo 25, el proceso de compilación de Unity genera una carpeta con un ejecutable y una serie de subcarpetas con librerías y recursos para ese ejecutable. Sólo pinchando en él ya se puede jugar a nuestro juego, por lo que nos bastaría con ofrecer dicha carpeta tal cual, o quizás comprimida en un fichero ZIP, para poder distribuirla entre los usuarios. De hecho, hay gente en el mundo del desarrollo de juegos *indie* que lo hace así.

Sin embargo, limitarse a distribuir tal cual la carpeta del ejecutable tiene serios inconvenientes que deberíamos sopesar antes. El primer inconveniente es la incomodidad, dado que obligaría al usuario a gestionar el juego de manera manual, a la hora de guardarlo en una carpeta determinada del ordenador, que el usuario tendría que crear, y a la hora de acceder al juego, ya que el usuario tendría que abrir el explorador de archivos y acceder a la carpeta del juego, para localizar el ejecutable y pinchar en él. Obligar al usuario a esa manera de interactuar con el juego da muy mala imagen, ya que los usuarios están acostumbrados a que los juegos se instalen en una carpeta predeterminada de manera automática y generen accesos directos en sitios fáciles de acceder como el escritorio o el menú de inicio. Que nuestro juego no ofrezca esa comodidad, lo deja en un segundo nivel y desalienta al usuario. El segundo inconveniente es la gestión de las actualizaciones. Si dejamos que el usuario gestione manualmente el borrado de la carpeta del ejecutable anterior y la copia de la nueva carpeta, incrementaremos su incomodidad y las probabilidades de que, antes o después, meta la pata y no realice el proceso de instalación correctamente.

Por esos motivos, es mucho mejor incluir la carpeta de nuestro ejecutable en un paquete instalable que gestione de manera automática la configuración del juego en el ordenador del usuario. Así, este podrá jugar con facilidad y desinstalar aquellas versiones anteriores del juego que pudiera tener.

En este capítulo veremos cómo he empaquetado *Prince of Unity* para facilitar su instalación en los dos sistemas operativos que me marqué como objetivo: Windows y Linux. Ten en cuenta que se pueden hacer instaladores tremendamente complicados que se descarguen recursos, editen claves de registro, inicien servicios y mil cosas más. Sin embargo, en mi caso he preferido centrarme en lo básico: crear un instalador que situase la carpeta del juego en una ruta estándar del sistema operativo, crease enlaces en el escritorio y en los menús de inicio, para facilitar la ejecución del juego, y asegurase que el juego apareciese en los menús de desinstalación de programas del sistema para garantizar que el usuario pudiese borrar limpiamente el juego si así lo desease. No necesitamos más que lo anterior para un juego como *Prince of Unity*.

29.1. Empaquetado para Windows

En Windows hay múltiples opciones a la hora de crear un paquete instalable. Algunas de esas opciones son de pago, pero en el campo de las herramientas open source y gratuitas hay también opciones muy interesantes que nos ofrecen funcionalidades que poco tienen que envidiar a las herramientas de pago, sobre todo cuando nos movemos en el campo de la instalación de juegos.

Una de esas herramientas gratuitas y open source es *Inno Setup* [172], que es la que yo he utilizado para *Prince of Unity*. Hay otras opciones, como por ejemplo *NSIS* [144], pero echo en falta que esta última tenga un wizard que facilite la creación de los instaladores, tal y como sí tiene Inno Setup. Este wizard es tremendamente útil, sobre todo cuando uno se acerca a Inno Setup por primera vez. Con él generaremos un fichero de configuración que es lo que realmente usa Inno Setup para generar nuestro instalador.

> Antes de comenzar con el empaquetado del juego, recuerda borrar o mover a otro sitio la carpeta generada por IL2CPP para los crash dumps (en el caso de *Prince of Unity* era `Prince of Unity_BackUpThisFolder_ButDontShipItWithYourGame`). Al usuario no le sirve para nada. Si la dejas donde está, y continúas con las instrucciones de esta sección, dispararás inútilmente el tamaño final del instalador.

Una vez instalado Inno Setup, lo arrancaremos y nos saldrá una primera ventana, dándonos a elegir si queremos crear un fichero de configuración vacío, abrir uno existente o crear uno nuevo con el wizard. Para *Prince of Unity*, y los objetivos que nos hemos marcado para su instalador, nos bastará con el wizard, así que elegiremos esa opción. Nos saldrán las siguientes ventanas:

1. *Application information*: Aquí configuraremos el nombre del juego, tal y como queremos que se muestre al usuario, la versión del juego empaquetado en este instalador, el nombre de nuestra compañía desarrolladores (si tenemos una) y el sitio web del juego.

2. *Application Folder*: En qué ruta del ordenador del usuario queremos dejar nuestro juego. Lo que recomiendo, y lo que he hecho en mi caso, es instalar el juego en la ruta por defecto de [Program files folder]. Instalar cosas en `C:/Archivos de programa` es lo estándar en Windows y no hay razón para salirnos de la norma. En el parámetro *Application folder name* pondremos el nombre que queremos que tenga la carpeta de nuestro juego en el ordenador del usuario. En este parámetro suelo poner una versión abreviada del nombre de mi juego. Hay gente que intenta poner nombres que no incluyan espacios, por ejemplo usando guiones bajos, para facilitar la operativa con scripts sobre la carpeta resultante. En mi caso, yo uso espacios, aunque reconozco que eso implica tener cierto cuidado al tratar este parámetro de manera automatizada, tal y como veremos en el capítulo 31. En esta ventana suelo dejar marcada la opción *Allow user change the application folder*, para darle al usuario la posibilidad de dejar el juego en una carpeta a su elección si así lo estima conveniente.

3. *Application files*: Aquí seleccionaremos el ejecutable de nuestro juego, dentro de la carpeta resultante de la compilación. Ese ejecutable será el que Inno Setup enlace desde los accesos directos que sitúe en el escritorio y en el menú de inicio. En el campo de *Other application files* pulsaremos [Add folder] y seleccionaremos la carpeta de nuestro ejecutable, aceptando que, además, se añadan recursivamente las subcarpetas.

4. *Application shortcuts*: Aquí configuraremos los accesos directos que se crearán al instalar el juego. Por defecto se creará un acceso en la carpeta de programas del menú de inicio de Windows, pero, además de eso, podremos cambiar el nombre de la carpeta de accesos directos del menú de inicio e, incluso, incluir un acceso directo a la desinstalación del juego.

5. *Application Documentation*: En esta pantalla seleccionaremos la información adicional que queramos mostrar durante el proceso de instalación. En mi caso, lo he utilizado para mostrar la licencia de *Prince of Unity*, seleccionando el fichero de mi proyecto que contiene el texto de la licencia en el campo *License file*. Los ficheros elegidos pueden estar en cualquier ruta de tu ordenador, como, por ejemplo, en el repositorio local del proyecto. A la hora de generar el paquete instalador, Inno Setup localizará el fichero en tu ordenador y lo incluirá en el paquete.

6. *Setup Install Mode*: Si en esta ventana seleccionamos *Administrative install mode*, el usuario deberá contar con permisos de administrador local de su equipo para instalar el juego. En un ordenador particular, lo normal es que los usuarios cuenten con esos permisos. Sin embargo, si se trata de un

ordenador de empresa, lo más probable es que los administradores del departamento de informática de la empresa hayan restringido los permisos de administrador local a sus usuarios, para evitar que estos puedan cambiar determinados parámetros de la configuración. En ese último caso, los usuarios sólo podrán instalar el juego si hemos elegido *Non administrative install mode*. En general, usar el modo no administrativo es la vía más segura, porque será raro que nuestro juego realice operaciones tan complejas como para requerir permisos de administrador. Por otro lado, hay que tener en cuenta que, si el usuario instala en modo no administrativo, guardará el juego en una carpeta de su cuenta personal del ordenador, por lo que, si otros usuarios comparten el mismo ordenador, no verán el juego instalado en el equipo. Para que múltiples usuarios del mismo ordenador puedan acceder al juego, hay que instalarlo en modo administrativo. Por eso, mi consejo es que elijas la opción de *Non administrative install mode*, pero le des al usuario la posibilidad de elegir marcando la opción *Ask the user to choose the install mode at startup*.

7. *Setup Languages*: Aquí seleccionaremos en qué idiomas queremos mostrar los textos del instalador. En el caso de Prince of Unity no he aplicado localización de textos (múltiples traducciones para los textos), dejándolo todo en inglés, así que en esta ventana sólo he marcado *English*.

8. *Compiler settings*: En esta ventana definiremos en qué carpeta dejaremos el instalador generado (*Custom compiler output folder*). También definiremos el nombre que tendrá el fichero del instalador (*Compiler output base file name*). En el parámetro *Custom Setup icon file* eligiremos el fichero `.ico` de nuestro repositorio, con el icono para el instalador y para los accesos directos al ejecutable del juego. También se puede poner una contraseña al instalador (*Setup password*) para que sólo lo puedan instalar aquellos que cuenten con ella. Yo no he utilizado ese parámetro, pero quizás pueda ser útil para evitar filtraciones accidentales al distribuir el juego a un grupo restringido de testers.

9. *Inno Setup Preprocessor*: Aquí deberemos marcar la opción *Yes, use #define compiler directives*. Esta opción aplica ciertas simplificaciones en el fichero de configuración generado, para que sea más fácil de leer y de editar posteriormente. En el capítulo 31 veremos cómo le podemos sacar partido a la configuración generada por esta opción.

Llegados a este punto, habremos acabado el wizard y podremos pulsar Finish para que se genere el fichero de configuración de nuestro instalador.

> Observa que para el icono hemos usado un fichero de imagen `.ico`. Desde Gimp podemos exportar nuestra imagen a formato `.ico` sin problema.

Acto seguido, dicha configuración se abrirá en el editor integrado de Inno Setup. A partir de aquí podremos modificar la configuración a través de este fichero de texto, por lo que conviene que lo salvemos en nuestro repositorio mediante File > Save. En el caso de Prince of Unity, las configuraciones de Inno Setup se encuentran en la carpeta `Packaging/Windows` del repositorio:

- `Windows_iss_script.iss`: para generar un instalador en local llamando manualmente a Inno Setup.
- `Template_windows_iss_script.iss`: para generar un instalador en el marco del flujo automatizado descrito en el capítulo 31.

Con el fichero de configuración abierto en Inno Setup, podemos proceder a crear el instalador pulsando Build > Compile o bien Ctrl + F9. El instalador aparecerá en la carpeta que hayamos configurado en el paso *Compiler Settings*.

Pinchando en el instalador podremos probar todo el proceso instalando el juego en nuestro ordenador. También podemos probarlo desde Inno Setup asegurándonos de que la opción Run > Target Setup (o pulsando Ctrl + Q) esté marcada y pinchando en Run > Run (o usando F9). Una vez instalado, podemos probar el proceso de desinstalación desde la ventana *Agregar o quitar programas* de Windows o desde dentro de Inno Setup activando la opción Run > Target Uninstall y acto seguido pulsando Run > Run o pulsando F9.

29.2. Empaquetado para Linux

Si sólo has oído hablar de Linux puedes pensar que es *un* sistema operativo para expertos. La realidad, como suele ocurrir, es mucho más compleja y rica en matices. Cuando hablamos de Linux en realidad nos referimos a un conjunto de sistemas operativos[1] que tienen en común que utilizan el núcleo (en inglés *kernel*) desarrollado originalmente por el desarrollador finlandés Linus Torvalds y mantenido actualmente por la *Linux Foundation* . A partir de ahí, se acaban los puntos en común estrictos. La mayoría tienen características comunes, como incluir una serie de aplicaciones similares, pero se diferencian en otras como, por ejemplo, el formato que utilizan para los paquetes instalables.

Esta heterogeneidad es fruto de la extrema flexibilidad de Linux. Es muy fácil modificar un sistema Linux para adaptarlo a una necesidad concreta. De hecho, con los suficientes conocimientos, cualquiera puede crear su propio sistema operativo Linux, partiendo del núcleo y combinando componentes de otros. Eso hace que en nuestro día a día nos encontremos con múltiples sistemas Linux sin que nos demos cuenta de ello. Neveras inteligentes, lavadoras, televisiones inteligentes, consolas de videojuegos o routers de internet funcionan con distribuciones Linux especialmente adaptadas a su hardware. El caso más notable es el de Android, que no es sino un sistema operativo Linux con una capa desarrollada por Google para integrarlo con sus servicios (maps, gmail, etc.) y para hacer de interfaz de usuario. Es cierto que su difusión es mucho más discreta en el ámbito del escritorio, restringiéndose principalmente al ámbito de los desarrolladores, administradores de sistemas y aficionados a la informática en general. A ese relativo fracaso en el ámbito del escritorio ha contribuido el mito de ser un sistema difícil de usar, sólo apto para expertos. Sin embargo, la realidad, más allá del mito, es que hay muchas distribuciones de Linux (como *Linux Mint* [107]) diseñadas para ser fáciles de utilizar por usuarios estándar e, incluso, distribuciones preparadas para niños. Una plataforma de juegos como Steam tiene cliente para Linux y promueve que las productoras de juegos publiquen para ese sistema operativo, entre otras razones porque su propia consola *Steam Deck* [230] se basa en Linux. Además, la facilidad con la que se puede compilar para Linux, al usar engines como Unreal y Unity, hacen que cada vez sean más los estudios que publiquen para ese sistema operativo. Si bien los juegos están cada vez más presentes en Linux, la gran carencia está en la parte ofimática, y no porque no haya opciones como *LibreOffice* [105] u *OpenOffice* [150], sino porque no está la principal opción: *Office 365* [129]. Ahí, aunque Microsoft haya cambiado su actitud hacia Linux y diga que es su aliado, no ha dado el paso aún de portar su suite ofimática a Linux como sí ha hecho para Mac.

Si el punto fuerte de Linux es esa flexibilidad que da lugar a tanta heterogeneidad, su punto débil es precisamente... esa flexibilidad que da lugar a tanta heterogeneidad. Dicho de otra manera, es tanta la riqueza de distribuciones de Linux que es complicado crear un paquete que pueda ser compatible con todas. En esta sección vamos a crear dos tipos de paquetes: DEB y RPM. Los paquetes DEB se pueden instalar en las distribuciones de Linux que derivan de *Debian* [45], tales como *Ubuntu* [109] o Linux Mint. Por su parte, los paquetes RPM se pueden instalar en distribuciones con el sistema de paquetes de *Red Hat* [91], como por ejemplo *Fedora* [90], *CentOS* [29] o *Suse* [187]. Con estos dos tipos de paquetes podemos cubrir una parte sustancial del ecosistema Linux, pero debemos ser conscientes de que habrá distribuciones que se quedarán fuera, como por ejemplo, *Slackware* [233] o *ArchLinux* [12]. Para las distribuciones para las que no crees paquete instalable, tendrás que ofrecer la carpeta comprimida con el juego, los usuarios que la tengan que usar perderán las ventajas de un paquete instalable, pero al menos podrán jugar.

En nuestro caso, vamos a utilizar una herramienta llamada FPM para crear esos paquetes. La ventaja de FPM es que, facilitándole una configuración de base, es capaz de generar paquetes para múltiples distribuciones, simplemente cambiando un parámetro al usarlo. Afortunadamente, entre los paquetes que es capaz de generar se encuentran los DEB y RPM, pero también es capaz de generar paquetes para *Solaris* [151], *FreeBSD* [59], *Mac OSX* o ArchLinux.

También generaremos los ficheros necesarios para que el juego se integre con los escritorios estándar en Linux, de manera que los usuarios puedan encontrar nuestro juego en la carpeta de juegos del menú de programas y añadir al escritorio un acceso directo si así lo desean. Con esto igualaremos la experiencia de uso, a la hora de arrancar la aplicación, entre los usuarios de Windows y de Linux.

[1] En este caso denominados distribuciones.

FPM

Para empezar, *FPM* [180] sólo está disponible para Linux, por lo que tendrás que instalar una distribución en un ordenador que tengas por casa o en una máquina virtual de VirtualBox o vmWare.

Mi recomendación personal es que uses Linux Mint. Es una distribución especialmente diseñada para ser fácil de usar y estéticamente atractiva, sin perder un ápice de la potencia de los sistemas Linux. No requiere un hardware potente y se basa en Ubuntu, por lo que es compatible con el vastísimo ecosistema de paquetes de esa distribución (y de Debian, en la que a su vez se basa Ubuntu). Si no tienes un ordenador donde instalarlo, se ejecuta perfectamente en VirtualBox, aunque recientemente me di cuenta de que el escritorio se redimensiona mejor para pantallas no estándar (la mía es una Ultra Wide de 34 pulgadas) si se ejecuta en el *player* de vmWare.

Los comandos de consola que veas en esta sección, a partir de aquí, serán para Linux Mint. Si estás en Debian o en Ubuntu, deberían valer tal cual, pero si estás en otra distribución puede que tengas que usar comandos ligeramente distintos.

Partiendo de que ya tengas tu sistema Linux, debes instalar FPM. Dado que es una herramienta basada en *Ruby* [171], lo más fácil es instalarla usando el gestor de paquetes de ese lenguaje de programación, pero es posible que también tengas que instalar dicho lenguaje y sus correspondientes herramientas. Para ello los comandos son:

```
dante@Camelot:~$ sudo apt update
[recortado]
Building dependency tree
Reading state information... Done
478 packages can be upgraded. Run 'apt list --upgradable' to see them.
dante@Camelot:~$ sudo apt install ruby
[recortado]
dante@Camelot:~$ gem --help
RubyGems is a sophisticated package manager for Ruby.  This is a
basic help message containing pointers to more information.

  Usage:
    gem -h/--help
    gem -v/--version
    gem command [arguments...] [options...]

  Examples:
    gem install rake
    gem list --local
    gem build package.gemspec
    gem help install

  Further help:
    gem help commands            list all 'gem' commands
    gem help examples            show some examples of usage
    gem help gem_dependencies    gem dependencies file guide
    gem help platforms           gem platforms guide
    gem help <COMMAND>           show help on COMMAND
                                   (e.g. 'gem help install')
    gem server                   present a web page at
                                 http://localhost:8808/
                                 with info about installed gems
  Further information:
    http://guides.rubygems.org
dante@Camelot:~$
```

Listado 29.1: Comandos para instalar el gestor de paquetes de Ruby.

Con Ruby se instala su gestor de paquetes. Dicho gestor es `gem`, por lo que si podemos ejecutar `gem –help` limpiamente, como en la línea 8 del listado 29.1, estaremos en el buen camino. Con `gem`, ya podremos instalar FPM:

```
dante@Camelot:~$ sudo gem install fpm
[sudo] password for dante:
Fetching clamp-1.0.1.gem
Fetching insist-1.0.0.gem
[recortado]
Successfully installed cabin-0.9.0
Successfully installed backports-3.24.1
[recortado]
Parsing documentation for cabin-0.9.0
Installing ri documentation for cabin-0.9.0
Parsing documentation for backports-3.24.1
Installing ri documentation for backports-3.24.1
[recortado]
Done installing documentation for cabin, backports, arr-pm, clamp, dotenv, insist,
    mustache, stud, pleaserun, fpm after 2 seconds
10 gems installed
dante@Camelot:~$ fpm --version
1.15.1
dante@Camelot:~$
```

Listado 29.2: Comandos para instalar FPM.

He recortado partes del listado 29.2 por su excesiva longitud, pero básicamente `gem` se encarga de instalar no sólo FPM, sino también sus dependencias, que son unas cuantas. Para comprobar si FPM ha quedado correctamente instalado, bastará con ejecutar `fpm –version` y ver si devuelve correctamente un número de versión.

El paquete que se espera obtener de FPM se configura a través de parámetros que se pasan al comando de la herramienta. Como son bastantes parámetros, no suelo llamar directamente a FPM, sino que empleo scripts de bash, de manera que me sea fácil retocar los parámetros entre reintentos de empaquetado. El que utilizo en el caso de *Prince of Unity* es `package_for_linux.sh` y se encuentra en la ruta 🗀 `Packaging/Linux` del repositorio.

Si abres dicho script de bash, verás que en las primeras líneas defino una serie de constantes con la configuración de los paquetes que quiero generar:

```
######
# Script main configuration.
######
# Debian does not like capital letters nor underscores in package names, so lets don't
    use them.
app=prince-of-unity
# Provide version as an script argument.
version=$1
architecture=amd64
source_directory=./
package_install_root=/usr/share/games/Prince_of_Unity
output_folder=Installers/Linux
after_install=Packaging/Linux/postinst.sh
after_remove=Packaging/Linux/postuninst.sh
maintainer=dante.signal31@gmail.com
url=https://github.com/dante-signal31/Prince_of_Unity
description=''Developed with Unity, this game is a hobbyist black box demo remake of
    Jordan Mechner's classic Prince of Persia (1989).''
license=BSD-3
category=games
```

Listado 29.3: Fragmento del script Packaging/Linux/package_for_linux.sh. Definición de constantes.

En la línea 5 del listado 29.3, cargo en la constante `app` el prefijo que tendrá el nombre del paquete.

> Como comento en el script, hay distribuciones a las que no les gusta que utilices guiones bajos en los nombres de los paquetes, así que en esos casos te recomiendo que los cambies por guiones normales, como he hecho yo.

En la línea 6, cargo en la constante el número de versión del paquete. La versión se incluirá tanto en el nombre final del paquete, como en los metadatos de este. El valor de la constante es un poco exótico, $1, se trata de la manera que tienen los scripts de bash de gestionar los parámetros con los que llamemos al script. En este caso estamos diciendo que queremos cargar en la constante `version` el valor del primer parámetro con el que llamemos al script. Por ejemplo, si ejecutamos el script mediante el comando `./Packaging/Linux/package_for_linux.sh v1.1.0`[2] cargaremos la cadena `v1.1.0` en la constante `version`.

La constante `architecture` de la línea 8 define el tipo de arquitectura para la que está compilada el paquete. Dependerá principalmente de la arquitectura el sistema donde hayas compilado el juego y afectará a los sistemas donde puedas instalarlo. Para evitar que, por ejemplo, intentes instalar un paquete compilado para x86 en un sistema ARM. Los gestores de paquetes rechazarán instalar tu paquete si tiene una arquitectura diferente a la del sistema donde intentes instalarlo.[3] En general, la arquitectura más normal hoy en día para PC es `amd64`, también llamada `x86_64`.

En la línea 9 se define la ruta base desde la que parten el resto de rutas del script (`source_directory`). Podrías fijar una ruta absoluta, pero en mi caso he pasado una relativa, `./`, que quiere decir que la ruta base será la carpeta desde la que llame al script (¡ojo! no donde esté el script). Como siempre llamo al script desde la carpeta raíz del repositorio, esa será la ruta base para las rutas relativas de este script.

En la línea 10, se carga en la constante `package_install_root`, la carpeta del sistema destino donde se guardará el juego. En este caso, pretendo guardar el juego en la carpeta `/user/share/games/Prince_of_Unity` del jugador.

En la constante `output_folder`, de la línea 11, he fijado la ruta `Installers/Linux` como la carpeta donde se dejarán los paquetes generados por FPM.

En las líneas 14 a 17 cargo varias constantes con los metadatos del paquete, como el autor (`maintainer`), la página principal del paquete (`url`), la descripción (`description`) que se mostrará cuando este se utilice, nuestro paquete con las herramientas de gestión de las distintas distribuciones, la licencia (`license`) de nuestro juego y la categoría (`category`) en la que se debería clasificar y mostrar nuestro paquete.

Dejo para el final las líneas 12 y 13 porque hay que poner especial atención en ellas. La mayor parte de los sistemas de paquetes, entre ellos los DEB y RPM, permiten ejecutar un determinado script justo después de la instalación, y otro justo después de desinstalar el paquete. Esos scripts suelen recibir el nombre de `postinst.sh` y `postuninst.sh` repectivamente. En el postinst.sh se suelen hacer tareas de configuración del sistema para integrar la aplicación en él. Dependiendo de la aplicación, hay unas que aprovechan este script para configurar tareas programadas de mantenimiento de la aplicación, asocian determinadas extensiones de fichero para ser abiertas con la aplicación, registran determinados demonios[4] para ser lanzados en el arranque del sistema, etc. En nuestro caso, el fichero `postinst.sh` que queremos incluir en nuestro paquete es muy sencillo y se encuentra en la carpeta `Packaging/Linux` del repositorio:

```
#!/usr/bin/env bash

base_dest_path=/usr/share/games/Prince_of_Unity
desktop_launcher=ninja.dlab.Prince_of_Unity.desktop

# Link executable from /usr/games to /usr/share/games/Prince_of_Unity.
```

[2] Tal y como está configurado, es importante llamar a este script desde la raíz del repositorio para que funcione correctamente.

[3] Si quieres ver qué arquitectura tiene un sistema, puedes usar el comando lscpu.

[4] Un demonio es un proceso que se ejecuta constantemente en segundo plano.

```
ln -s $base_dest_path/Prince_of_Unity /usr/games/Prince_of_Unity

# Copy desktop entry
cp $base_dest_path/$desktop_launcher /usr/share/applications/.
```

Listado 29.4: Script Packaging/Linux/postinst.sh.

El script del listado 29.4 se limita a situar un enlace a nuestro ejecutable desde la carpeta donde se guardan de manera estándar en Linux los lanzadores de los juegos instalados. También copia un tipo de fichero especial, `.desktop`, a la carpeta estándar de Linux donde se guardan este tipo de ficheros para que el gestor de escritorio lo detecte y muestre el acceso directo en el menú de programas. Más adelante, en este capítulo, veremos en qué consisten estos ficheros `.desktop`.

> El uso de constantes en el listado 29.4 parece artificioso porque lo es. En una primera versión puse la rutas completas en los comandos, pero resultaban líneas demasiado largas para mostrarse claramente en este libro. Por eso decidí reducir la longitud usando constantes. Será más forzado, pero al menos las líneas no desbordan la página.

Por su parte, el fichero `postuninst.sh` se suele utilizar para limpiar el sistema del usuario de aquellas configuraciones que hubiera hecho el script `postinst.sh`. En nuestro caso, ese script está en la misma ruta que el otro y tiene la siguiente forma:

```
#!/usr/bin/env bash

desktop_launcher=ninja.dlab.Prince_of_Unity.desktop

# Remove link in /usr/games
rm /usr/games/Prince_of_Unity

# Remove desktop entry.
rm /usr/share/applications/$desktop_launcher
```

Listado 29.5: Script Packaging/Linux/postuninst.sh.

Se puede ver que el script del listado 29.5 se limita a deshacer lo realizado por el script del listado 29.4, quitando el enlace de la carpeta estándar de lanzadores de juegos y borrando del escritorio los accesos directos.

Son estos dos ficheros, `postinst.sh` y `postuninst.sh`, los que se reflejan en las líneas 12 y 13 del listado 29.3, con las rutas que tienen en el repositorio, para ser incluidos en los paquetes DEB y RPM resultantes.

A continuación hay que hacer ciertos trabajos de preparación adicionales, antes de llamar a FPM:

```
######
# Copy needed resources to built game folder.
######
cp Packaging/Linux/ninja.dlab.Prince_of_Unity.desktop Build/.
cp Assets/Icons/Running_icon.png Build/Prince_of_Unity_icon.png

######
# Fix folder permissions.
######
chmod 755 Build/'Prince of Unity'
chmod 755 Build/'Prince of Unity_Data'
chmod 755 Build/'Prince of Unity_Data'/il2cpp_data
chmod 755 Build/'Prince of Unity_Data'/il2cpp_data/Metadata
chmod 755 Build/'Prince of Unity_Data'/il2cpp_data/Resources
chmod 755 Build/'Prince of Unity_Data'/Resources
```

Listado 29.6: Fragmento del script Packaging/Linux/package_for_linux.sh. Trabajos de preparación adicionales.

En las líneas 39 y 40 del listado 29.6 copiamos dos recursos a la carpeta que vamos a empaquetar: el fichero `.desktop`, del que ya hemos hablado, y una imagen para hacer de icono de los accesos directos del juego, en el escritorio.

> A diferencia de Windows, en Linux puedes usar una imagen `.png` como icono. Yo he usado una de 256x256 píxeles y se muestra correctamente en todos los menús.

Las líneas 45 a 50 pueden no serte necesarias si compilas directamente en Linux. En mi caso, compilo en Windows y copio la carpeta resultante a Linux para el empaquetado. En el proceso, algunos de los permisos de las subcarpetas quedan muy restrictivos y FPM no puede llegar a todas. Como workaround en estas líneas repaso la estructura de carpetas poniendo los permisos que FPM necesita para empaquetarlo todo.

Con eso, ya hemos incluido en la carpeta todos los recursos adicionales a empaquetar y hemos preparado todos los parámetros que va a necesitar FPM, por lo que ya podemos llamar a ese comando:

```
52 ######
53 # Run FPM command.
54 ######
55 fpm -s dir -t deb -C Build -n $app \
56 -p $output_folder -v ''$version'' \
57 --prefix $package_install_root \
58 --description ''$description'' \
59 --after-install $after_install --after-remove $after_remove \
60 --maintainer $maintainer -a $architecture --url $url \
61 --license $license --category $category \
62 $source_directory
63
64 fpm -s dir -t rpm -C Build -n $app \
65 -p $output_folder -v ''$version'' \
66 --prefix $package_install_root \
67 --description ''$description'' \
68 --after-install $after_install --after-remove $after_remove \
69 --maintainer $maintainer -a $architecture --url $url \
70 --license $license --category $category \
71 $source_directory
```

Listado 29.7: Fragmento del script Packaging/Linux/package_for_linux.sh. Llamadas a FPM.

Si te fijas, las dos llamadas son idénticas, salvando el parámetro -t, que en la línea 55 del listado 29.7 es `deb` y en la línea 64 es `rpm`. Como podrás imaginarte, la llamada de la línea 55 genera el paquete DEB y la de la 64 el paquete RPM.

> No pierdas de vista el parámetro -C de las líneas 55 y 64. A mí me ha dado bastante guerra hasta que he comprendido su importancia. Básicamente le dice a FPM que cambie su carpeta base a la que se le pase en el parámetro. En este caso, le decimos a FPM que cambie a la carpeta Build y la use como carpeta base. El parámetro `source_directory` se calcula de manera relativa a esa carpeta base. Con la configuración que le hemos pasado a FPM en este script, lo que hemos venido a decirle es que coja el contenido de la carpeta `Build` y los ponga en la ruta `/usr/share/games/Prince_of_Unity` del sistema del usuario.

Por último, recuerda que el script que utilices para generar tus paquetes deberá tener permisos de ejecución para poder usarlo. En mi caso, me bastó con un `chmod 755 Packaging/Linux/package_for_linux.sh`.

Con esta configuración, al ejecutar el script desde la carpeta raíz del repositorio, con el comando `./Packaging/Linux/package_for_linux.sh vX.Y.Z`, se generará un paquete DEB y otro RPM en la carpeta `Installers/Linux` con la versión `X.Y.Z`.

Integración con el escritorio

La heterogeneidad en Linux alcanza también al escritorio, ya que no hay un sólo escritorio sino muchos. Esto enriquece las opciones y facilita que podamos encontrar el que mejor se adapte a nuestras necesidades. Sin embargo, tiene el inconveniente de que complica la labor de los desarrolladores que quieren que su aplicación (o, en nuestro caso, juego) se integre con la mayor cantidad posible de escritorios.

Afortunadamente los escritorios mayoritarios, KDE y GNOME, adoptaron un formato estándar común, el *Desktop Entry Specification* [47], para registrar en ellos nuevos accesos directos de aplicaciones. Dichos accesos reciben el nombre de *"desktop entries"* y no son más que ficheros de configuración que describen cómo debe lanzarse un programa determinado y cómo debe aparecer este en los menús. Otros escritorios siguieron la estela de KDE y GNOME y adoptaron este nuevo formato estándar, por lo que se ha convertido en el dominante.

El formato tiene muchas opciones, aunque para tener un *desktop entry* funcional sólo se necesitan unas pocas.

Hay dos tipos de *desktop entry*. Se les distingue por la extensión de su fichero:

- `.desktop`: Permiten arrancar aplicaciones o enlazan a recursos, como por ejemplo, una página web o un documento PDF.
- `.directory`: Con ellos configuramos submenús en el menú de programas.

Dado que *Prince of Unity* es un juego sencillo, que sólo necesita un lanzador de la aplicación, no vamos a necesitar submenús, así que en esta sección vamos a centrarnos en los ficheros `.desktop`.

En esta sección te voy a explicar el enfoque que me ha funcionado para *Prince of Unity*. He intentado mantener un enfoque lo más sencillo posible, pero esa no es la única aproximación. De hecho, te recomiendo que instales juegos en tu Linux y veas el contenido de sus ficheros `.desktop` para descubrir posibles configuraciones. Yo, por ejemplo, me he inspirado bastante en el *entry* del juego *The Battle for Wesnoth* [224].

Para empezar, debemos hablar del nombre que le podemos poner al fichero. El estándar dice que le debemos poner un nombre de tipo *"reverse DNS"*. Si has programado en Java, te resultarán familiares. Básicamente se tratan de nombres de dominio invertido. Lo ideal es que sea un nombre de dominio de internet que tengas registrado. En mi caso, tengo registrado el dominio *dlab*.ninja,[5] así que he llamado al fichero `ninja.dlab.Prince_of_Unity.desktop`. Si no tienes un dominio registrado, te lo puedes inventar. Lo de usar nombres de dominio invertidos es para reducir la posibilidad de que dos desarrolladores diferentes publiquen lanzadores con exactamente el mismo nombre.

Si buscas ficheros `.desktop` en tu Linux, verás que hay algunos que han seguido el estándar a la hora de nombrar el fichero y otros muchos que no. En mi caso, he preferido ceñirme al estándar.

El fichero `.desktop` que generemos deberá ubicarse en alguno de los directorios en los que nuestro escritorio buscará los *entries* para conformar el escritorio y el menú de programas. Esos directorios se definen en la variable de entorno `$XDG_DATA_DIRS`.

```
dante@Camelot:~$ echo $XDG_DATA_DIRS
/usr/share/cinnamon:/usr/share/gnome:
/home/dante/.local/share/flatpak/exports/share:
/var/lib/flatpak/exports/share:/usr/local/share:/usr/share
dante@Camelot:~$
```

Listado 29.8: Contenido de la variable de entorno XDG_DATA_DIRS en mi Linux Mint.

[5] Tengo dos blogs, por si quieres echarles un ojo: www.dlab.ninja, en inglés, y esblog.dlab.ninja, en español.

El escritorio buscará en cada una de esas carpetas y luego bajará recursivamente por cada uno de los subdirectorios que haya en ellas. Lo más habitual es situar el fichero `.desktop` en la carpeta `/usr/share/applications/`, que es lo que yo he hecho para el juego.

El fichero en sí tiene un formato textual. Está dividido en secciones, cuyos nombres se señalan con corchetes. Dentro de cada sección hay una lista de parámetros con sus correspondientes valores. Como en Python, se pueden incluir comentarios precedidos de almohadillas. Hay una larga lista de parámetros que podemos utilizar para personalizar cómo se lanza nuestro juego [169], pero para algo tan básico como *Prince of Unity* sólo necesitaremos unos pocos.

```
1  [Desktop Entry]
2  # This is not game version but Desktop Entry Specification this file complies with.
3  Version=1.5
4  Type=Application
5  Name=Prince of Unity
6  GenericName=Platform Game
7  Comment=A Prince of Persia demo made using Unity.
8  Icon=/usr/share/games/Prince_of_Unity/Prince_of_Unity_icon.png
9  Exec=/usr/share/games/Prince_of_Unity/'Prince of Unity'
10 Categories=Game;PlatformGame;
```

Listado 29.9: Fichero Packaging/Linux/ninja.dlab.Prince_of_Unity.desktop.

Como podemos ver en el listado 29.9, he usado una única sección de las posibles, `[Desktop Entry]`. Hay otras secciones, dependiendo de si queremos que nuestra aplicación aparezca en los menús contextuales que salen, por ejemplo, al pulsar sobre un archivo con el botón derecho. En la sección `[Desktop Entry]` se configura el comportamiento de nuestro lanzador en el escritorio y en el menú de programas.

En la línea 3, he usado el parámetro `Version` para señalar que el fichero está escrito siguiendo la versión 1.5 del estándar. Sin embargo, este parámetro no es indispensable, podrías quitarlo y el *entry* seguiría funcionando.

El parámetro `Type` que aparece en la línea 4 define a qué tipo de recurso apunta este entry. En la versión actual del estándar se distinguen tres tipos de recursos posibles: aplicaciones (*Application*), URL (*Link*) y directorios (*Directory*). Como un juego no es sino una aplicación lúdica, he elegido `Application`.

En la línea 5, definimos con el parámetro `Name` el nombre que mostrará el acceso directo.

En la línea 6, he usado otro parámetro que no es imprescindible. `GenericName` permite categorizar el tipo de aplicación al que apunta este entry. A la hora de asignarle valor a este parámetro piensa en cómo definirías tu juego si tuvieras que describirlo sólo con dos palabras. Por otro lado, no hay que confundir este parámetro con el de `Categories`, de la línea 10, porque, aunque semánticamente puedan parecer similares, el parámetro `Categories`, también opcional, lo que define es la ubicación de la aplicación dentro del menú de programas. Como puedes ver en la figura 29.1, al darle al parámetro `Categories` el valor `Game`, el juego aparece dentro del submenú *Games* del menú de programas.

Con el parámetro `Comment`, de la línea 7, se configura el texto explicativo que surge cuando se sitúa el ratón sobre el acceso directo del juego en el menú. Tampoco es obligatorio, pero sirve para darle una pista al usuario de lo que hace tu aplicación.

En la línea 8, con el parámetro `Icon`, definimos dónde está la imagen que se usará para ilustrar el acceso directo. Recuerda que incluimos esta imagen junto al juego en la fase de empaquetado. Aunque este parámetro no es obligatorio, es muy raro encontrar un acceso directo sin un icono asociado.

Por último, en la línea 9, es donde definimos el parámetro `Exec`, el más importante de todos, ya que es el que define el comando que se ejecutará al pinchar en el acceso directo. Fíjate que he usado comillas para envolver el nombre del ejecutable, dado que este incluye espacios.

Una vez redactado el fichero `.desktop`, basta con situarlo en la carpeta `/usr/share/applications/` del usuario y el sistema de escritorio lo identificará y lo mostrará en el menú de programas. Puedes probarlo en tu sistema local, antes de empaquetarlo con el resto del juego.

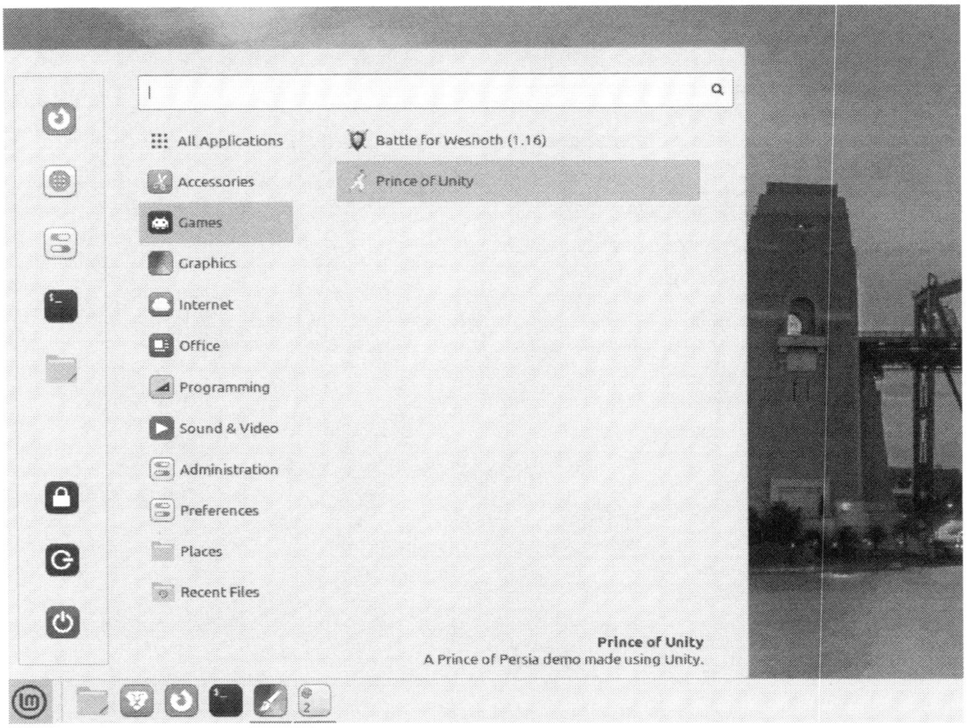

Figura 29.1: Ubicación del juego dentro del menú de programas de mi Linux.

Si lo estás probando en tu sistema local y no ves el acceso, después de situar el fichero `.desktop` en `/usr/share/applications/`, prueba a hacer logout de la sesión de escritorio y a volver a entrar. Dependiendo del sistema de escritorio que uses puede que incluso sea necesario reiniciar el sistema.

Como verás, elaborar un fichero `.desktop` no es complicado. Te basta y te sobra con un editor de textos sencillo. Aun así, hay herramientas gráficas como *Arronax* [49] o *Desktop Entry Creator* [9] que pueden resultarte interesantes para crear este tipo de ficheros.

CAPÍTULO

30 Distribución

Si has seguido los capítulos anteriores, ya tendrás tu juego empaquetado y listo para que tus usuarios lo instalen y empiecen a jugarlo. En este punto es probable que te preguntes ¿cómo puedo hacer llegar mi juego a sus usuarios?

Las opciones de distribución eran muy limitadas cuando se publicó el primer *Prince of Persia*. En 1989, con un Internet todavía en pañales que no llegaba hasta los hogares, los juegos se daban a conocer casi exclusivamente en revistas especializadas de videojuegos. Con frecuencia, estas revistas incluían discos con demos de los juegos.

> Estas demos gratuitas fueron lo que se acabaría conociendo como *shareware*. Lo de share venía porque se incentivaba que la gente compartiese la demo para que el juego se diese a conocer. Así se publicitaron juegos tan míticos como *Wolfenstein 3D* [27].

Las ganancias que se obtenían de los juegos eran tan reducidas que, sólo en casos muy contados, se podían plantear promocionarse en radio, televisiones o cartelería. En cuanto a la venta y distribución, se hacía en tienda física, en los formatos de la época (cassette o disco). En el mejor de los casos, había tiendas físicas que ofrecían envío por correo para los usuarios que no tuvieran una cerca.

Desde entonces, el mercado ha evolucionado enormemente. Las ganancias de las grandes casas desarrolladoras les permiten promocionar sus juegos por múltiples vías: televisión, internet, cartelería, etc. El auge de internet en el hogar y de las plataformas de distribución online como *Steam* [229] o *Epic Games Store* [66] ha reducido la venta física a niveles marginales.

En realidad, hoy día lo difícil no es hacerle llegar tu juego a tus usuarios, sino que tus usuarios lleguen a conocerlo entre todo un infinito catálogo de opciones que no hace más que crecer. Si tu objetivo es obtener dinero de tus juegos, desarrollarlos será sólo la mitad del camino, la otra mitad será promocionarlos adecuadamente para que tus potenciales jugadores lleguen a saber que tu juego existe. Con frecuencia, las plataformas de distribución online ofrecen ciertas funcionalidades para promocionar los juegos que publiques en ellas, pero para que tus juegos alcancen realmente una masa crítica de jugadores suficiente como para que obtengas una rentabilidad económica, será imprescindible que domines técnicas de SEO,[1] que promociones tu juego en redes sociales, en foros relacionados con la temática de tus juegos, que lo des a conocer en revistas e, incluso, que ofrezcas demos que inciten a la compra. Todo ello son técnicas que merecerían su propio libro, aparte de que reconozco que no las domino aún. El día que me haga rico con un juego que haya desarrollado, explicaré en un libro las técnicas promocionales que haya usado. Hasta entonces, me temo que tendré que limitarme a explicarte aquí cómo colocar tu juego en repositorios online que faciliten que tus usuarios lo puedan descargar para instalarlo en sus ordenadores.

Dado que las plataformas que he elegido como objetivo para *Prince of Unity* son Windows y Linux, veremos cómo publicar nuestro juego en *itch.io* [93], una de las múltiples plataformas de distribución online

[1] Search Engine Optimization.

para PC disponibles hoy día. Si *Prince of Unity* hubiera tenido una motivación económica, probablemente habría sido más interesante publicarlo en Steam, dada su mayor difusión, pero como su proceso de publicación es algo más complicado y no tengo clara su política de aceptación de remakes indies como este, he preferido itch.io como alternativa más sencilla.

En itch.io se pueden colgar instaladores tanto para Windows como para Linux, así que ahí podríamos dejar el capítulo. Sin embargo, en Linux no suele ser habitual tener que andar bajándose paquetes periódicamente para instalarlos manualmente. Lo natural en Linux es configurar un repositorio remoto para que el sistema se encargue de detectar, descargar e instalar automáticamente las nuevas versiones. Por eso, veremos cómo crear fácilmente esos repositorios de paquetes, tanto DEB como RPM, en *PackageCloud* [154]. También veremos que, entre los múltiples servicios que nos ofrece GitHub, está también el de colgar nuestros binarios para que se los descarguen nuestros usuarios.

Sin embargo, hay que tener claro que las obras de arte hay que firmarlas, y nuestros paquetes no son una excepción. Antes de colgarlos en las plataformas antes mencionadas, tendremos que firmarlos para ofrecer la seguridad a nuestros usuarios de que se estén bajando la versión que llega directamente desde nosotros y no una versión manipulada.

30.1. Firmado de aplicaciones

Donde más evidente es la importancia de la firma de aplicaciones es en Windows. Si ejecutamos el instalador para Windows de nuestro juego en el mismo ordenador en el que lo hayamos creado, veremos que funciona sin problema. Sin embargo, si subimos ese instalador a una plataforma como itch.io, lo descargamos y, acto seguido, probamos a ejecutar el instalador descargado, nos aparecerá una alerta como la de la figura 30.1.

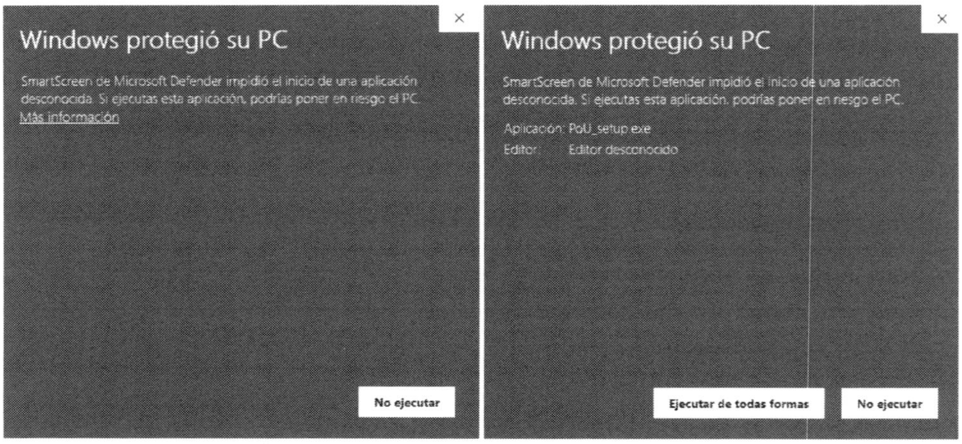

Figura 30.1: Alerta del SmartScreen de Windows.

A la izquierda de la figura 30.1 está la primera ventana que nos aparece. No es muy alentadora, ni muy clara tampoco, ya que para poder ejecutar la aplicación hay que pulsar en `Más información` para que aparezca la ventana de la derecha, donde ya sí que aparece el botón `Ejecutar de todas formas`.

Está claro que esta ventana está pensada para desalentar que ejecutemos el juego. Pero, ¿qué tiene de malo itch.io?, ¿es que acaso incluye malware en los juegos que subamos a ella? Lo primero es que itch.io no tiene la culpa de que salga ese mensaje, lo que pasa es que tenemos que entender cómo funciona el SmartScreen de Windows. Esta es una funcionalidad incluida y activada de serie en Windows. Puedes desactivarla si entras en la configuración de seguridad, pero no te lo recomiendo en absoluto. Lo que hace SmartScreen es evaluar la reputación de las aplicaciones que te descargues de Internet e intentes ejecutar en tu ordenador. Para ello, va sumando diversos factores hasta alcanzar una puntuación global de reputación. Lo primero que hace es revisar si la aplicación está firmada por un editor reconocido, si no es así, mira en la base de datos del antivirus Windows Defender si alguna vez se escaneó ese fichero y si se identificó como malicioso o no. Si tampoco identifica el fichero en su base de datos de escaneos, entonces lo declara *Desconocido.* También valora el número de veces que se ha encontrado ese fichero, dándole menos puntuación a los ficheros menos populares. Al final, si la puntuación global no supera un determinado umbral, SmartScreen declara no confiable al fichero y recomienda al usuario que no lo abra, con la ventana que hemos visto antes. En realidad, no llega a afirmar nunca que el juego sea peligroso, sino que *podría* serlo.

Como te puedes imaginar, el usuario medio huirá espantado cuando vea una ventana tan inquietante como esa. ¿Cómo podemos evitar que le salga esa advertencia a nuestro juego? La primera opción es firmar el instalador de juego con un certificado reconocido para que SmartScreen vea que viene de un desarrollador "*con nombres y apellidos*" y, por tanto, reduzca su nivel de riesgo. En el fondo, SmartScreen adopta el mismo algoritmo que usamos en el supermercado: ¿tú comprarías un producto que no tuviera los datos del productor en su etiqueta?, probablemente no. Claro, siempre está la cuestión de cómo puede fiarse SmartScreen de que los datos de la firma no sean fraudulentos, y ahí entra en juego lo que entendemos por *certificado reconocido.* Para poder firmar aplicaciones con un certificado reconocido, tienes que adquirirlo a empresas especializadas. La garantía que ofrecen estas empresas es que comprueban que eres quién dices ser antes de otorgarte un certificado electrónico con tus datos. Estas comprobaciones son burocráticas y pasan por mandar fotocopias de nuestros documentos de identidad o, incluso, personarse físicamente, lo que encarece el proceso. Obtener un certificado electrónico para firmar aplicaciones puede situarse en torno a los 70 € al año, aunque se pueden conseguir descuentos si se compran certificados con 2 ó 3 años de vigencia. Si aún así te decides a comprar uno de estos certificados, asegúrate también que sea de un proveedor que esté reconocido por Microsoft como confiable.

Hay que tener clara la diferencia entre los certificados para firmar aplicaciones (*code signing certificates*) y los certificados que se usan para los servidores web (*SSL certificates*). Aunque la tecnología que utilizan es la misma, se usan con propósitos diferentes y los que los venden utilizan procesos de validación distintos. Una empresa que venda certificados web sólo necesita comprobar que somos los dueños del dominio web para el que estemos pidiendo el certificado. Para ello, se suelen utilizar procedimientos sencillos como anotaciones en la entrada DNS del dominio. Son validaciones fácilmente automatizables, por lo que obtener un certificado web es barato, y hay incluso organizaciones sin ánimo de lucro, como LetsEncrypt [104], que los facilitan gratis. Sin embargo, el proceso de validación para las firmas de aplicaciones es mucho más costoso y, por tanto, también lo son los certificados.

> Por lo tanto, mi consejo es que desconfíes de cualquiera que ofrezca gratis certificados de firma de aplicaciones. A diferencia de los certificados SSL, no es normal que se ofrezcan certificados de firma de aplicaciones gratuitos.

Una vez que tengamos un certificado, podremos firmar nuestra aplicación usando las herramientas que veremos más adelante. Eso nos dará más puntos en el ranking de reputación de SmartScreen, pero puede ser que ni siquiera con eso sea suficiente como para evitar que salga el temible aviso azul, ya que también pesa mucho la popularidad de nuestro instalable, y que los sistemas antivirus de Microsoft se hayan topado con él y hayan tenido la ocasión para examinarlo. Por eso, también te recomiendo que subas tu paquete instalador a la herramienta de análisis de malware [128] de Microsoft. Necesitarás tener una cuenta en Microsoft e identificarte como desarrollador de software, pero lo bueno es que, al superar el análisis de esa herramienta, tu instalador se marcará como limpio en la base de datos de Microsoft y, al poco tiempo, los SmartScreen de los Windows se bajarán la actualización de que tu instalador está marcado como limpio, lo que incrementará su reputación.

> Usar la herramienta de análisis de malware de Microsoft para desarrolladores de software es una excelente manera de incrementar nuestra reputación ante SmartScreen. Aún así, hay que tener en cuenta que cuando Microsoft nos declara limpios lo que le manda a los Windows que hay por todo el mundo es un hash de nuestro instalador. Eso quiere decir que tendremos que volver a pasar el análisis con cada versión de nuestro juego que vayamos sacando.

En todo caso, las grandes casas desarrolladoras siempre firman sus juegos con certificados. Para ellas, el coste del certificado no supone un problema y además, al ser empresas, pueden comprar certificados de validación extendida (certificados EV), los cuales sólo se pueden suministrar a organizaciones, por lo que están vetados a desarrolladores individuales. A diferencia de los certificados estándar, SmartScreen acepta automáticamente las aplicaciones firmadas con certificados EV sin tener en cuenta la popularidad. Así que los certificados EV son los únicos que garantizan al cien por cien que no nos saldrá el aviso azul.

De todos modos, en esta sección veremos cómo generar certificados autofirmados y firmar juegos con ellos. Los certificados autofirmados son aquellos que generamos en nuestro ordenador. Al no haber sido creados por un emisor de certificados reconocido por Microsoft, no podemos esperar que nuestros certificados autofirmados eviten la advertencia de SmartScreen a menos que nuestros usuarios instalen nuestra clave pública. La posibilidad de que nuestros usuarios se instalen nuestra clave pública es remota, salvo que nos hayamos ganado su confianza, pero, al menos, hacer el proceso de firma, aunque sea con un certificado autofirmado, nos preparará para poder hacerlo si finalmente decidimos hacernos con un certificado reconocido.

La firma electrónica

Antes de zambullirnos en cómo firmar, quiero asegurarme de que tengas claro lo que es una firma electrónica y cómo se logra. De otra manera, los términos que voy a usar más adelante pueden sonarte a chino.

Los sistemas de cifrado de mensajes que se han usado a lo largo de la historia se han basado en el uso de una clave única para alimentar un proceso de cifrado, con el fin de ocultar el contenido de un mensaje. Esta clave única se utiliza también en el proceso de descifrado, para recuperar el mensaje original. Dado que se usa la misma clave en el proceso de cifrado y en el de descifrado, estos sistemas criptográficos se denominan de *clave simétrica*. El gran problema con estos sistemas era asegurar que la clave no cayese en malas manos, por lo que el proceso de hacerle llegar dicha clave al interlocutor del mensaje era problemático por el riesgo de ser espiado o interceptado.

En el siglo XX, los matemáticos elucubraron una nueva manera de cifrar mensajes basándose en claves compuestas. Dichas claves están formadas por dos piezas que tienen la peculiaridad de que lo que se cifra usando como clave una de las piezas, sólo se puede descifrar usando como clave la otra pieza. Partiendo de ahí, una de las piezas recibe el nombre de *clave pública*, por ser la que se le entrega al interlocutor del mensaje. La otra pieza recibe el nombre de *clave privada* por ser la que cada interlocutor guarda a buen recaudo y evita que sea espiada por otros.

Dado que la clave que se utiliza para cifrar es distinta de la clave que se usa para descifrar, estos sistemas reciben el nombre de sistemas de *clave asimétrica*. También se les llama a menudo sistemas de clave pública por la peculiaridad de que dicha clave puede ser libremente compartida, en incluso espiada sin comprometer la seguridad de los mensajes.

¿Cómo se consigue garantizar la confidencialidad de un mensaje cuando las claves públicas intercambiadas han podido ser espiadas por un tercero? Imaginemos que somos Alberto y que queremos intercambiar mensajes confidenciales con Bertín. Lo primero que haremos será intercambiar con Bertín nuestras claves públicas, él nos dará la suya y nosotros le daremos la nuestra, por ejemplo por correo. No importará que un tercero hostil esté espiando los correos y tomando nota de las claves intercambiadas, porque a la hora de enviarle un mensaje a Bertín lo cifraremos con su clave pública y, a partir de ahí, sólo se podrá descifrar con la clave privada de Bertín, la cual no ha llegado a salir de su ordenador y, por tanto, no ha podido ser interceptada. De igual manera, Bertín nos mandará mensajes cifrándolos con nuestra clave pública, de tal manera que sólo nosotros seremos capaces de descifrarlos con nuestra clave privada. Dado que el hostil sólo cuenta con las claves públicas, no podrá usarlas para descifrar los mensajes cifrados con esas mismas claves públicas. Mientras mantengamos a buen recaudo las claves privadas, la confidencialidad de los mensajes intercambiados estará garantizada.

Bueno, en realidad el sistema es susceptible de sufrir ataques de *hombre-en-medio* si no tomamos la precaución de asegurar que la clave pública que estamos recibiendo es realmente la de nuestro interlocutor. En ese tipo de ataques, el hostil se pone entre los dos interlocutores y hace creer a cada uno que está hablando directamente con el otro cuando realmente lo están haciendo a través del hostil, el cual les hace llegar su clave pública (la del hostil) haciéndola pasar por la clave pública del otro interlocutor. De esa manera, el hostil puede descifrar los mensajes recibidos de un extremo con su propia clave privada y, tras espiarlos o manipularlos, mandarlos al otro extremo usando la clave pública de dicho extremo. Es precisamente para evitar los ataques de hombre-en-medio que existen los proveedores de validación de certificados. GPG, para evitar depender de esos proveedores, recomienda que el intercambio de claves públicas se haga en persona.

Un detalle interesante es que los sistemas de clave asimétrica suelen ser mucho más lentos que los de clave simétrica. Por ese motivo, en la práctica muchas veces no se usan los sistemas de clave asimétrica para cifrar mensajes completos, sino que se emplean para intercambiar de manera segura una clave entre los interlocutores, para que luego estos la usen para cifrar los mensajes con un sistema de clave simétrica.

Un certificado es en realidad un fichero que incluye una clave privada y otra pública, asociadas ambas a la identidad de una persona u organización. Los certificados que nos facilite un proveedor comercial serán *certificados validados* (también denominados *reconocidos*), porque dicho proveedor se habrá asegurado de que somos realmente quien dice el certificado que somos. También podemos generar certificados por nosotros mismos (son los *certificados autofirmados*) pero, al no haber sido verificados por un tercero de confianza, su uso es más inseguro para nuestros usuarios.

La confidencialidad no es la única utilidad de los sistemas asimétricos. Estos también sirven para garantizar la autoría y la integridad de ficheros, pero para entenderlo primero debemos saber qué es un algoritmo de hash.

Un algoritmo de *hash* se caracteriza porque es capaz de aceptar una cantidad variable de datos y generar con ellos una cadena, el hash, de longitud fija. Dicha cadena siempre será la misma cuando se repita exactamente el mismo dato de entrada y, por otro lado, el algoritmo garantiza que dos flujos de datos diferentes no darán nunca lugar al mismo hash. Los hash se utilizan para asegurar que los datos intercambiados en una comunicación no hayan visto modificados accidentalmente (por ejemplo, por interferencias) durante el tránsito entre los dos interlocutores. Para ello, el emisor manda el mensaje acompañado por el hash, mientras que el receptor calcula el hash del mensaje recibido y lo compara con el que acompañaba el mensaje: de ser iguales, puede tener la seguridad de que el mensaje no se ha visto alterado, pero, en caso de diferir, supondrá que el mensaje enviado no se corresponde con el recibido, por lo tendrá que pedir una retransmisión.

El uso anterior de los hash es para evitar modificaciones accidentales. Para evitar modificaciones intencionadas hay que combinar los hash con claves asimétricas. Esta combinación es precisamente lo que denominamos *firmar un archivo*. Para ello, el emisor saca el hash del fichero que va a enviar y lo cifra con su clave privada, con lo que se crea la *firma*. Al incluir dicha firma en el fichero, este pasa a ser un *fichero firmado*. Cuando el fichero llega al receptor, este extrae la firma, la descifra usando la clave pública del emisor y con ello obtiene el hash original. Acto seguido calcula por sí mismo el hash del fichero y lo compara con el extraído de la firma. Si ambos coinciden, perfecto, porque significará que el fichero no ha sido manipulado, pero, si difieren, será cuando deban encenderse las alarmas.

Fíjate que un hostil no podría modificar un fichero protegido por este sistema, ya que al no tener la clave privada del emisor, tendría que re-firmar el fichero con su propia clave privada, pero el receptor, al descifrar la firma con la clave pública del emisor y no con la del atacante, obtendría unos datos aleatorios que no tendrían nada que ver con el hash del fichero recibido. Por tanto, el proceso de firma garantiza la integridad de los mensajes al permitir detectar las modificaciones de estos. También garantiza la autoría, ya que sólo el dueño de la clave pública, y de su correspondiente clave privada, puede cifrar un hash válido del fichero que hemos recibido.

Firmado en Windows

Windows utiliza el estándar X.509 de certificados para la firma de aplicaciones. Para generar un certificado de este tipo debemos abrir una consola de powershell en modo administrador y teclear:

```
1  PS_C:\Users\Usuario> $cert = New-SelfSignedCertificate -Subject ''dante.signal31'' -
       Type CodeSigningCert -CertStoreLocation cert:\LocalMachine\My -NotAfter (Get-Date)
       .AddYears(5)
2  PS_C:\Users\Usuario> Get-ChildItem -Path ''Cert:\LocalMachine\My''
3  
4     PSParentPath: Microsoft.PowerShell.Security\Certificate::LocalMachine\My
5  
6  Thumbprint                                Subject              EnhancedKeyUsageList
7  ----------                                -------              --------------------
8  E6FF72FBA435B28193CB2A0ED39F87952DE69430  CN=NVIDIA GameStrea{\ldots}
9  DB0E4F3A50A09341AD04D35B6CED0405D954B03B  CN=C4034CE198C7C4D2{\ldots} {Autenticacion
       del servidor, Autenticacion del cliente}
10 402A465F234CB534E09ACA479C19643D1AEBC650  CN=C4034CE198C7C4D2{\ldots} {Autenticacion
       del servidor, Autenticacion del cliente}
11 335542A50347CD292A7C9ADB152483E1899B68AC  CN=dante.signal31    Firma de codigo
12 
13 PS_C:\Users\Usuario> Get-ChildItem -Path ''Cert:\LocalMachine\My'' | select ThumbPrint
       ,Subject,NotAfter
14 
15 Thumbprint                               Subject

       NotAfter
16 ----------                               -------

       --------
17 E6FF72FBA435B28193CB2A0ED39F87952DE69430 CN=NVIDIA GameStream Server
                                                                     26/09/2039 21:28:46
18 DB0E4F3A50A09341AD04D35B6CED0405D954B03B CN=C4034CE198C7C4D2D6773E151A8310426A817144,
       O=SurfEasy, L=Toronto, S=Ontario, C=IKEV2 12/03/2028 18:17:40
19 402A465F234CB534E09ACA479C19643D1AEBC650 CN=C4034CE198C7C4D2D6773E151A8310426A817144,
       O=SurfEasy, L=Toronto, S=Ontario, C=IKEV2 15/05/2026 10:28:42
20 335542A50347CD292A7C9ADB152483E1899B68AC CN=dante.signal31
                                                                              13/05/2028
       8:11:30
21 PS_C:\Users\Usuario>
```

Listado 30.1: Comando de powershell para crear un certificado autofirmado.

En la línea 1 del listado 30.1, he creado el certificado autofirmado, el cual se ha guardado en el almacén de certificados de usuario, como se puede ver por la salida del comando de la línea 2. Ten en cuenta que los certificados se crean con sólo un año de vigencia, pasada la cual hay que crear nuevos certificados. Por ese motivo, he fijado la vigencia del certificado a 5 años con el parámetro `-NotAfter (Get-Date).AddYears(5)` de la línea 1. En la línea 13 se puede ver la orden necesaria para incluir las fechas de expiración en el listado de certificados.

Ahora tendremos que exportar el certificado creado en dos formatos: como certificado completo (`.pfx`) y como certificado público (`.cer`). El certificado completo incluye tanto la clave pública como la privada del certificado y debemos guardarlo a buen recaudo por si nuestro ordenador se ve afectado y tenemos que restaurar todo nuestro entorno de desarrollo en otro. Sólo podremos firmar en otro ordenador si importamos en él el certificado completo. El certificado público contiene, como su nombre indica, sólo la parte pública del certificado. El certificado público es el que difundiremos entre nuestros usuarios para que puedan comprobar que el fichero firmado viene realmente de nosotros.

```
1  PS_C:\Users\Usuario> $CertPassword = ConvertTo-SecureString -String ''password'' -
       Force --AsPlainText
2  PS_C:\Users\Usuario> Export-PfxCertificate -Cert cert:\LocalMachine\My\335542
       A50347CD292A7C9ADB152483E1899B68AC -FilePath C:\dante_signal31.pfx -Password
       $CertPassword
3
4      Directory: C:\
5
6  Mode                 LastWriteTime         Length Name
7  ----                 -------------         ------ ----
8  -a---          13/05/2023     8:28           2605 dante_signal31.pfx
9
10 PS_C:\Users\Usuario> Export-Certificate -Cert Cert:\LocalMachine\My\335542
       A50347CD292A7C9ADB152483E1899B68AC -FilePath C:\dante_signal31_pub.cer
11
12     Directory: C:\
13
14 Mode                 LastWriteTime         Length Name
15 ----                 -------------         ------ ----
16 -a---          13/05/2023     8:29            774 dante_signal31_pub.cer
17
18 PS_C:\Users\Usuario>
```

Listado 30.2: Comando de powershell para exportar un certificado autofirmado.

En la línea 1 del listado 30.2, he convertido la contraseña que le vamos a poner al certificado (*"password"*) al formato que se utiliza en los certificados X.509. Esta es la contraseña que habrá que introducir cada vez que se quiera firmar con este certificado. En la línea 2 es donde he exportado el certificado al fichero `C:/dante_signal31.pfx`, aplicándole la contraseña definida en la línea 1. Observa que, para identificar el certificado dentro del almacén de usuario, he utilizado el ID (la cadena 3355...68AC) que nos salía en la línea 11 del listado 30.1 para nuestro certificado.

La orden para exportar el certificado público se puede ver en la línea 10 del listado 30.2. En ella, he especificado que el fichero resultante se guarde en la carpeta `C:/dante_signal31_pub.cer`. Este es el fichero que deberemos colgar en la página web del juego, para que nuestros usuarios se lo descarguen. En las instrucciones de instalación debemos indicarles que se lo bajen, pinchen en él con el botón derecho y elijan [Instalar el certificado]. En la ventana para importar que se abrirá deberemos seleccionar el [Equipo local] como ubicación del almacén donde se guardará el certificado (deberemos tener permisos de Administrador para ello). En la siguiente ventana debemos asegurarnos de que el certificado acabe en el almacén correcto, por lo que habrá que elegir [Colocar todos los certificados en el siguiente almacén] y pincharemos el botón [Examinar] para elegir como almacén donde guardar el certificado el de [Entidades de certificación raíz de confianza]. Una vez hecho este proceso, nuestros usuarios ya no deberían ver la advertencia de SmartScreen al instalar el juego, ya que identificarán que este ha sido firmado con un certificado que está dentro del listado de los de confianza para el sistema.

> Vuelvo a insistir en que los certificados autofirmados tienen un periodo de vigencia limitado. Si sigues estas instrucciones y pinchas dos veces en el certificado `.cer`, verás una ventana con detalles sobre el certificado, donde figura el periodo de vigencia. Por defecto, ese periodo de vigencia es de 1 año, pero con los parámetros que hemos usado aquí hemos alargado el tiempo a 5 años. Sin embargo, pasado ese tiempo, tendrás que generar un nuevo fichero `.cer` y hacérselo llegar a tus usuarios para que lo importen y no vuelva a salir el SmartScreen.

Una vez tenemos nuestro certificado completo en un fichero `.pfx`, deberemos importarlo a nuestro almacén de certificados del sistema para poder usarlo para firmar. Para ello, seleccionaremos el fichero `.pfx` con el botón derecho y elegiremos la opción [Instalar PFX]. La ventana de importación es muy similar a la que nos salía con el certificado `.cer`. De nuevo elegiremos importar el certificado en el almacén del [Equipo local] y pulsaremos [Siguiente]. Podemos pasar la siguiente ventana pulsando [Siguiente] de nuevo porque sólo sirve para seleccionar la ruta donde se encuentra el certificado, y esta ruta ya se refleja correctamente porque hemos iniciado la ventana de importación pulsando con el botón derecho sobre el archivo. En la siguiente ventana debemos incluir la contraseña con la que se exportó el certificado (*"password"* en nuestro ejemplo) y deberemos marcar el check de *Marcar esta clave como exportable*, dado que en el futuro nos puede resultar útil. En la siguiente ventana elegiremos la opción Colocar todos los certificados en el siguiente almacén y seleccionaremos, al igual que con el fichero `.cer`, el almacén de Entidades de certificación raíz de confianza. En la última ventana, sencillamente confirmaremos la importación presionando Finalizar.

Llegados a este punto, estamos listos para firmar por fin el instalador. Hay dos maneras de hacerlo: o bien usando powershell y bien una herramienta de Microsoft llamada *SignTool* [130].

Usando powershell, el comando de firmado sería:

```
1  PS_C:\Users\Usuario> cd Downloads
2  PS_C:\Users\Usuario\Downloads> Set-AuthenticodeSignature -FilePath .\PoU_setup.exe -
       Certificate $cert
3
4      Directory: C:\Users\Usuario\Downloads
5
6  SignerCertificate                          Status
       StatusMessage                          Path
7  -----------------                          ------
       -------------                          ----
8  335542A50347CD292A7C9ADB152483E1899B68AC   Valid
       Signature verified.                    PoU_setup.exe
9
10 PS_C:\Users\Usuario\Downloads>
```

Listado 30.3: Comando de powershell para firmar un archivo.

Como se puede ver en el listado 30.3, en la línea 1 he ido a la carpeta `C:/Users/Usuario/Downloads`, donde tengo el ejecutable a firmar. En la línea 2 es donde se firma el fichero (en este caso `PoU_setup.exe`, el instalador de *Prince of Unity*) con nuestro certificado.

El comando de firma fallará con un *Status* de *UnknownError* si antes de ejecutarlo no hemos importado el fichero `.pfx`, tal y como hemos explicado aquí.

Para confirmar que el fichero ha quedado firmado, podemos pinchar en él con el botón derecho, seleccionar Propiedades > Firmas digitales y en la lista que aparecerá deberían constar los datos de nuestra firma.

Por su parte, SignTool es una opción de firmado muy popular. La herramienta forma parte del SDK de Windows [135], por lo que este sería un buen momento de instalarlo si no cuentas con él aún. Una vez que lo hayas hecho, encontrarás la herramienta en la ruta `C:/Program Files (x86)/Windows Kits/10/bin/[ver SDK]/x64/signtool.exe`. Desgraciadamente, esta ruta no se incluye en la variable `PATH` del sistema, así que tendrás que referirte a ella manualmente.

Ten en cuenta que la parte de *[ver SDK]*, variará en tu sistema dependiendo de la versión concreta de SDK que hayas instalado.

Localizada la ruta, nos desplazaremos a esa carpeta y ejecutaremos SignTool desde allí.

```
PS_C:\Users\Usuario> cd 'C:\Program Files (x86)\Windows Kits\10\bin\10.0.16299.0\x64'
PS_C:\Program_Files_[x86]\Windows_Kits\10\bin\10.0.16299.0\x64> .\signtool sign /f ''C
    :\Users\Usuario\Downloads\dante_signal31.pfx'' /p ''password'' /tr http://
    timestamp.digicert.com /td SHA256 /fd SHA256 ''C:\Users\Usuario\Downloads\
    PoU_setup.exe''

Done Adding Additional Store
Successfully signed: C:\Users\Usuario\Downloads\PoU_setup.exe

PS_C:\Program_Files_[x86]\Windows_Kits\10\bin\10.0.16299.0\x64>
```

Listado 30.4: Uso de SignTool para firmar un archivo.

En el ejemplo del listado 30.4, tanto el certificado `.pfx` como el instalador a firmar se encuentran en la ruta 🗀`C:/Users/Usuario/Downloads/`. Como puedes ver, en la línea 2 de dicho listado es donde se encuentra el comando de firma. Los parámetros que le he pasado son:

- /f: La ruta al certificado .pfx con el que vamos a realizar la firma.
- /p: Contraseña del certificado.
- /tr: Servidor de tiempos para incluir la fecha y hora de la firma. Hay múltiples servidores de tiempo disponibles. Sólo tienes que buscarlos en Google.
- /td: Algoritmo de hashing usado con el servidor de tiempos.
- /fd: Algoritmo de hashing utilizado para la firma.

Para comprobar la firma podemos aplicar el mismo método que cuando firmamos con powershell, aunque fíjate que esta vez sí que aparece la fecha de firmado.

Con esto, nuestro instalador estará firmado y listo para ser distribuido.

Los usuarios podrán comprobar la firma del juego de dos maneras: a través de la ventana de propiedades del fichero instalador o usando la herramienta SignTool desde una ventana de powershell.

El método de la ventana de propiedades será el más habitual, porque es raro que alguien cuente con el Windows SDK en su ordenador, a no ser que sea desarrollador. Es muy sencillo, en el explorador de archivos pinchamos en el fichero del instalador del juego con el botón derecho, pulsamos Propiedades, vamos a la pestaña Firmas digitales, en la lista de firmas seleccionamos la que aparezca y pulsamos en Detalles. Si nuestro usuario no ha importado nuestra clave pública (el fichero `.cer` que ofrecemos en nuestra página) o bien si el fichero ha sido manipulado y firmado con una firma que no es la nuestra, le aparecerá un mensaje como el siguiente:

> *Se procesó correctamente una cadena de certificados, pero termina en un certificado raíz no compatible con el proveedor de confianza.*

Si nuestro usuario está seguro de haber importado el fichero `.cer` y aún así le sale ese mensaje (parte izquierda de la figura 30.2) , entonces deberá sospechar que algo raro pasa con ese fichero.

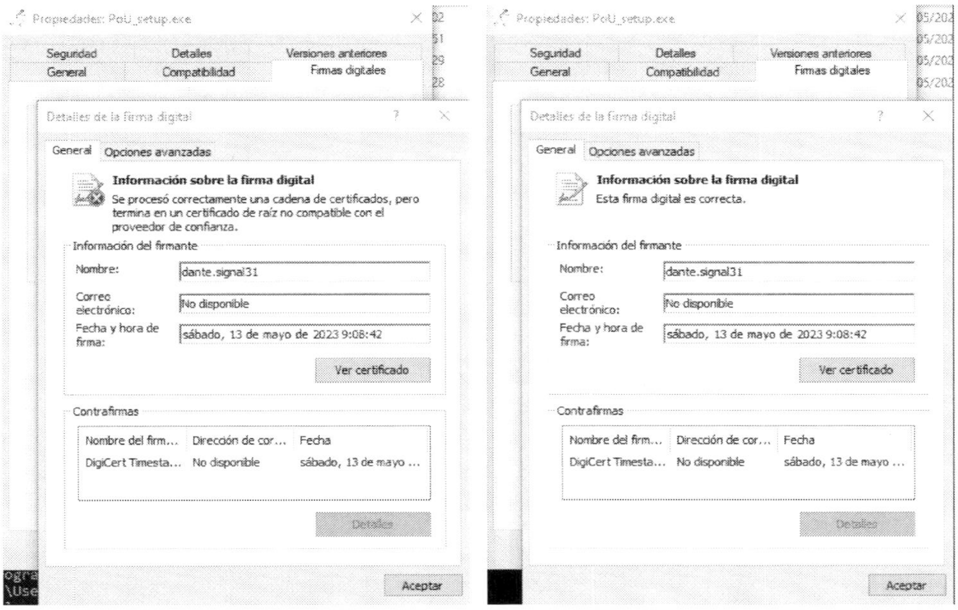

Figura 30.2: Verificación de la firma.

Este mensaje de advertencia no se desplegaría si el instalador superase la verificación, como se puede ver a la derecha de la figura 30.2.

En caso de que el usuario haga la verificación con SignTool y el instalador no supere la verificación, el mensaje será como el del listado 30.5.

```
PS_C:\Users\Usuario> cd 'C:\Program Files (x86)\Windows Kits\10\bin\10.0.16299.0\x64'
PS_C:\Program_Files_[x86]\Windows_Kits\10\bin\10.0.16299.0\x64>.\signtool verify /pa C
    :\Users\Usuario\Downloads\PoU_setup.exe
File: C:\Users\Usuario\Downloads\PoU_setup.exe
Index  Algorithm  Timestamp
========================================
SignTool Error: A certificate chain processed, but terminated in a root
        certificate which is not trusted by the trust provider.

Number of errors: 1

PS_C:\Program_Files_[x86]\Windows_Kits\10\bin\10.0.16299.0\x64>
```

Listado 30.5: Uso de SignTool para comprobar una firma que resulta ser incorrecta.

Fíjate que en el listado 30.5 he usado el parámetro `/pa` después del `verify`. Es importante no omitir ese parámetro cuando estamos verificando certificados de firma de aplicaciones, porque, de otro modo, Windows verificará la firma aplicando criterios diferentes y fallará aunque el usuario haya importado nuestro fichero `.cer` y la firma del fichero sea correcta.

Si, por el contrario, el instalador superase la verificación, el mensaje sería como el del listado 30.6.

```
PS_C:\Users\Usuario> cd 'C:\Program Files (x86)\Windows Kits\10\bin\10.0.16299.0\x64'
PS_C:\Program_Files_[x86]\Windows_Kits\10\bin\10.0.16299.0\x64>.\signtool verify /pa C
    :\Users\Usuario\Downloads\PoU_setup.exe
File: C:\Users\Usuario\Downloads\PoU_setup.exe
Index  Algorithm  Timestamp
========================================
0      sha256     RFC3161

Successfully verified: C:\Users\Usuario\Downloads\PoU_setup.exe

PS_C:\Program_Files_[x86]\Windows_Kits\10\bin\10.0.16299.0\x64>
```

Listado 30.6: Uso de SignTool para comprobar una firma correcta.

Firmado en Linux

En Linux no nos saldrá una alerta como la del SmartScreen de Windows cuando intentemos instalar un paquete que no esté firmado. De hecho, siendo un sistema operativo muy seguro, en Linux no ha llegado nunca a generalizarse la firma de paquetes. Hay muchos paquetes básicos para cualquier distribución que están sin firmar, por lo que forzar a que las distribuciones utilicen sólo paquetes firmados no resulta realista a día de hoy. Además, no es trivial configurar un Linux para que compruebe por sistema las firmas de los paquetes que se instale de los repositorios, así que al final casi nadie lo hace.

De todos modos, para que no se diga que Linux no puede hacerlo, te voy a explicar cómo firmar paquetes tanto DEB como RPM. Al menos, firmando los paquetes de nuestros juegos podremos ofrecer a nuestros usuarios una manera de comprobar que los paquetes que se han bajado son realmente los nuestros y no han sido manipulados.

En Linux, la firma se basa en certificados *GPG* [163]. Al igual que los certificados X.509, los GPG ofrecen clave pública y privada. La diferencia estriba en que GPG no basa su modelo de uso en emisores de confianza que emitan certificados verificados. En vez de eso, GPG usa un modelo de distribución informal en el que cada usuario se crea sus propios certificados e intercambia claves públicas con las personas con las que quiera comunicarse. Ese intercambio puede ser por correo, a través de una página web o en un pincho USB. También hay servidores gratuitos donde podemos colgar nuestras claves públicas para que se las baje quien quiera comunicarse con nosotros o verificar una firma que hayamos hecho. Esa informalidad en el diseño de GPG se buscó para "democratizar" el uso de sistemas de clave público-privada, al ofrecer un sistema que no tuviera que depender de certificadores comerciales.

En nuestro caso, podemos crear un certificado GPG para firmar nuestro juego y dejar la clave pública en la página oficial de este, para que la importe quien quiera verificar la firma del paquete instalador.

```
dante@Camelot:~$ gpg --full-generate-key
gpg (GnuPG) 2.2.27; Copyright (C) 2021 Free Software Foundation, Inc.
This is free software: you are free to change and redistribute it.
There is NO WARRANTY, to the extent permitted by law.

Please select what kind of key you want:
   (1) RSA and RSA (default)
   (2) DSA and Elgamal
   (3) DSA (sign only)
   (4) RSA (sign only)
  (14) Existing key from card
Your selection? 1
RSA keys may be between 1024 and 4096 bits long.
What keysize do you want? (3072)
Requested keysize is 3072 bits
Please specify how long the key should be valid.
         0 = key does not expire
      <n>  = key expires in n days
      <n>w = key expires in n weeks
      <n>m = key expires in n months
      <n>y = key expires in n years
Key is valid for? (0) 5y
Key expires at Thu 11 May 2028 08:52:57 PM CEST
Is this correct? (y/N) y

GnuPG needs to construct a user ID to identify your key.

Real name: Prince of Unity
Email address: dante.signal31@gmail.com
Comment: GPG key to sign Prince of Unity packages
You selected this USER-ID:
    ''Prince of Unity (GPG key to sign Prince of Unity packages) <dante.signal31@gmail
        .com>''

Change (N)ame, (C)omment, (E)mail or (O)kay/(Q)uit? O
We need to generate a lot of random bytes. It is a good idea to perform
some other action (type on the keyboard, move the mouse, utilize the
disks) during the prime generation; this gives the random number
generator a better chance to gain enough entropy.
We need to generate a lot of random bytes. It is a good idea to perform
some other action (type on the keyboard, move the mouse, utilize the
disks) during the prime generation; this gives the random number
generator a better chance to gain enough entropy.
gpg: key 0FA0882E4F3BACAA marked as ultimately trusted
gpg: revocation certificate stored as '/home/dante/.gnupg/openpgp-revocs.d/
    B136AA80164FAA7C3AAD272B0FA0882E4F3BACAA.rev'
public and secret key created and signed.

pub   rsa3072 2023-05-13 [SC] [expires: 2028-05-11]
      B136AA80164FAA7C3AAD272B0FA0882E4F3BACAA
uid                      Prince of Unity (GPG key to sign Prince of Unity packages) <
    dante.signal31@gmail.com>
sub   rsa3072 2023-05-13 [E] [expires: 2028-05-11]

dante@Camelot:~$
```

Listado 30.7: Creación de una clave GPG.

Observa en el listado 30.7 que la orden gpg –full-generate-keys nos va preguntando qué parámetros le queremos dar al certificado GPG a crear. En mi caso, les he dado 5 años de vigencia, en la línea 22, para igualarlo con la vigencia del certificado X.509 de los paquetes Windows. Fíjate que en la línea 48 aparece el ID que tiene el certificado GPG dentro de nuestro almacén local (B136...ACAA). Usaremos el ID para operar sobre el certificado, aunque afortunadamente sólo tendremos que poner las primeras letras distintivas para que el comando gpg identifique el certificado concreto al que nos referimos.

Puedes listar el contenido de tu almacén local de certificados con el comando gpg –list-keys:

```
dante@Camelot:~$ gpg --list-keys
gpg: checking the trustdb
gpg: marginals needed: 3  completes needed: 1  trust model: pgp
gpg: depth: 0  valid:   1  signed:   0  trust: 0-, 0q, 0n, 0m, 0f, 1u
gpg: next trustdb check due at 2028-05-11
/home/dante/.gnupg/pubring.kbx
------------------------------
pub   rsa3072 2023-05-13 [SC] [expires: 2028-05-11]
      B136AA80164FAA7C3AAD272B0FA0882E4F3BACAA
uid           [ultimate] Prince of Unity (GPG key to sign Prince of Unity packages) <
    dante.signal31@gmail.com>
sub   rsa3072 2023-05-13 [E] [expires: 2028-05-11]

dante@Camelot:~$
```

Listado 30.8: Listado de claves GPG.

Al igual que en el caso de los certificados X.509, deberemos exportar el certificado recién creado. Por un lado, debemos exportar el certificado completo (la clave pública, junto con la clave privada) para guardar a buen recaudo una copia de seguridad, y, por otro lado, debemos exportar la clave pública, para ponerla a disposición de nuestros usuarios y que puedan comprobar la firma del paquete instalador.

```
1 dante@Camelot:~$ gpg --output prince_pub.gpg --armor --export
    B136AA80164FAA7C3AAD272B0FA0882E4F3BACAA
2 dante@Camelot:~$ gpg --output prince_priv.gpg --armor --export-secret-keys
    B136AA80164FAA7C3AAD272B0FA0882E4F3BACAA
3 dante@Camelot:~$ ls *.gpg
4 prince_priv.gpg  prince_pub.gpg
5 dante@Camelot:~$
```

Listado 30.9: Exportación de claves GPG.

En la línea 1 del listado 30.9 he exportado la clave pública a un fichero externo con nombre prince_pub.gpg. Si no usamos el parámetro –armor la clave se guardará en formato binario. En general, cuando vayamos a intercambiar la clave pública por correo o desde una página web, se considera una buena práctica que el fichero esté en formato textual ASCII y eso es lo que nos ofrece el parámetro –armor.

En la línea 2, lo que se exporta es el certificado completo. Fíjate que la diferencia con la exportación de la clave pública es que en este caso he usado el parámetro –export-secret-keys. Debes dejar el certificado completo a buen recaudo por si tu ordenador fallase y tuvieras que restaurarlo en otro equipo. Yo suelo guardar tanto la clave pública como el certificado completo, pero es sólo por la comodidad de no tener que exportar de nuevo la clave pública a la hora de ofrecérsela a alguien. En realidad, podríamos regenerar la clave pública a partir del certificado completo. Por eso, en nuestro caso, como copia de seguridad bastaría con guardar el fichero prince_priv.gpg.

> Puedes guardar tus certificados en cualquier sitio, como, por ejemplo, un pincho USB o una carpeta de Dropbox. Yo lo que recomiendo es que, sea lo que sea que uses, permita cifrar el contenido como medida de seguridad extra. También te aconsejo que sea un almacenamiento en la nube para evitar la eventualidad de que un malfuncionamiento, robo o atentado infantil te prive de tu almacenamiento físico. Mi recomendación es que uses un gestor de contraseñas en la nube, como *LastPass* [108]. LastPass te permite guardar tarjetas virtuales cifradas con una contraseña maestra. En esas tarjetas virtuales puedes guardar contraseñas y archivos. En mi caso, guardo los ficheros de los certificados, comprimidos en formato ZIP, junto con la contraseña de la clave privada.

Cuando nuestros usuarios se descarguen nuestra clave pública, podrán importarla en su almacén de certificados de la siguiente forma:

```
dante@Camelot:~$ gpg --import prince_pub.gpg
gpg: key 0FA0882E4F3BACAA: public key ''Prince of Unity (GPG key to sign Prince of
    Unity packages) <dante.signal31@gmail.com>'' imported
gpg: Total number processed: 1
gpg:               imported: 1
dante@Camelot:~$
```

Listado 30.10: Importación de claves GPG.

Una vez que ya tenemos los ficheros, podemos empezar a firmar los paquetes instaladores de *Prince of Unity*.

En el caso de los paquetes DEB, podemos usar la herramienta *dpgk-sig*. Esta herramienta puede no estar instalada por defecto en tu distribución, pero está incluida en los repositorios estándar, por lo que se puede instalar con un simple `sudo apt install dpkg-sig`. Una vez que tengamos la herramienta instalada el proceso de firma sería el siguiente:

```
1  dante@Camelot:~$ dpkg-sig --verify prince-of-unity_1.1.10_amd64.deb
2  Processing prince-of-unity_1.1.10_amd64.deb...
3  NOSIG
4  dante@Camelot:~$ dpkg-sig -k B13 --sign builder prince-of-unity_1.1.10_amd64.deb
5  Processing prince-of-unity_1.1.10_amd64.deb...
6  gpg: all values passed to '--default-key' ignored
7  Signed deb prince-of-unity_1.1.10_amd64.deb
8  dante@Camelot:~$ dpkg-sig --verify prince-of-unity_1.1.10_amd64.deb
9  Processing prince-of-unity_1.1.10_amd64.deb...
10 GOODSIG _gpgbuilder B136AA80164FAA7C3AAD272B0FA0882E4F3BACAA 1684144179
11 dante@Camelot:~$
```

Listado 30.11: Firma de un paquete DEB.

Fíjate que en la línea 1 del listado 30.11 he utilizado `dpkg-sig` para verificar la firma de un paquete que en realidad está sin firmar aún. Como era de esperar, el proceso de verificación finaliza avisando con el mensaje `NOSIG` (línea 3) de que el paquete no tiene firma que verificar.

Es en la línea 4 donde realizamos el firmado del paquete. Para eso utilizamos el parámetro `-k` para decir la clave del almacén que queremos utilizar. No tenemos que usar el ID completo de la clave, sólo las primeras letras que distingan ese ID de otros que pudiera haber en el almacén. Por eso, simplemente poniendo B13 podemos hacer referencia al ID B13...CAA de anteriores ejemplos. Recuerda que para firmar le debes pasar a `dpkg-sig` el parámetro `–sign builder`.

Por último, en la línea 8 he repetido la verificación de la firma que había intentado previamente en la línea 1 y esta vez ha funcionado, porque el paquete está correctamente firmado. Puedes ver en la línea 10 que la herramienta da por buena la firma con el mensaje `GOODSIG` y da el ID del certificado del almacén que ha identificado como el firmante (B13...CAA). Este será el comando que podrán utilizar los usuarios para verificar que el paquete no ha sido manipulado por el camino.

En sistemas RPM, el proceso es similar, aunque varían las herramientas a utilizar. En este caso usaremos el módulo *rpm-sign*. De no tenerlo en tu sistema, podrás instalarlo con un simple `sudo yum install` `rpm-sign`. En este caso no se trata de una herramienta independiente, sino de un módulo para dotar a la utilidad `rpm` de la capacidad de firmar paquetes RPM.

Para que `rpm` tire de un certificado a la hora de firmar, primero hay que importar su clave pública en la base de datos de `rpm`. Una vez importada, cuando vamos a firmar mencionamos el nombre del certificado y, si `rpm` lo tiene en su base de datos, buscará la clave privada en el almacén local de gpg para esa clave pública.

```
1 dante@Hatland:~$ rpm --checksig prince-of-unity-1.1.10-1.x86_64.rpm
2 prince-of-unity-1.1.10-1.x86_64.rpm: digests OK
3 dante@Hatland:~$ sudo rpm --import prince_pub.gpg
4 dante@Hatland:~$ rpm --define ''_gpg_name Prince of Unity (GPG key to sign Prince of
     Unity packages) <dante.signal31@gmail.com>'' --addsign prince-of-unity-1.1.10-1.
     x86_64.rpm
5 prince-of-unity-1.1.10-1.x86_64.rpm:
6 dante@Hatland:~$ rpm --checksig prince-of-unity-1.1.10-1.x86_64.rpm
7 prince-of-unity-1.1.10-1.x86_64.rpm: digests signatures OK
8 dante@Hatland:~$
```

Listado 30.12: Firma de un paquete RPM.

En la línea 1 del listado 30.12 he lanzado el comando de verificación de un paquete sin firmar. Si la salida no incluye la palabra *signatures OK*, significa que el fichero no está firmado.

En la línea 3 he importado la clave pública en la base de datos de `rpm`, tal y como debería hacer un usuario para verificar los paquetes. De esta manera se señala que esa clave pública es de confianza y que `rpm` debe considerar al dueño como una fuente de paquetes confiables.

La orden de firma de la línea 4 usa el literal del nombre de la clave pública (*Prince of Unity (GPG key to sign Prince of Unity packages)*), para buscar con él en la base de datos interna de gpg qué clave privada usar para firmar el paquete.

Por último, en la línea 6 he repetido el comando de verificación. En lo que se tiene que fijar un usuario que quiera comprobar el paquete es en que el mensaje de salida incluya las palabras `signatures OK`. Ese mensaje es el que marca que la firma del paquete es correcta.

30.2. itch.io

Cuando te registres en itch.io, asegúrate de marcar la opción de que estás interesado en distribuir contenido desde la plataforma, o de otra manera la cuenta que se creará será la de un usuario que va a jugar y descargar juegos.

Una vez finalizado el proceso de registro, accederás al *dashboard* donde aparecerán todos los juegos que des de alta en la plataforma. Si no estuvieras en el dashboard, asegúrate de seleccionarlo en las pestañas de la parte superior de la pantalla. Para dar de alta un nuevo juego basta con pulsar Create new project.

En la ventana siguiente es donde se introducen los detalles del juego: su nombre, una pequeña descripción, si el juego está pensado para ser descargado y jugado en local, el estado del ciclo de vida del juego (en desarrollo, en mantenimiento, suspendido temporalmente o cancelado). Tienes la opción de definir si el juego es gratuito, de pago o si es gratuito pero aceptas donaciones. Se pueden subir los ficheros instaladores del juego en este momento, pero no pasa nada si se hace después. Cuando subas los ficheros se habilitará un campo de texto que te permitirá incluir instrucciones de descarga e instalación. Conviene dejar que se construya una comunidad alrededor del juego, así que es aconsejable dejar habilitados al menos los comentarios o, incluso, el foro. También te interesa que la página del juego sea visualmente atractiva, por lo que recomiendo que subas cuanto antes la imagen de portada y añadas capturas de pantalla y algún vídeo del juego en funcionamiento. Por último, esta ventana tiene una opción muy interesante denominada *Visibility & access* que permite configurar si la página del juego es pública o no. En modo *Draft* sólo nosotros podremos ver la página. El modo *Restricted* es ideal para la fase de pruebas, al permitirnos autorizar a nuestros testers para que puedan acceder a la página para descargarse la última versión de prueba. Por último, el modo *Public* es, como su nombre indica, en el que todo el mundo puede acceder a la página y descargarse el juego.

Publicar un juego en itch.io es tan sencillo como hemos visto hasta ahora, aunque tiene otras opciones que te pueden resultar interesantes, una vez hayas publicado tu juego. Cuando entres en la opción Edit game de la parte superior, accederás a una ventana que te dará las siguientes opciones:

- *Edit game*: Te permite actualizar todos los detalles de publicación del juego.
- *Devlog*: Te recomiendo que vayas publicando aquí las noticias relacionadas con tu juego para que los usuarios vean que el desarrollo sigue vivo y mantengan el interés.
- *Metadata*: Datos accesorios sobre tu juego. Te recomiendo que cumplimentes todos los que puedas, ya que muchos usuarios usan esos campos para encontrar los juegos que les interesan, como, por ejemplo, los desarrollados con un determinado engine.
- *Analytics*: Te permite analizar el histórico de visitas a la página y de descarga del juego. Si promocionas tu juego en una página o foro y justo ese día observas un pico de descargas que se mantiene en el tiempo, será señal de que estás haciéndolo bien. Una opción muy interesante es que te permite ver desde dónde llegan los visitantes a tu página, lo que es útil para saber qué páginas están siendo más productivas a la hora de promocionar el juego.
- *Distribute*: Aquí puedes sacar un código HTML que te permite embeber en otra página un bonito enlace a la página del juego en itch.io. Es una opción ideal si tienes un blog y quieres meter un enlace al juego allí. En mi caso, he configurado la sección Build settings para forzar el versionado semántico y que sólo se suban versiones únicas (para evitar subir por error instaladores con el mismo número de versión). Estas últimas opciones sólo se aplicarán a las subidas que haremos de manera automatizada en el capítulo 31.
- *Interact*: Te permite ver quién le pone nota al juego o qué colecciones se crean que incluyan tu juego.

Hasta aquí todo lo relativo a la publicación de juegos en itch.io, pero te recomiendo que explores esa página, ya que hospeda a una vibrante comunidad de desarrolladores indie. Si quieres buscar inspiración, los juegos alojados en itch.io suelen ser buenos ejemplos de lo que puede conseguir un equipo pequeño o, incluso, un desarrollador en solitario. También es un buen lugar donde poner a prueba tus habilidades y darte a conocer, ya que están constantemente lanzando Game Jams: competiciones de desarrollo de juegos de una temática concreta, en un tiempo muy limitado. Muchos grupos de desarrollo indies se han conocido buscando gente para participar en una Game Jam de itch.io.

30.3. PackageCloud

PackageCloud [154] es un servicio de hosting de repositorios de paquetes de todo tipo. En él puedes alojar paquetes NPM, DEB, RPM, Gems de Ruby, Wheels de Python e incluso imágenes de Docker. Las gamas de precios que tienen dependen de cuánto almacenamiento vamos a necesitar para nuestros paquetes y qué tasa de descarga mensual esperamos. La modalidad gratuita nos ofrece 2 GB de almacenamiento y 10 GB de tasa de descarga mensual. Para juegos 2D sencillos como *Prince of Unity*, y manteniendo en el repositorio sólo las últimas versiones, esos 2 GB deberían ir sobrados. En cuanto a la tasa de descarga, dependerá de lo popular que sea tu juego. Si empieza a ser un éxito y la tasa de descarga se te queda corta, puedes o bien pasarte a un plan de pago de PackageCloud o bien incluir tu juego en Steam.

Para crear un repositorio en PackageCloud, primero tienes que registrarte en su página. Hecho eso accedes a un panel de control muy claro. En la esquina superior derecha de la página *Home* tienes un gran botón que reza: Create a repository. Puedes usarlo para crear un repositorio para cada aplicación que tengas.

Una característica estupenda de PackageCloud es que un único repositorio puede hospedar múltiples paquetes simultáneamente. Así que no necesitas crear un repositorio por cada tipo de paquete que quieras hospedar de tu juego, en vez de eso, tienes un único repositorio para tu juego y subes a él los paquetes deb, rpm o de otro tipo que generes.

Al usar PackageCloud te das cuenta de que sus desarrolladores han hecho un gran esfuerzo para guiarte paso a paso. Una vez que creas tu repositorio te guían para subir paquetes a través de tu consola de comandos de Linux, aunque también hay un bonito botón azul para subir los paquetes a través de un interfaz web si así lo prefieres. En este capítulo sólo subiremos los paquetes vía web, pero la posibilidad de la línea de comandos es estupenda para usar automatizaciones como las que veremos en el capítulo 31.

Si seleccionas un repositorio recién creado en la página Home te saldrá un mensaje avisándote de que el repositorio está vacío. Para subir paquetes hay que pulsar el botón Upload a package, que hará aparecer una ventana emergente con un botón Select a package que nos permitirá seleccionar el paquete de nuestro ordenador a ser subido. Después, tienes que seleccionar tu distribución objetivo en el campo combo. Te sugiero que elijas una distribución lo más generalizada posible para ampliar tu audiencia. Por ejemplo, yo uso un equipo con Linux Mint, y, aunque Linux Mint aparece en el campo combo, prefiero seleccionar Ubuntu Jammy como un equivalente mucho más común (partiendo de que mi Linux Mint Vera en realidad se basa en Ubuntu Jammy). Después de seleccionar un paquete y una distribución objetivo, el botón Upload se habilitará. La subida comenzará cuando pulses ese botón. Sabrás que la subida ha finalizado exitosamente cuando aparezca una caja verde con el mensaje *Upload Successful!* Después de eso, el nuevo paquete aparecerá registrado en el interfaz web.

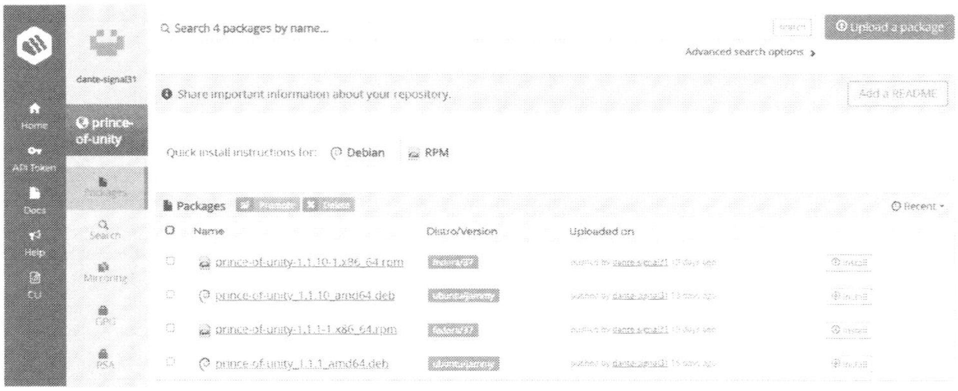

Figura 30.3: Interfaz web de PackageCloud para el repositorio de Prince of Unity.

Con esto hemos cubierto todo lo que vamos a necesitar como publicadores de paquetes. A partir de aquí nos vamos a poner en el lugar de los usuarios que van a instalar nuestros paquetes.

La cosa no puede ser más sencilla. En la sección de paquetes, encima del listado de estos, hay un texto que reza *Quick install instructions for:*, con dos botones al lado: Debian y RPM. Pulsando esos botones nos saldrá una ventana emergente con las instrucciones para habilitar el repositorio del juego en un sistema que use paquetería DEB o RPM (según el botón que hayamos pulsado). En la figura 30.4 se pueden ver las instrucciones que salen al pulsar el botón de Debian. En la misma figura se puede ver que PackageCloud también ofrece instrucciones para habilitar el repositorio en el marco de flujos automatizados como los que se ven en el capítulo 31.

Copia el comando que te sale en la ventana e inclúyelo en el manual de instalación del juego, recomendándole al usuario que lo ejecute en la consola de su Linux. A continuación, tienes un ejemplo para un Linux con paquetería DEB:

```
dante@Camelot:~$ curl -s https://packagecloud.io/install/repositories/dante-signal31/
    prince-of-unity/script.deb.sh | sudo bash
[sudo] password for dante:
Detected operating system as LinuxMint/vera.
Checking for curl...
Detected curl...
Checking for gpg...
Detected gpg...
```

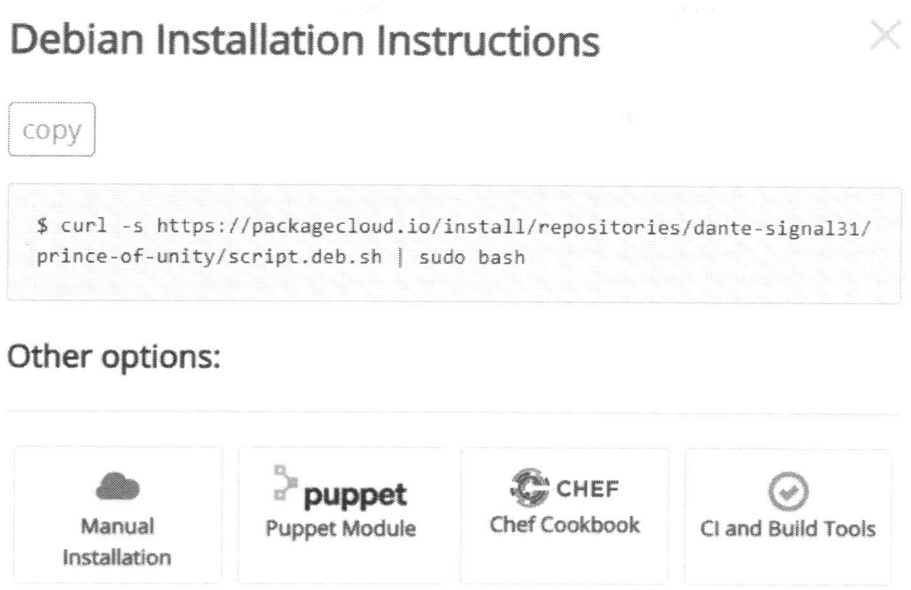

Figura 30.4: Instrucciones para habilitar el repositorio DEB del juego en un sistema Debian/Ubuntu

```
Running apt-get update... done.
Installing apt-transport-https... done.
Installing /etc/apt/sources.list.d/dante-signal31_prince-of-unity.list...done.
Importing packagecloud gpg key... done.
Running apt-get update... done.

The repository is setup! You can now install packages.

dante@Camelot:~$
```

Listado 30.13: Comando para habilitar el repositorio DEB de Prince of Unity en un sistema derivado de Debian.

El comando del listado 30.13 es el que debería emplear el usuario para registrar al repositorio de PackageCloud como una de las fuentes de paquetes autorizadas para su sistema. En el caso del ejemplo lo usé en mi Linux Mint. En teoría, ahora el usuario debería poder hacer un `sudo apt update` y le debería salir el nuevo repositorio entre los registrados en el sistema. Si tu sistema es un Ubuntu Jammy o un Fedora 37 te funcionará perfectamente. Pero, si tu sistema no es un Ubuntu Jammy o un Fedora 37, debes tener cierto cuidado, como es mi caso. El problema es que el comando detectó mi sistema y fijó automáticamente la fuente del repositorio como si esta fuese a servir a los Linux Mint, pero el repositorio de PackageCloud está configurado para Ubuntu Jammy. Por eso, al intentar actualizar el listado de paquetes de mis repositorios me sale un error:

```
dante@Camelot:~$ sudo apt update
Hit:1 http://archive.canonical.com/ubuntu jammy InRelease
Hit:2 https://download.docker.com/linux/ubuntu jammy InRelease
Hit:3 http://archive.ubuntu.com/ubuntu jammy InRelease
Get:4 http://archive.ubuntu.com/ubuntu jammyl-updates InRelease [114 kB]
Ign:5 http://packages.linuxmint.com vera InRelease
Get:6 http://security.ubuntu.com/ubuntu jammy-security InRelease [114 kB]
Get:7 http://archive.ubuntu.com/ubuntu jammy-backports InRelease [101 kB]
Hit:8 http://packages.linuxmint.com vera Release
Ign:11 https://packagecloud.io/dante-signal31/prince-of-unity/linuxmint vera InRelease
Hit:10 https://packagecloud.io/dante-signal31/cifra-rust/ubuntu jammy InRelease
```

```
12 Err:12 https://packagecloud.io/dante-signal31/prince-of-unity/linuxmint vera Release
13   404  Not Found [IP: 52.52.239.191 443]
14 Reading package lists... Done
15 E: The repository 'https://packagecloud.io/dante-signal31/prince-of-unity/linuxmint
     vera Release' does not have a Release file.
16 N: Updating from such a repository can't be done securely, and is therefore disabled
     by default.
17 N: See apt-secure(8) manpage for repository creation and user configuration details
18
19 dante@Camelot:~$
```

Listado 30.14: Error al actualizar los repositorios DEB.

El error se puede ver en las líneas 12 a 17 del listado 30.14. El problema es que el script de PackageCloud generó un fichero de configuración basándose en los datos de mi sistema (en este caso, mi Linux Mint Vera), sin pararse a pensar si eso era compatible con la configuración del repositorio de PackageCloud (configurado para atender a sistemas Ubuntu Jammy). Si nos fijamos en el fichero de configuración que creó el script lo veremos más claro:

```
# this file was generated by packagecloud.io for\\
# the repository at https://packagecloud.io/dante-signal31/prince-of-unity\\
deb https://packagecloud.io/dante-signal31/prince-of-unity/linuxmint/ vera main\\
deb-src https://packagecloud.io/dante-signal31/prince-of-unity/linuxmint/ vera main
```

Listado 30.15: Fichero de configuración /etc/apt/sources.list.d/dante-signal31_prince-of-unity.list creado por el script de PackageCloud.

Para corregir el problema no queda otra más que modificar manualmente el fichero de configuración para dejarlo de la siguiente manera:

```
# this file was generated by packagecloud.io for\\
# the repository at https://packagecloud.io/dante-signal31/prince-of-unity\\
deb https://packagecloud.io/dante-signal31/prince-of-unity/ubuntu/ jammy main\\
deb-src https://packagecloud.io/dante-signal31/prince-of-unity/ubuntu/ jammy main
```

Listado 30.16: Fichero de configuración /etc/apt/sources.list.d/dante-signal31_prince-of-unity.list corregido.

Con esta corrección el sistema preguntará por el repositorio correcto a la hora de actualizar:

```
dante@Camelot:~$ sudo apt update
Hit:1 https://brave-browser-apt-release.s3.brave.com stable InRelease
Hit:2 https://download.docker.com/linux/ubuntu jammy InRelease
Hit:3 http://archive.ubuntu.com/ubuntu jammy InRelease
Hit:4 http://security.ubuntu.com/ubuntu jammy-security InRelease
Ign:5 http://packages.linuxmint.com vera InRelease
Hit:6 http://archive.ubuntu.com/ubuntu jammy-updates InRelease
Hit:7 http://packages.linuxmint.com vera Release
Hit:8 http://archive.ubuntu.com/ubuntu jammy-backports InRelease
Get:10 https://packagecloud.io/dante-signal31/prince-of-unity/ubuntu jammy InRelease
    [24,5 kB]
Hit:11 https://packagecloud.io/dante-signal31/vdist/ubuntu jammy InRelease
Get:12 https://packagecloud.io/dante-signal31/prince-of-unity/ubuntu jammy/main amd64
    Packages [825 B]
Fetched 25,3 kB in 3s (8.553 B/s)
Reading package lists... Done
Building dependency tree... Done
Reading state information... Done
20 packages can be upgraded. Run 'apt list --upgradable' to see them.
W: https://download.docker.com/linux/ubuntu/dists/jammy/InRelease: Key is stored in
    legacy trusted.gpg keyring (/etc/apt/trusted.gpg), see the DEPRECATION section in
    apt-key(8) for details.

dante@Camelot:~$
```

Listado 30.17: Actualización correcta de los repositorios DEB.

En el caso de *Prince of Unity*, habrá que hacer esta corrección en cualquier distribución Debian que no sea Ubuntu Jammy, como, por ejemplo, la misma Debian, un Ubuntu en cualquier otra versión o un Linux Mint. Lo mismo pasará en para cualquier distribución RPM que no sea Fedora 37, como, por ejemplo, *OpenMandriva* [149] o Suse.

Una opción para evitar parcialmente este problema sería subir el mismo paquete DEB para cada una de las distribuciones DEB que soporta PackageCloud, y hacer lo mismo con los paquetes RPM. Sin embargo, tendrías que subir muchos paquetes para cubrir todas las distribuciones y versiones vigentes en un momento determinado, por lo que se incrementarían las posibilidades de que alcanzases el límite de almacenamiento de la cuenta gratuita de PackageCloud.

Llegados a este punto, tus usuarios serán capaces de instalar tu juego como cualquier otra aplicación de tu Linux:

```
dante@Camelot:~$ sudo apt install prince-of-unity
[sudo] password for dante:
Reading package lists... Done
Building dependency tree... Done
Reading state information... Done
The following packages were automatically installed and are no longer required:
  docker-scan-plugin linux-headers-5.15.0-60 linux-headers-5.15.0-60-generic linux-headers-5.15.0-69 linux-headers-5.15.0-69-generic linux-image-5.15.0-60-generic linux-image-5.15.0-69-generic linux-modules-5.15.0-60-generic linux-modules-5.15.0-69-generic linux-modules-extra-5.15.0-60-generic
  linux-modules-extra-5.15.0-69-generic
Use 'sudo apt autoremove' to remove them.
The following packages will be upgraded:
  prince-of-unity
1 upgraded, 0 newly installed, 0 to remove and 19 not upgraded.
Need to get 74,7 MB of archives.
After this operation, 0 B of additional disk space will be used.
Get:1 https://packagecloud.io/dante-signal31/prince-of-unity/ubuntu jammy/main amd64 prince-of-unity amd64 1.1.10 [74,7 MB]
Fetched 74,7 MB in 5s (14,6 MB/s)
(Reading database ... 726000 files and directories currently installed.)
Preparing to unpack .../prince-of-unity_1.1.10_amd64.deb ...
Unpacking prince-of-unity (1.1.10) over (1.0.21) ...
Setting up prince-of-unity (1.1.10) ...

dante@Camelot:~$
```

Listado 30.18: Instalación de Prince of Unity en un sistema DEB.

30.4. GitHub Releases

Por último, no quiero dejar de mencionar que también puedes distribuir paquetes desde tu repositorio de GitHub [75].

El proceso no puede ser más sencillo, en la columna de la derecha del panel principal de GitHub (el de la pestaña `Code`), hay una sección llamada *Releases*. Si pulsas en la opción `Create a new release`, se te abrirá una ventana en la que puedes darle un título a la release (yo uso generalmente una versión), así como una descripción.

Debajo de la descripción se pueden arrastrar aquellos ficheros que queramos asociar a esta release concreta. Aquí sería donde arrastraríamos el instalador de windows y los paquetes para Linux.

Por último, bastaría con pulsar `Publish release` para que el conjunto de paquetes pasase a a estar disponible en nuestro repositorio de paquetes.

En el momento de escribir este libro el único límite que tenía GitHub Releases era que ninguno de los ficheros que se subiesen a la release podía superar los 2 GB de tamaño, aunque el tamaño del conjunto de los ficheros podía ser ilimitado.

Es cierto que GitHub Releases no tiene el componente social y de promoción de itch.io, o la comodidad para las actualizaciones de los repositorios de PackageCloud, pero los releases de GitHub son muy fáciles de utilizar, y por eso suelo usarlo para colgar los binarios e instaladores de todos mis proyectos.

CAPÍTULO

31 Integración y despliegue continuos

Si te fijas en el contenido de los capítulos de esta última parte del libro, en realidad no hemos llegado a escribir una línea de código C#, y apenas hemos usado el editor de Unity. Las labores de postproducción son muy diferentes a la del desarrollo y, sin embargo, son imprescindibles para que nuestros usuarios puedan instalar, ejecutar y disfrutar el juego de la mejor manera posible.

No obstante, ya te habrás dado cuenta de que todas estas tareas de postproducción suponen una ingente cantidad de trabajo. En el caso de *Prince of Unity*, cada vez que queramos lanzar una nueva versión del juego tendremos que hacer al menos lo siguiente:

1. Ejecutar las pruebas funcionales. Si las pruebas funcionales son correctas, seguimos con el resto de los pasos. En caso contrario, abortamos y nos ponemos a corregir los fallos.
2. Integrar los cambios en la rama principal del repositorio de versiones.
3. Compilar el juego para Windows.
4. Compilar el juego para Linux.
5. Generar un paquete instalable para Windows.
6. Generar un paquete instalable DEB para Linux.
7. Generar un paquete instalable RPM para Linux.
8. Firmar el paquete instalable para Windows.
9. Firmar el paquete instalable DEB para Linux.
10. Firmar el paquete instalable RPM para Linux.
11. Crear una versión actualizada del manual de usuario.
12. Desplegar los paquetes en itch.io.
13. Desplegar los paquetes Linux en PackageCloud.
14. Desplegar los paquete en GitHub Releases.

Este proceso es largo, costoso y repetitivo. A una persona sola le podría llevar un par de horas, y cabría la posibilidad de que omitiese o errase alguno de los pasos, con el consiguiente impacto para los usuarios y para nuestra imagen. Los posibles errores podrían ser múltiples: paquetes instaladores que no funcionan o que no están disponibles para todos los sistemas operativos, manuales de usuario sin actualizar, paquetes sin firmar o, incluso peor, código con fallos incluido en la rama principal del repositorio.

Hay quien podría alegar que esto no impacta tanto porque en realidad sólo tendríamos que hacerlo al final del desarrollo, para poner en circulación el juego... pero se equivocaría. No habrá una única publicación del juego, sino muchas. De hecho, hoy en día es buena señal que un desarrollador publique con frecuencia nuevas versiones de su juego. Al fin y al cabo, hace muchos años que los juegos no se reparten en formato físico, sino a través de plataformas online como Steam, gracias a las cuales podemos permitirnos publicar nuevas versiones para que nuestros usuarios se actualicen automáticamente. Esto lo haremos tanto con carácter previo al lanzamiento del juego, para hacer las pruebas restringidas que vimos en el capítulo 26, como después del mismo, para publicar parches que corrijan fallos, modifiquen la jugabilidad o añadan nuevas funcionalidades.

Esta facilidad para publicar nuevas versiones ha sido el salvavidas de muchos juegos que tuvieron lanzamientos desastrosos, pero se redimieron gracias a las actualizaciones posteriores. El ejemplo de *No Man's Sky* es uno de los más paradigmáticos [143].

Y no sólo por nuestros usuarios, nos conviene facilitar al máximo el proceso de publicación por nuestra propia operativa. De no ser así, tenderemos a acumular cambios en cada publicación, para reducir el número de estas, lo que hará más difícil probarlas y aclarar de dónde vienen los fallos. Si una nueva versión publicada de un juego contiene sólo un cambio, estará claro que los fallos que encuentren nuestras pruebas se deberán a dicho cambio. Sin embargo, la cosa se complica muchísimo si la nueva versión tiene cuatro o cinco cambios. En ese caso, será difícil dilucidar si el fallo proviene de un cambio, de otro, o de un perverso efecto conjunto de varios. Aparte de la dificultad de testeo que supone acumular cambios, también hay que tener en cuenta que espaciar las publicaciones hace que el usuario tarde más en obtener los parches y nuevas funcionalidades que queremos hacerle llegar, lo que reduce su satisfacción.

Por tanto, debemos prepararnos para llevar a cabo todo este proceso con rapidez y con el mínimo esfuerzo por nuestra parte, de manera que no haya impedimento a que podamos hacerlo con la mayor frecuencia posible. La rapidez del proceso se consigue paralelizando la ejecución de tareas y la reducción del esfuerzo a través de su automatización. La paralelización y automatización de las tareas relacionadas con la prueba, compilación, empaquetamiento y distribución de un software (en este caso, nuestro juego) es lo que se conoce como integración y despliegue continuos (CI/CD, por *Continuous Integration/Continuous Deployment*). Integración, por la parte de pruebas funcionales, y, despliegue, por las restantes tareas desde la compilación a la distribución.

La integración continua se basa en hacer que los desarrolladores combinen su código en un repositorio común, desde el que se lancen pruebas funcionales que permitan detectar y resolver errores en una fase lo más temprana posible. El objetivo de la integración continua es asegurar que los módulos desarrollados por los distintos equipos de trabajo puedan integrarse y funcionar conjuntamente sin conflictos entre sí.

El despliegue continuo se basa en la automatización completa del proceso de entrega del software, de forma que podamos hacerle llegar actualizaciones a los usuarios de la manera más continua y ágil posible.

Si conseguimos configurar unos flujos adecuados de CI/CD, podremos concentrarnos en desarrollar nuevas funcionalidades y parches de nuestro juego, con la tranquilidad de poder lanzar cada nueva actualización (por pequeña que sea) a nuestro flujo de CI/CD para que este se encargue por sí solo de empaquetarla y hacerla llegar a nuestros usuarios, mientras nosotros seguimos desarrollando la siguiente actualización.

Para poner en práctica estos conceptos tenemos múltiples opciones.

La misma Unity ofrece el servicio *Unity DevOps* [227], que nos permite automatizar todas las tareas que hemos visto, basándose en Plastic SCM como repositorio de versiones. Sin embargo, lo que no me gusta de Unity DevOps es que su gama de servicios gratuitos es muy limitada, y una vez que la sobrepasas pasa a ser de pago. Como no me haría gracia que mi tarjeta de crédito empezase a sufrir por un descuido al superar los umbrales probando, he preferido mantenerme alejado de esa opción. Si el dinero no es tu problema, Unity DevOps probablemente sea la opción mejor adaptada a aplicar CI/CD a juegos de Unity.

Hay alternativas a Unity DevOps, como *CircleCI* [33], *GitLab* [79] o *TravisCI* [32], pero todas son opciones cuya gama de servicios gratuitos tiene algún tipo de límite, principalmente en el número de minutos de computación, es decir en el tiempo mensual que puedes tener en funcionamiento tus tareas de CI/CD.

Por eso, yo he recurrido a una opción que creo que es ideal para desarrolladores indies, *GitHub Actions* [76], que vamos a estudiar con detalle en la siguiente sección.

31.1. GitHub Actions

GitHub ofrece la posibilidad de configurar flujos de CI/CD a todos aquellos que usen su servicio de repositorio en sus proyectos. Esa posibilidad recibe el nombre de GitHub Actions y, aunque conceptualmente puede ser similar a las otras alternativas que vimos antes, en la práctica tiene una serie de ventajas importantes para un proyecto como *Prince of Unity*.

La primera ventaja es que si, tu juego es open source, podrás hacer uso de la gama gratuita del servicio y esta es tremendamente generosa. He de reconocer que costó bastante tiempo afinar mis procesos de CI/CD para este proyecto, lo que me llevó a probar una y otra vez mis automatizaciones, consumiendo más y más minutos y en ningún momento me topé con límites de ejecución, ni en tiempo de procesamiento, ni de almacenamiento. Tampoco te obliga a meter tu tarjeta de crédito para funcionar, por lo que tienes la tranquilidad de que un cambio inadvertido en las condiciones de uso (o un simple despiste por tu parte) no te dañará el bolsillo.

Por otro lado, se trata de una plataforma tremendamente popular, por lo que resulta fácil encontrar información en internet para resolver cualquier tipo de duda. Aunque tampoco es que vayas a necesitar mucha ayuda, dado que su configuración es sencilla y coherente.

Por último, como veremos más adelante, ofrece la posibilidad de crear pequeños subprogramas, denominados *actions*, capaces de realizar tareas específicas. Lo que hace especial a los actions es que puedes compartir los que crees con el resto de usuarios de GitHub y utilizar los que hayan compartido los demás. El *marketplace* [78] de GitHub es el lugar donde puedes encontrar los Actions compartidos por el resto de usuarios, pero, tranquilo, a pesar de su nombre, aún no he encontrado en el marketplace ningún action que sea de pago. Los actions son tremendamente útiles, ya que hay muchísimos, dada la popularidad del servicio. Es muy complicado que haya una tarea que quieras llevar a cabo para la que nadie haya hecho ya un action. Por lo que gran parte del trabajo de montar tu flujo de CI/CD se reduce a ir buscando actions que implementen cada una de las tareas que quieras incluir en tu flujo. Si aún así, necesitases hacer alguna tarea para la que no existiese ya un action, hacer los tuyos propias es muy sencillo. El afán por la reutilización que reluce con los actions se extiende a otras funcionalidades de la plataforma, al permitirte reutilizar flujos enteros de trabajos (abarcando múltiples actions) tanto entre repositorios tuyos, como usando los de otros.

Todo lo que haces en GitHub Actions gira en torno a los ficheros YAML (con extensión `.yaml` o `.yml`) que vas creando en la carpeta `.github/workflows` de tu repositorio. GitHub buscará en esa carpeta los flujos de CI/CD que tiene que ejecutar. Cada uno de esos ficheros define un flujo de trabajo (*workflow*). Puedes tener múltiples flujos de trabajo para ser ejecutados como respuesta a diferentes eventos de la plataforma de GitHub, como pushes sobre determinadas ramas, pull requests recibidos, altas de nuevas incidencias de usuario (*issues*) y un largo etcétera.

Para *Prince of Unity*, el principal flujo de trabajo es `test_and_deploy.yml` y abarca las típicas tareas de ”probar->compilar->empaquetar->distribuir”.

> Puedes llamar a tus flujos como quieras. Mi recomendación es que intentes ser expresivo.

Para crear un fichero `.yml` tienes dos opciones: crearlo en tu IDE y hacerle push como a cualquier otro fichero, o bien crearlo usando el editor web integrado con GitHub. Mi consejo es que, para tu primera vez, uses el editor web, ya que te guía a la hora de hacer funcionar tu primer fichero `.yml` y detectar fallos con tu formato. Una vez que ya estés suelto, probablemente te baste con lo que te ofrezca tu IDE y seguramente te resulte más cómodo que el editor web.

Para crear un flujo usando el editor web de GitHub, accede a la página de tu repositorio y pincha en la pestaña Actions. Allí, se te ofrecerá crear tu primer flujo y, cuando aceptes, te propondrán usar una plantilla predefinida como punto de partida (GitHub tiene muchísimas, para diferentes tareas y lenguajes), o bien crear un flujo desde cero. Si vas a crear un flujo CI/CD para un juego de Unity, te recomiendo que elijas la opción de partir desde cero (set up a workflow yourself). Será entonces cuando entremos al editor web.

En esta sección analizaremos fragmentos sueltos del fichero `test_and_deploy.yml` para identificar y explicar conceptos básicos generales de GitHub Actions. A partir de ahí, en el resto de secciones de este capítulo revisaremos los conceptos específicos necesarios para aplicar CI/CD a juegos de Unity con GitHub Actions. Dominando los conceptos básicos antes, podremos ser más ágiles a la hora de explicar los específicos.

Cabecera

En la cabecera de un flujo de trabajo se define el nombre de este y en qué condiciones se activa.

```
1  name: test_and_deploy
2  
3  # Trigger this workflow when a change is pushed to staging.
4  on:
5    push:
6      branches: [ staging ]
7    pull_request:
8      branches: [ staging ]
9  
10   # I want to be able to run this workflow manually from the Actions tab.
11   workflow_dispatch: {}
```

Listado 31.1: Cabecera de .github/workflows/test_and_deploy.yml

Como se puede ver en el listado 31.1, el nombre del flujo se define en la línea 1 con la etiqueta `name:`. Ese será el nombre que se mostrará en el interfaz de GitHub cuando se ejecute, directa o indirectamente, este flujo.

De las líneas 4 a 8 se configura en qué casos se activa el flujo. GitHub permite definir muchos tipos de eventos, aunque los más habituales son `on: push:` y `on: pull_request:` que activan el flujo en caso de que se produzca un push en la rama del repositorio definida por la etiqueta `branches:`, o bien en caso de que se produzca un `pull_request:` sobre ella. En mi caso, sólo me interesa monitorizar la rama staging, pero, si quisiera monitorizar más ramas, sólo tendría que incluir sus nombres entre los corchetes del valor de `branches:`, separados con comas.

Para mí, la rama de staging es la de desarrollo y main la rama principal. Una vez que ya tengo el flujo de `test_and_deploy.yml` funcionando, mi forma de trabajar es que nunca subo cambios directamente a la rama principal. En vez de eso, los subo a staging y al hacerlo se activa `test_and_deploy.yml`, el cual ejecuta todas las pruebas funcionales y, sólo en el caso de que sean correctas, ejecuta un merge de la rama staging sobre la principal. De esta manera, la rama staging y el flujo `test_and_deploy.yml` hacen de filtro para asegurar que en la rama principal sólo se incluyan cambios que hayan sido correctamente probados.

> Esta es sólo mi manera de trabajar. Es la que me encaja, pero no tiene por qué ser la única. La explico como ejemplo de cómo podemos organizar nuestros flujos de CI/CD. Siéntete libre de probar otras maneras, con otras ramas y otros procedimientos de trabajo, que te puedan encajar mejor a ti y a tu grupo de desarrolladores.

Habrá veces que queramos lanzar un flujo de trabajo manualmente, sin que se produzca alguno de los eventos de la etiqueta `on:`, para esos casos hay que definir una etiqueta `workflow_dispatch:`, como la de la línea 11 del listado 31.1. Las llaves vacías de esa línea son porque, en este caso, el flujo se puede lanzar manualmente sin necesidad de parámetro alguno. En la sección 31.5 veremos un flujo que sí necesita parámetros de entrada y entenderemos cómo incluirlos en la etiqueta `workflow_dispatch:`. Más adelante, en esta sección, veremos cómo se puede lanzar manualmente un flujo que haya incluido esta etiqueta.

Mi recomendación es que metas siempre la etiqueta `workflow_dispatch:` no hace daño y con frecuencia viene bien contar con esa opción.

Jobs

Un flujo está compuesto de trabajos, también llamados *jobs*. Cada job se ejecuta en una máquina virtual diferente (el *runner*) de manera que sus respectivas dependencias quedan encapsuladas. Esa encapsulación es buena para evitar que las dependencias de un job estropeen las de otros jobs, o bien sus respectivos sistemas de ficheros. Por eso, lo mejor es que intentes que cada job se centre en una única tarea (sí, aquí también aplica el principio de maximizar la cohesión). Así podrás depurarlo mejor y te será más fácil reutilizarlo en otros flujos.

Los jobs se configuran debajo de la etiqueta `jobs:` del fichero del flujo. Justo debajo de esa etiqueta se pone otra con el nombre corto del job y debajo de esta las etiquetas name:, con la descripción larga del job, y runs-on:, para definir el tipo de máquina virtual en la que se ejecutará el job.

```
13 jobs:
14   tests:
15     name: Run unit and functional tests.
16     runs-on: ubuntu-latest
17     steps:
```

Listado 31.2: Fragmento de .github/workflows/test_and_deploy.yml

En la línea 13 del listado 31.2 se puede ver la etiqueta `jobs:` y, justo debajo, el comienzo de la definición del job denominado *tests* (línea 14), que deberá ejecutarse en una máquina virtual con la última versión disponible de Ubuntu Linux (línea 16). Procura ser expresivo al describir los jobs con la etiqueta `name:`, un buen contenido de esa etiqueta te vale para documentar lo que vas haciendo a lo largo del flujo.

Por defecto, los jobs se ejecutan en paralelo, a menos que se fijen dependencias explícitas entre ellos. Si necesitas que un job B se ejecute después de que el job A se finalice correctamente, lo que tienes que hacer es usar la etiqueta `needs:`. Por ejemplo, en mi caso necesito que el merge de staging sobre la rama principal se realice solamente si los test funcionales finalizan correctamente. Por eso, hago que el job que realiza el merge dependa de la correcta finalización del job que hace los tests funcionales.

```
53   merge_staging_and_master:
54     name: If tests passed then merge staging branch with master one.
55     runs-on: ubuntu-latest
56     needs: tests
57     steps:
```

Listado 31.3: Fragmento de .github/workflows/test_and_deploy.yml

Tal y como se puede ver en el listado 31.3, el job que realiza el merge se llama `merge_staging_and_master` (línea 53) y fija con su etiqueta `needs:` (línea 56) que sólo debe ejecutarse en caso de que el job *tests*, que definíamos en el listado 31.2, haya finalizado correctamente.

De esa manera, podemos salvaguardar la integridad de nuestra rama principal, para que sólo se incluyan en ella cambios que hayan superado la totalidad de nuestra batería de pruebas automatizadas.

Recuerda: Prueba siempre el cambio y luego, en caso de éxito, integra el cambio con la rama principal. ¡Nunca al revés! Tienes que intentar que tu rama principal funcione correctamente en todo momento.

Actions

Cada job se compone de uno o más pasos o steps, enumerados dentro de cada job debajo de una etiqueta `steps:`.

El step más sencillo es el que ejecuta una serie de comandos de shell en el runner del job. Estos comandos pueden ser los nativos del sistema operativo sobre el que estés ejecutando el job, o bien scripts que hayas incluido en tu repositorio.

```
412       - name: Identify RPM package to sign.
413         id: identify_rpm_package
414         run: |
415           echo ''rpm_package=$(ls ./$signed_packages_folder/*.rpm)'' >> $GITHUB_ENV
416           cd $signed_packages_folder
417           package=$(ls *.rpm)
418           echo ''signed_rpm_package=$package'' >> $GITHUB_OUTPUT
419           echo ''Identified package: $package''
420           cd ..
```

Listado 31.4: Fragmento de .github/workflows/test_and_deploy.yml

Por ejemplo, en el listado 31.4 ejecuto una serie de comandos bastante larga (ya veremos lo que hacen en la sección 31.5). Fíjate en que, en la línea 414, la etiqueta `run:` va seguida por un pipe ("|"). Sin ese pipe sólo podrías incluir un comando junto a la etiqueta, pero gracias a él, se pueden meter varios comandos separados en líneas independientes.

> Los comandos se ejecutan en el shell por defecto del sistema operativo del runner que estemos utilizando. Si es un runner Linux, la shell por defecto será `bash`. Si el runner es Windows puedes elegir entre varios tipos de shell: `powershell` (versión antigua de PowerShell), `pwsh` (versión nueva), `cmd` (el DOS de toda la vida) o incluso `bash` (sí, puedes usar bash en Windows). Para cambiar el shell a utilizar en el step, no tienes más que usar la etiqueta `shell:` y añadirle uno de los valores anteriores. Tienes un ejemplo en el listado 31.9.

Puedes incluir scripts en tu repositorio para ejecutarlos en un step de tu flujo de trabajo.

```
60        - name: Run conversion script.
61          working-directory: ./Manual
62          run: |
63            mkdir output
64            mkdir pdf
65            ./compile_manual.sh $manual_version
```

Listado 31.5: Fragmento de .github/workflows/build_manual.yml

El listado 31.5 es un fragmento del flujo de trabajo `build_manual.yaml`, que estudiaremos con detalle en la sección 31.6. En los flujos, el directorio de trabajo por defecto es la raíz del repositorio, pero si queremos trabajar en una carpeta de este podemos usar la etiqueta `working-directory:` para fijar esa carpeta. En este caso concreto también podríamos haber incluido un `cd Manual` entre las línea 62 y 63, pero usar la etiqueta `working-directory:` nos ha ahorrado tener que hacerlo. Es en la línea 65 donde ejecutamos el script `Manual/compile_manual.sh` del repositorio.

Si te encuentras repitiendo los mismos comandos en flujos diferentes, entonces deberías pensar en encapsular esos comandos en un action. Como te puedes imaginar, los actions son la clave de los GitHub Actions. Un action es un conjunto de comandos empaquetados para ser compartidos y reutilizados en diferentes flujos de trabajo (tuyos o de otros usuarios). Un action tiene entradas (inputs) y salidas (outputs), pero lo que pasa dentro de él no es tu problema, siempre y cuando funcione como se le supone.

Antes de desarrollar tu propio action, conviene comprobar el marketplace de GitHub para ver si alguien se te ha adelantado y ha creado un action que puedas reaprovechar. A la derecha del editor web de GitHub Actions hay un buscador para encontrar actions útiles para la tarea que queramos hacer.

Sólo tienes que introducir un término relevante en el buscador, para que este te muestre todos los actions disponibles con ese término en su nombre. Si pulsas en cualquiera de los resultados, te saldrá una versión reducida de su `README.md`, generalmente con instrucciones de cómo usar ese action desde tu flujo.

Una vez que encuentres un action del marketplace que te valga para tu flujo, usarlo suele reducirse a copiar en un step la configuración que te dan sus instrucciones y completar los inputs (los que están debajo de la etiqueta `with:`) con tus valores particulares. Por ejemplo, para hacer el merge de la rama staging sobre

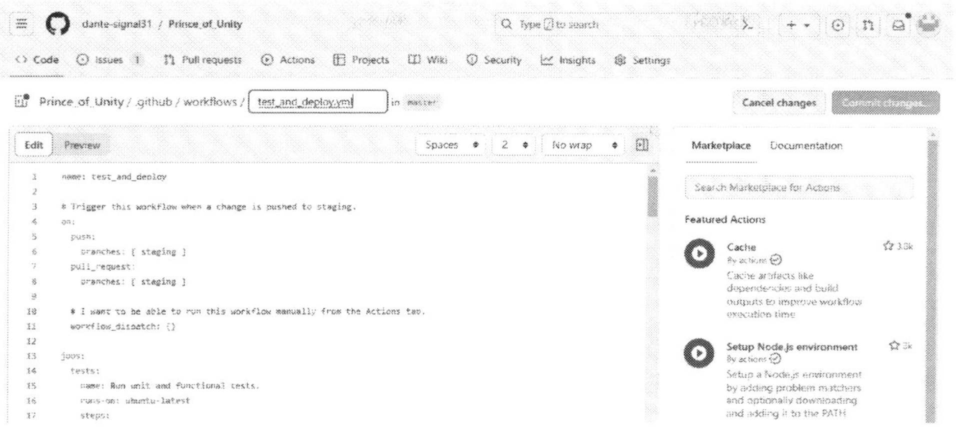

Figura 31.1: Buscador del marketplace, integrado con el editor de GitHub.

la principal he utilizado el action *devmask/merge-branch* [48]. Si accedemos a su página del marketplace, podremos ver ejemplos de cómo usar ese action.

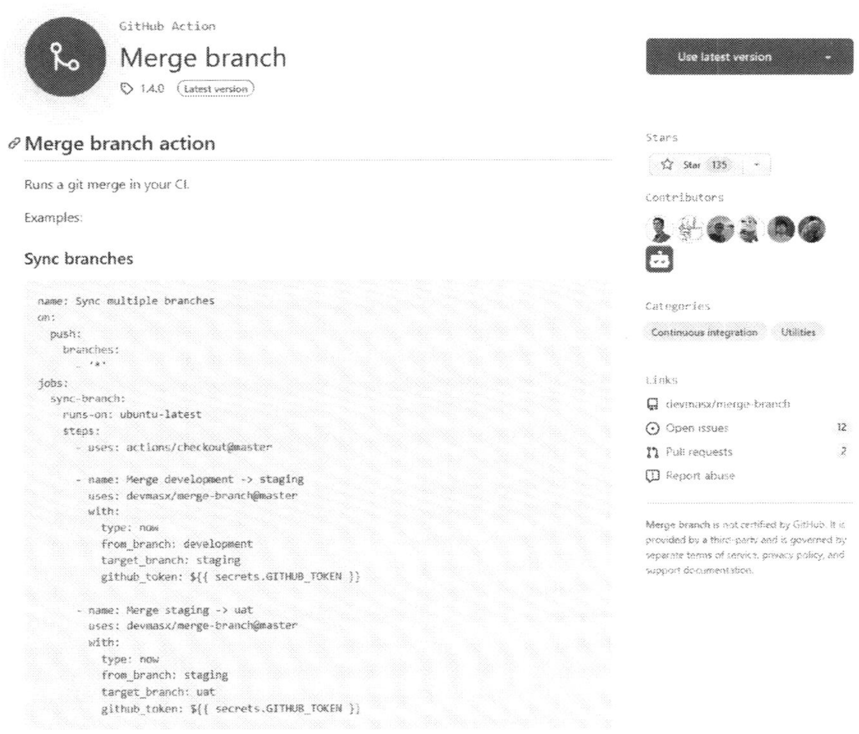

Figura 31.2: Ejemplo de uso en la página del marketplace de la action merge-branch.

En mi caso, yo he trasplantado esos ejemplos al job `merge_staging_and_master` del flujo `test_and_deploy.yml`.

```
  merge_staging_and_master:
    name: If tests passed then merge staging branch with master one.
    runs-on: ubuntu-latest
    needs: tests
    steps:
      - uses: actions/checkout@v3

      - name: Merge staging -> master
```

```
61          uses: devmasx/merge-branch@master
62          with:
63            type: now
64            from_branch: staging
65            target_branch: master
66            github_token: ${{secrets.GHUB_TOKEN}}
```

Listado 31.6: Fragmento de .github/workflows/test_and_deploy.yml

Como se puede ver en la línea 61 del listado 31.6, la etiqueta `uses:` sirve para definir qué action queremos usar de las disponibles en el marketplace. El formato del nombre de las actions suele empezar con el nombre de usuario del desarrollador del action, separado con una barra del nombre del action. También se suele usar un sufijo con una arroba para señalar si queremos usar alguna versión concreta del action. Por ejemplo, en la línea 58 usamos un action oficial de GitHub (que para esto usa el usuario `actions`), llamada `checkout`, que sirve para clonar el repositorio en el runner, y, en mi caso, he configurado que quiero usar la versión del action que tiene la etiqueta "`v3`". En la línea 61, sin embargo, lo que he configurado es que se utilice la última versión de la rama principal del repositorio del action.

Fíjate que hay actions que requieren parámetros de entrada, a través de la etiqueta `with:`, como es el caso de `merge-branch`, en la línea 62, mientras que hay actions que no necesitan parámetros de entrada, como pasa con `checkout`, en la línea 58. También es importante señalar que la etiqueta `name:` no es obligatoria y la puedes omitir, como he hecho en la línea 58, usando directamente la etiqueta `uses:`. Aunque lo recomendable es usar siempre la etiqueta `name:`.

Por tanto, como puedes ver, los jobs se componen de actions encadenados en forma de steps. Ten en cuenta que, a diferencias de los jobs, que se ejecutan en paralelo, los steps de un job se ejecutan secuencialmente, uno después de otro, siguiendo el orden de arriba a abajo en el que los hayamos escrito dentro del job. Si cualquiera de esos steps arroja un error, se considera fallido y el job completo fracasa.

Compartir datos entre pasos y jobs

Aunque los steps de un flujo se ejecutan en la misma máquina virtual, no pueden compartir variables de entorno porque cada step lanza un proceso de bash diferente. Hay dos maneras de fijar una variable de entorno en un step para ser usada en otro step del mismo job: una rápida, pero limitada, y otra algo más laboriosa, pero con más posibilidades.

La opción rápida consiste en concatenar la variable de entorno a la variable `$GITHUB_ENV`. Podemos estudiar un ejemplo de este método en el listado 31.7.

```
- name: Identify DEB package to sign.
        id: identify_deb_package
        run: |
          echo ''deb_package=$(ls ./$packages_folder/*.deb)'' >> $GITHUB_ENV
          cd $packages_folder
          package=$(ls *.deb)
          echo ''signed_deb_package=$package'' >> $GITHUB_OUTPUT
          echo ''Identified package: $package''
          cd ..

      - name: Sign DEB package.
        env:
          passphrase: ${{ secrets.GPG_PASSPHRASE }}
        # Fix to dpkg-sig -f error got from https://note.com/twsnmp/n/n867d351733f8 (
            translate it from japanese)
        run: |
          echo $passphrase > password
          dpkg-sig -k dante.signal31@gmail.com -g ''--no-tty --batch --pinentry-mode
              loopback --passphrase-file=./password'' --sign builder $deb_package
          dpkg-sig --verify $deb_package
          rm password

      - name: Upload signed Linux packages.
```

```
368         uses: actions/upload-artifact@v3
369         with:
370           name: SignedLinuxDEBPackage
371           path: ${{ env.deb_package }}
```

Listado 31.7: Fragmento de .github/workflows/test_and_deploy.yml

En la línea 350 se puede ver un ejemplo de cómo hacer la concatenación. Hacemos un *echo* de un texto *"variable=valor"* y lo concatenamos con `$GITHUB_ENV`, usando un "»". En este caso, la variable de entorno a crear se llama `deb_package` y su valor es el nombre de un fichero `.deb` que estará en la ruta marcada por la variable de entorno `$packages_folder`.

Una variable de entorno creada de esta manera tendrá la limitación de que sólo podrá usarse en steps del mismo job. La forma de leer la variable dependerá de si el step es una secuencia de comandos o un action.

En el caso de una secuencia de comandos, la variable de entorno se podrá leer con un simple signo de dólar delante del nombre de la variable, como cualquier otra variable de entorno. Se puede ver un ejemplo en la línea 363, del listado 31.7, en la que se referencia la variable que creamos antes con `$deb_package`.

Si el step no es una secuencia de comandos, sino un action u otra etiqueta del job, hay que acceder a la variable de entorno usando el prefijo `env.` y envolviendo la llamada en *${{... }}* (que es como se usan las variables con las etiquetas de los ficheros `.yml` de GitHub). Se puede ver un buen ejemplo de este manera de acceder a la variable en la línea 371 del listado anterior.

El problema con la opción de concatenar sobre `$GITHUB_ENV`, es que no permite compartir variables entre jobs. Para hacerlo hay que usar la opción laboriosa de la que hablábamos antes. Esta opción consiste en dos pasos:

1. Se incluye una etiqueta `outputs:` en la cabecera del job en la que se declara qué variables ofrecerá el job al exterior y de dónde saca el valor de esas variables.

2. En el step que genera el valor de la variable, concatenamos dicha variable sobre la variable de entorno `$env:GITHUB_OUTPUT`.

Probablemente sigas sin tenerlo claro. No te preocupes, se ve mejor con ejemplos. Empecemos con la declaración de los outputs:

```
69  build_windows:
70    name: Build release for windows.
71    runs-on: windows-2019
72    needs: merge_staging_and_master
73    outputs:
74      project_folder: ${{ steps.ProjectFolderFinder.outputs.projectFolder }}
75      build_version: ${{ steps.WindowsBuilder.outputs.buildVersion }}
76    steps:
```

Listado 31.8: Fragmento de .github/workflows/test_and_deploy.yml

En el listado 31.8 se puede ver que el job `build_windows` declara que va a ofrecer dos variables de salida: `project_folder` (línea 74) y `build_version` (línea 75). En el caso de `project_folder` se ofrecerá el valor que ofrezca el step `ProjectFolderFinder` a través de su variable local `projectFolder`. Si vamos al step `ProjectFolderFinder` veremos cómo se exporta la variable local `projectFolder`.

```
      - name: Store current folder in an environment path.
        id: ProjectFolderFinder
        shell: pwsh
        run: |
          $base_folder=pwd
          echo ''Project folder: $base_folder''
          echo ''projectFolder=$base_folder'' >> $env:GITHUB_OUTPUT
```

Listado 31.9: Fragmento de .github/workflows/test_and_deploy.yml

Observa en el listado 31.9 que, para identificar el step en el resto del job, no se usa la etiqueta `name:`, que no es más que un texto descriptivo, sino que se usa la etiqueta `id:` (línea 89). En la línea 94 concatenamos la variable `projectFolder` y su valor sobre la variable `$GITHUB_OUTPUT`. Fíjate en que se hace igual que cuando concatenábamos sobre `$GITHUB_ENV`, pero aquí utilizamos una variable global de destino diferente.

> Los matices entre `$GITHUB_ENV` y `$GITHUB_OUTPUT` no son evidentes a primera vista [50]. `$GITHUB_ENV` sirve para hacer visible una variable a todos los steps posteriores al punto de concatenación. El problema es que lo que concatenemos a `$GITHUB_ENV` no será visible desde la cabecera del job y, en concreto, desde su etiqueta `outputs:`. Si en una de las variables de la etiqueta `outputs:` le ponemos un valor del tipo `${{ env. ... }}`, dicho valor saldrá vacío. Lo que sí que será visible desde la etiqueta `outputs:` será lo que concatenemos a `$GITHUB_OUTPUT`.

Una vez que concatenemos una variable sobre `$GITHUB_OUTPUT`, esa variable será visible tanto en otros steps del job, como en la cabecera de este, usando la etiqueta *${{ steps.[id].outputs.[variable] }}*, sustituyendo `[id]` por el valor de la etiqueta `id:` del step desde donde hayamos concatenado a `$GITHUB_OUTPUT` y sustituyendo también `[variable]` por el nombre de la variable concatenada. Puedes ver un ejemplo en las líneas 74 y 75 del listado 31.8.

> En Linux, concatenaremos directamente sobre `$GITHUB_OUTPUT`, pero cuando usemos una consola de PowerShell (como ocurre en el listado 31.9) tendremos que añadir el prefijo `$env:` al nombre de la variable.

En realidad, dentro de la etiqueta `outputs:` lo que hacemos es declarar variables para que puedan ser recuperadas por otro job. Para recuperar ese output desde otro job, el job de destino debe declarar al job de origen en su etiqueta `needs:`. Después de eso, puedes usar la etiqueta *${{ needs.[job].outputs.[output_variable] }}* para leer el valor. Por ejemplo, la variable `project_folder`, declarada en la línea 74 del listado 31.8, se utiliza en el job `generate_windows_installer_configuration`.

```
171   generate_windows_installer_configuration:
172     name: Generate windows installer configuration from template.
173     needs: build_windows
174     runs-on: ubuntu-latest
175     env:
176       windows_installer_folder: Installers\Windows
177     outputs:
178       windows_installer_folder: ${{ env.windows_installer_folder }}
179     steps:
180       - name: Get source code.
181         uses: actions/checkout@v3
182 
183       - name: Show project folder.
184         shell: bash
185         run: echo ${{ needs.build_windows.outputs.project_folder }}
```

Listado 31.10: Fragmento de .github/workflows/test_and_deploy.yml

En la línea 171 del listado 31.10 puedes ver que el job declara que, para empezar, necesita que primero se ejecute con éxito el job `build_windows`. Además, al haber declarado a `build_windows` en la etiqueta `needs:` del job, ya podemos acceder a todas las variables declaradas en la etiqueta `outputs:` de `build_windows`, tal y como hacemos en la línea 185.

Como verás, este método es algo más complicado, pero deja a tu step preparado para compartir datos no sólo con otros steps del mismo job, sino con steps de cualquier job del flujo.

Pasar ficheros entre jobs

A veces, pasar una variable no es suficiente, porque necesitas producir ficheros en un job para que luego sean utilizados en otro.

Puedes compartir ficheros entre steps de un mismo job, porque esos steps comparten la misma máquina virtual. Pero entre jobs necesitas transferir ficheros desde una máquina virtual a otra.

Cuando generas un fichero (también llamado artefacto) en un job, puedes subirlo a un almacenamiento temporal compartido, para permitir que otros jobs del mismo flujo tengan acceso a él. Para subir y descargar un artefacto hacia/desde ese almacenamiento temporal tienes dos actions predefinidos: *upload-artifact* y *download-artifact*.

Por ejemplo, en nuestro caso, el job `build_windows` compila el juego y deja los ficheros que conforman el ejecutable en la carpeta `build_windows/StandaloneWindows64` del runner. Para poder pasarle esos ficheros al job que los empaquetará en un instalador, primero tenemos que exportar la carpeta anterior usando el action *upload-artifact*, tal y como podemos ver en el listado 31.11.

```
114        - name: Upload Build
115          uses: actions/upload-artifact@v3
116          with:
117            name: WindowsBuild
118            path: build_windows/StandaloneWindows64
```

Listado 31.11: Fragmento de .github/workflows/test_and_deploy.yml

Observa que la etiqueta `name:` de la línea 117 sirve para identificar al artefacto para que después seamos capaces de recuperarlo desde los jobs que vayan a utilizarlo.

Los distintos ficheros subidos mediante `upload-artifact`, a lo largo de la ejecución del flujo, aparecen en la parte inferior del resumen de ejecución de este, en la web de GitHub. Puedes descargarlos de ahí, para examinar su contenido y asegurar que los distintos artefactos se hayan generado correctamente.

En nuestro caso, el job que genera el instalador es `create_windows_installer` y una de las primeras cosas que hace es descargarse el artefacto anterior usando el action *download-artifact*.

```
221        - name: Download windows build.
222          uses: actions/download-artifact@v3
223          with:
224            name: WindowsBuild
225            path: Build
```

Listado 31.12: Fragmento de .github/workflows/test_and_deploy.yml

Fíjate que para identificar el artifacto que quiere descargarse ha utilizado el mismo nombre que usamos para subir el artefacto (WindowsBuild). En cuanto a la etiqueta `path:`, de la línea 225 del listado 31.12, se usa para definir en qué carpeta se depositarán los ficheros que compongan el artefacto. Dicha carpeta se creará automáticamente si no existiese.

Acceso al repositorio

Por defecto, empiezas cada job con una máquina virtual limpia. Para hacer que el contenido de tu repositorio se descargue en la máquina virtual (el *runner*) tienes que utilizar un action denominada *checkout*.

Como te puedes imaginar, es una de los actions que más a menudo se utilizan en los jobs. Un ejemplo, de los muchos que hay en el flujo que estamos estudiando, lo encontramos en el job `build_linux`.

```
  build_linux:
    name: Build release for linux.
    runs-on: ubuntu-latest
    needs: merge_staging_and_master
    outputs:
```

```
126         build_version: ${{ steps.LinuxBuilder.outputs.buildVersion }}
127       steps:
128         - name: Get source code.
129           uses: actions/checkout@v3
```

Listado 31.13: Fragmento de .github/workflows/test_and_deploy.yml

Como puedes ver en el listado 31.13, el uso de ese action no puede ser más sencillo. Te basta la línea 129 para clonar el repositorio en el runner, aunque yo, como buena práctica, he añadido una etiqueta `name:` en la línea 128 (aunque sea opcional).

Puedes hacer que se descargue el código de cualquier rama, pero, si no especificas ninguna en concreto, se descargará el de la rama que haya disparado el evento para arrancar el job. En nuestro ejemplo, esa rama es la de staging.

Secrets y variables

Probablemente necesitemos fijar constantes compartidas entre nuestros flujos para actualizar su valor de una manera sencilla y centralizada. Imagina, por ejemplo, que varios de nuestros flujos necesitan la cadena de la versión de Unity que vamos a usar en ellos. Podemos hacer que esos flujos utilicen una constante y fijar esa constante desde el interfaz web de GitHub.

> GitHub llama a esto variables, aunque me parece que el término correcto debería ser constante, ya que su contenido se fija a través del interfaz web y a partir de ahí ya no cambia.

El problema de usar esas constantes compartidas es que sus valores aparecerán en los logs de ejecución del flujo de trabajo. Eso significa que cualquiera que tenga acceso a esos logs podrá verlos. Para un caso como el del ejemplo de la versión no debería importar, pero si lo que queremos es recoger una contraseña en esas constantes, la cosa cambia.

Si estamos desarrollando un juego o una aplicación open source, no podemos incluir contraseñas o licencias en los ficheros `.yml` o en ficheros del repositorio, porque cualquiera que tenga acceso a este (en uno público, todo el mundo) puede ver dichas contraseñas.

Para resolver esta problemática, GitHub también permite crear constantes ocultas, denominadas *secrets*, que funcionan igual que las constantes, pero cuyo contenido se enmascara en los logs de ejecución, por lo que su confidencialidad está garantizada. Los secrets son la mejor manera de incluir contraseñas, tokens, licencias o nombres de usuarios en nuestros flujos.

Para crearlos, desde la página web del repositorio de GitHub tienes que ir a Settings > Secrets and variables > Actions. Te aparecerá una página con dos pestañas: Secrets y Variables. En la pestaña de Secrets, para crear un nuevo secret sólo tienes que pulsar New repository secret y darle un nombre y un valor al secret. El proceso es igual para las constantes, en la (en mi opinión mal llamada) pestaña Variables.

> Para reforzar su confidencialidad, no puedes ver el valor de un secret una vez creado, ni siquiera desde el interfaz web de GitHub. Sólo puedes sobrescribir su valor. Así que procura tomar nota del valor del secret en un sitio seguro, como por ejemplo Lastpass [108].

Una vez creado, un secret puede ser accedido desde un flujo usando la notación *${{ secrets.[nombre] }}*, tal y como se puede ver en el listado 31.14.

```
      - name: Run tests.
        uses: game-ci/unity-test-runner@v2
        id: testRunner
        env:
          UNITY_LICENSE: ${{ secrets.UNITY_LICENSE }}
        with:
          testMode: playmode
          githubToken: ${{ secrets.GITHUB_TOKEN }}
          artifactsPath: testsResults
```

Listado 31.14: Fragmento de .github/workflows/test_and_deploy.yml

Aunque yo no las he empleado para *Prince of Unity*, el uso de las constantes es idéntico, sólo que en su caso se usa la notación *${{ vars.[nombre] }}* para incluirlas en los flujos.

Ejecución del flujo

Tienes dos opciones para ejecutar un flujo para probarlo: puedes provocar el evento configurado para disparar el flujo (en nuestro ejemplo, hacer push a la rama de staging), o se puede lanzar el flujo manualmente desde el interfaz web de GitHub (suponiendo que hayas incluido la etiqueta `workflow_dispatch:` en tu fichero `.yml`, como te aconsejé).

Para lanzar el flujo manualmente, ve a la pestaña Actions del repositorio y selecciona el flujo que quieres lanzar. Entonces verás el botón Run workflow a mano derecha.

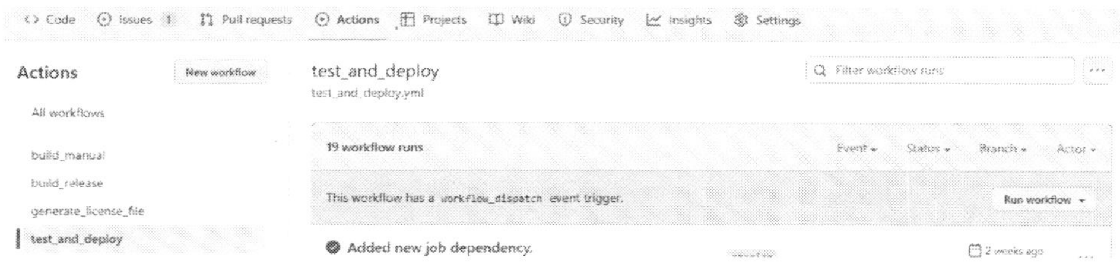

Figura 31.3: Botón de ejecución manual del flujo.

Una vez que ya has pulsado el botón, el flujo comenzará y la lista de la pestaña mostrará que el flujo está activo. Si seleccionamos ese flujo en la lista, se mostrará un árbol de ejecución. Haciendo click en cualquiera de las cajas, mostrará los logs generados en tiempo real para cada paso del job. Es extremadamente fácil navegar entre los diferentes logs generados.

Creación de actions personalizados

En el marketplace de GitHub puedes encontrar muchísimos actions listos para ser usados, pero probablemente en algún momento te veas en la necesidad de hacer algo para lo que no haya aún action alguno. En esos casos podrías usar tus propios scripts. El problema con ese enfoque es que, si quisieras hacer las mismas tareas en otro proyecto, tendrías que copiar los scripts entre proyectos y adaptarlos. Lo suyo en realidad es transformar los scripts en actions que puedan ser fácilmente reutilizables, no sólo en tus proyectos, sino también en los de otros desarrolladores.

Todos los actions que se pueden encontrar en el marketplace se han desarrollado usando uno de los métodos que voy a explicar aquí. En realidad, si entras en la página del marketplace de cualquier action encontrarás un enlace, a mano derecha, al repositorio de GitHub de ese action, por lo que puedes analizar su código y ver cómo funciona.

Hay tres métodos principales para crear tu propio action para GitHub:

- *Composite Actions*: Son los más sencillos y rápidos de desarrollar, pero tienen que cumplir la condición de que se basen en un script autosuficiente que no requiera que se instalen dependencias adicionales. Es decir, deben ser capaces de funcionar con lo que un Linux estándar ofrezca de base.

- *Docker Actions*: Si tu action va a necesitar la instalación de alguna dependencia para funcionar, entonces tendrás que usar esta opción.

- *Javascript Actions*: Bueno... es cierto que también puedes desarrollar tus actions usando Javascript, pero aborrezco ese lenguaje, así que no voy a desarrollar esta opción en este libro.

El problema con las dependencias de los actions es que pueden contaminar el entorno donde se vaya a usar el action. Si no tienes cuidado, y optas por un Composite Action que instale dependencias por debajo (*dependencias implícitas*), estas pueden colisionar con tus propias dependencias, las que necesitas para ejecutar tu flujo (*dependencias explícitas*). Esa es la razón por la que resulta imprescindible encapsular nuestro action y sus dependencias para que sean independientes del entorno del flujo donde se vaya a ejecutar dicho action. Por supuesto, esto no será un problema si el propósito explícito del action es precisamente instalar algo para preparar el entorno. Hay actions, por ejemplo, para instalar y configurar Pandoc de forma que pueda ser usado en un flujo. El problema surge cuando se supone que el propósito explícito de tu action es algo ajeno a la instalación de paquete alguno (por ejemplo, copiando ficheros) y, sin embargo, acaba instalando algo de manera inadvertida, comprometiendo así el entorno del flujo de trabajo. Por eso, lo mejor es que, cuando necesites instalar algo para tu action, lo hagas en un contenedor de Docker y hagas que el script de tu action se ejecute en ese contenedor de Docker, de manera que sus dependencias sean completamente independientes de los paquetes instalados en el entorno del flujo.

Los actions más sencillos son los Composite Actions. Si a tu action le basta con un puñado de comandos de bash o con un script de Python que utilice exclusivamente la librería estándar, entonces los Composite Actions son tu opción.

Para *Prince of Unity* no he necesitado crear Composite Action alguno, pero sí lo es alguno de los actions del marketplace que he utilizado. Ese es el caso del action que he utilizado para empaquetar el ejecutable del juego en un instalador para Windows:

```
      - name: Run Inno Setup to create Windows installer.
        uses: nadeemjazmawe/inno-setup-action-cli@v6.0.5
        with:
          filepath: Packaging/Windows/rendered_windows_iss_script.iss
```

Listado 31.15: Fragmento de .github/workflows/test_and_deploy.yml

El action *inno-setup-action-cli* usa Inno Setup para el empaquetado. De esta manera podemos automatizar en nuestro flujo el método de creación del instalador de Windows que estudiamos en el capítulo 29.

Vamos a acceder al repositorio de GitHub de *inno-setup-action-cli* [94] para ver cómo funciona por dentro. Este action cuenta en su carpeta `src` con todos los ficheros del ejecutable de Windows de la herramienta Inno Setup. Cuando se ejecuta un Composite Action, este tiene visibilidad tanto de su repositorio de origen como de las carpetas del runner desde el que es llamado. De esa manera, podemos ejecutar el programa Inno Setup, depositado en el repositorio del action, sobre los ficheros que tenga el runner.

> Es condición indispensable para crear tus actions, que estos estén hospedados en repositorios de GitHub. GitHub sólo utiliza actions que se encuentren en sus repositorios.

Por lo tanto, se necesita un repositorio de GitHub para ubicar los poquitos ficheros que se necesitan en realidad para hacer funcionar tu Action.

En la raíz del repositorio debes crear un fichero que se llame `action.yml`. Este fichero es realmente importante, ya que es el que le da forma a tu action. Debes conseguir que tus usuarios puedan pensar en tu action como si fuera una caja negra, como si fuera un módulo en el que meten entradas (inputs) y reciben salidas (outputs). Precisamente esos inputs y outputs se definen en el fichero `action.yml`.

En el caso de `inno-setup-action-cli`, el fichero `action.yml` no puede ser más sencillo:

```
name: '@nadeemjazmawe/inno-setup-action-CLI'
description: This action generate setup/installer files using Inno Setup

author: '@NadeemJazmawe'

inputs:
  filepath:
    description: 'Path for ISS file'
    required: true
```

```
10
11 runs:
12   using: 'composite'
13   steps:
14     - run: ${{ github.action_path }}\src\ISCC.exe ${{inputs.filepath}}
15       shell: cmd
```

Listado 31.16: Fichero action.yml de la action inno-setup-action-cli

Fíjate que las etiquetas `name:` (línea 1 del listado 31.16), `description:` (línea 2) y `author:` (línea 4) sirven para precisar los metadatos del action. Esa parte no tiene misterio. El valor de `name:` es el nombre que tendrá tu action en el marketplace. El otro parámetro `description:` es la explicación corta que se mostrará junto al nombre en los resultados de las búsquedas del marketplace.

> Aunque el autor de este action no lo haya hecho, también se puede añadir una etiqueta `branding:` para configurar el icono (de los disponibles en la suite *Feather Icons* [57]) y el color de este que representarán a nuestro action en el marketplace.

En este caso, el action sólo necesita un parámetro de entrada. Se trata de `filepath`, definido debajo de la etiqueta `inputs:`. Como el parámetro no es opcional, cuenta con una etiqueta `required: true` en la línea 9. Si un parámetro fuese opcional, deberíamos definir su valor por defecto (por si el usuario no incluyese el parámetro). Los valores por defecto de un input se definen dándole un valor a la etiqueta `default:`.[1] Fíjate que los parámetros de entrada se pueden usar en los steps del action usando la notación *${{ inputs. ... }}* que ya debería resultarnos familiar. Puedes ver un ejemplo al final de la línea 14.

> Aunque este action en concreto no ofrezca outputs, podría hacerlo usando un método calcado al que hemos visto en los jobs: en la cabecera del `action.yml` definiríamos los outputs (como hacíamos en las cabeceras de los jobs) y en los steps del action concatenaremos los valores sobre `$GITHUB_OUTPUT` para que sean visibles desde la etiqueta outputs:.

Esos inputs y outputs definen lo que tu Action consume y ofrece. Lo que hace tu action se define bajo la etiqueta `runs:`. Ahí es donde defines que tu action sea un `composite` (línea 12), en el que vas a llamar a una secuencia de pasos. Este ejemplo en particular sólo tiene un paso (línea 14), pero puedes incluir todos los que necesites.

Como puedes ver en la citada línea 14, `inno-setup-action-cli` se limita llamar al ejecutable de Inno Setup que tiene en la carpeta `src` de su repositorio sobre la carpeta del runner que hayamos facilitado en el parámetro de entrada. Fíjate que para distinguir las carpetas del repositorio del action de las carpetas del runner, a las primeras hay que ponerles el prefijo `${{ github.action_path }}`.

Por último, conviene señalar un detalle de este action que podría pasarte desapercibido. Si observas en la línea 15, verás la etiqueta `shell:`. Esta etiqueta define en qué tipo de consola se debe ejecutar el comando de la etiqueta run:. En este caso, el comando debe ser ejecutado en una consola cmd, es decir en una consola DOS de un Windows.

> Intenta fijarte en este tipo de pistas para saber en qué tipo de runner se puede ejecutar el action. No siempre está claramente explicado en las instrucciones de los action.

Una vez hayamos creado el fichero *action.yml*, y dejado en el repositorio todos los ficheros que vaya a precisar nuestro action, sólo necesitaremos pulsar el botón que aparecerá en tu repositorio para publicar el action en el marketplace. Una vez publicado, tu action ya será visible para el resto de los usuarios de GitHub. Además, se creará automáticamente la página de tu action en el marketplace, basándose en el fichero `README.md` que hayas dejado en el repositorio y en los metadatos que hayas incluido en el *action.yml*.

[1] Veremos un ejemplo más adelante en esta sección, cuando explique los Docker Actions.

La alternativa a los Composite Actions son los Docker Actions. Como su nombre sugiere, un Docker Action empaqueta los ficheros y las dependencias internas de un action dentro de un contenedor de *Docker* [88]. De esa manera, las dependencias del action no se mezclarán con las dependencias del flujo desde el que se llame a dicho action.

Muchos de los actions que he usado para el CI/CD de *Prince of Unity* están implementados como Docker Actions por debajo. Yo mismo he creado uno para la firma de los paquetes RPM, pero como tiene ciertas particularidades que se salen del estándar, prefiero usar como ejemplo otro action más ortodoxo, con el que explicar los conceptos básicos, y dejar para la sección 31.5 la explicación de mi Docker Action.

Por eso, para explicar las bases de cómo crear un Docker Action, vamos a analizar el que he utilizado para crear los paquetes instaladores DEB y RPM para Linux.

```
      - name: Create DEB package.
        uses: bpicode/github-action-fpm@master
        with:
          fpm_args: ${{ env.source_directory }}
          fpm_opts: '-s dir -t deb -C Build -n ${{ env.app }} -p ${{ env.output_folder
              }} -v ${{ env.version }} --prefix ${{ env.package_install_root }} --
             description ''${{ env.description }}'' --after-install ${{ env.
             after_install }} --after-remove ${{ env.after_remove }} --maintainer ${{
              env.maintainer }} -a ${{ env.architecture }} --url ${{ env.url }} --
             license ${{ env.license }} --category ${{ env.category }}'

      - name: Create RPM package.
        uses: bpicode/github-action-fpm@master
        with:
          fpm_args: ${{ env.source_directory }}
          fpm_opts: '-s dir -t rpm -C Build -n ${{ env.app }} -p ${{ env.output_folder
              }} -v ${{ env.version }} --prefix ${{ env.package_install_root }} --
             description ''${{ env.description }}'' --after-install ${{ env.
             after_install }} --after-remove ${{ env.after_remove }} --maintainer ${{
              env.maintainer }} -a ${{ env.architecture }} --url ${{ env.url }} --
             license ${{ env.license }} --category ${{ env.category }}'
```

Listado 31.17: Fragmento de .github/workflows/test_and_deploy.yml

El action que he utilizado en el fragmento del listado 31.17 se llama `github-action-fpm` [22]. Los Docker Action, como los Composite, también se basan en un fichero `action.yml`. Si examinamos el repositorio de `github-action-fpm` veremos que su fichero `action.yml` es similar al del Composite Action que analizábamos antes.

```
1  name: 'action-fpm'
2  description: 'Build packages for multiple platforms using github.com/jordansissel/fpm'
3  branding:
4    icon: 'package'
5    color: 'green'
6  inputs:
7    fpm_opts:
8      description: 'Options passed to the fpm cli tool'
9      required: true
10   fpm_args:
11     description: 'Arguments passed to the fpm cli tool'
12     required: true
13 runs:
14   using: 'docker'
15   image: 'Dockerfile'
16   args:
17     - ${{ inputs.fpm_args }}
```

Listado 31.18: Fichero action.yml de la action github-action-fpm

Las diferencias empiezan por debajo de la etiqueta `runs:`, a partir de la línea 13 del listado 31.18. Para empezar, la etiqueta `using:` de la línea 14, tiene el valor `docker` para señalar que este es un Docker Action.

La etiqueta `image:` se utiliza para señalar de dónde hay que bajarse la imagen de Docker con la que se ejecutará el action. Hay dos opciones: o generar la imagen en GitHub y bajarla de su registro de imágenes o bien bajar la imagen de un registro público (como *Docker Hub* [89]).

El action que estamos examinando utiliza la primera aproximación. Dándole el valor `Dockerfile` a la etiqueta `image:`, lo que hace GitHub es buscar un fichero `Dockerfile` en la raíz del repositorio del action, generar una imagen de Docker a partir de ese `Dockerfile` y utilizar esa imagen para arrancar un contenedor desde el que ejecutar el action. Los parámetros que se le pasan al contenedor son los que se enumeran (en una línea por parámetro) dentro de la etiqueta `args:` de la línea 16.

La creación de imágenes de Docker merece un libro aparte, pero voy a intentar que al menos entiendas los conceptos básicos. Resumiendo demasiado, un contenedor de Docker es una especie de máquina virtual ligera. Los contenedores son instancias de imágenes. Los contenedores son a las imágenes lo que los objetos a las clases en programación orientada a objetos. La configuración para crear esa máquina virtual ligera (o, mejor dicho, la imagen para instanciar un contenedor) se recoge en un fichero `Dockerfile`. Puedes encontrar el fichero `Dockerfile` de la action `github-action-fpm` en la raíz de su repositorio.

```
1  FROM ruby:2-alpine
2  LABEL ''maintainer''=''bpicode''
3
4  LABEL ''com.github.actions.name''=''github-action-fpm''
5  LABEL ''com.github.actions.description''=''Build packages for multiple platforms using
       github.com/jordansissel/fpm''
6  LABEL ''com.github.actions.icon''=''package''
7  LABEL ''com.github.actions.color''=''green''
8
9  RUN apk --no-cache add build-base
10 RUN apk --no-cache add rpm
11 RUN apk --no-cache add tar
12 RUN apk --no-cache add zip
13 RUN gem install --no-document fpm -v 1.11.0
14
15 COPY entrypoint.sh /entrypoint.sh
16
17 ENTRYPOINT [''/entrypoint.sh'']
```

Listado 31.19: Fichero Dockerfile de la action github-action-fpm

Cuando lees un fichero `Dockerfile`, en realidad estás leyendo una especie de receta para *cocinar* una imagen. Como en una receta, los diferentes pasos se van ejecutando de arriba a abajo. En este caso, el autor del action lo que ha buscado ha sido partir de una imagen con Linux y con las librerías de desarrollo del lenguaje Ruby, para instalar sobre ella la herramienta FPM que, como vimos en el capítulo 29, utiliza las librerías de ese lenguaje.

El comando `FROM`, de la línea 1 del listado 31.19, define qué imagen queremos utilizar para esta. Se puede iniciar una imagen desde cero, pero lo normal es usar una ya hecha como punto de partida (como, por ejemplo, una imagen con el sistema operativo que queremos utilizar). En este caso, tal y como mencionábamos, el autor del action ha querido partir de una imagen que ya contase con una instalación del entorno de programación Ruby.

Los comandos `LABEL` sirven para definir los metadatos de la imagen.

Los comandos `RUN` son con lo que cocinamos la imagen. Cada RUN ejecuta un comando sobre la imagen que hayamos elegida como base. En este caso, de la línea 9 a la 13 se instala la versión 1.11.0 de la herramienta FPM.

Pero, una vez instalada la herramienta FPM, ¿cómo la podemos usar desde fuera del contenedor? En este caso se hace con un script, `entrypoint.sh`,[2] que se encuentra en la raíz del repositorio y que se copia dentro de la imagen con el comando `COPY` de la línea 15. El comando ENTRYPOINT sirve para configurar un script de la imagen que se ejecutará cada vez que se ejecute un contenedor. Este es el script que se copiaba

[2] En este caso, el autor del action ha querido llamar al script entrypoint.sh porque lo va a utilizar como entrypoint del contenedor, pero, en realidad, podemos llamar al script como queramos.

en la línea 15, es al que pasaremos los parámetros que definíamos en la línea 17 del listado 31.18 y será el que llame a la instalación de FPM de la imagen:

```
#!/usr/bin/env sh

set -e

FPMOPTS=''${INPUT_FPM_OPTS}'' fpm $@
```

Listado 31.20: Fichero entrypoint.sh de la action github-action-fpm

Si estuvieras creando una imagen para subirla a un registro público, como Docker Hub, tendrías que usar la herramienta `docker build` de Linux, pasándole el `Dockerfile` como parámetro. Sin embargo, para las Docker Action, GitHub se encarga de hacer eso por ti.

La pega con esta aproximación de los Docker Actions es que, aunque GitHub tiene una caché de imágenes, hay veces que esa caché vence y te toca esperar a que la imagen se construya sobre la marcha cuando llamas al action desde tu flujo. Por otro lado, la sintaxis que acepta GitHub en los Dockerfile, para poder procesarlos de esta forma, tiene ciertas limitaciones. Esas son buenas razones para hacer uso de la segunda aproximación y bajar las imágenes de un repositorio público en vez de generarlas en GitHub. Cuando utilizas una imagen de un repositorio público, esta ya se encuentra construida, por lo que tu usuario no tiene que sufrir el tiempo de construcción a la hora de usar tu action. Por otro lado, puedes hacer uso de todas las posibilidades que ofrecen los Dockerfile.

Para usar una imagen depositada en Docker Hub, a la etiqueta `image:` hay que darle un valor del tipo *docker://[nombre usuario]/[nombre imagen]:etiqueta*, siendo `[nombre usuario]` nuestro usuario de Docker Hub y `[nombre imagen]` el de nuestra imagen. Por ejemplo, si quisiéramos usar la imagen *rpmsign*, del usuario *dantesignal31*, en su última versión y bajándola de DockerHub, configuraríamos la siguiente etiqueta: `image: 'docker://dantesignal31/rpmsign:latest'`

31.2. GameCI

Tras aprender los conceptos básicos de GitHub Actions, ya estamos preparados para centrarnos en su uso para la compilación, prueba, empaquetado y distribución de juegos desarrollados en Unity. Para ello, recopilaremos e integraremos una serie de actions que nos permitirán llevar a cabo este flujo de trabajo.

La primera parada es *GameCI* [61], una comunidad de desarrolladores de herramientas open source para automatizar el proceso de creación y mantenimiento de juegos. Fruto de su labor, ofrecen un conjunto de módulos para que los desarrolladores puedan utilizar plataformas de CI/CD con sus juegos. Esas herramientas soportan actualmente GitHub Actions, CircleCI y GitLab, para la compilación de juegos de Unity. El objetivo de este proyecto es facilitar que los desarrolladores puedan concentrarse en el desarrollo de juegos, liberándoles de la complejidad de tener que crear sus propias herramientas de CI/CD.

Las herramientas de GameCI se ofrecen como imágenes de Docker, publicadas en el Docker Hub, con Unity preinstalado en ellas y configurado para hacer tareas específicas. En el caso concreto de GitHub Actions, GameCI ofrece estas imágenes encapsuladas en Docker Actions que podemos utilizar en nuestros flujos.

En el momento de escribir este libro, se podía utilizar GameCI para compilar un juego para las siguientes plataformas:

- WebGL
- Windows Mono
- Linux Mono
- macOS Mono
- Windows IL2CPP

- Linux IL2CPP
- macOS IL2CPP
- Android
- iOS
- Universal Windows Platform
- AppleTV

El equipo de GameCI también se ha automatizado con flujos de CI/CD y tiene uno monitorizando si salen nuevas versiones estables de Unity, para crear nuevas imágenes en cuanto eso ocurra. Así que puedes contar con que los actions de GameCI que utilices soporten las últimas versiones de Unity.

Hechas las presentaciones, vamos a profundizar en cómo usar GameCI para aplicar un flujo de trabajo como el de *Prince of Unity*.

Configuración de licencia

Como vimos en el capítulo 4, para usar el editor de Unity necesitamos una licencia personal, asociada a nuestra cuenta de Unity. Cuando usemos los actions de GameCI, las imágenes con Unity que estas utilizan serán instalaciones de Unity a nuestro nombre, por lo que deberemos dotarlas de una licencia.

El proceso de generación y asignación de la licencia difiere si queremos generar una licencia personal o una profesional [62]. En este libro voy a cubrir la licencia personal, que es la que yo he usado.

Los pasos que hay que seguir son los siguientes:

1. Solicitarle a Unity un fichero de activación para GitHub.
2. Usar ese fichero para obtener una licencia.
3. Guardar esa licencia como un secret de GitHub Actions para poder usarla en los flujos de trabajo.

Afortunadamente, GameCI ha simplificado parte del proceso creando un action que automatiza el primer paso. Tendrás que hacer los otros dos pasos manualmente, pero la buena noticia es que sólo tendrás que hacer todo esto una vez por juego. Una vez que hayas configurado la licencia en el repositorio de tu juego, te podrás olvidar de este tema hasta el siguiente juego.

El action se llama *game-ci/unity-request-activation-file* [60] y descarga el fichero de activación en una ruta del runner que se guarda en la variable de salida filePath. Para usarlo, te basta con crear un flujo de trabajo que se ejecute manualmente. En mi caso, he utilizado el flujo 🗀 `.github/workflows/generate_license_file.yml`.

```
name: generate_license_file

on:
  # I want to be able to run this workflow only manually from the Actions tab.
  workflow_dispatch: {}

# Created alf file should be uploaded to https://license.unity3d.com/manual
# There you'll get an ulf license file. From that file you'll get
# these data for github secrets:
# UNITY_LICENSE
# UNITY_EMAIL --> Add here the email address that you use to login to unity.
# UNITY_PASSWORD --> Add here the password that you use to login to unity.
jobs:
  activation:
    name: Request manual activation file
    runs-on: ubuntu-latest
    steps:
```

```
18      - name: Request manual activation file
19        id: getManualLicenseFile
20        uses: game-ci/unity-request-activation-file@v2
21
22      # Upload artifact (Unity_v20XX.X.XXXX.alf)
23      - name: Expose as artifact
24        uses: actions/upload-artifact@v2
25        with:
26          name: ${{ steps.getManualLicenseFile.outputs.filePath }}
27          path: ${{ steps.getManualLicenseFile.outputs.filePath }}
```

Listado 31.21: Fragmento de .github/workflows/generate_license_file.yml

Como puedes ver en el listado 31.21, debajo de la etiqueta `on:` sólo está `workflow_dispatch:` (línea 5), por lo que este flujo sólo se activará manualmente, desde la pestaña Actions.

El action *game-ci/unity-request-activation-file* no necesita parámetros de entrada, pero debemos identificar el step en el que lo usemos con una etiqueta `id:` (línea 19), para poder referenciar luego la variable de salida que ofrece con la ruta donde ha depositado el fichero de activación.

Dicha variable de salida es `filePath` y se utiliza en las líneas 26 y 27 para decirle al action *actions/upload-artifact* dónde se encuentra el fichero de activación que queremos subir como artefacto.

Una vez hayamos ejecutado el flujo, podremos descargar el fichero de activación de la sección *Artifacts* del resumen de ejecución del flujo.

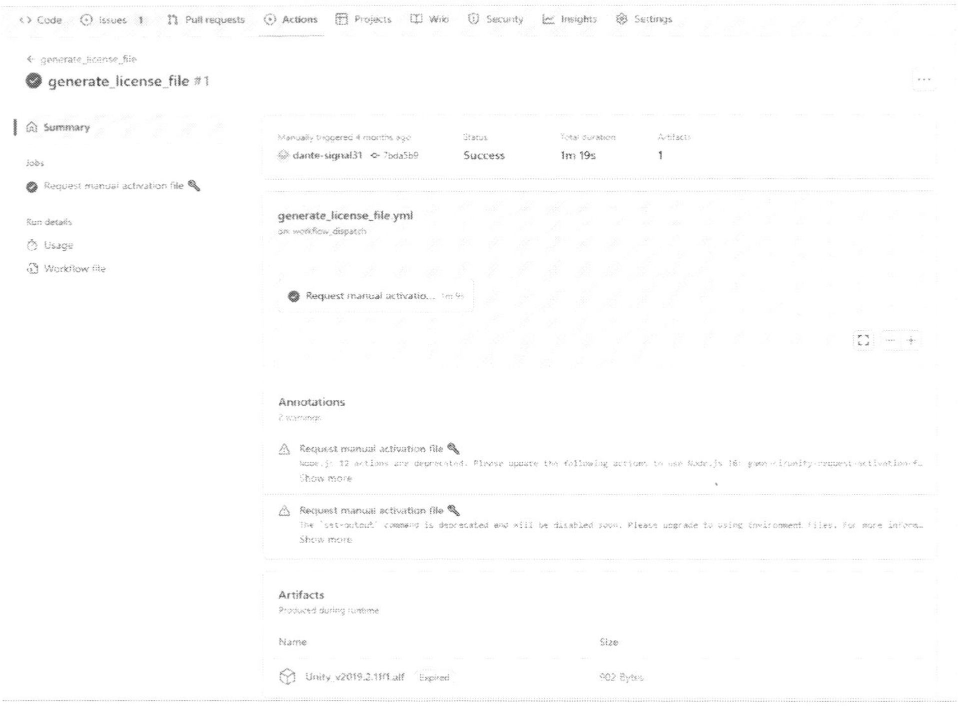

Figura 31.4: Resumen de ejecución del flujo unity-request-activation-file.

> Los artefactos subidos por los jobs de un flujo están disponibles para su descarga, desde el resumen de ejecución, por un tiempo limitado. Pasado ese tiempo, junto al artefacto aparecerá una etiqueta de *Expired* y no se podrá descargar más. Por eso, procura guardar el fichero en un lugar seguro o te tocará ejecutar de nuevo el flujo si quieres volver a usarlo.

Una vez que hayamos descargado el fichero de activación (tendrá una extensión `.alf`), debemos ir a la página de activaciones manuales de Unity [190], y subir el fichero de activación. La página nos devolverá un fichero de licencia con extensión `.ulf`. Guarda el fichero en lugar seguro.

Acto seguido, debes ir a GitHub y generar los siguientes secrets:

- UNITY_LICENSE: Su valor será el contenido del fichero de licencia .ulf que acabamos de descargar.
- UNITY_MAIL: Debemos meter el correo que usamos para hacer login en la cuenta de Unity.
- UNITY_PASSWORD: Aquí hay que incluir la contraseña que utilicemos para hacer login en la cuenta de Unity.

Hecho esto ya tendremos todo lo que necesitamos para usar el resto de actions de GameCI.

Pruebas funcionales

Si revisas la lista que hicimos al principio del capítulo, con las tareas a realizar cuando quisiéramos publicar una nueva versión del juego, la primera de todas era ejecutar las pruebas funcionales para asegurar que la nueva versión no tuviese errores.

GameCI nos facilita un action para ejecutar los tests que revisamos en el capítulo 18. Ese action se llama *game-ci/unity-test-runner* [65]. Yo la he utilizado en el job `tests`.

```
  tests:
    name: Run unit and functional tests.
    runs-on: ubuntu-latest
    steps:
      - name: Get source code.
        uses: actions/checkout@v3

      - name: Show current path and contents.
        shell: bash
        run: |
          pwd
          ls

      - name: Cache generated files.
        uses: actions/cache@v3
        with:
          path: Library
          key: Library-${{ hashFiles('Assets/**', 'Packages/**', 'ProjectSettings/**') }}
          restore-keys: |
            Library-

      - name: Run tests.
        uses: game-ci/unity-test-runner@v2
        id: testRunner
        env:
          UNITY_LICENSE: ${{ secrets.UNITY_LICENSE }}
        with:
          testMode: playmode
          githubToken: ${{ secrets.GITHUB_TOKEN }}
          artifactsPath: testsResults

      - name: Store tests results to allow further assessment.
        uses: actions/upload-artifact@v2
        if: always()
        with:
          name: Test results
          path: ${{ steps.testRunner.outputs.artifactsPath }}
```

Listado 31.22: Fragmento de .github/workflows/test_and_deploy.yml

Como puedes ver en el listado 31.22, el primer step del job clona el proyecto en el runner (línea 19).

Hecho eso, hay un step recomendado por GameCI para cachear determinados elementos del proyecto (línea 28). Según la documentación de GameCI, realizar este cacheo acelera la ejecución de las pruebas [64].

Es en la línea 35 donde usamos el action de GameCI para el testeo. Fíjate que para usarlo tenemos que ofrecer como variable de entorno la licencia que generamos antes (línea 39). Hay múltiples parámetros de entrada posibles, la mayor parte de ellos opcionales. De todos ellos, los que he utilizado son los siguientes:

- `testMode:` Por defecto, se ejecutan tanto los tests de EditMode, como los de PlayMode. Yo no tengo de EditMode, así que los he restringido a PlayMode.
- `gitHubToken:` Es recomendable meter el secret de nuestro token de GitHub para poder ver los resultados de los tests desde el resumen de ejecución del flujo.
- `artifactsPath:` Si no quieres meter tu token de GitHub, o sencillamente si quieres bajarte a local los resultados de los tests, puedes usar esta etiqueta para salvar en una carpeta del runner dichos resultados.

Como he usado la etiqueta `artifactsPath:` para guardar en una carpeta (`testsResults`) los resultados de los tests, en la línea 46 uso *actions/upload-artifact* para guardar esos resultados como un artefacto que luego pueda bajarme desde el resumen de ejecución. Observa que en este step he usado la etiqueta `if: always()`, en la línea 47. En caso de fallo de un step, el comportamiento por defecto es no ejecutar los steps siguientes. Sin embargo, a nosotros sí que nos interesa guardar los resultados del testeo, aunque haya sido fallido... precisamente para poder saber qué tests han fallado. La etiqueta `if: always()` permite que el step se ejecute aunque el step anterior haya fallado.

Compilación

El otro action de GameCI que he usado es el de compilación, denominado *game-ci/unity-builder* [63]. Tendrás que emplearlo una vez por plataforma para la que quieras compilar. En mi caso yo he utilizado este action en dos jobs: `build_windows` y `build_linux`.

Vamos a estudiar estos dos jobs ahora, aunque en el orden de ejecución del flujo venga antes el job de incorporación de los cambios a la rama principal, que veremos en la sección 31.4. Prefiero hacerlo así para cerrar la sección de los actions de GameCI.

Los dos jobs se parecen bastante. Vamos a empezar con el de Windows.

```
build_windows:
  name: Build release for windows.
  runs-on: windows-2019
  needs: merge_staging_and_master
  outputs:
    project_folder: ${{ steps.ProjectFolderFinder.outputs.projectFolder }}
    build_version: ${{ steps.WindowsBuilder.outputs.buildVersion }}
  steps:
    - name: Get source code.
      uses: actions/checkout@v3

    - name: Cache generated files.
      uses: actions/cache@v3
      with:
        path: Library
        key: Library-${{ hashFiles('Assets/**', 'Packages/**', 'ProjectSettings/**')
             }}
        restore-keys: |
          Library-

    - name: Store current folder in an environment path.
      id: ProjectFolderFinder
      shell: pwsh
```

```
91          run: |
92            $base_folder=pwd
93            echo ''Project folder: $base_folder''
94            echo ''projectFolder=$base_folder'' >> GITHUB_OUTPUT
95
96        - name: Build game for windows.
97          uses: game-ci/unity-builder@v2
98          id: WindowsBuilder
99          env:
100           UNITY_LICENSE: ${{ secrets.UNITY_LICENSE }}
101           UNITY_EMAIL: ${{ secrets.UNITY_EMAIL }}
102           UNITY_PASSWORD: ${{ secrets.UNITY_PASSWORD }}
103         with:
104           buildName: Prince of Unity
105           targetPlatform: StandaloneWindows64
106           unityVersion: auto
107           buildsPath: build_windows
108           versioning: Semantic
109
110       - name: Remove unused build folder.
111         shell: bash
112         run: rm -rf build_windows/StandaloneWindows64/'Prince of
               Unity_BackUpThisFolder_ButDontShipItWithYourGame'
113
114       - name: Upload Build
115         uses: actions/upload-artifact@v3
116         with:
117           name: WindowsBuild
118           path: build_windows/StandaloneWindows64
```

Listado 31.23: Fragmento de .github/workflows/test_and_deploy.yml

Fíjate que, en la línea 71 del listado 31.23, hago que el runner sea de Windows Server 2019. Como vimos en el capítulo 25, Unity permite compilación cruzada, pero al usarlo con GameCI e IL2CPP me ha dado problemas, así que al final opté por no hacer compilación cruzada y ejecutar el job de Windows sobre un runner Windows y el de Linux sobre un runner de ese tipo.

En la línea 72, he configurado que este job se ejecute una vez que haya finalizado `merge_staging_and_master` y tengamos los cambios incorporados a la rama principal.

En las líneas 74 y 75 ofrezco dos variables de salida útiles para los jobs posteriores del flujo de trabajo.

La variable `project_folder`, de la línea 74, da el nombre de la carpeta donde el compilador habrá depositado los ficheros del ejecutable.

Resulta mucho más interesante la variable `build_version` de la línea 75. Si al action de *game-ci/unity-builder* se le pasa como parámetro de entrada la etiqueta `versioning: Semantic`, tal y como hacemos en la línea 108, el compilador mirará las etiquetas registradas en el repositorio de versiones y cogerá la última etiqueta de la rama activa que tenga el formato *[major].[minor]* y la asumirá como la versión de esta compilación. Para el tercer número de la versión (el de *patch*), el compilador contará todos los commits a la rama desde la etiqueta. Esto es muy cómodo, ya que te evita tener que especificar la versión manualmente en cada compilación. Te basta con acordarte de añadir una etiqueta con formato *[major].[minor]* a los commits que supongan un cambio de versión, y ya se encargará el compilador de calcular el tercer número (que suele ser el más engorroso). El action ofrece la versión que calcula a través de la variable `buildVersion` y, como este dato es útil en otros puntos del flujo, he optado por ofrecerlo como una variable de salida del job en la citada línea 75.

A muchos nos gusta añadir un prefijo `v` a las etiquetas de versión de nuestras aplicaciones. Aquí también puedes hacerlo, dado que *game-ci/unity-builder* es compatible con este formato de versiones.

Las líneas 77 a 86 te resultarán conocidas porque ya las usamos en el job tests. Básicamente clonamos el repositorio, para poder compilar, y cacheamos, para acelerar en lo posible la compilación.

En la línea 96 es donde usamos el action `game-ci/unity-builder`. Para que la imagen de Docker del action pueda funcionar, tenemos que pasarle la licencia, el correo electrónico de nuestra cuenta de Unity y la contraseña de dicha cuenta, tal y como puede verse en las líneas 100 a 102. Los parámetros de entrada que yo he utilizado son:

- `buildName`: El nombre que queremos darle al juego. Se usa también para el nombre de la carpeta donde se guardará el juego compilado, dentro de la carpeta que señalemos en `buildsPath`.
- `targetPlatform`: Para qué plataforma queremos compilar. Los distintos nombres de plataforma utilizables están estándarizados por Unity, dentro de su clase *BuildTarget* [25].
- `unityVersion`: Se usa para fijar manualmente la versión de Unity para la compilación. Yo lo he dejado en auto para que saque la versión a utilizar del fichero 🗀 `ProjectSettings/ProjectVersion.txt`, que se actualiza automáticamente con la versión que utilicemos en el editor de Unity.
- `buildsPath`: Carpeta del runner donde deben guardarse los ficheros del juego compilado.
- `versioning`: Como lo he explicado antes, en esta misma sección, no voy a repetirme. Mi consejo es que lo dejes en `Semantic` y marques con etiquetas los commits que señalen el cambio de versión.

Como ya comenté en el capítulo 25, cuando compilas con IL2CPP, junto a los ficheros de tu juego compilado, se genera una carpeta con archivos de depuración que no deben distribuirse con el juego. No tiene pérdida, está dentro de la carpeta donde se haya creado el compilado y tiene como sufijo: `_BackUpThisFolder_ButDontShipItWithYourGame`. Por tanto, la misma Unity te recomienda que no la empaquetes con el resto del juego. Ocupa muchísimo y su utilidad para nuestros usuarios es nula. Por esos motivos, en la línea 112 me aseguro de borrarla.

> Fíjate que en la línea 112 he usado un comando bash para borrar una carpeta de un runner Windows. Yo no lo sabía, pero resulta que en los runners Windows puedes usar órdenes de bash si usas la etiqueta `shell: bash`. Eso me ha resultado una bendición, ya que la consola DOS de Windows me resulta tremendamente limitada y no tengo conocimientos de PowerShell.

Finalmente, entre las líneas 114 y 118, uso el action *actions/upload-artifact* para guardar la carpeta con los ficheros compilados de nuestro juego como un artefacto que podamos recuperar desde el job de empaquetamiento, tal y como veremos en la sección 31.4.

Una vez entendido el job de compilación para Windows, veremos que el Linux es prácticamente igual.

```
121   build_linux:
122     name: Build release for linux.
123     runs-on: ubuntu-latest
124     needs: merge_staging_and_master
125     outputs:
126       build_version: ${{ steps.LinuxBuilder.outputs.buildVersion }}
127     steps:
128       - name: Get source code.
129         uses: actions/checkout@v3
130
131       - name: Cache generated files.
132         uses: actions/cache@v3
133         with:
134           path: Library
135           key: Library-${{ hashFiles('Assets/**', 'Packages/**', 'ProjectSettings/**')
                   }}
136           restore-keys: |
137             Library-
138
```

```
139       - name: Build game for linux.
140         uses: game-ci/unity-builder@v2
141         id: LinuxBuilder
142         env:
143           UNITY_LICENSE: ${{ secrets.UNITY_LICENSE }}
144           UNITY_EMAIL: ${{ secrets.UNITY_EMAIL }}
145           UNITY_PASSWORD: ${{ secrets.UNITY_PASSWORD }}
146         with:
147           buildName: Prince of Unity
148           targetPlatform: StandaloneLinux64
149           unityVersion: auto
150           buildsPath: build_linux
151           versioning: Semantic
152
153       - name: Debug who am I.
154         run: whoami
155
156       - name: Debug what are the folder to be removed permissions.
157         run: ls -lR build_linux/StandaloneLinux64/
158
159       - name: Remove unused build folder.
160         # Use sudo or you won't be able to remove the folder because it's root owned.
161         run: |
162           sudo rm -rf build_linux/StandaloneLinux64/'Prince of
                  Unity_BackUpThisFolder_ButDontShipItWithYourGame'/
163
164       - name: Upload Build
165         uses: actions/upload-artifact@v3
166         with:
167           name: LinuxBuild
168           path: build_linux/StandaloneLinux64
```

Listado 31.24: Fragmento de .github/workflows/test_and_deploy.yml

Como se puede ver en el listado 31.24, los steps son muy similares.

Ambos jobs se ejecutan en paralelo, dado que dependen de que se finalice con éxito el merge de la rama staging con la rama principal (línea 124).

Igual que hice en Windows, he evitado la compilación cruzada y he usado un runner Linux para compilar para ese sistema operativo (línea 123).

El uso del action *game-ci/unity-builder* es prácticamente idéntico a Windows, con la crucial salvedad de que para el `targetPlatform:` he usado StandaloneLinux64 (línea 148). También he cambiado el nombre de la carpeta de salida a `build_linux`.

Un elemento importante de este job, que puede pasar desapercibido, es que los `outputs:` son diferentes a los del job de Windows. Por un lado, no he incluido la variable de salida `project_folder`, porque los jobs de Linux que siguen a este no lo necesitan. Por otro lado, sí que he incluido `build_version` aunque vaya a tener un resultado idéntico al de esa variable de salida en Windows. Lo he hecho porque he observado que la ejecución del job de compilación de Linux es mucho más rápida que la de Windows, y me conviene contar con ese dato para los siguientes jobs de Linux, para poder seguir con ellos sin necesidad de esperar a que acabe la compilación de Windows y ofrezca esa variable de salida. Como eso puede cambiar con el tiempo, y que en un momento determinado la compilación rápida fuera la de Windows, he preferido que los dos jobs de compilación tengan su propia `build_version` de salida.

31.3. Incorporación de cambios a la rama principal

Como ya hemos comentado, una de las responsabilidades de este flujo es asegurar que sólo se hace merge de la rama staging sobre la principal si el código de staging pasa con éxito la totalidad de las pruebas funcionales. Por esa razón el `job merge_staging_and_master` depende de la finalización exitosa del job `tests`.

```
53   merge_staging_and_master:
54     name: If tests passed then merge staging branch with master one.
55     runs-on: ubuntu-latest
56     needs: tests
57     steps:
58       - uses: actions/checkout@v3
59 
60       - name: Merge staging -> master
61         uses: devmasx/merge-branch@master
62         with:
63           type: now
64           from_branch: staging
65           target_branch: master
66           github_token: ${{secrets.GHUB_TOKEN}}
```

Listado 31.25: Fragmento de .github/workflows/test_and_deploy.yml

Como se puede ver en el listado 31.25, se configura la dependencia del éxito del job tests usando la etiqueta `needs: tests` de la línea 56.

El resto del job ya debería ser reconocible. Clonamos el repositorio en la línea 58 y entre la 60 y la 66 usamos uno de los múltiples actions disponibles en el marketplace para hacer merge (en este caso usamos el action *devmasx/merge-branch* [173]).

Los parámetros utilizados para el action `merge_staging_and_master`, son bastante evidentes. El parámetro `from_branch` de la línea 64 sirve para marcar la rama con los cambios, mientras que el parámetro `target_branch` de la línea 65 sirve para marcar sobre la que se quieren aplicar dichos cambios. Dado que esta operativa se hace sobre el repositorio de GitHub, el action requiere de un token autorizado para poder acceder a dicho repositorio (línea 66). En cuanto al primer parámetro, `type:`, el de la línea 63, se usa para realizar el merge en dos situaciones: siempre que se ejecute el action (`now`), o sólo cuando el pull request que haya activado el flujo haya sido marcado con una etiqueta determinada (`labeled`, que es el valor por defecto). Por ahora, sólo he contemplado el caso en el que este flujo se active con un push mío sobre la rama staging, por lo que he optado por la opción de `type: now`. Si empiezo a tener aportaciones a *Prince of Unity* de otros desarrolladores, y por tanto pull-requests, es posible que tenga que considerar meter un action de este tipo, pero con el parámetro `type: labeled`.

31.4. Generación de paquetes de instalación

Cuando lleguemos a este punto del proceso, la nueva versión del juego ya se habrá probado y se habrán compilado dos ejecutables, para Windows y para Linux, que se habrán guardado como artefactos.

En esta sección veremos cómo empaquetar ambos ejecutables en paquetes instalables como los que estudiamos en el capítulo 29, todo ello dentro de nuestro flujo de CI/CD.

Lo más difícil será generar el instalador de Windows, dado que en un flujo de CI/CD no contamos con una interfaz gráfica ni un ratón para usar Inno Setup. Así que tendremos que encontrar alguna manera de generar la configuración que necesita Inno Setup para ser utilizado por consola.

Afortunadamente, la configuración del empaquetamiento para Linux es mucho más sencilla. Como el proceso manual era íntegramente de consola, nos resultará muy fácil aplicarlo a nuestro flujo de CI/CD.

Instaladores para Windows

Cuando generamos manualmente nuestro instalador para Windows usamos la herramienta Inno Setup. Si queremos usar esa herramienta en nuestro flujo, el primer paso es averiguar si ya existe algún action en el marketplace para ello. Resulta que sí, y se llama *nadeemjazmawe/inno-setup-action-cli* [94].

Si entramos en la página del marketplace de *nadeemjazmawe/inno-setup-action-cli* veremos que sólo necesita un parámetro de entrada: un fichero de configuración `.iss`, como el que generábamos con el wizard de Inno Setup.

Podríamos guardar en el repositorio el fichero de configuración `Windows_iss_script.iss` que generábamos en el capítulo 29 y pasárselo al action de empaquetado, pero el problema sería que el fichero de configuración tendría grabado a fuego el valor de versión, y este no cambiaría conforme fuesen avanzando las ejecuciones del flujo. Por otro lado, y este problema sería mucho más grave, el fichero `Windows_iss_script.iss` tendría rutas locales, también gravadas a fuego, que no se corresponderían con las rutas que habría en el runner donde ejecutásemos el action. Crear un nuevo fichero de configuración estático, sustituyendo las rutas por las que podamos observar en la ejecución de un flujo en un momento determinado tampoco sería la solución, porque no tendríamos la garantía de que GitHub no decidiese cambiar la configuración de sus runners en un momento determinado, y con ello cambiasen las rutas internas de estos.

Teniendo en cuenta lo anterior, tendremos que convertir nuestro fichero de configuración local en una plantilla, en la que los valores dinámicos sean etiquetas que podamos sustituir sobre la marcha en cada ejecución del flujo de trabajo. Para ello, nos vendrá muy bien utilizar la herramienta Jinja, que ya usamos en el capítulo 28. Por suerte, ya hay disponible un action para Jinja, denominado *cuchi/jinja2-action* [38], por lo que nos ahorraremos tener que elaborar un script de Python para llevar a cabo la sustitución de los valores de la plantilla.

Para convertir el fichero de configuración local (el mencionado `Windows_iss_script.iss`) en una plantilla, tendremos que sustituir los valores que queramos cambiar en cada ejecución por etiquetas que hagan de placeholders. El problema que nos vamos a encontrar es que dicho fichero local ya realizaba ciertas sustituciones internas, y para ello usaba unas etiquetas que se parecen demasiado a las que usa Jinja.

```
; Script generated by the Inno Setup Script Wizard.
; SEE THE DOCUMENTATION FOR DETAILS ON CREATING INNO SETUP SCRIPT FILES!

#define MyAppName ''Prince of Unity''
#define MyAppVersion ''1.0.2''
#define MyAppPublisher ''DLab Ninja''
#define MyAppURL ''https://github.com/dante-signal31/Prince_of_Unity''
#define MyAppExeName ''Prince of Unity.exe''

[Setup]
; NOTE: The value of AppId uniquely identifies this application. Do not use the same AppId value in installers for other applications.
; (To generate a new GUID, click Tools | Generate GUID inside the IDE.)
AppId={{07EAADDF-6FC4-468F-A275-77FF4A726C77}
AppName={#MyAppName}
AppVersion={#MyAppVersion}
;AppVerName={#MyAppName} {#MyAppVersion}
AppPublisher={#MyAppPublisher}
AppPublisherURL={#MyAppURL}
AppSupportURL={#MyAppURL}
AppUpdatesURL={#MyAppURL}
DefaultDirName={autopf}\{#MyAppName}
DisableProgramGroupPage=yes
LicenseFile=F:\Desarrollos\PrinceOfUnity\Prince of Unity\LICENSE
; Remove the following line to run in administrative install mode (install for all users.)
PrivilegesRequired=lowest
PrivilegesRequiredOverridesAllowed=dialog
OutputDir=F:\Desarrollos\PrinceOfUnity\Prince of Unity\Installers\Windows
OutputBaseFilename=PoU_setup
SetupIconFile=F:\Desarrollos\PrinceOfUnity\Prince of Unity\Assets\Icons\Running_icon.ico
Compression=lzma
SolidCompression=yes
WizardStyle=modern

[Languages]
Name: ''english''; MessagesFile: ''compiler:Default.isl''

```

```
37 [Tasks]
38 Name: ''desktopicon''; Description: ''{cm:CreateDesktopIcon}''; GroupDescription: ''{cm:AdditionalIcons}''; Flags: unchecked
39
40 [Files]
41 Source: ''F:\Desarrollos\PrinceOfUnity\Prince of Unity\Build\{#MyAppExeName}''; DestDir: ''{app}''; Flags: ignoreversion
42 Source: ''F:\Desarrollos\PrinceOfUnity\Prince of Unity\Build\*''; DestDir: ''{app}''; Flags: ignoreversion recursesubdirs createallsubdirs
43 ; NOTE: Don't use ''Flags: ignoreversion'' on any shared system files
44
45 [Icons]
46 Name: ''{autoprograms}\{#MyAppName}''; Filename: ''{app}\{#MyAppExeName}''
47 Name: ''{autodesktop}\{#MyAppName}''; Filename: ''{app}\{#MyAppExeName}''; Tasks: desktopicon
48
49 [Run]
50 Filename: ''{app}\{#MyAppExeName}''; Description: ''{cm:LaunchProgram,{#StringChange(MyAppName, '&', '&&')}}''; Flags: nowait postinstall skipifsilent
```

Listado 31.26: Fichero Packaging/Windows/windows_iss_script.iss

Si te fijas en las líneas 4 a 8 del listado 31.26, verás que se definen unas constantes que luego se aplican al resto del fichero. Por ejemplo, en la línea 4 se define la constante `MyAppName` que luego se aplica en la línea 14 mediante la etiqueta `{#MyAppName}`.

Mi primera aproximación a convertir el listado anterior en una plantilla de Jinja fue sustituir los valores de las constantes, de las líneas 4 a 8, por etiquetas de Jinja. Sin embargo, al ejecutar el action de Jinja me di cuenta de que daba error con las etiquetas originales del fichero de configuración, como la antes mencionada `{#MyAppName}`, de la línea 14. Resulta que en las plantillas de Jinja los comentarios utilizan las etiquetas `{# ... #}`, así que cuando Jinja se topaba con una etiqueta de Inno Setup pensaba que era un comentario que no estaba bien cerrado (porque echaba en falta los caracteres de cierre `#}`) y daba un error. Eso me obligó a ser creativo y a generar también las etiquetas de Inno Setup a través de macros de Jinja.

```
; Script generated by the Inno Setup Script Wizard.
; SEE THE DOCUMENTATION FOR DETAILS ON CREATING INNO SETUP SCRIPT FILES!

{#
It happens that ISS uses the same syntax for variables than Jinja for
comments, so I have to use a Jinja macro for those variables
#}
{% macro IssVar(name) -%}
    {{'{#'}}{{ name }}}
{%- endmacro %}

#define MyAppName ''{{ app_name }}''
#define MyAppVersion ''{{ app_version}}''
#define MyAppPublisher ''{{ app_publisher }}''
#define MyAppURL ''{{ app_url }}''
#define MyAppInstallerName ''{{ app_installer_name }}''
#define MyAppExeName ''{{ app_exe_name }}''
#define MyAppIcon ''{{ app_icon }}''
#define MyAppOutputDir ''{{ app_output_dir }}''

[Setup]
; NOTE: The value of AppId uniquely identifies this application. Do not use the same AppId value in installers for other applications.
; (To generate a new GUID, click Tools | Generate GUID inside the IDE.)
AppId={{'{{'}}07EAADDF-6FC4-468F-A275-77FF4A726C77}
AppName={{ IssVar(''MyAppName'') }}
AppVersion={{ IssVar(''MyAppVersion'') }}
AppPublisher={{ IssVar(''MyAppPublisher'') }}
AppPublisherURL={{ IssVar(''MyAppURL'') }}
```

```
29 AppSupportURL={{ IssVar(''MyAppURL'') }}
30 AppUpdatesURL={{ IssVar(''MyAppURL'') }}
31 DefaultDirName={autopf}\{{ IssVar(''MyAppName'') }}
32 DisableProgramGroupPage=yes
33 LicenseFile=..\..\LICENSE
34 ; Remove the following line to run in administrative install mode (install for all users.)
35 PrivilegesRequired=lowest
36 PrivilegesRequiredOverridesAllowed=dialog
37 OutputDir=..\..\{{ IssVar(''MyAppOutputDir'') }}
38 OutputBaseFilename={{ IssVar(''MyAppInstallerName'') }}
39 SetupIconFile=..\..\{{ IssVar(''MyAppIcon'') }}
40
41 Compression=lzma
42 SolidCompression=yes
43 WizardStyle=modern
44
45 [Languages]
46 Name: ''english''; MessagesFile: ''compiler:Default.isl''
47
48 [Tasks]
49 Name: ''desktopicon''; Description: ''{cm:CreateDesktopIcon}''; GroupDescription: ''{cm:AdditionalIcons}''; Flags: unchecked
50
51 [Files]
52 Source: ''..\..\Build\{{ IssVar(''MyAppExeName'') }}''; DestDir: ''{app}''; Flags: ignoreversion
53 Source: ''..\..\Build\*''; DestDir: ''{app}''; Flags: ignoreversion recursesubdirs createallsubdirs
54 ; NOTE: Don't use ''Flags: ignoreversion'' on any shared system files
55
56 [Icons]
57 Name: ''{autoprograms}\{{ IssVar(''MyAppName'') }}''; Filename: ''{app}\{{ IssVar(''MyAppExeName'') }}''
58 Name: ''{autodesktop}\{{ IssVar(''MyAppName'') }}''; Filename: ''{app}\{{ IssVar(''MyAppExeName'') }}''; Tasks: desktopicon
59
60 [Run]
61 Filename: ''{app}\{{ IssVar(''MyAppExeName'') }}''; Description: ''{cm:LaunchProgram,{{'{#'}}StringChange(MyAppName, '&', '&&')}}''; Flags: nowait postinstall skipifsilent
```

Listado 31.27: Fichero Packaging/Windows/template_windows_iss_script.iss

En el listado 31.27 se puede ver cómo ha quedado la configuración de Inno Setup una vez que la he convertido en una plantilla de Jinja.

En las líneas 12 a 19 he utilizado etiquetas normales de Jinja para darle valor a las constantes del fichero de configuración.

Para evitar el problema que mencionaba antes, con el parseo con las etiquetas nativas de Inno Setup, he creado una macro de Jinja en las líneas 8 a 10. Dicha macro genera una etiqueta de Inno Setup, enmarcando el texto que se le pase de entrada. Acto seguido, he sustituido todas las ocurrencias de etiquetas de Inno Setup con llamadas a la macro. Por ejemplo, la mencionada etiqueta `{#MyAppName}` queda ahora como `{{ IssVar("MyAppName") }}`, en la línea 25. De esta manera, he evitado que Jinja tropiece con las etiquetas de Inno Setup, haciendo que Jinja mismo las genere.

Hay que mencionar también la línea 24, ya que en el fichero original (en la línea 13 del listado 31.26), el valor de la variable AppId empezaba con un par de caracteres `{{` y se cerraba sólo con uno. Jinja lo confundía al procesarlo con una etiqueta de las suyas, y encima daba error porque pensaba que estaba mal cerrada. He resuelto ese error forzando a Jinja a hacer una sustitución literal con `{{'{{'}}`. Una sustitución literal viene a ser como decirle a Jinja *"imprímeme exactamente estos caracteres en este punto"*.

Observa también que las rutas de carpetas, como la de la línea 37 del listado 31.27, han pasado a ser relativas. Así me he ahorrado el posible problema de que GitHub cambie las rutas internas de sus runner. InnoSetup calcula las rutas relativas desde la posición del fichero de configuración, así que, teniendo en cuenta que he dejado dichos ficheros en la ruta `Packaging/Windows`, para ponerme en la raíz del repositorio, sólo tengo que hacer `../../`.

Una vez creada la plantilla de Jinja para la configuración de Inno Setup (`Packaging/Windows/template_windows_iss_script.iss`), tendremos que crear un job para generar la configuración definitiva, inyectándole a la plantilla los valores de esa ejecución del flujo. El job en el que he realizado esa tarea es `generate_windows_installer_configuration`.

```
171   generate_windows_installer_configuration:
172     name: Generate windows installer configuration from template.
173     needs: build_windows
174     runs-on: ubuntu-latest
175     env:
176       windows_installer_folder: Installers\Windows
177     outputs:
178       windows_installer_folder: ${{ env.windows_installer_folder }}
179     steps:
180       - name: Get source code.
181         uses: actions/checkout@v3
182
183       - name: Show project folder.
184         shell: bash
185         run: echo ${{ needs.build_windows.outputs.project_folder }}
186
187       - name: Generate an Inno Setup config file.
188         uses: cuchi/jinja2-action@v1.2.0
189         with:
190           template: Packaging/Windows/template_windows_iss_script.iss
191           output_file: Packaging/Windows/rendered_windows_iss_script.iss
192           strict: true
193           variables: |
194             app_name=Prince of Unity
195             app_version=${{ needs.build_windows.outputs.build_version }}
196             app_publisher=DLab Ninja
197             app_url=https://github.com/dante-signal31/Prince_of_Unity
198             app_exe_name=Prince of Unity.exe
199             app_installer_name=PoU_setup
200             app_icon=Assets\Icons\Running_icon.ico
201             app_output_dir=${{ env.windows_installer_folder }}
202             project_folder=${{ needs.build_windows.outputs.project_folder }}
203
204       - name: Upload generated configuration.
205         uses: actions/upload-artifact@v3
206         with:
207           name: WindowsInstallerConfiguration
208           path: Packaging/Windows/rendered_windows_iss_script.iss
```

Listado 31.28: Fragmento de .github/workflows/test_and_deploy.yml

Como se puede ver en el listado 31.28, este job sólo da comienzo cuando finaliza exitosamente la compilación del juego en Windows (línea 173).

Dado que sólo vamos a procesar ficheros de texto, podemos ejecutar este job en un runner Linux (línea 174), que suele ser muchísimo más rápido que uno Windows.

En las líneas 175 y 176 he creado el equivalente a una constante dentro de un job. Si te encuentras repitiendo el mismo texto a lo largo de un job, te recomiendo que lo conviertas en una constante. De esta manera, si tuvieras que cambiar el texto, te bastaría con hacerlo en la definición de la constante. Las constantes definidas de esta forma se referencian en las etiquetas del job usando la notación *{{ env.[nombre] }}*.

Para el caso en el que decidiese cambiar la ruta donde dejar el instalador, cambiando el valor de la constante de la línea 176, he creado una variable de salida del trabajo en la línea 178 cuyo valor es esta constante. Así, otros jobs que utilizan esa ruta podrán usar la que fijes en este job.

En la línea 180 he clonado el repositorio, para tener acceso a la carpeta donde he dejado la plantilla de la configuración.

En la la línea 187 da comienzo el action *cuchi/jinja2-action*. Con los siguientes parámetros:

- `template:` Ruta a la plantilla que hemos preparado.
- `output_file:` Dónde dejar el fichero resultante de hacer la sustitución en la plantilla de los valores que vamos a dar a través de este action.
- `strict:` Si se pone en true, el action fallará en caso de que detecte que alguna de las etiquetas de la plantilla no tenga valor con el que sustituirla. Te recomiendo que lo dejes en true para detectar los casos en los que omitas un valor necesario para realizar la sustitución completa de las etiquetas de la plantilla.
- `variables:` Es la lista completa de valores con las que sustituir las etiquetas. Se pone una sustitución por línea usando el formato *[etiqueta]=[valor]*.

Una vez hecha la sustitución, el fichero resultante se sube como un artefacto con el identificador `WindowsInstallerConfiguration` (líneas 204 a 208).

Dicho artefacto es el que utilizará el job `create_windows_installer`, como configuración para crear el instalador de Windows.

```
  create_windows_installer:
    name: Create windows installer.
    needs: generate_windows_installer_configuration
    runs-on: windows-2019
    env:
      output_folder: Installers\Windows
    steps:
      - name: Get source code.
        uses: actions/checkout@v3

      - name: Download windows build.
        uses: actions/download-artifact@v3
        with:
          name: WindowsBuild
          path: Build

      - name: Download generated windows installer configuration.
        uses: actions/download-artifact@v3
        with:
          name: WindowsInstallerConfiguration
          path: Packaging/Windows/

      - name: Get path.
        run: pwd

      - name: Get folder structure.
        # Bash ls -R output is cleaner than Powershell's.
        shell: bash
        run: ls -R


      - name: Run Inno Setup to create Windows installer.
        uses: nadeemjazmawe/inno-setup-action-cli@v6.0.5
        with:
          filepath: Packaging/Windows/rendered_windows_iss_script.iss

      - name: Upload Windows package.
```

```
248         uses: actions/upload-artifact@v3
249         with:
250           name: WindowsPackage
251           path: ${{ needs.generate_windows_installer_configuration.outputs.
                  windows_installer_folder }}
```

Listado 31.29: Fragmento de .github/workflows/test_and_deploy.yml

Como se puede ver en la línea 214 del listado 31.29, este job sí que se tiene que ejecutar en un runner Windows porque el action de Inno Setup no funciona en Linux.

Tras clonar el repositorio, el job se descarga el artefacto con los ficheros del juego compilados para Windows (líneas 221 a 225) que creó el job `build_windows`.

Lo siguiente que hace este job es bajarse el artefacto con la configuración generada por el job `generate_windows_installer_configuration` (líneas 227 a 231). Dado que tenemos que asegurarnos de que dicha configuración esté lista cuando ejecutemos este job, no podremos iniciarlo hasta que el job `generate_windows_installer_configuration` haya finalizado correctamente (línea 213).

> Es cierto que este job también tiene que esperar a que haya finalizado `build_windows` para poder bajar los ficheros compilados, pero no lo he incluido como una dependencia explícita porque `generate_windows_installer_configuration` ya depende de la correcta finalización de `build_windows` para dar comienzo, así que se aplica la propiedad transitiva.

> Si te fijas bien, `generate_windows_installer_configuration` se podría paralelizar con `build_windows`, porque no depende para nada de este último job para hacer su labor. De hacerlo así, el job `create_windows_installer` sí que debería incluir en su etiqueta `needs:` tanto a `generate_windows_installer_configuration`, como a `build_windows`. Yo no lo he hecho porque me ha parecido que el ahorro de tiempo por paralelización no sería muy grande y que haría más difícil de seguir el orden de los jobs relacionados con la compilación de Windows. Aunque tú quizás quieras probar a hacerlo así.

Finalmente ejecutamos el action *nadeemjazmawe/inno-setup-action-cli*, pasándole el fichero con la configuración generada en el job `generate_windows_installer_configuration` (líneas 242 a 245).

El paquete instalador resultante se sube como artefacto en las líneas 247 a 251, para que pueda acceder a él el job encargado de la firma del paquete.

Instaladores para Linux

La integración de la generación de paquetes Linux en un flujo de CI/CD es mucho más sencilla que en el caso de Windows. Si recuerdas los pasos que seguimos en el capítulo 29, se trató de un proceso cien por cien de consola, por lo que implementar dichos pasos en jobs de GitHub Actions consiste principalmente en trasvasar los comandos que vimos en dicho capítulo a steps de jobs.

En el capítulo 29, la herramienta clave para crear los paquetes para Linux fue FPM. Por suerte, también existe un action en el marketplace para usar FPM en nuestros flujos. Se llama *bpicode/github-action-fpm* [21].

He abarcado la creación de los paquetes Linux (tanto DEB, como RPM) en un único job: `create_linux_installers`.

```
create_linux_installers:
    name: Create linux installers packages.
    needs: build_linux
    runs-on: ubuntu-latest
    env:
      app: prince-of-unity
      version: ${{ needs.build_linux.outputs.build_version }}
```

```
      architecture: amd64
      source_directory: ./
      package_install_root: /usr/share/games/Prince_of_Unity
      output_folder: Installers/Linux
      after_install: Packaging/Linux/postinst.sh
      after_remove: Packaging/Linux/postuninst.sh
      maintainer: dante.signal31@gmail.com
      url: https://github.com/dante-signal31/Prince_of_Unity
      description: Developed with Unity, this game is a hobbyist black box demo remake of Jordan Mechner’s classic Prince of Persia (1989).
      license: BSD-3
      category: games
    steps:
      - name: Get source code.
        uses: actions/checkout@v3

      - name: Download linux build.
        uses: actions/download-artifact@v3
        with:
          name: LinuxBuild
          path: Build

      - name: Change executable and folders permissions.
        run: |
          chmod 755 Build/’Prince of Unity’
          chmod 755 Build/’Prince of Unity_Data’
          chmod 755 Build/’Prince of Unity_Data’/il2cpp_data
          chmod 755 Build/’Prince of Unity_Data’/il2cpp_data/Metadata
          chmod 755 Build/’Prince of Unity_Data’/il2cpp_data/Resources
          chmod 755 Build/’Prince of Unity_Data’/Resources

      - name: Copy executable icon.
        run: cp Assets/Icons/Running_icon.png Build/Prince_of_Unity_icon.png

      - name: Copy desktop entry.
        run: cp Packaging/Linux/ninja.dlab.Prince_of_Unity.desktop Build/.

      - name: Create package output folders.
        run: mkdir -p ${{ env.output_folder }}

      - name: Create DEB package.
        uses: bpicode/github-action-fpm@master
        with:
          fpm_args: ${{ env.source_directory }}
          fpm_opts: ’-s dir -t deb -C Build -n ${{ env.app }} -p ${{ env.output_folder }} -v ${{ env.version }} --prefix ${{ env.package_install_root }} --description ’’${{ env.description }}’’ --after-install ${{ env.after_install }} --after-remove ${{ env.after_remove }} --maintainer ${{ env.maintainer }} -a ${{ env.architecture }} --url ${{ env.url }} --license ${{ env.license }} --category ${{ env.category }}’

      - name: Create RPM package.
        uses: bpicode/github-action-fpm@master
        with:
          fpm_args: ${{ env.source_directory }}
          fpm_opts: ’-s dir -t rpm -C Build -n ${{ env.app }} -p ${{ env.output_folder }} -v ${{ env.version }} --prefix ${{ env.package_install_root }} --description ’’${{ env.description }}’’ --after-install ${{ env.after_install }} --after-remove ${{ env.after_remove }} --maintainer ${{ env.maintainer }} -a ${{ env.architecture }} --url ${{ env.url }} --license ${{ env.license }} --category ${{ env.category }}’

      - name: Upload Linux packages.
        uses: actions/upload-artifact@v3
```

```
314         with:
315           name: LinuxPackages
316           path: ${{ env.output_folder }}
```

Listado 31.30: Fragmento de .github/workflows/test_and_deploy.yml

Recordarás que FPM aceptaba una cantidad ingente de parámetros. Son tantos que el autor del action *bpicode/github-action-fpm* no se ha complicado y, en vez de dotar a su action de parámetros de entrada específicos, para mapear uno a uno los de FPM, se ha limitado a aceptar un único parámetro con una cadena y le pasa esa cadena al ejecutable de FPM. Debemos construir dicha cadena para conformar los parámetros de entrada que le pasábamos por consola a FPM, cuando generábamos manualmente los paquetes en el capítulo 29.

Como esos parámetros son tantos y, salvo uno, son exactamente iguales para crear un paquete DEB que para crear un paquete RPM, he optado por usar constantes que he definido en las líneas 260 a 271 del listado 31.30. Así, cuando quiera cambiar uno de los parámetros, sólo tendré que hacerlo en la constante y ambas llamadas, la de creación del fichero DEB y la del RPM, recibirán la actualización simultáneamente.

En las líneas 273 a 274 clono el repositorio para ganar acceso a las carpetas con los iconos y con el fichero `.desktop`.

En las líneas 276 a 280 bajo el artefacto que contiene el juego compilado para Linux.

En las líneas 282 a 289 doto de permisos de escritura y ejecución a las carpetas del ejecutable, dado que por las pruebas que he hecho, de no hacerlo así el ejecutable puede no funcionar por no tener permiso de acceso a algunas de sus subcarpetas.

En las líneas 291 y 292 incluyo el icono dentro de la carpeta del juego compilado. Lo mismo hago con el fichero .desktop en las líneas 294 y 295.

En las líneas 297 y 298 creo la carpeta donde deberán depositarse los paquetes DEB y RPM, una vez creados, dado que parece que FPM no crea por sí mismo dicha carpeta de salida.

En las líneas 300 a 310, por fin se crean los paquetes. Entre las líneas 300 y 304 se crea el paquete DEB, y entre las líneas 306 y 310 el paquete RPM. Encontrar la diferencia entre ambas llamadas al action *bpicode/github-action-fpm* es de nota. Ambas llamadas son idénticas, salvo que la del paquete DEB le pasa un parámetro de entrada `-t deb` a FPM, mientras que la llamada RPM le pasa un parámetro `-t rpm`.

Una vez creados los dos paquetes, el DEB y el RPM, y depositados en la carpeta de salida, el job sube dicha carpeta como artefacto (líneas 312 a 316) para que puedan ser descargados luego por los jobs de firma.

31.5. Firmado de paquetes de instalación

Una vez que ya tenemos los paquetes instalables, debemos automatizar los procedimientos de firma que estudiamos en el capítulo 30.

En este apartado, la mayor dificultad estriba en que no estaremos allí para meter la contraseña del certificado cuando el proceso de firma la pida. Afortunadamente, tanto SignTool, como dpkg-sig, permiten incluir la contraseña como un parámetro más de entrada, por lo que basta incluir dicha contraseña desde un secret de GitHub,

El problema ha sido la firma de los paquetes RPM. Por alguna razón, rpm-sign no parece admitir que se le pase la contraseña por parámetro. Es como si fuera una decisión de diseño para reforzar la seguridad. En todo caso, de serlo, es una decisión de diseño obsoleta que viene de antes de que los procesos de CI/CD se convirtiesen en la norma. Ha sido precisamente este problema el que me ha obligado a crear el único action personalizado de todo el flujo.

Vamos a ver cómo he resuelto todos los casos.

Instalador de Windows

Recuerda el mantra con GitHub Actions: "*antes de hacer nada, mira en el marketplace si ya hay un action para ello*". Este mantra nos puede ahorrar mucho trabajo, como me ha pasado con la firma del instalador de Windows, dado que ya hay varias actions disponibles para usar SignTool en flujos de CI/CD.

De las actions disponibles, he decidido usar *GabrielAcostaEngler/signtool-code-sign* [7].

Partiendo de que ya hay un action para usar SignTool, el job `sign_windows_installer` no tiene mucho misterio.

```
429  sign_windows_installer:
430    name: Sign windows installer package.
431    needs: create_windows_installer
432    runs-on: windows-2019
433    env:
434      package_folder: Installer
435    outputs:
436      signed_windows_package: ${{ steps.identify_windows_package.outputs.
             signed_windows_package }}
437    steps:
438      - name: Get source code.
439        uses: actions/checkout@v3
440
441      - name: Download windows build.
442        uses: actions/download-artifact@v3
443        with:
444          name: WindowsPackage
445          path: ${{ env.package_folder }}
446
447      - name: Sign windows installer.
448        uses: GabrielAcostaEngler/signtool-code-sign@main
449        with:
450          # PFX certificate is base64 encoded to be kept as a GitHub secret. This
               action accepts you to enter
451          # that base64 encoded certificate-
452          certificate: ${{ secrets.PFX_CERTIFICATE }}
453          cert-password: ${{ secrets.PFX_PASSPHRASE }}
454          cert-sha1: ${{ secrets.PFX_THUMBPRINT }}
455          cert-description: ’Prince of Unity <dante.signal31@gmail.com> More info at:
               https://github.com/dante-signal31/Prince_of_Unity/’
456          folder: ${{ env.package_folder }}
457          recursive: true
458          timestamp-server: ’http://timestamp.digicert.com’
459
460      - name: Identify windows package.
461        id: identify_windows_package
462        shell: bash
463        run: |
464          echo ’’windows_package=$(ls ./$package_folder/*.exe)’’ >> $GITHUB_ENV
465          cd $package_folder
466          package=$(ls *.exe)
467          echo ’’signed_windows_package=$package’’ >> $GITHUB_OUTPUT
468          echo ’’Identified package: $package’’
469          cd ..
470
471      - name: Upload signed Windows package.
472        uses: actions/upload-artifact@v3
473        with:
474          name: SignedWindowsPackage
475          path: ${{ env.windows_package }}
```

Listado 31.31: Fragmento de .github/workflows/test_and_deploy.yml

Como se puede ver en el listado 31.31, este job se ejecuta en un runner Windows 2019, porque el action *GabrielAcostaEngler/signtool-code-sign* utiliza el ejecutable de SignTool que se incluye en ese runner.

Después de bajarse (líneas 441 a 445) el artefacto con el paquete instalable de Windows, ya se puede llamar a *GabrielAcostaEngler/signtool-code-sign* en las líneas 447 a 458, aunque los parámetros que se le pasan merecen ser explicados con cierto cuidado.

- `certificate`: Se trata del contenido del certificado `.pfx`, pero codificado en formato base64.
- `cert-password`: Contraseña del certificado `.pfx`.
- `cert-sha1`: Es el valor del campo *Thumbprint* del certificado cuando se listan los certificados al introducir el comando de powershell `Get-ChildItem -Path "Cert:/LocalMachine/My"`, que usábamos en el capítulo 30, en la sección 30.1.
- `cert-description`: Un texto descriptivo de lo que estamos firmando.
- `folder`: Carpeta donde se encuentra el certificado a firmar.
- `recursive`: De ser `true`, se firmarán ficheros que pueda haber en subcarpetas por debajo de la que fijábamos en el parámetro anterior.
- `timestamp-server`: Servidor de tiempos para incluir la fecha y hora de firma. Hay varios públicos que se pueden usar, se pueden localizar por internet, entre ellos este que yo he usado.

La codificación base64 se utiliza para convertir contenidos binarios y textuales a un formato consistente sólo en caracteres alfanuméricos. Esto permite que podamos mandar esos contenidos a través de medios orientados a trasmitir texto que, en algunos casos, pueden llegar a modificar determinados caracteres especiales, corrompiendo dichos contenidos. Al usar sólo caracteres alfanuméricos, base64 nos permite asegurar que la trasmisión de esos contenidos no se vea corrompida por dichos medios. Hay múltiples conversores de base64, algunos incluso web, pero yo he utilizado el de Linux. En Ubuntu Linux, el ejecutable de base64 se llama exactamente así, y se encuentra en el paquete *coreutils*. Para codificar el contenido del fichero .pfx a base64 basta con hacer, en la línea de comandos: `base64 [nombre].pfx`. El comando sacará por consola el texto del contenido convertido a base64. Copiando ese contenido y pegándolo en el secret ya podemos tener el certificado .pfx listo para su uso en nuestros flujos.

Una vez firmado el paquete, este job lo sube como un artefacto para que esté accesible para los jobs de distribución.

Instaladores de Linux DEB

El caso del firmado del paquete DEB es también sencillo. No ha sido necesario ningún action para la firma, porque ha bastado con utilizar los comandos que vimos en el capítulo 30, pasando la contraseña como parámetro.

```
sign_linux_deb_installer:
  name: Sign linux DEB installer package.
  needs: create_linux_installers
  runs-on: ubuntu-latest
  env:
    packages_folder: Installers
  outputs:
    signed_deb_package: ${{ steps.identify_deb_package.outputs.signed_deb_package }}
  steps:
    - name: Get source code.
      uses: actions/checkout@v3

    - name: Download linux build.
      uses: actions/download-artifact@v3
      with:
        name: LinuxPackages
        path: ${{ env.packages_folder }}

    - name: Make sure dpkg-sign is installed.
      run: |
        sudo apt update
        sudo apt install dpkg-sig
```

```
340
341         - name: Import GPG key
342           uses: crazy-max/ghaction-import-gpg@v5
343           with:
344             gpg_private_key: ${{ secrets.GPG_PRIVATE_KEY }}
345             passphrase: ${{ secrets.GPG_PASSPHRASE }}
346
347         - name: Identify DEB package to sign.
348           id: identify_deb_package
349           run: |
350             echo ''deb_package=$(ls ./$packages_folder/*.deb)'' >> $GITHUB_ENV
351             cd $packages_folder
352             package=$(ls *.deb)
353             echo ''signed_deb_package=$package'' >> $GITHUB_OUTPUT
354             echo ''Identified package: $package''
355             cd ..
356
357         - name: Sign DEB package.
358           env:
359             passphrase: ${{ secrets.GPG_PASSPHRASE }}
360           # Fix to dpkg-sig -f error got from https://note.com/twsnmp/n/n867d351733f8 (translate it from japanese)
361           run: |
362             echo $passphrase > password
363             dpkg-sig -k dante.signal31@gmail.com -g ''--no-tty --batch --pinentry-mode loopback --passphrase-file=./password'' --sign builder $deb_package
364             dpkg-sig --verify $deb_package
365             rm password
366
367         - name: Upload signed Linux packages.
368           uses: actions/upload-artifact@v3
369           with:
370             name: SignedLinuxDEBPackage
371             path: ${{ env.deb_package }}
```

Listado 31.32: Fragmento de .github/workflows/test_and_deploy.yml

Por supuesto, hay que asegurarse de que *dpkg-sig* se instale en el runner, porque por defecto no lo está. Eso es lo que he hecho en las líneas 336 a 339 del listado 31.32.

El único action que he usado en este job no ha sido para la firma sino para importar la clave privada GPG desde el secret donde lo tengo guardado (en formato *ASCII-armor*). Se trata del action *crazy-max/ghaction-import-gpg* [36] y sólo requiere de dos parámetros: la clave privada GPG que queremos importar y su contraseña (*passphrase*). Todo ello se puede ver en las líneas 341 a 345 del listado anterior.

El formato ASCII-armor es similar al base64, y se usa con el mismo propósito. En el capítulo 30 usamos el parámetro –armor a la hora de exportar las claves públicas y privadas GPG. Al hacerlo, hicimos que dichas claves se exportasen en formato textual ASCII-armor.

Te animo a que generes claves GPG con lo visto en el capítulo 30, que las exportes y que abras los ficheros resultantes con un editor de texto, para que veas el contenido textual que deja ASCII-armor y puedas compararlo con el que deja base64.

Finalmente, la firma se produce entre las líneas 357 y 365. Aunque es importante reseñar que me costó bastante hacer que dpkg-sig aceptase la contraseña a través de parámetro, ya que el parámetro para hacerlo, `-passphrase-file`, no funciona bien desde hace varias versiones de GPG (dpkg-sign llama a GPG por debajo) y, usado tal cual, da error. Lo que ves en la línea 363 es un workaround con el que me encontré en una página japonesa [166], después de buscar durante horas.[3]

Instaladores de Linux RPM

Llegamos al caso de firma de paquetes que más guerra me ha dado. Como comentaba antes, rpm-sign no parece contar con opción alguna para pasar la contraseña como parámetro. Sospecho que se trata de una decisión de diseño enfocada a evitar dejar por ahí contraseñas apuntadas en ficheros, pero se trata de una decisión que va en contra de las actuales necesidades de automatización. Actualmente, todas las plataformas de CI/CD cuentan con mecanismos similares a los secrets de GitHub Actions, que ofrecen seguridad suficiente para grabar contraseñas para su uso posterior en flujos automatizados.

Después de buscar en el marketplace actions que permitieran firmar con rpm-sign, llegué a la conclusión de que no había ninguna. Así que tuve que crearme la mía. Se trata del action *dante-signal31/rpmsign* [178]. La llamada desde el job `sign_linux_rpm_installer` es similar a la de otros actions:

```
  sign_linux_rpm_installer:
    name: Sign linux RPM installer package.
    needs: create_linux_installers
    runs-on: ubuntu-latest
    env:
      gpg_private_key: ${{ secrets.GPG_PRIVATE_KEY }}
      gpg_private_key_file: recovered_priv_key.gpg
      packages_folder: Installers
      signed_packages_folder: SignedLinuxRPMPackage/
    outputs:
      signed_rpm_package: ${{ steps.identify_rpm_package.outputs.signed_rpm_package }}
    steps:
      - name: Get source code.
        uses: actions/checkout@v3

      - name: Download linux build.
        uses: actions/download-artifact@v3
        with:
          name: LinuxPackages
          path: ${{ env.packages_folder }}

      - name: Create private key file.
        run: |
          echo $gpg_private_key | base64 -di > $gpg_private_key_file

      - name: Sign RPM package at LinuxPackages folder.
        uses: dante-signal31/rpmsign@v1.0.3
        with:
          gpg_private_key: ${{ env.gpg_private_key_file }}
          gpg_private_key_password: ${{ secrets.GPG_PASSPHRASE }}
          gpg_name: Prince of Unity (GPG key to sign Prince of Unity packages) <dante.
              signal31@gmail.com>
          rpm_folder: ${{ env.packages_folder }}
          output_folder: ${{ env.signed_packages_folder }}

      - name: Remove private key file.
        run: |
          rm $gpg_private_key_file

      - name: Identify RPM package to sign.
        id: identify_rpm_package
        run: |
          echo ''rpm_package=$(ls ./$signed_packages_folder/*.rpm)'' >> $GITHUB_ENV
          cd $signed_packages_folder
          package=$(ls *.rpm)
          echo ''signed_rpm_package=$package'' >> $GITHUB_OUTPUT
```

[3] Bendito traductor, el de Google.

```
419          echo ''Identified package: $package''
420          cd ..
421
422      - name: Upload signed Linux packages.
423        uses: actions/upload-artifact@v3
424        with:
425          name: SignedLinuxRPMPackage
426          path: ${{ env.rpm_package }}
```

Listado 31.33: Fragmento de .github/workflows/test_and_deploy.yml

El listado 31.33, tiene muchos fragmentos en común con el job de firma de ficheros DEB. La diferencia entre ambos está entre las líneas 395 y 410. Se puede ver en la documentación de *dante-signal31/rpmsign* que el parámetro `gpg_private_key`, de la línea 402, lo que acepta es un fichero con la clave privada. Dado que tenemos dicha clave privada en un secret, en la línea 397, volcamos el contenido de dicho secret en un fichero que luego le pasaremos a *dante-signal31/rpmsign* en la línea 402. Luego, por si acaso, dado que no me gusta ir dejando por ahí ficheros con contraseñas y claves privadas, en la línea 410 borro el fichero, una vez que ya no es necesario.

> Como ya hemos dicho, he exportado la clave privada de GPG en formato ASCII-armor. Este formato es textual y debería poder guardarse bien en los secrets de GitHub. Sin embargo, en las pruebas que he hecho me he dado cuenta de que GitHub no parece respetar el formato ASCII-armor, y se carga los saltos de línea, invalidando la clave privada. El truco ha sido recodificar la clave privada en ASCII-armor a base64 y guardar en el secret la versión en base64. Por eso, en la línea 397 el contenido del secret se le pasa a base64, el cual tiene el parámetro `-di` de decodificación, para crear con el resultado el fichero de la clave privada.

Los parámetros que le he pasado a *dante-signal31/rpmsign* han sido los siguientes:

- `gpg_private_key`: El fichero con la clave privada en ASCII-armor.
- `gpg_private_key_password`: La contraseña de la clave privada.
- `gpg_name`: El nombre del certificado, tal y como aparece en el almacén de certificados de GPG.
- `rpm_folder`: Carpeta donde se encuentran los ficheros a firmar.
- `output_folder`: Carpeta donde se colocan los paquetes firmados (dado que los originales no se tocan).

Ahora vamos a ver cómo he desarrollado el action *dante-signal31/rpmsign*. A ver si soy capaz de que te quedes con una idea del proceso que te haga perderle el miedo a eso de hacerse uno sus propios actions.

Lo que hace básicamente *dante-signal31/rpmsign* es encapsular un script de Python que llama por consola a rpmsign, espera a que salga la petición de contraseña y la rellena por nosotros, a partir del parámetro de contraseña que le pasemos.

Automatizar interacciones de consola en Python es muy fácil gracias al módulo *Pexpect* [158]. Si entras en el repositorio de *dante-signal31/rpmsign* [179], el script principal es `src/rpmsign.py`. Este script se muestra en el listado 31.34 y se limita a importar la clave privada (línea 97), que se le pasa por el parámetro `gpg_private_key` que veíamos antes, y luego realizar la firma (línea 114).

```
86  def main(args=sys.argv[1:]) -> None:
87      '''''' Main execution.
88
89          Taken to its own function to ease testing.
90
91          :param args: Application arguments. Only explicitly set at tests. Usually you'
                ll
92          leave it empty and it will populated with sys.argv values.
```

```
    ''''''
    arguments: Dict[str, str] = parse_args(args)

    keyring = mygpg.GPGKeyring()
    keyring.import_private_key(
        private_key_file=arguments[''gpg_private_key''],
        passphrase=arguments[''gpg_passphrase''],
    )

    if ''rpm_folder'' in arguments and not arguments[''rpm_folder''] == NONE_TAG:
        for package in fileops.get_files_with_extension(''rpm'', folder=arguments[''rpm_folder'']):
            package_absolute_pathname = os.path.join(arguments[''rpm_folder''], package)
            # Time sleep is needed to let gpg-agent cache expire, so gpg ask as a
            # passphrase every time. If you don't let this expiration happen you can
            # expect for a passphrase that is not asked at the end because it is cached
            # after the last file was signed. That problem happened with batch signing of
            # multiple files and with unittests.
            time.sleep(2)
            sign_package(arguments, package_absolute_pathname)
    elif ''rpm_file'' in arguments and not arguments[''rpm_file''] == NONE_TAG:
        time.sleep(2)
        sign_package(arguments, arguments[''rpm_file''])


def sign_package(arguments, package):
    '''''' Copy package to sign to a temporal folder, sign it there and copy signed package to output folder. ''''''
    with fileops.place_package_at_signing_folder(package_path=package) as package_to_sign:
        myrpm.sign(
            name=arguments[''gpg_name''],
            passphrase=arguments[''gpg_passphrase''],
            file=package_to_sign,
        )
        fileops.place_signed_file_at_output_folder(package_to_sign, arguments[''output_folder''])
```

Listado 31.34: Fragmento de src/rpmsign.py del repositorio de rpmsign.

La importación de la clave GPG es sencilla gracias al módulo *gnupg* [81]. El uso de ese módulo se hace a través de `src/lib/mygpg.py`.

```
36 class GPGKeyring:
37     '''''' Class representing a GPG keyring. ''''''
38     def __init__(self, gpg_home=None):
39         ''''''
40         :param gpg_home: If kept to None then default keyring location is used, but you can set an alternate keyring store path.
41         ''''''
42         self.gpg = gnupg.GPG(gnupghome=gpg_home)
```

Listado 31.35: Fragmento de src/lib/mygpg.py del repositorio de rpmsign.

En la línea 42 del listado 31.35 creamos una instancia de la clase GPG que ofrece el módulo gnupg. A partir de ahí, usamos dicha instancia en el método `import_private_key()` para hacer la importación de la clave privada, en la línea 68.

```
61     def import_private_key(self, private_key_file: str, passphrase: str) -> None:
62         '''''' Import given private key into keyring.
63
```

```
        :param private_key_file: Private key file in ASCII armored format.
        :param passphrase: Passphrase to access to private key.
        ''''''
        private_key_data = pathlib.Path(private_key_file).read_text()
        self.gpg.import_keys(key_data=private_key_data, passphrase=passphrase)
```

Listado 31.36: Fragmento de src/lib/mygpg.py del repositorio de rpmsign.

La firma del paquete, que se hace en la línea 120 del listado 31.34, tira del método `sign()` del módulo `src/lib/myrpm.py`.

```
70 def sign(name: str, passphrase: str, file: str) -> None:
71     '''''' Sign RPM package.
72 
73     :param name: Name (usually an email) to use as signer.
74     :param passphrase: Passphrase for this private key.
75     :param file: RPM file to sign.
76     :param batch: If true then we have signed a package in the same run, so passphrase
           should be cached.
77     :raise myrpm.SigningError: If signing command meets an error this exception is
         raised with error string at its message field.
78     :return: None
79     ''''''
80     fout = open('log.txt', 'wb')
81     child = pexpect.spawn(f''rpm --define \''_gpg_name {name}\'' --addsign {file}'',
         logfile=fout)
82     try:
83         child.expect(''Passphrase: '')
84         child.sendline(passphrase)
85         # Wait until programs returns
86         child.expect(pexpect.EOF)
87         child.close()
88         if child.exitstatus != 0:
89             raise SigningError(child.before)
90     except pexpect.exceptions.EOF:
91         raise SigningError(f''I was not asked for a passphrase as it was expected.
             This is what I saw: {child.before}'')
```

Listado 31.37: Fragmento de src/lib/myrpm.py del repositorio de rpmsign.

En la línea 81 del listado 31.37, se puede ver que a través de pexpect se crea una instancia de consola y se le introduce el comando que vimos en el capítulo 30 para firmar el paquete. Acto seguido, el script espera hasta detectar que sale la cadena *Passphrase:* (línea 83), momento en el cual se mete la contraseña (línea 84). Hecho eso, el script espera hasta que el comando de firma finaliza y emite la señal de final de ejecución (línea 86), tras lo cual, dicho script cierra la consola virtual (líneas 86 y 87).

Aunque hay más métodos para hacer las cosas de manera limpia, el script es básicamente lo que hemos visto. Para encapsularlo he optado por una imagen de Docker en la que me he asegurado de instalar todas las dependencias que pudiera necesitar el script. La configuración para cocinar dicha imagen se encuentra en el fichero Dockerfile de la raíz del repositorio de rpmsign.

```
ARG dev_build

##############################
# BASE VERSION
##############################
FROM fedora:38 AS base
# Image metadata.
LABEL maintainer=''dante-signal31 (dante.signal31@gmail.com)''
LABEL description=''Image to run rpmsign GitHub Action.''
LABEL homepage=''https://github.com/dante-signal31/rpmsign''

ENV virtualenv=/root/venv

```

```
14 RUN echo ''Configuring basic environment...''
15
16 # Abort on error.
17 # RUN set -e
18
19 # Copy configuration for gpg-agent.
20 COPY gpg-agent.conf /root/.gnupg/
21 # Set proper permissions. 600 for files and 700 for directories.
22 RUN chown -R root /root/.gnupg/ && \
23     find /root/.gnupg -type f -exec chmod 600 {} \; && \
24     find /root/.gnupg -type d -exec chmod 700 {} \;
25
26 # Get system dependencies for this project.
27 RUN yum update -y && \
28     yum install rpm-sign pinentry-tty python3-pip -y
```

Listado 31.38: Fragmento del fichero Dockerfile del repositorio de rpmsign.

En la línea 20 del Dockerfile (listado 31.38), copio dentro de la imagen el fichero `gpg-agent.conf` que tengo en el repositorio de rpmsign. Ese fichero sirve para que GPG pida la contraseña con un texto sencillo (*pinentry*), en vez de sacar un GUI textual con *ncurses*. Si no se hace así, el script no puede detectar el momento en el que debe introducir la contraseña. Para que GPG pueda sacar esa petición sencilla de contraseña hay que instalar el paquete `pinentry-tty` en la línea 28. Junto a ese paquete también se instala el mismo `rpm-sign`.

```
34 ##############################
35 # DEVELOPMENT VERSION
36 ##############################
37 FROM base AS version-1
38 RUN echo ''Configuring a development environment...''
39
40 # Get system dependencies to be run as a remote interpreter in Pycharm.
41 RUN yum update -y && \
42     yum install which -y
43
44 # Set folder for our development configuration.
45 ENV DEV_PATH /root/dev
46
47 # Get script development dependencies.
48 COPY dev-requirements.txt $DEV_PATH/
49 RUN pip install --no-cache-dir -r $DEV_PATH/dev-requirements.txt
50
51 # Get script dependencies.
52 COPY requirements.txt $DEV_PATH/
53 RUN pip install --no-cache-dir -r $DEV_PATH/requirements.txt
```

Listado 31.39: Fragmento del fichero Dockerfile del repositorio de rpmsign.

Entre las líneas 34 y 53 del listado 31.39 hay una serie de comandos de Dockerfile que sólo se aplican cuando uso esta imagen para mis pruebas unitarias. En ese caso, la configuración de la imagen es ligeramente distinta, porque hay que instalar dependencias para facilitar esas pruebas. Docker sabe cuándo estoy usando la imagen para pruebas unitarias, porque le paso como parámetro un valor 1 para la variable `dev_build` que se declara en la línea 1 del Dockerfile. En función del valor de esa variable, Docker utiliza el fragmento de las líneas 37 a 53 del Dockerfile (valor 1), o el fragmento de las líneas 58 a 76 (valor 0).

> Para programar en Python uso *Pycharm* [96]. Este IDE permite utilizar automáticamente contenedores para ejecutar en ellos los scripts que desarrolles [165]. Para aprovechar esta funcionalidad, ejecutando en esos contenedores las pruebas unitarias de la carpeta `src/tests`, es por lo que he usado esta técnica de compilación condicional.

```
55 ##############################
56 # RELEASE VERSION
57 ##############################
58 FROM base AS version-0
59 RUN echo ''Configuring a release environment...''
60
61 # Set folder for our script.
62 ENV SCRIPT_PATH /root/script
63
64 # Get script dependencies.
65 COPY requirements.txt $SCRIPT_PATH/
66 RUN pip install --no-cache-dir -r $SCRIPT_PATH/requirements.txt
67
68 # Copy scripts to image folder.
69 COPY src/lib/* $SCRIPT_PATH/lib/
70 COPY src/rpmsign.py $SCRIPT_PATH/
71 # Make it globally executable.
72 RUN chmod 755 $SCRIPT_PATH/rpmsign.py && \
73     ln -s $SCRIPT_PATH/rpmsign.py /usr/bin/rpm_sign
74
75 # Set rpm_sign as this image entrypoint
76 ENTRYPOINT [''rpm_sign'']
77
78
79 ##############################
80 # FINAL BUILD VERSION
81 ##############################
82 FROM version-${dev_build} AS final
83 RUN echo ''Environment ot type ${dev_build} ready''
```

Listado 31.40: Fragmento del fichero Dockerfile del repositorio de rpmsign.

El segmento del Dockerfile que prepara la imagen para ser usada como action aparece en el listado 31.40.

La copia en la imagen de los ficheros del script se hace en las líneas 69 y 70. En la 72 se hace ejecutable el script principal y se crea un enlace en la línea 73, desde 🗀 `/usr/bin/`, para que se pueda llamar al script directamente, sin tener que hacer referencia a la ruta de instalación. Ese script principal es el que se designa como entrypoint en la línea 76 para que se le pasen a ese script los parámetros con los que llamemos a la imagen.

A la hora de usar esa imagen desde el `action.yml` del repositorio me he encontrado con dos problemas.

Mi primera aproximación fue usar el enfoque por defecto de GitHub, dejando que este compilase la imagen y la sirviese desde su registro (usando `image: 'Dockerfile'` en el `action.yml` como vimos en la sección 31.1). El problema es que GitHub no soporta la compilación condicional en los ficheros Dockerfile que se le pasen, así que no me ha quedado otra que compilar yo mismo la imagen y subirla al Docker Hub [41].

En este punto, creí que bastaría con usar `image: 'docker://dantesignal31/rpmsign:latest'`, pero me he encontrado con el segundo problema, y es que no sé qué hace GitHub Actions con los parámetros de entrada, a la hora de pasárselos a la imagen, y no he conseguido evitar que me diese error. Al final opté por renunciar a hacer un Docker Action y en vez de eso creé un Composite Action que ejecutaba la imagen de Docker pasándole manualmente los parámetros. Dicho de otra manera, al final no me ha quedado otra que hacer un Composite Action que funcionase como un Docker Action.

```
name: rpmsign
description: A GitHub Action to sign RPM packages using passphrase protected GPG keys.
branding:
  icon: edit
  color: blue

```

```
inputs:
  gpg_private_key:
    description: GPG private key file to be used to sign, in armor protected format.
    required: true
  gpg_private_key_password:
    description: Passphrase to use to sign with this private key.
    required: true
  gpg_name:
    description: Name to use to sign.
    required: true
  rpm_file:
    description: A single rpm to be signed.
    required: false
    default: _##
  rpm_folder:
    description: Folder with rpm files to be signed.
    required: false
    default: _##
  output_folder:
    description: Folder where signed rpm files must be placed.
    required: false
    default: ’signed_packages’

runs:
# Using a docker action should be the way to launch this action. Instead, I’ve used a composite action because passing
# arguments through a docker action made my docker container to return an error. I know that a docker action actually
# is a kind of syntactic sugar that takes arguments and pass them to a docker container, but I don’t know how github
# mangles those arguments, but they cause an error while it does not happen when I pass those same arguments using
# a composite action that runs the image manually.
# I leave here the docker action configuration I’ve tried. If you find the problem root please let me know because
# I will be happy to include your changes.

#  using: ’docker’
#  image: ’docker://dantesignal31/rpmsign:latest’
#
#  args:
#    # Don’t leave spaces between short flags and its values or those spaces will end prefixed in your arguments strings.
#    - -k${{ inputs.gpg_private_key }}
#    - -p${{ inputs.gpg_private_key_password }}
#    - -n${{ inputs.gpg_name }}
#    - -s${{ inputs.rpm_file }}
#    - -f${{ inputs.rpm_folder }}
#    - -o${{ inputs.output_folder }}

  using: composite
  steps:
    - name: Use rpmsign image to sign given rpm package.
      shell: bash
      run: |
        current_folder=$(pwd)
        echo ’’Running command: docker run -v $current_folder:/workspace --workdir /workspace dantesignal31/rpmsign:latest -k ${{ inputs.gpg_private_key }} -p ${{ inputs.gpg_private_key_password }} -n \’’${{ inputs.gpg_name }}\’’ -s \’’${{ inputs.rpm_file }}\’’ -f \’’${{ inputs.rpm_folder }}\’’ -o ${{ inputs.output_folder }}’’
        docker run -v $current_folder:/workspace --workdir /workspace dantesignal31/rpmsign:latest -k ${{ inputs.gpg_private_key }} -p ${{ inputs.gpg_private_key_password }} -n ’’${{ inputs.gpg_name }}’’ -s ’’${{ inputs.
```

```
            rpm_file }}'' -f ''${{ inputs.rpm_folder }}'' -o ${{ inputs.output_folder
            }}
```

Listado 31.41: Fichero action.yml del repositorio de rpmsign.

> Fíjate que en el listado 31.41, he dejado comentada la configuración que intenté para hacer de este un Docker Action de manual. Así puedes compararla con lo que he tenido que hacer para que funcionase desde una Composite Action. Te animo a que investigues qué podía estar haciendo mal para que no me funcionase como Docker Action. Si descubres el problema, te agradeceré enormemente que me pongas un issue en el repositorio del action.

31.6. Generación del manual de uso

A la hora de automatizar la creación del manual de uso, me di cuenta de que habría veces que querría generar una versión actualizada del manual sin tener que recompilar el juego. Ten en cuenta que el manual tiene vida propia, al margen del juego. Puede ser que decidas mejorar y detallar más el manual, independientemente de que hayas generado una nueva versión del juego. El mismo hecho de que GitHub mantenga la wiki, en un repositorio aparte del código del proyecto ya te da una pista de la relativa independencia entre las actualizaciones del código y las del manual. Por eso, mi objetivo a la hora de integrar la creación del manual en mi sistema de CI/CD fue que pudiera llamar a esta automatización, tanto desde el flujo principal de testeo y despliegue, que hemos estado viendo hasta el momento, como de manera autónoma.

Para conseguirlo, he implementado la creación del manual en un flujo aparte, `build_manual.yml`, de manera que pudiese ejecutar ese flujo manualmente y llamarlo desde el flujo de testeo y despliegue.

```
name: build_manual

on:
  workflow_call:
    inputs:
      version:
        description: Version for this manual.
        required: true
        type: string

  workflow_dispatch:
    inputs:
      version:
        description: Version for this manual.
        required: true
        type: string


jobs:
  build_manual:
    name: Build usage manual for the game from wiki content.
    runs-on: ubuntu-latest
    env:
      manual_version: ${{ inputs.version }}
    steps:
      - name: Get source code.
        uses: actions/checkout@v3

      - name: Install multimarkdown support.
        run: |
          sudo apt update
          sudo apt install cmake build-essential -y
          git clone https://github.com/fletcher/MultiMarkdown-6.git mmd_build
          cd mmd_build
          git submodule init
```

```
36            git submodule update
37            make
38            cd build
39            sudo make install
40            cd ../../
41
42        - name: Install Pandoc support.
43          run: |
44            sudo apt install pandoc -y
45
46        - name: Install Latex support.
47          run: |
48            sudo apt install texlive-latex-base texlive-fonts-recommended texlive-fonts-extra texlive-latex-extra python3-pygments -y
49
50        - name: Install Jinja2 support.
51          run: |
52            sudo apt install python3-jinja2 -y
53
54        - name: Clone wiki.
55          uses: actions/checkout@v3
56          with:
57            repository: dante-signal31/Prince_of_Unity.wiki
58            path: ./Manual/wiki
59
60        - name: Run conversion script.
61          working-directory: ./Manual
62          run: |
63            mkdir output
64            mkdir pdf
65            ./compile_manual.sh $manual_version
66
67        - name: Upload generated manual.
68          uses: actions/upload-artifact@v3
69          with:
70            name: GameManual
71            path: Manual/pdf/PoU_manual.pdf
```

Listado 31.42: Fichero .github/workflows/build_manual.yml

El listado 31.42, es el flujo completo de creación del manual. Como verás, no es ni largo ni complejo y se corresponde, paso por paso, con lo que vimos en el capítulo 28, incluido el uso del script `compile_manual.sh`. Con todo lo que hemos aprendido sobre automatización con GitHub Actions ya debería resultarte evidente cómo hemos implementado en este flujo lo visto en el capítulo 28.

La novedad de este flujo está dentro de la etiqueta `on:` (líneas 3 a 16), en el que se contemplan dos posibles causas de activación del flujo.

Por un lado está la que ya conocemos: la activación manual mediante `workflow_dispatch:` (líneas 11 a 16). Fíjate que en este caso, cuando le demos al botón de activar el flujo, GitHub nos pedirá que le asignemos un valor al parámetro `version`. La cadena que le demos será el número de versión que aparecerá en la portada del manual. Para ello, ese input se asigna como variable global, en la línea 24, y dicha variable global se le pasa como parámetro al script de compilación del manual, en la línea 65.

Y ahora viene la novedad. En la línea 4 aparece una nueva fuente de activación `workflow_call:`. Esta activación se produce cuando otro flujo llama a este. En nuestro caso, lo llamará el flujo `test_and_deploy.yml`, desde sus líneas 478 a 483 del listado 31.43.

```
478   build_usage_manual:
479     name: Build usage manual PDF file from repository wiki.
480     needs: build_linux
481     uses: dante-signal31/Prince_of_Unity/.github/workflows/build_manual.yml@staging
482     with:
483       version: ${{ needs.build_linux.outputs.build_version }}
```

Listado 31.43: Fragmento de .github/workflows/test_and_deploy.yml

Para usar un flujo desde otro, el flujo usado debe contar con una etiqueta `workflow_call:`. Como puedes ver en la línea 481, el formato de la llamada es *[autor]/[repositorio]/.github/workflows/[flujo]@[rama]*. Podemos pasar dentro de la etiqueta `with:` todos los parámetros que pueda necesitar el flujo llamado. En nuestro caso, hemos pasado la versión que se genera para esta compilación del juego, en el job `build_linux`.

Como puedes ver, es muy fácil crear flujos especializados, para ser llamados desde otros. Te recomiendo que los utilices siempre que detectes un job que tenga entidad propia como para funcionar tanto de manera independiente, como integrada en otros, así como cuando detectes que utilizas una y otra vez el mismo job en múltiples flujos. De esta manera, incrementarás la cohesión de tus flujos, reduciendo su longitud y facilitando su mantenimiento, y te asegurarás una mayor reutilización del código que generes.

31.7. Despliegue de paquetes

Una vez que hayamos generado todos los paquetes que queramos hacer llegar a nuestros usuarios, tenemos que subir dichos paquetes a sus puntos de distribución. GitHub Actions cuenta con actions especializados para todas las plataformas de distribución que he empleado para *Prince of Unity*, por lo que los jobs de subida han sido realmente sencillos. Todos siguen una estructura similar: primero se bajan los artefactos de los paquetes instaladores y luego los suben a la plataforma de distribución de turno, usando un action específico para esa plataforma. Dadas las similitudes entre todos los jobs de despliegue, y con los jobs que ya hemos visto en las secciones anteriores, en esta me voy a centrar en los steps más particulares de cada uno de estos jobs.

PackageCloud

A la hora de desplegar los paquetes DEB y RPM para Linux, el job `deploy_to_packagecloud` necesita que se generen y firmen antes dichos paquetes, por eso depende de la correcta finalización de los jobs `sign_linux_deb_installer` y `sign_linux_rpm_installer`.

Para subir esos paquetes a PackageCloud he utilizado el action *golift/upload-packagecloud* [141]. Este action tiene la ventaja de que puede subir de una sola vez todos los paquetes DEB y RPM que encuentre en una carpeta determinada. Así que, con una sola llamada, podemos subir ambos tipos de paquetes.

```
507       - name: Upload packages to PackageCloud.
508         uses: golift/upload-packagecloud@v1
509         with:
510           userrepo: dante-signal31/prince-of-unity
511           apitoken: ${{ secrets.PACKAGECLOUD_TOKEN }}
512           packages: package_dist/
513           rpmdists: fedora/37
514           debdists: ubuntu/jammy
```

Listado 31.44: Fragmento de .github/workflows/test_and_deploy.yml

En mi caso los steps de descarga de los artefactos han colocado los paquetes DEB y RPM en la carpeta `package_dist/`, y de ahí los coge el action, como se puede ver en el parámetro de la línea 512 del listado 31.44.

Para conseguir el token de PackageCloud, para que se puedan hacer despliegues desde GitHub Actions, hay que entrar en PackageCloud y pinchar en API Token, del menú vertical de la izquierda. Bastará con que copiemos la cadena que sale allí a un secret de GitHub Actions. A partir de ahí, lo podremos utilizar en el parámetro de `apitoken:` (línea 511).

El resto de los parámetros son los ya vistos en el capítulo 30.

itch.io

A itch.io he subido tanto los instaladores de Linux y Windows, como el manual de uso generado en la sección, por ese motivo la lista de dependencias del job `deploy_to_itchio` es bastante larga y abarca los jobs: `build_linux`, `sign_linux_deb_installer`, `sign_linux_rpm_installer`, `sign_windows_installer` y `build_usage_manual`.

He utilizado el action *manleydev/butler-publish-itchio-action* [111] para subir cada uno de los artefactos a itch.io. Este action te permite publicar en canales específicos. En cada canal de itch.io se van publicando las versiones sucesivas de cada tipo de paquete. En el caso de *Prince of Unity*, he creado los siguientes canales:

- Windows
- Linux-DEB
- Linux-RPM
- Linux-General (el fichero `.tar.gz` básico)
- Usage-manual

Para publicar en cada uno de esos canales, hay que hacer una llamada al action y pasarle la ruta a la carpeta donde hayamos depositado el artefacto. Así que, en mi caso, han sido 5 llamadas, prácticamente iguales entre sí, salvando los parámetros del canal y de la carpeta del artefacto. Por ejemplo, en el caso de la subida del instalador de Windows, la llamada ha sido:

```
      - name: Deploy Windows installer to itch.io
        uses: manleydev/butler-publish-itchio-action@master
        env:
          BUTLER_CREDENTIALS: ${{ secrets.ITCHIO_TOKEN }}
          CHANNEL: windows
          ITCH_GAME: prince-of-unity
          ITCH_USER: dantesignal31
          PACKAGE: Installers/Windows
          VERSION: ${{ needs.build_linux.outputs.build_version }}
```

Listado 31.45: Fragmento de .github/workflows/test_and_deploy.yml

El parámetro `BUTLER_CREDENTIALS:` usa una cadena similar a la que vimos para PackageCloud. En este caso se puede descargar si entras, en tu perfil de itch.io, a Settings > API keys.

El resto de los parámetros se explican por sí mismos.

> Sí es cierto que me tuve que pelear con el parámetro de `ITCH_USER:`. Mi usuario de itch.io es *dante.signal31*, pero por alguna razón el action me fallaba si incluía el punto en el parámetro. Al final, sólo conseguí hacerlo funcionar tras dejar el parámetro en *dantesignal31* (sin punto).

GitHub Releases

Después de todo lo visto hasta ahora, el despliegue sobre GitHub Releases es muy sencillo.

Me he basado en el action *softprops/action-gh-release* [188]. Se limita a coger todos los ficheros que hayas depositado en una carpeta y los publica en GitHub Releases bajo una etiqueta. En el caso de Prince of Unity, la etiqueta que utilizo es el número de versión de la compilación que estamos desplegando.

```
      - name: Upload packages to GitHub Releases.
        uses: softprops/action-gh-release@v1
        with:
          files: release/*
          tag_name: v${{ needs.build_linux.outputs.build_version }}
```

Listado 31.46: Fragmento de .github/workflows/test_and_deploy.yml

31.8. Conclusiones

Con esto ya hemos acabado el repaso de todos los jobs del flujo `test_and_deploy.yml`.

No sólo hemos automatizado todas las tareas que enumeramos al comienzo del capítulo, sino que, además, gracias a la capacidad de GitHub Actions de ejecutar varios runners al mismo tiempo, hemos paralelizado muchas de ellas, reduciendo el tiempo de ejecución.

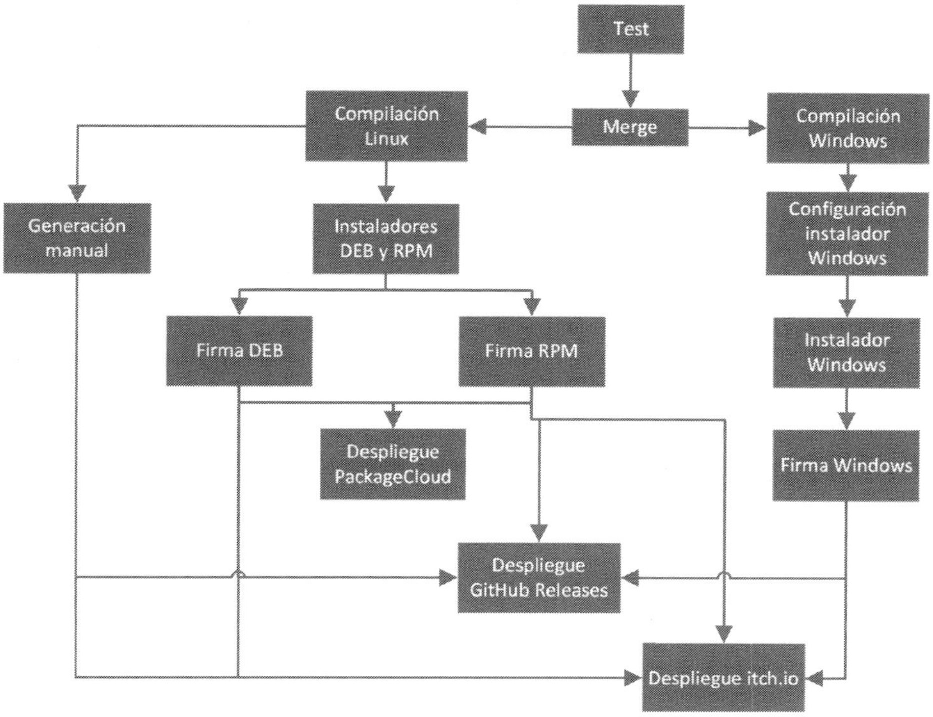

Figura 31.5: Ejecución de las tareas en el flujo test_and_deploy.yml.

Aún así, la ejecución exitosa del flujo completo se alarga hasta casi los 57 minutos, pero se trata de una ejecución desatendida, por lo que mientras se lleva a cabo podemos seguir desarrollando nuevas funcionalidades o, sencillamente, tomarnos un café. Además, al ser una ejecución plenamente automatizada se elimina de la ecuación el error humano que, en un listado tan extenso y complejo de tareas, se puede dar por seguro.

Por último, fíjate que todas las tareas que hemos recogido en flujos de CI/CD conforman una suerte de documentación de cómo hacemos las cosas. Ten en cuenta que en caliente tendrás muy claros en tu cabeza todos los pasos para cada una de las tareas, pero, cuando pase el tiempo, inicies nuevos proyectos y ya se trate de publicar versiones de mantenimiento, lo más probable es que se te empiecen a olvidar cosas. Por eso, todo el esfuerzo que emplees en automatizar esas tareas en flujos de CI/CD será una manera muy efectiva de registrar para la posteridad, tanto para ti como para el resto de tu equipo, cómo debían llevarse a cabo.

Con esto concluyo este capítulo, que ha sido extremadamente largo, pero cuyos contenidos nunca he encontrado en libro de Unity alguno. Por eso, creo que se trata de una aportación valiosa tanto para desarrolladores, no sólo de juegos de Unity, como de cualquier otro tipo de aplicación.

Bibliografía y enlaces

[1] URL: https://learn.microsoft.com/en-us/dotnet/api/system.collections.generic.list-1?view=net-7.0.

[2] URL: https://learn.microsoft.com/en-us/dotnet/api/system.collections.generic.dictionary-2?view=net-7.0.

[3] URL: https://docs.unity3d.com/ScriptReference/ISerializationCallbackReceiver.html.

[4] URL: https://docs.unity3d.com/Manual/ScriptCompilationAssemblyDefinitionFiles.html.

[5] URL: https://docs.unity3d.com/ScriptReference/Unity.Profiling.ProfilerMarker.html.

[6] *8 BIT Wonder*. URL: https://www.dafont.com/es/8bit-wonder.font.

[7] Gabriel Acosta. *GabrielAcostaEngler/signtool-code-sign*. URL: https://github.com/marketplace/actions/signtool-code-sign.

[8] *Add coroutine version of OneTimeSetUp*. URL: https://forum.unity.com/threads/add-coroutine-version-of-onetimesetup.890092/.

[9] Syed Faheel Ahmad. *Desktop Entry Creator*. URL: https://github.com/faheel/desktop-entry-creator.

[10] *AnimatorStateInfo*. URL: https://docs.unity3d.com/ScriptReference/AnimatorStateInfo.html.

[11] Sirenix ApS, ed. *Odin Inspector y Serializer*. URL: https://odininspector.com/.

[12] *ArchLinux*. URL: https://archlinux.org/.

[13] *Audacity*. URL: https://www.audacityteam.org/.

[14] Ralph Baksi. *El Señor de los Anillos*. Ed. por United Artist. 1978.

[15] *Basic writing and formatting Markdown syntax at GitHub*. URL: https://docs.github.com/en/get-started/writing-on-github/getting-started-with-writing-and-formatting-on-github/basic-writing-and-formatting-syntax.

[16] *Bitbucket*. URL: https://bitbucket.org/product/.

[17] *BitKeeper*. URL: https://www.bitkeeper.org/.

[18] Ronald Blankendaal. *DBGL*. URL: https://dbgl.org/.

[19] Jeremy Gibson Bond. *Introduction to Game Design, Prototyping and Development*. Ed. por Addison-Wesley. 2.ª ed. 2018.

[20] Ed Boon y John Tobias. *Mortal Kombat*. Ed. por Midway. 1992.

[21] bpicode. *bpicode/github-action-fpm*. URL: https://github.com/marketplace/actions/action-fpm.

[22] bpicode. *github-action-fpm*. URL: https://github.com/bpicode/github-action-fpm.

[23] Broderbund, ed. *Where in the World is Carmen Sandiego?* 1985.

[24] Mat Buckland. *Programming AI By Example*. Ed. por Jones e Inc Bartlett Publishers. 1.ª ed. 2004.

[25] *BuildTarget enum*. URL: https://docs.unity3d.com/ScriptReference/BuildTarget.html.

[26] Bungie. *Halo 3*. Ed. por Microsoft Game Studios. 2007.

[27] John Carmack y John Romero. *Wolfenstein 3D*. Ed. por id Software. 1992.

[28] Erin Catto. *Box2D*. URL: https://box2d.org/.

[29] *CentOS*. URL: https://www.centos.org/.

[30] Eric Chahi. *Another World*. Ed. por Delphine Software International. 1991.

[31] Joan Charmant. *Kinovea*. URL: https://www.kinovea.org/.

[32] Travis CI, ed. *Travis CI*. URL: https://www.travis-ci.com/.

[33] CircleCI, ed. *CircleCI*. URL: https://circleci.com/.

[34] Ron Clements y John Musker. *Aladdin*. Ed. por Disney. 1992.

[35] CodeAndWeb, ed. *TexturePacker*. URL: https://www.codeandweb.com/texturepacker.

[36] CrazyMax. *crazy-max/ghaction-import-gpg*. URL: https://github.com/marketplace/actions/import-gpg.

[37] *CryEngine*. URL: https://www.cryengine.com/.

[38] Paulo Henrique Cuchi. *cuchi/jinja2-action*. URL: https://github.com/marketplace/actions/jinja2-action.

[39] Paul Cuisset. *Flashback*. Ed. por Delphine Software International. 1992.

[40] Michel Curtiz y William Keighley. *Robín de los bosques*. Ed. por Warner Bros. 1938.

[41] *Cómo crear tus propias imágenes de Docker*. URL: https://esblog.dlab.ninja/2023/04/como-crear-tus-propias-imagenes-de.html.

[42] *Cómo reiniciar el la carga de ficheros del repositorio*. URL: https://forum.unity.com/threads/github-and-unity-default-unity-gitignore-not-enough.997325.

[43] *DaFont*. URL: https://www.dafont.com/.

[44] Emily Dean. *El propio pulso de la máquina*. Ed. por Poligon Pictures Inc. 2022.

[45] *Debian*. URL: https://www.debian.org/.

[46] *DecoratorDrawer throws error on compiling*. URL: https://forum.unity.com/threads/help-decoratordrawer-throws-error-on-compiling.836635/.

[47] *Desktop Entry Specification*. URL: https://specifications.freedesktop.org/desktop-entry-spec/1.5/.

[48] devmask, ed. *Merge branch action*. URL: https://github.com/marketplace/actions/merge-branch.

[49] Florian Diesh. *Arronax*. URL: https://www.florian-diesch.de/software/arronax/.

[50] *Difference between environment variable and output parameters*. URL: https://github.com/orgs/community/discussions/55294.

[51] *Documentation comments.* URL: https://learn.microsoft.com/en-us/dotnet/csharp/language-reference/language-specification/documentation-comments.

[52] Joshua Donen et al. *Love, Death & Robots.* Ed. por Netflix. 2019.

[53] DOSBox, ed. *DOSBox.* URL: https://www.dosbox.com/.

[54] *Dropbox.* URL: https://www.dropbox.com/.

[55] Peter F. Drucker. *Management.* Ed. por Harper Business. 2.ª ed. 2008.

[56] Blizzard Entertainment, ed. *World of Warcraft.* 2004. URL: https://worldofwarcraft.blizzard.com/.

[57] *Feather icons.* URL: https://feathericons.com/.

[58] *Flexible Layouts with Yoga.* URL: https://yogalayout.com/.

[59] The FreeBSD Foundation, ed. *FreeBSD.* URL: https://www.freebsd.org/.

[60] GameCI, ed. *game-ci/unity-request-activation-file action.* URL: https://github.com/marketplace/actions/unity-request-activation-file.

[61] *GameCI.* URL: https://game.ci/.

[62] *GameCI Activation.* URL: https://game.ci/docs/github/activation/.

[63] *GameCI Builder.* URL: https://github.com/marketplace/actions/unity-builder.

[64] *GameCI Cache.* URL: https://game.ci/docs/github/test-runner#caching.

[65] *GameCI Test Runner.* URL: https://github.com/marketplace/actions/unity-test-runner.

[66] Epic Games, ed. *Epic Games Store.* URL: https://store.epicgames.com/en-US/.

[67] Epic Games, ed. *Fornite.* URL: https://www.fortnite.com/.

[68] Epic Games, ed. *Unreal Engine.* 2022. URL: https://www.unrealengine.com/.

[69] Toby Gard. *Tomb Raider.* Ed. por Core Design y Eidos Interactive. 1996.

[70] Ron Gilbert. *Indiana Jones and the Last Crusade.* Ed. por Lucasfilm. 1989.

[71] *Gimp.* URL: https://www.gimp.org/.

[72] *Git.* URL: https://git-scm.com/.

[73] GitHub, ed. *A collection of useful .gitignore templates by GitHub.* URL: https://github.com/github/gitignore.

[74] GitHub, ed. *A .gitignore template for Unity by GitHub.* URL: https://github.com/github/gitignore/blob/main/Unity.gitignore.

[75] GitHub, ed. *GitHub.* URL: https://github.com/.

[76] GitHub, ed. *GitHub Actions.* URL: https://github.com/features/actions.

[77] GitHub, ed. *GitHub Desktop.* URL: https://desktop.github.com/.

[78] GitHub, ed. *GitHub Marketplace.* URL: https://github.com/marketplace.

[79] *GitLab.* URL: https://about.gitlab.com/.

[80] *GNU Emacs.* URL: https://www.gnu.org/software/emacs/.

[81] *gnupg.* URL: https://github.com/isislovecruft/python-gnupg.

[82] *Godot Engine.* URL: https://godotengine.org/.

[83] David Hand. *Blancanieves y los siente enanitos.* Ed. por Disney. 1937.

[84] Lawrence Holland. *Secret Weapons of the Luftwaffe.* Ed. por Lucasfilm Games. 1991.

[85] Lawrence Holland. *Their Finest Hour: The Battle of Britain.* Ed. por Lucasfilm Games. 1989.

[86] Andrew Hunt y Dave Thomas. *The Pragmatic Programmer, From Journeyman to Master*. Ed. por Addison Wesley. 1999.

[87] *IEnumerator Interface*. URL: https://learn.microsoft.com/en-us/dotnet/api/system.collections.ienumerator?view=net-7.0.

[88] Docker Inc., ed. *Docker*. URL: https://www.docker.com/.

[89] Docker Inc., ed. *Docker Hub*. URL: https://hub.docker.com/.

[90] Red Hat Inc., ed. *Fedora*. URL: https://fedoraproject.org/.

[91] Red Hat Inc., ed. *Red Hat*. URL: https://www.redhat.com/en.

[92] *Inkscape*. URL: https://inkscape.org/.

[93] *itch.io*. URL: https://itch.io/.

[94] Nadeem Jazmawe. *inno-setup-action-cli*. URL: https://github.com/nadeemjazmawe/inno-setup-action-cli.

[95] JetBrains, ed. *A .gitignore template for Rider projects*. URL: https://github.com/JetBrains/resharper-rider-samples/blob/master/.gitignore.

[96] Jetbrains, ed. *Pycharm*. URL: https://www.jetbrains.com/pycharm/.

[97] Jetbrains, ed. *Rider*. URL: https://www.jetbrains.com/rider/.

[98] Jetbrains, ed. *RiderFlow*. URL: https://www.jetbrains.com/riderflow/.

[99] *Jinja*. URL: https://jinja.palletsprojects.com/en/3.1.x/.

[100] *Krita*. URL: https://krita.org/en/.

[101] Akira Kurosawa. *Los Siete Samurais*. Ed. por Sojiro Motoki. 1954.

[102] *Lambda expressions and anonymous functions*. URL: https://learn.microsoft.com/en-us/dotnet/csharp/language-reference/operators/lambda-expressions.

[103] *LaTeX*. URL: https://www.latex-project.org/.

[104] *LetsEncrypt*. URL: https://letsencrypt.org/.

[105] *LibreOffice*. URL: https://www.libreoffice.org/.

[106] Richard Linklater. *A Scanner Darkly*. Ed. por Warner Independent Pictures. 2006.

[107] *Linux Mint*. URL: https://linuxmint.com/.

[108] LastPass US L.P., ed. *LastPass*. URL: https://www.lastpass.com/es.

[109] Canonical Ltd., ed. *Ubuntu*. URL: https://ubuntu.com/.

[110] Sublime HQ Pty Ltd, ed. *Sublime Text Editor*. URL: https://www.sublimetext.com/.

[111] Layla Manley. *manleydev/butler-publish-itchio-action*. URL: https://github.com/marketplace/actions/butler-push.

[112] *Markdown*. URL: https://commonmark.org/.

[113] Robert C. Martin. *Clean Code: A Handbook of Agile Software Craftsmanship*. Ed. por Pearson. 2.ª ed. 2008.

[114] Shigeru Mayamoto. *Super Mario Bros*. Ed. por Nintendo. 1985.

[115] Jordan Mechner. *Asteroid Blaster*. Ed. por Hayden Book Company. 1981.

[116] Jordan Mechner. *Código fuente del Prince of Persia para Apple II*. URL: https://github.com/jmechner/Prince-of-Persia-Apple-II.

[117] Jordan Mechner. *Death Bouncer*. Ed. por Brotherbund. 1982.

[118] Jordan Mechner. *Karateka*. Ed. por Broderbund. 1984.

[119] Jordan Mechner. *Prince of Packaging: A tale of 1990s box art.* URL: https://www.gamedeveloper.com/art/prince-of-packaging-a-tale-of-1990s-box-art.

[120] Jordan Mechner. *Prince of Persia.* Ed. por Broderbund. 1989.

[121] Jordan Mechner. *Prince of Persia 2: The Shadow and the Flame.* Ed. por Broderbund. 1993.

[122] Jordan Mechner. *The Making of Karateka: Journals 19821985.* Ed. por CreateSpace Independent Publishing Platform. 1.ª ed. 2012.

[123] Jordan Mechner. *The Making of Prince of Persia: Journals 19851993.* Ed. por CreateSpace Independent Publishing Platform. 1.ª ed. 2011.

[124] Sid Meier. *Railroad Tycoon.* Ed. por Microprose. 1990.

[125] LLC Meltytech, ed. *Shotcut.* URL: https://shotcut.org/.

[126] *Mercurial.* URL: https://www.mercurial-scm.org/.

[127] Microsoft, ed. *Extension Methods (C# Programming Guide).* URL: https://learn.microsoft.com/en-us/dotnet/csharp/programming-guide/classes-and-structs/extension-methods.

[128] Microsoft, ed. *Herramienta de análisis de malware de Microsoft.* URL: https://www.microsoft.com/en-us/wdsi/filesubmission.

[129] Microsoft, ed. *Office 365.* URL: https://www.office.com/.

[130] Microsoft, ed. *SignTool.* URL: https://learn.microsoft.com/en-us/windows/win32/seccrypto/signtool.

[131] Microsoft, ed. *Static (C# Reference).* URL: https://learn.microsoft.com/en-us/dotnet/csharp/language-reference/keywords/static.

[132] Microsoft, ed. *Static Classes and Static Class Members (C# Programming Guide).* URL: https://learn.microsoft.com/en-us/dotnet/csharp/programming-guide/classes-and-structs/static-classes-and-static-class-members.

[133] Microsoft, ed. *Visual Studio Code.* URL: https://code.visualstudio.com/.

[134] Microsoft, ed. *Visual Studio Community Edition.* URL: https://visualstudio.microsoft.com/es/vs/community/.

[135] Microsoft, ed. *Windows SDK.* URL: https://developer.microsoft.com/es-es/windows/downloads/windows-sdk/.

[136] Ian Millington. *AI for Games.* Ed. por CRC Press. 3.ª ed. 2020.

[137] Nick Mower. *A Guide to Unity's Coordinate System (With Examples).* URL: https://www.techarthub.com/a-guide-to-unitys-coordinate-system-with-practical-examples/.

[138] *MultiMarkdown.* URL: https://fletcherpenney.net/multimarkdown/.

[139] NagyD. *SDLPoP.* URL: https://github.com/NagyD/SDLPoP.

[140] Namco, ed. *Pac-Man.* 1980.

[141] David Newhall. *golift/upload-packagecloud.* URL: https://github.com/marketplace/actions/publish-packagecloud-io-packages.

[142] Niantic, ed. *Pokemon Go.* 2016.

[143] *No Game Deserves Its Redemption Arc More Than No Man's Sky.* URL: https://www.thegamer.com/no-mans-sky-redemption-arc-light-no-fire-release-date-trailer/.

[144] *NSIS - Nullsoft Scriptable Install System.* URL: https://nsis.sourceforge.io/Main_Page.

[145] *NUnit.* URL: https://nunit.org/.

[146] Nvidia, ed. *Nvidia PhysX.* URL: https://developer.nvidia.com/physx-sdk.

[147] *OBS Studio*. URL: https://obsproject.com/.

[148] Yoshiki Okamoto. *Street Fighter II*. Ed. por Capcom. 1991.

[149] *OpenMandriva*. URL: https://www.openmandriva.org/.

[150] *OpenOffice*. URL: https://www.openoffice.org/.

[151] Oracle, ed. *Solaris*. URL: https://www.oracle.com/solaris.

[152] *Overleaf*. URL: https://www.overleaf.com/.

[153] *Overleaf - Technical Document Template*. URL: https://www.overleaf.com/latex/templates/technical-document-template/mdgftpdfbvbs.

[154] *PackageCloud*. URL: https://packagecloud.io/.

[155] *Pandoc*. URL: https://pandoc.org/.

[156] *PEP 8 – Style Guide for Python Code*. URL: https://peps.python.org/pep-0008/.

[157] Perforce, ed. *Helix Core*. URL: https://www.perforce.com/products/helix-core.

[158] *Pexpect*. URL: https://pexpect.readthedocs.io/en/stable/.

[159] *Prince of Persia 1 Cheats*. URL: https://popuw.com/cheats.html.

[160] *Prince of Unity Cheat Keys*. URL: https://github.com/dante-signal31/Prince_of_Unity/wiki/2---Usage#cheat-options.

[161] Mono Project, ed. *Mono*. URL: https://www.mono-project.com/.

[162] MonoDevelop Project, ed. *MonoDevelop*. URL: https://www.monodevelop.com/.

[163] The GnuPG Project, ed. *GPG, GnuPG*. URL: https://gnupg.org/.

[164] *Properties (C# Programming Guide)*. URL: https://learn.microsoft.com/en-us/dotnet/csharp/programming-guide/classes-and-structs/properties.

[165] *Pycharm Docker integration*. URL: https://www.jetbrains.com/help/pycharm/docker.html.

[166] *Página japonesa con workaround al fall de passphrase-file*. URL: https://note.com/twsnmp/n/n867d351733f8.

[167] Steve Rabin. *Game AI Pro 360: Guide to Tactics and Strategy: Guide to Tactics and Strategy*. Ed. por CRC Press. 1.ª ed. 2019.

[168] Lyle Rains y Ed Logg. *Asteroids*. Ed. por Atari. 1979.

[169] *Recognized desktop entry keys*. URL: https://specifications.freedesktop.org/desktop-entry-spec/desktop-entry-spec-latest.html#recognized-keys.

[170] *reStructuredTex*. URL: https://docutils.sourceforge.io/rst.html.

[171] *Ruby*. URL: https://www.ruby-lang.org/en/.

[172] Jordan Russell y Martijn Laan. *Inno Setup*. URL: https://jrsoftware.org/isinfo.php.

[173] Miguel Savignano. *merge-branch*. URL: https://github.com/marketplace/actions/merge-branch.

[174] Tony Scott. *Top Gun*. Ed. por Jerry Bruckheimer. 1986.

[175] Sega, ed. *Sonic the Hedgehog*. 1991.

[176] *Serialize and Deserialize Json and Json Array in Unity*. URL: https://stackoverflow.com/questions/36239705/serialize-and-deserialize-json-and-json-array-in-unity.

[177] *Serialize and Deserialize Json and Json Array in Unity*. URL: https://stackoverflow.com/questions/36239705/serialize-and-deserialize-json-and-json-array-in-unity.

[178] Dante Signal31. *dante-signal31/rpmsign*. URL: https://github.com/marketplace/actions/rpmsign.

[179] Dante Signal31. *Repositorio de dante-signal31/rpmsign*. URL: https://github.com/dante-signal31/rpmsign.

[180] Jordan Sissel. *FPM, Effing package management*. URL: https://github.com/jordansissel/fpm.

[181] Steven Spielberg. *Indiana Jones: en busca del arca perdida*. Ed. por Paramount Pictures. 1981.

[182] spoiledcat, ed. *Git for Unity*. URL: https://github.com/spoiledcat/git-for-unity.

[183] *StackOverflow*. URL: https://stackoverflow.com/.

[184] Andrew Stellman y Jennifer Greene. *Head First C#: A Learners Guide to Real-World Programming with C# and .NET Core*. Ed. por O'Reilly. 4.ª ed. 2021.

[185] *Structure types (C# reference)*. URL: https://learn.microsoft.com/en-us/dotnet/csharp/language-reference/builtin-types/struct.

[186] *Subversion*. URL: https://subversion.apache.org/.

[187] *Suse*. URL: https://www.suse.com/.

[188] Doug Tangren. *softprops/action-gh-release*. URL: https://github.com/marketplace/actions/gh-release.

[189] The HandBrake Team, ed. *Handbrake*. URL: https://handbrake.fr/.

[190] Unity Technologies, ed. *Activaciones manuales de Unity*. URL: https://license.unity3d.com/manual.

[191] Unity Technologies, ed. *Add or remove available nodes*. URL: https://docs.unity3d.com/Packages/com.unity.visualscripting@1.8/manual/vs-add-remove-node-library.html.

[192] Unity Technologies, ed. *Add or remove types*. URL: https://docs.unity3d.com/Packages/com.unity.visualscripting@1.8/manual/vs-add-remove-type-options.html.

[193] Unity Technologies, ed. *Animator component*. URL: https://docs.unity3d.com/Manual/class-Animator.html.

[194] Unity Technologies, ed. *Common Profiler markers*. URL: https://docs.unity3d.com/Manual/profiler-markers.html.

[195] Unity Technologies, ed. *Conditional compilation*. URL: https://docs.unity3d.com/Manual/PlatformDependentCompilation.html.

[196] Unity Technologies, ed. *Coroutines tutorial*. URL: https://learn.unity.com/tutorial/coroutines.

[197] Unity Technologies, ed. *Create a Custom Inspector*. URL: https://docs.unity3d.com/Manual/UIE-HowTo-CreateCustomInspector.html.

[198] Unity Technologies, ed. *Custom Events*. URL: https://docs.unity3d.com/Packages/com.unity.visualscripting@1.9/manual/vs-custom-events.html.

[199] Unity Technologies, ed. *Customizing new scene creation*. URL: https://docs.unity3d.com/2023.3/Documentation/Manual/scene-templates-customizing-scene-instantiation.html.

[200] Unity Technologies, ed. *Decorator Drawer*. URL: https://docs.unity3d.com/ScriptReference/DecoratorDrawer.html.

[201] Unity Technologies, ed. *Handles*. URL: https://docs.unity3d.com/2022.1/Documentation/ScriptReference/Handles.html.

[202] Unity Technologies, ed. *Ignore file template for visual scripting.* URL: https://docs.unity3d.com/Packages/com.unity.visualscripting@1.8/manual/vs-version-control.html#ignore-file-template.

[203] Unity Technologies, ed. *Interaction between collider types.* URL: https://docs.unity3d.com/2023.3/Documentation/Manual/collider-types-interaction.html.

[204] Unity Technologies, ed. *Layer-based collision detection.* URL: https://docs.unity3d.com/Manual/LayerBasedCollision.html.

[205] Unity Technologies, ed. *Listen to a Custom Scripting Event from a C# script.* URL: https://docs.unity3d.com/Packages/com.unity.visualscripting@1.9/manual/vs-create-own-custom-event-listen-code.html.

[206] Unity Technologies, ed. *OnValidate.* URL: https://docs.unity3d.com/ScriptReference/MonoBehaviour.OnValidate.html.

[207] Unity Technologies, ed. *Order of execution for event functions.* URL: https://docs.unity3d.com/Manual/ExecutionOrder.html.

[208] Unity Technologies, ed. *Physics2D.Raycast.* URL: https://docs.unity3d.com/ScriptReference/Physics2D.Raycast.html.

[209] Unity Technologies, ed. *Property Drawer.* URL: https://docs.unity3d.com/ScriptReference/DecoratorDrawer.html.

[210] Unity Technologies, ed. *Rigged 2D Animation.* URL: https://docs.unity3d.com/Packages/com.unity.2d.animation@9.1/manual/index.html.

[211] Unity Technologies, ed. *Script Machines and State Machines.* URL: https://docs.unity3d.com/Packages/com.unity.visualscripting@1.9/manual/vs-graph-machine-types.html.

[212] Unity Technologies, ed. *Script serialization.* URL: https://docs.unity3d.com/Manual/script-Serialization.html.

[213] Unity Technologies, ed. *State Unit node.* URL: https://docs.unity3d.com/Packages/com.unity.visualscripting@1.9/manual/vs-nesting-state-unit-node.html.

[214] Unity Technologies, ed. *Testing Test-Driven Development with the Unity Test Runner.* URL: https://blog.unity.com/technology/testing-test-driven-development-with-the-unity-test-runner.

[215] Unity Technologies, ed. *The Animator Controller Asset.* URL: https://docs.unity3d.com/Manual/Animator.html.

[216] Unity Technologies, ed. *UI Toolkit.* URL: https://unity.com/features/ui-toolkit.

[217] Unity Technologies, ed. *Ultimate Guide to profiling Unity Games.* URL: https://unity.com/es/resources/ultimate-guide-to-profiling-unity-games.

[218] Unity Technologies, ed. *Unity Answers.* URL: https://answers.unity.com/.

[219] Unity Technologies, ed. *Unity Asset Store.* URL: https://assetstore.unity.com/.

[220] Unity Technologies, ed. *Unity Blog.* URL: https://blog.unity.com/.

[221] Unity Technologies, ed. *Unity Engine.* 2022. URL: https://unity.com/.

[222] Unity Technologies, ed. *Unity Forums.* URL: https://forum.unity.com/.

[223] Unity Technologies, ed. *Unity Hub.* 2022. URL: https://unity.com/es/download.

[224] *The Battle for Wesnoth.* URL: https://www.wesnoth.org/.

[225] Unity, ed. *GitHub for Unity.* URL: https://unity.github.com/.

[226] Unity, ed. *PlasticSCM.* URL: https://www.plasticscm.com/.

[227] Unity, ed. *Unity DevOps.* URL: https://unity.com/products/unity-devops#pricing.

[228] *Unity Forum*. URL: https://forum.unity.com/.

[229] Valve, ed. *Steam*. URL: https://store.steampowered.com/.

[230] Valve, ed. *Steam Deck*. URL: https://store.steampowered.com/steamdeck.

[231] *Vim Editor*. URL: https://www.vim.org/.

[232] *VoiceAttack*. URL: https://voiceattack.com/.

[233] Patrick Volkerding. *Slackware*. URL: http://www.slackware.com/.

[234] *What's the difference between UnityAction and C# Actions?* URL: https://forum.unity.com/threads/whats-the-difference-between-unityaction-and-c-actions.1041184/.

[235] *Why is there no content under the Contents section generated with tableofcontents?* URL: https://tex.stackexchange.com/questions/314796/why-is-there-no-content-under-the-contents-section-generated-with-tableofconten.

[236] Ken Willians y Roberta Williams. *King Quest V*. Ed. por Sierra. 1990.

[237] *Youtube*. URL: https://www.youtube.com/.

Índice alfabético

Made in the USA
Coppell, TX
05 November 2026

11307504R00376